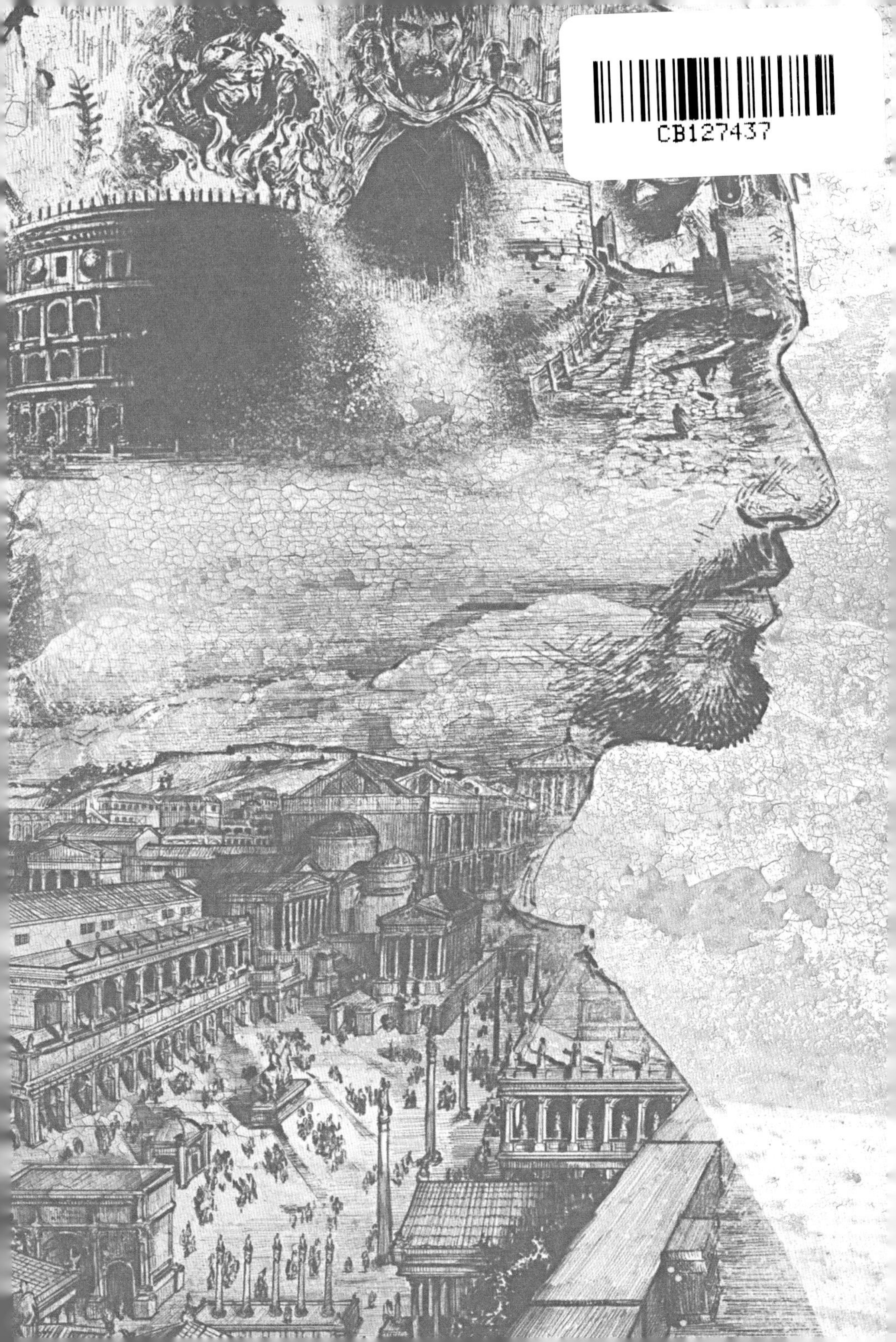

O PRETORIANO

Uma história de heróis e mártires

Publicações
Pão Diário

O PRETORIANO

Uma história de heróis e mártires

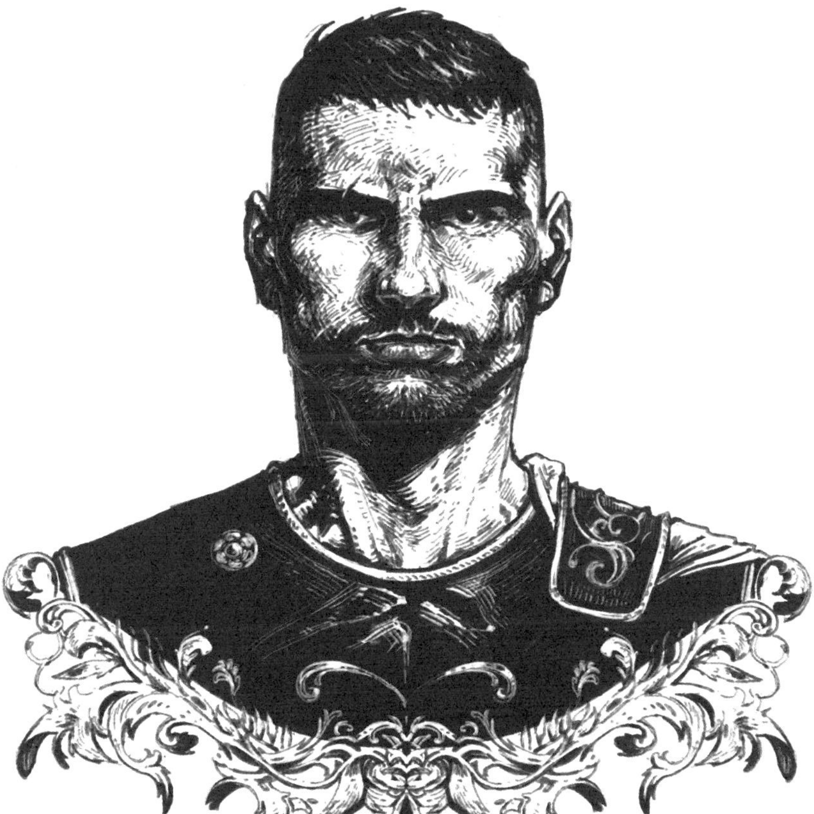

O Pretoriano — Uma história de heróis e mártires
Publicado anteriormente por Publicações Pão Diário sob o título
O mártir das catacumbas — Um conto da Roma antiga

Coordenação editorial: Adolfo A. Hickmann
Revisão: Rita Rosário, Juliana Matias, Lozane Winter, Dayse Fontoura, Adolfo A. Hickmann
Projeto gráfico e capa: Audrey Novac Ribeiro
Diagramação: Audrey Novac Ribeiro
Ilustrações: Gabriel Ruiz Araujo

Dados Internacionais de Catalogação na Publicação (CIP)

Autor desconhecido
O Pretoriano — Uma história de heróis e mártires;
Curitiba/PR, Publicações Pão Diário
Título original: *Martyr of the Catacombs: A Tale of Ancient Rome*

1.Novela histórica 2. Religião 3. Cristianismo

Publicações Pão Diário
Caixa Postal 9740,
82620-981 Curitiba/PR, Brasil
publicacoes@paodiario.org
www.publicacoespaodiario.com.br
Telefone: (41) 3257-4028

Código: K1536 | ISBN: 978-65-5350-753-1
QC222

1.ª edição: 2025

Impresso na China

SUMÁRIO

PREFÁCIO

Há muitos anos, foi publicada uma história anônima intitulada *O mártir das Catacumbas — Um conto da Roma antiga*. Um exemplar foi providencialmente resgatado de um barco à vela americano e ficou em poder do filho do capitão Richard Roberts, então seu comandante. O barco teve de ser abandonado em alto-mar por causa do desastroso furacão de janeiro de 1876.

Esta obra foi cuidadosamente reimpressa, e nós a apresentamos, mantendo a mais absoluta fidelidade à versão original. Publicamos esta edição, movidos pela esperança de que o Senhor a usará para mostrar aos fiéis que refletem, aos cristãos e a seus filhos, assim como àqueles que alimentam menor zelo espiritual nestes dias de incertezas, este quadro que retrata, com vivacidade, como sofreram os santos dos primeiros tempos pela sua fé em nosso Senhor Jesus Cristo, sob uma das perseguições mais cruéis da Roma pagã e, que num futuro não muito distante, cremos poder se repetir com a mesma intensidade.

Esperamos que este texto desperte nossa consciência para o fato de que, se o Senhor demorar em Sua vinda, temos de assumir nosso papel de sofrer por Aquele que voluntariamente tanto sofreu por nós.

Essa urgência se torna ainda mais justificada quando se vê que a Bíblia já não ocupa o legítimo lugar que lhe corresponde na maioria de nossas escolas e universidades. No geral, a oração familiar é um hábito perdido. Nosso Senhor Jesus Cristo, o unigênito e bem-amado Filho do Deus vivente, é tão desacreditado quanto desonrado, precisamente, na casa daqueles que professam ser Seus amigos. O testemunho no Corpo praticamente desapareceu da Terra. Não se obedece ao chamado a Laodiceia para o arrependimento. E é assim que a promessa do nosso Senhor, de termos comunhão com Ele, agora é individual.

E ainda nestes dias pode alcançar-nos a promessa, a Esmirna: "Sê fiel até a morte, e dar-te-ei a coroa da vida".

O sangue dos mártires da Rússia e Alemanha clama da terra, como admoestação para os cristãos de todos os países.

Mas ainda podemos arrancar de nossas almas o inquietante clamor: "Vem, Senhor Jesus; vem sem demora".

Hartsdale, N. Y.
Richard L. Roberts

I

O COLISEU

A cruel carnificina para diversão dos romanos

Era um dos grandes dias de festa em Roma. De todos os extremos do país, um vasto número de pessoas convergia para o destino comum. Percorriam o Monte Capitolino, o Fórum, o Templo da Paz, o Arco de Tito e o Palácio Imperial em seu desfile interminável até chegar ao Coliseu, no qual adentravam pelas centenas de portas, desaparecendo no seu interior.

Ali se encontravam frente a um cenário que chamava a atenção: na parte inferior, a interminável arena se estendia, rodeada por incontáveis fileiras de assentos, que se elevavam até o topo da parede exterior, com, aproximadamente 40 metros de altura. Aquela enorme extensão estava totalmente coberta por pessoas de todas as idades e classes sociais. Uma reunião tão densa, concentrada de tal forma que podiam ser visualizadas longas fileiras de rostos ferozes, que se estendiam sucessivamente, constituindo um formidável espetáculo, que em nenhuma parte do mundo pôde ser igualado e planejado, sobretudo, para aterrorizar e infundir submissão na alma do espectador. Mais de 100 mil pessoas haviam-se reunido ali, animadas por um sentimento comum e incitadas por uma única paixão, pois o que as havia atraído àquele lugar era uma ardente sede do sangue de seus semelhantes. Jamais se achará um comentário mais triste desta alardeada civilização da Roma antiga, que esse macabro espetáculo que ela mesmo criara.

Ali estavam presentes guerreiros que haviam combatido em distantes campos de batalha e conheciam muito bem o que eram atos de coragem. Porém, não sentiam a menor indignação diante das cenas de covarde opressão que se desenrolavam diante de seus olhos; nobres das famílias tradicionais estavam ali presentes, mas não existiam olhos para ver,

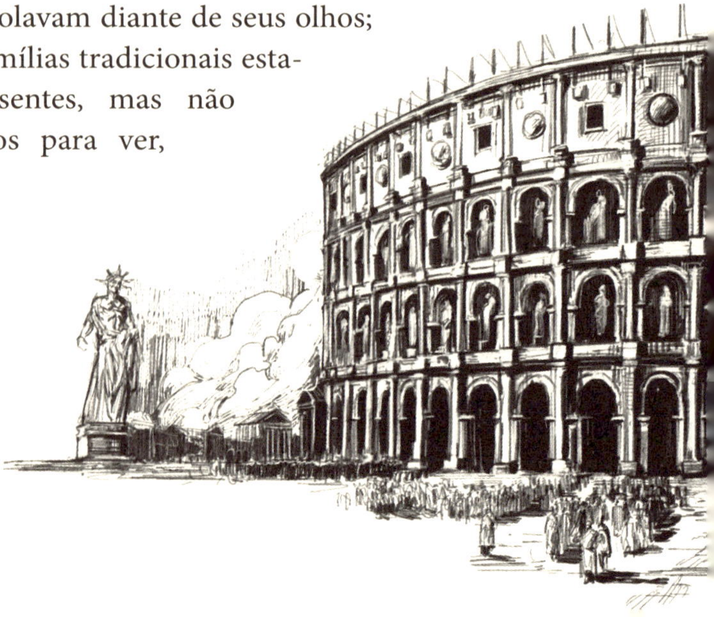

nessas exibições cruéis, o estigma sobre a honra de seus conterrâneos. Por sua vez, os filósofos, os poetas, os sacerdotes, os governadores, as figuras mais importantes, assim como os humildes da Terra, ocupavam os bancos; mas os aplausos dos patrícios eram tão sonoros e ávidos como os dos plebeus. Que esperança havia para Roma, quando o coração de seus filhos estava totalmente entregue à crueldade e à opressão mais brutal que se possa imaginar?

O trono elevado sobre um lugar proeminente do enorme anfiteatro estava ocupado pelo Imperador Décio, a quem rodeavam as principais autoridades romanas. Entre estes, podia-se contar um grupo de oficiais pertencentes à guarda pretoriana, que criticava os diferentes atos da cena exibida em sua presença, com ar de especialistas. Suas gargalhadas estridentes, seu alvoroço e sua esplêndida vestimenta os fazia objeto de especial atenção por parte de seus vizinhos.

Já haviam se apresentado inúmeros espetáculos preliminares; por fim, chegara o momento de começarem os combates. Apresentaram-se várias lutas corporais, cuja maioria teve resultados fatais, despertando diferentes graus de interesse, segundo a coragem e habilidade demonstradas pelos combatentes. Tudo isso buscava aguçar o apetite dos espectadores, aumentando sua veemência, enchendo-os do mais ávido desejo pelos acontecimentos ainda mais emocionantes, que se seguiriam.

Um homem em particular havia despertado a admiração e o frenético aplauso da multidão. Tratava-se de um africano de Mauritânia, de força e estatura gigantesca. Sua habilidade igualava-se à sua força. Sabia brandir sua curta espada com destreza maravilhosa, e cada um dos rivais que tivera já estava morto.

Chegou o momento em que deveria se confrontar com um gladiador de Batávia, homem ao qual se igualava somente em força e em estatura, mas os separava um contraste extremamente visível. O africano era de pele tostada, de cabelo resplandecente e cacheado e olhos cintilantes; o bataviano, era de pele clara, cabelo loiro, olhos vivíssimos e cinzentos. Difícil dizer qual deles levava vantagem, tão acertado havia sido o cotejo em todos os sentidos. Contudo, como o primeiro já lutava há algum tempo, considerava-se que tivesse isso como uma desvantagem. Como disse, chegou, pois, o momento em que se travou o confronto com grande veemência e habilidade de ambas as partes. O bataviano dirigiu tremendos golpes a seu rival, que foram detidos graças à viva destreza daquele. O africano era ágil e estava furioso, mas nada podia contra a fria e sagaz defesa de seu atento adversário.

Finalmente, a um sinal dado, o combate foi suspenso e os gladiadores retirados. Mas isso estava longe de acontecer por causa da admiração ou comiseração dos espectadores. Antes, tratava-se simplesmente de um sutil entendimento de que era o melhor modo de agradar o público romano naquela circunstância.

Todos entendiam, naturalmente, que os gladiadores voltariam.

Chegou então o momento em que muitos homens foram conduzidos à arena, armados com espadas curtas. Passado um instante, recomeçaram o ataque. Não era um conflito entre dois grupos, mas uma contenda generalizada, na qual cada um atacava seu vizinho. Por serem as cenas mais sangrentas, eram as que mais emocionavam os espectadores. Um conflito desse tipo destruiria o maior número de pessoas, no menor espaço de tempo. A arena apresentava o cenário da confusão mais horrível. Quinhentos homens, na flor da vida e força, armados de espadas, lutavam em cega confusão uns contra os outros, sem razão aparente. Algumas vezes, trançavam-se numa massa densa e enorme; outras, separavam-se violentamente, ocupando todo o espaço disponível, rodeando uma pilha de mortos no centro do campo. Porém, atacavam-se novamente com indescritível e sedenta fúria; combates separados eram travados em toda a volta do macabro cenário. O vitorioso em cada um desses corria ávido para tomar parte nas lutas adjacentes, até que os últimos sobreviventes se encontravam novamente, empenhados num cego combate massivo.

No fim, as lutas agonizantes pela vida ou a morte se tornavam cada vez mais fracas. Dos 500 que começaram, restavam somente uns 100, cada qual extenuado e ferido. Repentinamente, deu-se um sinal e dois homens, de extremos opostos, entraram na arena e se lançaram sobre esta miserável multidão. Eram o africano e o de Batávia. Refeitos depois do repouso, caiam sobre os infelizes sobreviventes, que já não tinham nem o ânimo necessário para se combinarem, nem a força para resistirem. Tudo se reduzia a uma carnificina. Os dois gigantes matavam, à direita e à esquerda, sem misericórdia, até que somente eles ficassem em pé no campo da morte para ouvir o aplauso da multidão como estrondos em seus ouvidos.

Estes dois, atacavam-se um ao outro, atraindo a atenção dos espectadores, enquanto eram retirados os despojos miseráveis dos mortos e feridos. O combate voltava a ser tão cruel como o anterior e de invariável semelhança. À agilidade do africano se opunha a precaução do bataviano. Porém, finalmente, aquele lançou uma desesperada investida final; o de Batávia o parou e com a velocidade do relâmpago devolveu o golpe. O africano retrocedeu agilmente e soltou sua espada.

Era tarde demais, porque o impacto de seu inimigo havia-lhe traspassado o braço esquerdo. E conforme caiu, uma algazarra estrondosa, de selvagem regozijo, surgiu dos milhares assim chamados *seres humanos*. Mas isto não devia ser considerado o fim, porque enquanto o conquistador ainda estava sobre sua vítima, o pessoal de serviço entrou rapidamente na arena e o tirou. Contudo, tanto os romanos como o ferido sabiam que não se tratava de um ato de misericórdia, mas de reservá-lo para o fatídico fim que lhe esperava.

—O bataviano é um hábil lutador, Marcellus — comentou um jovem oficial com seu companheiro da concorrência da qual já se falou.

—Realmente o é, meu querido Lucullus — replicou o outro. —Não creio ter visto jamais um gladiador melhor que este. Na verdade, os dois que se enfrentaram eram muito melhores do que a média.

—Lá dentro, há um homem que é muito melhor que esses dois.

—Ah! Quem é ele?

—O grande gladiador Macer. Acho que ele é o melhor que já vi.

—Tenho ouvido alguma coisa a respeito dele. Achas que o colocarão nesta tarde?

—Acredito que sim.

Esse breve diálogo foi bruscamente interrompido por um tremendo rugido que atravessou os ares, procedente do viveiro, ou seja, do lugar onde se mantinham trancadas as feras selvagens. Foi um daqueles bramidos ferozes e terríveis que costumavam lançar as mais selvagens feras, quando haviam chegado ao extremo da fome e fúria.

Não demoraram para abrir as grades de ferro, manejadas por homens instalados na parte superior, aparecendo o primeiro tigre à espreita na arena. Era uma fera da Ásia, de onde havia sido trazida não muitos dias antes. Durante três dias, não havia provado alimento algum, e assim sua raiva furiosa, sua fome, juntamente com o prolongado confinamento, haviam aguçado seu furor a tal extremo que o simples ato de olhá-lo era suficiente para causar pânico. Açoitando-se com sua cauda, percorria a arena olhando para cima, com olhos sanguinários, em direção aos espectadores. Porém, a atenção destes não demorou em desviar-se para um objeto distinto. No outro extremo de onde estava a fera, foi atirado na arena nada menos que um homem. Não levava armadura nenhuma, além do que, estava nu como todos os gladiadores, com a única exceção de uma tanga. Portando em sua mão direita a costumeira espada curta, avançou com dignidade e passo firme para o centro do cenário.

Imediatamente, todos os olhares convergiram sobre este homem. Os inumeráveis espectadores clamaram freneticamente:

—Macer! Macer!

O tigre não demorou em vê-lo, lançando um breve, mas selvagem rugido que infundia terror. Macer, com serenidade, permaneceu em pé com seu olhar tranquilo, mas fixo sobre a besta que mexia a cauda furiosamente, dirigindo-se a ele. Finalmente o tigre se encolheu, e desta posição, com o impulso característico se lançou ferozmente sobre sua presa. Mas Macer estava preparado. Como um relâmpago, voou para a esquerda, e mal o tigre havia caído em terra, aplicou-lhe uma estocada curta, mas cortante, e certeira no coração. Foi o golpe fatal para a fera! A enorme besta estremeceu da cabeça aos pés e, encolhendo-se para tirar toda a força de suas entranhas, soltou seu último bramido, que se ouviu quase como o clamor de um ser humano, depois do qual caiu morta na arena.

Novamente o aplauso da multidão se ouviu como o estrépito do trovão em todo lugar.

—Maravilhoso! — gritou Marcellus. —Jamais vi uma habilidade como a de Macer!

Seu amigo lhe respondeu, retomando a conversa:

—Sem dúvida, ele vem lutando sua vida inteira!

Tão logo a carcaça do animal morto foi arrastada para fora da arena, ao mesmo tempo em que se ouvia o ranger das grades se abrindo novamente e atraindo a atenção de todos. Desta vez, chegava um leão. O animal se deslocou lentamente em direção oposta, olhando surpreso aquele cenário em seu redor. Ali estava o maior exemplar de sua espécie. Era um gigante em tamanho preservado por longo tempo até lhe encontrar um adversário à altura. À simples vista, parecia capaz de enfrentar vitoriosamente dois tigres, como aquele que lhe precedera. A seu lado, Macer não era senão uma débil criança.

O jejum da fera havia sido prolongado, mas ela não mostrava a fúria do tigre. Atravessou a arena de um a outro extremo e, depois, percorreu-a em toda a sua volta, numa espécie de trote, como se procurasse uma saída. Porém, achando tudo fechado, finalmente retrocedeu até o centro, e deitando o rosto no chão deixou ouvir um profundo bramido, tão alto e prolongado que as enormes pedras do Coliseu vibraram com o som.

Macer permaneceu imóvel. Nenhum músculo de seu rosto mudou. Mantinha a cabeça erguida, com a expressão vigilante e característica, aferrando sua espada em guarda. Finalmente o leão se lançou sobre ele. A besta selvagem e o homem se mantiveram frente a frente olhando-se nos olhos um do outro. Mas o olhar sereno do homem pareceu provocar a ira própria do animal. Erigiu seu corpo e cauda e retrocedeu. Com a juba para trás, agachou-se até o chão preparando-se para pular.

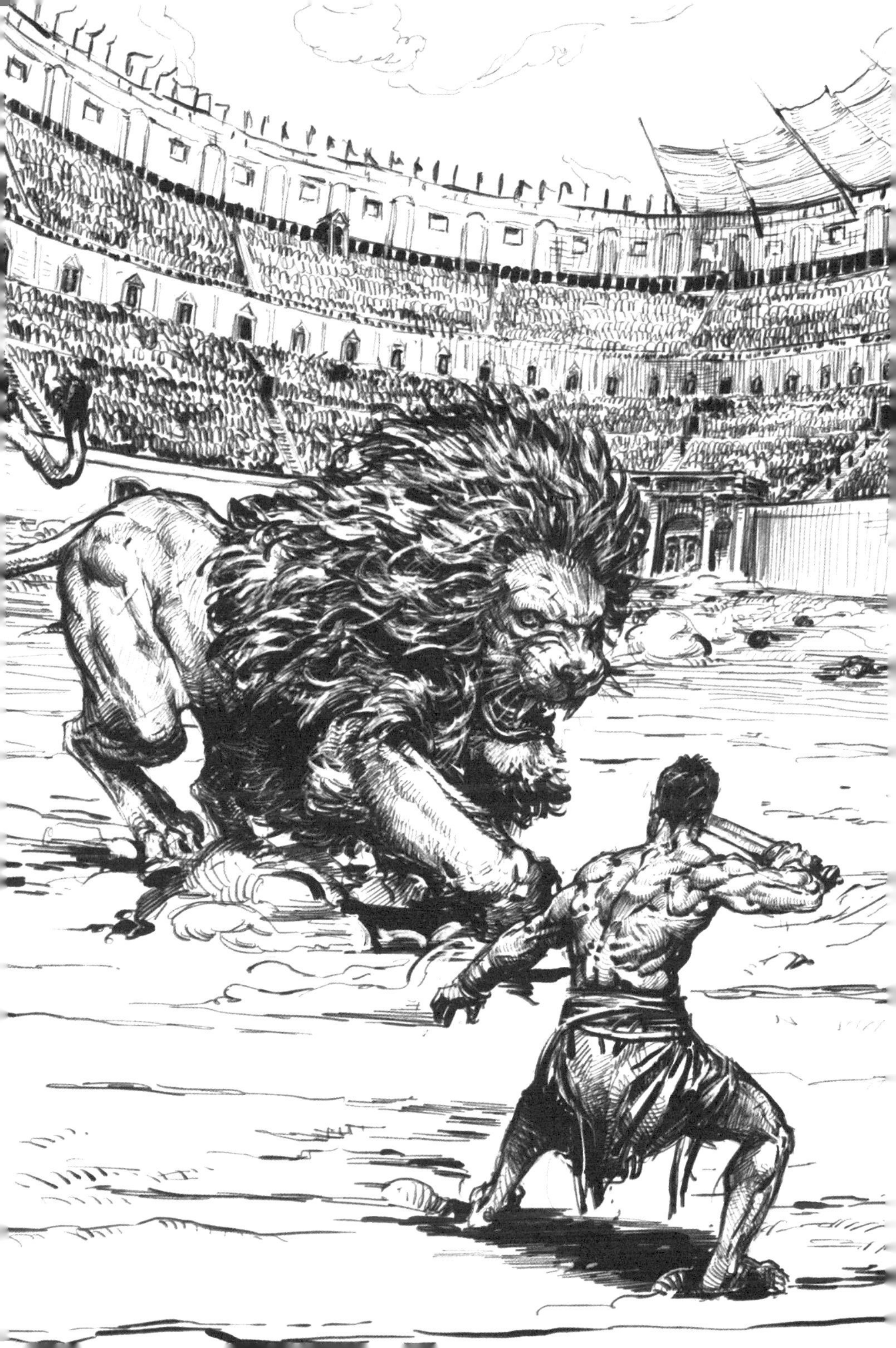

A enorme multidão se deteve, levantou-se fascinada. Eis aí uma cena digna de seu interesse.

A massa escura do leão se lançou na frente, e outra vez o gladiador em sua habitual manobra pulou de lado e lançou sua estocada. Contudo, desta vez a espada feriu apenas uma das costelas da fera, e caiu de suas mãos. O leão foi ferido ligeiramente, mas o golpe só fez elevar sua fúria até o grau máximo.

Macer, porém, não perdeu nem um detalhe de sua característica calma e frieza nesse momento tremendo. Perfeitamente desarmado, à espera do ataque, plantou-se diante da fera. Uma e outra vez, o leão lançou ferozes ataques e cada um deles foi anulado pelo ágil gladiador, que com seus hábeis movimentos se aproximava engenhosamente do lugar onde estava sua arma, até conseguir tomá-la outra vez. E então, outra vez armado de sua espada protetora, esperava o arranhão final da fera. O leão se atirou como fez anteriormente, mas desta vez Macer acertou no alvo. A espada lhe traspassou o coração, e a enorme besta caiu contorcendo-se de dor. Pondo-se em pé, começou a correr na arena, e após um último rugido agonizante caiu morta junto às grades por onde havia entrado.

Então Macer foi conduzido para fora da praça, e o bataviano reapareceu. Os romanos exigiam variedade. A este novo lutador lhe soltaram um tigre pequeno, o qual foi vencido. Em seguida, foi solto um leão. Este deu mostras de extrema ferocidade, embora seu tamanho fosse comum. Era evidente que o bataviano não se igualava a Macer. O leão se lançou sobre sua vítima, que ficou ferida. Porém, ao lançar-se pela segunda vez ao ataque, aferrou seu adversário e literalmente o despedaçou. Então novamente foi atirado Macer, para quem foi tarefa fácil acabar com o filhote.

E desta vez, enquanto Macer permanecia em pé recebendo os intermináveis aplausos, apareceu um homem no lado oposto. Era o africano. Seu braço nem sequer havia sido atado, e pendia de seu lado, completamente coberto de sangue. Ele se encaminhou hesitante para Macer, com penosos passos de agonia. Os romanos sabiam que este havia sido enviado simplesmente para que fosse morto. E o desventurado também o sabia, porque enquanto se aproximou de seu adversário, jogou fora sua espada e exclamou numa atitude carregada de desespero:

—Mata-me rápido! Libera-me da dor!

Todos os espectadores, um a um, ficaram mudos de assombro ao ver Macer retroceder e deixar cair sua espada no chão. Todos seguiam contemplando maravilhados ao extremo, silenciosos. E seu assombro foi maior quando Macer voltou-se para o Imperador, levantando as mãos bem alto.

—Augusto, Imperador — ele gritou — eu sou cristão! Lutarei com feras selvagens, porém jamais levantarei minha mão contra meus semelhantes. Posso morrer, porém, não matarei!

Depois disso, levantou-se um crescente murmúrio.

—O que ele diz? — gritou Marcellus. —Um cristão? Quando foi que aconteceu?

Lucullus respondeu:

—Soube que o haviam visitado no calabouço os malditos cristãos, e que ele teria se unido a essa desprezível seita, na qual estão reunidas todas as fezes da humanidade. É muito provável que ele seja um cristão.

—E preferirá morrer a lutar?

—Assim costumam proceder aqueles fanáticos.

A ira substituiu a surpresa naquela furiosa turba. Causava-lhes indignação que um mero gladiador se atrevesse a decepcioná-los. Os lacaios se apressaram a intervir para que a luta continuasse. Se realmente Macer insistia em negar-se a lutar, deveria sofrer todo o peso das consequências.

Todavia, a firmeza do cristão era impassível. Absolutamente desarmado avançou até o africano, a quem poderia ter matado simplesmente com um soco. O rosto do africano havia-se tornado, nesses breves instantes, como o de um maluco endemoninhado. Em seus sinistros olhos reluzia uma mistura de surpresa, alegria e triunfo. Agarrando sua espada e aferrando-a firmemente, afundou-a no coração de Macer.

—Senhor Jesus, recebe meu espírito! — saíram essas palavras entre a torrente de sangue em meio ao qual a humilde, porém ousada testemunha de Cristo, deixou a Terra, unindo-se ao nobre exército de mártires.

—Costuma haver muitas cenas como esta? — perguntou Marcellus.

—Às vezes é assim. Cada vez que se apresentam cristãos. Eles enfrentam qualquer número de feras. As jovens caminham firmemente ao encontro de leões e tigres, porém nenhum desses loucos quer levantar sua mão contra homens. Este Macer desiludiu amargamente nosso povo. Era o melhor de todos os gladiadores. Porém, ao tornar-se cristão, tem agido como tolo.

Marcellus respondeu:

—Deve ser uma religião fascinante aquela que leva um simples gladiador a proceder da forma que vimos!

—Tu terás uma oportunidade para descobrir mais sobre isto.

—Como assim?

—Não ouviste? Estás designado para desenterrar alguns desses cristãos. Eles desceram às Catacumbas e é necessário persegui-los.

—Qualquer um pensaria que já foi o suficiente. Somente esta manhã queimaram 50 deles.

—E a semana passada degolaram 100. Mas isso não é nada. A cidade inteira está fervilhando com eles. Mas o Imperador Décio [N.E.: Imperador romano entre 249 e 251 d.C.] determinou a restauração da antiga religião. Desde que esses cristãos apareceram, o império tem decaído. Em vista disso, ele se propôs aniquilá-los por completo. Eles são uma maldição, e como tal devem ser tratados. Logo o compreenderás.

Marcellus respondeu com modéstia:

—Não tenho permanecido em Roma o suficiente, e por isso não compreendo em que os cristãos acreditam de verdade. O que tem chegado aos meus ouvidos é que praticamente todo crime que acontece é imputado a eles. Porém, no caso de ser como dizes, hei de ter a oportunidade de vir a sabê-lo.

Nesse momento, uma outra cena atraiu-lhes a atenção. Desta vez, entrou no cenário um ancião, de figura inclinada e cabelo branco-prata. Era de idade muito avançada. Sua aparição foi recebida com gritos de zombaria e escárnio, embora seu rosto

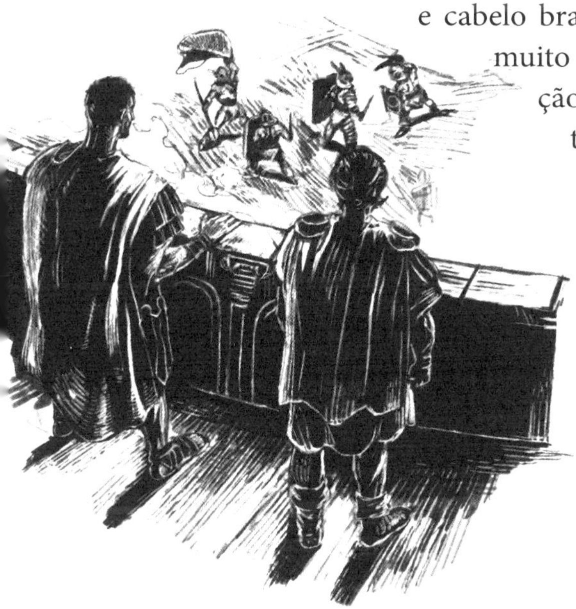

majestoso e atitudes dignas, até o extremo, fizessem presumir que era apresentado para despertar admiração. Enquanto as risadas e alaridos de escárnio feriam seus ouvidos, ele elevou sua cabeça ao mesmo tempo que pronunciou algumas poucas palavras.

—Quem é ele? Perguntou Marcellus?

—Esse é Alessandro, um mestre da abominável seita dos cristãos. É tão obstinado que não se retrata…

—Silêncio! Escuta o que ele está dizendo.

—Romanos — disse o ancião —sou cristão. Meu Deus morreu por mim, e eu, agradecido, ofereço minha vida por Ele.

Uma explosão de gritos e imprecações afogaram sua voz. E antes que tivesse concluído, três panteras apareceram saltando na direção dele. O ancião cruzou os braços e elevando seu olhar para o céu, podiam ser vistos seus lábios se mexendo como que sussurrando orações. As selvagens feras se atiraram sobre ele enquanto orava em pé. Em questão de segundos, destroçaram-no.

Foi permitida a entrada de outras feras selvagens. Elas começaram a correr em volta da arena, tentando pular contra as barreiras. Em seu furor, umas contra as outras, atacaram-se. Era uma cena monstruosa.

Para ali dentro foi arremessado um bando de indefesos prisioneiros, empurrados com rudeza. Tratava-se principalmente de moças que, daquele modo, eram oferecidas à apaixonada turba romana sedenta de sangue. Cenas como essas teriam comovido o coração de qualquer um em quem os últimos traços de sentimentos humanos não tivessem sido anulados. Mas em Roma não existia compaixão. Encolhidas e temerosas, as infelizes criaturas mostravam a humana debilidade natural de se deparar com uma morte tão terrível.

Porém, de um momento para outro, algo como que uma faísca misteriosa de fé as possuía e as fazia superar todo temor. Ao perceberem a presença de suas presas, as feras começaram a aproximar-se. Juntando as mãos, as jovens fitaram os céus e elevaram um cântico solene e imponente, que se erguia com clareza e belíssima doçura para as mansões celestiais:

Ao que nos amou,
Ao que nos lavou de nossos pecados,
Em Seu próprio sangue;
Ao que nos fez reis e sacerdotes,
Para nosso Deus e Pai;
A Ele seja glória e domínio,
Pelos séculos dos séculos,
Aleluia! Amém!

Uma a uma, foram silenciadas as vozes, afogadas com seu próprio sangue, agonia e morte. Um a um, os clamores e contorções de angústia se confundiam com exclamações de louvor. E esses belos espíritos juvenis, tão heroicos ante o sofrimento e fiéis até a morte, levaram seu canto até uni-lo aos salmos dos remidos nas alturas.

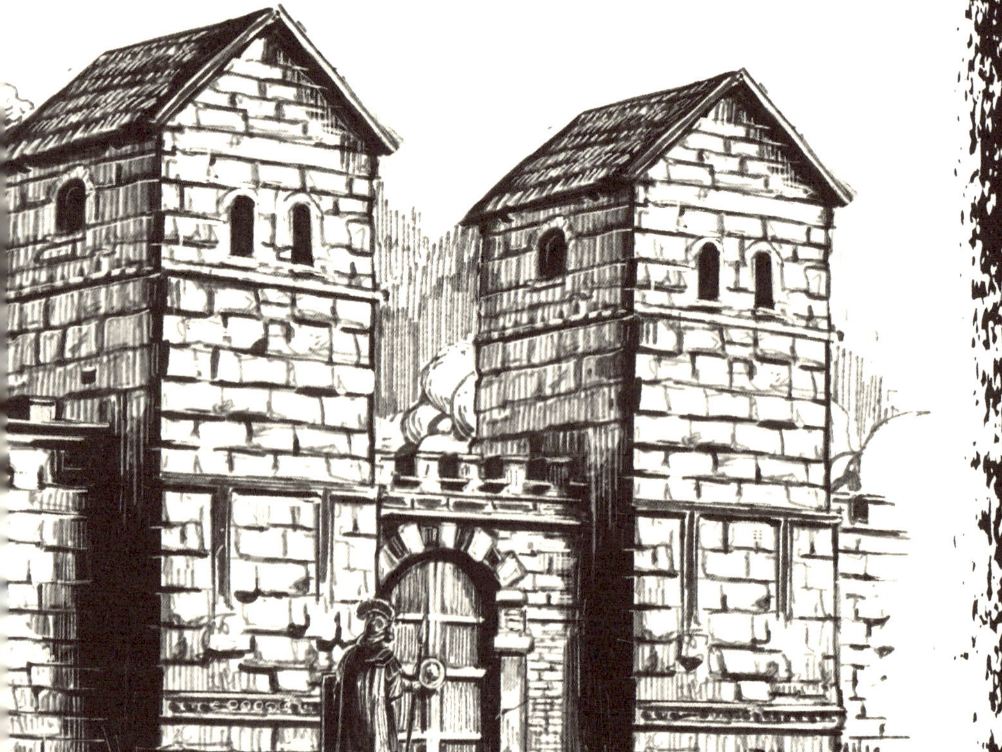

II

O ACAMPAMENTO PRETORIANO

...Cornélio, centurião da coorte chamada Italiana, piedoso e temente a Deus... (ATOS 10:1-2)

Marcellus nasceu em Gades e foi criado sob a férrea disciplina do exército romano. Esteve em destacamentos na África, na Síria e na Bretanha; em todas as partes, distinguiu-se não somente por seu valor no campo de batalha, mas também por sua sagaz habilidade administrativa. Por essas razões, fez-se merecedor de honras e promoções. Quando chegou a Roma, trazendo importantes mensagens, agradou de tal forma o Imperador, que este o destinou para um posto honorário entre os pretorianos.

Lucullus, ao contrário, jamais havia saído das fronteiras da Itália, talvez nem mesmo da cidade. Pertencia a uma das mais antigas e nobres famílias romanas e era, naturalmente, herdeiro de abundantes riquezas, com a correspondente influência que as acompanhava. Fora atraído pelo ousado e franco caráter de Marcellus, o que fez com que os dois jovens se tornassem amigos fiéis. O conhecimento minucioso que Lucullus possuía da capital lhe assegurava a facilidade de servir seu amigo. As cenas descritas no capítulo precedente narram uma das primeiras visitas que Marcellus fizera ao renomado Coliseu.

O acampamento pretoriano estava situado junto à muralha da cidade, à qual unia-se outra muralha que o circundava. Os soldados viviam em quartos semelhantes a celas perfuradas na mesma parede. Era um corpo integrado por numerosos homens, cuidadosamente selecionados, e sua situação na capital lhes concedeu tal poder e influência que por muitos anos mantiveram o controle do governo. Um posto de comando na guarda pretoriana significava um caminho seguro para a fortuna, e Marcellus reunia todas as condições para que lhe fosse garantido um futuro pleno de perspectivas e todas as honras.

Na manhã do dia seguinte, Lucullus entrou em seu quarto e, depois de ter trocado as saudações usuais e de confiança, começou a falar a respeito da luta que testemunharam.

Marcellus disse:

—Tais cenas não são das que mais me agradam. São atos de crassa covardia. A qualquer um pode lhe comprazer ver dois homens bem treinados travar uma luta equilibrada e limpa; mas aquelas carnificinas que se veem no Coliseu são detestáveis. Por que assassinariam Macer? Ele era um dos mais valentes dos homens, e presto toda a minha homenagem à sua coragem. E por que os anciãos e crianças seriam entregues às feras selvagens?

—É a lei, eles são cristãos.

—Essa é a resposta de sempre. Que delito cometeram os cristãos? Encontrei-me com eles por todas as partes do mundo e jamais os vi engajados em distúrbios ou coisa semelhante.

—Eles são o pior da humanidade.

—Essa é a acusação. Mas, que provas há?

—Provas? Que necessidade temos de provas, se sabemos tão bem o que são e fazem? Conspiram em segredo contra as leis e a religião de nosso Estado. E tamanho é o seu ódio contra as nossas instituições que eles preferem morrer a oferecer sacrifício. Não reconhecem rei, nem monarca algum na Terra, senão àquele judeu crucificado que insistem que vive atualmente. E tanta é sua rejeição para conosco, que chegam a afirmar que devemos ser torturados no Hades para sempre.

—Tudo isso pode ser verdade. Disso não entendo nada. Eu os respeito; não conheço nada.

—A cidade está povoada por eles e o império foi invadido. E guarda isto que te digo: o declínio de nosso amado império, que vemos e lamentamos por todas as partes; o fato de que se tenham difundido a fraqueza e a insubordinação e a diminuição de nossas fronteiras, tudo isso aumenta conforme aumentam os cristãos. A quem mais se devem todos esses males, senão a eles?

—Como eles chegaram a causar tudo isso?

—Por meio de seus ensinos e práticas detestáveis. Eles ensinam que lutar é mau, que os soldados são os mais vis dos homens, que nossa gloriosa religião, sob a qual prosperamos, é uma maldição e que nossos deuses imortais são demônios malditos. Em seus ensinamentos, querem destruir toda moralidade. Em suas práticas privadas, realizam os mais tenebrosos e imundos dos crimes. Sempre mantêm entre si o mais impenetrável segredo, mas às vezes temos ouvido seus perniciosos discursos e impudicos cantos.

—É evidente que, se é assim, trata-se de algo extremamente grave; por isso, merecem o mais severo castigo. Mas, de acordo com tua própria declaração, eles mantêm o segredo entre si e, portanto, sabe-se muito pouco a respeito deles. Dize-me: aqueles homens que sofreram o martírio ontem tinham a aparência de tudo isso? Aquele ancião tinha algo que demonstrasse haver passado sua vida entre cenas de vício? Eram acaso obscenos os cantos que elevaram aquelas belíssimas moças, enquanto esperavam ser devoradas pelos leões?

Ao que nos amou;
Ao que nos lavou de nossos pecados.

E Marcellus cantou em voz baixa e suave as palavras que ouvira.

—Confesso-te, amigo, que, no fundo de minha alma, lamentei a sorte deles.

Ao que Marcellus acrescentou:

—E eu poderia ter chorado se não fora um soldado romano. Para um momento e reflete. Tu me dizes coisas a respeito destes cristãos e, ao mesmo tempo, confessas que somente sabes de ouvidos, de lábios daqueles que também ignoram o que dizem. Atreves-te a afirmar que são infames e vis, o lixo da Terra. Pessoalmente, admiro-os quando afrontam a morte, que é a que prova as qualidades mais elevadas da alma. Enfrentam-na com nobreza, chegando ao extremo de

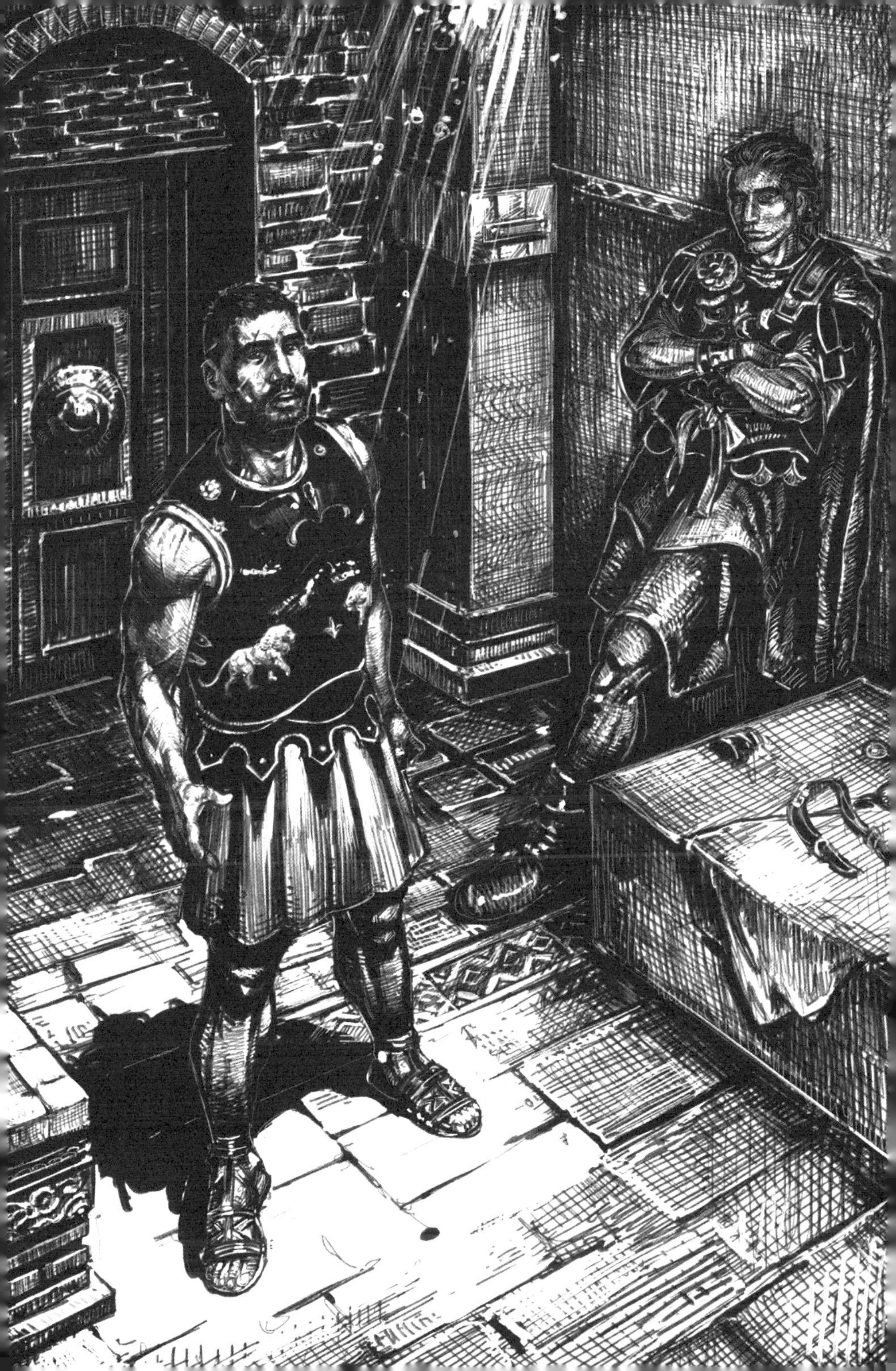

morrer alegremente. Roma, em toda sua história, não pôde exibir um único exemplo de cena de maior devoção do que presenciamos ontem. Falas que eles detestam os soldados, mas são extremamente valorosos; dizes que são traidores, no entanto, eles não resistem às leis; declaras que são impuros, no entanto, se existe beleza na Terra, ela pertence àquelas jovens que morreram ontem.

—Entusiasma-te excessivamente por aqueles párias.

—Não é mero entusiasmo, Lucullus. Desejo saber a verdade. Toda a minha vida tenho ouvido essas referências. Mas diante do que vi ontem, juntamente contigo, pela primeira vez cheguei a suspeitar dessa veracidade. E agora te pergunto com todo meu interesse, e descubro que teu conhecimento não se fundamenta em nada. E hoje bem me lembro que estes cristãos por todo o mundo são pessoas pacíficas e honestas. Jamais tomam parte em levantamentos ou perturbações. Estou convencido de que nenhum destes crimes, que lhes são atribuídos, poderá ser provado contra eles. Por que, então, devem morrer?

—Porém, o Imperador deve ter boas razões para tê-lo disposto assim.

—Ele pode ser instigado por conselheiros ignorantes ou maliciosos.

—Acho que é uma decisão tomada por ele mesmo.

—O número dos que foram entregues à morte é enorme.

—Ah! Sim, são alguns milhares; restam ainda muitos mais; estes, entretanto, estão fora de alcance. E precisamente isso me lembra a razão de minha presença aqui. Trago-te a tarefa imperial.

Lucullus retirou das dobras de sua capa militar um rolo de pergaminho e o entregou a Marcellus. Este examinou com avidez o conteúdo. Era promovido a um grau superior, ao mesmo tempo em que ficava designado para buscar, perseguir

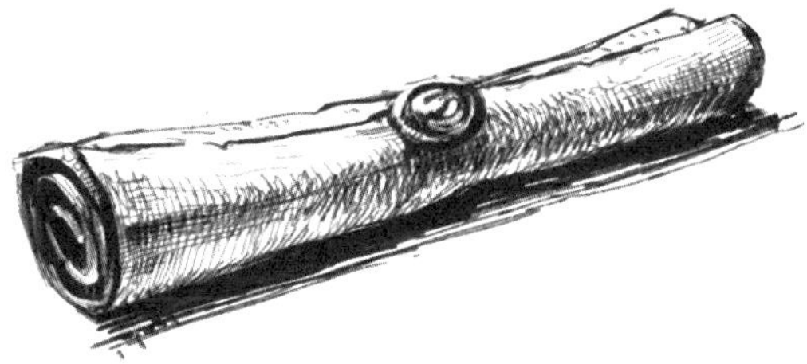

e deter os cristãos onde quer que estivessem ocultos, mencionando, particularmente, as Catacumbas.

Marcellus leu preocupado e depois colocou o rolo de lado.

—Não pareces estar muito contente.

—Confesso-te que a tarefa é desagradável. Sou um soldado e não gosto de andar à caça de velhos débeis e crianças para os carrascos. Porém, como soldado, devo obedecer. Fala-me algo sobre as Catacumbas.

—As Catacumbas? Trata-se de uma cidade subterrânea, cujos limites ninguém conhece. Os cristãos fogem para lá cada vez que se encontram em perigo. Também já estão habituados a enterrar seus mortos ali. Uma vez que as conseguem penetrar, podem considerar-se fora do alcance dos poderes do Estado.

—Quem fez as Catacumbas?

—Ninguém sabe ao certo. O fato é que estiveram ali durante muitos séculos. Acredito que foram escavadas com o objetivo de extrair areia para edificações. Atualmente, todo o nosso cimento provém dali e poderás ver, por todos os caminhos, inúmeros operários trazendo cimento à cidade. Hoje, têm de ir até uma grande distância, porque com o passar dos anos escavaram tanto sob a cidade que a deixaram como um favo de mel: sem fundamento.

—Existe alguma entrada regular?

—Existem inúmeras entradas. Precisamente essa é a dificuldade, pois se existissem somente umas poucas, então poderíamos capturar os fugitivos. Contudo, assim não podemos saber em qual direção devemos avançar sobre eles.

—Há alguma cidade da qual se suspeita?

—Sim. Seguindo pela Via Ápia, uns 3 quilômetros para a frente, perto do túmulo de Cecília Metella, ali na grande torre redonda que conheces, muitos cadáveres foram achados. Fazem-se conjecturas de que se trata dos corpos dos cristãos resgatados do anfiteatro e levados para lá, para dar-lhes sepultura. Quando os guardas se aproximam, os cristãos abandonam os corpos e fogem. No entanto, isso não ajuda muito, porque depois que alguém entra nas Catacumbas, não se pode considerar que esteja mais perto do objetivo que antes. Não existe ser humano que possa penetrar naquele labirinto infinito sem o auxílio daqueles que lá mesmo moram.

—Quem mora lá?

—Os escavadores, que ainda se dedicam a cavar a terra em busca de areia para as construções. Quase todos eles são cristãos e sempre estão ocupados em escavar tumbas para os cristãos que morrem.

Esses homens viveram ali a vida toda, e não somente se pode dizer que estão familiarizados com todas aquelas passagens, senão que têm uma espécie de intuição que os conduz.

—Alguma vez, estiveste nas Catacumbas, certo?

—Uma vez, faz muito tempo, quando um escavador me acompanhou. Mas só permaneci ali por pouco tempo. Deu-me a impressão de ser o lugar mais terrível que existe no mundo.

—Tenho ouvido falar das Catacumbas, mas na verdade não sabia nada a respeito delas. É estranho que sejam tão pouco conhecidas. Não poderiam esses escavadores se comprometer a guiar os guardas por todos esses labirintos?

—Não, eles não trairão os cristãos.

—Mas, tentaram fazê-lo?

—Ó, sim. Alguns obedecem e guiam os oficiais da justiça através da rede de passagens, até que chega um momento em que quase perdem o sentido. As tochas quase se extinguem e eles chegam a aterrorizar-se, pedindo para voltar. O escavador expressa que os cristãos devem ter fugido e assim o oficial volta ao ponto de partida.

—E ninguém tem a decisão de seguir o suficiente até chegar a encontrar os cristãos?

—Se insistem em continuar a busca, os escavadores os conduzirão perpetuamente. Mas o fazem pelas incontáveis passagens que interceptam alguns distritos particulares.

—E nem um deles trairá os fugitivos?

—Sim, algumas vezes. Mas, de que serve? Ao primeiro sinal de alarme, todos os cristãos desaparecem pelos condutos laterais que se abrem por toda parte.

—Minhas perspectivas de êxito parecem pequenas.

—Poderão ser poucas, bem poucas, mas espera-se muito da tua ousadia e sagacidade. Pois se chegares a ter êxito nessa tarefa, que te é atribuída, terás assegurada a tua fortuna. E agora, boa sorte! Contei-te tudo o que sei. Não terás dificuldades em aprender mais de qualquer dos escavadores.

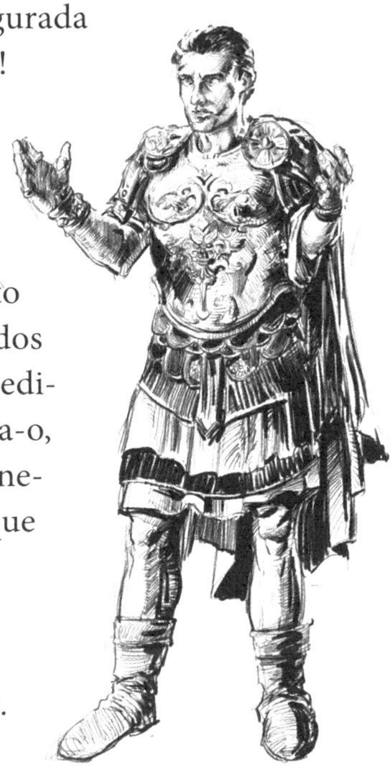

Assim falava Lucullus, enquanto ia embora. Marcellus escondeu o rosto entre as mãos e perdeu-se em profundos pensamentos. Porém, durante sua meditação, como envolvendo-o, perseguia-o, as primeiras frases, cada vez mais penetrantes, daquela gloriosa melodia que evidenciava o triunfo sobre a morte:

Ao que nos amou,
Ao que nos lavou de nossos pecados.

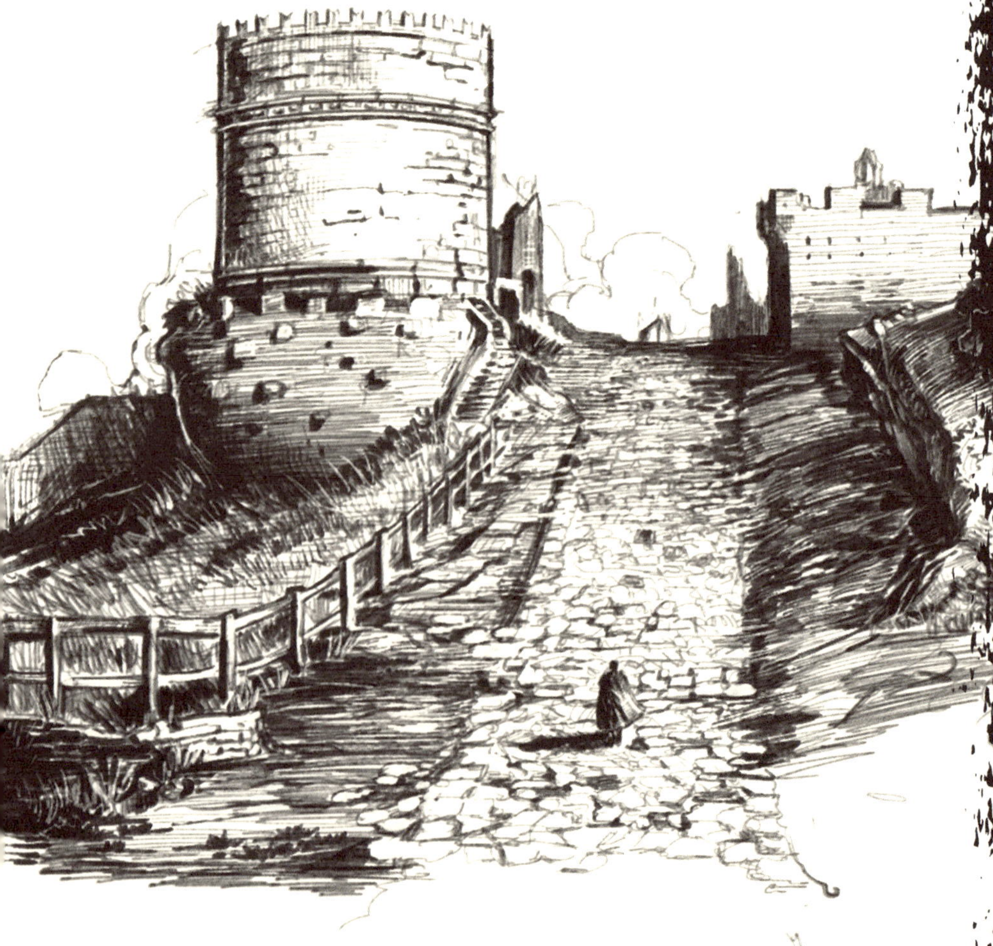

III

A VIA ÁPIA

Sepulcros em fileiras tristes
guardam as cinzas dos poderosos
que dormem na Via Ápia.

Marcellus, sem demora, entregou-se inteiramente a cumprir a tarefa para a qual fora destinado. No dia seguinte, dedicou-se às suas investigações. Como se tratava de uma mera indagação, não se fez acompanhar de soldado algum. Partindo do quartel dos pretorianos, caminhou para fora da cidade descendo pela Via Ápia.

Uma sucessão de túmulos alinhava-se em ambos os lados da famosa via, cuja magnífica conservação estava a cargo das famílias a quem pertenciam. A certa distância do caminho, ficavam as casas e as vilas, tão igualmente apinhadas como no centro da cidade. Muito havia ainda a ser percorrido para chegar a campo aberto.

Finalmente, o caminhante chegou à grande torre redonda, a qual se distanciava cerca de 3 quilômetros do portão. Construída de enormes blocos de pedra, fora ornamentada com a mais imponente beleza e simplicidade. O estilo austero de tão sólida construção lhe imprimia um ar de firme desafio contra os embates do tempo.

A essa altura, Marcellus se deteve para contemplar o que havia percorrido. Para um novato em Roma, cada vista apresentava algo novo e interessante. O mais impressionante ali era a interminável fileira de túmulos. Esses pontos eram os últimos lugares de descanso dos grandes, dos nobres e dos valentes nos tempos passados, cujos epitáfios anunciavam suas honras na Terra, em contraste com a incerteza de suas perspectivas nas surpresas de uma vida porvir. As artes e a riqueza haviam erigido esses pomposos monumentos, e a piedosa afeição dos séculos as preservara da decadência. Exatamente frente a ele, estava o mausoléu sublime de Cecília Metella; uma pouco mais longe, estavam os túmulos de Catalino e os Servillius. Mais distante ainda, seu olhar encontrou o lugar de repouso de Escipião, cuja clássica arquitetura classificava seu conteúdo com "o pó de seus heroicos habitantes".

À sua mente, vieram as palavras de Cícero: *Quando saís pela Porta Capena, e vedes as tumbas de Catalino, dos Escipiões, dos Servilius, dos Metella, atrevei-vos a pensar que os que ali estão sepultados são infelizes?*

Ali estava o Arco de Druso, limitando a via; de um lado, a gruta histórica de Egéria, e a curta distância, o lugar escolhido uma vez por Aníbal para lançar sua javalina contra as muralhas de Roma. As intermináveis fileiras de tumbas seguiam até a monumental pirâmide de Gaio Cestio, conjunto que oferecia o maior cenário de magnificência sepulcral, que podia ser encontrado em toda a Terra.

Por todos os lados, as habitações dos homens cobriam o chão, pois fazia longo tempo que a cidade imperial havia excedido seus limites originais, e as casas se espalharam por todos os lados no campo que a circundava, até o extremo que o viajante apenas podia distinguir onde terminava o campo e começava a cidade.

De longe, o barulho da cidade, o circular das numerosas carruagens e o caminhar de multidões de pés pressurosos pareciam saudar seus ouvidos. Diante dele, levantavam-se os monumentos e templos, o branquíssimo brilho do palácio imperial, as inumeráveis cúpulas e colunas formando torres elevadas, como uma cidade no ar, por cima de todo o excelso Monte Capitolino, em cujo cume se eleva o templo de Júpiter.

Todavia, tanto mais impressionante que todo o esplendor do lar dos vivos, era a solenidade da cidade dos mortos.

Que desperdício de glória arquitetônica se espalhava à volta dele! Ali se elevavam orgulhosos os monumentos das grandes famílias de Roma. O heroísmo, o gênio, o valor, o orgulho, a riqueza, tudo o que o homem estima ou admira, animava ali as eloquentes pedras e despertavam a emoção. Ali estavam as formas visíveis das mais altas influências da antiga religião pagã. Porém, seus efeitos sobre a alma nunca corresponderam ao esplendor de suas formas externas ou à pompa de seus rituais. Os epitáfios não evidenciavam nem um sinal de fé, senão amor à vida e seus triunfos; nada de segurança de uma vida imortal, mas um triste desejo egoísta dos prazeres deste mundo.

Tais eram os pensamentos de Marcellus, enquanto meditava sobre o cenário que estava diante de si e, insistentemente, repetia-se a lembrança das palavras de Cícero: "...atrevei-vos a pensar que aqueles que ali estão sepultados são infelizes?"

Ponderava: "Esses cristãos, em cuja busca estou, parecem ter aprendido mais do que posso descobrir em toda a nossa filosofia. Parecem não somente ter vencido o temor da morte, como também aprenderam a morrer regozijando-se. Que poder secreto eles têm que chega a inspirar ainda os mais jovens e os mais fracos deles? Qual o significado oculto de seus cânticos? Minha religião permite somente a esperança de que talvez não serei infeliz; porém, a deles os leva a morrer com cantos de triunfo, de regozijo".

Mas, o que faria para poder continuar com sua busca pelos cristãos? Multidões de pessoas passavam junto a ele, mas ele não podia descobrir uma só pessoa capaz de o ajudar. Edifícios de variados tamanhos, muralhas, túmulos e templos o rodeavam por todas as partes, mas ele não via lugar algum que pudesse conduzi-lo às Catacumbas. Estava completamente perdido e sem saber o que fazer.

Entrou numa rua, caminhando lentamente, tentando fazer um escrutínio cuidadoso de cada pessoa que encontrava e examinando minuciosamente cada edifício. Contudo, não obteve o menor resultado, salvo ter descoberto que a aparência externa de tudo que o rodeava não mostrava sinais que a relacionasse com habitações subterrâneas. O dia se passou e começou a ficar tarde, mas Marcellus lembrou que haviam lhe dito existir muitas entradas para as Catacumbas, e foi assim que continuou sua busca, esperando achar alguma pista antes do fim do dia.

No final, sua busca foi recompensada. Havia caminhado em todas as direções, às vezes recorrendo às suas próprias pegadas e voltando novamente ao ponto de partida para reorientar-se. As sombras crepusculares se aproximavam e o sol se aproximava do horizonte. Nessas circunstâncias, seu olhar alerta foi atraído para um homem que caminhava na direção oposta, seguido por um menino. A vestimenta do homem era de confecção rústica e, além disso, estava suja e úmida de areia e argila. Seu aspecto magro e seu rosto pálido evidenciava tratar-se de alguém que havia estado longo tempo em prisões, e assim toda sua aparência externa atraiu o atento olhar do jovem soldado.

Aproximou-se daquele homem e, não sem antes colocar a mão sobre seu ombro, disse-lhe:

—És escavador. Vem comigo.

Ao olhar para ele, o homem deu com um rosto severo. E a presença das roupas de oficial o atemorizaram. Contudo, no mesmo instante desapareceu e antes que Marcellus pudesse dar o primeiro passo em sua perseguição, tomou um rumo lateral e se perdeu de vista.

Mas Marcellus pegou o garoto.

—Vem comigo — disse.

A pobre criança não pôde fazer senão fitá-lo, mas com tal agonia e medo que Marcellus ficou comovido.

—Tem misericórdia de mim, peço pela minha mãe. Se me prenderes, ela morrerá.

A criança se lançou aos seus pés, balbuciando somente aquilo, em forma entrecortada.

—Não vou te fazer nenhum dano, vem comigo — e assim o conduziu para um espaço aberto, afastado do lugar por onde tanta gente estava circulando. —E agora que estamos sós, — disse-lhe, detendo-se e fitando-o —, dize-me a verdade. Quem és?

—Chamo-me Pollio — disse o menino.

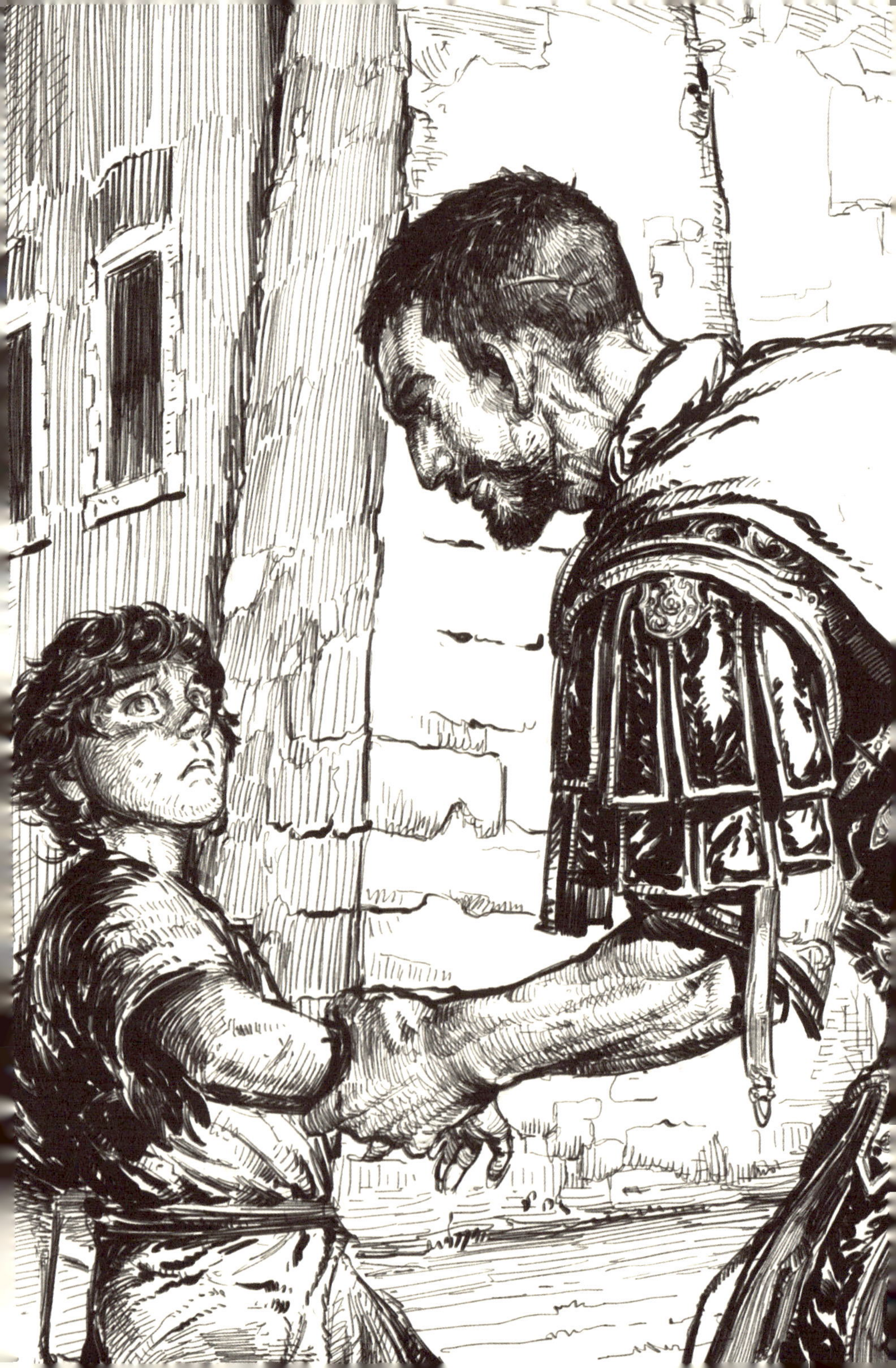

—Onde moras?

—Em Roma.

—E o que estás fazendo aqui?

—Saí para cumprir uma tarefa.

—Quem era aquele homem?

—Um escavador.

—O que estavas fazendo com ele?

—Ele estava me levando um pacote.

—O que continha o pacote?

—Alimentos.

—A quem os levavas?

—A uma pessoa necessitada.

—Onde mora essa pessoa?

—Aqui perto, perto.

—Ora, menino, fala a verdade. Sabes alguma coisa sobre as Catacumbas?

—Já ouvi sobre elas — disse o menino baixinho.

—Nunca estiveste dentro delas?

—Sim, já estive em algumas delas.

—Conheces alguém que more lá?

—Sim, algumas pessoas. Os escavadores moram ali.

—Tu ias às Catacumbas com ele?

—O que vou fazer ali nesta hora? — disse o garoto, inocentemente.

—É exatamente isso que desejo saber. Ias para lá?

—Como poderia atrever-me a ir para lá, quando está proibido pela lei?

Marcellus disse abruptamente:

—Já é noite. Vamos ao culto noturno daquele templo.

O menor vacilou e depois disse:

—Estou com pressa.

—Mas neste momento, és meu prisioneiro. Nunca negligencio a adoração aos deuses. Deves vir agora comigo e ajudar-me em minhas devoções.

Ao que a criança respondeu firmemente:

—Não posso.

—Por que não podes?

—Porque sou cristão.

—Eu já sabia. E tens amigos nas Catacumbas, e estás indo para lá agora. Eles são as pessoas necessitadas a quem estás levando esses alimentos, e a tarefa que cumpres é para eles.

O menino inclinou a cabeça e guardou silêncio.

—Quero que me conduzas agora mesmo à entrada das Catacumbas.

—Ó! Vejo que és um oficial generoso, tem misericórdia de mim! Não me peças semelhante coisa, porque não posso fazê-lo. Jamais trairei meus amigos.

—Não os trairás. Mostrar-me uma entrada entre as muitas que conduzem até lá embaixo não significa nada. Acreditas que os guardas não as conhecem todas?

O menino refletiu por um momento, e finalmente manifestou seu assentimento.

Marcellus o tomou pela mão e seguiu sua orientação. Ele voltou à direita da Via Ápia, e depois de andar uma curta distância chegou a uma casa desabitada. Entrou nela e desceu ao porão. Ali havia uma porta que aparentemente dava para um simples depósito. O menino indicou esse lugar e se deteve.

—Desejo descer até lá — disse Marcellus firmemente.

—Tens certeza de que te arriscarias a descer lá sozinho?

—Dizem que os cristãos não cometem delitos. O que deveria temer? Continuemos.

—Não possuo tochas.

—Mas eu as tenho. Vim preparado. Vamos.

—Não posso continuar mais.

—Tu te negas?

O menino respondeu:

—Devo negar-me. Meus amigos e parentes estão lá embaixo. Melhor seria morrer cem vezes do que conduzir-te até onde eles estão.

—És muito ousado. Mas não sabes o que é a morte.

—O quê? Eu não sei? Que cristão teme ir à morte? Já vi muitos de meus amigos morrerem em agonia e ainda ajudei a sepultá-los. Não te conduzirei até lá. Leva-me à prisão.

A criança deu meia volta.

—Mas se eu te levar, o que pensarão teus amigos? Tens mãe?

O menino inclinou a cabeça e começou a chorar amargamente. A menção daquele nome querido o havia vencido.

—Vejo que tens mãe e que a amas. Leva-me lá embaixo e voltarás a vê-la.

—Jamais os trairei, já disse. Antes, morrerei. Faz comigo o que desejares.

—Se eu tivesse más intenções, achas que desceria sem me fazer acompanhar por soldados? — disse Marcellus.

—Mas o que pode querer um soldado, ou um pretoriano, com os perseguidos cristãos, senão os destruir?

—Moleque, não tenho más intenções. Se me conduzires até lá embaixo, juro que não farei nada contra teus amigos. Quando estiver lá, serei um prisioneiro e eles poderão fazer comigo o que desejarem.

—Juras que não os trairás?

—Juro pela vida de César e pelos deuses imortais — disse Marcellus solenemente.

—Vamos, então — disse a criança. —Não precisamos de tochas. Segue-me cuidadosamente.

E o menino penetrou pela estreitíssima abertura.

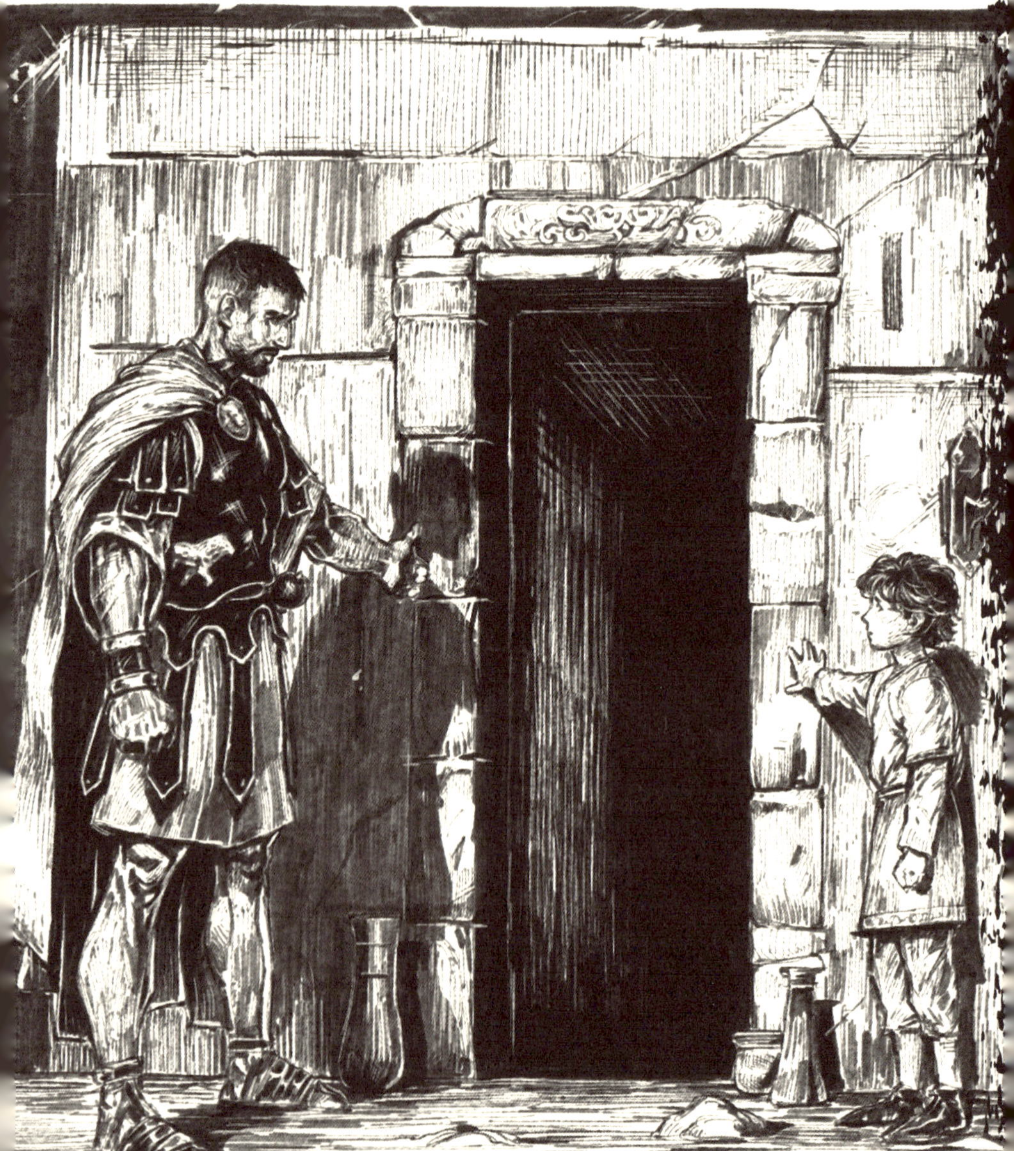

IV

AS CATACUMBAS

Nada de luz, só visíveis trevas
serviam somente para
descobrir quadros de angústia,
regiões de dor, funestas sombras.

Seguiram na densa escuridão, até que, no fim, a passagem se tornou mais larga e chegaram aos degraus que conduziam para baixo. Marcellus, segurando as roupas do menino, o seguia.

Era certamente uma situação que poderia provocar pânico. Ele estava voluntariamente colocando-se em poder dos homens, a quem precisamente a classe à qual ele pertencia os havia privado do ar livre, afundando-os naquelas tétricas moradas. Para eles, Marcellus não podia ser reconhecido de outro modo senão como perseguidor. Mas a impressão que nele haviam deixado, a gentileza e humildade deles era tal que não tinha o menor temor de sofrer dano algum. Estava simplesmente no poder daquele menino que bem poderia conduzi-lo à morte nas densas trevas dos impenetráveis labirintos, mas sequer pensava nisso. Era o vivo desejo de conhecer mais desses cristãos, descobrir seu segredo, o que o conduzia a seguir adiante; e conforme jurara, resolveu que essa visita não seria utilizada para traí-los ou feri-los.

Depois de descer por algum tempo, caminharam por um terreno plano. De repente, voltaram e entraram numa pequena câmara abobadada, iluminada pela débil fosforescência de uma fornalha. A criança havia caminhado com passo firme sem a menor hesitação, como quem está perfeitamente familiarizado com o caminho. Ao chegar àquela câmara, acendeu a tocha que estava no chão, e recomeçou sua marcha.

Existe sempre alguma coisa de inexplicável no ar de um campo santo, impossível de se comparar a qualquer outro lugar. Exceto o fato da reclusão, a umidade, o mortal cheiro da terra, há uma certa influência sutil que envolve tais ambientes com tamanha intensidade que os faz tanto mais aterradores. Ali aflora o hálito dos mortos, que pousa tanto na alma como no corpo. Era esta a atmosfera das Catacumbas. O frio e a umidade atacavam o visitante, como a gelada atmosfera do reino da morte. Os vivos experimentavam o poder misterioso da morte.

Pollio caminhava na frente, seguido de Marcellus. A tocha iluminava apenas as densas trevas. Os reflexos da luz do dia, nem mesmo o raio mais fraco, jamais poderiam penetrar ali para aliviar a deprimente densidade dessas trevas. Era literalmente escuro, era possível sentir a escuridão. A luz da tocha iluminou só uns poucos passos, mas não demorou em extinguir-se em tantas trevas.

A senda seguia tortuosamente fazendo giros incontáveis. Repentinamente Pollio se deteve e apontou para baixo. Olhando entre a escuridão, Marcellus viu uma abertura na senda que conduzia ainda mais abaixo de onde já estavam. Era uma fossa sem fundo visível.

—Para onde me conduzes?

—Abaixo.

—Existem mais corredores lá embaixo?

—Ó, sim. Há tantos como aqui; e ainda embaixo da próxima seção há outros. Eu só estive em andares diferentes destas sendas, mas alguns velhos escavadores dizem que há alguns lugares onde se pode descer a uma profundidade enorme.

O corredor serpenteava de tal modo que toda ideia de localização se perdia por completo. Marcellus já não sabia ao certo se estava a uns quantos passos da entrada ou a muitos estádios. Seus perplexos pensamentos logo começaram a voltar-se para outras coisas. Ao passar a primeira impressão das densas trevas, dedicou-se a olhar mais atentamente ao que se lhe apresentava à vista, cada vez mais impressionado com as muitas maravilhas daquele estranho lugar. Ao longo das paredes havia pranchas semelhantes a lápides que pareciam cobrir longas e estreitas escavações. Estes nichos celulares alinhavam-se a ambos os lados tão estreitamente que apenas sobrava espaço entre um e outro. As inscrições que se viam nas pranchas evidenciavam que eram tumbas de cristãos.

Não teve tempo de deter-se para ler, mas havia uma nota de repetição da mesma expressão, tal como:

Honória — dorme em paz

Fausta — em paz

Em quase todas as tábuas viu a mesma doce e benigna palavra. "PAZ", pensava Marcellus. "Que gente mais maravilhosa são estes cristãos que, ainda em meio a cenários como este, abrigam seu sublime desdém pela morte?".

À medida que avançava, seus olhos habituavam-se cada vez melhor às trevas. Agora o corredor começava a estreitar-se. O teto se inclinava e os lados se aproximavam. Eles deviam encolher-se e caminhar mais devagar. As muralhas eram toscas e rudemente cortadas, conforme as deixavam os trabalhadores, quando extraiam daqui sua última carga de areia para os edifícios acima. A umidade subterrânea e os fungos cresciam por toda parte, agravando toda sua tétrica cor, saturando o ar de pesada umidade, enquanto a fumaça das tochas tornava a atmosfera ainda mais depressiva.

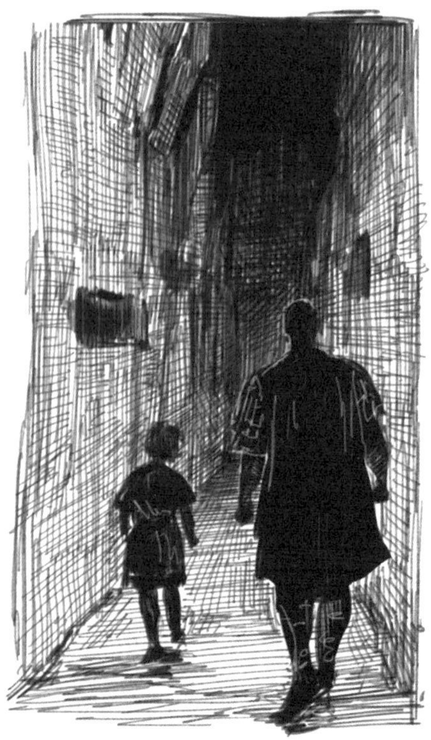

Passaram centenas de corredores e dezenas de lugares em que se encontravam numerosas sendas, que se separavam em diferentes direções. Estes inumeráveis caminhos demonstravam a Marcellus até que ponto estava fora, isolado do mundo exterior. O menino tinha sua vida em suas mãos.

—Algumas pessoas costumam se perder aqui?

—Com grande frequência.

—O que acontece com elas?

—Algumas vezes vagueiam até que encontram algum amigo; outras, não se fica sabendo nada mais sobre elas. Mas hoje, muitos de nós, conhecemos o lugar tão bem, que se nos perdêssemos não demoraríamos a chegar de novo, tateando, a alguma senda conhecida.

Uma coisa em particular impressionou especialmente o jovem oficial: o predomínio de pequenas tumbas. Pollio explicou que pertenciam a crianças. Elas despertaram em Marcellus, sentimentos e emoções que não havia experimentado antes.

"Crianças!", pensava, "O que elas fazem aqui? Os jovens, os puros, os inocentes? Por que não foram sepultados acima, onde os raios benfeitores do sol as abrigariam e as flores enfeitariam seus túmulos? Acaso elas percorreram trilhas tão tenebrosas como estas em seus curtos dias de vida? Acaso partilharam sua sorte com aqueles que caminharam até esses tétricos esconderijos em sua fuga da perseguição? Talvez o ar mortífero de interminável tristeza, destas pavorosas moradas, tenha diminuído suas preciosas vidas infantis, e tirado a vida de seus imaculados espíritos, antes de seu tempo de maturidade?"

Marcellus, como em um suspiro, perguntou:

—Faz muito tempo que estamos nesta marcha. Estamos para chegar?

O menino respondeu:

—Brevemente, chegaremos.

Sejam quais fossem as ideias que Marcellus abrigava antes de chegar até lá, quanto à caça destes fugitivos, agora estava convencido de que todo intento de o fazer era absolutamente em vão. Todo um exército de soldados podia penetrar aqui e jamais chegar sequer a ver um único cristão. E quanto mais se afastasse, tanto mais sem esperança a jornada seria. Eles poderiam espalhar-se por esses inumeráveis corredores e vaguear por ali até encontrar a morte.

No entanto, agora um som quase imperceptível, vindo de longa distância, atraiu sua atenção. Doce e de uma candura indescritível, baixíssimo e musical, vinha dos longos corredores, chegando a encantar-lhe como se fosse uma voz das regiões celestiais.

Continuaram sua lenta marcha, até que uma luz brilhou diante deles, ferindo as densas trevas com seus raios. Os sons aumentavam, elevando-se imediatamente num coro de magnificência imponderável, para depois diminuir e minguar até converter-se em lamentos de penitentes súplicas.

Em poucos minutos, chegaram a uma encruzilhada, desembocando diante dum cenário que bruscamente apareceu perante seus olhos.

—Para! — exclamou Pollio, ao mesmo tempo que detinha seu companheiro e apagava a luz da tocha, que os havia guiado até ali. Marcellus obedeceu e olhou com profunda avidez o espetáculo que se oferecia à sua visão. Estavam numa câmara abobadada com aproximadamente cinco metros de altura e dez de largura. E em tão reduzido espaço se albergavam umas cem pessoas — homens, mulheres e crianças. A um lado, havia uma mesa, detrás da qual estava, em pé, um ancião venerável, que parecia ser o líder entre eles. O lugar estava iluminado pelo reflexo de algumas tochas, que lançavam uma luz avermelhada e fosca sobre a assembleia toda.

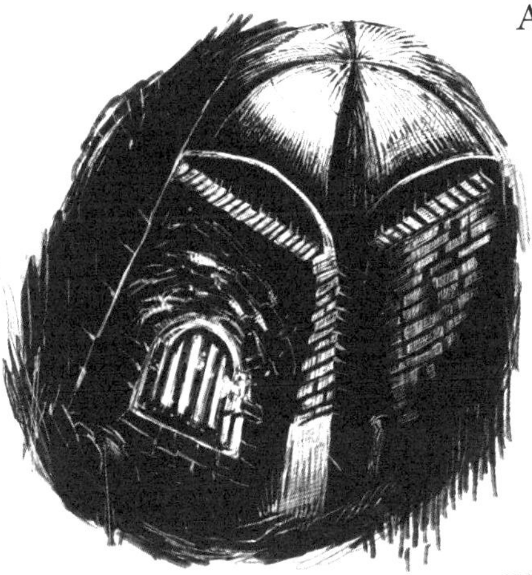

As pessoas pareciam consumidas, sem cuidado algum e suas faces eram caracterizadas pela mesma palidez que Marcellus havia observado no escavador. Ah! Mas a expressão que agora via neles não era em absoluto de tristeza, nem de miséria, nem de desesperança! Antes, uma atraente esperança iluminava seus olhos e em seus rostos se desenhava uma alegria vitoriosa e triunfal. A alma deste observador foi comovida até o íntimo, porque não era senão a confirmação desejada inconscientemente de tudo quanto havia admirado nos cristãos: seu heroísmo, sua esperança, sua paz, que se fundamentavam necessariamente em algo, escondido, oculto, distante para ele. E enquanto permanecia estático e silencioso, ouviu o canto entoado com a alma por essa congregação:

> *Grandes e admiráveis são as tuas obras, Senhor Deus, Todo-Poderoso! Justos e verdadeiros são os teus caminhos, ó Rei das nações! Quem não temerá e não glorificará o teu nome, ó Senhor? Pois só tu és santo; por isso, todas as nações virão e adorarão diante de ti, porque os teus atos de justiça se fizeram manifestos* (APOCALIPSE 15:3-4).

Seguiu-se uma pausa. O líder leu algo num rolo até então desconhecido para Marcellus. Era a garantia mais sublime da imortalidade da alma e da vida depois da morte. A congregação toda parecia presa ao majestoso poder daquelas palavras, como se fossem palavras de vida. Finalmente, o leitor prorrompeu numa exclamação de gozo, que arrancou clamores de gratidão e a mais entusiástica esperança por parte de toda a congregação. As palavras penetraram no coração do observador recém-chegado, embora ele ainda não compreendesse a plenitude de seu significado: "Onde está, ó morte, a tua vitória? Onde está, ó morte, o teu aguilhão? O aguilhão da morte é o pecado, e a força do pecado é a lei. Graças a Deus, que nos dá a vitória por intermédio de nosso Senhor Jesus Cristo" (1 CORÍNTIOS 15:55-57).

Essas palavras pareciam abrir a mente de Marcellus para um novo mundo com novos pensamentos. O pecado, a morte, Cristo com toda aquela infinita sequência de ideias relacionadas, apareciam debilmente perceptíveis para sua alma que, mais que despertar, parecia ressuscitar. Agora, mais que nunca, ardia nele um desejo vivo por chegar a conhecer o segredo dos cristãos, anseio que mesmo satisfeito não cessaria.

O líder levantou sua cabeça, estendeu os braços e orou fervorosamente. Dirigindo-se ao Deus invisível como se estivesse vendo-o, expressava sua confissão e indignidade e mostrava a gratidão pelo livramento dos pecados, graças ao sangue expiatório de Jesus Cristo. Pedia que o Espírito do alto descesse, operando dentro deles para que os santificasse. Depois enumerou suas agonias e pediu que fossem libertados, implorando a graça da fé em vida, a vitória na morte e a abundante entrada nos céus em nome do Redentor, Jesus.

Prosseguindo, seguiu-se outro cântico entoado como o anterior:

Então, ouvi grande voz vinda do trono, dizendo: Eis o tabernáculo de Deus com os homens. Deus habitará com eles. Eles serão povos de Deus, e Deus mesmo estará com eles. E lhes enxugará dos olhos toda lágrima, e a morte já não existirá, já não haverá luto, nem pranto, nem dor, porque as primeiras coisas passaram. [...] Amém! O louvor, e a glória, e a sabedoria, e as ações de graças, e a honra, e o poder, e a força sejam ao nosso Deus, pelos séculos dos séculos. Amém! (APOCALIPSE 21:3-4; 7:12).

A congregação começou a dispersar-se. Pollio avançou até a frente, conduzindo Marcellus. Porém, perante sua figura marcial e sua reluzente armadura todos recuaram e tentaram fugir pelas diferentes sendas. Então Marcellus clamou em alta voz:

—Não temais, cristãos! Estou só em vosso poder!

Com isso, todos voltaram e depois o fitaram com ansiosa curiosidade. O ancião que havia conduzido a reunião avançou até ele e lhe dirigiu um olhar firme e esquadrinhador.

—Quem és e por que ainda nos persegues até o último esconderijo de repouso, que nos é permitido na Terra?

—Não suspeiteis do menor mal a meu respeito. Vim sozinho, sem escolta nem ajuda. Estou à mercê de vós.

—Mas, porventura, o que pode desejar de nós um soldado, e ainda mais, um pretoriano? Estás por acaso sendo perseguido? És um criminoso? Tua vida está em perigo?

—De forma alguma. Sou oficial de alta patente e autoridade e acontece que a minha vida toda andei ansiosamente procurando a verdade. Tenho ouvido muito a vosso respeito, cristãos; porém, nesta época de perseguição, é difícil

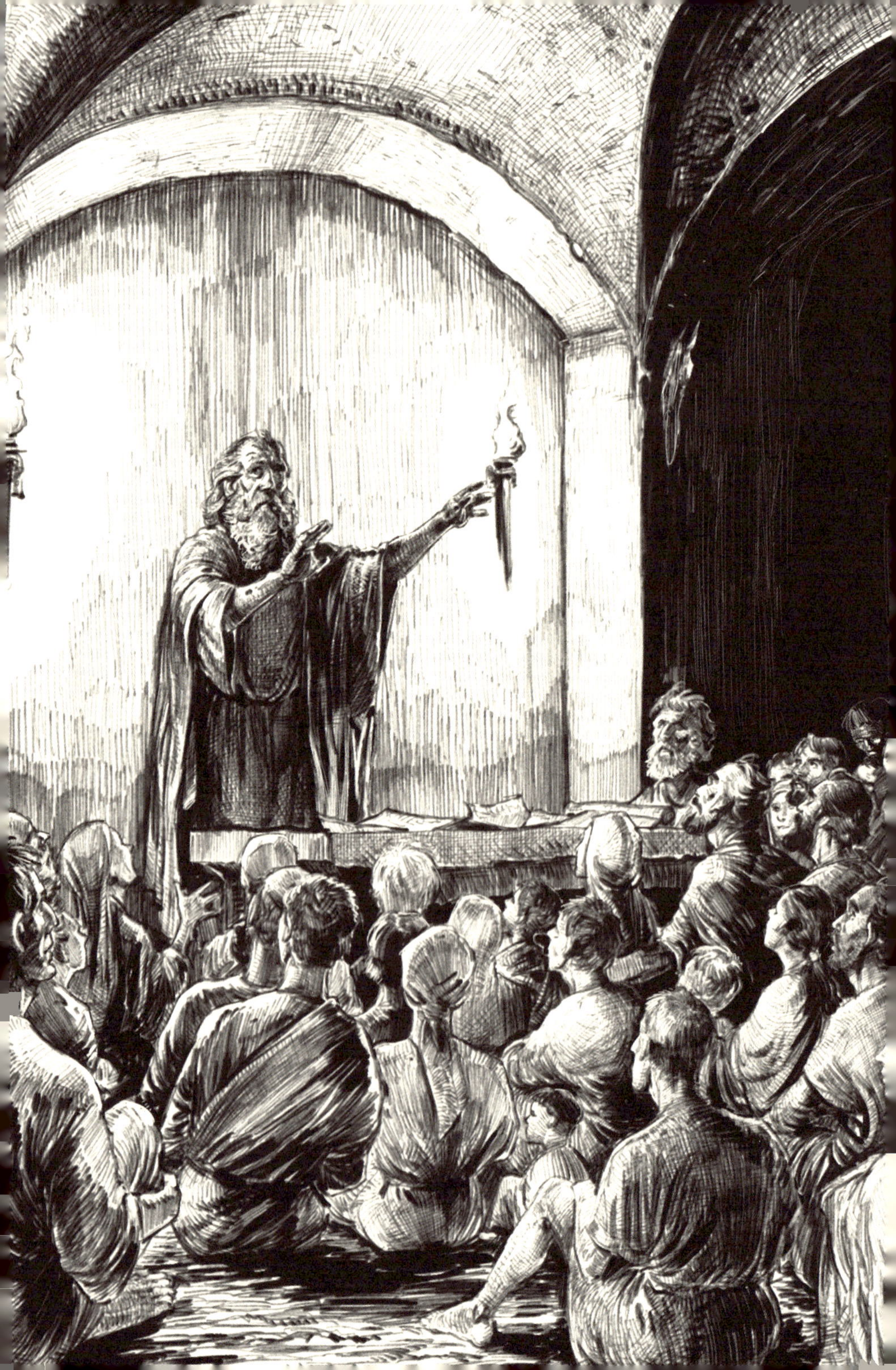

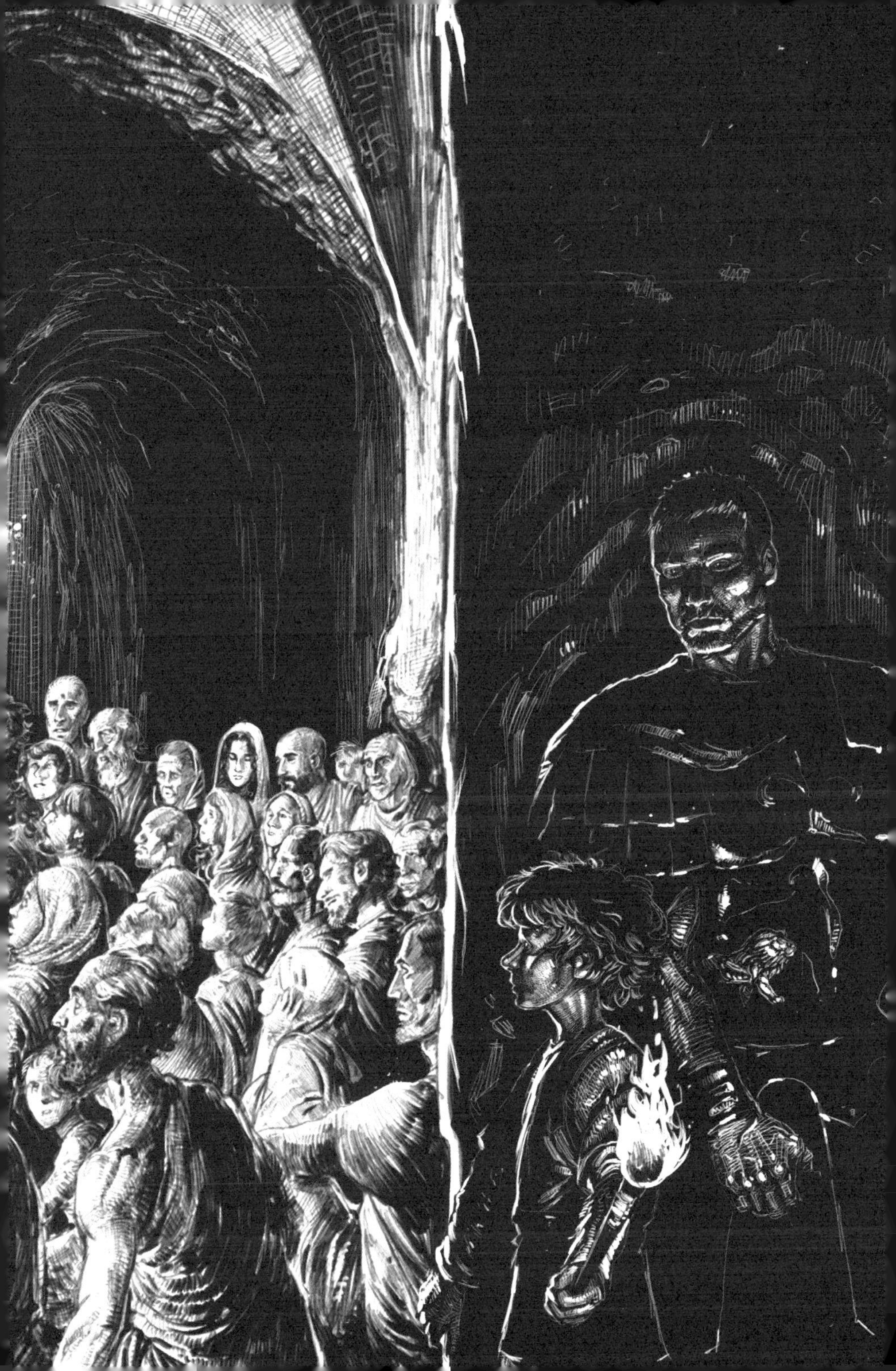

achar um só de vós em Roma. E é por isso que vim até aqui a vossa busca.

Ante isso, o ancião pediu à assembleia que se retirasse, a fim de que pudesse conversar com o recém-chegado. Os outros obedeceram imediatamente e se afastaram por diferentes corredores, sentindo-se mais tranquilos. Uma mulher pálida se adiantou a Pollio e o tomou em seus braços.

—Quanto demoraste, filho meu!

—Mãe querida, encontrei-me com este oficial e fui obrigado a me deter.

—Graças sejam a Deus nosso Senhor que estás bem. Mas, quem é ele?

Ao que o menino respondeu dizendo confiante:

—Acredito que ele é um homem honesto. Já vês como confia em nós.

O líder interveio dizendo:

—Cecília, não vás embora, fica um momento.

A mulher permaneceu, sendo imitada por algumas outras pessoas.

—Coloco-me às tuas ordens, sou Honorius — disse o ancião, dirigindo-se a Marcellus. —Sou um humilde ancião na Igreja do Senhor Jesus. Acredito que és sincero e de boa fé. Dize-me, pois, agora, o que queres de nós.

—Meu nome é Marcellus e sou capitão da Guarda Pretoriana.

—Ai de mim! — exclamou Honorius, juntando as mãos ao mesmo tempo em que caía sentado sobre seu banco. Os outros olharam para Marcellus contritos, e a mulher, Cecília, clamou agonizante de dor.

—Ó, Pollio querido! Como nos traíste!

V

O SEGREDO DOS CRISTÃOS

...Aquele que foi manifestado
na carne foi justificado em espírito...

(1 TIMÓTEO 3:16)

O jovem oficial permaneceu atônito ao perceber o efeito que seu nome havia produzido. E reagindo, disse:

—Por que todos tremem desse modo? Porventura é por minha causa?

Honorius respondeu:

—Ai de mim! Embora proscritos nestes lugares, temos constante comunicação com a cidade. Ouvimos que novos esforços serão feitos para perseguir-nos com maior severidade e que Marcellus, o capitão dos pretorianos, foi designado para buscar-nos. E neste momento, vemos em nossa presença o nosso principal inimigo. Não é esta causa o suficiente para que temamos? Por que haverias de perseguir-nos até este lugar?

Marcellus exclamou:

—Não há motivos para que temais a mim, mesmo que eu fosse vosso pior inimigo. Não estou acaso em vossas mãos? Se desejásseis deter-me, poderia eu escapar? Se quisésseis matar-me, poderia eu resistir? Estou simplesmente entre vós tal como me vedes, sem nenhuma defesa. O fato de encontrar-me aqui sozinho é prova de que não existe perigo de minha parte.

Honorius, reassumindo seu ar de calma, disse:

—Verdadeiramente, tens razão; de forma nenhuma, poderias regressar sem a nossa ajuda.

—Ouvi, pois, que explicarei tudo. Sou soldado romano. Nasci na Espanha e fui criado na virtude e moralidade. Fui ensinado a temer os deuses e a cumprir com meu dever. Estive em muitas terras e me dediquei por inteiro à minha profissão. No entanto, nunca negligenciei a religião. Nos lugares onde morei, estudei todos os escritos dos filósofos da Grécia e de Roma. Aprendi a desdenhar nossos deuses e deusas, que não são melhores, ao contrário, são piores do que eu mesmo. De Platão e Cícero aprendi que existe um Divino Supremo o qual é meu dever obedecer. Porém, como posso conhecê-lo e como devo obedecê-lo? Também aprendi que sou imortal e que, quando morrer, hei de converter-me em espírito. Como serei então? Serei feliz ou miserável? Como posso assegurar

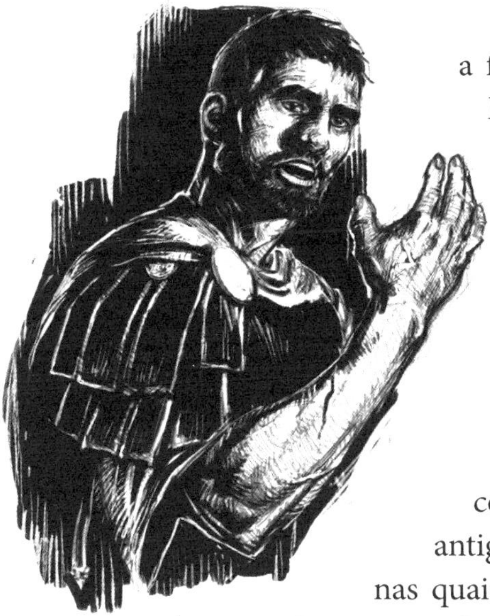

a felicidade na vida espiritual? Eles descrevem com eloquência as glórias da vida imortal, mas não dão instruções para os homens comuns como eu. Descobrir tudo isso constitui o desejo vivo de minha alma.

—Os sacerdotes são incapazes de dizer alguma coisa. Estão envolvidos com antigos formalismos e cerimônias, nas quais eles mesmos não creem. A antiga religião está morta; e os homens não se preocupam mais.

—Nos diferentes lugares por onde andei, tenho ouvido falar muito sobre os cristãos. Mas preso, como sempre estive em meu quartel, jamais tive a oportunidade de vê-los. E para ser franco, não havia me interessado em conhecê-los, até estes últimos dias. Tenho ouvido informes comuns de vossa imoralidade, vossos vícios secretos, vossas desleais doutrinas. E, naturalmente, até pouco tempo atrás eu acreditava nisso tudo. Há alguns dias, estive no Coliseu. Somente ali aprendi algo a respeito dos cristãos. Contemplei o gladiador Macer, um varão para quem o temor era desconhecido, que entregou a vida calmamente ao invés de praticar o que acreditava ser errado. Vi um ancião enfrentar a morte com um pacífico sorriso em seus lábios. E, acima de tudo, vi um grupo de moças que entregaram a vida às feras selvagens com um cântico de triunfo:

Ao que nos amou,
Ao que nos lavou de nossos pecados.

O que Marcellus expressou produziu um efeito maravilhoso. Os olhos dos que o ouviram resplandeciam de alegria e veemência. Quando mencionou Macer, entreolharam-se com gestos significativos. Ao falar do ancião, Honorius inclinou a cabeça, e quando falou das crianças e das jovens sussurrando as palavras do hino, todos voltaram o rosto e choraram.

—Foi aquela a primeira vez em minha vida que vi a morte derrotada. Naturalmente, posso afrontar a morte sem temor, como também cada soldado no campo de batalha. Porém, essa é a nossa profissão. Mas essas pessoas se regozijavam em morrer. Aqui não se trata de soldados, senão de crianças, que estavam imbuídos dos mesmos sentimentos maravilhosos em seus corações.

—Desde então não tenho conseguido pensar absolutamente em nenhuma outra coisa. Quem é Ele que vos amou? Quem é Ele que vos lavou de vossos pecados com Seu sangue? Quem é Ele que dá essa coragem sublime e essa esperança viva dentro de vós? O que vos mantém aqui? Quem é Ele para quem acabastes de orar?

—Efetivamente fui designado para conduzir os soldados contra vós e destruir-vos. Todavia, primeiramente, desejo saber mais a vosso respeito. Juro pelo Ser Supremo que essa minha visita não ocasionará dano algum. Dizei-me, pois, o segredo dos cristãos.

Honorius respondeu:

—Tuas palavras são sinceras e verdadeiras. Agora já sei que não és um espião ou inimigo, mas uma alma sedenta que foi enviada até aqui pelo mesmo Espírito Santo, para que conheças aquilo que há tempo estás procurando. Alegra-te, pois, porque todo aquele que vem a Cristo, de nenhuma forma será rejeitado.

—Tenho visto homens e mulheres que deixaram amigos, lares, honras e riquezas para viver aqui em necessidade, temor, aflição; e tudo isso o tiveram por perda, por causa de Jesus Cristo; nem mesmo as próprias vidas valorizam. Os cristãos deixam tudo por Aquele que os amou.

—Tens toda a razão, Marcellus, ao pensares que há um grande poder que pode fazer tudo isto. Não é o mero fanatismo, não é ilusão, nem muito menos emoção. É o conhecimento da verdade e o amor ao Deus vivo.

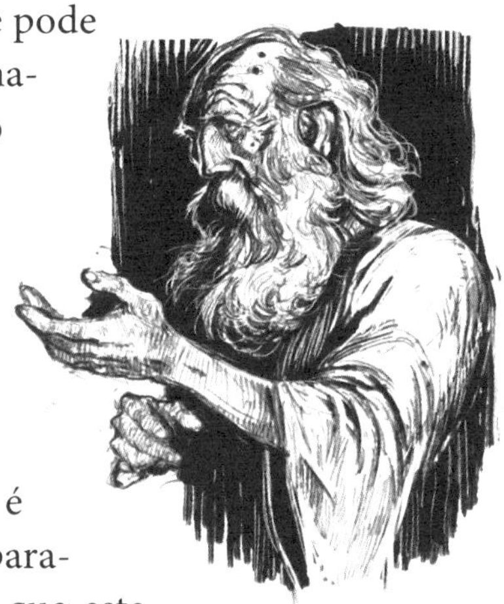

—O que andaste procurando por toda tua vida, é nossa mais amada conquista. Entesourado em nosso coração, é para nós mais digno e sem comparação sequer com qualquer coisa que este mundo possa oferecer. Garante-nos a felicidade na vida ainda neste tenebroso lugar, e nos dá a vitória sobre a própria morte.

—Anseias conhecer o Ser Supremo. Nossa fé (cristianismo) é sua revelação. E por meio dessa revelação Ele se torna conhecido. Infinito em grandeza e poder, e em amor e misericórdia. Esta fé nos aproxima tanto dele, que o torna nosso melhor amigo, nosso guia, nosso consolo, nossa esperança, nosso tudo, nosso Criador, nosso Redentor e o real e eterno Salvador.

—Desejas saber de nossa vida imortal. Pois as Escrituras Sagradas nos explicam isso. Elas nos ensinam que, crendo em Jesus Cristo, o Filho de Deus, e amando e servindo a Deus na Terra, moraremos com Ele em infinita e eterna bem-aventurança nos Céus. Elas também nos mostram como devemos viver a fim de agradar-lhe aqui, enquanto nos ensinam como o louvaremos por todo o sempre depois desta vida. Por elas, aprendemos que a morte, embora nossa inimiga, já não é uma maldição para o cristão, ao contrário, converte-se numa bênção, já que "partir e estar com Cristo, é incomparavelmente melhor" (FILIPENSES 1:23), que permanecer aqui, porque entramos na presença daquele que "nos amou e se entregou a si mesmo por nós" (EFÉSIOS 5:2).

—Portanto — exclamou Marcellus —, se isso é assim, faz-me conhecer a verdade. Porque isto é o que andei procurando por anos; por isso orei ao Ser Supremo de quem somente ouvi falar. És o possuidor daquilo que ansiei saber. O fim e o objetivo de minha vida se encontram aqui. Toda a noite está a nossa frente. Não me rejeites, conta-me tudo de uma vez. É verdade que Deus revelou tudo isso, e que tenho permanecido em ignorância?

Lágrimas de alegria brilharam nos olhos dos cristãos. Honorius sussurrou poucas palavras de oração em gratidão a Deus. Prosseguindo, tomou um manuscrito que desdobrou com carinhoso cuidado.

E prosseguiu falando:

—Aqui, amado jovem, tu tens a palavra de vida que recebemos de Deus, que traz paz e alegria ao homem. Aqui encontramos tudo o que almeja a alma. Nestas palavras divinas, aprendemos o que não podemos achar em nenhuma outra parte. E ainda que a mente acaricie estas verdades por toda uma

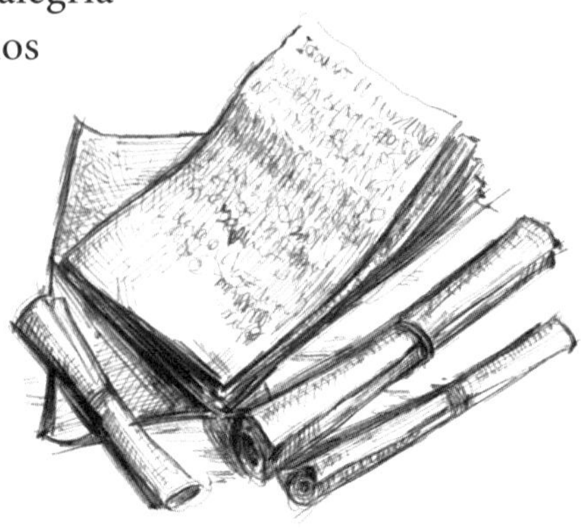

vida, contudo nunca chegará a dominar a máxima extensão das verdades gloriosas.

Então Honorius abriu o Livro e começou a falar a Marcellus acerca de Jesus Cristo. Falou-lhe da promessa feita no Éden de um homem que haveria de ferir Satanás na cabeça; e a sucessão de profetas que haviam predito a Sua vinda; do povo escolhido por meio do qual Deus havia mantido vivo o conhecimento da verdade por tantos séculos, e das obras portentosas que haviam presenciado. Leu o anúncio de que o Filho de Deus devia nascer de uma virgem. Leu sobre Seu nascimento, Sua infância, as primeiras apresentações, Seus milagres, Seus ensinos. Tudo isso foi-lhe lido, acrescentando uns poucos comentários de sua parte, do sagrado manuscrito.

Em seguida, passou a relatar o tratamento que Ele recebera: as zombarias, o desprezo, a perseguição que acelerou tudo até chegar a ser traído e condenado.

Finalmente leu a narração de Sua morte na cruz do Calvário.

O efeito dessa leitura era maravilhoso em Marcellus.

A luz parecia iluminar sua mente. A santidade de Deus que abomina o pecado do homem; Sua justiça que demanda o castigo; Sua paciência infinita; Sua misericórdia, que previu um modo de salvar Suas criaturas da ruína, que elas mesmas haviam trazido sobre si; Seu amor incomensurável que o levou a dar Seu Filho unigênito e bem-amado; esse amor que o fez descer para sacrificar-se para a salvação dos homens. Tudo foi explicado com clareza. Quando Honorius chegou ao ponto mais alto da dolorosa história do Calvário, e ao momento em que Jesus exclamou: "Deus meu, Deus meu, por que me desamparaste?" (MATEUS 27:46) seguido do grito de triunfo: "Está consumado!" (JOÃO 19:30), pôde-se ouvir um profundo suspiro de Marcellus. E olhando através das lágrimas que umedeciam seus próprios olhos, Honorius viu a forma daquele homem forte, inclinada e tremendo pela emoção.

—Chega, chega — murmurou em voz baixa — deixa-me pensar nele:

Ao que nos amou,
Ao que nos lavou de nossos pecados
com Seu próprio sangue.

E Marcellus escondeu o rosto entre suas mãos. Honorius elevou os olhos ao céu e orou. Os dois estavam sozinhos, porque seus companheiros haviam se retirado silenciosamente. A tênue luz de uma lâmpada colocada numa pequena abóbada detrás de Honorius iluminava debilmente a cena. E assim ambos permaneceram em silêncio durante um longo tempo.

Finalmente Marcellus levantou a cabeça.

—Sinto — disse — que também tive culpa e causei a morte do Santo. Lê-me mais dessas palavras de vida, porque minha vida depende delas.

Então Honorius voltou a ler-lhe a história da crucificação e do sepultamento de Jesus, a ressurreição da manhã do terceiro dia e Sua ascensão à mão direita de Deus. Também leu sobre a vinda do Espírito Santo no dia de Pentecostes, que batizou os cristãos num único Corpo; de Sua permanente morada que faz Seu templo no corpo do cristão; e de Seu maravilhoso ministério de glorificar a Cristo e de revelá-lo aos pecadores arrependidos.

Contudo, não acabou ali. Foi além e procurou trazer paz à alma de Marcellus, lendo-lhe as palavras de Jesus as quais convidam o pecador a dele se aproximar, assegurando-lhe a vida eterna como conquista real e presente quando o recebe

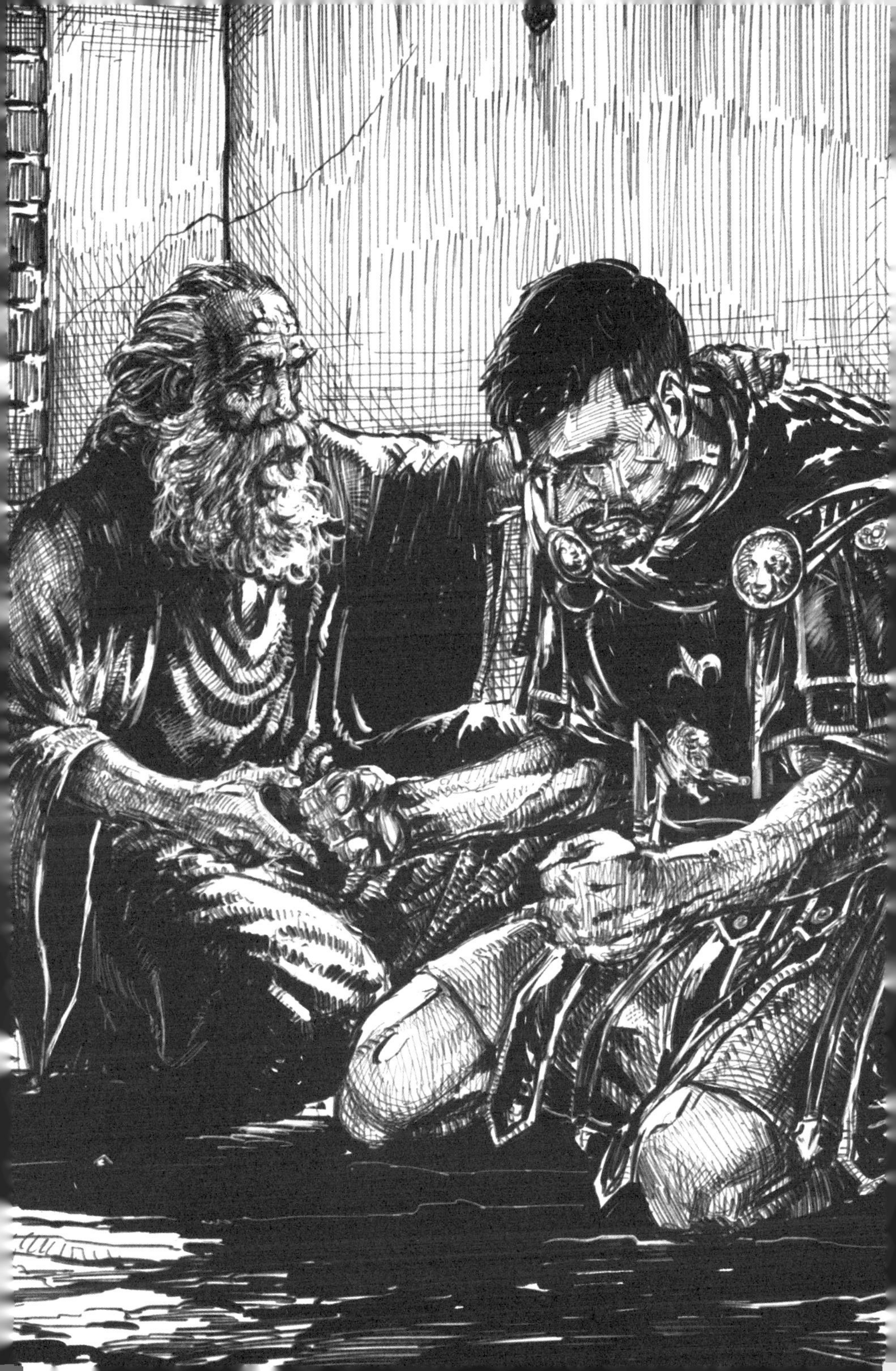

como Senhor e Salvador. Leu também sobre "o novo nascimento", a nova vida, e as promessas de Jesus de voltar outra vez, para recolher todos aqueles que foram lavados com Seu sangue, para encontrar-se com Ele nas alturas.

—É a Palavra de Deus — exclamou Marcellus. —É a voz dos céus. Meu coração responde e aceita tudo o que ouvi. E sei que é a verdade eterna! No entanto, como posso vir a ser possuidor desta salvação? Meus olhos parecem ter sido iluminados e está dissipada toda nuvem. Finalmente me conheço. Antes eu cria que era um homem justo e reto. Contudo, ao lado do Santo, de quem tanto aprendi, fiquei afundado no pó; vejo que perto dele sou um criminoso, convicto e perdido. Como posso ser salvo?

—Porque o Filho do Homem veio buscar e salvar o perdido (LUCAS 19:10).

—E como posso recebê-lo?

> *"A palavra está perto de ti, na tua boca e no teu coração; isto é, a palavra de fé que pregamos. Se, com a tua boca confessares Senhor Jesus e, em teu coração creres que Deus o ressuscitou dentre os mortos, serás salvo. Porque com o coração se crê para justiça e com a boca se confessa a respeito da salvação"* (ROMANOS 10:8-10).

—Mas não há nada que eu deva fazer?

> *"Porque pela graça sois salvos, mediante a fé; e isto não vem de vós; é dom de Deus; não de obras, para que ninguém se glorie"* (EFÉSIOS 2:8,9). *"Porque o salário do pecado é a morte, mas o dom gratuito de Deus é a vida eterna em Cristo Jesus, nosso Senhor"* (ROMANOS 6:23).

—Mas não há sacrifício que eu tenha que oferecer?

—Quem ofereceu um sacrifício pelo pecado para sempre, e agora está sentado à direita do Pai; e pode salvar para sempre todos os que vêm a Deus por Ele, sendo que sempre vive e intercede por eles?

—Ah! Se posso me achegar a Ele, ensina-me as palavras, conduz-me até Ele!

Na escuridão da gelada abóbada, na solidão e solene silêncio, Honorius ajoelhou-se e Marcellus se inclinou ao seu lado. O venerável cristão elevou sua voz em oração. Marcellus sentiu que sua própria alma estava sendo elevada ao Céu nesse momento e à presença do Salvador, pela virtude daquela fervorosa oração de fé viva. As palavras ecoavam em sua própria alma e espírito. Em seu profundo abatimento ele deixou sua necessidade em mãos de seu companheiro, para que a apresentasse de forma mais apropriada do que ele mesmo poderia fazer. Mas, finalmente, seus próprios desejos de orar, cresceram. A fé o alcançou, e com temor e tremor, porém com real fé, sua alma foi fortalecida, até que finalmente Honorius terminou e sua língua se soltou e elevou o clamor de seu coração:

—Senhor, eu creio, ajuda-me em minha incredulidade!

Aquele único Mediador entre Deus e os homens, Jesus Cristo homem, tornara real a sua fé; e as palavras de Jesus "Em verdade, em verdade vos digo: quem ouve a minha palavra e crê naquele que me enviou tem a vida eterna, não entra em juízo, mas passou da morte para a vida (JOÃO 5:24)". "Ninguém a tira de mim; pelo contrário, eu espontaneamente a dou. Tenho autoridade para a entregar e também para reavê-la. Este mandato recebi de meu Pai" (JOÃO 10:18). Estas palavras foram cridas, recebidas e desfrutadas.

As horas se passaram. Quem poderia descrever com precisão o progresso da alma que passa da morte para vida?

Basta saber que quando nasceu o dia lá fora, um dia mais glorioso havia amanhecido na alma e no espírito de Marcellus, nas abóbadas inferiores. Seus desejos tinham sido completamente satisfeitos; a carga de seus pecados tinha-lhe sido tirada e a paz de Deus por Jesus Cristo o enchera.

O segredo dos cristãos era seu e ele se tornara um escravo voluntário de Jesus Cristo. Unido com seus irmãos em Cristo, agora ele também podia cantar:

Ao que nos amou,
Ao que nos lavou de nossos pecados,
Em seu próprio sangue;
A Ele seja glória e domínio
Pelos séculos dos séculos.

VI

A GRANDE NUVEM DE TESTEMUNHAS

Todos estes morreram na fé.

(HEBREUS 11:13)

O novo convertido não demorou em conhecer ainda mais sobre os cristãos. Depois de um breve repouso, levantou-se e reuniu-se com Honorius, que se ofereceu para lhe mostrar aspectos do lugar onde moravam.

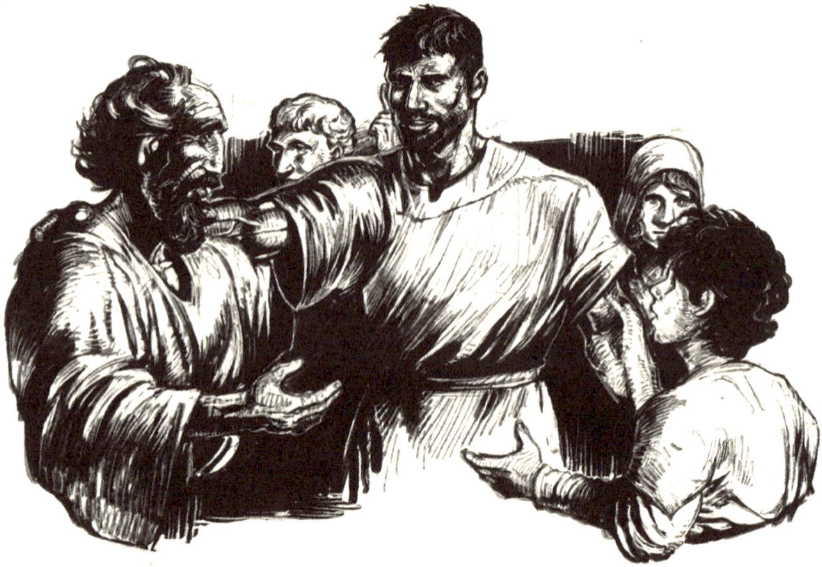

Aqueles a quem havia visto no culto da noite anterior eram somente uma parte dos moradores das Catacumbas. Seu número se elevava a muitos milhares e estavam espalhados por sua vasta extensão, em pequenas comunidades, cada uma das quais tinha seus próprios meios de comunicação com a cidade.

Assim foi que ele percorreu grande distância acompanhado por Honorius. Maravilhava-se, sobremaneira, com o número de pessoas a quem encontrava; e embora soubesse que os cristãos eram numerosos, não imaginava sequer que um grupo tão grande tivesse coragem de escolher essa vida nas Catacumbas.

Nem estava menos interessado nos mortos do que nos vivos. Ao passar junto aos túmulos, lia cuidadosamente as inscrições sobre suas tumbas, e em todos eles descobria a mesma fé imbatível e a sublime esperança. Deleitava-se lendo, e o devoto interesse que Honorius prestava a estas piedosas memórias, fazia dele o mais simpático dos guias.

—Ali — disse Honorius — repousa uma testemunha da verdade.

Marcellus olhou na direção que ele indicava e leu o seguinte:

> "Primício, em paz, depois de muitos tormentos, o mais valente dos mártires. Ele viveu perto de trinta e oito anos. Esta é uma lembrança de sua esposa que amava ao que bem merecia."

—Estes homens — disse Honorius — ensinam-nos como devem morrer os cristãos. Mais à frente, há um outro que também sofreu o mesmo que Primício.

> "Paulo foi morto sofrendo torturas, a fim de que gozasse das eternas bem-aventuranças."

—E lá — acrescentou o ancião — está a tumba de uma nobre dama, que mostrou uma fortaleza tal, que somente Jesus Cristo pôde conceder ao mais fraco de seus seguidores na hora da necessidade:

> "Clemência, torturada, morta, repousa e ressuscitará."

—Não morremos — disse Honorius — mas repousamos, e quando a última trombeta tocar, despertaremos para estar para sempre com o Senhor.

Honorius continuou falando:

—Aqui repousa Constâncio, que em duplo sentido foi constante a seu Deus, mediante uma dupla prova. Primeiro lhe deram veneno, mas como isso não causasse qualquer efeito sobre ele, foi morto a espada.

"O gole mortal não se atreveu a apresentar a Constâncio a coroa, que só ao aço foi permitido oferecer-lhe."

Assim caminharam ao longo das muralhas, lendo as inscrições que apareciam em ambos os lados. Novos sentimentos assaltaram Marcellus, conforme lia o glorioso catálogo de nomes. Para ele foi a história da Igreja de Jesus Cristo. Aqui estavam os atos dos mártires expostos com palavras de fogo. Os rudes quadros que enfeitavam muitos dos sepulcros continham todo o sentimento que as mais belas obras dos hábeis artistas não poderiam produzir. As letras, rudemente lavradas, a escritura e os erros gramaticais que caracterizavam muitos deles, constituíam provas tangíveis dos tesouros do evangelho para os pobres e humildes. "Irmãos, reparai, pois, na vossa vocação; visto que não foram chamados muitos sábios segundo a carne, nem muitos poderosos, nem muitos de nobre nascimento" (1 CORÍNTIOS 1:26), porém, "aos pobres está sendo pregado o evangelho" (MATEUS 11:5).

Em muitos deles havia um monograma, formado das letras iniciais dos títulos de Cristo (Cristo o Senhor, em grego, Χριστοζ Ραββουι) "X" e "P" sobrepostas, formando um monograma. Algumas tinham um ramo de palma, símbolo da imortalidade e da vitória, palmas de glória que exibirão em suas mãos os inumeráveis remidos, que comparecerão perante o trono. Outras exibiam mais engenhosas e significativas inscrições.

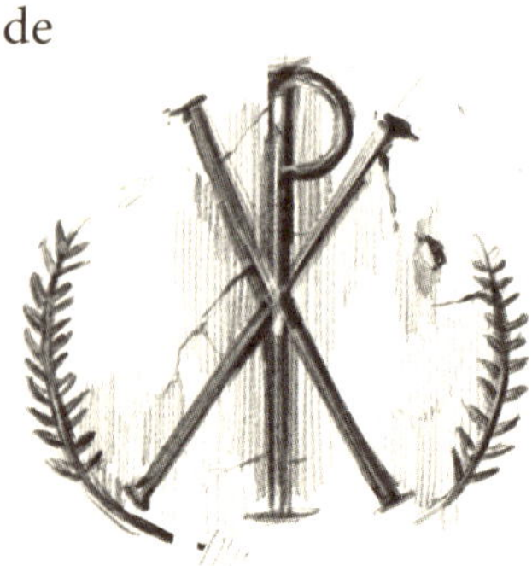

—O que é isto? — interrompeu Marcellus, indicando o quadro de um barco.

—Mostra que o espírito remido navega da Terra até o repouso do Céu.

—E o que significa um peixe, que já vi várias vezes?

—Usamos o peixe porque as letras que formam seu nome em grego são as iniciais das palavras que expressam a glória e a esperança do cristão. O "I" (Iota) representa "Jesus", o "X" (chi), Cristo; o "Θ" (theta) e o "Υ" (gama) representam o "Filho de Deus"; o "Σ" (sigma), "Salvador". É assim, pois, que o peixe simboliza em seu nome ΙΧΘΥΣ: "Jesus Cristo, o Filho de Deus, o Salvador."

—O que é este outro quadro, que também vi repetir-se, de um barco e um enorme monstro marinho?

—Esse é Jonas, o profeta de Deus, de quem tu até agora nada conheces.

Honorius, em seguida, relatou a história de Jonas e explicou como a fuga dele do ventre do peixe lembrava e mostrava ao cristão sua redenção das trevas do sepulcro.

—Esta gloriosa esperança da ressurreição é um consolo inenarrável — disse ele —, e adoramos tê-lo presente por meio dos diferentes símbolos. Ali também há um símbolo da mesma abençoada verdade: a pomba levando o ramo de oliveira a Noé. —Teve que relatar a Marcellus a história do dilúvio, a fim de que ele pudesse compreender o significado da representação. —Porém, de todos os símbolos que se usam, nenhum é tão claro como este — e indicou um quadro da ressurreição de Lázaro.

—Ali também — continuou Honorius — está a âncora, símbolo da esperança pela qual os cristãos, enquanto são atirados de um lado ao outro pelas implacáveis ondas da vida, mantêm-se firmes rumo a seu lar celestial.

—Lá podes ver o galo; é o símbolo da vigilância, porque o Senhor nos disse: "Vigiai e orai" (MATEUS 26:41 E MARCOS 14:38).

Igualmente lá temos o cordeiro, símbolo da inocência e ternura e ao mesmo tempo traz à nossa memória o Cordeiro de Deus, que levou nossos pecados e por cujo sacrifício recebemos a vida eterna e o perdão. Ali novamente temos a pomba, que como o cordeiro, representa a inocência; e outra vez lá, levando o ramo de oliveira, símbolo da paz.

—Lá estão as letras alfa e ômega, a primeira e a última do alfabeto grego, que representam nosso Senhor, porque já sabes que Ele disse: "Eu sou o Alfa e o Ômega" (APOCALIPSE 1:8,11; 21:6; 22:13). Há também a "coroa da justiça me está guardada, a qual o Senhor, reto juiz, me dará naquele Dia" (2 TIMÓTEO 4:8). É assim como nos convém rodear-nos com tudo o que nos aviva a lembrança do gozo que nos espera. Ensinados deste modo, olhamos deste ambiente de tristeza e trevas e, graças a uma viva fé, vemos sobre nós a luz da glória eterna.

—Aqui — disse Marcellus, detendo-se — vejo algo que parece adaptar-se à minha condição. Parece realmente profético. Talvez eu também seja chamado a dar meu testemunho por Jesus Cristo. Ó! que eu seja achado fiel!

> "Em Cristo, no tempo do Imperador Adriano, Mário,
> um jovem oficial militar, que viveu o suficiente,
> derramou seu sangue por Cristo e morreu em paz.
> Esta é uma lembrança de seus amigos com lágrimas
> e temor."

> *"No mundo, passais por aflições; mas tende bom ânimo; eu venci o mundo"* (JOÃO 16:33).

—Assim nos assegura Cristo. Mas, ao mesmo tempo que nos previne contra o mal, consola-nos com Sua promessa de apoio. Nele achamos graça suficiente para nós.

—Que o exemplo do jovem oficial seja para mim! — disse Marcellus. —Como ele, também posso derramar meu sangue por Cristo Jesus. Que eu morra igualmente fiel! Morar aqui entre meus irmãos com epitáfio semelhante será a honra suprema, e não um mausoléu como o de Cecília Metella.

E desse modo continuaram caminhando.

Marcellus disse com entusiasmo:

—Quão doce é a morte do cristão! O horror da morte fugiu. Para ele se trata só de um sonho bem-aventurado, enquanto o espírito está com o Senhor esperando a ressurreição, e a morte, em vez de causar terror, está associada a pensamentos de vitória e repouso.

"O lugar do sono de Elpis."

"Zótico jaz aqui dormindo."

"Aselo dorme em Cristo."

"Martíria dorme em paz."

"Vidália, na paz de Cristo."

"Nicéforo, uma alma doce, no lugar de refrigério."

—Algumas destas inscrições falam do caráter dos irmãos que partiram — disse, Honorius. —Olha estas:

"Maxímio viveu vinte e três anos, amigo de todos os homens em Cristo."

> “Nas quintas calendas de novembro, dormiu Gregônio, amigo de todos e inimigo de ninguém.”

—E aqui também — prosseguiu ele —, outras que nos falam de vidas privadas e de experiências domésticas:

> “Cecílio, o marido, a Cecília Placinda, minha esposa de excelsa memória, com quem vivi dez anos sem nenhuma discussão, em Cristo Jesus, filho de Deus, Salvador.”

> “Consagrada a Cristo, o Deus supremo, Vitali, enterrada em sábado, calendas de agosto. Tinha vinte e cinco anos e oito meses de idade. Viveu com seu marido dez anos e trinta dias. Em Cristo, o primeiro e o último.”

> “A Domínia, minha muito doce e inocente esposa, que viveu dezesseis anos e quatro meses, e foi casada dois anos, quatro meses e nove dias: com quem, por causa de minhas viagens, não pude viver mais de seis meses, durante os quais lhe mostrei meu amor como o sentia. Jamais se amaram tanto outros. Enterrada o dia quinze, antes das calendas de junho.”

> “A Cláudio, afetuoso e digno ser que me amou, e viveu vinte e cinco anos em Cristo.”

—Eis aqui o tributo de um pai amoroso — disse Marcellus ao ler o seguinte:

> "Lourenço, a seu docíssimo filho Severo. Foi levado pelos anjos no décimo terceiro dia de janeiro."

—E aqui tens um de uma esposa:

> "Domício em paz, Lea registrou esta inscrição tumular."

—Sim — disse Honorius — pela fé em Jesus Cristo (ou como tu dirias "a religião"), o cristão recebe uma natureza nova e divina, que lhe transmite o Espírito Santo que nele implanta o amor de Deus, o qual o faz suscetível aos mais delicados afetos para os amigos e parentes.

Continuando seu trajeto, acharam ainda muitos outros epitáfios que mostravam o doce amor pelos parentes mortos.

> "Constância, de maravilhosa amabilidade, e que viveu dezoito anos e seis meses e dezesseis dias. Constância em paz."

> "Simplício, de boa e feliz memória, que viveu vinte e três dias em paz. Seu irmão construiu este monumento."

> "A Adsertor, nosso filho, doce e querido, o mais inocente e incomparável, que viveu dezessete anos e seis meses e oito dias. Lembrança de seu pai e de sua mãe."

> "A Januário, doce e bom filho, honrado e amado de todos, que viveu vinte e três anos, cinco meses e vinte e dois dias."

> "Seus pais, a Laurina, mais doce que o mel, dorme em paz."

> "À santa alma de Inocente, que viveu por três anos."

> "Domiciano, uma alma inocente, dorme em paz."

> "Adeus, ó Sabina: ela viveu oito anos, oito meses e vinte e dois dias. Que vivas tão docemente com Deus."

> "Em Cristo, morreu nas calendas de setembro Pompejano, o inocente, viveu seis anos e nove meses com oito dias e quatro horas. Ele dorme em paz."

> "A seu digníssimo filho Calpúrnio, lembrança de seus pais: ele viveu cinco anos, oito meses e dez dias, e partiu nas calendas de junho."

—Ao epitáfio deste menino — disse Marcellus —, eles acrescentaram os símbolos de paz e glória.

Indicou o sepulcro de uma criança, sobre cuja pedra estavam desenhadas uma pomba e uma coroa de louros, juntamente com a seguinte inscrição:

> "Respecto, que viveu cinco anos e oito meses, dorme em paz."

E Marcellus continuou falando:

—E este tem um ramo de palma, o símbolo da vitória.

—Sim — acrescentou Honorius — o Salvador disse: "Deixai os pequeninos, não os embaraceis de vir a mim" (MATEUS 19:14; MARCOS 10:14; LUCAS 18:16).

Também atraíram sua atenção os epitáfios sobre os sepulcros das mulheres que haviam sido esposas de ministros cristãos:

> "Minha esposa Laurentina me fez este sepulcro. Ela sempre idônea a minha disposição, venerável e fiel."

> "Finalmente fora esmagada a inveja. O bispo Leon sobreviveu seu octagésimo ano."

> "O lugar de Basílio, o presbítero, e sua Felicitas. Eles prepararam para si mesmos este túmulo."

> "A que foi a feliz filha do presbítero Gabino. Aqui repousa Susana, unida em paz com seu pai."

> "Cláudio Aticiano, leitor, e Cláudia Felicíssima, sua esposa."

—Aqui se vê — disse Marcellus, um túmulo maior. —Há duas pessoas sepultadas aqui?

—Sim, é o que chamamos *bisomum*, pois dois ocupam esse túmulo. Lê a inscrição:

> "O *bisomum* de Sabino. Ele o fez para si mesmo durante sua vida no cemitério de Balbina na nova cripta."

E Honorius continuou dizendo:

—Algumas vezes, sepultam-se três num mesmo túmulo. Em outros lugares, verás que um maior número foi sepultado num mesmo lugar. Porque quando aumenta a perseguição, nem sempre existe a possibilidade de dedicar a cada pessoa a atenção devida, separadamente, como desejaríamos. Mais para lá, há uma placa que assinala o lugar de sepultura de muitos mártires, cujos nomes são desconhecidos, mas cujas memórias se abençoam.

E indicou uma pedra em que havia a seguinte inscrição:

"Marcela e quinhentos e cinquenta mártires
de Cristo."

—Aqui tens um mais longo — disse Marcellus, e tais palavras podem ecoar no coração de todos nós.

E leram o seguinte com a mais profunda emoção:

"Em Cristo. Alessandro não está morto, mas vive
além das estrelas, e seu corpo repousa neste túmulo.
Ele terminou sua vida sob o Imperador Antonino,
que embora pudesse ter previsto que grande benefício
lhe resultaria de seus serviços, só lhe ofereceu ódio
em vez de graça, porque enquanto estava sobre
seus joelhos, já para oferecer sacrifício ao Deus
verdadeiro, foi tirado para ser executado. Ó, tempos
tristes aqueles nos quais ainda entre os ritos e orações
sagradas, nem ainda nas cavernas podíamos estar
seguros! O que pode ser mais miserável que tal vida?
E que morte é pior do que aquela em que não podem
nem sequer ser sepultados pelos amigos e parentes?
No fim eles brilham no céu. Apenas viveu quem viveu
em tempos cristãos."

—Este — disse Honorius — é lugar de repouso de um irmão bem-amado, cuja memória ainda é lembrada entre todas as igrejas. Em volta desta tumba viemos celebrar uma festa de amor no aniversário de seu nascimento. Pois nesta festa são demolidas todas as barreiras das diferentes categorias sociais, classes, tribos, línguas e povos. Nós todos somos irmãos em Cristo Jesus, porque lembramos que como Cristo nos amou, assim também devemos amar-nos uns aos outros.

Nesse trajeto, Marcellus teve grande oportunidade de verificar por si mesmo a presença daquele fraternal amor ao qual se referia Honorius. Encontrou homens, mulheres e crianças de todas as classes e de todas as idades. Homens dos mais elevados postos romanos, associavam-se em amigável comunhão com aqueles que apenas estavam no nível dos escravos; aqueles que antes haviam sido cruéis e implacáveis perseguidores, agora se juntavam em comunhão de amor com aqueles que antes foram objeto de seu ódio. Igualmente, o sacerdote judeu, libertado do jugo da Lei, que não podia cumprir e que era "ministério de morte" para ele, agora caminhava de mãos dadas com os gentios que antes odiava.

O grego havia chegado a descobrir, na "loucura" do Evangelho, a mesma sabedoria infinita. E o desprezo, que antes havia sentido pelos seguidores de Jesus, cedera espaço ao afeto mais intenso. O egoísmo e a ambição, o orgulho e a inveja, todas as baixas paixões da vida humana pareciam ter-se desfeito diante do poder ilimitado do amor cristão. A fé em Cristo Jesus morava em seus corações, em toda sua plenitude e sua bendita influência via-se aqui, como não era possível vê-la em nenhuma outra ocasião. Não porque sua natureza e seu poder tivessem sido mudados por eles, pessoal e intencionalmente, mas porque a perseguição universal havia alcançado a todos por igual e os havia privado de seus bens terrenos, separando-os das tentações e ambições mundanas e, pela suprema empatia do sofrimento em comum, os forçara a unirem-se uns aos outros.

—A adoração ao Deus verdadeiro — disse Honorius — difere de toda falsa adoração. Os pagãos devem entrar em seus templos e lá, por meio de sacerdotes impuros, oferecer repetidas vezes os seus sacrifícios aos demônios, que obviamente jamais poderão libertá-los de seus pecados. Contudo, Cristo se ofereceu uma só vez por todos nós, sem mácula perante Deus; o sacrifício único feito uma única vez e para sempre. E cada um de Seus seguidores pode agora se aproximar de Deus por meio de Jesus Cristo, nosso bendito e santíssimo Sumo Sacerdote nos próprios Céus. Sendo assim, cada cristão é constituído rei e sacerdote por Jesus Cristo, na presença de Deus. Consequentemente, para nós não é questão de tempo ou espaço, no que diz respeito à adoração; quer nos deixem em nossas capelas, ou nos proscrevam completamente delas e de toda a Terra. Pois a oração é o trono de nosso Deus e o Universo é Seu templo, e qualquer de Seus filhos pode elevar a Ele a voz, do lugar onde se encontre, qualquer que seja, e em qualquer momento, para adorar ao Pai.

A travessia de Marcellus se estendeu até uma grande distância e por longo tempo. Apesar de ter sido prevenido desta extensão, maravilhava-se ao ver por si mesmo a sua vastidão. Nem a metade haviam-lhe dito. E embora tivesse percorrido tanto, era fácil compreender que tudo isso significava apenas uma fração da enorme extensão.

A altura média dos corredores era de aproximadamente dois metros e meio; porém, em muitos lugares, elevava-se até uns quatro ou cinco metros. Depois, as frequentes capelas e salões que haviam formado ampliando os arcos, davam maior espaço aos habitantes e lhes possibilitava viver e deslocar-se com maior liberdade. Em muitos lugares havia aberturas estreitas no teto, através das quais penetravam leves raios de luz do exterior. Estes eram escolhidos como lugares de descanso, mas não para viver. A existência da bendita luz do dia, por fraca que fosse, agradava tanto que era impossível de expressar, servindo por brevíssimos instantes para aliviar a escuridão circundante.

Marcellus viu alguns lugares que haviam sido amurados, formando terminações abruptas do corredor, ao mesmo tempo em que se abriam outras espécies de ramais que contornavam o lugar e depois se prolongavam como anteriormente.

—O que é isso que termina assim? — perguntou.

—É uma grande tumba romana — disse Honorius. —Ao escavar este corredor, os operários deram contra ela e assim foi que pararam de escavar e contornaram o lugar, amurando-a previamente. Isso não foi, naturalmente, por temerem perturbar o túmulo, mas porque tanto na morte como na vida, o cristão deseja seguir o mandamento do Senhor que diz: "retirai-vos do meio deles, separai-vos" (2 CORÍNTIOS 6:17).

—A perseguição se enfurece contra nós, rodeia-nos e nos encarcera — disse Marcellus. —Por quanto tempo será perseguido o povo de Deus? Por quanto tempo vai nos afligir o inimigo?

Honorius respondeu:

—Tal é o clamor de muitos entre nós. Mas não é errado reclamar. O Senhor tem sido bom com Seu povo. Pois durante todo o Império passaram muitas gerações sob a proteção das leis e sem serem incomodadas. É verdade que tivemos perseguições terríveis, nas quais milhares morreram em agonia, contudo elas sempre acabaram e a Igreja foi deixada em paz.

"Não vos sobreveio tentação que não fosse humana;
mas Deus é fiel e não permitirá que sejais tentados

além das vossas forças; pelo contrário, juntamente com a tentação, vos proverá livramento, de sorte que a possais suportar" (1 CORÍNTIOS 10:13).

—Sejamos sóbrios e vigiemos em oração, ó, estimado Marcellus, porque a presente tormenta nos diz claramente que o dia grande e terrível, tanto tempo antes profetizado sobre o mundo, se aproxima.

E assim Marcellus seguiu andando em companhia de Honorius, conversando e aprendendo a cada instante novas coisas da doutrina da verdade de Deus e as experiências de Seu povo. E as evidências de seu amor, sua pureza, sua fortaleza, sua fé inquebrantável, penetraram nas profundezas de sua alma.

A experiência que ele mesmo havia desfrutado não era transitória. Cada nova visão fortalecia seu desejo de unir-se com a fé e a sorte do povo de Deus. E em harmonia com esse sentir, antes do seguinte Dia do Senhor, batizou-se "na morte de Cristo" (ROMANOS 6:4), no nome do Pai, do Filho e do Espírito Santo (MATEUS 28:19).

Na manhã do Dia do Senhor, sentou-se em volta da Mesa do Senhor, em companhia dos outros cristãos. Ali, todos eles celebraram aquela simples, mas afetuosa festa em memória da Ceia do Senhor, pela qual os cristãos se proclamavam mortos com Jesus, enquanto aguardavam Seu regresso. Honorius elevou a oferta de uma oração em ação de graças pelo que partilhavam. E, pela primeira vez, Marcellus desfrutou da participação do pão e do vinho, aqueles símbolos sagrados do Corpo e do sangue de Seu Senhor crucificado.

"E, tendo cantado um hino, saíram"
(MATEUS 26:30, MARCOS 14:26).

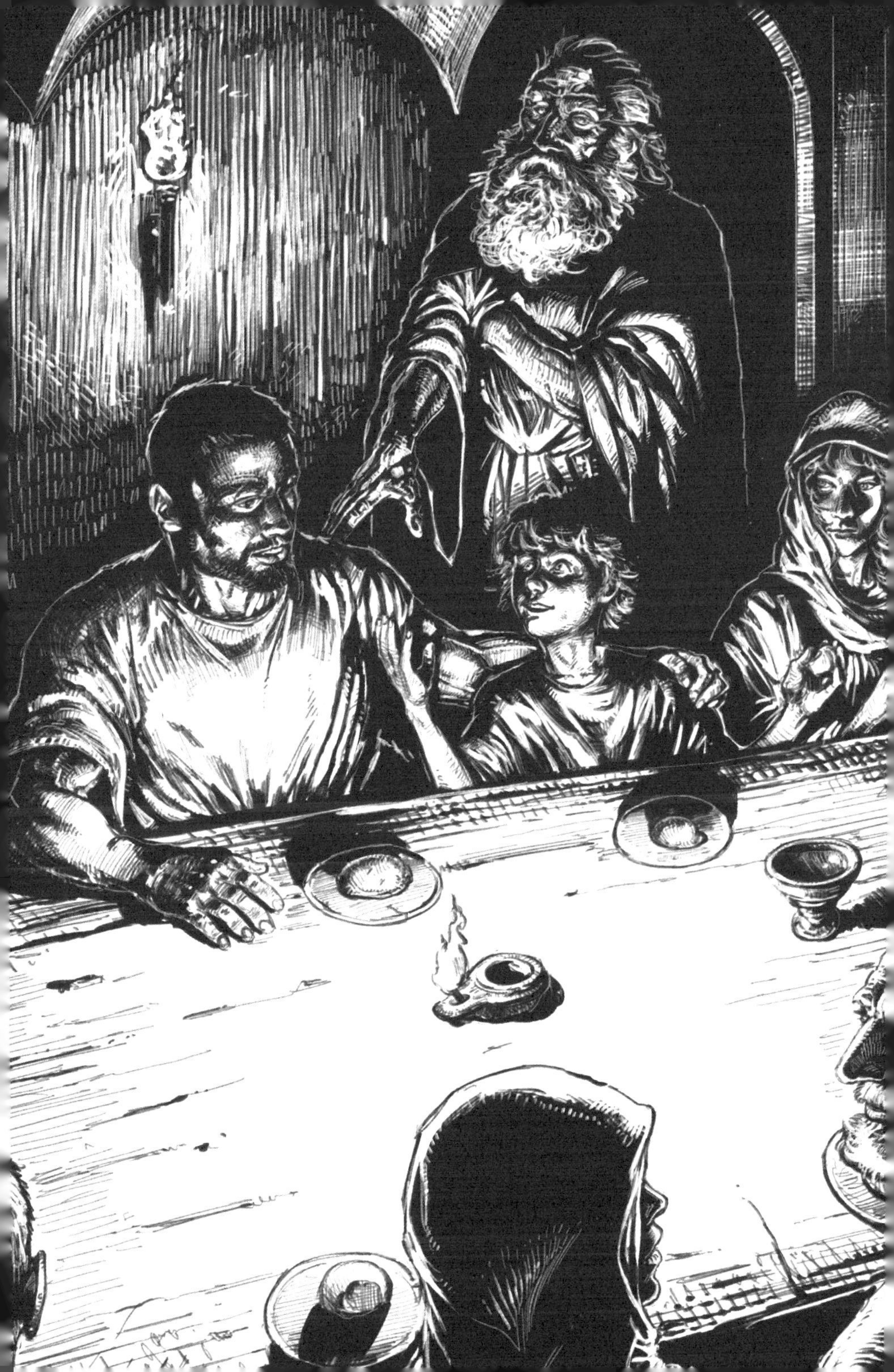

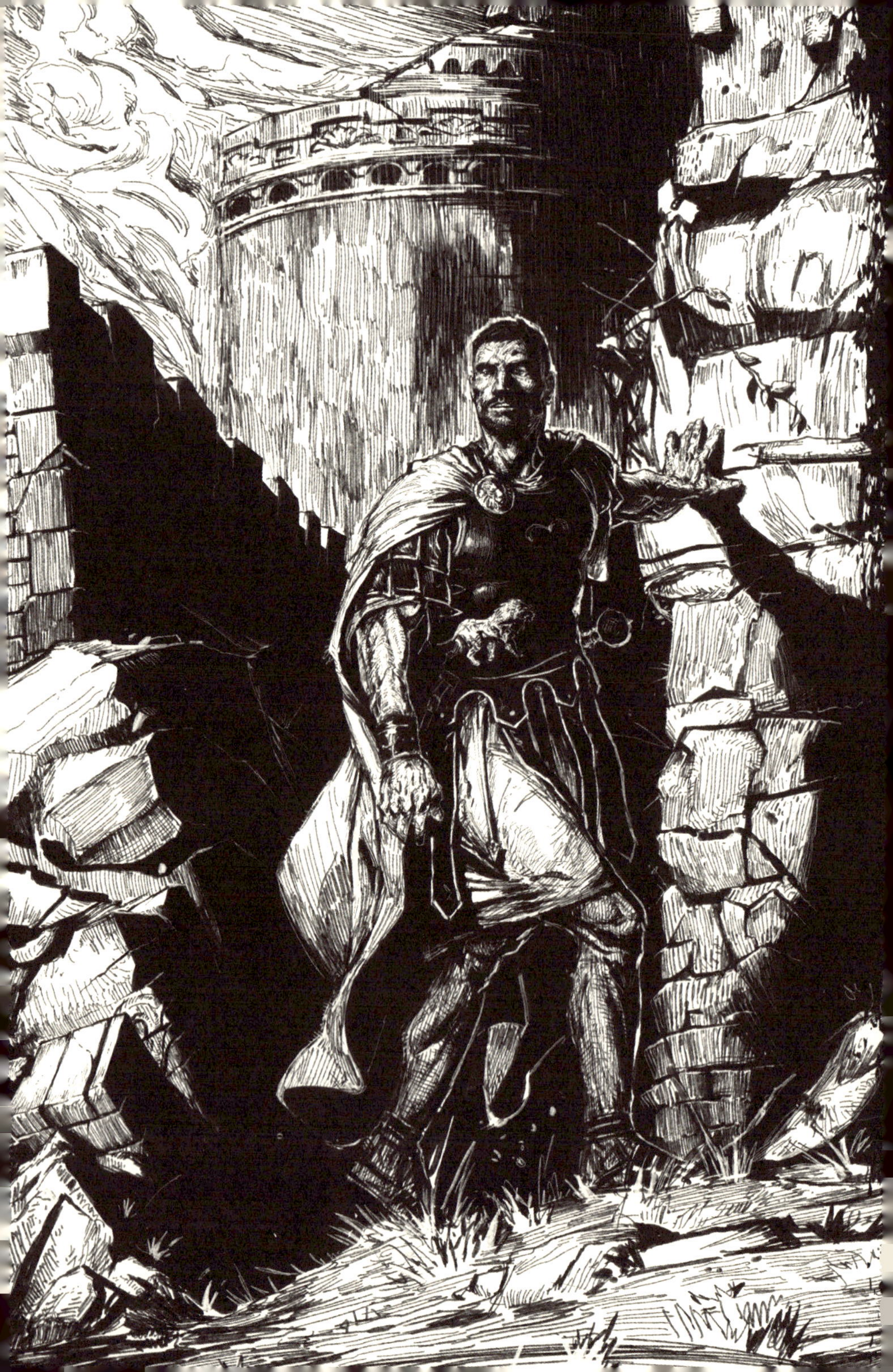

VII

A CONFISSÃO DE FÉ

Ora, todos quantos querem viver piedosamente em Cristo Jesus serão perseguidos.

(2 TIMÓTEO 3:12)

Quatro dias haviam transcorrido desde que o jovem oficial saíra de seu gabinete. Dias cheios de acontecimentos para ele, dias cheios de infinita importância. Deles dependeria sua felicidade suprema ou suas angústias.

Porém a busca da verdade desta alma cheia de desejo não fora em vão, ela foi "renovada no Espírito Santo" (TITO 3:5).

Ele tomara sua resolução. Por um lado, se lhe oferecia a fama, a honra e a riqueza e, do outro, a pobreza, a necessidade e a angústia; contudo, em plena consciência, ele fizera sua escolha; havia-se voltado para a última sem um único instante de hesitação. Ele havia escolhido "ser maltratado junto com o povo de Deus a usufruir prazeres transitórios do pecado" (HEBREUS 11:25).

Quando do seu regresso visitou o general e se apresentou perante ele. Informou-lhe que havia estado entre os cristãos, que não podia cumprir a tarefa que lhe haviam encomendado e que se submetia, voluntariamente, a sofrer as consequências. O general, com severidade, ordenou-lhe que retornasse para os seus aposentos.

Ali, em meio à mais profunda meditação, e fazendo conjecturas do que resultaria de tudo isso, foi interrompido pela entrada de Lucullus. Seu amigo o cumprimentou muito afetuosamente, mas em seu rosto se evidenciava uma profunda ansiedade.

—Acabo de encontrar-me com o general — disse ele — que me fez chamar para dar-me uma mensagem para ti. Porém, primeiramente, diz-me: o que fizeste?

Marcellus lhe relatou tudo detalhadamente, desde o momento de sua partida até sua volta, sem ocultar-lhe absolutamente nada. Sua cristalina boa-fé evidenciava quão poderosa, sincera e verdadeira havia sido a obra eterna do Espírito Santo nele. Depois contou a entrevista que tivera com o general.

—Entrei na casa dele com o claro sentimento da importância do passo que dava. Ia cometer um ato reputado como virtual traição e crime e cuja sanção não é menos que a morte. Porém, eu não podia fazer outra coisa.

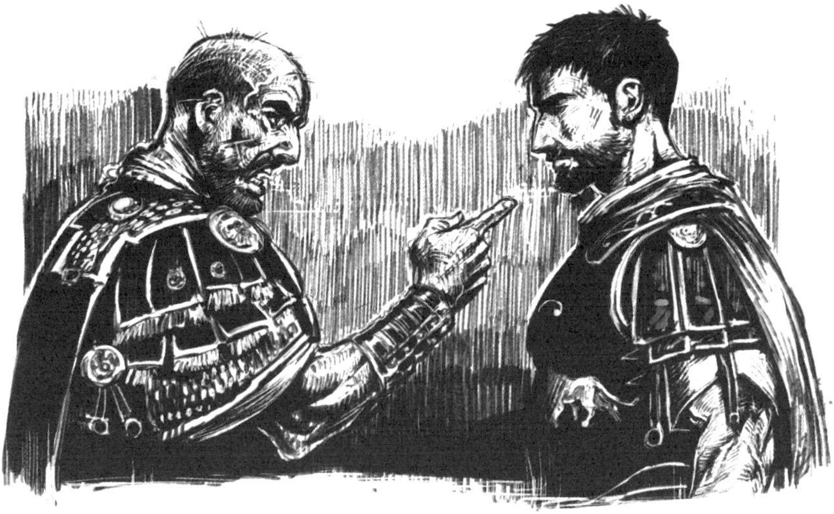

—Ele me recebeu amavelmente, animado pela ideia de que eu tivesse conseguido um êxito importante na busca que me haviam encomendado. Eu lhe disse que desde que saí, estivera entre os cristãos e que pelo que havia visto deles, me sentia obrigado a mudar meus sentimentos para com eles. Anteriormente, eu pensava que eram inimigos do Estado e dignos de morte. Porém, descobrira que eram súditos leais do Imperador e muito virtuosos. Contra essas pessoas, não poderia estender minha espada jamais, e, antes de fazê-lo, a entregava.

—Diante do que, ele me disse: "Os sentimentos de um soldado não têm nada a ver com seus deveres". Porém meus deveres para com o Deus que me criou são mais fortes do que qualquer dever que eu tenha com o homem, respondi-lhe.

—A isto, ele replicou: "Acaso tua simpatia pelos cristãos chegou a enlouquecer-te? Não percebes que o que estás fazendo é traição?"

—Eu me inclinei e respondi que estava decidido a enfrentar as consequências. "Menino precipitado" — exclamou ele severamente, "volta para os teus aposentos e comunicar-te-ei minha decisão".

—E assim foi que me mudei para este lugar, onde permaneci desde aquele momento, esperando ansiosamente minha sentença.

Lucullus ouvira toda a narração de Marcellus sem dizer palavra, nem sequer fazer um gesto. Uma expressão de triste surpresa em seu rosto evidenciava quais eram os seus sentimentos. E assim que Marcellus concluiu, falou num tom de quem deplora e lamenta.

—Verdadeiramente tanto tu como eu sabemos qual deverá ser aquela sentença. Pois a disciplina romana, mesmo em tempos normais, não pode ser tomada com leviandade e tanto pior agora que os sentimentos do governo estão exaltados ao extremo contra aqueles cristãos. Pois, se insistires em teu proceder, estarás arruinado.

—Eu te expus todas as minhas razões.

—Sim, Marcellus, conheço teu caráter puro e sincero. Sempre foste de uma mente piedosa. Amaste os nobres ensinos da filosofia. E não te sentes satisfeito com tudo isso como antes? Por que deverias ser seduzido pela miserável doutrina de um judeu crucificado?

—Jamais estive satisfeito com a filosofia de que me falas. Tu mesmo tens consciência de que não há nela nada de verdade em que a alma possa repousar. Mas o cristianismo é a verdade de Deus, trazida por Ele mesmo e santificada pela Sua própria morte.

—Já me explicaste na íntegra todo o credo cristão. Pois teu próprio entusiasmo fez com que me parecesse atraente, devo confessar; e se todos Seus seguidores fossem realmente como tu és, meu querido Marcellus, poderia vir a ser a bênção final do mundo. Mas não vim aqui para argumentar sobre a religião. Venho falar sobre ti mesmo. Estás em iminente perigo, meu querido amigo; tua posição, tua honra, teu cargo, tua própria vida está em perigo. Considera, pois, o que cometeste. Foi-te confiada uma importantíssima missão, em cujo cumprimento saíste. Esperava-se que voltasses trazendo informes importantes. Pelo contrário, tu voltas e te apresentas perante o general informando que agora pertences ao bando do inimigo, que te converteste num deles de todo coração e que te negas a utilizar as armas romanas contra eles. Então, não compreendes que se o soldado pudesse escolher com quem vai lutar, o que seria disciplina? Pois deves cumprir ordens e nada mais. Não tenho razão?

—Sim, tens razão, Lucullus.

—A questão que tens que decidir não é se escolhes a filosofia ou o cristianismo, mas se és cristão ou soldado romano. Porquanto, da maneira como estão as coisas nestes tempos, é absolutamente impossível ser soldado romano e ao mesmo tempo cristão. Então, deves renunciar a uma das duas escolhas. Mas não somente isso: se insistires em tua decisão de ser cristão, deverás compartilhar tua sorte com eles, porque não se pode fazer a menor distinção em teu favor. Pelo contrário, se desejas continuar como soldado, deves lutar contra os cristãos.

—Não cabe a menor dúvida quanto a essa questão.

—Sabes que tens amigos cordiais que estão prontos para esquecer teu grande e precipitado delito, Marcellus. Pois te conheço e sei que tens esse caráter que facilmente se entusiasma, e supliquei ao general por ti. Ele também te tem em grande estima pelas tuas qualidades de soldado valente. Estará pronto a perdoar-te sob certas circunstâncias.

—Quais são elas?

—A mais misericordiosa de todas as condições. Que deixes no esquecimento todos os quatro dias passados. Que se apaguem por completo de tua memória. Retoma tua missão. Toma teus soldados sob tuas ordens e imediatamente cumpre teu dever, procedendo à detenção desses cristãos.

—Lucullus — exclamou Marcellus, levantando-se de seu assento, com os braços cruzados. —Estimo-te muitíssimo, como amigo que és, e estou agradecendo teu fiel afeto. Jamais poderei esquecê-lo. No entanto, agora tenho dentro de mim algo que lhe é completamente desconhecido, o qual é muito mais precioso e forte do que todas as honras do Estado. Trata-se, pois, nada menos que do amor de Deus. Por esse amor, estou disposto a deixar tudo: honra, posição e a própria vida. Minha decisão é irrevogável. Eu sou cristão.

Lucullus continuou sentado. Mudo de surpresa e comovido ao extremo, contemplava seu amigo. Para ele, era muito conhecido o caráter de Marcellus em suas resoluções e via com profunda dor como suas palavras persuasivas haviam fracassado. Depois de muito tempo voltou a falar. Recorreu a todos os argumentos que podia imaginar. Invocou todas as razões que poderiam influenciá-lo. Falou-lhe

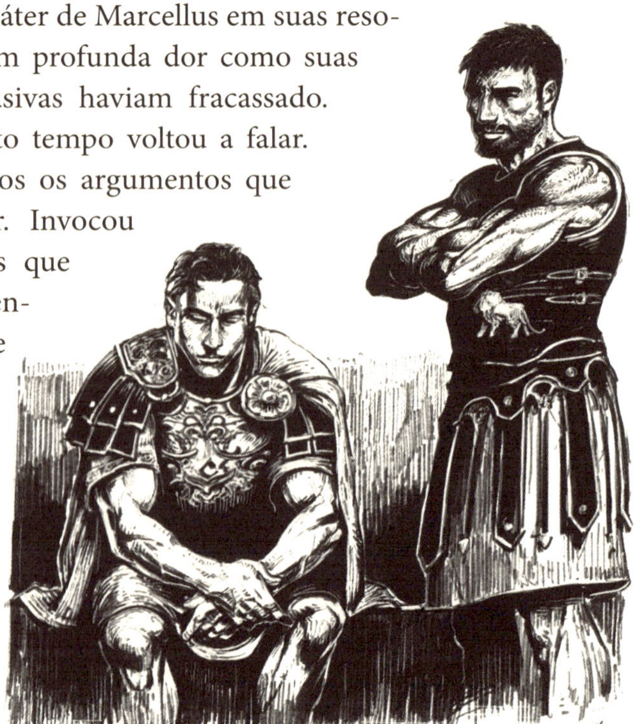

do terrível destino que o aguardava e da vingança peculiar que se empregaria particularmente contra ele. Mas todas as suas palavras foram completamente inúteis. Finalmente se levantou em profunda tristeza.

—Marcellus, — disse — estás tentando o destino, vais apressadamente rumo à sorte mais terrível. Pois tudo o que a fortuna pode significar está diante de ti, e lhe dás as costas para jogar tua sorte juntamente com aqueles proscritos miseráveis. Cumpri com meu dever de amigo de tentar fazer-te voltar da loucura, mas tudo que eu posso fazer é inútil, perante tua obstinação.

—Eu te trouxe a sentença do general. Foste rebaixado da categoria de oficial. Como cristão, a tua sentença é a prisão. Amanhã serás capturado e entregue para a punição. Mas tens muitas horas a tua disposição e ainda tenho a possibilidade de alcançar a satisfação, embora penosa, de ajudar-te a escapar. Foge, pois, agora mesmo. Apressa-te, porque não há tempo a perder. Há somente um único lugar no mundo onde podes estar a salvo da vingança do César.

Marcellus o escutou em silêncio. Lentamente retirou suas esplêndidas armas e as colocou ao lado. Com tristeza, desatou a suntuosa armadura que levava com tanto merecimento e orgulho. E assim ficou vestido com sua simples túnica, perante seu amigo.

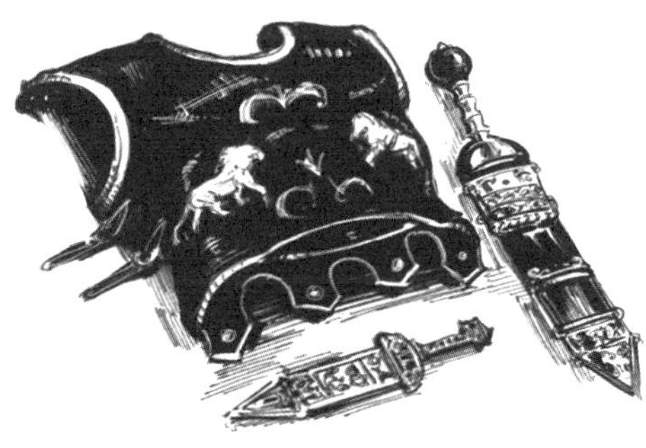

—Lucullus, mais uma vez te repito que jamais esquecerei tua fiel amizade. Quanto desejo que estivéssemos voando juntos numa fuga perfeita, que tuas orações pudessem subir como as minhas para o trono daquele a quem sirvo! Porém, chega; retiro-me. Adeus!

—Adeus, Marcellus. Jamais voltaremos a nos encontrar em vida. Se alguma vez estiveres em necessidade ou em perigo, sabes muito bem em quem confiar.

Os dois jovens se abraçaram e Marcellus partiu apressadamente.

Saiu do quartel, avançando diretamente até chegar ao Fórum. Naquele lugar, encontrou-se rodeado de templos, monumentos e colunas de mármore. Ali estava o Arco de Tito, abarcando a Via Sacra. Ali se levantava a forma gigantesca do palácio imperial, da mais rica arquitetura, com régios adornos gloriosos de mármores preciosos, culminando com as cintilantes decorações douradas. De um lado se levantavam as muralhas imensas do Coliseu. Além delas, podia contemplar-se a cúpula estupenda do Templo da Paz e no outro extremo, o Monte Capitolino destacava seus históricos cumes, coroado de apinhados templos estatais, que se erguiam como desafiando as alturas e contra o céu.

Para lá dirigiu seus passos e escalou o paredão até o topo da montanha. Lá no topo, olhou em volta o amplo panorama a sua vista. O lugar mesmo onde estava era um espaçoso quadrado, pavimentado de mármore e rodeado de templos senhoriais. A um lado via-se o Campus Martius, rodeado pelo Tíber, cujas torrentes amarelas feriam as distâncias até atingir o Mediterrâneo. Por todos os outros lados da cidade, monopolizava toda a extensão desigual, forçando até suas estreitas muralhas e superando-as por meio de ruas, que se ramificavam até grande distância em todas as direções, invadindo o campo. Os templos, as colunas e os monumentos levantavam suas cornijas. Inúmeras estátuas enchiam as ruas com formas esculturais, numerosas fontes borrifavam o ar, as carruagens rodavam barulhentas pelas ruas, as legiões de Roma iam e vinham com ares de desfile militar, e em todos os lados surgiam as intempestivas ondas na vida da cidade imperial.

Ao longe se estendia a planície, salpicada de incontáveis vilas, casas e palácios, de uma rica e exuberante vegetação; as moradas da paz e da abundância. De um lado podia se ver a silhueta azul do Apeninos, coroados de neve; do outro lado, as turbulentas e escuras ondas do Mediterrâneo açoitavam as praias da indomável distância.

Repentinamente Marcellus ficou perturbado, ou melhor ainda, trazido de volta a si mesmo por um grito. Voltou-se de imediato. Um homem avançado em anos e coberto de escassa vestimenta, de rosto macilento e gesticulação frenética clamava aos gritos, expressões ininteligíveis de terror e denúncia. Seu olhar selvagem e suas atitudes ferozes evidenciavam que, ao menos aparentemente, estava louco.

> *Caiu! Caiu a grande Babilônia e se tornou morada de demônios, covil de toda espécie de espírito imundo e esconderijo de todo gênero de ave imunda e detestável* (APOCALIPSE 18:2).

> *Porque os seus pecados se acumularam até ao céu, e Deus se lembrou dos atos iníquos que ela praticou. Dai-lhe em retribuição como também ela retribuiu, pagai-lhe em dobro segundo as suas obras...* (APOCALIPSE 18:5-6).

> *O quanto a si mesma se glorificou e viveu em luxúria* (APOCALIPSE 18:7).

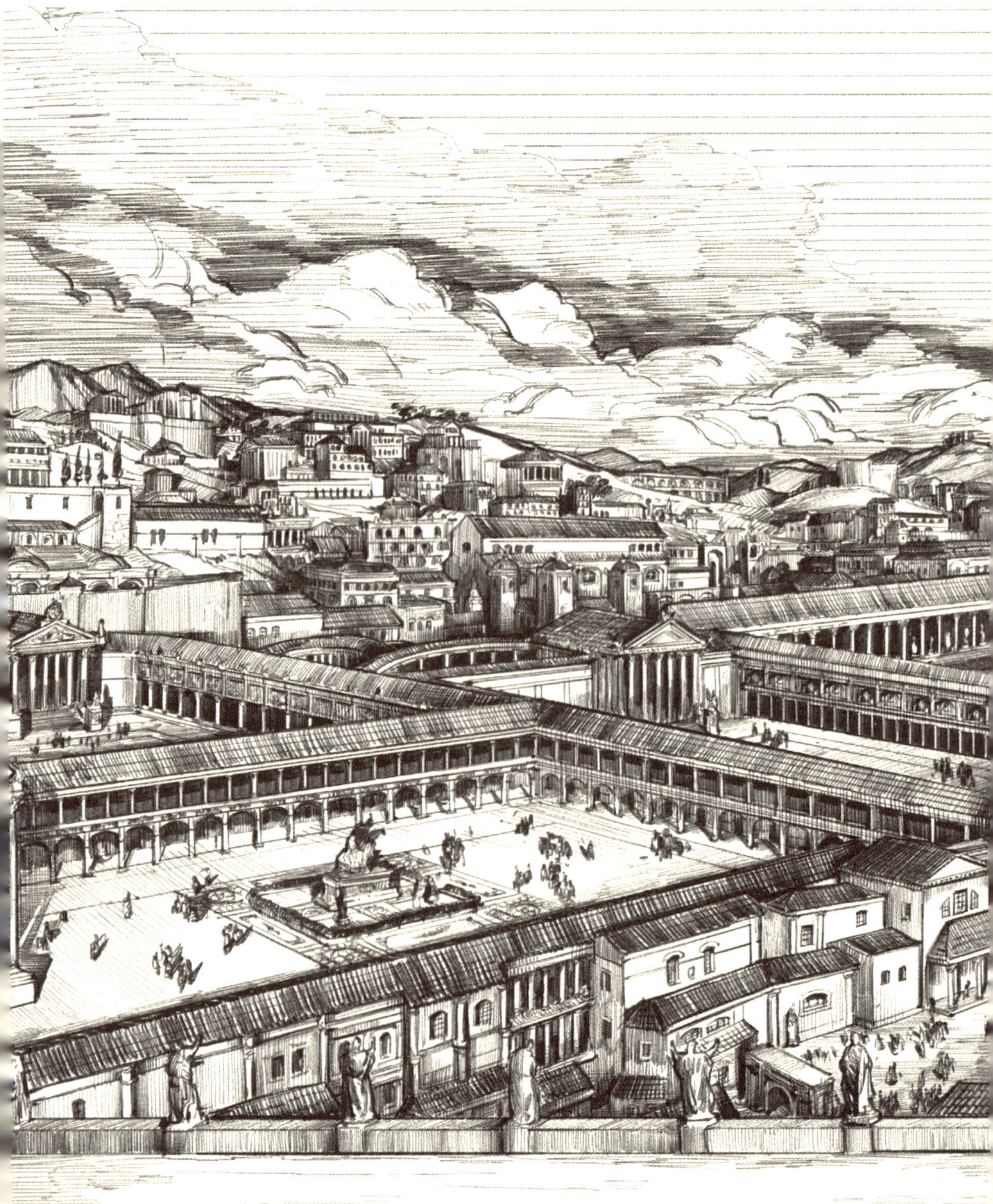

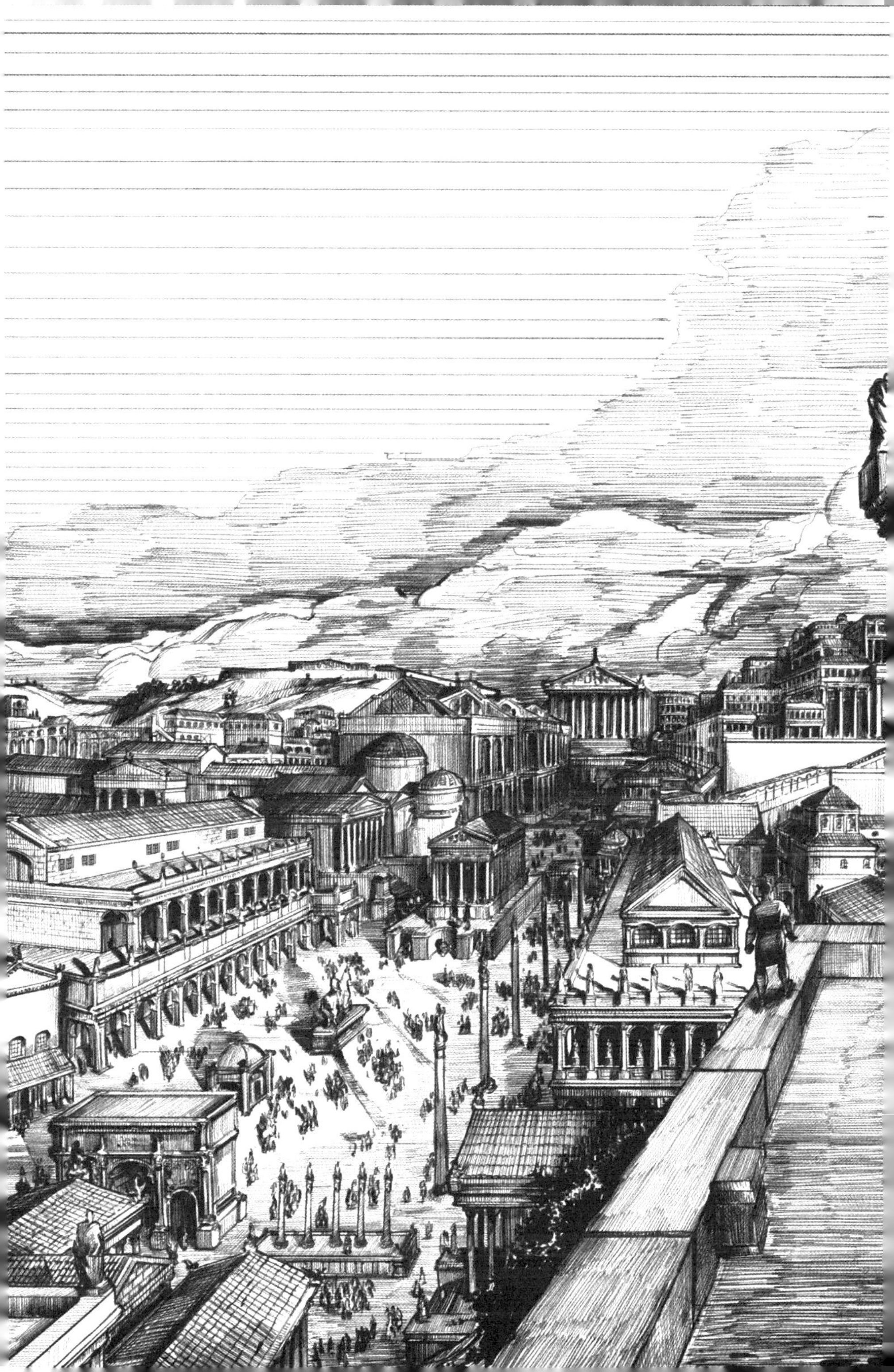

> *Por isso, em um só dia, sobrevirão os seus flagelos: morte, pranto e fome; e será consumida no fogo, porque poderoso é o Senhor Deus, que a julgou. Os lamentos dos admiradores de Babilônia Ora, chorarão e se lamentarão sobre ela os reis da terra, que com ela se prostituíram e viveram em luxúria, quando virem a fumaceira do seu incêndio, e, conservando-se de longe, pelo medo do seu tormento, dizem: Ai! Ai! Tu, grande cidade, Babilônia, tu, poderosa cidade! Pois, em uma só hora, chegou o teu juízo* (APOCALIPSE 18:8-10).

> *Os mercadores destas coisas, que, por meio dela, se enriqueceram, conservar-se-ão de longe, pelo medo do seu tormento, chorando e pranteando, dizendo: Ai! Ai da grande cidade, que estava vestida de linho finíssimo, de púrpura, e de escarlata, adornada de ouro, e de pedras preciosas, e de pérolas, porque, em uma só hora, ficou devastada tamanha riqueza! E todo piloto, e todo aquele que navega livremente, e marinheiros, e quantos labutam no mar conservaram-se de longe. Então, vendo a fumaceira do seu incêndio, gritavam: Que cidade se compara à grande cidade? Lançaram pó sobre a cabeça e, chorando e pranteando, gritavam: Ai! Ai da grande cidade, na qual se enriqueceram todos os que possuíam navios no mar, à custa da sua opulência, porque, em uma só hora, foi devastada! Exultai sobre ela, ó céus, e vós, santos, apóstolos e profetas, porque Deus contra ela julgou a vossa causa* (APOCALIPSE 18:15-20).

Uma vasta multidão se reuniu em volta dele, confusa e surpresa e apenas cessara de falar, quando apareceram alguns soldados e o levaram.

"Sem dúvida, é algum pobre cristão, que por causa do sofrimento perdeu a razão", pensou Marcellus. E enquanto o homem era levado, continuava a clamar suas terríveis denúncias e uma grande multidão o seguiu, gritando e zombando. O barulho não demorou em perder-se na distância.

"Não há tempo a perder. Devo ir embora", Marcellus disse a si mesmo, e partiu.

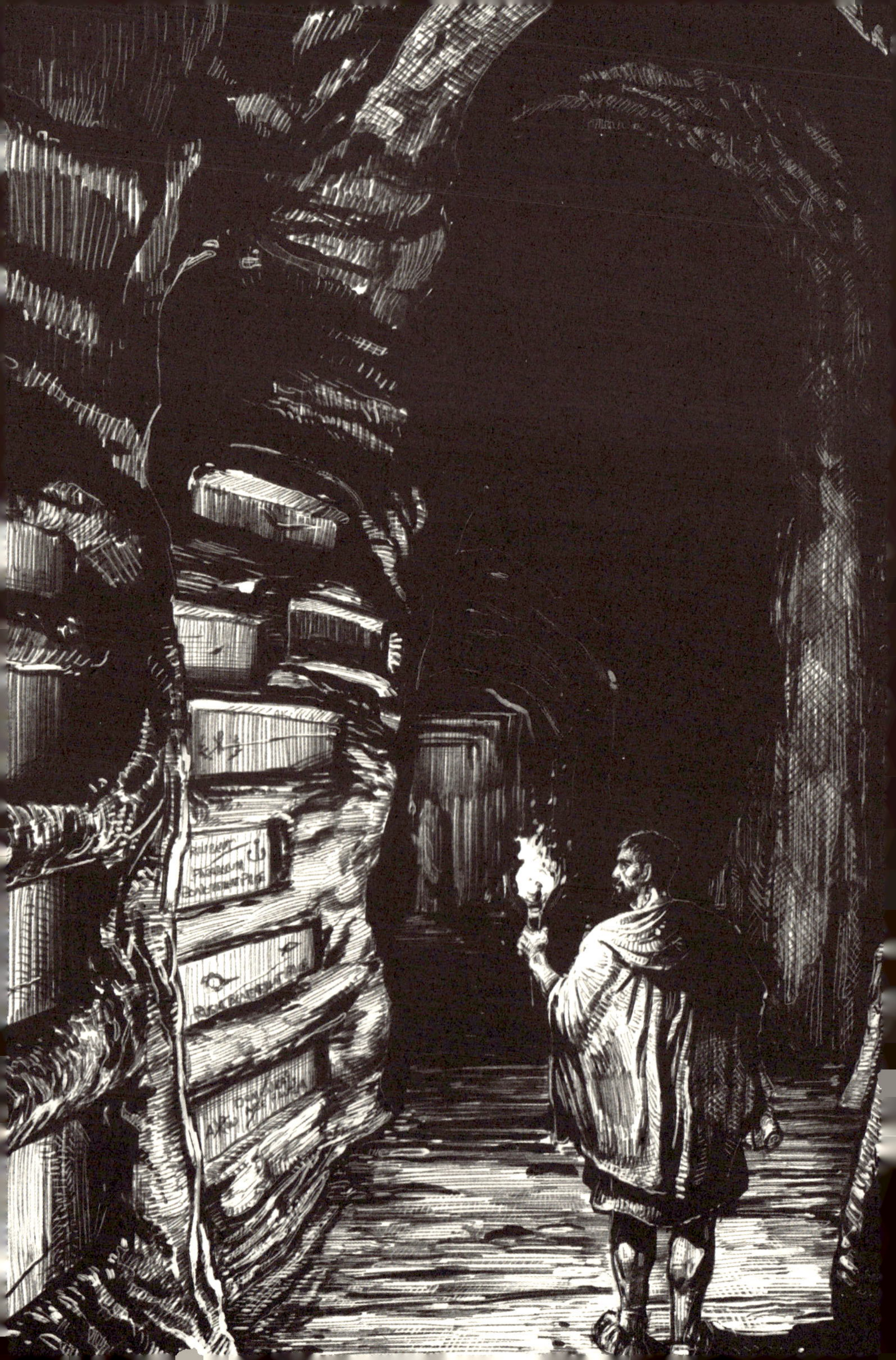

VIII

A VIDA NAS CATACUMBAS

Ó, trevas, trevas, trevas no ardor
do sol do meio-dia,
escuridão irrevogável, eclipse total,
sem esperança alguma de que chegue o dia!

Com lágrimas de alegria, deram-lhe as boas-vindas pela sua volta às Catacumbas. Com vivo entusiasmo, ouviram as referências de suas entrevistas com seus superiores; e ao mesmo tempo que partilhavam sua compreensão de suas dificuldades, regozijavam-se de que tivesse sido digno de sofrer por Cristo.

Em meio a todo esse novo ambiente, aprendia mais da verdade a cada dia e igualmente contemplava o que deviam sofrer os seguidores do Senhor. A vida das Catacumbas abriu ante ele, sem a menor reserva, todos os seus maravilhosos e variados segredos.

A vasta multidão que morava nas entranhas da terra recebia provisões, graças à sua permanente comunicação com a hostil cidade de cima. Essas operações se realizavam à noite. Essa ousada e perigosa tarefa era cumprida pelos homens mais resolutos, que se ofereciam voluntariamente por isso. Algumas vezes também as mulheres, e até mesmo os meninos realizavam estas tarefas, sendo um dos mais sagazes o pequeno Pollio, cujos méritos eram dignos do louvor dos seus. Entre a numerosa população da cidade de Roma, não era difícil passar desapercebido e assim as provisões não escasseavam. Contudo, havia vezes, a jornada terminava em fatalidade e os corajosos aventureiros jamais retornavam.

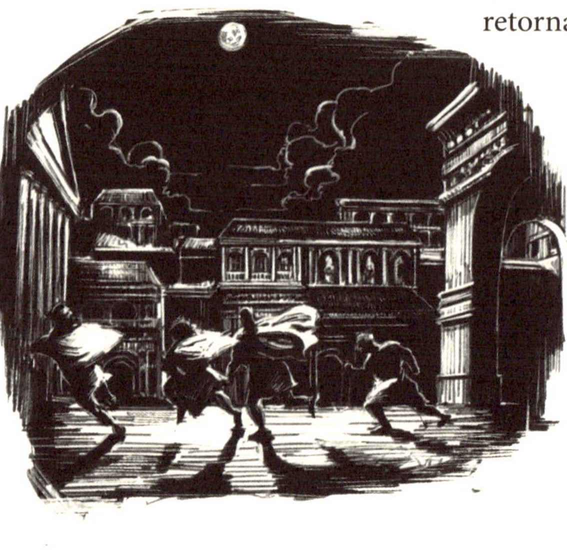

Contavam com abundante provisão de água no extremo inferior dos corredores. Ali dispunham de poços e fontes de aprovisionamento suficientes para todas as suas necessidades.

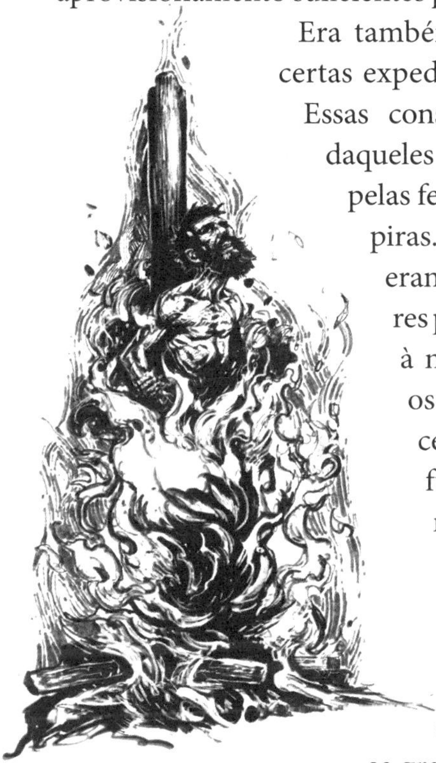

Era também na noite que se realizavam certas expedições, as mais tristes de todas. Essas consistiam na busca dos corpos daqueles que haviam sido despedaçados pelas feras selvagens ou queimados nas piras. Estes despojos bem-amados eram resgatados às custas dos maiores perigos e transportados em meio à milhares de riscos. Em seguida, os parentes e amigos dos mortos celebravam os simples serviços fúnebres, como também a festa na qual os sepultavam.

Depois de tudo isso, costumavam depositar os restos em sua estreitíssima tumba, cobrindo-a com a correspondente pedra de mármore, onde se gravava o nome do ocupante.

Aqueles primitivos cristãos, vivamente inspirados pela gloriosa doutrina da ressurreição, olhavam para o futuro com a mais ardorosa esperança da chegada do momento em que, a corrupção haveria de ser absorvida pela incorrupção e o mortal pela imortalidade. Não desejavam que os seus corpos, que tão sublime destino aguardavam, fossem reduzidos a cinzas, chegando a pensar que as sagradas chamas funerárias eram uma desonra ao templo de Deus, que tanto favor recebera das alturas celestiais. Assim os estimados corpos dos mortos eram trazidos para serem retirados das vistas dos homens, onde nenhuma mão irreverente poderia perturbar a solene quietude do seu último repouso, para ali permanecerem. Um lugar onde haviam de jazer "até a última trombeta" (1 CORÍNTIOS 15:52), desse chamado que a Igreja primitiva esperava com ansiedade diariamente. Na cidade de cima, o cristianismo aumentava nas gerações sucessivas. Durante todo o tempo transcorrido, os mortos haviam ingressado ali em proporções cada vez maiores, de forma tal que agora as Catacumbas constituíam uma vasta cidade de mortos. Ali, os silenciosos moradores dormiam em filas inúmeras, uma após outra, esperando até que se ouvisse a aclamação do Senhor, chamando a congregar-se o povo lavado com seu sangue, "num momento, num abrir e fechar de olhos" (1 CORÍNTIOS 15:52), a encontrar o Senhor no ar.

Em muitos lugares haviam derrubado as arcadas, a fim de elevar o teto para formar habitações. Nenhum deles era espaçoso, mas apenas recintos com mais espaço onde os fugitivos podiam reunir-se em assembleias maiores, podendo, ao mesmo tempo, respirar com alívio. Ali passavam a maior parte do tempo e realizavam suas assembleias de fraterna comunhão.

Sua situação se explica pela natureza dos tempos em que viveram. As simples virtudes da velha república eram história e a liberdade havia fugido para sempre do território. A corrupção havia se apossado do império e subjugado tudo sob sua dormente influência. Conspirações, rebeliões, traições e greves açoitavam sucessivamente o Estado. Mas o povo, vítima de tudo, permanecia à distância, em silêncio. Eles viam sofrer os valentes dos seus e morrer os mais nobres, sem sequer se comover. O generoso coração e espírito de fogo, não mais se levantava. Somente as paixões mais baixas despertavam seus sentimentos degenerados. Neste cenário, a verdade de Jesus Cristo impôs-se valentemente, e entre inimigos tão grandes era necessário lutar e abrir espaço entre os obstáculos para progredir lenta, porém firmemente. Aqueles que se alistaram sob sua bandeira não tinham vida fácil diante deles. O som da trombeta não era de incerteza. O conflito era severo e comprometia o nome, a fama, a fortuna, amigos e a vida — tudo aquilo que é tão querido para o ser humano. Assim, o tempo seguia sua marcha. Se era certo que os seguidores da verdade aumentavam em número, também o vício intensificava seu poder e malignidade; o povo afundou, em profunda corrupção e o Estado era arrastado à ruína mais definitiva.

Foi então que se levantaram aquelas terríveis perseguições, cujo objetivo era extirpar da terra os últimos vestígios do cristianismo. A terrível provação esperava o cristão, que resistia ao decreto imperial; aos que a seguiam, a ordem da Verdade era inexorável; uma vez tomada a decisão, era irrevogável. Às vezes, acontecia que tomar a decisão de tornar-se cristão equivalia a aceitar uma morte instantânea, ou, pelo menos, ser expulso da cidade, proscrito dos prazeres normais do lar e da luz do dia.

O coração dos romanos foi endurecido e seus olhos, cegados. Nada podia causar sua piedade; nem a inocência da infância, nem a pureza feminina, nem a nobreza do homem, nem a reverência pelos cabelos brancos do ancião, nem a fé irremovível, nem o amor triunfante sobre a morte. Não viam a escura irremovível nuvem de desolação que pendia sobre a cúpula do império, ou sabiam que de sua fúria somente poderiam ser salvos por aqueles a quem perseguiam.

Porém, na plena vigência desse reino de terror, as Catacumbas abriram suas portas diante dos cristãos, qual uma cidade de refúgio. Ali repousavam os ossos de seus antecessores, que de geração em geração haviam lutado pela verdade e o pó de seus corpos esperava, aqui, pelo grito da ressurreição. Ali traziam seus amados parentes, conforme um a um iam deixando-os para voar às alturas. Até aqui, o filho havia trazido, nos ombros, o corpo de sua velha mãe e o progenitor havia visto seu filho depositado no sepulcro. Eles traziam piedosamente os mutilados despojos daqueles que, pela fé, haviam sido despedaçados pelas feras selvagens na arena; os corpos chamuscados dos que foram entregues às chamas, ou ainda os consumidos corpos dos mais infelizes de todos, que haviam exalado o último suspiro de sua vida, após a longa agonia, própria da morte, por crucificação. Cada um dos cristãos tinha algum amigo ou parente, cujo corpo ali jazia. O próprio chão era santificado, também o ar. Não se podia estranhar, pois, que procurassem refúgio e segurança em um lugar semelhante.

Nessas habitações subterrâneas, sobretudo, haviam encontrado seu único lugar de refúgio contra a inflamada perseguição. Naquele tempo, não podiam procurar auxílio em países estrangeiros ou além dos mares, porque para eles não existiam países de refúgio e não havia terra do outro lado dos mares, na qual tivessem a menor esperança. O poder imperial de Roma mantinha preso em suas poderosas garras todo o mundo civilizado. Seu tremendo sistema policial se estendia por todas as terras e ninguém podia escapar de sua implacável ira. Seu poder era tão irresistível, que desde o nobre mais elevado até o escravo mais humilde, todos eram igualmente súditos de Roma. Nenhum Imperador destronado poderia fugir de sua vingança, nem sequer se podia esperar semelhante saída. Quando Nero caiu, o máximo que conseguiu fazer foi ir até uma vila próxima e suicidar-se. Porém, aqui embaixo, nesses infinitos labirintos, ainda o poder de Roma não tinha valor algum, pois seus burlados emissários vacilavam em sua entrada.

Nesses providenciais refúgios, os cristãos permaneciam, povoando densamente as inumeráveis passagens e grutas. De dia se reuniam para trocar entre si palavras de consolação e alento, ou também para partilhar condolências por um novo mártir. Pelas noites, despediam os mais ousados dentre eles em desesperadas empreitadas para trazer notícias do mundo exterior ou para trazer os corpos ensanguentados de algumas novas vítimas. No transcurso de diferentes perseguições, eles viviam tão seguros ali, que embora milhões tivessem perecido por todo o vasto império, o genuíno poder do cristianismo em Roma fora apenas levemente sacudido.

Desse modo, foi garantida sua segurança e preservada a sua vida, mas, sob que condições? Porventura, o que é a vida sem luz, e a segurança do corpo naquelas úmidas trevas que deprimem a alma? A natureza física do homem estremece diante de tal destino e seu delicado organismo não demora em perceber a falta daquele sutil princípio renovador, tão estreitamente vinculado somente com a luz. Uma a uma as funções do corpo perdem sua harmonia e energia. Esse enfraquecimento do corpo afeta a mente, predispondo-a à tristeza, à apreensão, à dúvida e ao desespero. Não deixa de ser uma grande honra para o homem manter-se firme e fiel sob tais circunstâncias, do que oferecer sua vida em heroica morte na arena, ou ter morrido ardendo resolutamente na pira. Ali, onde as mais densas sombras das trevas envolviam em mortalha os cativos, foi onde estes enfrentaram com valor supremo a mais dura das provas. A valente presença de ânimo sob a perseguição era admirável, contra a perseguição, misturou-se com tais horrores, e tornou-se sublime.

As rajadas de ar gelado, que sempre percorriam estes labirintos, gelavam até os ossos, mas não traziam o ar renovado da superfície, os pisos, as muralhas e os tetos estavam cobertos de restos imundos de vapores úmidos, que sempre circulavam; pois a atmosfera estava espessa pelas exalações impuras e miasmas venenosos; a densa fumaça das tochas, sempre acesas, podem ter mitigado os ares nocivos, mas oprimia os moradores com sua influência, que além de cegar, sufocava. Contudo, em meio deste acúmulo de horrores, a alma do mártir se mantinha firme e impassível sem render-se. O revivido espírito que resistia a tudo isso, erguia-se a proporções nunca outrora alcançadas, nem nos mais orgulhosos dias da velha república. A energia de Régulo, a devoção de Curtio, a constância de Brutus, foram aqui superadas não somente pelos homens fortes, mas pela virgem sensível e pela frágil criança.

Assim, sem se renderem diante do mais cruel dos poderes de perseguição, estes homens prosseguiram, o bom, o puro de coração, o bravo e nobre. Para eles, a morte tinha dez horrores ou aquela apavorante vida na morte a qual eles eram obrigados a suportar nas regiões sombrias dos mortos. Eles sabiam o que lhes esperava, e o aceitaram completamente. Desciam ali, voluntariamente, levando com eles tudo o que era mais precioso à alma do homem e tudo sofriam pelo grande amor com que haviam sido amados e ainda o eram.

Os constantes esforços, que faziam para diminuir a intensidade das trevas de sua moradia, ficou visível em volta das muralhas. Em alguns lugares elas estavam cobertas de estuque branco e, em outras, adornadas com quadros. Mas nunca com mortais endeusados para adoração idolátrica, mas simplesmente monumentos de lembrança daqueles grandes heróis antigos da verdade, "os quais, por meio da fé, subjugaram reinos, praticaram a justiça, obtiveram promessas, fecharam a boca de leões, extinguiram a violência do fogo, escaparam ao fio da espada, da fraqueza tiraram força, fizeram-se poderosos em guerra, puseram em fuga exércitos de estrangeiros" (HEBREUS 11:33,34). Se nessas horas de angústia e amargura necessitavam buscar cenas ou pensamentos que pudessem aliviar-lhes suas almas e inspirá-los com novas forças para o futuro, não podiam ter achado outros objetos mais indicados em que inspirar-se, de tanto valor e de tão profundo consolo.

Tais eram os ornamentos das capelas. Os únicos móveis que continham eram uma simples mesa de madeira, sobre a qual colocavam o pão e o vinho da

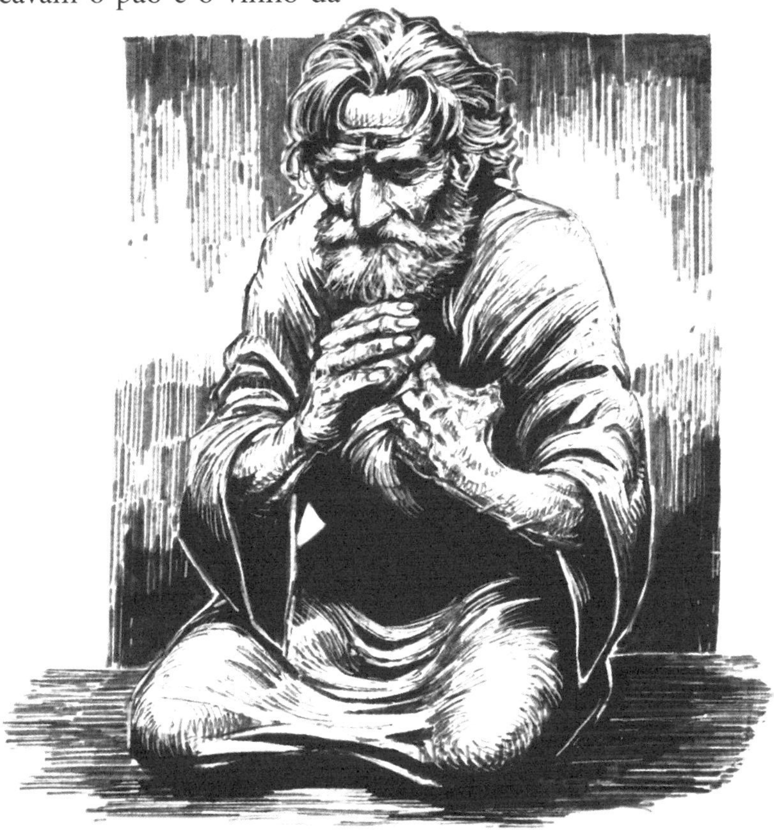

Ceia do Senhor, os símbolos do corpo e do sangue de Seu Senhor crucificado.

O cristianismo lutava há muito tempo contra a corrupção. Por conseguinte, não deve surpreender que a Igreja tenha contraído algumas marcas por seu contato demasiado estreito com seu inimigo, ou que tenha carregado algumas delas ao seu lugar de refúgio. Todavia, se praticavam algumas variações com relação ao modelo apostólico, estas eram muito triviais e todas podiam passar desapercebidas, caso não abrissem espaço para outras maiores. Apesar de tudo isso, as doutrinas essenciais do cristianismo não sofreram a menor contaminação, nem mudança alguma. A culpa do homem, a misericórdia do Pai, a expiação do Filho, a habitação do Espírito Santo, a salvação pela fé no Redentor, o valor de Seu precioso sangue, Sua ressurreição física e a bem-aventurada esperança de Seu regresso — todas essas verdades fundamentais, eram para eles de tanta estima e as guardavam com tanto fervor e energia, que a mera linguagem não consegue lhe fazer tributo com a justiça merecida.

Deles era a eterna esperança, a âncora da alma tão forte e tão segura que as tempestades odiosas do Império falharam em afastá-los da rocha eterna onde estavam abrigados.

Era deles aquela fé que os sustentava pelas provações mais severas. O glorificado Homem à mão direita de Deus, era o objeto de sua fé e esperança. A fé nele era tudo. Era o sopro da vida; a respiração normal deles, tão real que os sustentou na hora dos cruéis sacrifícios; tão duradoura que mesmo quando parecia que todos os seguidores de Cristo haviam sido banidos da terra, eles, contudo, ainda podiam olhar para as alturas e esperar nele.

Deles era a plenitude daquele amor que definiu Cristo, quando estava na Terra, dizendo ser o resumo da Lei e dos profetas. Naqueles dias, a luta sectária e as amarguras denominacionais eram desconhecidas. Eles tinham um grande general inimigo, contra quem lutar; como poderiam pelejar uns contra os outros? Ali se cultivava o amor pelo próximo, que não conhecia distinção de raça ou classe, mas envolvia toda a imensa área, de maneira tal que alguém podia dar a vida pelo seu irmão; ali, pois, o amor de Deus, derramado abundantemente no coração pelo Espírito Santo, não temia o sacrifício da própria vida. As perseguições que os rodeava como um leão rugindo, fortalecia de tal maneira seu zelo, fé e amor, que brilhavam em meio às trevas dos tempos. Seu número se somava aos que eram verdadeiros e sinceros. Era antídoto contra a hipocrisia. Investia o valente com o mais ousado heroísmo, e inspirava o temeroso com a coragem da devoção. *Eles viveram numa época na qual ser cristão era arriscar a própria vida.*

Não retrocediam nem vacilavam, mas corajosamente proclamavam sua fé e aceitavam as consequências. Traçavam uma linha divisória, entre eles e o mundo, e se mantinham valentemente no seu próprio lado. O simples pronunciar de umas poucas palavras, a execução de um ato singelo, bastaria para salvar da morte; mas a língua se negava a pronunciar a fórmula da idolatria e a mão firme recusava o derramamento da libação. As doutrinas vitais do cristianismo encontravam neles, muito mais que o mero assentimento intelectual. Cristo mesmo não era para eles somente uma ideia, um pensamento, e sim uma existência pessoal e real. A vida de Cristo sobre a Terra era para eles uma verdade vivificante. Aceitavam-no como o mais perfeito exemplo para todo homem. Estavam certos de que Sua ternura, humildade, paciência e mansidão eram oferecidas para que fossem imitadas; jamais separaram o cristianismo ideal do cristianismo real. Estavam certos de que a fé do homem abrangia tanto a vida como o sentimento, e não haviam aprendido a fazer distinção entre o cristianismo experimental e o prático. Para eles, a morte de Cristo era o grande evento perante o qual todos os outros eventos eram somente secundários.

Que Ele morreu é fato por excelência e que foi pelos filhos dos homens, ninguém em absoluto podia compreendê-lo melhor que eles. Que Ele foi levantado e que está glorificado à mão direita de Deus, e que todo poder lhe foi entregue no Céu e na Terra, era divina realidade para eles. Pois entre seus próprios irmãos, sabia-se de muitos que haviam sido pendurados em uma cruz por amor a seus irmãos ou morrido na pira por seu Deus. Eles tomavam sua cruz e seguiam a Cristo, levando seu vitupério. Aquela cruz e aquela injúria não eram somente figurados. De tudo isso, testemunham esses tenebrosos labirintos, recintos próprios para os mortos somente, que, no entanto, por muitos anos se abriu para refugiar os vivos. Tudo isso é testemunhado por aqueles nomes de mártires, por aquelas palavras de triunfo. As muralhas conservam para as gerações vindouras as palavras de dor e lamento e de sentimentos sempre variados, que se escreveram sobre elas durante as sucessivas gerações, por aqueles que foram banidos para estas Catacumbas. Eles levam consigo sua dolorosa história aos tempos vindouros e trazem à imaginação as formas, os sentimentos e os feitos daqueles que aqui foram confinados. Assim, como a forma física da vida se fixa nas placas da câmera fotográfica, assim as grandes vozes, que uma vez se arrancaram pela intensidade do sofrimento, desde o fundo da própria alma do mártir, ficaram estampadas sobre a muralha.

Testemunhas humildes da verdade, pobres, depreciados, abandonados, cujos clamores por misericórdia chegavam em vão aos ouvidos dos homens; antes se sufocavam no sangue dos mortos e na fumaça dos sacrifícios! Porém, se os de sua própria raça responderam a suas súplicas, com renovadas e maiores torturas, essas muralhas rochosas mostraram maior misericórdia, pois ouviram seus suspiros e os guardaram em seu seio e foi assim que aqueles clamores de sofrimento viveram ali entesourados e gravados na rocha para sempre.

A conversão de Marcellus ao cristianismo fora repentina. Porém, tais transições rápidas do erro para a verdade eram frequentes. Ele havia testado e provado as mais elevadas formas das superstições pagãs e filosofias mundanas, tendo descoberto que não o satisfaziam, mas, de repente, viu-se frente a frente com o cristianismo. Comprovou que este atendia plenamente todos os desejos de sua consciência. Possuía exatamente o que necessitava para contentar as ânsias da alma e saciar o vazio do coração com a plenitude da paz. E é assim, que se a mudança foi rápida, também foi completa e perfeita, pois tendo aberto os olhos e contemplado o Sol de Justiça, ele não podia voltar a fechá-los. A obra da regeneração era completada divinamente e recebeu, de boa vontade, a parte que lhe correspondia no sofrimento dos perseguidos.

As primeiras pregações do Evangelho se caracterizavam pela frequência de conversões notáveis como esta. Por todo o mundo pagão eram incontáveis as almas que experimentavam o que Marcellus experimentara e que, com gosto, se submetiam às mesmas experiências. Pois só era necessária a pregação da verdade, acompanhada pelo poder do Espírito Santo, que lhes abria os olhos e os conduzia a ver a luz. Eis aqui, a causa da rápida disseminação do cristianismo, a influência divina sobre a razão humana.

Marcellus, pois, vivendo e partilhando a atividade e a comunhão com seus irmãos, não demorou em penetrar no fundo de suas esperanças, temores e alegrias. A fé viva e a confiança inquebrantável deles comunicavam-se a seu coração e todas as gloriosas expectativas, que os sustentavam, não demoraram em chegar a ser o mais efetivo descanso de sua própria alma. A bendita Palavra de vida chegou a ser matéria de seu constante estudo e deleite e todos seus ensinos acharam nele seu mais ardoroso discípulo.

As reuniões mais frequentes por todas as Catacumbas eram as de oração e louvor. Tendo sido, providencialmente, afastados das ocupações comuns dos negócios do mundo, dedicavam-se por inteiro aos mais elevados e sublimes objetivos em que colocavam todo seu empenho. Privados aqui como estavam da oportunidade de realizar algum esforço pelo sustento do corpo, viam-se constrangidos a dedicar sua vida integralmente ao cuidado da alma. E conseguiam plenamente o que procuravam. Pois a Terra, com seus cuidados fervorosos, suas atrações e milhares de distrações, havia perdido sobre eles todo influxo, deixando-os livres. Os Céus haviam se aproximado deles; seus pensamentos e sua linguagem eram justamente os do Reino. Eles se compraziam em falar e pensar no gozo incomensurável e digno que aguardava os que fossem fiéis até a morte. Deleitavam-se em conversar e discorrer sobre aqueles irmãos, que já haviam partido e que somente acumulavam ganhos. Não imaginavam, sequer, que tivessem se perdido. Tudo isso lhes fazia prever o momento em que sua própria partida também chegaria. No entanto, acima de todas as coisas, olhavam para aquele dia do grande chamamento final, que levantaria os mortos, transformaria os vivos e traria em volta dele o povo lavado e comprado com Seu sangue, até esse lugar de encontro no ar e esperavam o estabelecimento do tribunal de Cristo, onde Ele outorgará recompensas pelo serviço fiel (1 TESSALONICENSES 4:13-18; FILIPENSES 3:20,21; 1 CORÍNTIOS 3).

Foi assim que Marcellus viu essas lúgubres passagens subterrâneas, não entregues para o silêncio do sono dos mortos, mas densamente povoadas com os milhares de viventes. Descoloridos, pálidos e oprimidos, achavam ainda em meio dessas trevas um destino melhor que aquele que podiam esperar na superfície. Sua atividade vital animava esta região dos mortos. O silêncio desses corredores era interrompido pelo som das vozes humanas. À luz da verdade, a virtude, isolada dos ares saudáveis de cima, florescia e se acendia com o mais puro e reluzente brilho em meio destas trevas subterrâneas. As doces saudações de afeto, amizade, fraternidade e amor eram cultivadas entre os restos dos que haviam partido. Aqui se misturavam as lágrimas de luto com o sangue dos mártires e as mãos carinhosas envolviam em seus últimos sudários os pálidos despojos. Aqui nestas grutas, as almas heroicas se erguiam acima da dor. A esperança e a fé sorriam gozosas e anunciavam com firmeza "a brilhante estrela da manhã" e dos lábios de quem deviam brotar lamentos, surgiam vozes de louvor.

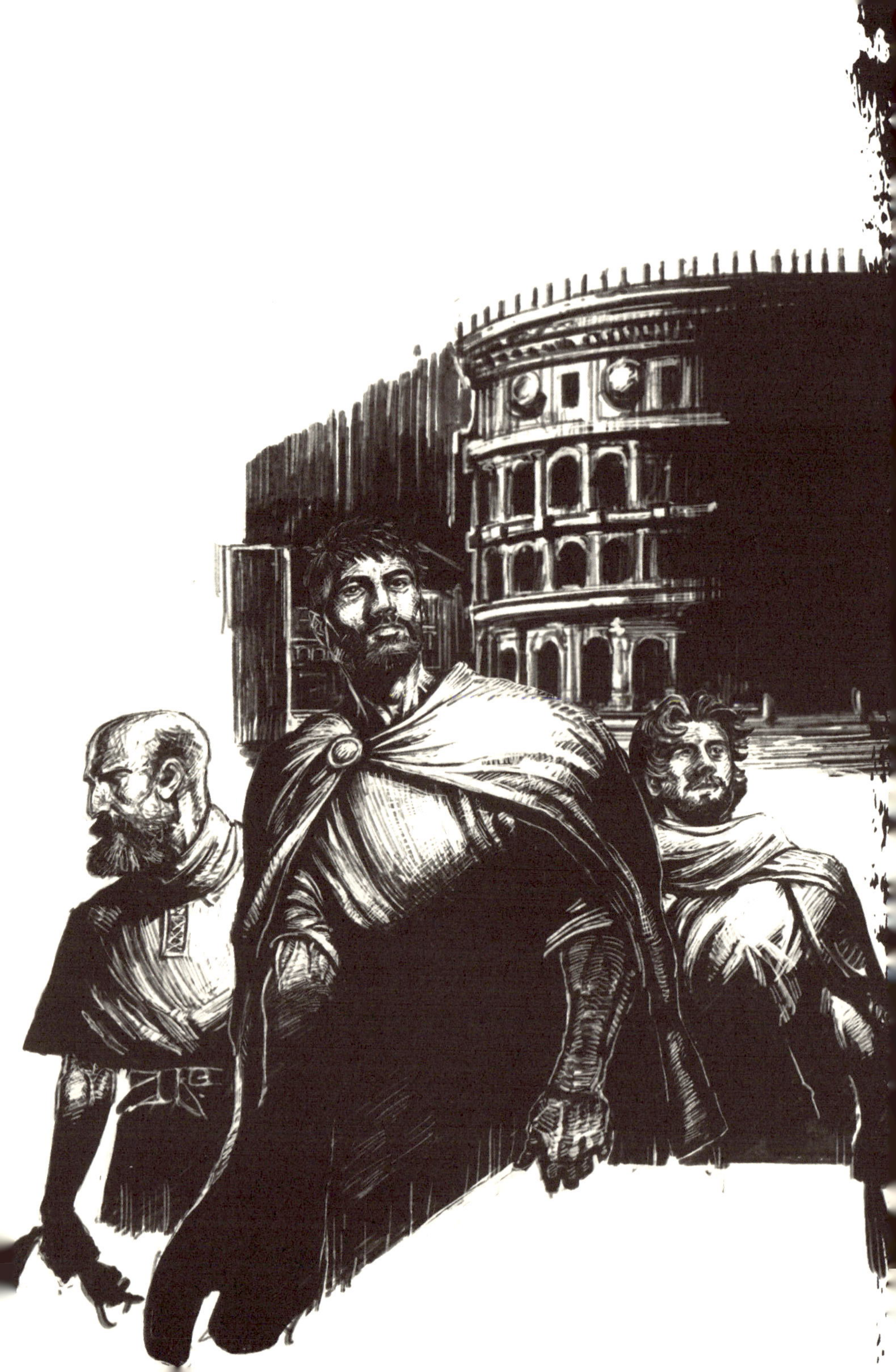

IX

A PERSEGUIÇÃO

Com efeito, tendes necessidade
de perseverança, para que,
havendo feito a vontade de Deus,
alcanceis a promessa.

(HEBREUS 10:36)

Nas poucas semanas desde que Marcellus fora viver ali, grande número de pessoas procurara refúgio naquele retiro. Jamais houvera tantos congregados. Geralmente, as autoridades contentavam-se com os cristãos mais proeminentes e, em consequência, os fugitivos que recorriam às Catacumbas compunham essa classe. Foi realmente a perseguição mais severa que sobreveio desta vez, atingindo a todos e, somente sob o governo de uns poucos Imperadores havia-se mostrado indiscriminada fúria. Então, não se fazia a menor distinção de classe ou posição, pois tanto o mais humilde seguidor como o mais eminente dos mestres foram perseguidos até a morte.

Até aquele momento, a comunicação com a cidade era relativamente fácil, porque os cristãos, que haviam ficado acima, embora pobres, nunca se descuidavam dos que estavam nas profundezas do esconderijo, nem esqueciam suas necessidades. Facilmente, pois, podiam se adquirir provisões e o auxílio não faltava. Porém chegou a hora, em que exatamente aqueles, em cujo auxílio confiavam os fugitivos, também foram vítimas da perseguição e obrigados a compartilhar seu destino com seus irmãos de grutas e precisar, eles mesmos, receberem caridade em vez de dá-la.

Contudo, não enfrentavam sua situação desesperando-se. Nessa Roma, ainda havia muitos que os amavam e ajudavam, embora não fossem cristãos. Em todo grande movimento, sempre haverá um considerável número de pessoas neutras, as mesmas que, seja por interesse ou por indiferença, se mantêm à margem. Essas pessoas invariavelmente se unirão ao lado mais forte e, onde o perigo ameaçar, costumam evitá-lo fazendo qualquer concessão. Tal, pois, era a condição em que se encontravam numerosos romanos. Eles tinham amigos e parentes a quem amavam, entre os cristãos, e por quem sentiam a mais cordial simpatia. Sempre se mantinham dispostos a ajudá-los, mas tinham, naturalmente, a devida consideração pela própria segurança, para não chegar ao extremo de jogar sua sorte junto com a deles. Mantinham-se fiéis assistentes aos templos e à adoração dos deuses pagãos como antes, vindo assim a serem adeptos nominais das velhas superstições. Os cristãos agora estavam forçados a depender destes, por suas necessidades diárias.

Porém agora, além disso, toda expedição que tentasse ir à cidade estava rodeada de maiores e iminentes perigos e somente os muito ousados se atreviam a aventurar-se. Mas esse arraigado desdém pelo perigo e pela morte era tal e tantos eram os que por ele estavam inspirados, que jamais deixaram de oferecer-se, espontaneamente, os homens para desafiar a morte em tão perigosos empreendimentos.

Marcellus ofereceu-se para esta tarefa, satisfeito de poder fazer algo por seus irmãos. A mesma valentia e perspicácia que o havia elevado até as altas categorias militares, agora o faziam destacar-se com todo êxito nessas suas novas atividades.

Dezenas de fiéis eram capturados e sacrificados por dia. Os cristãos se encarregavam de recuperar seus despojos mortais, para dar-lhes sepultura. Nisto não havia tanta dificuldade, já que liberava as autoridades do incômodo de queimar ou enterrar os cadáveres.

Um dia, chegaram notícias à comunidade residente sob a Via Ápia de que dois dos seus haviam sido capturados e entregues à morte. Marcellus, juntamente com outros, saiu com a missão de recuperar os corpos. Pollio, aquele menino, foi com eles para o caso de serem necessários seus serviços. Anoitecia, quando entraram pelos portões da cidade e as trevas não demoraram em cobrir seus movimentos. Mas não tardou em aparecer a lua para iluminar o amplo cenário.

Desapareceram abrindo seu caminho pelas ruas tenebrosas, até chegar finalmente ao Coliseu, o lugar de martírio de tantos de seus companheiros. Aquela enorme massa se elevava orgulhosa diante deles, ampla, tenebrosa e severa, como o poder imperial que a havia construído. Multidões de

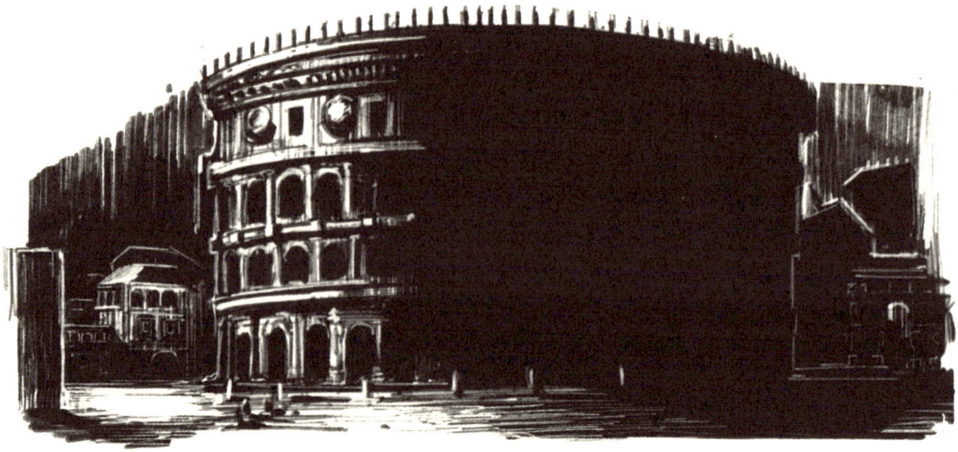

vigilantes, guardiões e gladiadores estavam dentro de seus portões de ferro, cujas passagens abobadadas eram iluminadas pelo brilho das tochas.

Os gladiadores conheciam o motivo de sua presença e rudemente lhes ordenaram que prosseguissem. Eles mesmos os conduziram até que estivessem na arena. Ali, estavam jogados numerosos corpos, os últimos que haviam morrido naquele dia. Estavam cruelmente mutilados; alguns em condições tais, que apenas se distinguia que eram seres humanos. Depois de uma longa busca, acharam os dois que procuravam. Em seguida, esses corpos foram colocados em grandes sacos, nos quais se dispunham a levá-los.

Marcellus se deteve para contemplar o cenário que o rodeava. Estava completamente cercado por maciças muralhas, que se elevavam por meio de numerosos terraços em declive, até chegar ao coroamento no círculo exterior. Sua estrutura soturna parecia encerrá-lo com barreiras tais, que ele já não podia transpor.

Ele pensava: "Quanto tempo vai demorar antes de chegar a minha vez? Quando chegará o dia de entregar a minha vida por meu Salvador? Serei fiel quando chegar esse momento? Ó! Senhor Jesus, sustenta-me naquela hora!"

A lua ainda não havia subido o suficiente para que seus raios penetrassem dentro da arena. Ali, nesse interior, tudo era escuro e repulsivo. A busca teve de ser feita com tochas emprestadas pelos guardiões.

Naquele momento, Marcellus ouviu uma voz profunda vinda de alguns dos arcos posicionados atrás deles. Seus tons penetraram o ar da noite com claridade surpreendente e puderam ser ouvidos por cima do rude vozerio dos guardas:

> *"Então, ouvi grande voz do céu, proclamando: Agora, veio a salvação, o poder, o reino do nosso Deus e a autoridade do seu Cristo, pois foi expulso o acusador de nossos irmãos, o mesmo que os acusa de dia e de noite, diante do nosso Deus. Eles, pois, o venceram por causa do sangue do Cordeiro e por causa da palavra do testemunho que deram e, mesmo em face da morte, não amaram a própria vida"* (APOCALIPSE 12:10,11).

—Quem é esse? — disse Marcellus.

—Não o atendas — disse seu companheiro. —É o irmão Cina. Suas penas e dores o deixaram maluco. Seu único filho foi queimado na pira, no início da perseguição. Desde então, ele anda percorrendo a cidade denunciando inimigos. Até agora não haviam se ocupado dele, porém, finalmente o capturaram.

—E está prisioneiro aqui?

—Sim.

E de novo a voz de Cina se deixou ouvir espantosa, ameaçadora e terrível:

> *"Clamaram em grande voz, dizendo: Até quando, ó Soberano Senhor, santo e verdadeiro, não julgas, nem vingas o nosso sangue dos que habitam sobre a terra?"* (APOCALIPSE 6:10).

—Esse é, então, o homem que ouvi no Capitólio!

—Sim, deve ser ele, porque já percorreu toda a cidade e ainda o palácio, clamando e apregoando isso mesmo.

—Vamos.

Tomaram seus sacos e se encaminharam aos portões. Depois de uma breve pausa, foi-lhes permitido passar. E conforme saiam, ouviram a voz de Cina, distante:

> *"Então, exclamou com potente voz, dizendo: Caiu! Caiu a grande Babilônia e se tornou morada de demônios, covil de toda espécie de espírito imundo e esconderijo de todo gênero de ave imunda e detestável. Retirai-vos dela"* (APOCALIPSE 18:2,4).

Nenhum deles pronunciou palavra alguma, até que chegaram a suficiente distância do Coliseu.

Marcellus rompeu o silêncio.

—Senti um grande temor de que nos prendessem e não nos deixassem sair mais de lá.

O outro lhe respondeu:

—Os teus medos foram razoáveis. O menor capricho repentino do guarda poderia ser a nossa sentença final. Mas para isso, devemos estar sempre preparados, pois em momentos como este devemos estar dispostos a afrontar a morte a qualquer momento. Que diz o nosso Senhor? "Por isso, ficai também vós apercebidos" (MATEUS 24:44; LUCAS 12:40). Quando o tempo chegar, devemos estar dispostos a dizer: "Pronto estou para ser oferecido".

—Sim — disse Marcellus —, nosso Senhor já nos disse o que deveríamos ter: "No mundo, passais por aflições" (JOÃO 16:33).

—Ah, mas Ele também diz: "Mas tende bom ânimo; eu venci o mundo" (JOÃO 16:33). "...para que, onde eu estou, estejais vós também" (JOÃO 14:3).

—Por meio dele — disse Marcellus —, em todas estas coisas, porém, somos mais que vencedores (ROMANOS 8:37). "Porque para mim tenho por certo que os sofrimentos do tempo presente não podem ser comparados com a glória a ser revelada em nós" (ROMANOS 8:18).

Assim se consolavam eles com as promessas seguras da bendita Palavra de vida, que em todos os tempos e em todas as circunstâncias é capaz de oferecer semelhante consolo celestial. Finalmente, chegaram a seu destino, sãos e salvos, e portando suas cargas, com a íntima gratidão em seus corações para Aquele que os havia preservado.

Não muitos dias depois, Marcellus voltou a sair em busca de provisões. Desta vez, ele foi sozinho. Foi à casa de um homem que era muito amigo deles e havia sido de grande ajuda. Estava do lado de fora das muralhas, nas redondezas da Via Ápia.

Depois de ter obtido as provisões indispensáveis, começou a averiguar pelas notícias.

—As notícias são más para vós — disse o homem. —Um dos oficiais pretorianos converteu-se recentemente ao cristianismo, e isso enfureceu o Imperador. Este designou um outro oficial para o cargo que o outro tinha e o incumbiu de perseguir os cristãos. E é assim que a cada dia capturam alguns deles. Nestes dias, não existe um único homem que seja considerado demasiado pobre para não ser capturado.

—Ah! Sabes o nome do novo oficial dos pretorianos que está encarregado de perseguir os cristãos?

—Lucullus.

—Lucullus! — exclamou Marcellus. —Que estranho!

—Dizem que é um homem de muita habilidade e energia.

—Tenho ouvido falar dele. E, em verdade, estas são más notícias para os cristãos.

—A conversão ao cristianismo do outro oficial enfureceu o Imperador até enlouquecê-lo, a tal ponto que se oferece um considerável resgate por ele. E se tu, amigo, porventura o vires ou estás em condições de falar com ele, procura, por todos os meios, informá-lo. Todos dizem que ele está nas Catacumbas convosco.

—Ele deve estar lá, já que não existe outro lugar seguro.

—Verdadeiramente, estes são tempos terríveis. Deves tomar todas as precauções possíveis.

Marcellus respondeu, humilde, mas firmemente:

—Não podem matar-me mais de uma vez.

—Ó, vós, os cristãos, tendes uma coragem maravilhosa. Admiro vossa bravura; mas penso que poderíeis vos conformar externamente ao decreto do Imperador. Por que, pois, deveríeis precipitar-vos assim tão loucamente à morte?

—Nosso Redentor morreu por nós. Estamos prontos a morrer por Ele. E, já que Ele morreu pelo Seu povo, nós também nos comprazemos voluntariamente em imitá-lo, oferecendo nossa vida por nossos irmãos.

—Vós sois pessoas maravilhosas — exclamou aquele homem, levantando as mãos.

Chegou o momento em que Marcellus teve de despedir-se e então partiu levando sua carga. As notícias que acabara de ouvir encheram sua mente.

"Então Lucullus ficou em meu posto", pensava ele, em seu caminho. "Como desejaria saber se ele se voltou contra mim! Pensará agora sobre mim como seu amigo Marcellus, ou simplesmente como um cristão? Pode ser que o descubra dentro de pouco tempo! Seria verdadeiramente estranho que eu caísse em suas mãos; e, contudo, se eu fosse capturado, provavelmente chegaria a estar perto dele."

"Mas ele deve cumprir com seu dever de soldado e por que deveria me queixar? Pois se foi nomeado para esse cargo, não tem alternativa senão obedecer. E, como soldado, não pode me tratar de outro modo senão como inimigo do Estado. Ele bem pode ter pena de mim e ainda me amar em seu coração como amigo, porém, não pode eximir-se de cumprir com seu dever."

"Já que se oferece um resgate pela minha cabeça, eles devem redobrar seus esforços para encontrar-me. Acredito, pois, que meu tempo chegou. Devo estar preparado para enfrentar fielmente o que vier."

Perdido nestes pensamentos havia percorrido a Via Ápia. Estava tão envolvido em suas meditações, que não percebeu uma multidão de pessoas reunidas numa esquina da rua até que se encontrava entre elas. E, repentinamente, se encontrou detido.

—Ó, amigo — exclamou uma voz rude —, não tenhas tanta pressa. Quem és e para onde vais?

—Deixa o espaço livre! — exclamou Marcellus em tom de comando, natural como alguém que já teve o hábito de mandar e ter homens sob suas ordens, indicando ao homem que se afastasse.

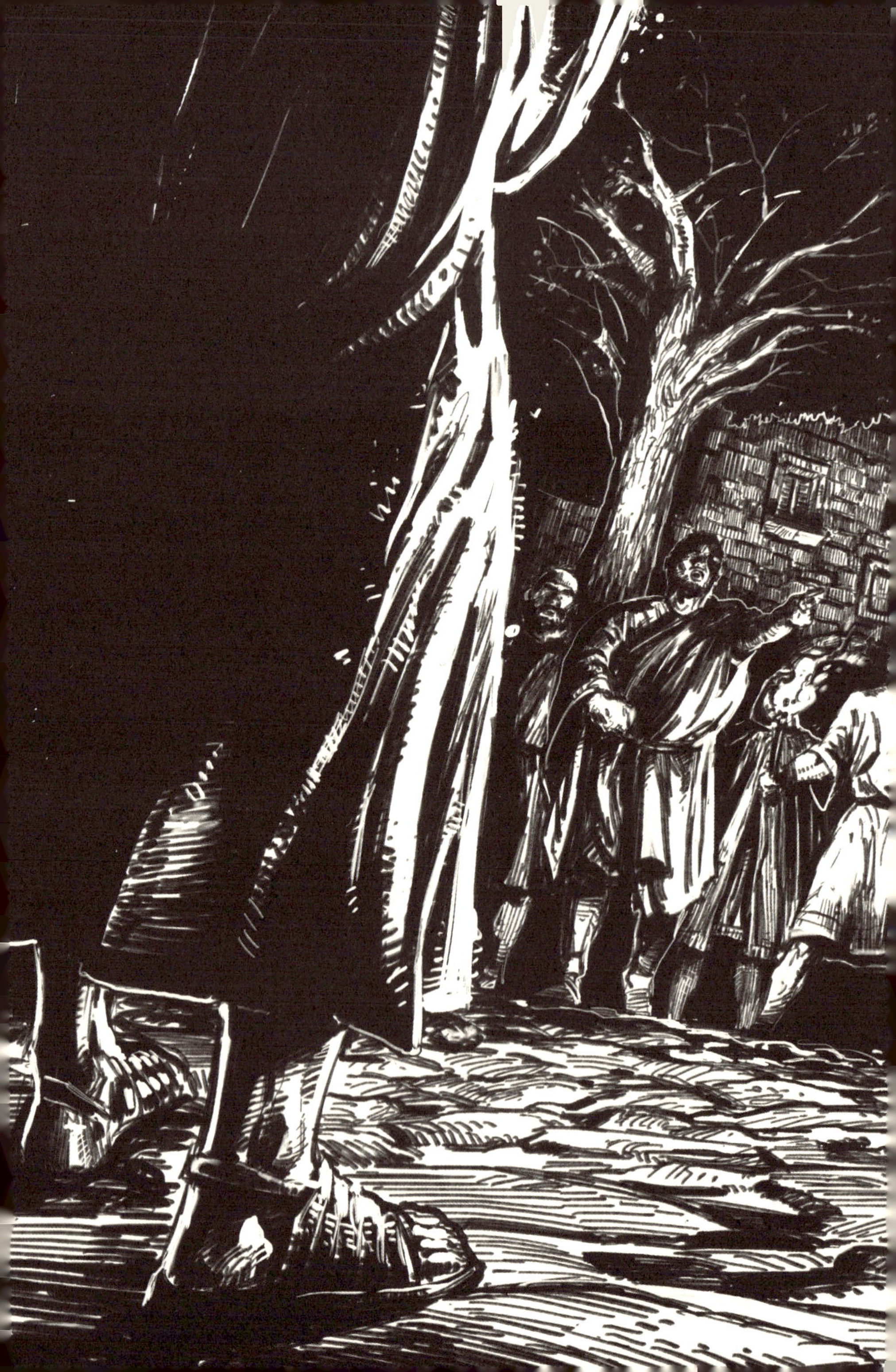

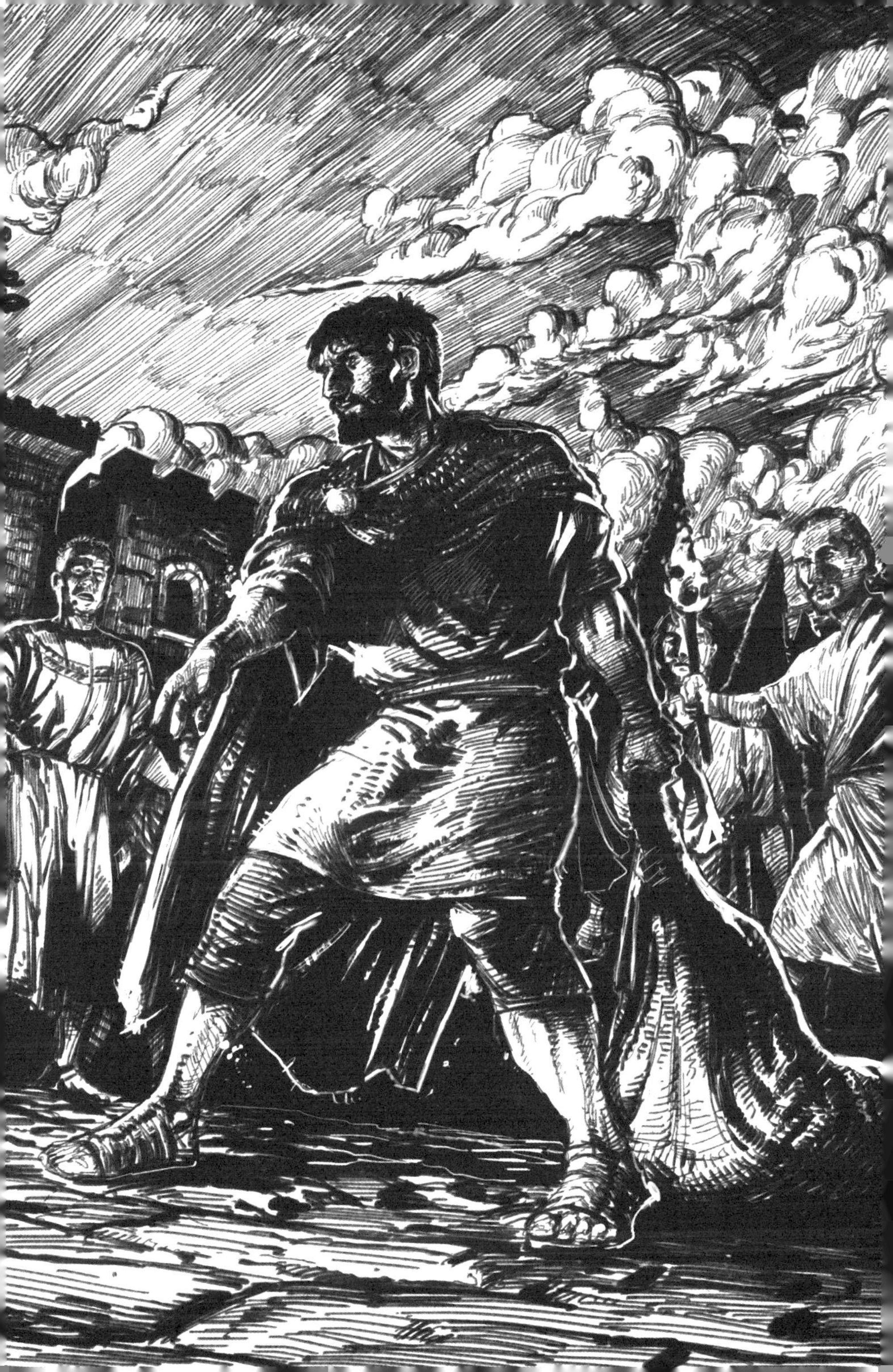

A multidão se surpreendeu pelo modo autoritário e o tom imperioso, mas o porta-voz deles se mostrou mais arrogante.

—Dize-nos quem és ou não passarás!

Ao que Marcellus replicou:

—Homem, afasta-te a um lado. Não conheces que sou pretoriano?

Perante aquele homem tão pavoroso como venerável, a multidão se abriu rapidamente e Marcellus passou pelo meio deles. Mas apenas havia-se distanciado dali uns cinco passos, quando uma voz exclamou:

—Prendam-no! É Marcellus, o cristão!

A multidão também vociferou em uníssono. Mas Marcellus não esperou maior advertência. Jogando fora a carga que levava, empreendeu vertiginosa fuga rumo ao Tíber por uma rua lateral. A multidão inteira o perseguiu. Era uma corrida de vida ou morte. Mas Marcellus tinha sido treinado em todo esporte atlético e, aumentava a distância entre ele e seus perseguidores. Finalmente chegou ao Tíber e mergulhando nele nadou até a outra margem.

Os perseguidores chegaram à beira do rio, mas não passaram dali.

X

A CAPTURA

A provação da vossa fé,
uma vez confirmada,
produz perseverança. (TIAGO 1:3)

Na capela, Honorius se encontrava sentado em companhia de mais um ou dois, entre os quais estava a irmã Cecília. Os mortiços raios de uma única lâmpada alumiavam o cenário muito debilmente. Todos os presentes estavam silenciosos e tristes. Sobre eles pesava uma melancolia ainda mais profunda. Em volta se ouvia o barulho de passos e de vozes e um confuso murmúrio de atividade vital.

De forma repentina e rápida, ouviram-se passos e Marcellus entrou. Os ocupantes da capela saltaram aos seus pés com exclamações de alegria.

—Onde está Pollio? — perguntou Cecília com vivo interesse.

—Eu não o vi — disse Marcellus.

—Não o viste! — e ela voltou a cair sobre o assento.

—Mas, o que acontece? Já devia ter voltado?

—Devia ter voltado seis horas atrás e isso me deixa louca de ansiedade.

—Não há perigo — disse Marcellus, tentando consolá-la. —Ele sabe cuidar-se... — e se esforçou para que não percebessem sua preocupação, mas seu olhar traía suas palavras.

—Que não haja perigo! — gritou Cecília. —Ai de mim, nós já sabemos todos os novos perigos que há. Jamais foi tão perigoso como agora.

—O que aconteceu para que demorasses tanto, Marcellus? Dávamos-te por morto.

Marcellus respondeu:

—Fui detido perto da Via Ápia. Tive de soltar a carga e correr ao rio. A multidão me seguiu, mas mergulhei nas águas e passei a nado. Dali tomei uma rota em direção às ruas do outro lado, depois do qual voltei a cruzar e assim cheguei aqui, são e salvo.

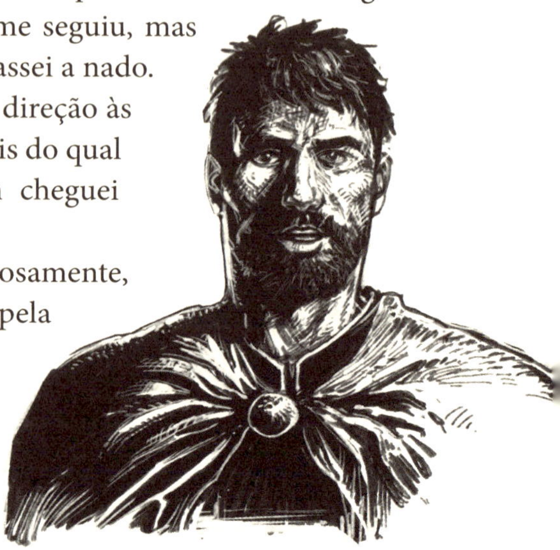

—Escapaste miraculosamente, pois ofereceram resgate pela tua cabeça.

—Já sabíes disso?

—Obviamente que sim e muito mais.

Soubemos dos redobrados esforços que estão fazendo para aniquilar-nos. Durante todo o dia chegam as notícias de dor. Mais do que nunca devemos confiar que somente Ele pode salvar-nos.

—Ainda podemos frustrar seus planos — disse Marcellus com ar de esperança.

—Mas eles estão vigiando nossas principais entradas — disse Honorius.

—Então devemos fazer novas. As fendas são inumeráveis.

—Eles estão oferecendo recompensa por todos os irmãos importantes.

—E daí? Cuidaremos desses irmãos, guardando-os mais do que nunca.

—Nossos meios de subsistência estão diminuindo gradualmente.

—Porém, existem tantos ousados e fiéis corações como sempre. Quem tem temor de arriscar sua vida agora? Nunca faltará a provisão de alimento, enquanto permanecermos nas Catacumbas, pois se nós conseguirmos escapar à perseguição, traremos o auxílio aos nossos irmãos; e se morrermos, receberemos a coroa do martírio.

—Tens razão, Marcellus. Tua fé dá vergonha aos meus temores. Como podem temer a morte aqueles que vivem nas Catacumbas? Trata-se somente de umas trevas momentâneas e logo tudo passará. Mas no dia de hoje, ouvimos dizer muitas coisas que fazem desesperar nosso coração e afogam nosso espírito até fazer-nos desmaiar.

—Ai de mim — continuou Honorius com voz dolorosa —, como as pessoas se dispersaram e as assembleias ficaram desoladas. Não faz senão alguns meses que havia cinquenta assembleias cristãs dentro da cidade, onde brilhava a luz da verdade e as vozes das orações e dos louvores subiam até o trono do Altíssimo. Agora foram abatidas e o povo foi dispersado e lançado fora da vista dos homens.

Fez uma breve pausa, vencido pela emoção, e depois, com sua voz baixa e amargurada, repetiu as palavras aflitas do Salmo 80:

Ó Senhor, Deus dos Exércitos, até quando estarás indignado contra a oração do teu povo? Dás-lhe a comer pão de lágrimas e a beber copioso pranto. Constituis-nos em contendas para os nossos vizinhos, e os nossos inimigos zombam de nós a valer. Restaura-nos, ó Deus dos Exércitos; faze resplandecer o teu rosto, e seremos salvos. Trouxeste uma videira do Egito, expulsaste as nações e a plantaste. Dispuseste-lhe o terreno, ela deitou profundas raízes e encheu a terra. Com a sombra dela os montes se cobriram, e, com os seus sarmentos, os cedros de Deus. Estendeu ela a sua ramagem até ao mar e os seus rebentos, até ao rio. Por que lhe derribaste as cercas, de sorte que a vindimam todos os que passam pelo caminho? O javali da selva a devasta, e nela se repastam os animais que pululam no campo. Ó Deus dos Exércitos, volta-te, nós te rogamos, olha do céu, e vê, e visita esta vinha; protege o que a tua mão direita plantou, o

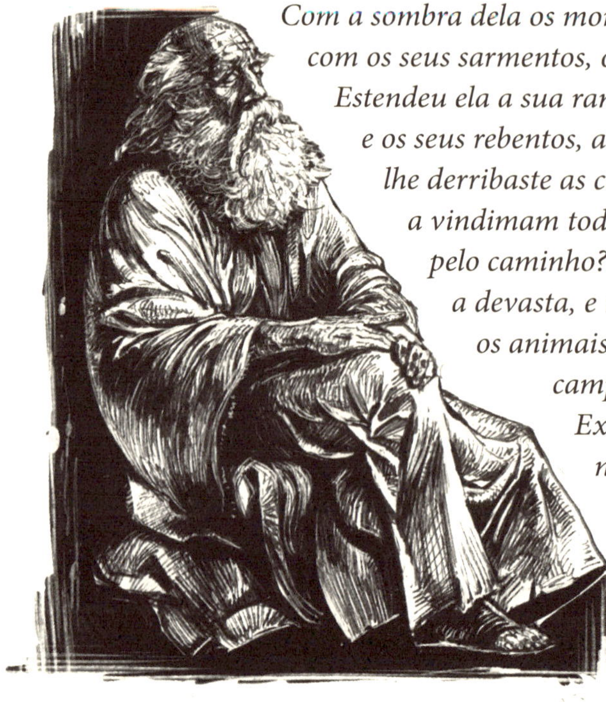

sarmento que para ti fortaleceste. Está queimada, está decepada. Pereçam os nossos inimigos pela repreensão do teu rosto (SALMO 80:4-16).

—Tu estás triste, Honorius — disse Marcellus. —Nossos sofrimentos na verdade, aumentam sobre nós; mas podemos ser mais que vencedores por meio daquele que nos amou. O que Ele disse? "ao vencedor, dar-lhe-ei que se alimente da árvore da vida que se encontra no paraíso de Deus" (APOCALIPSE 2:7). "Sê fiel até à morte, e dar-te-ei a coroa da vida" (APOCALIPSE 2:10). "Ao vencedor, dar-lhe-ei do maná escondido, bem como lhe darei uma pedrinha branca, e sobre essa pedrinha escrito um nome novo, o qual ninguém conhece, exceto aquele que o recebe" (APOCALIPSE 2:17). "Ao vencedor, que guardar até ao fim as minhas obras, eu lhe darei autoridade sobre as nações [...] dar-lhe-ei ainda a estrela da manhã" (APOCALIPSE 2:26,28). "O vencedor será assim vestido de vestiduras brancas, e de modo nenhum apagarei o seu nome do Livro da Vida; pelo contrário, confessarei o seu nome diante de meu Pai e diante dos seus anjos" (APOCALIPSE 3:5). "Ao vencedor, fá-lo-ei coluna no santuário do meu Deus, e daí jamais sairá; gravarei também sobre ele o nome do meu Deus, o nome da cidade do meu Deus, a nova Jerusalém que desce do céu, vinda da parte do meu Deus, e o meu novo nome" (APOCALIPSE 3:12). "Ao vencedor, dar-lhe-ei sentar-se comigo no meu trono, assim como também eu venci e me sentei com meu Pai no seu trono" (APOCALIPSE 3:21).

Ao falar estas palavras, Marcellus se ergueu e seus olhos brilharam e seu rosto corou de entusiasmo. Suas emoções foram transmitidas a seus companheiros e conforme caiam estas promessas, uma a uma em seus ouvidos, eles esqueceram por um momento suas tristezas sob o pensamento de sua próxima bem-aventurança. A nova Jerusalém, as ruas douradas, as palmas de glória e o canto do Cordeiro, o rosto daquele que está sentado no trono, tudo isso estava realmente presente em suas mentes.

Honorius disse:

—Marcellus, tiraste minha tristeza com tuas palavras; sobreponhamo-nos, pois, a nossas dificuldades terrenas. Vamos, irmãos, deixemos de lado nossas preocupações, pois este irmão recém-nascido no reino mostra tal fé que devemos imitar. Olhemos, pois, o gozo que nos foi proposto. "Sabemos que, se a nossa casa terrestre deste tabernáculo se desfizer, temos da parte de Deus um edifício, casa não feita por mãos, eterna, nos céus" (2 CORÍNTIOS 5:1).

E continuou falando:

—A morte está muito perto e se aproxima cada vez mais. Nossos inimigos nos têm cercado e o cerco é mais e mais estreito. Morreremos, pois, como cristãos.

Marcellus exclamou:

—Por que esses tristes presságios? Acaso a morte está mais perto que antes? Não estamos seguros nas Catacumbas?

—Não soubeste, então?

—Saber o quê?

—Da morte de Chrysippus!

—Chrysippus! Morto! Não! Como? Quando?

—Os soldados do Imperador foram guiados pelas Catacumbas por alguém que conhecia a rota. Penetraram no salão, onde estavam celebrando o culto de adoração. Isso foi nas Catacumbas limítrofes ao Tíber. Os irmãos deram apressado alarme e fugiram. Mas o venerável irmão Chrysippus, seja por causa de sua extrema velhice, ou pela resolução de sofrer o martírio, não quis fugir dos inimigos. Limitou-se a ajoelhar e elevar sua voz em oração a Deus. Dois assistentes fiéis permaneceram ao seu lado. Os soldados se lançaram sobre ele e, enquanto ainda permanecia orando de joelhos, bateram nele até derramar seus miolos. Caiu morto no primeiro golpe, e os dois irmãos renderam também sua vida ao seu lado.

—Eles foram unir-se ao nobre exército de mártires. Eles, pois, foram fiéis até a morte e receberão a coroa da vida — disse Marcellus.

Mas nesse instante foram interrompidos por um tumulto no exterior. Imediatamente, ficaram todos assustados.

—Os soldados! — exclamaram.

Mas não. Não eram soldados. Era mais um cristão, um mensageiro daquele hostil mundo externo. Pálido e tremendo atirou-se ao chão. Retorcendo suas mãos gritava enquanto suspirava com seu último sopro de vida.

A presença desse homem produziu um efeito extraordinariamente aterrador sobre Cecília. Ela cambaleou, caindo para trás contra a parede, tremendo dos pés à cabeça, retorcendo suas mãos uma contra a outra. Seus olhos pareciam sair de suas órbitas, os lábios contraídos como se quisesse falar, mas não se ouvia o menor som.

—Fala! Fala! Conta-nos tudo! — exclamou Honorius.

—Pollio! — balbuciou o mensageiro.

—O que aconteceu com ele? — disse Marcellus com veemência.

—Foi capturado. Está na prisão!

Ouvindo isso, um grito agudo de mortal amargura se difundiu pelas imediações, semeando o terror. Era o grito da irmã Cecília, que não tardou em cair no chão.

Os que a seu lado estavam, apressaram-se a atendê-la. Levaram-na a seus aposentos. Uma vez ali, aplicaram-lhe os habituais estimulantes até revivê-la. Mas o golpe a havia

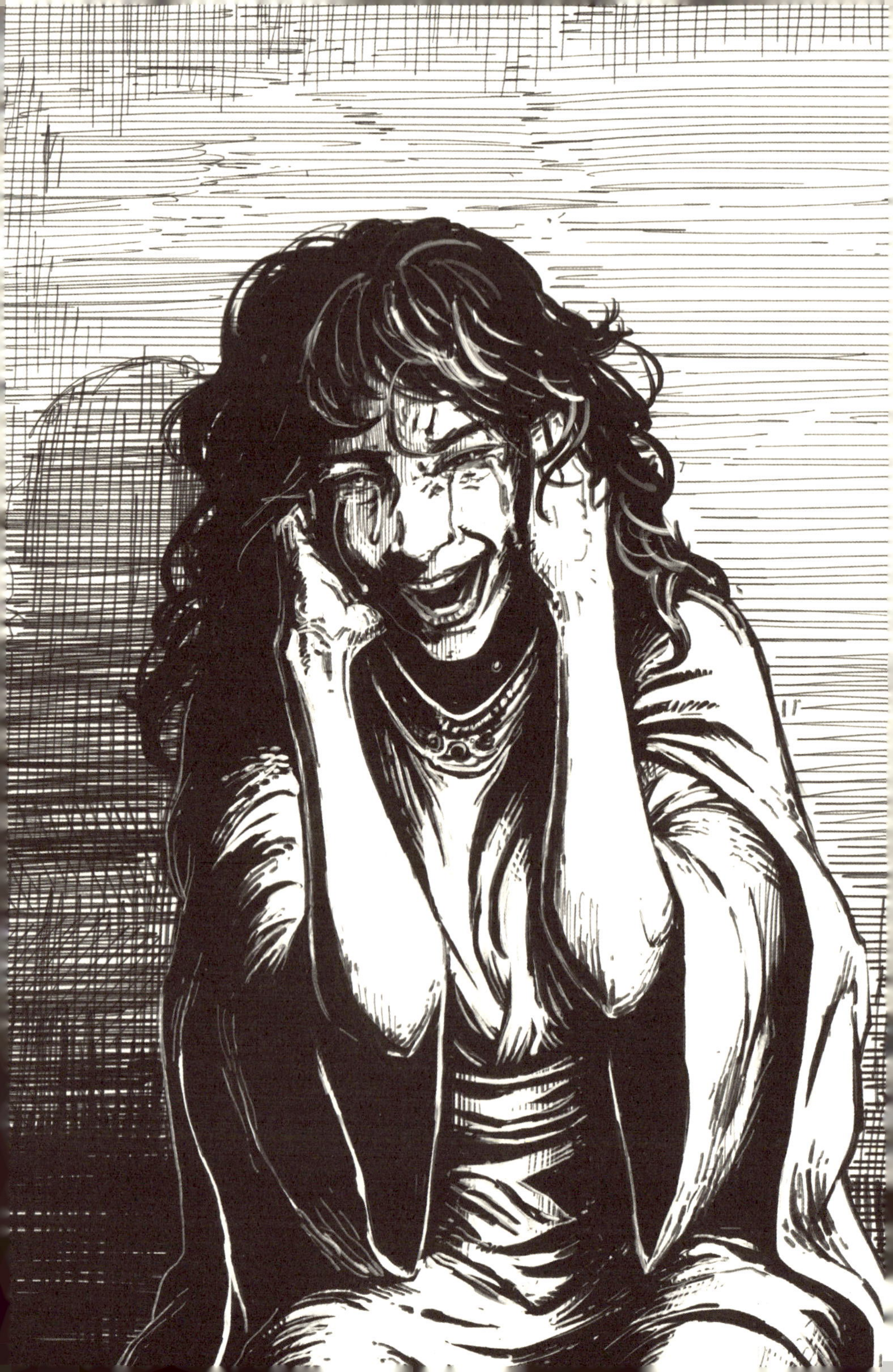

afetado gravemente e embora voltasse a si, ficou em tal estado, que parecia que sonhava.

Enquanto isso, o mensageiro havia recuperado as forças e dito tudo quanto sabia.

Marcellus lhe perguntou:

—Pollio foi contigo, é verdade?

—Não, ele estava sozinho.

—Para qual tarefa?

—Estava tentando ter notícias. Eu estava do outro lado da rua, um pouco para trás, ele estava voltando para casa. Caminhamos até chegar aonde havia uma multidão de homens. Para surpresa minha, Pollio foi detido e submetido a interrogatórios. Eu já não ouvi o que aconteceu, mas cheguei a ver seus gestos de ameaça e finalmente vi que o prenderam. Nada pude fazer por ele. Mantive-me a uma distância segura e observei. Aproximadamente, meia hora depois, apresentou-se uma tropa de pretorianos. Pollio foi entregue a eles e o levaram.

—Pretorianos? — disse Marcellus. —Reconheceste o capitão?

—Sim, era Lucullus.

—Está bem — disse Marcellus, e ficou perdido em profunda meditação.

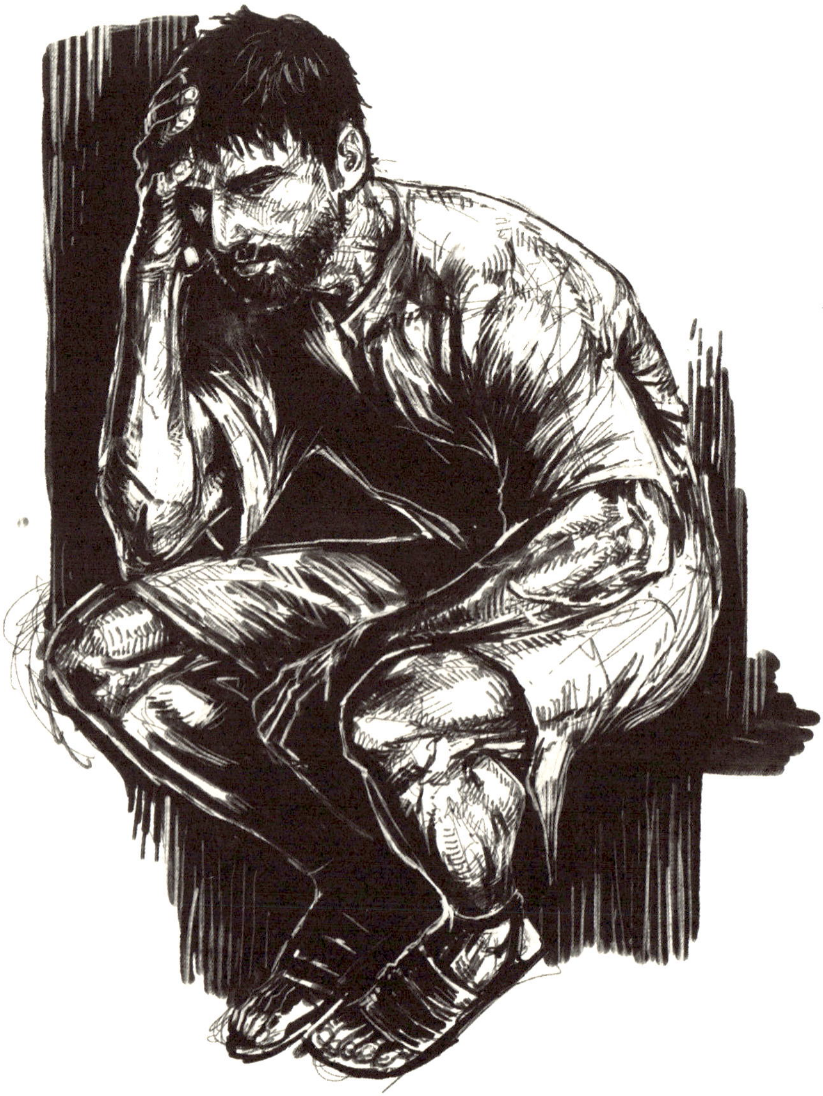

XI

A OFERENDA

Ninguém tem maior amor do que este: de dar alguém a própria vida em favor dos seus amigos.

(JOÃO 15:13)

Havia anoitecido no quartel dos pretorianos. Lucullus se achava sentado ao lado de uma lâmpada que espalhava sua luz brilhante por toda parte. De pronto, levantou-se ao ouvir um toque na porta. Imediatamente a abriu. Um homem entrou e avançou silenciosamente até o centro do quarto. Depois, tirando a enorme capa na qual estava envolto, ficou descoberto na presença de Lucullus.

—Marcellus! — exclamou cheio de assombro e, pulando para a frente, abraçou seu visitante com visíveis mostras de alegria.

—Querido amigo meu — disse ele —, a que destino feliz devo a alegria deste encontro? Achava-me precisamente pensando em ti e não imaginava sequer que nos veríamos outra vez.

—Temo que nossos encontros — disse Marcellus tristemente — não serão frequentes de hoje em diante. Neste, procurei-te com grande risco de minha vida.

—Verdadeiramente, é assim — disse Lucullus, partilhando a tristeza do outro. —Tu és perseguido com o mais irado interesse, pois se oferece recompensa por ti. Com isso tudo, aqui pode se considerar seguro como o esteve sempre nos dias felizes, antes que fosses possuído daquela loucura. Ó, meu querido Marcellus! Por que não podem voltar aqueles dias?

—Não posso mudar minha natureza nem desfazer o que fiz. Além disso, Lucullus, embora minha sorte possa parecer-te dura, jamais tenho sido tão feliz como o sou agora.

—Feliz! — exclamou o outro com profunda surpresa.

—Sim, Lucullus, "em tudo somos atribulados, porém não angustiados; perplexos, porém não desanimados" (2 CORÍNTIOS 4:8).

—A perseguição ordenada pelo Imperador não é coisa passageira.

—Sim, isso o sei muito bem. Vejo caírem meus irmãos a cada dia. Dia após dia, estreita-se mais o cerco que nos rodeia. A cada momento me despeço de amigos a quem não volto mais a ver. Alguns companheiros sobem à cidade, mas não regressam senão seus despojos. Voltam ali só para serem sepultados.

—E com tudo isso, dizes que és feliz?

—Sim, Lucullus, tenho uma paz que o mundo não conhece, uma paz que vem de cima e que sobrepuja todo entendimento (FILIPENSES 4:7).

—Meu estimado Marcellus, consta-me que és demasiado corajoso para temeres a morte, mas nunca pensei que tivesses tal fortaleza para suportar, com tão profunda calma, tudo o que sei que deves estar sofrendo atualmente. Tua coragem é sobre-humana ou é resultado de demência.

—Vem de cima, Lucullus. Jesus Cristo, meu Senhor, é para mim muito mais que todas as riquezas e a honra do mundo. Antes me era absolutamente impossível sentir assim, mas agora todas as coisas velhas se passaram e eis aqui, todas foram feitas novas. Sustentado por este novo poder, serei capaz de suportar os piores males que possam sobrevir-me. Não espero nada na Terra, senão sofrimento, enquanto aqui viva. Sei que morrerei na pior das agonias. Todavia, esse pensamento não é capaz de sobrepor-se à indomável fé que mora dentro de mim.

—Deixa-me a alma com pena — disse Lucullus tristemente —, ver-te persuadido de tal determinação. Pois se eu visse o menor sinal de indecisão em ti, teria a esperança de que o tempo modificaria teus sentimentos. Mas já me convenço de que estás tão firme em teu novo caminho.

—Queira Deus conceder-me que possa permanecer fiel até o fim! — disse Marcellus fervorosamente. —Mas a verdade é que não vim para falar-te de meus sentimentos. Vim, querido Lucullus, pedir tua ajuda, tua compaixão e auxílio. Prometeste-me uma vez demonstrar-me tua amizade, se a necessitasse. Agora venho pedir-te que cumpra tua promessa.

—Tudo o que dependa de mim é teu de antemão, Marcellus. Dize-me o que queres.

—Tens um prisioneiro.

—Sim, muitos.

—Este é um menino.

—Creio que o pessoal sob minhas ordens capturou um menino faz pouco tempo.

—Essa criatura é demasiado insignificante para merecer captura. Ele está sob a ira do Imperador, mas ainda está debaixo de teu poder. Venho, Lucullus, a implorar-te pela liberdade dela.

—Ai de mim, querido Marcellus, o que me pedes? Acaso esqueceste da disciplina do exército romano, ou do juramento militar? Não sabes bem que se eu fizesse isso, violaria meu juramento e me tornaria traidor? Se me pedisses que deitasse minha espada, eu o faria mais facilmente do que o que estás me pedindo.

—Não esqueci do juramento militar nem da disciplina da caserna, Lucullus. Penso nessa criança, que é apenas um menino e bem poderia não ser considerado prisioneiro. Acaso os mandados do Imperador incluem as crianças?

—Ele não faz distinção de idade. Não viste meninos tão pequenos como esse sofrer a morte no Coliseu?

—Ai, sim o vi — disse Marcellus, ao voltar seus pensamentos às jovens, cujo cântico de morte o impressionara, causando-lhe tanta pena e ao mesmo tempo tanta doçura em seu coração. —Este menino, então, também deve sofrer a morte?

—Sim — disse Lucullus —, a não ser que renuncie solenemente ao cristianismo.

—E isso ele jamais fará.

—Então de imediato será aplicada a sentença. É a lei que o faz, e não eu, Marcellus. Sou só um instrumento. Não me condenes.

—Não estou culpando-te. Sei muito bem quanto és rigoroso com a obediência. Se desempenhas teu posto, deves

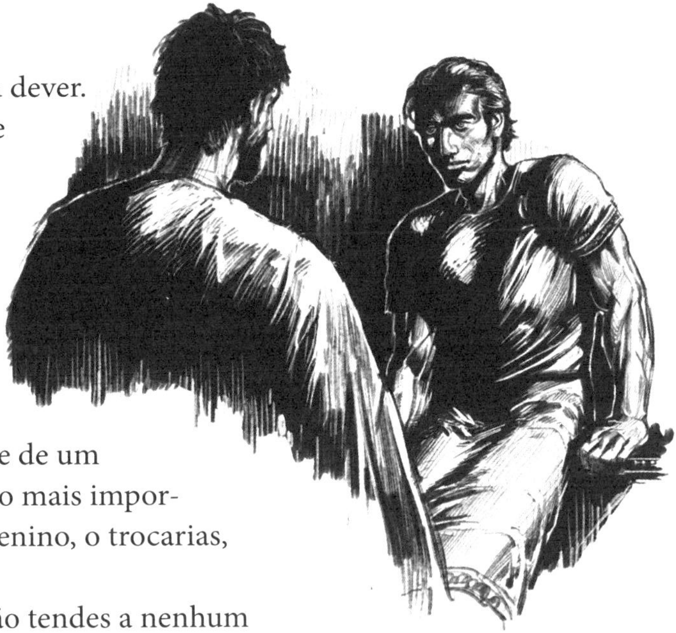

cumprir com teu dever. Porém, deixa-me fazer outra proposta. Entregar prisioneiros não é permitido, mas a troca, sim, é legal.

—Sim.

—Se te falasse de um prisioneiro muito mais importante que este menino, o trocarias, não é verdade?

—Mas vós não tendes a nenhum dos nossos.

—Não, mas temos poder sobre todo nosso povo. E há alguns de nós por cujas cabeças o Imperador tem oferecido uma grande recompensa. Pois pela captura destes, centenas de meninos como este seriam entregues com prazer.

—É, então, costume entre os cristãos entregarem-se uns aos outros? — perguntou Lucullus surpreso.

—Não, mas algumas vezes um cristão oferecerá sua própria vida para salvar a de outro.

—Impossível!

—Tal é o caso neste exemplo.

—Quem é o que se oferece por este menino?

—Eu, Marcellus!

Diante dessa assombrosa declaração Lucullus retrocedeu.

—Tu! — exclamou.

—Sim, eu mesmo!

—Estás caçoando de mim. É impossível.

—Falo com total seriedade. É por isto que já expus a minha vida ao vir até aqui. Demonstrei o interesse que tenho por ele ao me arriscar a tanto perigo. Já te explicarei. Este menino, Pollio, é o último de uma antiga nobre família romana. É o único filho de sua mãe. Seu pai morreu no campo de batalha. Ele pertence aos Servillius.

—Os Servillius! Então sua mãe é a senhora Cecília?

—Sim. Ela é uma das refugiadas das Catacumbas. Toda sua vida e seu amor não são senão este menino. A cada dia, ela deixa que ele saia à cidade numa perigosa aventura, mas em sua ausência sofre indescritível agonia. Contudo, ela teme impedi-lo de sair dali, por temor de que o ar úmido que é tão fatal para as crianças lhe cause a morte. E assim o expõe ao que acredita ser um perigo menor.

—Esta é a criança que tens prisioneira. Essa mãe o sabe e agora jaz debatendo-se entre a vida e a morte. Se o sacrificares, ela também morrerá e já não será mais um dos mais nobres e puros espíritos de Roma.

—Por estas razões é que venho oferecer-me em troca. O que sou eu? Estou sozinho no mundo. Nenhuma vida está vinculada à minha. Não há ninguém que dependa de mim para o presente ou o futuro. Não temo a morte. Pode vir igualmente agora mesmo, como pode chegar em outra ocasião. Tarde ou cedo, virá e prefiro dar a minha vida pelo meu amigo, que oferecê-la inutilmente. Por todas estas razões, ó Lucullus, é que te imploro, pelos sagrados laços da amizade, pela tua compaixão, pela promessa que me fizeste, dá-me esta ajuda que te peço e toma minha vida em troca da dele.

Lucullus se pôs em pé e circulou pela sala, contendo uma grande agitação dentro de si.

—Por que, ó, Marcellus — exclamou por último —, submetes-me a esta terrível prova?

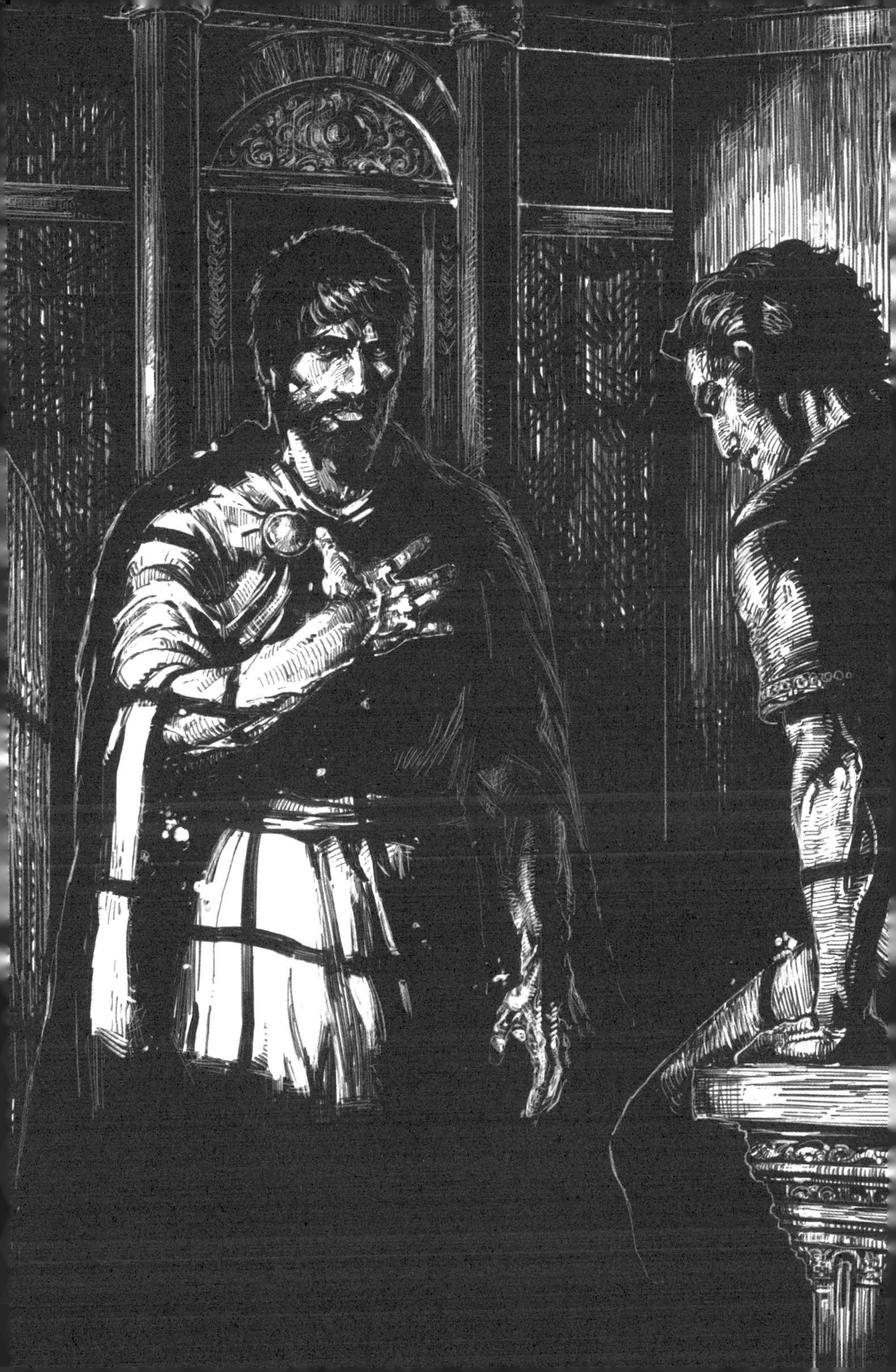

—Minha proposta é fácil de ser recebida.

—Esqueces, acaso, que tua vida me é igualmente preciosa?

—Porém, pensa nesta pequena criança.

—Efetivamente, compadeço-me de coração. Mas pensas que posso receber tua vida em prenda?

—Pois a minha vida já está dada em prenda e a oferecerei mais cedo ou mais tarde. E por isso te imploro que me dês a oportunidade de oferecê-la, na forma em que possa ser útil.

—Não morrerás enquanto estiver ao meu alcance evitá-lo. Tua vida ainda não está em jogo. Pelos deuses imortais, juro que passará muito tempo antes que possas ocupar um lugar na arena.

—Ninguém me poderá salvar uma vez que eu tenha sido apreendido, ainda que faças tudo quanto puderes. O que podes fazer para salvar alguém sobre quem está caindo a inexorável ira do Imperador?

—Posso fazer muito para desviá-la. Não estás em condições de saber quanto se pode fazer. Mas, ainda que eu não pudesse fazer nada, contudo não vou atender a esta proposta agora.

—Se eu mesmo me apresentasse perante o Imperador, ele deveria ouvir minha petição.

—Ele te colocaria em prisão de imediato e faria matar a ambos.

—Eu poderia enviar uma mensagem com minha proposta.

—A mensagem nunca chegaria a ele ou pelo menos não chegaria até que fosse demasiado tarde.

—Então, não há esperança alguma? — disse Marcellus tristemente.

—Absolutamente nenhuma.

—E te negas a conceder-me minha petição?

—Ai, Marcellus, como poderia responsabilizar-me pela morte de meu mais querido amigo? Não tens misericórdia de mim. Perdoa-me, se devo negar-me a aceitar tua temerária proposta.

—Seja feita a vontade do Senhor, meu Deus — disse amargamente Marcellus. —Devo, pois, regressar às pressas. Ai! Como posso apresentar-me com esta mensagem de desespero?

Os dois amigos se abraçaram em silêncio e Marcellus partiu, deixando Lucullus atormentado com sua assombrosa e temerária proposta.

Marcellus voltou são e salvo às Catacumbas. Os irmãos que ali estavam e que conheciam seus propósitos o receberam felizes em meio à sua dor.

A senhora Cecília ainda jazia vítima daquele torpor, consciente só a respeito dos acontecimentos que se desenrolavam à sua volta. Havia momentos em que sua mente divagava. E em seu delírio, conversava como se estivesse entre cenas felizes de sua vida passada. Porém, a vida das Catacumbas, essas alternâncias entre a esperança e o temor, o gozo e a tristeza, a ansiedade que sempre rodeava os refugiados e o ar demasiado deprimente daquele lugar, haviam conseguido abatê-la tanto em sua mente como em seu corpo. Sua frágil natureza sucumbia sob a fúria implacável daquele tormento, e este último, o mais pesado e amargo dos golpes que caía sobre ela, havia completado sua prostração. Dos mortais efeitos de tudo isso, já não poderia recuperar-se.

Aquela noite todos vigiaram e oraram ao redor de seu leito. A cada instante se debilitava mais e mais, porém seguramente, sua vida se esfumava, ficando só um desfalecer prolongado. Daquele golpe tão real, nem a restituição de seu filho poderia salvá-la.

Todavia, embora as faculdades mentais a houvessem deixado e os sentimentos terrenos se debilitado, aquela paixão dominante nela, nos últimos anos, em nada havia diminuído em seu poder. Seus lábios gelados sussurravam ainda as palavras benfeitoras que por tanto tempo haviam sido seu apoio e consolação. Balbuciava o nome de seu querido filho, embora inconsciente do perigo que o rodeava; mas o abençoado nome de Jesus Cristo era pronunciado com o fervor mais profundo.

Contudo, chegou o momento final. Reagindo de seu longo período de inconsciência, seus olhos se abriram e viu-se um rubor em seu rosto macilento, e de seus lábios se ouviram debilmente as palavras: "Vem, Senhor Jesus!".

E com esse clamor, a vida deixou o corpo e o espírito purificado da senhora irmã Cecília voltava a Deus, que o havia dado.

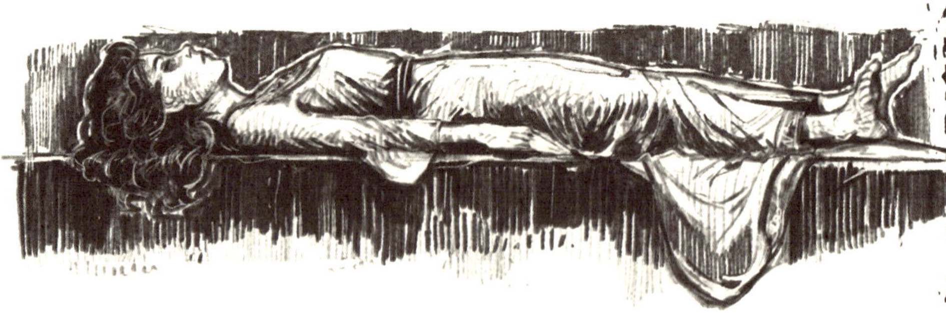

XII

O JULGAMENTO DE POLLIO

Da boca de pequeninos
e crianças de peito
tiraste perfeito louvor.

(MATEUS 21:16)

Num edifício não longe do palácio imperial, havia um amplo salão; seu piso era de mármore polido, que se mantinha sempre brilhante, e enormes colunas de pórfiro suportavam o teto. No extremo da habitação, havia um altar com uma estátua de uma divindade pagã. E no lado oposto, os magistrados, que luzindo suas togas oficiais, ocupavam assentos relevantes. Diante deles, alguns soldados vigiando um prisioneiro.

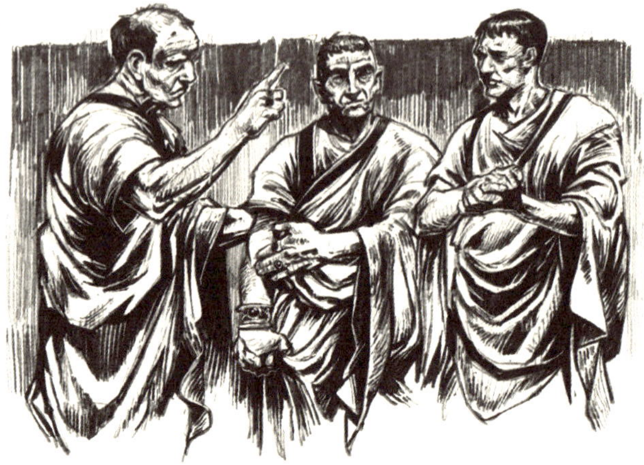

O único prisioneiro desta vez era o menino Pollio.

A palidez de seu rosto contrastava com seu porte esguio e firme. A extraordinária inteligência, que sempre o havia caracterizado, não o abandonou nesses momentos solenes. Seus ágeis olhos captavam todos os detalhes desse cenário. Ele sabia bem a inexorável condenação, que pendia iminentemente sobre ele. E contudo, o menor traço de temor ou de indecisão passava sequer por ele.

Já sabia que o único vínculo que o unia à Terra havia partido. As primeiras horas daquela manhã saudaram-no com a notícia de que sua mãe havia sido chamada para junto de Deus, transmitida por um homem que sabia que o conhecimento desta informação o fortaleceria em sua resolução. Esse mensageiro era Marcellus. A bondade do amigo Lucullus tinha lhe garantido uma visita. Sua decisão fora correta. Enquanto sua mãe vivia, o pensar nela poderia ter debilitado sua resolução; porém agora, uma vez que ela estava livre das Catacumbas por Cristo, ele se encontrava animado do mais vivo desejo de partir também. Em sua fé simples acreditava que a morte o uniria num instante à sua bem-amada mãe. Animado desse sentimento, esperava avidamente o interrogatório.

—Quem és?

—Marcus Servillius Pollio.

—Que idade tens?

—Treze anos.

Diante da simples menção de seu nome, um murmúrio de compaixão se difundiu entre a assembleia, pois esse nome era muito conhecido em Roma.

—Se te acusam do delito de ser cristão, o que respondes?

—Excelência, não sou responsável por nenhum delito — disse o menino. —Sou cristão e me comprazo intimamente em poder confessá-lo perante os homens.

—É o mesmo que costumam dizer todos eles — disse um dos juízes. —Todos eles têm a mesma fórmula.

—Conheces qual a natureza de teu crime?

—Não cometi crime nenhum! — disse de novo Pollio. —Minha fé me ensina a temer somente o Deus vivo e honrar o Imperador. Todas as leis justas sempre as obedeci. Não sou, pois, nenhum traidor.

—Ser cristão é ser traidor.

—Cristão eu sou; porém, traidor não!

—A lei do Estado te proíbe de ser cristão, sob pena de morte. Portanto, se és cristão, deves morrer.

—Eu sou cristão — repetiu Pollio firmemente.

—Então deves morrer.

—Amém. Assim seja!

—Mas, menino, sabes o que é sofrer a morte?

—A morte? Ah! Tenho visto demasiado da morte durante os últimos meses. E sempre estive à expectativa do momento em que pudesse oferecer minha vida pelo meu Senhor ressurreto, quando meu dia chegasse.

—Menino, és muito jovem. Nós nos compadecemos por tua pouca idade e falta de experiência. Foste instruído especialmente e de forma tão peculiar, que apenas podes ser responsável dessa temerária loucura. Por todas estas considerações desejamos fazer-te concessões. Esta religião que te cega estupidamente é uma idiotice. Acreditas que um pobre judeu, que foi crucificado duzentos anos atrás, é Deus. Existe porventura algo mais absurdo que isto? Nossa religião é a religião do Estado. Tem em si o suficiente para satisfazer as mentes dos menores e dos adultos, dos ignorantes e dos sábios. Deixa, pois, essa néscia superstição e volta à religião mais sábia e mais antiga.

—Não posso.

—És o último de uma família nobre. O Estado reconhece a dignidade e a nobreza dos Servillius. Teus antepassados desfrutaram de pompa, riqueza e poder. Agora, és um menino pobre, miserável e prisioneiro. Sejas, pois, sábio, Pollio. Pensa na glória de teus ancestrais e deixa de lado o miserável obstáculo que te está segregando de toda a ilustríssima fama deles.

—Não posso.

—Tens vivido como um miserável réprobo. O mendigo mais pobre de Roma vive muito melhor que tu. Seu alimento o obtém com menos esforços e menos humilhação. Seu refúgio está à luz e ao ar do dia. E sobretudo, ele sempre está seguro. Sua vida é dele. Não tem necessidade de viver um permanente temor da justiça de Roma. Mas tu tiveste que arrastar uma vida, a mais miserável, sempre em necessidade urgente, em perigo, nas trevas. Que, pois, te deu tua alegada religião? O que fez por ti aquele judeu endeusado? Nada; pior que nada. Volta, pois, de seguir os passos deste enganador. Em troca terás a riqueza, a comodidade, os amigos e as honras do Estado e o favor do Imperador. Tudo será teu.

—Eu não posso.

—Teu pai foi um súdito leal e um valente soldado. Ele morreu pela sua pátria no campo de batalha. Deixou-te muito pequeno, mas como o único herdeiro de todas suas honras e como último suporte de sua nobre casa. Longe estaria ele de pensar sequer nas pérfidas influências que te cercariam, descaminhando-te à perdição. Tua mãe, com sua mente debilitada pela dor, rendeu-se às insidiosas astúcias dos falsos mestres e, da mesma forma, ela, em sua ignorância, lavrou sua própria ruína. Se teu pai vivesse, serias agora a esperança de sua nobilíssima casta; tua própria mãe também teria seguido fiel à fé de seus ilustres antepassados. Não valorizas a memória de teu pai? Acaso não tens para com ele um dever filial? Não pensas que é pecado amontoar desonra sobre o glorioso nome de que deves te orgulhar de levar, lançando sobre ele a injúria de tua traição, sendo um nome que te foi transmitido sem mácula? Deixa, pois, essas ilusões insanas que te cegam. Pela memória de teu pai, pela honra de tua família, afasta-te desse caminho que tomaste.

—De forma alguma, cometerei essa desonra! Minha fé é pura e santa. Posso morrer, mas não posso trair meu Salvador.

—Estás vendo que mostramos misericórdia. Teu nobre nome, assim como tua inexperiência, provocam-nos lástima. Se fosses um prisioneiro comum te ofereceríamos em poucas palavras a simples escolha entre retratar-te ou morrer. Porém, neste caso, desejamos ponderar contigo, porque não queremos que se extinga uma nobre família pela ignorância ou obstinação de um herdeiro degenerado.

—Agradeço-vos por todas essas considerações — disse Pollio —, mas esses argumentos não significam nada para mim, ante a suprema autoridade de meu Deus.

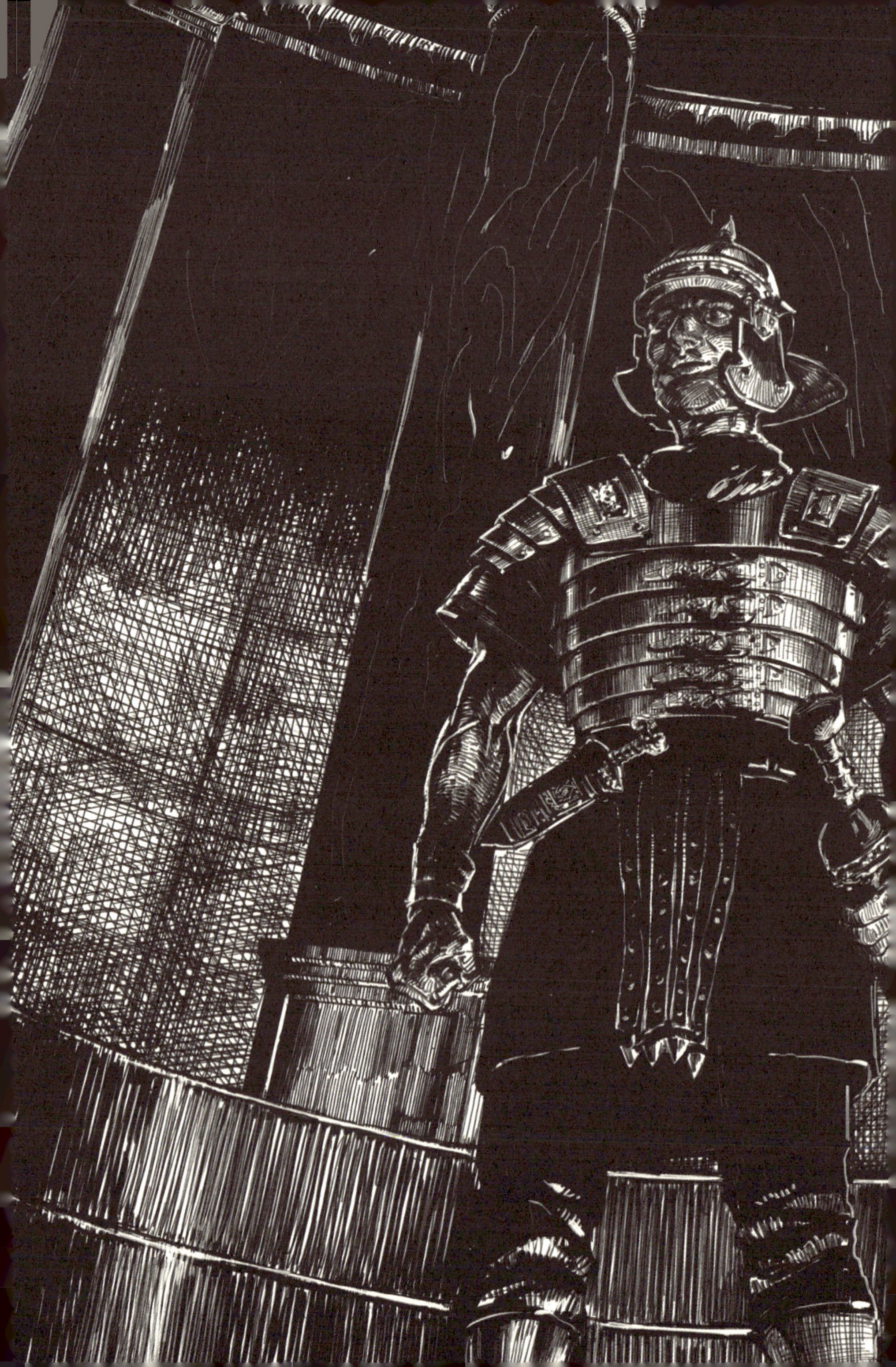

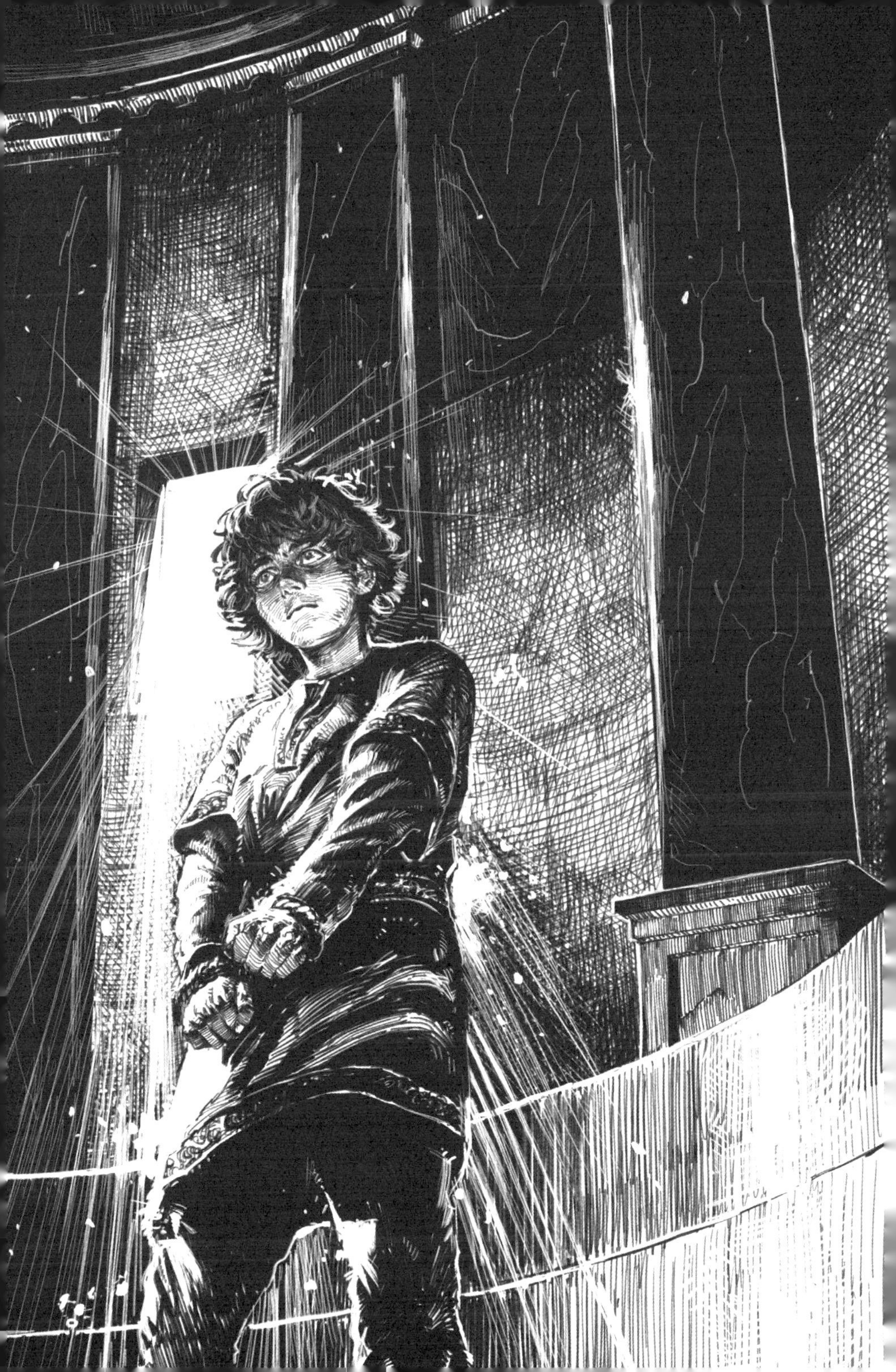

—Moleque temerário e irreflexivo! Acaso podes encontrar um argumento mais poderoso? A ira do Imperador é terrível.

—Ainda mais terrível é a ira do Cordeiro.

—Isso que falas é uma linguagem sem inteligência. O que é isso que chamas de “ira do Cordeiro”? Por que não refletes sobre o que está agora sobre tua cabeça?

—Meus irmãos e amigos já suportaram tudo o que vós podeis infligir ao corpo. E confio que Ele me sustentará com igual fortaleza.

—Mas poderás suportar os terrores da arena?

—Espero ter mais do que a força mortal.

—Poderás enfrentar os leões e tigres selvagens, que se precipitarão contra ti?

—Aquele em quem confio não me abandona quando o necessito.

—Estás muito confiante.

—Precisamente confio naquele que me amou a tal ponto que se entregou a si mesmo por mim.

—Mas, não pensaste na morte pelo fogo? Estás pronto a enfrentar a morte nas chamas da pira?

—Ah! Se devo sofrê-la, não estremeço. No pior dela, conto com meu Deus e, depois, para sempre estarei com Ele.

—Estás possuído do fanatismo e da superstição. Não sabes o que em realidade te espera. É, pois, muito fácil fazer frente às ameaças, é fácil pronunciar palavras e alardear coragem. Mas o que será de ti, quando te vires frente à terrível realidade?

—Pois olharei para Aquele que nunca abandona os Seus na hora da prova.

—Ele não fez nada por ti até agora!

—Ele já fez tudo por mim. Ele deu Sua própria vida para que eu viva. Por Ele tenho uma vida que é mais nobre e que é eterna, não se pode comparar com a que vós me tirais.

—Isso não é senão um sonho teu. Como é possível que um judeu miserável possa fazer isto?

—Ele é a plenitude da divindade, Deus manifesto em carne. Ele sofreu a morte do corpo para que nós recebêssemos vida para a alma.

—Mas não há nada que possa abrir teus olhos? Não te basta que até agora essa louca crença não te tenha trazido senão miséria e dor? Vais insistir nessa crença? Agora que vês que a morte é inevitável, não desejas voltar de teus erros?

—Ele mesmo me dá força para vencer a morte. Não a temo. A morte para mim não é mais que uma simples passagem desta vida de dor e de gemidos para uma bem-aventurança imortal. Ainda que eu morra devorado pelas feras selvagens ou pelas chamas, dará no mesmo. Ele me fortalecerá para que possa permanecer-lhe fiel. Ele me sustentará e levará meu espírito no mesmo instante à vida imortal dos céus. A morte, que vós temeis e com a qual me ameaçais, não tem terrores; porém a vida, essa vida à qual me convidais, tem consequências mais terríveis que mil mortes.

—Pela última vez, damos-te uma oportunidade. Menino temerário, acalma-te e medita por um momento em tua néscia carreira de insensatez. Esquece por um instante dos dementes conselhos de teus fanáticos mestres. Reflete em tudo quanto te disseram. Ainda tens à tua disposição a vida, cheia de gozo e de prazer, uma vida rica em toda bênção. A honra, os amigos, a riqueza, o poder; tudo é teu. Um nome nobre e as posses de tua família estão te esperando. Tudo isso é teu por herança! Hoje para ganhares estas coisas não precisas fazer nada senão tomares este copo e derramar seu conteúdo naquele altar. Toma, filho! É o ato mais simples, o que se te pede que faças! Resolve-te e executa-o! Salva tua vida, salva-te dessa morte angustiosa!

Todos os olhos dos presentes estavam cravados em Pollio, quando lhe faziam esta última oferta. Pois até aqui, os havia enchido de assombrosa admiração a firmeza com que se mantinha. Isso sobrepujava o entendimento de todos eles.

Todavia, embora esta última instância fosse tão insidiosamente tentadora, não causou o menor efeito. Pois o menino, com palidez em seu rosto mas com fogo veemente na alma, colocou de lado, com firme serenidade, o copo que lhe era proposto.

—Jamais trairei meu Salvador, que está ao meu lado!

Diante daquelas palavras, fez-se uma pausa momentânea. E depois se ouviu a voz do magistrado supremo da justiça romana.

—Pronunciaste a tua própria sentença mortal. Tirem-no daqui — ordenou aos soldados presentes.

XIII

A MORTE DE POLLIO

Sê fiel até à morte,
e dar-te-ei a coroa da vida.

(APOCALIPSE 2:10)

A sentença de Pollio foi sumaríssima e irrevogável. No dia seguinte, houve espetáculo no Coliseu. Lotado até os assentos do topo com a multidão de romanos sedentos de sangue humano. O evento foi uma demonstração da mesma sucessão de horrores repugnantes, descrita anteriormente.

Os gladiadores novamente lutaram e se mataram uns aos outros, individualmente e em massa. Uma variedade de formas de combate conhecidos na arena; e delas, as que maior sofrimento infligiam obtinham maior apreço por parte dos assistentes.

Outra vez se apresentaram as cenas intermináveis de derramamento de sangue e de agonia; os ferozes campeões do dia receberam as efêmeras felicitações dos volúveis espectadores. De novo, o homem lutou contra o homem ou se livrou dos mais ferozes combates contra o tigre. Repetiu-se a cena do gladiador ferido que olhava aflito implorando misericórdia, não vendo outro sinal senão a morte, os polegares dos cruéis espectadores voltados para baixo.

Para saciar os apetites da multidão, agora se exigia uma maior e mais desalmada matança. Pois naquele dia, não havia outra atração além de olhar o combate entre homens confrontando-se. Ah! Mas já se sabia que os cristãos haviam sido reservados para fechar o espetáculo e a aparição deles se esperava e se impunha impacientemente.

Lucullus estava entre os guardas perto do assento do Imperador. Mas seu semblante, de alegre que era, havia se tornado pensativo.

Muito acima, nos assentos detrás dele, havia um rosto severo e muito pálido que se sobressaía entre todos, pelo olhar concentrado que dava à arena. Esse rosto estava tomado de uma expressão de ansiedade tão profunda, que contrastava visivelmente com todos os que se encontravam reunidos em tão vasta assembleia.

De pronto, ouviu-se o som do ronco chirriar das grades e se viu pular o primeiro tigre na arena. A fera levantou a cabeça desafiante e se acoitava com sua própria cauda, espreitando ameaçadoramente tudo em volta, com reluzentes e ferozes olhos sobre a enorme massa de seres humanos, que enchiam o imenso anfiteatro.

Não tardou em ouvir-se um murmúrio. Um menino foi lançado na arena.

De rosto pálido e contextura ligeira, desnutrido em extremo, era nada perante a besta furiosa. E como nota de escárnio, haviam-no vestido como gladiador.

Porém, a despeito de sua tenra infância e debilidade, não havia nada em seu rosto, nem em sua atitude, que revelassem o menor sinal de medo. Mostrava domínio sobre si mesmo, em seu olhar tranquilo. Avançou serenamente até o centro da arena e ali, à vista de todos, elevou suas mãos juntas, levantou o olhar aos céus e falou com seu Deus.

Entretanto, o tigre continuava ameaçador, deslocando-se como ao entrar. Vira a criança, mas não parecia ter havido efeito algum. Continuava levantando a visão de seus olhos sanguinários para as enormes muralhas e, de vez em quando, lançava selvagens rugidos.

O homem de rosto severo e triste olhava absorto, como se toda sua alma acompanhasse esse olhar.

O tigre, por sua vez, não parecia mostrar o menor desejo de atacar o menino cristão, que seguia orando.

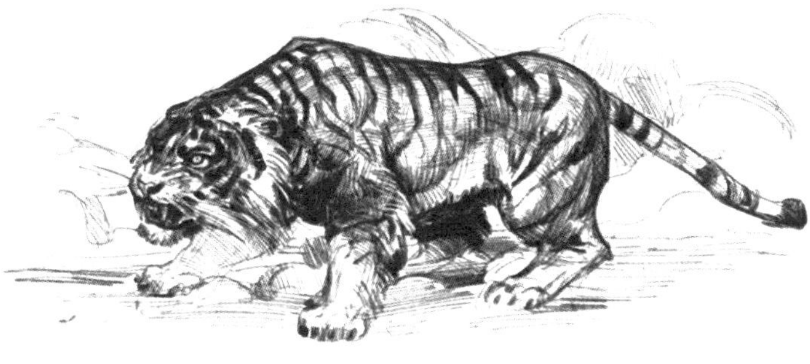

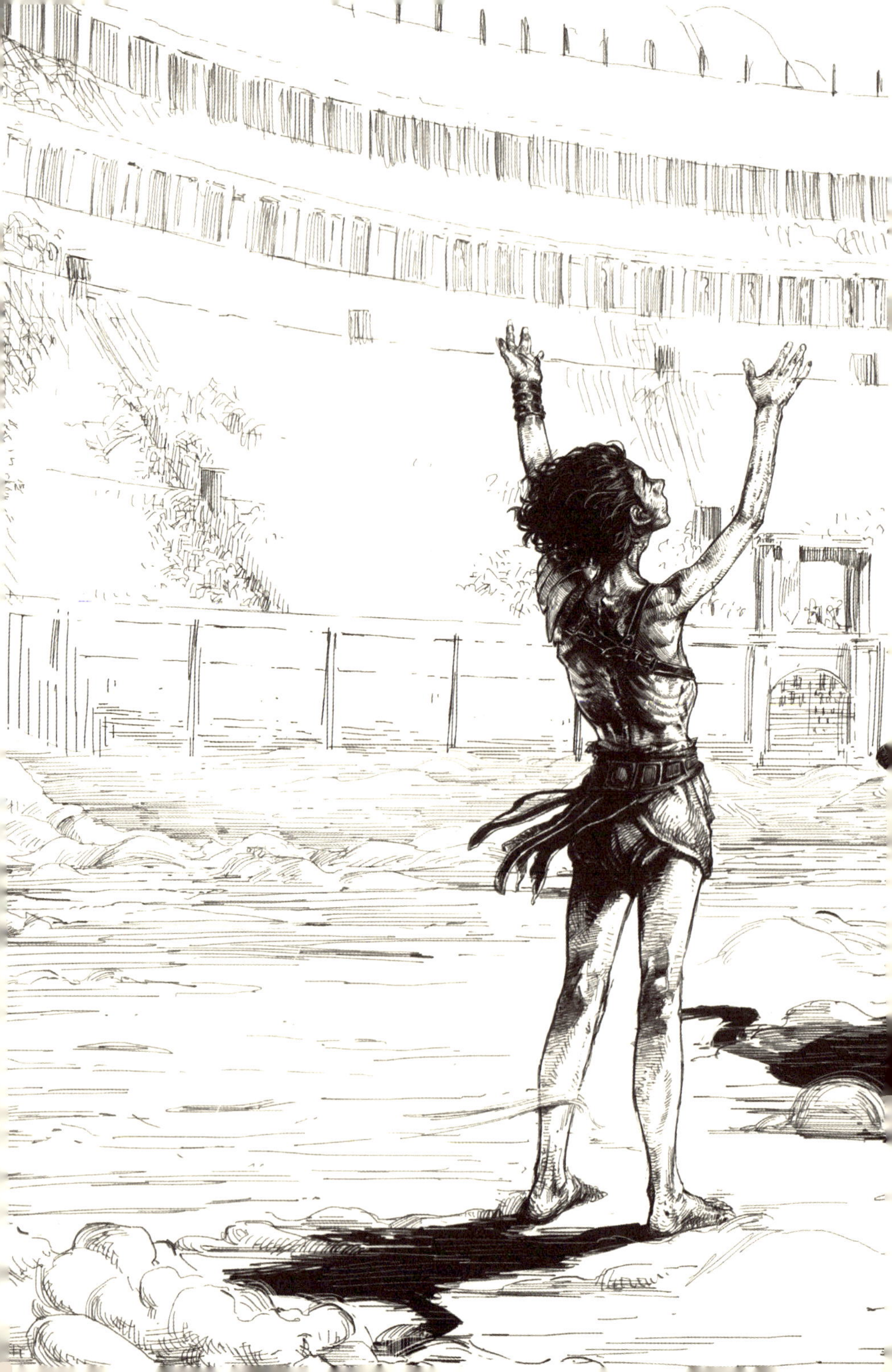

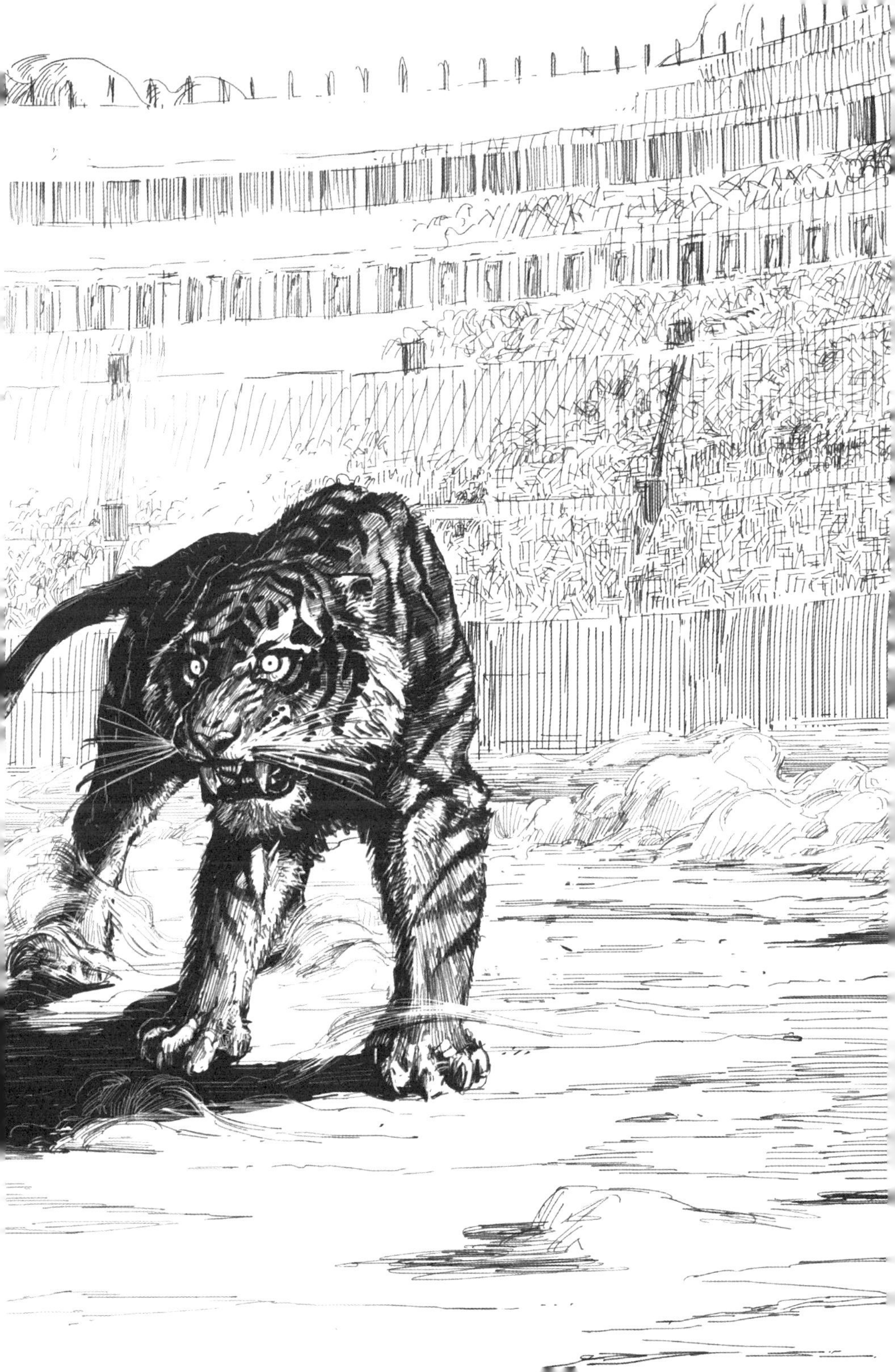

A multidão ficou impaciente. Surgiram murmúrios e exclamações e gritos com a intenção de enfurecer a fera, para que atacasse sua vítima.

Mas agora, em meio ao tumulto, surgiu o som de uma voz profunda e terrível:

> *"Até quando, ó Soberano Senhor, santo e verdadeiro, não julgas, nem vingas o nosso sangue dos que habitam sobre a terra?"* (APOCALIPSE 6:10).

Seguiu-se um silêncio profundo e aterrorizado. Cada um dos espectadores olhava ao que estava ao seu lado.

Mas o silêncio foi interrompido pela mesma voz, que repetiu com ênfase repreensiva:

> *"Eis que vem com as nuvens, e todo olho o verá, até quantos o traspassaram. E todas as tribos da terra se lamentarão sobre ele. Certamente. Amém!"* (APOCALIPSE 1:7).

> *"Tu és justo, tu que és e que eras, o Santo, pois julgaste estas coisas; porquanto derramaram sangue de santos e de profetas"* (APOCALIPSE 16:5,6).

> *"...são dignos disso. [...] Certamente, ó Senhor Deus, Todo-Poderoso, verdadeiros e justos são os teus juízos"* (APOCALIPSE 16:6,7).

Porém, agora os murmúrios e os gritos e clamores se propagaram por toda parte. E não demorou em desaparecer a causa da perturbação.

—Era um daqueles malditos cristãos. Era o fanático Cina. Tiveram-no recluso quatro dias, sem dar-lhe alimentos. Tirem-no! Fora com ele! Joguem-no ao tigre!

Os clamores e as maldições surgiam de toda parte, tornando-se um único e enorme estrondo. O tigre pulava cada vez mais freneticamente. Os guardas ouviram as palavras da multidão e se apressaram a obedecer.

Não demoraram em abrir-se as grades e a vítima foi lançada dentro da arena. Temeroso, macilento e extremamente pálido, avançou até o centro com passos trêmulos. Seus olhos mostravam um brilho extraordinário; suas faces ardiam enrubescidas; seu cabelo descuidado e sua longa barba estavam emaranhados numa única massa.

O tigre, ao vê-lo, se encaminhou pulando até ele. Porém, a uma curta distância, a fera embravecida se encolheu. O menino, que havia estado de joelhos, se pôs em pé e olhou para ele. Por sua vez, Cina não via tigre nenhum. Seus olhares se dirigiam à multidão e agitando para cima seu braço macilento, clamou muito alto e com os mesmos tons de admoestação:

—Ai, ai, ai dos habitantes da terra!

Sua voz foi silenciada por torrentes de sangue. Não houve senão um pulo, uma queda, e perante os olhos humanos, nada mais.

E então o tigre se encaminhou para a criança. Sua sede de sangue o excitara. Seus pelos eretos; flamejantes os olhos e açoitando-se com a cauda, mantinha-se imóvel frente à sua presa.

O menino viu chegar sua última porção na Terra e novamente se ajoelhou. O populacho ficou mudo e estático, preso por uma profunda excitação e em ansiosa espera da nova cena sanguinária. Aquele homem, que até aquele momento

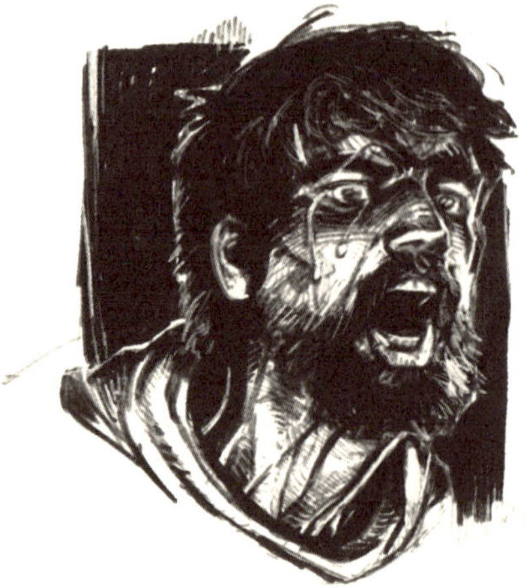

contemplara atentamente, agora se levantou e permaneceu em pé, ainda olhando a cena que se desenrolava embaixo. De atrás dele saíram imediatos gritos que aumentavam em número e volume:

—Abaixa-te, abaixa-te, senta-te! Não impeças a vista!

Mas o homem, porque não ouvia, ou intencionalmente, não fazia caso. Finalmente, o barulho cresceu tanto que chamou a atenção dos oficiais acomodados embaixo, os quais voltaram para ver qual era a causa.

Lucullus naturalmente foi um deles. Tendo-se voltado para olhar, viu a cena toda. Deteve brevemente seu olhar e empalideceu.

—Marcellus! — exclamou. Por um momento quase caiu para trás, mas não tardou em recuperar-se e dirigindo-se apressadamente à cena do tumulto.

Mas agora tinha estourado um murmúrio profundo entre o público. O tigre, que havia permanecido passeando em volta do menino uma e outra vez, açoitando-se a si mesmo com crescente fúria, agora estava agachado, preparado para dar o golpe final.

O menino se levantou. Em seu rosto resplandecia uma expressão angelical. Seus olhos revelavam um brilho de sublime entusiasmo. Ele já não via esta arena, nem as muralhas gigantescas que o rodeavam, nem também as longas fileiras de assentos e as inúmeras caras hostis. Já não via os implacáveis olhos dos cruéis espectadores, nem sequer a forma imensa do selvagem inimigo.

Seu espírito já parecia ingressar vitorioso pelas portas de ouro da Nova Jerusalém e a glória inefável do pleno dia dos Céus lhe inundou o rosto em seus fulgores.

—Mãe, vou contigo! Senhor Jesus, recebe meu espírito!

Essas palavras soaram com toda nitidez e claridade aos ouvidos daquela multidão. Todos permaneceram em quietude sepulcral e o tigre pulou. Nos momentos seguintes não houve mais que uma massa que se movia semiencoberta por uma nuvem de pó.

A luta terminou. O tigre voltou; a arena havia sido tingida de vermelho e sobre ela jaziam os despojos mutilados do leal e nobre Pollio.

Uma vez ao amparo do silêncio que se seguiu, deixou-se ouvir um clamor que tinha toda a intensidade de uma trombeta e que espantou a cada um dos presentes:

> *"Onde está, ó morte, a tua vitória? Onde está, ó morte, o teu aguilhão? Graças a Deus, que nos dá a vitória por intermédio de nosso Senhor Jesus Cristo"* (1 CORÍNTIOS 15:55,57).

Mil homens se levantaram de uma só vez com movimentos de ira e indignação. Mil mãos se levantaram indicando o atrevido intruso.

—Um cristão! Um cristão! Às chamas com ele! Lançai-o aos tigres! Lançai-o à arena!

Com tais uivos, todo o povo contestou, emitindo voz de advertência.

Lucullus se fez presente no lugar, no momento preciso para resgatar a Marcellus da turba enfurecida de romanos, que se apressavam a despedaçá-lo. Dir-se-ia que o tigre selvagem, presente na arena, não estava tão enfurecido e sedento de sangue como eles. Lucullus se precipitou impetuosamente entre todos, qual guarda de feras selvagens.

Atemorizados pela sua autoridade, recuaram, tendo sido cercados por soldados.

Lucullus não pôde fazer mais que entregar-lhes a Marcellus e conduziu a companhia fora do anfiteatro.

Uma vez fora, encarregou-se, ele mesmo, do prisioneiro. Os soldados os seguiram a distância.

—Ai, Marcellus, Marcellus! Não é uma loucura que exponhas assim tua vida?

—Eu falei num impulso do momento. Pois aquele menino a quem eu tanto amava morria assim perante meus olhos! Não pude conter meu próprio ímpeto! Disso me comprazo e estou muito longe de me arrepender! Pois também estou pronto a oferecer minha vida por meu Rei e meu Deus!

—Eu não posso entrar em razões contigo. Teus atos ultrapassam todo argumento e entendimento!

—Não foi minha intenção entregar-me, mas o que fiz, e como fui inspirado a fazê-lo, satisfaz-me intimamente. Sim, vou com prazer seguindo o caminho traçado pelo meu Redentor, de quem é minha vida, quer eu sobreviva ou a ofereça aqui.

—Ai, querido amigo! Não consideras tua vida?

—Eu amo meu Salvador mais que a minha vida!

—Olha, Marcellus, o conhecimento está aberto perante ti. Foge velozmente. Corre e salva tua vida.

Lucullus disse-lhe isto apressadamente em voz baixa, abrindo-lhe espaço, enquanto os homens estavam uns vinte passos atrás. Havia oportunidade de escapar.

Marcellus pressionou a mão do amigo.

—Não, Lucullus, longe de mim seja salvar minha vida com tua desonra. Reconheço e amo esse grande coração que tudo supera pelo amigo, mas não vou te criar dificuldades pela minha amizade.

Lucullus suspirou e seguiu em silenciosa reflexão.

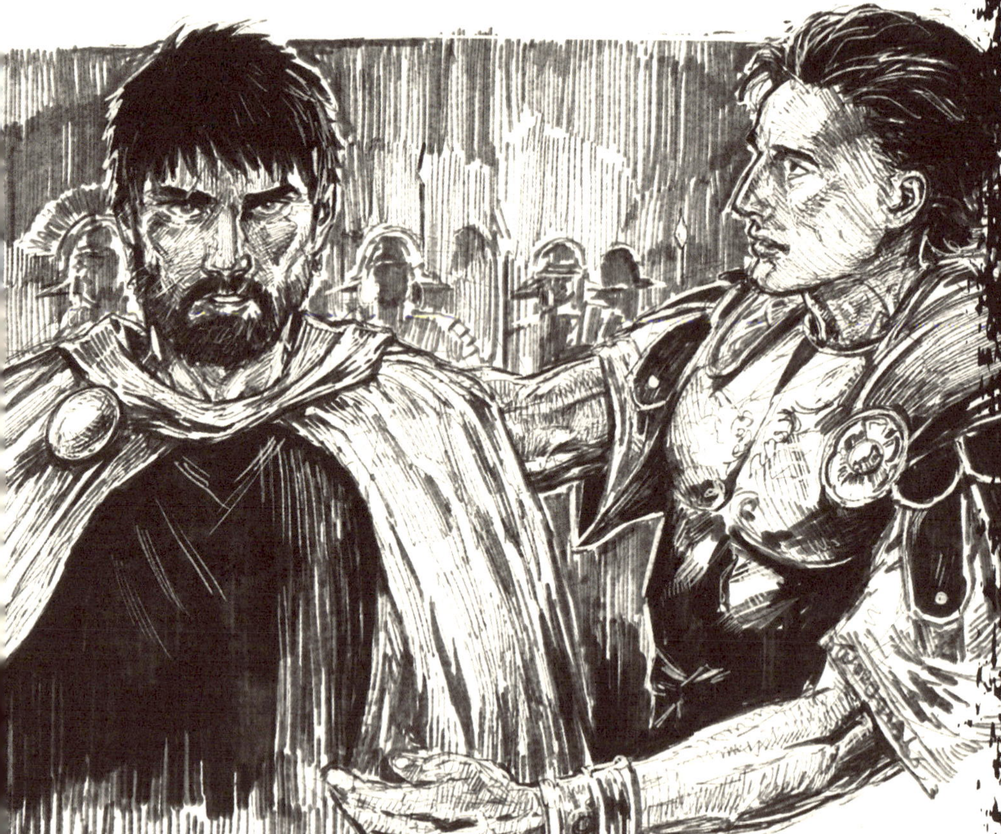

XIV

A TENTAÇÃO

Tudo isto te darei se,
prostrado, me adorares.

(MATEUS 4:9)

Naquela noite, Lucullus permaneceu na cela com seu amigo. Buscou todos os argumentos possíveis para dissuadi-lo de sua resolução. Apelou a todos os motivos que comumente influenciam os homens. Não houve um único meio de persuasão que ele não empregasse. Todos foram em vão. A fé que Marcellus professava estava firmemente apoiada, pois se fundamentava na Rocha dos Séculos, e nem a tormenta das violentas ameaças, nem as mais tenras influências da amizade enfraqueceriam minimamente sua consciente determinação.

—Não — disse ele —, meu roteiro está traçado e eu o escolhi. Seja dor ou alegria o que me toque na Terra, seguirei até o fim. Sei bem o que me espera. Avaliei todas as consequências de minhas ações e, a despeito de tudo, seguirei como decidi.

—O que te peço é a coisa mais simples — disse Lucullus. —Não desejo que deixes tua religião para sempre, mas somente por enquanto. Desencadeou-se uma enfurecida perseguição e diante de tão terrível fúria todos devem cair, sejam jovens ou velhos, nobres ou escravos. Bem viste que não se respeita classe nem idade. Pollio poderia ter sido salvo, se tivesse sido possível, pois havia uma grande simpatia em favor dele. Era somente uma criança, apenas responsável pelos próprios atos errados; ele também era nobre, o último de uma antiga família. Mas a lei foi inexorável, e ele sofreu sua punição. Cina também poderia ter sido passado por alto. Ele era, nada mais nada menos, que um maluco. Porém, tão veemente é o zelo contra os cristãos, que nem sequer sua evidente insânia o pôde salvar.

—Bem sei que o príncipe das trevas luta contra o povo de Deus, o qual está alicerçado sobre a Rocha, e as portas do inferno não podem prevalecer contra ele. Acaso não tenho visto sofrer igualmente os bons, os puros, os

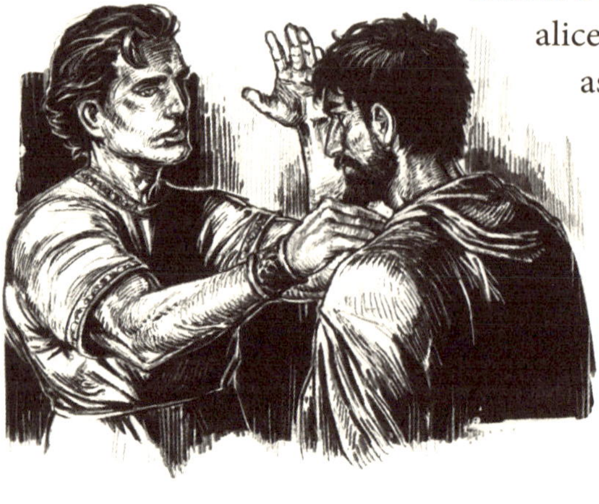

santos e os inocentes? Acaso não sei que há uma guerra sem misericórdia contra os cristãos? Eu sabia muito bem tudo isso antes de me converter. E sempre estive preparado para enfrentar as consequências, desde que conheci pessoalmente a Jesus, o Cristo, como meu Senhor e Salvador.

—Escuta, querido Marcellus. Disse-te que te pedia só uma coisa simplicíssima. Pois esta religião que tanto aprecias, não é necessário que a abandones. Conserva-a, se assim deve ser. Mas adapta-te às circunstâncias. Já que a tormenta está agravando-se, é inteligente inclinar-se e deixá-la passar. Toma uma atitude de homem sábio, e não de lunático.

—O que queres que eu faça?

—Quero que ouças o seguinte: dentro de uns poucos anos, acontecerá uma grande mudança; ou a perseguição se desvanecerá, ou se gerará uma reação, ou o Imperador poderá morrer e outros governantes de diferentes sentimentos o sucederão. Então será seguro ser um cristão. Neste momento, toda esta gente que hoje é afligida poderá voltar de seus esconderijos e ocupar seus antigos lugares e restaurar a dignidade e a riqueza. Tem presente, pois, tudo isto. Portanto, não jogues assim infrutiferamente tua vida que ainda pode ser de serviço para o Estado e de felicidade para ti. Por ti mesmo, cuida-a e preserva-a. Pense em ti agora. Considera todas estas coisas. Deixa de lado tua religião por um breve tempo e retorna para a religião do Estado. Assim poderás escapar do perigo presente e quando voltarem tempos mais felizes, poderás voltar a ser cristão em paz.

—Lucullus, isso é impossível. É abominável à minha alma. Poderia acaso ser eu um nobre hipócrita? Se compreendesses o que em mim tem se realizado, não me pedirias, nem por um momento, que perjure minha alma imortal, perante o mundo e perante meu Deus. É muito melhor morrer imediatamente pelas mais severas torturas, que ao corpo possam inferir-lhe.

—Tu assumes posições tão extremas que me fazes desesperar de tua vida e da esperança de salvar-te. Não queres parar para contemplar este assunto racionalmente? Não é questão de se fazer perjuro, senão uma tática. Não é hipocrisia, mas sabedoria.

—Deus, não permita que eu faça isto, de pecar contra Ele.

—Atenta para isto. Não somente tu serás beneficiado, senão muitos mais. Estes cristãos a quem amas, dessa forma serão ajudados por ti muito mais eficazmente que agora. Em tua situação atual, sabes muito bem, que não podem viver, como antes, da simpatia e da ajuda daqueles que professam a religião do Estado, mas, que em segredo, preferem a religião dos cristãos. Acaso vais chamar de hipócritas e perjuros a esses homens? Não são eles, ao contrário, seus benfeitores e amigos?

—Estes seres jamais conheceram a verdadeira fé e a esperança cristã que tenho. Eles nunca conheceram o novo nascimento, a nova natureza divina, a presença do Espírito Santo morando em seus corações, a comunhão com o Filho do Deus vivente, como o experimentei. Eles não conheceram o amor de Deus, que brota em seus corações para dar-lhes novos sentimentos, esperanças e desejos. Para eles, simplesmente simpatizar com os cristãos e ajudá-los é uma coisa boa. Porém, para o *cristão*, suficientemente vil para abjurar de sua fé e negar o Salvador, que o redimiu, nunca haverá suficiente generosidade no coração e em sua alma de traidor para ajudar seus irmãos abandonados.

—Então, Marcellus, não me resta senão uma última oferta, e depois irei embora. É minha última esperança. Não sei se será possível ou não. Porém, tentarei, se somente pudesse conseguir que desses teu consentimento. Trata-se do seguinte: não precisas abjurar de tua fé; não precisas oferecer sacrifícios aos deuses, nem precisas fazer a menor coisa que desaproves. Desejamos que se esqueça do passado. Volta outra vez — não de coração, logicamente, mas de aparência — ao que eras antes. Tu eras um alegre e festivo soldado dedicado ao cumprimento de seu dever. Nunca tomaste parte em qualquer cerimônia religiosa. Raramente estiveste presente nos templos. Tu passavas o tempo no quartel e tuas devoções eram de caráter privado. Recolhias sabedoria dos livros escritos por filósofos e não por sacerdotes. Faze tudo isso novamente. Simplesmente, volta a teus deveres.

—Apresenta-te em público juntamente comigo; novamente voltemos às nossas amigáveis conversas e dedica-te a teus antigos objetivos na vida. Isso será muito fácil e agradável de fazer e não requer nada que seja ruim e desagradável. As altas autoridades passarão por alto tua ausência e teu mau proceder e, se desejarem que voltes a ocupar tuas anteriores honras, assim podes ser colocado novamente no comando de tua legião. Tudo irá bem. Um pouco de discrição será necessário, um sensato silêncio, uma aparente volta a teu antigo turno de deveres. No caso de permaneceres em Roma, se pensará que as notícias de tua conversão ao cristianismo eram erradas e se vais para o exterior, não se saberá de mais nada.

—Não, Lucullus; ainda que eu consentisse no plano que me propões, não seria factível, por muitas razões. Foram feitas proclamas contra mim; foram oferecidas recompensas pela minha apreensão; e, sobretudo, minha última aparição no Coliseu perante o próprio Imperador foi suficiente para descartar toda esperança de perdão. Mas não posso consentir. Meu Salvador não pode ser adorado desta forma. Seus seguidores devem confessá-lo abertamente. Ele diz:

"Todo aquele que me confessar diante dos homens, também o Filho do Homem o confessará diante dos anjos de Deus" (LUCAS 12:8; MATEUS 10:32). Pois negá-lo em minha vida ou em meus atos é exatamente o mesmo que negá-lo na maneira formal que prescreve a lei. Isso não posso fazê-lo. Aquele que me amou primeiro, eu o amo, porque Ele, quando me amou, colocou Sua vida em meu lugar. Meu mais sublime gozo é proclamá-lo perante os homens; morrer por Ele será o ato mais nobre que eu posso fazer e a coroa de mártir será minha recompensa mais gloriosa.

Lucullus nada mais disse, tendo-se convencido de que toda persuasão era inútil. O resto do tempo passaram conversando sobre outras coisas. Marcellus não desperdiçou estes últimos momentos preciosos, que passou com seu amigo. Expressando-lhe a mais profunda gratidão por seu nobre e generoso afeto, procurou compensá-lo, explicando-lhe e familiarizando-o com o mais elevado tesouro que o homem pode dispor: a fé em Cristo Jesus.

Lucullus o ouvia pacientemente, mais por amizade que por interesse. Contudo, pelo menos algumas das palavras de Marcellus ficaram indelevelmente impressas em sua memória.

No dia seguinte, realizou-se o julgamento correspondente. Foi sumário e formal. Marcellus se mostrou impassível e recebeu sua condenação calmamente. À tarde daquele mesmo dia era a hora reservada para seus sofrimentos. A ele não seria concedido morrer devorado pelas feras selvagens, nem por mãos de gladiadores, senão por meio de tormentos mais refinados, os do fogo.

Foi, pois, na pira, onde tantos cristãos haviam dado já seu testemunho da verdade, que Marcellus também confirmou sua fé rendendo sua vida. A pira foi colocada bem no centro do Coliseu, tendo-a rodeado de enormes feixes de combustível com especial prodigalidade.

Marcellus ingressou conduzido por guardas selecionados quanto à sua maior crueldade, os quais lhe davam socos e o ridicularizavam com antecipação aos horrores da pena final. Ao dirigir seu olhar resoluto e sereno em volta do vasto círculo de rostos de homens e mulheres, cada qual mais duro, cruel e impiedoso, contemplou satisfeito essa arena onde milhares de cristãos o haviam precedido na partida instantânea para reunir-se às gloriosas hostes de mártires, que para sempre adorarão em volta do Trono. Sua mente se voltava para aquelas crianças, cujo sacrifício ele havia presenciado ainda desde as trevas, revivendo nele agora o hino triunfal com que haviam desfilado:

Ao que nos amou,
E nos lavou de nossos pecados com Seu sangue.

Chegou o momento em que os guardas o trataram com rudeza, a qual ele não podia resistir-lhes e o conduziram à pira, onde o amarraram com fortes correntes. Escapar era impossível.

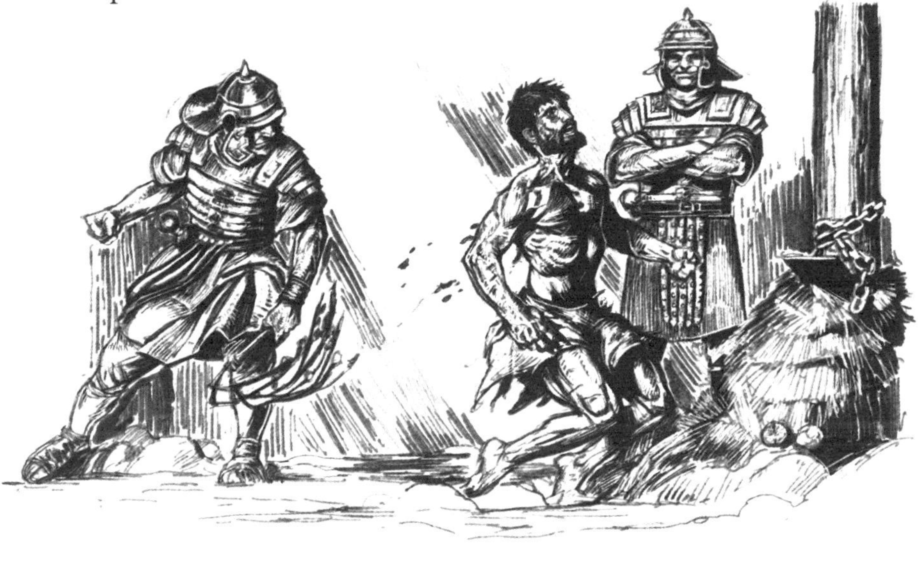

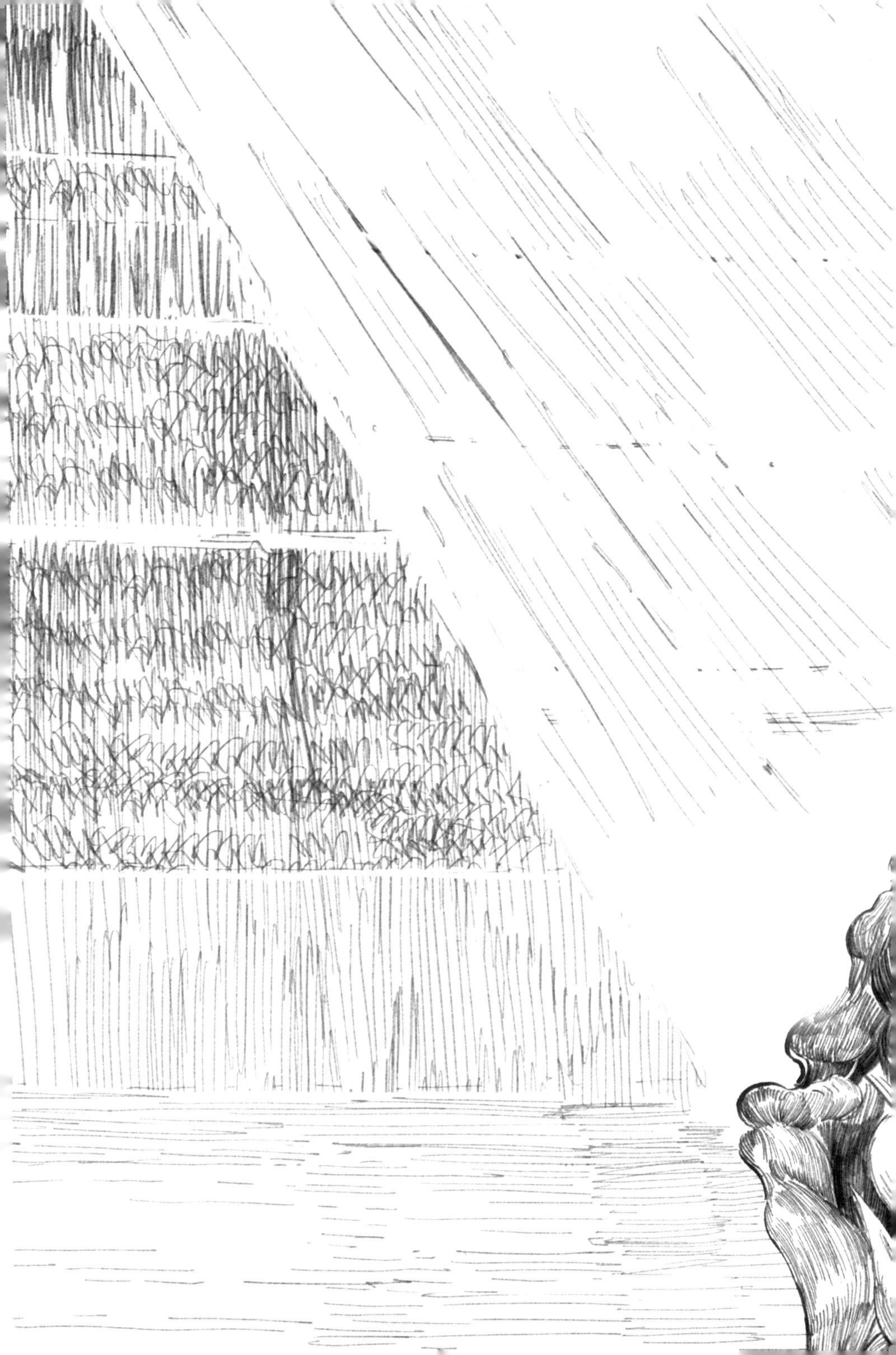

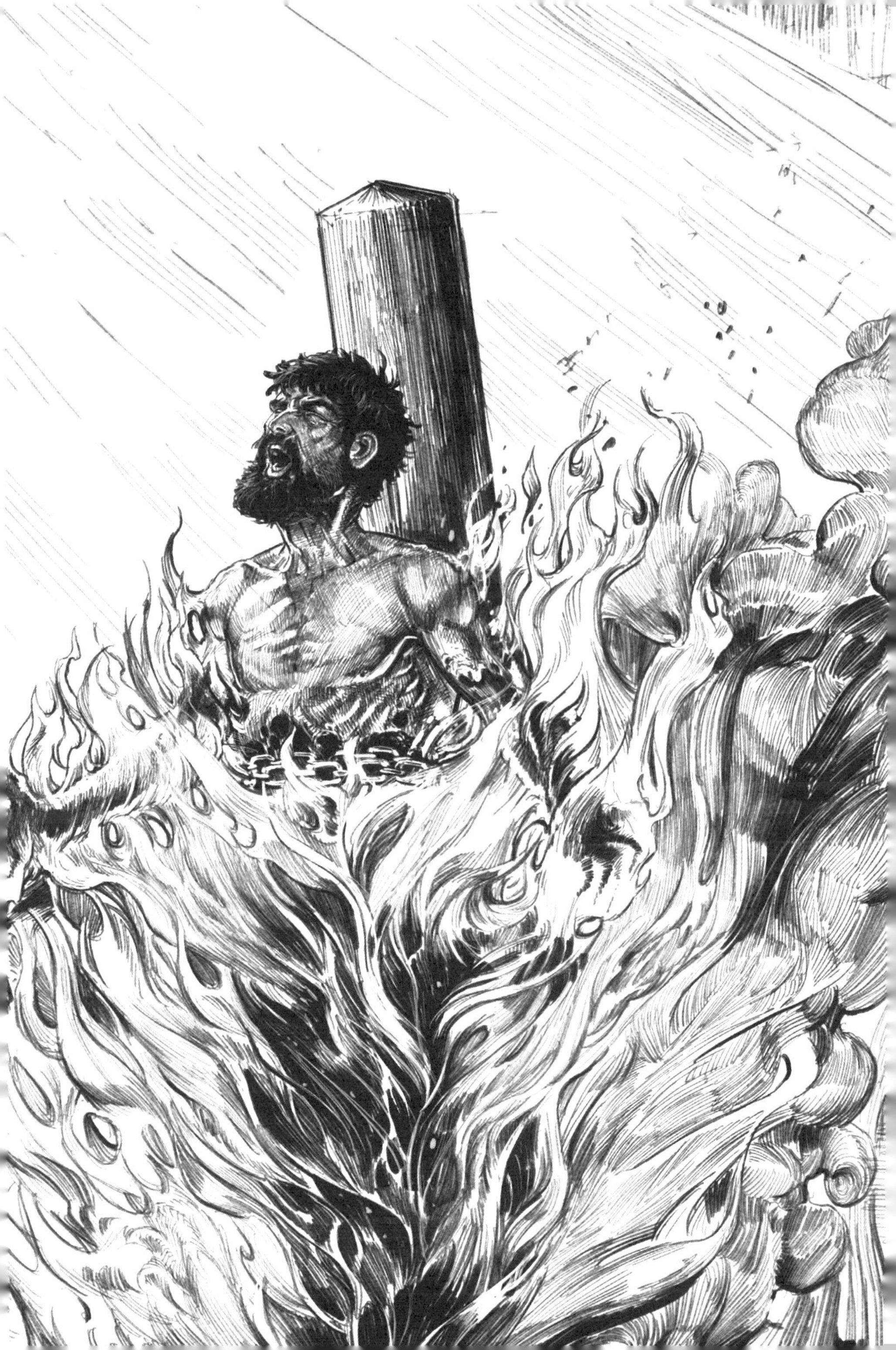

Antes o ouviram sussurrar:

> *"Estou pronto para ser oferecido [...] e o momento de minha partida é chegado [...] me está guardada a coroa de justiça, a qual o Senhor, justo juiz, me dará hoje"* (2 TIMÓTEO 4:6,8).

Aplicaram a tocha que produziam enormes labaredas, e densas nuvens de fumaça ocultavam o mártir momentaneamente. Ao aclararem, foi visto erguido em meio do fogo, elevados o rosto e as mãos ao céu.

As chamas se intensificavam e cresciam em volta dele. Mais e mais se aproximavam e flamas devoradoras o envolviam em círculos de fogo. Imediatamente atiraram sobre ele um véu de fumaça preta, que depois desapareceu diante do açoite poderoso das línguas de fogo.

Porém o mártir permanecia em pé, sofrendo com calma e serenidade a pavorosa agonia, como aferrado a seu Salvador. Ele estava lá, apesar de não o verem; Seus braços eternos envolviam Seu fiel seguidor, e o Seu Espírito o inspirava.

As chamas já não somente cresciam e se aproximavam do mártir, mas ele mesmo se convertera em chamas. A vida foi violentamente atacada até ser arrebatada e as asas do espírito se dispuseram a transladá-la fora da dor e da morte, para o paraíso do descanso.

A vítima finalmente se sobressaltou, convulsionada, como se a traspassasse irresistivelmente uma dor mais aguda, a qual por último controlou. No entanto, ele venceu sua dor com um violento esforço. Levantou os braços e os agitou debilmente. Logo, em derradeiro esforço, lançou um agônico clamor com voz clara para o ouvido de todos:

—Vitória!

Com o grito, a vida também parecia partir, pois ele caiu para a frente inflamado em chamas; e o espírito de Marcellus "estava constrangido, tendo o desejo de partir e estar com Cristo, o que é incomparavelmente melhor" (FILIPENSES 1:23).

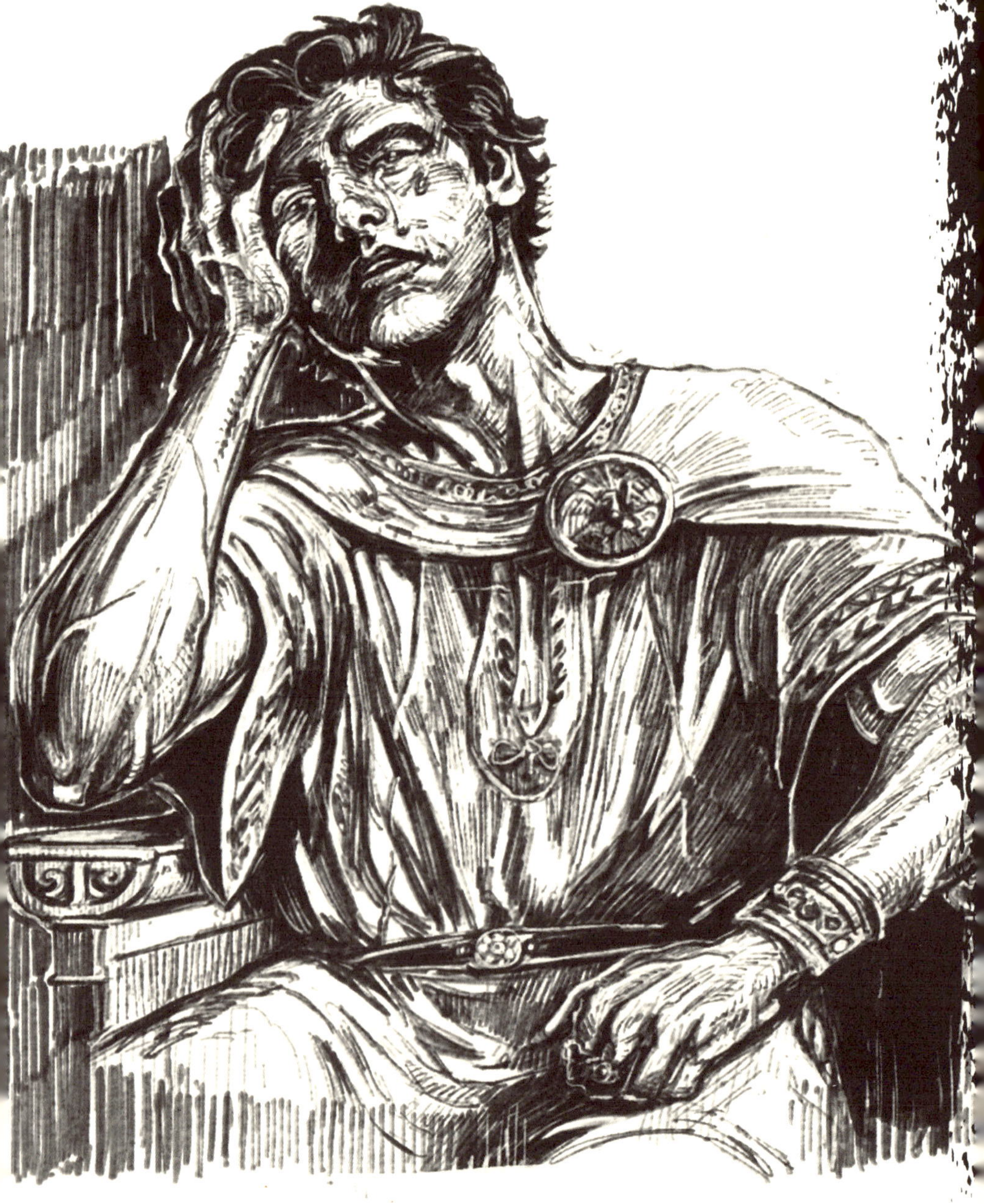

XV

LUCULLUS

A memória do justo é abençoada.

(PROVÉRBIOS 10:7)

Um espectador houve naquela cena de tortura e de morte, cujo rosto, que experimentava a mais profunda agonia, sempre esteve fixo em Marcellus, cujos olhos viram cada um dos atos e expressões da vítima e cujos ouvidos recolheram cada palavra. Longo tempo depois, quando todos haviam partido, ele permanecia imóvel, o único ser humano no enorme círculo de assentos vazios. Finalmente, levantou-se para partir.

Longe estava dele a elasticidade característica de seus passos. Deslocava-se cabisbaixo e fraquíssimo; seu olhar de abstração e da dor de que ele todo estava embargado o faziam parecer como alguém que tivesse sido repentinamente vítima de uma doença. Fez acenos a alguns dos guardas, que lhe abriram os portais que conduziam para a arena.

—Trazei-me para cá uma urna cinerária — disse ao pessoal que se achava nas imediações, ao mesmo tempo que se encaminhava até as brasas que já se haviam extinguido.

Uns quantos fragmentos de ossos carbonizados e feitos pó pela violência das chamas, era tudo quanto restava do corpo de Marcellus.

Tomando silenciosamente a urna que lhe alcançou um dos guardas admirado, Lucullus começou a reunir todos os fragmentos humanos e o pó que pôde achar, e o levou embora.

No momento em que estava saindo, aproximou-se dele um ancião, diante do qual se deteve mecanicamente.

—O que desejas pedir-me? — disse-lhe cortesmente.

—Meu nome é Honorius. Sou um dos anciãos dos cristãos. Um amigo nosso muito querido foi sacrificado neste lugar esta noite e acredito que se me permitirá recolher suas cinzas.

Lucullus lhe respondeu com afabilidade:

—Ainda bem que te dirigistes a mim, venerável mestre. Se um outro tivesse descoberto teu nome, terias sido capturado imediatamente, porque está se oferecendo um resgate por ti. Mas não posso te conceder o pedido que me fazes. Marcellus morreu e suas escassas cinzas estão nesta urna. Serão depositadas num túmulo no mausoléu de minha família, com todas as cerimônias de honra, porque ele foi meu mais querido amigo e sua perda faz desta terra um deserto para mim, e do resto de minha vida a carga mais penosa.

Honorius balbuciou com profundo entusiasmo:

—Compreendo que não podes ser outro senão Lucullus, de quem sempre ouvi falar com palavras de afeto.

—Sou eu. Jamais houve dois amigos mais leais que nós dois. Se tivesse sido possível, eu teria evitado o sacrifício. Jamais teria sido detido, se ele mesmo não se tivesse lançado nas mãos da lei, como o fez. Ó, destino inescrutável! Precisamente quando eu havia tomado todas as disposições para que jamais pudesse ser capturado, mas ele veio perante o próprio Imperador e assim fui obrigado a conduzir com minhas próprias mãos o ser que eu amava à prisão e à morte.

—O que para ti é perda, para ele é o ganho mais incomensurável (FILIPENSES 3:7), pois ingressou no reino de felicidade imortal.

Lucullus exclamou profundamente:

—Sua morte foi todo um triunfo. Já observei, anteriormente, a morte de muitos cristãos, mas nunca fiquei tão impressionado por sua esperança e confiança. Marcellus enfrentou a morte como se essa fosse a bênção mais feliz.

—Assim foi quanto a ele, como também o foi a muitíssimos outros, cujos despojos jazem no infausto confinamento onde estamos obrigados a morar. A eles quero fazer chegar as cinzas de Marcellus. Não poderias dispor-te a dividi-las conosco?

—Venerável Honorius, eu havia abrigado a esperança, desde que meu amado amigo me deixou, que pelo menos teria o prazer de pranteá-lo e de conceder a seus despojos as últimas honras piedosas e de derramar meu pranto sobre seu túmulo.

—Mas, ó nobre Lucullus, não teria preferido teu amigo que lhe fosse dada sepultura com as cerimônias simples de sua nova fé e um lugar de repouso juntamente com os outros mártires, com cujos nomes está ele relacionado para sempre?

Lucullus foi tomado por um profundo silêncio e após ter pensado por algum tempo, finalmente disse:

—Não cabe a menor dúvida quanto aos desejos dele. Rendo-me diante deles e me privo da honra de oferecer-lhe os ritos funerários. Leva-o, Honorius. Porém, permita-me assistir à cerimônia de sepultamento. Tu permitirias que um soldado, a quem conheces somente como teu inimigo, ingresse nesse teu refúgio e presencie teus atos?

—Diante de ti nossas portas e corações se abrem no mais cordial recebimento, ó nobre Lucullus, como o foi com Marcellus antes de ti, e talvez receberás entre nós a mesma bênção que foi concedida a ele.

—Não alimentes uma tal esperança — disse Lucullus. —Sou muito diferente de Marcellus em gostos e em sentimentos. Eu poderia aprender a sentir benevolência e ainda admirar-vos, mas jamais poderia unir-me a vós.

—Vem conosco, como seja, e presencia os serviços funerários de teu amigo. Um mensageiro virá até ti amanhã.

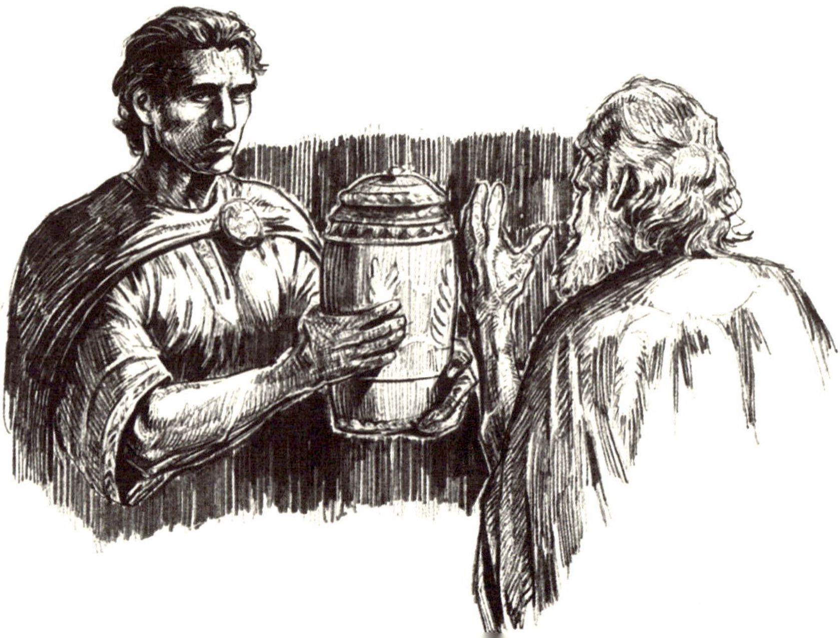

Lucullus fez um sinal de assentimento e depois de entregar a preciosa urna aos cuidados de Honorius, encaminhou-se tristemente para sua própria casa.

No dia seguinte, em companhia de um mensageiro, dirigiu-se às Catacumbas. Ali se encontrou com a comunidade dos cristãos e contemplou este lugar em que moravam, o qual já lhe havia sido referido precisamente por seu amigo, o que lhe permitiu ter uma ideia prévia de sua vida, seus sofrimentos e aflições.

De novo as vozes dolentes e lamentações encheram as tenebrosas abóbadas e ecoaram por todos os intermináveis corredores, por outro irmão cujo pó se entregava ao pó do túmulo; no entanto, *o mesmo pesar que falava da dor mortal foi substituído por uma sublime e inspirada certeza, que expressava a fé da alma aspirante e uma esperança plena de imortalidade.*

Honorius tomou em suas mãos o precioso rolo, as palavras de vida cujas promessas eram tão poderosas que os sustentavam em meio às mais pesadas cargas e aflições. Em tom solene leu aquela parte de 1 Coríntios, que em todas as épocas e em todos as regiões tem sido tão preciosa ao coração que olha para além do âmbito do tempo em procura de consolo na perspectiva da ressurreição.

Seguidamente, levantou sua cabeça e em tons fervorosos ofereceu uma oração ao Deus único e santo nos Céus, em nome de Jesus Cristo, o divino Mediador, por quem a morte e a sepultura foram vencidas e a vida eterna assegurada.

O rosto pálido e triste de Lucullus era particularmente visível entre os dolentes. Embora ele não fosse cristão, admirava tais doutrinas gloriosas e escutava com reverência essas exaltadas esperanças. A ele foi concedido colocar as amadas cinzas dentro do lugar de repouso final. Foram seu os últimos

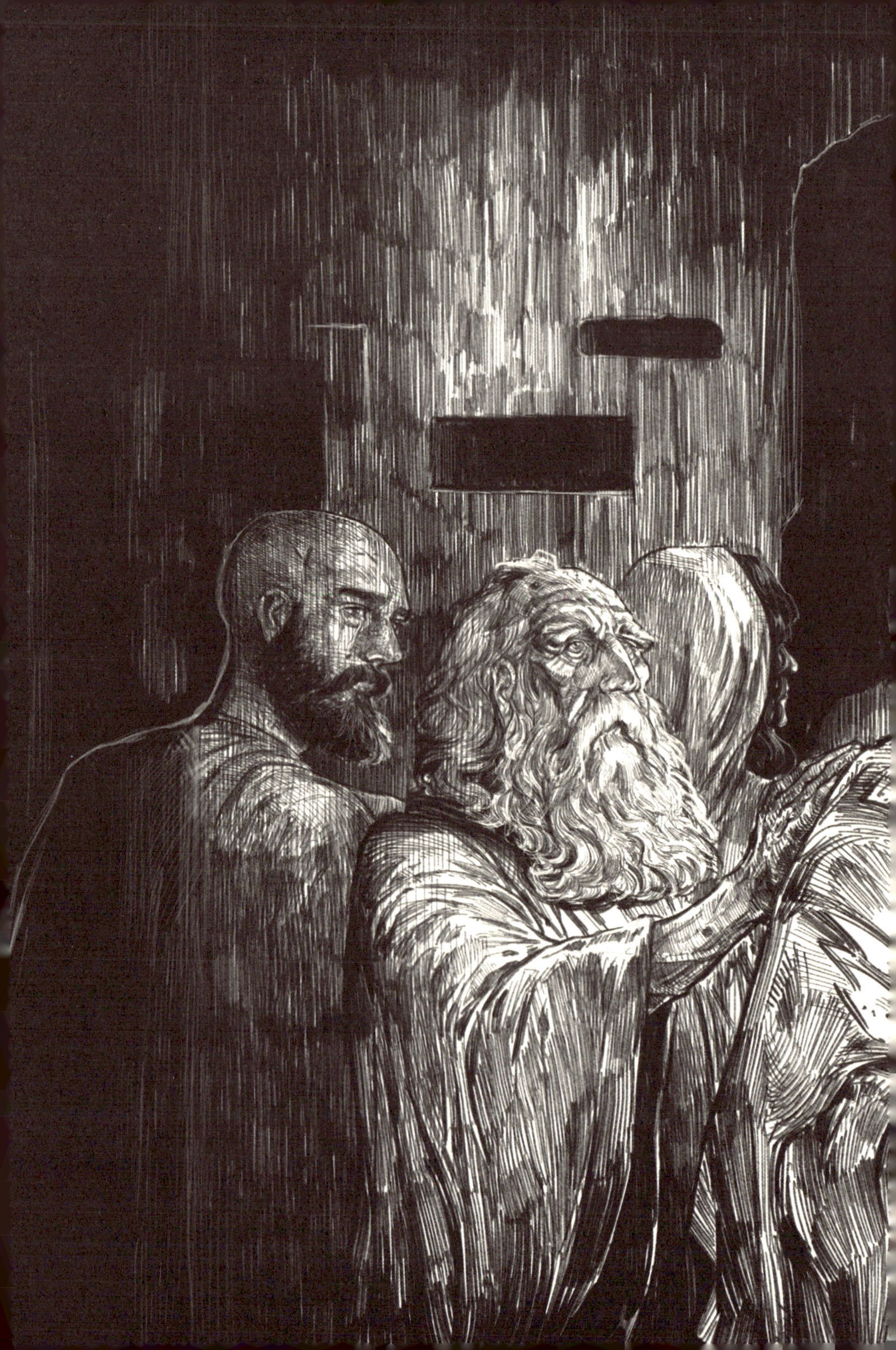

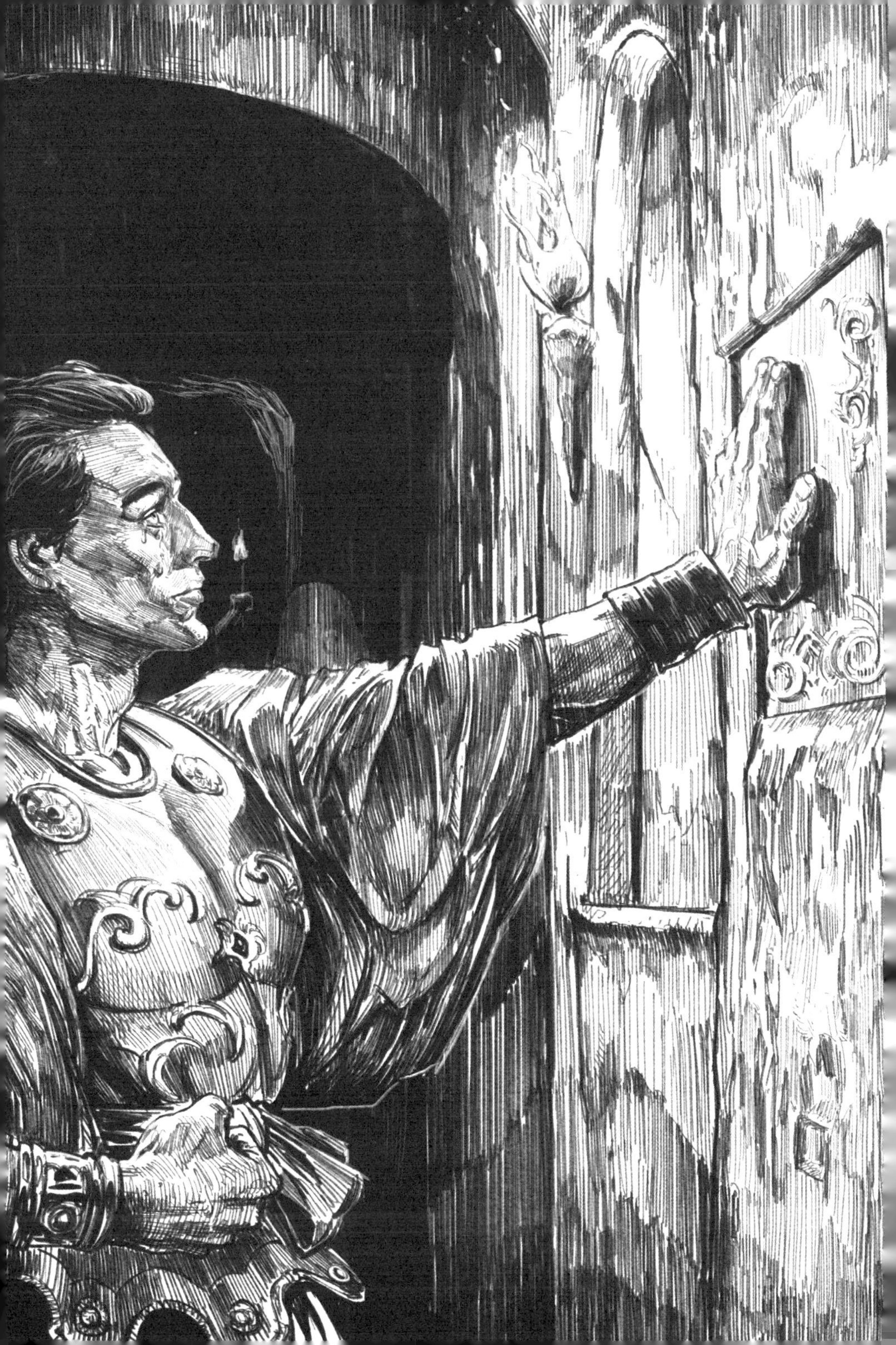

olhares que pousaram naqueles despojos amados. Suas foram as mãos que colocaram em seu lugar a pedra que havia de gravar-se o nome e o epitáfio de Marcellus.

Lucullus voltou para sua casa, mas era um homem novo. Sua euforia pessoal parecia ter sido subjugada sob as severas aflições, que sofrera.

Havia falado a verdade quando dissera que não era cristão. E embora a morte de seu amigo lhe houvesse embargado o coração de tristeza, *não havia nele dor pelo pecado, nem arrependimento, nem desejo de conhecer o verdadeiro Deus vivente.* Era incapaz de apreciar os prazeres no mundo, mas não havia conseguido nenhuma outra fonte de felicidade.

Porém, a memória de seu amigo teve a virtude de produzir uma profunda simpatia pelo pobre povo oprimido com quem Marcellus havia se confraternizado. Admirava sem compreender suas perseveranças e se compadecia por seus imerecidos sofrimentos. Tinha consciência de que toda a virtude e bondade que pudessem restar em todo o império romano estavam em posse destes pobres excluídos.

Foram esses sentimentos que o levaram a prestar-lhes ajuda. Ofereceu-lhes a amizade e as promessas de auxílio, que uma vez prometera a Marcellus. Seus soldados não capturaram nenhum outro cristão ou, se o faziam, sempre se ouviria posteriormente que o prisioneiro escapara de algum modo inevitável. Sua alta posição, sua vasta riqueza, sua ilimitada influência, tudo estava a serviço dos cristãos. Seu palácio chegou a ser bem conhecido deles como seu mais seguro refúgio e lugar de ajuda, e seu nome gozava da honra de ser o mais poderoso de seus amigos humanos.

Mas todas as coisas chegam a seu fim e assim também os sofrimentos dos cristãos e a amizade de Lucullus chegaram a seu término. Aproximadamente um ano após a morte de Marcellus, o severo Imperador Décio foi destronado e um outro assumiu o poder imperial. A perseguição cessou. A paz voltou às assembleias dos cristãos e eles saíram das Catacumbas para viverem felizes na saudável luz do dia. De novo podiam ouvir dos seres humanos os louvores ao Deus e Redentor deles, que reiniciaram sua interminável luta contra as hostes do mal.

Passaram-se os anos e Lucullus não experimentou mudança alguma. Quando Honorius saiu das Catacumbas, foi levado por Lucullus a seu próprio palácio e morou sob seu amparo pelo resto de seus dias na Terra. Ele se esforçou por pagar a dívida de gratidão a seu nobre benfeitor, fazendo-lhe conhecer toda a Verdade. Porém, morreu sem ter podido desfrutar da alegria pela qual tanto havia orado.

No final, a bênção chegou, mas após tantos anos terem transcorrido. Quando Lucullus se aproximava dos limites da velhice, ele ouviu a voz do Salvador. Longos anos haviam se passado, desde que o mundo perdera seus encantos. As riquezas, a honra, o poder já não o satisfaziam em absoluto. Sua vida deslizava sob uma sombra de tristeza, que ninguém podia curar. No entanto, o Espírito do Deus vivo apossou-se dele e, graças a Seu divino poder, pôde por fim regozijar-se no amor daquele Salvador cuja obra sobre o coração humano havia presenciado tantas e tão contundentes provas.

Longos séculos transcorreram sobre a cidade dos Césares, desde que a perseguição de Décio lançou os humildes seguidores de Jesus nas lúgubres Catacumbas. Tomemos a Via Ápia e vejamos o que nos ensina.

Diante de nós, estende-se a longa fileira de tumbas até a antiga cidade. Aqui os poderosos dessa Roma acharam um lugar de repouso, e até ali levaram as pomposas mostras de quanto podem a riqueza, a glória do mundo e o poder.

Embaixo de nós estão ocultos os rudes túmulos daqueles que em vida foram reprovados como indignos de respirar o ar livre sob o Sol do céu.

Observai a mudança! À nossa volta estão aqueles túmulos senhoriais todos em ruínas, sua santidade profanada, suas portas derrubadas e seu pó levado pelo vento. Os nomes daqueles que ali foram sepultados ninguém lembra; o império que fundaram caiu, as legiões que os conduziram a mil conquistas dormiram o sono do qual não despertarão, até a segunda ressurreição.

Mas a memória dos perseguidos que jazem embaixo, a assembleia de Deus na Terra contempla com respeito. Seus sepulcros foram convertidos em santuários de peregrinação; e essa obra na qual desempenharam um papel tão nobre, foi transmitida a nós para que a continuemos até que Jesus volte.

Humilhados, desprezados, proscritos, afligidos, a fama se negou a assentar seus nomes nos pergaminhos da história. Contudo, e isto pelo menos sabemos bem, seus nomes estão escritos no Livro da Vida e sua eterna comunhão será com aqueles de quem está escrito:

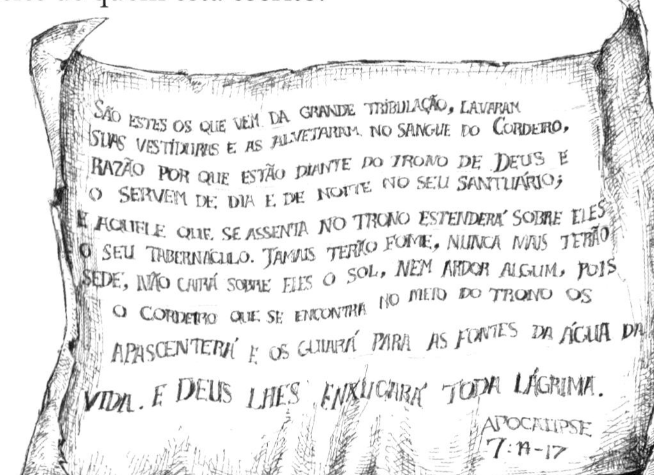

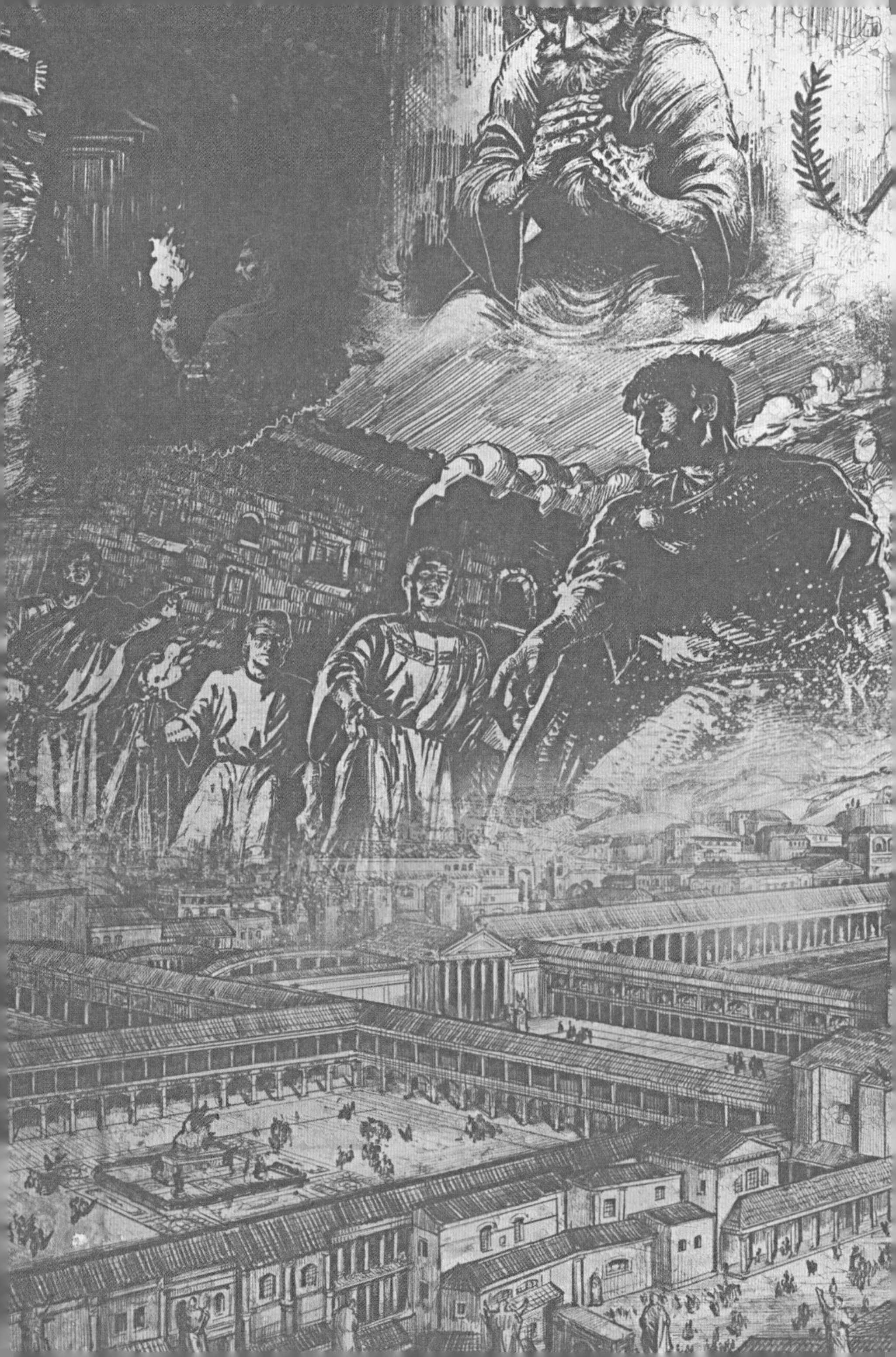

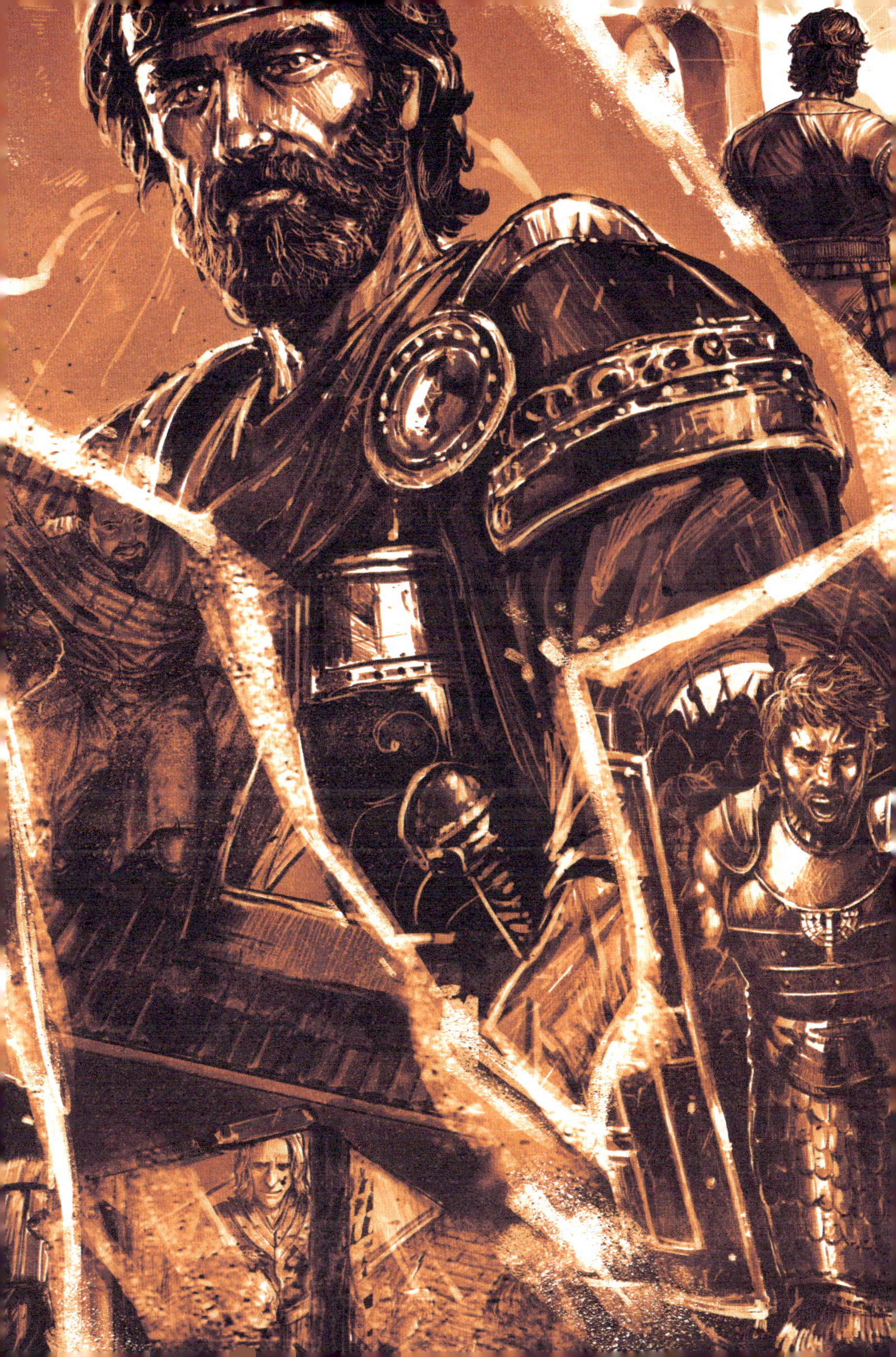

GUERRA Santa

Publicações
Pão Diário

GUERRA SANTA

SHADDAI CONTRA DIABOLUS

JOHN BUNYAN

Guerra Santa — Shaddai contra Diabolus
Por John Bunyan

Coordenação editorial: Adolfo A. Hickmann
Tradução: Dayse Fontoura
Revisão: Adolfo A. Hickmann, Dalila de Assis, Lozane Winter, Rita Rosário, Thaís Soler
Projeto gráfico e capa: Audrey Novac Ribeiro
Diagramação: Audrey Novac Ribeiro
Ilustrações: Gabriel Ruiz Araujo

Dados Internacionais de Catalogação na Publicação (CIP)

Bunyan, John (1628–88)
Guerra Santa — Shaddai contra Diabolus
Tradução: Dayse Fontoura — Curitiba/PR, Publicações Pão Diário
Título Original: *The Holy War*
1. Batalha espiritual 2. Vida cristã 3. Fé 4. Espiritualidade

Publicações Pão Diário
Caixa Postal 9740,
82620-981 Curitiba/PR, Brasil
publicacoes@paodiario.org
www.publicacoespaodiario.com.br
Telefone: (41) 3257-4028

Código: K1536 | 978-65-5350-753-1
N5648

1.ª edição: 2025

Impresso na China

APRESENTAÇÃO

Como podemos definir o livro *Guerra Santa*? Certamente, ele se encaixa na categoria de alegoria, pois apresenta personagens fictícios para representar o mundo real e conceitos filosóficos. Mas seria apenas isso? Com certeza, não! Esta obra retrata, de forma didática, temas mais aprofundados da área de Teologia — por exemplo: hamartiologia (doutrina do pecado), soteriologia (doutrina da salvação), antropologia (estudo do homem) e escatologia (estudo dos tempos do fim) —, em formato de narração alegórica, de modo que esses termos se tornem compreensíveis até mesmo para quem não está familiarizado com eles.

A conexão que Bunyan faz entre a Aliança do Sinai (Lei) e a Nova Aliança (em Cristo) facilita o entendimento sobre como elas se conectam, complementam-se e, ao mesmo tempo, ajuda na compreensão do motivo pelo qual a primeira aliança não tinha condições de promover a salvação da alma. Você aprenderá esses conceitos, enquanto lê as histórias de batalhas épicas entre o bem e o mal, em um cenário muito próximo: a própria alma!

O leitor, provavelmente, se verá representado, mais de uma vez, nesta fascinante alegoria tão rica e arrebatadora. A cidade sob o ataque de Diabolus tem o nome de Alma Humana, e os personagens que a governam, logo após a criação de Shaddai, mostram a condição do homem em seu estado de inocência, antes da queda. Contudo, após isso, novos personagens se instalam na cidade, e os antigos são realocados em seus postos. A alma do homem pecador é descrita com detalhes que nos conduzem ao reconhecimento humilde do quanto nos afastamos do plano original de Deus para nós. Diante disso, percebem-se também as consequências desse afastamento e as doenças que ele provocou na alma, criada para ser plena e sadia.

Enquanto a narrativa se desenrola, pode-se constatar o empenho de Shaddai (Deus), por meio de Seu Filho Emanuel (Jesus), em trazer a remissão e a transformação à Alma Humana perdida, como forma de demonstrar o Seu infinito amor por Sua criatura singular (o homem). A partir dessas verdades bíblicas, a história da salvação é explicada com maestria pelo autor. Bunyan cobre o papel e os efeitos da Lei veterotestamentária sobre o homem e a conecta à Nova Aliança, em Cristo. Esta obra é um verdadeiro curso de doutrinas cristãs que usa um método particularmente envolvente para transmiti-las.

Esta edição de Publicações Pão Diário conta com notas de rodapé, que o ajudarão na interpretação do texto e trarão informações interessantes sobre os elementos históricos e culturais dos quais Bunyan se apropria para compor sua obra. Também apresenta belíssimas ilustrações elaboradas especialmente para este livro, fruto de estudo minucioso da época medieval, para representar os personagens e cenários que fazem parte deste enredo.

Nosso desejo é que você, caro leitor, usufrua de uma leitura agradável, que lhe proporcione significativas reflexões e o redirecione para mais perto do Deus que o criou em amor e que deseja se relacionar com você como seu Senhor!

Que Deus o abençoe nesta viagem desafiante de autoconhecimento!

Dos editores

AO LEITOR

Estranha-me que os amantes dos antigos relatos,
Aqueles que em muito ultrapassam seus correlatos,
Nos grandes registros históricos,
Não mencionem de Alma Humana os conflitos,
E que os tratem como fábulas ou vanidades,
Que ao leitor não trazem prosperidade.
Quando os homens, façam eles o que quiserem,
Até que disso saibam, desconhecidos a si mesmos permanecem.
Bem sei que de histórias há diversos tipos:
As estrangeiras, as domésticas e os mitos.
Tantos quantos a imaginação puder guiar os autores.
(Pelos livros, pode-se especular sobre seus compositores.)
Alguns do que nunca existiu de boa vontade falarão,
E nunca existirá, falsificando (e isso sem razão)
Muitas questões, erguendo montanhas, coisas inúteis
Sobre os homens, as leis, os países e os reis.
Em suas histórias, eles tão sábios parecem
E, cada página, com tal gravidade enobrecem,
Que, embora seu frontispício diga ser tudo em vão,
De discípulos eles fazem uma multidão.

Contudo, leitores, tenho algo diferente a fazer,
Do que com vãs histórias os aborrecer.
Daquilo que aqui falo, alguns sabem bem,
Pois, com lágrimas e satisfação, esta história contam também.

A cidade de Alma Humana é por muitos conhecida,
E suas provações não passam despercebidas
Por quem com essas histórias está familiarizado,
E que a cidade e suas guerras tem analisado.
Assim, ao que lhes falarei, inclinem o ouvido
Sobre Alma Humana e o que ela tem vivido.
Como se perdeu, foi levada cativa e feita escrava,
E como se rebelou contra o Único que a salvava.
Sim, como em hostilidade ela ao seu Senhor contestou,
E como com o seu inimigo um acordo fechou.
Tudo isso é verdadeiro, e aquele que o negar
Precisará os melhores registros vilipendiar.
De minha parte, eu mesmo estava na cidade

Quando foi cercada e levada para a perversidade.
Vi-a por Diabolus ser possuída,
E sob sua opressão ser trazida.
Sim, eu a vi declará-lo seu senhor
E a ele se submeter sem temor,
Quando sobre as coisas divinas ela pisoteou,
E como porca que volta à lama chafurdou.
Como, depois, lançou mão de seus armamentos,
Combateu Emanuel e desprezou Seus ensinamentos.
Eu estava lá e regozijei-me em ver
Diabolus e Alma Humana assim aquiescer.

Que ninguém de criador de fábulas me chame,
Nem me contem ou me creditem entre essa classe infame.
De meu próprio conhecimento, ouso declarar verdadeiro
O escárnio, que nestas páginas nomeio.
Vi os soldados do Príncipe virem com agilidade,
Em tropas, aos milhares, para sitiarem a cidade.
Vi os capitães, ouvi as trombetas soarem,
E com seus exércitos os arredores ocuparem.
Como eles se formaram para guerrear,
Jamais esquecerei, até minha vida findar.

Vi seus estandartes esvoaçando ao vento,
E daqueles dentro das muralhas vi o mau intento
De arruinar Alma Humana, e dela afastar sem demora,
As preciosidades que eram suas outrora.

Testemunhei os montes armados contra cada cidadão,
E como se colocaram as catapultas para sua destruição.
Ouvi as pedras lançadas zunindo em meu ouvido,
(Como não guardar na memória esse som temido?)
Vi-as cair e o que elas conseguiram realizar,
E como o deus da morte cobria aquele lugar.
A amada Alma Humana, e ouvi-a clamando:
“Maldito seja esse dia! De morte vou expirando!”.

Vi os poderosos aríetes e como eram usados
Para derrubar o Portão Audição, e fiquei atemorizado
De que não apenas esse portão, mas toda a cidade,
Seria, por esses aríetes, levada à nulidade.
Vi os combates e ouvi dos capitães os brados,
Em cada batalha, aqueles que eram derrubados.
Vi os feridos e os que iam sendo esmagados,
E aqueles que, depois de morrer, eram ressuscitados.
Ouvi os clamores daqueles que foram feridos
(enquanto outros lutavam como destemidos),
E, enquanto o grito: “Matai, matai!” eu ouvia,
Mais de lágrimas do que de sangue a sarjeta se cobria.
De fato, os capitães nem sempre batalhavam,
Mas, dia e noite, os habitantes molestavam.
O seu brado: “Vamos! A cidade possuamos!”
Impediam-nos de dormir e, assim, não descansamos.

Eu estava lá quando os portões abriram de rompante,
E vi como a esperança de Alma Humana se foi em um instante.
Avistei os capitães para dentro da cidade marchando,
Como lutavam, seus inimigos todos derrotando.
Ouvi o Príncipe a Boarnerges dizer

Para subir ao castelo a fim de o adversário perecer.
Trazendo o ignóbil, vi Boanerges e seus soldados.
Por toda a cidade, em algemas, o vil era arrastado.
Vi Emanuel quando Alma Humana retomou,
E quão abençoada a cidade se tornou.
Quão esplêndido se fez aquele Seu povoado,
Quando amou Suas leis e foi por Ele perdoado,
Quando os diabolinianos foram capturados
E levados à execução depois de julgados.

> Eu presenciei, sim, muito perto estava,
> Enquanto Alma Humana seus rebeldes crucificava.
> Vi-a de alvas vestimentas adornada,
> Enquanto de "o deleite do Príncipe" era chamada.
> Vi lindos colares de ouro Emanuel lhe dar,
> Bem como anéis e braceletes, excelsos de contemplar.
> "Que direi?", ouvi o povo clamar,
> E, de seus olhos, seu Senhor as lágrimas enxugar.
> Ouvi os gemidos e vi de muitos a alegria,
> Contar-lhes todos os detalhes eu não poderia.
> Porém, o que aqui lhes digo, vocês bem podem ver
> Que as incomparáveis guerras da cidade não podem fábulas ser.

Alma Humana por ambos os príncipes era desejada,
Para que uma força vencesse, a outra deveria ser derrotada.
Diabolus clamaria: "É meu este pleito!"
Enquanto Emanuel reivindicaria Seu divino direito.
Sobre a célebre cidade, o ataque então iniciava.
"Estas guerras me destruirão", Alma Humana lastimava.
As guerras pareciam intermináveis aos olhos do povo,
A perda de um tornava-se o prêmio do outro.
E aquele que a perdera por fim juraria
Que ela seria sua outra vez, ou ele totalmente a aniquilaria.

> Alma Humana era agora o epicentro da guerra,
> Por isso, suas provações se tornavam severas.

Mais do que onde o alarido de guerra é apenas ouvido,
Ou onde o mover da espada é por todos temido,
Ou ainda onde pequenas escaramuças deflagradas são,
Ou onde os sábios combatem com sua ponderação.
Ela viu nas espadas dos soldados a cor carmesim,
E ouviu dos feridos os clamores sem fim.
Não devem então os temores dela serem muito maiores,
Do que para aqueles que dessas coisas são desconhecedores?
Ou daqueles que ouvem dos tambores o ribombar,
Mas que não são levados a abandonarem seu lar?

Alma Humana não apenas ouviu o sonido das trombetas,
Mas viu seus valentes arfando nas sarjetas.
Portanto, não se deve concluir que ela pudesse descansar
Com aqueles cujo anseio profundo é apenas galhofar.
Ou onde a estrondosa ameaça de grandes combates
Termine em falatório, ou em infinitos debates.

Alma Humana! Suas guerras fizeram-na pressentir
Sua alegria ou aflição e o infinito mundo por vir.
Por isso, deve ela preocupar-se mais do que o restante
Cujo temor começa e finda antes que o dia seguinte se levante,
Ou quando nenhum outro perigo ronda quem está na lida,
Senão a perda de um membro ou da vida,
Como todos os habitantes do Universo devem confessar
E a muitos essa história verdadeira contar.

Portanto, não me incluam entre os que para impressionar
Levam as pessoas às estrelas contemplar,
Insinuando, em arguta inteligência,
Que de destemidas criaturas eles são residência.
Que em cada luzeiro um mundo terão,
Embora em muito ultrapasse a sua aptidão
De tornar manifesto a toda criatura
Que tenha razão, ou a contar seus dedos se aventura.

Contudo, há muito os tenho nesse pórtico detido,
E com minha tocha de ver o Sol os tenho impedido.
Bem, agora prossigam, adentrem essa porta,
Pois descobrir dez vezes mais é o que importa,
De todas aquelas raridades interiores,
Que aprazerão a mente e os olhos com alegrias superiores.
Riquezas que se virem nas mãos de um cristão,
Momentos de imensa alegria serão.

Tampouco sem minha chave para esse intento deverão ir.
(Nos mistérios, os homens podem vir a se consumir.)
Se conhecerem meu enigma, andarão no caminho certo
E com minha bezerra ararão o campo aberto.
Está ali naquela janela. A vocês meu adeus!
Meu próximo pode ser tocar os sinos Seus.

—John Bunyan

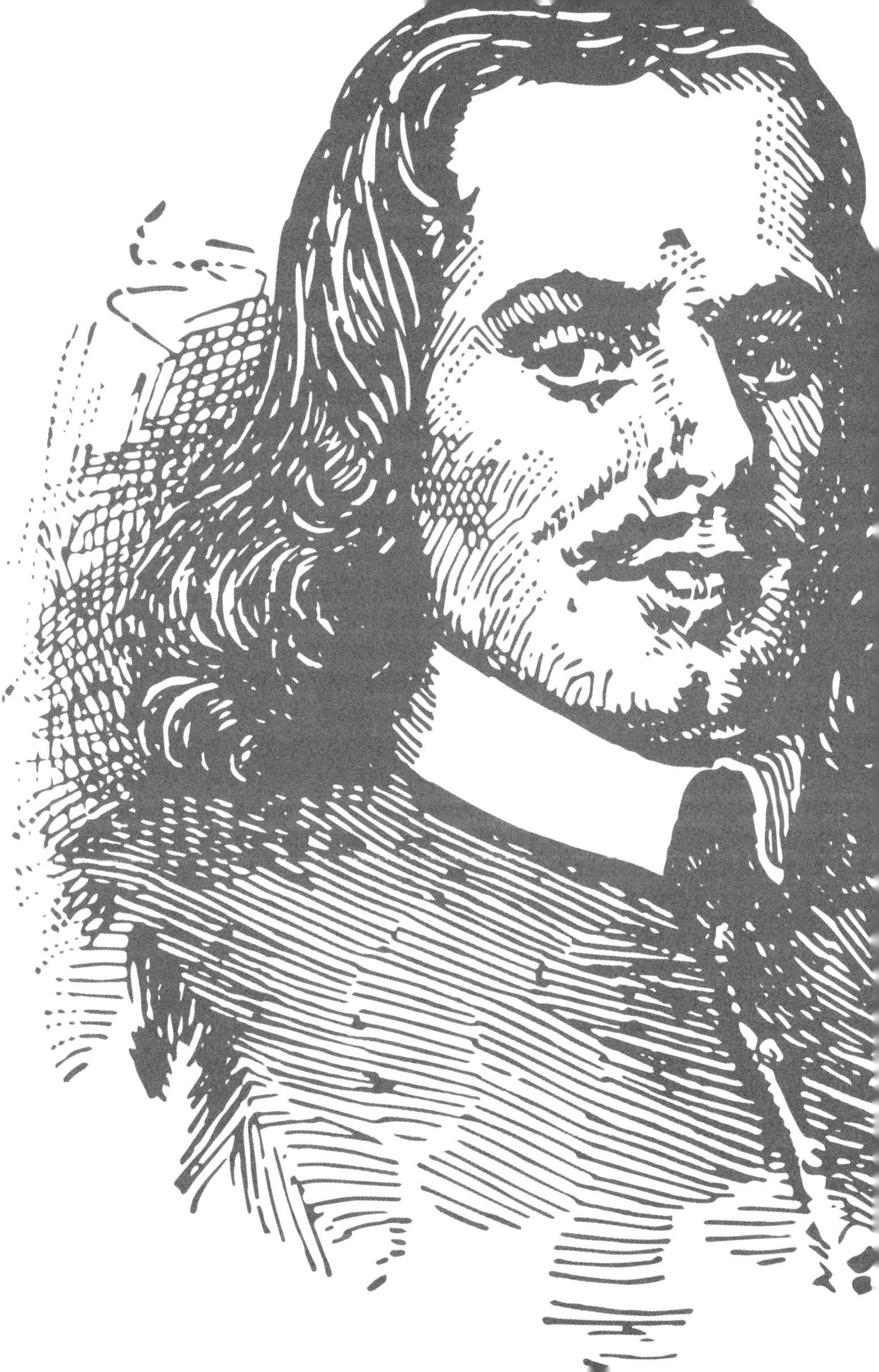

CAPÍTULO 1

RELAÇÃO COM A GUERRA SANTA

Em minhas viagens, à medida que caminhava por muitas regiões e países, tive a chance de me ver naquele famoso continente do Universo. É um país muito grande e espaçoso, que fica entre dois polos e exatamente no meio dos quatro cantos do Céu. É um local com muita água disponível, ricamente adornado com vales e montanhas esplendidamente situados e, em sua maior parte — pelo menos onde eu estava — era muito frutífero, bastante populoso e com um ar aprazível.

Ali, as pessoas não apresentam apenas um tipo de constituição física, nem têm apenas um idioma, modos ou religião, mas diferem — como se diz — tanto quanto os planetas. Alguns estão certos, outros, errados, mesmo que estivessem em regiões menos importantes.

Eu tinha de viajar por aquele país, como já disse. E lá fui eu. E o fiz por tanto tempo que aprendi muito da língua materna e dos costumes e maneiras daqueles entre os quais estava. E, para falar a verdade, regozijei-me ao ver e ouvir muitas coisas que presenciei entre eles. Sim, eu, com certeza, teria vivido e morrido como um nativo entre eles (de tão encantado que fiquei com as pessoas e suas práticas), caso meu mestre não tivesse me chamado de volta à sua casa, a fim de fazer negócios para ele e supervisionar as transações realizadas.

Há, naquele imponente país do Universo, uma bela e gentil cidade. E nela uma sociedade chamada de Alma Humana. A cidade tinha prédios tão curiosos, situação tão cômoda e era tão privilegiada (falo com relação à sua origem), que posso dizer acerca dela — da mesma forma como falei antes sobre o continente em que se encontra — que não há semelhante a ela debaixo de todo o céu.

Quanto à localização, ela fica entre os dois mundos. De acordo com os melhores e mais autênticos registros que pude reunir, seu primeiro fundador e construtor chama-se Shaddai, e Ele a edificou para o seu próprio deleite. Ele a fez o reflexo e a glória de tudo o que havia criado, até mesmo da mais bela criação, acima de tudo o que construíra naquele país. Sim, Alma Humana era tão vistosa logo que foi edificada, que alguns dizem que os deuses, que habitam no alto, vieram para admirá-la e cantaram de alegria. Na mesma medida em que Shaddai a fez agradável à própria vista, a fez poderosa para dominar sobre todo o país que a cercava. A todos foi ordenado que reconhecessem Alma Humana como sua metrópole, e alegravam-se em prestar-lhe homenagens. Seu Rei conferiu-lhe uma comissão positiva e poder para exigir o serviço de todos e para subjugar qualquer um que se recusasse a fazê-lo.

No meio da cidade, havia um eminente e imponente palácio que, por sua fortaleza, poderia ser chamado de castelo; por sua agradabilidade, um paraíso e, por sua grandeza, um local tão amplo de modo a conter o mundo todo. Era intenção do Rei Shaddai que esse lugar fosse reservado somente para si mesmo e nenhum outro. Em parte, por causa de Seu próprio deleite e, em parte, porque Ele não desejava que o terror dos estrangeiros recaísse sobre a cidade. Desse lugar, Shaddai também fez uma guarnição, confiando a sua guarda apenas aos homens da cidade.

As muralhas da cidade eram bem construídas. Tão forte e firmemente entretecidas e compactadas que, se não fosse pelos próprios cidadãos, jamais seriam abaladas ou derrubadas para sempre. Aqui está a maravilhosa sabedoria daquele que edificou Alma Humana: as muralhas nunca poderiam ser derrubadas ou danificadas pelo potentado mais valente e hostil, a menos que os cidadãos o consentissem.

A famosa Alma Humana possuía cinco portões pelos quais se poderia entrar e sair. E foram feitos semelhantemente às muralhas, ou seja, inexpugnáveis e de tal natureza que não poderiam ser abertos ou forçados, exceto pela vontade e disposição daqueles que ali habitavam. Os nomes dos portões eram: Portão da Audição, Portão da Visão, Portão do Paladar, Portão do Olfato e Portão do Tato.

Havia outras coisas na cidade de Alma Humana que, adicionadas a essas, davam mais demonstração de toda a glória e poder daquele lugar. Sempre havia provisão suficiente dentro de suas muralhas. Possuía o melhor, mais completo e excelente código legal do que o restante do mundo. Não havia ali qualquer malandro, desonesto ou traidor. Todos eram sinceros e se reuniam com rapidez (e você sabe que isso é muito importante). E, por tudo isso, ela sempre teria — desde que, em bondade, permanecesse fiel ao Rei Shaddai — Seu semblante, Sua proteção e seria Seu deleite.

Bem, aconteceu certa vez de Diabolus, um poderoso gigante, atacar essa célebre cidade para tomá-la e fazer dela sua habitação. Esse gigante era o rei dos perversos e um príncipe desvairado. Discorreremos inicialmente, com sua permissão, sobre a origem desse Diabolus e, depois, sobre sua tomada da famosa cidade de Alma Humana.

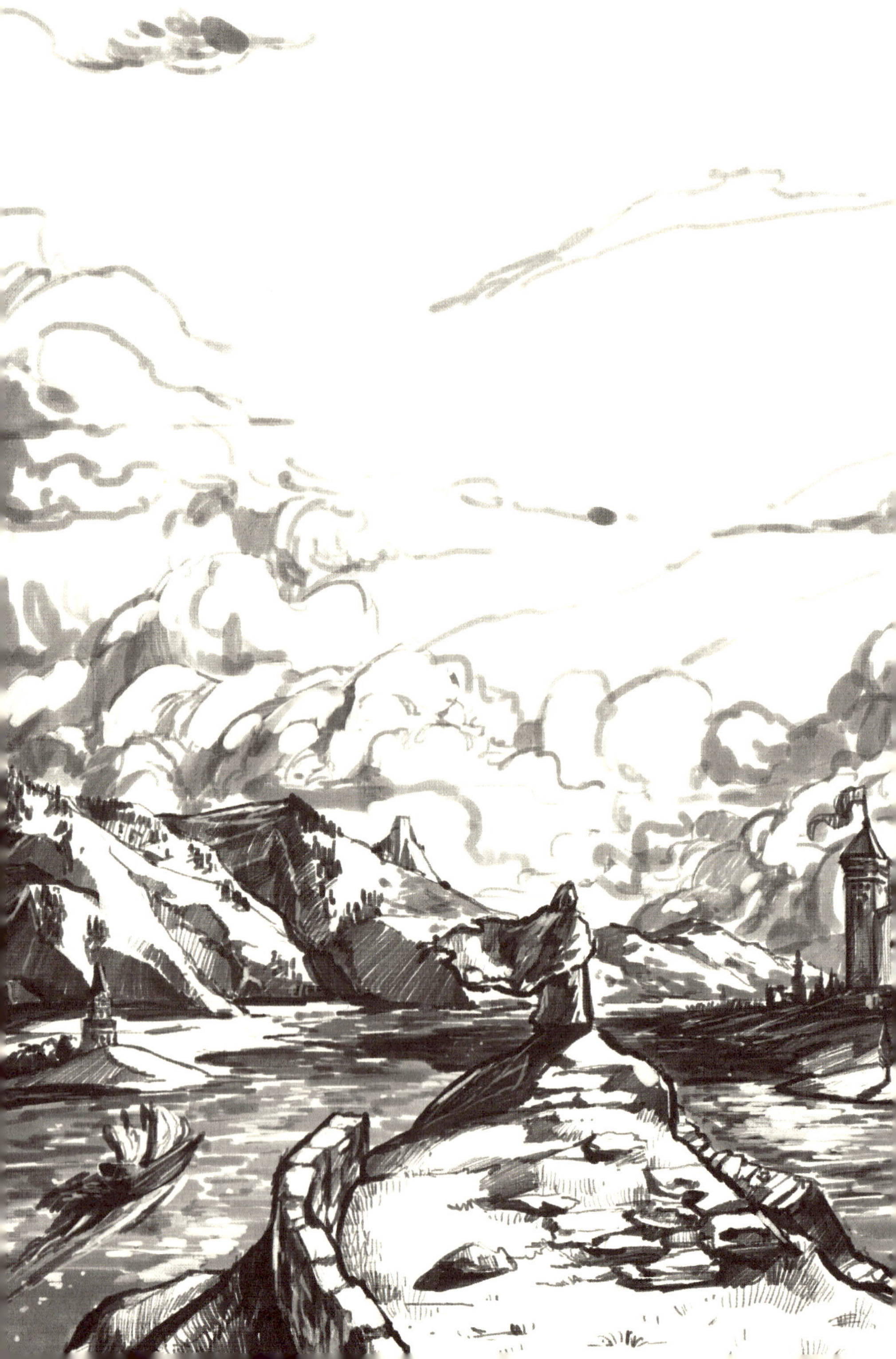

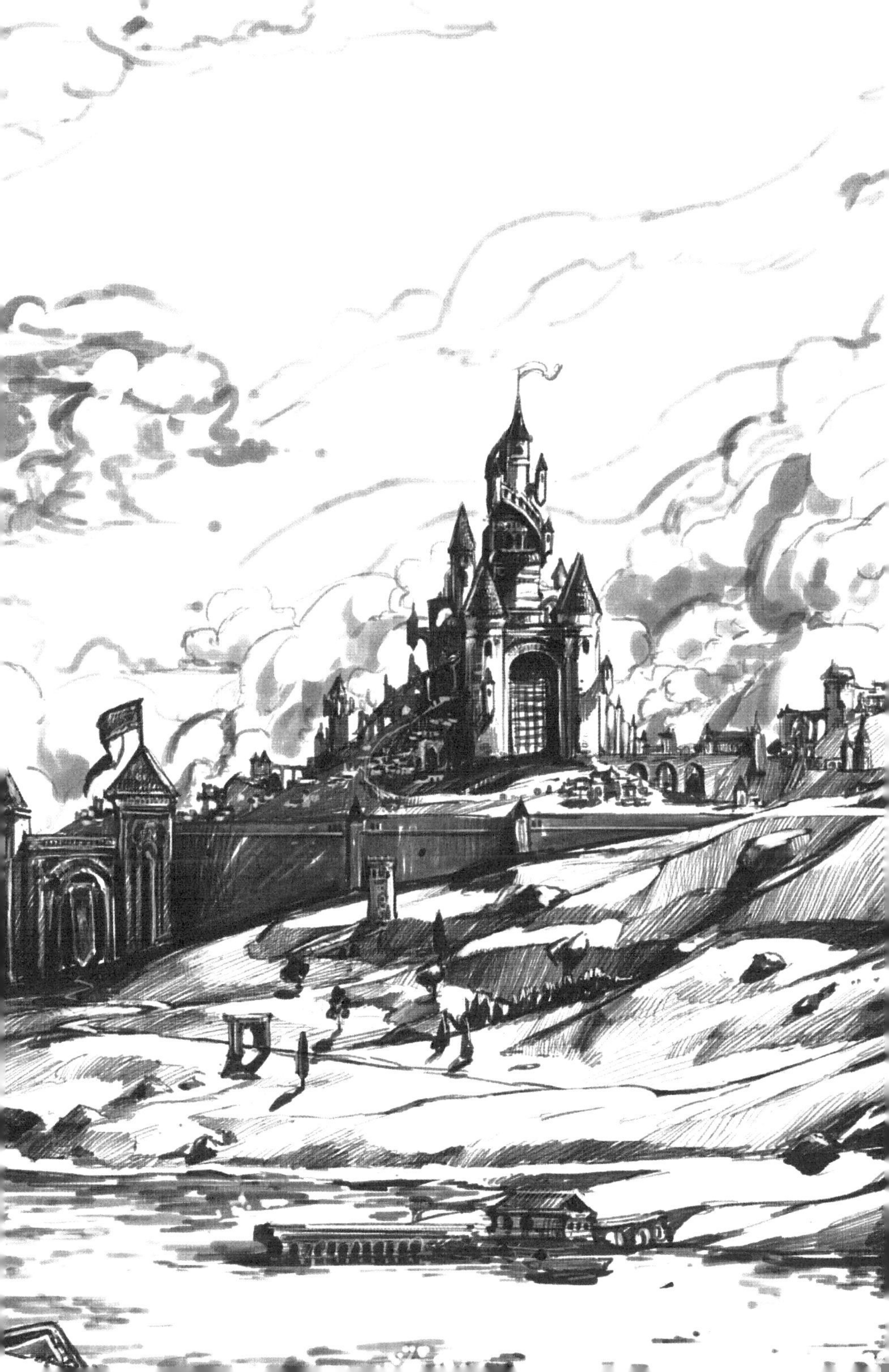

Sem dúvida, Diabolus era um notável e vigoroso príncipe, e, ao mesmo tempo, pobre e miserável. Quanto a sua origem, no início era um dos servos do Rei Shaddai, criado, escolhido e colocado pelo Rei no lugar mais elevado e poderoso. Sim, foi posto em principados que pertenciam ao melhor dos territórios e domínios de Shaddai. Esse Diabolus foi feito "estrela da manhã" e tinha um lugar de destaque . Isso lhe trouxe muita glória e lhe deu fulgor, um dividendo que deveria ter contentado seu coração lucífero, se esse não fosse insaciável e extenso como o próprio inferno.

Então, vendo-se assim exaltado à grandeza e honra e, exasperado em sua mente por obter um estado e nível mais elevado, ele começou a pensar consigo mesmo como poderia ser colocado como senhor sobre tudo e ter todo o poder abaixo de Shaddai (algo que o Rei reservara a Seu Filho e já lhe havia concedido). Por isso, ele primeiramente consultou a si mesmo sobre qual o melhor a fazer. Depois expôs seu pensamento a alguns de seus companheiros, que concordaram com ele. Enfim, chegaram à conclusão de que deveriam atentar contra o Filho do Rei para o destruir, a fim de que Sua herança pudesse ser deles. Bem, resumindo, a traição — como eu disse — concluiu-se; o tempo foi marcado; a palavra dada; os rebeldes se reuniram e o ataque fora iniciado.

O Rei e Seu Filho, sendo tudo e tendo olhos em todo lugar, podiam discernir todos os caminhos em Seu domínio. E Shaddai, tendo sempre amado Seu Filho como a si mesmo, não poderia senão se sentir grandemente provocado e ofendido diante do que viu. Então, emboscou Diabolus e sua corja, em um beco da jornada deles em direção ao seu objetivo, condenou-os por traição, pela horrenda rebelião e conspiração que haviam planejado e que tentavam colocar em ação, e os lançou para fora do lugar de confiança, benefícios, honra e preferência. Feito isso, o Rei os baniu da corte, colocou-os em terríveis abismos, agrilhoados, de modo a jamais esperarem ter o menor favor de Suas mãos, mas a suportarem o julgamento que Ele lhes designou, por toda a eternidade.

Após serem expulsos do lugar de confiança, benefícios e honra, e também sabendo que haviam perdido para sempre o favor de seu Príncipe (ao serem banidos da corte e lançados nos terríveis abismos), você pode ter certeza de que eles acrescentariam ao seu antigo orgulho toda a malícia e ira que pudessem contra Shaddai e Seu Filho. E, assim, perambulam e vagam de um lugar a outro, em grande fúria, para encontrar algo que pertença ao Rei e destruir isso, em um ato de vingança contra Ele.

Por fim, aconteceu de se encontrarem nesse espaçoso país do Universo e reorientaram seu curso em direção à cidade de Alma Humana. Considerando que a cidade era a obra-prima e o prazer do Rei Shaddai, fizeram, após aconselharem-se mutuamente, um ataque a ela. Digo que eles sabiam que Alma Humana pertencia a Shaddai, pois estavam lá quando Ele a construiu e a embelezou para si mesmo. Então, quando encontraram espaço para agir, bradaram de alegria e rugiram sobre ela como um leão sobre sua presa, dizendo: "Agora encontramos a recompensa e como nos vingar do Rei Shaddai pelo que Ele nos fez". Assim, assentaram-se e formaram um conselho de guerra para considerar quais os meios e as estratégias que deveriam empregar para conquistar para si mesmos essa célebre cidade. Então, estas quatro propostas foram discutidas:

Primeiro. Se seria melhor que todos eles se mostrassem nesse plano para a cidade de Alma Humana.

Segundo. Se seria conveniente que fossem e se apresentassem diante de Alma Humana em seus trajes esfarrapados e miseráveis.

Terceiro. Se seria bom que mostrassem a Alma Humana quais suas intenções e seus propósitos, ou se deveriam atacá-la com palavras e meios ardilosos.

Quarto. Se não deveriam ser dadas ordens particulares a alguns de seus companheiros para que aproveitassem e atirassem, caso vissem um ou mais dos principais da cidade, se entendessem que assim sua causa e propósito seriam mais bem levados a cabo.

1. A primeira dessas propostas foi respondida em negativa. A saber, que seria desastroso se todos se mostrassem diante da cidade, visto que a aparência de muitos deles poderia alarmar e amedrontar os cidadãos. Ao passo que poucos ou apenas um deles não despertariam tal reação. E, para reforçar esse conselho, foi acrescentado que se Alma Humana fosse assustada ou soasse o alarme: "É impossível" — disse Diabolus, que tomando a palavra — "que tomemos a cidade, pois ninguém pode adentrar nela sem seu consentimento. Portanto, que poucos ou apenas um ataque o local. Em minha opinião, deveria ser eu". Assim sendo, todos concordaram com ele.

2. Então, foram para a segunda proposta. Ou seja, se deveriam ir e assentar-se diante de Alma Humana em seu traje agora esfarrapado e miserável. A isso também foi respondido em negativa. De forma alguma, e isso porque, embora a Alma Humana fora dado a conhecer anteriormente sobre as coisas que são invisíveis e como lidar com elas, seus cidadãos jamais haviam visto qualquer de seus compatriotas em uma condição tão triste e vil quant o a desses adversários. Esse foi o conselho da feroz Alecto[1]. Disse então Apolião: "Esse conselho é pertinente, pois, se até mesmo apenas um de nós lhes aparecer como somos agora, provocará e multiplicará neles tais pensamentos que os colocarão em consternação de espírito e os levarão a colocar-se em alerta. E se for assim"— disse ele — "então, como acabou de dizer meu senhor Diabolus, será em vão pensar em tomar a cidade". Então, o poderoso gigante Belzebu falou: "Essa opinião apresentada é pertinente, pois, embora os homens de Alma Humana já tenham visto coisas com a aparência que tínhamos anteriormente, jamais contemplaram coisas que se assemelhassem ao nosso atual estado. Logo, penso que o melhor é chegar a eles em trajes como os que lhes são mais comuns e familiares".

Quando consentiram com isso, o próximo passo a considerar era de que maneira, tonalidade ou disfarce Diabolus melhor se mostraria quando fosse tomar para si Alma Humana. Uns diziam uma coisa, outros o contrário. Por fim, Lúcifer respondeu que, em sua opinião, seria melhor que seu senhorio deveria assumir o corpo de algumas daquelas criaturas que os cidadãos dominavam. "Pois, elas não lhes são apenas familiares, mas, estando sob seu domínio, eles jamais imaginarão que um atentado seja feito contra a cidade. E, a fim de cegar a todos, que ele assuma o corpo de um daqueles animais que Alma Humana considera mais sagaz do que os demais" — disse ele. Esse conselho foi aplaudido por todos. Dessa forma, ficou determinado que o gigante Diabolus deveria assumir a forma de dragão, visto que esse animal era, naqueles dias, tão familiar para a cidade de Alma Humana quanto um passarinho é para um garotinho, uma vez

[1] Uma das erínias (mitologia grega), ou fúrias (mitologia romana), que eram personificações da vingança. Também conhecida como "implacável", ela era encarregada de torturar os mortais por seus pecados de ira e soberba no submundo. John Bunyan se vale desses conceitos da mitologia grega para ilustrar a atuação demoníaca.

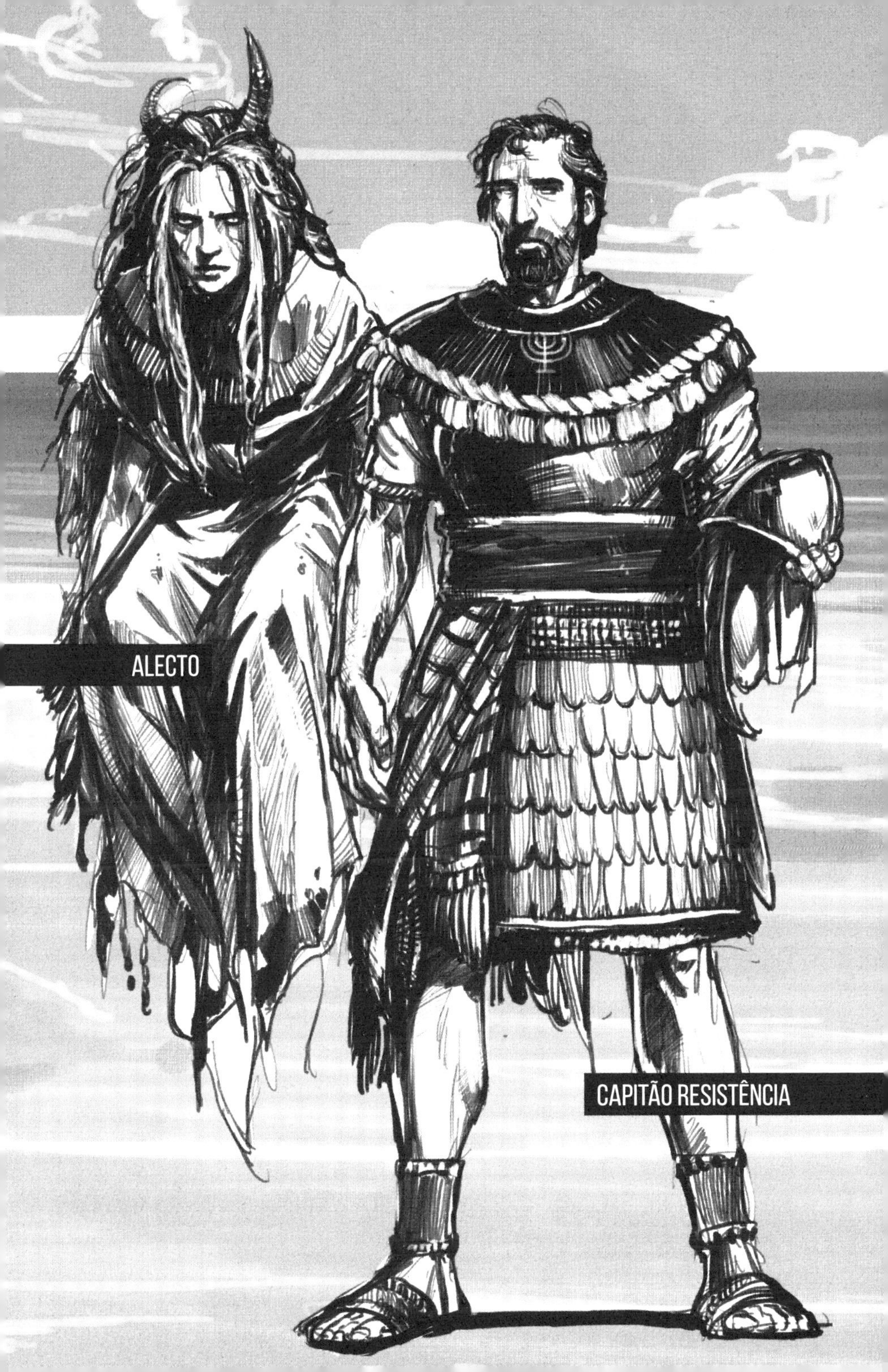
ALECTO
CAPITÃO RESISTÊNCIA

que nada que estivesse em seu estado primitivo surpreenderia um habitante de lá. Então, prosseguiram para a proposta seguinte…

3. Se seria melhor ou não revelar suas intenções ou o propósito dessa vinda a Alma Humana. Essa proposta também recebeu resposta negativa por causa dos agravantes que havia nas razões anteriores, a saber: que Alma Humana era um povo forte, um povo forte em uma cidade fortificada cujas muralhas e portões eram inexpugnáveis (sem mencionar seu castelo) e não poderia ser conquistada, por qualquer meio, sem o consentimento de seus cidadãos. "Além disso" — disse Legião, que respondeu a essa proposta — " a descoberta de nossas intenções pode levá-los a enviar um pedido de ajuda a seu Rei. Se isso for feito, sei, bem rápido, qual hora do dia será para nós. Portanto, que nós os ataquemos em toda beleza fingida, acobertando nossos intentos com todas as formas de mentira, bajulação e palavras astuciosas. Inventando coisas que nunca acontecerão e prometendo-lhes aquilo que jamais encontrarão. Essa é a maneira de conquistar Alma Humana e de fazer com que ela abra seus portões para nós, sim, e deseje que adentremos por eles. E o motivo pelo qual penso que esse projeto vingará é que o povo de Alma Humana é agora, em sua totalidade, inocente, honesto e verdadeiro. Ainda não sabe o que é ser atacado com fraudes, artimanhas e hipocrisia. Está alheio à mentira e aos lábios dissimulados. Desta forma, não poderemos, se estivermos assim disfarçados, ser discernidos por eles. Nossas mentiras vão se passar por ditos verdadeiros e nossas dissimulações por tratos justos. O que lhes prometermos, nisso eles crerão, especialmente se, em nossas mentiras e palavras falsas, fingirmos que os amamos grandemente e que nosso propósito é sua vantagem e honra." Não havia sequer a menor réplica a esse argumento. Ele fluiu como a correnteza de um rio numa íngreme cascata. Por isso, passaram a ponderar sobre a última proposta…

4. Se não deveriam dispensar ordens a alguns de seus companheiros para que atirassem em algum ou em mais de um dos principais cidadãos, caso julgassem que com isso promoveriam sua causa. Essa proposta foi aprovada, e o homem que designaram para ser destruído por esse estratagema foi o Lorde Resistência, também conhecido como Capitão Resistência. Esse era um grande homem em Alma Humana, alguém que

o gigante Diabolus e seu bando temiam mais do que a todo o restante da cidade. Agora, quem seria o agente a cometer tal assassinato? Eles indicaram Tisífone[2]— uma fúria do lago — para fazê-lo.

Tendo encerrado seu conselho de guerra, levantaram-se e ensaiaram fazer como haviam determinado. Assim, marcharam para Alma Humana, todos de maneira invisível, com exceção de um e apenas um. Porém, ele não se aproximou da cidade em sua própria aparência, mas sob a forma e no corpo de um dragão.

Desse modo, avançaram e se colocaram em frente ao Portão Audição, pois esse era o lugar de onde todos os forasteiros seriam ouvidos, da mesma forma que o Portão Visão era o local de prospectiva. Como eu disse, Diabolus achegou-se com seu séquito ao portão e armou sua emboscada para o Capitão Resistência a um tiro de flecha de distância da cidade. Feito isso, o gigante subiu para perto do portão e chamou a cidade de Alma Humana para uma audiência. Não levou nenhum de seus companheiros consigo, a não ser Hesitação, que era seu orador em todas as questões difíceis. Agora, como mencionado, tendo ele subido ao portão (conforme o costume daquele tempo) soou a trombeta para uma audiência, ao que o comando da cidade de Alma Humana — o Lorde Inocência, o Lorde Arbítrio, Lorde Alcaide[3], Lorde Arquivista e o Capitão Resistência — veio até a muralha para ver quem estava ali e saber qual era o assunto. O Lorde Arbítrio, após examinar e ver quem estava ao portão, perguntou quem ele era, por que viera e por que despertara a cidade de Alma Humana com som tão incomum.

Então, Diabolus, como se fosse um cordeiro, começou seu discurso dizendo:

—Cavalheiros da célebre cidade de Alma Humana: como podem notar, não habito longe de vocês, mas perto, e sou alguém que está comprometido pelo Rei a lhes prestar homenagem e qualquer serviço que eu puder. Assim, para que eu possa ser fiel a mim mesmo e a vocês, tenho uma preocupação a lhes transmitir. Portanto, concedam-me uma audiência e

---

[2] Outra erínia, responsável por torturar os assassinos, especialmente os matricidas, patricidas e fraticidas cujas almas estavam presas no submundo.

[3] Antigo governador de castelo, província ou comarca, com jurisdição civil e militar (Houaiss, 2009).

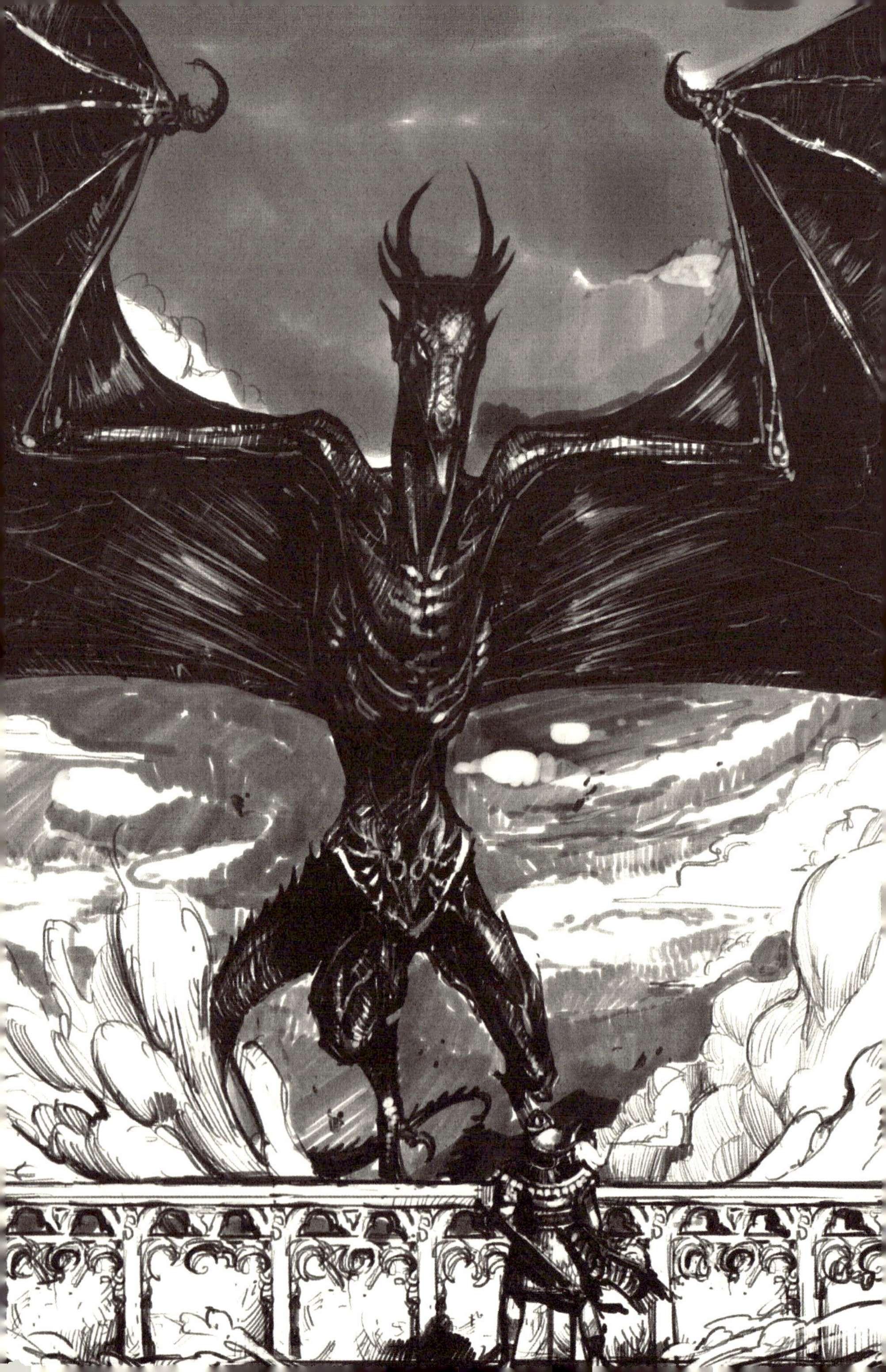

ouçam-me pacientemente. Primeiramente, asseguro-lhes de que não tem a ver comigo, mas com vocês, que não é para o meu, mas para o seu proveito que procuro fazer o que agora faço, como ficará bem evidente o motivo de eu ter aberto minha boca para vocês. Pois, cavalheiros, vim — para falar a verdade — para lhes mostrar como obter grandiosa libertação do jugo sob o qual, inconscientemente, vocês estão cativos e escravizados". À menção disso, a cidade de Alma Humana ergueu os ouvidos e começou a se questionar: "O que é isso? O que isso quer dizer?"

E Diabolus continuou:

—Tenho de dizer-lhes isto com relação ao Rei e Sua lei e relacionado a vocês: Acerca do Rei, sei que Ele é grande e poderoso, porém nem tudo o que Ele lhes disse é verdade, tampouco para o proveito de vocês. 1. Não é verdade, porque aquilo que Ele os tem levado a temer até agora não acontecerá nem se cumprirá, mesmo que vocês façam o que Ele proibiu. Mas, mesmo que houvesse o perigo, que escravidão é viver sempre em temor da maior das punições por fazer algo tão pequeno e trivial quanto comer esse pequeno fruto! 2. Com relação às Suas leis, digo ainda mais: elas são irracionais, intricadas e intoleráveis. Irracionais, conforme meu argumento anterior, visto que a pena não é proporcional à ofensa. Há uma enorme diferença e desproporção entre a vida e um fruto. Contudo, um se perde pelo outro de acordo com a lei do seu Shaddai. Porém, é também intricada naquilo que Ele disse: inicialmente, vocês podiam comer de tudo; depois Ele proibiu comer de uma árvore. E, por último, precisa ser intolerável, tendo em vista que esse fruto, do qual são proibidos de comer (se é que são proibidos) é aquele que, e apenas ele pode fazer isso, pode lhes ministrar, ao ser ingerido, tanto bem quanto lhes é ainda desconhecido. Isso é evidente pelo próprio nome da árvore, que é chamada de 'árvore do conhecimento do bem e do mal'[4]. Vocês já possuem esse conhecimento? Não, não! Nem ao menos podem conceber o quanto ele é bom, prazeroso e desejável para tornar alguém sábio enquanto cumprirem o mandamento de seu Rei. Por que vocês deveriam ser mantidos em ignorância e cegueira? Por que não podem ter seu conhecimento e seu entendimento ampliados?

---

[4] Gênesis 2:17

"Agora, ó habitantes da renomada cidade de Alma Humana, para lhes falar mais particularmente: vocês não são livres! São mantidos em opressão e escravidão por uma grave ameaça, sem qualquer razão sendo oferecida, a não ser: ' Assim eu disse, assim será'. E não é lamentável pensar que aquilo que lhes foi proibido fazer, caso o façam, lhes trará sabedoria e honra, uma vez que seus olhos se abrirão e vocês serão como deuses? Agora, já que é assim ," — disse Diabolus — "podem vocês ser mantidos, por qualquer outro príncipe, em maior escravidão e servidão do que estão no dia de hoje? São subordinados e envolvidos em inconveniências, como tenho lhes mostrado. Pois, que jugo é maior do que manter alguém em cegueira? A razão não lhes dirá que é melhor ter olhos do que ser privado deles? E estar em liberdade do que trancafiado em uma caverna escura e fétida?"

E, nesse momento em que Diabolus discursava a Alma Humana, Tisífone atirou no Capitão Resistência, no lugar em que ele estava ao portão, ferindo-o mortalmente na cabeça, de forma que ele, para espanto dos cidadãos e incentivo para Diabolus, caiu morto de cima da muralha. Agora que o Capitão Resistência fora eliminado (ele era o único homem de guerra na cidade), a pobre Alma Humana ficou totalmente despida de coragem. Nem pulso tinha para resistir. Foi exatamente como o adversário queria. Então, o Sr. Hesitação, aquele que Diabolus trouxe consigo, que era o orador, dirigiu-se à cidade de Alma Humana. O teor de seu discurso foi o seguinte:

— Senhores — disse ele — é para prazer de meu mestre que ele tem, no dia de hoje, um auditório silencioso e ensinável. E esperamos que ele prevaleça de maneira que vocês não desperdicem um bom conselho. Meu mestre lhes tem grande amor e, embora ele saiba muito bem que corre o perigo da ira do Rei Shaddai, seu apreço por vocês o levará a fazer mais que isso. Não há necessidade de qualquer palavra a mais para confirmar a verdade do que lhes falou. Palavras são desnecessárias, mas a evidência está em seu âmago. O próprio nome da árvore coloca fim em toda a controvérsia nessa questão. Portanto, eu, neste momento, acrescentarei apenas este conselho para vocês, sob autorização de meu senhor (e com isso fez uma longa reverência a Diabolus): ponderem em suas palavras, examinem a árvore e seu promissor fruto, lembrem-se de que vocês sabem pouquíssimo e que esse é o meio de saber mais. E, se sua razão não for convencida a aceitar tal proveitoso conselho, vocês não são os homens que esperávamos que fossem.

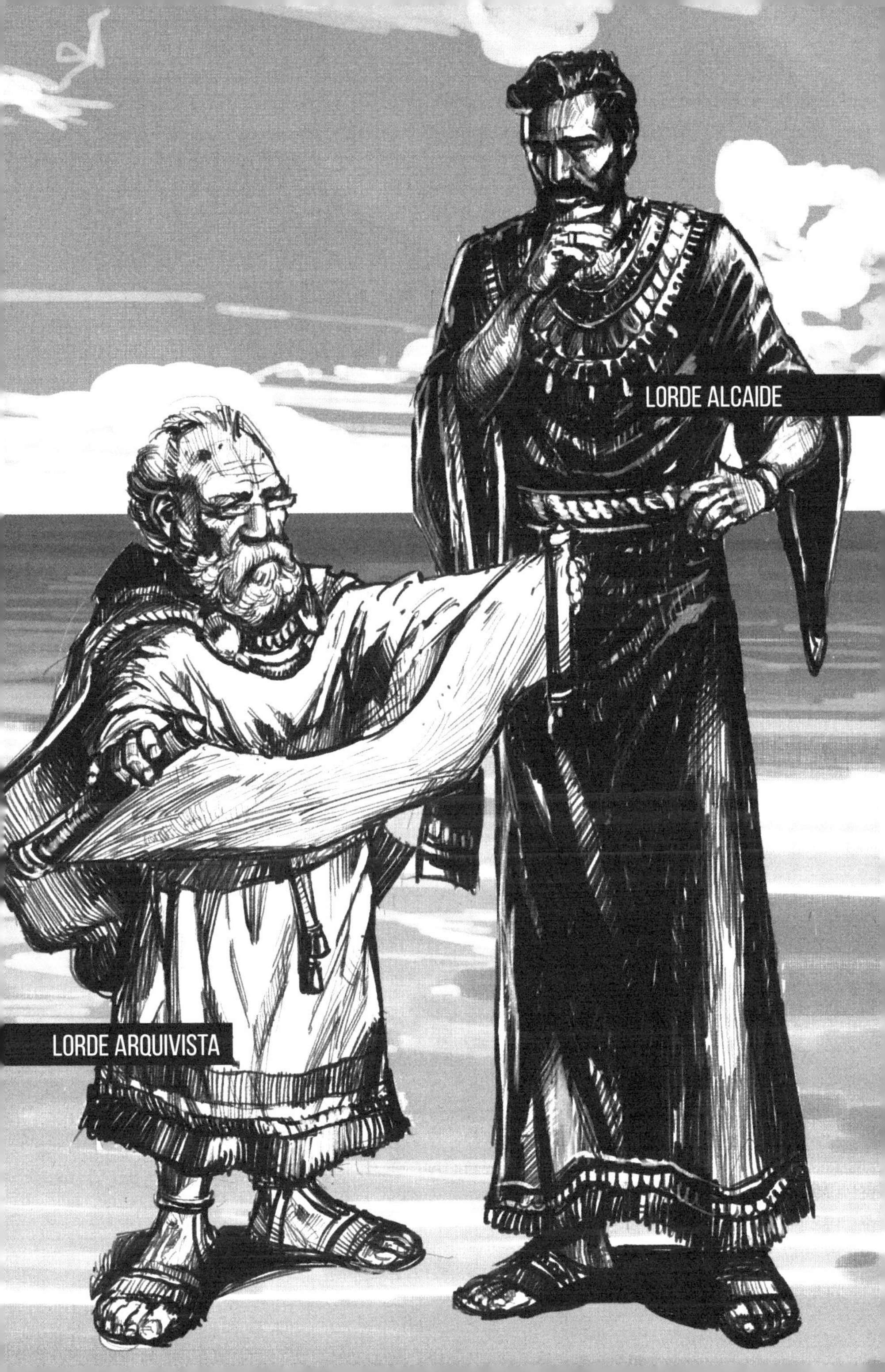
LORDE ALCAIDE
LORDE ARQUIVISTA

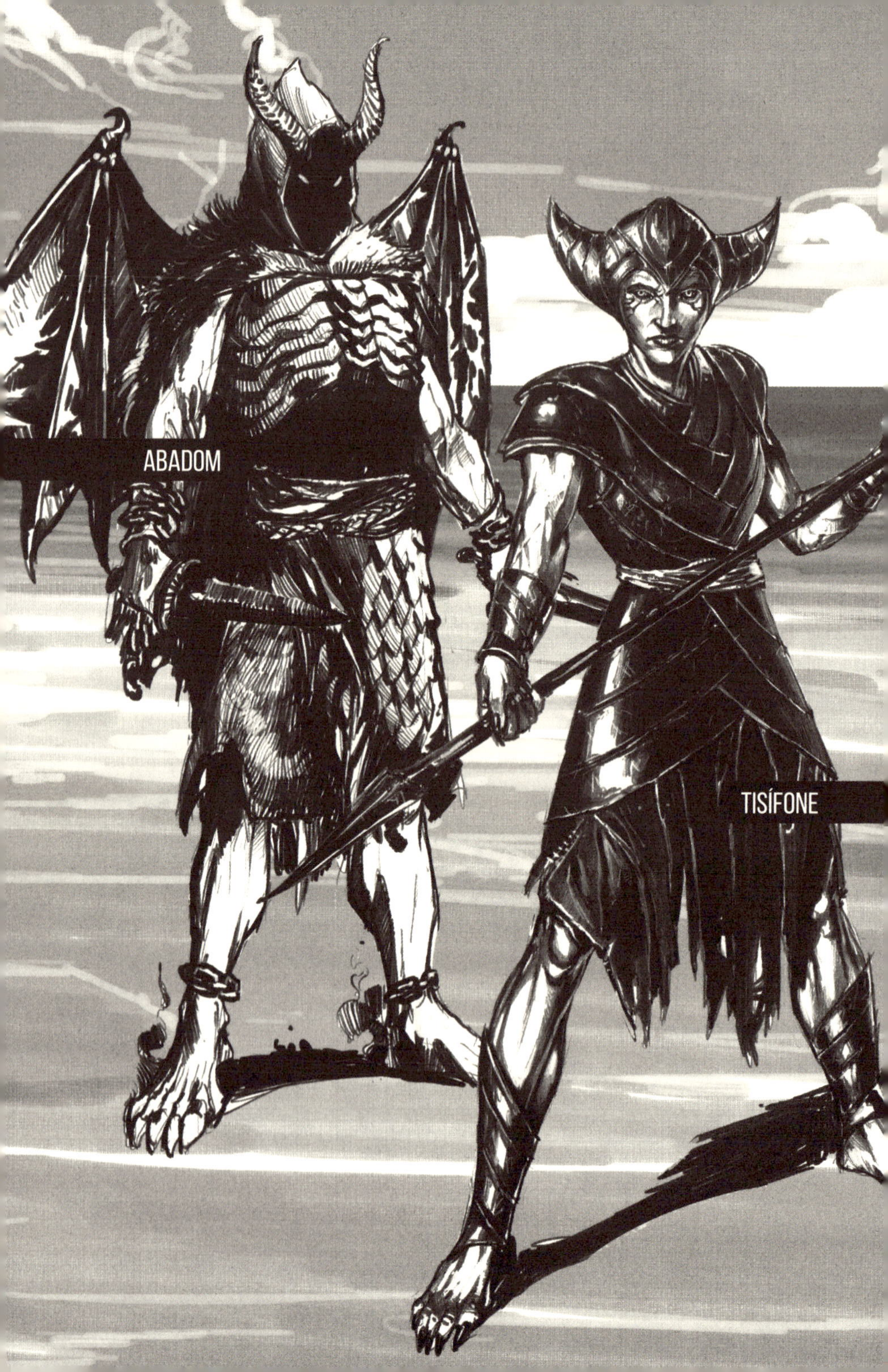
ABADOM
TISÍFONE

Portanto, quando os cidadãos viram que a árvore era boa para se comer, agradável aos olhos, e desejável para torná-los sábios[5], eles fizeram o que Hesitação sugeriu: tomaram do fruto e o comeram. Entretanto, eu deveria ter lhes dito antes, que até mesmo enquanto Hesitação fazia seu discurso ao povo da cidade, o Lorde Inocência (quer por uma flecha vinda do acampamento do gigante, ou uma profunda apreensão que, repentinamente, tomou conta dele, ou pelo fétido hálito do traiçoeiro vilão Hesitação, em que estou mais propenso a acreditar) afundou-se no lugar onde estava parado e não pôde ser trazido à vida novamente. Assim morreram esses homens corajosos — chamo-os de corajosos porque eram a beleza e a glória de Alma Humana enquanto nela viveram. Agora não restava qualquer espírito nobre na cidade: todos caíram e prestaram obediência a Diabolus, tornando-se seus escravos e vassalos, como vocês verão.

Estando eles mortos, o que fez o restante do povo da cidade, como homens que encontraram o paraíso dos tolos? De fato, como foi insinuado anteriormente, caíram para provar as palavras do gigante. Primeiro, fizeram como Hesitação lhes ensinou: olharam, consideraram, foram dominados pelo fruto proibido, tomaram-no e o comeram. Tendo-o comido, tornaram-se imediatamente inebriados por ele. Assim, abriram os portões da Visão e Audição e permitiram que Diabolus e todo seu bando entrassem, logo se esquecendo de seu bom Shaddai, Sua lei e do julgamento que Ele havia anexado com a solene ameaça quanto à violação do mesmo.

Agora que Diabolus obtivera a entrada aos portões da cidade, marchou ao seu centro para fazer sua conquista mais assegurada possível. Nesse momento, ao encontrar as afeições das pessoas calorosamente se inclinando para ele, pensando que seria melhor malhar o ferro enquanto este estivesse quente, ele fez mais este discurso:

—Ai, minha pobre Alma Humana! Certamente lhe fiz esse serviço para lhe promover à honra e para aumentar a sua liberdade. Contudo, ai, ai, pobre Alma Humana, você quer agora alguém para defendê-la? Tenha certeza de que, quando Shaddai souber o que foi feito, Ele virá, pois lamentará que você tenha rompido Suas amarras e sacudido de si as Suas algemas[6]. O que você fará? Depois de seu engrandecimento,

---

[5] Gênesis 3:6

[6] Salmo 2:3

permitirá que seus privilégios sejam invadidos e retirados? Ou o que resolverá fazer consigo mesma?

Todos, em unanimidade, disseram àquele depravado: "Reine você sobre nós!" Ele aceitou a moção e se tornou o rei da cidade de Alma Humana. Depois disso, o próximo passo seria lhe dar posse do castelo e, assim, de toda a fortaleza da cidade. Desse modo, ele se dirigiu ao castelo (aquele que Shaddai construíra em Alma Humana para Seu deleite e alegria). Este foi então transformado em covil e fortificação para o gigante Diabolus.

Após tomar posse desse majestoso palácio, ou castelo, ele o fez de quartel, fortalecendo-o e o fortificando com toda sorte de provisões contra o Rei Shaddai ou aqueles que poderiam tentar reconquistá-lo para Ele e para obedecer-lhe novamente.

Não se achando suficientemente seguro, a seguir, ele considerou remodelar a cidade. E assim o fez, edificando uma coisa e demolindo outra a seu bel-prazer. Também destituiu de suas posições e poder o Lorde Alcaide, cujo nome era Lorde Entendimento, e o Lorde Arquivista, de alcunha Lorde Consciência.

Com relação ao Lorde Alcaide, embora ele fosse um homem entendido e de também haver concordado com o restante da cidade em admitir o gigante em seus territórios, Diabolus não achou que fosse adequado deixar que ele permanecesse em seus antigos esplendor e glória por ser um homem de discernimento. Desse modo, obscureceu-o não apenas ao retirá-lo de seu ofício e poder, mas ao construir uma torre alta e fortificada exatamente entre o reflexo do Sol e as janelas do palácio desse lorde. Com isso, envolveu sua habitação e tudo mais que o cercava nas mais profundas trevas possíveis. Alienado da luz, Lorde Alcaide se tornou como alguém que houvesse nascido cego. Foi confinado a essa casa, como em uma prisão. Nem sob liberdade condicional poderia sair desses limites. E agora se tivesse condições de fazer algo por Alma Humana, o que faria? Ou como poderia lhe ser útil? Assim sendo, enquanto a cidade estivesse sob o poder e domínio de Diabolus (e por muito tempo esteve sob ele e lhe foi obediente, até que, por meio de guerra, foi resgatada e retirada de sua mão), o Lorde Alcaide lhe era um impedimento e um benefício para a célebre cidade de Alma Humana.

Quanto ao Lorde Arquivista, antes de a cidade ser tomada, ele era um homem bem versado nas leis de seu Rei e um homem de coragem e fidelidade para falar sempre a verdade. Sustentava bravamente a sua boca e tinha sua mente plena de juízo. Agora, a esse homem Diabolus não poderia suportar porque, embora ele tivesse consentido à entrada de Diabolus na cidade, este não conseguia lhe sujeitar complemente, não obstante a todos artifícios, artimanhas, provações e estratagemas que usasse. É verdade que Arquivista havia se degenerado muito daquilo que era a serviço de seu Rei e estava muito contente com muitas leis e amenidades do gigante. Porém isso não bastava, pois ele não pertencia totalmente ao novo senhor. Vez ou outra, Arquivista pensaria em Shaddai e temeria a Sua lei, então falaria contra Diabolus com voz tão alta quanto a de um leão rugindo. Sim, e, certas vezes, quando tinha seus rompantes (você precisa saber que, de vez em quando, ele tinha terríveis rompantes), ele fazia toda a cidade de Alma Humana tremer à sua voz. Por isso o novo rei da cidade não poderia suportá-lo.

Diabolus, portanto, temia o Arquivista mais do que qualquer outro sobrevivente de Alma Humana porque, como mencionara, suas palavras estremeciam a todos, pois eram como o estrondo de trovões e trovoadas. Uma vez que o gigante não conseguia submetê-lo completamente, o que mais poderia fazer senão perverter esse cavalheiro e assim entorpecer sua mente e endurecer-lhe o coração no caminho da vaidade? E quando fez essa tentativa, cumpriu seu objetivo: perverteu o homem e, pouco a pouco, atraiu-o ao pecado e à maldade a ponto de ele, por fim, não ser apenas um pervertido, como inicialmente, mas, em consequência disso, um devasso que quase abandonou (digo eu) completamente toda a consciência de pecado. Isso foi o máximo que Diabolus conseguiu fazer. Por conseguinte, refletiu sobre outro projeto: persuadir os habitantes da cidade de que o Lorde Arquivista estava louco e assim não poderia ser levado a sério. Para isso, usou os rompantes do homem e disse:

—Se ele está em perfeito juízo, por que não faz isso sempre? Mas, como todos os loucos que têm seus acessos de fúria e com eles vêm suas palavras encolerizadas, assim o é com esse velho e gentil cavalheiro.

Dessa forma, por um meio ou outro, ele logo conseguiu que Alma Humana negligenciasse e desprezasse qualquer coisa que o Arquivista pudesse falar. Além do que vocês já ouviram, Diabolus conseguiu um modo de fazer esse ancião, quando em estado de felicidade, desdizer e negar o que afirmava em seus ataques de ira. Por consequência, essa foi mais uma maneira de ridicularizá-lo e de fazer com que nenhum homem o considerasse. Agora também ele não falava mais voluntariamente em favor do Rei Shaddai, mas por força e constrangimento. Além disso, algumas vezes ele fervilhava exatamente pela mesma coisa que, no momento seguinte, se calaria, tão inconstante estava em sua prática. Algumas vezes, ficava como se dormente, outras, como morto, mesmo quando toda a cidade de Alma Humana seguia em seus passos pela vaidade e dançando sob a gaita do gigante.

Às vezes, quando Alma Humana ficava assustada com a estrondosa voz do Arquivista e quando contava a Diabolus sobre isso, ele respondia que o que o velho cavalheiro falara não era por amor a ele nem piedade aos cidadãos, mas um tolo desejo de tagarelar, que depois se acalmaria e ficaria em silêncio novamente. E, para que não deixasse qualquer argumento sem réplica que pudesse fazê-los sentir-se seguros, ele dizia com frequência:

—Ó, Alma Humana, pensem em como, a despeito da ira do velho cavalheiro e da tagarelice de suas palavras estrondosas, vocês não ouvem nada do próprio Shaddai!

Sendo Diabolus mentiroso e enganador, cada clamor do Arquivista contra o pecado de Alma Humana era a voz de Deus nele falando à cidade. Mas Diabolus prosseguia dizendo:

—Vejam que Ele não valoriza a perda ou rebelião da cidade de Alma Humana, nem se incomodará em chamar Sua cidade para a prestação de contas por terem se entregado a mim. Ele sabe que, embora vocês fossem dele, agora são meus por direito. Assim, deixando-nos uns com os outros, Ele se livra de nós.

"Ademais, ó, Alma Humana"— disse ele — "pensem em como eu os tenho servido, até ao máximo do que posso, e o melhor daquilo que possuo consigo adquirir ou arranjar para vocês em todo o mundo. Ouso dizer que as leis e costumes sob os quais vocês estão, e pelos quais me reverenciam, trazem-lhes mais refrigério e alegria do que o paraíso que vocês possuíam. Também a sua liberdade, vocês reconhecem ter sido grandemente ampliada e alargada por mim. Ao passo que, quando eu os conheci, vocês estavam encurralados. Não lhes impus quaisquer restrições, vocês não têm leis, estatutos ou juízos meus para os afligir. Não precisam prestar contas a ninguém, com exceção daquele louco (sabem a quem me refiro).

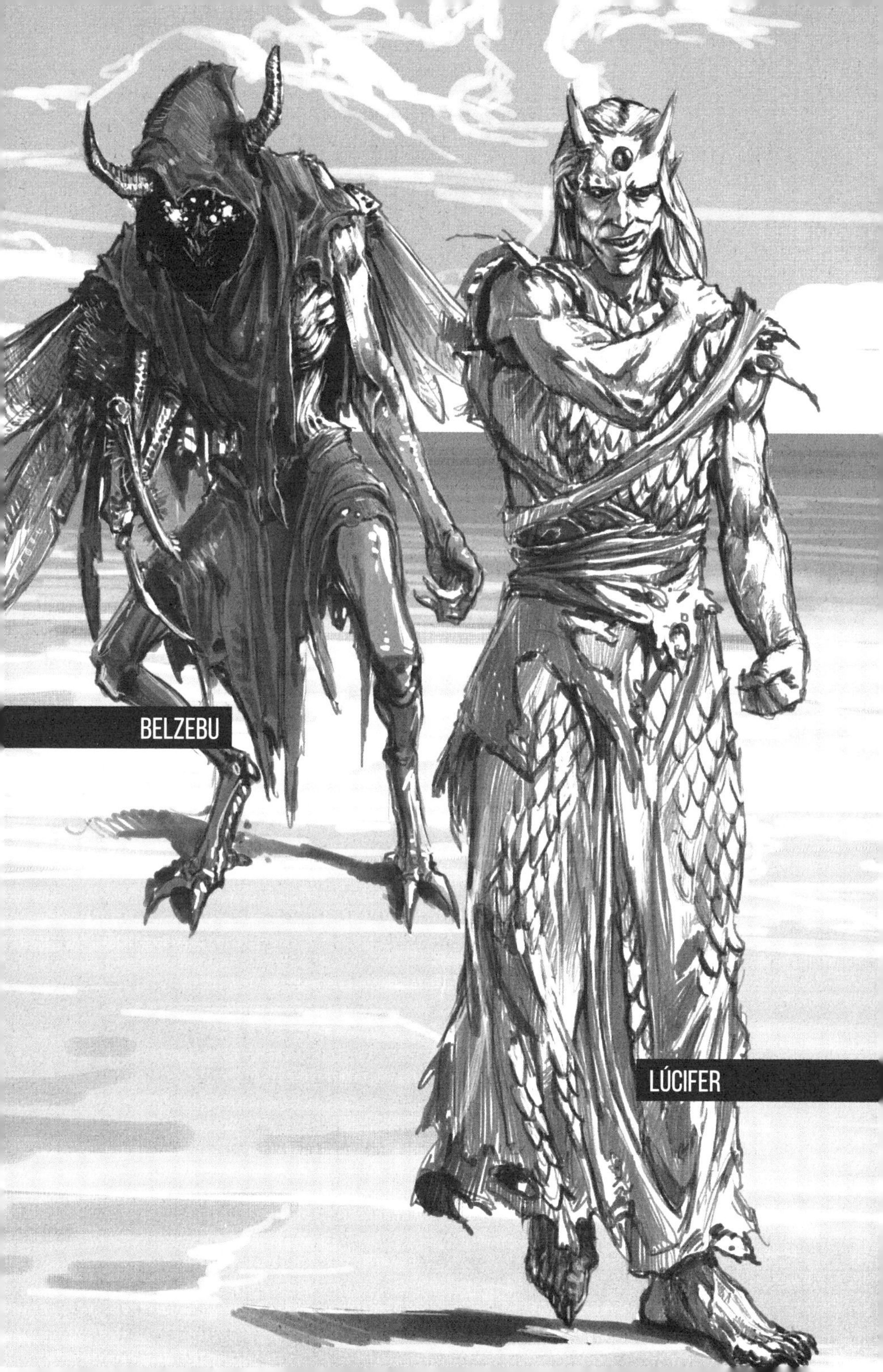
BELZEBU
LÚCIFER

Concedi-lhes viver cada um como seu próprio governante, até mesmo com pouco controle de minha parte sobre vocês quanto vocês têm sobre mim."

Assim, Diabolus silenciava e acalmava a cidade de Alma Humana quando o Arquivista, vez ou outra, molestava-os. E, com discursos malditos como esse, ele colocaria toda a cidade em fúria contra o velho cavalheiro. Sim, o bando de malandros por vezes desejava destruí-lo. Com frequência desejavam, conforme ouvi, que ele vivesse a centenas de quilômetros distante deles. Sua companhia, suas palavras, sua aparição e especialmente quando lembravam como, nos velhos tempos, ele costumava ameaçá-los e condená-los (por tudo que ele mesmo agora estava pervertido) aterrorizava-os e os afligia muito.

Porém, todos os desejos eram em vão, pois, não sei como, a menos que fosse pelo poder de Shaddai e Sua sabedoria, o Arquivista fora preservado e continuava entre eles. Além disso, a casa dele era tão sólida quanto um castelo e permanecia como uma fortaleza da cidade. Se alguém da horda ou da gentalha tentasse afastá-lo, ele poderia abrir as comportas do fosso[7] e deixar entrar uma inundação tal, que os afogaria completamente.

Partimos agora do Sr. Arquivista para o Lorde Arbítrio, outro membro da nobreza da famosa cidade de Alma Humana. Esse homem era bem-nascido, como muitos da cidade, e era um rico proprietário de bens alodiais[8], senão o maior de todos. Ademais, se lembro bem a história, ele possuía alguns privilégios peculiares na célebre cidade. Agora, além disso, ele era um homem de grande força, resolução e coragem, pois ninguém conseguiria afastá-lo mediante sua aparição. Contudo, quer ele fosse orgulhoso por conta de suas propriedades, privilégios, força, ou sabe-se lá o quê (porém, com certeza foi por meio do orgulho), naquele momento, vangloriava-se de ser um escravo em Alma Humana e, portanto, escolheu exercer seu ofício sob o domínio de Diabolus, a fim de poder permanecer (vejam como ele era!) um governante insignificante na cidade. Como era obstinado, esse homem logo cedeu, pois quanto Diabolus fez seu discurso diante do Portão Audição, ele foi um dos primeiros a consentir com as

[7] Escavação em torno de fortificação, castelo, entrincheiramento etc., para dificultar ou impedir ataques inimigos (Houaiss, 2009).

[8] Propriedades ou bens livres de vínculos, foros, pensões ou qualquer outro encargo (Houaiss, 2009).

palavras de Diabolus. E um dos primeiros também a aceitar seu conselho como genuíno, a ser a favor da abertura do portão e de sua entrada na cidade. Por isso, Diabolus era-lhe favorável, designando-lhe um posto. Percebendo a robustez do homem, o velhaco desejou tê-lo como um dos seus maiorais, a fim de que atuasse em questões de grande inquietação.

Enviou-lhe uma mensagem e lhe falou sobre um assunto secreto que trazia no peito, mas que não precisaria de muita persuasão no caso. Afinal, como ele, desde o início, desejara que Diabolus fosse admitido na cidade, agora estava disposto a servir-lhe. Portanto, quando o tirano percebeu a disposição desse lorde de servir-lhe, e que sua mente ainda se inclinava nessa direção, dali por diante transformou o homem em seu capitão do castelo, governador das muralhas e guardião dos portões de Alma Humana. Havia uma cláusula em sua licença de que nada deveria ser feito sem ele na cidade. Assim, junto ao próprio Diabolus, ninguém, com exceção do Lorde Arbítrio, em toda Alma Humana, poderia fazer qualquer coisa, senão somente conforme a sua vontade e prazer. Ele tinha a seu serviço o Sr. Mente, que deveria falar sempre de acordo com seu mestre, pois ele e seu senhor eram, em princípio, um só e, na prática, não muito distantes. Assim, Alma Humana foi levada ao propósito e a satisfazer as luxúrias da vontade e da mente.

Mas não me sai da memória como Arbítrio ficou desesperado quando o poder lhe foi entregue nas mãos. Inicialmente, ele negou, categoricamente, que devesse qualquer negócio e serviço a seu antigo Príncipe e senhor feudal. Feito isso, a seguir ele fez um juramento e prometeu fidelidade a seu grande mestre, Diabolus. Depois de dizer isso e de estabelecido em seu posto, ofício, promoção e lugares de destaque, você não conseguiria imaginar, a menos que testemunhasse, o trabalho bizarro que ele desenvolveu em Alma Humana!

Primeiro, ele planejou a morte do Sr. Arquivista. Não suportava vê-lo ou ouvir suas palavras. Cerrava os olhos quando o via e tampava os ouvidos quando o ouvia falar. Também não suportava que o mínimo fragmento da lei de Shaddai fosse visto em qualquer parte da cidade. Por exemplo, seu lacaio, o Sr. Mente, possuía alguns pergaminhos antigos e fragmentados da lei de Shaddai em sua casa, mas, quando Arbítrio os via, ele os lançava para trás. É verdade que o Sr. Arquivista possuía algumas dessas leis em sua biblioteca pessoal, mas esse lorde não conseguia, de modo algum, aproximar-se delas. Ele também afirmava que algumas janelas da residência do Lorde Alcaide eram claras demais para o bem de Alma Humana. Ele não conseguia suportar a mera luz de uma vela . Agora nada mais alegrava Arbítrio, a não ser agradar seu senhor, Diabolus.

Ninguém se comparava a ele na proclamação, em alta voz, pelas ruas da cidade, da bravura, conduta sagaz e grande glória do rei Diabolus. Ele percorria todas as ruas de Alma Humana para aclamar seu ilustre lorde e faria de si mesmo um abjeto entre a vil horda para louvar seu valente príncipe. E digo que, quando e onde ele encontrasse esses vassalos, faria de si mesmo um deles. Em todas as más condutas, ele agia sem convite e cometeria ofensas sem precisar de ordens.

O Lorde Arbítrio também tinha sob suas ordens um delegado cujo nome era Sr. Afeição. Alguém que era muito depravado em seus princípios e, dessa forma, responsável por sua vida. Um homem tão completamente entregue à carnalidade, que o chamavam de Afeição-Vil. Havia ele e outra conhecida por Luxúria Carnal, filha do Sr. Mente (eram parecidos), que se apaixonou, formou par e se casou. Até onde sei, tiveram vários filhos: Despudorado, Boca Suja e Ódio à Repreensão. Esses três eram meninos sombrios. Além deles, tiveram três filhas: Zombadora da Verdade, Desonra a Deus, e o nome da terceira era Vingança. Elas eram casadas. Também conceberam e geraram muitos moleques maldosos, tantos que não vale a pena inserir aqui. É melhor passar direto por isso.

CAPÍTULO 2

Depois de haver assim se encastelado na cidade de Alma Humana, de ter demolido e edificado o que bem queria, Diabolus procedeu à desfiguração da cidade. Havia na praça do mercado de Alma Humana, e nos portões do castelo, uma imagem do bendito Rei Shaddai. Era tão precisamente entalhada (e em ouro), que lembrava mais o próprio Shaddai do que qualquer coisa que houvesse no mundo. Diabolus ordenou que esse monumento fosse desfigurado, o que foi feito pelas mãos do Sr. Não à Verdade. Vocês precisam saber que, depois de o comando ter sido levado a cabo, Diabolus ordenou também que o mesmo senhor deveria esculpir uma horrenda e assustadora imagem de Diabolus, para trazer grande desonra ao antigo Rei e aviltar Sua cidade de Alma Humana.

Ademais, Diabolus destruiu todo o remanescente da lei e estatutos de Shaddai que pudessem ser encontrados na cidade, a saber, os que contivessem tanto as doutrinas quanto os valores morais, juntamente a todos os documentos civis e naturais. Também procurou extinguir suas relativas inflexibilidades. Resumindo: não restou qualquer reminiscência de bondade em Alma Humana que ele e Arbítrio não buscaram destruir, pois seu propósito era transformar a cidade em um covil de bárbaros e assemelhá-la a uma porca imoral pelas mãos do Sr. Não à Verdade.

Logo que destruiu toda a lei e ordenança que pudesse, para que alcançasse seu objetivo de alienar Alma Humana de Shaddai, seu Rei, Diabolus ordenou que eles fixassem seus vãos editos, estatutos e mandamentos em todos os parques e cruzamentos. Ou seja, com isso lhes deu liberdade para a concupiscência da carne, a concupiscência dos olhos e a soberba da vida[1], que não procedem de Shaddai, mas do mundo. Ele encorajou, incentivou e promoveu a lascívia e toda a impiedade na cidade. Muito mais fez Diabolus para estimular a maldade em Alma Humana. Prometeu-lhes paz, satisfação, alegria e felicidade no cumprimento aos seus mandamentos e que jamais seriam convocados a prestar contas se os infligissem. E isso serviria de degustação àqueles que amam saber o que se faz que está além de seu conhecimento em outros países distantes.

Agora que Alma Humana estava totalmente à sua disposição e completamente trazida à sua submissão, nada se ouvia ou via além daquilo que tendia a exaltá-lo.

---

[1] 1 João 2:16

No entanto, como havia desabilitado o Lorde Alcaide e o Lorde Arquivista de permanecerem em seu ofício em Alma Humana e vendo que a cidade era uma das mais antigas sociedades do mundo antes de sua vinda, temeu que se não mantivesse sua grandeza, eles objetariam de que ele lhes infligira injúria. Portanto, digo, para que vissem que ele não pretendia diminuir sua magnificência ou tirar-lhes qualquer vantagem, Diabolus escolheu, ele mesmo, um lorde alcaide e um arquivista que satisfizessem o coração deles. E isso o agradou maravilhosamente bem.

O nome do alcaide — que era obra de Diabolus — era Lorde Cobiça. Não possuía olhos ou ouvidos. Tudo o que fazia, como homem comum ou oficial, naturalmente o fazia como um animal qualquer. E o que o tornava ainda mais ignóbil, embora não para Alma Humana, mas para aqueles que contemplavam e lamentavam a sua ruína, era que ele nunca favorecia o bem, e sim o mal.

O novo arquivista — que tinha por nome Esqueça o Bem — era um sujeito muito pesaroso. Não se lembrava de nada, a não ser de perversidades e de praticá-las com prazer. Era naturalmente inclinado a fazer o que é pernicioso, até para a cidade de Alma Humana e para todos os seus habitantes. Esses dois, portanto, por seu poder, práticas, exemplos e cortejo com o mal, causaram muito mais estragos e acalmaram as pessoas comuns de maneira muito prejudicial. Pois quem não percebe que, quando aqueles que se assentam nas posições superiores são vis e corruptos, eles corrompem toda a região e o país onde estão?

Além desses, Diabolus constituiu vários burgueses[2] e duques em Alma Humana, dentre os quais poderia, quando necessário, escolher oficiais, governantes e magistrados. E estes são os nomes dos principais deles: Sr. Ceticismo, Sr. Pedantismo, Sr. Ultraje, Sr. Libertino, Sr. Coração Empedernido, Sr. Inclemente, Sr. Furor, Sr. Não à Verdade, Sr. Apoio à Mentira, Sr. Falsa Paz, Sr. Alcoolismo, Sr. Embuste, Sr. Ateísmo. Eram 13 ao todo, sendo Ceticismo o mais velho e o Sr. Ateísmo o mais jovem.

Também havia eleição para superintendentes comuns e outros cargos como: oficiais de justiça, sargentos, comandantes militares e assim por diante. Contudo, todos esses, cujos nomes omitirei aqui, para ser

---

[2] Na Idade Média, natural ou habitante livre de um burgo, que gozava de certos privilégios (Houaiss, 2009).

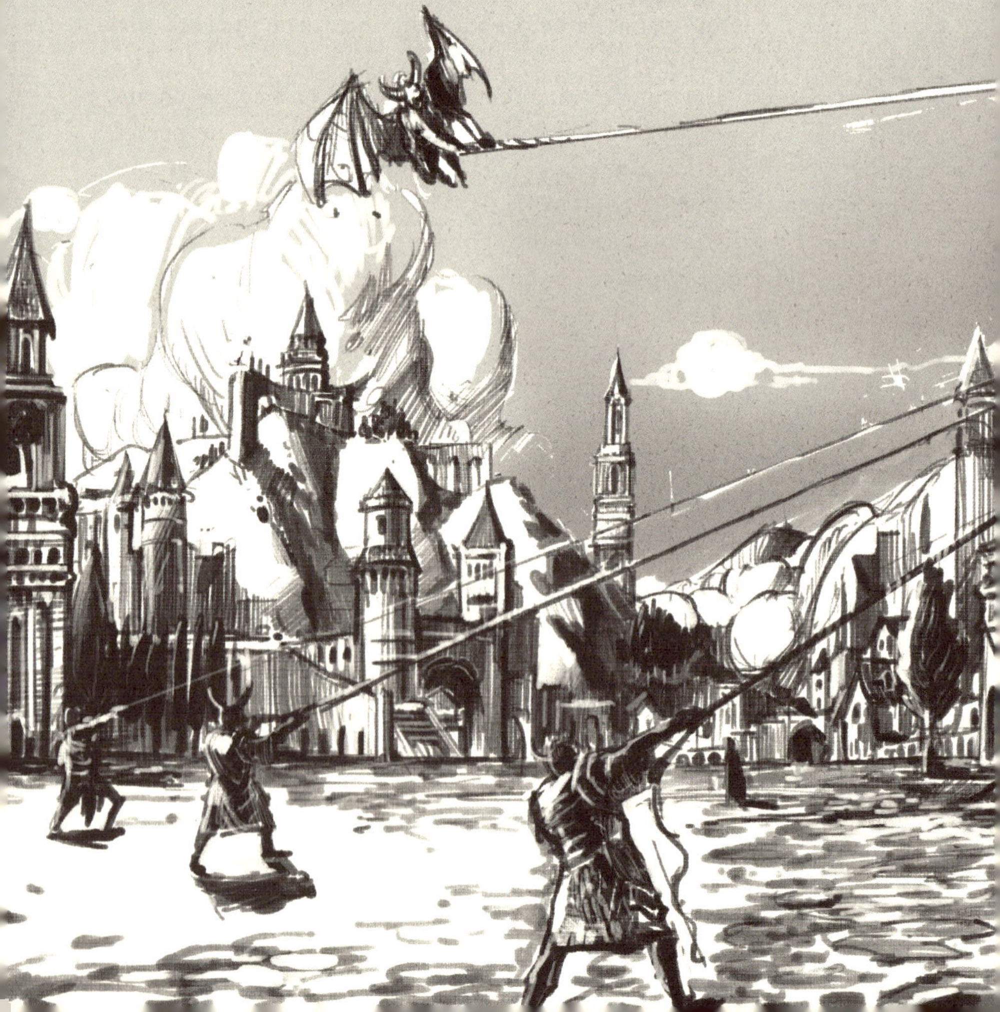

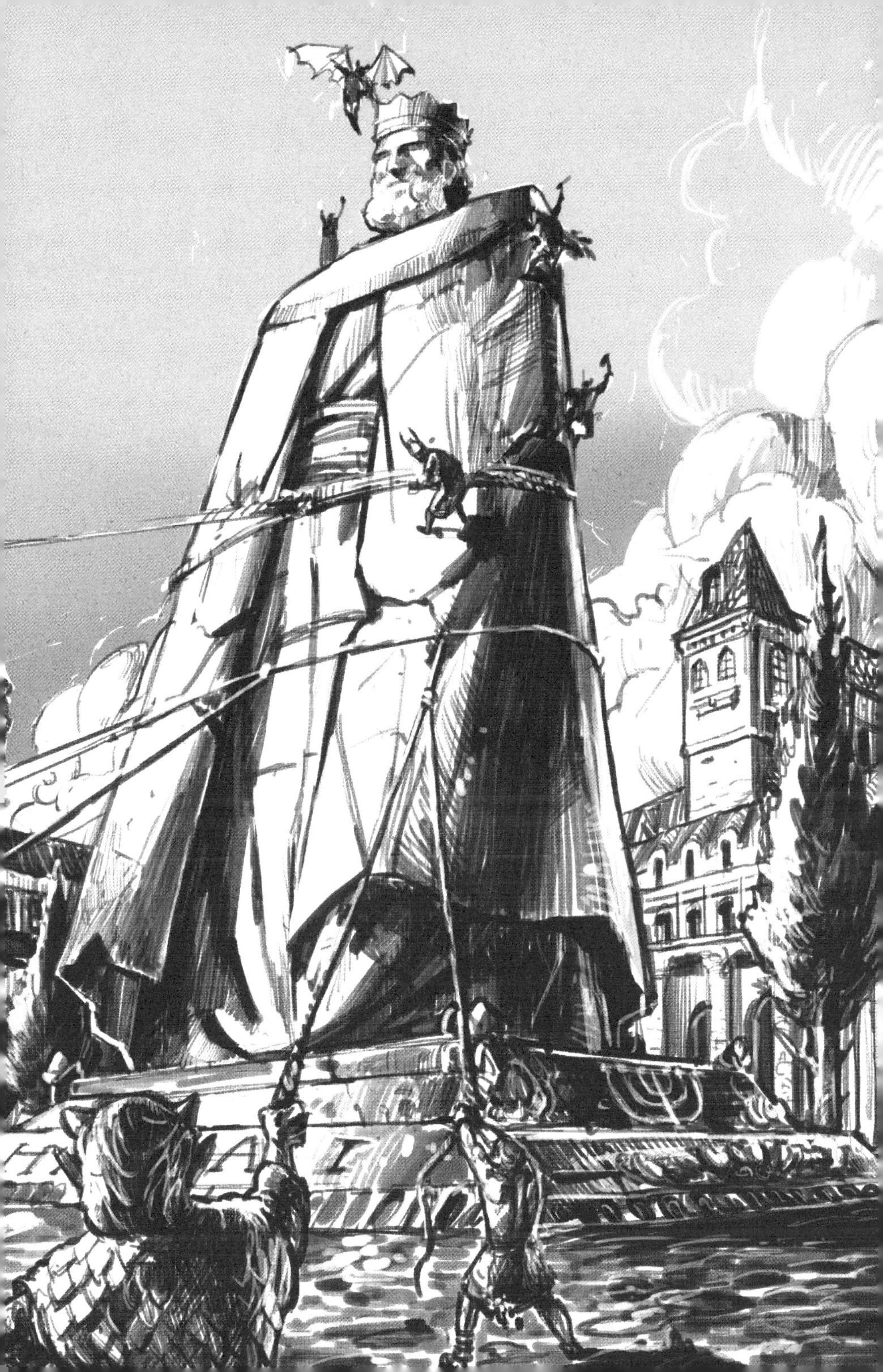

breve, eram pais, irmãos, primos ou sobrinhos daqueles anteriormente mencionados.

Quando o gigante havia assim procedido em seu trabalho, o passo seguinte foi construir algumas fortalezas na cidade. Edificou três que pareciam inexpugnáveis. À primeira chamou de Fortaleza Contestação, para liderar toda a cidade e distanciá-la do conhecimento de seu antigo Rei; à segunda, de Fortaleza Meia-Noite, construída com o propósito de manter Alma Humana longe do verdadeiro autoconhecimento; a terceira chamava-se Fortaleza Doce Pecado, pois por meio desta ele fortificaria a cidade contra todo o desejo de bem. A primeira delas ficava próxima ao Portão Visão, a fim de que, tanto quanto possível, a luz pudesse ser obscurecida ali. A segunda foi edificada nas cercanias do velho castelo, com o objetivo de ficar ainda mais às cegas, se possível. A última foi erguida na praça do mercado da cidade.

Aquele que fora constituído por Diabolus supervisor da primeira fortaleza tinha por nome Ódio a Deus e era um maldito blasfemo. Ele veio com aquela turba que marchou contra Alma Humana, no início, e era parte deles. Aquele que se tornou supervisor da Fortaleza Meia-Noite chamava-se Ódio à Luz e ele também estava entre os que vieram contra a cidade. E para a Fortaleza Doce Pecado, colocou-se Amor à Carnalidade como supervisor. Este era muito libidinoso, mas não era originário do mesmo local que os outros dois. Ele encontrava mais prazer quando se alimentava de alguma luxúria do que encontrara em todo o paraíso de Deus.

Agora Diabolus se sentia seguro. Havia tomado Alma Humana, encastelara-se nela, destituíra e estabelecera oficiais; desfigurara a imagem de Shaddai, estabelecendo a sua própria; destruíra os antigos livros da lei e promovera suas próprias vãs mentiras; constituíra para si magistrados e duques; construíra novas fortalezas e as guarnecera para seu serviço. Fizera tudo isso para sentir-se protegido, em caso de o bom Shaddai, ou Seu Filho, vir contra ele numa incursão.

Talvez vocês estejam pensando que, antes disso tudo, por um meio ou outro, seria inevitável que a notícia fosse levada ao bom Rei Shaddai, sobre como Sua Alma Humana, no continente do Universo, estava perdida. E aquele renegado gigante Diabolus, que antes era um dos servos de Sua Majestade, a havia assegurado para si próprio em rebelião contra o Rei. Sim, as notícias foram levadas ao Rei, e com muitos detalhes.

Primeiro, como Diabolus chegou a Alma Humana (sendo seus cidadãos pessoas simples e inocentes) com astúcia, sutileza, mentiras e malícia. Também como, traiçoeiramente, abateu o nobre e valente Capitão Resistência, que estava ao portão com o restante dos habitantes da cidade. Depois, como o corajoso Lorde Inocência caiu morto (alguns dizem que de pesar, outros, por ser envenenado pelo fétido hálito de Hesitação), ao ouvir seu justo Senhor e Príncipe por direito, Shaddai, sendo tão aviltado pela boca de alguém tão imundo, demoníaco e canalha quanto Hesitação.

Ademais, o mensageiro disse que esse Hesitação fizera um curto discurso aos cidadãos em nome de Diabolus, seu mestre, e que a ingênua cidade, crendo que o que lhe era dito era verdadeiro, consentiu unanimemente em abrir o Portão Audição, o principal daquela sociedade, e lhe permitiu entrar com seu bando para se apossar da ilustre cidade de Alma Humana. Depois relatou como Diabolus havia tratado o Sr. Alcaide e o Sr. Arquivista, a saber, que os tirara de todas as posições de poder e confiança. E como o Lorde Arbítrio se transformara em um rebelde e pervertido, o mesmo acontecendo com o Sr. Mente, seu lacaio. Contou-lhe como ambos percorreram toda a cidade, ensinando seus modos aos maldosos. Disse-lhe, mais ainda: que esse Arbítrio fora colocado em posição de muita confiança e que, particularmente, Diabolus colocara nas mãos dele todos os lugares fortificados de Alma Humana. Que o Sr. Afeição se tornou representante do Lorde Arbítrio em seus assuntos mais insubordinados.

—Sim — disse o mensageiro — esse monstro, o Lorde Arbítrio, renegou abertamente seu Rei Shaddai e entregou sua fé a Diabolus e lhe prometeu fidelidade.

“Além disso tudo — continuou o mensageiro — o novo rei, ou melhor o rebelde tirano, colocou sobre a antigamente famosa, mas agora fenecente cidade de Alma Humana, seu próprio lorde alcaide e outro arquivista. Para alcaide, colocou o Sr. Cobiça e para arquivista o Sr. Esqueça o Bem, dois dos mais vis de toda a cidade”.

Esse fiel emissário procedeu contando sobre os novos burgueses que Diabolus instituíra e que havia construído vários fortes, torres e fortalezas em Alma Humana. Disse também aquilo que eu quase esqueci de mencionar: como Diabolus armara toda a cidade para melhor capacitá-los a oferecerem resistência, em seu nome, contra Shaddai, Rei deles, caso este viesse para convertê-los à antiga obediência.

Esse arauto não expôs seu relatório privativamente, mas para toda a corte ouvir. O Rei e Seu Filho, os altos lordes, capitães e os nobres estavam todos presentes à audiência. Quando ouviram toda história — pasmaria alguém que testemunhasse a cena se estivesse lá para presenciá-la — quanta tristeza, pesar e compunção de espírito havia em todos por saberem que a eminente Alma Humana estava tomada. Apenas o Rei e Seu Filho haviam previsto isso muito tempo antes, sim, e provido com suficiência para a libertação da cidade, embora não o tivessem falado a ninguém. No entanto, como Eles também se compadeciam da miséria de Alma Humana, igualmente lamentaram muito a perda dessa cidade. O Rei disse claramente que isso lhe entristecia o coração. E estejam certos de que o Seu Filho não ficava atrás dele nisso. Isso trouxe convicção a todos de que os dois tinham grande amor e compaixão pela célebre cidade.

Bem, quando o Rei e Seu Filho se retiraram para um cômodo privativo, conversaram sobre o que haviam designado anteriormente, isto é: como Alma Humana com o tempo seria perdida, da mesma forma que ela seria certamente recuperada. Digo-lhes que ela seria recuperada de uma maneira que tanto o Rei quanto Seu Filho receberiam fama e glória eterna por isso. Assim sendo, depois daquela conversa, o Filho de Shaddai (uma pessoa doce e agradável que sempre tem grande afeição pelos aflitos e inimizade mortal em seu coração contra Diabolus, visto que ele era responsável por isso e porque buscara sua própria coroa e dignidade), depois de se comprometer com Seu Pai e prometer que seria Seu servo para resgatar Alma Humana, firmou Sua decisão e jamais se arrependeu dela. O teor desse acordo era o seguinte: no tempo determinado, prefixado por ambos, o Filho do Rei faria uma viagem até aquele país do Universo e lá, de maneira justa e igualitária, lançaria o alicerce da perfeita libertação dos cidadãos das garras de Diabolus e de sua tirania ao fazer a retificação pela insensatez de Alma Humana.

Além disso, Emanuel decidiu fazer guerra contra o gigante Diabolus, no tempo conveniente, mesmo enquanto este tivesse a posse da cidade e que, com justiça, usaria a força para tirá-lo de sua fortaleza, seu ninho, e tomaria Alma Humana novamente para ser Sua habitação.

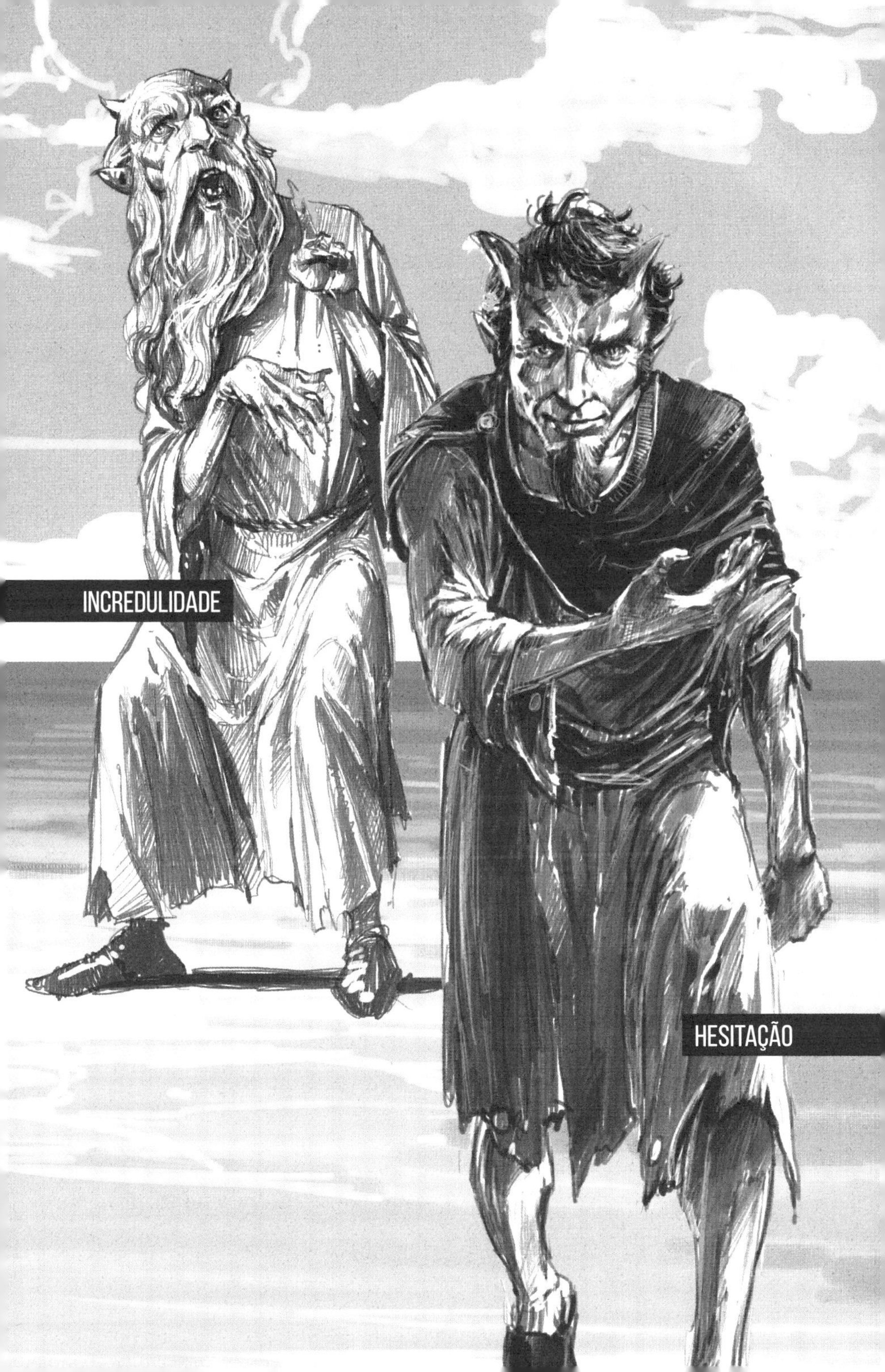
INCREDULIDADE
HESITAÇÃO

Tendo assim resolvido, foi dada a ordem ao Lorde Secretário Executivo para registrar claramente o que ficou determinado e para o publicar em todas as esquinas do reino do Universo. Se você quiser, poderá ler aqui um breve resumo do conteúdo daquela publicação.

> Saibam todos os interessados que o Filho de Shaddai, o grande Rei, está comprometido por aliança a Seu Pai em trazer Sua Alma Humana de volta para Ele. Sim, também de colocar Alma Humana, pelo poder de Seu amor incomparável, em uma condição muito melhor e mais feliz do que aquela que tinha, antes de ser conquistada por Diabolus.

Esses documentos foram, portanto, publicados em vários locais, para desgosto do tirano Diabolus. "Pois agora", pensou ele, "serei importunado e minha habitação tirada de mim". Porém, quando essa questão — quero dizer — esse propósito do Rei e de Seu Filho, chegou à corte, quem poderia descrever como os lordes, capitães e nobres príncipes que lá estavam foram dominados por esse assunto? Primeiro, sussurravam uns com os outros, depois falavam em alta voz por todo o palácio do Rei, todos se perguntando sobre o glorioso desígnio entre o Rei e Seu Filho, que estava a caminho em favor da miserável cidade de Alma Humana. Todos os cortesãos poderiam fazer pouquíssimo pelo Rei ou pelo reino, mas agregariam a esse ato um estrépito do amor que o Rei e Seu Filho tinham por Alma Humana.

Esses lordes, capitães e príncipes não conseguiriam contentar-se em manter essa novidade na corte. Antes que os documentos estivessem finalizados, vieram eles mesmos e o anunciaram no Universo. Por fim, isso chegou aos ouvidos de Diabolus, para sua infelicidade. Você pode imaginar que ele ficou desorientado ao saber de tal intento contra si. Bem, após alguns cálculos mentais, ele concluiu estas quatro coisas:

Primeira. Que essa notícia, essa boa nova, deveria (se possível) ser mantida longe dos ouvidos da cidade de Alma Humana, "pois", disse ele, "se chegar ao conhecimento dos cidadãos de que Shaddai, seu antigo Rei, e Emanuel, Seu Filho, estão planejando o bem para a cidade, o que eu posso esperar a não ser que eles se revoltarão contra a minha mão e governo e retornarão para Ele?".

Para realizar esse intento, ele renovou sua lisonja ao Lorde Arbítrio e lhe deu o cargo de comando estrito, para que mantivesse vigilância, dia e noite, em todos os portões da cidade, especialmente os Portões Audição e Visão. Assim disse:

—Porque ouvi falar de um propósito de transformar todos nós em traidores e que Alma Humana seja reduzida novamente à sua antiga servidão. Espero que sejam apenas boatos. No entanto, não permita, de modo algum, que essas notícias consigam entrar na cidade, para que as pessoas não fiquem abaladas por elas. Meu lorde, creio que essa não deva ser uma boa notícia para você. Tenho certeza de que não o é para mim. Acho que, neste momento, seria sábio cortar todos os rumores pela raiz já que eles tendem a perturbar nosso povo. Por isso, desejo que você, meu lorde, trate desse assunto do modo como eu lhe direi. Coloque fortes vigias em cada portão da cidade. Impeça também e examine de onde vêm esses que chegam de longe para fazer negócios aqui. Não os deixe entrar em Alma Humana, a menos que você perceba claramente que eles são favoráveis ao nosso excelente governo. Ordeno, mais ainda — disse Diabolus — que haja espias continuamente percorrendo a cidade e que eles tenham poder de reprimir e destruir qualquer um que perceberem estar armando contra nós, ou que comece a falar sobre o que Shaddai e Emanuel pretendem.

E assim foi feito. O Lorde Arbítrio atentou ao seu senhor e mestre. Prontamente cumpriu os mandamentos e, com toda a diligência possível, preservou dentro das muralhas todo aquele que queria sair ou manteve fora todos os que quiseram trazer essas notícias para Alma Humana.

Segunda. Feito isso, a seguir, para que pudesse assegurar Alma Humana o melhor possível, Diabolus formulou e impôs um novo juramento e uma terrível aliança sobre os cidadãos: que eles jamais desertariam dele nem de seu governo, nem ainda o trairiam ou buscariam alterar suas leis. Mas que concordariam, confessariam, apoiariam e o reconheceriam como seu rei legítimo, e desafiariam qualquer um que reivindicasse, ou viesse a reivindicar dali por diante, por qualquer pretensão, lei ou título, a cidade de Alma Humana. Talvez com isso pensasse que Shaddai não teria o poder de absolvê-los dessa aliança com a morte e o inferno. Tampouco a tola Alma Humana se assombrou ou espantou com esse monstruoso compromisso, mas, como se fosse um arenque na boca de uma baleia, engoliram-no sem nem o mastigar. Ficaram sequer preocupados? Não. Ao contrário, vangloriavam-se de tão corajosa fidelidade ao tirano, seu falso rei, jurando que nunca seriam filhos falsos, nem abandonariam seu senhor por um novo. Foi assim que Diabolus maniatou Alma Humana.

Terceira. Mas a inveja, que jamais se vê como forte o suficiente, colocou-o a seguir em outra façanha para debochar ainda mais, se possível, da cidade. Por essa razão, ele levou o Sr. Obsceno — um execrável odioso, indecente e lascivo — a formalmente ser colocado nos portões do castelo da cidade, onde concederia licença para todos os seus filhos verdadeiros e confiáveis em Alma Humana para fazerem o que seus apetites sensuais os levassem a fazer. E homem algum poderia impedi-los ou controlá-los, sob pena de incorrer no desfavor de seu príncipe.

Estas foram as razões que levaram Diabolus a agir dessa maneira:

1. Para que a cidade de Alma Humana ficasse cada vez mais fraca e, assim, mais incapaz de crer, esperar ou consentir com a verdade, caso lhes viessem as boas novas de que sua redenção estava planejada. A razão diz que quanto maior o pecador, menos espaço para a esperança por misericórdia.
2. A segunda razão era que, talvez, Emanuel, o Filho de Shaddai, Rei deles, ao ver os atos horríveis e profanos da cidade de Alma Humana, pudesse se arrepender, mesmo depois de ter entrado em aliança para os redimir, de dar sequência a essa aliança para redenção deles. Diabolus sabia que Shaddai é santo e que Seu Filho Emanuel é santo. Sim, ele o sabia por lamentável experiência própria, pois, por causa de sua iniquidade e pecado, Diabolus foi expulso da orbes celestiais. Portanto, o que seria mais racional do que ele concluir que assim, pelo pecado, poderia ocorrer com Alma Humana? Contudo, temendo que esse nó pudesse ser desfeito, ele cogitou algo mais, isto é:

Quarta. Esforçou-se por encher o coração de todos em Alma Humana com a afirmação de que Shaddai estava suscitando um exército para vir derrubar a cidade destruindo-a completamente. Assim o fez para prevenir que qualquer notícia sobre sua libertação lhes chegasse aos ouvidos. "Pois", pensava ele, "se eu divulgar isso primeiro, as notícias que virão depois serão todas engolfadas por esta. Afinal, o que mais Alma Humana dirá quando ouvirem que precisam ser libertos, mas que o verdadeiro sentido é que Shaddai pretende destruí-los?" Desse modo, ele convocou toda a cidade à praça do mercado e lá, com sua língua enganadora, dirigiu-se a eles nos seguintes termos:

—Cavalheiros e bons amigos: todos vocês são, como sabem, meus súditos por direito e homens da célebre cidade de Alma Humana. Vocês sabem que, desde o primeiro dia em que vim morar entre vocês até hoje, tenho me comportado bem em seu meio e que liberdades e grandes privilégios vocês têm desfrutado sob meu governo. Espero que isso seja para a sua e a minha honra e para seu contentamento e prazer. Agora, minha renomada Alma Humana, há um barulho perturbador de aflição para esta cidade fora de nossos portões. Portanto, estou compungido por sua causa, pois recebi agora mesmo pelo correio de meu Lorde Lúcifer (e este é muito inteligente) que seu antigo Rei Shaddai está levantando um exército para vir contra vocês, a fim de destruí-los por completo. E esta, ó Alma Humana, é a causa da minha convocação neste momento: para aconselhá-los, diante dessa conjuntura, quanto ao melhor a ser feito. De minha parte, sou apenas um e posso facilmente me camuflar. Assim realmente considerei meu bem pessoal e cogitei em abandonar Alma Humana a todo esse perigo. No entanto, meu coração está tão disposto a permanecer ou cair com vocês, mesmo que o pior risco recaia sobre mim. O que me diz, ó minha Alma Humana? Abandonarão seu velho amigo ou considerarão ficar comigo?

Eles, então, unanimemente e a uma só voz disseram:

—Que Ele morra de forma desonrosa!

Diabolus replicou:

—É vão esperarmos por uma trégua, pois esse Rei não sabe como demonstrá-la. É verdade que Ele talvez, como já se assentou no trono antes de nós, falará e dissimulará misericórdia, para que possa reconquistar o senhorio de Alma Humana com mais facilidade e menos percalços. Portanto, independentemente do que Ele disser, não acreditem em sequer uma sílaba ou vírgula, pois tal linguagem é somente para nos subjugar e fazer de nós os troféus de Sua cruel vitória, enquanto chafurdamos em nosso sangue. Logo, penso que devemos decidir que lhe resistiremos até o último homem e não creremos nele de forma alguma, senão será por essa via que virá nosso perigo. Devemos ser atraídos para fora de nosso modo de vida por bajulação? Espero que vocês saibam mais dos rudimentos da política em vez de se permitirem ser tão lamentavelmente enganados.

"Porém suponham que o Rei venha a salvar a vida de alguns de nós, se quiser que nos dobremos a Ele, ou a vida de alguns subordinados em Alma Humana. Como isso poderá ter qualquer utilidade para vocês que são os principais da cidade, especialmente aqueles que eu fiz ascender e cuja grandeza foi obtida por intermédio de sua fiel devoção a mim? E suponham também que Ele conceda trégua para cada um de vocês. Estejam certos de que Ele os trará de volta àquela servidão em que se encontravam cativos anteriormente, ou a uma ainda pior. Como isso lhes fará bem? Vocês viverão em prazer sob o governo dele como vivem agora? Não, não, serão regidos por leis que os oprimirão e levados a fazer aquilo que presentemente lhes é odioso."

"Estou a favor de vocês — continuou —, se vocês estiverem comigo. É melhor morrer como valentes do que viver como escravos miseráveis. No entanto, digo a vocês que a vida de um escravo será considerada muito boa para Alma Humana. Sangue e mais sangue, nada senão sangue está em cada soar da trombeta de Shaddai contra a pobre Alma Humana. Imploro que vocês se preocupem. Ouço-o se aproximando. Levantem-se e tomem suas armas para que agora, enquanto ainda têm alguma folga, eu possa lhes ensinar algumas façanhas de guerra. Tenho uma armadura para vocês e fui eu quem a confeccionou. Ela é suficiente para cobri-los dos pés à cabeça, e vocês não poderão ser feridos pelo que o exército de Shaddai possa fazer, contanto que a mantenham bem cingida e presa a vocês. Portanto, venham para o meu castelo, acomodem-se e preparem-se para a guerra. Há o capacete, o peitoral, a espada, o escudo e tudo mais que os fará lutar com hombridade".

"1. Meu capacete, também chamado de proteção para a cabeça, é a esperança de se sair bem, ao final de tudo, qualquer que seja a vida que viveram. Isso é o que tinham aqueles que afirmavam ter paz, mesmo andando na maldade de seu coração, acrescentando à sua sede mais embriaguez. Essa é uma peça aprovada na armadura, e quem quer que a possua e a mantenha não poderá ser ferido por flechas, dardos, espadas ou escudos. Por conseguinte, mantenham-na firme e assim afastarão de si muitos golpes, minha Alma Humana.

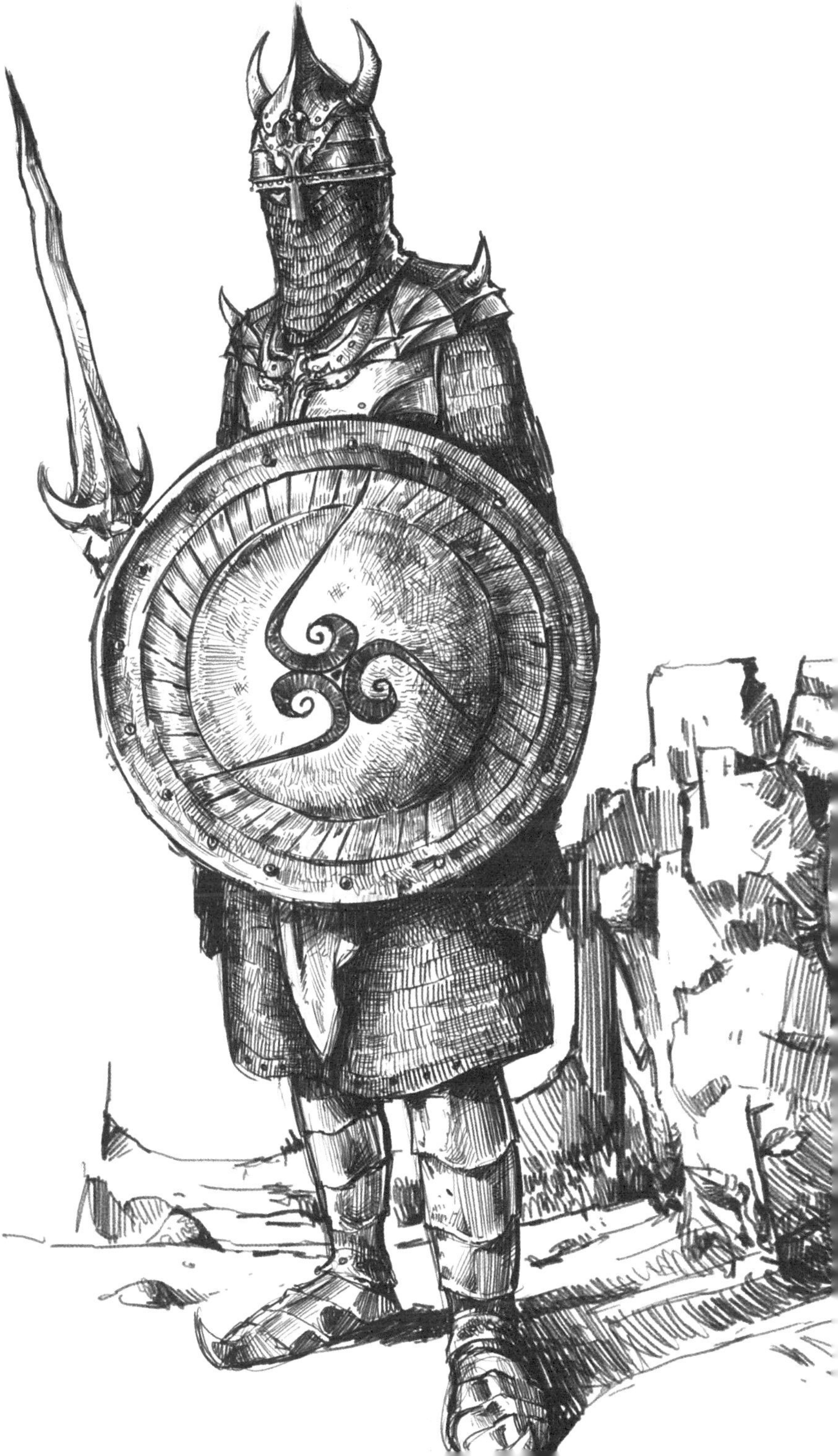

"2. Meu peitoral é feito de ferro. Forjei-o em meu próprio país, e todos os meus soldados estão revestidos por ele. Em linguagem simples, ele é o coração endurecido, tão rijo quanto o ferro e tão insensível quanto uma pedra, o qual, se possuírem e mantiverem, nem mesmo a misericórdia os vencerá, tampouco o julgamento os aterrorizará. Assim sendo, essa é uma peça fundamental na armadura para que todos se paramentem com aquele ódio a Shaddai e para que lutem contra Ele sob a minha bandeira.

"3. Minha espada é a língua inflamada com fogo do inferno e que se inclina a falar mal de Shaddai, Seu Filho, Seus caminhos e Seu povo. Usem-na! Ela já foi testada milhares de vezes. Aquele que a possui, conserva-a e a utiliza como eu sugiro jamais poderá ser conquistado por meu inimigo.

"4. Meu escudo é a incredulidade. Consiste em levantar questionamentos sobre a verdade da Palavra ou de todos os ditos que falam do julgamento que Shaddai designou para os perversos. Usem esse escudo! Shaddai já fez várias incursões contra ele e é verdade que, algumas vezes, o escudo foi avariado. No entanto, aqueles que registraram sobre as guerras de Emanuel contra os meus servos testificam que Ele não conseguiu 'fazer ali muitos milagres por causa da incredulidade deles'[3]. Para manejar adequadamente essa minha arma não se deve crer nas coisas porque elas são verdade de qualquer sorte, seja lá quem as tenha afirmado. Se Ele falar de julgamento, não se importe com isso; se falar de misericórdia, não se preocupe com ela; se prometer, se jurar que, caso Alma Humana se volte para Ele, não lhe fará mal, mas apenas o bem, não considere o que foi dito, questione a verdade em tudo, pois isso é dominar bem o escudo da incredulidade e fazê-lo como meus servos devem. E aquele que se trajar de outro modo não me ama, e eu o considero apenas como meu inimigo.

"5. Outra peça", disse Diabolus, "dessa minha excelente armadura é um espírito tolo e que não ora. Um espírito que zomba de clamar por misericórdia. Por isso, minha Alma Humana, certifiquem-se de usá-lo. O quê? Clamar por uma trégua? Jamais façam isso se são meus de verdade. Sei que vocês são intrépidos e tenho certeza de que os paramentei com uma armadura provada. Desse modo, longe de vocês clamar a Shaddai

[3] Mateus 13:58

por misericórdia. Além disso, tenho uma cota de malha[4], tições, flechas e a morte, todas boas armas forjadas para a execução."

Depois de tê-los assim paramentado com suas armadura e armas, ele se dirigiu a eles com estas palavras:

—Lembrem-se de que sou seu legítimo rei e que vocês fizeram um juramento e entraram em aliança de que seriam fiéis a mim e à minha causa. Digo-lhes que se lembrem disso e mostrem-se audazes e valentes homens de Alma Humana. Recordem-se também da bondade que sempre lhes demonstrei e que, sem que pedissem, concedi-lhes coisas externas. Assim sendo, os privilégios, concessões, imunidades, lucros e honras com que lhes dotei clamam de suas mãos um retorno em fidelidade, meus ferozes homens. E que momento melhor do que este, quando outro tenta tomar o domínio que tenho sobre vocês em Suas próprias mãos, para que vocês a demonstrem? Mais uma palavra e terminarei. Se permanecermos firmes e superarmos esse choque ou impacto, não duvido que, em pouco tempo, todo o mundo será nosso e que quando aquele dia chegar, meus fiéis, farei de vocês reis, príncipes, capitães e que dias maravilhosos teremos então!

Tendo assim Diabolus armado e precavido seus servos e vassalos contra seu bom e legítimo Rei Shaddai, em seguida ele dobrou o número de guardas nos portões da cidade e dirigiu-se ao castelo, que era uma fortaleza. Os seus vassalos, a fim de demonstrar sua disposição e suposta (mas ignóbil) valentia, exercitavam-se em suas armas todos os dias e ensinavam uns aos outros a arte da guerra. Também derrotaram seus inimigos e cantaram louvores a seu tirano. Além disso, prenunciaram que tipo de homens seriam caso as coisas se elevassem tanto a ponto de ocorrer uma guerra entre Shaddai e seu rei.

---

[4] Parte da armadura medieval constituída de pequenas argolas metálicas entrelaçadas, que formavam uma proteção para a parte de cima do corpo. Chegava a pesar entre 15 a 20 kg.

CAPÍTULO 3

Durante todo este tempo, o bom Rei Shaddai estava preparando um exército a fim de enviá-lo para recuperar a cidade de Alma Humana da tirania de seu pretenso rei Diabolus. Porém considerou ser melhor, inicialmente, não os enviar pelas mãos e direção do destemido Emanuel, Seu Filho, mas sob a liderança de alguns de Seus servos, a fim de verificar, por intermédio deles, a índole da cidade e se ela poderia ser conquistada por eles para a obediência a seu Rei. Esse exército era composto de mais de 40 mil homens, todos valorosos, pois procediam diretamente da corte do Rei e eram Seus escolhidos.

Vieram a Alma Humana sob a orientação de quatro valentes generais, cada um estando no comando de dez mil homens. Estes eram seus nomes e insígnias: o primeiro chamava-se Boanerges; o segundo, Capitão Convicção; o terceiro, Capitão Julgamento; o quarto, Capitão Execução.[1] Eram esses os comandantes que Shaddai enviou para reconquistar Alma Humana.

Esses quatro comandantes, como eu disse antes, foram considerados aptos, inicialmente, para serem enviados a Alma Humana para tentar uma investida contra ela. Sem dúvida, em geral, como em todas as Suas guerras, Ele costumava expedir esses quatro comandantes na vanguarda por serem intrépidos e robustos, hábeis para remover obstáculos e abrir caminho pela força da espada, como também o eram seus liderados.

O Rei deu uma insígnia a cada um desses comandantes, que deveria ser exibida por causa da virtude de Sua causa e do bem que reservara para Alma Humana.

Primeiramente, ao general Boanerges, pois era o líder de todos, foi-lhe dado 10 mil soldados. Sua insígnia chamava-se Sr. Trovão. A sua cor era a preta e o seu brasão três raios flamejantes.

Ao segundo comandante, Capitão Convicção, foi-lhe dado 10 mil soldados. O título de sua insígnia era Sr. Pesar. As cores que lhe foram atribuídas eram as mais claras e seu brasão era o livro da Lei aberto, de onde partia uma chama de fogo.

---

[1] Esses quatro capitães são representantes do papel da Lei na revelação divina da salvação. Os estandartes que representam as companhias que eles lideram lembram a cena da Lei sendo concedida no Sinai (Êx 19:16-25) e o papel de juízo que a Lei tem sobre os que vivem sob ela.

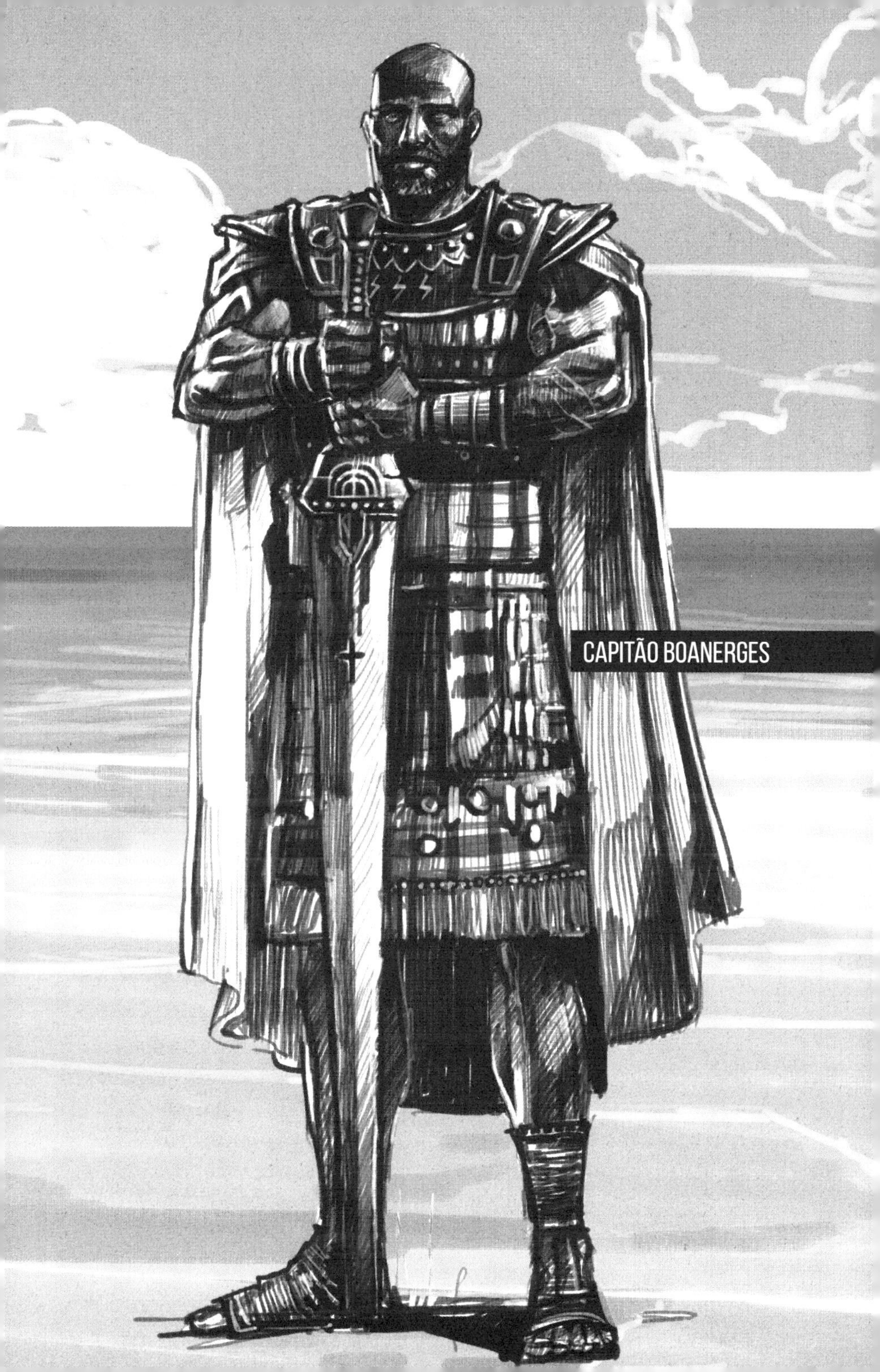
CAPITÃO BOANERGES

Ao Capitão Julgamento também lhe foram cedidos 10 mil soldados. O título de sua insígnia era Sr. Terror, sua cor era o escarlate e o brasão era uma fornalha ardente.

O Capitão Execução também recebeu 10 mil soldados, e o título de sua insígnia era Sr. Justiça. Também lhe foram designadas as cores escarlates, e seu brasão era uma árvore sem frutos com um machado à sua raiz.

Cada um desses quatro comandantes, como eu disse, tinha sob sua liderança 10 mil homens, todos muito fiéis ao Rei e valentes em suas ações militares. Bem, os comandantes e seus pelotões, seus soldados e suboficiais, sendo levados ao campo por um dia por Shaddai e lá chamados por seus nomes, receberam seu arnês[2] conforme suas patentes e o serviço que agora prestariam para seu Rei.

Após o Rei convocar Seus exércitos (pois é Ele quem deve reuni-los para a batalha), deu aos capitães suas várias comissões, com seus encargos e comandos na presença de todos os soldados para que atentassem em os cumprir e executá-los fiel e corajosamente. Suas comissões possuíam, em seu conteúdo, a mesma forma, embora com relação ao título, local e patente dos comandantes poderia haver alguma, mas bem pouca, variação. Aqui, permitam-me dar-lhes um registro do fato e um resumo do contido na missão deles.

> Uma comissão do grande Shaddai, Rei de Alma Humana, a seu leal e nobre Capitão, o Capitão Boanerges, para a guerra contra essa cidade.
>
> Ó tu, Boanerges, um de meus intrépidos e trovejantes comandantes sobre 10 mil de meus valentes e fiéis servos, vai em meu nome com essa tua força à miserável cidade de Alma Humana. E, quando lá chegares, oferece-lhe primeiramente condições para a paz. Ordena-lhes que, lançando de si o jugo e a tirania do perverso Diabolus, retornem para mim, seu legítimo Príncipe e Senhor. Também lhes ordena que se purifiquem de tudo que pertence àquele tirano na cidade. E cuida de ti mesmo para que tenhas boa convicção em mencionares a sinceridade da obediência deles. Portanto, quando assim lhes decretares (caso eles se submetam

[2] A armadura completa de um guerreiro.

> verdadeiramente a essas condições), então, com todo o teu poder, estabelece para mim uma guarnição na afamada cidade de Alma Humana. Não firas o menor nativo que lá se move ou respira se eles se submeterem a mim, mas trata-os como se eles fossem teus amigos ou irmãos, pois amo todos eles e me serão estimados. Diz-lhes que tomarei tempo para vir a eles e lhes mostrarei que sou misericordioso.
>
> Mas, se eles, a despeito de tua convocação e do exercício de tua autoridade, resistirem, levantarem-se contra ti e rebelarem-se, ordeno-te que faças uso de tua destreza, poder e pelotão para subordinar-lhes pela força. Adeus!

Assim, vocês puderam ver o resumo da comissão deles. Como eu disse anteriormente, quanto ao conteúdo delas, são as mesmas que os demais nobres capitães receberam.

Por conseguinte, após cada um deles ter recebido sua autoridade das mãos de seu Rei, sendo marcado o dia e prefixado o local do encontro, cada comandante compareceu em bravura proporcional à sua causa e vocação. Dessa forma, depois de uma nova refeição oferecida por Shaddai, partiram em marcha com suas flâmulas coloridas para a cidade de Alma Humana. O general Boanerges liderava na vanguarda, o Capitão Convicção e o Capitão Julgamento compunham a companhia principal, e o Capitão Execução liderava a retaguarda. Tendo eles um longo caminho à frente (pois a cidade de Alma Humana ficava distante da corte de Shaddai), marcharam por entre as regiões e países de muitos povos, sem ferir ou abusar de qualquer deles, mas abençoando-os por onde iam. Foram patrocinados pelo Rei durante todo o percurso.

Depois de viajar por muitos dias, por fim, avistaram Alma Humana, sobre a qual lamentaram sinceramente a condição em que se encontrava, pois logo perceberam como ela estava prostrada à vontade, modos e propósitos de Diabolus.

Bem, para ser breve, os comandantes aproximaram-se da cidade, marchando para o Portão Audição e estabeleceram-se lá (porque esse era o lugar para audiências). Após levantarem suas tendas e se entrincheirarem, voltaram-se a fazer seu ataque.

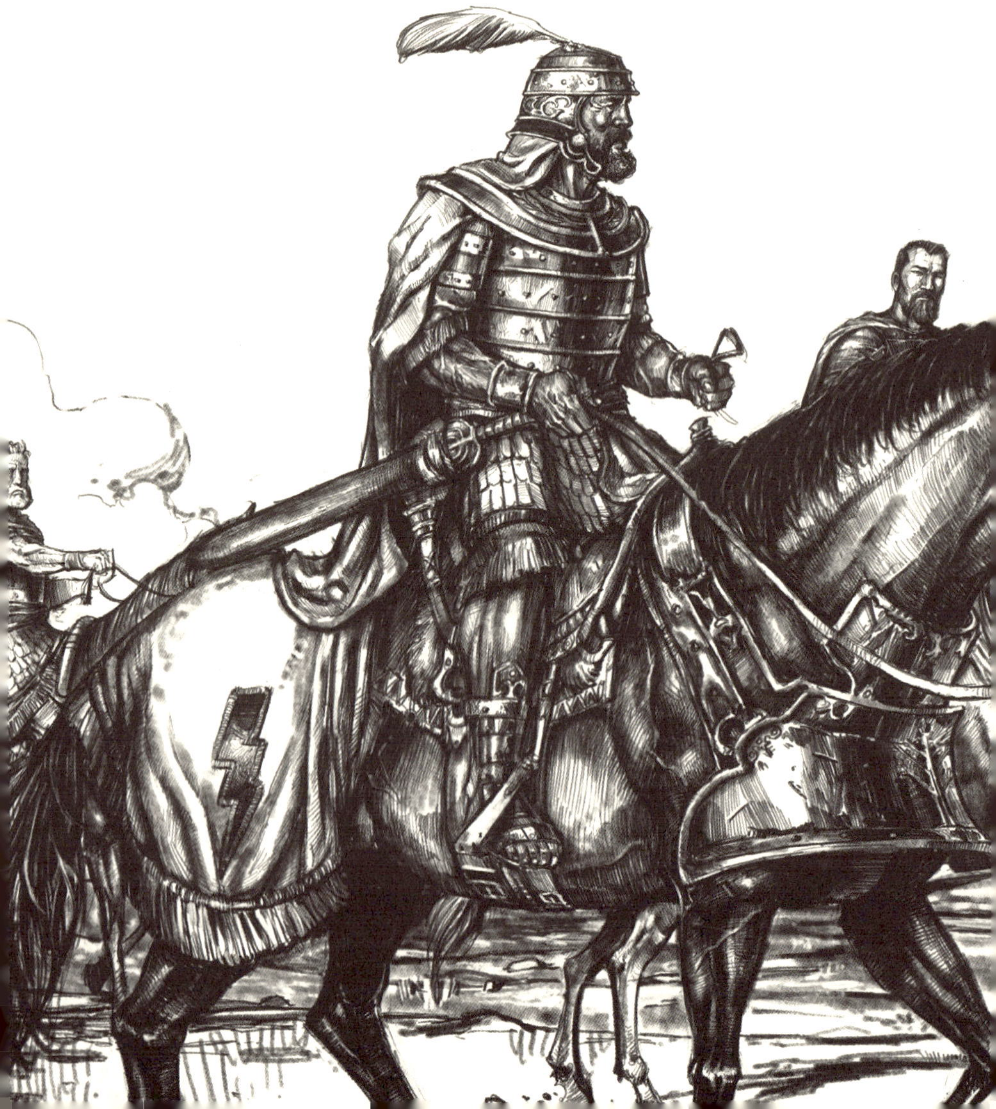

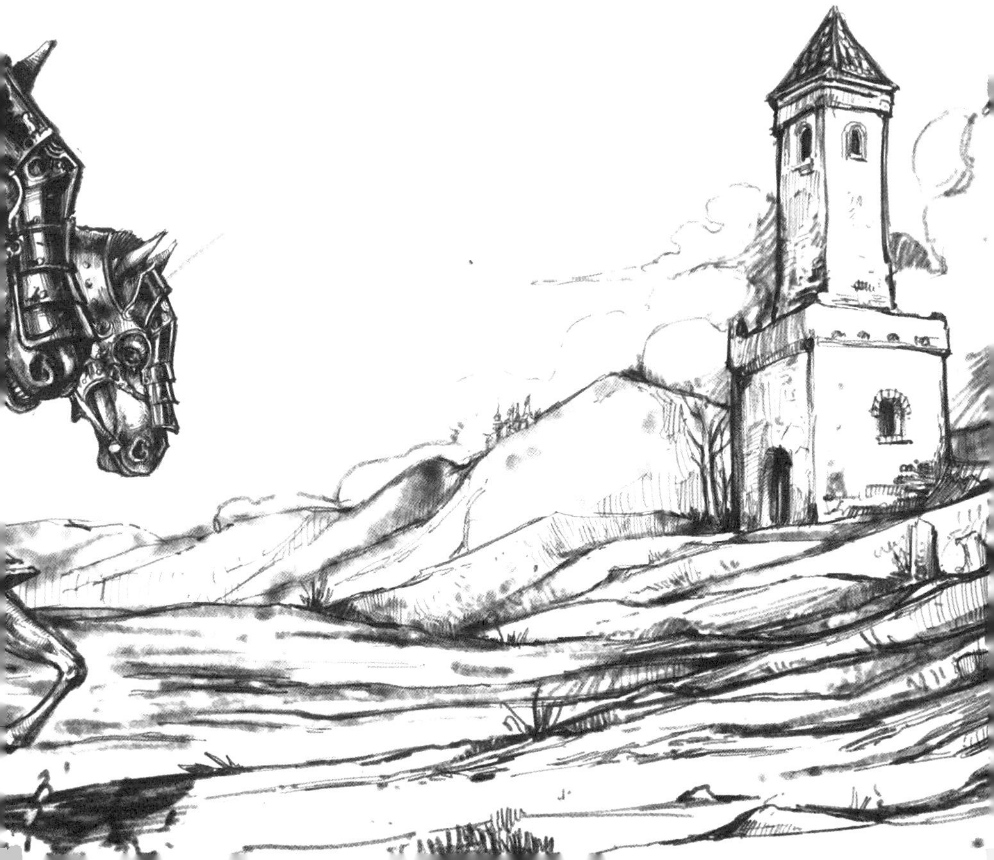

Os cidadãos, inicialmente, ao verem uma companhia tão valente, tão corajosamente equipada e disciplinada com tal excelência, trajando suas reluzentes armaduras e exibindo suas coloridas insígnias, não puderam evitar sair de suas casas para admirá-los. Mas aquela raposa sagaz, Diabolus, temendo que o povo, à vista disso e após uma convocação repentina, abrisse os portões aos comandantes, desceu de seu castelo com toda pressa e fez que eles retornassem ao centro da cidade. Quando estavam lá, ele lhes proferiu este discurso mentiroso e enganador:

—Cavalheiros — disse ele — embora vocês me sejam amigos fiéis e amados, ainda assim não posso deixar de repreendê-los por seu recente descuido ao sair para admirar o grande exército que se assentou diante de nós e agora se entrincheirou para manter o sítio contra a famosa Alma Humana. Vocês sabem quem eles são, de onde vêm e qual o objetivo ao se instalarem diante de nossa cidade? Estes são aqueles sobre quem lhes falei há muito tempo, aqueles que viriam para destruir esta cidade e contra quem empreendi em armar vocês, dos pés à cabeça, em seu corpo, além das grandes fortificações para a mente de cada um de vocês.

"Portanto, não deveriam vocês, diante da primeira aparição deles, ter clamado, acendido os faróis e soado o alarme a toda a cidade acerca deles, para que pudéssemos todos estar em postura de defesa e preparados para recebê-los com os maiores atos de resistência? Se tivessem feito assim, teriam se mostrado homens a quem aprecio; ao passo que, pelo que fizeram de fato, vocês me deixaram um tanto receoso, digo, de que, quando eles e nós entrarmos no tumulto, eu os encontrarei com falta de coragem para permanecer firmes um pouco mais de tempo.

"Foi por isso que eu ordenei vigias e que vocês dobrassem a quantidade de guardas aos portões? Ou que me esforcei para torná-los mais resistentes que o aço e seus corações como uma pedra de moinho? Foi para que vocês se mostrassem frouxos e saíssem como uma pequena companhia de inocentes para observar seus inimigos mortais? Que vergonha! Coloquem-se em posição de defesa, repiquem os tambores, reúnam-se como uma companhia de guerra, para que seus adversários saibam que, antes que possam conquistar esta sociedade, há homens valentes na cidade de Alma Humana.

"Vou deixar-lhes com essa censura agora e não mais os repreenderei. Porém, cobro de vocês que, daqui para frente, eu não veja mais esse tipo de ação. Não mais permitam que um homem, entre vocês, sem ter recebido primeiramente uma ordem minha, mostre sua cabeça por cima da muralha da cidade. Vocês me ouviram. Façam como lhes ordenei e me levarão a habitar seguro entre vocês, e que eu lhes cuide, tanto por mim quanto por sua segurança e honra. Adeus!"

Os cidadãos ficaram estranhamente alterados. Estavam como homens atingidos pelo pânico, correndo para lá e para cá pelas ruas de Alma Humana e clamando:

—Socorro! Socorro! Os homens que transtornaram o mundo chegaram também aqui![3]

Tampouco puderam aquietar-se depois, mas, como homens néscios, gritavam:

—Os destruidores de nossa paz e de nosso povo chegaram!

Isso chegou até Diabolus, que disse a si mesmo:

—Ah! Gosto muito disso! Agora está como planejei, agora demonstram obediência a seu príncipe. Fiquem aí, e que eles tomem a cidade se conseguirem.

Bem, antes de os exércitos do Rei estarem estabelecidos diante de Alma Humana por três dias, o Capitão Boanerges ordenou que seu corneteiro fosse ao Portão Audição e lá convocasse Alma Humana, em nome do grande Shaddai, a conceder uma audiência à mensagem que ele, em nome de seu Mestre, fora ordenado lhes entregar. Assim, o corneteiro, cujo nome era Atente ao que Ouve, foi, conforme ordenado, ao Portão Audição e soou a trombeta. Mas ninguém apareceu para dar resposta ou atenção, pois assim Diabolus havia ordenado. Desse modo, o corneteiro retornou ao seu capitão e lhe disse o que fizera e como se apressara, à vista do que o capitão ficou entristecido e mandou que o rapaz voltasse à sua tenda.

Novamente o Capitão Boanerges enviou o corneteiro para o Portão Audição para soar a trombeta, como antes, para uma audiência. No entanto, eles se mantiveram fechados. Não saíram ou lhe deram uma resposta, tal era a forma que estavam observando a ordem de Diabolus, seu rei.

---

[3] Atos 17:6

Então, os capitães e outros oficiais de campo convocaram um conselho de guerra, para deliberar o que mais seria feito para conquistar a cidade de Alma Humana. Depois de amplo debate, eles decidiram dar à cidade, por mãos do acima mencionado corneteiro, outra convocação para audiência. Contudo, se esta fosse recusada e a cidade os mantivesse do lado de fora, eles determinaram que se esforçariam, por qualquer meio que pudessem, a compeli-los pela força à obediência a seu Rei. Ordenaram ao corneteiro que lhes anunciasse isso.

Assim sendo, o Capitão Boanerges ordenou que seu corneteiro se dirigisse ao Portão Audição mais uma vez e, em nome do grande Rei Shaddai, desse uma convocação, em alto e bom som, de que eles viessem, sem demora, ao Portão para ouvir os mais nobres Capitães do Rei. O rapaz fez conforme mandado: foi ao Portão Audição, soou a trombeta e fez a terceira convocação a Alma Humana. Além disso, falou que, se eles continuassem a se recusar a comparecer, os capitães de seu Príncipe viriam contra eles com poder e buscariam reduzi-los à obediência pela força.

O Lorde Arbítrio, que era o governador da cidade e o guarda dos portões de Alma Humana (e o apóstata mencionado anteriormente), levantou-se e, com palavras exasperadas, exigiu que o corneteiro se identificasse, que dissesse de onde veio e qual era o motivo de estar fazendo ruídos tão horrorosos ao portão e falando palavras tão execráveis à cidade.

O corneteiro respondeu:

—Sou servo do mais honrado comandante — o General Boanerges — que lidera os exércitos do grande Rei Shaddai, contra quem tanto você como toda a cidade de Alma Humana se rebelaram e levantaram os punhos. Meu mestre, o capitão, tem uma mensagem especial para esta cidade e para você, como habitante dela, a qual, se os cidadãos de Alma Humana ouvirem pacificamente, será bom. Caso não, deverão assumir o que estará por vir.

Então, disse o Lorde Arbítrio:

—Comunicarei a meu senhor as suas palavras, e vocês saberão o que ele dirá.

No entanto, o corneteiro logo respondeu, dizendo:

—Nossa mensagem não é para esse gigante Diabolus, mas aos miseráveis da cidade de Alma Humana. Sequer consideraremos qualquer resposta que vocês deem por ele, nem ao menos qualquer resposta dele mesmo. Fomos enviados a esta cidade para recuperá-la de sua cruel tirania e para persuadi-la a submeter-se, como em tempos antigos, ao mais excelente Rei Shaddai.

Respondeu o Lorde Arbítrio:

— Levarei esse recado para a cidade.

O corneteiro replicou:

—Senhor, não nos engane, pois, ao fazê-lo, enganarão muito mais a si mesmos. — E acrescentou: — Estamos decididos que, se vocês não se submeterem pacificamente, declararemos guerra contra a cidade e os submeteremos à força. E como sinal de que o que lhes digo agora é verdadeiro, vocês verão uma flâmula negra, com seus raios abrasadores, colocada sobre o monte amanhã, como um lembrete de sua rebelião contra seu príncipe e de nossa decisão de convertê-los a seu Senhor e legítimo Rei.

Dessa maneira, o Lorde Arbítrio saiu da muralha, e o corneteiro voltou ao acampamento. Quando este se dirigia para lá, os capitães e oficiais do poderoso Rei Shaddai se reuniram para saber se ele conseguira a audiência e qual fora o resultado de sua mensagem. Disse-lhes o corneteiro:

—Quando soei alto a minha trombeta e convoquei a cidade para uma audiência, o Lorde Arbítrio, o governador da cidade e encarregado dos portões, aproximou-se ao me ouvir e, observando do alto da muralha, perguntou-me quem eu era, de onde vinha e qual o motivo de eu estar fazendo tal barulho. Entreguei-lhe minha mensagem e informei sob qual autoridade eu a trazia. "Então", ele respondeu, "vou contá-la ao governante e a toda a cidade". Assim eu retornei para meus senhores.

—Permaneçamos mais um pouco em nossas trincheiras e vejamos o que farão esses rebeldes — disse o destemido Boanerges.

Quando se aproximou o momento em que Alma Humana concederia uma audiência ao intrépido Boanerges e seus companheiros, foi ordenado que todos os homens de guerra, em todo o acampamento de Shaddai, deveriam assumir suas posições e ficar preparados, e, se a cidade lhes desse ouvidos, deveriam recebê-la sem demora e com misericórdia. Caso contrário, deveriam forçar a submissão.

Ao raiar do dia, os corneteiros soaram seus instrumentos por todo o acampamento, a fim de que os guerreiros estivessem a postos para aquela que seria a tarefa do dia. Todavia, quando os que estavam em Alma Humana ouviram o som das trombetas por todo o acampamento de

Shaddai, pensando que isso só poderia ser para investir contra a cidade, inicialmente ficaram profundamente consternados de espírito. Porém, pouco depois estavam recompostos e começaram a fazer a preparação que podiam para aquela guerra, caso os adversários os perturbassem, ou para garantir sua segurança.

Bem, quando o prazo limite chegou, Boanerges estava decidido a ouvir a resposta deles. Desse modo, enviou novamente seu corneteiro para convocar Alma Humana para ouvirem a mensagem que ele havia trazido de Shaddai. Assim, lá foi o rapaz e ressoou sua trombeta. Os cidadãos se aproximaram, mas garantiram que o Portão Audição estivesse o mais seguro possível. Quando chegaram ao alto da muralha, o Capitão Boanerges esperava ver o Lorde Alcaide, mas quem atuava nessa posição era o Sr. Ceticismo, que entrara na posição do Lorde Cobiça. Ceticismo aproximou-se e mostrou-se de cima da muralha, e quando o Capitão Boanerges colocou seus olhos nele, exclamou em alta voz:

—Este não é o homem! Onde está o Lorde Entendimento, o antigo Lorde Alcaide da cidade de Alma Humana? Somente a ele entregarei minha mensagem!

Replicou Diabolus, que também descera ao encontro, ao comandante:

—Sr. Comandante, por sua ousadia você entregou a Alma Humana pelo menos quatro convocações para que se submetesse a seu Rei, cuja autoridade eu desconheço e nem entrarei em discussão agora. Pergunto-lhe, portanto, qual o motivo de todo esse alvoroço? E o que estão fazendo, se é que sabem?

Então, o General Boanerges, que levava as cores pretas e cujo brasão eram os três raios flamejantes, ignorando o gigante e seu discurso, dirigiu-se nos seguintes termos à cidade:

—Seja-lhes conhecido, ó infeliz e rebelde Alma Humana, que o mais gracioso Rei, o grande Rei Shaddai, meu Mestre, enviou-me a vocês com esta comissão — e mostrou-lhes Seu grande selo — de convertê-los à obediência a Ele. E me ordenou que, caso vocês cedessem diante de minhas convocações, eu os tratasse como se fossem meus amigos e irmãos. No entanto, também nos deu o compromisso de que se, após submetidas as convocações, vocês ainda resistissem e se rebelassem, nós deveríamos nos esforçar para conquistá-los pela força.

Depois, o Capitão Convicção, cujas cores eram as claras e tinha como brasão um livro da Lei aberto, aproximou-se e disse:

—Ouça, Alma Humana! Você era famosa, por um tempo, por sua inocência, mas agora se degenerou em mentiras e embustes. Ouviram o que o meu irmão, o General Boanerges, falou. É sábio, e será para sua alegria, dobrar-se e aceitar as condições de paz e misericórdia quando lhes são oferecidas, especialmente quando ofertadas por Aquele contra quem vocês se rebelaram e Aquele que tem poder para reduzi-los aos pedaços, pois assim é Shaddai, nosso Rei. Tampouco diante de Sua ira poderá alguém resistir. Se disserem que não pecaram ou agirem em rebelião contra nosso Rei, todas as suas obras, desde o dia em que se separaram dele (e aí foi o começo de seu pecado) testificarão suficientemente contra vocês. O que mais significa sua atenção ao tirano e o recebê-lo como seu rei? O que mais quer dizer a sua rejeição das leis de Shaddai e sua obediência a Diabolus? Sim, o seu pegar em armas e o trancar de seus portões para nós, os fiéis servos do seu Rei? Contenham-se, aceitem o convite de meu irmão e não desprezem o tempo de misericórdia, mas concordem com seu adversário rapidamente. Ah, Alma Humana, não se disponham a serem afastados da misericórdia e levados a milhares de tormentos pelas bajuladoras astúcias de Diabolus! Talvez esse enganador possa tentá-los a crer que buscamos nossa vantagem nesse nosso serviço. Contudo, saibam que é a obediência a nosso Rei e o amor à sua felicidade que são a nossa motivação para fazê-lo.

"Digo-lhes novamente, ó Alma Humana, considerem se não é graça sem par que Shaddai se humilhe como está fazendo. Agora, por nosso intermédio, Ele arrazoa com vocês, em forma de súplicas e doces persuasões, para que se submetam a Ele. Tem Ele necessidade de vocês como temos certeza de que vocês têm dele? Não, não! Porém é misericordioso e não deseja que Alma Humana pereça, mas sim que se volte a Ele e viva!"

Foi a vez do Capitão Julgamento, que tinha a cor escarlate e o brasão de uma fornalha ardente, dizer:

—Ó, vocês, habitantes de Alma Humana, que têm vivido por tanto tempo em rebeldia e atos de traição contra o Rei Shaddai, saibam que não viemos hoje a este lugar, e desta maneira, com nossa mensagem fabricada por nossa mente ou para vingar-nos de sua contenda. É o Rei, meu Mestre, que nos enviou para convertê-los à obediência a Ele. À qual, se vocês se recusarem a ceder pacificamente, temos ordem de compeli-los a fazê-lo. E jamais pensem, e nem permitam que o tirano Diabolus os persuada a achar, que nosso Rei não é capaz de submetê-los e colocá-los sob Seus pés por Seu poder, pois Ele é o Criador de todas as coisas e, se tocar as montanhas, elas fumegarão. O portão da clemência do Rei não ficará sempre aberto, pois o Dia que tudo se inflamará como uma fornalha está diante dele. Ele se apressa e não retardará.

"Ó, Alma Humana, é pouco para vocês que nosso Rei lhes ofereça misericórdia e isso após muitas provocações? Sim, Ele ainda tem Seu cetro de ouro estendido em sua direção e não lhes fechará, ainda, Seu portão contra vocês. Vão provocá-lo a fazê-lo? Se sim, considerem o que lhes digo: ele não ficará aberto a vocês para sempre. Embora digam que não o veem, o julgamento está diante dele, portanto creiam em Shaddai. Sim, porque há a ira, e fiquem atentos para que Ele não lhes fira com Seu golpe, de forma que nem mesmo um grande resgate poderá livrá-los. Ele valorizará suas riquezas? Não, nem o ouro, tampouco todas as forças. Shaddai preparou Seu trono para julgamento porque virá com fogo e Suas carruagens como um redemoinho para trazer Sua ira com fúria e Sua repreensão com chamas de fogo. Portanto, ó Alma Humana, atentem para que, depois de haverem cumprido o julgamento dos perversos, a justiça e o julgamento os envolvam."

Enquanto o Capitão Julgamento fazia esse discurso à cidade, foi observado por alguns que Diabolus tremia. E o capitão prosseguia em sua parábola, dizendo:

—Ó, infausta cidade de Alma Humana, vocês ainda assim não abrirão seu portão para receber-nos, a nós, representantes do seu Rei, e a todos que se alegrariam em vê-la viver? Poderá seu coração resistir ou suas mãos serem fortes no dia em que Ele tratará com vocês em julgamento? Digo-lhes: poderão suportar ser forçados a beber o oceano da ira que seu Rei preparou para Diabolus e seus anjos[4] da mesma forma como alguém bebe um vinho doce? Ponderem, de uma vez; ponderem!

Por fim, o quarto capitão, o Capitão Execução, aproximou-se e disse:

—Ó, cidade de Alma Humana, que uma vez era célebre, mas hoje é um ramo infrutífero; que uma vez era a delícia dos seres elevados, mas

---

[4] Mateus 25:41

hoje um covil para Diabolus, ouçam a mim também e às palavras que lhes falarei em nome do grande Shaddai. Eis que o machado está lançado à raiz das árvores. Cada árvore que não produz fruto será cortada e lançada no fogo.[5]

"Vocês, ó Alma Humana, têm sido essa árvore infrutífera que não produz senão espinhos e abrolhos. Seu fruto ruim revela que não são uma árvore boa; suas uvas são uvas bravas, seus cachos, amargos. Rebelaram-se contra seu Rei e, infelizmente, nós, o poder e exército de Shaddai, somos o machado que está posto à sua raiz. O que dirão? Voltarão? Repito: digam--me, antes que o primeiro golpe seja dado, retornarão? Nosso machado precisa primeiramente ser colocado à sua raiz antes de ser lançado contra ela. À sua raiz, por meio dos alertas, antes de ser posto contra ela, por meio da execução e, entre esses dois, requer-se o seu arrependimento. E esse é todo o tempo de que vocês dispõem. Arrepender-se-ão? Voltarão ou deverei feri-los? Se eu os golpear, Alma Humana, vocês cairão, pois tenho a comissão de lançar meu machado à raiz. E nada, senão a submissão ao nosso Rei, me impedirá de consumar tal execução. Para que vocês servem, caso a misericórdia não o impeça, senão para serem cortados, lançados no fogo e queimados?[6]

"A paciência e a longanimidade não agirão para sempre: um, dois ou três anos, pode ser que sim. No entanto, se o provocarem, por meio de três anos de rebelião (e vocês já o fizeram por mais tempo que isso), o que poderá vir senão a ordem: 'Corte-a!'?, ou 'Depois disso, você deve cortá-la!'. E pensam vocês que essas são apenas ameaças, ou que nosso Rei não tem o poder de cumprir Suas palavras? Ó, Alma Humana, vocês descobrirão que nas palavras de nosso Rei, quando minimizadas ou menosprezadas pelos pecadores, não há apenas ameaças, mas ardentes carvões em brasa.

"Vocês têm sido solo ruim por muito tempo e continuarão assim? Seu pecado trouxe esse exército até suas muralhas, e o levará ao seu interior em julgamento para conduzir a execução de sua cidade? Ouviram o que disseram os comandantes, mas ainda permanecem com seus portões

---

[5] Lucas 3:9

[6] Mateus 7:19

trancados. Declarem, Alma Humana, continuarão a fazê-lo ou aceitarão as condições de paz?"

Alma Humana se recusou a ouvir esses valentes discursos dos quatro nobres comandantes, embora um desses sons tenha batido contra o Portão Audição, mas sua força não foi suficiente para abri-lo. Enfim, a cidade desejou ter um tempo para preparar sua resposta a essas demandas. Os comandantes lhes disseram que se eles lançassem para fora aquele Hesitação que estava na cidade, para que lhe fosse retribuído conforme suas palavras, eles poderiam lhes dar tempo para ponderarem. Contudo, se não o lançassem para eles por cima das muralhas de Alma Humana, então tempo algum lhes seria concedido. "Pois — diziam os comandantes — sabemos que, enquanto Hesitação continuar respirando em Alma Humana, toda a boa ponderação será perturbada e nada além de engano será produzido".

Então, Diabolus, que estava presente, sendo avesso a perder Hesitação, porque ele era seu orador (mas tenham certeza de que o perderia se os comandantes tivessem colocado sua mão nele), determinou-se, nesse instante, a dar-lhes resposta por si mesmo. Porém, mudou de ideia e ordenou ao seu alcaide, Lorde Ceticismo, que o fizesse, dizendo-lhe:

—Meu senhor, dê a esses renegados uma resposta. E fale bem alto para que Alma Humana possa entendê-lo.

Sob a ordem de Diabolus, Ceticismo começou a falar:

—Cavalheiros, como bem pudemos observar, vocês vieram perturbar nosso príncipe e molestar a cidade de Alma Humana, acampando contra ela. Porém não sabemos de onde vocês vêm e não creremos no que são. Na verdade, falam-nos em seu terrível discurso que têm autoridade concedida por Shaddai, mas ignoramos por qual direito Ele lhes dá tais ordens.

"Vocês também, por meio da autoridade mencionada, convocaram esta cidade para desertar seu senhor e se submeter ao grande Shaddai, seu Rei, em proteção própria. Adulam-na dizendo que se ela o fizer, Ele a perdoará e não a acusará por suas ofensas passadas.

"Além disso, também ameaçaram Alma Humana, para horror dela, com grandes e tenebrosas destruições para punir esta sociedade, caso ela não consinta à sua vontade, como vocês desejam.

"Agora, comandantes, seja lá de onde quer que tenham vindo e embora seus desígnios sejam corretos, saibam que nem meu senhor Diabolus,

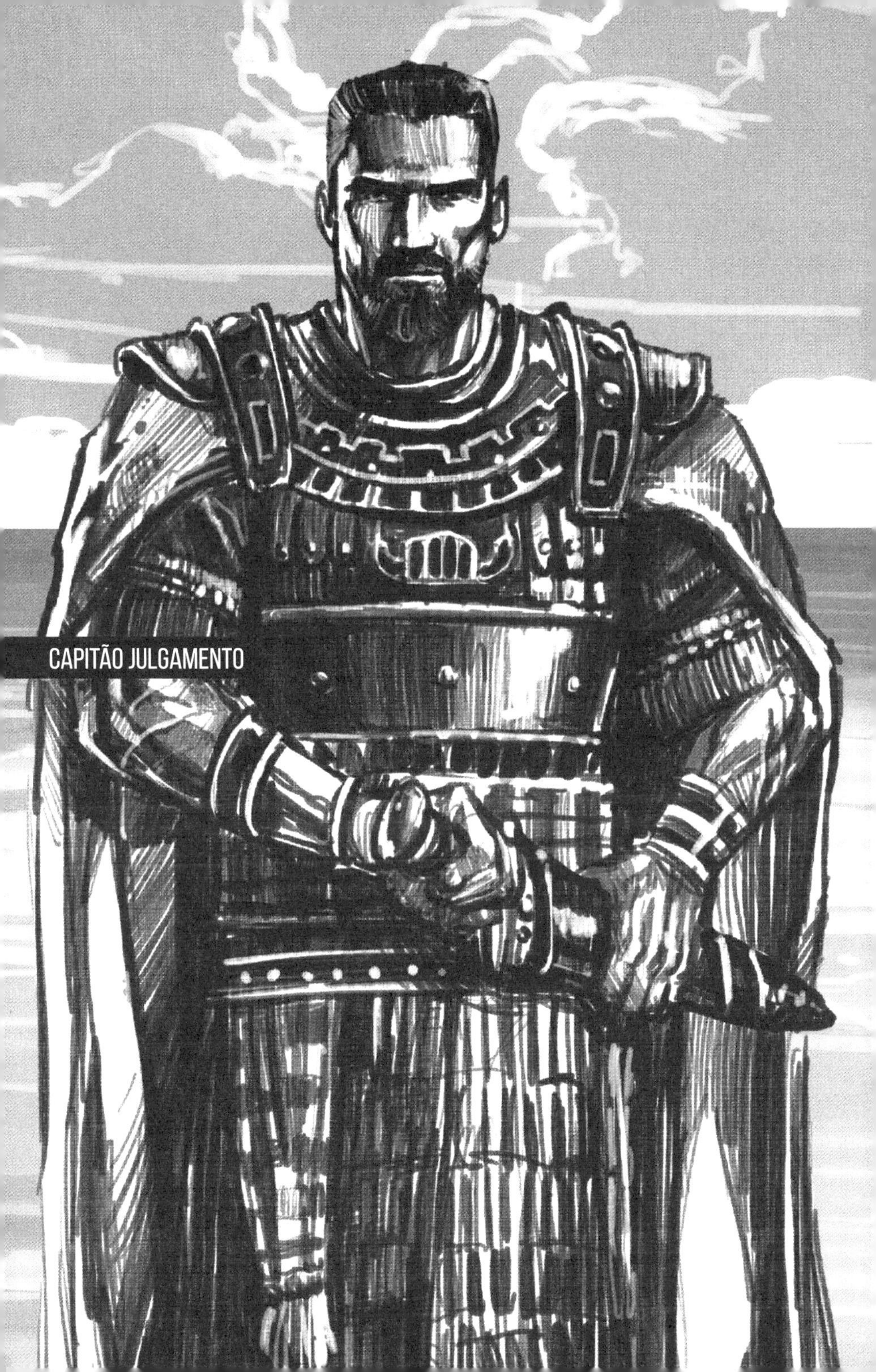
CAPITÃO JULGAMENTO

nem eu, Ceticismo, servo dele, tampouco nossa intrépida Alma Humana consideramos sua pessoa, sua mensagem ou o Rei que vocês afirmam tê-los enviado. Não tememos Seu poder, Sua grandeza, Sua vingança e sequer cederemos às suas convocações.

"Quanto à guerra com a qual nos ameaçaram, deveremos nos defender tanto quanto pudermos. E saibam que não estamos desprovidos de recursos para desafiá-los. Resumindo (pois não desejo ser tedioso), digo-lhes que nós os consideramos um bando de renegados e patifes, que, tendo se livrado de toda a obediência a seu Rei, reuniram-se tumultuosamente e vagueiam, de um lugar a outro, para ver se, quer por meio de sua bajulação ou por suas ameaças, conseguem fazer com que algum vilarejo, ou cidade ou país tolos abandonem seu lugar e o deixem para vocês. Porém, Alma Humana não é nada disso.

"Concluindo: não temos pavor diante de vocês; não os tememos e não obedeceremos à suas convocações. Manteremos nossos portões trancados a vocês para que fiquem fora de nosso país. Nem suportaremos mais que fiquem assentados diante de nós. Nosso povo deve viver em paz, e sua aparição os perturba. Assim, peguem suas malas e cuias e partam daqui, ou os atacaremos por cima das muralhas."

O discurso do velho Ceticismo foi secundado pelo desesperado Arbítrio nas seguintes palavras:

—Cavalheiros, ouvimos suas demandas, o ruído de suas ameaças e o som de suas convocações. No entanto, não tememos seu exército; não levamos em consideração suas ameaças e permaneceremos como nos encontraram. Ordenamos-lhes que, em três dias, cessem de aparecer nessa parte do mundo ou saberão o que acontecerá, caso ousem despertar o leão Diabolus, que repousa nesta cidade de Alma Humana.

O arquivista, que se chamava Esqueça o Bem, também acrescentou:

—Cavalheiros, os meus senhores responderam com palavras moderadas e gentis aos seus discursos rudes e irados, como vocês podem ver. Ademais, pelo que ouvi, eles lhes concederam que partam silenciosamente como vieram. Portanto, considerem essa gentileza e saiam daqui. Poderíamos ter saído com nosso exército sobre vocês e lhes feito sentir a força de nossas espadas. No entanto, como amamos a tranquilidade e a calmaria, não apreciamos ferir ou molestar outros.

Assim, a cidade de Alma Humana gritou de alegria, como se Diabolus e seu bando tivessem conquistado alguma grande vantagem contra os comandantes. Tocaram também os sinos, alegraram-se e dançaram sobre as muralhas.

Diabolus retornou ao castelo e os lordes alcaide e arquivista aos seus lugares. Todavia, o Lorde Arbítrio tomou cuidado especial para que os portões estivessem seguros com o dobro de guardas e com ferrolhos, cadeados e barras duplos e que o Portão Audição fosse o mais vigiado, visto que foi por ele que os exércitos do Rei mais buscaram entrar. O Lorde Arbítrio nomeou o velho Sr. Preconceito, um sujeito raivoso e agressivo, capitão daquela ala do portão e colocou sob seu comando 60 soldados chamados surdos, homens que eram vantajosos para aquele serviço uma vez que não se importavam com as palavras dos comandantes de Shaddai ou de seus soldados.

Quando os comandantes viram a réplica dos poderosos da cidade, que não conseguiriam uma audiência com os antigos nativos da cidade e que Alma Humana estava decidida a batalhar contra o exército do Rei, eles se prepararam para recebê-los e para tentar demovê-los pela força das armas. Primeiramente fizeram mais formidável o seu poderio contra o Portão Audição, uma vez que sabiam que, a menos que pudessem penetrá-lo, não haveria bem algum que pudessem fazer à cidade. Feito isso, colocaram o restante de seus soldados em suas posições e deram o comando, que era: "IMPORTA-VOS NASCER DE NOVO"[7]. Depois soaram a trombeta, e a cidade deu sua resposta em forma de brados contra brados, acusações contra acusações, e a batalha começou.

Dentro da cidade, haviam colocado duas grandes armas na torre junto ao Portão Audição. Uma delas se chamava Moralismo; a outra, Inebriante. Eles confiavam muito nessas duas armas, que foram forjadas no castelo pelo fundidor de Diabolus, cujo nome era Orgulho. Essas armas eram perversas. Quando os comandantes as viram, sendo tão vigilantes e cuidados como eram, embora algumas vezes seu tiro passasse por seus ouvidos com um zunido, eles não lhes causaram mal. Por essas duas armas, os habitantes de Alma Humana não faziam questão senão somente de incomodar o acampamento de Shaddai e proteger o portão. Porém

---

[7] João 3:7

não tinham muito do que se vangloriar do que fizeram, como ficará claro a seguir. Eles também possuíam algumas pequenas armas, as quais usaram contra o acampamento de Shaddai.

Enquanto isso, os do acampamento agiram com a mesma firmeza e com igual medida daquilo que, com justeza, pode-se chamar de bravura. Aceleraram o mais rápido que puderam contra a cidade e o Portão Audição, pois viram que, a menos que rompessem esse portão, seria em vão lançar-se contra a muralha. Os comandantes do Rei haviam trazido consigo várias catapultas e dois ou três aríetes[8]. Com as catapultas, eles a arremessavam contra as casas e as pessoas da cidade e com os aríetes buscavam romper o Portão Audição.

Houve várias escaramuças e embates rápidos entre os dois lados, enquanto os comandantes com seus equipamentos fizeram várias corajosas incursões para tentar fragmentar ou derrotar a torre sobre o Portão Audição e por lá abrir caminho para sua entrada na cidade. Contudo, Alma Humana resistiu tão vigorosamente por meio da fúria de Diabolus, da valentia de Lorde Arbítrio e das condutas do velho Ceticismo, o alcaide, e do Sr. Esqueça o Bem, o arquivista, que a carga e os custos das guerras daquele verão pareciam quase perdidos para o lado do Rei, e a vantagem repousava sobre Alma Humana. Porém, quando os comandantes viram como estavam as coisas, eles fizeram uma justa recolhida e se entrincheiraram nos quartéis de inverno.

Agora, você precisa saber que naquela guerra houve muitas perdas para ambos os lados. Sobre estas, contente-se com o breve relato a seguir.

Quando os comandantes do Rei saíram da corte e marchavam cruzando o país para ir à guerra contra Alma Humana, depararam-se com três rapazes que tinham intenção de se unir aos soldados. Eram respeitáveis e pareciam ser corajosos e habilidosos. Seus nomes eram Sr. Tradicionalismo, Sr. Sabedoria Humana e Sr. Invenção Humana. Eles se aproximaram dos comandantes e ofereceram seus serviços a Shaddai. Os capitães lhes disseram qual seu propósito e que não fossem precipitados em seu oferecimento, ao que os rapazes responderam que haviam

---

[8] Máquinas de guerra compostas de um grande tronco, transportado por um carro, empurrado por homens, com o qual se golpeava contra os grandes portões para forçar sua abertura.

considerado a questão de antemão e que, ao ouvir que aquele exército estava em marcha para esse objetivo, foram até ali para os encontrar, a fim de que pudessem se alistar sob suas excelências. O general Boanerges os alistou em sua companhia, visto que eram valorosos, e assim prosseguiram para a guerra.

Agora que a guerra havia começado, durante uma das batalhas mais intensas, uma das companhias do Lorde Arbítrio saiu pelo porto de sally[9], ou posterna[10], da cidade e se lançaram sobre a retaguarda dos soldados do general Boanerges, onde estavam esses três rapazes. Assim, levaram-nos prisioneiros e os carregaram para dentro da cidade. Não decorrera muito tempo após seu aprisionamento e foi anunciado pelas ruas de Alma Humana sobre os três notáveis cativos que os soldados do Lorde Arbítrio haviam tomado e trazido do acampamento de Shaddai. Logo, as notícias foram levadas a Diabolus, em seu castelo, a saber: o que os soldados do Lorde Arbítrio fizeram e quem haviam tomado como prisioneiros.

Diabolus convocou Arbítrio para saber os detalhes dessa questão, ao que lhe foi devidamente reportado. O gigante chamou os prisioneiros e, quando estes chegaram, exigiu-lhes que dissessem quem eram, qual sua proveniência e o que faziam no acampamento de Shaddai. Após os rapazes lhe responderem, foram novamente enviados à custódia. Não muitos dias depois, Diabolus convocou-os mais uma vez e inquiriu-lhes se estariam dispostos a servi-lo em oposição aos seus antigos comandantes. Eles lhe disseram que não viviam tanto da religião como do destino e que, uma vez que este senhor estava desejoso de os acolher, eles estavam propensos a serem seus servos. Enquanto as coisas se encaminhavam desta maneira, havia, na cidade de Alma Humana, um Capitão Qualquer Coisa que era muito laborioso, e Diabolus enviou esses homens a ele com uma recomendação, escrita, de próprio punho, para que os recebesse em sua companhia. O conteúdo da carta era o seguinte:

---

[9] Uma passagem segura, normalmente proveniente de um túnel. Essa porta é normalmente protegida por uma parede que deve ser circundada para que se possa entrar ou sair por ela ou é uma composição de dois portões entre os quais existe um vão, o que dificulta uma invasão e o fogo inimigo. O termo *sally* vem do latim *salire* (saltar) e é um tipo de manobra militar usada em cercos.

[10] Uma porta disfarçada que permite entrar ou sair secretamente de uma fortificação (Houaiss, 2009).

"Meu querido Qualquer Coisa,

Esses três rapazes, portadores desta carta, têm o desejo de me servir na guerra. Não conheço ninguém de melhor conduta do que você para encaminhá-los. Receba-os, portanto, em meu nome e, quando houver necessidade, use-os contra Shaddai e seus soldados.

Atenciosamente"

Desse modo, eles foram recebidos. Qualquer Coisa fez dois deles sargentos, mas ao Sr. Invenção Humana fez Alferes.[11]

Agora, deixemos isso de lado e retornemos ao acampamento.

Aqueles que estavam no acampamento de Shaddai também tiveram algumas conquistas na cidade, pois derrubaram o telhado da residência de lorde alcaide e assim o deixaram mais exposto do que antes. Com uma pedra da catapulta, quase conseguiram executar o Lorde Arbítrio, mas este se desviou e se recuperou. No entanto, massacraram alguns dos duques, uma vez que com apenas um tiro eliminaram seis deles: Sr. Ultraje, Sr. Libertino, Sr. Furor, Sr. Apoio à Mentira, Sr. Alcoolismo e o Sr. Embuste.

Também destruíram as duas armas que estavam sobre a torre do Portão Audição e as derrubaram no solo. Eu lhes disse anteriormente que os nobres comandantes do Rei haviam se retirado para seus quartéis de inverno e lá entrincheirado a si mesmos e suas carruagens, visando a melhorar a vantagem de seu Rei e trazer grande perturbação ao adversário, para que soassem alarmes oportunos e veementes à cidade de Alma Humana. E alcançaram esse propósito, de maneira que posso dizer que quase conseguiram seu intento de trazer perturbação àquela sociedade, pois agora Alma Humana não conseguia dormir em segurança como antes, tampouco se entregar à devassidão em calma, como faziam anteriormente. Agora tinham alarmes tão frequentes, intensos e aterrorizantes provenientes do acampamento de Shaddai, primeiramente diante de um portão, depois de outro, e depois ainda diante de todos ao mesmo tempo, que estavam destituídos de sua antiga paz. Sim, esses alarmes eram tão

---

[11] Essa honrosa função militar, atualmente chamada de Porta-Bandeira ou Porta-Estandarte, é normalmente atribuída a um oficial ou aspirante a oficial escolhido entre os mais distintos e honráveis do batalhão.

insistentes durante o tempo em que as noites eram mais longas, o clima mais frio, consequentemente na pior das estações, que aquele inverno por si só foi um inverno para Alma Humana. Algumas vezes as trombetas soavam e outras as catapultas atiravam contra a cidade. Outras vezes ainda, dentre os soldados do Rei, 10 mil corriam ao redor das muralhas à meia-noite, bradando e conclamando à batalha. Havia vezes em que alguns da cidade ficavam feridos, e a voz de seu choro e lamento era ouvida, o que trazia tumulto a agora abatida cidade de Alma Humana. Sim, estavam tão aflitos com aqueles que estabeleceram o cerco contra eles, que ouso dizer que Diabolus, seu rei, teve seu repouso muito perturbado.

Naqueles dias, fui informado que novas ideias e pensamentos começaram a correr de um para o outro e a tomar conta da mente dos homens de Alma Humana. Alguns diziam:

—Não há como viver assim!

Outros replicavam:

—Isso logo acabará!

Um terceiro se levantava respondendo:

—Vamos nos render ao Rei Shaddai e assim colocar um fim nesses problemas.

E um quarto vinha com medo dizendo:

—Duvido que Ele não nos receberá.

Aquele Arquivista que atuava antes de Diabolus tomar a cidade também começou a bradar, e suas palavras eram como se fossem grandes estampidos de trovão. Não havia qualquer barulho mais terrível em Alma Humana do que o que ele produzia, com brados aos soldados e gritos para os capitães.

Também as provisões na cidade começaram a ficar escassas; aquilo que ela almejava começou a faltar. Sobre aquilo que ela achava prazeroso havia ardor e chamas em vez de beleza. Havia deformações e demonstrações da sombra da morte sobre os habitantes da cidade. E, naqueles momentos, como Alma Humana ficaria feliz em desfrutar de quietude e satisfação da mente, embora estivesse ligada à pior condição do mundo!

Os comandantes, no auge desse inverno, enviaram uma convocação para Alma Humana, por meio do corneteiro de Boanerges, a que se entregasse ao Rei, o grande Rei Shaddai. Enviaram-na uma, duas, três vezes, sem saber que algumas vezes havia na cidade alguma disposição de se render se houvesse qualquer aceno de convite para que o fizessem. Tanto quanto entendi, teriam se sujeitado a eles antes desse momento se não fosse a oposição do velho Ceticismo e a inconstância de pensamento do Lorde Arbítrio. Diabolus também começou a rugir. Portanto, quanto a essa questão de se render, Alma Humana ainda não estava unânime, por isso permanecia sob esses temores desconcertantes.

Já lhes falei que, até esse momento, os exércitos do Rei haviam enviado três convocações para que Alma Humana se rendesse a eles naquele inverno. Na primeira vez que o corneteiro os abordou, foi em palavras de paz, dizendo-lhes que os comandantes, os nobres capitães de Shaddai, tinham piedade e lamentavam a miséria da agora fenecente cidade e estavam perturbados por vê-los estagnados em seu caminho para a libertação. Além disso, ele disse que os comandantes lhes fizeram falar aos habitantes que, se a agora pobre Alma Humana se humilhasse e se convertesse, suas antigas rebeldias e mais notórias traições seriam perdoadas e esquecidas pelo seu Rei misericordioso. E, alertando-lhes para que não ficassem parados nesse caminho, que não se opusessem ou fizessem de si mesmos perdedores, ele se retirou para o acampamento.

A segunda vez, ele ameaçou um pouco mais rispidamente. Depois de soar a trombeta, disse-lhes que a contínua rebelião deles irritou e aqueceu o espírito dos comandantes e que estes estavam resolvidos a conquistar Alma Humana ou deixar seus ossos diante das muralhas da cidade.

Ele foi uma terceira vez e tratou com eles ainda mais severamente, proclamando que então — já que eram terrivelmente profanos — ele não sabia com certeza se os comandantes estavam inclinados à misericórdia ou ao juízo. Disse:

—Eles apenas me ordenaram que lhes dessem a convocação para abrir os portões a eles.

Assim retornou ao acampamento.

Essas três convocações, e especialmente as duas últimas, causaram tanta aflição na cidade que eles logo constituíram uma consulta pública e este foi o resultado da mesma: o Lorde Arbítrio deveria subir ao Portão Audição e de lá soar a trombeta chamando os comandantes para uma negociação. Bem, o Lorde Arbítrio o fez, e os capitães vieram em suas armaduras e com suas companhias de 10 mil soldados acompanhando-os. Os cidadãos lhes disseram que haviam ouvido e refletido sobre as convocações e que desejavam chegar a um acordo com eles e com seu Rei Shaddai, sob certos termos, artigos e proposições que, com as ordens de seu príncipe, eles foram designados a propor. E sob estas condições, eles concordariam em ser um povo com os comandantes:

1. Se alguns de sua própria sociedade, como o agora lorde alcaide, o Sr. Esqueça o Bem e o corajoso Lorde Arbítrio pudessem continuar sendo os governantes da cidade, do castelo e dos portões de Alma Humana, sob Shaddai.
2. Desde que nenhum dos homens que serviram sob seu grande gigante Diabolus fosse expulso por Shaddai de sua casa, porto ou da liberdade que eles agora desfrutavam na célebre cidade de Alma Humana.
3. Que lhes fosse concedido que os cidadãos de Alma Humana usufruíssem de alguns de seus direitos e privilégios, a saber, aqueles que antigamente lhes era conferido e que haviam desfrutado por muito tempo sob o reinado de seu rei Diabolus, que agora é, e tem sido, seu grande senhor e defensor.
4. Que nenhuma nova lei, oficial, executor da lei ou do ofício tivessem qualquer poder sobre eles, sem que eles assim o escolhessem e consentissem.

E acrescentaram:

—Essas são nossas propostas, ou condições de paz, e sob esses termos nos submeteremos a seu Rei.

Contudo, quando os comandantes ouviram essas frágeis e débeis ofertas da cidade de Alma Humana e suas altas e ousadas demandas, por meio de seu nobre comandante Boanerges lhes fizeram o seguinte discurso:

—Ó, vocês, habitantes de Alma Humana, quando ouvi sua trombeta soar para uma negociação conosco, posso dizer verdadeiramente que fiquei alegre. Quando disseram que estavam dispostos a se submeterem a nosso Rei e Senhor, fiquei ainda mais contente. Porém, quando por meio de suas tolas cláusulas e reclamações, vocês lançaram sua pedra de tropeço diante de si, minha alegria tornou-se em pesar e meus promissores começos de seu retorno, em lânguidos temores desfalecentes.

"Imagino que aquele Hesitação, o antigo inimigo de Alma Humana, delineou as propostas que agora nos apresentam como termos de um acordo. Todavia, elas não merecem repercutir aos ouvidos de qualquer homem que pretenda servir Shaddai. Portanto, unanimemente e com o máximo desdém, recusamos e rejeitamos tais propostas como grandes iniquidades.

"Porém, Alma Humana, se vocês se entregarem em nossas mãos, ou melhor, nas mãos de nosso Rei e confiarem nele para que estabeleça os termos com e para vocês que pareçam bons aos olhos dele (e ouso dizer que vocês os acharão mais vantajosos para si mesmos), então os receberemos e ficaremos em paz com vocês. No entanto, se não se lançarem nos braços de Shaddai, nosso Rei, então as coisas permanecerão como estão, e nós sabemos o que devemos fazer."

Então o velho Ceticismo e o lorde alcaide bradaram, dizendo:

—E quem, estando livre das mãos do inimigo, como veem que estamos agora, será tão inepto para colocar o cetro de suas mãos nas mãos de sabe-se quem? De minha parte, jamais me submeterei a uma proposta tão ilimitada. Nós conhecemos os modos e o temperamento do Rei deles? Diz-se por aí que Ele fica irritado com Seus súditos caso eles deem um passo, da largura de um fio de cabelo, fora do caminho. E por outros, ouve-se que Ele exige muito mais do que se é capaz de fazer. Assim sendo, ó Alma Humana, parece ser sábio cuidar que não façam dessa maneira. Uma vez que tenham se dobrado, terão se entregado a outro e, desse modo, não pertencerão mais a si mesmos. Por isso, entregar-se a um poder ilimitado é a maior tolice do mundo, uma vez que, de fato, vocês se arrependerão, mas jamais poderão reclamar com justiça. E vocês sabem com certeza, quando pertencerem a Ele, qual dentre vocês Ele matará e qual manterá vivo? Ou se não eliminará cada um de nós e enviará de Seu próprio país outro povo novo e os fará habitar nesta cidade?

Esse discurso do lorde alcaide desfez tudo e lançou ao chão suas esperanças de um acordo. Dessa forma, os comandantes retornaram às suas trincheiras, às suas tendas e aos seus soldados. E o alcaide ao castelo e a seu rei.

CAPÍTULO 4

Diabolus esperara pelo retorno do Lorde Alcaide, pois ouvira que eles estiveram debatendo. Quando ele entrou na câmara oficial, foi saudado:

—Bem-vindo, meu lorde. Como foram as negociações entre vocês hoje?

O Lorde Ceticismo, depois de uma leve reverência, contou-lhe sobre toda a questão. Ao ouvi-lo, Diabolus ficou muito feliz e disse:

—Meu lorde alcaide, meu fiel Ceticismo, já provei sua fidelidade muitas vezes e nunca o achei falso. Prometo-lhe que, se superarmos esse embate, eu o nomearei a um lugar de honra, uma posição muito melhor do que a de lorde alcaide de Alma Humana. Farei de você meu representante universal e você terá, juntamente comigo, todas as nações sob seu governo. Sim, você lhes imporá amarras para que não possam resistir-lhe, nem qualquer de nossos vassalos andarão mais em liberdade, mas se contentarão em andar sob seus grilhões.

O lorde alcaide saiu da presença de Diabolus como se tivesse obtido na realidade um favor. Dirigiu-se à sua residência em bom ânimo e pensou em se alimentar de esperança, até que chegasse o tempo em que sua grandeza fosse expandida.

Mas, embora o lorde alcaide e Diabolus tivessem assim concordado, o rechaço ao valorosos comandantes colocou Alma Humana em motim. Pois, enquanto o velho Ceticismo entrou no castelo para congratular seu senhor com o que havia acontecido, o antigo Lorde Alcaide que exercia sua função antes de Diabolus se estabelecer na cidade — a saber: o Sr. Entendimento — e o antigo Arquivista — o Sr. Consciência —, tomando conhecimento do que acontecera no Portão Audição (você precisa saber que eles não puderam ser admitidos naquele debate, para que não se amotinassem com os comandantes. Mas digo-lhes que eles souberam do que aconteceu lá e ficaram muito preocupados com isso), reuniram alguns da cidade e começaram a convencê-los da razoabilidade das demandas dos nobres capitães e das más consequências que viriam por causa do discurso do velho Ceticismo, o atual lorde alcaide: quão pouca reverência ele demonstrou na ocasião, quer aos capitães, quer ao Rei deles e como ele, implicitamente, investiu-os com infidelidade e traição. Disseram:

—Pois o que mais pode ser feito de suas palavras quando ele disse que não se dobraria à proposta deles? E acrescentou, além disso, uma

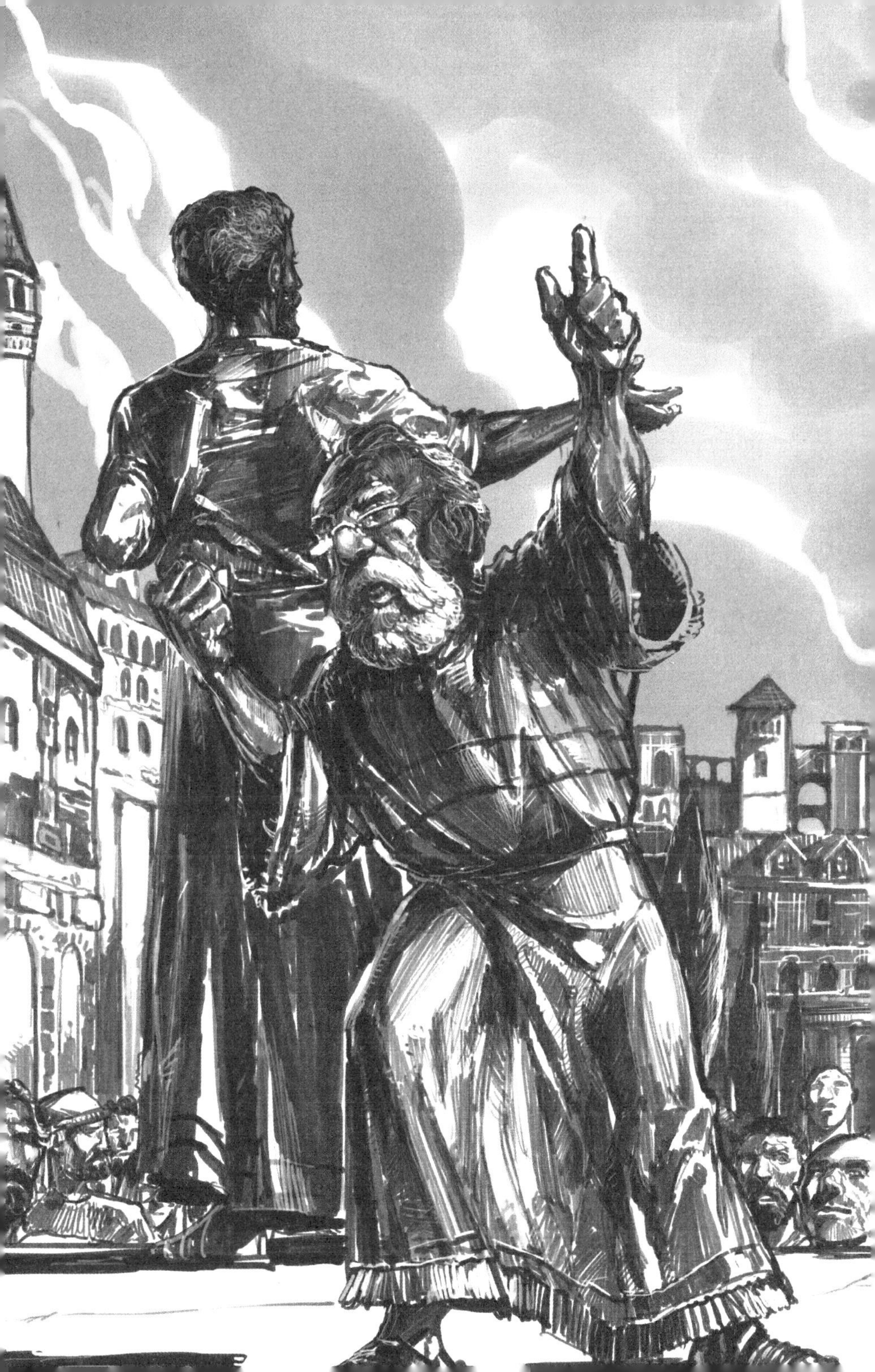

suposição de que Shaddai nos destruiria, ao passo que, na verdade, Ele nos enviou mensagem de que nos demonstraria misericórdia?

A multidão, agora possuída de convicção do mal que o velho Ceticismo fizera, começou a correr como em companhia por todos os lugares e em cada esquina de Alma Humana. Inicialmente cochichavam, depois falavam abertamente e iam de um lado para o outro clamando enquanto corriam:

—Ó bravos comandantes de Shaddai, gostaríamos de estar sob o seu governo e de Shaddai, seu Rei!

Quando o atual lorde alcaide soube que Alma Humana estava em tumulto, lá foi ele para apaziguar o povo. Ele pensava ter extinguido o calor da questão com a grandeza de sua aparição. No entanto, assim que o viram, correram em sua direção e lhe teriam causado dano se ele não tivesse se recolhido à sua casa. O povo atacou fortemente sua casa a fim de derrubá-la sobre ele. Porém o lugar era muito sólido, e eles não conseguiram o intento. Após tomar um pouco de coragem, Ceticismo dirigiu-se ao povo, por uma das janelas, nos seguintes termos:

—Cavalheiros, qual a razão de haver tal tumulto hoje?

Respondeu-lhe o Sr. Entendimento:

—É porque você e seu mestre não conduziram corretamente a questão, como deveriam, com os capitães de Shaddai, pois fracassaram em três coisas. Primeiro, em não permitir que o Sr. Consciência e eu estivéssemos presentes para ouvir os discursos de vocês. Segundo, em terem proposto termos de paz aos comandantes que não poderiam ser aceitos de modo algum, a menos que Shaddai quisesse ser apenas um príncipe titular, e que Alma Humana ainda detivesse o poder, pela lei, de viver em toda a sua lascívia e vaidade diante dele, e, por consequência, Diabolus ainda seria o rei com o domínio, enquanto o outro seria apenas rei nominalmente. Terceiro, pelo que vocês fizeram depois de os comandantes nos mostrarem as condições sob as quais seríamos recebidos à misericórdia, desfazendo tudo por meio de seu discurso repulsivo, inoportuno e ímpio.

Quando Ceticismo ouviu esse discurso, pôs-se a gritar:

—Traição! Traição! Às armas! Todos às suas armas, ó fiéis amigos de Diabolus em Alma Humana!

—Senhor — disse Entendimento —, você pode interpretar minhas palavras como quiser. Mas tenho certeza de que os comandantes de um Senhor tão notório como o deles mereciam melhor tratamento de suas mãos!

—Isso está um pouco melhor! Mas, senhor, — respondeu Ceticismo — o que eu disse, falei em nome de meu príncipe, em favor do governo dele e de acalmar o povo a quem vocês, por meio de atos ilegais, incitaram contra nós no dia de hoje.

Replicou, então, o antigo Arquivista cujo nome era Sr. Consciência:

—Senhor, você não deve responder dessa maneira ao que meu Lorde Entendimento falou. É muito evidente que ele falou a verdade e que você é um inimigo de Alma Humana. Convença-se do mal de sua linguagem depravada e petulante e do pesar que trouxe sobre os comandantes. Sim, dos prejuízos que fez a Alma Humana, consequentemente. Se tivesse aceitado as condições, o som da trombeta e o alarme de guerra já teriam cessado sobre nossa cidade. Todavia, esse aterrorizante som permanece, e sua falta de sabedoria em seu discurso é a causa desse mal.

—Senhor — disse Ceticismo —, se eu viver, levarei sua mensagem para Diabolus, e lá vocês terão a resposta às suas palavras. Enquanto isso, nós buscaremos o bem da cidade e não o conselho de vocês.

—Senhor — respondeu Entendimento —, seu príncipe e você são estrangeiros em Alma Humana e, portanto, não nativos. E quem pode negar que, quando vocês nos levarem a situações mais severas (quando vocês mesmos perceberem que não há outro meio de se manterem seguros a não ser fugindo), vocês nos abandonarão e se retirarão em prol de si mesmos, ou nos incendiarão e partirão em meio à fumaça, ou ainda logo que atearem o fogo e assim nos deixarão em ruínas?

—O senhor se esquece que está sob um governador e que deve se rebaixar como um súdito. E saber que, quando meu senhor, o rei, ouvir sobre sua obra neste dia, ele não lhes agradecerá por seus esforços — disse Ceticismo.

Enquanto esses homens trocavam palavras de censura, o Lorde Arbítrio, o Sr. Preconceito, o velho Hesitação e muitos outros recém-nomeados duques e burgueses desceram das muralhas e dos portões. e indagaram qual era a razão do rebuliço e do tumulto. Com isso, cada pessoa começou a contar a sua própria versão da história, de forma que não se ouvia nada claramente. Houve, então, uma ordem de silêncio, e aquela velha raposa, Ceticismo, começou a falar:

—Meu senhor, aqui estão dois cavalheiros impertinentes que têm, como fruto de suas más disposições e, temo, sob o conselho do Sr. Descontentamento, reunido tumultuosamente esta companhia contra mim no dia de hoje. Também tentaram incitar a cidade a atos de rebelião contra nosso príncipe.

Ao ouvi-lo, levantaram-se todos os diabolinianos presentes e confirmaram que essas palavras eram verdadeiras. Assim que isso ocorreu, meu Lorde Entendimento e o Sr. Consciência perceberam que o pior estava por acontecer, uma vez que aquele exército estava do lado oponente e viera para os ajudar e aliviar. Desse modo, havia muitas pessoas em ambos os lados. Aqueles que estavam do lado de Ceticismo desejavam levar os dois homens imediatamente à prisão, mas os que estavam ao lado deles disseram que isso não deveria ser feito.

Ambos os lados começaram a elogiar seu partido: os diabolinianos exaltaram o velho Ceticismo, Esqueça o Bem, os novos duques e seu grandioso Diabolus. O outro partido logo exaltou Shaddai, os comandantes, Suas leis, Sua misericórdia e aclamaram suas condições e modos. A discussão continuou por um pouco mais de tempo. Depois passaram das palavras para golpes e agora havia socos vindos de ambas as partes. O bom velho cavalheiro Sr. Consciência foi derrubado duas vezes por um dos diabolinianos, de nome Sr. Aturdido, e o Lorde Entendimento teria sido abatido por um arcabuz[1], se a pessoa que atirou houvesse mirado corretamente.

Tampouco o outro lado escapou de todo, visto que havia um Sr. Precipitado, um diaboliniano, que teve seu cérebro atingido pelo Sr. Mente, o servo do Lorde Arbítrio. Causou-me riso ver como o Sr. Preconceito foi chutado e desabou ao chão porque ele, por pouco tempo, foi feito capitão de uma das companhias dos diabolinianos, para assim ferir e causar dano à cidade, e agora eles o tinham sob seus pés. Asseguro-lhes que ele teve sua coroa quebrada pelas botas de um dos partidários do Lorde Entendimento. Igualmente o Sr. Qualquer Coisa era muito ativo no meio do tumulto, mas ambos os lados estavam contra ele, visto que ele não era fiel a qualquer deles. Embora, por sua insolência, ele teve uma das pernas quebrada, mas aquele que o feriu desejava

[1]Antiga arma de fogo medieval que precedeu o mosquete.

que fosse seu pescoço. Houve muito mais prejuízo para ambos os lados, mas algo não pode ser olvidado: era assustador observar como o Lorde Arbítrio estava tão indiferente. Ele não parecia tomar mais um lado do que outro. Percebeu-se somente que ele sorriu ao ver o velho Preconceito sendo derrubado e já caído no chão. De igual modo, quando o Capitão Qualquer Coisa veio mancando diante dele, parecia que Arbítrio não se importava muito.

Quando acabou o alvoroço, Diabolus mandou buscar o Lorde Entendimento e o Sr. Consciência e lançou ambos na prisão como líderes e organizadores dessa grande algazarra em Alma Humana. A cidade começou voltar novamente à calmaria, e os prisioneiros foram pesadamente explorados. Diabolus queria expulsá-los da cidade, contudo, na atual conjuntura, isso não seria aplicável, uma vez que a guerra estava diante de todos os seus portões.

Mas retornemos à nossa história. Os capitães, quando haviam voltado do portão e entraram em seu acampamento, instituíram um conselho de guerra para deliberar o que mais eles podiam fazer. Alguns disseram: "Subamos agora mesmo e nos lancemos contra a cidade", mas a maior parte achou melhor dar-lhes ainda mais uma convocação para que eles se submetessem. Pensaram que isso seria melhor porque, tanto quanto podiam perceber, a cidade estava agora mais inclinada a condescender do que anteriormente. Disseram:

—Se alguns deles estão no caminho de se inclinarem, pela rudeza nós podemos causar-lhes desgosto e assim os impediremos de aceitar nossa convocação, que tanto gostaríamos que eles aceitassem.

Eles concordaram sobre esse conselho e chamaram o corneteiro, instruíram-no quanto às palavras a usar, estabeleceram seu tempo e lhe desejaram boa sorte. Não se passaram muitas horas e o corneteiro iniciou a sua jornada. Chegando à muralha da cidade, dirigiu-se ao Portão Audição e lá soou seu instrumento, conforme orientado. Os que estavam dentro vieram ver do que se tratava, e o corneteiro começou seu discurso:

—Ó Alma Humana, cidade de coração duro e deplorável, até quando amarão sua tolice pecaminosa e, vocês, tolos, se deleitarão em zombarias? Ainda desprezam as ofertas de paz e libertação? Ainda recusarão as áureas ofertas de Shaddai e confiarão nas mentiras e falsidades de Diabolus? Vocês acham que, quando Shaddai houver lhes conquistado, as lembranças desse seu procedimento contra Ele lhes trarão paz e consolo, ou que, por meio de palavras ásperas, vocês o afugentarão como um gafanhoto? Ele lhes implora algo porque os teme? Acham que são mais fortes do que Ele? Olhem para o céu e contemplem e reflitam sobre as estrelas, quão altas elas estão? Conseguem fazer o Sol parar de correr seu percurso e esconder a Lua de trazer o brilho dela? Podem contar o número de estrelas ou despejar os odres dos céus?[2] Podem alçar sua voz às águas do mar para que cubram a face da terra? Conseguem olhar a todo o que é soberbo e abatê-lo, e encerrar-lhe o rosto no sepulcro?[3] Essas são apenas algumas das obras de seu Rei, em nome de quem hoje venho a vocês para que sejam trazidos para debaixo de Sua autoridade. Em Seu nome, portanto, conclamo-os novamente a se renderem a Seus comandantes.

Os habitantes de Alma Humana pareciam ter ficado estáticos diante dessa convocação e não sabiam que resposta dar. Portanto, Diabolus apareceu sem demora, assumiu a responsabilidade de fazê-lo e, começando, voltou seu discurso aos moradores da cidade:

—Cavalheiros e meus fiéis súditos, se é verdade o que esse corneteiro disse com relação à grandeza do Rei deles, vocês sempre serão mantidos cativos pelo Seu terror e, assim, levados a rastejar. Sim, como vocês conseguem agora, sendo que Ele ainda está distante, suportar estar em Sua presença? Eu, seu príncipe, sou familiar a vocês, de modo que podem brincar comigo como se eu fosse um gafanhoto. Pensem, portanto, naquilo que lhes traz proveito e lembrem-se das imunidades que eu lhes concedi.

"Ademais, se tudo o que esse homem disse agora é verdade, por que os súditos de Shaddai estão tão escravizados em todos os lugares de onde vêm? Ninguém no universo é tão infeliz quanto eles, ninguém é tão pisoteado quanto eles.

"Considerem, minha Alma Humana: vocês estão tão relutantes em me abandonar quanto eu em abandoná-los. Mas pensem, digo-lhes: a bola ainda está em seus pés. Têm liberdade se souberem como usá-la. Também possuem um rei se souberem como o amar e lhe obedecer."

Por causa desse discurso, a cidade endureceu ainda mais o coração contra os comandantes de Shaddai. A concepção de Sua grandeza os

---

[2] Conforme Jó 38:37

[3] Conforme Jó 40:11-13

afastou, e a ideia de Sua santidade os imergiu em desespero. Por isso, após uma breve consulta, eles (do partido dos diabolinianos) enviaram esta palavra ao corneteiro: da parte deles, estavam determinados a permanecer com seu rei e jamais se curvar a Shaddai.

Assim sendo, foi em vão levar-lhes mais conclamações, uma vez que prefeririam morrer naquele lugar a se render. As coisas pareciam ter retrocedido, e Alma Humana parecia fora de alcance ou da razão. Entretanto, os comandantes, que sabiam o que seu Senhor podia fazer, não se deixariam esmorecer. Enviaram novas convocações, mais incisivas e severas do que a última. Porém quanto mais frequentemente elas eram enviadas para que houvesse reconciliação com Shaddai, mais a cidade se afastava. À medida que eram conclamados, mais distantes se tornavam, embora fossem chamados ao Altíssimo.

Assim, os comandantes pararam de tratar com eles dessa maneira e se inclinaram a fazê-lo de outra forma. Reuniram-se para ter uma conferência entre si e saber o que ainda podia ser feito para conquistar a cidade e para libertá-la da tirania de Diabolus. Um falava de um jeito, o outro de outro, até que o nobre Capitão Convicção se levantou e disse:

—Meus irmãos, esta é minha opinião: primeiramente, que continuemos a lançar nossas catapultas contra a cidade e a mantenhamos em alarme incessante, molestando-os dia a noite. Ao fazê-lo, deveremos impedir o incremento de seu espírito desaforado, pois pode-se domar um leão por meio de contínua perturbação.

"Segundo, feito isso, aconselho que, a seguir, unanimemente enviemos uma petição a Shaddai, pela qual, depois de mostrar a nosso Rei a condição de Alma Humana e das negociações aqui e de lhe implorar perdão por não termos tido grande sucesso, sinceramente imploremos o auxílio de Sua Majestade, para que Ele se agrade de nos enviar mais poderio e algum comandante destemido e articulado liderando-os. Isso com o propósito de que Sua Majestade não perca o benefício desse bom começo e possa completar Sua conquista sobre a cidade de Alma Humana."

Todos consentiram a esse discurso do Capitão Convicção e concordaram que deveriam imediatamente delinear uma petição e enviá-la a Shaddai rapidamente por intermédio de um homem confiável. Este era o conteúdo do documento:

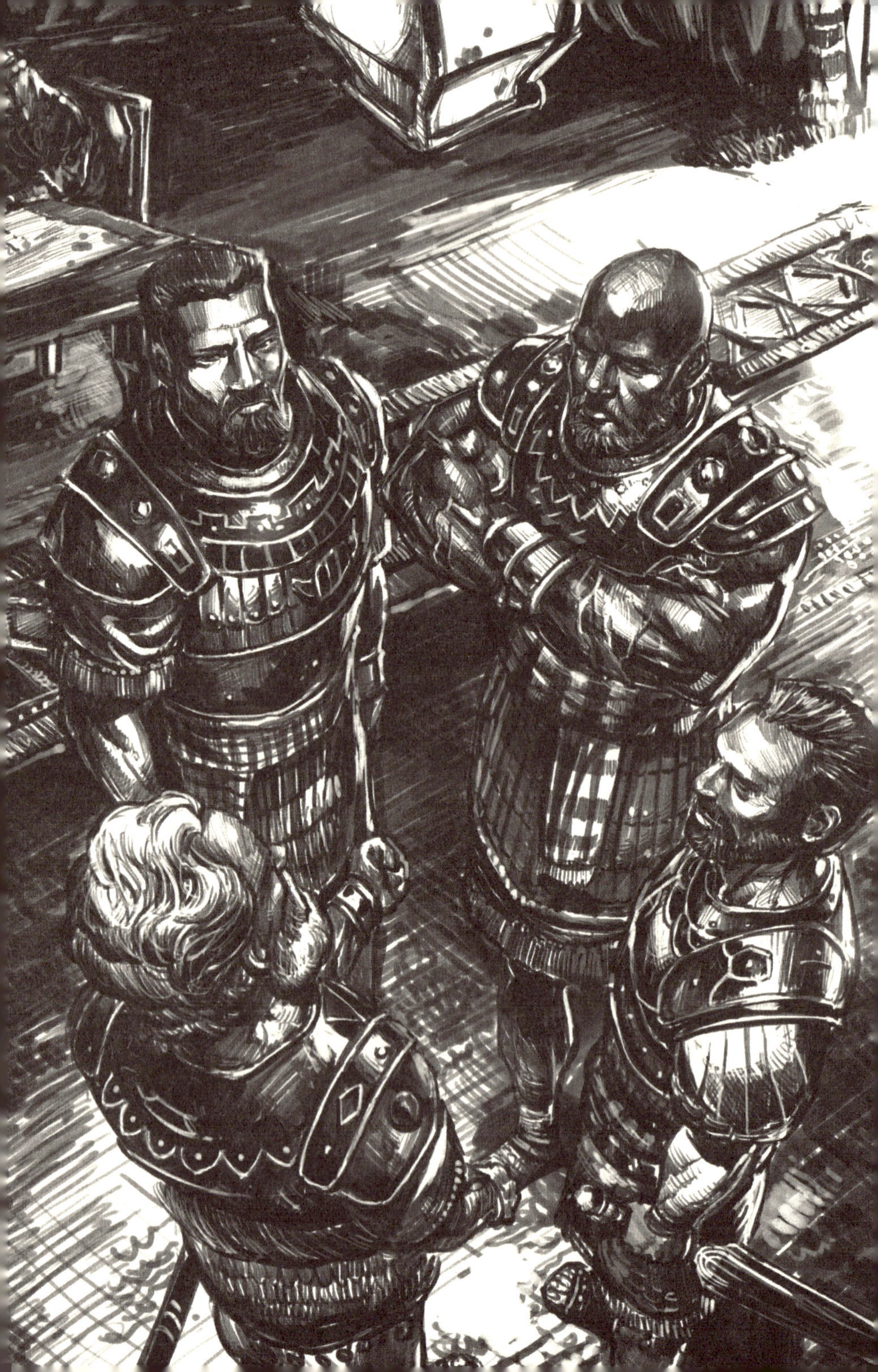

Grandioso e gracioso Rei, o Senhor do melhor dos mundos e o edificador da cidade de Alma Humana. Ó venerado Soberano, nós temos colocado nossa vida em perigo, sob Teu comando, e, por Tuas ordens, guerreado com a célebre cidade de Alma Humana. Quando subimos contra ela, inicialmente oferecemos as condições de paz, de acordo com a nossa comissão. No entanto eles, grande Rei, desconsideraram nosso conselho e não se importaram com nossas reprimendas. Estavam a favor de trancar os portões e manter-nos fora da cidade. Também montaram suas armas, saíram contra nós e nos causaram tanto prejuízo quanto conseguiram. Porém nós continuamos indo atrás deles com alarido após alarido, retribuindo-lhes conforme achamos adequado e executamos alguns deles.

Diabolus, Ceticismo e Arbítrio são as mentes por trás da oposição a nós. Atualmente estamos em nosso quartel de inverno, mas de forma que ainda podemos molestá-los com mão firme e trazer-lhes aflição.

Se tivéssemos, pensamos nós, um amigo notável na cidade, que apoiasse o som de nossas convocações como deveriam, o povo poderia ter se rendido. Porém não há senão inimigos lá, não há quem fale em nome do Senhor na cidade. Por conseguinte, embora tenhamos desempenhado nosso papel o melhor que pudemos, Alma Humana continua em um estado de rebelião contra ti.

Agora, Rei dos reis, que te agrades em perdoar o insucesso de Teus servos, que não têm tido mais vantagem em uma tarefa tão desejável quanto conquistar Alma Humana. E envia, Senhor, mais reforços, como desejamos, para que ela seja subjugada, e um homem que os lidere, a quem a cidade possa amar e temer.

Não falamos desse modo porque estejamos dispostos a abandonar a guerra (pois desejamos entregar nossa vida por esse lugar), mas para que a cidade de Alma Humana possa ser ganha para Vossa Majestade. Oramos também para que Vossa Majestade se apresse nessa questão, para que, após nós os conquistarmos, possamos estar livres para sermos enviados para outros de Teus desígnios. Amém!

A petição foi redigida e enviada com urgência ao Rei, por intermédio do Sr. Amor a Deus, um bom homem.

Quando ela chegou ao palácio do Rei, a quem mais poderia ser entregue senão ao Seu Filho? Ele a tomou, leu e, porque o conteúdo o agradou muito, Ele a corrigiu e acrescentou, por si mesmo, uma petição. Assim, depois de feitas essas alterações e acréscimos, conforme Ele achou conveniente, o Filho do Rei a levou em Suas mãos até o Rei, a quem, após entregá-la com uma reverência, Ele adicionou autoridade e falou Ele mesmo dela.

Ao ver tal petição, o Rei ficou feliz, porém muito mais ainda, vejam vocês, quando ela foi endossada por Seu Filho! Também agradou-o ouvir que Seus servos que acampavam contra Alma Humana estavam deveras diligentes em seu trabalho, firmes em suas decisões e que já haviam recuperado algum território na renomada cidade.

O Rei chamou Seu Filho, Emanuel, à Sua presença, que respondeu:

—Eis-me aqui, meu Pai.

—Tu sabes, como eu sei, a condição da cidade de Alma Humana — disse o Rei —, o que nos propusemos a fazer e o já fizeste para redimi-la. Vem agora, Filho meu, e prepara-te para a guerra, pois irás ao acampamento da cidade. Tu também prosperarás, prevalecerás e conquistarás Alma Humana.

Respondeu-lhe o Filho:

—Tua Lei está em meu coração, deleito-me em cumprir a Tua vontade. Este é o dia pelo qual anelei e a obra pela qual aguardei todo esse tempo. Concede-me, portanto, o exército que, em Tua sabedoria, achares mais adequado. Irei e libertarei Tua desvanecente cidade de Alma Humana de Diabolus e do seu poder. Dentro em mim, meu coração tem frequentemente gemido por essa sofrida cidade, mas agora ele está cheio de regozijo e de alegria.

E com isso Ele saltitou de alegria por sobre as montanhas, dizendo:

—Não considero, sinceramente, nada precioso demais para que entregue por Alma Humana. O dia da vingança está em meu coração, minha cidade! E deleito-me, meu Pai, de que tu tenhas me feito o Capitão da salvação dela. Agora começarei a atormentar todos aqueles que têm afligido a minha Alma Humana e a libertarei das mãos deles!

Quando o Filho do Rei falou dessa maneira a Seu Pai, logo a notícia percorreu toda a corte como um raio. Sim, ela tornou-se a única conversa: o que Emanuel deveria ir e fazer à célebre cidade de Alma Humana. Porém vocês não imaginam como os cortesãos também foram dominados por esse plano do Príncipe. Sim, todos ficaram tão afetados com essa obra e com a justiça da guerra, que o lorde mais eminente e o maior nobre do reino ambicionaram ter comissões sob Emanuel e ir auxiliá-lo a recuperar para Shaddai aquela miserável cidade.

Concluiu-se então que alguns deveriam ir e levar as novas ao acampamento, de que Emanuel viria para reaver Alma Humana e que traria consigo um exército tão poderoso e impenetrável, incapaz de ser resistido. Quão prontos estavam os nobres da corte para correr como lacaios e levar essas notícias ao acampamento defronte de Alma Humana. Quando os capitães perceberam que o Rei enviaria Emanuel, Seu Filho, e que também aprouve ao Filho ser enviado para essa missão pelo grande Shaddai, o Pai, eles também, a fim de demonstrar sua alegria diante da Sua vinda, deram um grito que fez a terra nas cercanias fender. As montanhas responderam ecoando, e o próprio Diabolus vacilou e estremeceu.

Vocês precisam saber que, embora a cidade de Alma Humana, em si, não estivesse muito preocupada com esse projeto (uma vez que, para infelicidade deles, estavam terrivelmente obcecados, pois primeiramente se importavam com seus prazeres e luxúrias), ainda assim Diabolus, seu governador, estava. Ele tinha seus espias continuamente fora das muralhas, que lhe traziam ao conhecimento tudo o que ocorria e lhe disseram o que se fazia na corte contra ele e que, por certo, Emanuel viria em pouco tempo com um exército para invadi-la. Não havia qualquer homem da corte ou nobre no reino que Diabolus temesse mais do que esse Príncipe. Se vocês se lembram, conforme lhes mostrei anteriormente, Diabolus já provara o peso de Sua mão. De forma que o fato de que seria Ele a vir deixou Diabolus mais temeroso.

Bem, já lhes contei como o Filho do Rei se comprometeu em vir da corte para salvar Alma Humana e que Seu Pai o tornou Capitão dos exércitos. Expirado o tempo de Seu anúncio, Ele se preparou para Sua marcha e levou consigo, em Seu exército, cinco nobres comandantes e suas tropas.

O primeiro era o renomado e nobre Capitão Confiança. Sua cor era o vermelho, e o Sr. Promessa a portava. Como brasão, tinha o cordeiro sagrado e o escudo de ouro. Possuía dez mil homens sob seu comando.

O segundo era o famoso Capitão Boa Esperança. Sua cor era o azul, seu alferes era o Sr. Expectação e seu brasão eram três âncoras de ouro. Também tinha dez mil soldados.

O terceiro era o valoroso Capitão Caridade. Seu alferes era o Sr. Compaixão, sua cor era o verde e seu brasão tinha três órfãos nus acalentados ao peito. Possuía igualmente dez mil soldados.

O quarto era um intrépido comandante, o Capitão Inculpável. E seu alferes era o Sr. Inofensivo. O branco era sua cor tema e, como brasão, possuía três pombas douradas.

O quinto era o verdadeiramente leal e amado Capitão Paciência. Seu alferes chamava-se Longanimidade e sua cor era o preto com o brasão de três flechas atravessando um coração dourado.

Esses eram os comandantes, os alferes, as cores e os brasões de Emanuel e aqueles os homens sob ordens desses generais. Assim, como dito antes, o audaz Príncipe iniciou Sua marcha em direção à cidade de Alma Humana. O Capitão Confiança conduzia a vanguarda e o Capitão Paciência trazia a retaguarda. Os três demais, com seus soldados, completavam o batalhão. O próprio Príncipe os liderava, conduzindo Sua biga.[4]

Quando eles se perfilaram para sua marcha, ó, como soaram as trombetas! Como reluziam suas armaduras e as suas cores dançavam ao vento! A armadura do Príncipe era toda de ouro e brilhava como o Sol no firmamento. As dos capitães eram invulneráveis e em aparência assemelhavam-se às estrelas resplandecentes. Também alguns soldados voluntários da corte partiram em montaria com eles pelo amor que tinham pelo Rei Shaddai e pela alegre libertação da cidade de Alma Humana.

Emanuel, assim que se preparou para partir e reaver essa cidade, levou consigo, sob ordens de Seu Pai, 54 aríetes e 12 catapultas para lançar pedras. Cada um desses era feito de ouro puro e foram levados por eles no centro do batalhão e espalhados por todo exército enquanto se dirigiam a Alma Humana.

---

[4] Carruagem de duas rodas usadas pelos romanos nas batalhas.

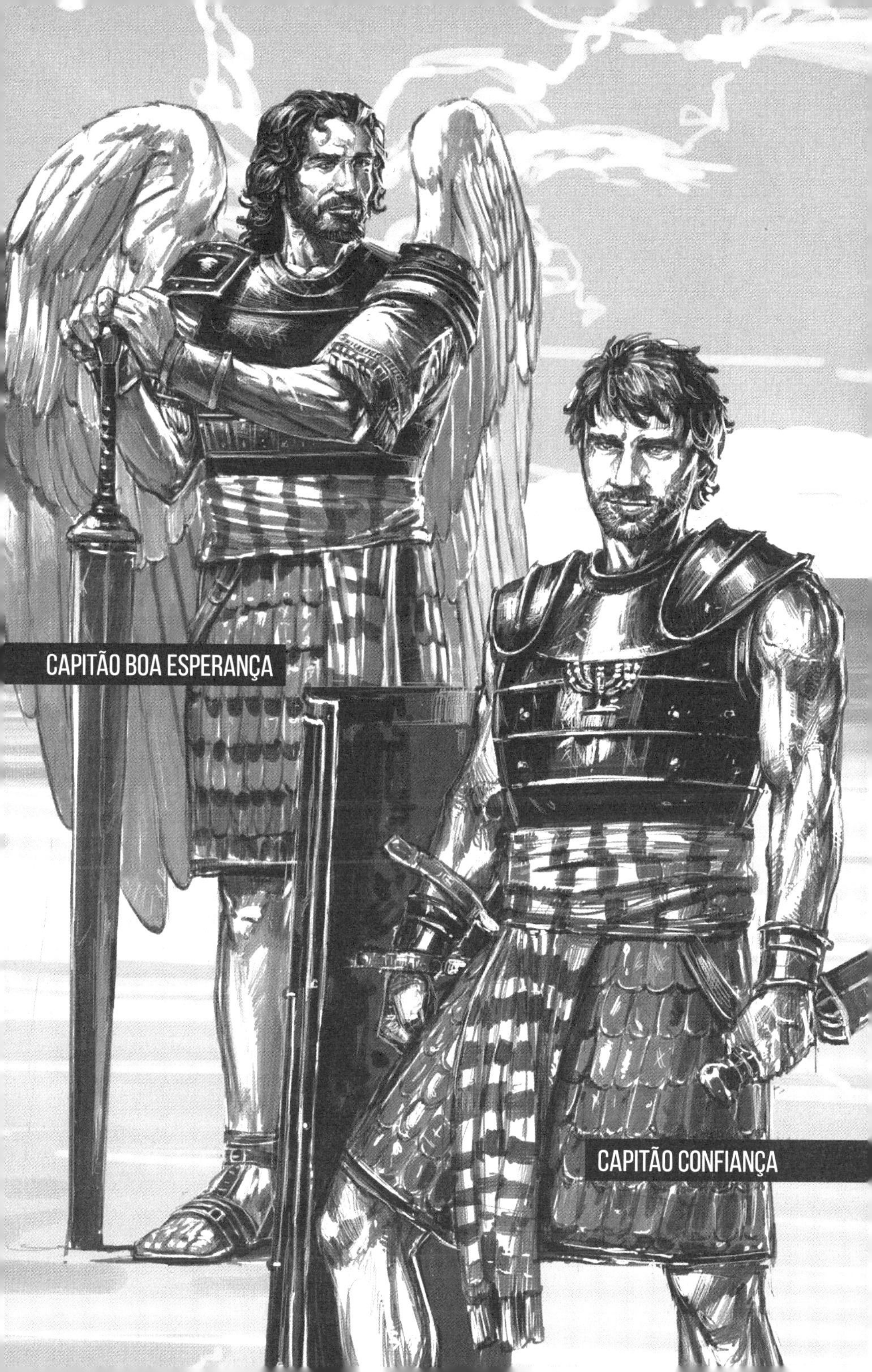
CAPITÃO BOA ESPERANÇA
CAPITÃO CONFIANÇA

Assim, marcharam até que chegaram a menos de uma légua[5] da cidade. Lá permaneceram até que os quatro comandantes viessem e lhes colocassem a par da questão. Depois, seguiram a jornada até que chegaram a Alma Humana. Todavia, quando os primeiros soldados, que estavam no acampamento, viram que tinham um novo batalhão para unir-se a eles, gritaram em comemoração novamente diante das muralhas da cidade, o que trouxe novo pavor a Diabolus. Então, estabeleceram-se diante da cidade, não como fizeram os quatro comandantes antes deles, a saber, apenas diante dos portões de Alma Humana, mas cercaram-na por todos os lados e rodearam-na por trás e por diante, de forma que, quando os habitantes olhassem para qualquer lado, veriam exércitos em cerco contra ela. Ademais, havia montes que se elevavam em oposição a ela: de um lado o Monte da Graça e do outro, o Monte Justiça. Também havia vários pequenos aterros e áreas de avanço, como a Colina Pura Verdade e os aterros Não ao Pecado, onde foram colocadas muitas das catapultas. Sobre o Monte da Graça, foram estabelecidas outras quatro delas e sobre o Monte Justiça muitas mais. As demais foram convenientemente postadas em muitas partes do cerco à cidade. Cinco dos aríetes, dos maiores deles, foram posicionados no Monte Ouvir Atentamente, que se elevava próximo ao Portão Audição, com o intento de abri-lo.

Quando os habitantes da cidade viram a multidão de soldados que vieram contra eles, os aríetes, as catapultas e os montes onde eles foram posicionados, além do fulgor das armaduras e das coloridas flâmulas tremulando ao vento, sentiram-se forçados a mudar, e mudar de novo seus pensamentos. Entretanto, esses raramente eram pensamentos de mais valentia, ao contrário, eram de mais desânimo, pois, embora antes achassem que estavam suficientemente protegidos, agora começaram a perceber que nenhum deles sabia qual seria seu destino.

Quando o bom Príncipe Emanuel havia sitiado Alma Humana, a primeira coisa que fez foi levantar a bandeira branca, que fixou entre as douradas catapultas colocadas sobre o Monte da Graça. Isso Ele fez por dois motivos: 1) para notificar a cidade de que Ele poderia e seria ainda gracioso caso os habitantes se voltassem para Ele; 2) para que pudesse

[5] Cerca de 5 km.

deixá-los ainda mais sem escusas, se tivesse que destruí-los por continuarem em sua rebelião.

Assim, a bandeira branca com as três pombas douradas ficou hasteada por dois dias, a fim de lhes dar tempo e espaço para ponderarem. Todavia eles, conforme sugerido anteriormente, como estivessem despreocupados, não responderam ao sinal favorável do Príncipe. Ele então deu ordem para que a bandeira vermelha fosse hasteada sobre o Monte Justiça. Esta era a bandeira do Capitão Julgamento, cujo brasão era a fornalha ardente, que também ficou oscilando ao vento diante deles por muitos dias seguidos. Mas vejam, da mesma forma que reagiram quando a bandeira branca foi hasteada, agora faziam com a vermelha. E mesmo assim Ele não tirava vantagem deles.

O Príncipe ordenou novamente que Seus servos erguessem a bandeira preta de desafio contra eles, que tinha os três raios reluzentes. Porém Alma Humana estava tão indiferente a esta quanto às outras anteriores. Mas, quando o Príncipe viu que nem a misericórdia, nem o julgamento, ou a execução do julgamento conseguiriam sensibilizar Alma Humana, sentiu-se compungido e disse:

—Certamente esse comportamento estranho da cidade é antes fruto da ignorância dos meios e ações de guerra do que de um desacato velado contra nós e desprezo pela própria vida. Ou, se conhecem os modos dos conflitos, ainda ignoram os ritos e cerimônias de guerra que estamos aplicando enquanto guerreio contra meu inimigo Diabolus.

Portanto, Ele enviou uma mensagem à cidade, a fim de informá-los sobre o que significavam aqueles sinais e cerimônias das bandeiras e para saber deles o que escolheriam, se a graça e a misericórdia ou o julgamento e a execução do julgamento. Todo esse tempo os portões eram mantidos tão trancafiados quanto possível com cadeados, ferrolhos e barras. Seus guardas também foram duplicados e reforçaram ao máximo a vigilância. Diabolus também buscava animá-los para encorajá-los a fazer resistência.

Os cidadãos responderam ao mensageiro do Príncipe, em resumo, conforme a seguir:

—Grande Senhor, com relação ao que explicaste, por meio de Teu mensageiro, querendo saber se aceitaremos Tua misericórdia ou cairemos sob Tua justiça, estamos comprometidos com as leis e os costumes deste

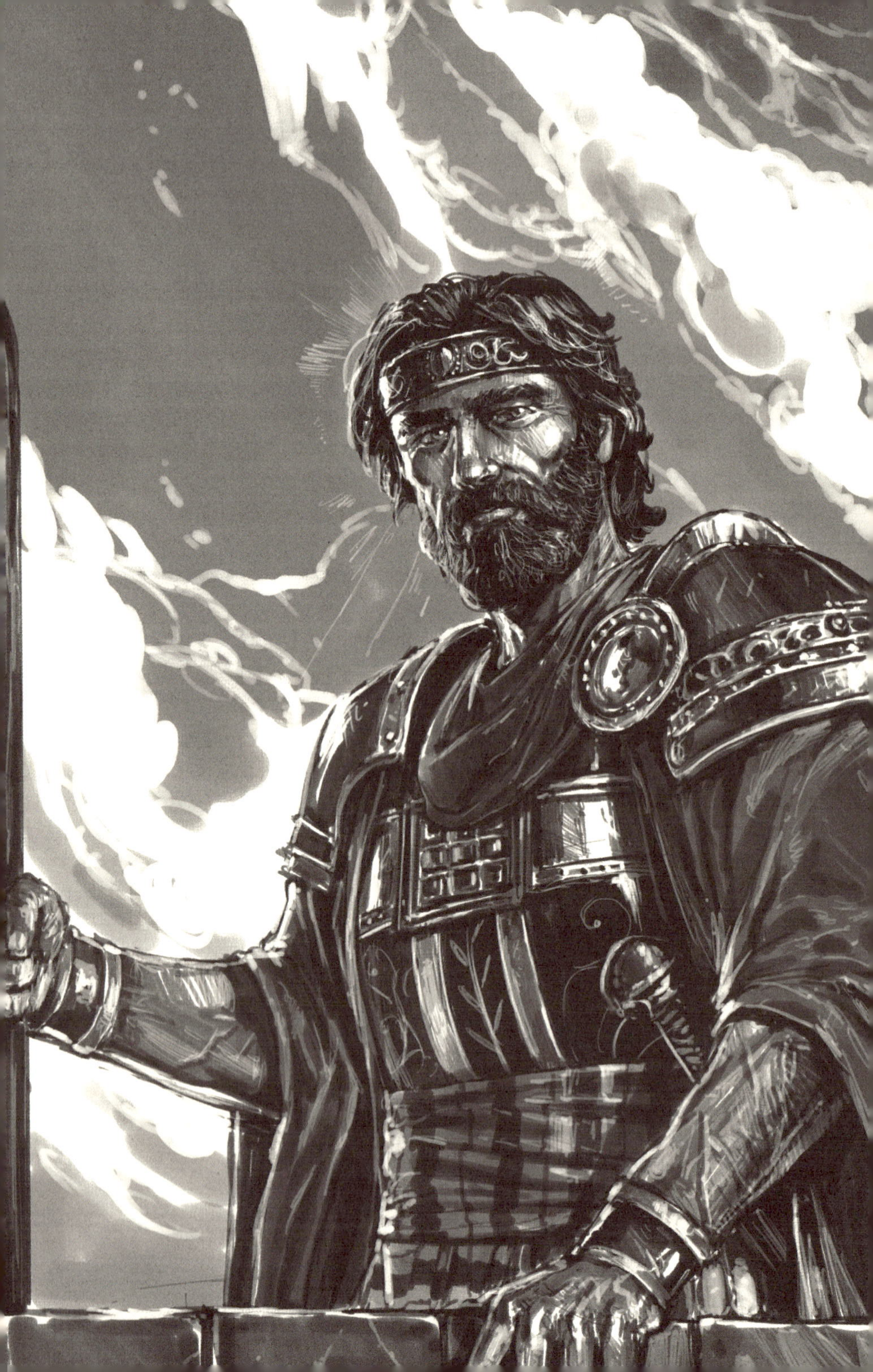

lugar e não poderemos te dar resposta positiva. É contra a lei, governo e prerrogativa real de nosso rei que façamos paz ou entremos em guerra sem ele. No entanto, isto faremos: solicitaremos que nosso príncipe venha à muralha e que lá te dê o tratamento que ele achar mais adequado e vantajoso para nós.

Tão logo o bom Príncipe Emanuel ouviu essa resposta e observou a escravidão e a sujeição do povo, e quão satisfeitos estavam em permanecer sob as cadeias do tirano Diabolus, sentiu pesar no Seu coração. De fato, sempre que percebia que alguém estava satisfeito com a servidão ao gigante, Ele se sentia comovido por isso.

Mas, voltando ao nosso propósito, depois que a cidade levou essa notícia a Diabolus e lhe disse, além disso, que o Príncipe, que estava no sítio fora das muralhas, aguardava pela resposta deles, ele negou e bufou tanto quanto pôde, mas, por dentro, estava atemorizado. Então disse:

—Vou até os portões e lhe darei a resposta que eu achar adequada.

Dirigiu-se ao Portão Paladar e de lá falou a Emanuel (mas em idioma que a cidade não conseguiu entender) o assunto a seguir:

—Ó tu, Emanuel, Senhor de todo o mundo, conheço-te e sei que és o Filho do grande Shaddai! Portanto, por que vens me atormentar e expulsar-me de minha propriedade? Esta cidade de Alma Humana, como sabes muito bem, é minha e isso por direito duplo: 1) É minha por direito de conquista. Venci em campo aberto e será a presa arrancada do poderoso ou o legítimo cativo ser libertado? 2) Esta cidade de Alma Humana é minha por sujeição. Eles abriram os portões de sua cidade a mim, juraram-me fidelidade e abertamente me escolheram como seu rei. Também entregaram em minhas mãos o castelo. Sim, colocaram toda a força de Alma Humana sob meu governo.

"Outrossim, a cidade de Alma Humana te repudiou, abandonou a Tua Lei, o Teu nome, a Tua imagem e tudo que é Teu, aceitando e colocando em seu lugar a minha lei, o meu nome, a minha imagem e tudo o que me pertence. Pergunta a Teus comandantes e eles te dirão que os habitantes daqui demonstraram amor e lealdade a mim como resposta às convocações deles. E sempre desdenharam, desprezaram, desonraram e zombaram de ti e dos Teus. Tu és o Justo e o Santo e não deves praticar a iniquidade. Vai-te embora, então, imploro-te, daqui e deixa pacificamente para mim a minha justa herança."

Esse discurso foi feito no idioma do próprio Diabolus, uma vez que, embora ele possa falar a qualquer homem na língua deles (do contrário não poderia tentá-los), ainda assim possui linguagem própria, o idioma do antro infernal ou poço negro.

Assim sendo, a cidade de Alma Humana (pobres almas!) não o entendeu, nem percebeu como ele se encolhia e se inclinava enquanto estava diante de Emanuel, seu Príncipe. Eles o tomavam, durante todo esse tempo, como sendo alguém cujo poder e força não poderiam ser resistidos por qualquer meio. Enquanto Diabolus estava assim rogando para que pudessem lá manter sua residência e para que Emanuel não a tomasse dele, os habitantes vangloriavam-se de seu valor, perguntando quem poderia lhe fazer guerra.

Bem, quando esse falso rei terminou o que dizia, Emanuel, o Príncipe dourado, levantou-se e falou:

—Você, enganador, tenho algo a lhe dizer em nome de meu Pai, em meu próprio nome e em nome e para o bem da desventurada cidade de Alma Humana. Você simula um direito, um direito legítimo a essa deplorável cidade, quando, na verdade, é nítido a toda a corte de meu Pai que o acesso que você obteve aos portões de Alma Humana foi por meio de mentiras e falsidades. Você mentiu sobre meu Pai, Sua Lei e assim enganou a cidade de Alma Humana. Reivindica que o povo o aceitou como rei, comandante e como legítimo senhor feudal, mas isso também foi por intermédio de fraudes e ciladas. Se a mentira, a astúcia, as artimanhas pecaminosas e toda forma de horrível hipocrisia passarem como justas e corretas na corte de meu Pai (na qual você será julgado), então confessarei que você fez uma conquista legítima. Porém, qual ladrão, tirano, demônio há que não vença por esses meios?

Eu posso evidenciar, ó Diabolus, que você, em toda as suas pretensões de conquista de Alma Humana, não tem nada de verdadeiro para afirmar. Acha que é certo inventar mentiras sobre meu Pai e torná-lo para Alma Humana como o maior enganador do mundo? E o que diz de sua perversão consciente dos corretos propósito e intento da Lei? É bom que você tenha feito de presa a inocência e a simplicidade da agora infeliz cidade? Sim, você os conquistou prometendo-lhes felicidade em suas transgressões contra a Lei de meu Pai, quando sabia e não podia ignorar, se consultasse apenas a sua própria experiência, que aquela era a forma de arruiná-los. Você também, mestre da inimizade, desfigurou a imagem de meu Pai por despeito e colocou a sua no lugar, para grande desonra de Shaddai, para acrescentar peso ao seu pecado e para prejuízo intolerável da cidade de Alma Humana que assim perece.

"Além disso você, como se isso não lhe fosse suficiente, não apenas iludiu e destruiu este lugar, mas, com suas mentiras e comportamento fraudulentos, colocou-os contrários à própria libertação deles. Você os incentivou grandemente contra os comandantes de meu Pai e os colocou para combater aqueles que foram enviados para livrá-los da servidão! Todas essas coisas e muitas outras você fez em oposição à luz e em desobediência a meu Pai e Sua Lei. Isso com o objetivo de levar a desditosa cidade de Alma Humana a ser eternamente reprovada por Ele. Portanto, vim para vingar a maldade que você fez a meu Pai e para puni-lo pelas blasfêmias com as quais você levou a pobre cidade a ultrajar Seu nome. Sim, de sua cabeça[6], príncipe do covil infernal, vou requerer tal coisa.

"Quanto a mim, ó Diabolus, voltarei contra você com o legítimo poder e tomarei à força essa cidade de Alma Humana de seus abrasados dedos, pois ela me pertence e isso por direito indiscutível, como observarão todos os que pesquisarem diligentemente os registros mais antigos e autênticos. Vou reivindicar minha titularidade a ela, para sua confusão.

"Primeiramente, pela cidade de Alma Humana, que meu Pai edificou e planejou com Suas mãos. O palácio também, que está no centro da cidade, Ele construiu para Seu deleite. Portanto, essa cidade pertence a meu Pai, e isso por meio dos melhores títulos de posse, e aquele que contradisser essa verdade mentirá contra sua própria alma.

"E por segundo, ó você, mestre da mentira, essa cidade de Alma Humana é minha propriedade.

1. Porque sou o herdeiro de meu Pai, Seu primogênito e o único em quem Seu coração se compraz. Assim, venho contra você no exercício de meu direito, para recuperar minha herança de suas mãos.
2. Além disso, do mesmo modo que tenho o direito e o título de propriedade de Alma Humana por ser o herdeiro de meu Pai, assim também o tenho por doação de meu Pai. Era dele, e Ele deu-a a mim. Tampouco ofendi meu Pai, para que Ele a tomasse de mim

[6] Gênesis 3:15

e lha desse a você. Nem estou forçado, por motivo de falência, a vender a você essa minha amada cidade. Alma Humana é meu desejo, meu deleite e a alegria de meu coração. Contudo,

3. Alma Humana é minha por direito de aquisição. Eu a adquiri, ó Diabolus, comprei-a para mim mesmo. Agora, uma vez que pertencia a meu Pai e agora é minha, como sou Seu herdeiro, e já que também a tornei minha em virtude de uma grande obtenção, segue-se que, por lei e direito, a cidade me pertence, e você é um usurpador, um tirano e um traidor por mantê-la em sua posse. O motivo por que a comprei é este: Alma Humana transgrediu contra meu Pai, e Ele havia dito que, no dia em que eles quebrassem a lei, morreriam. É mais fácil que céu e Terra passem do que meu Pai quebrar Sua palavra. Dessa forma, quando Alma Humana pecou de fato, atentando à sua mentira, intervim e tornei-me fiador a meu Pai, corpo por corpo e alma por alma, de que eu faria reparação pelas transgressões dessa cidade, e meu Pai o aceitou. Assim, quando chegou o tempo determinado, entreguei corpo em lugar de corpo e alma em lugar de alma, vida por vida e sangue por sangue e redimi minha amada Alma Humana.
4. Não o fiz pela metade: a Lei e a justiça de meu Pai, que eram ambas relacionadas à ameaça sob a transgressão, estão saciadas e bem satisfeitas de que Alma Humana possa ser liberta.
5. Tampouco venho, neste dia, contra você a não ser por ordens de meu Pai. Foi-me dito: 'Desce e liberta Alma Humana'.

"Desse modo, seja sabido por você, ó fonte de engano, e também pela tola cidade, que não venho contra você, no dia de hoje, sem meu Pai.

"E agora", disse o Príncipe de cabeça áurea, "tenho uma palavra para a cidade de Alma Humana".

Porém, tão logo se fez menção de que Ele tinha uma palavra a dizer à inebriada cidade de Alma Humana, os portões foram duplamente guardados e a todos os homens ordenou-se que não lhe dessem ouvidos. Mesmo assim, Ele procedeu e disse:

—Ó infeliz cidade de Alma Humana, não consigo evitar de me sentir tocado de piedade e compaixão por você. Aceitaram Diabolus como rei e se tornaram aios e ministros dos diabolinianos em oposição a seu soberano Senhor. Abriram seus portões a ele, mas os fecham firmemente contra mim. Deram-lhe ouvido, porém, ensurdeceram-no aos meus clamores. Ele lhes trouxe a sua destruição, e vocês receberam tanto a ele quanto a essa assolação. Venho trazendo-lhes salvação, contudo vocês não me consideram. Ademais, tomaram a si mesmos, com suas sacrílegas mãos, e tudo que me pertencia em vocês, e entregaram-se a meu adversário e ao maior inimigo de meu Pai. Inclinaram-se e se sujeitaram a ele, fizeram votos e juramentos de que seriam dele. Pobre Alma Humana! O que lhes farei? Salvá-los-ei ou deverei destruí-los? O que devo lhes fazer? Devo lançar-me contra vocês e reduzi-los a pó, ou fazê-los um monumento da mais preciosa graça? O que deverei lhes fazer? Atentem, portanto, cidade de Alma Humana, à minha palavra e viverão. Sou misericordioso, e vocês descobrirão que assim o sou. Não me cerrem para fora de seus portões.

"Ó Alma Humana, não é parte de minha comissão ou inclinação, de forma alguma, feri-los. Por que voam tão rapidamente de seu amigo e apegam-se tanto a seu inimigo? De fato, eu os receberia, porque lhes compete arrependerem-se de seu pecado. Mas não desesperem da própria vida. Este grande exército não está aqui para os ferir, mas para libertá-los da servidão e levá-los à obediência.

"Minha comissão, na realidade, é fazer guerra a Diabolus, seu rei, e sobre os diabolinianos dele, pois ele é o valente armado que guarda a casa, e eu o expulsarei. Dividirei seus espólios, tirarei sua armadura, tirá-lo-ei de sua fortaleza e farei dela uma habitação para mim. E disso, ó Alma Humana, Diabolus saberá quando for levado a me seguir em cadeias e quando Alma Humana se regozijar em vê-lo.

"Eu poderia, se usasse agora minha força, fazer com que Diabolus os deixasse e partisse imediatamente. Contudo, tenho em meu coração que devo lidar com ele; assim, a justiça da guerra que farei contra ele poderá ser vista e reconhecida por todos. Ele tomou Alma Humana por fraude e a mantém por meio de violência e engano, e eu o deixarei exposto e despido perante os olhos de todos.

"Todas as minhas palavras são verdadeiras. Sou poderoso para salvar e libertarei minha Alma Humana das mãos dele."

Esse discurso era endereçado principalmente a Alma Humana, mas a cidade não lhe deu ouvidos. Eles cerraram o Portão Audição, puseram-lhe barricadas, mantiveram-no trancado e aferrolhado. Colocaram guardas e ordenaram que os cidadãos não deveriam sair ao Seu encontro e que ninguém do acampamento deveria ser admitido ao interior da cidade. Tudo isso fizeram porque Diabolus os havia encantado de forma tão horrenda a buscar fazê-lo em favor dele e em oposição a seu legítimo Senhor e Príncipe. Dessa maneira, nenhuma voz ou som produzido pelos soldados que pertenciam à gloriosa hoste poderia entrar na cidade.

CAPÍTULO 5

Assim, quando Emanuel viu que a cidade estava dessa forma envolvida com o pecado, convocou Seu exército para se reunir (já que até mesmo Suas palavras foram menosprezadas) e deu o comando para todas as Suas tropas se prepararem para o tempo determinado. Uma vez que não havia meio legal de tomar a cidade de Alma Humana, a não ser entrando pelos portões, sendo o Portão Audição o principal, Ele ordenou que Seus capitães e comandantes trouxessem seus exércitos, suas catapultas e seus soldados para colocá-los nos Portões Audição e Visão, a fim de que Ele conquistasse a cidade.

Quando Emanuel havia colocado tudo em prontidão para declarar guerra a Diabolus, Ele enviou novamente mensagens a Alma Humana para saber se eles se renderiam de forma pacífica ou se ainda permaneceriam decididos a fazê-lo tentar o extremo. Desse modo, eles e seu rei Diabolus convocaram um conselho de guerra e resolveram certas propostas que deveriam ser apresentadas a Emanuel e, se Ele aceitasse, eles concordariam. Depois ficou a questão: quem seria enviado para essa tarefa? Havia em Alma Humana um senhor idoso, um diaboliniano, cujo nome era Contrário a Inclinar-se, um homem austero em seus modos e alguém que realizava muito para Diabolus. Enviaram o idoso depois de lhe instruírem quanto ao que dizer.

Ele, então, foi ao acampamento de Emanuel. E, quando lá chegou, foi-lhe estabelecido um horário para audiência. Chegada a hora marcada, após apresentar uma ou duas reverências diabolinianas, começou a falar:

—Grande Senhor, que seja conhecida de todos a boa natureza de meu príncipe e mestre. Ele me enviou para dizer a Vossa Alteza que está disposto a liberar para Tuas mãos metade da cidade, em vez de ir à guerra. Portanto, preciso saber se Vossa Alteza aceitará essa proposta.

—Toda a cidade me pertence por dote e aquisição. — disse Emanuel — Assim sendo, jamais perderei metade dela.

Ao que respondeu o Sr. Contrário a Inclinar-se:

—Senhor, meu mestre disse que se contentará que sejas conhecido como Senhor nominal e titular de tudo, caso ele possa obter apenas uma parte dela.

Disse então Emanuel:

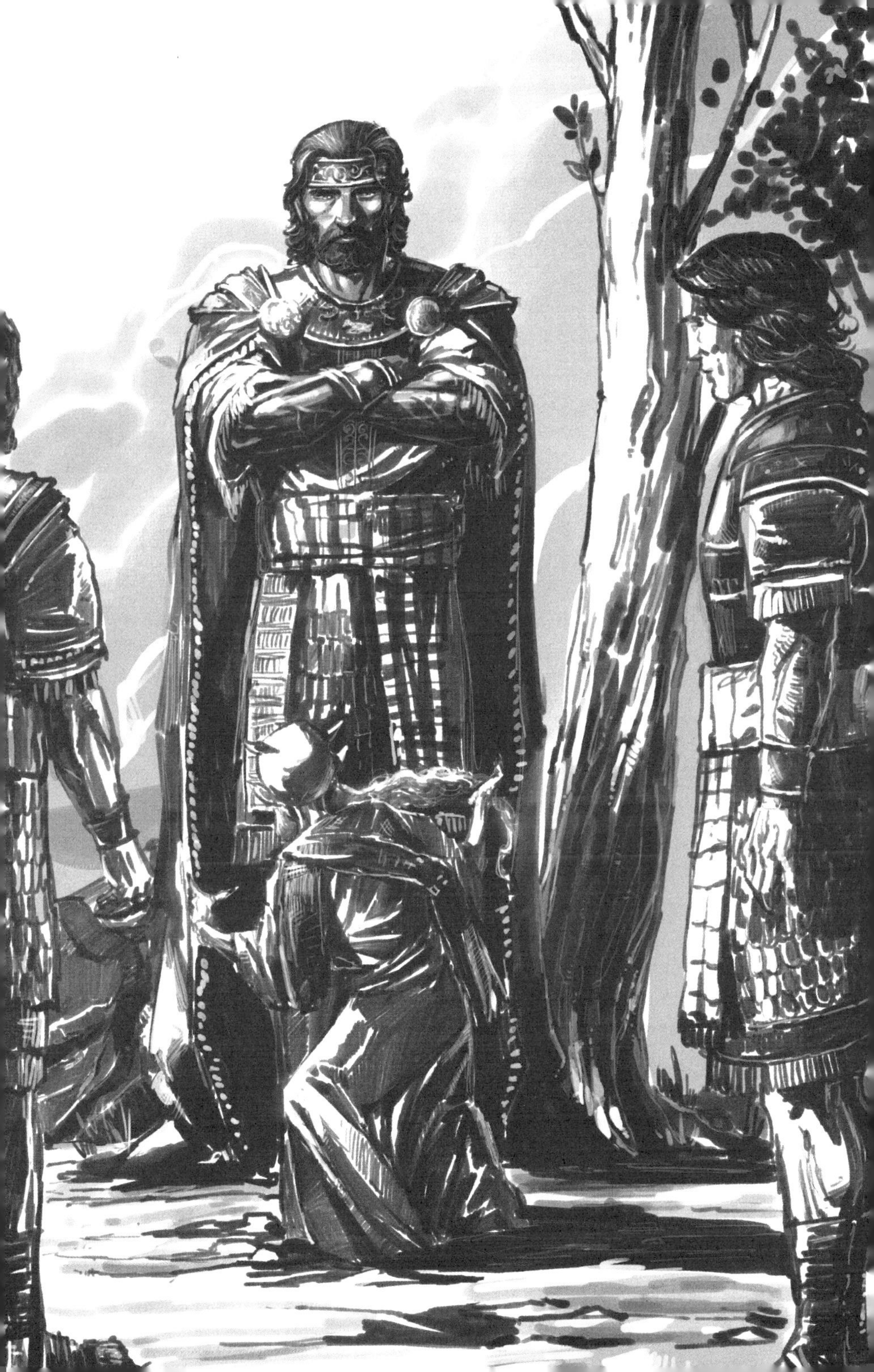

—A totalidade dela me pertence, não apenas no nome e em palavra. Dessa forma, serei o único Senhor e Possuidor de tudo ou de nada de Alma Humana.

—Senhor, vê a condescendência de meu mestre! — disse Contrário a Inclinar-se. —Ele disse que se satisfará se lhe for designado algum espaço na cidade, como um lugar em que possa viver privativamente, e tu serás o Senhor do restante.

Replicou o Príncipe dourado:

—Tudo o que o Pai me deu virá a mim; e do que me foi concedido não perderei absolutamente nada[1], o menor dos dedos ou um fio de cabelo. Portanto, não lhe concederei nem mesmo uma esquina de Alma Humana para que habite. Eu a tomarei totalmente para mim.

—Mas, Senhor, suponhamos que meu senhor renuncie a toda cidade para ti, com apenas esta condição: que ele, às vezes, quando vier a esse país, possa, por ser um velho conhecido, ser acolhido como um viajante por dois dias, ou dez, ou um mês mais ou menos. Não poderia isso lhe ser concedido?

—Não! — retrucou Emanuel. —Ele veio como um viajante a Davi e nem ficou por muito tempo com ele e, mesmo assim, quase custou ao bom homem a sua alma.[2] Não consentirei mais que Diabolus tenha qualquer refúgio aqui.

—Senhor, pareces-me muito implacável — respondeu o velhaco. —Suponhas que meu mestre ceda a tudo que Vossa Alteza afirmou, desde que seus amigos e parentes, que estão em Alma Humana, tenham liberdade de negociar dentro da cidade e desfrutar de suas atuais habitações. Não poderia isso lhes ser concedido?

—Absolutamente não! Isso é contrário à vontade de meu Pai. Todos eles e todas as maneiras dos diabolinianos que agora existem, ou que sejam encontrados a qualquer tempo em Alma Humana não apenas perderão suas terras e liberdades, mas também sua vida!

Então, disse novamente Contrário a Inclinar-se:

—Mas, Senhor, não pode meu mestre e grande senhor manter, por meio de cartas, de transeuntes ou oportunidades acidentais e coisas

---

[1] Conforme João 6:37

[2] Samuel 11:2-4

semelhantes a essas, algum tipo de velha amizade com Alma Humana se ele entregar tudo a ti?

—De maneira alguma! Pois comunhão, amizade, intimidade ou proximidade, de qualquer forma, tipo ou modo assim mantidos, tenderão a corromper Alma Humana, a alienar as afeições dela por mim e a colocar em perigo a paz de meu Pai que deve reinar nela.

O emissário de Diabolus acrescentou ainda:

—Mas, grande Senhor, uma vez que meu mestre tem muitos amigos em Alma Humana, e estes lhe são muito queridos, não poderia ele, se tiver de afastar-se deles, dar-lhes, por causa de sua natureza boa e generosa, conforme ele perceber ser adequado, algum penhor de seu amor e bondade, que tem por eles, para que a cidade possa olhar para essas lembranças recebidas de seu velho amigo, quando ele tiver partido, e lembrar-se daquele que uma vez foi seu rei e dos tempos de alegria que tiveram juntos enquanto viviam em paz conjuntamente?

—Não! Se Alma Humana vier a me pertencer, não admitirei nem consentirei que haja uma migalha, um fio ou poeira de Diabolus que permaneça como dote concedido a qualquer um na cidade, para assim avivar lembranças da horrenda comunhão que havia entre eles e esse ser infernal.

—Bem, Senhor — disse Contrário a Inclinar-se —, tenho mais uma coisa a te propor e assim terei chegado ao fim de minha comissão. Supõe que, quando meu mestre tiver partido de Alma Humana, alguma alma vivente na cidade tenha um negócio urgente a fazer que, se for negligenciado, permanecerá pendente. E supõe, Senhor, que ninguém possa ajudar tão bem nesse caso quanto meu mestre e senhor. Não poderia meu mestre ser chamado para uma ocasião urgente como essa? Ou, se ele não for admitido na cidade, não poderia ele e a pessoa envolvida se encontrarem em algum vilarejo próximo a Alma Humana e lá colocarem a cabeça para funcionar e deliberar sobre a questão?

Essa foi a última das ardilosas propostas que o Sr. Contrário a Inclinar-se apresentou a Emanuel em nome de seu mestre Diabolus. Contudo, Emanuel em nada consentiu. Respondeu-lhe o Príncipe:

—Não pode haver caso, coisa ou questão resultante em Alma Humana que, quando seu mestre tiver partido, não poderá ser resolvido por meu Pai. Além disso, seria um imenso descrédito para a sabedoria e habilidade de meu Pai admitir que alguém da cidade vá a Diabolus para buscar conselhos, quando eles são antes convidados a, em tudo, fazer suas petições conhecidas a meu Pai pela oração e pela súplica.[3] Também, se isso fosse concedido, seria uma grande passagem aberta para Diabolus e para os diabolinianos em Alma Humana, por onde tramariam, conspirariam e trariam propósitos traiçoeiros, para o pesar de meu Pai e meu e para destruição de Alma Humana.

Quando o Sr. Contrário a Inclinar-se ouviu essa resposta, saiu da presença de Emanuel dizendo que levaria a mensagem a seu senhor acerca de todo o assunto tratado. Voltou a Diabolus em Alma Humana e lhe contou toda a conversa. Relatou como Emanuel não admitira, sob hipótese alguma, que Diabolus, após ter partido, tivesse qualquer coisa para fazer na cidade com qualquer de seus habitantes. Quando Alma Humana e Diabolus ouviram esse relato, unanimemente concluíram que deveriam empregar seu maior esforço para manter Emanuel fora dos portões. Enviaram Hesitação — de quem vocês já ouviram falar, para se comunicar com os capitães do Príncipe. Assim, o velho homem subiu ao topo do Portão Audição e convocou o acampamento para uma audiência. Ao ser aceita, ele começou dizendo:

—Tenho ordens de meu excelso senhor para convidá-los a dizer a seu Príncipe Emanuel que Alma Humana e seu rei estão decididos a permanecer ou fracassar juntos e que é em vão que seu Príncipe sequer cogite ter Alma Humana em Seu poder, a menos que a tome pela força.

Alguns deles, então, foram dizer a Emanuel o que o velho Hesitação, um diaboliniano em Alma Humana, falara. O Príncipe respondeu:

—Devo usar o poder de minha espada, pois não levantarei o cerco e partirei, diante de todas as rebeliões e repulsas que a cidade fez contra mim. Certamente, eu a tomarei e a libertarei das mãos de seus inimigos.

E, com isso, deu ordens para que os capitães Boanerges, Convicção, Julgamento e Execução marchassem imediatamente para o Portão Audição soando suas trombetas, com seus esvoaçantes estandartes coloridos e com o grito de guerra. Também pediu que o Capitão Confiança se unisse a eles. Ademais, Emanuel ordenou que os capitães Boa Esperança e Caridade se dirigissem ao Portão Visão. Igualmente, mandou que o restante de Seus capitães e soldados se colocassem na melhor defesa contra

---

[3] Filipenses 4:6

o inimigo ao redor da cidade. E tudo foi feito como o Príncipe dourado ordenou.

Depois, ordenou que a palavra fosse emitida. E, naquele momento, a palavra era "EMANUEL". O alarme soou, os aríetes entraram em ação e as catapultas arremessaram violentamente pedras contra a cidade. A batalha, então, teve início. Diabolus, por sua vez, em cada portão, liderava os cidadãos na guerra. Desse modo, a resistência que ofereciam era mais enérgica, infernal e ofensiva a Emanuel. Assim, o bom Príncipe se ocupou com Diabolus e Alma Humana por muitos dias seguidos. Chamava a atenção a forma como os capitães de Shaddai se comportavam nessa guerra.

Primeiramente, o Capitão Boanerges (não subestime os demais) fez três investidas, uma após a outra, contra o Portão Audição até estremecer suas bases. O Capitão Convicção também entrou na formação tão rápido quanto possível com Boanerges. Ambos, discernindo que o portão começava a ceder, ordenaram que os aríetes continuassem a ser lançados contra ele. Como o Capitão Convicção se aproximara muito ao portão, foi levado a recuar por um grande exército e recebeu três ferimentos em sua boca. Os cavaleiros voluntários da corte circulavam entre o exército encorajando os capitães.

Por causa da bravura dos dois capitães mencionados anteriormente, o Príncipe mandou que fossem trazidos ao Seu pavilhão e ordenou que descansassem por um tempo e se refrescassem de alguma forma. Semelhantemente, cuidados foram tomados com o Capitão Convicção para que se curasse de seus ferimentos. O Príncipe também deu a cada um deles uma corrente de ouro e incentivou-os a manterem a coragem.

O Capitão Boa Esperança e o Capitão Caridade também não ficaram para trás nessa acirrada luta. Comportaram-se tão bem diante do Portão Visão que quase o romperam completamente. Eles também obtiveram uma recompensa do seu Príncipe e o repouso dos capitães, pois com valentia cercaram a cidade.

Nesse combate, vários oficiais de Diabolus foram mortos e alguns dos habitantes da cidade ficaram feridos. Entre os oficiais, houve a morte do Capitão Vanglória. Esse homem pensava que ninguém conseguiria abalar as colunas do Portão Audição, tampouco o coração de Diabolus. Próximo a esse capitão, também ocorreu a ruína do Capitão Segurança, que costumava afirmar que até os cegos e coxos em Alma Humana poderiam

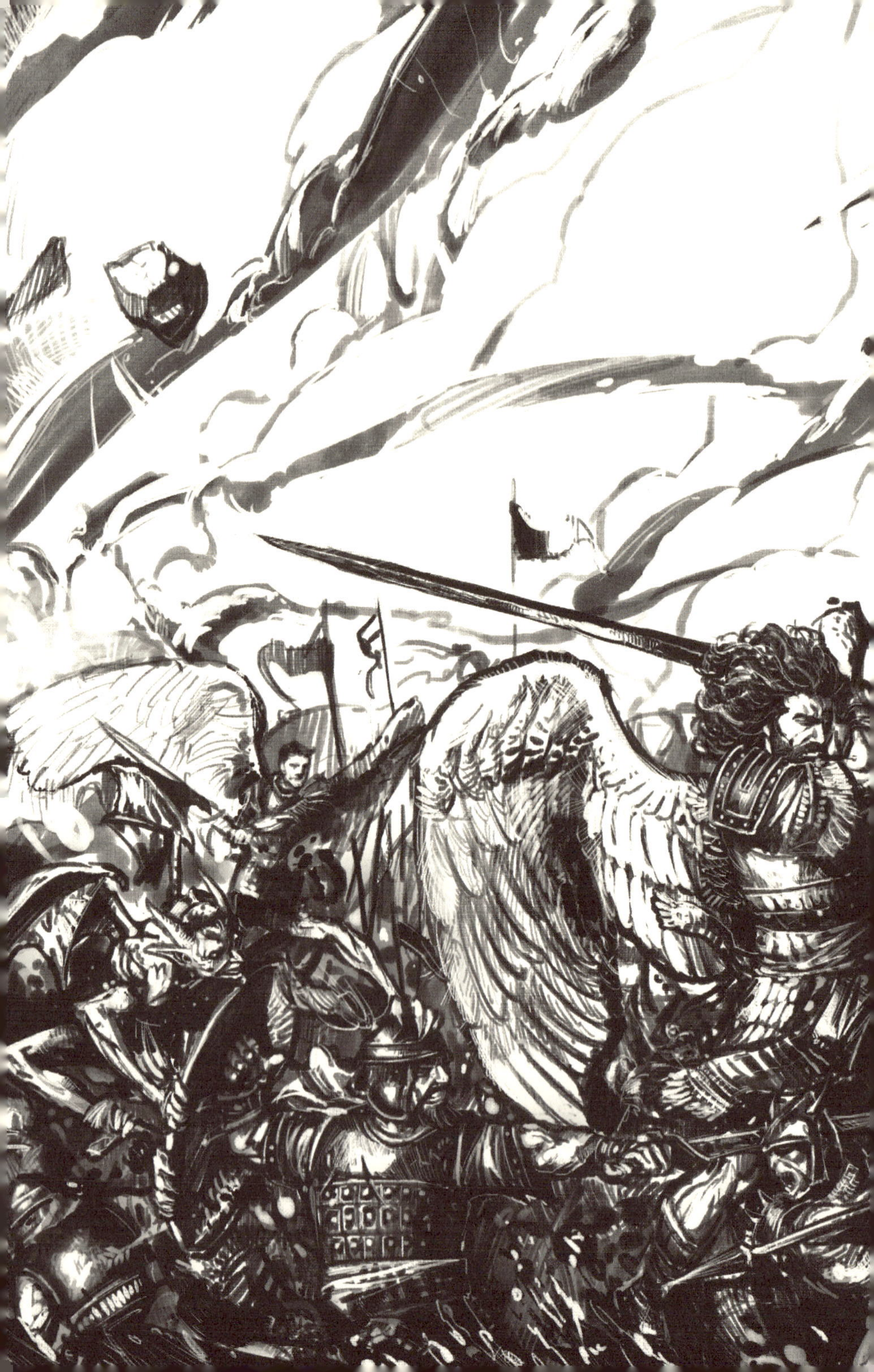

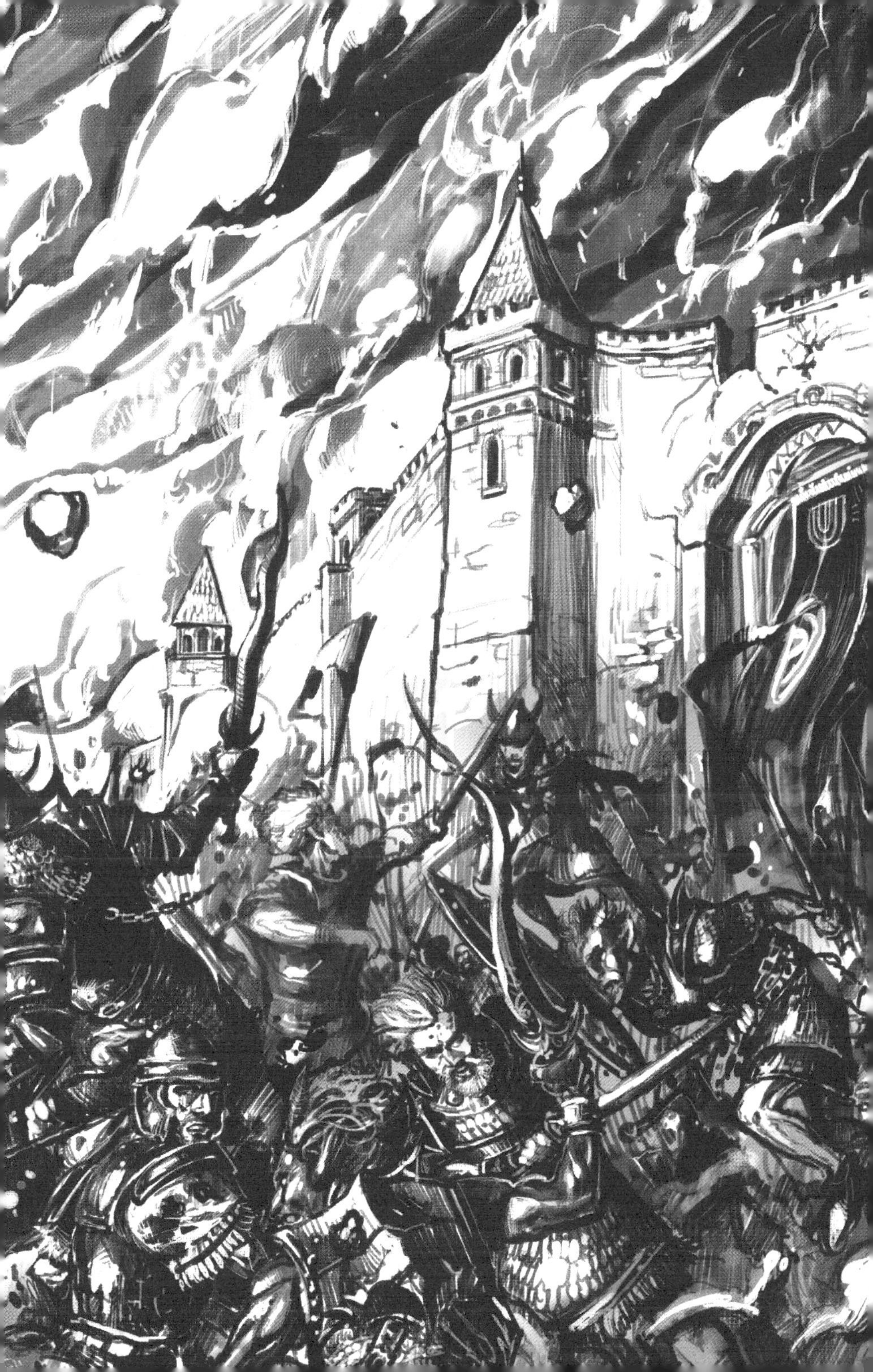

salvaguardar os portões da cidade contra o exército de Emanuel. O Capitão Convicção fendeu a cabeça desse Segurança com uma espada de dois gumes, na ocasião em que ele mesmo recebeu os três ferimentos em sua boca.

Além desses, havia o Capitão Fanfarrão, um indivíduo muito desesperado que era o comandante de um batalhão daqueles que lançavam os tições, as flechas e a morte. Ele também recebeu um ferimento mortal no peito pelas mãos do Capitão Boa Esperança no Portão Visão.

Havia, igualmente, o Sr. Sentimento. Todavia, não era um comandante, mas um grande ávido por encorajar Alma Humana à rebelião. Ele foi ferido em um dos olhos pelos soldados de Boanerges e teria sido executado pelas mãos do próprio capitão caso não tivesse recuado repentinamente.

Contudo, eu jamais havia visto Arbítrio tão assustado em toda a minha vida. Ele não conseguia agir como estava acostumado. Dizem que ele também foi ferido na perna. Alguns soldados do exército do Príncipe certamente o viram manquejar quando andava sobre a muralha.

Não lhes darei um relato especial dos nomes dos soldados que foram abatidos na cidade, visto que muitos foram mutilados, feridos e mortos, pois, quando viram as colunas do Portão Audição estremecendo, que o Portão Visão estava quase completamente aberto e que seus comandantes foram aniquilados, a coragem deixou muitos dos diabolinianos. Muitos caíram pela força dos tiros das catapultas douradas ao centro da cidade de Alma Humana.

Entre os cidadãos, havia um chamado Ódio ao Bem, um diaboliniano que foi gravemente ferido, mas não morreu de imediato.

O Sr. Hesitação, o homem que viera com Diabolus quando ele tentara tomar Alma Humana pela primeira vez, foi semelhantemente ferido gravemente na cabeça. Alguns afirmam que seu crânio foi partido. O que percebi é que ele nunca mais conseguiu trazer à cidade o prejuízo que causara em tempos passados. Os senhores Preconceito e Qualquer Coisa fugiram.

Agora que a batalha estava encerrada, o Príncipe ordenou que mais uma vez se hasteasse a bandeira branca sobre o Monte da Graça à vista de Alma Humana, a fim de mostrar-lhes que Emanuel ainda tinha graça para a desventurada cidade.

Quando Diabolus viu o símbolo da paz novamente hasteado, e sabendo que não era para ele, mas para Alma Humana, ele se determinou a fazer outra diabrura, a saber, ver se Emanuel levantaria o cerco e partiria depois de uma promessa de reforma. Desse modo, ele chegou-se ao portão, numa noite, bem depois do Sol se pôr, e pediu para falar com Emanuel, que rapidamente dirigiu-se ao local. Diabolus lhe disse:

—Como fazes parecer, por Tua bandeira branca, que estás totalmente inclinado à paz e calmaria, pensei em encontrar-te para dar-te a conhecer que estamos prontos a aceitá-la sob condições que deverás admitir.

"Sei que és dado à devoção e que a santidade te agrada. Sim, que Teu objetivo final em guerrear com Alma Humana é para que ela seja uma santa habitação. Bem, retira Teus exércitos das imediações da cidade e eu dobrarei a cidade a Teu arco.

"Primeiro, abandonarei todos os atos de hostilidade contra ti, estarei disposto a tornar-me Teu representante e te servirei, como anteriormente fui Teu oponente, na cidade de Alma Humana. E mais especificamente:

1. Persuadirei a cidade a te receber como seu Senhor. E sei que eles o farão mais rapidamente quando entenderem que eu sou Teu representante.
2. Mostrarei a eles onde erraram e que essa transgressão é um obstáculo no caminho à vida.
3. Revelarei a eles a santa lei à qual deverão se conformar, até aquela que infringiram.
4. Instarei com eles acerca da necessidade de uma reforma de acordo com a Tua lei.
5. E, acima de tudo, para que nada disso fracasse, eu mesmo, à minha própria custa e risco, estabelecerei e manterei ministrações suficientes, além de preleções em Alma Humana.
6. Tu receberás, como sinal de nossa sujeição a ti, anualmente, aquilo que achares adequado estabelecer e recolher de nós como evidência de nossa submissão a ti."

Então Emanuel respondeu a ele:

—Ó, repleto de engano, quão instáveis são os seus modos de agir! Com que frequência você muda e desmuda! Se assim for, você manterá a posse de minha Alma Humana, embora, conforme foi claramente afirmado anteriormente, eu seja o herdeiro legítimo dela! Já fez suas propostas com frequência até agora, e essa não é melhor do que qualquer das anteriores. E, depois de falhar em engodar, ao se mostrar em suas trevas, agora se transforma em anjo de luz e se faria passar, se pudesse, por um ministro da justiça a fim de enganar.

"Porém saiba, Diabolus, que nada do que você propõe pode ser considerado, uma vez que dissimular é tudo o que sabe fazer. Você não tem consciência de Deus, tampouco amor à cidade de Alma Humana. Portanto, de onde poderiam surgir essas suas palavras a não ser de sua astúcia pecaminosa e fraude? Aquele que propõe, a partir de sua inclinação e vontade, aquilo que lhe agrada, e com o qual pode destruir quem nele crê, deve ser abandonado com tudo o que afirma. Porém, se a retidão é tão bela a seus olhos agora, como aquela maldade era tão estritamente arraigada em você antes? Mas isso é de propósito.

"Agora você fala de reforma em Alma Humana, e que você mesmo, se eu permitir, será o líder do empreendimento. Enquanto isso, está plenamente ciente de que a maior competência do homem em cumprir a Lei e a justiça que provém disso não atingirá mais do que absolutamente nada para remover a maldição de Alma Humana. Pois, uma ordenança quebrada pela cidade, que tenha uma suposição de violação, trazendo uma maldição pronunciada por Deus contra quem a quebrou, jamais poderá, por meio da obediência à Lei, libertar-se dela (para não falar do que será uma reforma criada em Alma Humana que tenha o diabo como o corretor do vício). Você sabe que tudo o que disse até agora com relação a isso é somente embuste e engano, e que essa sua última carta que tem a jogar é igual à primeira. Muitos há que logo discernem sua presença quando você mostra seus pés fendidos. Mas, quando se mostra em alvura, luz e transfiguração, poucos serão os que o perceberão. No entanto, você não agirá assim com a minha Alma Humana, ó Diabolus, pois eu ainda a amo.

"Além disso, não vim para colocar Alma Humana sob obras das quais você deva praticar. Se eu o fizesse, seria como você. Porém venho para que, por meu intermédio e do que fiz e farei pela cidade, eles possam ser reconciliados com meu Pai, embora o tenham provocado a ira com seus pecados, e não possam obter misericórdia por meio da Lei.

"Você fala de submeter essa cidade ao bem, quando nenhum deles desejou isso de suas mãos. Sou enviado de meu Pai para possuí-la e guiá-la pela destreza de minhas mãos a tal conformidade com Ele que será satisfatória à Sua vista. Portanto, eu mesmo a tomarei e a disporei a expulsá-lo. Estabelecerei meu próprio estandarte no meio deles, governá-los-ei por meio de novas leis, novos ofícios, novos motivos e novos caminhos. Sim, destruirei essa cidade e a construirei novamente. Ela será como nunca e uma glória para todo o Universo."

Quando Diabolus ouviu isso e percebeu que fora exposto em todos os seus embustes, ficou confuso e extremamente perplexo. Todavia, como tem em si a fonte de iniquidade, ódio e rancor contra Shaddai e Seu Filho, e contra a cidade de Alma Humana, o que poderia fazer senão fortalecer-se tanto quanto possível para deflagrar nova batalha ao nobre Príncipe Emanuel?

Então, teremos outro combate antes que a cidade seja tomada. Venham, assim, para as montanhas, vocês que amam ver ações militares, e contemplem como o golpe final foi dado por ambos os lados. Enquanto um esperava manter a posse, o outro buscava fazer de si o Senhor da célebre Alma Humana.

Diabolus recuou das muralhas em direção ao seu exército, que estava no centro da cidade, ao passo que Emanuel retornou ao acampamento. Ambos, agindo de acordo com seus diferentes métodos, colocaram-se em posição adequada para combater um ao outro.

Diabolus, cheio de desespero para reter a famosa cidade em suas mãos, decidiu causar qualquer prejuízo possível (se de fato pudesse) ao exército do Príncipe e à famosa cidade de Alma Humana, uma vez que, infelizmente, a felicidade daquela gente tola não era o objetivo do maligno ser, mas sua completa ruína e derrota, como era agora visível. À vista disso, ordenou que seus oficiais, quando percebessem que não mais poderiam manter a cidade, causassem-lhe todo dano e desgraça que pudessem, despedaçando homens, mulheres e crianças. "Pois", disse ele, "é melhor demolir o lugar e deixá-lo como um monturo de ruínas do que permitir que ele seja uma habitação para Emanuel".

Emanuel, ciente de que a próxima batalha o levaria a ser o Senhor do lugar, expediu ordem real a todos os Seus oficiais, altos comandantes e homens de guerra, de que se assegurassem de se apresentar como homens de guerra contra Diabolus e todos os diabolinianos. Porém favoráveis, misericordiosos e mansos com os antigos habitantes de Alma Humana.

—Portanto, lancem o ataque mais furioso da batalha contra Diabolus e seus soldados — disse o Príncipe.

Chegado o dia, foi dado o comando, e os soldados do Príncipe valentemente tomaram suas armas e, como antes, atacaram com seu principal exército contra os portões Audição e Visão. A palavra era: "Alma Humana foi conquistada!", e assim lançaram sua investida contra a cidade. Diabolus também ofereceu resistência de dentro, tão rapidamente quanto pôde e com seu exército principal. Seus altos lordes e os melhores capitães lutaram por algum tempo com muita crueldade contra as hostes do Príncipe.

Porém após três ou quatro ofensivas pelo Príncipe e seus nobres capitães, o Portão Audição foi arrombado, e as barras e ferrolhos que eram usados para fechá-lo rapidamente contra o Príncipe foram quebrados em milhares de pedaços. Então, as trombetas de Emanuel soaram, os capitães gritaram, a cidade estremeceu e Diabolus recuou para sua fortaleza. Bem, quando os exércitos do Príncipe arrombaram o portão, Ele mesmo entrou e estabeleceu Seu trono nele. Também colocou Seu estandarte sobre um monte que, anteriormente, fora usado para colocar as poderosas catapultas. Esse monte foi chamado Monte Ouça com Atenção. Lá, o Príncipe habitou, a saber, próximo à entrada do Portão. Ele também ordenou que as catapultas douradas ainda fossem lançadas contra a cidade, especialmente contra o castelo, pois foi para lá que Diabolus retrocedeu para se abrigar.

A partir do Portão Audição, havia uma rua que ia diretamente à casa do Lorde Arquivista, o que atuava antes de Diabolus tomar a cidade. Perto de sua casa, ficava o castelo, o qual fora feito por Diabolus e, por muito tempo fora seu importuno covil. Assim sendo, os capitães rapidamente desobstruíram a rua usando suas catapultas, de forma que ela ligaria direto ao coração da cidade. O Príncipe ordenou que os Capitães Boanerges, Convicção e Julgamento marchassem pela cidade em direção ao portão desse cavalheiro. Esses comandantes entraram em Alma Humana em sua melhor formação de guerra e, avançando com suas flâmulas coloridas, chegaram à residência do Lorde Arquivista, que era quase tão fortificada quanto o castelo. Também levaram os aríetes para lançá-los contra os portões do castelo. Quando chegaram à casa do Sr. Consciência, bateram e exigiram entrada. No entanto, esse velho cavalheiro, sem saber plenamente da intenção deles, manteve seus portões cerrados todo o tempo do

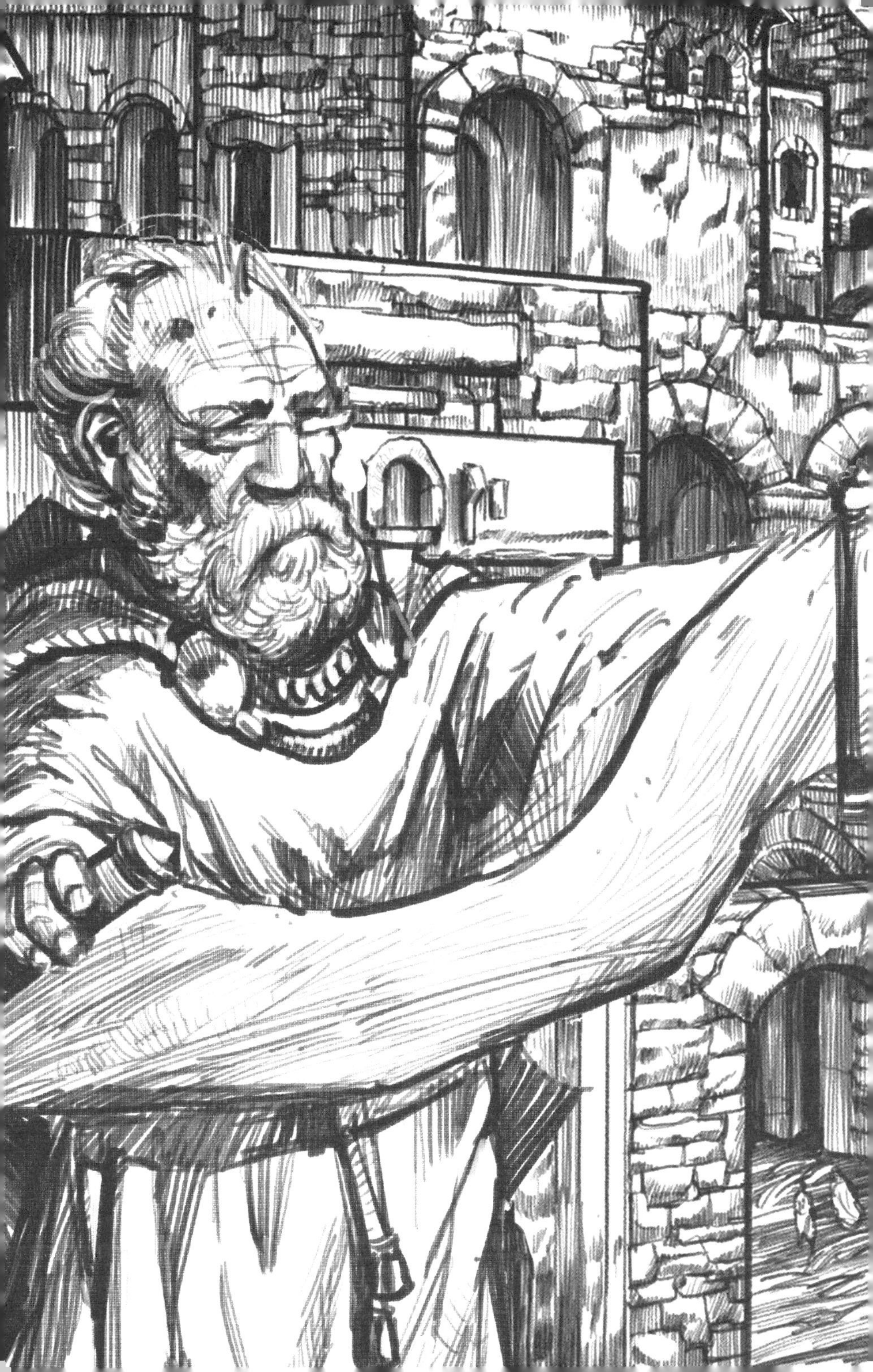

combate. Sendo assim, Boanerges reivindicou entrar e, como não houve resposta, golpeou o portão com a cabeça do aríete, o que fez o ancião estremecer e sua casa tremer e oscilar. O Sr. Arquivista se achegou ao portão e, conforme conseguia, com seus lábios trêmulos, perguntou quem estava lá. Boanerges respondeu:

—Somos os capitães e comandantes do grande Shaddai e de Seu Filho bendito, Emanuel. Exigimos a posse de sua casa para uso de nosso nobre Príncipe.

Com isso, os aríetes chacoalharam o portão novamente, o que fez esse cavalheiro estremecer ainda mais e não ousar se recusar a abri-lo. Os exércitos do Rei marcharam para seu interior, a saber, os três capitães mencionados anteriormente. A casa do Arquivista era um local que oferecia muita conveniência a Emanuel, não somente porque ficava perto do castelo e da fortaleza, mas também porque era espaçoso e defronte do castelo, o covil onde estava Diabolus, que temia abandonar seu forte. Os capitães mantiveram tratativas muito particulares com o Sr. Arquivista, visto que ele não conhecia os desígnios de Emanuel, portanto, não sabia qual julgamento formar a respeito e nem qual seria a conclusão de tais estrondosos começos. Também foi amplamente propalado na cidade como a casa do Arquivista fora dominada, seus cômodos tomados e seu palácio transformado em quartel general.

Tão logo isso foi anunciado, tal alarme foi recebido com inquietação e passado de um amigo a outro e, como vocês sabem, como nada escapa a uma bola de neve enquanto ela rola, em pouco tempo a cidade inteira foi tomada pelo sentimento de que não deveriam esperar nada do Príncipe senão destruição. E o argumento nessa situação era de que o Arquivista estava temeroso e tremia, e os capitães trataram com ele de forma estranha. Muitos então vieram para ver, e quando seus próprios olhos contemplaram os capitães no palácio e seus aríetes golpeando os portões do palácio para derrubá-los, seus temores foram confirmados e todos ficaram perplexos. Como eu disse anteriormente, o dono da casa fazia com que isso aumentasse, pois qualquer um que viesse a ele, ou com ele conversasse, ele não lhes falaria de qualquer outra coisa, ou lhes diria ou ouviria, a não ser de que a morte e a destruição haviam chegado a Alma Humana.

"Pois", citando o ancião, "vocês estão cientes de que todos temos sido traidores daquele que, inicialmente, desprezávamos e que agora é o ilustre vitorioso e glorioso Príncipe Emanuel. Ele agora, como vocês veem, não apenas está em austero cerco contra nós, mas forçou Sua entrada em nossos portões. Além disso, Diabolus foge diante dele, e Ele fez de minha residência uma guarnição contra o castelo onde Diabolus se esconde. De minha parte, eu transgredi imensamente, e para aquele que está puro tudo vai bem. Todavia, digo que transgredi grandemente, ao manter silêncio, quando deveria ter falado, e em perverter a justiça, quando eu a deveria ter praticado. É verdade que tenho sofrido nas mãos de Diabolus por ter tomado partido das leis do Rei Shaddai, porém de que isso me servirá? Compensará pelas rebeliões e traições que cometi e permiti que, sem contra-argumentar, fossem praticadas em Alma Humana? Ó, estremeço em pensar qual será o fim de tal terrível e tempestuoso começo!".

Enquanto os valentes capitães estavam ocupados na casa do velho Arquivista, o Capitão Execução estava igualmente atarefado em outras partes da cidade, fazendo a segurança das ruelas e das muralhas. Estava também em busca cerrada pelo Lorde Arbítrio. Não permitindo que ele ficasse em qualquer esquina, Execução perseguia-o tão intensamente que afastou dele os que o seguiam a ponto de causar prazer ao perseguido a ideia de meter sua cabeça em um buraco. O poderoso guerreiro exterminou três dos oficiais do Lorde Arbítrio: o velho Sr. Preconceito, que teve sua coroa quebrada no motim. Esse homem fora feito o guarda do Portão Audição pelo Lorde Arbítrio e caiu por obra do Capitão Execução. Similarmente, havia o Sr. Oposição a Tudo Exceto à Inutilidade, oficial do Lorde Arbítrio, que era o comandante das duas armas que anteriormente estavam postas em cima do Portão Audição. Esse também foi eliminado pelo Capitão Execução. Além desses dois, havia outro cujo nome era Capitão Pérfido, um homem vil em quem Arbítrio depositava muita confiança. Ele foi semelhantemente aniquilado com os demais.

O Capitão Execução também liquidou muitos entre os soldados do Lorde Arbítrio, aniquilando vários que eram fortes e tenazes e ferindo outros tantos que eram ágeis e ativos em favor de Diabolus. Porém todos esses eram diabolinianos. Nenhum dos nativos de Alma Humana ficaram feridos.

Outros feitos de guerra também foram realizados pelos demais capitães. No Portão Visão, onde os Capitães Boa Esperança e Caridade possuíam uma missão, grande execução foi realizada, pois o Capitão Boa

Esperança eliminou com suas próprias mãos o Capitão Olhos Vendados, o guarda daquele portão. Esse homem era comandante de mil soldados, que lutaram com marretas. Boa Esperança perseguiu esses homens, matou muitos deles, feriu mais ainda e levou o restante a se esconder.

Nesse portão, estava o Sr. Hesitação, de quem vocês já ouviram falar. Ele era um homem idoso que tinha uma barba até à altura de seu cinturão e era orador de Diabolus. Ele causara muito dano à cidade de Alma Humana e caiu por obra do Capitão Boa Esperança.

O que direi? Os diabolinianos jaziam mortos em cada esquina naqueles dias, embora muitos houvessem sobrevivido no interior da cidade.

Agora, o ancião Arquivista e o Lorde Entendimento, juntamente com outros entre os principais da cidade, a saber, aqueles que sabiam que deveriam permanecer ou cair com a célebre Alma Humana, reuniram-se certo dia e, após consulta, conjuntamente concordaram em esboçar uma petição e enviá-la a Emanuel, enquanto Ele permanecia diante do portão da cidade. Assim o fizeram, e o conteúdo do mesmo era o seguinte: Que eles, os antigos habitantes da agora deplorável cidade de Alma Humana, confessavam seu pecado e lamentavam que houvessem ofendido Sua Alteza, o Príncipe, e suplicavam que Ele poupasse a vida deles.

Emanuel não ofereceu qualquer resposta a essa petição e isso os perturbou ainda mais. Enquanto isso, os capitães que estavam na casa do Arquivista golpeavam os portões do palácio com os aríetes, a fim de destruí-los. Assim, depois de muito tempo, trabalho e labuta, o portão do castelo, que era chamado de Impregnável, foi derrubado e despedaçado em vários fragmentos, de forma que se abriu um caminho para que subissem à fortaleza na qual se encontrava Diabolus. Essas notícias foram enviadas ao Portão Audição, onde Emanuel permanecia, para levá-lo a saber que uma rota fora aberta nos portões do castelo de Alma Humana. Ó, como soaram as trombetas às boas novas por todo o acampamento do Príncipe, pois a guerra estava muito próxima de seu fim, e Alma Humana de ser libertada!

O Príncipe se levantou de onde estava e levou consigo alguns de seus homens de guerra que julgou adequados para aquela expedição. Marchavam na rua de Alma Humana que levava à casa do velho Arquivista — Ele trajando uma armadura de ouro e sendo precedido por Seu estandarte. Seu semblante era reservado durante todo o caminho, de maneira que as pessoas não conseguiam entender, somente por Sua aparência, se havia amor ou ódio. Enquanto marchava pela rua, os moradores da cidade vinham às suas portas e ficavam maravilhados com Sua pessoa e glória, mas faziam especulações por causa de Sua circunspecção, uma vez que, até aquele momento, Ele lhes falara mais por Suas ações e obras do que por palavras ou sorrisos.

Mas a pobre Alma Humana (como todos são aptos a fazer em tais casos) interpretou o procedimento de Emanuel com eles da mesma forma como os irmãos de José entenderam quando este tratava com eles: totalmente o oposto do que era na realidade. Pois pensavam: "Se Emanuel nos amasse, Ele o demonstraria por palavra ou por comportamento. Contudo, Ele não o faz de qualquer dessas formas. Portanto Emanuel nos odeia. E, se Ele nos odeia, Alma Humana será exterminada e se tornará um monturo". Eles reconheciam que haviam transgredido a lei de Seu Pai e que se associaram a Diabolus, Seu inimigo, em oposição a Ele. Também entendiam que o Príncipe Emanuel sabia de tudo isso, pois estavam convencidos de que Ele era um anjo de Deus, para conhecer sobre tudo o que é feito na Terra, e isso os levava a pensar que sua condição era miserável e que o bom Príncipe os deixaria desolados.

Pensavam ainda: "E que tempo é tão propício para isso do que agora, que Ele tem as rédeas de Alma Humana em Suas mãos?". Percebi, especialmente, que os habitantes da cidade, quando o viram marchando pelas ruas, não podiam evitar encolher-se, inclinar-se, prostrar-se e estavam prontos a lamber a poeira dos Seus pés. Também ansiavam mil vezes que Ele se tornasse seu Príncipe e Capitão e se tornasse sua proteção. Falavam, semelhantemente, da beleza de Sua pessoa e como Ele ultrapassava os maiorais do mundo em glória e bravura. Sim, revezando entre essas duas conversas, Alma Humana era como uma bola atirada de um lado a outro e como algo que rola diante de um redemoinho.

Quando Ele chegou aos portões do castelo, ordenou que Diabolus aparecesse e se rendesse. Contudo a besta era completamente contrária a se mostrar! Quanto hesitou, encolheu-se e contraiu-se. Mas, mesmo assim, veio para fora ao encontro do Príncipe. Emanuel emitiu uma ordem e Diabolus foi capturado e firmemente acorrentado, para melhor reservá-lo para o julgamento que lhe aguardava. No entanto, a vil criatura se levantou para garantir que Emanuel não o enviaria às profundezas, mas o deixaria partir de Alma Humana em paz.

Logo que Emanuel o havia prendido e acorrentado, levou-o à praça do mercado e lá, diante de Alma Humana, despiu-o de sua armadura na qual ele há muito se vangloriara. Esse foi um dos atos de triunfo de Emanuel sobre seu inimigo, e durante todo o tempo em que o gigante era despido, as trombetas do Príncipe dourado ressoavam vigorosamente; os capitães gritavam e os soldados cantavam de alegria.

A cidade foi convocada para contemplar o início do triunfo de Emanuel sobre aquele em quem eles tanto confiavam e de quem se jactavam nos dias em que ele os lisonjeava.

Estando Diabolus desnudo aos olhos de Alma Humana e diante dos comandantes do Príncipe, a seguir determinou que Diabolus deveria ser acorrentado às rodas da Sua biga. Então, deixando alguns de seus pelotões, a saber, o capitão Boanerges e o Capitão Convicção, como guardas dos portões do castelo, para que pudessem fazer resistência em Seu nome (caso alguém que anteriormente seguia Diabolus tentasse possuir essa fortaleza), Emanuel cavalgou em glória sobre ele por todo o interior da cidade e por fora diante do Portão Visão, até as planícies onde estava Seu acampamento.

Vocês não conseguiriam imaginar — a menos que lá estivessem, como eu estava — que aclamação houve no acampamento de Emanuel quando viram o tirano detido pelas mãos do nobre Príncipe deles e preso às rodas de Sua biga! E diziam:

—Ele levou cativo o cativeiro[4] e despojou os principados e potestades.[5] Diabolus está rendido ao poder de Sua espada e tornou-se objeto de escárnio.

Os cavaleiros voluntários, que vieram para ver a batalha, aclamavam com grande voz e cantavam notas tão melodiosas, que levaram aqueles que habitavam nas alturas da abóbada celestial a abrir suas janelas, colocar sua cabeça para fora e olhar para observar o motivo de tanta glória.

Também, todos os cidadãos de Alma Humana que tiveram essa visão foram levados, como se podia esperar, a ficar entre a Terra e o Céu enquanto admiravam a cena. É verdade que eles não poderiam imaginar como as coisas ficariam para eles. No entanto, tudo era feito de forma tão

---

[4] Efésios 4:8

[5] Colossenses 2:15

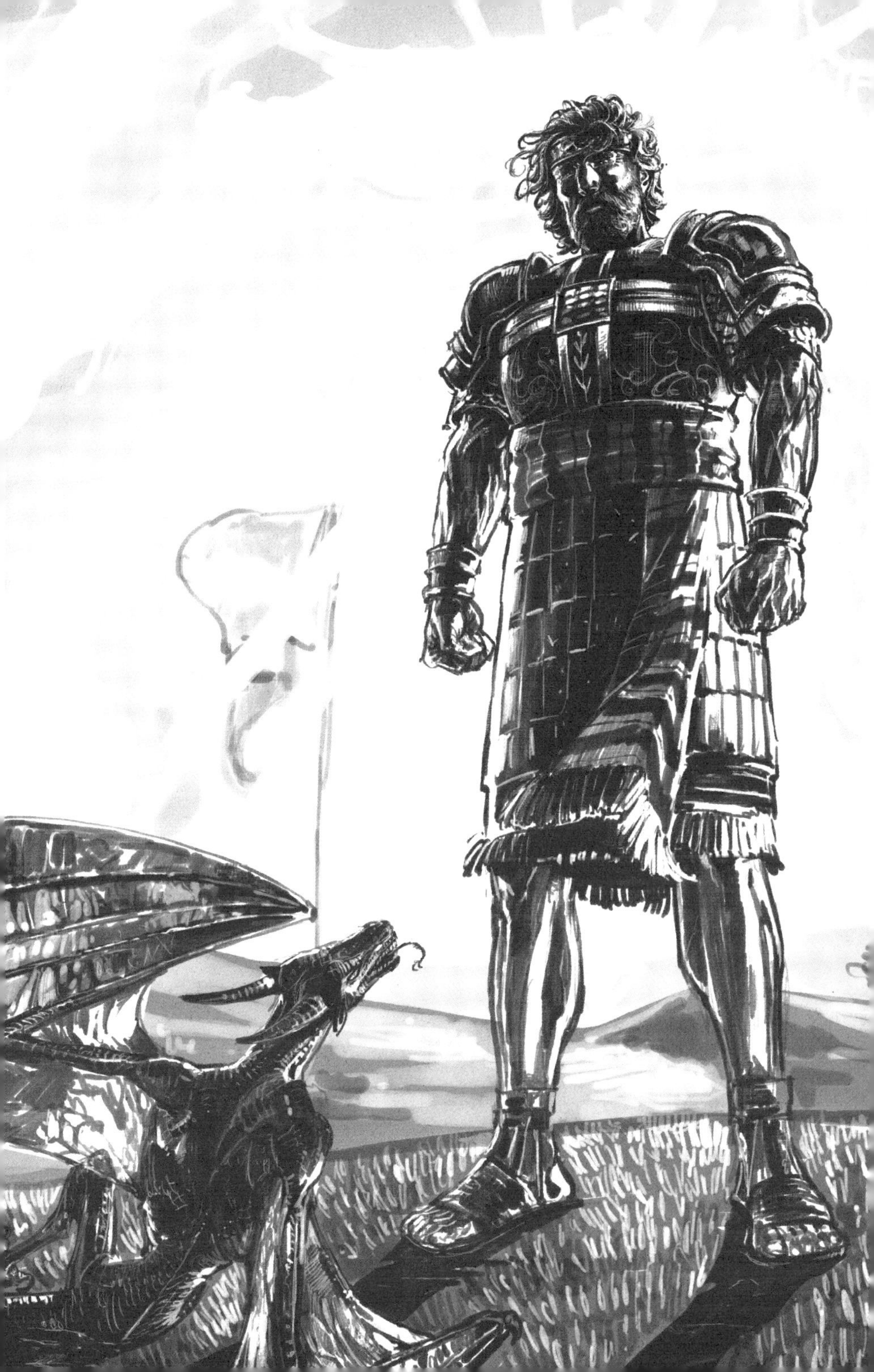

excelente, que não consigo descrever como, mas tudo, em sua administração, parecia lançar um sorriso em direção à cidade, de modo que os olhos, a cabeça, o coração, a mente e tudo o que tinham foram tomados enquanto observavam as ordens de Emanuel.

Assim, quando o valente Príncipe terminou essa parte de Seu triunfo sobre o inimigo Diabolus, Ele o denunciou, em meio a seu desdém e vergonha, dando-lhe a ordem de que não mais seria o possuidor de Alma Humana. Diabolus partiu então do meio de Seu acampamento para herdar os lugares desérticos em uma terra salgada, buscando descanso, sem, no entanto, encontrá-lo.

CAPÍTULO 6

Os Capitães Boanerges e Convicção eram homens de grande majestade. Suas faces eram como a de leões; suas palavras, como o mar bravio. Eles ainda estavam aquartelados na casa do Sr. Consciência, mencionado anteriormente. Portanto, quando o excelso e poderoso Príncipe havia concluído Seu triunfo sobre Diabolus, os homens da cidade tiveram tempo livre para ver e contemplar as ações desses nobres capitães. Porém, estes carregavam consigo o terror e o medo em tudo o que faziam (e vocês precisam saber que foram pessoalmente instruídos a agir assim), portanto, mantinham a cidade sob contínua miséria[1] e, com isso, faziam com que (na compreensão do povo) o futuro bem-estar de Alma Humana permanecesse incerto, de maneira que, por tempo considerável, eles não sabiam o que significava descansar, relaxar, ter paz ou esperança.

E o próprio Príncipe ainda não habitava na cidade, mas permanecia em Seu pavilhão real no acampamento, em meio ao exército de Seu Pai. Então, no tempo conveniente, Ele enviou ordens especiais ao capitão Boanerges para que convocasse Alma Humana, a totalidade de seus habitantes, para o jardim do castelo e lá, diante deles, levasse o Lorde Entendimento, o Sr. Consciência e o notável Lorde Arbítrio para colocá-los sob custódia e que houvesse uma forte vigilância sobre os três até que Sua vontade para eles fosse mais bem conhecida. Tais ordens, quando executadas pelos capitães, acrescentaram não pouco temor a Alma Humana, pois agora, conforme pensavam, seus antigos receios de ruína da cidade estavam confirmados.

O que mais confundia a mente e o coração dos cidadãos era que tipo de morte teriam e quanto tempo levariam para morrer. Sim, temiam que Emanuel os enviasse às profundezas, aquele lugar que Diabolus temia,

---

[1] Os capitães representam a primeira aliança, a Lei. Quando Deus concedeu os Seus mandamentos, Suas manifestações de poder foram tão grandiosas que trouxeram pavor ao povo (Êxodo 19). No monte Sinai, em virtude da santidade da presença divina, o povo foi ordenado a se manter distante. O papel da Lei era produzir a convicção de pecado, que traria pesar ao coração. O advento da salvação ocorreu pela obra salvífica de Cristo na cruz e do Espírito Santo no coração, que gerou a justificação do pecador (Gálatas 3:19-25). Essas passagens bíblicas explicam o sentimento de miséria que o povo experimentou na chegada de Emanuel a Alma Humana. Confrontados por seus pecados, temiam por sua vida quando ainda não conseguiam reconhecer a graça que Ele, em breve, demonstraria.

pois sabiam que eram merecedores disso. Algo que também os perturbava muito era morrer diante da cidade e em franca desgraça, pelas mãos de um Príncipe tão bom e santo. O povo também estava muito inquieto sobre os homens que foram levados em custódia, uma vez que eles eram seus esteio e guias. Por isso, criam que, se aqueles homens fossem eliminados, a execução deles seria apenas o começo da ruína de Alma Humana. Assim sendo, o que poderiam fazer senão delinear juntamente com os prisioneiros uma petição ao Príncipe e, por meio do Sr. Desejo Viver, enviá-la a Emanuel? Ele pôs-se a caminho e aproximou-se do quartel do Príncipe apresentando a petição, que se resumia em:

"Grandioso e maravilhoso Potentado, vitorioso sobre Diabolus e conquistador da cidade de Alma Humana,

Nós, os miseráveis habitantes dessa mais desventurada sociedade, humildemente suplicamos que possamos encontrar favor à Tua vista e que não te lembres de nós por nossas antigas transgressões, nem mesmo pelos pecados dos líderes de nossa cidade. Poupa-nos de acordo com a grandeza de Tua misericórdia e não permitas que morramos, mas que vivamos em Tua presença. Desse modo, desejamos ser Teus servos e, se achares adequado, que comamos nossa comida das sobras que caem de Tua mesa.[2] Amém!"

Então, como mencionado, o requerente foi com a petição até o Príncipe, que a recebeu de suas mãos e o dispensou em silêncio. Isso ainda afligia Alma Humana. Mas, considerando que agora deveriam ou suplicar, ou morrer, pois por ora não poderiam fazer nada mais, eles discutiram entre si e enviaram outra petição a qual foi elaborada de forma e método muito similares à anterior.

Contudo, quando os termos da petição estavam traçados, por intermédio de quem a enviariam? Esse era o próximo questionamento, visto que não a despachariam por meio daquele a quem enviaram a primeira vez, pois pensavam que o Príncipe se ofendera por seus modos diante dele. Dessa maneira, tentaram fazer do Capitão Convicção o seu mensageiro. Contudo, ele disse que não ousaria e não suplicaria a Emanuel em nome de traidores, tampouco seria um advogado de rebeldes diante do Príncipe.

---

[2] Conforme Mateus 15:21-28.

—No entanto, disse ele, nosso Príncipe é bom, e vocês podem arriscar enviá-la por qualquer pessoa de sua cidade, desde que ele vá com cordas ao redor de sua cabeça[3] e clame por nada mais do que misericórdia.

Eles protelaram o quanto conseguiram, em virtude de seus temores. E esse atraso foi bom. Todavia, temendo o perigo desses retardamentos, pensaram, mesmo com esmorecimento em sua mente, em enviar sua petição por meio do Sr. Desejo Avivamento. E assim o foi. Esse homem morava em um velho chalé em Alma Humana e veio por solicitação de seus vizinhos. Disseram-lhe o que haviam feito e o que fariam com relação à petição, e que gostariam que ele fosse ao Príncipe.

Disse, então, o Sr. Desejo Avivamento:

—Por que não faria eu o meu melhor para salvar uma cidade tão célebre quanto Alma Humana de sua destruição merecida?

A petição lhe foi entregue. Instruíram-lhe como deveria se dirigir ao Príncipe e lhe desejaram muito boa sorte. Assim, primeiramente, ele se dirigiu ao pavilhão do Príncipe e pediu para falar com Sua Alteza. A mensagem foi transmitida a Emanuel, e Ele veio ao encontro do homem. Quando o Sr. Desejo Avivamento viu o Príncipe, prostrou-se com seu rosto em terra e clamou:

—Ó, que viva Alma Humana diante de ti!

E apresentou a petição. O Príncipe, após lê-la, virou de costas por um momento e chorou. Mas, controlando-se, virou-se novamente para o homem, que durante todo esse tempo permanecia clamando a Seus pés, e lhe disse:

—Volte a seu lugar, e eu considerarei as suas súplicas.

Vocês devem imaginar que aqueles de Alma Humana que haviam enviado o nobre senhor, sentindo-se culpados e temerosos de que sua petição fosse rejeitada, não poderiam evitar aguardar ansiosamente, e isso acompanhado com palpitação de coração, para ver o que seria feito dela. Por fim, viram seu mensageiro retornando. Logo que chegou, perguntaram-lhe como ele se saíra, o que dissera Emanuel e o que acontecera com

---

[3] Conforme 1 Re 20:31. A maioria dos estudiosos entende que a melhor tradução desse texto bíblico seria "com cordas no pescoço", como algumas versões bíblicas em português já colocam. Era um sinal de total submissão, que afirmava que a vida da pessoa que tinha essa corda estava nas mãos de quem ela estava se submetendo.

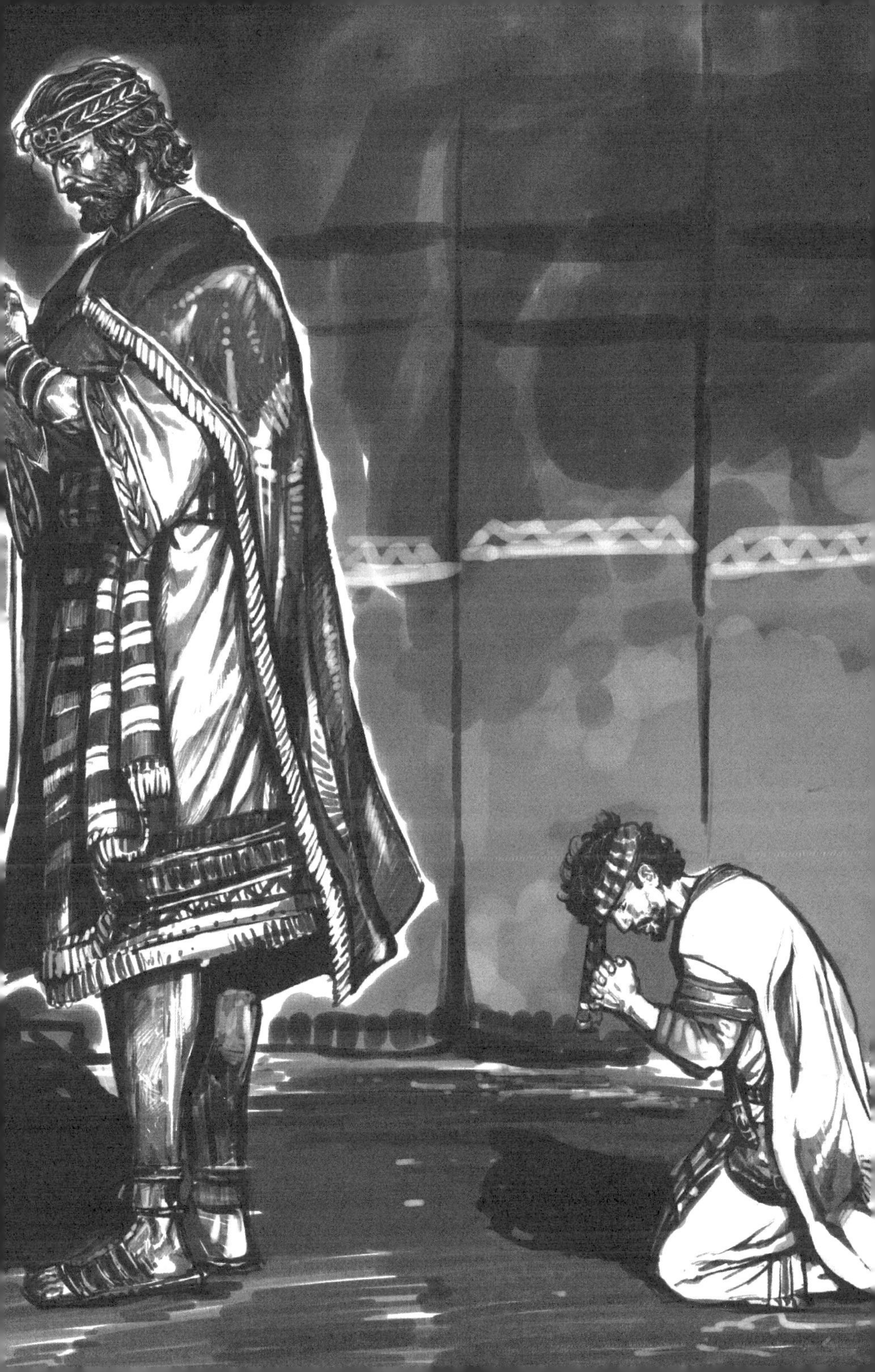

a petição. Mas ele lhes disse que permaneceria em silêncio até que fosse à prisão para os Lordes Alcaide, Arbítrio e Arquivista. Dirigiu-se então ao cárcere onde os líderes de Alma Humana estavam presos. No entanto, era grande a multidão que o seguia a fim de ouvir a mensagem entregue. Logo que chegou ao portão do presídio, o Lorde Alcaide parecia tão pálido quanto um pedaço de tecido branco; o Arquivista tremia. Porém perguntaram-lhe:

—Venha, bom senhor, o que lhe disse o grande Príncipe?

Ao que respondeu o Sr. Desejo Avivamento:

—Quando cheguei ao pavilhão de meu Senhor, chamei-o, e Ele veio. Caí prostrado a Seus pés e entreguei-lhe a minha mensagem. Eu não conseguia ficar de pé diante da grandeza de Sua pessoa e da glória de Seu semblante. E clamei: "Ó, que viva Alma Humana diante de ti!". Ele, então, virou-se de costas por um momento e depois de novo para mim dizendo que eu voltasse ao meu lugar, que Ele consideraria sua súplica.

E acrescentou ainda:

—O Príncipe, a quem vocês me enviaram, possui tal beleza e glória, que aquele que o vê deve amá-lo e temê-lo ao mesmo tempo. De minha parte, não há mais que possa fazer, mas não sei qual fim essa negociação terá.

Todos ficaram paralisados diante dessa resposta, tanto os prisioneiros quanto aqueles que seguiram o mensageiro para ouvir a notícia. Não sabiam o que isso queria dizer tampouco como interpretar o que o Príncipe dissera. Quando a prisão estava sendo esvaziada da multidão, os prisioneiros começaram a comentar entre si as palavras de Emanuel. O Lorde Alcaide disse que a resposta não parecia áspera, mas Arbítrio falou que denotava mal, e o Arquivista, que era mensagem de morte. Todos os que estavam saindo dali e que ficaram atrás do mensageiro não conseguiram ouvir corretamente o que os encarcerados disseram. Alguns entenderam um pedaço aqui; uns, outro ali. Alguns entenderam o que o mensageiro dissera, e outros ouviram o julgamento dos prisioneiros a respeito. Desse modo, ninguém tinha o correto entendimento da coisa toda. Mas vocês não imaginam o que essas pessoas fizeram e a confusão que causaram na cidade de Alma Humana!

Aqueles que ouviram o que fora dito correram pela cidade, um lamentando uma coisa; outro, o oposto. E todos tinham certeza de estar dizendo a verdade, pois, como diziam, ouviram com seus ouvidos e, portanto, não podiam estar enganados. Alguém dizia: "Seremos mortos!" e outro, "Seremos salvos!". Um terceiro falava que o Príncipe não se preocupava com Alma Humana; um quarto, que os encarcerados logo seriam executados. Como eu disse, todos afirmavam com certeza que seu relato era o mais correto e que todos os demais estavam errados. Agora, Alma Humana estava completamente perturbada; tampouco sabiam onde colocar a planta de seus pés. Alguém poderia estar de passagem e, se ouvisse o relato do seu vizinho, diria totalmente o contrário, e ambos afirmariam estar dizendo a verdade. Alguns pegaram somente o fim da história que afirmava que o Príncipe pretendia passar Alma Humana à espada. Escurecera, e Alma Humana ficou em triste perplexidade por toda aquela noite até o dia raiar.

Contudo, até onde consegui reunir as melhores informações, todo esse tumulto veio a partir das palavras do Arquivista, quando ele lhes disse que, de acordo com sua avaliação, a resposta do Príncipe seria um decreto de morte. Foi isso que "incendiou" a cidade e deu início ao pavor em Alma Humana, pois ela, em tempos passados, contava com o fato de que o Sr. Arquivista era um vidente, e que sua sentença era igual à dos melhores oradores. Isso, em si, era um terror para a cidade.

Começavam a sentir os efeitos da obstinada rebelião e da ilícita resistência contra seu Príncipe. Digo que agora começavam a sentir os efeitos, portanto, da culpa e do medo, que os engolfara. E quem estava mais envolvido com o primeiro senão aqueles que mais sentiam o último, a saber, os principais da cidade de Alma Humana?

Para ser breve: quando o conhecimento do pavor tomou a cidade, e os prisioneiros mal haviam se recuperado, reuniram um pouco de coragem e pensaram em suplicar mais uma vez ao Príncipe por sua vida. Dessa forma, delinearam uma terceira petição cujo conteúdo era:

"Príncipe Emanuel, o Grande, Senhor de todos os mundos e Mestre de misericórdia,

Nós, Tua pobre, desventurada, miserável e desfalecente cidade de Alma Humana, confessamos a Tua grande e gloriosa Majestade que pecamos contra Teu Pai e contra ti, e não mais somos dignos de sermos chamados de Tua Alma Humana, mas de sermos lançados no abismo. Se nos matares, nós o fizemos por merecer. Se nos condenares às profundezas, só podemos dizer

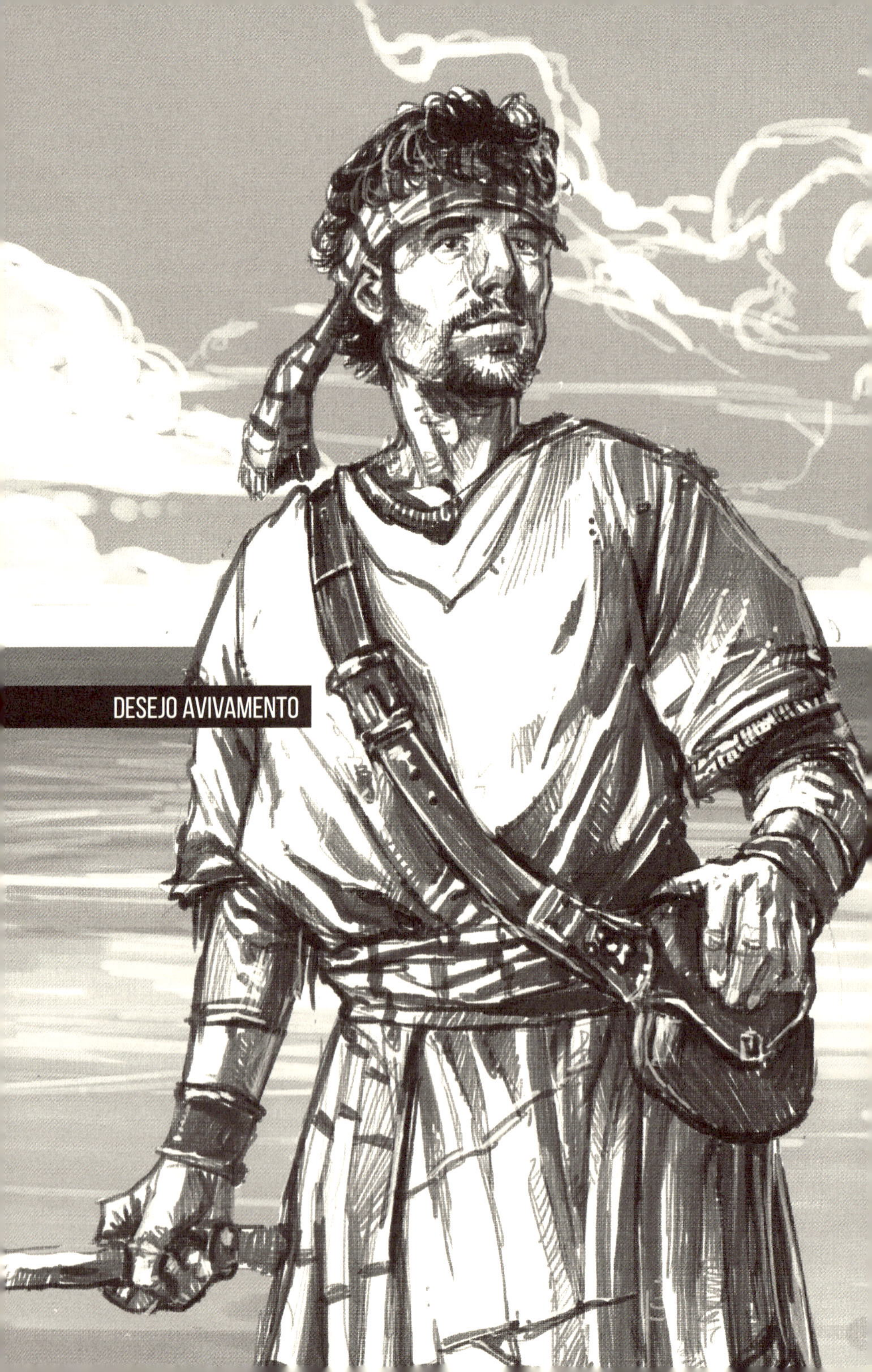

DESEJO AVIVAMENTO

que és justo. Não podemos queixar-nos de seja lá o que fizeres, ou sobre como nos tratarás. Porém, que reine a misericórdia e que ela seja estendida a nós. Ó, que a misericórdia nos tome e nos liberte de nossas transgressões. Assim cantaremos Tua compaixão e Teu julgamento. Amém!"

Depois de esboçada, essa petição deveria ser enviada ao Príncipe, como a primeira. Mas permanecia a indagação: quem a levaria? Alguns disseram que deveria ser o mesmo que levou a anterior. Outros acharam que não seria bom agir assim, porque ele não fora bem-sucedido. Porém havia na cidade um senhor idoso, conhecido como Sr. Boas Obras, um cidadão que tinha apenas esse nome, mas cuja natureza era completamente oposta a isso. Alguns eram favoráveis a enviá-lo. No entanto, o Arquivista era totalmente contrário a isso. Disse ele:

—Agora temos necessidade de misericórdia e estamos clamando por ela. Assim sendo, enviar nossa petição por um homem com esse nome pareceria que estamos contestando a própria petição. Deveríamos enviar o Sr. Boas Obras como nosso mensageiro quando nossa petição clama por misericórdia?

"Além disso, se o Príncipe, quando receber o documento, perguntar-lhe por seu nome — uma vez que ninguém sabe se o fará, mas Ele o fará — e o mensageiro responder: 'Sou o velho Boas Obras', o que vocês acham que Emanuel diria disso? 'O quê? Está esse velho ainda vivo em Alma Humana? Então que ele os salve de sua angústia'. E, se o Príncipe disser isso, tenho certeza de que estaremos perdidos! Nem mil Boas Obras poderão salvar Alma Humana!".

Depois que o Arquivista apresentara seus argumentos do porquê o velho Boas Obras não deveria levar a petição a Emanuel, os demais prisioneiros e governadores de Alma Humana também se opuseram a esse intento. Dessa forma, esse velho senhor foi colocado de lado, e concordaram em enviar novamente o Sr. Desejo Avivamento. Eles mandaram buscá-lo e disseram que desejavam que ele fosse uma segunda vez ao Príncipe, levando a petição. Ele prontamente assentiu em fazer. Contudo, eles lhe ordenaram que atentasse, de todas as formas, para que não ofendesse o Príncipe com qualquer palavra ou atitude porque, diziam, se ele o fizesse, traria destruição cabal a Alma Humana.

Quando percebeu que teria de cumprir essa tarefa, o Sr. Desejo Avivamento solicitou que eles lhe concedessem que o Sr. Olhos Marejados fosse com ele. Esse senhor era vizinho próximo de Avivamento e um pobre homem de espírito quebrantado que, mesmo assim, poderia discursar bem em uma petição. Todos concordaram que ele acompanhasse Avivamento. Dessa forma, ambos foram a essa incumbência: Sr. Desejo Avivamento, com cordas em torno da cabeça, e seu companheiro retorcendo suas mãos, dirigiram-se ao pavilhão do Príncipe.

Enquanto iam suplicar essa terceira vez, não podiam evitar pensar que, por suas frequentes idas, poderiam se tornar um fardo para o Príncipe. Portanto, assim que chegaram à porta de Seu pavilhão, primeiramente desculparam-se por si mesmos e por incomodar Emanuel com tanta frequência. Disseram que foram naquele dia não porque sentissem prazer em aborrecer ou porque gostassem de falar, mas porque a necessidade os forçara a achegar-se a Sua Alteza. Afirmaram que não conseguiam descansar, dia e noite, por causa de suas transgressões contra Shaddai e contra Emanuel, Seu Filho. Também pensavam que algum mau comportamento do Sr. Desejo Avivamento, na primeira vez que se apresentara ao Príncipe, pudesse ter causado algum desagrado a Sua Alteza. Por isso, ele havia retornado à cidade vazio e sem aprovação da presença de um Príncipe tão misericordioso. Após esse pedido de perdão, o Sr. Desejo Avivamento lançou-se prostrado em terra, como da primeira vez, aos pés do Príncipe, dizendo:

—Ó, que viva Alma Humana diante de ti!

E entregou a petição. Depois de lê-la, o Príncipe virou-se de costas, como antes, e voltando ao local onde o peticionário permanecia no chão, perguntou qual era o seu nome e qual a estima que Alma Humana lhe tinha já que ele, dentre toda a população da cidade, fora enviado para tal tarefa. O homem então replicou:

—Ó, não se ire o meu Senhor! Por que inquires o nome de um cão morto como eu? Despreza-me, peço-te, e não notes quem sou porque há, como bem sabes, enorme desproporção entre mim e ti. O porquê de os cidadãos de Alma Humana me escolherem é conhecido apenas por eles, mas não poderia ser por pensaram que eu encontraria favor diante de meu Senhor. De minha parte, não tenho apreço por mim mesmo, quem então poderia me amar? No entanto, que viva eu, e desejo que meus concidadãos vivam também. E pelo fato de tanto eles quanto eu sermos culpados de grandes transgressões, eles me enviaram, e vim em nome deles para implorar ao meu Senhor por misericórdia. Que te agrade, portanto, inclinar-te à misericórdia. Contudo, não perguntes quem estes Teus servos são."

Disse, então, o Príncipe:

—E quem é este que vem em sua companhia para uma questão tão crucial?

O Sr. Desejo Avivamento respondeu que se tratava de seu pobre vizinho e um de seus relacionamentos mais próximos.

—Seu nome é, e que isso agrade à Sua excelsa Majestade, Olhos Marejados, da cidade de Alma Humana. Sei que há muitos que têm esse nome e são perversos, mas espero que não seja ofensa a meu Senhor que eu tenha trazido meu pobre vizinho comigo.

O Sr. Olhos Marejados caiu com o rosto em terra e pediu desculpas por sua vinda na companhia de seu vizinho até seu Senhor:

—Ó, meu Senhor, não sei o que eu sou, sequer sei se meu nome é dissimulação ou verdade, especialmente quando considero o que alguns dizem. A saber, que esse nome me foi dado porque o Sr. Arrependimento é meu pai. Bons homens podem ter filhos maus, e muitas vezes o sincero gera o hipócrita. Minha mãe também me chamava por esse nome desde o berço, porém não sei se por causa da simplicidade de minha mente ou da suavidade de meu coração. Vejo impurezas em minhas próprias lágrimas e imundície na base de minhas orações. Mas suplico a ti — ele chorava todo o tempo enquanto falava — que não te lembres de nossas transgressões contra nós, nem te ofendas com a falta de qualificação destes Teus servos, mas, por Tua misericórdia, ignora o pecado de Alma Humana e refreia-te de deixar de glorificar Tua graça.

Ao Seu comando, ambos se levantaram e tremiam diante dele. Ele falou-lhes então a este propósito:

—A cidade de Alma Humana pecou gravemente contra meu Pai, quando o rejeitaram como seu Rei e escolheram para seu comandante um mentiroso, assassino e escravo renegado. Esse Diabolus, seu ilegítimo príncipe, embora outrora considerado em tão alta conta por vocês, rebelou-se contra meu Pai e até mesmo contra mim, em nosso próprio palácio e na corte excelsa, desejando se tornar um príncipe e rei. Porém, sendo oportunamente descoberto, capturado e, por sua perversidade, preso em cadeias e separado para o abismo com aqueles que o acompanharam, ofereceu-se a vocês, e vocês o receberam.

"Isso é, e tem sido há muito tempo, uma alta afronta a meu Pai. Por isso, Ele enviou a vocês um exército poderoso para submetê-los à obediência. Todavia vocês sabem como esses homens, seus capitães e seus conselhos, foram considerados por vocês e o que eles receberam de suas mãos. Vocês se rebelaram contra eles, trancaram seus portões diante deles, forçaram-lhes à batalha, combateram-lhes e lutaram a favor de Diabolus. Eles solicitaram mais exércitos a meu Pai. Então eu e meus soldados viemos para subjugar vocês. Contudo, trataram a mim, Senhor deles, da mesma maneira que fizeram com meus servos. Levantaram-se de maneira hostil contra mim, trancaram-me seus portões, fizeram seus ouvidos surdos a mim e resistiram tanto quanto puderam. Mas eu os conquistei.

"Vocês clamaram por minha misericórdia enquanto tinham esperança de me vencer? Porém agora que tomei a cidade, clamam. Suplicaram antes, quando a bandeira branca da misericórdia, a vermelha da justiça e a preta, que ameaçava a execução, estavam hasteadas para convocá-los a isso? Agora que venci seu Diabolus, vocês vêm a mim pedir-me por favor. No entanto, por que não me ajudaram contra aquele valente? Mas vou considerar sua petição e a responderei de forma que será para a minha glória.[4]

"Vão agora, e digam aos Capitães Boanerges e Convicção que tragam os prisioneiros para minha presença no acampamento amanhã. E digam aos Capitães Julgamento e Execução que permaneçam no castelo e cuidem de manter tudo calmo em Alma Humana até que ouçam minhas instruções."

Com isso, Ele retirou-se de diante deles e recolheu-se a Seu pavilhão real novamente.

Os peticionários, depois de receberem essa resposta do Príncipe, retornaram, como da primeira vez, para seus companheiros. Mas não estavam longe ainda, e pensamentos começaram a ocorrer à mente deles de que não havia ainda intenção de misericórdia pelo Príncipe em relação a Alma Humana. Assim, dirigiam-se ao local onde os prisioneiros estavam acorrentados. Contudo, essas considerações sobre o que seria de Alma

---

[4] Embora a forma como Emanuel trata os peticionários aqui possa parecer fria e distante, ela encontra base bíblica por causa da profanação causada ao nome de Deus por causa da multidão de pecados acumulados. Veja Ezequiel 36.

Humana tinham tal poder sobre eles, que logo que chegaram àqueles que os haviam enviado, mal conseguiam entregar sua mensagem.

Finalmente chegaram aos portões da cidade, onde encontraram o povo, que aguardava ansiosamente por seu retorno para saber qual resposta a petição recebera. Falaram em alta voz aos enviados:

—Quais são as notícias vindas do Príncipe? O que Ele disse?

No entanto, eles responderam que, como antes, deveriam ir à prisão e entregar sua mensagem. E lá foram eles, seguidos de perto por uma grande multidão. Ao chegar aos portões do cárcere, contaram aos prisioneiros a primeira parte do discurso de Emanuel, isto é, o que Ele exprimiu sobre a deslealdade deles a Seu Pai e a Ele mesmo e como eles haviam escolhido Diabolus, permanecido com ele, lutado por ele, dado ouvidos a ele e sido governados por ele, enquanto desprezavam Emanuel e Seus soldados. Isso empalideceu os prisioneiros. Mas os mensageiros continuaram e contaram que o Príncipe dissera, além disso, que consideraria a petição deles e lhes responderia de forma que seria para a Sua glória. Quando essas palavras foram proferidas, o Sr. Olhos Marejados deu um grande suspiro. Com isso todos ficaram grandemente abatidos e não sabiam o que dizer. O temor tomou conta de todos de forma espantosa, e a morte parecia estampada na fronte de alguns deles. Havia na multidão um camarada notável e astuto, um proprietário mediano de terras cujo nome era Inquiridor. Esse homem perguntou aos peticionários se eles haviam contado todos os detalhes do que Emanuel dissera, e eles responderam que, na verdade, não haviam dito tudo. Então disse o senhor Inquiridor:

—Eu achei que não haviam dito tudo. Imploro que nos digam o que mais Ele lhes falou.

O Sr. Desejo Avivamento e o Sr. Olhos Marejados pausaram por um momento e, por fim, revelaram tudo dizendo:

—O Príncipe nos ordenou que disséssemos aos Capitães Boanerges e Convicção para levarem os prisioneiros a Ele amanhã e que os Capitães Julgamento e Execução cuidassem de guardar o castelo e a cidade até que ouçam outras instruções dele. Depois de nos ordenar essas coisas, Ele imediatamente nos deu as costas e entrou em Seu pavilhão real.

Esse relatório, especialmente a última cláusula, que afirmava que os prisioneiros deveriam ir ao encontro do Príncipe no acampamento, deixou-os completamente arrasados! Assim, todos levantaram um clamor que chegou até os Céus. Feito isso, cada um dos três prisioneiros se preparou para morrer. O Arquivista lhes disse que era isso que ele temia, pois concluíram que no dia seguinte, ao pôr do Sol, eles não mais estariam neste mundo. Toda a cidade também não tinha outra expectativa, senão esta: a seu tempo, eles também beberiam do mesmo cálice. Alma Humana passou aquela noite em pranto. Vestiram-se de panos de saco e se cobriram com cinzas[5]. Os prisioneiros, chegada a hora de comparecerem diante do Príncipe, trajaram-se de luto e com cordas ao redor da cabeça. Os habitantes foram todos à muralha vestidos de luto, a fim de que, diante de tal visão, talvez o Príncipe se comovesse em compaixão.

Contudo, como se preocupavam consigo mesmos os intrusos que estavam em Alma Humana! Corriam em grupos de lá para cá pelas ruas da cidade, gritando enquanto corriam, em sagaz tumulto, alguns de uma maneira e outros de forma totalmente avessa, para gerar a maior distração em seus habitantes.

Chegou o momento de os prisioneiros irem ao acampamento e comparecerem diante do Príncipe. E aconteceu assim: Capitão Boanerges seguia adiante deles com sua guarda, e o Capitão Convicção vinha logo atrás. Os prisioneiros, acorrentados, seguiam entre eles. As escoltas da vanguarda e da retaguarda seguiam com suas flâmulas coloridas, mas os prisioneiros, que marchavam em meio a elas, estavam com espírito abatido.

Seu estado, mais especificamente, era este: caminhavam em pesar, com cordas em torno da cabeça, batendo no peito, mas não ousando levantar os olhos ao céu. Saíram do portão de Alma Humana até chegarem ao meio do exército do Príncipe, cuja visão e glória acrescentaram mais peso à sua aflição. Não conseguiram mais reprimir seu clamor e diziam: "Ó infelizes que somos! Ó miseráveis habitantes de Alma Humana!". O som de suas correntes se misturava às suas dolorosas notas, tornando o ruído ainda mais lamentável.

---

[5] A expressão "pano de saco e cinza" aparece diversas vezes na Bíblia (Ester 4:1; Salmo 35:13,14; Isaías 15:1-3; 32:9-12; Ezequiel 27:29-32; Joel 1:8,13; Amós 8:10). O pano de saco ou "cilício" geralmente feito de pelos de cabra ou de camelo, utilizado para conter cereais, objetos e alimentos em geral. A cinza era o pó resultante da queima de alguma coisa, significava ruína ou desolação. O uso desses elementos significava tristeza e lamento por morte ou calamidades; humildade de um suplicante, ou ainda demonstração de arrependimento.

Quando chegaram à porta do pavilhão do Príncipe, lançaram-se prostrados ao chão. Alguém, então, avisou ao Príncipe que os prisioneiros haviam chegado. Ele assentou-se no trono do Estado e ordenou que trouxessem os cativos para dentro. Ao ver-se diante dele, tremiam e cobriam sua face envergonhados. E quando se aproximaram do lugar onde o Príncipe estava assentado, lançaram-se a Seus pés. Disse Emanuel ao Capitão Boanerges:

—Ordene que os prisioneiros fiquem em pé!

Eles se levantaram tremendo diante da Sua presença:

—São vocês os homens que outrora eram servos de Shaddai? — perguntou o Príncipe.

—Sim, Senhor. Somos nós — confirmaram.

—São vocês os homens que se permitiram ser corrompidos e contaminados por aquele abominável Diabolus?

Responderam então:

—Fizemos mais do que nos permitir, Senhor, pois o escolhemos em plena consciência.

Indagou o Príncipe:

—Vocês estavam satisfeitos em continuar sob a tirania dele por toda a vida?

Ao que responderam:

—Sim, Senhor. Porque os modos dele eram agradáveis à nossa carne e ficávamos cada vez mais alienados a um estado melhor.

Então o Príncipe questionou:

—E quando eu vim contra a cidade de Alma Humana, desejaram de coração que eu não os vencesse?

Responderam:

—Sim, Senhor.

E o Príncipe continuou:

—E qual punição vocês acham que merecem de minha mão por esses e outros de seus maiores e extremos pecados?

Os prisioneiros responderam:

—A morte e o abismo, Senhor, pois não merecemos menos do que isso.

O Príncipe lhes perguntou se eles mesmos teriam algo a dizer para que a sentença, que eles confessaram merecer, não lhes deveria ser aplicada, ao que responderam:

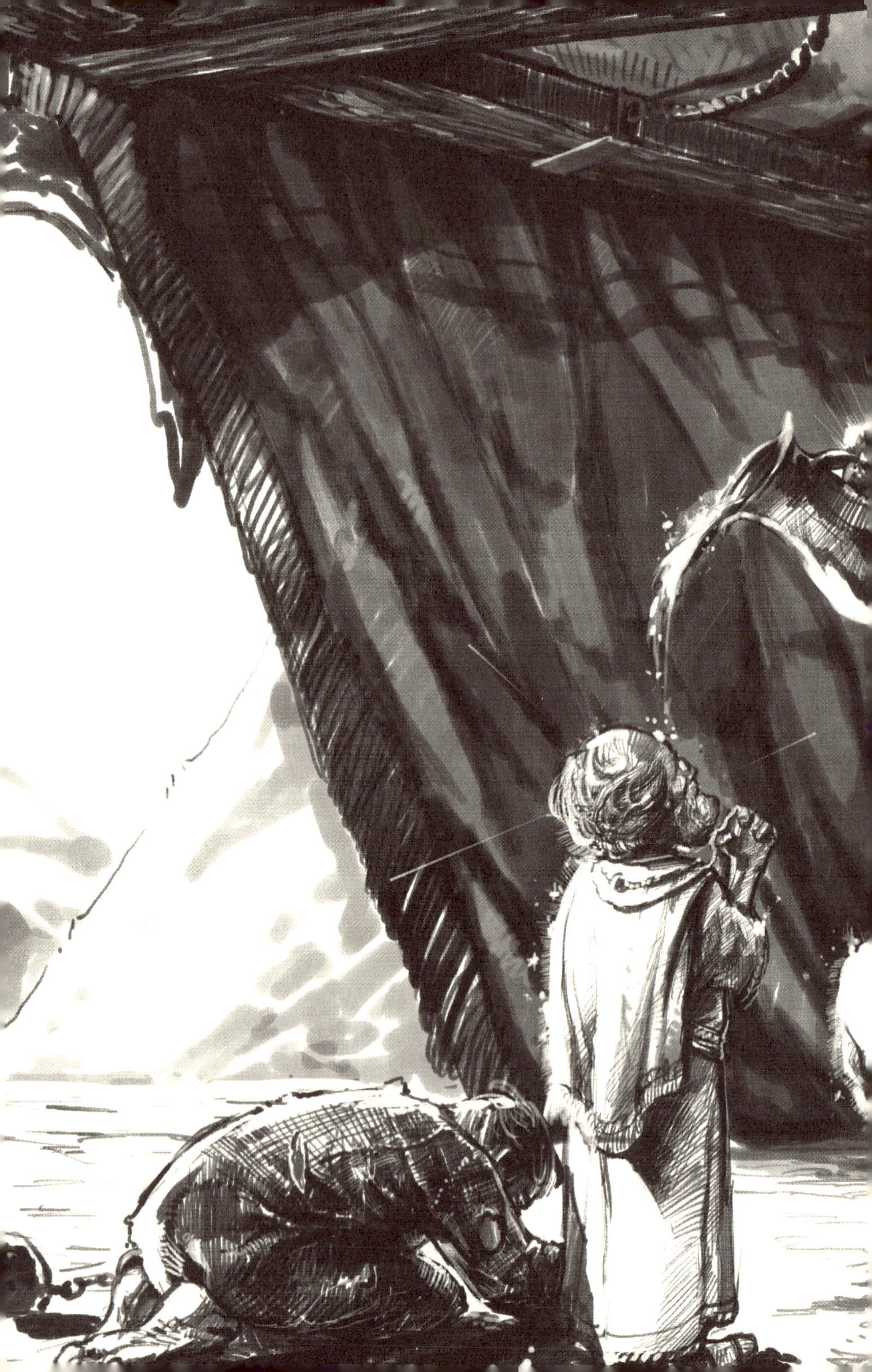

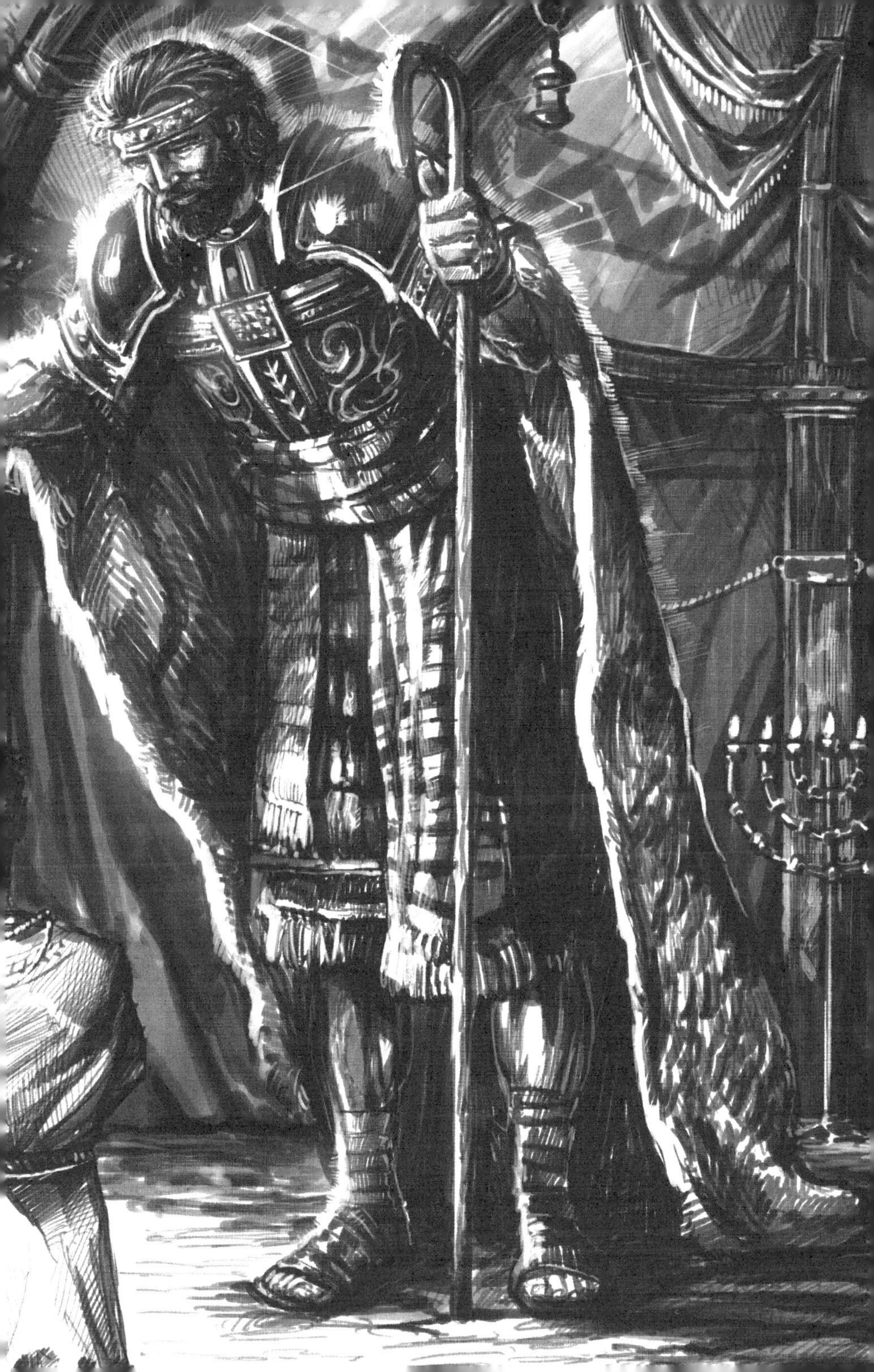

—Não temos nada a declarar, Senhor. Tu és justo, e nós pecamos.

—E para que são essas cordas ao redor da cabeça de vocês? — perguntou o Príncipe.

—Elas servem para nos amarrar ao local de execução, caso a misericórdia não seja agradável a Teus olhos. — responderam eles.

Emanuel perguntou-lhes se todos os habitantes da cidade de Alma Humana concordavam com eles nessa confissão.

—Todos os nativos, Senhor — responderam. — Mas não podemos dizer nada quanto aos diabolinianos que entraram na cidade quando o tirano tomou posse de nós.

O Príncipe ordenou que se chamasse um arauto e que ele proclamasse, com o soar da trombeta, no meio e toda a volta do acampamento de Emanuel, que o Príncipe, Filho de Shaddai, havia, em nome de Seu Pai e para a glória dele, obtido uma vitória perfeita sobre Alma Humana. Os prisioneiros deveriam seguir esse arauto proclamando "Amém!". A ordem foi cumprida como Ele dissera. Então houve música melodiosa nas regiões elevadas. Os capitães que estavam no acampamento bradavam, e os soldados entoavam canções de triunfo ao Príncipe. As flâmulas balançavam ao vento, e havia alegria em toda a parte, com exceção ainda no coração dos homens da cidade.

Emanuel convocou os prisioneiros para comparecer diante dele, e eles vieram e permaneceram em pé tremendo. Ele lhes disse:

—Os pecados, as transgressões e as iniquidades que vocês e toda a cidade de Alma Humana cometeram, seguidamente, contra meu Pai e contra mim, tenho o poder e o mandamento de meu Pai de perdoá-los; e eu os perdoo!

Tendo dito isso, deu-lhes um pergaminho selado com sete selos que declarava perdão amplo e geral, ordenando que os Lordes Alcaide, Arbítrio e Arquivista o proclamassem e o fizessem conhecido no dia seguinte, ao nascer do Sol, por toda a cidade de Alma Humana.

Além disso, o Príncipe os despiu de suas vestes de luto e lhes deu "uma coroa em vez de cinzas, óleo de alegria em vez de pranto e veste de louvor em vez de espírito angustiado".[6]

---

[6] Isaías 61:1-3.

Depois, deu a cada um deles, joias de ouro e pedras preciosas, lançou fora suas cordas, colocando colares de ouro em torno de seus pescoços e brincos em suas orelhas. Quando os prisioneiros ouviram as palavras cheias de graça do Príncipe Emanuel, e tendo contemplado tudo o que lhes fora feito, quase desmaiaram, porque a graça, os privilégios e o perdão foram súbitos, gloriosos e tão extensos que eles não conseguiam permanecer em pé, sem cambalear, sob eles. O Lorde Arbítrio desfaleceu completamente, mas o Príncipe dirigiu-se a ele, colocou Seus braços eternos sob ele e, abraçando-o e beijando-o, ordenou que ele tivesse bom ânimo, pois tudo seria feito conforme a Sua palavra. Ele também beijou, abraçou e sorriu para os outros dois homens que estavam na companhia de Arbítrio, dizendo:

—Levem essas coisas como sinais de meu amor, favor e compaixão por vocês. Incumbo você, Sr. Arquivista, de dizer à cidade de Alma Humana tudo o que viu e ouviu.

Os grilhões que estavam neles foram despedaçados diante deles e lançados ao ar; seus passos foram assim ampliados debaixo de seus pés. Eles então caíram aos pés do Príncipe e, beijando-os, molhavam-no com suas lágrimas. Também clamaram em forte e poderosa voz:

—Bendita seja a glória do Senhor que parte deste lugar!

Emanuel ordenou que eles se levantassem, fossem à cidade e lhes contassem tudo o que Ele fizera. Também ordenou que fossem precedidos em todo o caminho pelo som de uma gaita e tamborim. Então, cumpriu-se o que eles jamais haviam buscado e foram levados a possuir o que nunca haviam sonhado.

O Príncipe também mandou chamar o Capitão Confiança e ordenou que ele e alguns de seus oficiais marchassem adiante dos nobres homens de Alma Humana com seus estandartes coloridos esvoaçantes para o interior da cidade. Também incumbiu esse capitão de que, no momento em que o Arquivista lesse o perdão geral para os habitantes de Alma Humana, ele marchasse para dentro pelo Portão Visão com seus dez mil soldados seguindo-o. Que procedesse pela rua elevada até os portões do castelo e tomasse posse dele até que seu Senhor lá chegasse. Além disso, ordenou que deveria dizer aos Capitães Julgamento e Execução para entregar o forte em suas mãos, que recuassem da cidade e retornassem rapidamente ao acampamento para o Príncipe.

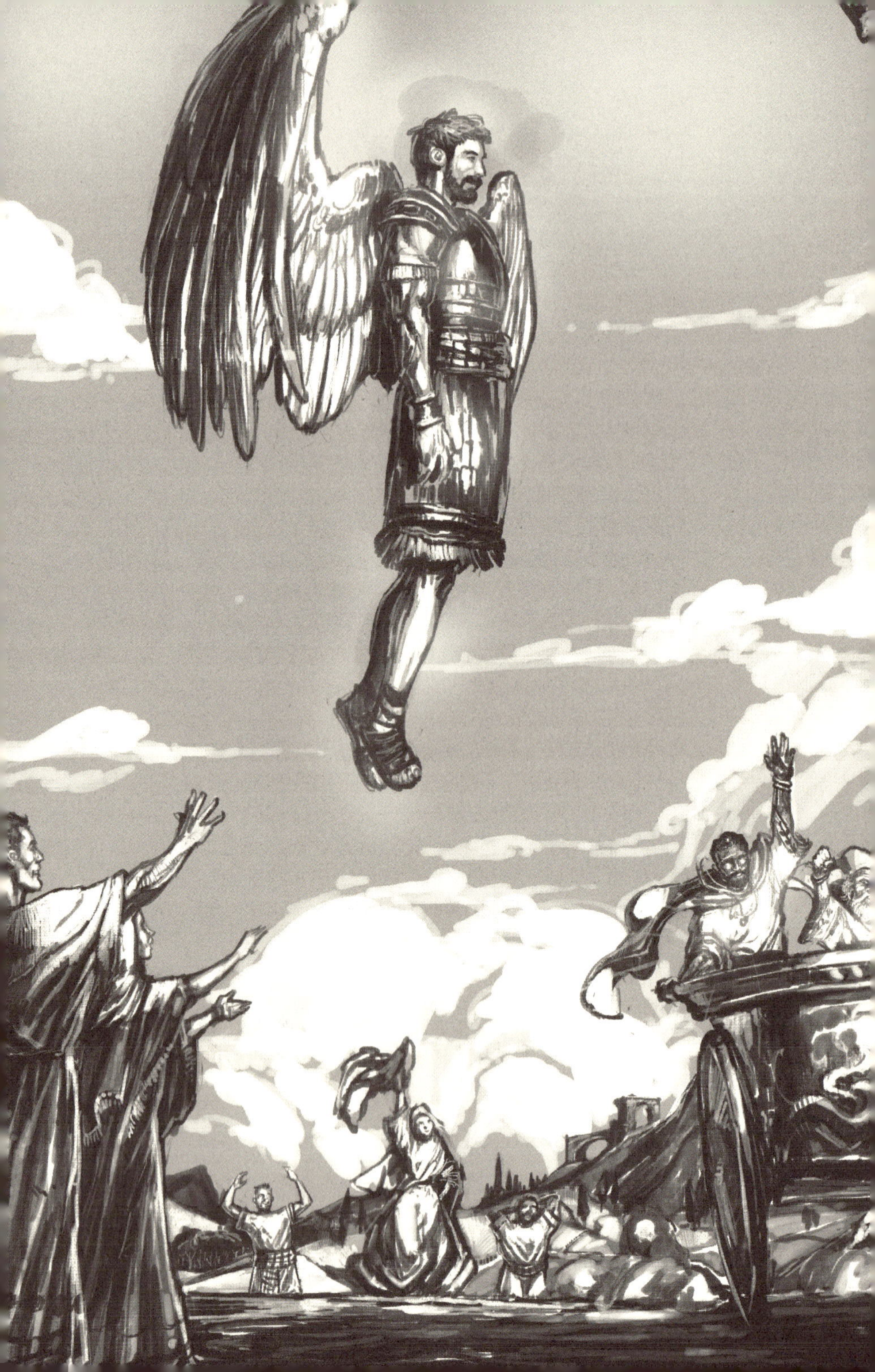

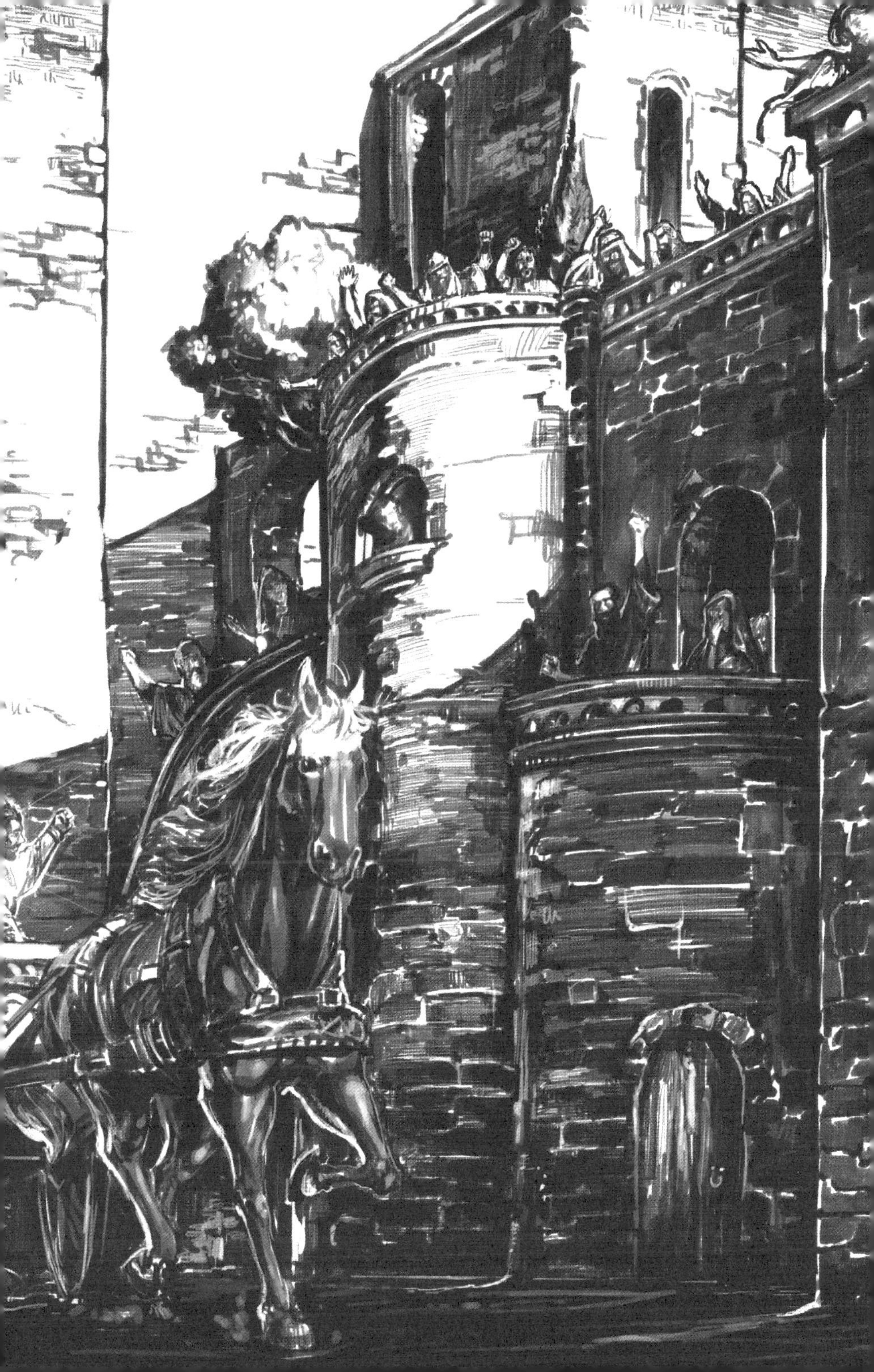

CAPÍTULO 7

Bem, já lhes contei anteriormente como os prisioneiros foram tratados pelo nobre Príncipe Emanuel, como eles se comportaram diante dele e como Ele os enviou de volta à cidade precedidos por gaitas e tamborins. E agora vocês devem imaginar que todos os habitantes da cidade, que durante todo esse tempo aguardavam ouvir sobre a própria morte, não poderiam ter outro tipo de pensamento senão de tristeza mental com reflexões que os feriam como espinhos. Tampouco poderiam manter seus pensamentos estáveis. Como o vento, estavam inquietos com grandes incertezas. Sim, o coração deles era como um balanço que saíra do descanso por meio de mãos que o agitaram. Por fim, com um olhar ansioso, miraram por cima das muralhas e pensaram ter visto pessoas voltando à cidade. Mas quem seriam esses? Conseguiram, então, discernir que eram os prisioneiros. Vocês conseguem imaginar como o povo ficou surpreso com admiração, especialmente quando perceberam em que carruagens e honra eles haviam sido enviados para casa? Quando foram ao acampamento, vestiam luto; porém, voltaram à cidade trajados de branco. Foram enviados com cordas, e retornaram com colares de ouro. Tinham seus pés agrilhoados, e agora seus passos estavam alargados. Haviam partido esperando a morte, mas retornaram com a vida assegurada. Desceram ao acampamento com coração pesado, e retornaram com gaitas e tamborins sendo tocados diante deles. Desse modo, logo que chegaram diante do Portão Visão, a pobre e titubeante cidade de Alma Humana se aventurou a gritar de alegria. E seu brado foi de tal intensidade que seu som fez saltar os capitães do exército do Príncipe. Pobres daqueles corações! Quem poderia culpá-los, uma vez que seus amigos condenados à morte voltaram à vida? Para eles, foi como ver a vida brotando da morte quando avistaram os anciãos da cidade brilhando em tal esplendor. Não esperavam nada senão o bloco de madeira e o machado, mas contemplaram regozijo e alegria, conforto e consolo e notas tão melódicas vindo com eles que foram suficientes para curar os enfermos.

Quando os Lordes chegaram, foram saudados com as boas-vindas e ouviram ainda:

—Bendito Aquele que os poupou! Vemos que está tudo bem com vocês, mas quanto disso virá para a cidade de Alma Humana?

Responderam-lhes o Arquivista e o Lorde Alcaide:

—Ó notícias! Boas notícias! Boas-novas de grande alegria à pobre Alma Humana!

Então o povo deu outro brado que fez a terra estremecer novamente. Depois disso, indagaram mais particularmente como as coisas haviam acontecido no acampamento e que mensagem traziam de Emanuel para a cidade. Os três Lordes contaram tudo o que lhes ocorrera no acampamento e tudo o que o Príncipe lhes fizera. Esse relato levou Alma Humana a se maravilhar com a sabedoria e a graça do Príncipe Emanuel. Depois, contaram-lhes o que receberam de Suas mãos para toda a cidade, e o Arquivista o entregou nestas palavras:

—PERDÃO, PERDÃO, PERDÃO para Alma Humana! E isso a cidade saberá amanhã.

Ele então deu uma ordem, e os que ali estavam partiram e convocaram toda a cidade para se reunir na praça do mercado, no dia seguinte, para ouvir a leitura do perdão geral.

Quem poderia antever a virada e a mudança que esse anúncio causou no semblante da cidade? Nenhum de seus habitantes conseguiu dormir naquela noite por causa da alegria; em cada casa, havia regozijo, danças, cantorias e divertimento. Tudo o que conseguiam fazer era contar e ouvir da felicidade de Alma Humana. Este era o refrão de sua canção: "Ó, mais disso ao despontar do Sol! Mais disso amanhã de manhã!".

Dizia alguém:

—Quem diria, ontem, que este dia seria tal dia para nós? E quem imaginaria, ao ver nossos prisioneiros partindo acorrentados, que eles voltariam com colares de ouro? Sim, aqueles que se autojulgavam, à medida que se dirigiam à corte de seu Juiz, foram absolvidos por Sua boca, não porque fossem inocentes, mas por causa da misericórdia do Príncipe, e foram enviados de volta para casa entre gaitas e tamborins. Esse é o costume dos príncipes? Costumam eles demonstrar tais favores a seus traidores? Não, isso é peculiar a Shaddai e a Emanuel, Seu Filho!

A manhã se aproximava rapidamente. Os Lordes Alcaide e Arbítrio e o Sr. Arquivista foram à praça do mercado na hora que o Príncipe havia marcado, onde seus concidadãos os aguardavam. Esses três estavam trajados com a glória que o Príncipe lhes revestira no dia anterior, e a rua ficou iluminada com a glória deles. Assim, o Alcaide, o Arquivista e o Lorde Arbítrio baixaram o Portão Paladar, que ficava no fim da praça do mercado, pois era lá que, em tempos antigos, os documentos públicos eram lidos. Lá chegaram com suas vestimentas precedidos pelos tamborins. Havia grande ansiedade nas pessoas conhecerem o documento por completo.

O Arquivista então se colocou de pé e, acenando com uma de suas mãos pedindo silêncio, procedeu à leitura do perdão em voz alta. No entanto, quando ele chegou às palavras "O Senhor, o Senhor Deus, misericordioso e cheio de graça, perdoa a iniquidade, transgressões e pecados e lhes serão perdoadas todas as formas de pecado e blasfêmia..."[1], eles não conseguiram se conter e saltaram de alegria. Vocês precisam saber que no documento continha o nome de cada pessoa de Alma Humana, e, igualmente os selos de perdão eram belamente evidentes.

Quando o Arquivista terminou de ler o perdão, os habitantes da cidade se apressaram para o alto das muralhas da cidade e lá saltavam de alegria. Também se inclinavam sete vezes com seu rosto voltado ao pavilhão de Emanuel, gritando a toda voz de alegria e dizendo:

—Que Emanuel viva para sempre!

Aos jovens da cidade foi ordenado que tocassem os sinos em celebração. Enquanto eles soavam, as pessoas cantavam, e a música preenchia cada lar em Alma Humana.

Logo que o Príncipe enviara os três prisioneiros de Alma Humana de volta à casa, com júbilo, acompanhados de gaitas e tamborins, ordenara aos Seus capitães, aos oficiais de campo e a todos os soldados do exército que se preparassem para a manhã em que o Arquivista leria o perdão a Alma Humana, a fim de que o louvassem uma vez mais. Assim que a manhã chegou, como já relatei, e o Arquivista terminara de ler o perdão, Emanuel ordenou que todas as trombetas do acampamento soassem e que os estandartes fossem exibidos, metade deles no Monte da Graça e a outra metade no Monte Justiça. Semelhantemente, deu ordens para que os capitães se mostrassem em sua armadura completa e que os soldados bradassem de júbilo. O Capitão Confiança, embora estando no castelo, não permaneceu em silêncio em tal dia: do topo da fortaleza, expressou-se com som de trombeta para Alma Humana e para o acampamento do Príncipe.

---

[1] Êxodo 34.

Assim, descrevi a vocês a forma e o modo que Emanuel adotou para recuperar a cidade de Alma Humana das mãos do tirano Diabolus.

Quando o Príncipe havia completado essa parte, as cerimônias externas de Sua alegria, Ele novamente ordenou a Seus capitães e soldados que mostrassem a Alma Humana algumas proezas de guerra, e eles imediatamente se puseram em ação. Ó, com que agilidade, habilidade, destreza e bravura aqueles militares exibiam seu talento nas proezas de guerra à maravilhada cidade!

Eles marchavam e contramarchavam, abriam o lado direito e o esquerdo, dividiam-se e se subdividiam ainda, depois fecharam e giraram, reagruparam a vanguarda e a retaguarda e os flancos direito e esquerdo. Executaram com exatidão essas e 20 outras manobras. Por fim, quando se ajuntaram novamente, conquistaram, arrebataram o coração daqueles de Alma Humana que os contemplavam! Acrescente a isso o manejo de suas armas e as manobras com os armamentos de guerra, que maravilhosamente extasiavam os cidadãos e a mim!

Quando o desfile terminou, toda Alma Humana foi unida ao acampamento do Príncipe para agradecer-lhe e louvá-lo por Seu abundante favor e para implorar que Vossa Alteza se agradasse de ir à cidade com Seus soldados e que assumissem seus quartéis para sempre. Fizeram-no da forma mais humilde, inclinando-se sete vezes em terra diante dele. Ele, então, lhes disse:

—Toda a paz seja com vocês!

O povo se aproximou e tocou a ponta do cetro de ouro de Emanuel e disse:

—Que o Príncipe Emanuel, com Seus capitães e soldados, habitem em Alma Humana para sempre! Que Seus aríetes e catapultas sejam alocados no interior da cidade para uso e serviço do Príncipe e para auxílio e força da cidade, pois temos espaço para ti e Teus soldados. Também temos espaço para Teus armamentos e lugar para fazer um depósito para Tuas carruagens. Faze isso, Emanuel, e serás eternamente o Rei e Comandante em Alma Humana. Sim, governa também de acordo com todo o desejo de Tua alma e estabelece Teus governantes e príncipes sob ti e Teus capitães e homens de guerra. Nós nos tornaremos Teus servos, e Tuas leis serão nossa direção.

Depois acrescentaram, suplicando que Sua Alteza o considerasse:

—Pois, se agora, depois de toda essa graça concedida a nós, Tua deplorável cidade de Alma Humana, tu te retirares de nosso meio, tu e Teus capitães, a cidade morrerá. Sim — disseram ainda—, nosso bendito Emanuel, se partires de nós, agora que nos fizeste tanto bem e nos mostraste tanta misericórdia, o que se seguirá será como se nossa alegria nunca tivesse existido. Nossos inimigos virão uma segunda vez sobre nós e com mais ódio do que da primeira vez! Portanto, imploramos a ti, ó anelo de nossos olhos, força e vida de nossa miserável cidade, aceita esta moção que agora fazemos a nosso Senhor: vem habitar em nosso meio e permite que sejamos Teu povo. Além disso, Senhor, não temos certeza, mas, até o dia de hoje, muitos diabolinianos podem estar espreitando em Alma Humana e eles nos trairão, se nos deixares, entregando-nos nas mãos de Diabolus novamente. E quem sabe quais planos, tramas e artifícios já estão se passando entre eles? Somos contrários a cair nessas horrendas mãos novamente. Assim, por favor, que te agrade aceitar nosso palácio como local de Tua residência e as casas de nossos melhores homens para receber Teus soldados e a mobília deles.

O Príncipe então lhes respondeu:

—Se eu entrar em sua cidade, vocês me permitirão levar a cabo o que tenho em meu coração contra os meus inimigos e seus inimigos? Sim, vocês me ajudarão nesse empreendimento?

Responderam ao Príncipe:

—Não sabemos o que deveremos fazer. Antes não pensávamos que poderíamos ser os traidores de Shaddai, como ficou provado que somos. O que, então, diremos a nosso Senhor? Que Ele não confie em Seus santos; que o Príncipe habite em nosso castelo e faça de nossa cidade uma guarnição, que Ele estabeleça Seus nobres capitães e Seu soldados sobre nós. Sim, que Ele nos conquiste com Seu amor e nos vença com Sua graça. Assim Ele será conosco e nos ajudará, do mesmo modo como fez naquela manhã que nosso perdão nos foi lido. Aquiesceremos a nosso Senhor e a Seus caminhos e sairemos com Sua palavra contra o valente.

"Apenas mais uma palavra, e Teus servos terão terminado. Assim, não mais te incomodaremos. Não conhecemos a profundidade de Tua sabedoria, nosso Príncipe. Quem poderia imaginar, sendo governados pela razão, que tanta doçura, como a que agora desfrutamos, viria daquelas amargas provações com que fomos testados inicialmente? Mas, Senhor, que a luz preceda o amor. Que sejamos levados pela mão e conduzidos por Teus conselhos. E que isto sempre permaneça conosco: que todas as coisas serão para o bem de Teus servos, e que elas venham sobre Alma Humana e façam conosco conforme te aprouver. Ó, Senhor, vem a nossa Alma Humana, faze conforme queres, para que nos preserves de pecar e nos tornes úteis para Tua Majestade."

—Vão e retornem às suas casas em paz —, disse-lhes o Príncipe. — De boa vontade atenderei seus desejos. Desmontarei meu pavilhão real e amanhã levarei meus exércitos diante do Portão Visão. Depois marcharemos para o interior da cidade de Alma Humana; tomarei posse de seu castelo e colocarei meus soldados sobre vocês. Farei na cidade coisas que não poderão ser igualadas em qualquer nação, país ou reino sob o Céu.

Os habitantes da cidade deram um brado e retornaram para suas casas em paz. Também contaram à parentela deles e aos amigos sobre todo o bem que Emanuel prometera a Alma Humana.

—Amanhã — disseram —, Ele marchará para dentro de nossa cidade e Ele e Seus soldados passarão a habitar entre nós.

Todos, então, se apressaram às árvores verdejantes e aos prados para recolher ramos e flores a fim de espalhar nas ruas para a vinda de seu Príncipe, o Filho de Shaddai. Também fizeram guirlandas e outros belos arranjos para demonstrar quão jubilosos estavam — e deveriam estar — por receber seu Emanuel em Alma Humana. Sim, decoraram a rua desde o Portão Visão até o portão do castelo, o local onde o Príncipe se estabeleceria. Igualmente preparam para a Sua chegada a melhor música que podiam oferecer, para que fosse tocada diante dele no palácio, Sua habitação.

Assim sendo, no momento designado, Ele se aproximou de Alma Humana e os portões lhe foram abertos. Lá também os patriarcas e anciãos da cidade o encontraram e o saudaram com milhares de boas-vindas. Emanuel se levantou e adentrou pelo portão, Ele e Seus servos. Os anciãos da cidade o precediam com danças até que Ele chegou ao portão do castelo. E assim foi como Ele se dirigiu àquele local: vestia uma armadura de ouro e dirigia Sua carruagem real. As trombetas tocavam à Sua presença, Suas flâmulas eram exibidas e Seus dez mil soldados o seguiam de perto enquanto os anciãos da cidade dançavam diante dele. As muralhas da célebre Alma Humana estavam repletas de habitantes que

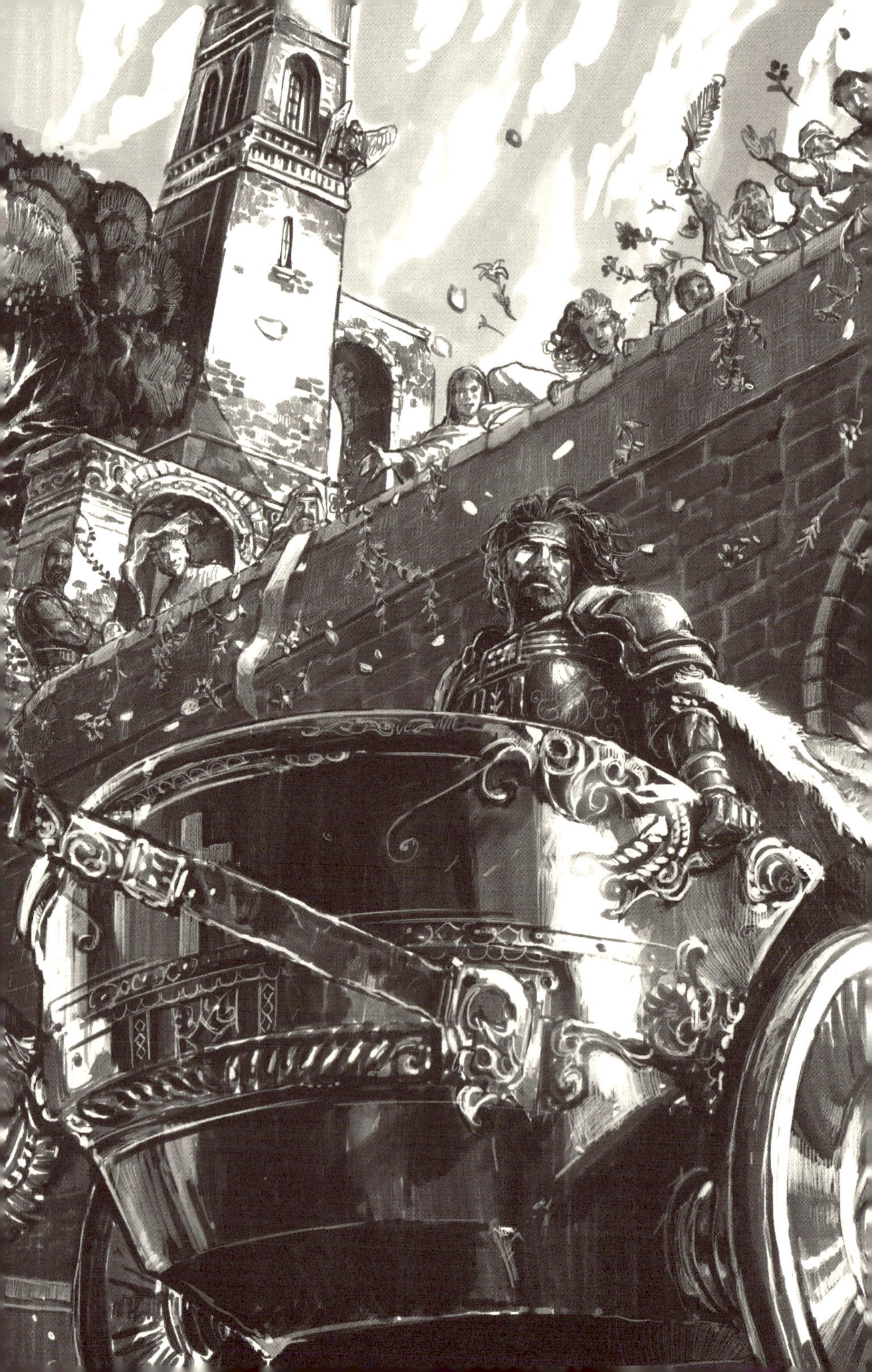

se atropelavam para ver a aproximação de seu bendito Príncipe e Seu exército real. Semelhantemente, todas as varandas, janelas, sacadas e telhados das casas estavam repletas de pessoas de todos os tipos para testemunhar como a cidade era preenchida pelo bem.

Quando o Príncipe chegou à altura da casa do Arquivista, ordenou que alguém fosse até o Capitão Confiança, para conferir se o castelo de Alma Humana estava preparado para receber Sua presença real (pois essa preparação fora deixada a encargo desse capitão). Foi confirmado que tudo estava pronto. A seguir, o Capitão Confiança ordenou que seu exército fosse ao encontro do Príncipe, o que foi feito como ele dissera. Ele, então, conduziu o Príncipe ao interior do castelo. Naquela noite, Emanuel se alojou no castelo com Seus corajosos capitães e homens de guerra, para a alegria de Alma Humana.

A próxima preocupação dos habitantes era sobre como aquartelar os capitães e os soldados do exército do Príncipe entre eles. E o cuidado não era sobre como deveriam fechar as mãos a eles, mas como poderiam abrir-lhes suas casas e enchê-las com eles, pois cada pessoa em Alma Humana agora estimava Emanuel e Seus soldados e não queriam que eles se entristecessem porque o povo não havia sido generoso o suficiente, cada um deles, ao receber todo o exército do Príncipe. Consideravam como sua glória estar à espera desse exército e naqueles dias os serviriam voluntariamente como seus lacaios. Por fim, chegaram a este resultado:

1. O Capitão Inculpável ficaria na casa do Sr. Razão.
2. O Capitão Paciência deveria ser aquartelado na casa do Sr. Mente. Este era o ex-serviçal do Lorde Arbítrio durante o tempo da rebelião.
3. Ficou estabelecido que o Capitão Caridade deveria ficar na casa do Sr. Afeição.
4. O Capitão Boa Esperança ficaria com o Lorde Alcaide. Agora, quanto à casa do Arquivista, este mesmo desejava — por ser ela próxima ao castelo e porque a ele fora ordenado pelo Príncipe que, se necessário, deveria soar o alarme a Alma Humana — que o Capitão Boanerges e o Capitão Convicção deveriam alojar-se com ele junto com todos os seus soldados.
5. Quanto aos capitães Julgamento e Execução, meu Lorde Arbítrio levou ambos e seus soldados à sua casa, uma vez que esse Lorde

deveria governar abaixo do Príncipe para o bem da cidade de Alma Humana, da mesma forma que fizera antes sob o tirano Diabolus, o que trouxe sofrimento e prejuízo.

6. Todo o restante dos exércitos de Emanuel ficou aquartelado por toda a cidade. Mas o Capitão Confiança e seus soldados permaneceram no castelo. Assim, o Príncipe, Seus capitães e Seus soldados foram alojados na cidade de Alma Humana.

Os patriarcas e anciãos da cidade pensavam que nunca tinham demais do Príncipe Emanuel: Sua pessoa, Suas ações, Suas palavras e comportamento eram abundantemente aprazíveis, seletos e muito desejáveis para eles. Por conseguinte, pediram-lhe que, embora o castelo de Alma Humana fosse o local de Sua residência (e eles desejassem que Ele vivesse lá para sempre), que Ele visitasse com frequência as ruas, casas e o povo da cidade. Diziam-lhe:

—Notável Soberano, Tua presença, Tua aparência, Teus sorrisos e Tuas palavras são vida, força e o sustentáculo da cidade de Alma Humana!

Além disso, ansiavam por ter acesso contínuo a Ele, sem dificuldade ou interrupção (por esse propósito, Ele ordenou que os portões deveriam permanecer abertos), para que pudessem ver a maneira de Suas obras, as fortificações do palácio e a mansão real do Príncipe. Quando Ele falava, todos se calavam e lhe davam atenção; quando Ele andava, eles tinham prazer em imitar-lhe os passos.

Depois de algum tempo, Emanuel promoveu um festejo para a cidade de Alma Humana. No dia marcado, os cidadãos deveriam ir ao castelo para tomar parte em Seu banquete. O Príncipe celebrou com eles com todos os tipos de iguarias estrangeiras — comidas que não eram cultivadas nos campos de Alma Humana, nem em todo o reino do Universo, pois provinham da corte de Seu Pai. Assim, prato após prato foram colocados diante deles e lhes era dito que comessem livremente. Ainda assim, quando um prato novo lhes era apresentado, eles sussurravam uns aos outros perguntando do que se tratava, uma vez que não sabiam como chamá-los. Semelhantemente, bebiam da água que fora transformada em vinho e alegraram-se muito com Ele. Havia música todo o tempo em que estavam à mesa alimentando-se da comida dos anjos e do mel retirado da rocha. Desse modo, Alma Humana ingeria alimentos peculiares à corte até ficarem satisfeitos.

Não posso me esquecer de lhes contar que os músicos que estavam à mesa não eram daquele país, tampouco da cidade de Alma Humana, mas eram mestres de música das canções que eram entoadas na corte de Shaddai.

Logo que o banquete terminou, Emanuel entreteve a cidade com alguns enigmas curiosos[2] sobre segredos elaborados pelo secretário de Seu Pai, por meio da habilidade e sabedoria de Shaddai, os quais não têm semelhança em qualquer outro reino. Esses enigmas eram formulados sobre o próprio Rei Shaddai e Emanuel, Seu Filho, e sobre Suas guerras e feitos em Alma Humana.

O próprio Emanuel também expôs alguns desses enigmas.[3] E como o povo de Alma Humana foi iluminado! Viram o que jamais haviam visto; jamais podiam imaginar que tais preciosidades pudessem estar ocultas em tão poucas e comuns palavras. Eu já lhes contei sobre quem esses mistérios tratavam; à medida em que iam sendo revelados, o povo percebia que assim era. Entenderam que aquelas coisas eram como uma figura do próprio Emanuel[4], pois, quando leram na forma em que os enigmas foram escritos e olharam na face do Príncipe, tudo pareceu muito semelhante, de modo que Alma Humana não poderia deixar de dizer:

—Ele é o Cordeiro! Ele é o sacrifício! Ele é a rocha! Ele é a novilha vermelha! Ele é a porta! E Ele é o caminho! — além de muitas outras coisas.

Depois disso, Emanuel dispensou a cidade de Alma Humana da celebração. Mas vocês conseguem imaginar como aquela sociedade ficou extasiada com aquele acolhimento? Ficaram tomados de júbilo e mergulhados em maravilhamento enquanto contemplavam, compreendiam e ponderavam sobre como Emanuel os recebeu e sobre os mistérios que Ele lhes revelou. Quando estavam em casa e em seu lugar de repouso, não podiam se conter em cantar sobre Ele e Suas ações. Sim, tão admirados estavam agora com seu Príncipe que cantavam sobre Ele até enquanto dormiam.

---

[2] Paulo chama de "mistério" em Efésios 2 e 3, que ficou oculto na primeira Aliança e foi revelado em Cristo.

[3] Uma alusão ao encontro de Jesus com os discípulos a caminho de Emaús (Lucas 24:13-35).

[4] Para entender melhor a relação entre as histórias e leis do Antigo Testamento com Cristo, recomenda-se a leitura de Hebreus 9 e 10.

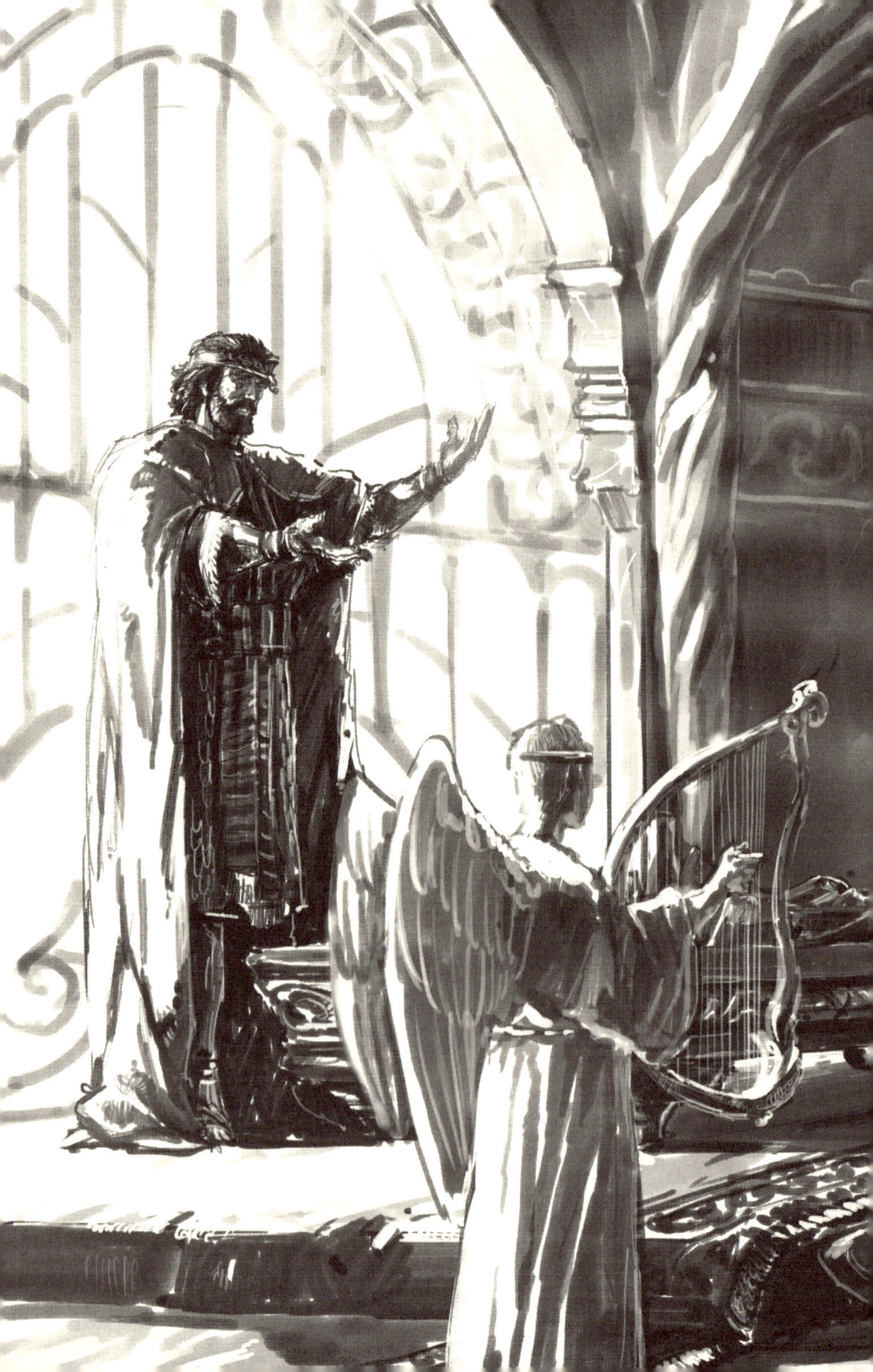

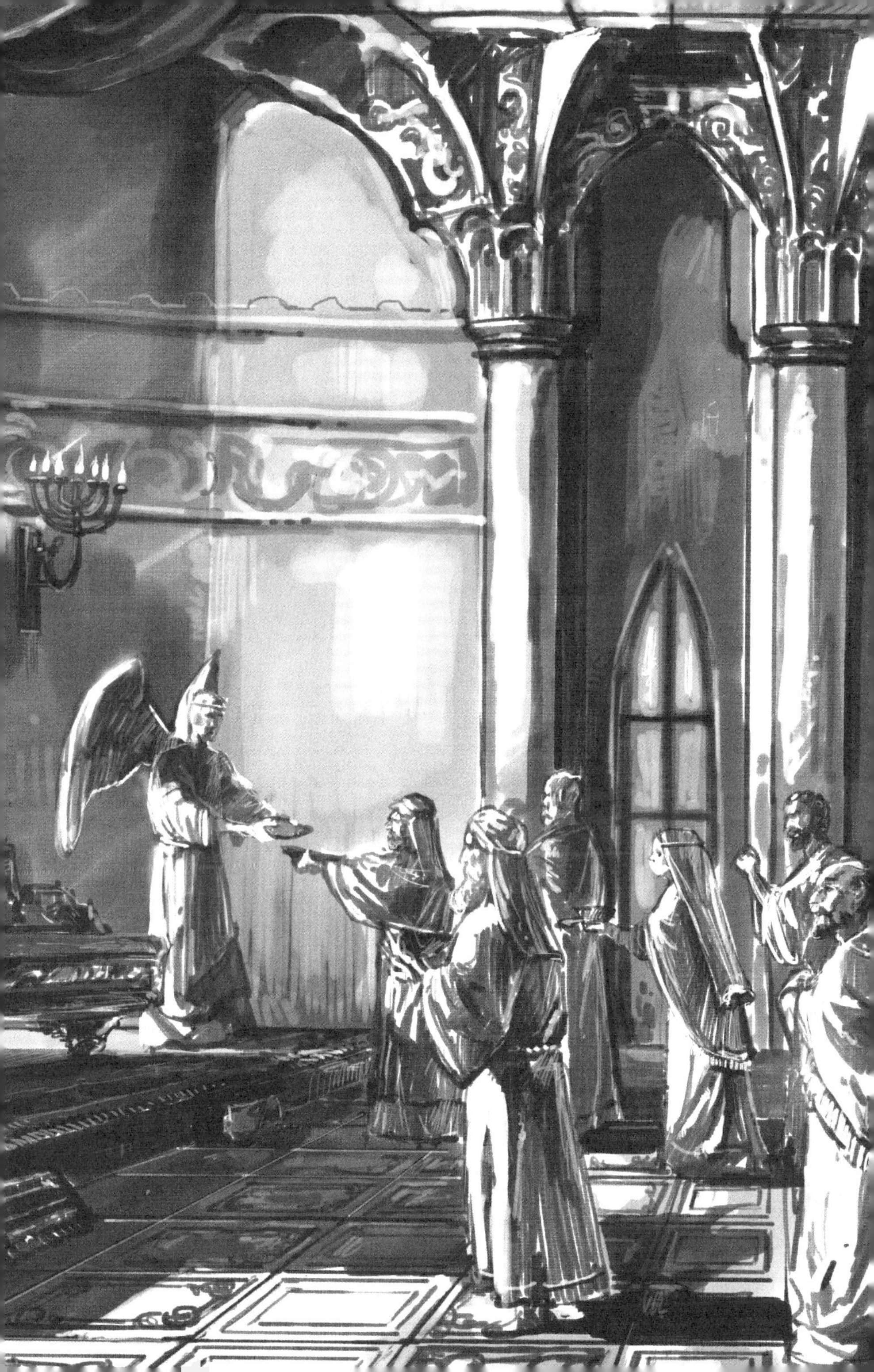

Agora era desejo do Príncipe remodelar a cidade de Alma Humana e colocá-la em condições que o agradassem mais e que fossem mais adequadas para o benefício e segurança da próspera cidade. Também tomou medidas contra insurreições internas e invasões externas como resultado de Seu grande amor pela célebre Alma Humana.

Dessa forma, primeiramente ordenou que as grandes catapultas, que haviam sido trazidas da corte de Seu Pai quando Ele veio à guerra contra a cidade, deveriam ser montadas, algumas sobre as ameias[5] do castelo; outras, sobre as torres, pois havia torres que foram recém-construídas por Emanuel em Alma Humana desde que Ele viera nela morar. Havia também um armamento, inventado por Emanuel, que atirava pedras a partir do castelo de Alma Humana, em direção ao Portão Paladar. Este não poderia ser resistido — não que ele pudesse falhar em sua execução. Portanto por causa das maravilhosas façanhas que esse instrumento realizava quando usado, ele permaneceu sem ter um nome. E foi delegado aos cuidados e à administração do valente Capitão Confiança em caso de guerra.

Feito isso, Emanuel chamou o Lorde Arbítrio à Sua presença e lhe deu ordens de cuidar dos portões, da muralha e das torres de Alma Humana. Também entregou o exército a seu cuidado, com a responsabilidade de deter todas as insurreições e tumultos que poderiam acontecer em Alma Humana contra a paz de nosso Senhor, o Rei, e a paz e a tranquilidade da cidade. Semelhantemente, deu-lhe a comissão de que se encontrasse qualquer dos diabolinianos espreitando pelas esquinas da afamada cidade, deveria capturá-los imediatamente e prendê-los, ou colocá-los sob custódia segura, para que fossem processados de acordo com a lei.

Depois, chamou a si o Lorde Entendimento, o antigo Lorde Alcaide que fora deposto quando Diabolus tomou a cidade, e devolveu-lhe o cargo, tornando-se essa a sua posição por toda a sua vida. Emanuel também lhe ordenou que construísse para si um palácio perto do Portão Visão e que fosse construído nos moldes de uma torre de defesa. Igualmente, estipulou que ele lesse a Revelação dos Mistérios todos os dias de sua vida, para que soubesse como desempenhar suas funções corretamente.

---

[5] Cada um dos parapeitos separados regularmente por merlões na parte superior das muralhas de fortalezas e castelos; recorte no cimo de muralha ou torre (Houaiss, 2009).

Nomeou o Sr. Conhecimento como o Arquivista, não porque desprezasse o Sr. Consciência, antigo Arquivista, mas porque Ele tinha em Sua mente principesca conferir ao Sr. Consciência outra função, sobre a qual Ele avisou ao velho cavalheiro que lhe falaria mais tarde.

Ordenou que a imagem de Diabolus fosse retirada do lugar em que fora colocada e que a destruíssem completamente, transformando-a em poeira e jogando-a ao vento do lado de fora das muralhas. E que a imagem de Shaddai, Seu Pai, fosse erigida juntamente com a Sua própria sobre os muros do castelo, devendo esculpi-la ainda mais formosa do que antes, uma vez que Seu Pai e Ele próprio vieram a Alma Humana em graça e misericórdia ainda maior do que no princípio. Também disse que Seu nome deveria ser gravado com belas letras sobre o frontal da cidade, fazendo-o com ouro da melhor qualidade, para a honra da cidade.

Após tudo isso, Emanuel emitiu um comando para que os três grandes diabolinianos fossem capturados, a saber: os dois últimos lordes alcaides — o Sr. Incredulidade e o Sr. Cobiça — e o Sr. Esqueça o Bem, que fora arquivista. Além desses, havia outros dentre aqueles que Diabolus fizera burgueses e duques em Alma Humana, que foram levados sob a custódia do agora valente e nobre Lorde Arbítrio, o intrépido.

Estes eram os seus nomes: Duque Ateísmo, Duque Coração Empedernido e Duque Falsa Paz. Os burgueses eram: Sr. Não à Verdade, Sr. Inclemente e Sr. Pedantismo, com os seus comparsas. Esses foram conduzidos em custódia fechada, e o nome de seu carcereiro era Sr. Fiel. Esse homem era um daqueles que Emanuel trouxe consigo da corte do Pai quando ele inicialmente declarou guerra contra Diabolus na cidade de Alma Humana.

Terminado isso, o Príncipe ordenou que as três fortalezas construídas em Alma Humana por ordem de Diabolus fossem totalmente demolidas. Essas são aquelas fortalezas e seus nomes, sobre as quais vocês leram em capítulos anteriores. No entanto, isso levou tempo para ser feito por causa da amplitude desses lugares e porque as pedras, as madeiras, o ferro e todo o entulho deveriam ser carregados para fora da cidade.

Quando essas coisas foram concluídas, o Príncipe mandou que o Lorde Alcaide e os duques de Alma Humana convocassem a corte judicial para o julgamento e execução dos diabolinianos que restavam na cidade e que estavam sob a responsabilidade do Sr. Fiel, o carcereiro.

CAPÍTULO 8

Chegado o momento certo e a preparada corte judicial, foi enviada uma ordem ao Sr. Fiel, o carcereiro, para trazer os prisioneiros para o tribunal. Eles foram então manietados e acorrentados juntos, conforme o costume de Alma Humana. Quando se apresentaram diante do Lorde Alcaide, do Arquivista e dos demais honráveis magistrados, o júri foi escolhido e as testemunhas fizeram seu juramento. O painel de jurados era composto por: Sr. Credulidade, Sr. Sinceridade, Sr. Justo, Sr. Ódio ao Mal, Sr. Amor a Deus, Sr. Ver a Verdade, Sr. Mente Celestial, Sr. Moderação, Sr. Gratidão, Sr. Trabalho Honesto, Sr. Zelo por Deus, Sr. Humildade.

Os nomes das testemunhas eram: Sr. Vasto Conhecimento, Sr. Dizer a Verdade, Sr. Ódio à Mentira, além do Lorde Arbítrio e seu assistente, caso fosse necessário.

O Sr. Fazer o Certo (que era o escrivão da cidade) disse:

—Leve o Ateísmo ao banco dos réus, carcereiro.

Quando o prisioneiro lá chegou, o escriturário continuou:

—Ateísmo, levante sua mão. Você é indiciado pelo nome de Ateísmo (um intruso na cidade de Alma Humana) porque tem ensinado e sustentado, de forma perniciosa e tola, que não há Deus e que não se deve dar atenção à religião. Isso você tem feito em contraposição ao ser, honra e glória do Rei e contra a paz e segurança da cidade de Alma Humana. O que tem a dizer? É culpado ou não dessas acusações?

—Inocente! — disse Ateísmo.

—Convoquem os senhores Vasto Conhecimento, Dizer a Verdade e Ódio à Mentira à corte —, disse o meirinho.

Estes vieram assim que chamados. Então disse-lhes o escrivão:

—Vocês, testemunhas do Rei, olhem o prisioneiro no banco dos réus. Reconhecem-no?

—Sim, meu senhor, nós o conhecemos —, falou Vasto Conhecimento. —Seu nome é Ateísmo e ele foi uma pessoa muito nociva por muitos anos na deplorável cidade de Alma Humana.

—Você tem certeza de que o conhece? — indagou o escrivão.

—Sim, meu senhor, eu o conheço. Estive na companhia dele até há pouco tempo, para que agora pudesse ignorar sua existência. Ele é um diaboliniano, filho de um diaboliniano. Conheci seu avô e seu pai.

—Muito bem! — disse o escrivão. —Ele está aqui indiciado pelo nome de Ateísmo e é acusado por ter sustentado e ensinado que não há Deus e, consequentemente, não ser necessário que se atente à religião. O que vocês têm a dizer, testemunhas do Rei, sobre isso? Ele é culpado ou não?

—Meu senhor, ele e eu já estivemos juntos na rua Vilania. Naquela ocasião, ele ativamente conversava sobre diversos assuntos, e lá eu o ouvi falar que, de sua parte, ele acreditava não haver Deus. Mas disse que ele até poderia professar um Deus e ser religioso também se as pessoas em cuja companhia estivesse e as circunstâncias exigissem.

—Você tem certeza de que o ouviu dizer isso?

—Juro que o ouvi dizer exatamente isso.

Disse, então, o escrivão:

—Sr. Dizer a Verdade, o que você tem a dizer aos juízes do Rei com relação ao prisioneiro no banco dos réus?

—Meu senhor, antigamente eu era um dos grandes companheiros dele, algo de que me arrependo. Frequentemente o ouvi dizer, com grande obstinação, que não cria que há Deus, anjos ou espíritos.

—Onde você o ouviu falar assim?

—Na avenida do Difamador, na rua do Blasfemador e em muitos outros lugares naqueles arredores.

—Você tem mais algum conhecimento acerca dele?

—Sei que ele é um diaboliniano, filho de um diaboliniano e um homem terrível por negar a Divindade. O nome do pai dele era Nunca Ser Bom, e ele teve mais filhos além de Ateísmo. Não tenho mais o que acrescentar.

—Sr. Ódio à Mentira, olhe para o prisioneiro que está sendo interrogado. Você o conhece?

—Meu senhor, esse Ateísmo é um dos mais vis miseráveis dos quais já estive por perto, ou com quem tive que tratar em toda a minha vida. Já o ouvi dizer que Deus não existe. Também que não há mundo porvir, nem pecado ou punição futura. Acima de tudo, eu o ouvi dizer que ir a um bordel era tão proveitoso quanto ouvir um sermão.

—Onde você o ouviu dizer essas coisas?

—Na rua Embriaguez, no final da avenida Malandragem, na casa onde vivia o Sr. Impiedade.

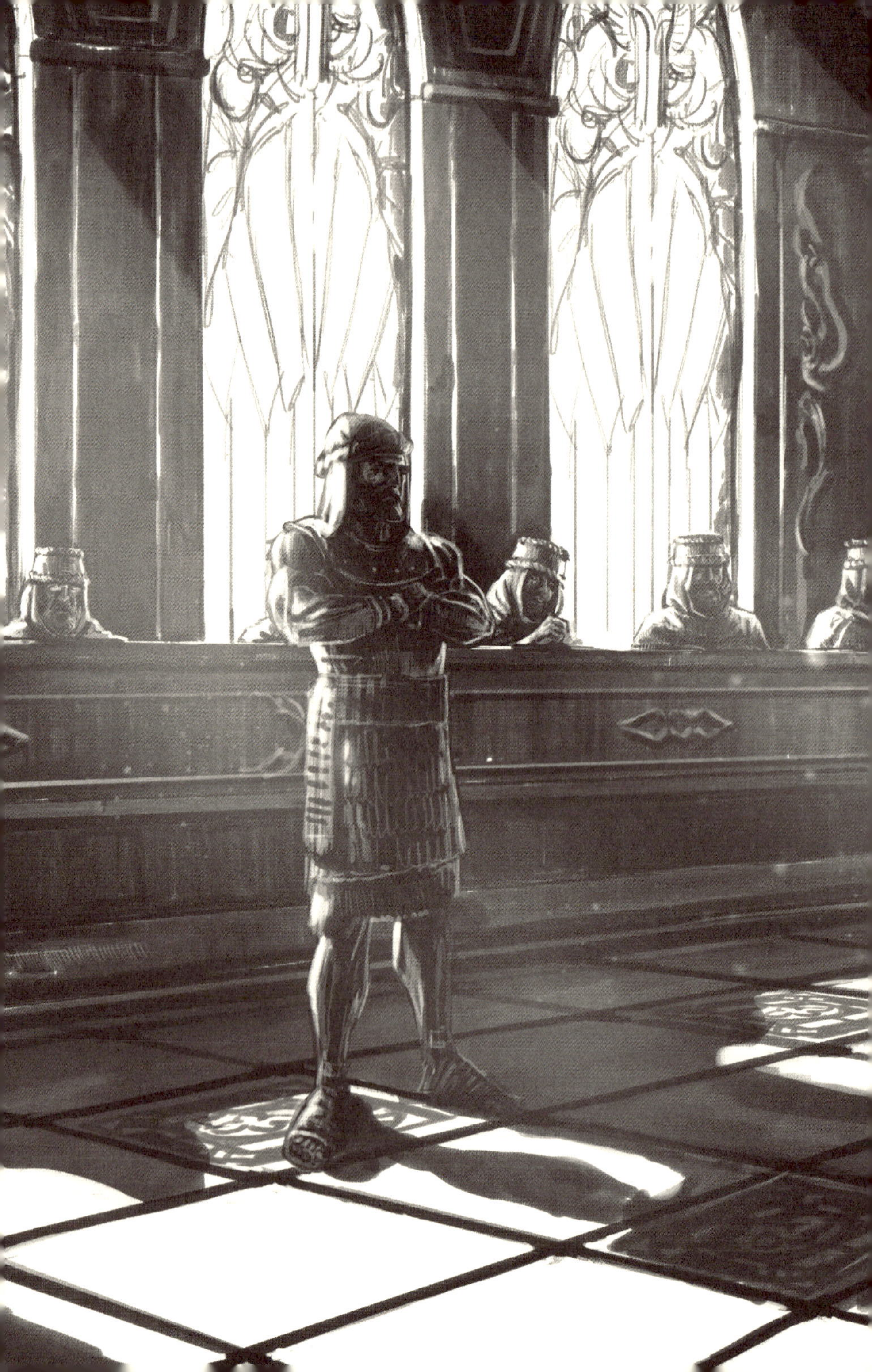

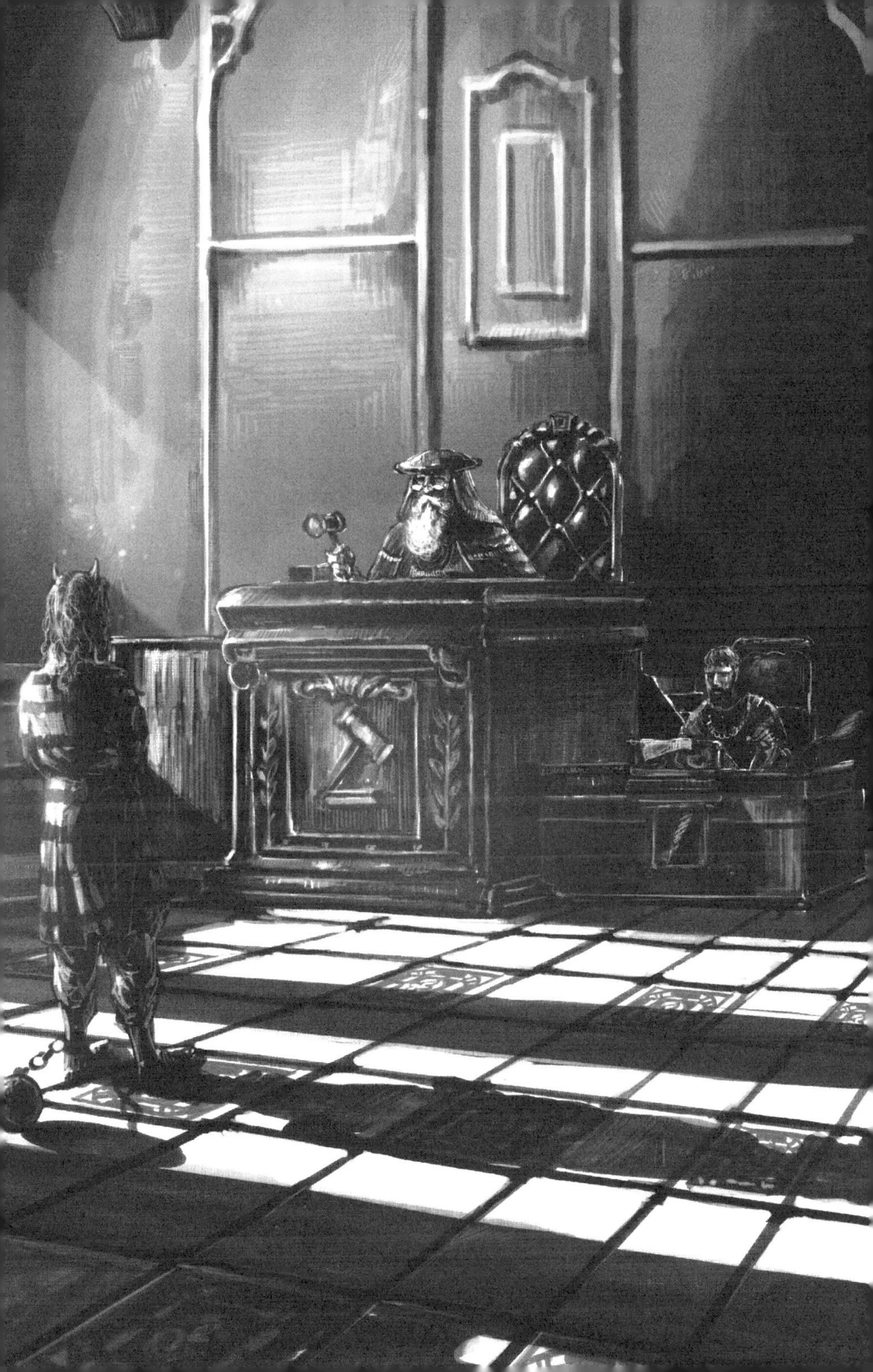

—Pode levá-lo, carcereiro, e traga o Sr. Cobiça. Sr. Cobiça, você está sendo indiciado sob o nome Cobiça (um intruso na cidade de Alma Humana) porque, de forma demoníaca e traiçoeira, afirma, por prática e palavras imundas, que é legítimo que o homem dê vazão aos seus desejos carnais. E que você, de sua parte, não se nega e nem jamais se negará a qualquer prazer pecaminoso enquanto seu nome for Cobiça. O que você tem a dizer? É ou não culpado dessas acusações?

—Meu senhor, sou um homem de alta estirpe e estou acostumado a prazeres e passatempos de grandeza. Não me censuro, tampouco admitirei ser censurado por meus feitos, mas fui permitido seguir meus desejos como estava naquela lei. Parece-me estranho que eu, neste dia, deva ser questionado a respeito daquilo que não apenas eu, mas quase todos os homens, quer secreta ou abertamente, amam e aprovam.

—Senhor, não estamos tratando de sua grandeza (embora quanto mais alta sua posição, melhor você deveria ter sido), mas estamos lidando, e você, de igual modo, com seu indiciamento. O que você diz? É ou não culpado?

—Não sou culpado!

—Meirinho, convoque as testemunhas para se apresentarem e trazerem suas evidências.

—Senhor Vasto Conhecimento, — disse o meirinho —olhe para o prisioneiro no interrogatório. Você o conhece?

—Sim, meu senhor, eu o conheço.

—Qual o nome dele? — perguntou o escrivão.

—O nome dele é Cobiça. Ele é filho de um tal Bestial, e a sua mãe o gerou na Rua Carnalidade. Ela era filha de uma tal Concupiscência Maligna. Conheço toda a família deles.

—Bem colocado! Você ouviu o indiciamento, o que diz a respeito? Ele é culpado das coisas que lhe são apresentadas como acusação, ou não?

—Meu senhor, como ele mesmo disse, ele é um homem de grandeza, sem dúvida, e mil vezes maior em maldade do que em linhagem.

—Mas o que você sabe acerca de suas ações específicas e especialmente com referências ao indiciamento dele?

—Sei que ele é um praguejador, mentiroso e que infringe a lei do *Shabbat*. Sei que é fornicador e uma pessoa impura. Tenho certeza de que é culpado de uma abundância de males. Até onde sei, é um homem imundo.

—Mas onde ele costumava cometer suas perversidades? Em alguma esquina secreta ou mais aberta e desavergonhadamente?

—Por toda a cidade, meu senhor.

—Aproxime-se, senhor Dizer a Verdade. O que você tem a dizer em prol de nosso Senhor, o Rei, contra o prisioneiro no banco dos réus?

—Meu senhor, sei ser verdadeiro tudo o que a primeira testemunha disse, e muito mais além disso.

—Sr. Cobiça, você ouviu o que disseram esses cavalheiros?

Respondeu o Sr. Cobiça:

—Eu sempre tive a opinião de que a vida mais feliz que alguém pode ter neste mundo é não se refrear de qualquer coisa que deseje. Em nenhum momento fui inconsistente com essa minha opinião, mas todos os meus dias vivi amando essa minha forma de pensar. Tampouco fui rude em não a recomendar para outros, depois de ter encontrado nela tanta doçura.

Ao ouvi-lo, disseram os da corte:

—Da boca deste homem já procedeu o suficiente para que o condenemos sumariamente. Portanto, leve-o, senhor carcereiro, e traga o Sr. Incredulidade ao interrogatório.

O Sr. Incredulidade foi trazido ao tribunal.

—Sr. Incredulidade, você é indiciado sob o nome de Incredulidade (um intruso em Alma Humana) porque, no tempo em que você era um oficial na cidade, atacou, de maneira criminosa e perversa, os capitães do grande Rei Shaddai quando eles vieram e exigiram a posse de Alma Humana. Sim, você desafiou o nome, o exército e a causa do Rei e, como Diabolus, seu capitão, você incitou e encorajou a cidade de Alma Humana a se opor e a resistir ao mencionado exército do Rei. O que você diz acerca de seu indiciamento? Declara-se culpado ou não?

—Não conheço Shaddai. Eu amo o meu antigo príncipe —, disse Incredulidade. —Achei que era meu dever ser fiel às minhas crenças e fazer o que pudesse para possuir a mente da população de Alma Humana para que fizessem o máximo, a fim de resistir aos estrangeiros e forasteiros e de lutar com empenho contra eles. Não mudei e não mudarei a minha opinião por receio de sofrimento, embora, presentemente, vocês estejam na posição de poder.

À vista disso, declararam os membros da corte:

—Esse homem, como vocês veem, é incorrigível. Ele é a favor de manter sua vilania pela intrepidez da palavra e sua rebelião, com impudente[1] confiança. Assim sendo, pode levá-lo, carcereiro, e traga o Sr. Esqueça o Bem ao interrogatório.

Sendo trazido o acusado, o escrivão se dirigiu a ele:

—Sr. Esqueça o Bem, você está sendo indiciado sob o nome de Esqueça o Bem (um intruso em Alma Humana), pois, quando tinha em suas mãos os assuntos de Alma Humana, você esqueceu de servir-lhes no que era bom e se aliou ao tirano Diabolus contra Shaddai, o Rei, contra Seus capitães e todo o Seu exército, para a desonra de Shaddai, a quebra de Sua lei, trazendo o perigo de destruição da célebre cidade de Alma Humana. O que você diz desse indiciamento? Declara-se culpado ou inocente?

—Cavalheiros, e, neste momento, meus juízes, — falou Esqueça o Bem — com relação ao indiciamento pelo qual sou acusado de vários crimes diante de vocês, atribuo-os ao esquecimento, característico de minha idade, e não à minha disposição; à loucura do meu cérebro, e não à imprudência de minha mente. Assim, espero ser perdoado, por sua caridade, da grande punição, embora eu seja culpado.

—Esqueça o Bem, Esqueça o Bem — declarou a corte —, seu esquecimento do bem não foi simplesmente por alguma fragilidade, mas proposital, e porque você detestava manter pensamentos virtuosos em sua mente. Você conseguia reter o que era mal, porém não suportava pensar no bem. Você está usando sua idade e sua pretensa loucura para ludibriar esta corte, e como uma capa para cobrir sua desonestidade. Contudo, ouçamos o que têm a dizer as testemunhas em favor do Rei e contra o prisioneiro no banco dos réus. Ele é ou não culpado dessa acusação?

—Meu senhor, eu já ouvi esse Esqueça o Bem dizer que ele jamais poderia suportar pensar no bem, nem mesmo por 15 minutos — disse o Sr. Ódio à Mentira.

—Onde você o ouviu dizer essas coisas? — perguntou o escrivão.

---

[1] Despudorado (sem pudor), degenerado, descarado, desvergonhado, imoral, indecoroso, libidinoso, obsceno, sem-vergonha. (*Dicionário Houaiss de sinônimos e Antônimos*, 2003, p. 370).

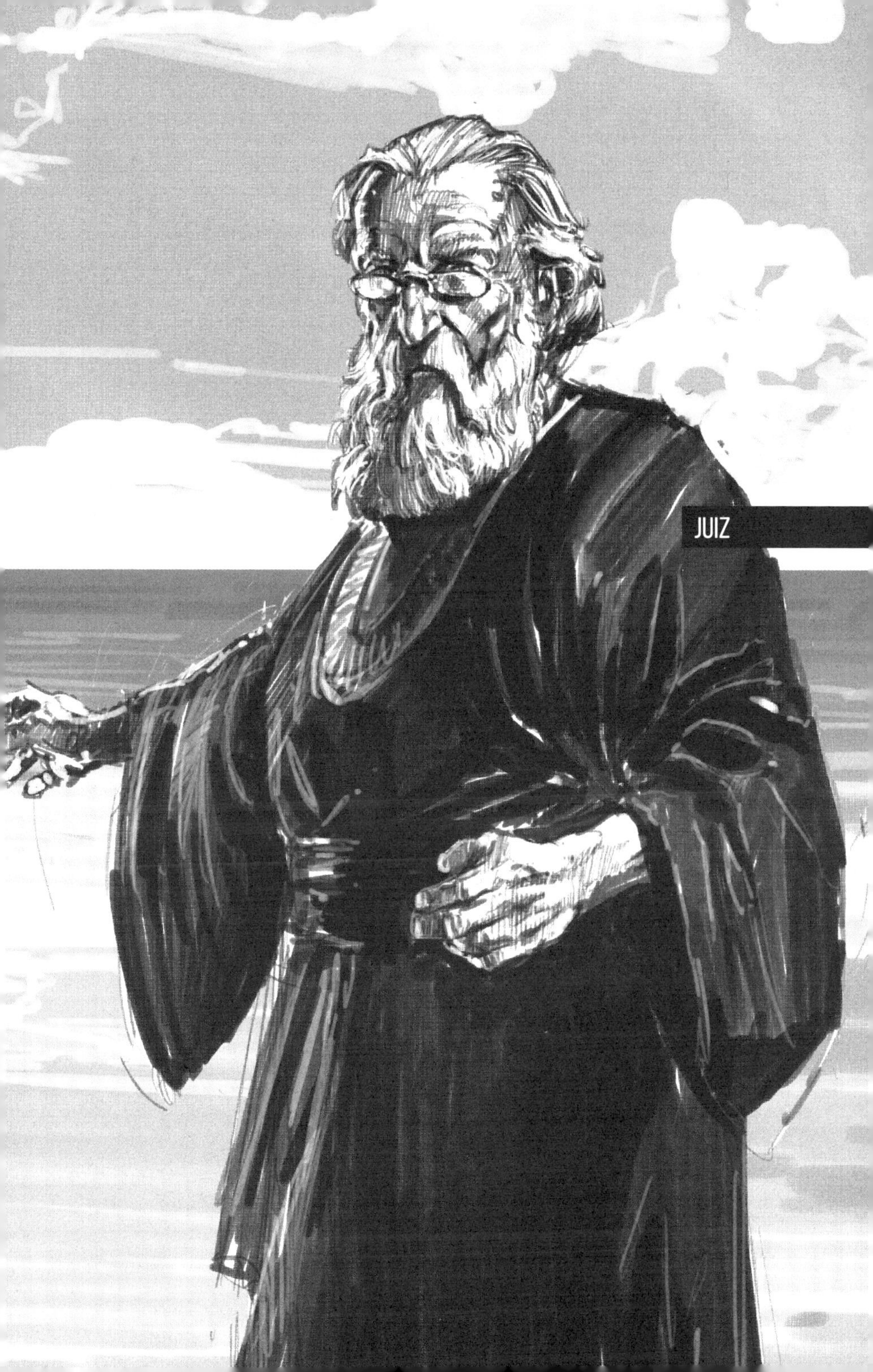
JUIZ

—Na avenida De Todo o Modo, numa casa que ficava próxima à placa Consciência Cauterizada.

—Sr. Vasto Conhecimento, o que você pode dizer em favor de nosso Rei e contra o prisioneiro no interrogatório?

—Meu senhor, conheço bem esse homem. Ele é um diaboliniano, filho de um diaboliniano. O nome do pai dele era Sem Amor. Conforme muitas vezes o ouvi dizer, para ele, o simples considerar a bondade era a coisa mais tediosa do mundo.

—Onde você o ouviu dizer essas coisas?

—Na avenida Carnalidade, logo em frente à igreja.

—Senhor Dizer a Verdade, aproxime-se e traga suas evidências com relação ao prisioneiro no banco dos réus sobre o porquê de ele estar aqui sendo indiciado nesta honrável corte, como o senhor o vê — disse o escrivão.

—Meu senhor, muitas vezes ouvi esse homem dizer que ele preferiria a coisa mais vil do que aquilo que está nas Escrituras Sagradas.

—Onde você o ouviu fazer essas repugnantes afirmações?

—Onde? Em muitos lugares, especialmente na rua Nauseante, na casa de um tal Sem Vergonha e na avenida Imundície, perto do letreiro Réprobo, ao lado de Descida ao Abismo.

—Cavalheiros, — disseram os membros da corte — vocês ouviram as acusações, as alegações dele e o depoimento das testemunhas. Carcereiro, traga o Sr. Coração Empedernido ao tribunal.

Após trazerem-no para dentro do tribunal, o escrivão procedeu:

—Sr. Coração Empedernido, você é indiciado sob o nome de Coração Empedernido (um intruso em Alma Humana), pois, de modo acirrado e perverso, contaminou a cidade com impenitência e obstinação. E assim, impediu-os de sentir remorso e arrependimento por seus males durante todo o tempo da apostasia deles e de rebelião contra o bendito Rei Shaddai. Como você se declara em relação a essas acusações? Culpado ou inocente?

—Meu senhor, em toda a minha vida, eu nunca soube o que é remorso ou arrependimento. Sou inexpugnável. Não me preocupo com homem algum, nem posso ser atingido com o pesar dos homens. Os gemidos deles não chegam ao meu coração. Prejudicar ou fazer o mal a quem quer que seja é música para mim, ao passo que para os outros é razão de lamento.

—Vocês podem ver que esse homem é um verdadeiro diaboliniano, — disse a corte — e acabou de se condenar. Leve-o, carcereiro, e traga o Sr. Falsa Paz para este lugar.

Quando o prisioneiro se assentou no banco dos réus, o escrivão lhe disse:

—Sr. Falsa Paz, você é indiciado pelo nome de Falsa Paz (um intruso na cidade de Alma Humana). Você, de forma extremamente perversa e satânica, levou a cidade à apostasia e à rebelião infernal, e assim a manteve, ao oferecer-lhe uma paz enganosa, sem fundamento e temerária e uma segurança prejudicial. Tudo isso para a desonra do Rei, para a transgressão de Sua lei e para grande ruína de Alma Humana. Você se declara culpado ou inocente?

—Cavalheiros e todos que agora são nomeados meus juízes, eu reconheço meu nome como Sr. Paz, mas nego veementemente que seja Sr. Falsa Paz. Se Vossas Excelências, por gentileza, convocarem qualquer um que me conheça intimamente, ou à parteira que ajudou minha mãe a me dar à luz, ou investigar os meus padrinhos de batismo, qualquer um deles ou todos eles provarão que meu nome não é Falsa Paz, mas Paz. Portanto, não posso contestar esse indiciamento, uma vez que meu nome não foi incluído nele. E quem eu sou de fato é semelhante ao meu nome verdadeiro. Sempre fui um homem que aprecia viver em calmaria, e isso que eu mesmo amo achei que os outros também pudessem amar. Assim sendo, sempre que vi um de meus vizinhos lutando com a inquietude mental, propus-me a ajudá-los da forma como eu pudesse. E muitos poderiam dar exemplos dessa minha boa disposição, pois,

"1. quando de início nossa cidade de Alma Humana renegou os caminhos de Shaddai, alguns deles, em seguida, começaram a ter reflexões inquietantes sobre si mesmos por causa do que haviam feito. Portanto eu, como alguém que se perturbava em vê-los tão agitados, logo busquei meios de serená-los novamente.

"2. Quando os modos do antigo mundo e de Sodoma estavam em voga, se acontecesse qualquer coisa para molestar aqueles que eram favoráveis aos tais modos, eu me esforçava para trazer-lhes a paz de novo e para fazê-los agir sem inquietação.

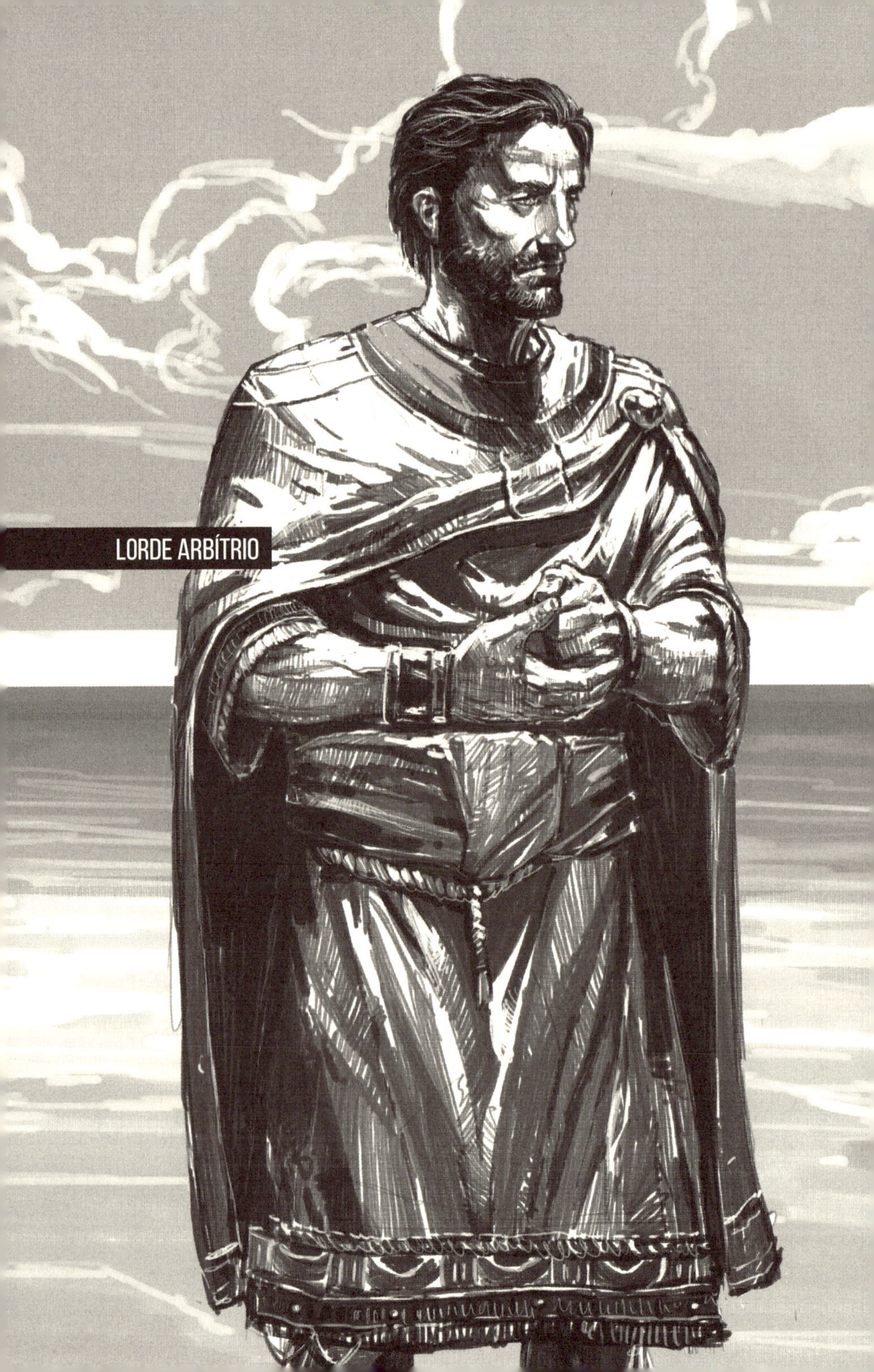

LORDE ARBÍTRIO

“3. Para falar do que me é mais próximo: quando as guerras entre Shaddai e Diabolus sobrevieram, em qualquer momento que eu visse a cidade de Alma Humana temerosa da destruição, eu costumava me empenhar, por algum meio, artifício, invenção ou qualquer outra coisa, para lhes trazer a paz de novo. Logo, já que eu sempre fui um homem de temperamento tão virtuoso, como alguns definem o pacificador, e se o pacificador é alguém tão digno quanto alguns ousam dizer, que eu seja considerado por vocês, que têm a grande fama de justiça e equidade em Alma Humana, como alguém não merecedor desse tratamento desumano, mas de liberdade e autorizado para buscar vingança contra os que me acusam.”

Disse, então, o escrivão ao meirinho:

—Meirinho, faça uma declaração pública.

—Ah, sim! — disse o meirinho — Pelo fato de o prisioneiro, no interrogatório, negar que seu nome seja o que foi mencionado no indiciamento, a corte requer que, se houver qualquer pessoa nesse tribunal que possa informar a corte sobre o nome original e correto do prisioneiro, que venha à frente e apresente sua evidência, uma vez que o prisioneiro afirma inocência.

Vieram duas pessoas ao tribunal e desejaram poder falar o que sabiam em relação ao acusado assentado no banco dos réus. O nome de um deles era Buscar a Verdade e o do outro, Atestar a Verdade. Assim, a corte questionou esses homens se eles conheciam o prisioneiro e o que poderiam dizer com relação a ele, pois ele afirmava a sua própria defesa.

—Meu senhor, eu... — começou o Sr. Buscar a Verdade, mas foi logo interrompido.

—Um momento! Ele precisa fazer o juramento — disseram os membros da corte.

Cumprida essa formalidade, o Sr. Buscar a Verdade procedeu:

—Meu senhor, conheço esse homem desde a infância e posso atestar que seu nome é Falsa Paz. Conheço seu pai cujo nome era Sr. Bajulação, e o nome de sua mãe, antes de se casar, era Sra. Atenuação. Não havia passado muito tempo depois que esses dois se uniram e tiveram seu filho. Quando ele nasceu, eles lhe deram o nome de Falsa Paz. Eu costumava brincar com ele, mesmo que eu fosse um pouco mais velho. Quando a mãe dele o chamava para dentro, ela costumava dizer: "Falsa Paz, Falsa Paz, venha para dentro agora ou eu vou te pegar". Eu o conheci enquanto ele ainda mamava e, embora eu fosse novinho ainda, posso lembrar que, quando a mãe dele se assentava à porta tendo-o em seus braços, ou brincava com ele, dizia 20 vezes: "Meu pequeno Falsa Paz! Meu lindo Falsa Paz!" e "Meu doce moleque Falsa Paz" e, de novo: "Ó meu bonequinho Falsa Paz!" e, também: "Como amo meu filho!". Os padrinhos dele também sabem que isso é verdade, embora ele tenha a insolência de o negar nesta corte aberta.

Após esse testemunho, o Sr. Atestar a Verdade foi convocado para prestar depoimento sobre se o conhecia. Após seu juramento, ele iniciou seu discurso:

—Meu senhor, tudo o que a testemunha anterior afirmou é verdade. O nome dele é Falsa Paz, filho do Sr. Bajulação e da Sra. Atenuação. Em tempos passados, eu o vi irritado com qualquer um que o chamasse de outra coisa que não Falsa Paz, pois dizia que todos que o faziam zombavam dele e o apelidavam. Porém isso era quando o Sr. Falsa Paz era importante e quando os diabolinianos eram os valentes em Alma Humana.

A corte se pronunciou, então:

—Cavalheiros, vocês ouviram o que esses dois homens juraram contra o prisioneiro no banco dos réus. E agora, Sr. Falsa Paz, nós lhe dizemos: você negou que seu nome fosse Falsa Paz, e vê esses dois homens honestos que juraram que esse é seu nome. Quanto à sua contestação, no sentido de que está ileso do motivo de seu indiciamento, você não é, através deste, acusado de fazer o errado por ser um homem de paz ou um pacificador entre seus irmãos. Mas porque, de forma perversa e satânica, conduziu e manteve Alma Humana em apostasia e rebelião contra o Rei, por meio de uma paz falsa, mentirosa e prejudicial, contrária à Lei de Shaddai e para o perigo da destruição da então miserável cidade. Toda sua contestação baseia-se em ter negado seu nome etc., contudo, veja bem, nós pudemos testemunhar a prova de que você é a pessoa acusada. Saiba que a paz, da qual você se jacta ter trazido sobre seus vizinhos, não é acompanhada pela verdade e pela santidade e é fraudulenta e danosa, como o próprio Shaddai afirma. Portanto, sua contestação não o livrará daquilo que, por meio desse indiciamento, você é acusado. Antes, apressará contra você o que de direito. Porém, seremos justos. Convocaremos as testemunhas que atestarão o fato e veremos o que dirão em favor de nosso Senhor Rei e contra o prisioneiro no banco dos réus.

—Senhor Vasto Conhecimento, o que você tem a dizer em prol de nosso Senhor e Rei contra esse prisioneiro no banco dos réus? — indagou o escrivão.

—Meu senhor, esse homem há muito tempo, de acordo com o que sei, assumiu para si a função de manter a cidade de Alma Humana em uma pecaminosa calma em meio à sua lascívia, imundície e perturbação. Ouvi-o dizer: "Vamos, vamos fugir de todos os problemas, independentemente de qual for a sua origem, e vivamos uma vida calma e pacífica", embora lhe faltasse um bom embasamento para isso.

—Venha, Sr. Ódio à Mentira, o que você tem a dizer?

—Meu senhor, eu o ouvi dizer que a paz, mesmo que no caminho da iniquidade, é melhor do que os problemas que a verdade traz.

—Onde você o ouviu dizer isso?

—Ouvi-o dizer isso no Jardim da Insensatez, na casa de um tal Sr. Simplório, ao lado letreiro do Autoengano. Sim, que eu o saiba, ele o disse umas 20 vezes naquele lugar.

—Podemos poupar as demais testemunhas. Essa evidência é direta e completa. Leve-o consigo, carcereiro, e traga o Sr. Inverdade ao interrogatório — disse o escrivão que prosseguiu:

—Senhor Inverdade, você é indiciado pelo nome de Inverdade (um intruso em Alma Humana), pois você sempre se propôs a desfigurar e sumariamente destruir todo o remanescente da lei e da imagem de Shaddai que se encontrava em Alma Humana depois de ela apostatar de seu Rei para Diabolus, aquele tirano invejoso, e isso para a desonra de Shaddai e para o perigo da destruição cabal da cidade. O que você tem a dizer sobre isso? Você é culpado neste indiciamento ou não?

—Inocente, meu senhor!

Foram, então, convocadas as testemunhas, e o primeiro a oferecer evidências contra ele foi o Sr. Vasto Conhecimento.

—Meu senhor, este homem estava presente na demolição da imagem de Shaddai. Sim, ele o fez com as próprias mãos. Eu mesmo estava próximo e o vi fazê-lo. E isso foi feito sob ordens de Diabolus. Sim, esse Sr. Inverdade fez ainda mais que isso: ele também levantou a imagem chifruda da besta Diabolus em seu lugar. Ele também é aquele que, sob comando de Diabolus, rasgou, despedaçou e queimou todo o remanescente da lei do Rei, em tudo o que podia colocar suas mãos na cidade.

—Quem, além de você, viu o Sr. Inverdade fazendo essas coisas?

O Sr. Ódio à Mentira então declarou:

—Eu o vi. E, além de mim, muitos outros também o testemunharam, pois isso não foi praticado furtivamente ou em um canto, mas à vista de todos. Sim, ele escolheu fazê-lo publicamente, uma vez que se deleitava nessa destruição.

—Sr. Inverdade, como tem a coragem de negar sua culpa, quando é, de forma tão manifesta, o realizador de toda essa perversidade? — indagou o escrivão.

—Não! Senhor, achei que devia falar algo e falei em conformidade com o meu nome. Levei a vantagem com isso antes deste momento, e não sabia que ao não dizer a verdade eu não colheria o mesmo benefício agora.

—Pode levá-lo, carcereiro, e traga o Sr. Inclemente ao interrogatório — disse o escrivão.

—Senhor Inclemente, você é indiciado pelo nome de Inclemente (um intruso em Alma Humana) porque você, de modo traiçoeiro e perverso, impediu todas as entranhas de misericórdia[2] e não permitiu que a pobre Alma Humana sentisse pesar pela própria miséria quando ela apostatou de seu legítimo Rei. Ao contrário, evadiu e sempre desviou a mente deles dos pensamentos que tendiam a levá-los ao arrependimento. O que você diz sobre esse indiciamento? Você é culpado ou inocente?

—Sou inocente de inclemência. Tudo o que fiz foi para animar, de acordo com meu nome, que não é Inclemente, mas Animador. E eu não podia suportar ver Alma Humana inclinada à melancolia.

—Como assim? Você nega seu nome dizendo que não é Inclemente, mas Animador? Testemunhas, o que vocês têm a dizer com relação a essa alegação?

Vasto Conhecimento tomou a palavra:

—Meu senhor, o nome dele é Inclemente e foi assim que ele o escreveu em todos os documentos oficiais que lhe cabiam. Contudo, esses diabolinianos amam falsificar os nomes deles: o Sr. Avareza se encobre com a alcunha de Bom Administrador, ou coisas semelhantes. O Sr. Vaidade

[2] Conforme Colossenses 3:12 (ARC).

consegue, quando necessário, chamar-se de Sr. Esmerado, Sr. Elegante e coisas do tipo. E todos os demais fazem o mesmo.

—Sr. Dizer a Verdade, o que você tem a dizer?

—O nome dele é Inclemente, meu senhor. Eu o conheço desde a infância, e ele praticou todas as iniquidades pelas quais é acusado nesse indiciamento. No entanto, o grupo de diabolianos não está familiarizado com o perigo de condenação, por isso convencem todos aqueles melancólicos que pensam acerca disso de como esse estado deve ser repelido.

—Carcereiro, traga o Sr. Pedantismo para o interrogatório — disse o escrivão.

—Senhor Pedantismo, você é indiciado sob o nome Pedantismo (um intruso em Alma Humana), por ter ensinado a Alma Humana, de modo traiçoeiro e diabólico, a se portar altiva e resolutamente contra as convocações que lhes foram entregues pelos capitães do Rei Shaddai. Você também lhes ensinou a falar contenciosa e aviltantemente do grande Rei deles e, além disso, encorajou-os, por palavras e exemplo, a armar-se contra o Rei e Seu Filho, Emanuel. O que você tem a dizer? Você se declara culpado ou inocente dessas acusações?

—Cavalheiros, sempre fui um homem de bravura e valor e não costumo, quando sob as maiores nuvens, fugir furtivamente ou abaixar a cabeça como uma tabúa-larga[3]. Tampouco me agrada ver homens escondendo as insígnias de qual exército pertencem [com medo] daqueles que são seus oponentes, mesmo que os adversários deles pareçam ser dez vezes mais fortes. Nunca ponderei sobre quem era o meu inimigo, nem acerca de qual a causa em que eu estava envolvido. Para mim, era suficiente cumprir minha missão corajosamente, lutar como um homem e sair vitorioso.

—Sr. Pedantismo, aqui você não está sendo acusado de ter sido valente ou por sua bravura e intrepidez em tempos de perigo, mas por ter feito uso desse seu pretenso valor para atrair a cidade de Alma Humana a atos de rebelião contra o grande Rei e Seu Filho, Emanuel. Esse é o seu crime e aquilo pelo qual está sendo incriminado nesse indiciamento.

Pedantismo não respondeu a essas acusações.

---

[3] Planta típica de pântanos, de caule fino e que produz duas espigas sobrepostas. A maior delas tem sementes cor de chocolate.

Quando a corte havia dessa forma procedido no interrogatório com os prisioneiros, colocaram-nos para o veredito do júri, a quem se dirigiram nos seguintes termos:

—Cavalheiros do júri, vocês estão aqui presentes e viram esses homens. Ouviram as acusações contra eles, as contestações que fizeram e o que as testemunhas testificaram contra eles. O que falta agora é que os senhores se retirem imediatamente a algum lugar, para que, livres de qualquer confusão, possam deliberar sobre qual veredito devem trazer, em favor do Rei e contra eles, de maneira verdadeira e justa, e assim possam comunicá-lo a nós.

O Sr. Credulidade, que era o presidente dos jurados, começou:

—Cavalheiros, de minha parte creio que esses homens, os prisioneiros no banco dos réus, merecem todos a morte.

—Muito justo — concordou o Sr. Sinceridade. —Tenho exatamente a mesma opinião que a sua.

—E que misericórdia é que tais vilões tivessem sido apreendidos — disse o Sr. Ódio ao mal.

—Sim, sim! — manifestou-se o Sr. Amor a Deus. — Este é um dos dias mais alegres de minha vida!

—Sei que, se os sentenciarmos à morte, nosso veredito permanecerá diante do próprio Shaddai — falou o Sr. Ver a Verdade.

—Nem questiono isso de forma alguma! — asseverou o Sr. Mente Celestial. —Quando todos esses bárbaros forem eliminados de Alma Humana, ela se tornará uma cidade santificada!

—Não é de minha natureza declarar meu julgamento com aspereza — respondeu o Sr. Moderação. — Contudo, esses crimes são tão notórios e os testemunhos, tão palpáveis, que alguém precisaria se fazer deliberadamente de cego para dizer que os prisioneiros não merecem morrer.

—Bendito seja Deus, que esses traidores estão sob custódia segura! — respondeu o Sr. Gratidão.

—E eu, de joelhos, uno-me a vocês — concordou o Sr. Humildade.

—Eu também me alegro muito! — anunciou o Sr. Trabalho Honesto.

Por último, declarou o Sr. Zelo por Deus, um homem de coração caloroso e fiel:

—Que eles sejam exterminados! Eles têm sido uma praga e buscam a destruição de Alma Humana.

Assim, após todos terem concordado com o veredito, voltaram, sem demora, novamente à corte. Perguntou-lhes o escrivão:

—Cavalheiros do júri, respondam à menção de seus nomes: Sr. Credulidade, número um; Sr. Sinceridade, dois; Sr. Justo, três; Sr. Ódio ao Mal, quatro; Sr. Amor a Deus, cinco; Sr. Ver a Verdade, seis; Sr. Mente Celestial, sete; Sr. Moderação, oito; Sr. Gratidão, nove; Sr. Humildade, dez; Sr. Trabalho Honesto, onze; e Sr. Zelo por Deus, doze. Bons e fiéis homens, levantem-se todos para seu veredito: todos concordaram?

—Sim, meu senhor! — replicou o júri.

—Quem falará em nome de vocês?

—Nosso presidente.

—Vocês, senhores do júri, sendo selecionados em favor de nosso Senhor, o Rei, para servir aqui em uma questão de vida e morte, ouviram o julgamento de cada um desses homens, os prisioneiros no banco dos réus. O que têm a dizer? Eles são culpados dos crimes pelos quais estão sendo aqui indiciados, ou são inocentes? — questionou o escrivão.

—Culpados, meu senhor — respondeu o presidente.

—Leve seus prisioneiros, carcereiro — falou o escrivão.

Tudo isso aconteceu pela manhã. À tarde, todos receberam sua sentença de morte, de acordo com a lei. Quando o carcereiro recebeu tal incumbência, colocou-os no porão da prisão, a fim de preservá-los para o dia da execução, que seria na manhã do dia seguinte.

No entanto, para que vocês saibam: um dos prisioneiros, a saber, o Sr. Incredulidade, no ínterim entre a sentença e o horário da execução, quebrou a prisão e conseguiu escapar fugindo para bem longe da cidade de Alma Humana, onde permanece espreitando escondendo-se em grutas, conforme possível. Com isso, busca ter uma nova oportunidade de fazer maldades à cidade em retaliação por terem-no tratado como fizeram.

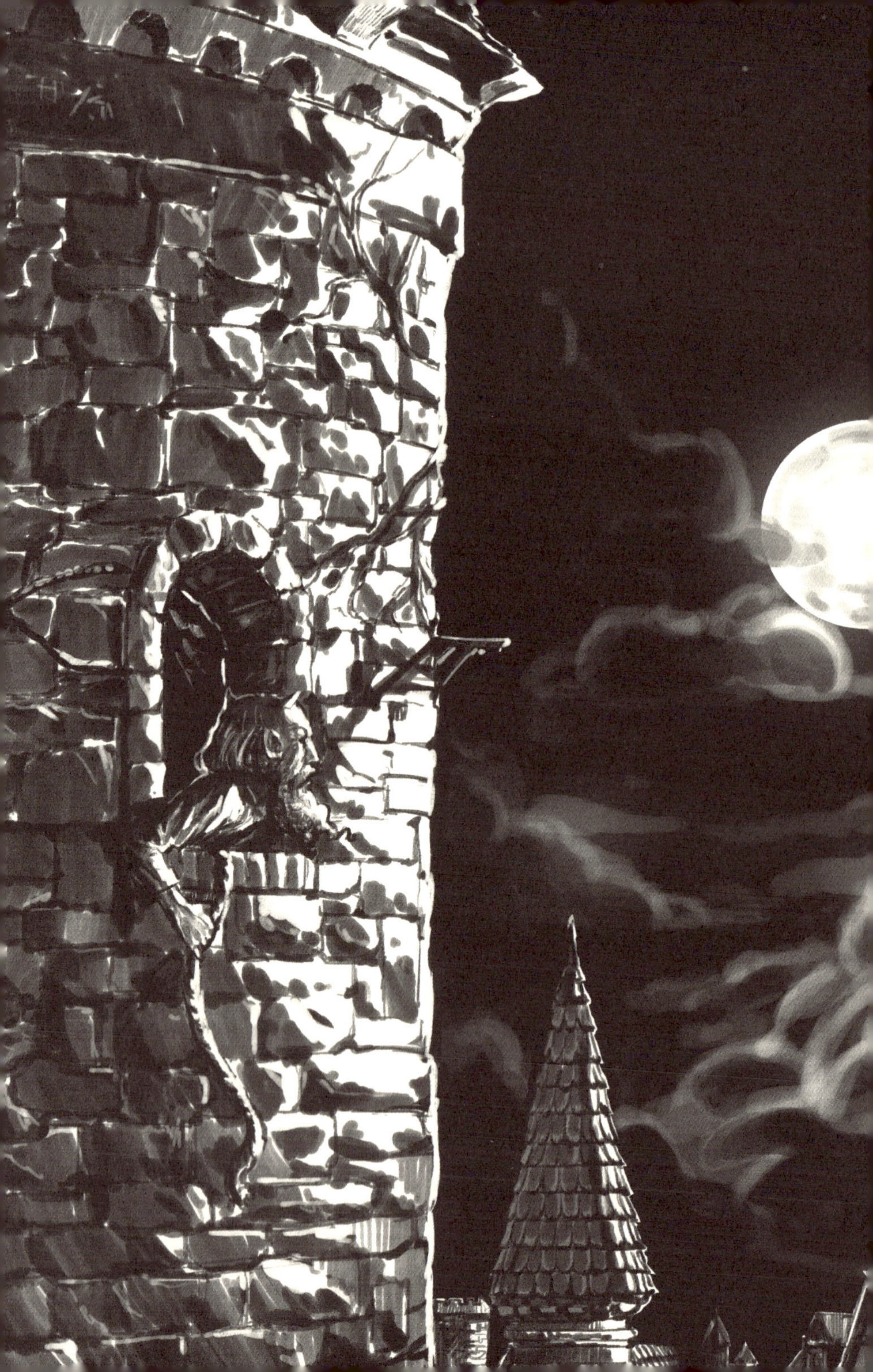

CAPÍTULO 9

Quando o Sr. Fiel, o carcereiro, percebeu que havia perdido o seu prisioneiro, ficou muito pesaroso porque aquele homem era, por assim dizer, o pior de toda aquela gangue. Assim sendo, ele foi primeiramente reportar o fato ao Lorde Alcaide, ao Sr. Arquivista e ao Lorde Arbítrio e receber deles a ordem de fazer uma busca por Incredulidade em toda a Alma Humana. Dado o comando e realizada a busca, não o encontraram no interior da cidade.

Tudo o que se conseguiu foi a informação de que ele espreitara por um tempo do lado de fora dos muros e que alguém o avistara, aqui e ali, de relance, quando ele escapou de Alma Humana. Uma ou duas pessoas afirmaram terem-no visto fora da cidade dirigindo-se rapidamente à campina. Quando já estava longe, conforme afirmou um tal Sr. Visão Certeira, ele vagou por todos os lugares áridos até encontrar Diabolus, seu amigo. Esses dois não poderiam ter se encontrado em outra paragem senão sobre a colina chamada Portões do Inferno.

Que lamentável foi a história que o velho Incredulidade contou para Diabolus sobre a "triste transformação" — segundo a opinião maligna dele — que Emanuel fizera em Alma Humana! Como inicialmente, após algumas delongas, a cidade recebera o perdão geral das mãos de Emanuel e como eles o convidaram para morar na cidade, dando-lhe o castelo como Sua posse. Além disso, falou que o povo chamara os soldados para viverem na cidade, disputando quem deveria abrigar a maioria deles, e que entretivera o Príncipe com danças ao som de canções e tamborins. Seu relato continuou:

—Mas o que é ainda mais vexatório para mim é que eles demoliram, ó pai, a sua imagem e colocaram a de Emanuel. Também demitiram seus oficiais e colocaram os dele. Sim, e Arbítrio, aquele rebelde que, conforme se pensaria, jamais deveria ter se afastado de nós, agora está totalmente favorável ao Príncipe, como anteriormente era para com você. Além disso tudo, esse Arbítrio recebeu uma comissão especial do Mestre dele de buscar, apreender e sentenciar à morte todos os diabolinianos e os maneirismos deles que forem encontrados em Alma Humana. E esse Arbítrio já capturou e aprisionou oito dos mais confiáveis amigos seus, meu senhor, naquela cidade. Também, meu senhor, e digo isso com pesar, todos eles foram acusados, condenados. Não duvido que já tenham sido executados. Contei-lhe sobre os oito porque eu era o nono e, certamente,

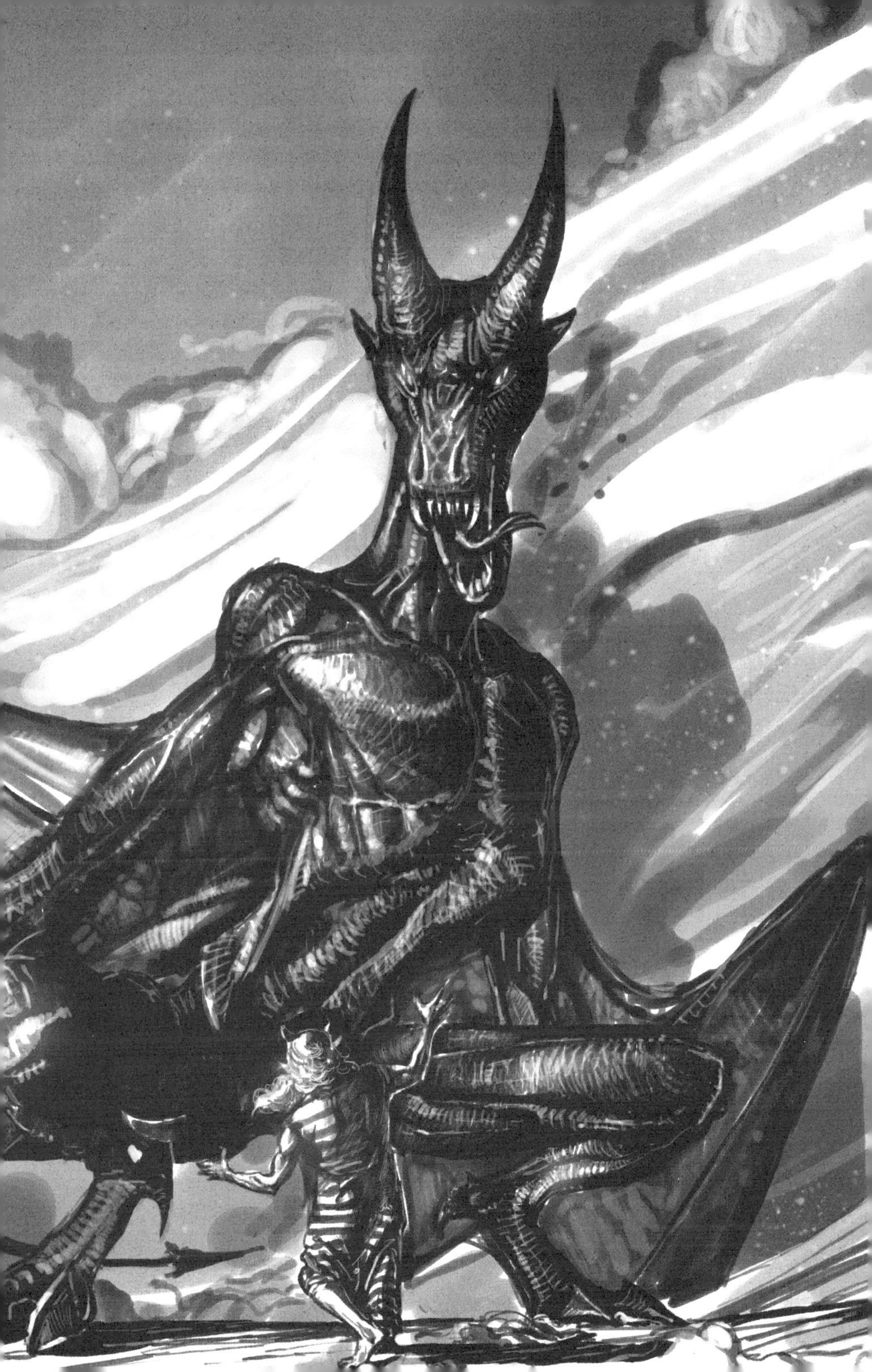

eu teria bebido do mesmo cálice. Mas, com destreza, consegui escapar deles, como o senhor pode ver.

No momento em que Diabolus ouviu essa história lamentável [para eles], ele bradou, agitou suas asas como um dragão e fez o céu se tornar turvo com seu rugido. Ademais, jurou que tentaria vingar-se de Alma Humana por esse trato. Assim ambos, Diabolus e seu amigo Incredulidade, concluíram que deveriam fazer uma consulta pública sobre como poderiam retomar a cidade.

Porém, antes disso tudo ter acontecido, era chegado o dia no qual os prisioneiros de Alma Humana seriam executados. Foram trazidos pelos cidadãos à cruz de forma mais solene, pois o Príncipe afirmara que a execução deveria ser feita pelas mãos de Alma Humana.

—Para que eu possa ver — disse o Príncipe — a presteza de minha agora redimida Alma Humana em guardar a minha palavra e cumprir os meus mandamentos. E para que eu possa abençoar a cidade ao cumprir esse ato. Provas de sinceridade muito me agradam. Portanto, deixem que Alma Humana tome em suas mãos esses diabolinianos e os destrua.

Desse modo, a cidade os massacrou, de acordo com a palavra do Príncipe. Contudo, quando os prisioneiros foram trazidos à cruz para morrer, vocês dificilmente creriam no afanoso trabalho que Alma Humana teve para matá-los. Uma vez que sabiam que deveriam morrer e tendo cada um deles uma implacável inimizade em seu coração contra a cidade, o que poderiam fazer senão tomar coragem quando estavam pregados à cruz e de lá resistirem aos cidadãos? Sendo assim, os habitantes de Alma Humana foram forçados a clamar pela ajuda dos capitães e seus soldados. Shaddai possuía um Secretário[1] na cidade, o qual muito amava os cidadãos e que também estava no local da execução. Quando Ele ouviu os clamores de Alma Humana contra a resistência e a indisciplina dos prisioneiros, levantou-se de Seu lugar, chegou-se a eles e colocou Sua mão sobre as mãos dos habitantes de Alma Humana. Assim eles crucificaram os diabolinianos que foram uma praga, uma aflição e uma ofensa à cidade.

Quando essa boa obra estava finalizada, o Príncipe desceu para contemplar, visitar, falar amavelmente com Alma Humana e para fortalecê-los

[1] Esse Secretário é o Espírito Santo em Seu papel de santificar os filhos de Deus e ajudá-los nas fraquezas deles.

pelo que fizeram. Disse-lhes que, por aquele ato, Ele os provara e encontrara neles pessoas que o amavam, observadoras de Suas leis e que demonstravam respeito à Sua honra. Ademais, falou — para mostrar-lhes que não haviam sido derrotados e que a cidade não enfraquecera pela perda daqueles homens — que lhes constituiria um novo capitão, escolhido dentre eles, que seria o líder de uma companhia de mil soldados, pelo bem e benefício da agora próspera cidade de Alma Humana.

Assim, Ele chamou a si um homem cujo nome era Expectativa e ordenou-lhe:

—Vá rapidamente ao portão do castelo e lá pergunte pelo Sr. Experiência, que atende ao nobre Capitão Confiança, e traga-o aqui para mim.

O mensageiro que atendia ao bom Príncipe Emanuel foi e falou conforme lhe fora ordenado. Esse jovem agora esperava para ver o capitão treinar e reunir seus soldados no pátio do castelo. Disse Expectativa ao capitão:

—Senhor, o Príncipe deseja que compareça à presença de Sua Alteza imediatamente.

Ambos se dirigiram até onde Emanuel estava, e o Sr. Experiência fez-lhe uma reverência. Os habitantes da cidade conheciam bem esse cidadão, pois ele fora forjado em Alma Humana. Também sabiam que ele era um homem de boa conduta, valor e uma pessoa prudente em seus modos. Era agradável, bem articulado em palavras e muito bem-sucedido naquilo que se propunha a fazer. O coração dos habitantes de Alma Humana foi tomado de alegria quando viu que o próprio Príncipe ficara tão impressionado com o Sr. Experiência que decidiu fazer dele o capitão de uma companhia de soldados.

Todos, unanimemente, dobraram seus joelhos diante de Emanuel e com um brado proclamaram:

—Que Emanuel viva para sempre!

Disse o Príncipe ao jovem cavalheiro cujo nome era Sr. Experiência:

—Achei por bem conferir a você uma posição de confiança e honra nesta minha cidade de Alma Humana.

O rapaz reclinou sua cabeça e o adorou.

—Você será — continuou Emanuel — o capitão sobre mil soldados em minha amada cidade de Alma Humana.

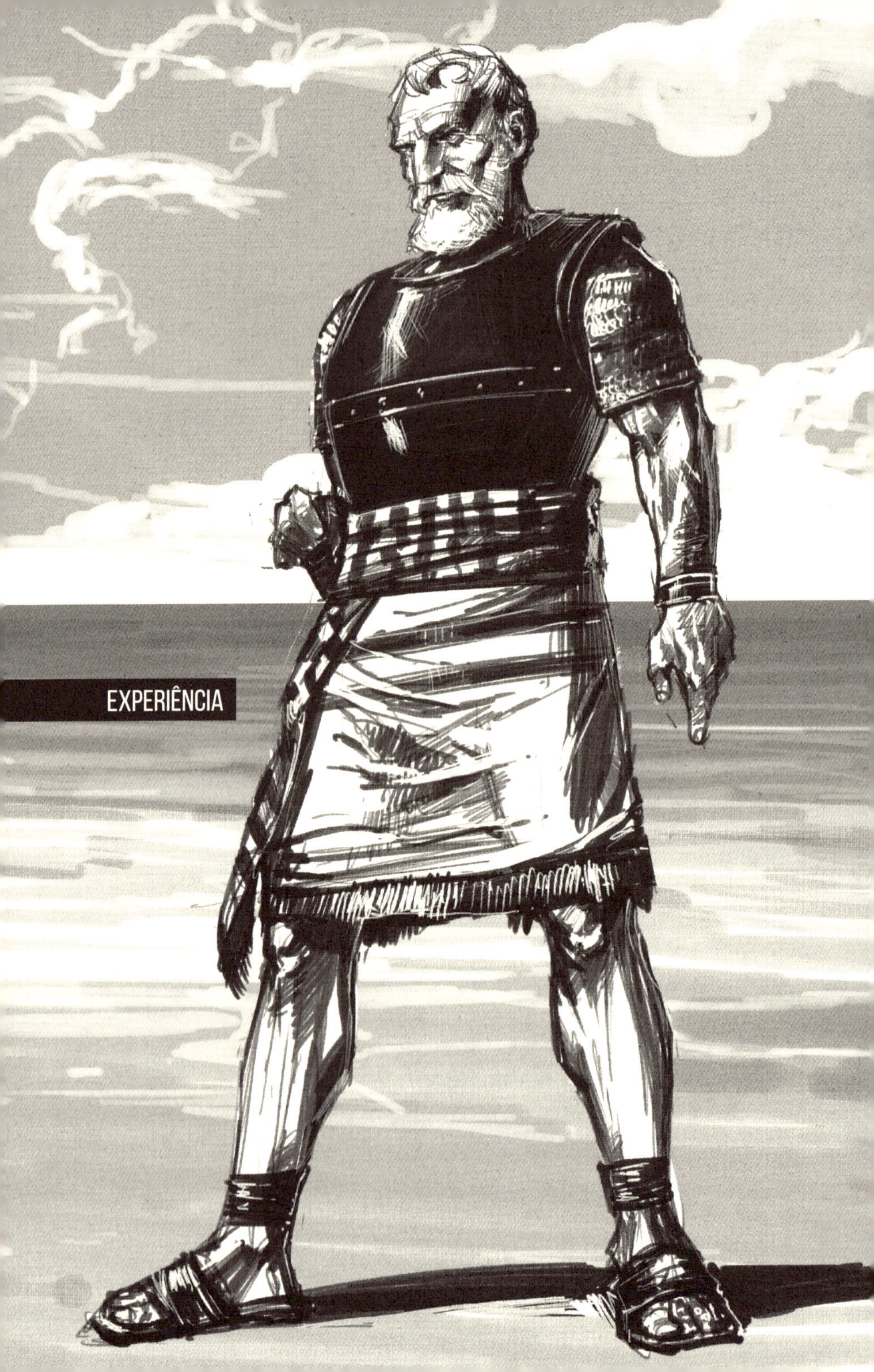
EXPERIÊNCIA

—Vida longa ao Rei! — exclamou o capitão.

O Príncipe ordenou ao Secretário que redigisse um decreto para nomear o Sr. Experiência como capitão sobre mil soldados.

—E que esse decreto seja trazido a mim, para que eu coloque sobre ele o meu selo — ordenou o Príncipe.

Tudo foi feito conforme Ele ordenara: o documento foi redigido, levado a Emanuel e por Ele selado. Depois disso, foi enviado ao capitão por meio do Sr. Expectativa.

Tão logo o capitão recebeu sua nomeação, ele soou sua trombeta convocando voluntários, ao que imediatamente responderam muitos jovens. Os maiorais e líderes da cidade enviaram seus filhos para se alistarem sob seu comando. Assim, o Capitão Experiência ficou sob as ordens de Emanuel para o bem da cidade de Alma Humana. Seu tenente era um homem chamado Sr. Habilidoso e como corneteiro tinha o Sr. Memória. Não preciso citar os nomes de seus suboficiais. A cor de sua flâmula era branca, representando a cidade de Alma Humana.[2] Seu brasão era um leão e um urso mortos.[3] E o Príncipe retornou ao Seu palácio.

Quando lá chegou, os anciãos de Alma Humana, a saber, o Lorde Alcaide, o Arquivista e o Lorde Arbítrio, foram congratulá-lo e agradecer-lhe de forma especial por Seu amor, cuidado e terna compaixão, que demonstrara a Sua eternamente agradecida cidade. Após algum tempo de doce comunhão entre eles, os oficiais da cidade encerraram solenemente sua cerimônia e se dirigiram aos seus postos novamente.

Por essa ocasião, Emanuel também lhes indicou um dia em que renovaria o acordo entre eles. Sim, em que o renovaria e ampliaria, reparando várias falhas que nele havia, para que o jugo de Alma Humana fosse mais suave. Emanuel o fez sem que houvesse qualquer desejo expresso, nesse sentido, pela cidade; foi completamente iniciativa dele, partindo de Sua mente nobre. Assim quando mandou buscar o antigo acordo e o leu, colocou-o de lado e disse:

---

[2] Conforme Isaías 1:18, depois de ter os pecados lavados por Cristo, o pecador se torna branco como a neve.

[3] No relato encontrado em 1 Samuel 17:34-37, o leão e o urso representavam predadores para as ovelhas de Jessé, pai de Davi, e foram mortos pelo jovem pastor quando ameaçaram a vida do rebanho. Aqui os inimigos espirituais do povo de Deus são representados como mortos pelo Bom Pastor, o próprio Emanuel.

—Aquilo que se torna antiquado e envelhecido está prestes a desaparecer.[4] — E acrescentou: —A cidade de Alma Humana terá um acordo novo e melhor, muito mais estável e firme.

O epítome de tal pacto está como se lê abaixo:

"Eu, Emanuel, o Príncipe da Paz, aquele que ama profundamente Alma Humana, ofereço, concedo e transmito, em nome de meu Pai e por minha própria clemência, à minha amada cidade:

"Primeiro. Perdão livre, completo e eterno de todos os males, feridas e ofensas feitas por eles a meu Pai, a mim, a seus próximos ou a si próprios.

"Segundo. Concedo-lhes a lei sagrada e meu testamento, com tudo o que ele contém, para o conforto e consolo eterno deles.

"Terceiro. Também lhes concedo uma porção da mesma graça e bondade que habitam no coração de meu Pai e no meu.

"Quarto. Ofereço-lhes, concedo-lhes e lhes transmito, de forma gratuita, o mundo e o que nele há, para o bem da cidade. E eles dominarão sobre tudo e permanecerão com a honra de meu Pai, minha glória e o consolo deles. Sim, concedo-lhes os benefícios da vida, da morte, das coisas presentes e das futuras. Esse privilégio não será de qualquer outra cidade, vilarejo ou sociedade, senão apenas de minha Alma Humana.

"Quinto. Eu lhes ofereço e concedo permissão e livre acesso a mim, em meu palácio, em todo o tempo, e ao meu palácio lá no alto ou aqui embaixo, para fazerem conhecidos a mim os desejos deles. E concedo-lhes, ademais, uma promessa de que ouvirei e aliviarei todas as suas queixas.

"Sexto. Ofereço, concedo e invisto a cidade de Alma Humana com todo o poder e autoridade para buscar, apreender, escravizar e destruir todos os diabolinianos e os modos deles, que, a qualquer momento daqui para frente, sejam encontrados vagando no interior ou ao redor da cidade.

"Sétimo. Também concedo à minha amada Alma Humana que tenha autoridade para não permitir que qualquer forasteiro ou estrangeiro, ou descendentes deles, seja livre dentro dessa abençoada cidade. Tampouco que compartilhem dos excelentes privilégios dela. Mas que todas as concessões, privilégios e imunidades que confiro sobre a célebre cidade de

[4] Hebreus 8:13. Nesse capítulo da carta aos Hebreus, o autor faz o comparativo entre a Antiga e a Nova Aliança e como esta última veio substituir a Aliança Mosaica. Exatamente o que Bunyan descreve nesta parte da restauração de Alma Humana.

Alma Humana sejam apenas para seus antigos nativos e verdadeiros habitantes; para eles e para seus descendentes.

"Contudo, que todos os diabolinianos, de qualquer tipo, origem, país, reino, ou o que for, sejam excluídos e sequer tenham parte neste lugar."

Quando a cidade de Alma Humana recebeu das mãos de Emanuel o seu gracioso acordo — que é em si muito mais amplo do que o que foi exposto a vocês por esse epítome —, levaram-no para uma audiência, isto é, à praça do mercado, e lá o Sr. Arquivista o leu na presença de todo o povo. Feito isso, o acordo foi levado de volta aos portões do castelo e lá belamente entalhado nas portas com letras douradas, para que Alma Humana e toda a sua população pudessem tê-lo sempre à vista ou pudessem ir para contemplar a abençoada liberdade que o Príncipe deles lhes havia concedido, a fim de que a alegria deles fosse aumentada e seu amor ao grandioso e bondoso Emanuel, renovado.

Você consegue imaginar a felicidade, conforto e consolo que inundavam então o coração dos homens de Alma Humana? Os sinos retiniam, os menestréis tocavam músicas, as pessoas dançavam, os capitães bradavam, as flâmulas coloridas se agitavam ao vento e as trombetas de prata ressoavam. Neste momento, os diabolinianos satisfaziam-se em esconder sua cabeça, pois a aparência deles era como daqueles que há muito estavam mortos.

Quando isso terminou, o Príncipe convocou novamente os anciãos da cidade e conversou com eles sobre um ministério que Ele desejava iniciar entre esse grupo. Um ministério que lhes descortinaria e os instruiria nas coisas que se relacionam com o estado presente e futuro deles. Disse o Príncipe:

—Pois, vocês mesmos, a menos que tenham bons mestres e guias, não conhecerão a vontade de meu Pai, e caso não a conheçam, não terão certeza de como poderão cumpri-la.

Quando os anciãos da cidade ouviram essa notícia e a levaram ao povo de Alma Humana, todos vieram juntos correndo, pois isso os agradara — tudo o que o Príncipe fazia agora os agradava. Unanimemente, imploraram a Sua Majestade que Ele estabelecesse rapidamente tal ministério entre o povo também, para lhes ensinar a Lei e o juízo, os estatutos e os mandamentos. Com isso, buscavam que eles tivessem documentadas as coisas boas e saudáveis. O Príncipe lhes disse que lhes concederia seu

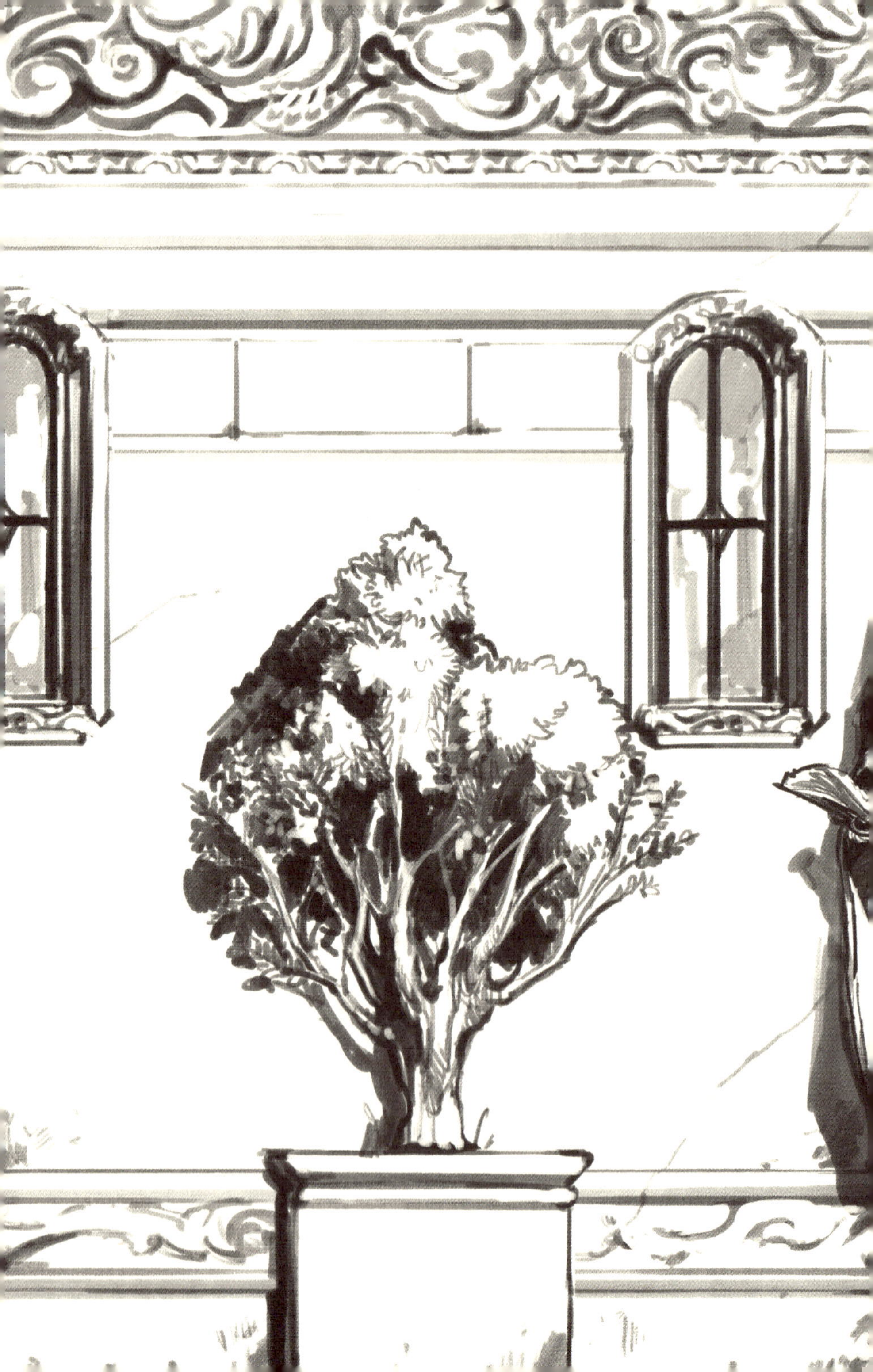

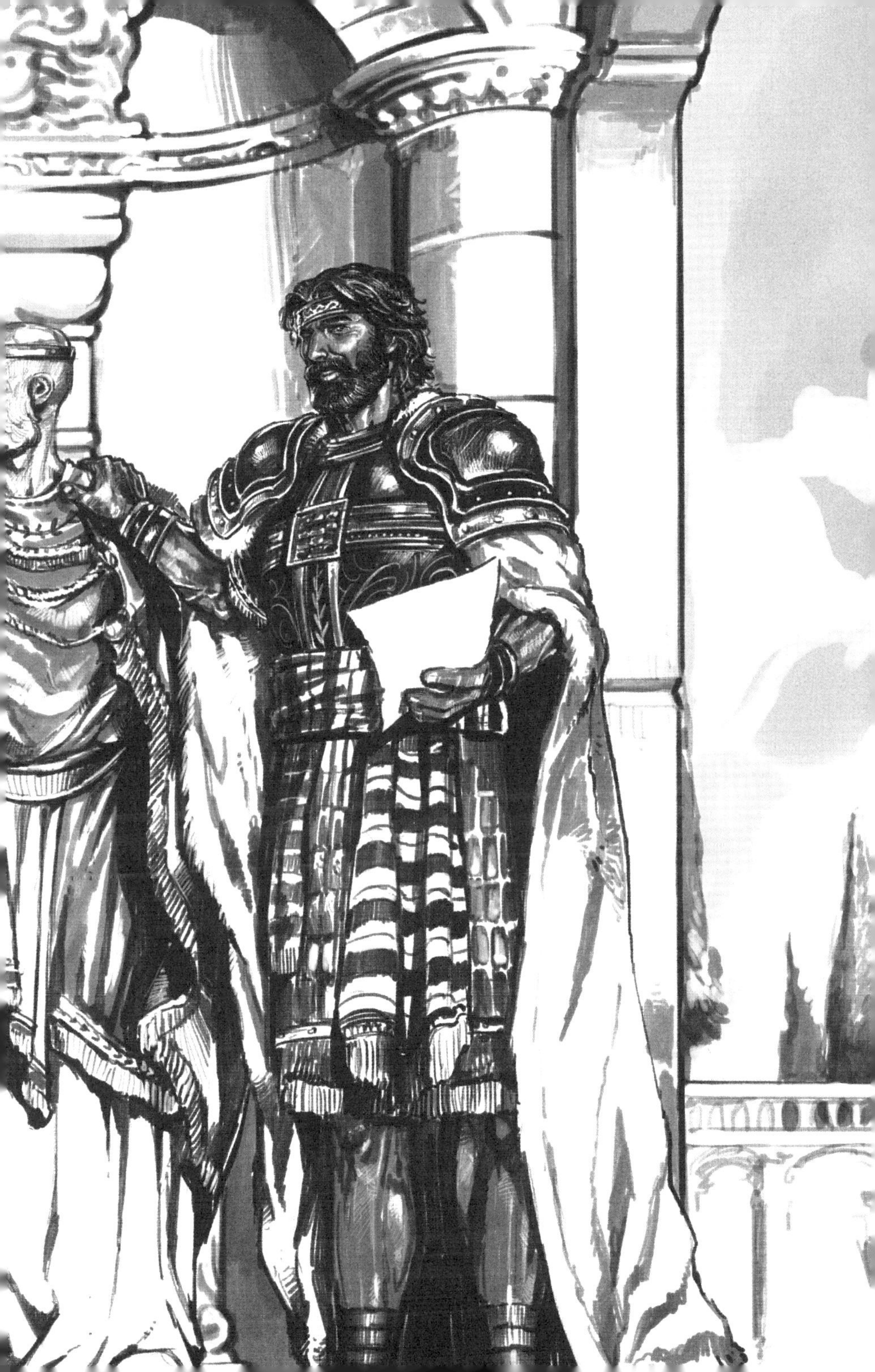

pedido e estabeleceria os dois mestres: um proveniente da corte do Pai e o outro de entre os nativos de Alma Humana.

—Aquele que provém da corte — disse Emanuel — é uma pessoa com não menos qualidades que meu Pai e eu. Ele é o Lorde Secretário Executivo da casa de meu Pai, pois é Ele quem dita todas as leis de meu Pai. É alguém completamente versado em todos os mistérios e no conhecimento desses mistérios, do mesmo modo que meu Pai e eu. Na verdade, Ele é da mesma natureza que nós dois e ama, é fiel e se preocupa com Alma Humana tanto quanto o Pai e eu.

"Ele será o principal mestre de vocês, uma vez que Ele, e somente Ele, pode ensinar-lhes claramente em todas as coisas elevadas e sobrenaturais. Ele, e apenas Ele, conhece os meios e os métodos de meu Pai na corte, ninguém consegue, como Ele, mostrar como é o coração de meu Pai em todo o tempo, em todas as coisas e ocasiões com relação à cidade de Alma Humana. Porque nenhum homem sabe as coisas do homem, senão o espírito do homem que nele está. Da mesma forma, as coisas de meu Pai nenhum homem conhece, senão Seu exaltado e poderoso Secretário.[5] Tampouco ninguém, senão Ele, pode dizer a Alma Humana como eles poderão fazer para se manter no amor do Pai. Também é Ele que pode lhes trazer à memória muitas coisas esquecidas,[6] e pode contar-lhes sobre aquilo que está por vir.[7] Portanto, esse Mestre deve, necessariamente, ter a proeminência em suas afeições e julgamentos, antes mesmo de seu outro professor. A dignidade pessoal desse Mestre, a excelência de Seus ensinamentos, também a grande destreza que possui para auxiliá-los a fazer e escrever petições a meu Pai por socorro e por Seu agrado[8], devem constrangê-los a amá-lo, temê-lo e a cuidarem de não o entristecer.[9]

"Essa pessoa pode imprimir vida e vigor em tudo o que diz. Sim, e colocá-los no coração de vocês. Ele pode fazer com que vocês tenham visões e digam o que acontecerá no futuro.[10] Por intermédio dele, vocês

---

[5] Conforme 1 Coríntios 2:11.

[6] João 14:25-26

[7] João 16:13

[8] Romanos 8:26-27

[9] Efésios 4:30

[10] Joel 2:28

devem apresentar suas súplicas a meu Pai e a mim. E não permitam que qualquer coisa entre na cidade ou no castelo de Alma Humana sem que obtenham primeiramente o Seu conselho, pois isso pode desagradar e contristar esse nobre.

"Acautelem-se de não entristecer esse Ministro porque se o fizerem, Ele poderá lutar contra vocês. E, caso alguma vez Ele seja levado por vocês a se voltar contra vocês mesmos em modo de batalha, isso os afligirá mais do que 12 legiões da corte de meu Pai, que pudessem ser enviadas para guerrear contra sua cidade.

"Porém, como eu disse, se vocês o ouvirem e o amarem; se forem devotados a Seus ensinamentos e buscarem conversar e manter comunhão com Ele, descobrirão que Ele é dez vezes melhor do que qualquer coisa em todo o mundo. Sim, Ele derramará sobre o coração de vocês o amor de meu Pai, e Alma Humana será o povo mais sábio e abençoado de todos."

O Príncipe, então, chamou a si o antigo cavalheiro que anteriormente atuava como o Arquivista de Alma Humana, o Sr. Consciência, e lhe disse que, pelo fato de ele ser versado na lei e no governo da cidade, como também bem articulado e habilitado para lhes ensinar a vontade de seu Mestre em todos os assuntos terrenos e domésticos, ele seria colocado como ministro para a santificada cidade de Alma Humana em todas as leis, estatutos e juízos.

—E você deverá — afirmou o Príncipe — restringir-se ao ensinamento das virtudes morais e aos deveres civis e naturais. No entanto, não deve se atrever a presumir ser aquele que revela os mistérios excelsos e sobrenaturais que estão reservados no peito de Shaddai, meu Pai. Dessas coisas o homem não entende nem nenhum outro pode lhe revelar, senão apenas o Secretário de meu Pai.

"Você é um nativo da cidade de Alma Humana, mas o Lorde Secretário é um nativo com meu Pai. Do mesmo modo que você possui o conhecimento das leis e dos costumes dessa sociedade, Ele possui das coisas e da vontade de meu Pai.

"Sendo assim, ó Sr. Consciência, embora eu lhe tenha constituído como um ministro e pregador à cidade de Alma Humana, sobre as coisas que o Lorde Secretário conhece e vier a ensinar a esse povo, nisso você deverá ser um aluno e aprendiz, como todo o restante da cidade.

"Portanto, você deve ir a Ele buscar informação e conhecimento em todas as coisas excelsas e sobrenaturais porque, embora haja um espírito no homem, a inspiração desse Secretário deve dar entendimento ao homem. Assim, você, Sr. Arquivista, mantenha-se humilde e lembre-se de que os diabolinianos, que não obedeceram a primeira incumbência, mas abandonaram seus postos, estão agora aprisionados na cova. Contente-se com a sua posição.

"Faço de você o vice-regente de meu Pai sobre a Terra, em todas as coisas que eu mencionei anteriormente. Use seu poder para ensiná-las a Alma Humana e para impô-las por meio de açoites e punições caso não ouçam voluntariamente aos seus mandamentos.

"E, Sr. Arquivista, pelo fato de você ser tão idoso e estar fragilizado por causa dos muitos abusos sofridos, dou-lhe licença para ir, sempre que quiser, à minha fonte, meu duto, e de lá beber gratuitamente do suco de minhas uvas, pois de meu duto sempre flui vinho. Fazendo assim, você afastará de seu coração e estômago todos os humores desagradáveis, repugnantes e dolorosos. Ele também iluminará seus olhos e fortalecerá a sua memória para a recepção e retenção de tudo o que o mais nobre Secretário do Rei ensinar."

Tão logo o Príncipe colocara o Sr. Arquivista (o que ocupava essa posição anteriormente) na posição e ofício de ministro de Alma Humana, e o povo o aceitara agradecido, Emanuel se dirigiu aos habitantes da cidade em um discurso especial:

—Contemplem meu amor e cuidado por vocês. Acrescentei esta misericórdia a tudo que passou a fim de indicar-lhes pregadores. O mais nobre Secretário, para lhes ensinar em todos os excelsos e sublimes mistérios e este cavalheiro — apontando para o Sr. Consciência — para lhes ensinar em todos os assuntos humanos e domésticos, pois esse é seu espectro de ação. Ele não está impedido de dizer a Alma Humana tudo o que ouviu e recebeu da boca do Lorde Alto Secretário. Porém, ele mesmo não tentará presumir ser aquele que revela os excelsos mistérios, cuja revelação e descoberta a Alma Humana está apenas sob o poder, autoridade e competência do próprio Lorde Alto Secretário. O Sr. Consciência pode falar sobre esses mistérios, bem como todo o restante da cidade. Sim, e, em ocasião oportuna, compeli-los uns aos outros para o benefício de todos. Desejo que vocês observem e cumpram essas coisas, visto que será para o bem de sua vida e para o prolongamento de seus dias.

"Uma vez mais digo ao meu amado Sr. Arquivista e a toda a cidade de Alma Humana: Vocês não devem se basear ou permanecer em qualquer coisa que ele tenha a comissão de lhes ensinar sobre sua expectativa do mundo vindouro (digo mundo vindouro porque tenho o propósito de dar a Alma Humana um novo mundo, tendo em vista que este no qual habitam está desgastado). Nessas coisas vocês devem recorrer e permanecer única e totalmente na doutrina daquele que é seu Mestre da ordem mais proeminente. Até mesmo o Sr. Arquivista não deve buscar pela vida que ele mesmo revela, sua dependência para isso precisa estar alicerçada na doutrina do outro Pregador. Que o Sr. Arquivista também se acautele de não receber qualquer outra doutrina, ou ponto doutrinário, que não lhe seja comunicado pelo seu Mestre superior. Nem ao menos dentro do escopo de seu próprio conhecimento formal."

Depois que o Príncipe estabeleceu deste modo as coisas na célebre Alma Humana, ele procedeu por dar aos anciãos da sociedade um alerta necessário, a saber, a maneira como deveriam tratar com os elevados e nobres capitães que ele havia enviado ou trazido consigo, da corte de Seu Pai, para a cidade.

—Esses capitães — disse Ele —amam a cidade de Alma Humana e são homens selecionados, escolhidos entre muitos, como aqueles que mais se adequam e que servirão mais fielmente nas guerras entre Shaddai e os diabolinianos em favor da preservação da cidade. Assim sendo, eu os encarrego, habitantes da agora próspera Alma Humana, de não tratarem áspera ou desfavoravelmente com meus capitães ou os soldados deles. Uma vez que, como eu disse, eles são homens de excelência, escolhidos dentre muitos para o bem da cidade. Digo que os encarrego de não serem desfavoráveis a eles, pois estes têm o coração e face como a de um leão, quando, em tempo oportuno, forem convocados para lutar contra os inimigos do Rei e da cidade de Alma Humana. O menor desprezo que seja lançado contra eles por parte de vocês desanimarão e abaterão esses soldados e os enfraquecerão suprimindo a coragem deles. Portanto, meus amados, não sejam rudes com meus valentes capitães e homens de guerra. Ao contrário, amem-nos, cuidem deles, socorram-nos e acolham-nos em seu peito. Desse modo, eles não apenas lutarão em favor de vocês, mas colocarão em fuga todos os diabolinianos que buscam, e conseguirão se possível, trazer destruição cabal a cidade.

"Se, portanto, qualquer um deles, a qualquer tempo, adoecer ou enfraquecer, e assim não estiver apto para realizar seu ofício de amor, que, com todo o seu coração, eles desejam ofertar (e o farão caso estejam bem e saudáveis), não os desrespeitem ou desprezem. Em vez disso, fortaleçam-nos e os encorajem, embora estejam fracos e a ponto de morrer, pois eles são a sebe ao seu redor e seus guardas, seus muros, portões, trancas e ferrolhos. E, embora, quando eles estão fracos consigam realizar apenas pouco e precisem ser socorridos por vocês, de modo que não devem esperar muito deles, contudo, quando eles estão bem, vocês sabem quais façanhas, proezas e realizações militares são capazes de realizar e realizarão em seu favor.

"Ademais, se eles estiverem fracos, a cidade de Alma Humana não pode estar forte. Estando eles fortalecidos, a cidade não pode estar enfraquecida. Portanto, a segurança de vocês está na saúde deles e no apoio que vocês lhes oferecem. Lembrem-se também de que, caso eles estejam enfermos, foi da própria cidade de Alma Humana que contraíram tal doença.

"Digo-lhes essas coisas porque amo seu bem-estar e sua honra. Assim sendo, observem, ó minha Alma Humana, a pontualidade em todas as coisas que lhes deleguei — não somente como uma corporação da cidade, como também a seus oficiais e vigias, e os conselheiros —, mas a vocês, uma vez que são um povo cujo bem-estar, como indivíduos, depende da observância das ordens e mandamentos de seu Senhor.

"Além disso, ó minha Alma Humana, advirto-os daquilo que, não obstante essa reforma que ocorre presentemente em seu meio, vocês têm necessidade de serem alertados; portanto ouçam-me com diligência. Tenho certeza, e vocês a terão daqui para frente, de que ainda há diabolinianos que permaneceram na cidade. Diabolinianos que são tenazes e implacáveis e que os estudam, tramam, maquinam, inventam e conjuntamente se esforçam por trazer-lhes à desolação muito pior do que aquela da escravidão no Egito, mesmo enquanto ainda estou entre vocês e ainda mais quando eu partir. Eles são aliados declarados de Diabolus; portanto, cuidem-se! Eles habitavam com seu príncipe no castelo, quando Incredulidade era o lorde alcaide desta cidade. No entanto, desde minha

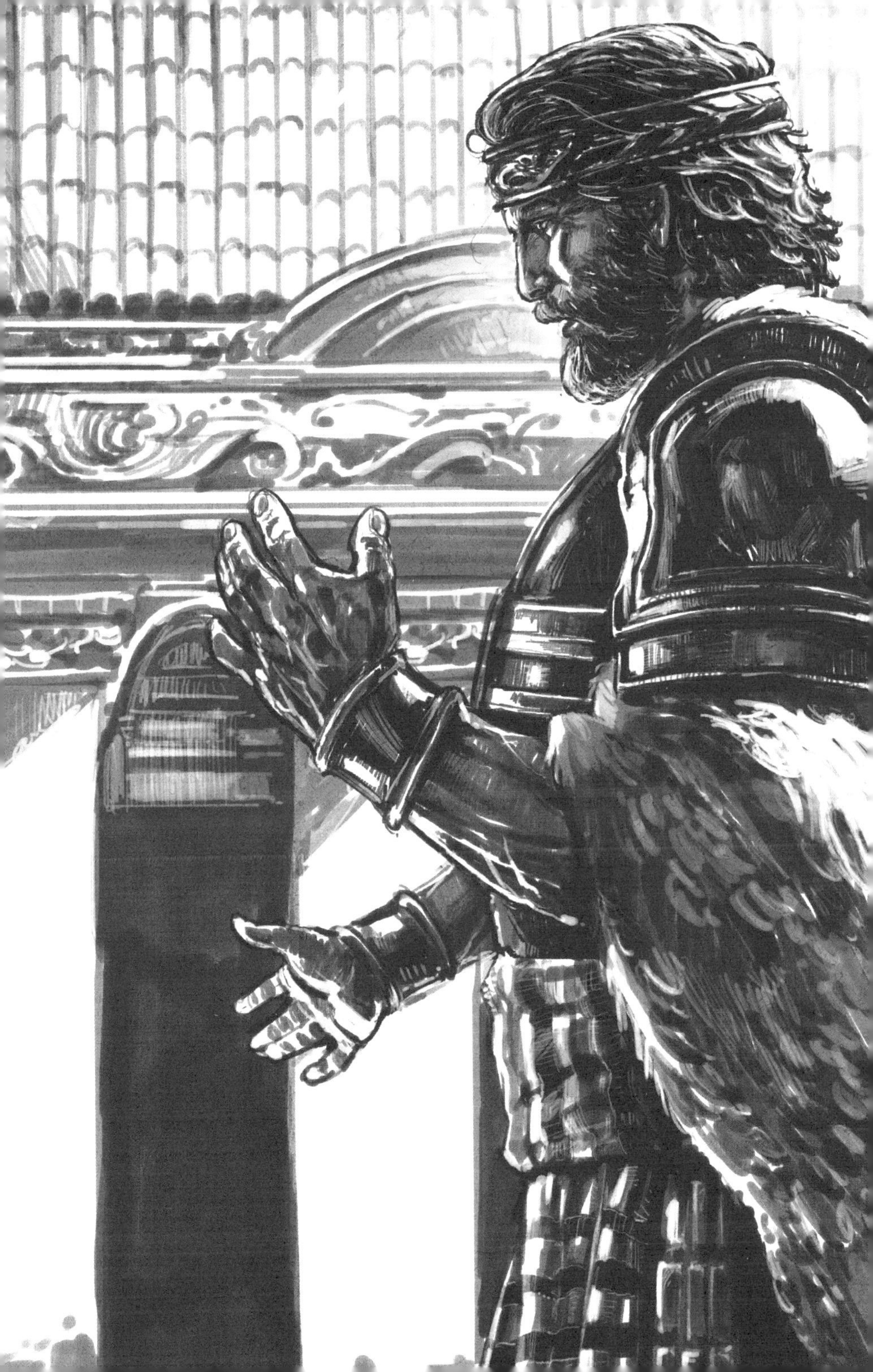

chegada, eles permanecem mais no exterior das muralhas e lá fizeram para si covis, cavernas, fossos e fortalezas.

"Desse modo, ó Alma Humana, seu trabalho quanto a isso será muito mais difícil e árduo, isto é, capturar, flagelar e condená-los à morte, de acordo com a vontade de meu Pai. Também não poderão livrar-se definitivamente deles, a menos que derrubem as muralhas dessa cidade, o que, por nenhum meio, estou disposto a permitir-lhes. Vocês me perguntam: 'O que faremos então?'. Ora, sejam diligentes, portem-se varonilmente. Observem seus covis, encontrem seus antros, ataquem-nos e não façam a pazes com eles. Onde quer que eles se encavernem, espreitem ou habitem, independentemente dos termos de paz que lhes ofereçam, desdenhem-no e tudo ficará bem entre mim e vocês.

"E para que os diferenciem melhor daqueles que são nativos de Alma Humana, vou lhes fornecer esta breve lista dos maiorais deles, que são os seguintes: o Lorde Fornicação, o Lorde Adultério, o Lorde Assassinato, o Lorde Ódio, o Lorde Lascívia, o Lorde Engano, o Lorde Olho Perverso, o Sr. Embriaguez, o Sr. Folião, o Sr. Idolatria, o Sr. Feitiçaria, o Sr. Variação, o Sr. Rivalidade, o Sr. Ira, o Sr. Contenda, o Sr. Sedição e o Sr. Heresia. Ó Alma Humana, esses são alguns dos principais daqueles que buscarão derrotá-la para sempre. Digo-lhes que esses são alguns dos que se ocultam na cidade. Vocês, porém, devem observar criteriosamente a lei de seu Rei e descobrirão a fisionomia deles, além de outras características que lhes são próprias, pelas quais eles poderão ser reconhecidos.

"Ó minha Alma Humana (e eu alegremente desejo que vocês o saibam com certeza), se eles forem permitidos correr e vaguear pela cidade, como eles desejam, logo devorarão suas entranhas como víboras. Sim, envenenarão seus capitães, cortarão os tendões de seus soldados, quebrarão as barras e ferrolhos de seus portões e transformarão sua agora florescente Alma Humana em um deserto estéril e desolado e uma pilha de ruínas. Portanto, para que vocês tenham coragem para capturar esses vilões onde quer que os encontrem, dou a vocês, meu Lorde Alcaide, meu Lorde Arbítrio e Sr. Arquivista, e a todos os habitantes da cidade, plenos poderes e a comissão de buscarem, prenderem e conduzirem à morte por cruz todos e todas as maneiras dos diabolinianos, quando e onde os encontrarem espreitando no interior de seus muros, ou vagando no exterior da cidade de Alma Humana.

"Eu lhes falei anteriormente que coloquei entre vocês um ministério permanente; não que vocês tenham apenas esses com vocês, visto que meus primeiros quatro capitães que vieram contra o mestre e senhor dos diabolinianos, que estava em Alma Humana, podem, caso necessário e se lhes for requerido, não apenas informá-los de forma individual, mas pregar publicamente à sociedade a boa e saudável doutrina e, dessa forma, orientá-los no caminho. Sim, eles marcarão semanalmente, ou, em se fazendo necessário, diariamente, uma leitura para vocês, ó Alma Humana, e lhes instruirão em tais lições proveitosas que, se frequentadas, far-lhes-ão bem ao final. E sejam criteriosos em não poupar os homens a quem têm a ordem de crucificar.

"Agora que já lhes descortinei os errantes e andarilhos por seus nomes, digo-lhes que alguns deles rastejarão sorrateiramente para dentro da cidade a fim de os enganar, parecendo-se muito com aqueles que são muito fervorosos e prolíferos na religião. E, caso vocês não vigiem, eles lhes trarão tamanho dano, que vocês então não conseguirão calcular.

"Por isso, digo-lhes que eles se mostrarão a vocês em matizes diferentes daqueles descritos anteriormente. Portanto, Alma Humana, vigiem, sejam sóbrios e não se permitam ser traídos."

CAPÍTULO 10

Quando o Príncipe havia desta forma remodelado a cidade de Alma Humana e instruído os cidadãos nos assuntos proveitosos para o conhecimento deles, Ele marcou outro dia para uma reunião dos cidadãos no qual pretendia conceder mais uma insígnia de honra sobre a cidade — uma condecoração que os distinguiria dentre todos os povos, de seus parentes e línguas que habitam o reino do Universo. Não demorou para que o dia designado chegasse, e o Príncipe e Seu pessoal se encontraram no Palácio do Rei, onde inicialmente Emanuel lhes deu um breve discurso e fez por eles o que havia dito, o que lhes prometera.

—Minha Alma Humana — disse Ele — o que estou prestes a lhes fazer é para os tornar conhecidos ao mundo como pertencendo a mim e para distingui-los, a seus próprios olhos, de todos os traidores que possam se infiltrar entre vocês.

Então, ordenou que aqueles que aguardavam por Seu sinal se retirassem e trouxessem de Seu tesouro as túnicas alvas e reluzentes que Ele afirmou haver provido e reservado para Alma Humana. Essas vestes alvas foram trazidas de Seu tesouro e exibidas aos olhos do povo. Além disso, foi-lhes outorgado que deveriam pegá-las e vesti-las de acordo com seu tamanho e estatura, conforme instrução do Príncipe. Assim, o povo se vestiu de branco, em linho fino, alvo e purificado.

Depois o Príncipe lhes disse:

—Alma Humana, essa é a minha farda e o distintivo pelos quais os que me pertencem são discernidos dos servos dos outros. Sim, é isso que eu outorgo a todos os que são meus e sem isso nenhum homem é permitido ver minha face. Portanto, usem-nos por amor a mim, que lhes concedi, e também se quiserem ser reconhecidos em todo o mundo como pertencentes a mim.

Vocês conseguem imaginar como Alma Humana reluzia? Era mais bela do que o Sol, clara como a Lua e terrível como um exército com estandartes. O Príncipe acrescentou:

—Nenhum principado, potestade ou poderoso do Universo concede essa farda além de mim. Por isso, vejam, como eu disse anteriormente, vocês serão reconhecidos como meus.

"E agora que lhes agracio com minha farda, deixem que eu também lhes dê um mandamento concernente a ela e acautelem-se de ouvir minhas palavras.

"Primeiro. Usem-na diariamente, todos os dias, para que, por vezes, vocês não pareçam aos outros como se não me pertencessem.

"Segundo. Mantenham-na sempre alva, pois se ficar suja, será desonra para mim.

"Terceiro. Portanto, cinjam-na de forma a afastá-la do chão e não permitam que toque a poeira ou a terra.

"Quarto. Acautelem-se de não a perder, para que não andem nus e sua vergonha seja exposta.

"Quinto. Porém, se vocês a mancharem ou contaminarem, o que veementemente não desejo que façam, e o príncipe Diabolus se alegrará se permitirem que aconteça, então, apressem-se em praticar o que está escrito em minha Lei, a fim de que possam permanecer de pé e não tombar diante de mim e de meu trono. Essa também é a maneira de evitar que eu me afaste ou os abandone enquanto estou aqui, mas que eu possa habitar em Alma Humana eternamente."

Agora Alma Humana e seus habitantes eram como o sinete na mão direita de Emanuel. Onde haveria então um vilarejo, uma cidade e uma sociedade que pudesse se comparar a Alma Humana? Uma cidade redimida das mãos e do poder de Diabolus; uma cidade amada pelo Rei Shaddai, que enviou Emanuel para libertá-la do domínio do príncipe do abismo infernal. Sim, uma cidade onde Emanuel amava habitar e que escolheu para Sua morada real; uma cidade que Ele fortalecera para si mesmo e tornara forte pelo poder de Seu exército. O que direi? Alma Humana tem agora o mais excelente Príncipe, capitães áureos e homens de guerra, armamento provado e trajes tão alvos quanto a neve. Nenhum desses benefícios deve ser menosprezado, mas valorizado. Poderá a cidade estimá-los a tal ponto e aperfeiçoá-los para o fim e o propósito por que lhes foram concedidos?

Quando o Príncipe havia assim completado o remodelamento da cidade, a fim de mostrar que Ele tinha grande satisfação na obra de Suas mãos e prazer no bem que havia concebido à célebre e próspera Alma Humana, Ele ordenou que colocassem Seus estandartes sobre as ameias[1] do castelo. Assim:

---

[1] Ameias são parapeitos separados regularmente por merlões — porção de parede entre duas ameias — na parte superior das muralhas de fortalezas e castelos (Houaiss, 2009).

Primeiro. Ele lhes oferecia visitas frequentes. Nenhum dia se passava sem que os anciãos da cidade devessem comparecer diante dele ou Ele diante deles em Seu palácio. Agora precisavam caminhar e conversar sobre as grandes coisas que Ele fizera e sobre as que prometera fazer a Alma Humana. Fazia-o assim com os Lordes Alcaide e Arbítrio, com o honesto pregador subordinado, o Sr. Consciência, e com o Sr. Arquivista. Contudo, com que graça, com que amabilidade, cortesia e ternura esse abençoado Príncipe tratava a cidade de Alma Humana! Em todas as ruas, todos os jardins, pomares e outros locais aonde Ele chegava, para assegurar-se de que os pobres tivessem Sua bênção, Ele os beijaria e, se estivessem enfermos, imporia Suas mãos sobre eles e os curaria. Também encorajava os capitães diariamente, às vezes a cada hora, com Sua presença e palavras santas. Vocês precisam saber que um sorriso de Emanuel para eles lhes renovaria o vigor, a vida e a intrepidez mais do que qualquer outra coisa debaixo do céu.

O Príncipe celebraria com eles e estaria com eles continuamente. Raramente passava uma semana sem que houvesse um banquete entre Ele e o povo. Vocês devem se lembrar que, algumas páginas antes, mencionei uma celebração que tiveram juntos. No entanto, essas festas agora eram algo mais comum: todos os dias, em Alma Humana, eram dias de celebrar. Tampouco Emanuel, quando os enviasse novamente a seus lares, os despediria de mãos vazias. Levavam ou um anel, ou uma corrente de ouro, um bracelete, uma pedra branca, ou qualquer coisa do gênero. Assim era Alma Humana tão querida a Ele agora e tão amável a Seus olhos!

Segundo. Quando os anciãos e os habitantes não fossem a Emanuel, Ele lhes enviaria abundante provisão: carne proveniente da corte, vinho e pão que eram preparados para a mesa de Seu Pai. Sim, tantas delícias lhes enviaria e com elas cobriria as mesas deles, de modo que quem o visse confessaria que nada semelhante poderia ser encontrado em reino algum.

Terceiro. Se Alma Humana não o visitasse com a frequência que Ele desejava, o Príncipe iria até eles, bateria em suas portas e desejaria entrar, para que a amizade entre os cidadãos e Ele fosse mantida. Se eles ouvissem e lhe abrissem entrada, como normalmente faziam, caso estivessem em casa, então, Ele renovaria Seu antigo amor e o confirmaria com novos lembretes e sinais de favor contínuo.

E não era surpreendente agora contemplar que, no mesmo lugar onde algumas vezes Diabolus habitara e entretivera seus diabolinianos quase que para total destruição de Alma Humana, o Príncipe dos príncipes se assentava, comendo e bebendo com o povo da cidade, enquanto Seus poderosos capitães, homens de guerra, corneteiros, juntamente com os cantores e cantoras de Seu Pai, ao Seu redor, esperavam que os habitantes viessem? Agora o cálice de Alma Humana transbordava, suas fontes escorriam com vinho doce, a cidade comia o melhor dos grãos e bebia leite e mel que brotavam da rocha! Agora declaravam: "Quão grande é a Sua bondade, pois encontrei favor a Seus olhos! Quão honrado eu tenho sido!".

O bendito Príncipe também ordenou um novo oficial na cidade, e este era uma pessoa piedosa, seu nome era Sr. Paz de Deus: ele foi colocado sobre os Lordes Arbítrio e Alcaide, sobre o Sr. Arquivista sobre o pregador subordinado, o Sr. Consciência, e sobre todos os nativos da cidade de Alma Humana. Ele mesmo não era natural da cidade, mas viera da corte com o Príncipe Emanuel. Era um grande amigo dos Capitães Confiança e Boa Esperança; alguns afirmavam que eles eram parentes, e tenho a mesma opinião. Esse homem, como eu disse, foi feito governador-geral da cidade, especialmente sobre o castelo. O Capitão Confiança deveria auxiliá-lo nisso.

Observei atentamente que, enquanto todas as coisas corriam na cidade, da forma como esse gentil cavalheiro a conduzia, a cidade ficava na mais feliz condição. Não havia tumultos, queixas, interferências ou obras infiéis em toda Alma Humana. Cada cidadão cuidava diligentemente de suas ocupações. Os nobres, os oficiais, os soldados e todos os demais em liderança cumpriam as ordens desses homens. E quanto às mulheres e crianças, elas seguiam suas tarefas com alegria; trabalhavam e cantavam, desde a manhã até a noite. Assim, por toda a cidade não se via nada além de harmonia, quietude, alegria e saúde. Isso durou todo aquele verão.

Contudo, havia um homem na cidade de Alma Humana cujo nome era Sr. Segurança Carnal que, após toda essa misericórdia ser concedida sobre essa sociedade, levou Alma Humana a um grande e lamentável estado de escravidão. Um breve relato sobre ele e seus feitos estão como a seguir…

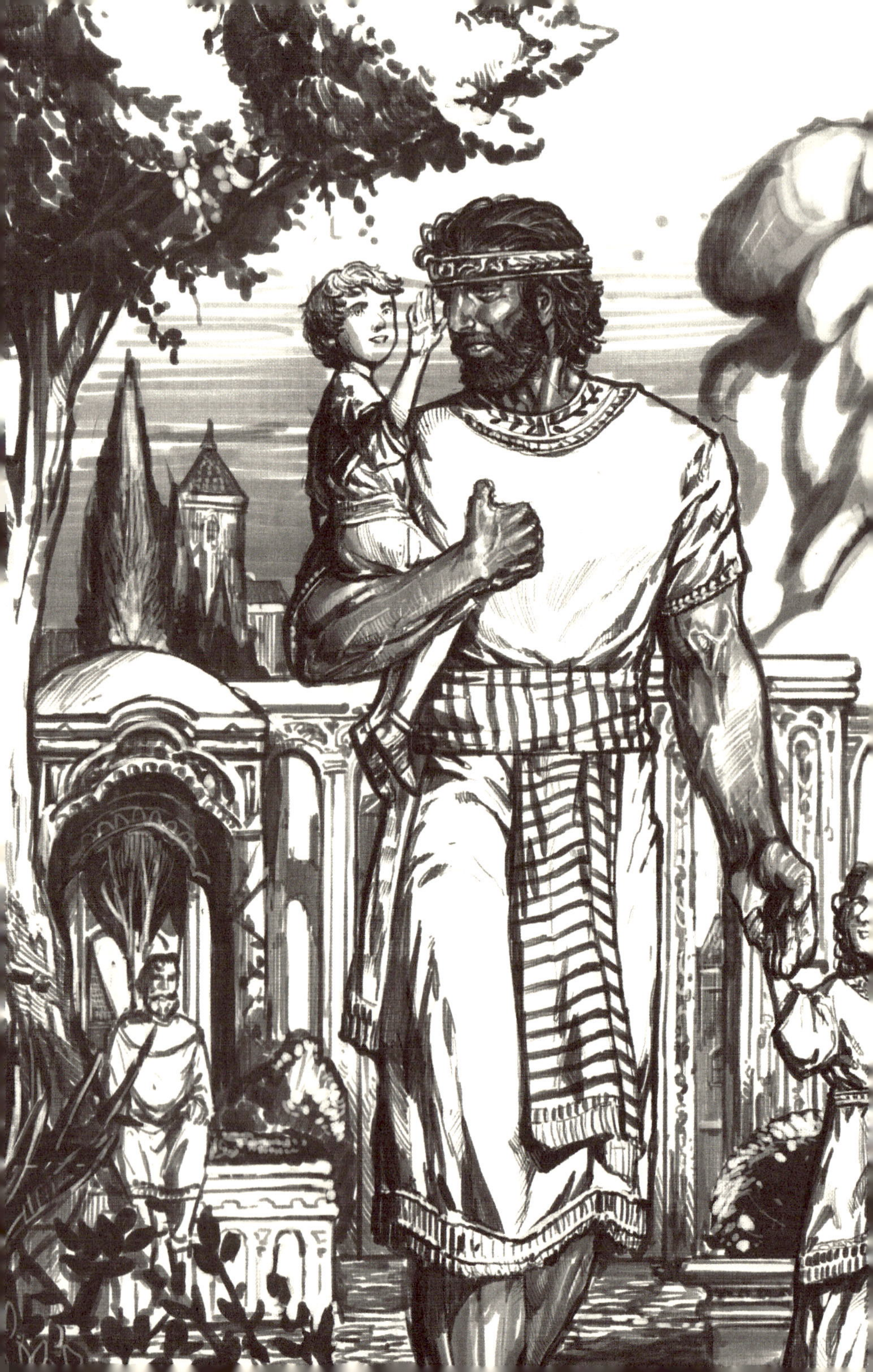

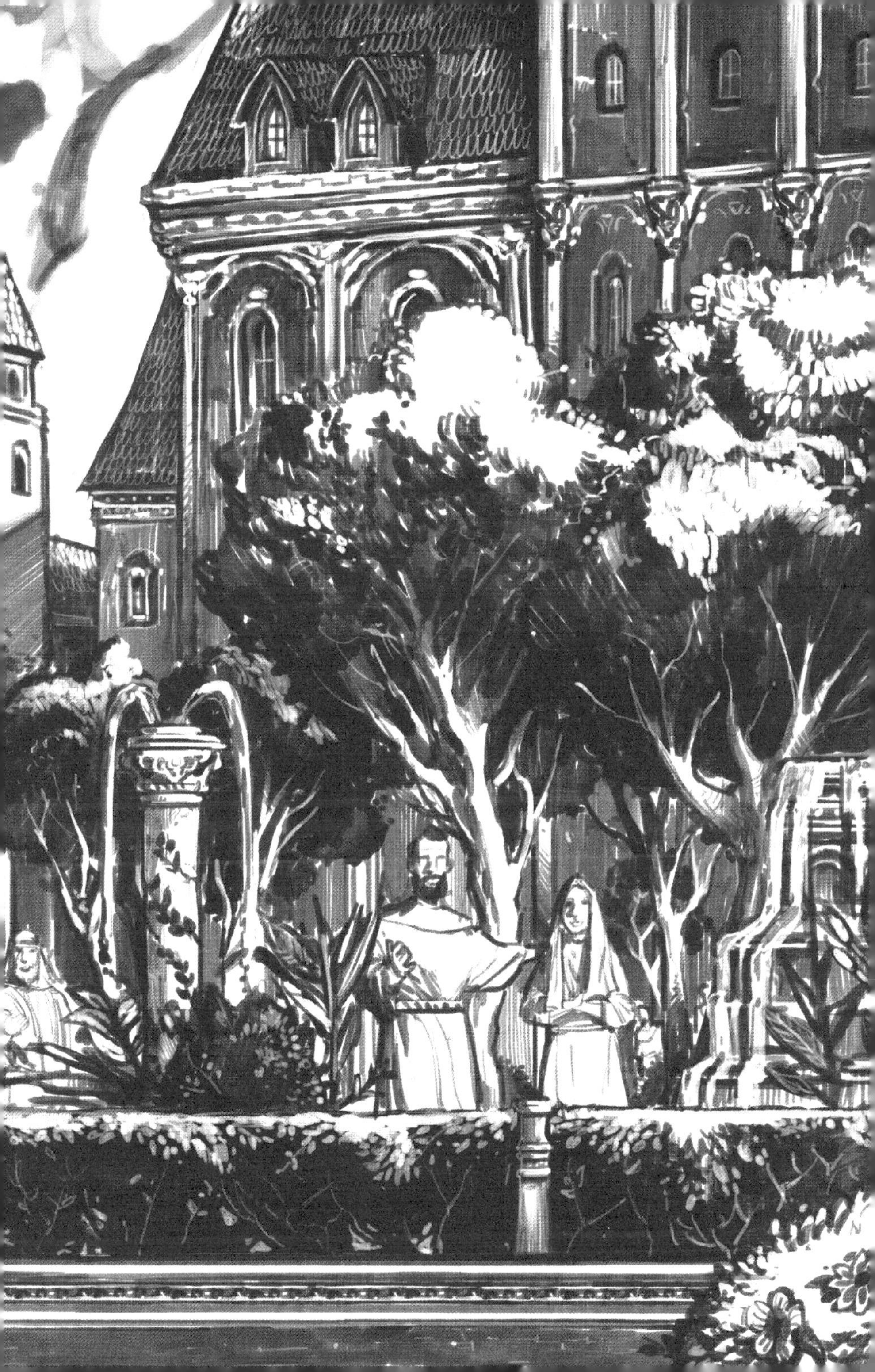

Quando inicialmente Diabolus tomou posse da cidade de Alma Humana, ele trouxe consigo um grande número de diabolinianos, homens que obedeciam às condições de Diabolus. Entre eles, havia um cujo nome era Sr. Autoengano que era um homem notavelmente vivaz, como todos os que, naquela época, possuíam a cidade de Alma Humana. Diabolus, então, percebendo que esse homem era muito ativo e ousado, enviou-o para muitos propósitos urgentes, os quais ele administrava melhor e ainda mais para o prazer de seu senhor, do que a maioria dos que vieram com ele de seus covis poderiam fazer. Assim sendo, achando-o tão adequado para seus propósitos, ele o preferiu e o tornou próximo ao grande Lorde Arbítrio, sobre quem já escrevemos bastante. O Lorde Arbítrio, naquele tempo, gostava muito desse homem e ficava contente com suas realizações e assim deu-lhe sua filha, a Senhorita Destemida, como esposa. Essa moça gerou, a partir de sua relação com o Sr. Autoengano, esse cavalheiro, o Sr. Segurança Carnal. Assim sendo, havendo tais estranhas mesclas de pessoas, tornou-se difícil para os cidadãos, em alguns casos, descobrir quem eram os nativos e quem não, pois o Sr. Segurança Carnal veio, por parte de mãe, da linhagem do Lorde Arbítrio, embora tivesse por pai um diaboliniano por natureza.

Bem, esse Segurança Carnal parecia-se muito com seus pais: era presunçoso e não temia nada. Ele também era um homem ocupadíssimo: nenhuma notícia, nada a respeito das doutrinas ou de alterações ou conversas sobre alterações poderia estar em progresso, a qualquer momento, em Alma Humana sem que esse cidadão estivesse encabeçando ou seguindo. Todavia, para assegurar-se em seus modos de agir, ele recusaria os que considerava os mais fracos e sempre ficava com os que supunha estarem no lado mais forte.

Quando o poderoso Shaddai e Emanuel, Seu Filho, guerrearam contra Alma Humana para conquistá-la, esse Sr. Segurança Carnal estava na cidade e era um grande realizador entre o povo, encorajando-os à rebelião, fazendo-os se endurecer em sua resistência aos exércitos do Rei. Porém, quando viu que a cidade fora tomada e convertida para o uso do glorioso Príncipe Emanuel, quando viu o que ocorrera com Diabolus e como ele mesmo foi desalojado e levado a deixar o castelo sob grande desonra e escárnio, e que a cidade de Alma Humana estava bem alinhada com os capitães, com os equipamentos de guerra, homens e provisões, o que ele fez foi astutamente alinhar-se também. Desse modo, assim como servia a Diabolus contra o bom Príncipe, fingiu que serviria o Príncipe contra seus inimigos.

E, no fim, tendo adquirido um pouco de conhecimento sobre as coisas de Emanuel, por ser ousado, ele se aventurou a se unir àquela sociedade e tentou conversar com os cidadãos. Segurança Carnal sabia que o poder e a força de Alma Humana eram grandes e que, se ele proclamasse o poder e a glória deles, isso só poderia agradar o povo. Desse modo, ele começou sua conversa sobre o poder e a força de Alma Humana e afirmava que eram impregnáveis. Magnificava os capitães e suas catapultas e aríetes, depois enaltecia suas fortificações e fortalezas e, por último, todas as garantias que o Príncipe lhes dera de que a cidade seria feliz para sempre. Quando ele percebeu que alguns cidadãos se agradavam e eram arrebatados pelos discursos dele, assumiu essa função e, saindo de rua em rua, de casa em casa e de homem em homem, convenceu a cidade a dançar conforme a sua música e a se tornar quase tão carnal quanto ele. Assim, de simples conversas eles passaram a festejos, e de festejos a aventurar-se e a algumas outras coisas.

Emanuel ainda estava na cidade de Alma Humana e sabiamente observou as obras deles. Os Lordes Alcaide e Arbítrio e o Sr. Arquivista também foram convencidos pelas palavras desse mexeriqueiro diaboliniano, esquecendo-se de que o Príncipe deles lhes dera anteriormente um alerta de que se acautelassem de não serem seduzidos por qualquer estratagema diaboliniano. Ademais lhes dissera que a segurança da agora próspera cidade de Alma Humana não repousava tanto em suas atuais fortificações ou exército, mas no uso que fariam do que possuíam e que levaria seu Emanuel a habitar dentro de seu castelo, visto que a correta doutrina de Emanuel era de que a cidade cuidasse de não esquecer o amor dele e de Seu Pai. E de que deveriam se humilhar a fim de continuar a manterem-se nesse estado. Contudo, a maneira de fazer isso, a saber, não era se apegando a um diaboliniano, como era esse Sr. Segurança Carnal, permitindo-se serem levados para cima e para baixo por ele. Deveriam ouvir seu Príncipe, temê-lo e o amar. Deveriam ter apedrejado esse perverso até a morte e cuidado em andar nos caminhos prescritos pelo Príncipe da cidade, pois a paz de Alma Humana seria como um rio quando a justiça de seus habitantes fosse como as vagas do mar.[2]

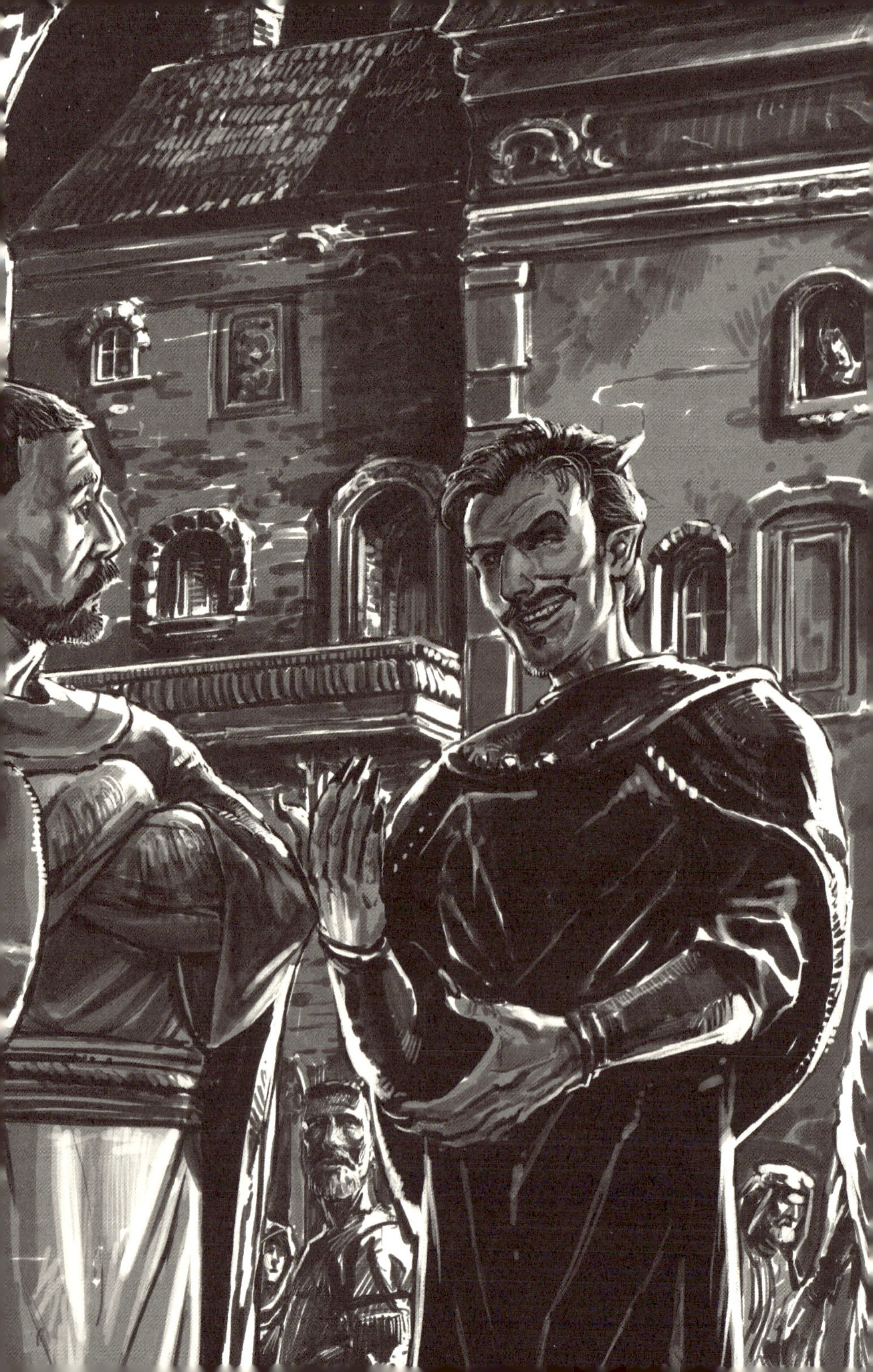

Quando o Príncipe percebeu que, por meio da política do Sr. Segurança Carnal, o coração dos homens de Alma Humana foi esfriado e mitigado em seu amor prático por Ele, Emanuel primeiramente lamentou e condenou esse estado deles com o Secretário, dizendo:

—Ó, se meu povo houvesse atentado a mim e se Alma Humana tivesse andado em meus caminhos! Eu os teria alimentado com o trigo mais fino e os teria sustentado com o mel que escorre da rocha.[3] — Depois disse ainda em Seu coração: —Retornarei à corte e irei ao meu lugar até que Alma Humana considere e reconheça sua ofensa.

E Emanuel assim o fez. A causa e a maneira de Sua partida do meio deles foi que Alma Humana o rejeitou, conforme manifesto nestes pormenores:

1. Deixaram seus antigos modos, pararam de visitá-lo e não iam mais ao Seu palácio real como antes;
2. Não consideravam, sequer percebiam, se Ele vinha ou não para estar com eles;
3. Os costumeiros banquetes de amor que havia entre o Príncipe e os cidadãos, embora Ele ainda os realizasse e convocasse a todos para comparecer, eles negligenciavam ir ou se deleitar neles;
4. Não aguardavam mais por Seus conselhos, mas tornaram-se obstinados e autoconfiantes, concluindo que agora eram fortes e invencíveis e que Alma Humana estava segura e longe do alcance do inimigo, crendo que esse estado deveria permanecer inalterado para sempre.

Conforme já foi dito, Emanuel, percebendo que pelos estratagemas do Sr. Segurança Carnal a cidade de Alma Humana fora afastada da dependência dele e de Seu Pai — por intermédio desse diaboliniano — e colocada sobre aquilo que lhes fora concedido, o Príncipe inicialmente, como eu disse antes, lamentou o estado deles e usou os meios para levá-los a compreender que o caminho que percorriam era arriscado: enviou-lhes o meu Lorde Secretário Executivo, a fim de proibir-lhes tais caminhos. Duas vezes o Secretário foi a eles e os encontrou jantando no salão do Sr. Segurança Carnal. Percebendo também que não estavam dispostos

---

[2] Isaías 48:18

[3] Salmo 81:16

a arrazoar sobre os assuntos referentes ao bem deles, Ele se entristeceu e se retirou, o que, quando contou ao Príncipe Emanuel, este se ofendeu e lamentou, fazendo assim as provisões para retornar à corte de Seu Pai.

Como eu dizia anteriormente, os métodos de Sua partida foram os seguintes:

1. Enquanto ainda estava em Alma Humana, Ele se manteve fechado e mais afastado do que previamente.
2. Se Emanuel se chegasse à sociedade deles, Seus discursos não eram mais tão agradáveis e familiares quanto antes.
3. Não enviava mais para Alma Humana, como nos tempos passados, aquelas iguarias de Sua mesa que Ele costumava lhes enviar.
4. Tampouco quando eles vinham visitá-lo, como faziam vez ou outra, já não era mais tão fácil falar com Ele quanto era no passado. O povo podia bater uma, sim, até duas vezes, contudo Ele não parecia prestar-lhes atenção de forma alguma. Ao passo que antes Ele logo se levantaria e correria para encontrá-los no meio do caminho, ao simples som dos passos deles, e os levaria aconchegando-os em Seu peito.

Porém, agora era assim que Emanuel se portava. Com isso, buscava fazê-los ponderar e voltar para Ele. Mas, infelizmente, eles não ponderaram, não reconheceram Seus modos, não se importaram, não foram tocados por isso, tampouco com a verdadeira lembrança dos favores passados. Assim sendo, Ele se retirou de maneira privada, primeiramente de Seu palácio, depois para o portão da cidade e, por fim, foi para longe de Alma Humana até que eles reconhecessem suas ofensas e buscassem Sua face com mais zelo. O Sr. Paz de Deus também entregou sua função e, por enquanto, não mais atuaria na cidade de Alma Humana.

Dessa maneira, eles andaram contrariamente ao Príncipe, e Ele novamente, como forma de retaliação, andaria contrário a eles. Porém, lamentavelmente, dessa vez eles estavam tão obstinados em seus caminhos e haviam sorvido de tal forma a doutrina do Sr. Segurança Carnal, que a partida de seu Príncipe não os tocou, sequer Ele foi lembrado por eles depois de Sua partida. Como consequência, Sua ausência não foi lastimada por eles.

Houve um dia em que esse velho cavalheiro, o Sr. Segurança Carnal, deu outra festa para a cidade de Alma Humana. Dessa vez, havia na cidade um Sr. Temor de Deus, que agora era pouco procurado, mas que antes era muito requisitado. Aquele homem, o velho Segurança Carnal, tinha em mente, se possível, enganá-lo, depravá-lo e abusar dele, como fizera com os demais, e, portanto, convidou-o para a festa com os seus amigos.

Chegado o dia, todos se prepararam, e o Sr. Temor de Deus dirigiu-se ao local com os demais convidados. Estando todos à mesa, comeram, beberam e se alegraram, todos menos esse homem, pois ele se sentou como um estranho e não comeu ou se alegrou. O que, quando percebido pelo Sr. Segurança Carnal, este se dirigiu ao homem com o seguinte discurso:

—Sr. Temor de Deus, o senhor não está bem? Parece estar enfermo do corpo ou da mente, ou ambos. Tenho um tônico feito pelo Sr. Esqueça o Bem, o qual, senhor, se quiser um gole, espero que o deixe bem afeiçoado e alegre, tornando-o assim mais parecido conosco, companheiros de celebração.

A isso, o bom cavalheiro replicou discretamente:

—Senhor, agradeço por todas as suas cortesias e agrados, mas não me inclino ao seu tônico. Porém, uma palavra aos nativos de Alma Humana: Vocês, anciãos e líderes da cidade, é-me estranho vê-los tão jocosos e felizes enquanto a cidade está em estado tão terrível!

Então, disse o Sr. Segurança Carnal:

—Você quer dormir, senhor? Duvido disso. Se quiser se deitar, por favor, e tirar um cochilo, enquanto isso nós festejaremos.

—Senhor, se você não fosse destituído de um coração honesto, não poderia fazer o que tem feito — disse o bom homem.

— Por quê? — questionou Segurança Carnal.

—Peço que não me interrompa — disse Temor de Deus. —É verdade que a cidade de Alma Humana era forte e, conforme as cláusulas, era impregnável. Contudo vocês, cidadãos, enfraqueceram-na e agora ela é detestável a seus inimigos. Este não é tempo de vanglória ou de permanecer calado. É você, Sr. Segurança Carnal, que astutamente despiu Alma Humana e afastou a glória dela. Você derrubou suas torres e quebrou seus portões, danificou suas trancas e ferrolhos.

“E agora, para que me explique melhor: a partir daquele momento em que vocês, meus senhores de Alma Humana e você, senhor, tornaram-se tão grandiosos, a Força de Alma Humana se ofendeu, levantou-se e partiu.

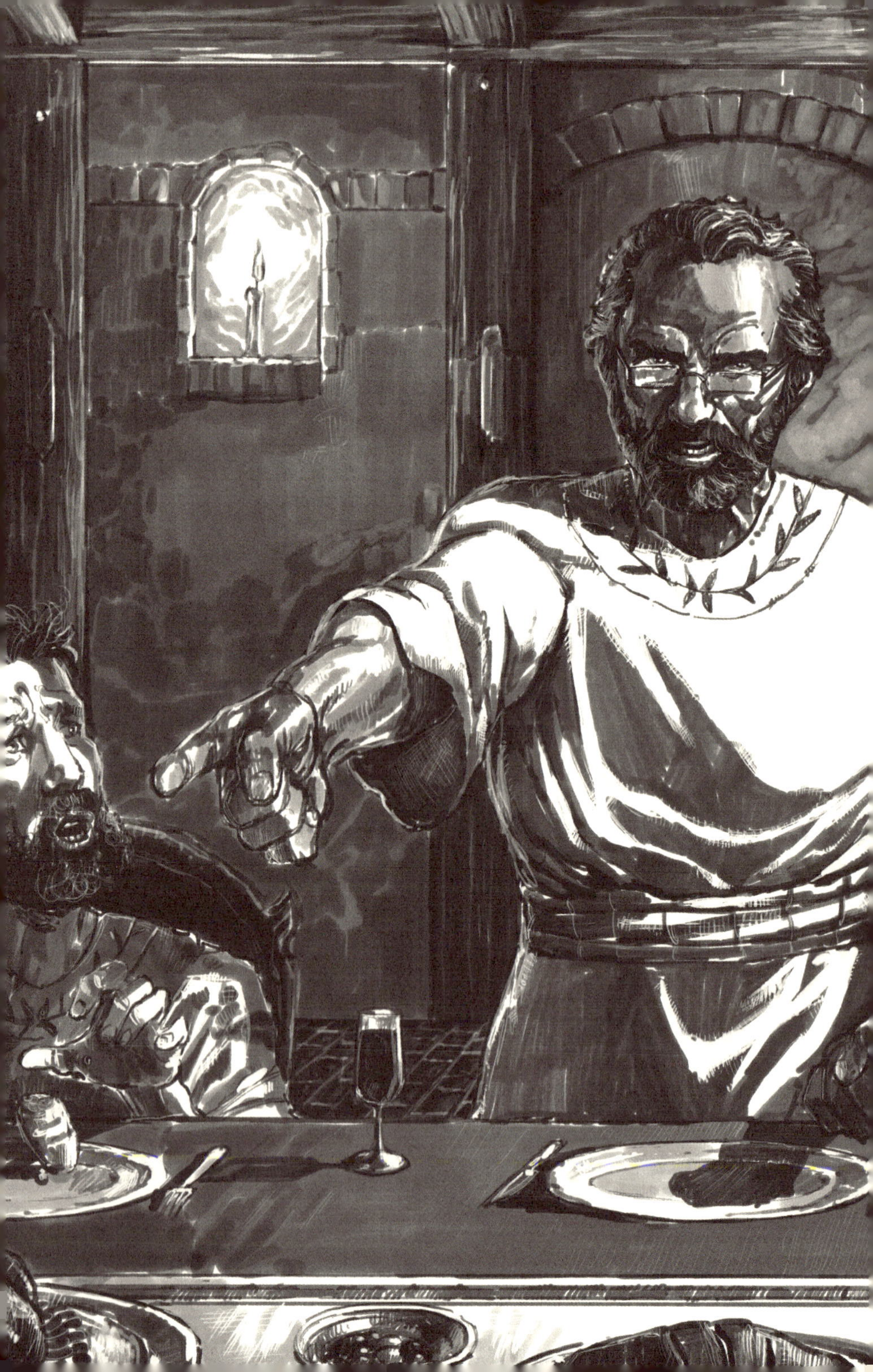

Se qualquer um questionar a verdade de minhas palavras, responder-lhe-ei com as seguintes perguntas: Onde está o Príncipe Emanuel? Quando foi a última vez que um homem ou mulher de Alma Humana o viu? Quando ouviram dele ou provaram de Suas iguarias? Vocês estão agora festejando com este monstro diaboliniano, mas ele não é seu Príncipe. Digo-lhes, portanto, embora os inimigos externos, por atenção de vocês, não conseguiram fazer de vocês presa, ainda assim por terem pecado contra seu Príncipe, seus inimigos internos foram muito difíceis de identificar.

A isso respondeu o Sr. Segurança Carnal:

—Que vergonha, Sr. Temor de Deus! Que disparate! Você nunca vai se livrar dessa sua timidez? Tem receio de ser vencido por um pardal? O que o feriu? Veja, estou a seu lado! Só você é a favor de gerar dúvidas; eu sou a favor de termos confiança. Além disso, esta é hora de ficar triste? Festas são feitas para alegria. Por que então você, para sua própria vergonha e tribulação, irrompe em tal linguagem passional e melancólica, quando deveria estar comendo, bebendo e se alegrando?

—Posso muito bem estar triste, uma vez que Emanuel partiu de Alma Humana — disse Temor de Deus. —Repito: Ele se foi, e você, senhor, é o homem que o afastou. Sim, Ele partiu sem sequer avisar os nobres de Alma Humana. E se isso não é um sinal de Sua ira, eu não estou familiarizado com os métodos da santidade.

"E agora, meus Lordes e cavalheiros, pois meu discurso ainda se dirige a vocês, sua rejeição gradual a Emanuel o provocou a gradualmente se afastar de vocês, o que Ele fez por algum tempo na esperança de que se sensibilizariam com isso e seriam renovados ao se humilharem. No entanto, quando Ele percebeu que nenhum de vocês se importaria ou traria esse princípio de Sua ira e julgamento para o coração, Ele partiu deste lugar. Testemunhei isso com meus próprios olhos. Portanto, enquanto se vangloriam, a glória de vocês se foi; são como o homem que perdeu os cachos que antes lhe pendiam sobre os ombros.[4] Pode ser que vocês, na companhia do senhor desta festa, agitem-se e concluam que tudo está como antes. Porém, uma vez que sem Emanuel, vocês nada podem fazer.[5]

---

[4] Referência a Sansão quando Dalila cortou os cabelos dele, entregando-o, enfraquecido, aos filisteus (Juízes 16:4-22).

[5] João 15:5

Diante do fato de que Ele os deixou, convertam suas festas em pranto e suas alegrias em lamentação."[6]

O pregador subordinado, o Sr. Consciência, — que outrora fora o Arquivista de Alma Humana — ficou atemorizado diante do que fora dito e começou a confirmá-lo.

—Sem dúvida, meus irmãos — disse ele —Receio que o que o Sr. Temor de Deus diz é verdadeiro. De minha parte, não tenho visto o Príncipe há um bom tempo. Não consigo lembrar o dia, nem responder à pergunta do Sr. Temor de Deus. Temo que tudo esteja perdido em Alma Humana.

—Agora, sei que não o encontrarão em Alma Humana, pois Ele partiu. Emanuel se foi por causa das falhas dos anciãos e porque eles recompensaram Sua graça com indiferença insuportável — disse Temor de Deus.

O pregador subordinado, então, parecia que cairia morto à mesa. Todos os demais presentes, com exceção do dono da casa, ficaram pálidos e abatidos. Contudo, após se recuperarem um pouco e conjuntamente concordarem em crer no Sr. Temor de Deus e naquilo que dissera, começaram a consultar qual seria o melhor a fazer, tanto ao dono da casa, por tê-los afastado para o mau caminho, como também para recuperar o amor de Emanuel. Nesse momento, o Sr. Segurança Carnal havia se retirado para seu cômodo particular, pois ele não apreciava tais atitudes deprimentes.

Com isso, o que o Príncipe lhes ordenara fazer quando se levantassem falsos profetas para iludir Alma Humana veio-lhes de forma muito viva à memória. Prenderam, então, o Sr. Segurança Carnal (concluindo que ele seria o falso profeta) e incendiaram a casa dele, pois era um diaboliniano por natureza.

Quando isso havia passado, eles se puseram a buscar Emanuel, seu Príncipe. Buscaram-no, mas não o encontraram. Ficaram ainda mais certos da verdade que dissera o Sr. Temor de Deus e começaram a ponderar sobre si mesmos, por seus feitos tão vis e impiedosos. Concluíram, assim, que foi por causa deles mesmos que seu Príncipe os deixara.

---

[6] Amós 8:10

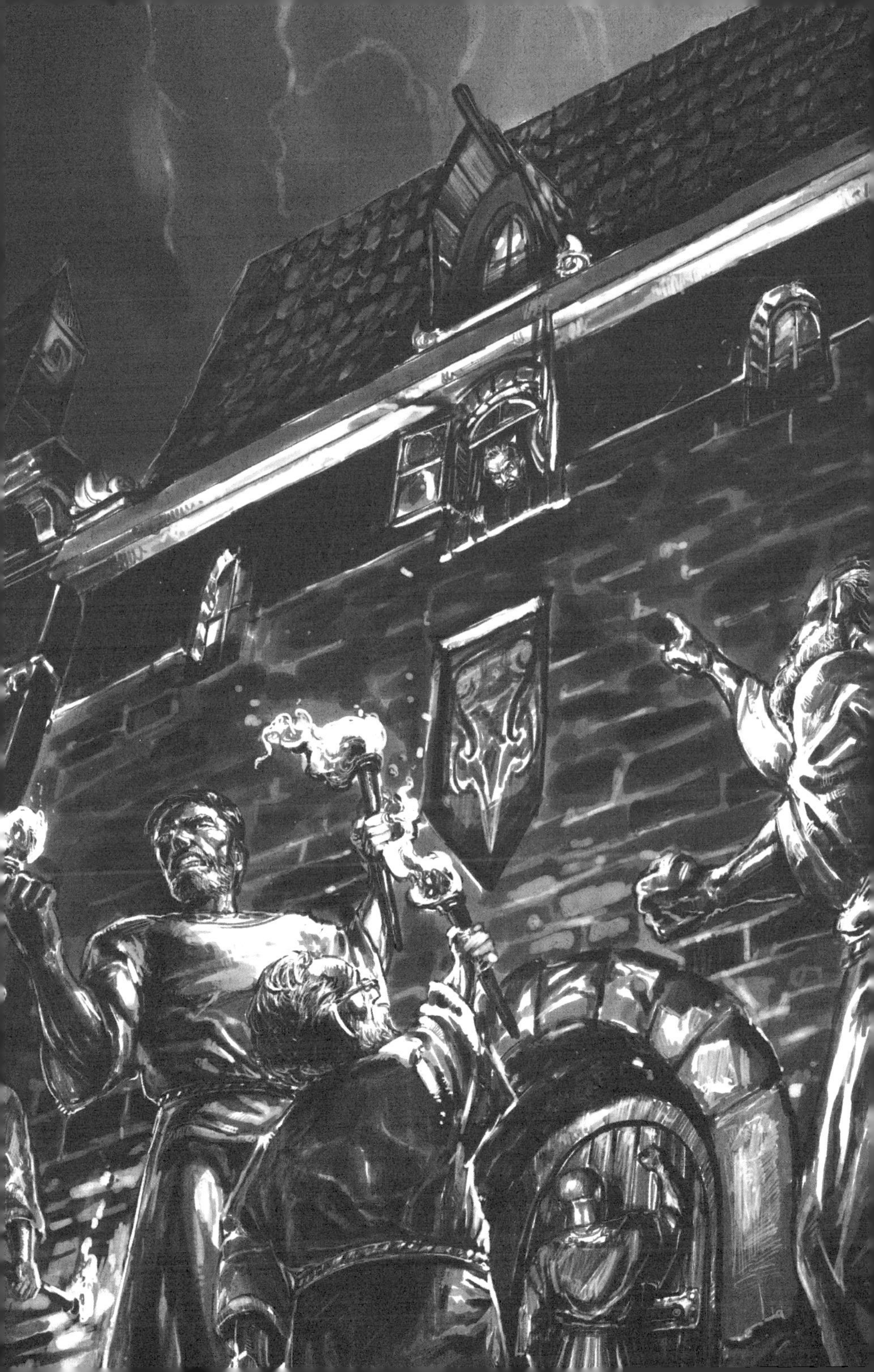

CAPÍTULO 11

Quando o Dia do Descanso[1] chegou, eles foram ouvir seu pregador subordinado. Mas, ó, como ele soou como trovões e relâmpagos neste dia! O texto bíblico usado foi o do profeta Jonas: "Os que se entregam à idolatria vã abandonam aquele que lhes é misericordioso".[2] Havia tal poder e autoridade naquele sermão, e tal abatimento nas frontes do povo, como raramente são ouvidos ou vistos. Quando o sermão terminou, as pessoas mal conseguiam ir para suas casas ou lançar-se a seus afazeres na semana seguinte. Estavam tão afetadas pelo sermão e tão aflitas por terem sido abatidas, que ninguém sabia o que fazer.

O Sr. Consciência não apenas mostrou a Alma Humana o seu pecado, mas também tremia diante deles sob o senso de seu próprio pecado, lamentando por si mesmo à medida que pregava:

—Miserável homem que sou, que fiz coisas assim perversas! Que eu, um pregador a quem Emanuel delegou ensinar Sua lei à Alma Humana, pudesse viver insensível e embriagado aqui e ser um dos primeiros encontrados em transgressão, a qual também foi encontrada em meus recintos. Eu deveria ter bradado contra a maldade, mas permiti Alma Humana chafurdar nela, até que ela afastou Emanuel de suas fronteiras!

Com essas palavras, ele também acusava a todos os lordes e os habitantes da cidade, quase a ponto de os dispersar.

Nessa época, havia uma grave enfermidade em Alma Humana, e a maioria dos cidadãos estava gravemente aflita por ela. Sim, até mesmo os capitães e os homens de guerra foram levados a uma condição debilitada, e isso por muito tempo. De modo que, em caso de uma invasão, nada realmente efetivo poderia ser feito pelos cidadãos ou pelos oficiais de campo. Ó, quantas faces pálidas, mãos enfraquecidas, joelhos débeis e homens cambaleantes eram agora encontrados em Alma Humana! Aqui e ali se ouviam gemidos e suspiros; e um pouco mais adiante havia os que estavam prontos a desfalecer.

Também as vestimentas que Emanuel lhes outorgara estavam em estado lastimável. Algumas estavam rotas, outras rasgadas e todas em condições deploráveis. Outras ainda lhes estavam tão frouxas, que um arbusto qualquer poderia arrancá-las.

---

[1] Êxodo 34:21

[2] Jonas 2:8

Depois de algum tempo nessa triste e desoladora condição, o pregador subordinado convocou-os para um dia de jejum e humilhação por terem sido tão perversos contra o grande Shaddai e Seu Filho. E desejou que o Capitão Boanerges pregasse, o que ele consentiu em fazer. Chegado o dia, este era o versículo bíblico: "podes cortá-la; para que está ela ainda ocupando inutilmente a terra?"[3]. Aquele foi um sermão muito incisivo. Primeiramente, ele mostrou o contexto das palavras, a saber, que a figueira era estéril. Depois, explicou o que a frase continha: arrependimento ou destruição cabal. Explanou também por qual autoridade essa frase fora proferida: pelo próprio Shaddai. Por último, mostrou-lhes os motivos para sua argumentação e daí concluiu o sermão. Contudo, ele foi muito pertinente em sua aplicação, a ponto de levar a pobre Alma Humana a estremecer.

Esse sermão, tanto quanto o anterior, trabalhou o coração dos homens de Alma Humana. Ele ajudou a manter despertos aquele que foram avivados pelo sermão anterior. De modo que, por toda a cidade, havia pouco a ser visto ou ouvido senão tristeza, lamentos e pesar.

Depois do sermão, eles se reuniram e consultaram sobre o que seria o melhor a se fazer. Disse o pregador subordinado:

—No entanto, não farei nada de mim mesmo, sem me aconselhar com meu vizinho, o Sr. Temor a Deus. Se ele anteriormente tinha mais entendimento da mente de nosso Príncipe do que nós, creio que também tenha agora que estamos voltando à virtude.

Assim, eles enviaram alguém a convocar o Sr. Temor a Deus, e ele logo apareceu. Eles desejaram que ele lhes mostrasse mais da sua opinião sobre o que eles deveriam fazer. O velho cavalheiro respondeu-lhes assim:

—É minha opinião que a cidade de Alma Humana deva, agora em seu tempo de angústia, escrever e enviar uma humilde petição a seu ofendido Príncipe Emanuel, para que Ele, por Seu favor e graça, volte-se novamente a vocês e não mantenha a Sua ira para sempre.

Quando os habitantes da cidade ouviram esse discurso, consentiram unanimemente em concordar com seu conselho. Rapidamente esboçaram suas requisições e, a seguir, escolheriam quem levaria a petição. Por fim, concordaram em enviá-la pelas mãos do Lorde Alcaide. Ele aceitou

---

[3] Lucas 13:7

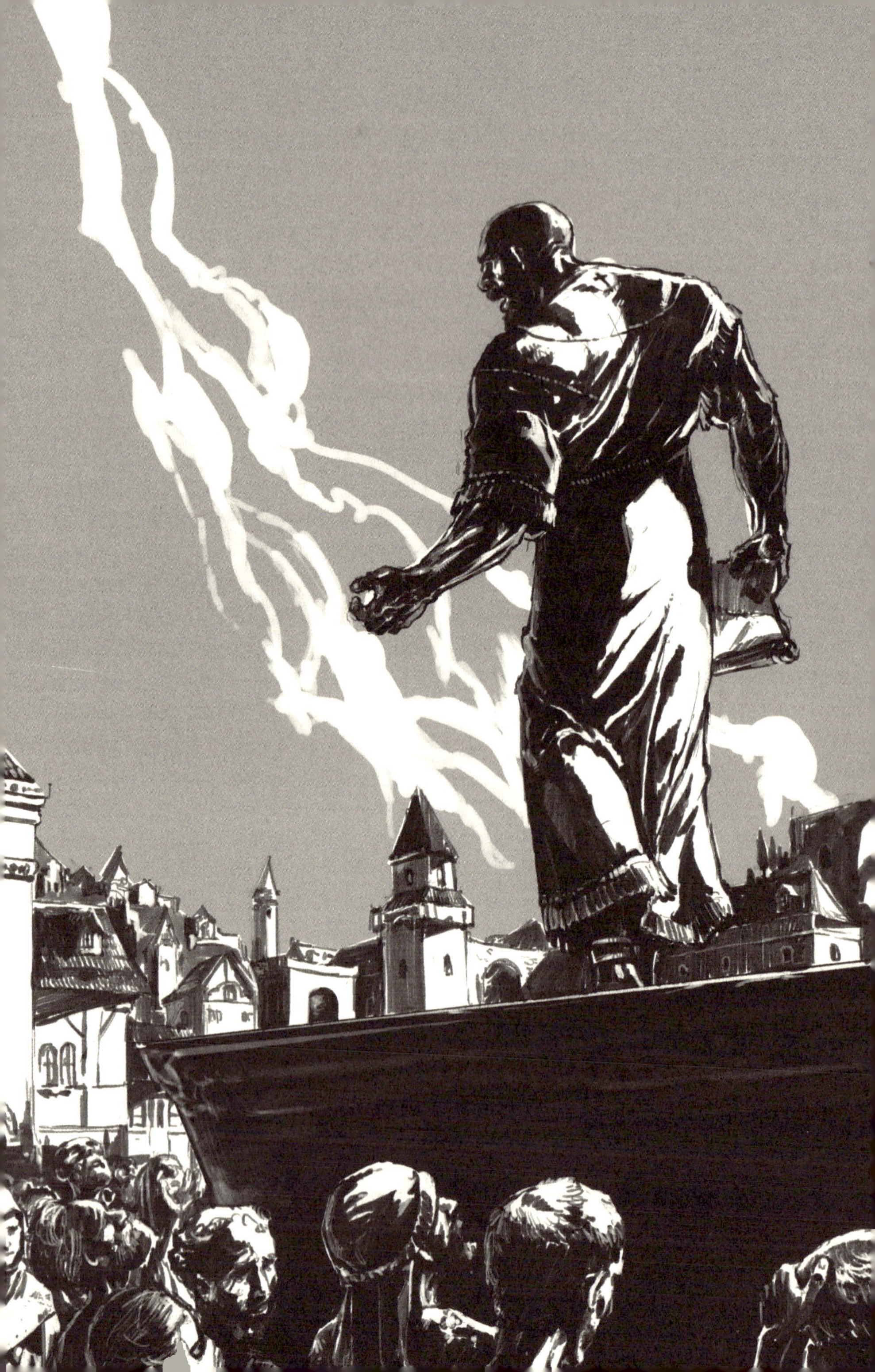

a incumbência e retirou-se para sua jornada. Chegou à corte de Shaddai, aonde Emanuel, o Príncipe de Alma Humana, havia ido. Contudo, o portão estava fechado e havia ali vigilância acirrada, de forma que o peticionário foi forçado a permanecer do lado de fora por bastante tempo. Ele, então, pediu que alguém fosse ao Príncipe e lhe dissesse quem estava ao portão e o assunto que viera tratar. Assim, uma pessoa foi até Shaddai e a Emanuel, Seu Filho, para lhes comunicar que o Lorde Alcaide, da cidade de Alma Humana, estava no exterior do portão da corte do Rei, desejando ser admitido à presença do Príncipe. Também lhes disse qual era a missão do Alcaide. Porém o Príncipe não foi ao encontro dele e tampouco autorizou que o portão lhe fosse aberto, mas enviou-lhe uma resposta para todos os efeitos: "Ao invés de se voltarem a mim, eles me deram as costas; agora, em tempo de aflição, dizem-me para me levantar e os salvar. Não podem ir ao Sr. Segurança Carnal, a quem se dirigiram quando se afastaram de mim, e fazer dele seu líder, seu senhor e protetor em seu momento de angústia? Por que me visitam agora, em tempo de sofrimento, uma vez que a prosperidade deles findou?

Tal resposta empalideceu o rosto do Lorde Alcaide, perturbou-o, deixou-o perplexo e lhe trouxe pesar. Nesse momento, começou a perceber o que era ser íntimo de diabolinianos como o Sr. Segurança Carnal. Quando viu que na corte havia pouca esperança de auxílio, quer para si próprio quer para seus amigos de Alma Humana, ele bateu no peito e retornou aos prantos por todo o caminho, lastimando o lamentável estado de sua cidade.

Quando ele já estava visível a Alma Humana, os anciãos e os líderes do povo foram ao portão para o encontrar e saudar e saber como fora na corte. Mas ele lhes contou a história de forma tão lúgubre que todos clamaram, lamentaram e prantearam. Por isso, todos lançaram cinzas e poeira sobre suas cabeças, colocaram panos de saco sobre seus lombos e choraram por toda a cidade, o que, quando testemunhado pelo restante dos habitantes, todos lamentaram e choraram. Aquele, portanto, foi um dia de repreensão, pesar, angústia e de grande aflição para Alma Humana.

Depois de algum tempo, quando todos já haviam se recomposto, reuniram-se novamente em consulta para confabular sobre o que lhes restava fazer. Pediram conselho, como anteriormente, ao Sr. Temor a Deus, que lhes disse não haver melhor maneira do que a que eles haviam empregado, mas que ele não queria que se sentissem desencorajados pela resposta que receberam da corte. Sim, embora muitos de seus pedidos fossem respondidos com nada, exceto silêncio ou repreensão.

—Pois — disse ele —, este é o método do sábio Shaddai: levar os homens a esperar e exercer paciência. Tal deve ser o anseio daqueles em necessidade e que se dispõem a repousar nele.

Eles recuperaram a coragem e enviaram mensageiros continuamente, de modo que não havia um único dia ou hora que Alma Humana sequer cogitasse a possibilidade de não haver um mensageiro visto nas estradas, ou por outros caminhos, soando a trombeta da cidade para a corte do Rei Shaddai, e todos iam com cartas de petição da parte deles rogando pelo retorno do Príncipe para eles. A estrada, nesse tempo, estava tomada de mensageiros indo e voltando, encontrando-se uns com os outros — alguns provenientes da corte, outros, de Alma Humana. Essa era a tarefa da miserável cidade todo aquele tempo, naquele rigoroso e tedioso inverno.

Vocês devem se recordar que eu lhes disse anteriormente que, mesmo depois de Emanuel tomar a cidade e remodelá-la, havia, em alguns lugares sombrios daquela sociedade, alguns diabolinianos que, ou tinham vindo com Diabolus por ocasião em que invadiu e conquistou Alma Humana, ou que haviam ali nascido, se reproduzido e sido educados por causa das misturas ilegais que aconteceram. Os covis, covas e locais de observação deles estavam dentro das muralhas da cidade, sob elas ou ao seu redor. Os nomes de alguns deles eram Lorde Fornicação, Lorde Adultério, Lorde Assassinato, Lorde Ódio, Lorde Lascívia, Lorde Engano, Lorde Olho Perverso, Lorde Blasfêmia e aquele terrível vilão: o velho e ameaçador Lorde Ganância. Como eu lhes disse, esses ainda habitavam a cidade de Alma Humana mesmo que Emanuel tivesse expelido o príncipe deles para fora do castelo.

O bom Príncipe havia dado uma comissão contra eles ao Lorde Arbítrio e aos demais, ou seja, a toda a cidade, de que procurassem, capturassem, prendessem e destruíssem qualquer deles em que pusessem as mãos, visto que eram diabolinianos por natureza, inimigos do Príncipe, e buscavam destruir a bem-aventurança de Alma Humana. Todavia, a cidade não atentou a esse alerta, negligenciando buscar, apreender, acorrentar e destruir tais diabolinianos. Por isso, esses vilões tomam coragem, vez ou outra, para colocarem suas cabeças para fora e se mostrarem aos habitantes da cidade. Disseram-me até que alguns de Alma Humana ficaram muito íntimos de alguns deles, para a infelicidade daquela sociedade, conforme vocês ouvirão no tempo e lugar certos.

Bem, quando os lordes diabolinianos que haviam permanecido perceberam que Alma Humana havia ofendido seu Príncipe Emanuel por terem pecado, e que Ele havia se retirado, eles tramaram a ruína da cidade. Por isso se reuniram e, sob a liderança de um tal Sr. Destruição, também um diaboliniano, deliberaram sobre como entregar Alma Humana nas mãos de Diabolus novamente. Alguns aconselharam de um jeito, outros, de forma diversa, cada um deles de acordo com suas preferências. Por fim, o Lorde Lascívia propôs, fosse ou não o melhor, que primeiramente alguns daqueles diabolinianos que estavam na cidade se arriscassem em se oferecer como servos de alguns nativos de Alma Humana. Disse ele:

—Pois, se eles assim fizerem e Alma Humana aceitá-los, eles poderão tornar a conquista da cidade mais fácil do que seria, tanto para nós quanto para Diabolus.

No entanto, o Lorde Assassinato se levantou e asseverou:

—Isso não pode ser feito agora, uma vez que a cidade está em um tipo de furor porque foram enredados por nosso amigo, o Sr. Segurança Carnal, e ofenderam o Príncipe deles. Como poderão se reconciliar com o nosso pai, o seu antigo senhor, senão por entregarem as cabeças desses homens? Ademais sabemos que os cidadãos têm a ordem de nos capturar e eliminar sempre que nos encontrarem. Portanto, sejamos sagazes como as raposas, pois se formos mortos não poderemos lhes causar dano; porém vivos, sim.

Assim, após debaterem o assunto, decidiram unanimemente que deveriam enviar uma carta para Diabolus em nome deles, pela qual lhe relatariam o estado da cidade de Alma Humana, e como ela estava sob o rigoroso olhar do seu Príncipe. Alguns afirmaram:

—Também podemos dar-lhe a conhecer nossas intenções e pedir o conselho dele nesse caso.

A carta, escrita e enviada, tinha o conteúdo a seguir:

"Para nosso grande senhor, o príncipe Diabolus, que habita no covil infernal,

"Ó grande pai e poderoso príncipe Diabolus, nós, os verdadeiros diabolinianos que permanecemos na rebelde cidade de Alma Humana e recebemos de suas mãos a nossa existência e acalento não podemos testemunhar, com alegria e calma, como fazemos hoje, a maneira como o senhor tem sido desdenhado, desprezado e rejeitado entre os habitantes desta cidade. Tampouco a sua longa ausência nos é deleitosa, uma vez que ela serve para nosso maior detrimento.

"O motivo pelo qual estamos escrevendo para o senhor é porque não estamos totalmente sem esperança de que essa cidade possa se tornar de novo a sua habitação, pois eles têm sido rejeitados pelo Príncipe Emanuel, que se levantou e partiu daqui. E, embora eles continuamente lhe enviem petições requisitando o Seu retorno, não têm sido bem-sucedidos ou conseguido ter dele boas palavras.

"Ultimamente também tem acontecido aqui uma enfermidade e um esmorecimento que permanecem até o momento. Essas coisas não se limitam apenas aos mais pobres da cidade, mas também atingem os lordes, os capitães e os demais nobres — somente nós, os diabolinianos, permanecemos bem, vívidos e fortes. Desse modo, julgamos que, por causa da grande transgressão do povo, por um lado, e por essa ameaçadora enfermidade, por outro, eles estejam vulneráveis à sua mão e poder. Por conseguinte, se estiver de acordo com seus terríveis ardis, e dos demais príncipes que estão com o senhor, vir e tentar conquistar Alma Humana novamente, informe-nos, pois faremos o melhor ao nosso alcance para nos aprontar a fim de entregá-la em suas mãos. Contudo, caso o que lhe dissemos não seja considerado o melhor e mais adequado a ser feito por nosso pai, envie-nos um pequeno bilhete visto que estamos dispostos a seguir o seu conselho mesmo que ele represente risco a nossa vida, ou a qualquer outra coisa que possuímos.

"Essa carta foi redigida por nossas mãos, no dia e data acima descritos, após meticulosa deliberação na casa do Sr. Destruição, que ainda está vivo e tem sua residência em nossa desejável cidade de Alma Humana."

Quando o Sr. Profano (pois foi ele que entregou a mensagem) chegou com essa carta à colina Portão do Inferno, bateu nos brônzeos portões de entrada. Cérbero,[4] o porteiro encarregado daquele acesso, abriu ao Sr. Profano, que lhe entregou a carta que trouxera dos diabolinianos de Alma Humana. Levando-a para dentro, apresentou-a a Diabolus, seu senhor, e disse:

---

[4] Na mitologia grega, esse era o cão de três cabeças que guardava os portões Hades — o mundo dos mortos ou, como outros classificam, o inferno.

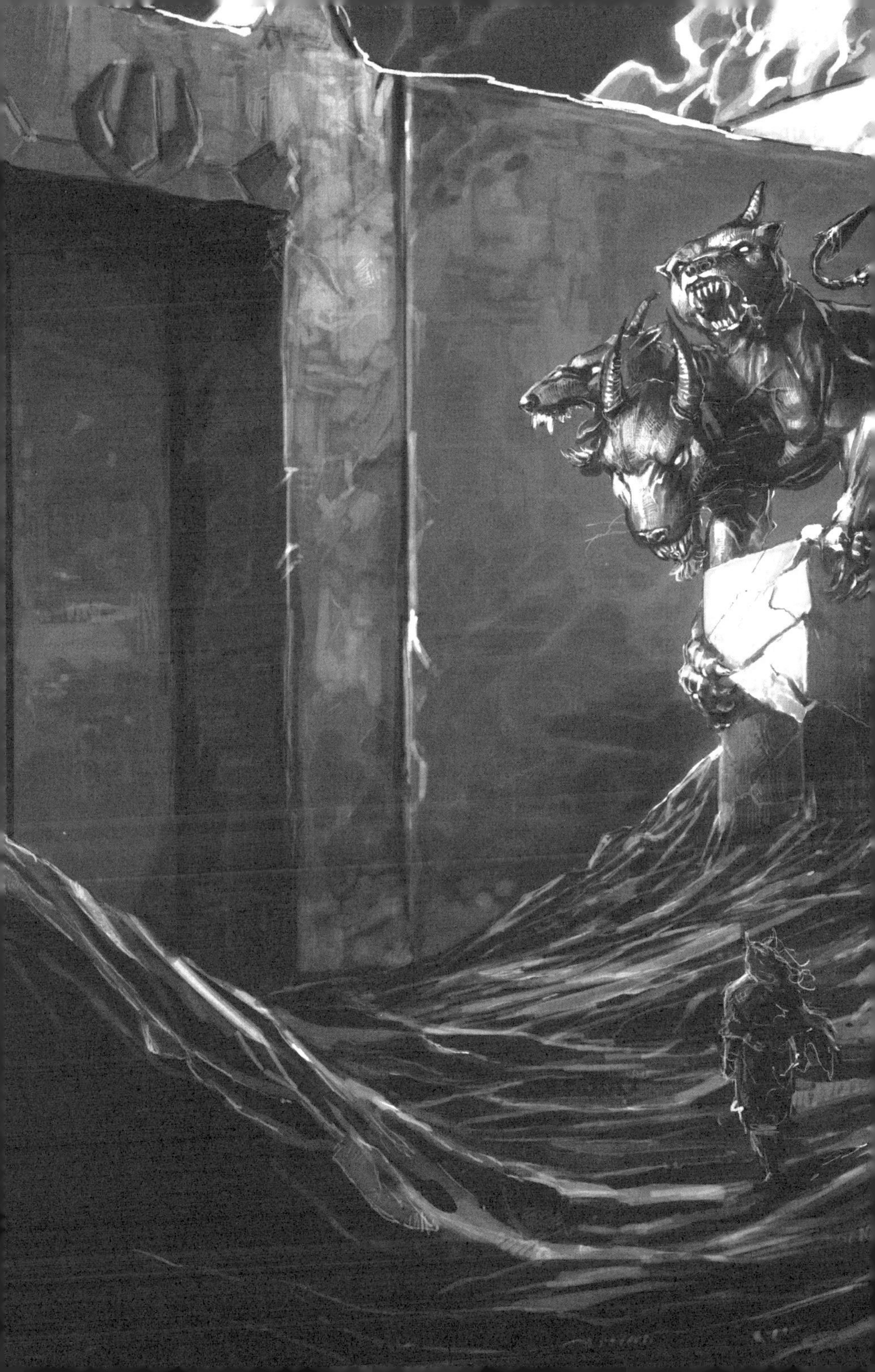

—Notícias de Alma Humana, meu senhor, que vieram de nossos leais amigos na cidade.

De todos os lugares daquele covil vieram Belzebu, Lúcifer e Apolião, com os demais libertinos, para ouvir as novidades sobre a cidade. O selo da carta foi rompido, e ela foi lida, enquanto Cérbero ficava por perto. O conteúdo espalhou-se por todos os cantos do covil, e foi dada uma ordem de que o sino do homem morto deveria soar em celebração. Soado o sino, os príncipes se regozijaram de que provavelmente Alma Humana estava fadada à ruína. O sineiro exultou:

—A cidade de Alma Humana está vindo habitar conosco! Arranjem-lhe espaço.

Essa era a mensagem que soava do sino, pois todos esperavam que recuperariam Alma Humana.

Depois dessa horrenda cerimônia, eles se reuniram uma vez mais para deliberar qual resposta deveriam enviar a seus amigos em Alma Humana. Uns diziam uma coisa e outros, outra; porém, no final, pelo fato de a missão exigir agilidade, deixaram tudo com o príncipe Diabolus, por julgarem que ele seria o melhor senhor para aquele lugar. Assim, ele esboçou uma carta em resposta à trazida pelo Sr. Profano conforme achou adequado. Enviou-a aos diabolinianos que habitavam Alma Humana por meio do mesmo emissário que a trouxera. Este era o conteúdo:

"Aos nossos filhos, os elevados e poderosos diabolinianos que ainda habitam na cidade de Alma Humana. Diabolus, o grande príncipe de Alma Humana, deseja a vocês prósperos início e conclusão de todos os empreendimentos, conspirações e desígnios que vocês, por estima e respeito à sua própria honra, têm em mente experimentar contra essa cidade!

"Filhos e prezados discípulos, Lordes Fornicação e Adultério e todos os demais, recebemos aqui, em nosso covil de desolação, por intermédio do Sr. Profano, a sua carta, que nos trouxe a maior alegria e satisfação. A fim de demonstrar o quanto as suas notícias foram aceitáveis, tocamos nosso sino por alegria, pois nos regozijamos tanto quanto possível quando percebemos que ainda temos amigos em Alma Humana e tais que buscam nossa honra e vingança pela ruína da cidade. Também nos alegramos em ouvir que os cidadãos estão em condição degenerada e que ofenderam ao Príncipe deles a ponto de Ele os deixar. Trouxe-nos satisfação saber sobre a enfermidade deles, bem como a saúde, poder e força de vocês. Igualmente, nos alegraria muito, meus horríveis queridos, se pudéssemos ter a cidade em nossas garras novamente. Não pouparemos o uso de nossa inteligência, astúcia, habilidades ou invenções infernais para trazer a bom termo esse seu início tão corajoso.

"E consolem-se com estas palavras, estimados filhos: novamente a surpreenderemos e a tomaremos. Buscaremos passar todos os nossos inimigos à espada e faremos de vocês grandes lordes e capitães dessa cidade. Caso a retomemos, não há necessidade de vocês temerem que, depois de tudo, sejamos novamente expulsos, uma vez que viremos com mais força e a agarraremos ainda mais rapidamente do que fizemos da primeira vez. Além disso, é lei do Príncipe que, se nós retomarmos Alma Humana uma segunda vez, ela será nossa eternamente.

"À vista disso, nossos confiáveis diabolinianos, espreitem ainda mais e empenhem-se em espionar as fraquezas da cidade. Semelhantemente, desejamos que busquem enfraquecer os cidadãos dela mais e mais. Enviem-nos mensagem sobre quais meios pensam ser os melhores para tentar recuperá-la. Ou seja, quer por persuasão a uma vida vã e permissiva, quer por tentá-los à dúvida e desespero, ou explodindo-a com a pólvora do orgulho ou presunção. Ó, bravos diabolinianos e filhos do inferno, estejam sempre em prontidão para atacá-los da forma mais horrenda no interior das muralhas porque estaremos preparados para vir contra eles do lado de fora. Agora, apressem-se em seu projeto, e nós em nossos desejos, como o maior poderio de nossos portões, o que é o plano de nosso grande Diabolus, o inimigo de Alma Humana, que treme quando pensa no julgamento porvir. Todas as bênçãos do inferno sejam sobre vocês. Assim encerramos nossa carta, entregue da boca do abismo, pelo consentimento de todos os príncipes das trevas, a ser enviada ao exército e poder que ainda nos resta em Alma Humana, pelas mãos do Sr. Profano, por mim, Diabolus."

Como dito, essa carta foi enviada para os diabolinianos que ainda viviam em Alma Humana e habitavam a muralha, partindo da sombria masmorra de Diabolus, por intermédio do Sr. Profano, o mesmo que trouxera a correspondência deles ao abismo. Quando o Sr. Profano retornou e chegou à cidade, foi direto para a residência do Sr. Destruição porque lá se encontrava o conclave e era o local onde os idealizadores se encontravam. Quando perceberam que seu mensageiro havia voltado são e salvo, ficaram muito alegres. Ele, então, apresentou-lhes a carta que trouxera de Diabolus, a qual, depois de lida e ponderada, aumentou ainda mais a satisfação deles. Perguntaram-lhe sobre o bem-estar de seus comparsas, como estavam o lorde deles, Diabolus, Lúcifer, Belzebu e os demais daquele covil, ao que respondeu o Sr. Profano:

—Bem, bem, meus senhores, todos estão bem, tão bem quanto possível naquele lugar. Eles também soaram o sino de alegria após terem lido a sua mensagem, como vocês puderam perceber pela leitura dessa carta em suas mãos.

Assim sendo, depois de terem lido a correspondência e percebido que ela os incentivava em seu trabalho, voltaram às suas maquinações, isto é, como poderiam completar seu plano diabólico sobre Alma Humana. A primeira coisa sobre a qual concordaram foi em manter tudo em segredo, tanto quanto possível, de Alma Humana. Pensavam: "Que não seja conhecido por Alma Humana o que estamos planejando contra ela". Depois disso, confabularam sobre como e por qual meio poderiam trazer a ruína da cidade e como causariam a sua derrocada. Não havia muito acordo sobre isso até que o Sr. Engano, pondo-se de pé, disse:

—Meus caros amigos diabolinianos, lordes e os nobres provenientes do profundo calabouço, proponhamos a nós mesmos estes três caminhos:

"1. Se devemos buscar a ruína de Alma Humana, fazendo-a permissiva e vaidosa.

"2. Ou se conduzindo-a à dúvida e ao desespero.

"3. Ou se esforçando-nos por explodi-la com a pólvora do orgulho e autoengano.

"Bem, penso que se nós os tentarmos ao orgulho, isso pode ter algum efeito; e se os tentarmos à devassidão, pode ser que isso ajude. Porém, tenho em mente que, se pudermos levá-los ao desespero, atingiríamos o centro do alvo, pois assim os teríamos, inicialmente, questionando a verdade do amor no coração do Príncipe deles — e isso o desagradaria imensamente. Caso isso funcione, faria que eles rapidamente abandonassem o envio de petições a Emanuel, e dissessem adeus às suas desveladas solicitações por auxílio e suprimento. Concluiriam naturalmente que de nada vale o esforço, nada estão conseguindo com ele."

Todos consentiram unanimemente com o Sr. Engano. A próxima questão era: Como colocariam esse projeto em ação? O mesmo cavalheiro afirmou-lhes:

—Deixemos ir tantos de nossos amigos quantos quiserem se aventurar em promover a causa de nosso príncipe e disfarçarem-se com outras vestimentas, mudarem de nome e irem à praça do mercado como se fossem homens do campo. Eles se oferecerão como servos da célebre Alma Humana e dissimularão estar fazendo por seus senhores todo o bem possível. Se os cidadãos os contratarem, eles poderão, em pouco tempo, corromper e profanar a sociedade, e o agora Príncipe deles não ficará apenas mais ofendido com eles, mas os vomitará de Sua boca. E quando isso for feito, nosso príncipe Diabolus os devorará com facilidade. Sim, eles mesmos se lançarão na boca do devorador.

Assim que tal plano foi apresentado, foi logo amplamente aprovado, e os diabolinianos se dispuseram a empreender essa missão tão delicada. Contudo acharam não ser adequado que todos o fizessem. Por isso escolheram entre dois ou três nomes, a saber: os Lordes Ganância, Lascívia e Ódio. O Lorde Ganância chamou a si mesmo de Economia Prudente; o Lorde Lascívia, de Prazer Inofensivo; o Lorde Ódio, de Bom Zelo.

Chegado o dia da feira, eles entraram na praça do mercado, todos com aparência atraente e aparamentados com pele de ovelha, que era tão alva quanto a vestes dos habitantes de Alma Humana. Os três falavam bem o idioma da cidade e, quando entraram na praça e ofereceram seus serviços aos cidadãos, foram logo admitidos, visto que pediam baixos salários e prometiam prestar um excelente serviço a seus senhores.

O Sr. Mente contratou Economia Prudente, e o Sr. Temor a Deus, o Bom Zelo. É verdade que Prazer Inofensivo permaneceu por um pouco de tempo aguardando e não conseguiu prontamente um mestre para si como os demais, porque Alma Humana estava na Quaresma nesse tempo. No entanto, como esse período estava chegando ao seu fim, o Lorde Arbítrio contratou Prazer Inofensivo como seu servo pessoal e lacaio. Assim, todos conseguiram senhores para si.

Tendo tal acesso às casas dos homens de Alma Humana, logo iniciaram sua destruição. Por serem imundos, maliciosos e astutos, logo corromperam as famílias onde estavam. Sim, contaminaram muito a seus senhores, especialmente o Economia Prudente e o Prazer Inofensivo. Aquele que

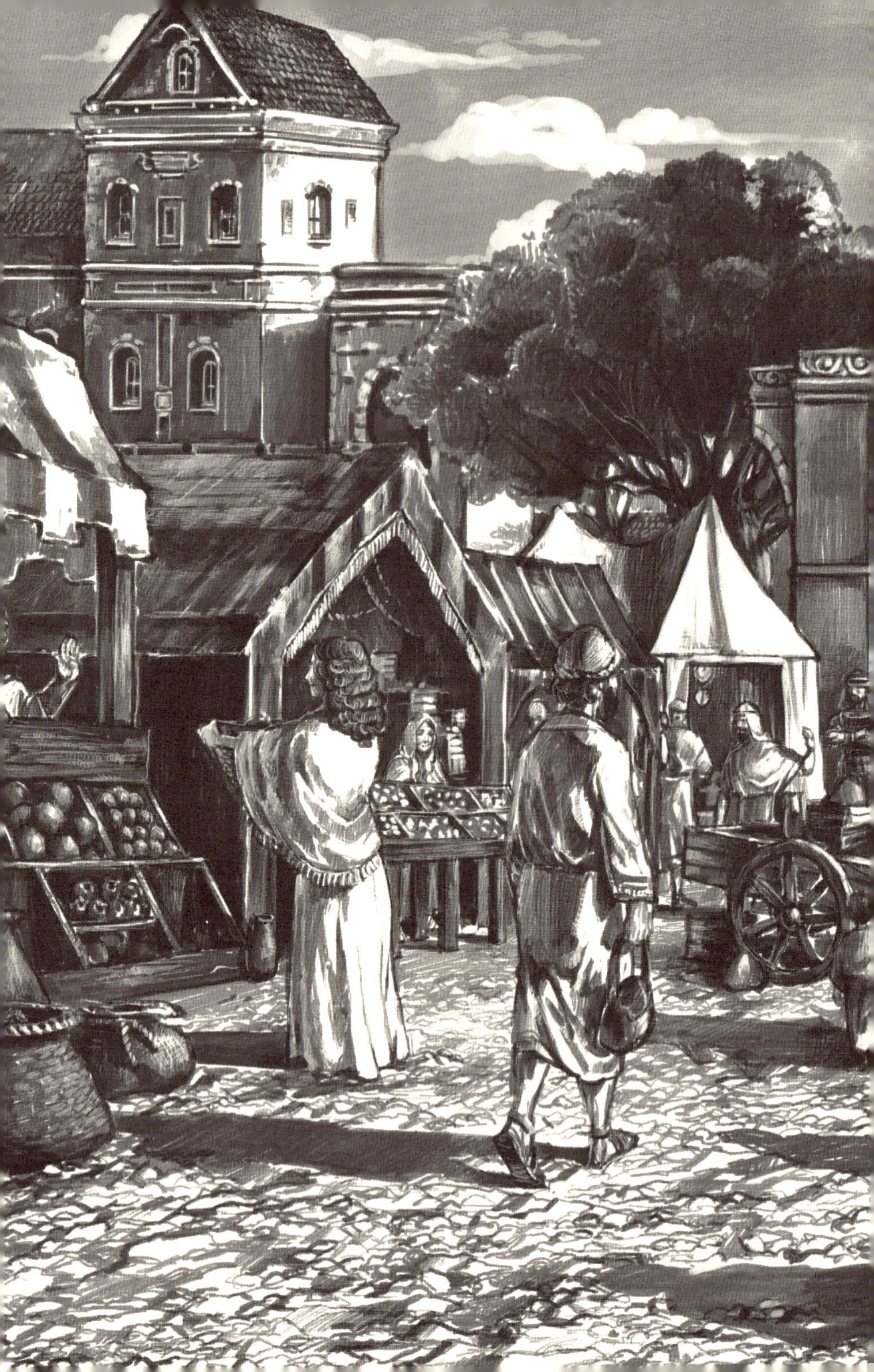

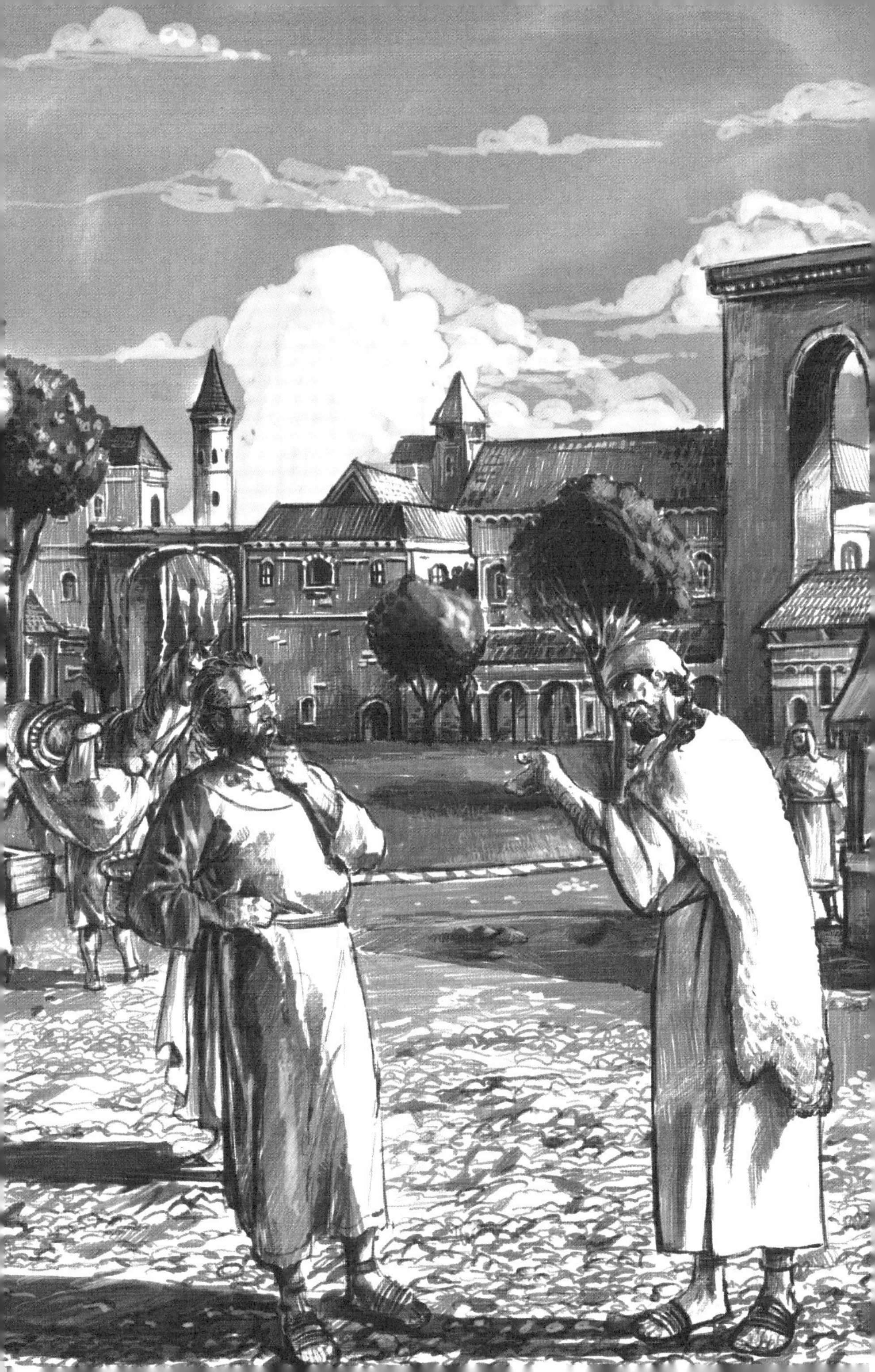

tinha a alcunha de Bom Zelo não foi apreciado por seu senhor, visto que este rapidamente identificou que ele era falso e um canalha. Quando percebido, Bom Zelo fugiu com urgência daquela casa ou, não duvido, seu senhor o teria levado à forca.

Logo depois que esses vadios haviam implementado seus planos e corrompido a cidade tanto quanto conseguiram, começaram a pensar em que momento o príncipe deles, Diabolus, que estava do lado de fora, e eles mesmos, por dentro da cidade, poderiam realizar a tentativa de tomada de Alma Humana. Todos os diabolinianos concordaram que isso seria melhor em um dia de feira porque o povo da cidade estaria ocupado com seus afazeres. E tomem isto como regra: quando as pessoas estão mais atarefadas no mundo, é nesse momento que menos temem o inesperado. Eles igualmente pensavam: "Também conseguiremos nos reunir sem levantar muita suspeita para o serviço de nossos amigos e lordes. Isso mesmo! Em dias como esse, se tentarmos colocar em prática nosso plano e falharmos, se eles nos causarem tumulto, conseguiremos nos esconder mais facilmente entre a multidão e fugir".

Após concordarem com tais desígnios, escreveram outra carta para Diabolus e a enviaram por meio do Sr. Profano, sendo o conteúdo dela o seguinte:

"Nós, os lordes da Devassidão, de nossos covis, cavernas, fossos e fortalezas dentro e ao redor da cidade de Alma Humana, saudamos o grande e elevado Diabolus!

"Nosso grande senhor e sustentador de nossa vida, Diabolus, como ficamos alegres quando ouvimos falar da prontidão de nosso pai em consentir conosco e nos ajudar a levar adiante nosso plano de tentar arruinar Alma Humana! Ninguém sabe o quanto, senão aqueles que, como nós, voltam-se contra toda a aparência do bem, sempre e onde quer que a encontrem.

"Não estamos apreensivos com relação ao incentivo que agradou a Vossa Alteza em nos conceder para continuar a engendrar, maquinar e examinar a total desolação de Alma Humana. Sabemos bem que não pode ser senão agradável e proveitoso vermos nossos inimigos e todos os que nos perseguem morrerem aos nossos pés, ou fugirem diante de nós. Portanto, ainda estamos arquitetando, e isso com o melhor de nossa sagacidade, como tornar essa missão mais fácil e suave para nossos mestres e para nós.

"Primeiramente, consideramos aquele ardil infernal, o projeto triplo que nos foi proposto por vocês em nossa última comunicação. Concluímos que, embora os explodir com a pólvora do orgulho seria muito bom e que tentá-los a serem permissivos e vaidosos nos ajudaria, achamos que trazê-los para o golfo da desolação seria o melhor de todos. Agora nós, que atuamos conforme o que vocês nos sinalizaram, maquinamos duas maneiras de fazer isso: inicialmente nós, de nossa parte, os tornaríamos tão vis quanto pudermos; e, depois, com vocês, no dia marcado, estaremos em prontidão para nos lançar sobre eles com força máxima. E de todas as nações que estão sob seu comando, achamos que um exército de Céticos poderá ser o mais promissor para atacar e vencer a cidade de Alma Humana. Desse modo, ou nós os dominaremos ou o abismo abrirá sua boca sobre eles e o desespero os tragará para si. Nós, para a eficácia desse projeto tão desejado, enviamos três de nossos confiáveis diabolinianos para o meio dos habitantes da cidade. Eles estão disfarçados com vestimentas diferentes, mudaram seus nomes e agora foram aceitos pelos habitantes de Alma Humana, a saber: Ganância, Lascívia e Ódio. O nome do primeiro foi mudado para Economia Prudente, e o Sr. Mente, que o contratou, já está quase tão mau quanto nosso amigo. Lascívia recebeu a alcunha de Prazer Inofensivo e foi contratado como lacaio do Lorde Arbítrio, que já está muito devasso. Ódio chamou-se de Bom Zelo e foi servir ao Sr. Temor a Deus. Contudo, esse obstinado velho cavalheiro o farejou de longe e colocou nosso companheiro para fora da sua casa. Na realidade, Ódio nos informou que, depois disso, ele fugiu dali, ou o seu senhor o levaria à forca por seus feitos.

"Esses homens nos ajudaram muito em adiantar nosso trabalho e plano sobre Alma Humana, pois, apesar do temperamento irado daquele velho cavalheiro mencionado por último, os outros dois estão fazendo bem o seu trabalho e, provavelmente, obterão bons resultados de seus esforços.

"Nosso próximo projeto é que levemos a cabo nosso empreendimento com vocês vindo sobre a cidade num dia de feira, quando eles estarão ocupadíssimos com seus negócios. Assim, estarão muito seguros, e a última coisa que pensarão é que está vindo um ataque sobre eles.

Semelhantemente, estarão menos capacitados a se defenderem e a ofenderem ao senhor, enquanto realizamos nosso plano. E nós, seus leais súditos — e temos certeza de seu apreço —, estaremos prontos a, quando o senhor fizer seu ataque furioso do lado de fora, apoiá-lo da parte de dentro das muralhas. Desse modo nós, muito provavelmente, conseguiremos levar Alma Humana à maior confusão e a devorá-los antes que os cidadãos possam recuperar o bom senso. Se nossos líderes ofídicos, mais sutis dragões e nossos altamente estimados senhores puderem encontrar um meio melhor do que esse, informem-nos do que têm em mente.

"Aos monstros do covil infernal, da residência do Sr. Destruição em Alma Humana, pelas mãos do Sr. Profano".

CAPÍTULO 12

Enquanto os encolerizados renegados e infernais diabolinianos estavam assim planejando a ruína de Alma Humana, a cidade caiu em um estado melancólico e lastimável. Em parte, por terem ofendido tão gravemente Shaddai e Seu Filho e, em parte, porque, desse modo, os seus inimigos havia ganhado força entre eles outra vez. Semelhantemente, porque, apesar de terem feito muitas petições por perdão e favor para o Príncipe Emanuel e a Seu Pai, Shaddai, até o momento não tinham recebido sequer um sorriso. Ao contrário, por meio da astúcia e sutileza dos diabolinianos domésticos, a nuvem que os cercava tornou-se cada vez mais densa e sombria, e Emanuel parecia ainda mais distante.

A enfermidade também se tornou mais feroz em Alma Humana, tanto entre seus líderes como entre o povo em geral. E seus inimigos estavam agora mais vivazes e fortes e possivelmente se tornariam cabeça ao passo que a cidade seria feita cauda.

Por este tempo, a última carta mencionada, escrita pelos diabolinianos que se emboscavam na cidade, foi transmitida a Diabolus no covil de trevas por intermédio do Sr. Profano. Este levou-a para a colina Portão do Inferno, como anteriormente, e entregou-a por meio de Cérbero a seu senhor.

No entanto, quando Cérbero e o Sr. Profano se encontraram, ambos tinham aparência tal qual de mendicantes e se puseram a conversar sobre Alma Humana e sobre o plano contra ela.

—Ah, velho amigo — disse Cérbero —, você voltou à colina Portão do Inferno? Céus! Estou muito feliz em revê-lo!

—Sim, meu senhor. Voltei por causa das questões relacionadas a Alma Humana.

—Por favor, conte-me qual a condição em que a cidade está neste momento.

—Acredito que esteja em excelente condição, meu senhor, para nós, para meus senhores e para os senhores deste lugar, pois estão em grande decadência quanto à piedade, e isso é o melhor que nosso coração pode desejar. O Senhor daquele lugar se apartou deles consideravelmente, e isso também nos agrada muito. Já colocamos o pé na casa deles, uma vez que nossos amigos diabolinianos foram acolhidos no seio de seus lares. E o que mais precisamos senão de sermos senhores daquela cidade? Além disso, nossos fiéis amigos em Alma Humana estão tramando diariamente como traí-la e entregá-la aos senhores deste lugar. Também a enfermidade se alastra contra eles, e esperamos que, com todas essas coisas somadas, venhamos a prevalecer.

Disse então o cão do Portão do Inferno:

—Não há tempo melhor que esse para os atacar. Desejo que esse empreendimento seja seguido de perto e que o sucesso desejado possa ser alcançado em breve. Desejo-o para o bem dos diabolinianos que vivem em contínuo temor de sua vida naquela traidora cidade!

—Esse ardil está quase terminado. Os senhores em Alma Humana que são diabolinianos trabalham nisso dia e noite. Os habitantes da cidade estão como pombas tontas, falta-lhes ânimo para se preocuparem com seu estado e considerarem que a ruína está próxima. Ademais, você deve achar que, quando colocado tudo junto, há muitas razões para crer que Diabolus rapidamente prevalecerá.

—Você tem razão! Estou feliz que as coisas estejam nesse ritmo. Entre e vá até meus senhores, meu corajoso Profano. Eles lhe oferecerão, como boas-vindas, uma dança tão bela quanto possível para este reino. Já enviei sua carta para eles.

O Sr. Profano adentrou o covil, e seu senhor Diabolus encontrou-o, saudando-o:

—Bem-vindo, meu fiel servo! Fiquei muito alegre com esta carta!

Todos os demais senhores do abismo o saudaram também. Após uma breve reverência a todos eles, Profano lhes disse:

—Que Alma Humana seja entregue a meu senhor, Diabolus, e que ele seja seu rei para sempre!

E com isso as ocas estranhas do inferno e a sua garganta escancarada produziram um horripilante gemido (pois essa é a música daquele lugar) que estremeceu as montanhas ao redor como se elas fossem se desintegrar.

Depois de lerem e ponderarem sobre a correspondência, deliberaram qual resposta dariam. O primeiro a falar foi Lúcifer:

—O primeiro projeto dos diabolinianos de Alma Humana provavelmente vai ser bem-sucedido, a saber: que tornarão, com todos os meios que eles puderem, a cidade mais vil e impura. Não há modo melhor de destruir uma alma do que esse. Muitos anos atrás, nosso velho amigo Balaão[1] seguiu esse método e prosperou. Que isso se torne entre nós uma máxima e uma regra geral para os diabolinianos em todas as eras. Nada

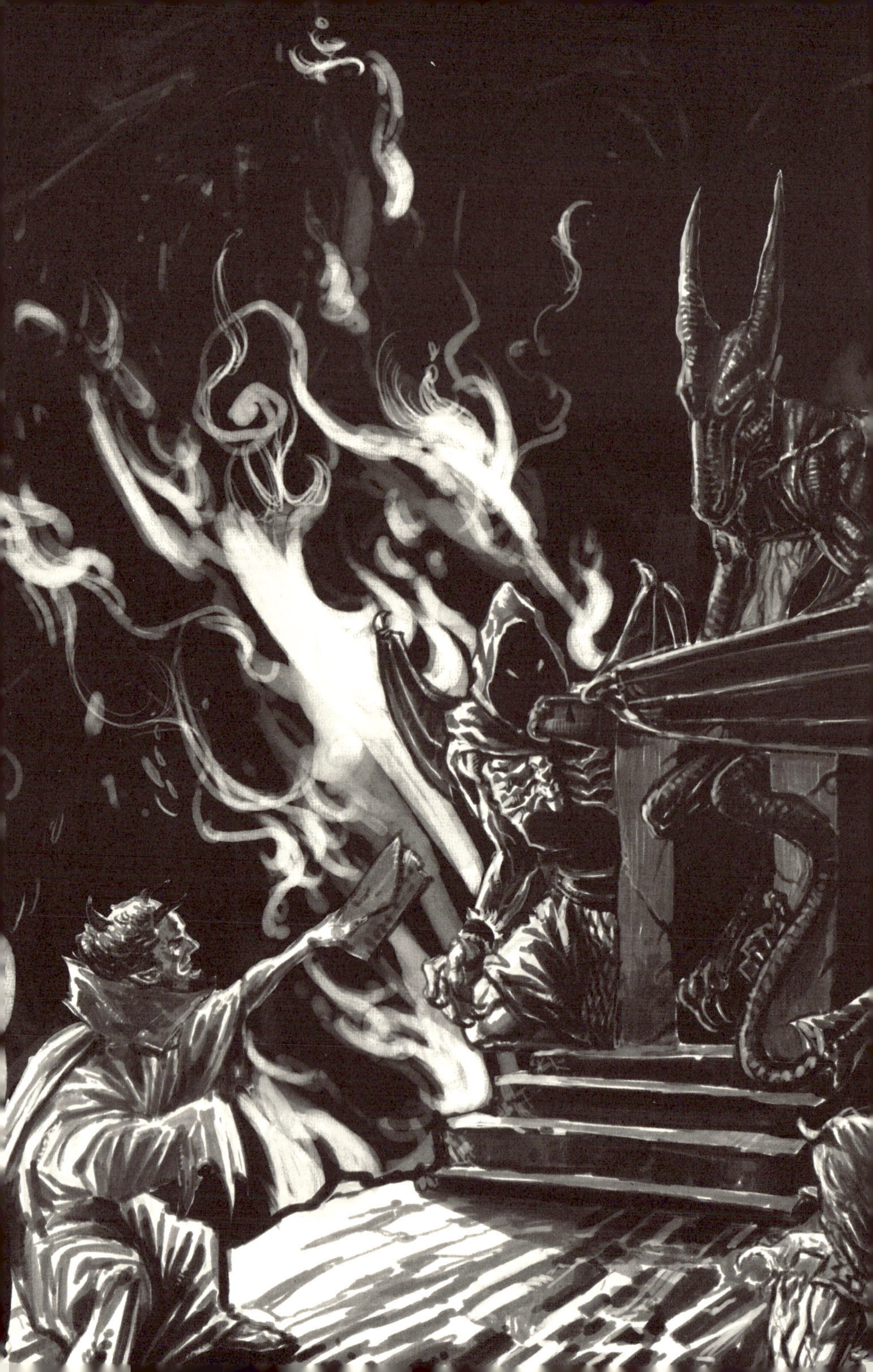

poderia fazer esse plano falhar senão a graça, na qual, esperamos, essa cidade não terá parte. Porém, quanto a ir a eles em dia de feira, porque eles estariam distraídos com seus negócios, eu gostaria que debatêssemos. Há mais de um motivo por que esse assunto deve ser mais considerado do que os demais, pois pesa sobre isso todo o restante que tentaremos. Se não o cronometrarmos bem, todo nosso plano falhará. Nossos amigos, os diabolinianos, dizem que o dia de feira é o melhor, visto que Alma Humana estará mais atarefada e pensará pouco quanto ao inusitado. Mas e se eles dobrarem seus guardas nesse dia (e acho que a natureza e a razão deveriam ensinar-lhes a fazê-lo)? E se mantiverem tal vigilância nesse período já que é isso que requer seu atual estado? Sim, e se os homens deles estiverem sempre armados? Então vocês, meus senhores, poderão se decepcionar em suas tentativas e trazer nossos amigos na cidade ao perigo extremo de ruína inevitável.

—Há sentido no que o senhor falou — disse o grande Belzebu —, porém suas conjecturas podem ou não se confirmar. Tampouco Lúcifer o falou como algo de que não se possa discordar, mas sei que ele apenas o disse para provocar um debate acalorado entre nós. Portanto devemos entender, caso possamos, se Alma Humana tem tal conhecimento de seu estado decaído e dos planos que temos em andamento contra ela a ponto de levá-la a estabelecer vigilância e proteção aos seus portões e de dobrar o número de guardas em dias de feira. No entanto, após feita a investigação, eles serão encontrados mais letárgicos do que em qualquer outro dia, por isso esse é o melhor tempo. Essa é a minha opinião nessc caso.

—Como o saberemos? — perguntou Diabolus.

Disseram-lhe:

—Pergunte-o ao Sr. Profano.

Profano foi convocado a comparecer no debate e lhe fizeram a pergunta de Diabolus, à qual ele respondeu:

—Meus senhores, tanto quanto posso entender, este é o atual estado da cidade: decaíram de sua fé e amor. Emanuel, o Príncipe deles, voltou-lhes as costas. Com frequência eles lhe enviam petições para trazê-lo de

---

[1] Números 25 e 31:16. Quando Balaão percebeu que Deus não permitiria que ele amaldiçoasse os israelitas, sugeriu ao rei Balaque que prostituísse o povo de Deus com as mulheres midianitas e com a idolatria a Baal-Peor.

volta, mas Ele não se apressa em responder suas solicitações. Sequer tem havido muitas reformas entre eles.

Diabolus respondeu:

—Alegro-me com o fato de estarem negligentes em suas reformas, mas, ainda assim, temo essas petições constantes. Todavia, a vida permissiva deles é um sinal de que não há muita determinação no que fazem, e sem determinação as coisas não acontecem. Mas vão em frente, meus senhores, não vou mais atrasá-los.

—Se Alma Humana está no estado descrito pelo Sr. Profano, não fará muita diferença o dia do ataque. Nem as orações deles nem seu poderio conseguirão fazer muita coisa — falou Belzebu.

Assim que Belzebu terminou seu discurso, Apolião tomou a palavra:

—Minha opinião quanto a esse assunto é que devemos ir devagar e com suavidade, sem fazer as coisas precipitadamente. Deixemos que nossos amigos em Alma Humana continuem a poluí-la e a corrompê-la, atraindo-a ainda mais ao pecado (não há nada como o pecado para consumir a cidade). Se isso for feito, e caso tenha efeito, a própria Alma Humana deixará de lado a vigilância, as petições ou qualquer coisa que a ajude em sua segurança, pois se esquecerá de Emanuel e não desejará Sua companhia. Se ela for levada a viver de tal modo, Seu Príncipe não virá a ela sem demora. Nosso confiável amigo, o Sr. Segurança Carnal, conseguiu afastá-lo da cidade com um de seus truques. Por que, então, meus Lordes Ganância e Lascívia não poderiam, por meio do que estão fazendo, manter Emanuel fora da cidade? E vou lhes dizer o seguinte, não porque vocês não saibam: dois ou três diabolinianos, se acolhidos e apoiados pela cidade, farão mais para manter Emanuel distante deles e no sentido de torná-los nossos do que todo um exército de uma legião enviados por nós para resistir a Ele. Permitamos, assim, que esse primeiro projeto iniciado por nossos amigos de Alma Humana seja levado adiante com força e diligência, com toda a sagacidade e astúcia imagináveis. E que eles enviem continuamente, sob um disfarce ou outro, mais de seus homens para ludibriar o povo da cidade. Daí, talvez, não precisemos guerrear contra eles. Ou, se ela realmente for necessária, quanto mais imersos no pecado eles estiverem, mais incapazes serão de nos resistir e, desta forma, nós os venceremos com maior facilidade. Além disso, suponham (e esse é o pior cenário) que Emanuel venha a eles novamente, por que os mesmos meios, ou meios semelhantes a esses, não o afastariam novamente? Sim, será que Emanuel não poderia, por eles caírem em pecado novamente, ser afastado deles para sempre, por aquilo que Ele foi, inicialmente, afastado deles por um tempo? E, se isso acontecer, com Ele se vão Seus aríetes, catapultas, Seus capitães e soldados, o que deixará Alma Humana exposta e suscetível. Essa cidade, quando se vir finalmente abandonada por seu Príncipe, não abrirá, por vontade própria, seus portões para vocês e os tornarão aquilo que eram em dias passados? Contudo, isso deve ser feito com tempo. Poucos dias não surtirão efeito tão formidável para uma missão como essa.

Tão logo Apolião terminou seu discurso, Diabolus arquejou sua própria malícia e começou a defender sua causa:

—Meus lordes e líderes desse antro, meus amigos verdadeiros e fiéis, tenho ouvido seus longos e tediosos discursos com muita impaciência. Porém minha impetuosa garganta e minhas desguarnecidas entranhas anseiam tanto pela reconquista da célebre cidade de Alma Humana que, independentemente dos resultados, não consigo mais ver a possibilidade de protelar projetos. Preciso, e isso sem mais delongas, buscar por todos os meios preencher o vazio insaciável de minha alma e meu corpo por essa cidade. Portanto, amigos, disponham a mim suas cabeças, seus corações e seu auxílio, porque vou agora recuperar minha Alma Humana.

Quando os lordes e príncipes do abismo viram o desejo ardente que havia em Diabolus por devorar a miserável cidade de Alma Humana, deixaram de levantar mais objeções e consentiram em ceder-lhe o exército que pudessem, embora eles teriam causado angústia muito maior em Alma Humana se o conselho de Apolião tivesse sido seguido. Mas digo-lhes que eles estavam dispostos a lhe emprestar o poderio que estivesse a seu alcance, pois não sabiam se poderiam precisar dele em suas futuras batalhas, como ele precisava deles agora.

Assim sendo, começaram a aconselhar-se sobre a próxima proposta, isto é, quais soldados deveriam enviar, quantos e com quem Diabolus deveria partir contra Alma Humana para tomá-la. Após algum debate, concluíram que, de acordo com o sugerido pela carta dos diabolinianos, os mais adequados para essa expedição era o exército dos terríveis e vigorosos Céticos; e assim eles os enviaram. Acharam que a quantidade necessária para esse serviço seria entre 20 e 30 mil soldados.

Consequentemente, o resultado daquele grande concílio dos nobres e poderosos senhores foi que Diabolus deveria tocar, com suas próprias mãos, seus tambores convocando os homens da terra do Pirronismo, que fica nos confins do lugar chamado colina Portão do Inferno, para serem empregados por ele contra a miserável cidade de Alma Humana. Também inferiram que esses mesmos lordes deveriam auxiliá-lo na guerra e que para isso comandariam e liderariam esses soldados. Assim, esboçaram uma carta e a enviaram aos diabolinianos que estavam à espreita na cidade e que aguardavam pelo retorno do Sr. Profano para lhes dizer o método a ser empregado a fim de levar a cabo seu plano.

"Do sombrio e execrável calabouço do inferno, Diabolus, juntamente com toda a sociedade dos príncipes das trevas, envia aos nossos leais amigos habitantes do interior e das cercanias da cidade de Alma Humana, que pacientemente aguardam por nossa resposta mais infernal ao seu peçonhento e malévolo plano contra essa cidade.

"Compatriotas nossos, em quem diariamente nos gloriamos e em cujas ações grandemente nos deleitamos o ano todo, recebemos sua bem-vinda e altamente estimada carta pelas mãos de nosso fiel e muito estimado Sr. Profano, esse velho cavalheiro. Damos-lhes a entender que, quando lhe rompemos o selo e lemos seu conteúdo, que fique registrado em sua memória, as escancaradas e ocas entranhas do lugar onde estamos bradou tão alto de alegria, que as montanhas que cercam a colina Portão do Inferno ficaram como se fossem se desintegrar ao som que emitimos.

"Não poderíamos deixar de admirar sua fidelidade a nós pela grande sutileza que agora se evidenciou em seus pensamentos em nos servir contrariamente à cidade de Alma Humana. Vocês inventaram um método tão excelente para nosso procedimento contra aquele povo rebelde, que outro tão eficaz não pode ser engendrado pela argúcia do inferno. Assim sendo, fizemos poucos acréscimos às propostas que vocês nos enviaram por último e amplamente as aprovamos e admiramos.

"A fim de incentivá-los na profundidade de sua astúcia, informamos-lhes que, em uma assembleia e um conclave completos de nossos principados e potestades deste lugar, o seu projeto foi discutido e debatido pela nobreza de uma extremidade à outra deste antro. Contudo um plano melhor e, conforme julgaram eles, mais apropriado não poderia ser formulado com o propósito de surpreender, capturar e tornar nossa a rebelde Alma Humana.

"Portanto, tudo aquilo que foi dito que se distanciou do que vocês propuseram foi lançado no chão e somente a sua sugestão foi aprovada por Diabolus, o príncipe. Sim, sua impetuosa garganta e desguarnecidas entranhas ardiam no anseio de colocar seu estratagema em execução.

"Desse modo, nós lhes informamos que nosso intrépido, furioso e implacável Diabolus está levantando, para seu alívio e para a ruína dessa cidade rebelde, mais de 20 mil Céticos para irem contra aquele povo. Todos eles são homens valentes, tenazes, há muito acostumados à guerra e que, portanto, podem resistir bem aos golpes. Diabolus os está reunindo com a maior urgência possível porque o coração e o espírito dele estão empenhados nisso. Desejamos que, da mesma maneira com que, até o momento, vocês têm se mantido conosco e nos trazido conselho e encorajamento, que prossigam em seu desígnio. Vocês não perderão, mas ganharão com isso visto que pretendemos fazer de vocês os lordes de Alma Humana.

"Não podemos deixar de falar apenas mais uma coisa: todos nós desejamos que cada um de vocês, que estão na cidade, continuem a usar todo o seu poder, astúcia e habilidades, com persuasões ilusórias, para arrastar Alma Humana a mais pecado e perversidade, ainda que esse pecado possa ser consumado e trazer morte a eles.

"Concluímos que, quanto mais vil, pecaminosa e depravada a cidade se tornar, mais distante Emanuel ficará de vir ao auxílio deles, quer com Sua presença ou outra forma de alívio. Quanto mais pecaminosos, mais fracos e, assim, menos capazes serão de nos oferecer resistência quando os atacarmos com o objetivo de tragá-los. Pode até ser que o Shaddai deles os expulse de Sua proteção e envie Seus capitães e soldados de volta para casa, juntamente com suas catapultas e aríetes, deixando-os desprotegidos e expostos. Como consequência, a cidade se abrirá a nós e cairá como o figo na boca do devorador. Isso assegurará que com grande facilidade iremos contra ela e a conquistaremos.

"Com relação à nossa chegada a Alma Humana, ainda não tomamos uma decisão quanto a isso, embora, presentemente, alguns de nós concordem com vocês que um dia ou uma noite de feira seria realmente o melhor. No entanto, fiquem de prontidão e quando ouvirem o rufar dos tambores no exterior da muralha, ocupem-se em trazer a pior confusão sobre o povo da cidade. Assim, Alma Humana ficará certamente perturbada por diante e por trás e não saberá qual caminho tomar para pedir ajuda. Os lordes Lúcifer, Belzebu, Apolião e Legião, com todo o restante, como também Diabolus, os saúdam. Desejamos a vocês, em tudo o que fizerem ou conquistarem, o mesmo fruto e sucesso por seus feitos que nós mesmos desfrutamos.

"Dos medonhos confins do mais temível abismo, saudamos vocês e assim o fazem as muitas legiões que estão conosco, desejando que sejam tão infernalmente prósperos quanto nós mesmos desejamos ser. Por intermédio do emissário, o Sr. Profano."

O Sr. Profano então tomou seu caminho de regresso a Alma Humana em cumprimento a tarefa que lhe fora designada pelo terrível abismo aos diabolinianos que habitavam na cidade. Quando ele subiu as escadas da profunda garganta do covil, Cérbero o viu e foi logo perguntado acerca das coisas lá embaixo, sobre e contra a cidade de Alma Humana.

—As coisas foram tão bem quanto esperávamos. A correspondência que eu trouxe foi altamente aprovada e apreciada por meus senhores. Agora estou retornando para dizer isso aos diabolinianos. A resposta que trago atada ao meu peito, tenho certeza, deixará feliz os senhores que me enviaram, pois a mensagem é de encorajamento a que eles prossigam com o plano até o fim e que estejam prontos para atacar por dentro das muralhas quando virem meu lorde Diabolus cercando a cidade.

—Mas ele pretende ir ele mesmo contra a cidade? — perguntou Cérbero.

—Exatamente! E levará consigo mais de 20 mil valentes Céticos, homens de guerra selecionados da terra de Pirronismo, para servi-lo nessa expedição.

Cérbero se alegrou e disse:

—Então, eles estão fazendo tais ousadas preparações para partir contra Alma Humana? Eu gostaria de ser colocado como líder de mil desses homens para que também pudesse demonstrar meu valor contra a célebre cidade.

—Pode ser que seu desejo se realize. Você parece ter coragem suficiente, e meu senhor desejará ter consigo aqueles que são valentes e fortes. Mas, minha missão agora exige pressa.

—Certamente que sim. Apresse-se para a cidade de Alma Humana com todas as maiores perversidades que este lugar pode lhe dar. E quando você chegar à casa do Sr. Destruição, o local onde os diabolinianos se reúnem para planejar, diga-lhes que Cérbero lhes oferece seus serviços e que, se ele puder, irá contra a célebre cidade com um exército.

—Vou transmitir-lhes o seu recado e sei que meus lordes de lá ficarão felizes em ouvir e em vê-lo também.

Assim, após alguns elogios mútuos a mais, o Sr. Profano deixou seu amigo Cérbero, que — com muitos desejos de boa sorte —, ordenou-lhe que fosse rapidamente, com toda a velocidade, a seus mestres. Ouvindo isso, ele fez uma leve reverência e começou a reunir suas forças para correr.

Quando Profano adentrou Alma Humana foi, como antes, à casa do Sr. Destruição onde encontrou reunidos os diabolininanos, que aguardavam sua chegada. Assim que chegou e se apresentou a eles, entregou-lhes a carta e a seguinte saudação:

—Meus lordes, dos confins do abismo, os mais elevados e poderosos principados e poderes daquele covil saúdam os verdadeiros diabolinianos de Alma Humana. Desejam-lhes sempre as mais apropriadas de suas bendições pelo grande serviço, maravilhosas tentativas e corajosas realizações que vocês se colocaram a fazer a fim de restaurar esta cidade a nosso príncipe.

Naquele momento, este era o estado de Alma Humana: eles haviam ofendido seu Príncipe, e Ele partira. Por sua tolice, haviam também incentivado os poderes infernais a virem contra ela e buscar sua destruição cabal.

É verdade que a cidade estava, de certa forma, sensível a seu pecado, mas os diabolinianos foram admitidos em seu âmago. Os cidadãos clamaram, mas Emanuel havia partido, e os clamores deles não o trouxeram de volta. Ademais não sabiam sequer se Ele retornaria para Sua Alma Humana. Tampouco conheciam o poder e a astúcia do inimigo nem o quão avançados estavam em colocar em execução o plano infernal que haviam armado contra a cidade.

De fato, eles ainda enviavam petições ao Príncipe, mas Ele lhes respondia com silêncio. O povo negligenciou a reforma, e isso estava como Diabolus gostava, pois ele sabia que, se eles contemplassem a iniquidade no coração deles, seu Rei não ouviria as suas orações.[2] Portanto, eles

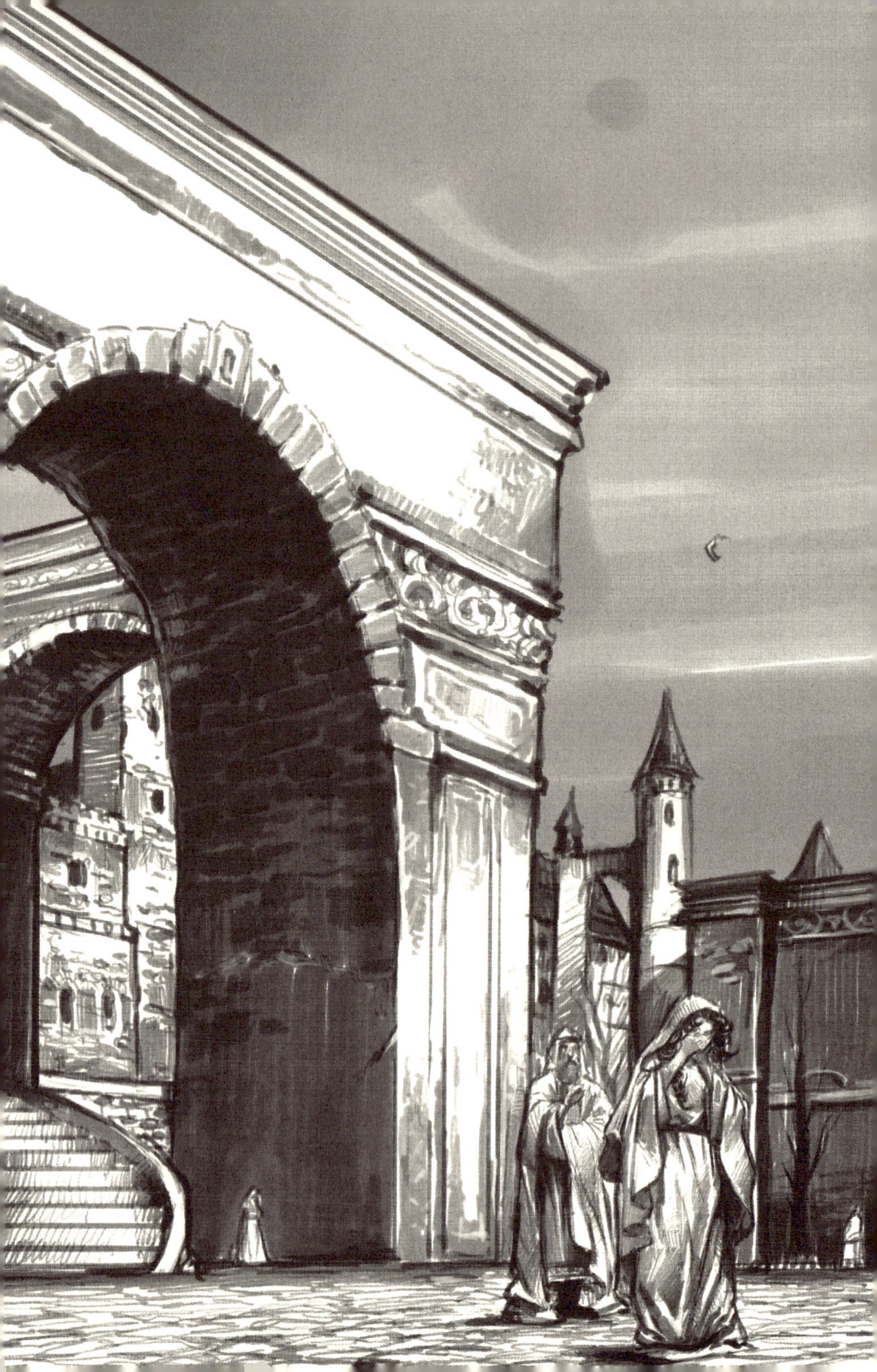

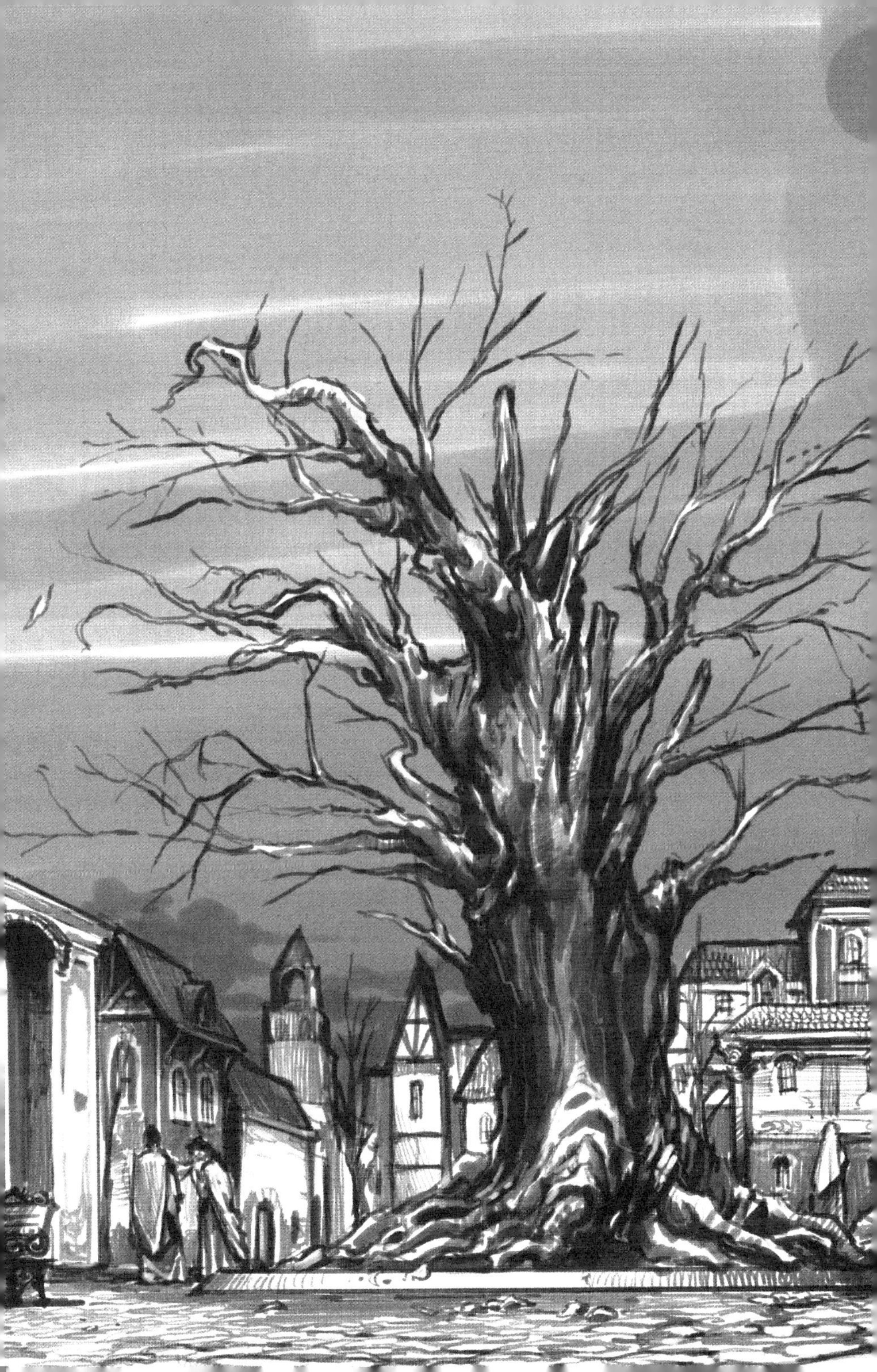

ficavam cada vez mais enfraquecidos e eram como um objeto que rola em um redemoinho. Alma Humana clamava por auxílio a seu Rei, e, ao mesmo tempo, acalentava diabolinianos em seu peito. O que, então, o Rei poderia fazer por ela?

Agora parecia haver uma mescla na cidade: os diabolinianos e os nativos de Alma Humana andavam juntos pelas ruas. Buscavam fazer as pazes, pois pensavam que, uma vez que a enfermidade deles era tão mortal, seria em vão lutar contra seus inimigos. Além disso, a fraqueza de Alma Humana era a força de seus adversários, e os pecados de Alma Humana eram vantagem para os diabolinianos. Os inimigos da cidade também começaram a prometer a si mesmos que a possuiriam porque não havia grande diferença entre eles e os nativos: ambos pareciam dominar Alma Humana. Os diabolinianos cresceram, mas a população de cidadãos diminuiu muito. Mais de 11 mil homens, mulheres e crianças haviam morrido por causa da enfermidade na cidade.

No entanto, para a alegria de Shaddai, havia um homem cujo nome era Soerguimento, que amava profundamente o povo de Alma Humana. E, conforme era de seu feitio, sempre que podia, ele ia pelas ruas da cidade com ouvidos atentos para ver ou ouvir se havia algum plano contra Alma Humana. Ele era um homem zeloso e temia que algum dano viria quer dos diabolinianos que ali viviam quer de algum poder externo. Certa noite, numa dessas vigílias, aconteceu que ele avistou em Alma Humana um lugar chamado colina Vileza, onde os diabolinianos costumavam se reunir. Ao ouvir um murmúrio, aproximou-se devagar para escutar melhor. Não havia permanecido por muito tempo perto da casa no fim da rua (sim, havia uma casa lá), quando ouviu alguém afirmar com confiança que não faltava muito para que Diabolus possuísse a cidade novamente. Também que, quando isso acontecesse, os diabolinianos pretendiam passar à espada todos os nativos da cidade e que matariam e destruiriam os capitães do Rei, expulsando dali todos os soldados deles. Disseram mais ainda: que sabiam que havia mais de 20 mil homens de guerra preparados por Diabolus para a execução desse plano e que não faltavam muitos meses para que isso acontecesse.

---

[2] Salmo 66:18

Tão logo o Sr. Soerguimento ouviu essa história, creu que ela era verdadeira e foi diretamente à casa do Lorde Alcaide para informar-lhe sobre isso. Este convocou o pregador subordinado, o Lorde Consciência, e deu-lhe a notícia. Como ele agora era o principal pregador de Alma Humana — visto que o Lorde Secretário ainda não estava à vontade entre eles —, imediatamente soou o alarme, ao tocar o sino do sermão, o que reuniu as pessoas. Exortou-os brevemente à vigilância, fazendo das notícias trazidas pelo Sr. Soerguimento a base do argumento para tal providência. Disse ele:

—Há um terrível plano sendo maquinado contra Alma Humana. Pretendem massacrar todos nós em um dia. Não menosprezem essa notícia porque seu portador é o Sr. Soerguimento, alguém que sempre amou nossa cidade. Um homem sóbrio e sensato, alguém que não é dado a tagarelices ou a espalhar notícias falsas, mas alguém que ama observar as coisas a fundo e não fala a menos que tenha sólidos argumentos. Vou chamá-lo, e vocês ouvirão dele mesmo.

Quando ele veio à frente, contou sua história tão prontamente e afirmando sua veracidade com forte embasamento, que Alma Humana sentiu-se sob a convicção da fidelidade do que ele dizia. O pregador também o apoiou afirmando:

—Senhores, não é irracional que creiamos no que foi dito, pois provocamos a Shaddai à ira e pecamos contra Emanuel, levando-o a nos deixar. Temos nos relacionado muito com os diabolinianos e abandonamos nossas misericórdias passadas. Portanto, não surpreende que nossos inimigos internos e externos desenvolvam um plano para nossa ruína. E que tempo melhor do que este para esse intento? Há enfermidade na cidade e nos tornamos fracos. Muitos bons cidadãos morreram, e os últimos diabolinianos ficaram mais e mais fortes.

"Além disso, ainda recebi desse homem fiel mais uma suspeita que ele entendeu do que ouviu: que muitas correspondências foram trocadas entre os diabolinianos e aqueles furiosos visando a nossa destruição."

Quando Alma Humana ouviu tudo isso, não sendo capazes de o contradizer, levantaram sua voz e prantearam. O Sr. Soerguimento também confirmou, na presença de todos os cidadãos, aquilo que o pregador subordinado dissera. Assim, eles renovaram a lamentação por sua insensatez e dobraram o número de petições a Shaddai e Seu Filho. Também

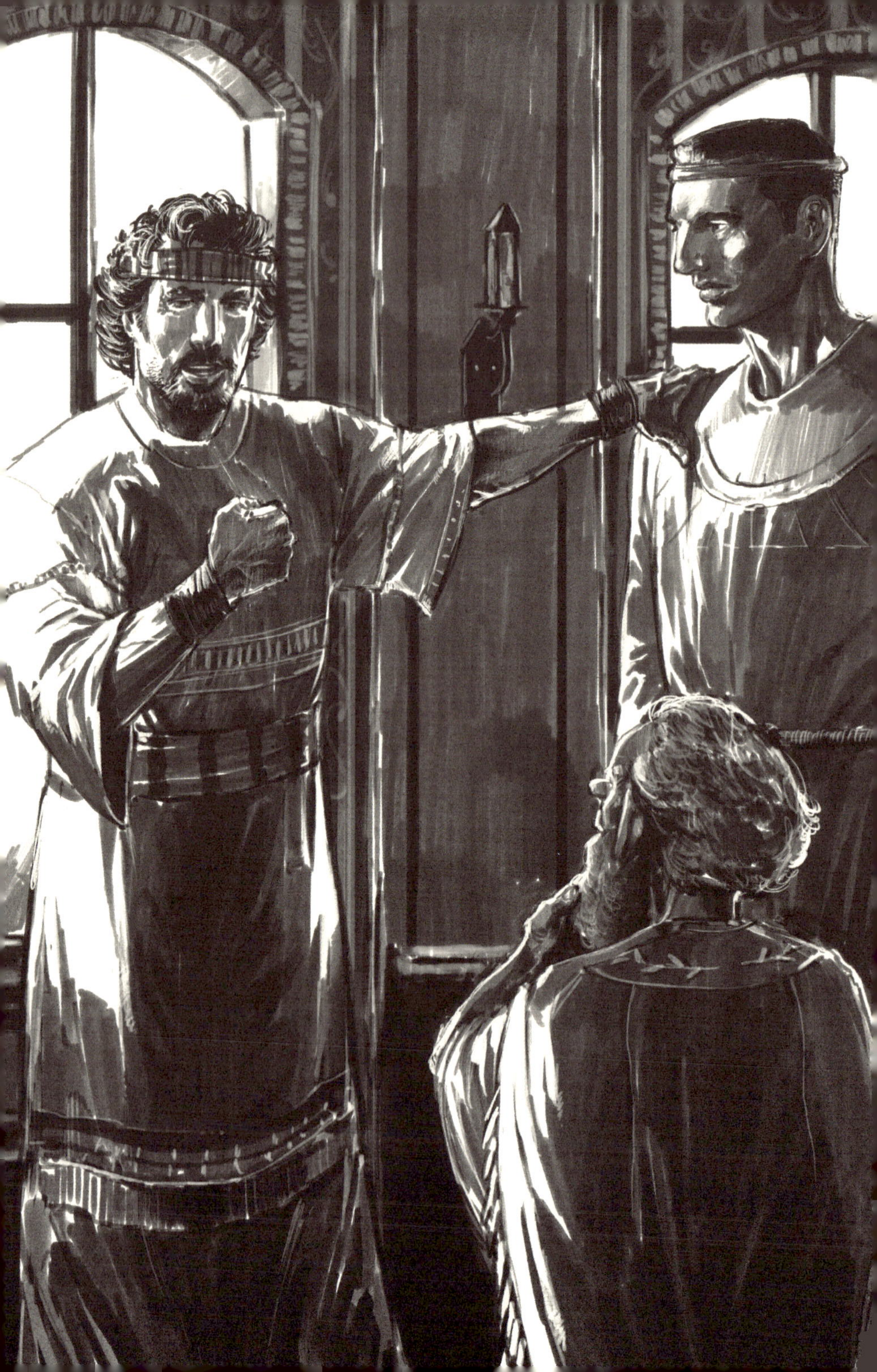

reportaram a situação para os capitães, altos comandantes e homens de guerra na cidade de Alma Humana, suplicando que eles fossem fortes e corajosos. Que se paramentassem com suas armaduras e estivessem prontos para oferecer resistência a Diabolus dia e noite, caso ele viesse a sitiar a cidade conforme eles foram informados.

Os capitães, que sempre amaram verdadeiramente Alma Humana, ao ouvirem isso, ficaram atônitos e não poderiam fazer outra coisa senão, como muitos Sansões, se reunirem para deliberar e planejar como derrotar esses ousados e infernais artifícios que eram iminentes, por meio de Diabolus e seus amigos, contra a agora enferma, enfraquecida e muito empobrecida cidade de Alma Humana. Diante disso, eles concordaram com os seguintes termos:

1. Os portões da cidade deveriam permanecer trancados e ser reforçados com barras e cadeados. Todas as pessoas que saíssem ou entrassem deveriam ser rigorosamente revistadas pelos capitães da guarda com o propósito de que aqueles que eram os líderes da conspiração contra eles pudessem ser pegos, quer indo ou vindo, e que eles também pudessem descobrir quem eram os grandes arquitetos da ruína deles que estavam em seu meio.
2. A próxima providência era uma busca rigorosa por todos os tipos de diabolinianos em toda a cidade. Todas as casas deveriam ser revistadas de cima a baixo, casa por casa, para que, se possível, pudessem descobrir mais dos tais que tinham participação nesse plano contra a cidade.
3. Concluiu-se ainda que onde quer que os tais diabolinianos fossem encontrados e com quem quer que os descobrissem, mesmo que fossem os nativos da cidade, qualquer um que lhes tivesse dado guarida e abrigo deveria ser punido em local público, para sua própria vergonha.
4. Ademais, foi resolvido pela célebre cidade de Alma Humana que deveriam observar um jejum público e um dia de humilhação em toda a sociedade, para demonstrar que consideravam o seu Príncipe justo e para se humilharem diante dele por suas transgressões contra Ele e contra Shaddai, Seu Pai. Resolveu-se, igualmente, que todos os habitantes da cidade que não se esforçassem para observar tal jejum e não se humilhassem por seus pecados,

mas que continuassem a se ocupar com suas tarefas seculares ou fossem encontrados vagando pelas ruas, deveriam ser considerados diabolinianos e sofrer como tais por seus feitos perversos.

5. Semelhantemente concluíram que deveriam renovar sua humilhação por seus pecados e suas petições por auxílio a Shaddai com o máximo de rapidez e zelo mental que pudessem. Resolveram também enviar à corte as notícias que lhes trouxera o Sr. Soerguimento.
6. Determinaram, igualmente, que a cidade deveria agradecer ao Sr. Soerguimento por sua busca diligente pelo bem-estar de sua cidade. Então, por ele ser tão naturalmente inclinado a desejar o bem deles e o enfraquecimento de seus inimigos, eles o comissionaram como Chefe de inteligência do exército, pelo bem de Alma Humana.

Quando toda a sociedade e seus capitães haviam assim concluído, colocaram em prática o que tinham dito. Trancaram seus portões, fizeram buscas rigorosas pelos diabolinianos, puniram em praça pública aqueles com quem eles foram encontrados. Observaram o jejum, renovaram suas petições ao Príncipe, e o Sr. Soerguimento cumpriu seu dever e a responsabilidade que Alma Humana lhe confiara com grande consciência e fidelidade, pois ele entregou-se completamente à sua função e não apenas no interior da cidade, mas também foi ao exterior dela para espreitar, ver e ouvir.

CAPÍTULO 13

Não muitos dias depois, o Sr. Soerguimento fez as provisões para a sua viagem e dirigiu-se a colina Portão do Inferno e dali para o país onde estavam os Céticos. Lá ouviu sobre tudo o que se falara em Alma Humana e percebeu que Diabolus estava quase preparado para sua marcha. Desse modo, voltou rapidamente para a cidade e, convocando os capitães e anciãos da cidade, contou-lhes onde estivera e o que ouvira e vira. Disse-lhes especialmente que Diabolus estava quase pronto para sua investida contra a cidade e que fizera do Sr. Incredulidade, aquele que fugira da prisão em Alma Humana, o general de seu exército dos Céticos, e que tinham mais de 20 mil soldados. Semelhantemente, falou-lhes que Diabolus pretendia trazer contra eles os principais príncipes do abismo infernal e que faria de cada um deles capitães sobre os Céticos. Além disso, afirmou-lhes ser verdade que muitos do sombrio antro seriam voluntários para subjugar a cidade de Alma Humana à obediência a Diabolus, príncipe deles.

De entre as fileiras dos Céticos, o Sr. Soerguimento disse que entendera a razão por que o velho Incredulidade fora colocado como general sobre todo o exército: ninguém era mais fiel ao tirano do que ele, pois guardava um rancor implacável contra o bem-estar de Alma Humana. Ademais, ele mantinha a memória das afrontas que recebera dos cidadãos da cidade e estava determinado a vingar-se. Disse-lhes:

—Contudo os sinistros príncipes se tornarão altos comandantes e somente Incredulidade terá autoridade sobre todos eles. Porque — e quase esqueci-me de mencionar isto — ele tem mais facilidade e destreza para sitiar nossa cidade do que todos os demais príncipes.

Quando os capitães de Alma Humana e os anciãos da cidade ouviram as notícias que o Sr. Soerguimento lhes trouxera, acharam ser oportuno, sem mais delongas, colocar em vigor as leis que o Príncipe lhes dera contra os diabolinianos e sobre como tratar com esses adversários. Assim sendo, uma busca diligente e imparcial foi imediatamente realizada em todas as casas de Alma Humana, procurando todos os indícios de diabolinianos. Na casa do Sr. Mente e na do grande Lorde Arbítrio encontraram-se dois desses inimigos. Na casa do Sr. Mente achava-se o lorde Ganância, aquele que mudara seu nome para Economia Prudente. Na residência do Lorde Arbítrio, estava o Lascívia, que agora se chamava Prazer Inofensivo. Ambos os homens foram apreendidos pelos capitães

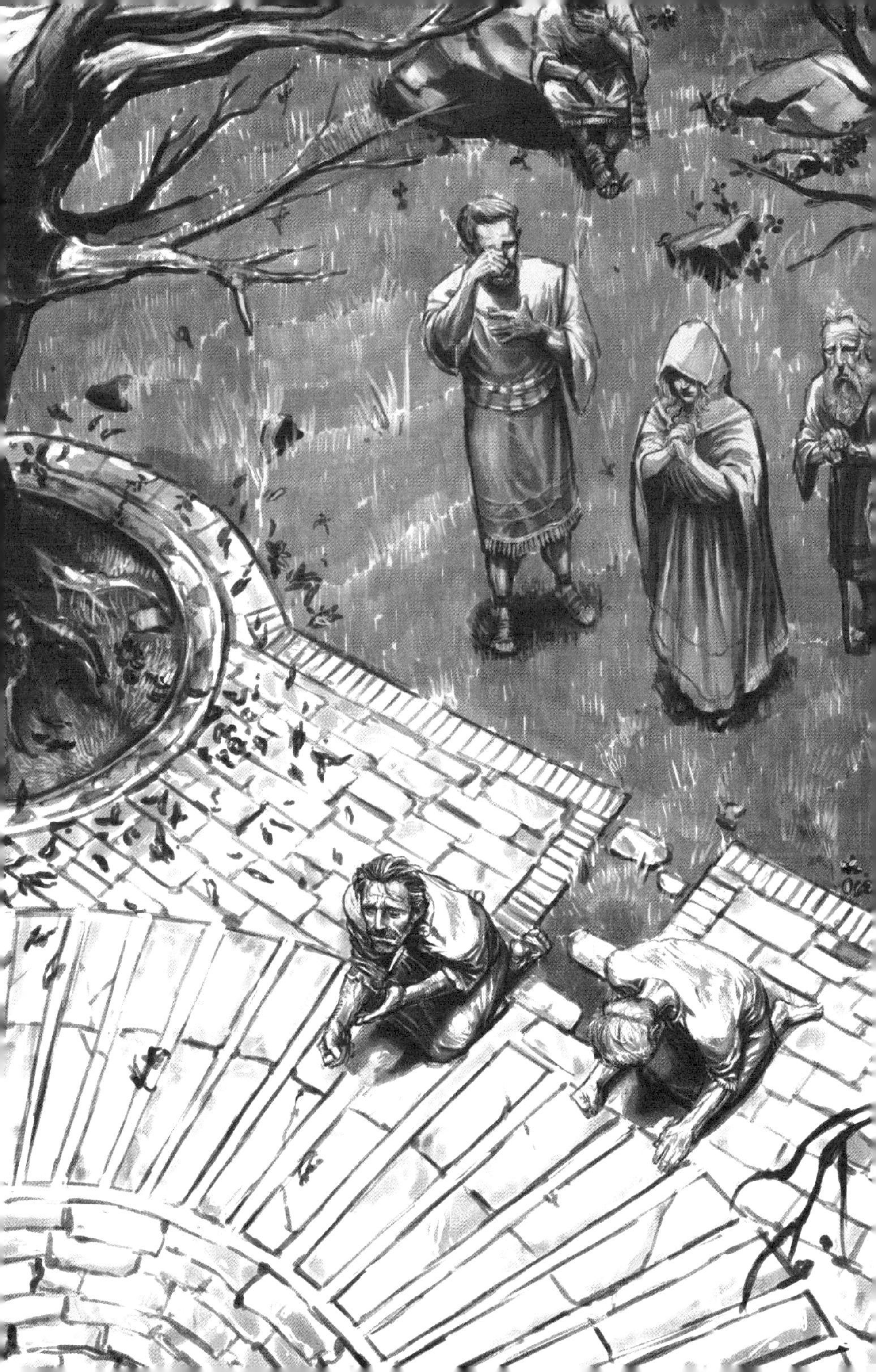

e anciãos da cidade e designados à custódia do Sr. Fiel, o carcereiro. Ele os tratou com tal severidade e prendeu-os tão fortemente com grilhões, que, com o tempo, ambos caíram em um profundo estado de exaustão e morreram no cárcere. Os mestres deles foram levados à punição em praça pública para serem envergonhados e para advertência ao restante da cidade, conforme acordado anteriormente entre os líderes da cidade. Esta era a forma da penalidade naqueles dias: os ofensores, sensibilizados por seus maus atos, eram intimados à confissão pública de seus erros e a uma rigorosa retificação de sua vida.

Depois disso, os capitães e anciãos de Alma Humana ainda buscaram encontrar mais diabolinianos onde quer que eles pudessem se emboscar, quer em covis, cavernas, covas, jazigos ou onde pudessem se esconder. Fizeram isso no interior e ao redor da muralha da cidade. No entanto, embora pudessem ver tão claramente as pegadas dos diabolinianos e assim segui-los por seu rastro e odor até mesmo às bocas das cavernas e covis, não puderam pegá-los, aprisioná-los ou fazer-lhes justiça, pois seus caminhos eram muito tortuosos, seus esconderijos extremamente reforçados, e eles, ágeis em abrigar-se nesses lugares.

Porém, Alma Humana regia com mão tão pesada sobre os diabolinianos que ficaram para trás, que aqueles em seu exterior ficaram contentes em se encolher em suas cavernas. Ficara no passado o tempo em que eles atrevidamente caminhavam de forma desvelada à luz do dia. Agora estavam forçados a adotar a privacidade da noite. Também já se fora o tempo em que os cidadãos de Alma Humana eram seus companheiros, pois agora os consideravam como inimigos mortais. Esse bem foi realizado pela inteligência do Sr. Soerguimento na reconhecida cidade.

Por este tempo, Diabolus havia concluído o exército que ele pretendia levar consigo para a ruína de Alma Humana e já colocara os capitães e outros oficiais dentre aqueles que mais admiravam a sua fúria. Ele era o líder acima de todos, e Incredulidade, o general. Daremos os nomes de seus principais capitães mais adiante. Agora falaremos de seus oficiais, das cores e dos brasões deles:

1. O primeiro capitão era o Capitão Cólera, que liderava os Céticos quanto à Eleição. A cor de sua companhia era o vermelho, e seu porta-estandarte chamava-se Sr. Extermínio. Como brasão, portavam um grande dragão vermelho.

2. O segundo chamava-se Capitão Furor, que comandava os Céticos quanto à Vocação. Seu porta-estandarte era o Sr. Trevas. As cores que os representavam eram as pálidas, e como brasão tinham uma feroz serpente voadora.
3. O terceiro era o Capitão Condenação, liderando os Céticos quanto à Graça, que também tinham a bandeira vermelha e cujo brasão era o antro de trevas, carregado pelo Sr. Sem Vida.
4. O quarto capitão tinha por nome Insaciável, chefiando os Céticos quanto à Fé. Seu estandarte vermelho com o brasão de presas escancaradas era portado pelo Sr. Devorador.
5. O quinto chamava-se Capitão Enxofre, que comandava os Céticos quanto à Perseverança. Também portava uma bandeira vermelha cujo brasão era uma chama azul carregada pelo Sr. Inflamado.
6. O sexto capitão, o Capitão Tormento, liderava os Céticos quanto à Ressurreição. Suas cores também eram as pálidas, e seu porta-estandarte chamava-se Sr. Atormentador, que levava como brasão um verme preto.
7. O sétimo era conhecido como Capitão Sem Descanso, que chefiava os Céticos quanto à Salvação. Também tinha bandeiras vermelhas com o brasão de uma figura sinistra da morte, carregada pelo Sr. Inquietude.
8. O oitavo capitão, chamado de Capitão Sepulcro, foi colocado sobre os Céticos quanto à Glória, que também portava bandeiras de cor pálida. O Sr. Corrupção era seu porta-estandarte, e seu brasão era um crânio e os ossos de homens mortos.
9. O nono chamava-se Capitão Sem Esperança, que comandava o exército dos Céticos quanto à Alegria. Seu porta-estandarte chamava-se Sr. Desespero, também marchavam sob a cor vermelha e o seu brasão era um ferro incandescente e um coração empedernido.

Esses eram os capitães e suas companhias, com seus estandartes, cores e brasões. Sobre eles o grande Diabolus colocou sete superiores, a saber: o lorde Belzebu, o lorde Lúcifer, o lorde Legião, o lorde Apolião, o lorde Píton[1], o lorde Cérbero e o lorde Belial. Estes foram colocados acima dos capitães, Incredulidade liderava a todos como general, e Diabolus era seu

[1] Um espírito de adivinhação.

rei. Os voluntários também foram colocados como centuriões e alguns deles como comandantes de mais soldados. Desse modo estava completo o exército de Incredulidade.

Eles então partiram da colina Portão do Inferno, pois fora lá onde se reuniram e de onde saíram diretamente em marcha para Alma Humana. Contudo, conforme eu disse antes, pela vontade de Shaddai, a cidade havia recebido o alerta quanto à vinda deles por intermédio do Sr. Soerguimento. Assim, estabeleceram uma rigorosa vigilância nos portões e também dobraram o número de guardas. Igualmente, haviam montado suas catapultas em locais estratégicos de onde, convenientemente, poderiam atirar suas grandes pedras para a tristeza de seus furiosos adversários.

Tampouco os diabolinianos que haviam permanecido na cidade podiam causar-lhes prejuízo como o planejado, visto que Alma Humana estava agora desperta. Porém, pobre povo! Eles ficaram extremamente assustados com a primeira aparição de seus inimigos e com seu acampamento diante da cidade, especialmente quando ouviram o ressoar de seus tambores. Para falar a verdade, esse era um som medonho de se ouvir. Ele sobressaltaria todos os homens em um raio de dez quilômetros, caso estivessem acordados e o ouvissem. A visão de suas cores também era algo terrível e desanimador.

Quando Diabolus lançou-se contra a cidade, aproximou-se primeiramente do Portão Audição e deu contra ele em um ataque furioso, supondo, como pareceu, que seus amigos em Alma Humana estivessem prontos para fazer sua parte no interior. No entanto, a vigilância dos capitães cuidou disso. Portanto, Diabolus, sentindo falta da ajuda que esperava e vendo seu exército sob intenso ataque das pedras das catapultas, foi forçado a recuar da cidade e se entrincheirar com seus soldados no campo que ficava distante do alcance das catapultas. Preciso dizer-lhes, em favor dos capitães, que eles se portaram com muita valentia, tendo em vista a fraqueza que ainda se abatia sobre a cidade em virtude da longa enfermidade que os atormentava.

Diabolus, tendo assim se entrincheirado, levantou quatro montes contra a cidade. Chamou ao primeiro com seu próprio nome, ou seja, monte Diabolus, para assustar ainda mais a cidade. Os outros três chamou de montes Alecto, Megera e Tisífone, pois esses são os nomes das temíveis

Fúrias[2] do inferno. Dessa maneira, ele começou seus jogos contra Alma Humana, como um leão faz com sua presa, para fazê-la sucumbir ante seu terror. Todavia, como eu disse, os capitães e soldados resistiram tão bravamente, e executavam seus inimigos com suas pedras de tal maneira, que o levaram a agir contra sua vontade e recuar. Desse modo, a cidade recuperou a coragem.

Sobre o monte Diabolus, que foi levantado no lado Norte da cidade, o tirano estabeleceu seu estandarte, que era terrível de se olhar, uma vez que trabalhou, com artifício demoníaco, em seu brasão uma horrenda fogueira abrasada com a figura de Alma Humana queimando em seu interior.

Feito isso, Diabolus ordenou que seu tocador de tambores deveria se aproximar cada noite das muralhas da cidade e assim ressoasse uma convocação para uma negociação. O comando era de que fizesse isso à noite, pois de dia os nativos de Alma Humana o aborreciam com suas catapultas. O tirano dizia com isso que agora tinha desejo de negociar com a agora trêmula cidade. Ordenava que os tambores tocassem todas as noites para que, pelo cansaço eles pudessem, pelo menos, se possível (embora tenha a princípio, rejeitado), serem forçados a fazê-lo.

O tocador de tambor fez conforme ordenado. E ao retinir seu tambor, se alguém olhasse para a cidade de Alma Humana, "eis que só havia trevas e angústia, e a luz se escurecia em densas nuvens".[3] Nenhum barulho já ouvido sobre a Terra era mais terrível, com exceção da voz de Shaddai quando Ele fala. Como tremia a cidade! E não esperava nada senão ser imediatamente tragada.

Quando esse tocador de tambor convocou uma negociação, fez o seguinte discurso a Alma Humana:

---

[2] As Fúrias (como eram conhecidas entre os romanos) ou Erínias (para os gregos) eram personagens da mitologia grega que habitavam no Hades (mundo dos mortos) e eram encarregadas de punir os mortais. As três Fúrias mencionadas aqui por Bunyan como demônios torturavam as almas pecadoras que chegavam ao submundo após o veredicto de Hades (deus do submundo). Cada uma delas era encarregada de torturar certos tipos de pecados. Alecto, a personificação da ira, era responsável por castigar os culpados por crimes de ira e soberba. Megera, a que representava o rancor, inveja e ciúme, castigava os crimes de infidelidade no casamento. Tisífone vingava os assassinatos e homicídios.

[3] Isaías 5:30

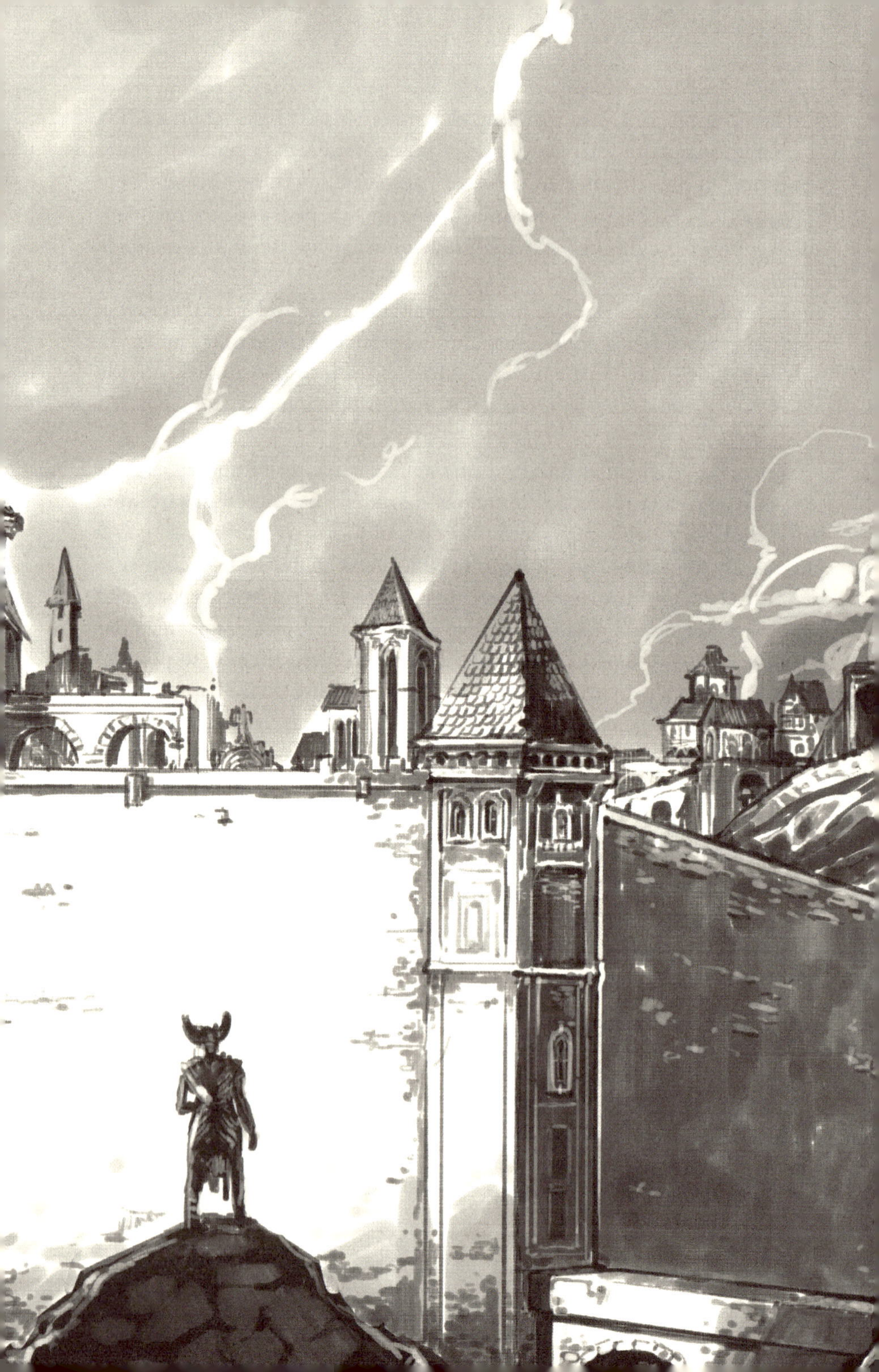

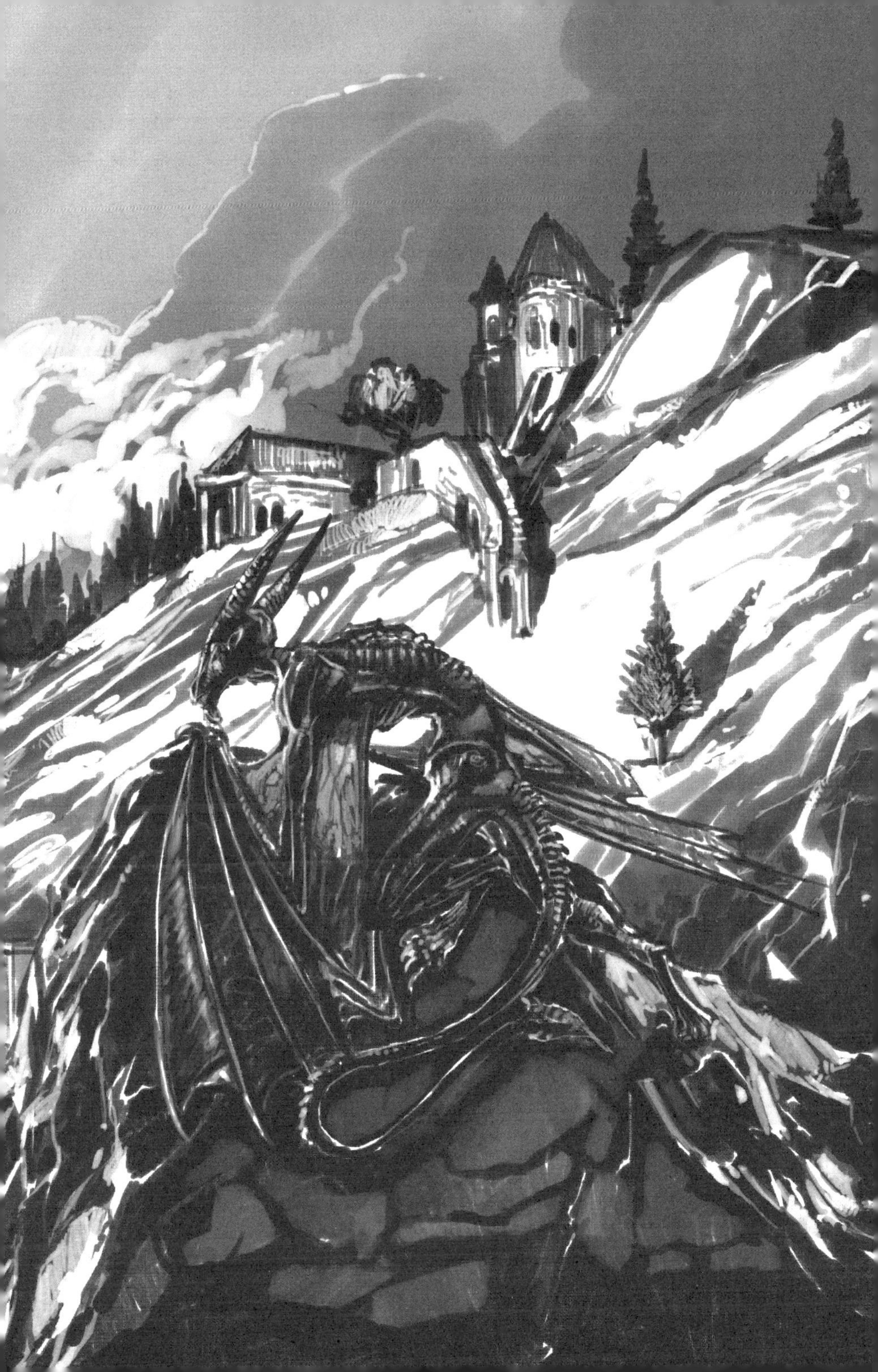

—Meu mestre me ordenou lhes dizer que, se vocês se submeterem voluntariamente, terão o melhor da terra. Mas, se forem teimosos, ele está decidido a tomá-los pela força.

Quando ele terminou de tocar seu tambor, as pessoas da cidade dirigiram-se aos capitães, que estavam no castelo, de forma que não havia quem houvesse considerado o que o tocador de tambor dissera ou lhe dera uma resposta. Assim, ele encerrou sua atividade aquela noite e retornou ao acampamento de seu mestre.

Diabolus, ao perceber que pelos tambores não poderia pender Alma Humana à sua vontade, enviou na noite seguinte o tocador de tambor, mas sem o tambor, contudo ainda para informar aos habitantes da cidade que ele tinha intenção de negociar com eles. Porém, no fim das contas, sua negociação acabou por se tornar em uma convocação para que a cidade livrasse a si própria. No entanto, eles não lhe deram atenção ou ouvidos, pois ainda se recordavam do quanto lhes custara tê-lo ouvido da primeira vez.

Na noite seguinte ele lhes enviou novamente um mensageiro, mas, dessa vez, quem melhor do que o terrível Capitão Sepulcro para a tarefa? Quando ele se aproximou das muralhas de Alma Humana, entregou-lhes o seguinte discurso:

—Ó vocês, habitantes da rebelde cidade de Alma Humana! Convoco-os em nome do príncipe Diabolus para que abram, sem mais detença, os portões da cidade e permitam que o grande lorde adentre. Porém, se continuarem em sua rebeldia, quando tomarmos a cidade pela força, nós os tragaremos como uma sepultura. Portanto, informem-me se atentarão ou não à minha convocação.

"O motivo dessa convocação é porque meu senhor é seu inquestionável príncipe e senhor, como vocês já admitiram no passado. Também para que não prevaleça aquele ataque que sofreu quando Emanuel o tratou com tanta desonra, de forma que ele perca seu direito ou se digne a tentar recuperar o que já lhe pertence. Por isso, pondere, ó Alma Humana, você será pacífica ou não? Se vocês calmamente se dobrarem, a nossa velha amizade será renovada. Contudo, se ainda assim recusarem e se rebelarem, não esperem nada senão fogo e espada."

Quando a débil cidade ouviu esse convocador e sua mensagem, ficaram ainda mais desanimados, mas não responderam ao capitão. Portanto, ele se foi do mesmo modo que veio.

No entanto, após uma consulta entre eles mesmos e com os seus capitães, os habitantes de Alma Humana renovaram sua determinação a buscar o conselho do Lorde Secretário, pois ele, conforme já mencionei, era o principal pregador deles, mas estava desconfortável entre eles neste momento. Imploraram o Seu favor nestas duas ou três coisas:

1. Que o Lorde Secretário olhasse para eles em conforto e não se mantivesse tão afastado quanto anteriormente. Também que lhes concedesse uma audiência ao mesmo tempo em que eles confessassem a terrível condição em que se encontravam. Todavia, Ele lhes repetiu as palavras que dissera anteriormente: ainda se sentia desconfortável entre eles e que, portanto, não poderia agir com eles como no passado.
2. A segunda coisa que desejavam era que Ele pudesse lhes dar conselhos sobre os assuntos tão importantes daquele momento, uma vez que Diabolus havia vindo e se acampado diante da cidade com nada menos do que 20 mil Céticos. Disseram, ademais, que tanto Diabolus quanto os seus capitães eram cruéis, e que o povo da cidade os temia. A isso, o Lorde Secretário respondeu: "Vocês devem buscar na lei do Príncipe e lá verão o que está dito para fazerem".
3. Depois desejavam que Sua Alteza os auxiliasse a redigir uma petição a Shaddai e a Emanuel, Seu Filho, escrevendo-a de próprio punho como um sinal de que Ele estava unido ao povo. Pois diziam: "Meu Senhor, enviamos muitos mensageiros, porém não obtivemos resposta de paz. Mas, se tu unires a Tua mão à nossa, pode ser que isso traga o bem para Alma Humana".

Entretanto a resposta que receberam dele foi: "Vocês ofenderam seu Emanuel e me entristeceram grandemente, portanto, ainda precisam reconhecer seus próprios artifícios".

Essa resposta do Lorde Secretário caiu sobre eles como uma pedra de moinho. Esmagou-os a ponto de não saberem o que fazer. Mas, ainda assim, não se atreviam a obedecer às demandas de Diabolus ou de seu capitão. Então, esta era a difícil posição na qual estava Alma Humana quando o inimigo veio contra os cidadãos dela: seus adversários estavam prontos para devorá-los, e seus amigos não viriam em seu auxílio.

O Lorde Alcaide, cujo nome era Lorde Entendimento, levantou-se e começou fazer uma análise acurada, até que encontrou consolo naquela aparentemente amarga fala do Lorde Secretário. Discorreu assim sobre o assunto:

—Primeiramente, o que Ele disse segue inevitavelmente o que o nosso Senhor dissera. Ou seja, que ainda precisamos sofrer por nossos pecados. Depois, as palavras ainda soaram como se, no fim das contas, ainda seremos salvos de nossos inimigos, e que, após mais algum sofrimento, Emanuel virá e nos ajudará.

O Lorde Alcaide fora muito preciso em seu tratamento com as palavras do Secretário, porque ele era mais do que um profeta e porque suas palavras jamais deixaram de ter significado mais exato. Os habitantes de Alma Humana puderam, então, esquadrinhá-las e expô-las para seu próprio benefício.

Assim, eles deixaram o Lorde Entendimento e foram aos capitães a quem levaram todas as palavras do Lorde Alto Secretário. Ao ouvi-las, os capitães tiveram a mesma opinião que o Lorde Alcaide. Dessa maneira, os capitães começaram a recobrar a coragem e a se preparar para fazer um valente ataque ao acampamento adversário, a fim de destruir todos os diabolinianos, com todos os Céticos que o tirano trouxera consigo para destruir a pobre cidade de Alma Humana.

Após isso, todos se dirigiram às suas casas — os capitães, o Lorde Alcaide, o pregador subordinado e o Lorde Arbítrio. Os capitães ansiavam por prestar algum serviço a seu Príncipe, visto que se deleitavam em prodígios militares. Eles se reuniram no dia seguinte, deliberaram e resolveram reagir ao capitão de Diabolus com as catapultas; e assim o fizeram no despontar do sol do dia seguinte. Diabolus havia se aventurado a se aproximar novamente, mas as pedras foram de encontro a ele e aos seus como vespões. Da mesma maneira que não há nada tão terrível para Alma Humana quanto o ribombar dos tambores de Diabolus, para ele não há nada tão temível quando as catapultas de Emanuel em ação. Assim, o adversário foi forçado a recuar novamente, desta vez para ainda mais distante da célebre cidade. À vista disso, o Lorde Alcaide mandou que tocassem os sinos e que um agradecimento fosse enviado ao Lorde Alto Secretário, por intermédio do pregador subordinado, porque, por Suas palavras, os capitães e anciãos de Alma Humana foram fortalecidos contra Diabolus.

A visão de seus capitães e soldados, seus lordes e de seus célebres amedrontados e derrotados pelas pedras que vinham das catapultas douradas do Príncipe de Alma Humana levou Diabolus a pensar consigo mesmo: "Vou tentar capturar a cidade pela adulação. Vou atraí-los para a minha rede por meio da lisonja".

Depois de algum tempo ele se reaproximou da muralha, agora sem seus tambores e sem o Capitão Sepulcro. Mas, tendo adoçado seus lábios, parecia ser um príncipe de palavras brandas e pacífico, que não desejava que eles se dobrassem a ele e tampouco ansiava por vingança pelos ferimentos que lhe foram causados pela cidade. Seu propósito agora, em suas palavras, era o bem-estar, o benefício e vantagem da cidade e das pessoas em seu interior. Desse modo, após solicitar uma audiência e desejar que os habitantes de Alma Humana a concedessem, Diabolus procedeu seu discurso, dizendo:

—Ó, célebre cidade de Alma Humana, desejo de meu coração! Quantas noites vigiei e quantos passos exaustivos tomei para que, se possível, pudesse lhes fazer o bem! Longe de mim querer fazer guerra contra vocês, caso se entreguem a mim de vontade própria e calmamente. Vocês sabem que já me pertenceram. Recordam também que, por todo tempo que se deleitaram em mim como seu senhor, e eu em vocês como meus súditos, vocês não tinham falta alguma dos prazeres da Terra que eu, seu lorde e príncipe, poderia trazer-lhes ou inventar para torná-los formosos e alegres ao mesmo tempo. Considerem isto: vocês não tinham tantas horas difíceis, perturbadoras e aflitivas enquanto eram meus como têm tido desde que se revoltaram contra mim. Tampouco terão paz novamente, até que vocês e eu nos tornemos um como antes. Pensem em me aceitar novamente, e eu lhes concederei, ou melhor, ampliarei seu contrato com abundância de privilégios. Assim sua licença e liberdade serão para conquistar, manter, desfrutar e tornar seus tudo o que é prazeroso desde o leste ao oeste. A indelicadeza com que me ofenderam não lhes será imputada como culpa por mim enquanto houver Sol e Lua. Nem os meus queridos amigos, que agora espreitam de suas covas, covis e cavernas por temor a vocês, tornarão a feri-los novamente. Pelo contrário, serão seus servos e ministrarão a vocês com as riquezas deles e de tudo aquilo que lhes vier à mão. Não preciso falar mais. Vocês os conhecem e já se deliciaram na companhia deles. Por que então deveríamos permanecer nessa situação? Que renovemos nossa intimidade e amizade.

"Suportem esse seu amigo, uma vez que tomo a liberdade de falar-lhes tão abertamente. O amor que tenho por vocês me leva a fazê-lo, bem como o zelo de meu coração por meus amigos. Portanto, não me coloquem em mais problemas nem a si próprios em ter de temer e se apavorar ainda mais. Eu os recuperarei, quer pela guerra ou pela paz. Não se vangloriem no poder ou exércitos de seus capitães, ou de que seu Emanuel logo virá em seu auxílio, pois tal força não causará o seu bem.

"Virei contra vocês com um exército intrépido e valente e todos os principais príncipes do abismo o encabeçarão. Ademais, meus capitães são mais velozes do que as águias, mais fortes do que o leão e mais ávidos pela presa do que os lobos da noite. Quem é Ogue de Basã?[4] Quem é Golias de Gate?[5] E o que são mais cem deles para apenas um de meus capitães? Como, então, pensa Alma Humana que pode escapar de minha mão e meu poder?"

Tendo Diabolus encerrado seu discurso lisonjeiro, adulador, ardiloso e fraudulento à famosa cidade de Alma Humana, o Lorde Alcaide lhe respondeu:

—Ó Diabolus, príncipe das trevas e mestre de todo engano, já provamos o suficiente de tuas enganosas bajulações e já sorvemos profundamente desse cálice destruidor. Se uma vez mais atentássemos a você e assim quebrássemos os mandamentos de nosso grande Shaddai para nos unir em afinidade com você, não nos rejeitaria o nosso Príncipe e nos lançaria fora para sempre? E sendo assim descartados por Ele, pode o lugar que Ele preparou para você ser um local de descanso para nós?[6] Além disso, você, inimigo vazio e desprovido de toda a verdade, preferimos morrer por suas mãos do que cair em suas adulações e enganos fraudulentos.

---

[4] Deuteronômio 3. A descrição do tamanho de Ogue encontra-se no versículo 11. Transformando as medidas bíblicas em medidas atuais, a cama dele teria 4 metros de comprimento e 1,80 m de largura.

[5] 1 Samuel 17. Pelas medidas fornecidas no versículo 4, Golias tinha 2,90 m de altura.

[6] Mateus 25:41

Tão logo o tirano viu que havia pouco a ser conquistado da negociação com o Lorde Alcaide, ele teve um acesso de ira infernal e resolveu que atacaria mais uma vez a cidade com seu exército de Céticos.

Convocou seu tocador de tambor, que ressoava seu instrumento — e quando ele o tocou, Alma Humana realmente tremeu — a fim de que seus homens estivessem em prontidão para batalhar conta aquela sociedade. Diabolus então, aproximou seu exército e o dispôs da seguinte maneira: os capitães Cruel e Tormento foram colocados perto do portão Sentimento e foi-lhes ordenado que ficassem lá para a guerra. Também disse que, se necessário, o Capitão Sem Descanso viria em seu socorro. No portão Olfato, ele colocou os capitães Enxofre e Sepulcro, dizendo-lhes que cuidassem bem de sua companhia daquele lado da cidade. No Portão Visão posicionou o Capitão Sem Esperança, com suas feições sinistras, e lá também colocou seu terrível estandarte.

O Capitão Insaciável deveria cuidar das carruagens de guerra de Diabolus e também foi designado a levar em custódia qualquer pessoa ou coisa que pudesse, a qualquer tempo, ser tomada como presa de entre os inimigos.

Os habitantes de Alma Humana fizeram do Portão Paladar uma posterna e a mantiveram fortificada, pois era desse lugar que eles enviavam suas petições para Emanuel, seu Príncipe. Também era por esse portão que os capitães operavam suas catapultas lançando suas pedras sobre o inimigo. Uma vez que ele ficava em um lugar elevado, posicionar as máquinas de guerra ali e lançar suas pedras daquele ponto causava dano maior ao exército do tirano. Por esse motivo, além de outros, Diabolus buscava vedar, se possível, esse portão com imundícies.

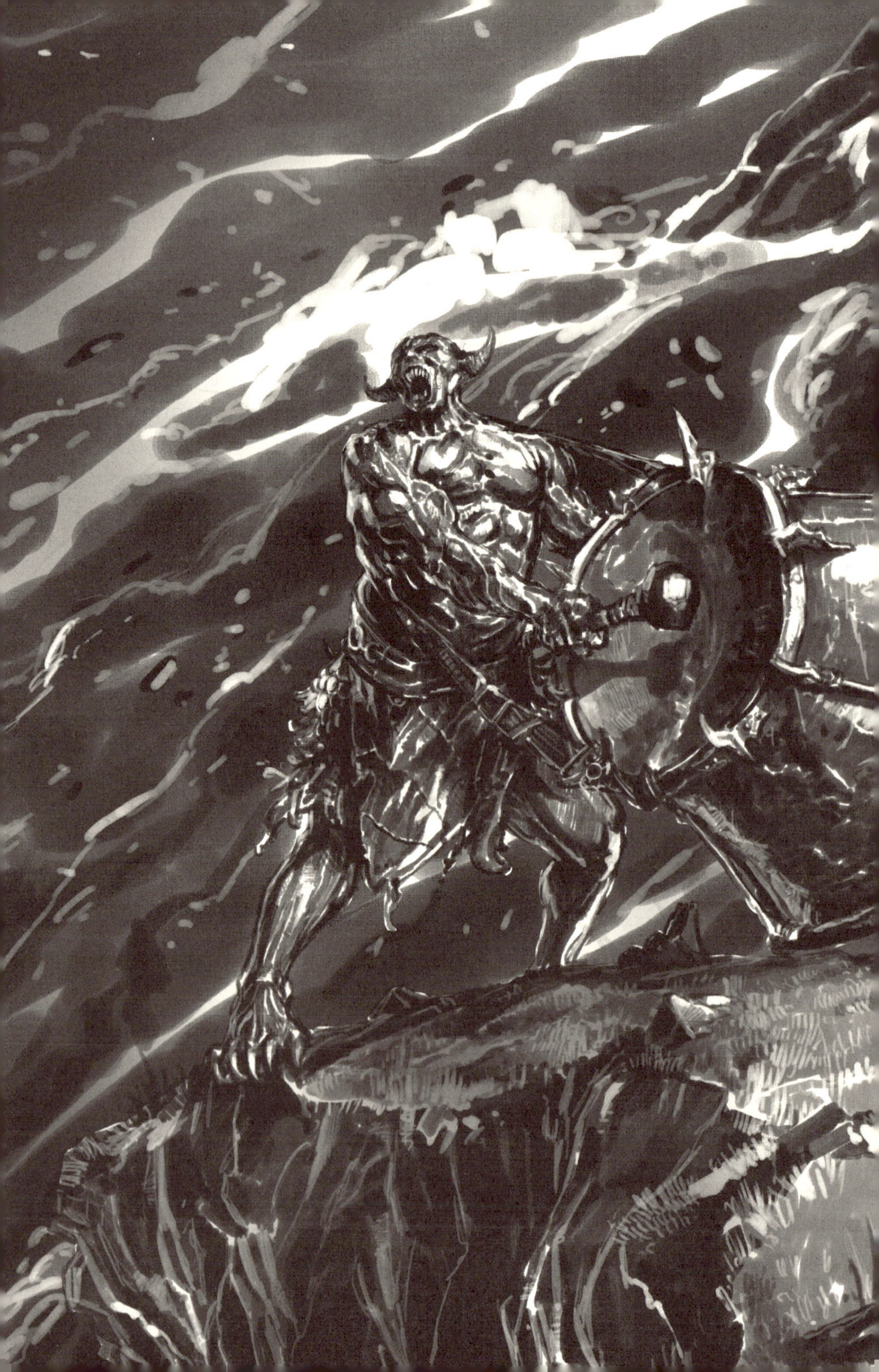

CAPÍTULO 14

Da mesma forma que Diabolus estava ocupado e aplicado em sua preparação para fazer seu ataque externo sobre a cidade de Alma Humana, os capitães e seus soldados na sociedade estavam diligentes em se preparar pelo lado de dentro. Montaram suas catapultas e hastearam suas bandeiras, soaram suas trombetas, colocando-se em tal ordenação que foi julgada como mais incômoda pelo adversário e mais vantajosa para a cidade. Também deram ordens aos soldados que aguardassem em prontidão ao toque de guerra das trombetas. O Lorde Arbítrio ocupou-se em vigiar contra rebeldes no interior das muralhas e em fazer o que estivesse a seu alcance para capturá-los enquanto estivessem do lado de fora ou para os reprimir para dentro das cavernas, covas e covis nas muralhas da cidade. E, para ser sincero sobre ele, desde que foi punido por sua falha, ele passou a demonstrar muito mais honestidade e bravura de espírito do que qualquer outro em Alma Humana. Ele levou um certo Jocoso e seu irmão Galhofeiro — os dois filhos de seu servo Prazer Inofensivo — e, com suas próprias mãos, pregou-os à cruz, pois, até aquele dia, embora o pai deles tivesse sido levado sob custódia, os dois rapazes ainda habitavam com Arbítrio. A razão pela qual ele os crucificou foi porque, depois que o pai deles foi entregue nas mãos do Sr. Fiel, o carcereiro, os filhos começaram a lhe pregar peças e a folgar-se com as filhas de seu mestre. Na realidade, conforme o que foi trazido aos ouvidos de Arbítrio, suspeitava-se que eles estivessem familiarizados demais com as moças. Esse Lorde, estando indisposto a, imprudentemente, levar qualquer homem à morte, não se lançou inicialmente contra eles, mas colocou vigias e espiões para ver se a informação procedia. Logo foi informado da verdade, visto que dois de seus servos cujos nomes eram Descobrir e Reportar Tudo, pegou-os juntos portando-se sem pudor mais de uma ou duas vezes e contaram tudo a seu senhor. Assim que Lorde Arbítrio tinha razões suficientes para crer que a acusação era verdadeira, pegou os dois diabolinianos (pois era isso o que eram, uma vez que seu pai nascera dessa natureza) e os levou ao Portão Visão, onde levantou uma cruz alta diante de Diabolus e seu exército e lá pendurou os dois jovens vilões, em provocação ao Capitão Sem Esperança e ao horrível estandarte do tirano.

Esse ato cristão do valente Lorde Arbítrio desconcertou grandemente o Capitão Sem Esperança, desanimou o exército de Diabolus, infundiu

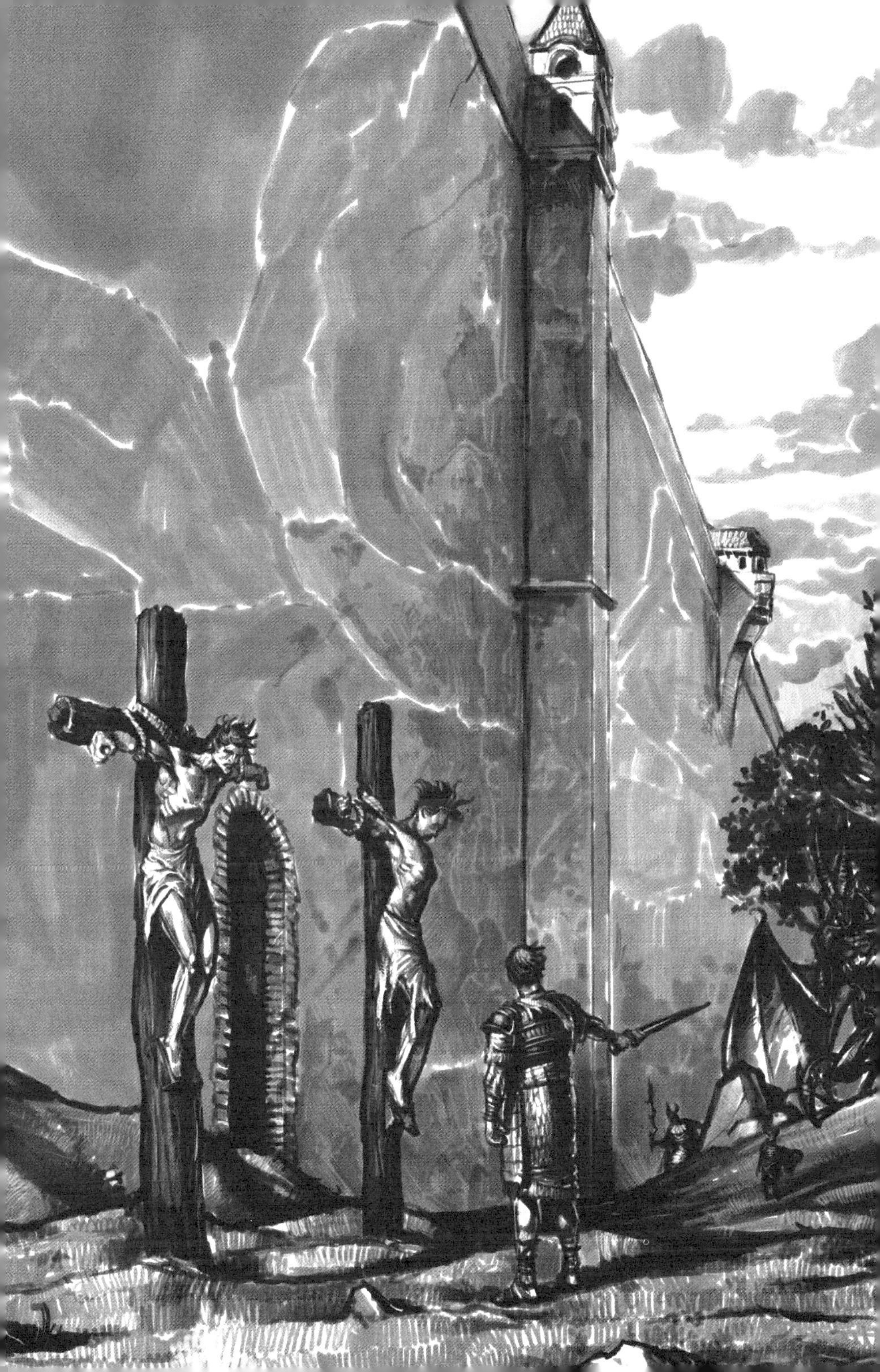

medo nos renegados diabolinianos de Alma Humana e fortaleceu e encorajou os capitães que pertenciam a Emanuel, o Príncipe. Aqueles que estavam no exterior das muralhas concluíram, por esse ato do Lorde, que a cidade estava decidida a lutar e que os diabolinianos que ainda restavam em seu interior não poderiam realizar as coisas que Diabolus esperava que fizessem. No entanto, essa não foi a única prova da honestidade do destemido Lorde Arbítrio à cidade, tampouco de sua lealdade, como ficará demonstrado mais adiante.

Os filhos de Economia Prudente, que habitavam com o Sr. Mente e cujos nomes eram Avareza e Acumulador — gerados de seu relacionamento com a filha bastarda do Sr. Mente, Agarrar-se Firmemente —, foram deixados com esse senhor quando Economia Prudente foi levado à prisão. Quando esses rapazes perceberam como o Lorde Arbítrio tratara os que habitavam com ele, a fim de evitar ter de beber do mesmo cálice, esforçaram-se para fugir. Contudo, o Sr. Mente, estando atento a isso, tomou-os, aprisionando-os em sua própria casa até a manhã seguinte (o que aconteceu à noite). Semelhantemente, lembrando-se de que, pela lei de Alma Humana, todos os diabolinianos deveriam morrer (e eles certamente o eram por parte de pai; alguns dizem que até por parte de mãe), acorrentou-os, os levou ao mesmo lugar onde Lorde Arbítrio crucificara os seus dois servos e lá fez o mesmo.

Os habitantes da cidade ficaram deveras encorajados por esse ato do Sr. Mente e fizeram o possível para aprisionar mais desses perturbadores diabolinianos em Alma Humana. Porém, naquele momento, esses adversários estavam tão encolhidos e encerrados em seus cantos que não puderam ser apreendidos. Assim, foi estabelecida diligente vigilância, e cada homem voltou ao seu lar.

Eu já lhes disse um pouco antes que Diabolus e seu exército estavam de alguma forma envergonhados e desanimados à vista do que fizera o Lorde Arbítrio, quando este crucificou aqueles dois jovens diabolinianos. Todavia, o desencorajamento dele logo se transformou em fúria e ódio frenéticos contra a cidade, e decidiu lutar. Todos os cidadãos de Alma Humana e seus capitães tinham as suas esperança e expectação elevadas, crendo que, no fim das contas, venceriam a batalha, por isso temeram menos seus inimigos. O pregador subordinado fez um sermão sobre isso cujo tema baseou-se no texto bíblico “Quanto a Gade, uma tropa o acometerá; mas ele a acometerá por fim".[1] De onde lhes expôs que, embora Alma Humana tivesse sido violentamente derrotada inicialmente, ainda assim a vitória seria certamente de seus habitantes por fim.

Então, Diabolus ordenou que seu tocador de tambor ressoasse o ataque contra a cidade. Também os capitães que estavam dentro das muralhas, a despeito de não terem tambores, retribuíram o toque de guerra com suas trombetas de prata. Aqueles que eram do acampamento de Diabolus vieram contra a cidade para tomá-la, e os capitães do castelo lançaram-se violentamente em combate com suas catapultas instaladas no Portão Paladar. Tudo o que se ouvia no acampamento adversário eram terríveis sons enfurecidos e blasfêmias, ao passo que em Alma Humana havia boas palavras, oração e entoação de salmos. O inimigo retrucava com pavorosas objeções e a terribilidade de seus tambores, ao que a cidade respondia acionando suas catapultas e com as melodias de suas trombetas. Desse modo, a batalha durou por vários dias seguidos, havendo apenas uma interrupção aqui e ali na qual os habitantes de Alma Humana se renovavam, e os capitães se preparavam para outro ataque.

Os capitães de Emanuel trajavam armaduras de prata, e os soldados vestiam-se com outros materiais resistentes. Por sua vez, os soldados de Diabolus vestiam-se com ferro, que acabou cedendo ao aparato de Emanuel. Na cidade havia feridos, alguns gravemente. Agora, o pior de tudo, é que havia poucos cirurgiões em Alma Humana porque Emanuel estava ausente naquele momento. No entanto os feridos eram livrados da morte por meio das folhas de uma árvore; mas, ainda assim, seus ferimentos putrefaziam rapidamente e outros exalavam forte mau cheiro. Dentre os cidadãos, a lista de feridos incluía: o Lorde Razão, atingido na cabeça; o valente Lorde Alcaide, atingido nos olhos; o Sr. Mente, que foi ferido no estômago, e o honesto pregador subordinado, que foi atingido por uma flecha em uma região não longe do coração. Mas nenhuma dessas feridas era mortal. Muitos das fileiras subalternas foram não apenas feridos, mas mortos.

No acampamento de Diabolus um considerável número de soldados fora ferido e morto. Por exemplo, foram atingidos o Capitão Cólera e o Capitão Cruel. O Capitão Condenação foi levado a recuar e se

[1] Gênesis 49:19 (ARC)

entrincheirar longe de Alma Humana. O estandarte de Diabolus também fora derrubado, e o seu portador, o Capitão Grande Ferida, teve seu cérebro esmagado por uma pedra da catapulta. Tudo isso para profundo pesar e vergonha de seu príncipe Diabolus.

Igualmente muitos dos Céticos foram totalmente abatidos, apesar de que ainda foram deixados vivos o suficiente deles para fazer Alma Humana temer e tremer. Mas a vitória daquele dia, sendo a favor da cidade, trouxe muita bravura aos habitantes e aos capitães e cobriu o acampamento de Diabolus com uma espessa nuvem, o que os deixou ainda mais furiosos. No dia seguinte, Alma Humana descansou e ordenou que os sinos fossem tocados, também ressoaram as trombetas com alegria, e os capitães celebravam por todo o lugar.

O Lorde Arbítrio também não estava ocioso, mas prestou um serviço notável no interior das muralhas contra os domésticos, os diabolinianos que estavam na cidade, não apenas mantendo-os aterrorizados, porque por último queimou na fogueira um deles cujo nome era Sr. Qualquer Coisa, um camarada de quem já falamos antes. Se vocês lembram, foi ele quem levou três homens tirados da companhia do Capitão Boanerges para o lado de Diabolus. Ele os persuadiu a se alistarem sob o tirano e lutarem contra o exército de Shaddai. O Lorde Arbítrio igualmente aprisionou um notável diaboliniano que tinha por nome Pés Dissolutos. Ele era um espião para os patifes que estavam em Alma Humana e carregava as notícias do interior da cidade para o acampamento e dali de volta para os inimigos no interior da cidade. A esses dois o Lorde Arbítrio enviou a salvo para o Sr. Fiel, o carcereiro, com a ordem de que os mantivesse sob grilhões, pois também pretendia crucificá-los quando fosse melhor para a sociedade e mais eficiente para desencorajar o acampamento de seus oponentes.

O Lorde Alcaide também, mesmo sem poder se mover como antigamente em virtude do ferimento que recebera recentemente, deu ordens a todos os nativos de Alma Humana que observassem sua vigilância e permanecessem atentos para provar sua hombridade quando a ocasião oportuna necessitasse.

O pregador, o Sr. Consciência, também fez o seu máximo para manter todos os seus textos vivos no coração do povo da cidade.

Bem, depois de algum tempo, os capitães e os intrépidos de Alma Humana chegaram a um acordo e decidiram, em certo momento, arremeter-se sobre o acampamento de Diabolus, e que o fariam à noite. No entanto, isso foi tolice da cidade, visto que a noite é sempre melhor para o inimigo e pior para que a cidade lutasse. Mas estavam determinados a fazê-lo uma vez que estavam muito animados, com a lembrança da última vitória ainda recente em sua memória.

Então, chegada a noite marcada, os valentes capitães do Príncipe lançaram a sorte para ver quem deveria liderar o comboio nessa nova e precipitada expedição contra Diabolus e seu exército. Ficou determinado que deveriam liderar essa vã esperança os Capitães Confiança, Boa Esperança e Experiência. Este último fora colocado na posição capitão pelo Príncipe quando Ele ainda residia na cidade. Portanto, como eu disse, eles fizeram seu ataque contra o exército que os sitiava. Sua missão era atacar a principal companhia de seus inimigos. Contudo, Diabolus e seus homens sendo especialmente acostumados ao trabalho noturno, perceberam logo o alarme e estavam prontos a batalhar contra eles, como se houvessem lhes enviado notícia da vinda dos homens de Alma Humana. Assim sendo, lançaram-se ao combate rapidamente, e os golpes foram fortes em cada um dos lados. Os tambores do inferno tocavam mais freneticamente, ao passo que as trombetas do Príncipe soavam com ainda mais doçura. Desse modo, teve início a batalha, e o Capitão Insaciável observou as carruagens do inimigo e aguardou quando deveria fazer deles as suas presas.

Os capitães do Príncipe lutaram com intrepidez, muito além do que se poderia esperar deles. Feriram a muitos, levaram todo o exército de Diabolus a recuar. Porém não sei dizer-lhes como, mas, à medida quc os valentes Capitães Confiança, Boa Esperança e Experiência avançavam na perseguição, reduzindo o adversário e os seguindo de perto pela retaguarda, o Capitão Confiança tropeçou e caiu e ficou ferido tão seriamente que não conseguiu se levantar até que o Capitão Experiência o ajudasse. Quando isso aconteceu, os soldados de ambos entraram em confusão. O próprio capitão estava tão cheio de dores que não conseguia reprimir seus altos urros. À vista disso, os outros dois capitães combaliram supondo que o Capitão Confiança recebera um ferimento mortal. Os soldados deles também entraram em desordem e não possuíam mais prontidão para a batalha.

Embora Diabolus ainda enfrentasse o pior neste momento, sendo observador, percebeu que houve uma interrupção entre os que seguiam

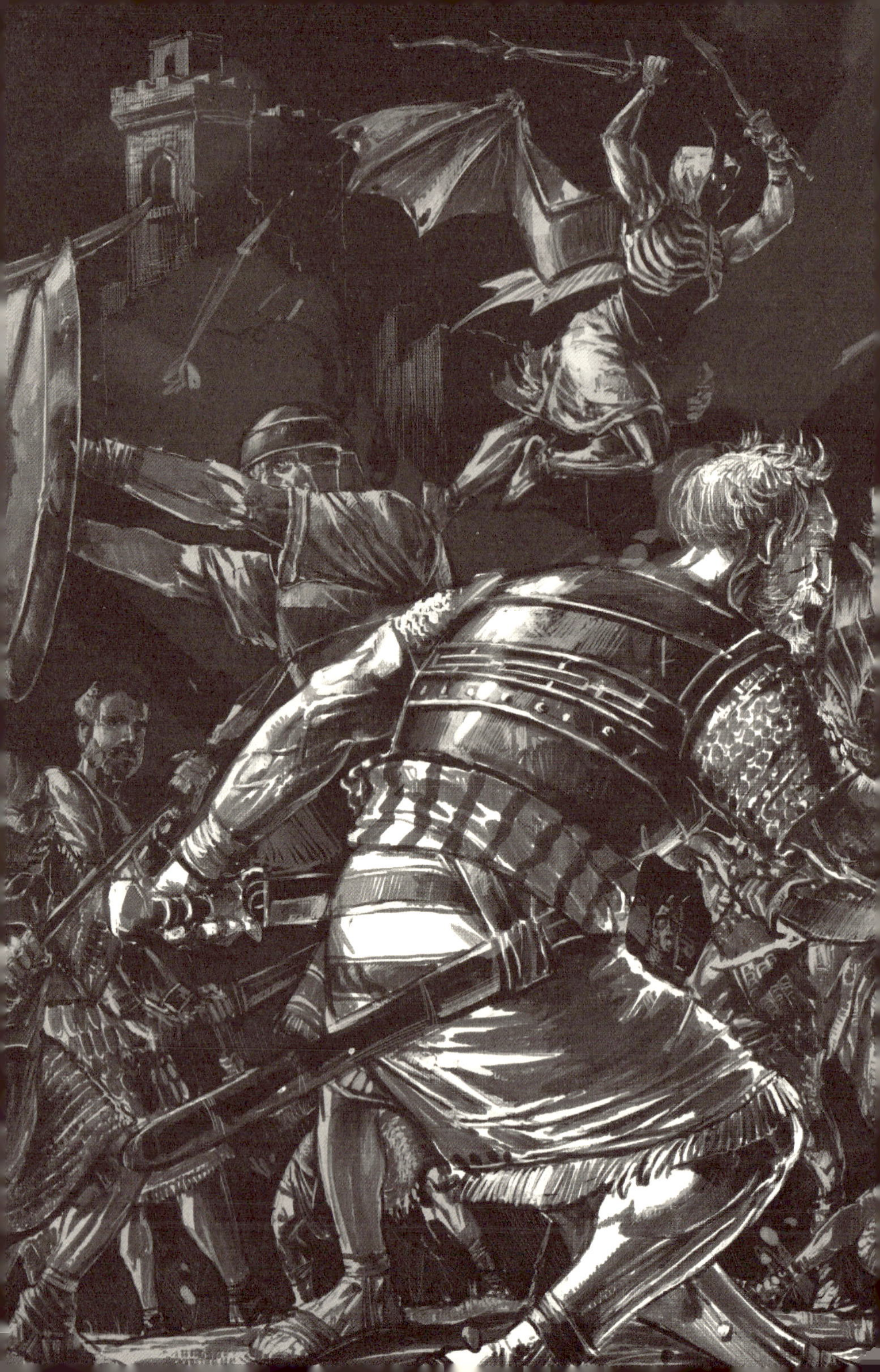

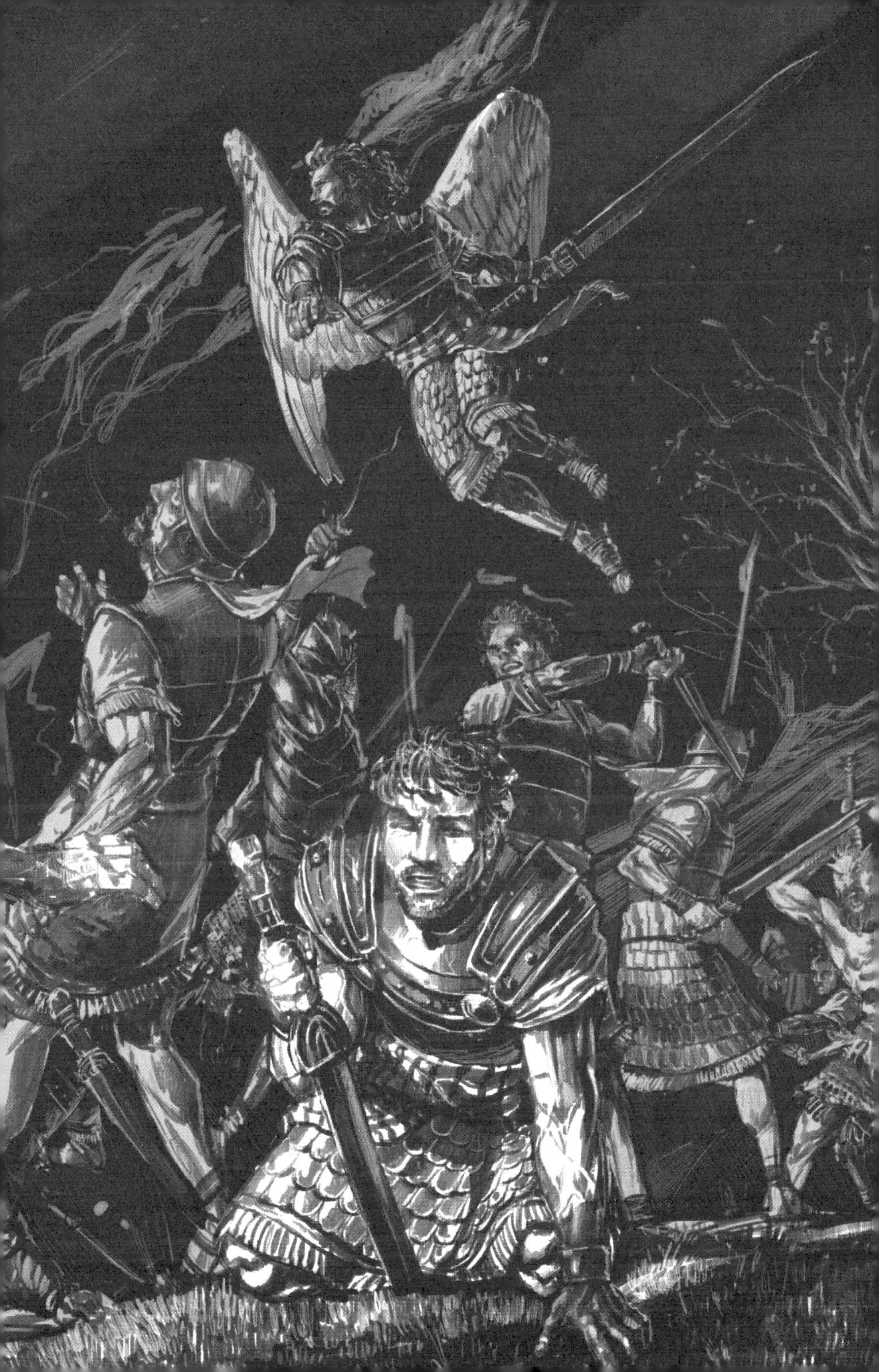

em seu encalço. Tomando por certo que os capitães estavam ou feridos ou mortos, levantou-se pela primeira vez para enfrentar e sair contra o exército do Príncipe com o máximo de furor que pôde reunir do inferno para o auxiliar. Sua estratégia era acabar exatamente entre os três capitães — Confiança, Boa Esperança e Experiência — para os cortar, ferir e transpassá-los tão terrivelmente, que, por meio do desencorajamento, ou pela desordem ou ferimentos que haviam recebido, além da perda de muito sangue, eles dificilmente conseguiriam se colocar a salvo novamente, apesar de terem em seu poderio as melhores mãos da cidade de Alma Humana.

Quando as fileiras do exército do Príncipe viram que esses três homens estavam no pior estado, acharam sábio fazer uma recuada tão segura quanto possível e retornaram ao seu porto de sally novamente. Assim encerrou-se essa ação. Porém Diabolus estava tão entusiasmado com o ocorrido nesta noite, que prometeu a si mesmo uma conquista fácil e definitiva sobre a cidade em poucos dias. Assim, no dia seguinte, ele se aproximou dos flancos da cidade com grande ousadia, exigindo entrada e que os habitantes se entregassem a seu governo. Igualmente os diabolinianos que estavam no interior da cidade começaram a se animar, de alguma forma, conforme mostraremos depois.

No entanto, o intrépido Lorde Alcaide replicou que o que Diabolus conseguisse deveria ser pela força, pois, enquanto Emanuel, o Príncipe deles, estivesse vivo — embora agora não estivesse tanto com eles quanto desejavam —, eles jamais consentiriam em render Alma Humana a qualquer outro. Com isso, o Lorde Arbítrio se levantou e disse:

—Diabolus, senhor do abismo, inimigo de tudo o que é bom, nós, os pobres habitantes da cidade de Alma Humana, estamos bem familiarizados com a suas regras e governo, e com o fim daquelas coisas que certamente seguirão o submeter-se a você, para que o façamos. Portanto, embora, enquanto não tínhamos entendimento, tenhamos permitido que você nos conquistasse — como o pássaro que não vê a armadilha cai nas mãos do passarinheiro —, desde que nos voltamos das trevas para a luz, também nos desviamos do poder de Satanás para Deus. E apesar de, por sua sutileza e da sutileza dos diabolinianos em nosso interior, tenhamos sofrido muitas baixas e nos afundado em perplexidade, não baixaremos nossas armas e nos submeteremos a um tirano tão horrendo quanto você. Preferimos morrer em combate a nos render. Ademais, temos esperança de que, com o tempo, virá a nós a libertação procedente da corte. Assim sendo, continuaremos em guerra contra você.

A ousadia de Diabolus foi abatida pelos corajosos discursos dos Lordes Arbítrio e Alcaide, mas acendeu a fúria de seu ódio. Esses discursos também auxiliaram os habitantes da cidade e os capitães, pois foi como um curativo sobre a ferida do valente Capitão Confiança. Vocês precisam saber que eram oportunos e benéficos tais intrépidos discursos agora que os capitães da cidade e seus homens de guerra haviam voltado para casa derrotados, e quando o adversário tomara coragem e ousadia, pelo sucesso obtido, de se aproximar das muralhas e exigir entrada.

O Lorde Arbítrio também demonstrou hombridade de dentro da cidade, pois, enquanto os capitães e soldados estavam no campo, ele estava armado com os cidadãos e, onde quer que ele encontrasse um diaboliniano, estes eram forçados a sentir o peso de sua mão e a lâmina de sua espada penetrante. Foram muitos diabolinianos que ele feriu, como o Lorde Sarcasmo, o Lorde Perspicácia, o Lorde Pragmatismo e o Lorde Murmuração. Também aleijou muitos de estirpe inferior. Mas não conseguiremos, neste momento, dar-lhes um relato detalhado de quantos ele matou rapidamente. O motivo pelo qual, ou melhor, a vantagem que o Lorde Arbítrio teve naquele tempo para fazer o que fez foi porque os capitães haviam saído para batalhar no campo. Com isso, os diabolinianos de dentro da cidade pensaram: "É hora de nos agitarmos e criarmos um alvoroço aqui dentro". Logo se reuniram como um corpo e se lançaram sobre Alma Humana como um furacão, de modo que só se via redemoinhos e tempestades na cidade. Por conseguinte, como eu disse, Arbítrio se aproveitou dessa oportunidade para colocar-se entre eles com os seus soldados, golpeando seus inimigos e os ferindo com impávida bravura. Diante disso, os diabolinianos se dispersaram com urgência para seus esconderijos, e o Lorde voltou ao seu lugar.

Esse ato de coragem, de alguma forma, vingou o mal que fora feito por Diabolus aos capitães e lhes informou que Alma Humana não se desmantelaria por causa da perda de uma ou outra batalha. Por esse motivo, as asas do tirano foram cortadas novamente, no que tange a sua vanglória. Quero dizer, em comparação com o que teria feito se os diabolinianos tivessem conseguido colocar a cidade na mesma condição que ele colocara os capitães.

Contudo Diabolus, mesmo assim, resolveu que assaltaria a cidade uma vez mais. Pensava: "Já que os derrotei uma vez, posso fazê-lo uma segunda vez". Por isso, ordenou que seus homens estivessem prontos em determinada hora da noite para empreender um novo ataque à cidade. Ordenou que seus soldados voltassem toda sua força especialmente contra o Portão Sentimento, em uma tentativa de tomar a cidade por ali. A palavra de ordem que deu a seus soldados e oficiais foi "fogo do inferno", dizendo:

—Se conseguirmos invadi-los, como eu desejo, quer com parte ou a totalidade de nosso exército, que aqueles que tiverem êxito se acautelem de não se esquecer dessa palavra. E que nada mais seja ouvido na cidade exceto "Fogo do inferno! Fogo do inferno! Fogo do inferno!".

O tocador de tambor deveria retinir seu instrumento incessantemente, e os portadores dos estandartes deveriam exibir suas cores. Semelhantemente, os soldados deveriam se revestir de toda a coragem que conseguissem e cumprir suas funções com hombridade contra a cidade.

Chegada a noite e preparadas todas as coisas pelo tirano para essa tarefa, ele, repentinamente, fez seu ataque contra o Portão Sentimento e, após lutar por algum tempo ali, conseguiu escancarar essa passagem, uma vez que ela era fraca e a mais suscetível a ceder. Quando ele estava nesse ponto de sua tentativa, lá colocou seus capitães Tormento e Sem Descanso. Buscou avançar, mas os capitães do Príncipe foram contra ele e tornaram o seu acesso mais difícil do que ele desejara. Para falar a verdade, os capitães ofereceram toda resistência que puderam. Porém, três de seus melhores e mais valentes oficiais foram feridos e, por isso, incapacitados de prestar o seu serviço à cidade. Os demais estavam extremamente ocupados, lidando com Céticos e os capitães que seguiam Diabolus. Eles foram superados e não conseguiram afastá-los para fora da cidade. Dessa maneira, os soldados do Príncipe e seus capitães bateram em retirada para o castelo e para a fortaleza de Alma Humana. Fizeram isso, em parte, por sua própria segurança e, em parte, pela segurança da cidade; mas, principalmente, para preservar a prerrogativa real de Emanuel sobre Alma Humana, que era o castelo.

Portanto, com os capitães refugiados no castelo, o inimigo tomou posse do restante da cidade, sem muita resistência. Espalhando-se por cada esquina, de acordo com a ordem do tirano, clamavam enquanto marchavam: "Fogo do inferno! Fogo do inferno! Fogo do inferno!". Assim, por algum tempo, nada podia ser ouvido por toda a cidade senão esses gritos medonhos e o ressoar dos tambores. Nuvens negras pairavam sobre Alma Humana. Nem mesmo a própria razão conseguia fazer algo, exceto contemplar sua ruína. Diabolus também aquartelou seus soldados nas casas dos habitantes da cidade. A casa do pregador subordinado estava tão repleta quanto possível desses Céticos estrangeiros assim como as casas do Lorde Alcaide e do Lorde Arbítrio. Onde havia uma esquina, um chalé, um celeiro ou uma casa que não estivesse agora cheia desses vermes? Expulsaram os homens da cidade de seus lares e agora deitavam-se em suas camas e se assentavam às suas mesas.

Ah, pobre Alma Humana! Agora você sente o fruto do pecado, que veneno havia nas palavras lisonjeiras de Segurança Carnal! Os inimigos devastavam tudo em que colocavam as mãos; incendiaram a cidade em vários lugares e despedaçaram muitas crianças. Também mataram os bebês nos ventres de suas mães. Vocês não deveriam pensar que poderia ser diferente; que consciência, que piedade, que compaixão profunda se poderia esperar dos Céticos? Muitas mulheres em Alma Humana, tanto idosas quanto jovens, foram forçadas, violentadas, abusadas como animais, de modo que elas desmaiavam, sofriam aborto e muitas morriam. Assim eram expostas em cada rua e em todos os lugares da cidade.

Agora Alma Humana não se assemelhava a nada senão a um covil de dragões, um emblema do inferno e um lugar de completas trevas. Parecia como o deserto estéril: nada além de urtigas, sarças, espinhos, ervas daninhas e coisas fétidas pareciam então cobrir a face da cidade. Eu lhes disse anteriormente como esses Céticos diabolinianos expulsaram os homens de Alma Humana de suas camas e agora acrescentarei que os feriram, maltrataram e quase mataram muitos deles a pancadas. Eu disse muitos, sim, quase todos eles. Também feriram o Sr. Consciência, e as feridas dele infeccionaram de tal forma que ele não conseguia alívio dia ou noite. Deitava-se continuamente sobre grades. Se Shaddai não controlasse tudo, eles certamente o haveriam exterminado cabalmente. Abusaram tanto do Lorde Alcaide também que quase lhe vazaram os olhos; e, se o Lorde Arbítrio não tivesse se retirado para o castelo, eles o teriam cortado em pedaços, uma vez que, por causa do estado do coração dele, eles o viam como um dos piores em Alma Humana contra Diabolus e seu grupo. Arbítrio, sem dúvida, havia se mostrado valoroso. E vocês, em breve, saberão mais das realizações dele.

Uma pessoa poderia agora andar por dias seguidos por Alma Humana e raramente ver alguém na cidade que parecesse piedoso. Como estava pavoroso o estado da cidade! Cada canto pululava Céticos. Homens de fardas pretas e de fardas vermelhas caminhavam aos montes pelas ruas e enchiam as casas com seus ruídos temíveis, canções vãs, lorotas e linguagem blasfema contra Shaddai e Seu Filho. Por esse tempo, todos aqueles diabolinianos que espreitavam nas muralhas, covis e covas que havia no interior da cidade vinham para fora e se exibiam. Eles andavam de cara deslavada na companhia dos Céticos que havia em Alma Humana. Tinham mais ousadia para percorrer a cidade, assombrar as casas e se mostrar do que qualquer um dos honestos habitantes de Alma Humana.

Contudo, Diabolus e seus estrangeiros não estavam em paz na cidade, pois não eram acolhidos como os capitães e os exércitos de Emanuel. Os nativos da cidade os intimidavam tanto quando podiam. Tampouco conseguiram destruir as coisas indispensáveis na cidade, apenas algumas que apreenderam contra a vontade dos cidadãos. Estes escondiam de seus inimigos o que podiam e o que não conseguiam ocultar eles cediam de má vontade. Pobres corações! Preferiam ter de volta seu território a ter a companhia de seus adversários; mas, no momento, eram seus cativos e eram forçados a se manter assim. Porém, digo-lhes que esses cidadãos os desencorajavam tanto quanto conseguiam e lhes demonstravam tanto desagrado quanto possível.

Os capitães, que estavam no castelo, restringiam os diabolinianos por continuamente atirar contra eles com as catapultas, para a completa irritação e fúria da mente dos adversários. É verdade que Diabolus tentou muitas vezes quebrar os portões do castelo; contudo o Sr. Temor a Deus era o guarda naquele lugar. Como ele era um homem de muita coragem, boa conduta e valor, era vã a ideia de imaginar ser bem-sucedido naquela tarefa, enquanto houvesse vida nesse homem, por mais que o inimigo o desejasse. Assim sendo, todas as investidas que Diabolus fazia contra ele eram infrutíferas. Muitas vezes, eu desejei que esse homem tivesse o controle de toda Alma Humana.

Essa foi a condição de Alma Humana por cerca de dois anos e meio. O corpo da cidade era um território de guerra; os nativos foram levados a habitar em buracos, e a sua glória fora lançada no pó. Qual descanso, qual paz poderia haver para os habitantes, como poderia o Sol brilhar sobre eles? Se o inimigo tivesse ficado por tanto tempo assim nas planícies em oposição à cidade, isso seria o suficiente para levar seus habitantes à inanição. Mas era terrível agora, com eles em seu interior, com a cidade sendo o abrigo deles, suas trincheiras e fortes contra o castelo que ali havia; quando a cidade se voltava contra si mesma e servia como uma defesa aos inimigos de sua força e vida, digo-lhes, quando conseguiam usar os fortes e as fortalezas para se assegurar de permanecer no interior das muralhas, até que pudessem tomar, deteriorar e demolir o castelo. Esse era, pelo momento, o estado da cidade de Alma Humana.

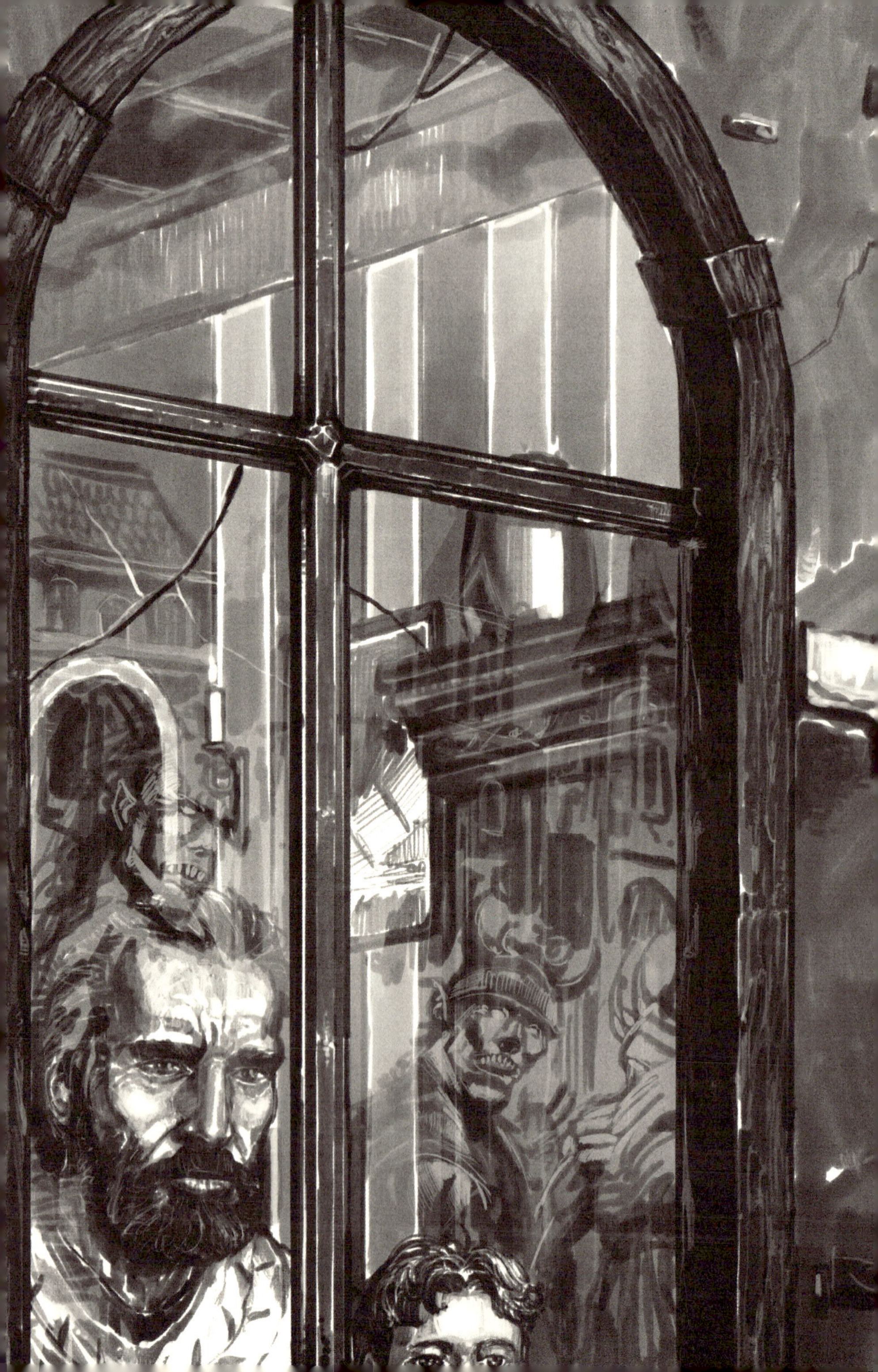

CAPÍTULO 15

Depois de a cidade de Alma Humana estar nessa condição lamentável por muito tempo, como eu lhes contei, e de nenhuma das petições enviadas ao Príncipe terem prevalecido nesse ínterim, os anciãos e líderes da cidade se reuniram e, depois de lastimarem, por um tempo, seu miserável estado e o julgamento que lhes era dispensado, concordaram em esboçar outra petição e enviá-la a Emanuel, solicitando socorro. Porém o Sr. Temor a Deus se levantou e lhes disse que eles sabiam que o Príncipe, o senhor deles, jamais recebeu ou receberia uma petição nesses termos da mão de qualquer outro, a menos que o Lorde Secretário a assinasse. Acrescentou ainda que esse era o motivo por que não haviam prevalecido até agora. Eles então disseram que esboçariam uma petição e pediriam que o Lorde Secretário a firmasse. Contudo o Sr. Temor a Deus lhes respondeu que ele sabia que o Lorde Secretário não assinaria qualquer petição que Ele mesmo não houvesse composto e redigido.

—Além disso, — continuou — o Príncipe reconhece a caligrafia do Lorde Secretário entre todas as caligrafias do mundo. Desse modo, Ele não poderá ser enganado por qualquer dissimulação. Portanto, aconselho-os a ir ao Lorde Secretário e implorar a Ele que possa lhes conceder o Seu auxílio.

Naquele tempo, o Lorde Secretário ainda habitava no castelo onde estavam os capitães e todos os homens de guerra. Eles agradeceram sinceramente ao Sr. Temor a Deus, acolheram seu conselho e fizeram como ele lhes dissera. Foram, então, ao Lorde e declararam-lhe o motivo de sua vinda à Sua presença, a saber: que, uma vez que Alma Humana estava em condição tão deplorável, se Sua Alteza se contentaria em assumir a redação de uma petição em favor deles a Emanuel, o Filho do poderoso Shaddai, e ao Rei deles, Seu Pai.

Disse-lhes o Lorde Secretário:

—Que petição é essa que vocês querem que eu redija em nome de vocês?

Responderam-lhe, então:

—Sabes melhor o estado e a condição de Alma Humana e como estamos desviados do Príncipe e degenerados. Também sabes quem veio para a guerra contra nós e como a cidade é agora um território de conflitos. Ademais, conheces os tratamentos bárbaros que nossos homens, mulheres e crianças têm sofrido nas mãos deles e como os diabolinianos que habitavam na cidade agora caminham pelas ruas com mais ousadia do que se arriscam os próprios cidadãos. Que tu, nosso Lorde, de acordo com a sabedoria de Deus que há em ti, redijas a petição em favor de Teus pobres servos a nosso Príncipe Emanuel.

—Bem, — disse o Lorde Secretário — escreverei a petição, em nome de vocês, e a assinarei.

—Mas quando a teremos das mãos de nosso Lorde?

—Vocês mesmos devem estar presentes enquanto a escrevo. Sim, precisam manifestar nela o seu desejo. É bem verdade que a mão que a escreve e a caneta serão minhas, mas a tinta e o papel devem ser seus. Senão, como poderão dizer que é uma petição de vocês? Eu não tenho necessidade de apelar por mim, pois não causei ofensa. — E acrescentou: —Nenhuma petição parte de mim, em meu nome, ao Príncipe, e nem ao Pai dele por intermédio do Filho, a não ser quando os principais envolvidos no caso se unem em coração e alma, pois essa disposição deve estar presente na petição.

Eles concordaram com a sentença do Lorde, e desse modo a petição foi redigida em favor deles. No entanto, quem deveria levá-la? Esse era o passo seguinte. O Secretário os aconselhou que o Capitão Confiança deveria portá-la, visto que ele era um homem eloquente. Eles o chamaram e lhe propuseram a missão, ao que Confiança respondeu:

—Aceito alegremente a proposta. E, embora eu esteja manquejando, cumprirei esse propósito para vocês tão velozmente quanto eu puder.

Este era o conteúdo da petição para essa causa:

"Ó nosso Senhor e Soberano Príncipe Emanuel, o poderoso e longânimo Príncipe! A graça é extravasada de Teus lábios[1] e a ti pertence a misericórdia e o perdão, apesar de termos pecado contra ti. Nós, que somos indignos de sermos chamados de Tua Alma Humana e de participar de Teus benefícios naturais, imploramos a ti e a Teu Pai, por Teu intermédio, que afastem de nós as nossas transgressões. Confessamos que tu poderias nos expulsar de Tua presença por causa delas, mas não faças isso por amor de Teu nome. Que, ao contrário, uses dessa oportunidade para, diante de nossa miserável condição, demonstrares Tuas entranhas de compaixão para conosco. Estamos cercados por todos os

[1] Salmo 45:2

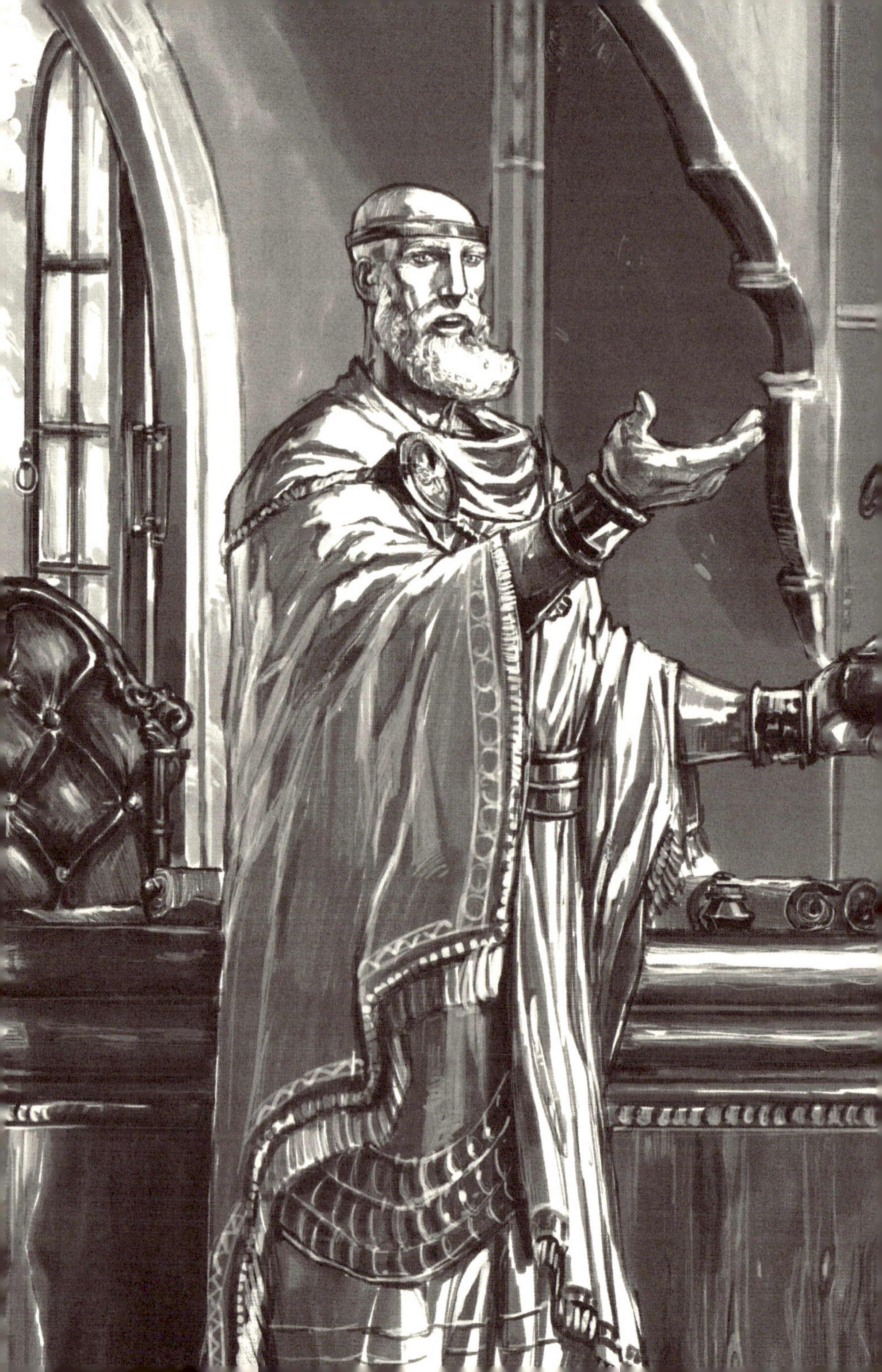

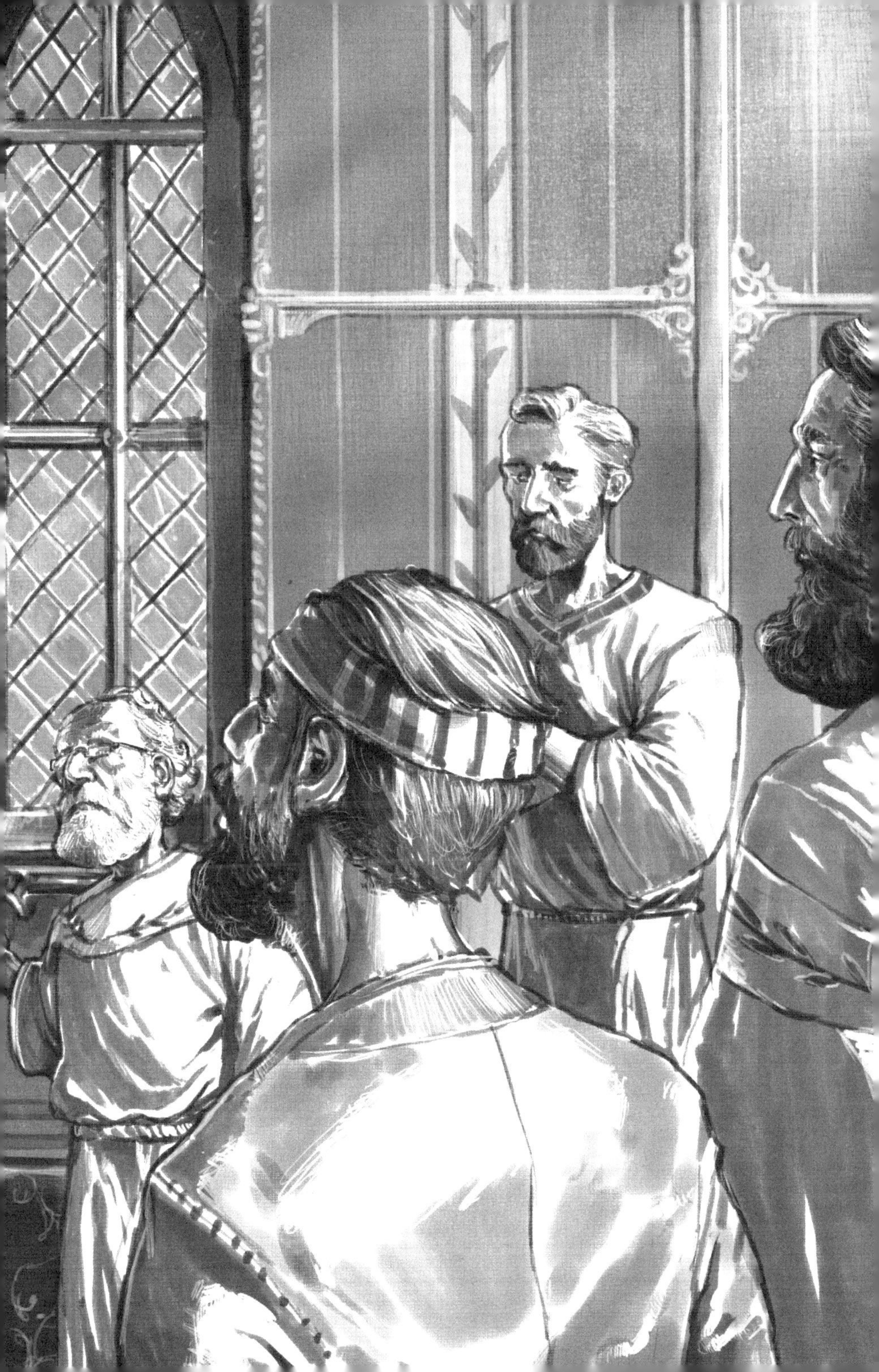

lados, Senhor, nossos desvios nos reprovam, os diabolinianos de nossa cidade nos aterrorizam e o exército do anjo do abismo nos angustia. Somente Tua graça pode ser nossa salvação. Não sabemos para quem mais ir além de ti.

"Outrossim, ó Príncipe cheio de graça, enfraquecemos nossos capitães, e eles estão desencorajados, enfermos e, recentemente, alguns deles foram lamentavelmente derrotados e abatidos no campo de batalha pelo poder e força do tirano. Sim, até mesmo aqueles capitães em cuja bravura costumávamos colocar muito de nossa confiança estão como homens feridos. Além disso, Senhor, nossos inimigos estão vivazes e fortes, eles alardeiam e se vangloriam de si mesmos, ameaçando-nos de repartir-nos como despojo. Lançaram-se sobre nós, Senhor, com muitos milhares de Céticos, com os quais não sabemos o que fazer. Todos têm aparência sinistra e não são misericordiosos. E desafiam a nós e a ti.

"Não temos mais sabedoria ou poder porque tu partiste de nosso meio. Não temos outra coisa para considerar nossa, exceto nosso pecado, vergonha e confusão por causa do pecado. Tem piedade de nós, Senhor, tem piedade de nós, Tua miserável cidade de Alma Humana, e salva-nos das mãos de nosso inimigo. Amém."

Essa petição, como mencionado antes, foi entregue pelo Lorde Secretário e levada para a corte pelo intrépido e mais destemido Capitão Confiança. Ele a levou através do Portão Paladar — pois este, como eu disse anteriormente, era o porto de sally da cidade — e chegou com ela diante de Emanuel. Mas não sei como aconteceu de essa notícia chegar aos ouvidos de Diabolus. Concluo isso porque o tirano, no final, a usou para desafiar Alma Humana com ela, dizendo:

—Vocês, Alma Humana, cidade rebelde e obstinada, eu os forçarei a abandonar essas petições. Ainda estão apelando? Eu os farei parar com isso!

Ele sabia, inclusive, quem era o mensageiro que a levara ao Príncipe, e isso o fez temer e enfurecer-se. Assim, ordenou que seu tambor deveria retinir novamente, algo que a cidade não suportava ouvir. Contudo, quando Diabolus fizer seus tambores ressoarem, Alma Humana terá de suportar. Ao seu ressoar, os diabolinianos se reuniram. Disse-lhes o tirano:

—Ó vocês, corajosos diabolinianos, que seja sabido entre vocês que há uma traição em andamento contra nós na rebelde cidade de Alma

Humana. Pois, não obstante a cidade estar em nossa posse, como vocês o veem, ainda assim esses miseráveis ousaram tentar e têm sido tão destemidos a ponto de enviar alguém pedindo socorro à corte de Emanuel. Dou-lhes a conhecer esse fato, para que saibam como tratar com a desventurosa cidade. Desse modo, ó fiéis diabolinianos, ordeno que aflijamos mais e mais a cidade e a molestemos com nossos ardis e violência às suas mulheres, que defloremos suas virgens, assassinemos suas crianças, matemos a pancadas os seus idosos, incendiemos a cidade e qualquer outra perversidade que vocês possam fazer. Que essa seja a recompensa de Alma Humana por sua desesperada rebelião contra mim.

Esse foi o desafio, mas algo aconteceu entre a sua declaração e a execução. Pois, até este momento, o inimigo não fez muita coisa além de se enfurecer.

Ademais, tendo Diabolus assim falado, dirigiu-se aos portões do castelo e exigiu que, sob risco de morte, eles lhes fossem abertos e fosse concedida entrada a ele e a seus soldados que o seguiam. A isso, o Sr. Temor a Deus, responsável por essa passagem, replicou dizendo que não abririam os portões a ele nem aos seus seguidores. Acrescentou que, além do mais, Alma Humana, após sofrer por um tempo, seria aperfeiçoada, fortalecida e firmada.

Disse-lhes Diabolus:

—Entreguem-me, então, os homens que fizeram a petição contra mim, especialmente o Capitão Confiança, que a levou para o seu Príncipe. Entreguem esse traiçoeiro em minhas mãos e partirei da cidade.

Certo diaboliniano conhecido como Sr. Trapaceiro falou:

—Meu senhor lhes ofereceu algo justo: é melhor que um homem pereça do que toda a cidade seja destruída.[2]

O Sr. Temor a Deus replicou:

—Por quanto tempo Alma Humana será mantida fora do calabouço depois que tiver cedido sua fé a Diabolus? Se perdermos o Capitão Confiança, a cidade terá perdido com ele o bem, pois, se ele se for, a cidade o seguirá.

Diante disso, o Sr. Trapaceiro guardou silêncio, e o Lorde Alcaide tomou a palavra:

---

[2] João 11:49-50

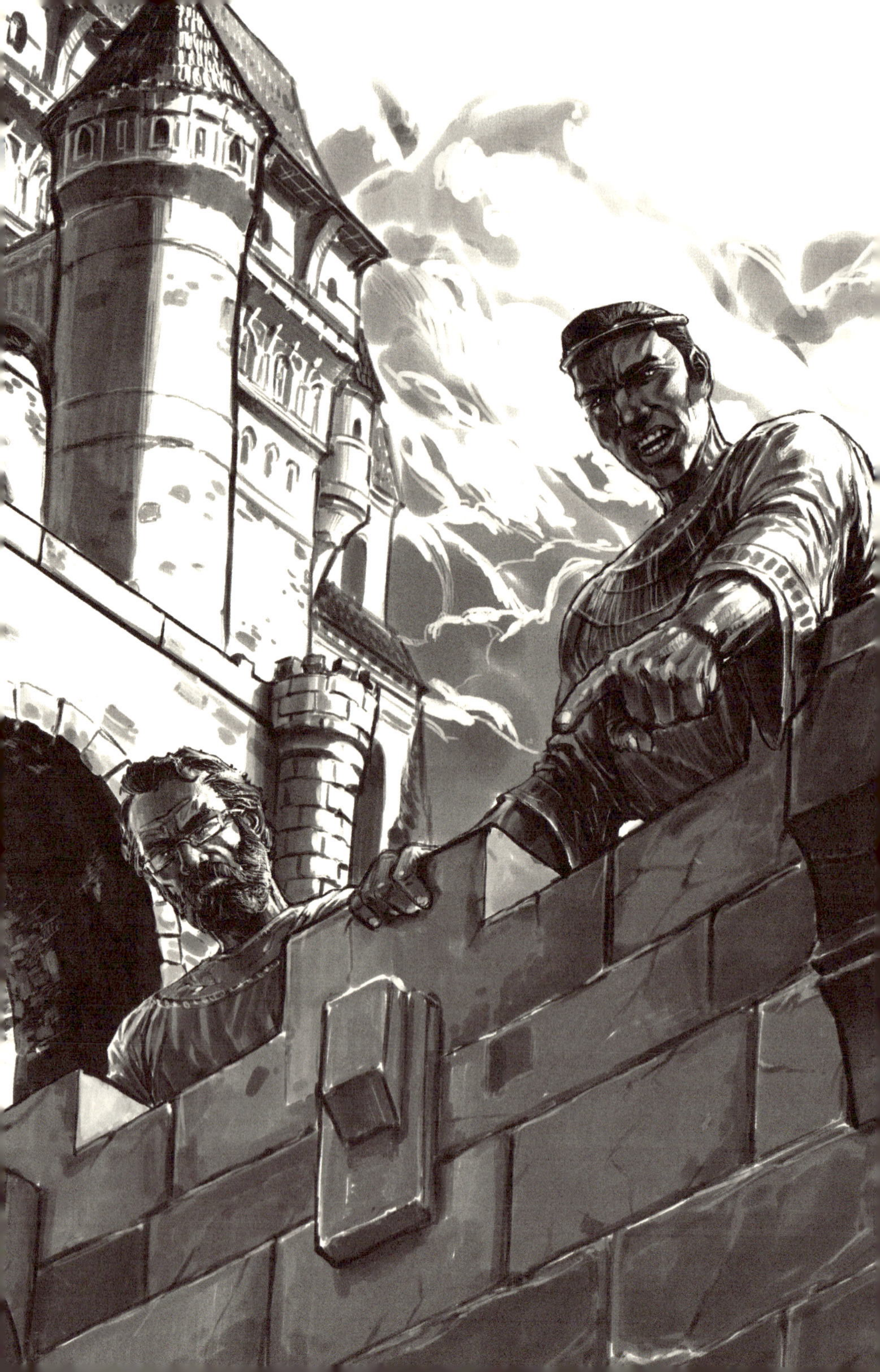

—Ó você, tirano devorador, que seja do seu conhecimento que não atentaremos a qualquer de suas palavras. Estamos decididos a lhe resistir enquanto houver em Alma Humana um capitão, um homem, uma catapulta e uma pedra a ser lançada contra você.

—Vocês têm esperança, aguardam e buscam auxílio e libertação? — disse Diabolus — Vocês invocaram Emanuel, mas a sua maldade está muito próxima a vocês para permitir que orações inocentes lhes saiam dos lábios. Vocês acham que serão vencedores e prosperarão nesse desígnio? Falharão em seu anseio e em suas tentativas, uma vez que não apenas eu, mas o seu Emanuel também está contra vocês. Sim, foi Ele quem me enviou para subjugá-los. Em que, então, está a sua esperança? Ou por qual meio escaparão?

—Nós realmente pecamos, — disse o Lorde Alcaide — mas isso não será a seu favor, tirano, porque o nosso Emanuel nos disse em grande fidelidade: "o que vem a mim, de modo algum o lançarei fora".[3] Além disso, Ele também nos falou: "tudo será perdoado aos filhos dos homens: os pecados e as blasfêmias que proferirem".[4] Portanto, não nos desesperaremos, mas ainda buscaremos libertação e teremos esperança de que ela virá.

Por essa ocasião, o Capitão Confiança já havia voltado da corte de Emanuel ao castelo de Alma Humana e trouxera consigo um pacote. O Lorde Alcaide, sabendo que o Capitão Confiança chegara, abandonou o barulho dos bramidos do tirano rugidor e o deixou gritando próximo à muralha da cidade ou dos portões do castelo. Chegou no alojamento do capitão e, saudando-o, perguntou sobre seu bem-estar e sobre quais eram as notícias da corte. Porém, quando o inquiriu ao capitão, lágrimas lhe escorriam dos olhos. Disse-lhe, então, o capitão:

—Anime-se, meu senhor, porque tudo ficará bem no devido tempo!

Com isso, ele apresentou seu pacote e colocou-o de lado. Contudo, isso foi visto como sinal de boas-novas pelo Lorde Alcaide e pelos demais capitães. Parecia-lhes que um tempo de graça havia chegado. O Lorde Alcaide informou a todos os capitães e anciãos da cidade, que estavam distribuídos em seus alojamentos no castelo ou em suas guardas,

---

[3] João 6:37

[4] Marcos 3:28

comunicando-lhes que o Capitão Confiança voltara da corte e que ele tinha algo genérico e algo específico para lhes dizer. Todos vieram ao encontro dele e o saudaram perguntando-lhe sobre sua viagem e qual era a boa-nova da corte. Ele lhes respondeu da mesma forma como fizera primeiro ao Lorde Alcaide, isto é, que tudo ficaria bem no fim das contas. Agora, depois de haver assim os saudado, Confiança abriu o pacote e dele retirou várias cartas para aqueles a quem elas se destinavam.

A primeira delas era para o Lorde Alcaide. Nela, Emanuel dizia que aprovara que o Lorde Alcaide tivesse sido tão fiel e confiável em sua função e em todas as responsabilidades que foram colocadas sobre ele quanto às pessoas e à cidade de Alma Humana. Também esperava que ele soubesse que Emanuel vira com bons olhos que o Alcaide tivesse sido tão ousado em favor de seu Príncipe e se envolvido tão fielmente em Sua causa contra Diabolus. Semelhantemente, mais para o final da carta, dizia que ele em breve receberia a sua recompensa.

A segunda carta era para o nobre Lorde Arbítrio, na qual se lia que seu Príncipe Emanuel entendia bem o quão valente e corajoso Arbítrio fora para a honra de seu Senhor, agora em Sua ausência e quando Seu nome sofria desdém por Diabolus. A carta também dizia que seu Príncipe aprovara que ele tivesse sido tão fiel sobre a cidade de Alma Humana ao manter olhos e mãos rigorosos, bem como rédeas curtas sobre o pescoço dos diabolinianos que ainda espreitavam em seus muitos covis na célebre cidade. Ademais dizia que sabia que Arbítrio havia executado, com suas próprias mãos, alguns dos principais dos rebeldes que lá havia, para o desânimo do partido adversário e para o bom exemplo para toda Alma Humana. E que ele logo receberia sua recompensa.

A terceira carta veio para o pregador subordinado e ela dizia que seu Príncipe apreciara o fato de ele ter exercido seu papel com tanta honestidade e fidelidade e praticado a incumbência que lhe fora delegada por seu Senhor enquanto exortava, repreendia e alertava Alma Humana de acordo com as leis da cidade. Ademais, Emanuel dizia que julgara bom que o pregador os tivesse convocado para o jejum, para se vestirem em pano de saco e a cobrir-se de cinzas enquanto a cidade estava sob revolta. Igualmente, quando ele solicitara a ajuda do Capitão Boanerges em trabalho tão pesaroso. Sua recompensa também lhe foi prometida.

A quarta carta veio para o Sr. Temor a Deus e nela estava escrito que seu Senhor observara que ele fora o primeiro, dentre todos os demais de Alma Humana, a detectar o Sr. Segurança Carnal como o único que, por meio de suas sutileza e astúcia, obtivera para Diabolus uma decadência na piedade na abençoada cidade. Além disso, seu Senhor lhe deu a conhecer que Ele ainda se lembrava de suas lágrimas e de seu pesar por causa do estado de Alma Humana. Também observara, pela mesma carta, que seu Senhor percebera como ele identificara o Sr. Segurança Carnal enquanto na mesa desse mesmo inimigo, entre seus convidados, na casa dele, e isso em meio a uma celebração, enquanto esse inimigo buscava aperfeiçoar sua vilania contra a cidade. Emanuel também vira que essa pessoa reverente, o Sr. Temor a Deus, permanecera ousadamente junto aos portões do castelo em oposição a todas as ameaças e tentativas do tirano. Igualmente, que ele colocara os habitantes da cidade em condições de fazer sua petição a seu Príncipe a fim de que Ele a aceitasse e que eles obtivessem uma resposta de paz. Por todas essas coisas, esse bravo homem receberia, em breve, a sua recompensa.

Após tudo isso, havia ainda uma carta endereçada a toda a cidade. Nela, lia-se que seu Senhor observara as constantes petições que lhe enviaram, e que eles veriam o fruto disso em tempos vindouros. Seu Príncipe também lhes afirmara que vira com bons olhos o fato de o coração e a mente deles estarem, finalmente, fixos nele e em Seus caminhos, embora Diabolus tivesse feito tantas incursões contra a cidade. E que nem as lisonjas ou as dificuldades fizeram com que eles cedessem em servir aos cruéis desígnios do adversário. Ao final, essa correspondência dizia que seu Senhor deixava Alma Humana sob a incumbência do Lorde Secretário e sob a conduta do Capitão Confiança, dizendo: "Atentem para que ainda permaneçam sob o governo deles e, no tempo devido, receberão seu galardão".

Assim, após o valente Capitão Confiança entregar suas cartas aos respectivos destinatários, ele se retirou para o alojamento do Lorde Secretário e lá os dois passaram tempo conversando. Um avaliava o outro em grande estima, e sabiam mais sobre como andariam as coisas em Alma Humana do que todos os seus habitantes. O Lorde Secretário também amava profundamente o Capitão Confiança, enviava-lhe muitas delícias da mesa do Senhor e para ele mostrava Sua face enquanto o restante de Alma Humana permanecia envolto em nuvens. Depois de um tempo

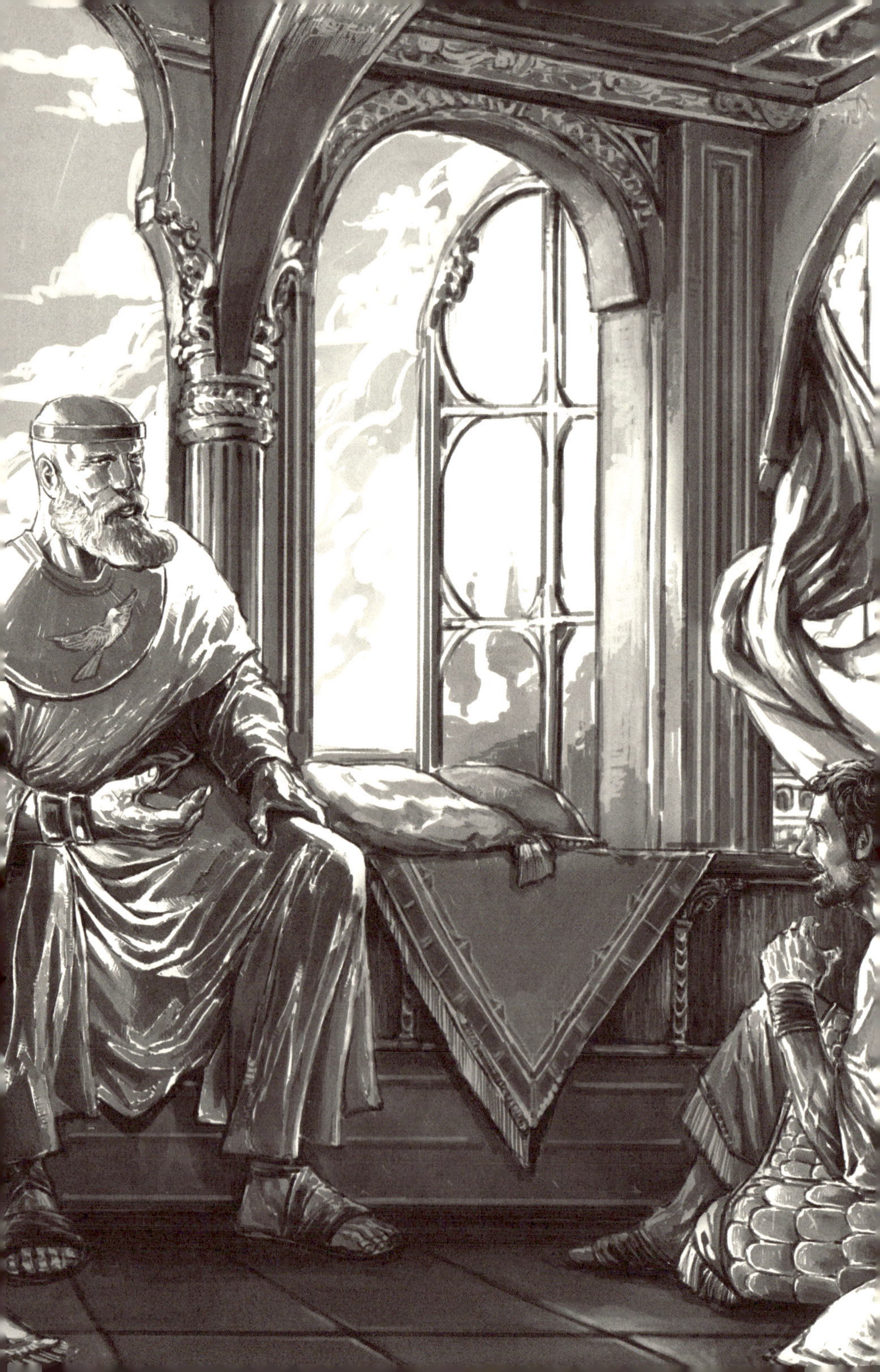

de conversa, o capitão dirigiu-se a seus próprios aposentos. No entanto, não muito depois, o Senhor chamou-o novamente. Tendo chegado à sua presença e após as saudações usuais, disse o capitão ao Lorde Secretário:

—O que meu Senhor tem a dizer a seu servo?

O Lorde Secretário o separou dos demais, demonstrou-lhe mais um ou dois sinais de favor e lhe falou:

—Fiz de você o Tenente-Coronel sobre todo o exército de Alma Humana. Assim sendo, deste dia em diante, todos os soldados da cidade estarão sob seu comando, e você será aquele que liderará a cidade para dentro e para fora das muralhas. Será quem comandará, de acordo com a sua patente, a guerra por seu Príncipe e por Alma Humana contra a força e o poder de Diabolus, e todos os capitães estarão sob suas ordens.

CAPÍTULO 16

Os habitantes de Alma Humana começaram a perceber a simpatia que o Capitão Confiança tinha tanto da corte como do Lorde Secretário, pois nenhum homem antes dele conseguiu ser tão veloz, quando enviado, e tampouco trouxe consigo tais boas-novas de Emanuel. Assim, o que mais poderiam fazer senão lamentar não o terem usado mais vezes quando estavam em angústia e enviar o pregador subordinado ao Lorde Secretário expressando seu desejo de que, com tudo o que eles eram e tinham, pudessem ser colocados debaixo do governo, cuidado, custódia e conduta desse capitão?

Ao sair para cumprir sua tarefa, o pregador recebeu a seguinte resposta do seu Senhor: que o Capitão Confiança seria o grande realizador no exército do Rei, contra Seus inimigos e para o benefício da cidade. Desse modo, o pregador se prostrou e agradeceu seu Senhor, retornando em seguida para dar essas notícias para os cidadãos de Alma Humana. Contudo, tudo isso foi feito sob máximo sigilo visto que os adversários ainda possuíam grande força dentro da cidade.

Retornando à nossa história...

Quando Diabolus se viu confrontado com tanta ousadia pelo Lorde Alcaide e percebeu a valentia do Sr. Temor a Deus, irou-se muito e convocou um conselho de guerra, para que pudesse ser vingado na cidade. Assim, todos os príncipes do abismo se reuniram com todos os capitães do seu exército, e com o velho Incredulidade liderando-os. Eles deliberaram o que fazer. O resultado e a conclusão do conselho foi sobre como poderiam conquistar o castelo, pois não poderiam firmar-se como os novos senhores da cidade enquanto este permanecesse na posse de seus inimigos.

Um aconselhava de uma forma, outro, de outra, mas, quando não conseguiram chegar a um consenso em seu veredito, Apolião, o presidente do conselho, levantou-se e disse:

—Minha irmandade, tenho duas coisas a lhes propor. A primeira é que nos retiremos da cidade e retornemos às planícies, pois nossa presença aqui não nos ajudará, uma vez que o castelo ainda está nas mãos de nosso inimigo. Também não é possível que o tomemos enquanto houver tantos intrépidos capitães em seu interior e enquanto esse ousado Temor a Deus for o guarda de seus portões. Agora, quando sairmos da cidade para os campos, eles, por sua própria vontade, ficarão alegres em poder relaxar um pouco. E poderá ser que comecem a ser negligentes e, quando assim estiverem, pode ser que isso lhes traga um ataque ainda mais potente do que nós mesmos conseguiríamos. Todavia, se isso falhar, a nossa aproximação da cidade pode atrair os capitães para que venham atrás de nós, e vocês sabem o quanto lhes custou quando os combatemos no campo anteriormente. Além disso, se conseguirmos atraí-los para os campos, podemos armar tocaia na parte de trás da cidade e, quando eles saírem, os nossos poderão correr para dentro e tomar posse do castelo.

Mas Belzebu ergueu-se e respondeu:

—É impossível atrair todos eles para fora do castelo. Vocês podem ter certeza de que alguns, de fato, permanecerão lá para o guardar. Por isso, será em vão tentarmos algo assim, a menos que estejamos seguros de que todos sairão.

Portanto, ele concluiu que o que precisava ser feito deveria ser feito de outro modo. E a melhor maneira que os líderes deles conseguiram encontrar foi o que Apolião lhes aconselhara, a saber, que levassem os cidadãos novamente ao pecado. Disse mais Belzebu:

—Não é nossa permanência na cidade ou nas planícies, ou nossa luta, ou matança dos soldados deles que poderá nos tornar os senhores de Alma Humana. Pois, enquanto existir uma única pessoa na cidade que consiga levantar o dedo contra nós, Emanuel tomará o partido deles. E se Ele o fizer, sabemos que momento esse será para nós. Assim sendo, não há, julgo eu, outra forma de trazê-los em escravidão a nós, exceto criarmos um meio de os levar a pecar. Se tivéssemos deixado todos os nossos Céticos em casa, teríamos o mesmo resultado que agora, a menos que façamos deles os senhores e governantes do castelo. Céticos deixados a distância são apenas objeções refutadas com argumentos. Certamente, se conseguirmos colocá-los dentro da fortaleza e fazer deles os proprietários dela, esse será o nosso dia. Dessa maneira, recuemos para as planícies, sem esperar sermos seguidos pelos capitães de Alma Humana. Porém, ainda assim façamos desse modo. Mas, antes de o fazermos, aconselhemos nossos fiéis diabolinianos que permanecem na cidade, colocando-os para trabalhar para nós traindo a cidade. São eles que devem fazê-lo, ou jamais será feito.

Por meio dessa fala de Belzebu (creio que foi ele que aconselhou nesses termos), todo o conclave foi forçado a concordar com a opinião dele, isto é, de que o meio de conquistar o castelo era levar a cidade ao pecado. Lançaram-se, então, à tarefa de criar o que pudessem para colocar esse plano em ação.

Lúcifer se levantou e asseverou:

—O conselho de Belzebu é pertinente. Agora, o meio de implementá-lo é, em minha opinião, este: vamos recuar nossas tropas de Alma Humana. Façamos isso e não mais os aterrorizemos, quer com convocações ou ameaças ou o ribombar dos tambores. Não usemos qualquer meio de os despertar. Apenas permaneçamos no campo, a distância, e fingindo que não os consideramos, pois o pavor só faz despertá-los e torná-los mais apegados às suas armas. Tenho ainda outro estratagema em minha mente: vocês sabem que Alma Humana é um centro comercial e que ela se deleita no comércio. E se alguns de nossos diabolinianos se disfarçarem de homens do interior longínquo e levarem para dentro do mercado da cidade alguns de nossos produtos para colocar à venda? E o que importa por quanto venderão nossas manufaturas, mesmo que seja pela metade do preço? Agora, que aqueles que negociarão no mercado deles sejam os que são jocosos e leais a nós. Aposto a minha própria coroa que isso funcionará! Tenho dois deles em mente, os quais acho que serão astutos para esse trabalho. São eles o Sr. Poupa Tostões e Desperdiça Fortunas e o Sr. Conquista o Pouco e Perde o Muito. Esse último homem não é em nada inferior ao primeiro. E se acrescentarmos a eles os senhores Doce Mundo e Dádiva Presente? Ambos são homens corteses e hábeis, mas nossos grandes amigos e auxiliadores. Que esses, com outros tan palavra' tos, realizem essa tarefa para nós e que Alma Humana seja tão envolvida em negociações, com seus habitantes ficando tão ricos, que esse será nosso meio de derrotá-los. Vocês não se lembram de que foi assim que prevalecemos contra Laodiceia,[1] e quantos temos envolvidos nessa cilada atualmente?[2] Quando começarem a se tornar abastados, eles esquecerão suas misérias e, se não os alarmarmos, eles poderão cair em sono profundo,

---

[1] Apocalipse 3:14-21

[2] Provérbios 30:7-9 afirma que tanto a abundância quanto a escassez podem ser ciladas para os servos de Deus. A primeira pode trazer um senso de autossuficiência; a segunda pode levar à murmuração.

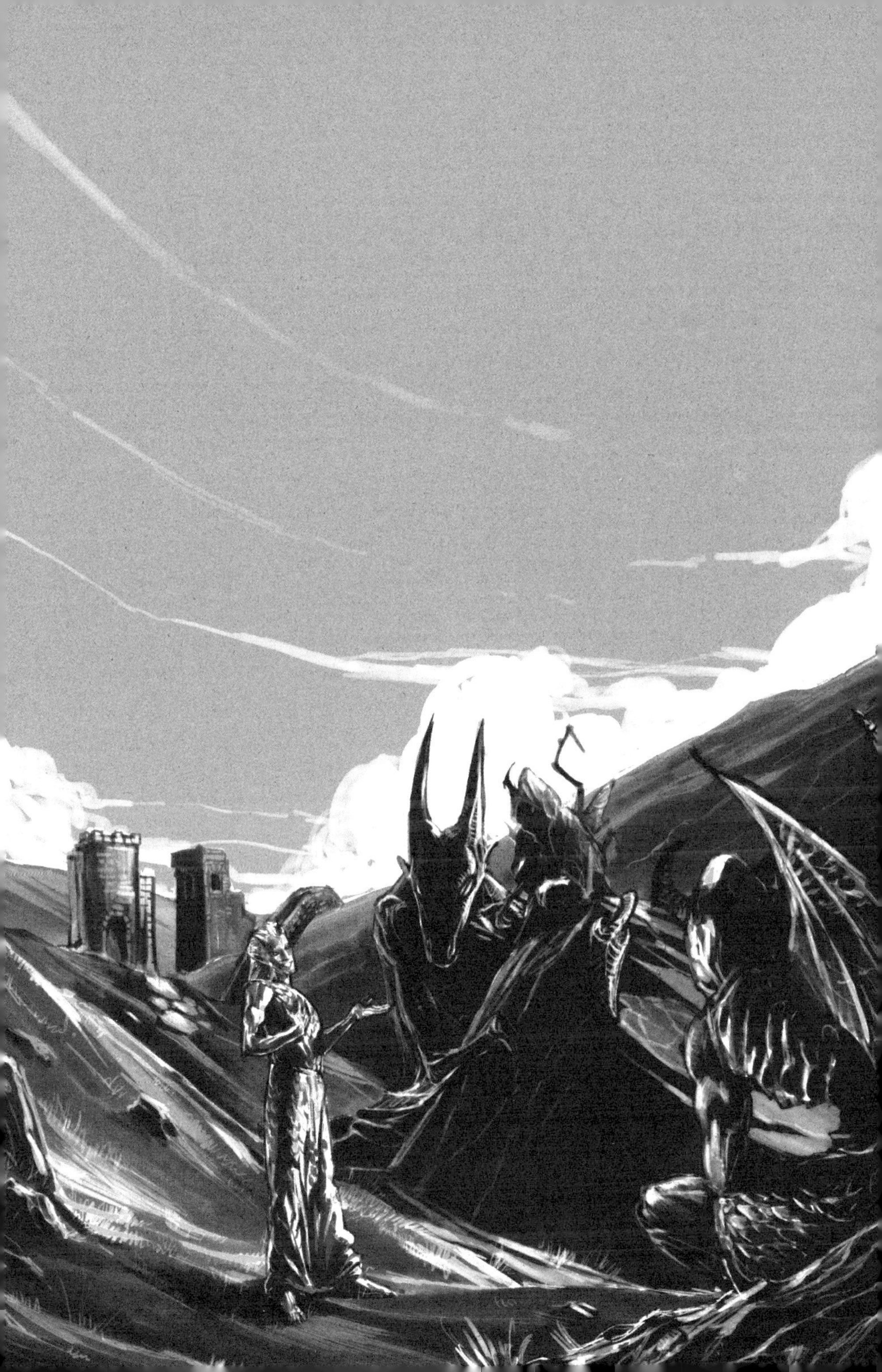

desse modo sendo levados a abaixar a guarda da cidade e do castelo, bem como a dos portões.

"Sim, por esses meios não poderíamos nós entulhar Alma Humana com tanta abundância a ponto de eles serem forçados a transformar o castelo em um armazém em vez de uma guarnição fortificada contra nós e um receptáculo para homens de guerra? Se conseguirmos levar nossos bens e comodities para dentro do castelo, considero que conquistaremos mais da metade dele. Ademais, se o dispusermos de tal forma que fique acumulado com tais manufaturas e fizermos um ataque repentino sobre eles, será difícil para os capitães encontrarem abrigo ali. Vocês não se lembram da parábola que dizia que 'a fascinação da riqueza sufoca a palavra'?[3] E daquele alerta de que, quando o coração fica 'sobrecarregado com as consequências da orgia, da embriaguez e das preocupações deste mundo',[4] todos os perigos vêm sobre aqueles que não vigiam?

"Mais ainda, vocês sabem muito bem que não é fácil para um povo ser cheio com nossos bens e não ter alguns de nossos diabolinianos como atendentes em suas casas e serviços. Qual o habitante de Alma Humana que, estando atulhado das coisas desse mundo, não tem por servos e criados o Sr. Profuso ou o Sr. Prodigalidade, ou qualquer outro de nossa gangue diaboliniana como o Sr. Volúpia, o Sr. Pragmático, o Sr. Ostentação e outros? Esses homens podem tomar o castelo da cidade e explodi-lo ou torná-lo impróprio para uma guarnição de Emanuel. E qualquer dessas duas coisas é válida. Sim, esses homens, pelo que sei, podem realizar isso por nós mais rapidamente do que um exército de 20 mil homens. Portanto, concluindo, meu conselho é que saiamos da cidade, não usemos mais nossas tropas ou tentativas forçadas sobre o castelo, pelo menos por agora. Coloquemos em ação nosso novo projeto e vejamos se não os faremos destruírem-se a si mesmos."

Esse conselho foi extremamente aplaudido por todos e foi considerado uma obra-prima do inferno, isto é, sufocar Alma Humana com toda a plenitude deste mundo e saciar o coração da cidade com as boas coisas daqui. Mas, vejam a coincidência: ao mesmo tempo em que esse concílio diaboliniano se desfez, o Capitão Confiança recebeu uma carta de

---

[3] Marcos 4:19

[4] Lucas 21:34

Emanuel cujo conteúdo dizia que, dentro de três dias, ele deveria encontrar Emanuel no campo da planície próximo a Alma Humana.

"Encontre-me no campo" — leu o capitão. —O que meu Senhor quer dizer com isso? Não sei o que Ele quer dizer com "encontre-me no campo".

Confiança levou essa carta para o Lorde Secretário a fim de lhe perguntar o que Ele achava disso, pois esse Lorde era um profeta em todos os assuntos concernentes ao Rei e para o benefício e consolo de Alma Humana. Assim, mostrou-lhe a correspondência e aguardava a Sua opinião a respeito.

—De minha parte, não entendo o significado disso — falou o Capitão Confiança.

Após lê-la e dar uma pequena pausa, o Lorde Secretário afirmou:

—Os diabolinianos tiveram um grande concílio contra Alma Humana hoje. Planejaram a total destruição da cidade, e o resultado dessa deliberação foi de colocá-la em condição tal que, se implementada, certamente a levará a se autodestruir. Para alcançar esse objetivo, estão se preparando para sair da cidade com a intenção de se alocarem novamente no campo e, de lá, observarem se seu projeto funcionará ou não. Esteja em prontidão com todos os soldados de seu Senhor (pois, em três dias eles estarão nas planícies), para se lançarem sobre os diabolinianos. Nesse dia, o Príncipe estará no campo no despontar do dia, ao nascer do sol, ou antes ainda, com um grande exército contra Seu adversário. Ele se colocará na vanguarda deles, e você, na retaguarda; o exército deles, estando entre vocês, será destruído.

Ao ouvir tal instrução, o Capitão Confiança foi ao encontro dos demais capitães e lhes explicou sobre a carta de Emanuel que há pouco recebera.

—O que estava obscuro me foi exposto pelo Lorde Secretário.

Continuou dizendo-lhes como ele e os demais deveriam responder à vontade do seu Senhor. Os capitães se alegraram muito à vista disso. O Capitão Confiança ordenou, então, que os trombeteiros do Rei deveriam subir às ameias do castelo e de lá, de forma audível a Diabolus e a toda a cidade, produzir a melhor música que o coração pudesse entoar. Logo foi obedecido, pois eles subiram ao alto do castelo e de lá soaram suas canções. Ao ouvi-los, Diabolus vociferou:

—O que significa isso? Eles não estão tocando músicas convocando a montaria, tampouco uma ordem de atacar. O que querem dizer esses doidos, que ainda estão tão festivos e alegres?

Respondeu-lhe um de seus correligionários:

—Isso é por alegria, pois o Príncipe Emanuel está vindo para socorrer a cidade de Alma Humana. Com esse fim, Ele está liderando um grande exército e o auxílio está próximo.

Essa agradável melodia também trouxe preocupação aos habitantes da cidade, que diziam uns aos outros:

—Isso não representa perigo para nós, certo? Certamente isso não é perigoso!

Enquanto isso, os diabolinianos falavam entre si:

—Qual o melhor a se fazer?

—Seria melhor sairmos da cidade — respondeu alguém.

—E faríamos isso objetivando o acordado em nosso último concílio. E, assim fazendo, poderemos oferecer batalha mais acirrada ao inimigo, caso um exército estrangeiro venha contra nós — disse outro.

Desse modo, no segundo dia, eles abandonaram Alma Humana e se estabeleceram nas planícies externas. Contudo, acamparam diante do Portão Visão da maneira mais ameaçadora que conseguiram. O motivo pelo qual não permaneceram na cidade (além daqueles debatidos em seu recente conclave) era porque não tinham posse da fortaleza e porque teriam mais conveniência para combater e fugir, caso necessário, se estivessem acomodados nas planícies abertas. Além disso, a cidade seria para eles como uma cova em vez de um local de defesa no caso de o Príncipe de Alma Humana chegar e rapidamente os encerrar ali. Assim sendo, saíram para o campo para também ficar fora do alcance das catapultas da cidade, com as quais ficavam muito incomodados enquanto ainda dentro das muralhas da cidade.

Chegado o tempo em que os capitães deveriam se lançar contra os diabolinianos, eles se prepararam avidamente para a ação, visto que o Capitão Confiança lhes dissera, durante a noite, que o Príncipe os encontraria no campo no dia seguinte. Isso os deixou ainda mais desejosos de combater os adversários. A afirmação de que veriam o Príncipe na manhã seguinte foi para eles como óleo jogado em chamas incandescentes, visto que por muito tempo ficaram longe dele. Isso os deixou ainda mais ansiosos e desejosos de fazer seu trabalho.

Como eu dissera, chegada a hora, o Capitão Confiança e os demais homens de guerra lideraram suas companhias, antes do amanhecer, através do porto de sally da cidade. Estando todos preparados, o Capitão Confiança foi para a dianteira do exército e deu aos outros capitães a ordem que foi retransmitida aos suboficiais e aos soldados. A palavra de ordem era: "Pela espada do Príncipe e pelo escudo do Capitão Confiança!", o que no idioma local significava: "Pela Palavra de Deus e pela fé!". Os capitães partiram à batalha cercando o acampamento de Diabolus pela vanguarda, pelos flancos e pela retaguarda.

Eles deixaram o Capitão Experiência na cidade, uma vez que ele ainda estava debilitado por causa de seus ferimentos infligidos pelos diabolinianos durante a última batalha. No entanto, quando ele percebeu que os capitães haviam partido, solicitou que lhe trouxessem suas muletas rapidamente e partiu para a guerra, pois pensava: "Permanecerei aqui enquanto meus irmãos lutam e enquanto Emanuel, o Príncipe, se mostrará a Seus servos no campo?". Porém, quando os adversários o viram chegando com suas muletas, ficaram ainda mais assombrados ruminando que espírito era esse que agora possuía os habitantes da cidade a ponto de lutarem contra eles ainda que em muletas.

Bem, como eu lhes contei antes, os capitães lançaram-se à batalha e manejavam suas armas com extrema bravura, enquanto gritavam repetidamente: "Pela espada do Príncipe Emanuel e pelo escudo do Capitão Confiança!". Quando Diabolus avistou os capitães fora da cidade e cercando seus soldados com tanta intrepidez, ele concluiu que, nesse momento, não havia qualquer coisa a esperar deles senão golpes e ferimentos feitos por suas "espadas de dois gumes".[5]

Assim, Diabolus arremessou-se sobre o exército do Príncipe com todo o seu exército mortal, e a batalha teve início. Os primeiros que ele encontrou no combate foram o Capitão Confiança, de um lado, e o Lorde Arbítrio, de outro. Os golpes desse último eram como de um gigante, pois ele tinha braços fortes e combatia os Céticos quanto à Eleição, uma vez que esses eram os guarda-costas de Diabolus, que os manteve em ação

---

[5] Hebreus 4:12

por bom tempo, talhando e golpeando com astúcia. Quando o Capitão Confiança viu Lorde Arbítrio combatendo-os, ele, com ousadia, lançou-se sobre a mesma companhia, mas do lado oposto. Assim, ambos levaram seu inimigo a se desorganizar grandemente.

O Capitão Boa Esperança combatia os tenazes Céticos quanto à Vocação, mas esse capitão era um valente. O Capitão Experiência veio-lhe em auxílio e fez esse grupo de adversários recuar. As demais companhias seguiam em acalorado combate por todos os lados, e os diabolinianos lutavam resolutamente. O Lorde Secretário ordenou que as catapultas do castelo entrassem em ação, e seus soldados lançaram pedras a curta distância. Contudo, depois de algum tempo, aqueles que foram forçados a fugir de diante dos capitães do Príncipe começaram a se reagrupar e vieram com ousadia contra a retaguarda do exército de Emanuel, o que levou esses últimos a começar a desfalecer. Todavia, lembrando-se de que em breve veriam a face de seu Príncipe, eles retomaram a coragem e uma dura batalha se sucedeu.

Os capitães gritaram: "Pela espada do Príncipe Emanuel e pelo escudo do Capitão Confiança!", e com isso Diabolus recuou pensando que havia chegado mais socorro. Porém, Emanuel ainda não aparecera. Ademais a batalha seguia incerta, com ambos os lados recuando um pouco. Durante a pausa para descanso, o Capitão Confiança bravamente encorajou seus homens a permanecerem firmes. Diabolus deu seu melhor para fazer o mesmo com suas tropas. Mas o discurso do Capitão Confiança era de muita ousadia:

—Cavaleiros soldados e meus irmãos neste propósito, neste dia muito me alegrou ver um exército tão audaz e valente e pessoas tão apegadas a Alma Humana no campo de nosso Príncipe. Até aqui, vocês se demonstraram homens fiéis e corajosos contra os exércitos diabolinianos, de forma que, por mais que eles costumem se vangloriar, até o momento não têm conquistas a celebrar. Agora armem-se de sua habitual intrepidez e demonstrem hombridade uma vez mais, pois, em poucos minutos após o próximo combate, vocês verão seu Príncipe se mostrar no campo. Devemos fazer um segundo ataque sobre esse tirano Diabolus, e, então, Emanuel virá.

Tão logo o capitão terminou esse discurso a seus soldados, um certo Sr. Célere lhe trouxe uma carta do Príncipe, dizendo que Emanuel estava próximo. Confiança comunicou a notícia recebida aos demais oficiais de campo, que a retransmitiram a seus soldados e homens de guerra. Essa boa-nova levantou os capitães, como homens que ressurgem da morte, e eles foram contra o inimigo com seu grito de guerra: "Pela espada do Príncipe Emanuel, e pelo escudo do Capitão Confiança!".

Os diabolinianos também se animaram e ofereceram sua melhor resistência, mas, nessa última batalha, eles perderam a valentia e muitos dos Céticos caíram mortos. Depois de pouco mais de uma hora no calor do combate, o Capitão Confiança levantou seus olhos e contemplou Emanuel chegando com Seus coloridos estandartes esvoaçantes e Suas trombetas soando. Viu, igualmente, que os pés de Seus soldados mal tocavam o chão tamanha era a velocidade que empreendiam em direção aos capitães. Confiança retirou-se com seus homens em direção à cidade, deixando o campo de batalha para Diabolus. Enquanto isso, Emanuel vinha contra ele pelo lado oposto, o que deixou o exército adversário entre ambas as tropas, que se lançaram novamente contra eles. Não demorou muito para que Emanuel e o Capitão Confiança se encontrassem, ainda pisoteando entre os abatidos.

Assim que os capitães viram que o Príncipe chegara e que Ele se lançara contra os diabolinianos pelo lado oposto e que Ele e o Capitão Confiança encurralaram o adversário entre suas tropas, eles gritaram com tal força que o solo tremeu: "Pela espada de Emanuel e pelo escudo do Capitão Confiança!". Quando Diabolus percebeu que ele e suas tropas estavam tão cercados pelo Príncipe e Seu exército, ele e os senhores do abismo, que estavam com ele, fugiram abandonando o exército para ser abatido pelas mãos de Emanuel e de Seu nobre Capitão Confiança. E, assim, todos eles caíram totalmente derrotados diante do Príncipe e Seu exército real. Nem sequer um Cético foi deixado vivo, todos jaziam espalhados pelo chão, como se esparrama adubo sobre a terra.

Quando a batalha findou, todas as coisas foram colocadas em ordem no acampamento. Os capitães e anciãos de Alma Humana se reuniram para saudar Emanuel, enquanto ainda estavam fora da cidade. Saudaram-no e o receberam com muitas boas-vindas por Ele ter vindo às fronteiras de Alma Humana novamente. O Príncipe sorriu para eles e lhes disse: "Paz seja convosco!".[6] Todos se dirigiram para a cidade de Alma Humana, juntamente com seu Príncipe e todas as tropas que Ele trouxera consigo para

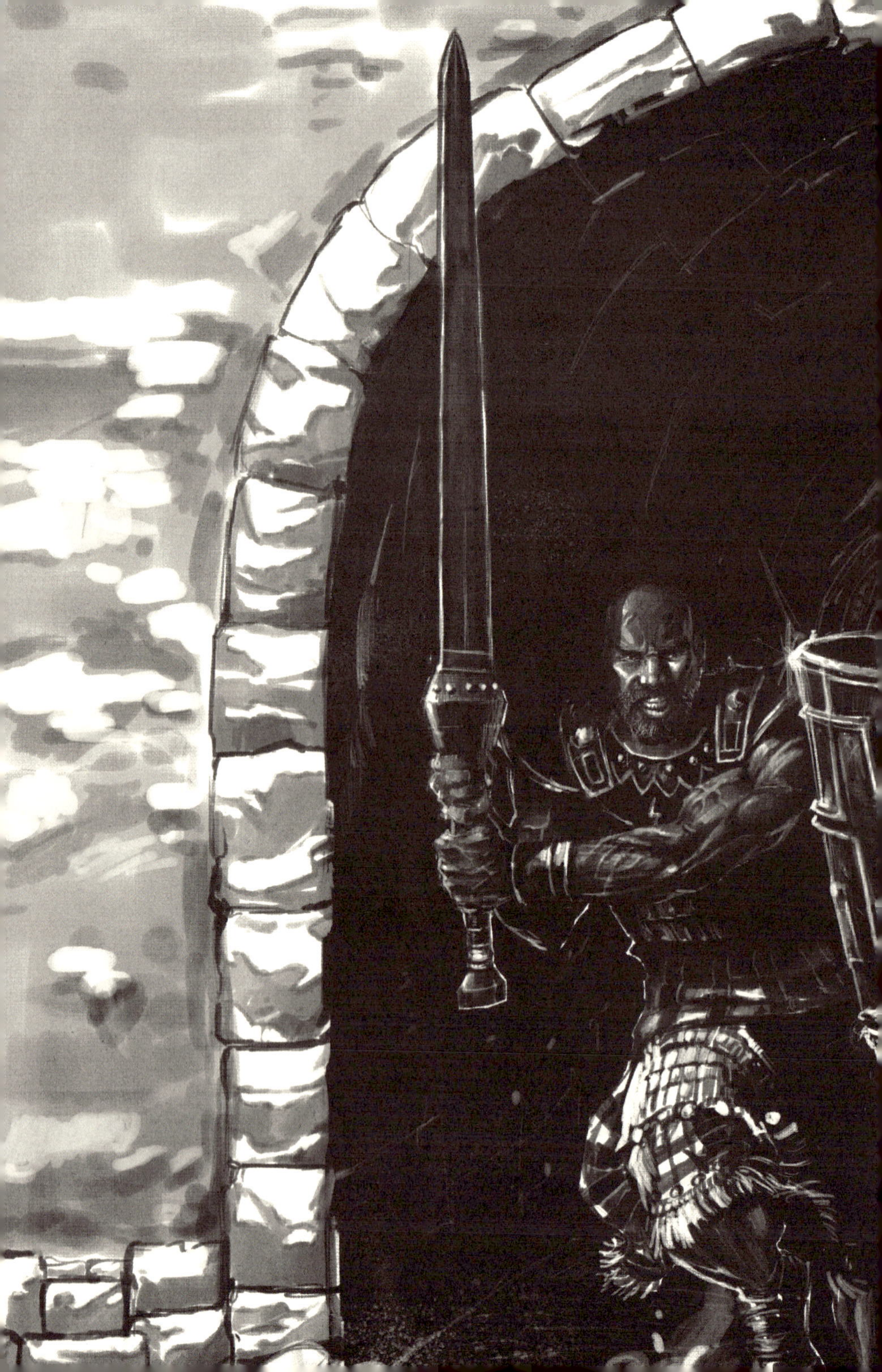

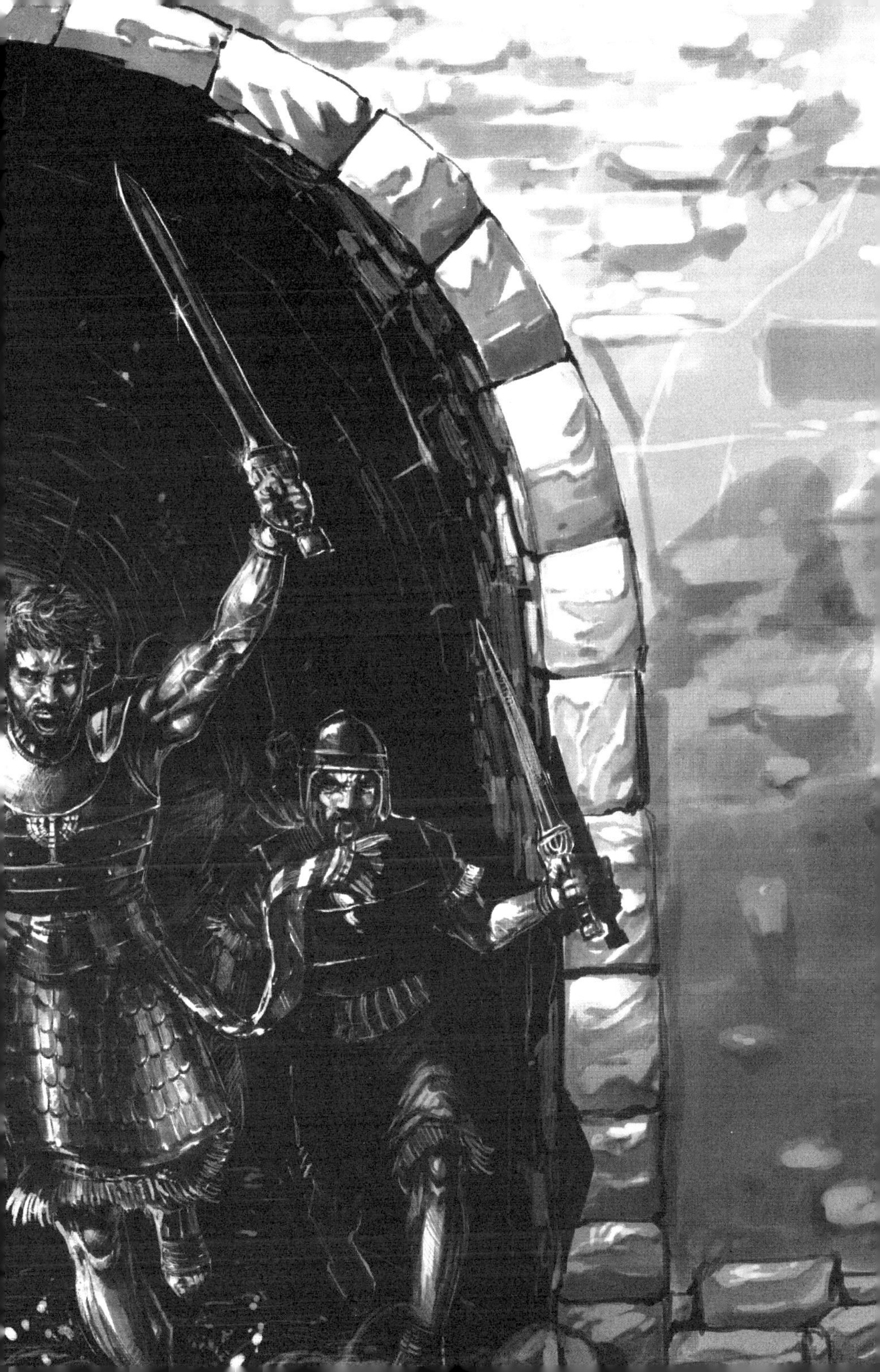

a guerra. Todos os portões da cidade foram abertos para recepcioná-lo, por causa da imensa alegria que tinham por Seu bendito retorno. E foi conforme descrito a seguir que eles o receberam:

Primeiro. Como eu disse, todos os portões da cidade foram abertos, bem como os portões do castelo. Os anciãos de Alma Humana se puseram aos portões da cidade para o saudar à Sua entrada. Conforme Ele se aproximava desses acessos, eles repetiam: "Levantai, ó portas, as vossas cabeças; levantai-vos, ó portais eternos, para que entre o Rei da Glória". E inquiriam: "Quem é o Rei da glória?", respondendo a seguir: "O SENHOR, forte e poderoso, o SENHOR, poderoso nas batalhas. Levantai, ó portas, as vossas cabeças; levantai-vos, ó portais eternos, para que entre o Rei da Glória. Quem é esse Rei da Glória? O SENHOR dos Exércitos, ele é o Rei da Glória".[7]

Segundo. Foi ordenado, pelos habitantes de Alma Humana, que, em toda a extensão do caminho, desde os portões da cidade até os do castelo, a bendita Majestade deveria ser celebrada com canções por todos os mais hábeis músicos da cidade. Então, por todo esse trajeto, os anciãos e o restante da população entoavam antífonas enquanto Emanuel adentrava na cidade até chegar aos portões do castelo. Faziam-nos com o sonido das trombetas e canções, que diziam: "Viu-se, ó Deus, o teu cortejo, o cortejo do meu Deus, do meu Rei, no santuário".[8] Os cantores iam à frente seguidos pelos músicos e seus instrumentos e entre eles iam as donzelas tocando seus tamborins.

Terceiro. É preciso que eu fale dos capitães. Eles, conforme a sua formação original, aguardavam o Príncipe enquanto Ele entrava pelos portões de Alma Humana. Adiante estava o Capitão Confiança na companhia do Capitão Boa Esperança. O Capitão Caridade vinha logo atrás com alguns de seus companheiros e, por último, vinha o Capitão Paciência; os demais capitães, alguns pelo lado direito e outros pelo esquerdo, acompanhavam Emanuel para dentro da cidade. Durante todo esse tempo, os estandartes coloridos eram exibidos, as trombetas soavam e havia brados contínuos entre os soldados. O Príncipe trajava Sua armadura de ouro batido e dirigia Sua carruagem cujos pilares eram de prata; o piso, de

---

[6] João 20:21

[7] Salmo 24:7-10

[8] Salmo 68:24

ouro; a cobertura, cor púrpura, e o centro pavimentado com o Seu amor pelas filhas da cidade de Alma Humana.

Quarto. Quando o Príncipe se aproximou da entrada de Alma Humana, encontrou todas as ruas espargidas com lírios e outras flores e curiosamente decoradas com pequenos ramos e galhos das árvores verdejantes que circundavam a cidade. Em cada porta também havia pessoas que enfeitaram a fachada de suas casas com itens de variedade e excelência singular, a fim de alegrá-lo à medida que Ele passava pelas ruas. Também o saudavam com brados e aclamações de alegria, dizendo: "Bendito é o Príncipe que vem em nome de Seu Pai, Shaddai!".

Quinto. Próximo aos portões do castelo, Emanuel foi saudado pelos anciãos de Alma Humana, a saber, o Lorde Alcaide, o Lorde Arbítrio, o pregador subordinado, o Sr. Entendimento e o Sr. Mente e outros nobres da cidade. Todos se prostraram diante do Príncipe, beijaram o chão aos Seus pés, agradeceram-lhe, bendisseram-no e o louvaram por não ter tirado vantagem deles por causa de seu pecado. Ao contrário, teve piedade deles em sua miséria e retornou para eles com misericórdias e para estabelecer a cidade para sempre. Assim, Ele se dirigiu ao castelo sem delongas, visto que esse era o palácio real e o local onde Sua honra deveria habitar. O lugar fora totalmente preparado para Sua Alteza pela presença do Lorde Secretário e do trabalho do Capitão Confiança.

Sexto. Após Emanuel entrar no castelo, o povo e toda a plebe de Alma Humana vieram a Ele para prantear, chorar e lamentar pela maldade que cometeram, pela qual eles o haviam forçado para fora da cidade. Quando chegaram à Sua presença, eles se prostraram sete vezes até o chão, também choraram em alta voz e pediram o perdão do Príncipe. Rogaram que Ele confirmasse novamente, como fizera antes, o Seu amor por Alma Humana. A isso Emanuel replicou:

—Não chorem, mas "vão, comam carnes gordas, tomem bebidas doces e enviem porções aos que não têm nada preparado para si, porque a alegria do SENHOR é a sua força".[9] Retornei a Alma Humana com misericórdias, e meu nome será estabelecido, exaltado e magnificado por isso.

Após dizer essas palavras, Ele os beijou e os acomodou em Seu peito. Além disso, Emanuel deu aos anciãos da cidade e a cada oficial um cordão

---

[9] Neemias 8:10

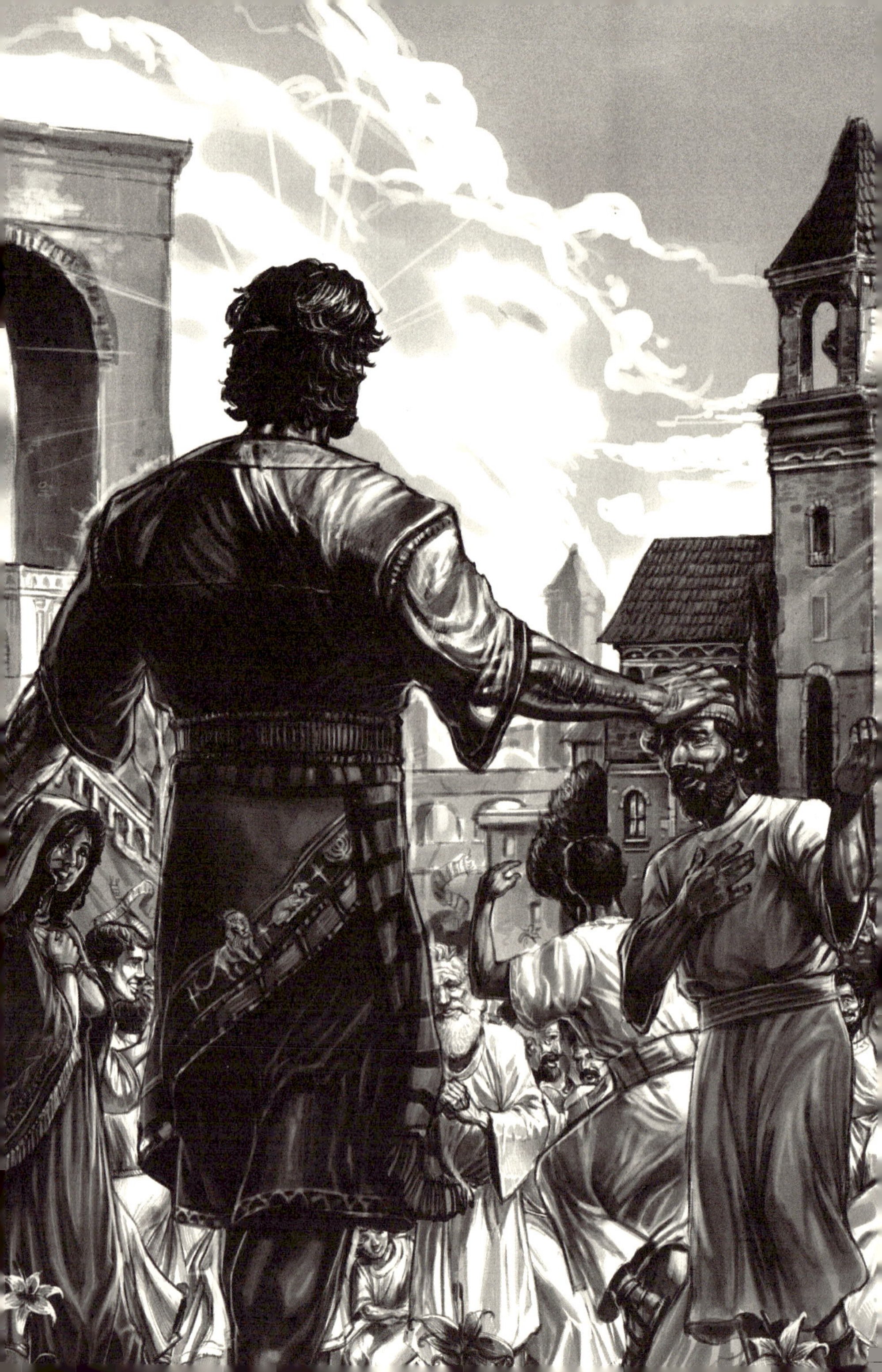

de ouro e um sinete. Enviou para as esposas deles brincos, joias e braceletes e outros presentes. Semelhantemente concedeu aos verdadeiros nativos de Alma Humana muitos itens preciosos. Quando o Príncipe Emanuel terminou essas cerimônias para a célebre cidade de Alma Humana, Ele lhes disse:

—Lavem suas vestimentas, coloquem seus ornamentos e depois venham ao castelo.

Todos, então, foram à fonte que fora aberta para Judá e Jerusalém para se lavar. Lá se purificaram e tornaram suas vestes alvas, voltaram ao Príncipe no castelo e se colocaram diante dele.

Havia, agora, música e danças por todas as ruas de Alma Humana porque o Príncipe lhes concedera Sua presença e a luz da Sua face. Os sinos tocaram e o sol brilhou agradavelmente sobre eles por bastante tempo.

A partir desse momento, todo o povo buscava mais avidamente a destruição e a ruína de todos os diabolinianos que habitavam dentro das muralhas e nos covis que eles tinham na cidade, pois ainda havia alguns deles que escaparam com vida e inteiros das mãos de seus supressores de Alma Humana.

Contudo, o Lorde Arbítrio era um grande terror para eles, mais ainda do que fora antes, uma vez que o coração dele estava ainda mais inclinado a buscar, planejar e persegui-los até a morte. Ele os perseguia dia e noite e colocou-os em grande angústia, como vocês verão mais adiante.

Depois de tudo estar assim organizado na famosa Alma Humana, foi tomado o cuidado e uma ordem partiu do bendito Príncipe Emanuel para que os cidadãos, sem detença, indicassem algumas pessoas para irem às planícies enterrar os corpos daqueles que lá jaziam — aqueles que caíram pela espada de Emanuel, ou pelo escudo do Capitão Confiança. O objetivo era evitar que os vapores e os odores que exalavam deles infectassem o ar e perturbassem a cidade. Outra razão para essa ordem era que, enquanto Alma Humana permanecesse, eles deveriam apagar o nome, o ser e a lembrança daqueles adversários da memória da célebre cidade e de seus habitantes.

CAPÍTULO 17

O Lorde Arbítrio, esse sábio e leal amigo da cidade de Alma Humana, emitiu uma ordem para que fossem selecionadas algumas pessoas para o serviço de enterrar os corpos dos diabolinianos mortos em batalha. O Sr. Temor a Deus e o Sr. Justo foram nomeados supervisores dessa tarefa sobre aqueles que foram designados para esse serviço no campo e nas planícies. Assim foram divididos os trabalhos: alguns deviam abrir as covas, outros enterrar os mortos, e o terceiro grupo deveria vasculhar por toda a planície e as fronteiras da cidade para ver se encontrava uma ossada de crânio, um osso qualquer ou até mesmo fragmentos de ossos dos Céticos por sobre o solo, em qualquer região próxima a Alma Humana. Caso fossem descobertos, havia a ordem de que esses rastreadores marcassem e sinalizassem o local, para que aqueles que estavam encarregados de enterrar os restos mortais pudessem encontrá-los e fazer seu serviço, de forma que tudo ficasse fora de vista, e que a lembrança dos Céticos diabolinianos fosse eliminada de debaixo do céu. Outra razão era para que as crianças e aquelas que ainda nasceriam em Alma Humana não soubessem, se possível, que aquilo era um remanescente de um Cético. Assim, os coveiros e os rastreadores cumpriram sua tarefa: sepultaram os Céticos e seus crânios, ossadas e fragmentos de ossos onde quer que os encontrassem e, desse modo, limparam as planícies. Após isso o Sr. Temor a Deus voltou ao seu serviço de guarda do castelo, como antes.

Foram enterrados nas planícies, naquele dia: os Céticos quanto à Eleição, os Céticos quanto à Vocação, os Céticos quanto à Graça, os Céticos quanto à Perseverança, os Céticos quanto à Ressurreição, os Céticos quanto à Salvação e os Céticos quanto à Glória. Os capitães deles eram Cólera, Cruel, Condenação, Insaciável, Enxofre, Tormento, Sem Descanso, Sepulcro e Sem Esperança, cujo general era o velho Incredulidade, que estava em submissão a Diabolus. Os sete líderes do exército deles eram os lordes Belzebu, Lúcifer, Legião, Apolião, Píton,[1] Cérbero e Belial. Todos esses príncipes, capitães e seu general, Incredulidade, conseguiram escapar, mas os seus soldados caíram sob o poder das tropas do Príncipe e pelas mãos dos homens de Alma Humana. O enterro deles, conforme mencionado anteriormente, trouxe grande alegria à célebre cidade. Com

[1] Serpente gigantesca e monstruosa da mitologia grega, que habitava a ilha de Delfos. Ela teria nascido do lodo remanescente do dilúvio causado por Zeus.

eles, foram enterradas as suas armas — flechas, dardos, malhos, tições e coisas semelhantes —, que eram cruéis instrumentos de mortandade. Igualmente, foram sepultados suas armaduras, flâmulas, bandeiras e o estandarte de Diabolus e o que mais pudessem encontrar que tivesse o odor de um Cético diaboliniano.

Quando o tirano chegou à colina Portão do Inferno, com seu velho amigo Incredulidade, imediatamente desceram ao abismo e lá, depois de lamentarem seu infortúnio e grandes perdas sofridas contra a cidade de Alma Humana, caíram em grande cólera e promessas da vingança que haveria pela derrota que amargaram. Portanto, logo convocaram um concílio para maquinar o que mais ainda poderia ser feito contra a cidade, pois seus ventres insaciáveis não conseguiam aguardar para ver o resultado do conselho que fora dado pelos lordes Lúcifer e Apolião, e suas gorjas enfurecidas diariamente achavam que, mesmo que por curto espaço de tempo, tinham que ser empanzinadas com o corpo e a alma, com a carne e os ossos e todas as delícias de Alma Humana. Assim sendo, resolveram empreender outra tentativa contra a cidade e que deveriam fazê-lo com um exército composto parcialmente de Céticos e parcialmente por Sanguinários, que vou descrever mais minuciosamente a seguir.

Os Céticos podiam ter seu nome derivado de sua natureza, bem como da terra e reino onde nasceram. A natureza deles é duvidar de cada uma das doutrinas de Emanuel, e o país deles é chamado de Terra do Pirronismo, que fica distante, remotamente ao norte entre as Terras da Escuridão e aquela chamada de "Vale da sombra da morte". Embora essas duas terras sejam tidas, por vezes, como se fossem exatamente o mesmo lugar, elas, na realidade, são dois locais diferentes que ficam a pouca distância um do outro, e a Terra do Pirronismo conduz até elas e situa-se exatamente entre ambas. Alguns dessa terra foram com Diabolus para arruinar os nativos de Alma Humana.

Os Sanguinários são um povo que têm seu nome derivado da malignidade de sua natureza e da fúria que neles há para ser executada sobre Alma Humana. A terra deles fica abaixo da Estrela do Cão,[2] e são governados

---

[2] Também conhecida como *Sirius*, é a estrela mais brilhante do céu noturno: é duas vezes maior que o Sol e tem 20 vezes mais luminosidade que ele. Localiza-se na constelação Cão Maior e é chamada de Estrela do Cão porque, na mitologia grega,

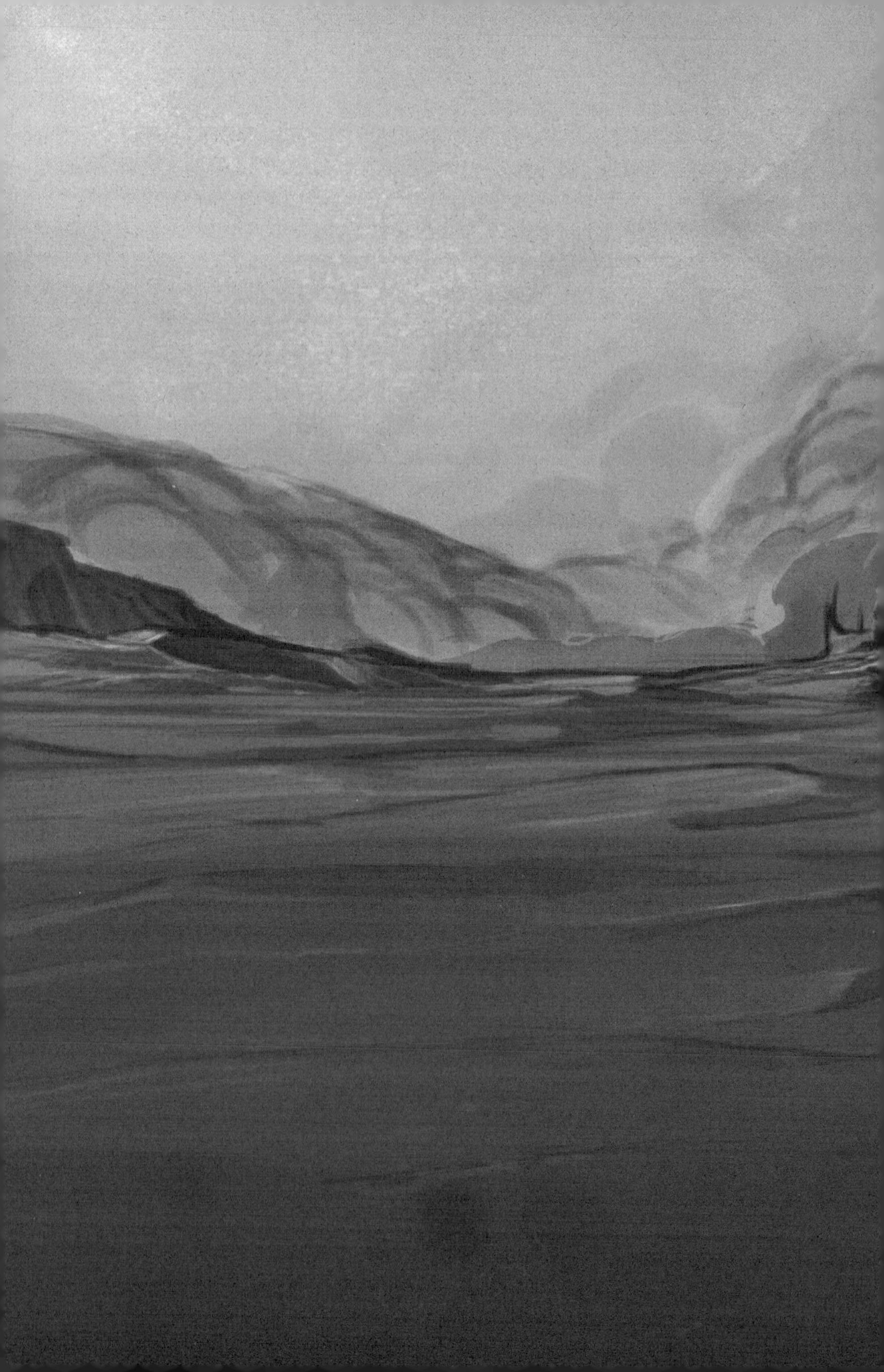

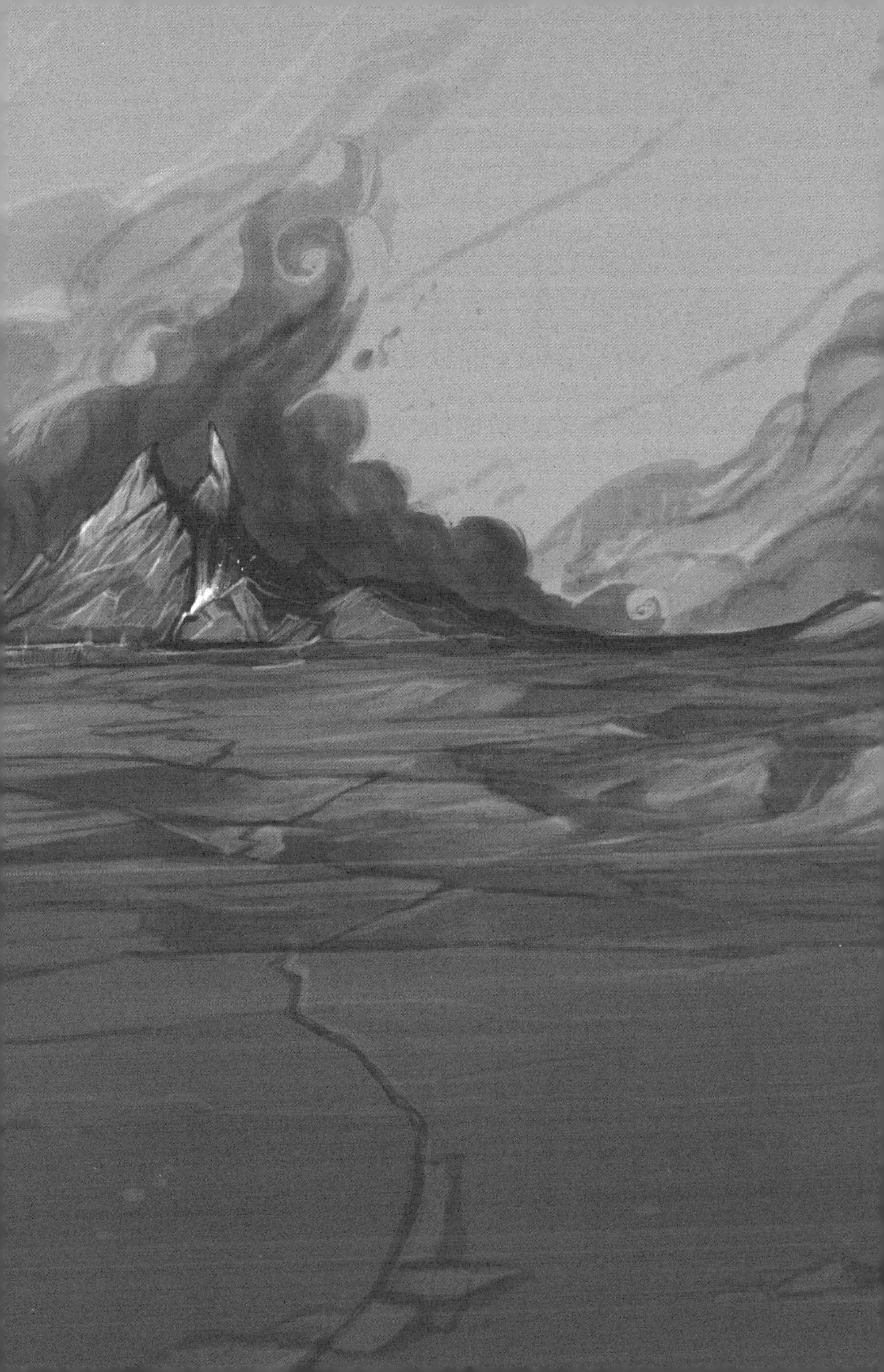

por ela em seu intelecto. O país deles é a província chamada de Detestável cujas partes mais remotas são bem distantes da Terra Pirronismo, embora as duas sejam limítrofes à colina Portões do Inferno. Eles estão sempre aliados com os Céticos porque, juntamente, eles questionam a fé e a fidelidade dos habitantes de Alma Humana e, assim, ambos são qualificados para o serviço de seu príncipe.

Desses dois países, Diabolus arregimentou, com o soar de seus tambores, outro exército com 25 mil fortes soldados para investir contra a cidade. Eram dez mil Céticos e 15 mil Sanguinários, que foram colocados sob o comando de vários capitães de guerra e com o velho Incredulidade novamente como seu general.

Os Céticos contavam com cinco dos sete capitães que encabeçaram o último exército de Diabolus. São estes os seus nomes: Capitães Belzebu, Lúcifer, Apolião, Legião e Cérbero. Alguns de seus capitães anteriores foram colocados como tenentes e outros como alferes das tropas.

Diabolus não contava que esses Céticos, em sua nova expedição, seriam seus principais guerreiros, visto que a hombridade deles fora testada, e o povo de Alma Humana dera a eles o fim mais terrível. Ele apenas os trouxe para fazer número e para ajudar, caso necessário, em pouca coisa. Diabolus colocou sua confiança nos Sanguinários, pois todos eles eram vilões rudes, e ele sabia que esses homens haviam praticado façanhas anteriormente. Pôs como comandantes sobre eles os seguintes capitães: Caim, Ninrode, Ismael, Esaú, Saul, Absalão, Judas e Papa.[3]

1. O capitão Caim comandava duas tropas: os Sanguinários zelosos e enfurecidos. Seu porta-estandarte levava flâmulas vermelhas, e seu brasão era um clube de assassinos.
2. O capitão Ninrode liderava outras duas tropas, a saber: os Sanguinários tirânicos e os usurpadores. Também era

era ajudante de Órion, o caçador gigante. Os gregos e os romanos criam que ela era a responsável pelo calor do verão, uma vez que se levantava imediatamente antes do nascer do Sol, durante essa estação. A provável ligação que Bunyan quis fazer entre os Sanguinários e essa constelação seria justamente o despertar antes do Sol, para fazer o mal, conforme descrito em Jó 24:13-14.

[3] Todos eles considerados homens desviados dos propósitos divinos. Ao contrário dos demais capitães, esses eram de natureza humana, demonstrando que também somos tentados pelas peripécias dos homens.

representado pelo vermelho, e seu brasão era um enorme cão caçador ensanguentado.

3. O capitão Ismael estava sobre outras duas tropas: os Sanguinários zombadores e os desdenhadores. Seu porta-estandarte levava flâmulas vermelhas, e seu brasão era alguém zombando do filho de Abraão, Isaque.
4. O capitão Esaú igualmente comandava duas tropas: os Sanguinários, rancorosos pelo fato de que outro fosse o abençoado; os Sanguinários, motivados por vingança pessoal sobre os outros. Suas flâmulas também eram vermelhas, e seu brasão era alguém espreitando à surdina para assassinar Jacó.
5. O capitão Saul liderava duas tropas: os Sanguinários invejosos sem fundamento e os diabolicamente furiosos. Suas bandeiras eram vermelhas, e seu brasão eram três lanças atiradas contra Davi.
6. O capitão Absalão também estava sobre duas tropas, a saber: os Sanguinários que matam os pais ou amigos em troca da glória deste mundo e os que mantêm um justo aprisionado com palavras até que o atravessem com a espada. Seu porta-estandarte levava flâmulas vermelhas, e seu brasão era de um filho que buscava derramar o sangue de seu pai.
7. O capitão Judas era o comandante de outras duas tropas: Os Sanguinários que vendem a vida de um homem por dinheiro e aqueles que traem seu amigo com um beijo. Seu pavilhão também era vermelho, e seu brasão eram 30 moedas de prata e o laço da forca.
8. O capitão Papa era o líder sobre uma tropa, pois todos os espíritos estão unidos sob ele. Seu estandarte era vermelho, e seu brasão era a cruz, a chama e o bom homem a ela pregado.

O motivo pelo qual Diabolus levantou um novo exército tão imediatamente após ter sido derrotado no campo de batalha era que ele depositava grande confiança em seu exército de Sanguinários, muito mais do que colocara anteriormente sobre os Céticos, embora esses últimos sempre lhe tivessem prestado um bom serviço em fortalecer tanto ele quanto seu reino. Contudo, os Sanguinários, ele já provara muitas vezes antes e a espada deles raramente voltava vazia. Ademais, Diabolus sabia que eles, bem como os mastins, seriam velozes contra qualquer um: pai, mãe, irmão, irmã, príncipe ou governador. Sim, até mesmo contra o Príncipe dos príncipes. O que o encorajava ainda mais era que eles já haviam conseguido forçar Emanuel para fora do reino do Universo: "E por que", pensava ele, "não poderiam eles também expulsá-lo da cidade de Alma Humana?".

Esse exército de 25 mil homens fortes foi comandado por seu general, o grande lorde Incredulidade, contra a cidade. O chefe da inteligência de Alma Humana, o Sr. Soerguimento, havia saído em espionagem e trouxe para a cidade a notícia da vinda deles. Por isso, eles trancaram seus portões e se colocaram em uma postura de defesa contra esses novos diabolinianos que vinham atacá-los.

Diabolus e seu exército sitiaram a cidade; os Céticos foram colocados no Portão Sentimento e os Sanguinários, diante dos Portões Visão e Audição. Quando estavam assim acampados, Incredulidade enviou uma convocação tão abrasada quanto o ferro aquecido na fornalha, em seu nome, no nome de Diabolus, dos Sanguinários e dos demais que os acompanhavam. Diziam que os cidadãos deveriam ceder às demandas de seus adversários, ameaçando-os de que, se ainda resistissem, a cidade seria incendiada. Vocês precisam saber que aqueles Sanguinários não se interessavam tanto em que Alma Humana se rendesse, quanto em que ela fosse destruída e eliminada da terra dos viventes. É verdade que lhes enviaram o comunicado falando de rendição, mas, caso eles o fizessem, isso não aplacaria a sede daqueles homens. Eles precisavam de sangue, do sangue de Alma Humana, ou morreriam. É daí que lhes veio o nome. Por esse motivo Diabolus reservou esses Sanguinários enquanto pôde, até que todas as suas estratégias se provassem ineficazes, para que sua derradeira e certeira carta fosse jogada contra a cidade.

Quando os habitantes de Alma Humana receberam essa inflamada convocação, ela provocou neles alguns pensamentos conflitantes. No entanto, todos concordaram, em menos de 30 minutos, em levá-la ao Príncipe, o que fizeram logo após terem escrito em seu rodapé: "Senhor, salva-nos do homem sanguinário!".[4]

Emanuel a recebeu, leu-a e ponderou sobre seus dizeres. Também considerou a breve petição que os cidadãos haviam escrito no rodapé da

---

[4] Salmo 59:2

página. Chamou o nobre Capitão Confiança e ordenou-lhe que levasse consigo o Capitão Paciência para vigiarem o lado da cidade que estava sitiado pelos Sanguinários. Eles assim o fizeram, conforme comandados: ambos fizeram a segurança no lado de Alma Humana que estava cercado pelos sanguinolentos inimigos.

O Príncipe então ordenou que o Capitão Boa Esperança e o Capitão Caridade, além do Lorde Arbítrio, ficassem responsáveis pelo lado oposto da cidade. Disse-lhes Ele:

—Eu colocarei meu estandarte sobre as ameias de seu castelo, enquanto vocês vigiam contra os Céticos.

Também estipulou que o valente Capitão Experiência deveria levar seus soldados para a praça do mercado e que os treinasse diariamente diante do povo de Alma Humana. Esse cerco foi prolongado, e muitas tentativas vorazes foram feitas pelo inimigo, especialmente pelos Sanguinários. Muitos golpes penetrantes desses adversários foram sentidos pelos habitantes da cidade, especialmente pelo Capitão Autonegação, que, eu deveria ter lhes informado antes, foi ordenado vigiar os Portões Visão e Audição. Esse capitão era jovem, porém ousado, e um cidadão nativo, tanto quanto o Capitão Experiência. Emanuel, quando voltou pela segunda vez a Alma Humana, fez dele capitão sobre mil soldados, para o bem da sociedade. Portanto, esse rapaz, sendo austero, corajoso e desejoso de se aventurar em benefício da cidade, saiu do porto de sally em ataque aos Sanguinários, causando-lhes notável surpresa e entrou em rápidas escaramuças contra eles resultando na execução de alguns deles. Porém, como vocês devem pensar, isso não pôde ser feito facilmente. De fato, ele teve de enfrentar os golpes deles e assim carregava muitas cicatrizes em sua face e em outras partes de seu corpo.

Assim sendo, depois de passado algum tempo na provação da sua fé, esperança e amor, certo dia, o Príncipe convocou Seus capitães e soldados e os dividiu em duas companhias. Após isso, ordenou que, no tempo determinado, isto é, bem cedo pela manhã, eles deveriam sair e se lançar sobre o inimigo. Falou-lhes:

—Que metade de vocês se lance sobre os Céticos e a outra metade, sobre os Sanguinários. Aqueles que forem contra os Céticos massacrem-nos e levem à destruição com suas mãos tantos deles quantos tiverem o poder de fazê-lo. Todavia, os que atacarão os Sanguinários não os matem, mas tragam-nos vivos.

Chegada a hora marcada, os capitães partiram, conforme ordenado, contra seus inimigos. O Capitão Boa Esperança e o Capitão Caridade, com todos os que estavam em sua companhia, como o Capitão Inculpável e o Capitão Experiência, partiram de encontro aos Céticos. Os Capitães Confiança, Paciência e Autonegação e os demais que os seguiam foram de encontro aos Sanguinários.

Aqueles que partiram contra os Céticos se agruparam em uma tropa diante da planície e marcharam para intimá-los para a batalha. Contudo, os adversários, lembrando-se da última batalha bem-sucedida de seus oponentes, recuaram sem ousar suportar o choque, fugindo dos soldados do Príncipe. Estes os perseguiram e assim mataram muitos deles, porém não conseguiram abater todos. Alguns dos que escaparam voltaram para casa, e os demais vagueavam dispersos pela região em grupos de cinco, nove e dezessete, onde exerciam muitas de suas ações diabolinianas contra os povos bárbaros, que não se armaram contra eles, mas acabaram sendo por eles escravizados. Depois disso, esses Céticos também apareciam, vez por outra, diante da cidade de Alma Humana, porém nunca mais a habitaram, pois sempre que os Capitães Confiança, Boa Esperança ou Experiência se mostravam, os covardes fugiam.

Aqueles que partiram contra os Sanguinários fizeram o que lhes fora ordenado: evitaram massacrá-los e buscaram cercá-los. Contudo, quando os Sanguinários viram que Emanuel não estava no campo de batalha, concluíram que Ele não estaria igualmente em Alma Humana. Assim sendo, quando perceberam que os capitães faziam o que eles chamavam de fruto da extravagância de suas imaginações selvagens e tolas, esses inimigos ao desprezaram mais do que os temeram. No entanto, os capitães, concentrando-se somente no que tinham de fazer, por fim os cercaram totalmente, bem como aos Céticos que haviam vindo em seu socorro. Então, após breve embate, os capitães os levaram até o Príncipe. Vale dizer que os Sanguinários também teriam fugido, só que agora era tarde demais; embora eles sejam maliciosos e cruéis, quando vencedores, são covardes ao se perceberem igualados a outros. Por isso, os capitães os levaram ao Príncipe.

Quando foram apresentados diante do Príncipe e examinados, Ele descobriu que esses adversários vinham de três condados diferentes, embora proviessem de um só país.

1. Alguns deles eram naturais do Condado da Cegueira — eram tais como o que ignorantemente fizeram o que fizeram .
2. Outros vieram do Condado Zelo Cego — fizeram supersticiosamente o que fizeram.
3. Os terceiros eram provenientes da Terra da Malícia, no Condado Inveja — suas práticas eram resultantes de seu rancor e intransigência.

Os primeiros deles, isto é, os do Condado Cegueira, quando se viram onde estavam e contra quem lutaram, estremeceram e choraram enquanto estavam diante do Príncipe. E tantos deles quantos lhe rogaram por misericórdia tiveram seus lábios tocados por Seu cetro dourado.

Aqueles que provinham do Zelo Cego não fizeram como seus companheiros, uma vez que argumentaram que tinham o direito de fazer o que fizeram porque Alma Humana era uma terra cujas leis e costumes eram diferentes de todos os demais. Poucos deles permitiram ser levados a ver o mal que havia em si mesmos; porém os que o perceberam e suplicaram por misericórdia também obtiveram favor.

Porém, os que vieram da Terra da Malícia, que fica no Condado Inveja, não pratearam, não discutiram, tampouco se arrependeram, mas mastigavam sua língua diante do Príncipe com angústia e tormento porque não podiam ou desejavam habitar Alma Humana. Esses e os demais dos outros dois grupos que não pediram perdão sinceramente por seus pecados foram levados a responder pelo que haviam praticado contra a cidade e seu Rei, na grande corte geral, para serem apreendidos pelo Senhor Rei em lugar que Ele mesmo selecionaria dentro do país e do reino do Universo. Assim, foram ordenados a comparecer, cada um por si, quando convocados, e a responder diante do Senhor, o Rei, pelo que haviam feito. E foi isso que aconteceu com esse segundo exército enviado por Diabolus para derrubar Alma Humana.

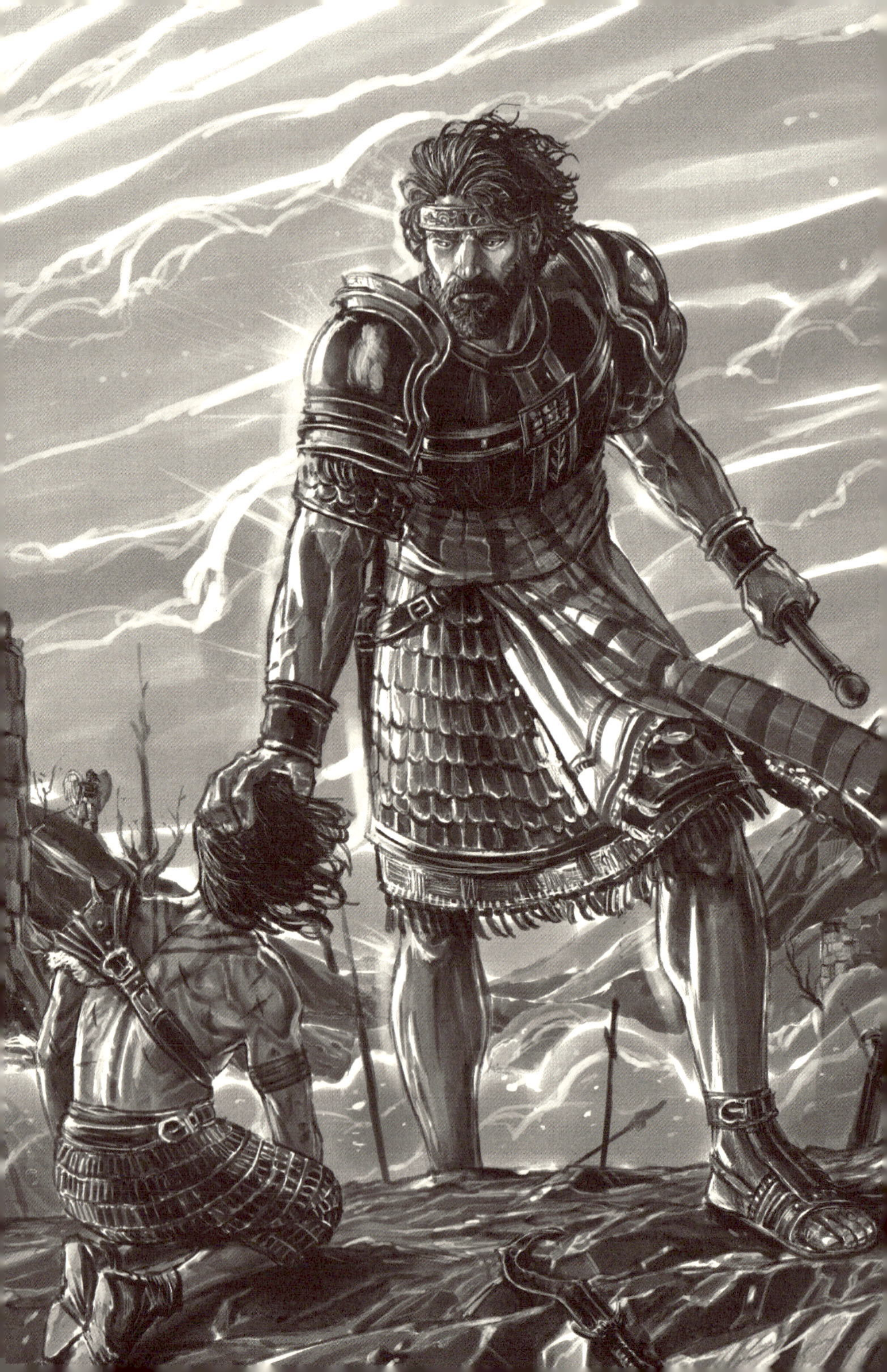

CAPÍTULO 18

Havia, entre aqueles que vieram da Terra do Pirronismo, três que, após vagarem e perambularem por um tempo pelo país e assim perceberem que haviam conseguido escapar, foram muito destemidos em se infiltrar na cidade de Alma Humana, sabendo que ainda havia diabolinianos no interior de suas muralhas. Eu disse três? Creio que eram quatro. A qual casa deveriam esses Céticos ir a não ser à daquele antigo diaboliniano cujo nome era Questionador Perverso, um grande inimigo da cidade e um grande realizador entre os diabolinianos que lá habitavam? Bem, esses diabolinianos dirigiram-se à residência desse homem por terem as direções sobre como encontrá-la. Lá ele os recepcionou, lamentou-se do infortúnio deles e os socorreu com o melhor que possuía. Após breve apresentações pessoais (e realmente foram breves), esse Questionador Perverso perguntou aos Céticos se eles provinham todos da mesma cidade, pois ele sabia que eles pertenciam a um único reino. A isso responderam:

—Não! Nem mesmo somos do mesmo distrito, uma vez que eu sou um Cético quanto à Eleição…

—Eu sou um Cético quanto à Vocação — disse o segundo.

—E eu sou um Cético quanto à Salvação — disse o terceiro.

—E eu, um Cético quanto à Graça — disse o último.

—Bem, — disse o velho cavalheiro — independentemente de qual distrito sejam, vocês são garotos do abismo. Seus pés têm o mesmo comprimento que o meu e seu coração é unido ao meu. Portanto, são muito bem-vindos à minha casa.

Os homens lhe agradeceram e ficaram contentes em ter encontrado um refúgio em Alma Humana. O velho lhes perguntou:

—Quantos de sua companhia pode haver dos que vieram para sitiar a cidade?

—Havia apenas dez mil Céticos ao todo, pois o restante do exército consistia em 15 mil Sanguinários. Esses homens — disseram eles — são vizinhos de nosso país. Mas, pobres deles, ouvimos dizer que foram todos capturados pelos exércitos de Emanuel.

—Dez mil! Afirmo-lhes que isso é uma companhia completa! Mas como aconteceu de vocês, visto serem tão numerosos, desfalecerem e não ousarem combater nossos inimigos? — indagou Questionador Perverso.

—Nosso general foi o primeiro a fugir deles — responderam os homens.

—Ora, — disse-lhes seu anfitrião — quem era esse seu general covarde?

—Houve um tempo em que ele era o lorde alcaide de Alma Humana. Porém não o chame de covarde, pois seria difícil responder quem, do oriente ao ocidente, prestou mais serviço a nosso príncipe Diabolus do que o lorde Incredulidade. Todavia, se eles o tivessem pegado, por certo o crucificariam, e, juramos a você, a crucificação é algo terrível!

A isso replicou o velho cavalheiro:

—Eu gostaria que todos os dez mil Céticos estivessem agora bem armados em Alma Humana e que eu fosse seu comandante! Vocês veriam o que eu faria.

—Sim, seria interessante que pudéssemos ver isso, mas, infelizmente, o que são os desejos? — falaram em alta voz.

—Bom, — disse o Questionador Perverso — acautelem-se de não falar alto. Vocês precisam ser discretos e cuidar de si próprios enquanto estão aqui. Do contrário, garanto-lhes, vocês serão destroçados.

—Por quê? — inquiriram os Céticos.

—Por quê? Porque tanto o Príncipe quando o Lorde Secretário, com Seus capitães e soldados, estão presentes em toda a cidade. Aqui está tão cheio deles quanto possível. Ademais, há um tal de Arbítrio, o mais cruel de nossos inimigos, que foi feito vigia dos portões pelo Príncipe e lhe foi ordenado que, com toda a sua diligência, buscasse, investigasse e destruísse toda e qualquer forma dos diabolinianos. E se ele os localizar, podem se considerar mortos, mesmo que suas cabeças sejam feitas de ouro.

Para que vocês saibam como aconteceu, durante todo esse tempo, um dos soldados mais fiéis do Lorde Arbítrio, cujo nome era Sr. Diligência, estava sob o beiral da casa do Questionador Perverso e ouvia toda a conversa que houvera entre ele e os Céticos que ele hospedava sob seu teto. Esse soldado era um homem em quem Arbítrio depositava muita confiança e a quem amava ternamente, e isso porque ele era um homem de bravura e também porque era incansável em buscar os diabolinianos para os apreender.

Como eu lhes disse, esse homem ouviu toda a conversa entre o Questionador Perverso e aqueles diabolinianos. Portanto, ele foi diretamente ao seu Lorde e lhe relatou tudo o que escutara.

—É isso que você está dizendo, meu fiel soldado? — disse o Lorde.

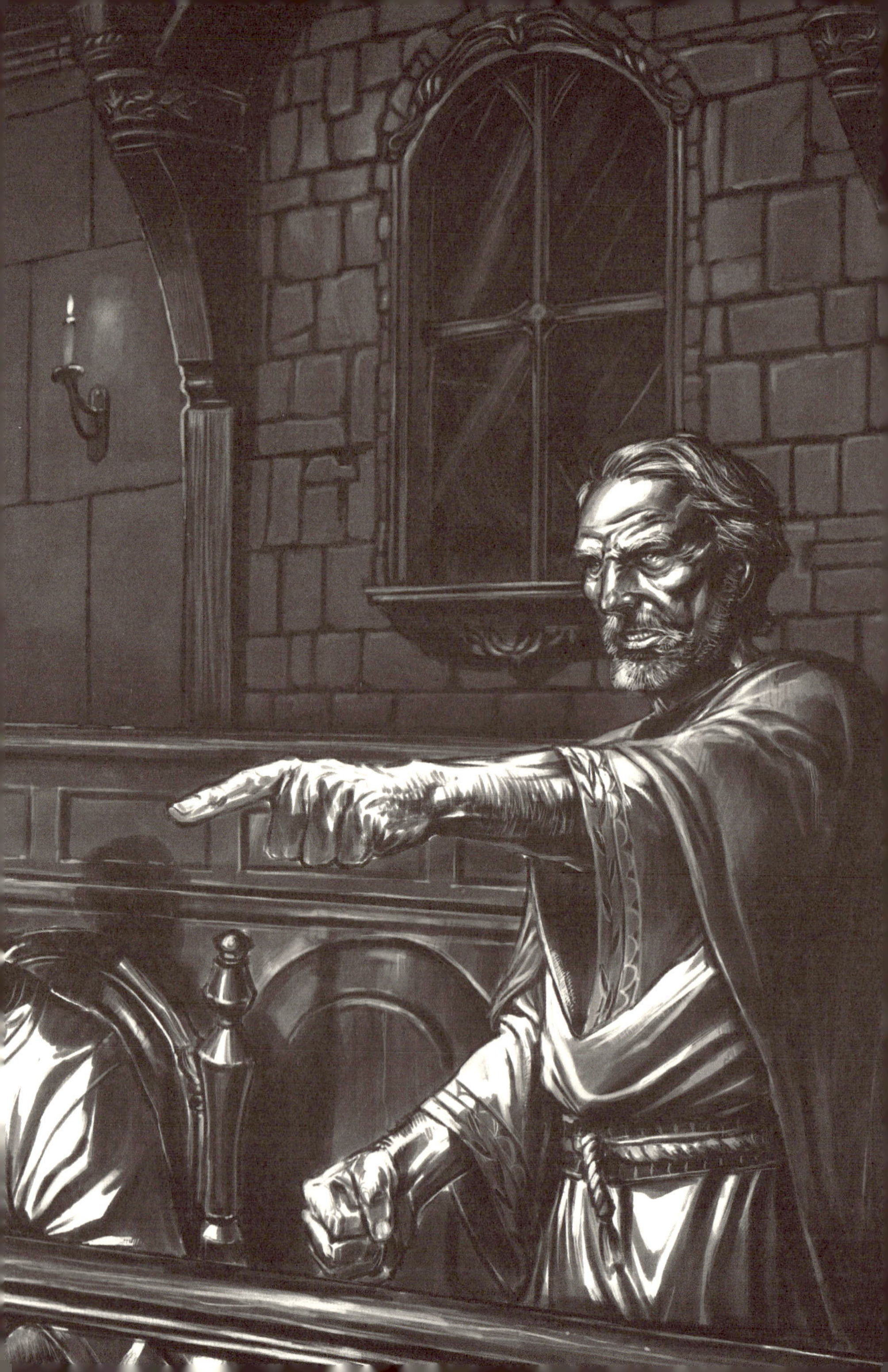

—Sim, e se agradar ao meu senhor acompanhar-me até lá, você descobrirá que as coisas são conforme eu lhe contei.

—Eles estão lá? Conheço bem esse Questionador Perverso porque nós éramos grandiosos no tempo da apostasia, mas agora não sei onde ele mora.

—Mas eu o sei — respondeu o jovem — e, se o senhor quiser ir, eu o levo até o covil dele.

—Vamos! — disse o Lorde Arbítrio — Eu o sigo. Vamos, meu caro Diligência, vamos encontrá-los!

Assim, ambos foram juntos diretamente para a casa do Questionador Perverso. Diligência ia adiante guiando seu senhor até chegarem perto dos muros daquele diaboliniano. Perguntou o rapaz ao Lorde Arbítrio:

—Ouça, meu senhor, você conhecerá o idioma desse velho cavalheiro se o ouvir?

—Sim, conheço muito bem. Mas não o tenho visto há muitos dias. Sei que ele é sagaz e espero que ele não escape de nós.

—Permita que eu vá sozinho para esse fim — replicou Diligência.

—Mas como encontraremos a entrada?

—Permita-me também que eu investigue sozinho — respondeu o rapaz.

Diligência manteve seu senhor por perto e lhe mostrou o caminho para a porta. Então, sem mais delongas, o Lorde Arbítrio arrombou a porta, correu para dentro da casa e pegou os cinco juntos, exatamente como lhe dissera seu soldado. Eles foram capturados, levados e colocados sob a responsabilidade do Sr. Fiel, o carcereiro, a quem foi ordenado que os mantivesse sob custódia.

Feito isso, o Lorde Alcaide foi informado pela manhã do que o Lorde Arbítrio fizera durante a noite e muito se alegrou com essas notícias, não apenas porque os Céticos foram aprisionados, mas porque o velho Questionador Perverso fora apreendido. Esse homem sempre fora um grande problema para Alma Humana e trouxera muita aflição ao próprio Lorde Alcaide. Foram muitas as buscas por ele, mas ninguém conseguira colocar suas mãos sobre esse homem até aquele momento.

A próxima ação era preparar o julgamento desses cinco homens que haviam sido aprisionados pelo Lorde Arbítrio e se encontravam sob os cuidados do Sr. Fiel, o carcereiro. O dia foi marcado, a corte convocada para se reunir, e os prisioneiros foram trazidos ao banco dos réus. O Lorde Arbítrio tinha o poder de eliminá-los assim que os apreendera e isso sem detença. Contudo ele achou que, no momento, seria melhor trazê-los a julgamento público, visando a honra do Príncipe, o consolo de Alma Humana e o desencorajamento do adversário.

O Sr. Fiel os trouxe acorrentados para o banco dos réus no tribunal de julgamento, que era a Corte Municipal. Assim, em resumo, o júri foi formado, as testemunhas fizeram seu juramento, e os prisioneiros foram julgados por sua vida. O júri era composto dos mesmos homens que haviam julgado o Sr. Não à Verdade, o Sr. Inclemente, o Sr. Pedantismo e os seus companheiros.

O primeiro a vir ao banco dos réus foi o velho Questionador, pois ele era quem recebera, hospedara e consolara esses Céticos, que eram estrangeiros. Ele foi obrigado a ouvir suas acusações e disseram-lhe que ele tinha a liberdade de fazer objeções caso desejasse falar em favor de si mesmo. Seu indiciamento foi lido e era o seguinte:

"Sr. Questionador, você é indiciado pelo nome de Questionador Perverso, um intruso na cidade de Alma Humana, uma vez que é um diaboliniano por natureza, também alguém que odeia o Príncipe Emanuel e que planejou a ruína desta cidade. Você é acusado de apoiar os inimigos do Rei, após leis integrais contrárias a isso serem promulgadas. 1. Você questionou a verdade da doutrina e da lei desse Estado; 2. Desejou que houvesse dez mil Céticos nela; 3. Recepcionou, hospedou e encorajou os inimigos desta cidade que vieram do exército adversário até você. O que tem a dizer sobre esse indiciamento? Você se declara culpado ou inocente?"

—Meu senhor, não compreendo esse indiciamento, pois não sou o homem mencionado nele. A pessoa que é indiciada por essas acusações diante desse tribunal chama-se Questionador Perverso, no que eu nego que seja meu. Eu me chamo Investigação Honesta. Um nome realmente se parece com o outro, mas imagino que Vossas Senhorias sabem que entre eles há uma enorme diferença. Espero que qualquer homem, mesmo nos piores tempos e até mesmo entre os piores homens, possa fazer uma investigação honesta das coisas, sem que corra o risco de morte.

Falou então o Lorde Arbítrio, visto que ele era uma das testemunhas:

—Meu senhor, honoráveis membros do júri e magistrados da cidade de Alma Humana, todos vocês ouviram que o prisioneiro no banco dos réus negou seu nome e assim pensa se afastar da acusação de seu indiciamento. Porém eu sei que ele é o homem a quem nos referimos e que seu nome é Questionador Perverso. Eu o conheço há mais de 30 anos porque ele e eu, e envergonho-me de o dizer, éramos grandes amigos quando Diabolus, aquele tirano, governava Alma Humana. Testifico que ele é um diaboliniano por natureza, um inimigo de nosso Príncipe e alguém que odeia nossa bendita cidade. Durante os tempos de rebelião, ele pernoitou em minha casa, meu senhor, não por poucas noites, mas por 20 delas seguidas. Costumávamos conversar, e o conteúdo de nossa conversa naquela época era o mesmo que ele recentemente teve com os Céticos. No entanto, há muito que eu não o via mais. Suponho que a vinda de Emanuel a Alma Humana o levou a mudar de residência, da mesma forma que esse indiciamento o levou a mudar seu nome. Mas confirmo que ele é o homem a quem nos referimos.

A corte disse então ao réu:

—Você tem algo mais a declarar?

—Sim, tenho, — disse aquele cavalheiro — pois tudo o que foi afirmado contra mim foi dito apenas pela boca de uma testemunha e não está no preceito da lei desta célebre cidade condenar um homem à morte pelo testemunho de apenas uma pessoa.

O Sr. Diligência se levantou e asseverou:

—Meu senhor, eu estava em meu plantão de vigia certa noite na entrada da rua da Maldade, nesta cidade, e, por acaso, ouvi um murmúrio vindo de dentro da casa deste senhor. Pensei então: O que devo fazer aqui? Aproximei-me muito sutilmente ao lado da casa para ouvir, pensando, como ficou confirmado, que eu poderia elucidar algum conventículo diaboliniano. Assim, como eu disse, fui me aproximando mais e mais, e, quando cheguei perto da parede, logo percebi que havia forasteiros na casa. Pude compreender o que falavam porque tenho sido um viajante. Ao ouvir tal idioma vindo de uma cabana tão abaladiça quanto essa onde habita este senhor, encostei meu ouvido a um orifício na janela e lá os ouvi dizer o que lhes relatarei. Este Sr. Questionador perguntava aos Céticos o que eles eram, de onde vieram e o que faziam nessas redondezas, eles lhes responderam todas essas questões, e ele, mesmo assim, manteve-os em casa. Também lhes inquiriu quantos deles havia, ao que lhe responderam que eram em dez mil. Então, ele lhes perguntou por

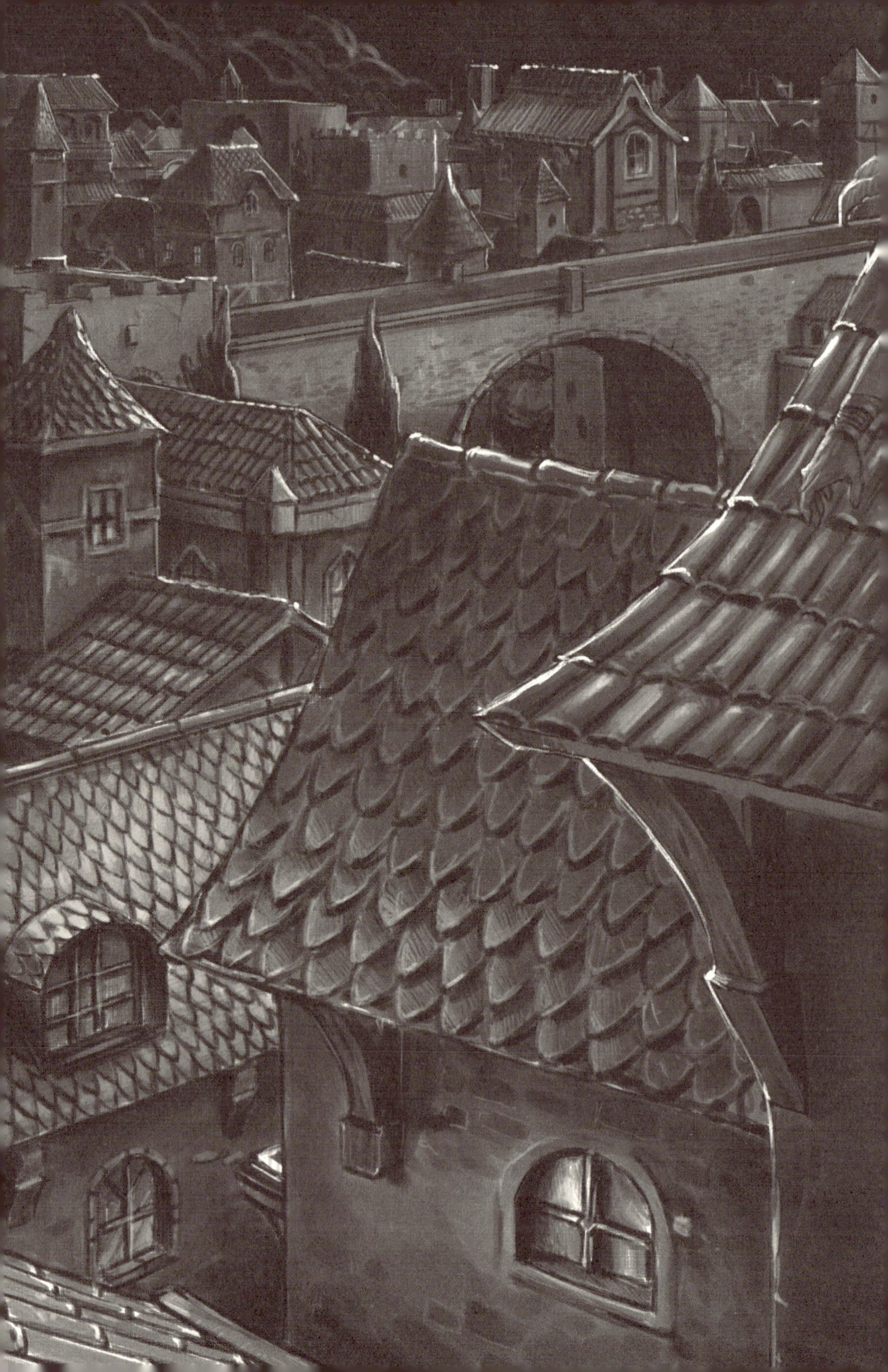

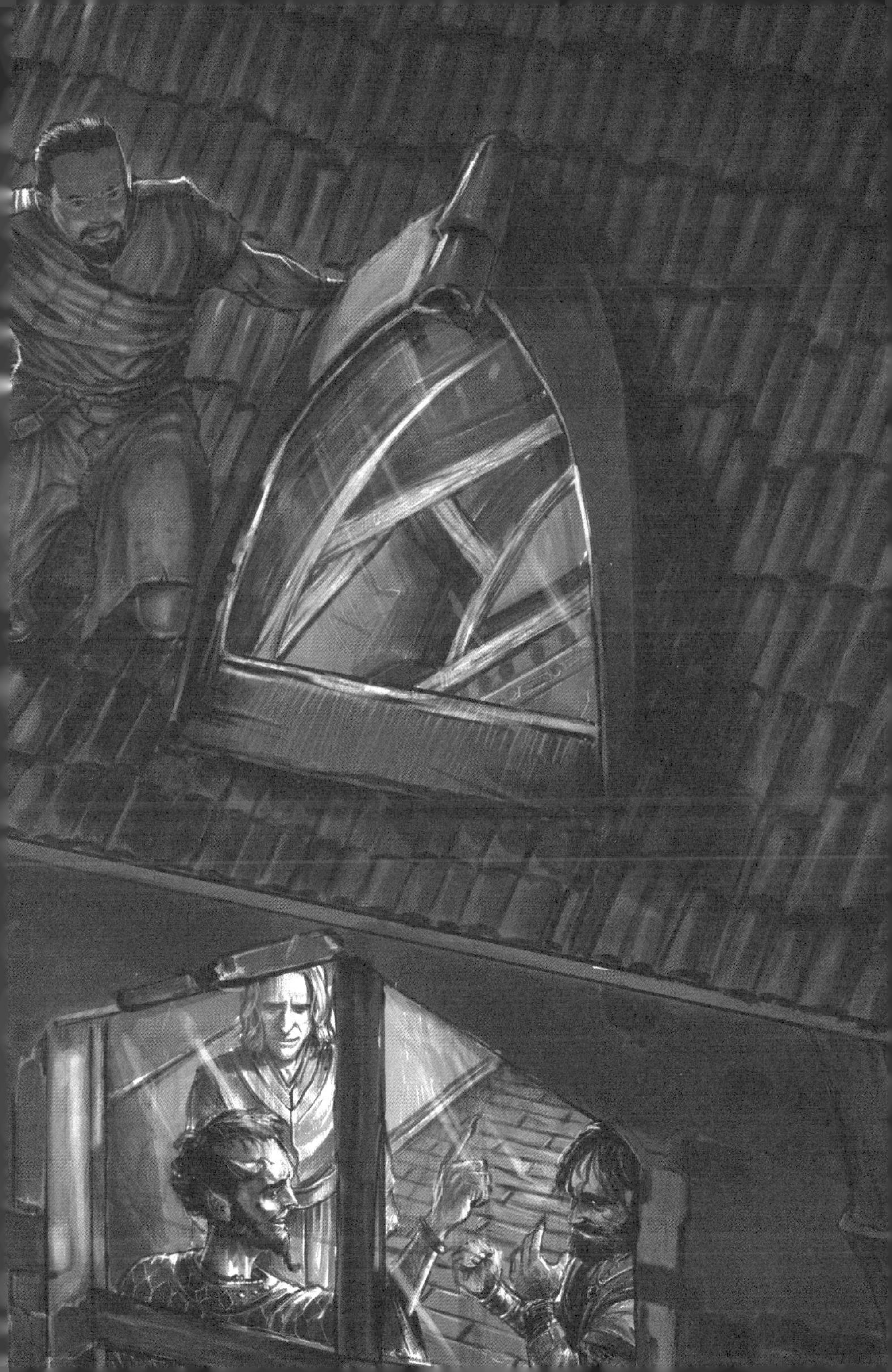

que não haviam feito mais ataques varonis sobre Alma Humana, e os Céticos lhe disseram o porquê. Este senhor chamou o general deles de covarde por ter fugido quando deveria ter lutado por seu príncipe. Além disso, ouvi este Questionador Perverso desejar que todos esses dez mil Céticos estivessem agora em nossa cidade e que ele pudesse ser o comandante deles. Ele também ordenou que aqueles diabolinianos se mantivessem discretos, pois, caso fossem apreendidos, seriam mortos, mesmo que a cabeça deles fosse de ouro.

A Corte então se dirigiu ao Sr. Questionador:

—Sr. Questionador Perverso, aqui está outra testemunha contra você, e o testemunho dele é completo: 1. Ele jura que você recebeu esses homens em sua casa e que cuidou deles, embora soubesse que eles são diabolinianos e inimigos do Rei. 2. Também afirmou que você desejou que houvesse dez mil Céticos em Alma Humana. 3. Jura que você os aconselhou a serem discretos, para que não fossem capturados pelos servos do Rei. Tudo isso manifesta que você é um diaboliniano. Se fosse amigo do Rei, você os teria prendido.

—À primeira acusação respondo — disse o Questionador — que os homens que vieram para minha casa eram estrangeiros quando eu os hospedei. Agora é crime em Alma Humana hospedar estrangeiros? Também é verdade que eu cuidei deles; por que deveria eu ser culpado por minha caridade? Quanto à razão por que eu quis dez mil deles na cidade, eu nunca o declarei à testemunha, tampouco a eles mesmos. Eu poderia ter desejado que eles fossem capturados e, assim, esse meu anseio significaria o bem de Alma Humana, uma vez que, por enquanto, ninguém o sabe com certeza. Eu também ordenei que eles se acautelassem de não cair nas mãos dos capitães. Porém isso poderia ser por eu não desejar que homem algum fosse morto e não porque eu desejasse que os inimigos do Rei pudessem assim escapar.

O Lorde Alcaide tomou a palavra:

—Embora seja uma virtude hospedar estrangeiros, é considerado traição acolher os adversários do Rei. Acerca das outras coisas que você falou, é apenas um jogo de palavra de alguém que está lutando para se evadir e se defender do julgamento de execução. Contudo, nada é mais evidente do que o fato de você ser um diaboliniano e que, de acordo com a lei, deve morrer pela acusação de ser um anfitrião, um acolhedor e um apoiador de outros forasteiros diabolinianos que vêm de longe com o propósito de desarraigar e destruir nossa Alma Humana. Isso não podemos tolerar!

—Estou vendo onde esse joguinho vai acabar: devo morrer por causa de meu nome e de minha caridade — respondeu Questionador e depois se calou.

Os Céticos forasteiros foram convocados ao banco dos réus. O primeiro acusado foi o Cético quanto à Eleição. Foi-lhe lido o seu indiciamento e, pelo fato de ser um estrangeiro, um intérprete traduziu para ele as palavras que diziam: "Você é acusado de ser um adversário de Emanuel, o Príncipe, alguém que odeia Alma Humana e um opositor à sua mais sã doutrina". O juiz lhe perguntou se ele litigaria, mas ele disse apenas que confessava ser um Cético quanto à Eleição e que essa era a religião na qual ele fora criado. Por fim afirmou:

—Se for preciso eu morrer por minha religião, acredito que morrerei como um mártir e, assim, não me importo minimamente!

O juiz lhe replicou:

—Questionar a eleição é derrubar uma grande doutrina do evangelho, a saber: a onisciência, o poder e a vontade de Deus. Igualmente significa retirar a liberdade divina para com Sua criatura, calcar a fé de nossa cidade e fazer a salvação depender de obras, e não da graça. Também questionar a Palavra e perturbar a mente dos habitantes de Alma Humana. Portanto, pelo bem da lei, este homem deve morrer.

Depois chamaram o Cético quando à Vocação, e ele se assentou no banco dos réus. O conteúdo do indiciamento dele era igual ao do anterior: apenas que ele foi especialmente acusado de negar a vocação de Alma Humana. O juiz lhe perguntou o que ele tinha a dizer a seu respeito.

—Eu jamais cri — disse o réu — que houvesse algo como um poderoso e distinto chamado de Deus a Alma Humana, nem pela voz geral da Palavra ou por intermédio dela, exceto que eles não devem tolerar o mal e fazer o que é bom. Ao agir assim, uma promessa de felicidade é incluída.

Respondeu o juiz:

—Você é um diaboliniano e negou grande parte de uma das verdades mais práticas do Príncipe desta cidade, visto que Ele a chamou, e ela ouviu um chamado distinto e poderoso de seu Emanuel. Por esse chamado, ela foi avivada, despertada e adquirida pela graça celestial para anelar ter comunhão com seu Príncipe, para servir a Ele, fazer a Sua vontade e para buscar sua felicidade apenas em o agradar. Por sua aversão a essa boa doutrina, você deve morrer!

Por fim, foi chamado o Cético quanto à Graça, e seu indiciamento foi lido. Ao que ele replicou:

—Embora eu seja proveniente da Terra do Pirronismo, meu pai é descendente dos fariseus e viveu de forma honesta entre seus vizinhos. Ele me ensinou a crer, e eu creio, creio e desejo que Alma Humana jamais seja salva gratuitamente pela graça.

—Bem, a lei do Príncipe é bem clara — disse o juiz. — Negativamente, não somos salvos por obras; positivamente, somos salvos pela graça. E sua religião se baseia nas obras da carne, pois as obras da lei são obras da carne. Ademais, ao afirmar o que você acabou de dizer, você rouba de Deus a Sua glória e a transfere ao homem pecador. Semelhantemente, rouba de Cristo a necessidade do que Ele realizou e a suficiência dessa obra e atribui ambas às obras da carne. Você desprezou a obra do Espírito Santo e tem engrandecido o desejo carnal e da mente legalista. Você é um diaboliniano, filho de um diaboliniano e por princípios como esses deve morrer.

Procedendo assim a corte com cada um deles, o júri deliberou e os encontrou culpados de morte. Então, o Lorde Arquivista se levantou e dirigiu-se aos prisioneiros:

—Vocês, prisioneiros no banco dos réus, foram aqui indiciados e achados culpados de graves crimes contra Emanuel, nosso Príncipe, e contra o bem-estar da célebre cidade de Alma Humana, crimes pelos quais devem ser condenados à morte.[1]

Desse modo, eles foram sentenciados à morte de cruz. O local determinado para a execução foi onde Diabolus trouxera seu último exército contra Alma Humana, com exceção do velho Questionador Perverso, que deveria ser crucificado no começo da rua da Maldade, de frente para a porta de sua própria casa.

---

[1] No original, não há menção do julgamento do Cético quanto à Salvação. Contudo, pode-se inferir que ele fora condenado, como seu próprio nome sugere, por duvidar e não crer na Salvação.

CAPÍTULO 19

Quando a cidade de Alma Humana havia se livrado de seus inimigos e dos perturbadores da paz, um rígido decreto foi emitido logo em seguida: que o Lorde Arbítrio e seu servo, Diligência, vasculhassem e fizessem o seu melhor para capturar os diabolinianos que ainda permaneciam vivos na cidade. Os nomes de alguns deles eram: Sr. Trapaceiro, Sr. Desprezo ao Bem, Sr. Medo Escravizante, Sr. Sem Afeição, Sr. Desconfiança, Sr. Carnal e Sr. Indolência. Semelhantemente, foi-lhes ordenado prender os filhos do Sr. Questionador Perverso, que tinham ficado para trás, e que a casa deles deveria ser demolida. Os filhos dele se chamavam: Sr. Dúvida, o mais velho, e os demais eram Sr. Legalismo, Sr. Descrença, Sr. Pensamentos Vis sobre Cristo, Sr. Empecilho à Promessa, Sr. Sentido Carnal, Sr. Vivendo pelas Emoções e Sr. Egocentrismo. Todos esses nasceram de uma mesma mãe cujo nome era Desesperançada, sobrinha do velho Incredulidade. Quando o pai dela, o Sr. Escuridão, morreu, Incredulidade a adotou e educou. Assim que Desesperançada chegou à idade de casar, seu tio a deu como esposa ao Questionador Perverso.

O Lorde Arbítrio executou sua comissão, com o soldado Diligência ao seu lado. Ele capturou o Sr. Trapaceiro nas ruas e o crucificou no beco chamado Falta de Sabedoria, diante da casa do próprio. Esse Trapaceiro era o que desejava que a cidade de Alma Humana entregasse o Capitão Confiança nas mãos de Diabolus, desde que ele, Diabolus, retirasse seu exército da cidade. Arbítrio também prendeu o Sr. Desprezo ao Bem, certo dia em que este estava muito atarefado no mercado, e o executou de acordo com a lei.

Havia na cidade um homem pobre e honesto em Alma Humana cujo nome era Meditação, alguém que não desfrutava de grande reputação nos dias da apostasia, mas que agora era reputado entre os melhores da cidade. Todos estavam desejosos de promover esse senhor. Aquele Sr. Desprezo ao Bem possuía muitas riquezas em Alma Humana; no entanto, quando Emanuel retornou à cidade, essas riquezas foram confiscadas para o uso do Príncipe. Esses bens foram doados ao Sr. Meditação, a fim de aumentar o bem-estar geral, e ao filho dele, o Sr. Bons Pensamentos, que era casado com a senhora Piedade, filha do Arquivista.

Após esses atos, o Lorde Arbítrio prendeu o Sr. Empecilho à Promessa, um notório vilão, visto que, por seus atos, as riquezas do Rei foram esbanjadas. Por isso, decidiu-se fazer dele um exemplo público. Ele foi acusado

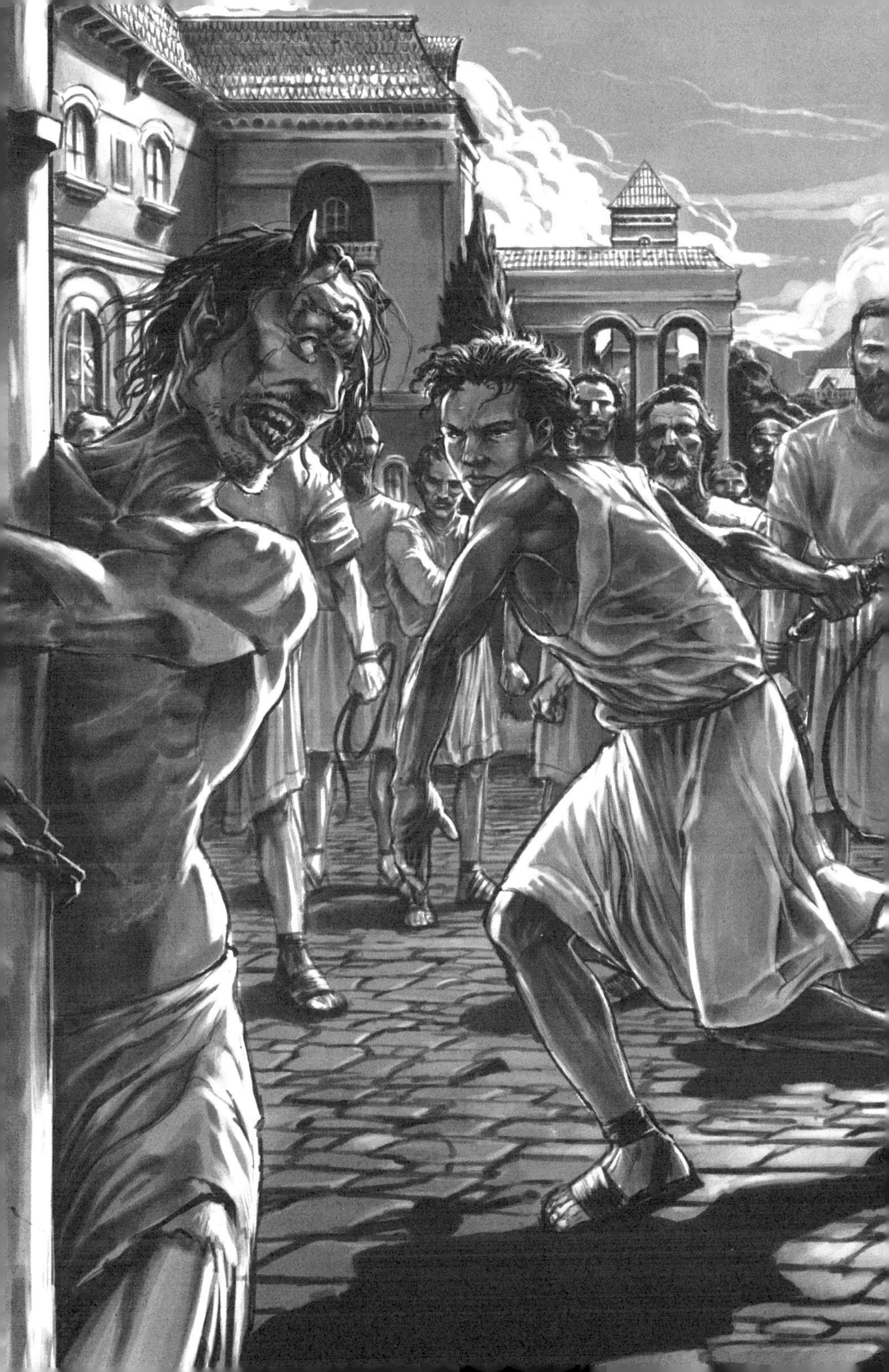

e julgado a ser o primeiro colocado no pelourinho e depois açoitado por todos os filhos e servos de Alma Humana. Por fim, deveria ser crucificado e permanecer assim até estar morto. Alguns podem questionar a severidade da punição a esse homem, mas aqueles que são comerciantes honestos na cidade são sensíveis ao grande prejuízo que um pequeno impedimento à promessa pode causar em Alma Humana em pouco tempo. E minha opinião é que todos os que têm esse tipo de nome e estilo de vida deveriam ser executados como ele.

O Sr. Sentido Carnal foi preso e mantido sob custódia. Contudo, não sei como aconteceu, mas ele conseguiu quebrar os grilhões e fugir da prisão. Sim, esse vilão petulante não abandonará a cidade, mas espreita dos covis diabolinianos todos os dias e, durante a noite, assombra como um espectro todos os homens honestos. Portanto, foi colocada uma proclamação na praça do mercado de que qualquer um que descobrisse o paradeiro de Sentido Carnal, e o apreendesse e executasse, seria diariamente admitido à mesa do Príncipe e colocado como o guardião do tesouro de Alma Humana. Assim sendo, muitas pessoas se empenharam nessa tarefa, mas não conseguiram prendê-lo e executá-lo, embora ele fosse encontrado com frequência.

O Lorde Arbítrio também capturou e prendeu o Sr. Pensamentos Vis sobre Cristo, e ele morreu na prisão. Porém foi uma morte lenta, pois ele feneceu de uma tuberculose persistente.

O Sr. Egocentrismo também foi apreendido e levado sob custódia, mas ele tinha muitos aliados em Alma Humana; então o julgamento desse homem foi postergado. Contudo, por fim, o Capitão Autonegação levantou-se e asseverou:

—Se Alma Humana começar a flertar com vilões como esse, abdicarei de minha comissão!

Então, tomou-o do meio da multidão, levou-o para entre os seus soldados e lá o Egocentrismo foi decapitado. No entanto, alguns cidadãos resmungaram acerca disso, embora ninguém ousasse falar abertamente por Emanuel estar na cidade. Esse ato de bravura do Capitão Autonegação chegou ao conhecimento do Príncipe, que o chamou e tornou-o um lorde em Alma Humana. Semelhantemente, o Lorde Arbítrio também obteve honrarias de Emanuel pelo que realizara pela cidade.

O Lorde Autonegação, então, tomou coragem de perseguir os diabolinianos na companhia do Lorde Arbítrio. Ambos prenderam o Sr. Vivendo pelas Emoções e o Sr. Legalismo e os colocaram no cárcere até que morreram. Mas eles nunca conseguiram colocar as mãos no Sr. Descrença porque ele era sorrateiro, embora tivessem, com frequência, tentado capturá-lo. Assim sendo, esse vilão e alguns outros dentre os mais sutis diabolinianos conseguiram permanecer em Alma Humana até o tempo em que essa cidade partiu para não mais habitar no reino do Universo. Todavia foram mantidos em seus covis e covas e, se algum deles aparecia ou era visto em qualquer das ruas da cidade, todos se armavam contra eles. Sim, até mesmo as crianças bradavam contra eles como se fossem ladrões e desejavam que fossem apedrejados até a morte.

Assim, Alma Humana atingiu um bom nível de paz e calmaria. O Príncipe também habitava dentro de suas fronteiras, os capitães e seus soldados cumpriam suas tarefas, e Alma Humana se ocupava com o comércio que tinha com o país distante e se atinha à sua manufatura.

Quando desse modo se livraram de tantos de seus inimigos e dos perturbadores da paz, o Príncipe lhes enviou uma mensagem na qual marcava uma data em que Ele encontraria o povo na praça do mercado e lá lhes daria uma incumbência acerca de alguns assuntos a mais que, se observados, promoveriam ainda mais a segurança e o consolo de Alma Humana e tenderiam a condenar e destruir os diabolinianos que haviam se criado na cidade. Chegado o dia, todos se reuniram no local determinado. Emanuel desceu de Sua carruagem e estava acompanhado de todos os capitães que o serviam, ladeando-o pela direita e esquerda. Foi dada uma ordem de silêncio e após algumas demonstrações de amor, o Príncipe começou Seu discurso:

—Vocês, minha Alma Humana, são meus amados do coração, são muitos os privilégios que lhes concedo. Eu os separei e os escolhi para mim mesmo, não por sua dignidade, mas por amor a mim. Também os redimi, não apenas do pavor da lei de meu Pai, mas das mãos de Diabolus. Fiz assim porque os amo e porque coloquei meu coração sobre vocês para lhes fazer o bem. E para que todas as coisas que possam impedir seu caminho para os prazeres do Paraíso pudessem ser removidas, formulei uma satisfação plenária por vocês e sua alma e os comprei para mim mesmo. O preço pago não foram coisas corruptíveis, como prata ou ouro, mas o meu próprio sangue, que derramei gratuitamente sobre o solo a fim de fazer de vocês minha posse.[1] Ó Alma Humana, desse modo eu os reconciliei com meu Pai e lhes confiei as mansões que estão com Ele na cidade real, onde estão as coisas que o olho ainda não viu e não penetrou no coração do homem.[2]

"Ademais, ó minha Alma Humana, vocês contemplam o que eu realizei e que os tirei das mãos de seus inimigos, por causa dos quais vocês se revoltaram grandemente contra meu Pai e por quem vocês se contentavam em serem dominados e destruídos. Cheguei a vocês primeiramente por meio de minha lei e depois de meu evangelho, para os despertar e lhes mostrar a minha glória. Vocês reconhecem o que eram, o que disseram e quantas vezes se rebelaram contra meu Pai e contra mim. Contudo, ainda assim, não os abandonei, como veem neste dia, mas vim a vocês; suportei sua conduta, esperei por vocês e, por fim, aceitei-os por pura graça e favor; não permiti que se perdessem, conforme vocês mesmos, de boa vontade, o teriam feito. Igualmente, circundei-os e os afligi por todos os lados, a fim de que se cansassem de seus caminhos e levassem seu coração, por meio de injúria, a um desejo de romper com o seu bem e felicidade. E quando eu os conquistei completamente, reorientei tudo isso para o seu benefício.

"Semelhantemente, vocês veem a companhia das hostes celestiais de meu Pai que eu alojei dentro de suas fronteiras: capitães e líderes, soldados e homens de guerra, máquinas e equipamentos excelentes para subjugar e derrotar seus adversários. Vocês sabem o que eu quero dizer, ó Alma Humana. E eles são meus servos e seus também. Sim, era meu desígnio possuí-los por meio deles, e cada um desses valentes tem o desejo de defendê-los, expurgá-los, fortalecê-los e torná-los agradáveis a mim e mais preparados para estar na presença, bênção e glória de meu Pai, pois para isso vocês foram criados, ó Alma Humana.

"Vocês veem, além disso, como eu desconsiderei seus desvios e os curei. De fato, eu estava furioso com vocês, mas desviei minha ira porque ainda os amo, e minha ira e indignação cessaram com a destruição de seus inimigos, ó Alma Humana. Não foi sua bondade que me atraiu

---

[1] 1 Pedro 1:18-20

[2] 1 Coríntios 2:9

novamente a vocês, uma vez que foi por suas transgressões que escondi a minha face de vocês e me retirei de sua presença. O caminho para o retrocesso é seu, mas o caminho e os meios para a restauração me pertencem. Criei o modo de seu retorno, fui eu que construí uma cerca e um muro quando vocês estavam começando a se voltar para coisas nas quais não tenho prazer. Eu transformei em amargo o que lhes era doce, seu dia em noite, o que era suave em espinhoso e confundi todos que buscavam a sua destruição. Coloquei o Sr. Temor a Deus para trabalhar em Alma Humana. Fui eu que despertei sua consciência e entendimento, sua vontade e afeições depois de sua grande e horrenda decadência. Derramei vida em vocês, ó Alma Humana, para que me buscassem e me encontrassem, e, ao encontrar-me, descobriram sua própria saúde, felicidade e salvação. Expulsei os diabolinianos de Alma Humana pela segunda vez; eu os venci e destruí diante de sua face.

"Agora retornei a vocês em paz, suas transgressões contra mim são como se nunca tivessem acontecido. Não será mais com vocês como foram os dias passados; far-lhes-ei melhor agora do que no início. Pois em breve, ó minha Alma Humana, após algum tempo ter decorrido sobre vocês — não se perturbem com o que lhes direi agora — eu demolirei essa célebre cidade, pedra por pedra, até o chão. Depois levarei suas pedras, madeiras, muros, a terra e os habitantes para meu próprio país, para o reino de meu Pai e lá a instituirei com tal poder e glória, como nunca se viu neste reino onde ela foi formada. Lá a estabelecerei para habitação de meu Pai, uma vez que foi para esse propósito que ela foi fundada no reino do Universo. Também lá a farei um espetáculo maravilhoso, um monumento de misericórdia e uma admiradora de sua própria misericórdia. Naquele lugar, os nativos de Alma Humana verão tudo o que não conseguem ver aqui, pois serão igualados àqueles a quem eram inferiores aqui. E lá, ó minha Alma Humana, vocês terão tal comunhão comigo, com meu Pai e com o Lorde Secretário como não é possível ser desfrutada, nem jamais poderia, mesmo que vivessem no Universo pelo espaço de mil anos.

"Também lá não mais temerão os seus assassinos, os diabolinianos e suas ameaças. Igualmente não haverá mais conspirações, artifícios ou propósitos contra vocês, ó Alma Humana. Não mais ouvirão más notícias ou o sonido dos tambores diabolinianos. Não mais verão os porta-estandartes desses vilões ou avistarão o pavilhão de Diabolus. Nem sequer um monte diaboliniano será lançado contra vocês, tampouco se hasteará a bandeira diaboliniana para atemorizá-los. Não mais precisarão de capitães, máquinas, soldados e homens de guerra. Não mais encontrarão tristezas ou pesar nem será possível que algum diaboliniano rasteje para dentro de suas orlas, entoque-se para dentro de suas muralhas e seja visto dentro de suas fronteiras por todos os dias da eternidade. A vida lá será mais longa do que vocês podem desejar que fosse e, ainda assim, será sempre agradável e renovada, tampouco haverá, em tempo algum, qualquer obstáculo para ela.

"Naquele país, ó Alma Humana, vocês encontrarão muitos que foram como vocês e que foram participantes em suas tristezas, pessoas que eu escolhi, redimi e separei, assim como vocês, para a corte e a cidade real de meu Pai. Todos se alegrarão em vocês, e quando os virem, vocês se alegrarão em seu coração.

"Há coisas, até mesmo entre as provisões de meu Pai e minhas, que jamais foram vistas desde o começo do mundo. E elas foram estabelecidas por meu Pai e seladas entres Seus tesouros destinados a vocês quando lá chegarem para as desfrutar. Eu lhes disse anteriormente que removerei Alma Humana de seu lugar e a fundarei em outro local; e onde eu a colocarei há aqueles que os amam e que exultam em vocês, mesmo agora, entretanto quanto mais se alegrarão em vê-la exaltada à honra! Meu Pai os enviará para buscar vocês, e eles os acolherão em seu peito e os colocarão em carruagens. E vocês cavalgarão sobre as asas do vento. Eles virão para os transportar, conduzir e trazê-los àquilo que, quando testemunhado por seus olhos, será seu desejado paraíso.

"E assim, ó minha Alma Humana, mostrei-lhes o que será feito a vocês no porvir, para que vocês possam ouvir e compreender. Agora lhes direi o que deverá ser sua tarefa e prática no presente, até que eu venha buscá-los para mim mesmo, de acordo com o que está relatado nas Escrituras da verdade.

"Primeiramente, eu lhes encarrego de, daqui para frente, manter mais alvas e limpas as vestes que lhes dei antes de minha recente partida de seu meio. Façam-no, aconselho-os, porque isso será sábio de sua parte. Elas são tecidas em linho fino, porém são vocês que devem mantê-las puras. Isso será sua sabedoria, honra e me engrandecerá sobremaneira. Enquanto mantiverem suas vestimentas assim alvas, o mundo conseguirá identificá-los como pertencendo a mim. Semelhantemente, quando elas estão limpas, eu me deleito em seus caminhos, pois suas entrada e saída serão como a do relâmpago, que são notadas por todos os presentes e os olhos deles ficarão ofuscados à sua presença. Portanto, ataviem-se conforme minha ordenança e façam para vocês mesmos caminhos retos para seus pés, de acordo com minha lei. Desse modo, seu Rei desejará com ardor a sua formosura, pois Ele é seu Senhor, e vocês o adorarão.

"A fim de que vocês possam cumprir o que lhes ordeno, eu lhes provi, como lhes disse em oportunidade anterior, com uma fonte aberta para que possam lavar suas vestiduras. Acautelem-se de lavá-las frequentemente em minha fonte e não estejam em vestes poluídas, visto que isso seria para mim desonra e vergonha e para vocês seria desconforto andar vestidos em imundícies. Desse modo, não permitam que minhas vestes, essas que lhes dei, sejam contaminadas ou manchadas pela carnalidade. Mantenham-nas sempre alvas e que não falte óleo sobre sua cabeça.[3]

"Minha Alma Humana, muitas vezes os livrei dos desígnios, tramas, tentativas e conspirações de Diabolus. Por causa disso, peço-lhes somente que não me paguem mal por bem, que mantenham em mente o meu amor e a minha contínua bondade para com minha amada cidade, de forma que isso os leve a andar dignamente de acordo com os benefícios que lhes foram concedidos. Antigamente os sacrifícios eram amarrados com cordas ao altar. Considerem o que lhes digo, ó minha bendita Alma Humana.

"Meus amados, vivi, morri, e agora vivo sem a necessidade de morrer novamente por vocês. Vivo para que vocês não morram. Porque eu vivo, vocês viverão. Reconciliei-os com meu Pai por meio de meu sangue na cruz, e, estando reconciliados, vocês viverão por meu intermédio. Intercederei e lutarei em seu favor, também lhes farei o bem.

"Apenas o pecado pode feri-los, e nada além do pecado pode me ofender. Também nada pode oferecer fundamento para seus inimigos senão o pecado. Atentem ao pecado, minha Alma Humana.

"Vocês sabem por que eu, inicialmente, e mesmo agora, me permito sofrer a presença dos diabolinianos dentro de suas muralhas? Para mantê-los despertos, para provar seu amor, torná-los vigilantes e levá-los

---

[3] Eclesiastes 9:8

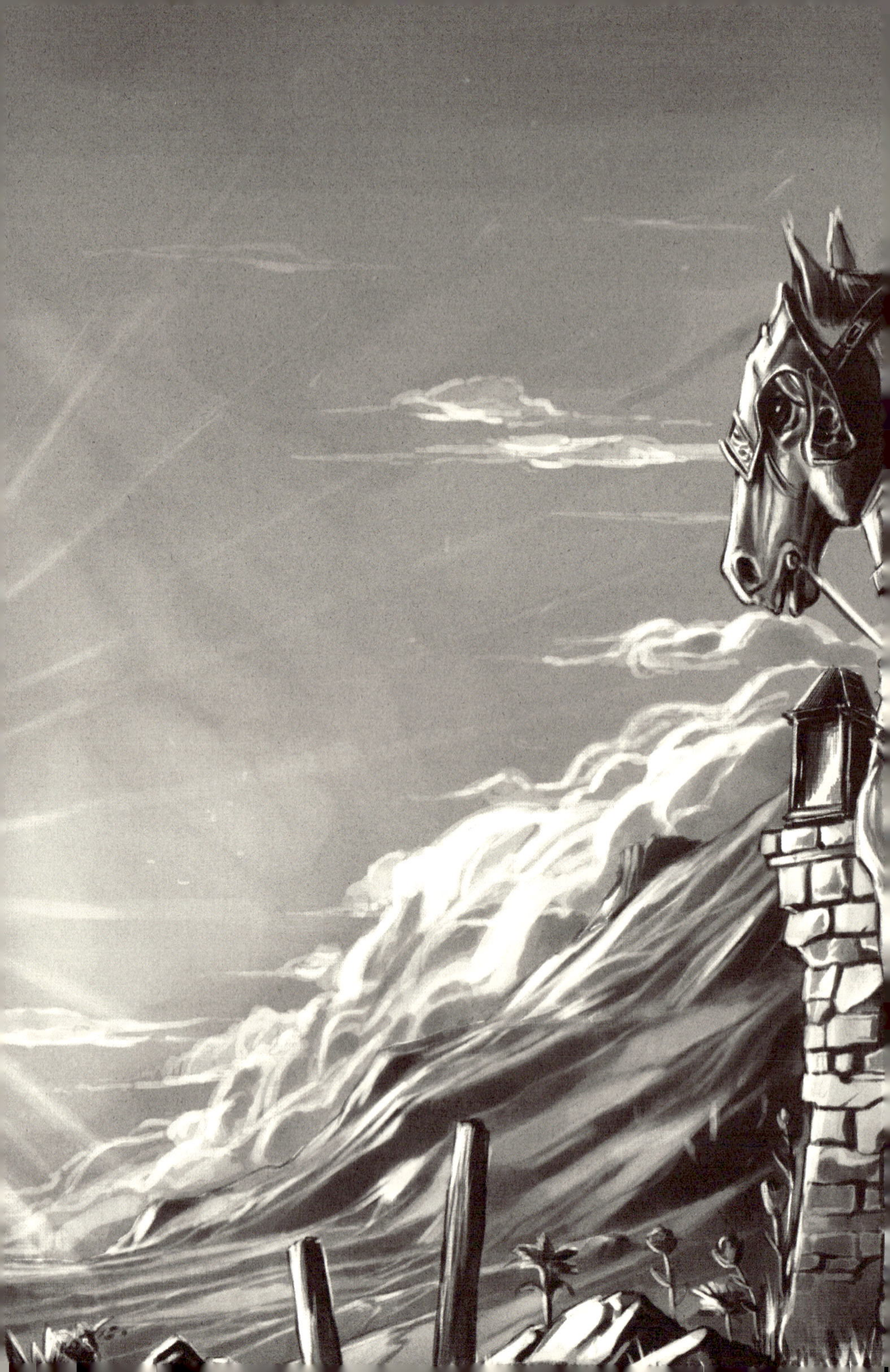

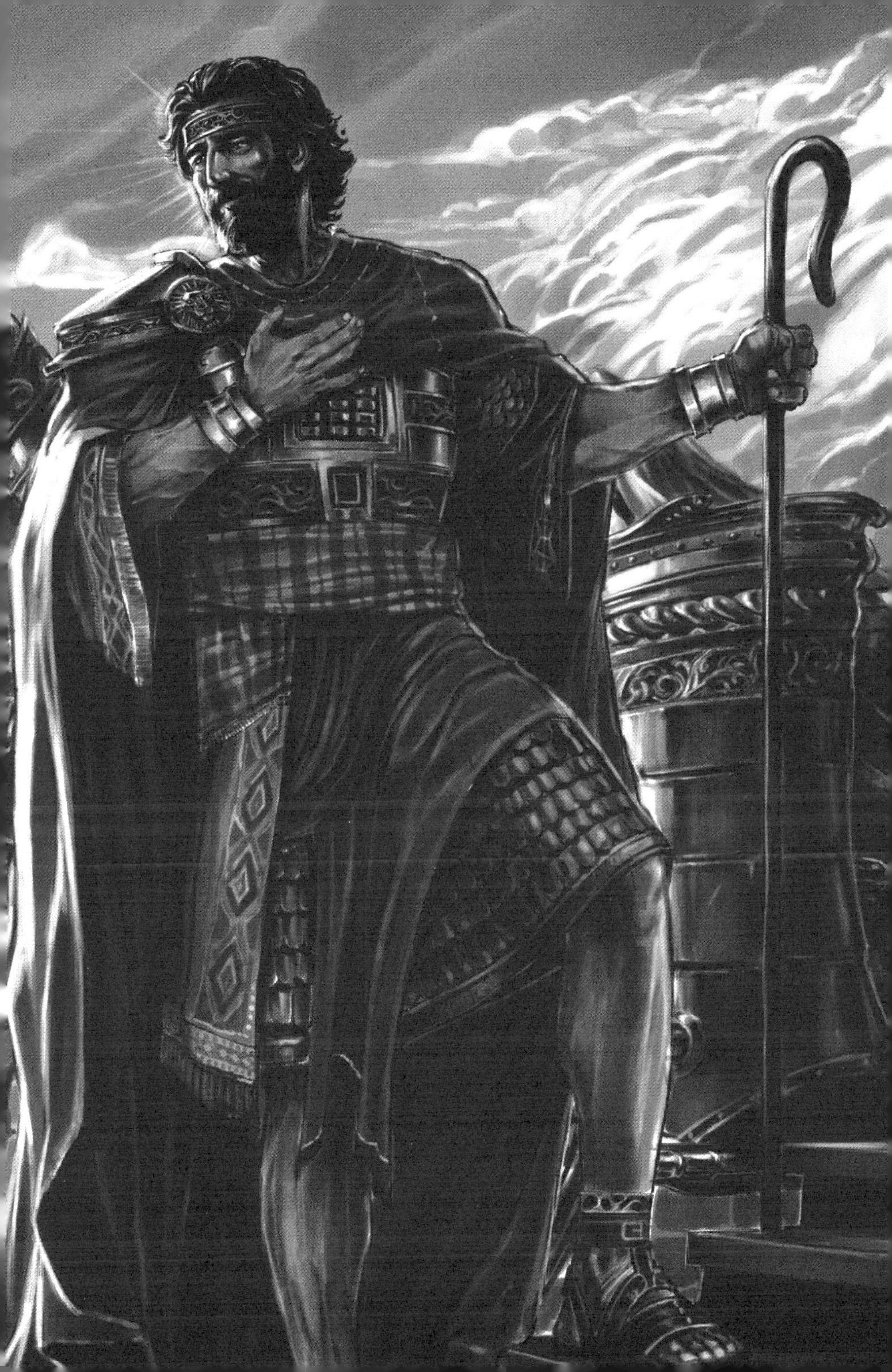

a valorizar meus nobres capitães, os soldados deles e minha misericórdia. Também é para que vocês possam ser levados a se lembrar da condição deplorável em que já estiveram. Quero dizer, quando não apenas alguns diabolinianos, mas todos, habitavam não apenas dentro de suas muralhas, mas ocupavam seu castelo e fortaleza.

"Se eu matasse a todos que estão no interior de sua cidade, haveria muitos no exterior que os levariam em escravidão, pois, caso os de dentro fossem todos eliminados, os de fora encontrariam vocês adormecidos e, assim, em um momento, eles tragariam toda a minha Alma Humana. Portanto, eu permito que eles permaneçam, não para ferir vocês — o que acontecerá se os ouvirem e servirem —, mas para fazer-lhes o bem, o que eles farão, no caso de vocês os combaterem. Desse modo, saibam que, seja o que for que eles usarem para os tentar, meu propósito é que isso os aproxime, ao invés de os afastar, de meu Pai. Também que vocês aprendam a guerrear, a fazer das súplicas algo desejável a vocês e transformá-los em pequenos a seus próprios olhos. Ouçam-me diligentemente, ó minha Alma Humana.

"Demonstrem-me seu amor e não permitam que esses que permanecem no interior de suas muralhas afastem suas afeições daquele que redimiu a sua alma. Sim, que a visão de um diaboliniano aumente seu amor por mim. Vim três vezes para os salvar do veneno daquelas flechas que teriam levado vocês à morte. Levantem-se ao meu lado, que sou seu Amigo, contra os diabolinianos, e eu me erguerei a seu favor diante de meu Pai e de toda a Sua corte. Amem-me na presença da tentação, e eu os amarei independentemente de suas enfermidades.

"Ó minha Alma Humana, lembrem-se de meus capitães, meus soldados e minhas máquinas que fiz para vocês. Eles combateram em seu favor e sofreram por vocês, já suportaram muito de suas mãos, a fim de lhes fazer o bem. Se vocês não os tivessem ao seu lado para os ajudar, Diabolus certamente teria colocado as mãos em vocês. Acolham-nos, portanto. Quando vocês estiverem bem, eles estarão bem; quando vocês estiverem enfermos, eles também estarão enfermos e enfraquecidos. Não permitam que eles adoeçam, pois, se isso acontecer, vocês estarão em má situação. Se meus capitães estiverem fracos, vocês não poderão estar fortes; se eles desfalecerem, vocês não poderão ser corajosos e valentes por seu Rei, ó Alma Humana. Jamais pensem que podem viver de acordo com seus sentidos;

vivam de acordo com a minha Palavra. Vocês precisam crer que, quando eu estou afastado de vocês, ainda assim os amo e os levo junto ao meu coração para sempre.

"Portanto, lembrem-se de que são meus amados. Da mesma forma que anteriormente eu os ensinei a vigiar, lutar, orar e combater meus inimigos, ordeno agora que creiam no meu amor constante por vocês. Ó minha Alma Humana, coloquei sobre vocês meu coração e meu amor! Vigiem! Vejam que não coloco sobre vocês qualquer outro fardo além do que já possuem. Fiquem firmes até eu voltar!"

“Portanto, lembrem-se de que são meus amados. Da mesma forma que anteriormente eu os ensinei a vigiar, lutar, orar e combater meus inimigos, ordeno agora que creiam no meu amor constante por vocês. [...].

Fiquem firmes até eu voltar!”

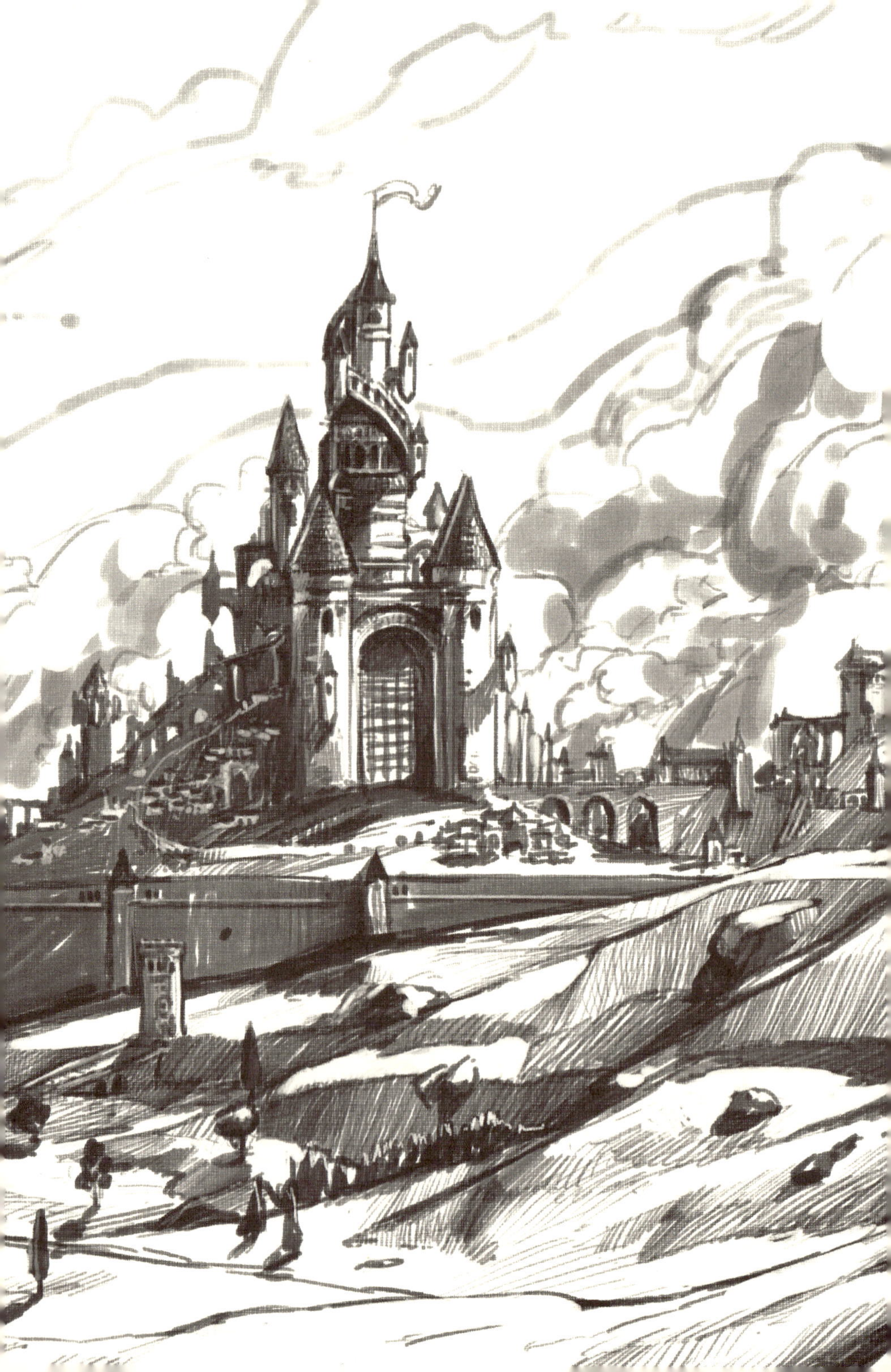

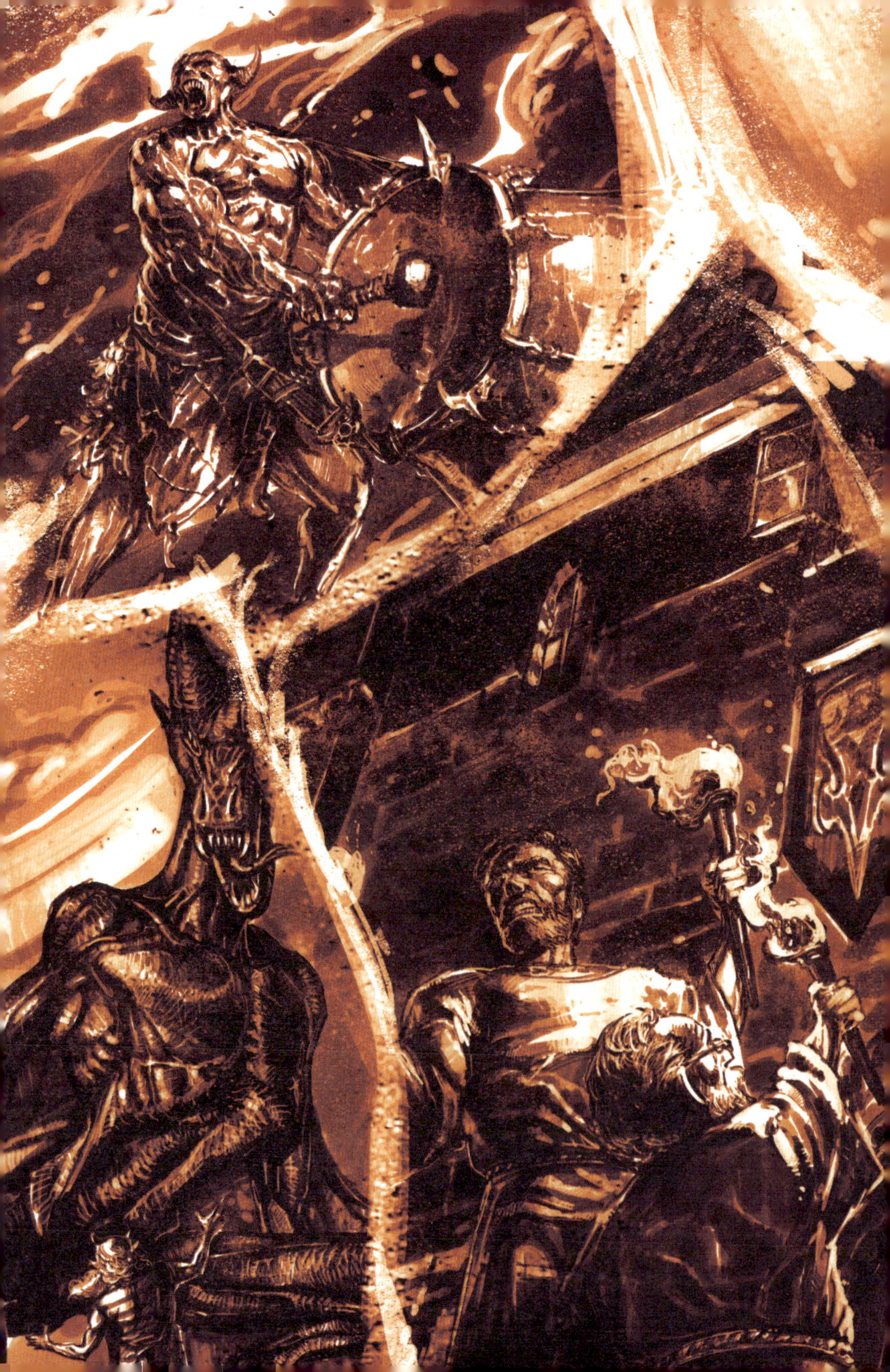

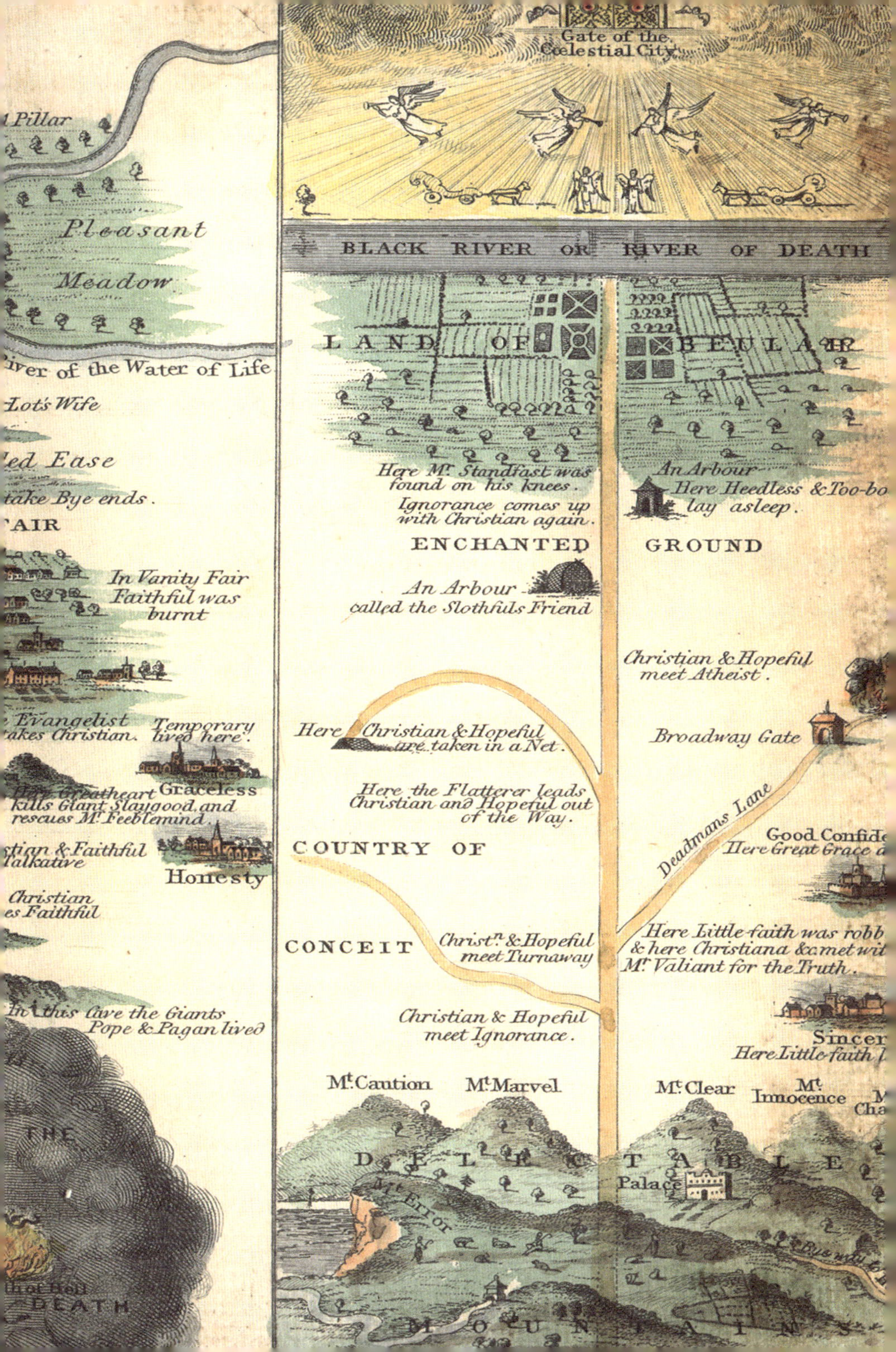

Gate of the Celestial City
BLACK RIVER OR RIVER OF DEATH
LAND OF BEULAH
Here Mr. Standfast was found on his knees.
Ignorance comes up with Christian again.
An Arbour
Here Heedless & Too-bo lay asleep.
ENCHANTED GROUND
An Arbour called the Slothfuls Friend
Christian & Hopeful meet Atheist.
Here Christian & Hopeful are taken in a Net.
Broadway Gate
Here the Flatterer leads Christian and Hopeful out of the Way.
Deadmans Lane
COUNTRY OF CONCEIT
Christn. & Hopeful meet Turnaway
Here Little-faith was robb
& here Christiana &c. met wi
Mr. Valiant for the Truth.
Christian & Hopeful meet Ignorance.
Mt. Caution
Mt. Marvel
Mt. Clear
Mt. Innocence
DELECTABLE MOUNTAINS
Palace
Mt. Error
Pleasant Meadow
River of the Water of Life
Lot's Wife
In Vanity Fair Faithful was burnt
Temporary lived here.
Graceless
Here Greatheart kills Giant Slaygood, and rescues Mr. Feeblemind
Honesty
In this Cave the Giants Pope & Pagan lived
Good Confide
Here Great Grace
Sincer
Here Little-faith

O Peregrino

de

John BUNYAN

Publicações
Pão Diário

Cual, o conducto muy seguro, y le introduci

el Sr. de ... le ... en dud

... sus agentes adquirieron lo bastante

... de todos los recursos de aquella cox

... de S. Pedro,

... bien tienen. Tambie

... golpe sobr

O Peregrino

de

John
BUNYAN

Edição ilustrada

O peregrino
por John Bunyan

Coordenação editorial: Dayse Fontoura
Tradução: Wilson Ferraz de Almeida e Dayse Fontoura
Revisão: Dayse Fontoura, Dalila de Assis, Lozane Winter, Rita Rosário
Projeto gráfico e capa: Audrey Novac Ribeiro
Diagramação: Denise Duck
Imagens internas: Internet Archive Book Images, Wikimedia Commons

Dados Internacionais de Catalogação na Publicação (CIP)

Bunyan, John.
O peregrino, John Bunyan.
Tradução: Wilson Ferraz de Almeida, Dayse Fontoura
Curitiba/PR, Publicações Pão Diário.
Título original: *The Pilgrim's Progress*
1. Fé 2. Salvação 3. Vida cristã 4. Perseverança

Publicações Pão Diário
Caixa Postal 9740,
82620-981 Curitiba/PR, Brasil
publicacoes@paodiario.org
www.publicacoespaodiario.com.br
Telefone: (41) 3257-4028

Código: K1536 | 978-65-5350-753-1
PP886

1.ª edição: 2025

Impresso na China

SUMÁRIO

PREFÁCIO DE JOHN NEWTON

Os escritos do Sr. Bunyan não precisam de prefácio recomendatório. As várias edições pelas quais têm passado e as diferentes línguas nas quais muitos deles já foram traduzidos provam, suficientemente, que os dons de Deus encontrados nesse homem têm, por bênção divina, sido muito aceitáveis e úteis às igrejas. Embora ele tenha sido chamado ao conhecimento e ao ministério do evangelho quando estava em um estado degradadíssimo de vida, bem como do hábito de conversas depravadas, e, mesmo que nunca tenha sido treinado em literatura, o Senhor, o grande, o único Mestre eficaz, fez dele, em grau eminente, um bem-sucedido e hábil ministro do Novo Testamento.

É provável que apenas as pessoas a quem ele pregava pessoalmente teriam se beneficiado de seu zelo e experiência se o Senhor não houvesse permitido que o ódio de seus inimigos prevalecesse contra ele por um tempo. Ele viveu em dias de mais provação do que os que nos couberam. Foi sentenciado à prisão perpétua por pregar a Palavra de vida aos pecadores. Contudo, o que sofreu foi o aprisionamento por mais de 12 anos. Mas seu espírito não estava em cadeias. Embora isolado do trabalho público, não permaneceu ocioso. Aplicou-se a escrever livros, e a maioria dos tratados, pelos quais, mesmo depois de morto, ainda fala (mais de 60), foram compostos durante seu confinamento na prisão de Bedford Goal [N.T.: Inglaterra]. Desta forma, seus adversários contribuíram para ampliar sua utilidade pelos próprios métodos que usaram para impedi-lo. E (como no caso do apóstolo) o que lhe aconteceu se provou antes proveitoso para promover o evangelho do que para o deter.

Seus livros — apesar de desprovidos daquela arte e ornamentos nos quais os autores que buscam o louvor dos homens depositam grande ênfase — foram, e ainda são, altamente estimados por aqueles que têm predileção pela verdade divina, grandes instrumentos nas mãos do Espírito Santo para despertar os negligentes e encorajar os que buscam a salvação. E não duvidamos de que ainda serão usados por Deus para esses propósitos em favor de muitos que ainda não nasceram.

No entanto, assim como entre as estrelas uma excede a outra em glória, de todos os escritos de nosso autor, não há qualquer outro talvez tão universal e merecidamente admirado como seu *O peregrino*. Neste, ele delineia a vida cristã sob a ideia de uma jornada, ou peregrinação, desde a Cidade da Destruição até a Cidade Celestial.

Nesse tratado, ele surge não apenas como escritor bem instruído nos mistérios do Reino, mas, também, como um homem verdadeiramente genial. Mesmo que nunca tivesse recebido uma educação erudita, Deus lhe concedeu habilidades naturais consideráveis, uma vívida criatividade, um espírito penetrante, grande capacidade de juízo, e seu estilo, embora direto e simples, é admiravelmente claro, animado e envolvente. Por meio dos exercícios pelos quais o Senhor o direcionou e por um acurado estudo da Palavra de Deus, ele adquiriu conhecimento singular do coração humano e das diversas formas que ele atua, tanto em seu estado natural quanto em seu estado depois da graça, e das várias armadilhas e perigos aos quais o cristão é exposto, provenientes do homem e das coisas do mundo, tanto quanto das argúcias de Satanás.

Bunyan exibiu, de maneira muito prazerosa e instrutiva, esse fruto de sua experiência e observação em seu *O peregrino*, que pode ser considerado como um mapa da profissão de fé cristã em seu atual estado misturado, enquanto o trigo e o joio crescem no mesmo campo. Um mapa tão precisamente desenhado que dificilmente encontraríamos um relato ou personagem — entre a vasta variedade de pessoas e incidentes que acontecem diariamente para nossa observação — ao qual não conseguiríamos facilmente apontar como uma contrapartida em *O peregrino*. E Bunyan é especialmente feliz em conquistar a atenção de seus leitores: muitos leram esse livro com certo tipo de prazer arrebatador, mesmo não entendendo o propósito do autor (que somente aqueles que têm os olhos de sua mente iluminados pelo Espírito de Deus podem adentrar plenamente), e aqueles que melhor o compreendem, e que o leem com frequência, normalmente encontram novos prazeres e instrução a cada leitura.

[...]

Que este prefácio seja encerrado com uma palavra ao coração do leitor. Se você não está convicto do pecado e guiado pelo Espírito a buscar Jesus, mesmo contendo notas de rodapé, *O peregrino* ainda lhe será um enigma. Como alguém que deseja o bem de sua alma, asseguro-lhe de que, quer reconheça ou não essas coisas, elas são realidades importantes. *O peregrino* é uma parábola, mas tem uma interpretação a qual lhe diz respeito. Se estiver vivendo em pecado, está na Cidade da Destruição. Ó, ouça a voz que lhe adverte: "Fuja da ira vindoura!". Ore para que os olhos de sua mente sejam abertos, então verá os perigos e alegremente seguirá a brilhante luz da

Palavra, até que entre em Cristo, a porta estreita, para o caminho da salvação. Se a morte o surpreender antes de você chegar nessa estrada, você estará perdido para sempre.

Se você está realmente perguntando o caminho para Sião com sua face voltada para lá, recomendo-lhe que se apresse. Contemple a porta aberta diante de você, e a qual ninguém pode fechar. No entanto, prepare-se para dificuldades, pois o caminho estende-se através de muitas tribulações. Há montanhas e vales a serem superados, leões e dragões que encontrará no percurso, mas o Senhor da montanha guiará e protegerá Seu povo. Revista-se de toda a armadura de Deus e lute o bom combate da fé. Cuide-se com o Adulador. Acautele-se da Terra Encantada. Contemple o País de Beulá, sim, a própria cidade de Jerusalém diante de você:

Lá, Jesus, o precursor, aguarda para receber os viajantes de volta ao Lar.

JOHN NEWTON (1725–1807)
Pastor anglicano e autor do hino
Amazing Grace (*Preciosa Graça* — HCC 314)

INTRODUÇÃO

O *peregrino* figura entre os maiores clássicos da literatura mundial. Durante muito tempo, foi, depois da Bíblia, o livro mais vendido do mundo, sendo encontrado tanto nas casas mais humildes quanto nas mais luxuosas mansões.

Neste texto, John Bunyan apresenta os fundamentos da doutrina cristã em uma alegoria. A jornada de um homem atormentado por sua condição pecaminosa, sua conversão e desafios encontrados enquanto se dirige à Cidade Celestial representam o que normalmente compreende a experiência cristã.

Sugerimos que antes de entrar na narrativa em si, você leia os textos introdutórios que lhe apresentarão o contexto histórico em que o livro foi produzido e como a vida do próprio autor influencia no produto final. A fascinante trajetória de Bunyan de fabricante de panelas, a soldado e até se tornar poderoso pregador impregnam a vida de vários de seus personagens.

Tenha sempre em mãos uma Bíblia, pois o autor indica as passagens que servem de base para esta alegoria nas notas de rodapé. Isso enriquecerá sua compreensão.

Nesta edição, incluímos ilustrações antigas para transformar sua leitura em uma experiência ainda mais agradável. Elas foram retiradas de uma edição inglesa datada de 1890. Portanto, você tem em mãos uma raridade!

A poesia inicial, intitulada "A apologia do autor ao seu livro", é uma defesa de John Bunyan de sua "ousadia" em produzir uma alegoria sobre um tema tão importante quanto o crescimento na graça. Seus argumentos foram deixados de forma convincente a quem quer que o questionasse.

Encontre seu local de leitura, acomode-se confortavelmente e aventure-se com Cristão em sua peregrinação. Você perceberá que, não raro, sua identificação com a história será tão intensa e a mensagem ao seu coração tão profunda, que se levantará encorajado a prosseguir em sua própria peregrinação em direção à Cidade Celestial!

Dos editores

BIOGRAFIA DE JOHN BUNYAN

Os primeiros anos

John Bunyan nasceu em novembro de 1628, em Elstow, um vilarejo a cerca de 1,5 quilômetro da cidade de Bedford. Seu pai, Thomas Bunyan, fabricava e consertava panelas e chaleiras. Sua mãe, Margaret Bentley, provinha de uma família mais abastada. John gostava de definir sua família com estando "entre a multidão dos pobres lavradores". Mesmo sem muitos recursos financeiros, os pais de Bunyan o enviaram à escola. No entanto, ele frequentou as aulas tempo suficiente para apenas aprender a ler e escrever. Desde cedo aprendeu o ofício do pai e ajudou no sustento da família.

Sua mãe morreu em junho de 1644, e sua irmã mais nova um mês depois. Em agosto do mesmo ano, seu pai se casou novamente. Esse novo relacionamento parece ter gerado o afastamento entre pai e filho, levando John a passar os três anos seguintes servindo como soldado na Guerra Civil Inglesa[1], muito provavelmente apoiando os Parlamentaristas sendo liderado por Sir Samuel Luke. Os anos

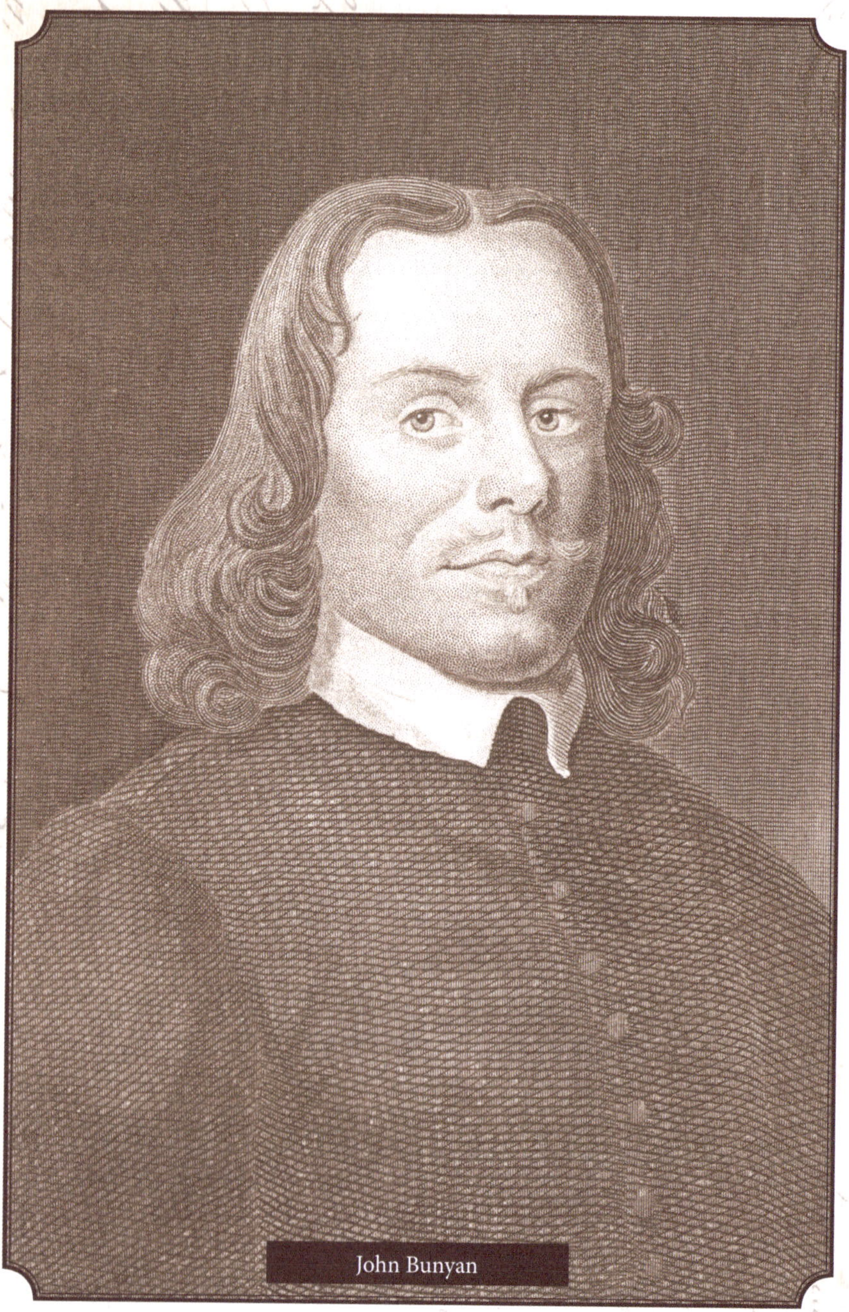

John Bunyan

passados nesse conflito influenciariam a escrita de alguns episódios dos livros de Bunyan no futuro. Somente um soldado experiente poderia escrever, com tanta riqueza de detalhes, as cenas de algumas das lutas encontradas em *O peregrino*, por exemplo.

Cedo em sua vida, Bunyan se embrenhou em uma vida de jogos e bailes. Pouco depois de ser dispensado do exército, casou-se com sua primeira esposa, entre 1647–48. Em sua autobiografia *Graça abundante ao principal dos pecadores* (Editora Fiel, 2012), ele afirma que, quando se uniram, os dois eram "tão pobres quanto os pobres devem ser, sem possuir muitos implementos caseiros, além de um prato e uma colher, que compartilhávamos". Apesar de serem tão destituídos, a esposa de Bunyan trouxe consigo, como dote de casamento, dois livros — uma extravagância para aqueles tempos: *The Plain Man's Pathway to Heaven* (A Jornada do homem comum ao Céu) de Arthur Dent e *The Practice of Piety* (A prática da piedade) de Lewis Bayly. Essas duas obras e o comportamento cristão de sua esposa influenciaram Bunyan a um despertamento espiritual. Tiveram quatro filhos, a primeira deles, Mary, nasceu cega e era alvo de especial afeto de seu pai.

---

1 Conflito deflagrado entre a Monarquia e o Parlamento inglês entre os anos de 1642–49. A animosidade entre monarquia e os parlamentares, que se iniciara no governo de Jaime I, foi intensificada pelas impopulares medidas sociais e econômicas de seu herdeiro Charles I, pelo conflito com os presbiterianos na Escócia e pela disputa da soberania da Igreja Anglicana com os puritanos. Os Parlamentaristas, liderados por Oliver Cromwell, impuseram sucessivas derrotas aos Monarquistas até que o rei Charles I foi decapitado, acusado de traição. A monarquia e a Câmara dos Lordes foram abolidas e, até o retorno de Charles II do exílio em 1660, a Inglaterra foi uma república.

A conversão

Os quatro anos seguintes foram de intenso conflito espiritual interior para Bunyan: se, por um lado, sua carne almejava continuar na prática do pecado, por outro, seu espírito, tocado pela graça divina, sentia o peso da condenação e o desejo de salvação. Certo domingo à tarde, enquanto jogava *Tip Cat*[2], uma voz do Céu lhe veio à mente, que dizia: "Você abandonará seus pecados e irá ao Céu, ou continuará pecando e irá ao inferno?". Naquele momento, Bunyan não deu importância à profunda inquietação que lhe sobreviera ao espírito. Mas, pouco depois, buscou numa vida de legalismo a redenção de sua alma. Começou a frequentar a igreja, mudou seu linguajar e a forma de se vestir. Contudo, quando confrontado por um sermão sobre a observância do Dia do Senhor, Bunyan decidiu voltar aos seus velhos hábitos.

Em *Graça abundante*, conta como certa vez, enquanto passava pela rua, ouviu três ou quatro senhoras conversando "sobre seu novo nascimento, a obra de Deus em seus corações e a forma pela qual se convenceram de seu estado natural de miséria. Falavam como Deus havia visitado sua alma com Seu amor em Cristo Jesus e com que palavras e promessas foram renovadas, consoladas e sustentadas

---

2 Jogo em que quatro a oito jogadores se posicionam perto de buracos que funcionam como as bases arranjadas em circunferência. Alguns jogadores se posicionam fora deste círculo, chamado de campo, e um número igual de jogadores, dentro dele, serão os rebatedores. Um desses do campo joga o toco de madeira (cat) ao rebatedor mais próximo. Se este conseguir rebatê-lo e o enviar para longe, os da base correrão trocando de base até que o toco seja recuperado. Cada base corrida equivale a um ponto. Se, por outro lado, o toco for recuperado por qualquer jogador do campo e este o jogar em direção a um jogador que esteja fora da base, durante a corrida, este último é eliminado do jogo. Se a rebatida for perdida, o "cat" é devolvido ao jogador do campo, e este tenta jogar novamente.

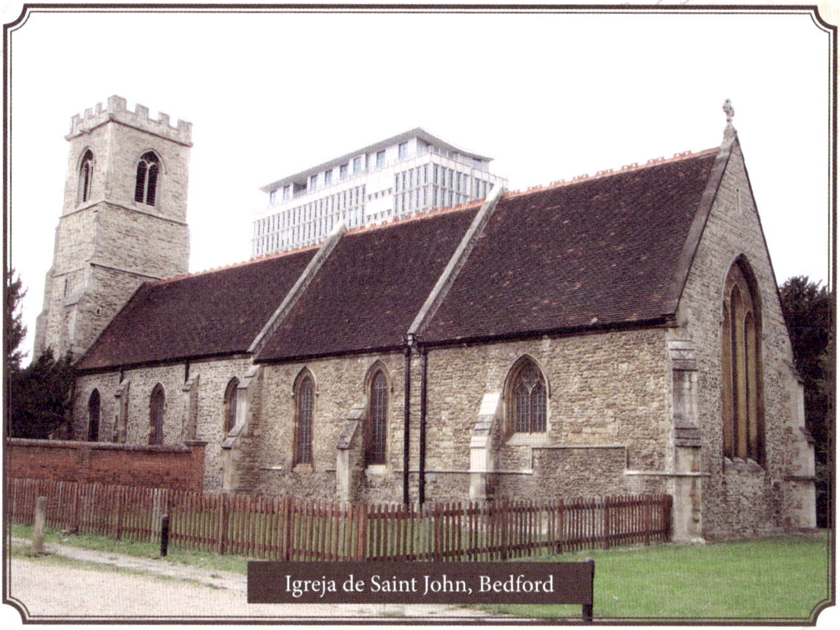

Igreja de Saint John, Bedford

contra as tentações diabólicas". Essa conversa levou-o a desprezar o pecado em sua natureza.

Em 1650, veio a conhecer o pastor puritano[3] John Gifford em sua casa paroquial na igreja de Saint John — então uma comunidade independente —, em Bedford. Nesta ocasião, conversaram sobre a salvação e a verdadeira mensagem de Jesus. No entanto, a rendição definitiva de Bunyan a Cristo ocorreu um ano depois influenciado pela conversa das senhoras, com o pastor Gifford e pela leitura de *Comentário da epístola de São Paulo aos Gálatas* (Ed. Sinodal, 2017, vol. 10) que, depois da Bíblia, era seu livro de referência. Neste

3 Grupo cristão que rejeitava a autoridade da Igreja da Inglaterra (ou Anglicana) pelo fato desta manter muitos rituais Católicos Romanos em sua liturgia. Desejavam uma profunda reforma na igreja, ou purificação (de onde varia o nome puritano), e o retorno à pregação e prática da Bíblia como norma de fé. Eram Calvinistas em sua maioria.

mesmo ano, começou a frequentar essa congregação em Bedford, embora permanecesse morando em Elstow. Tornou-se membro e diácono em 1653.

O aprisionamento

Seu talento para o ensino e pregação tornaram-se proeminentes, e ele pregava tanto em sua igreja quanto em outras comunidades para onde era convidado. Neste tempo, a Igreja do Estado, ou Anglicana, regulava toda a atividade de pregação, qualquer grupo ou indivíduo que se lhe opusesse era considerado ilegal e consequentemente perseguido.

Entre 1655–60, Bunyan envolveu-se em controvérsias com os Quakers[4]. Os vários panfletos e livretos que produziu durante este período, como resposta à doutrina Quaker, fizeram despontar seu talento literário. O ano de 1658 foi o da morte de sua primeira esposa e do primeiro indiciamento de Bunyan pela atividade ilegal de pregação sem a devida licença da Igreja da Inglaterra, que acabou por não resultar em julgamento ou prisão. No entanto, nem mesmo esses dois tristes fatos impediriam esse arauto divino de permanecer pregando a Palavra de Deus com ousadia.

Em 1659, aos 31 anos, casou-se pela segunda vez com uma jovem que tinha entre 17 e 18 anos, Elizabeth Bunyan, com quem teve

---

4 Grupo religioso protestante inglês fundado na Inglaterra, no século 17, por George Fox. Originalmente chamam-se Sociedade Religiosa de Amigos. O nome Quaker (do inglês "os que tremem") foi inicialmente usado pelos opositores de Fox como zombaria, mas acabou sendo adotado pelo grupo para se definir como "aqueles que tremem diante da Palavra de Deus". Entre suas crenças está a de que todo ser humano tem em si uma iluminação interior sobrenatural do evangelho da verdade. Rejeitam cerimônias religiosas, não possuem um clero (pois creem na igualdade de iluminação).

mais dois filhos. Em 1660, a perseguição aos não-conformistas, ou puritanos, se acirrou. O antigo Livro das Orações, promulgado no reinado de Edward VI (1547–53), foi reativado, e proibido qualquer culto que não seguisse essa liturgia.

Ao saber que Bunyan estaria pregando no vilarejo de Lower Samsall, o juiz Francis Wingate emitiu um mandado de prisão contra ele. Quando estava no meio do sermão, a polícia adentrou o ambiente e o levou preso, onde permaneceu aguardando seu julgamento. Seu indiciamento afirmava, mesmo que não estivesse apoiado por testemunhas: "John Bunyan, da cidade de Bedford, trabalhador, tem se abstido de forma diabólica e perniciosa de vir à igreja para ouvir o culto divino e é defensor comum de várias reuniões ilegais, que causam grande perturbação e distração dos bons súditos deste reino, contrariamente às leis de nosso soberano senhor e rei". Ao pronunciar sua sentença, o juiz Keeling disse: "Ouça seu

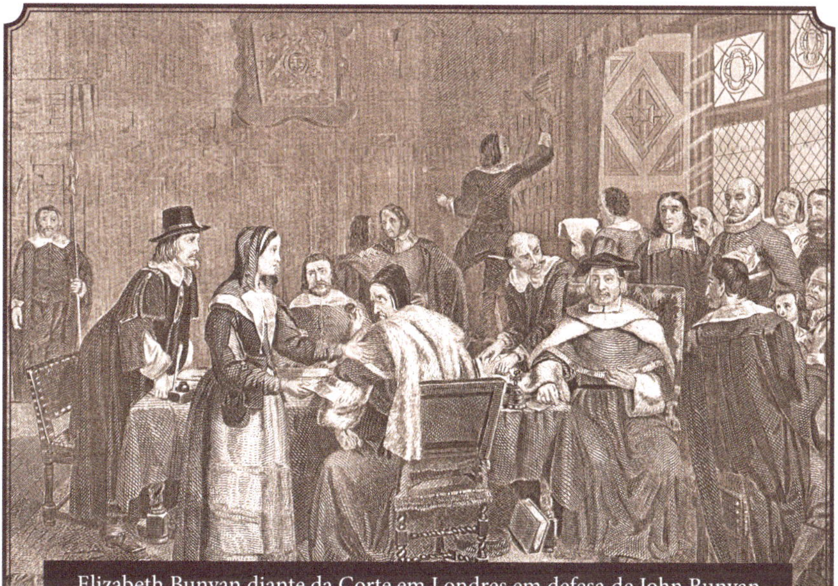

Elizabeth Bunyan diante da Corte em Londres em defesa de John Bunyan

julgamento: você será levado novamente à prisão, e por três meses seguidos lá permanecerá. Ao final desses três meses, se não se submeter a ir à igreja ouvir o culto divino, e a abandonar sua pregação, será banido do reino. Ou, se for encontrado pregando de novo sem licença do rei, será enforcado por isso. Digo-lhe sem rodeios. Carcereiro, leve-o!". A resposta de Bunyan foi: "Se me soltarem da prisão hoje, pregarei de novo amanhã, com a ajuda de Deus!". Foi condenado a 12 anos de encarceramento em 12 de novembro de 1660.

Sua esposa apresentou-se diante de juízes de cortes superiores em Londres em duas tentativas de apelação dessa sentença. Outros amigos também intercederam por ele, porém foi tudo em vão.

Apesar do cárcere em Bedford ser repugnante, o tratamento dispensado aos prisioneiros era humanizado. De dentro da prisão, Bunyan participava na fabricação de cadarços para sapatos, o que o ajudava no sustento da família. Recebia visitas regulares,

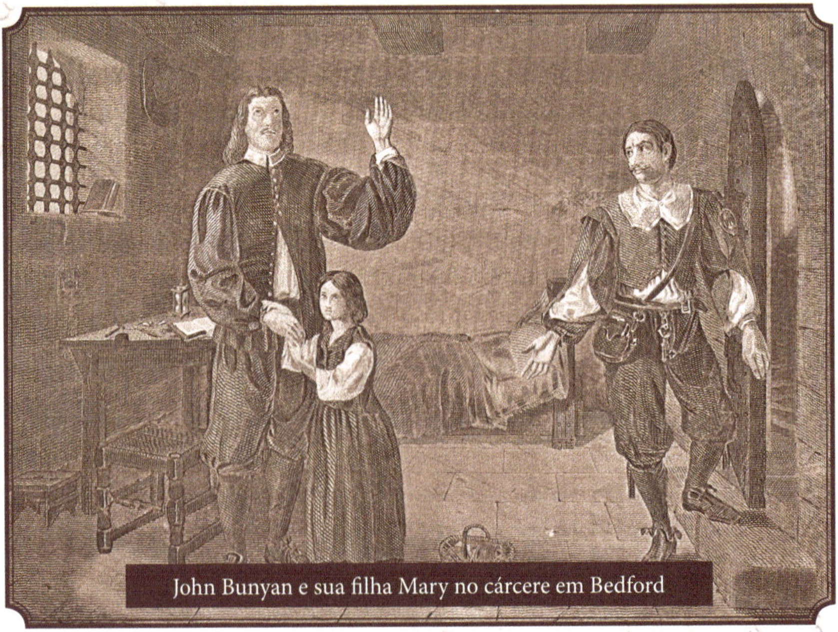

John Bunyan e sua filha Mary no cárcere em Bedford

especialmente de sua filha cega, que lhe trazia sopa para o jantar, e ele também podia, por vezes, sair da prisão para visitar sua família e pregar. Em uma dessas ocasiões, um sacerdote anglicano soube da saída de Bunyan e o delatou. Porém, neste dia Bunyan sentiu-se espiritualmente incomodado a voltar antes da hora marcada para o presídio. Quando o mensageiro chegou para verificar se todos os prisioneiros estavam em suas celas e bem, a confirmação de que Bunyan estava presente afastou a suspeita. Mais tarde o carcereiro lhe disse: "Você pode sair quando quiser porque sabe melhor do que eu quando deve retornar".

Outra liberdade que também lhe foi conferida foi a de ler, estudar e escrever. Durante esse aprisionamento, Bunyan escreveu sua autobiografia *Graça abundante ao principal dos pecadores*, que foi publicada em 1666. Entre seus livros favoritos, nesta fase de sua vida, estava *O livro dos mártires*, de John Foxe.

Os últimos anos

Sua soltura ocorreu em 1672, quando foi emitida a Declaração de Indulgência pelo rei Charles II. Foi-lhe dada autorização para pregar na região de Bedforshire com outros 25 ministros. Ficou, então, conhecido como o "bispo Bunyan", dando a entender que seria o líder entre todos eles. O prédio da igreja de Saint John, onde, antes do encarceramento, Bunyan frequentava e pregava, havia retornado à Igreja Anglicana, e a congregação agora se reunia em um celeiro. A fama de Bunyan se espalhou, e até em Londres era convidado a pregar, onde, segundo um registro, em certa manhã gelada 1200 pessoas se reuniram para ouvi-lo. Foi um tempo de descanso e prosperidade para esse provado servo de Deus.

Contudo, em 1675 a atitude do governo para com os puritanos mudou e muitas licenças para pregar foram revogadas, entre elas a de Bunyan. Em março de 1676, após outra ordem de prisão, John Bunyan retornou ao cárcere onde permaneceu por seis meses. A tradição diz, na falta de relatos históricos precisos, que teria sido nesta ocasião que ele teria escrito sua obra mais notável, *O peregrino*, publicado pela primeira vez em 1678.

Devido à sua popularidade, Bunyan teria recebido um indulto real e depois disso desfrutou de liberdade até o fim de sua vida. Sua influência cresceu e seu ministério abrangeu pregações em quase todas as partes da Inglaterra.

Em seus últimos anos de vida, ainda escreveu muitas e excelentes obras, entre as mais conhecidas estão: *The Life and Death of Mr. Badman* (Vida e morte do Sr. Maldoso, 1680), *A Guerra Santa* (1682), *A peregrina* (1684). John Bunyan escreveu um total de 61 obras entre panfletos, livretos e livros.

Morreu de gripe em 31 de agosto de 1688, em Londres, para onde fora apaziguar uma disputa entre pai e filho. Foi sepultado em Bunhill Fields, cemitério dedicado aos puritanos.

Um dos contemporâneos de John Bunyan descreveu assim sua aparência e personalidade:

Seu semblante parecia ser o de uma pessoa de temperamento austero e rude, mas em conversa era manso e afável; não era muito dado à loquacidade ou a muitos discursos, a não ser que alguma ocasião urgente o requeresse. Nunca o vi se vangloriar de si mesmo ou de seu quinhão, mas parecia se ver como muito humilde e se submetia ao julgamento de outros. Detestava a mentira e xingamentos, e era leal, em tudo que estava em seu poder, à sua palavra; não revidava injúrias e amava reconciliar diferenças e fazer amizade com todos. Era muito perceptivo e possuía um excelente discernimento de pessoas, tendo bom senso e humor. Quanto à sua pessoa, era alto, de ossos largos, embora não fosse corpulento, suas faces eram de certa forma rosadas, olhos brilhantes, e tinha bigode, como era moda na época. Seus cabelos eram ruivos, mas nos últimos anos já contava com alguns brancos. Seu nariz bem formado não era adunco ou arrebitado, e sua boca, moderadamente grande. Tinha testa alta e sempre se vestia com simplicidade e modéstia. E assim, descrevemos, de maneira imparcial, o interior e o exterior de uma pessoa cuja morte tem-se lamentado muito. Uma pessoa que experimentara os sorrisos e os olhares severos de seu tempo. Que não se orgulhava na prosperidade e nem estremecia diante da adversidade, que sempre sustentou a mensagem áurea.

Nele, brilhavam três grandes eminências:
Era historiador, poeta e pregador em excelência.
Deixem-no repousar na poeira imperturbável,
Até a ressurreição desse santo inculpável.

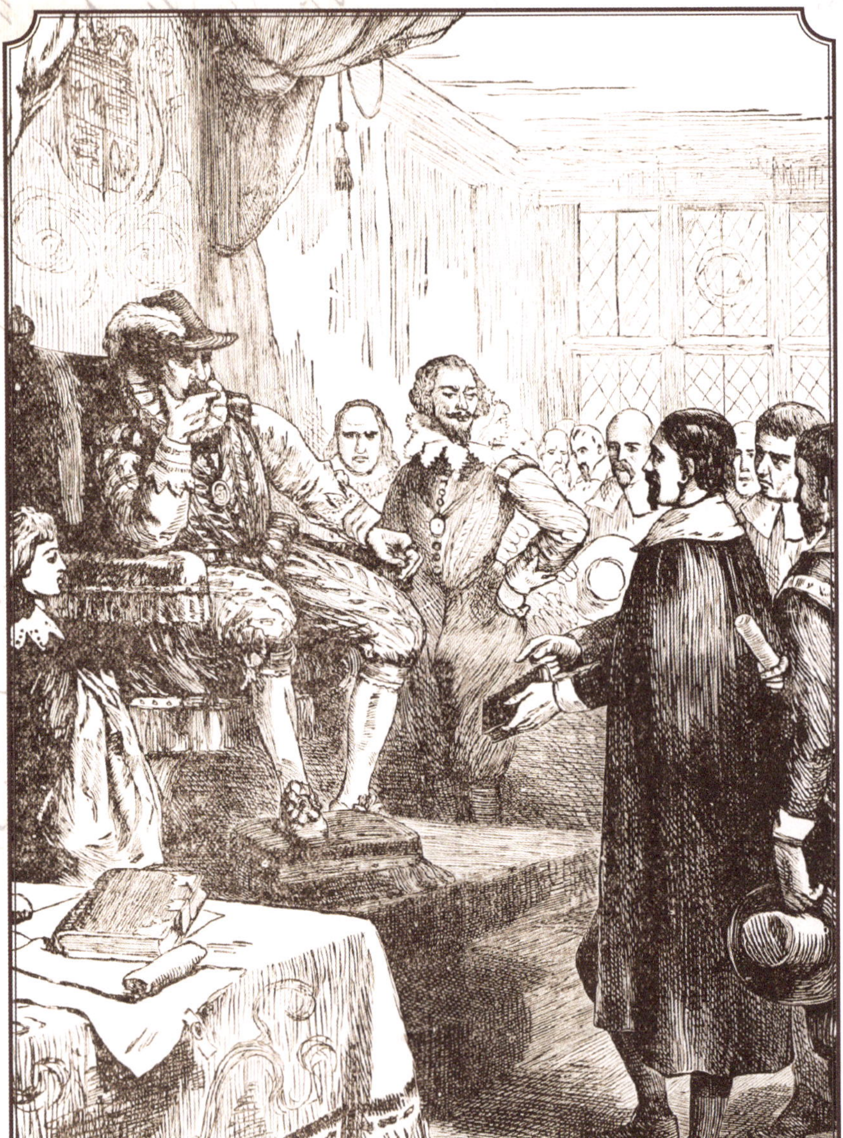

Os puritanos em conferência com o rei Jaime I da Inglaterra

O PEREGRINO — UMA OBRA DE VALOR INESTIMÁVEL

O *peregrino* foi publicado, pela primeira vez, em 1678 por Nathaniel Ponder em sua Casa Publicadora em Londres. O título completo original da obra era "O progresso do peregrino deste mundo para o mundo porvir", e continha inicialmente 191 páginas. A demanda pelo livro foi tanta, que antes do final deste mesmo ano foi publicada a segunda edição com o acréscimo de algumas passagens e notas. (Faz-se necessário lembrar que a quantidade de leitores no século 17 era escassa.) Isso fez dele um best-seller sem precedentes na história, mesmo que sua apresentação fosse extremamente simples. A segunda parte do livro, conhecida em português como *A peregrina*, foi publicada em 1684.

No entanto, o sucesso do livro não ficou confinado às fronteiras da Inglaterra. Sua recepção em países como Escócia, Irlanda e Nova Inglaterra (atual Estados Unidos da América) foi ainda mais entusiasmada. Neste último, a primeira edição foi apenas três anos após o lançamento no país de origem. Contudo, os editores americanos — de origem puritana, como Bunyan, — entenderam que, pelo teor da obra, valia o investimento de produzirem uma edição de luxo. Em poucos anos, *O peregrino* já estava traduzido em francês, holandês, alemão, flamengo, gaélico e galês. Foi amplamente usado pela Sociedade Missionária de Londres como ferramenta para evangelismo nos países onde atuavam. Com isso, no final do século 18, já havia chegado às Índias; e no século 19, na África. Na última vez em que foi computado, *O peregrino* já podia ser achado em mais de 200 línguas, o que faz dele o livro mais traduzido no mundo depois da Bíblia. A primeira edição em português data de 1782 e foi impressa em Lisboa, Portugal.

Logo que foi lançado, teve apelo especial entre as classes trabalhadoras, mas em pouco tempo era livro de cabeceira de todas as camadas da sociedade.

Gênero literário

Na Inglaterra do século 17, a literatura ficcional ainda não era disseminada ou amplamente aceita, principalmente entre a literatura de cunho cristão. Isso justificaria o poema *Apologia do autor ao livro*, que abre o texto de *O peregrino*. Nele, Bunyan dá as razões por ter escolhido escrever em forma alegórica, tentando inclusive prever as críticas que receberia por tal opção.

O gênero literário adotado pelo autor é a narrativa de aventura, e Bunyan demonstra muita habilidade no desenvolvimento dos personagens e do enredo da história. Quando combinado com a característica alegórica, esse tipo de texto leva o leitor a entender que os eventos, personagens e cenários são, de fato, figura de uma realidade ainda mais profunda. E é com isso em mente que *O peregrino* deve ser lido.

Os nomes dos personagens representam tanto suas características pessoais mais marcantes como indivíduos, mas também uma classe de pessoas que tem modos de agir e pensar semelhantes aos manifestados na narrativa. Semelhantemente, os lugares onde Cristão

Joseph Middleton

THE
Pilgrim's Progress
FROM
THIS WORLD,
TO
That which is to come:
Delivered under the Similitude of a
DREAM
Wherein is Discovered,
The manner of his setting out,
His Dangerous Journey; And safe
Arrival at the Desired Countrey.

I have used Similitudes, Hos. 12. 10.

By *John Bunyan.*

Licensed and Entred according to Order.

Primeira edição de *O peregrino*, impressa em 1678

chega ou por onde passa e as situações que enfrenta em cada um deles manifestam as fases da caminhada desse personagem em si, assim como as experiências compartilhadas por todos os que renderam sua vida ao Salvador.

Bunyan buscou fundamentar sua narrativa em sua experiência pessoal bem como na Palavra de Deus. Sua vida no exército, sua conversão, seu ministério, prisão e depois soltura, permeadas de todos os conflitos e dilemas por que passou sua alma, são pano de fundo para a compreensão e a identificação com o texto. Seu cuidado em fornecer dados marginais a sua narrativa com textos bíblicos, que dão base aos eventos, enriquece o aprendizado prático das Escrituras.

Cosmovisão teológica

O contexto histórico em que John Bunyan viveu moldaram seu pensamento teológico e político e se refletiram em seus escritos, como era de se esperar.

A Guerra Civil entre os monarquistas e parlamentaristas levou à derrota dos primeiros e consequentemente à execução do rei Charles I em 1649. Crê-se que o tempo que Bunyan passou no exército foi lutando ao lado dos parlamentaristas. O poder da Igreja da

Inglaterra ficou, após essa derrota dos monarquistas, enfraquecido. Comunidades independentes foram autorizadas, bem como os pregadores leigos itinerantes. Os puritanos desfrutaram de um tempo de paz, e suas doutrinas calvinistas puderam se proliferar. Com o retorno da monarquia, sob o rei Charles II, a Igreja Anglicana buscou reaver seu controle sobre as atividades religiosas e a perseguição aos puritanos e a outros grupos dissidentes começou.

A inerente pecaminosidade do homem, sua incapacidade de autoexpiação, a suficiência do sacrifício de Cristo como método salvador, a obrigação do crescimento nas virtudes cristãs, a imperatividade do conhecimento disseminado das Escrituras, a necessidade da comunhão cristã como meio de encorajamento à prática do evangelho são as temáticas encontradas em *O peregrino*. Esse conhecimento das doutrinas calvinistas vieram por influência de seu discipulador, o pastor John Gifford, pela leitura do *Comentário da epístola de São Paulo aos Gálatas*, de autoria de Martinho Lutero, e pelos tratados que o próprio Bunyan escreveu em sua controvérsia contra os Quakers.

A iniciativa de Bunyan de propagar essas doutrinas fundamentais ao cristianismo protestante em forma de narrativa alegórica facilitou a compreensão do plano de salvação como exposto na Bíblia ao leitor comum.

Conclusão

Como um livro que atravessa mais de três séculos, *O peregrino* foi de grande influência na literatura mundial, mas mais especificamente na de língua inglesa. Autores ligados ao movimento romântico do século 19, como Charles Dickens, Charlotte Bronte, Mark Twain, George Eliot e Loiusa May Alcott, utilizaram-se do texto de Bunyan para construção do enredo de alguns de seus livros.

Também renomados autores do século 20 foram influenciados pelo clássico de Bunyan. Exemplos disso são os livros: *A feira das vaidades*, de William M. Thackeray (Editora Europa-América PT, 1999 — em clara referência ao capítulo em que Cristão e Fiel chegam a esta feira); *Mr. Standafast*, de John Buchan; *O regresso do peregrino*, de C. S. Lewis (Ed. Ultimato, 2019).

No entanto, sua influência tem sido ainda mais marcante entre os pregadores dos séculos seguintes como os eminentes George Whitefield (século 18) e Charles Haddon Spurgeon (século 19), J. I. Packer, R. C. Sproul, John Piper, John McArthur (todos do século 20 e 21).

Como disse o Rev. William Landels, em sua nota introdutória ao volume de *O peregrino* de 1890:

> *...o homem que ficou proibido de pregar para algumas poucas pessoas reunidas na cabana de um camponês, foi provido com recursos para escrever um livro por meio do qual fala a milhões, em toda a parte, e por várias gerações. Ao mesmo tempo, os homens que buscaram silenciá-lo foram todos esquecidos. Assim os esquemas dos inimigos do evangelho são frustrados.*

Os tempos podem mudar, novas tecnologias e avanços científicos serem promovidos, mas esta obra clássica do cristianismo bíblico permanece falando ao coração de todos os que, em algum momento de sua jornada pela vida, sentiram o peso do pecado sobre seus ombros e desejaram libertação.

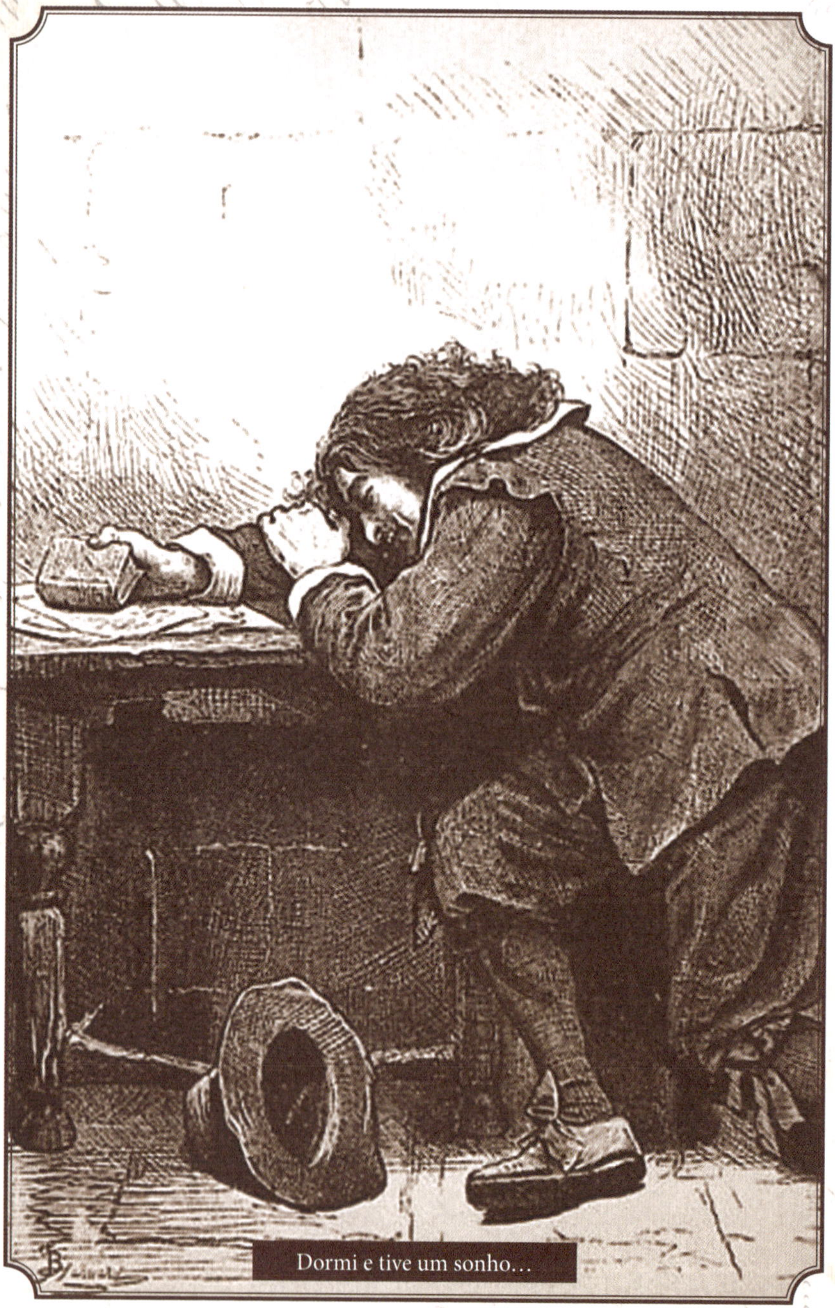

Dormi e tive um sonho...

A APOLOGIA DO AUTOR AO LIVRO

No início, quando a caneta tomei em mãos
Para assim escrever, eu não sabia, irmãos,
Que neste modelo um opúsculo faria.
Não! Na verdade, outro pensei que comporia,
O qual, quando quase caducou,
Sem que eu percebesse, este livro inspirou.

E assim foi: sobre dos santos a epopeia
Nesta era do evangelho, era a ideia.
De repente, vi-me compondo esta história
Sobre sua jornada rumo à glória.
Mais de vinte coisas registrei.
Isto feito, sobre outras vinte meditei.
E estas em outras tantas se multiplicariam
Como as fagulhas das brasas que ardiam.
Foi então que ponderei:
"Se vos procriais rapidamente,

De lado vos colocarei,
não vos quero em minha mente,
Assim, impedirei que ad infinitum *me consumais*
E do livreto que componho vos torneis rivais".

Isso fiz, porém, ainda assim não almejei
A deste modo apresentá-lo à grei.
Pensei apenas: Um texto quero fazer,
Sem compromisso, como lazer;
Não para meu próximo agradar,
Senão apenas para a mim mesmo gratificar.

Nestes rabiscos meus, tempo de ócio empreendi.
Ao fazê-lo, tão somente pretendi
Distrair-me dos maus pensamentos
Que me fazem errante ao sabor do vento.

Alegre, minha caneta apliquei ao papel.
Logo, minha mente alçou ao céu.
Agora, ciente do método que escolhi,
As imagens afluíam, e assim as descrevi.
Até que por fim vieram a ser
A grandeza e profundidade que se vê.

Quando enfim o trabalho estava acabado,
Mostrei-o a outros para ver como seria avaliado.
Condená-lo-iam, ou achariam razão para o defender?
Alguns disseram: Que viva!
Outros: Melhor deixar morrer.

O Peregrino

De uns ouvi: John, publique!
Outros não falaram igual.
Alguns o acharam bom. Outros que iria muito mal.

Encontrava-me, então, num dilema e não reconhecia
Qual a melhor alternativa
para o impasse que se erguia.
Por fim pensei: "Já que estás assim dividido,
Publicá-lo é a solução". Assim o caso ficou decidido.

Percebo que, se pudessem, alguns assim o fariam,
Embora outros nessa via não correriam.
Para provar acertado
quem para o melhor aconselhou,
Achei por bem testar o livro por quem bem o avaliou.

Ponderei ainda: Se o negasse aos que o amaram,
Para satisfazer aos que o desprezaram,
Creio que ocultando-o eu estaria
Àquele que nele grandemente se deleitaria.

Aos contrários ao seu lançamento
Disse-lhes: "Ofender-vos não é o meu intento!
Como vossos irmãos encontraram nele prazer,
Aguardai para julgar até que mais possais ver.

Se não o quereis ler, em mim encontrais endosso;
Alguns apreciam a carne, outros preferem o osso".
Sim, para que melhor pudesse os apaziguar
Nesses termos resolvi argumentar.

Em tal estilo e método não devo escrever,[1]
Sem que minha meta e teu bem eu possa perder?
Pergunto-me: Por que não ousar?
Nuvens negras trazem chuvas,
as brilhantes só pairam no ar.

Se gotas prateadas caírem,
quer de nuvens negras ou brilhantes,
Para regar a terra e produzir colheitas abundantes,
Sem censurá-las, sejais muito agradecidos.
Desfrutai com alegria dos frutos fornecidos.
Sim, para que, da mescla desses produtos,
Não se possa distinguir de onde veio o fruto.
Faminto, com a provisão saciar-vos-eis,
Porém, saciados, qualquer bênção desprezareis.

Vedes do pescador os modos de ação.
Pega o peixe com sua engenhosa invenção.
Observai, como empenha toda a sua inteligência;
Sua armadilha, linhas e anzóis dispõe com diligência.
Contudo, peixes há que nem ganchos, ou redes, ou laços,
Poderão trazê-los a vossos braços.
Tais peixes só com o tato são encontrados,
Caso contrário, jamais serão capturados.

Como almeja o passarinheiro a ave capturar!
Por todos os meios que puder empregar:

---

1 Uma alegoria é meramente um artifício para "capturar" a atenção.

O Peregrino

Arapucas[2], redes, armas, luzes e sinos;
Rasteja, avança, levanta, usando todo seu tino.
Quem dessas táticas poderá falar?
Nenhuma delas o fará essas aves conquistar.
Para aprisioná-las lança mão de assobios e pipilos,
Contudo, perdê-las-á, embora as cace sem vacilo.

Se uma pérola pode na boca de um sapo repousar,
Bem como na concha da ostra se achar;
Se naquilo que não levanta expectativas
Podem-se encontrar coisas significativas,
Quem condenará aquele que suspeitar
Que ali as encontrará se nelas espreitar?
Neste opúsculo carente das gravuras
Que despertam dos homens as ternuras,
Não faltam todas as coisas excelentes
Nas ousadas, porém vazias, ideias prevalentes.

"Bem, não estou plenamente convencido
De que este livro permanecerá depois de lido."
"Por quê?" "Provoca-me assombro!" "E daí?"
"Mas é falso!" "Qual o problema?", curioso respondi.
"Alguns, por meio de alegoria[3] de tal forma soturna,
Brilham mais forte sua luz na escuridão noturna."
"Mas eles almejam a solidez", diz o homem.
"Entre as metáforas suas forças lhe somem."

---

2 Armadilha para caçar pequenos pássaros; ger. uma pirâmide feita com pauzinhos ou talas de bambu; urupuca (Houaiss, 2009).

3 Modo de expressão ou interpretação que consiste em representar pensamentos, ideias, qualidades sob forma figurada.

Sólida, sem dúvida é a caneta
Do homem que se faz profeta.
Todavia, devo buscar solidez
Se por metáforas falo com intrepidez?
Outrora, de Deus as leis e o evangelho revelados
Não foram por tipos, sombras e metáforas comunicados?
Relutaria o homem sóbrio em neles crer
Temeroso do fruto que isso poderia lhe render?

Ao contrário, à elevada sabedoria se humilha
E perscruta o que por pinos e presilhas,
Por bezerros e ovelhas, novilhas e carneiros,
Aves e ervas, e pelo sangue dos cordeiros,
O Deus soberano desejou lhe falar.
E satisfaz-se por luz e graça neles encontrar.

Portanto, não vos apresseis em afirmar
Que careço de solidez, que sou como as ondas do mar.
Nem tudo que sólido parece ser, sólido será.
Quem as mensagens das parábolas desprezará?
Se não, o que nos é doloroso levianamente receberemos
E de tudo o que é útil para nossa alma nos privaremos.
Em minhas sombrias e turvas palavras,
encontra-se verdade.
Assim como os cofres escondem
o que há de preciosidade.

Metáforas os antigos profetas empregaram
E a verdade ao mundo com ousadia anunciaram.

O Peregrino

Aquele que Cristo e Seu apostolado esquadrinha
Constatará que usaram de simbologia como a minha.

Receio dizer que as Sagradas Escrituras,
Que assim destronam a argúcia das criaturas[4]*,*
Estão por todo lado repletas de imagens sombrias,
Figuras de linguagem e alegorias.
No entanto, esse mesmo Livro por todo lado irradia
Luz que a noite mais escura transforma em dia.

Vinde, permiti que meu crítico sua vida examine
A ver se com linhas mais obscuras que neste livro atine.
Algumas encontra; e que assim venha a saber:
Mesmo em seus melhores dias, a sombra vai aparecer.

Que nos postemos diante de homens imparciais,
Contra um único dele, empenho dez a mais,
De que compreenderão destas linhas o sentido
Muito mais que seu engano
em bandejas de prata servido.
Vem, verdade, embora em trapos envolta,
Comunica ao juízo, restaura a mente revolta;
Acalenta o entendimento, subjuga a vontade,
À memória preenche e ensina com acuidade
Sobre tudo que deleitar a imaginação
E que tende a apaziguar a nossa inquietação.

---

4 "Derribou do seu trono os poderosos e exaltou os humildes" (LUCAS 1:52).

Sãs palavras, eu sei, Timóteo deve usar[5]
E as fábulas das velhas caducas rejeitar,
Mas Paulo, sóbrio, não lhe proíbe jamais
O uso de parábolas nas quais escondidas encontrais
O ouro, as pérolas e as pedras preciosas
Que tanto valem escavar com mãos laboriosas.

Permiti-me uma palavra a mais apenas:
Estais vós ofendidos? Desejaríeis que eu estas cenas
Expusesse em roupagens distintas?
Ou que as explicitasse de forma mais sucinta?
Três coisas proponho, e assim as faço objeto
Para aqueles que sobre mim são diletos.

1. Não me foi negado este recurso
Desse meu método, portanto, não abuso
De colocá-lo em palavras e imagens, ou sou rude
Na aplicação de figuras ou similitudes.
Mas, com todas as forças que puder empregar,
Busco a promoção da verdade no seu caminhar.
Negado, disse eu? Não! Na verdade, o direito tenho
(Igualmente o exemplo,
daqueles que por seu desempenho
Mais agradaram a Deus por seus modos
Do que qualquer irmão com seus postulados.)
A assim expressar meus pensamentos e de declarar
As coisas mais excelentes que se pode encontrar.

5 "Mantém o padrão das sãs palavras que de mim ouviste com fé e com o amor que está em Cristo Jesus" (2 TIMÓTEO 1:13).

2. Homens (altos como as árvores)
em diálogos escreverão
Nem por isso os outros os desprezarão.
De fato, se a verdade tratarem com violência,
Malditos sejam eles e sua arte por tal insolência.
Porém, que seja livre a verdade
Para arrebatar toda a irmandade
Da forma que mais a Deus agradar.
Quem sabe mais do que Aquele que nos ensinou a arar,

Como nossa mente orientar para Seu propósito?
Ele torna o simples em precioso depósito.

3. Em muitos lugares encontro santos escritos
Semelhantemente a esses métodos descritos
Onde uma coisa representa outra.
Assim posso usá-los, mas de forma douta.
Que não apague da verdade os feixes dourados,
E seus raios mais claros que o dia sejam revelados!

Agora, antes de minha caneta eu depor,
Mostrarei do meu livro o grande valor.
E deixar-vos-ei, e a ele, na divina mão,
Que levanta o fraco e o forte lança ao chão.

Diante de vós expõe este caderno
O homem que busca o prêmio eterno.[6]

---

6 "...prossigo para o alvo, para o prêmio da soberana vocação de Deus em Cristo Jesus" (FILIPENSES 3:14).

Mostra-vos de onde veio e para onde vai,
O que deixou de fazer e aquilo que faz.
Demonstra o quanto correu o mortal
Até que chegou do Céu o portal.

Mostra quem começou com determinação,
A corrida pela coroa da eterna salvação.
Aqui também podeis ver claramente o motivo
De morrerem em seu labor pelo santo objetivo.

Este livro vos fará viajantes do Senhor
Se por seus conselhos demonstrardes amor.
Ele vos orientará às Eternas Mansões
Se compreenderdes suas orientações.
Ao indolente, cedo despertará,
E o cego a deleitosa luz verá.

Buscais assim algo raro e proveitoso?
A verdade numa fábula vos seria ditoso?
Sois esquecidos? Ou vos esforçareis em lembrar
Desde o primeiro de janeiro até o ano acabar?
Então, lede minhas fantasias,
que como carrapichos se apegam
Trazendo consolo ao desesperado
e o encorajamento carregam.

Este livro é escrito em tal linguagem
Que a mente dos apáticos leva a uma viagem.
Parece novidade, mas em si nada encerra
Além do santo evangelho que jamais erra.

O Peregrino

Estais buscando afastar-vos da melancolia?
Visais ao prazer, mas longe da insensata utopia?
Quereis ler enigmas e depois sua explicação?
Ou afogar-vos em vossa contemplação?
Preferis consumir carne? Ou, ao contrário, escutar
Um homem com a cabeça nas nuvens a divagar?
Escolheríeis estar num sonho, mas sem dormir?
Ou, num momento chorar e no outro rir?
Seríeis permissivos e correríeis perigo,
De encontrar-vos a vós mesmos sem sentido?
Leríeis sozinhos, e leríeis sem discernimento,
Sem saberdes se vos traz bênção tal entretenimento?
Ó, vinde todos para cá então,
Trazei a meu livro vossa mente e coração.

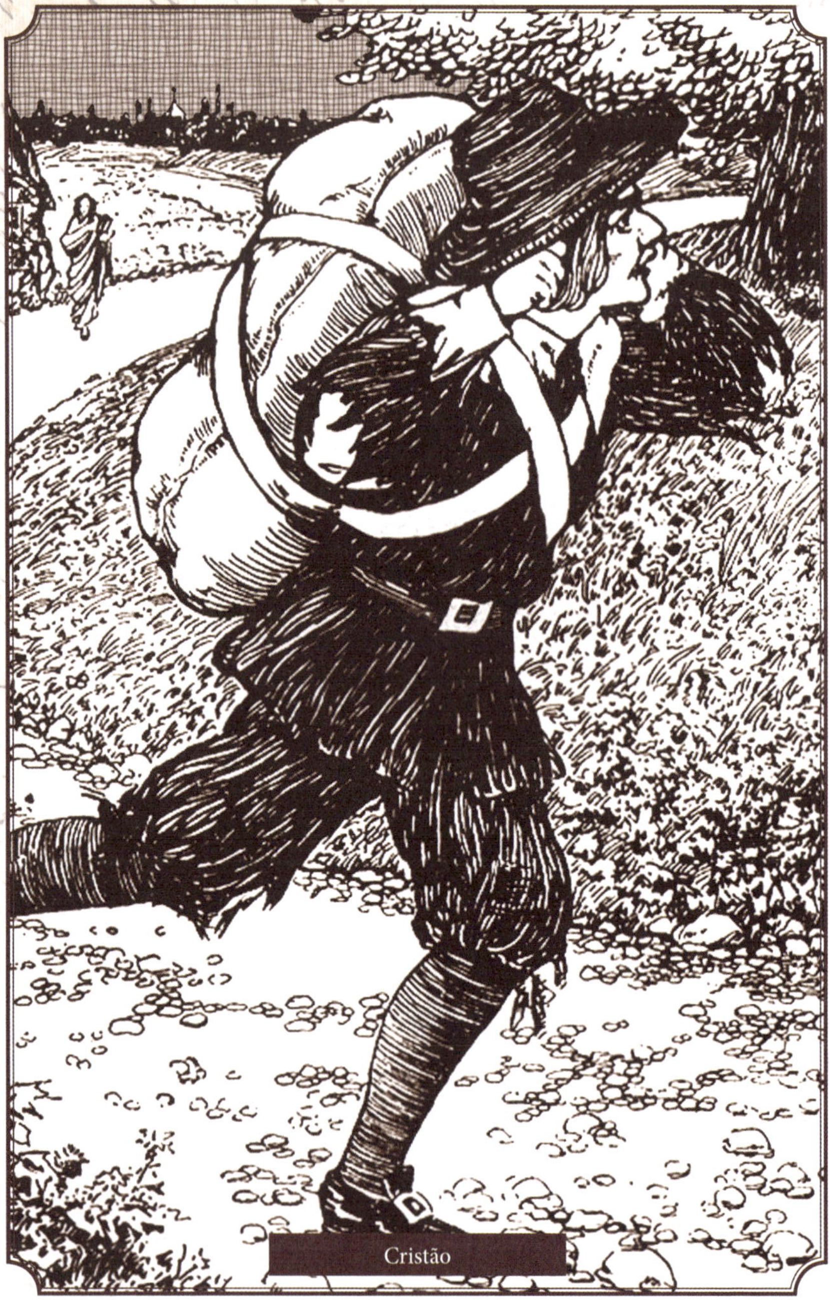

Cristão

CAPÍTULO 1

Enquanto atravessava o deserto deste mundo, aproximei-me de um certo lugar onde havia uma caverna,[1] deitei-me naquele local para dormir e tive um sonho. Em meu sonho vi um homem vestido de trapos com o rosto virado para sua casa; segurava um livro na mão e um grande fardo nas costas.[2] Eu vi o homem abrir o livro e ler; enquanto lia, chorou, tremeu e clamou tristemente: "O que devo fazer?".[3]

Nessa condição perturbadora, o homem voltou para casa, determinado a não contar seus sentimentos para a família, pois não queria que eles vissem sua angústia; mas ele não poderia ficar em silêncio por muito tempo porque estava em profunda confusão. Finalmente, contou à esposa e aos filhos o que estava em sua mente: "Minha querida esposa e filhos", disse, "estou muito preocupado com este fardo que levo sobre meus ombros. Além disso, fui informado que nossa cidade será destruída por fogo vindo do Céu; e nesta terrível destruição, eu e vocês, minha esposa e meus queridos filhos, devemos perecer, a menos que consigamos encontrar algum modo de escapar ou nos libertarmos. E, neste momento, não vejo solução".

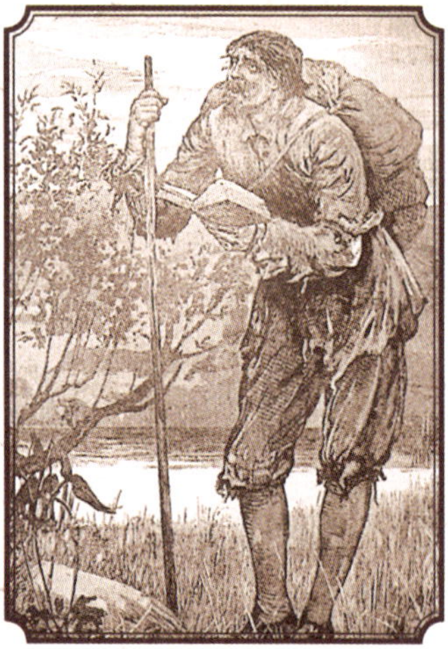

A família ficou impressionada com suas palavras. Não porque acreditava no que ele havia dito, mas porque pensaram que estivesse com problemas mentais. A noite já se aproximava e esperavam que o sono pudesse

---

1 Prisão de Bedford em que Banyan passou 12 anos encarcerado.

2 "Mas todos nós somos como o imundo, e todas as nossas justiças, como trapo da imundícia; todos nós murchamos como a folha, e as nossas iniquidades, como um vento, nos arrebatam" (ISAÍAS 64:6).

"Assim, pois, todo aquele que dentre vós não renuncia a tudo quanto tem não pode ser meu discípulo" (LUCAS 14:33).

"Pois já se elevam acima de minha cabeça as minhas iniquidades; como fardos pesados, excedem as minhas forças" (SALMO 38:4).

"O Senhor me respondeu e disse: Escreve a visão, grava-a sobre tábuas, para que a possa ler até quem passa correndo" (HABACUQUE 2:2).

"Responderam-lhe: Crê no Senhor Jesus e serás salvo, tu e tua casa" (ATOS 16:31).

3 "Ouvindo eles estas coisas, compungiu-se-lhes o coração e perguntaram a Pedro e aos demais apóstolos: Que faremos, irmãos?" (ATOS 2:37).

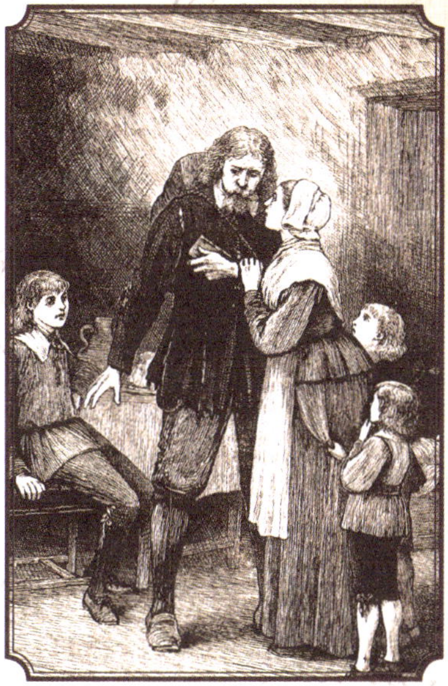

ordenar seus pensamentos. Por isso, colocaram-no na cama o mais rápido que puderam. Mas a noite foi tão perturbadora para ele quanto o dia; em vez de dormir, ele permaneceu acordado, chorando e suspirando. Quando amanheceu, perguntaram-lhe como se sentia e ele lhes respondeu: "Cada vez pior". E começou a falar as mesmas coisas do dia anterior. Acreditando que poderiam afastar essa loucura com atitudes rigorosas, começaram a zombar dele, a repreendê-lo e, algumas vezes, a ignorá-lo. Por isto, aquele homem começou a isolar-se em seu quarto para orar a fim de que Deus se compadecesse de sua família e de sua própria desgraça. Ele também caminhava pelos bosques, algumas vezes lendo, outras orando. Por muitos dias, essa foi sua rotina.

Em meu sonho vi que, certo dia, enquanto ele caminhava pelos campos lendo o livro, ficou mais angustiado. Enquanto lia, clamou com mais fervor: "O que devo fazer para ser salvo?".[4]

Tão logo Cristão o mundo deixou, encontrou
Evangelista, que amavelmente o saudou
Com as novas do porvir; e o prostrado
A este se elevou, renegando seu vil estado.

4 Atos 16:30,31

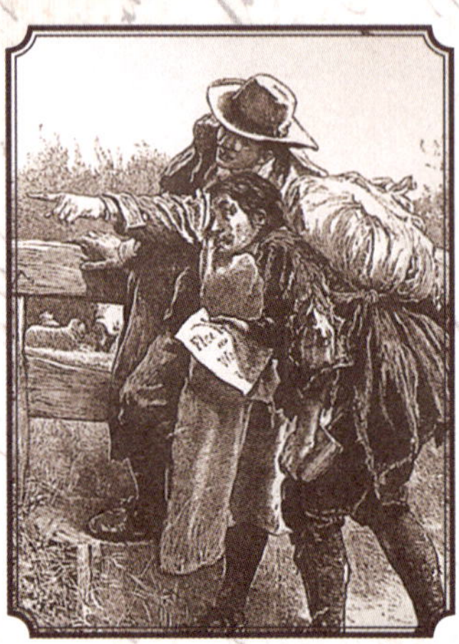

Ele olhava para todos os lados, como se quisesse fugir correndo para algum lugar, mas não sabia exatamente para onde. Então viu um homem chamado Evangelista, este se aproximando perguntou: "Por que você chora?".

O homem respondeu: "Senhor, este livro mostra que estou condenado a morrer, e depois disso serei julgado. E descobri que não estou disposto a morrer,[5] nem quero ser julgado".[6]

Evangelista retrucou: "Por que você não quer encontrar-se com a morte se a sua vida é cheia de maldade?". O homem respondeu: "Temo que este fardo sobre meus ombros seja tão pesado que me faria atravessar o túmulo e cairia direto no inferno.[7] E, senhor, não desejo ser julgado e muito menos executado; pensar nessa hipótese me faz chorar".

Então Evangelista disse: "Se esta é a sua condição, por que continua aqui?". O homem respondeu: "Não sei para onde ir". A seguir, Evangelista lhe deu um pergaminho, no qual estava escrito: "Fuja da ira vindoura".[8]

---

5 "...para que ele mantenha o direito do homem contra o próprio Deus e o do filho do homem contra o seu próximo. Porque dentro de poucos anos eu seguirei o caminho de onde não tornarei" (JÓ 16:21,22).

6 "Estarão fortes as tuas mãos, nos dias em que eu vier a tratar contigo? Eu, o SENHOR, o disse e o farei" (EZEQUIEL 22:14).

7 "Porque há muito está preparada a fogueira, preparada para o rei; a pira é profunda e larga, com fogo e lenha em abundância; o assopro do SENHOR, como torrente de enxofre, a acenderá" (ISAÍAS 30:33).

8 Mateus 3:7

O homem leu a mensagem e olhando cuidadosamente para Evangelista, perguntou: "Para onde vou?". Evangelista apontou para um campo bem amplo e disse: "Você consegue ver aquele portão estreito?".[9] O homem respondeu que não. Evangelista continuou: "Você enxerga aquela luz?".[10] O homem disse: "Acho que sim". Evangelista aconselhou: "Mantenha o olhar naquela luz e caminhe em sua direção, assim, você conseguirá ver o portão. Bata e você receberá as instruções sobre o que deverá fazer".

Então, em meu sonho, vi o homem começar a correr. Ele ainda não estava longe de casa quando a esposa e os filhos o viram e começaram a pedir que voltasse;[11] mas ele tapou os ouvidos e correu gritando: "Vida! Vida! Vida eterna!". Ele não olhou para trás enquanto dirigia-se ao meio da planície.

Os vizinhos também saíram para vê-lo correr; alguns o ridicularizaram, outros o ameaçaram e outros pediram que voltasse. Entre aqueles que falaram para voltar estavam dois homens que tentaram buscá-lo à força.[12] O nome de um era Obstinado e do outro Flexível.

---

9 "Entrai pela porta estreita (larga é a porta, e espaçoso, o caminho que conduz para a perdição, e são muitos os que entram por ela)" (MATEUS 7:13).

10 "Lâmpada para os meus pés é a tua palavra e, luz para os meus caminhos" (SALMO 119:105).

"Temos, assim, tanto mais confirmada a palavra profética, e fazeis bem em atendê-la, como a uma candeia que brilha em lugar tenebroso, até que o dia clareie e a estrela da alva nasça em vosso coração" (2 PEDRO 1:19).

11 "Se alguém vem a mim e não aborrece a seu pai, e mãe, e mulher, e filhos, e irmãos, e irmãs e ainda a sua própria vida, não pode ser meu discípulo" (LUCAS 14:26).

12 "Porque ouvi a murmuração de muitos: Há terror por todos os lados! Denunciai, e o denunciaremos! Todos os meus íntimos amigos que aguardam de mim que eu tropece dizem: Bem pode ser que se deixe persuadir; então, prevaleceremos contra ele e dele nos vingaremos" (JEREMIAS 20:10).

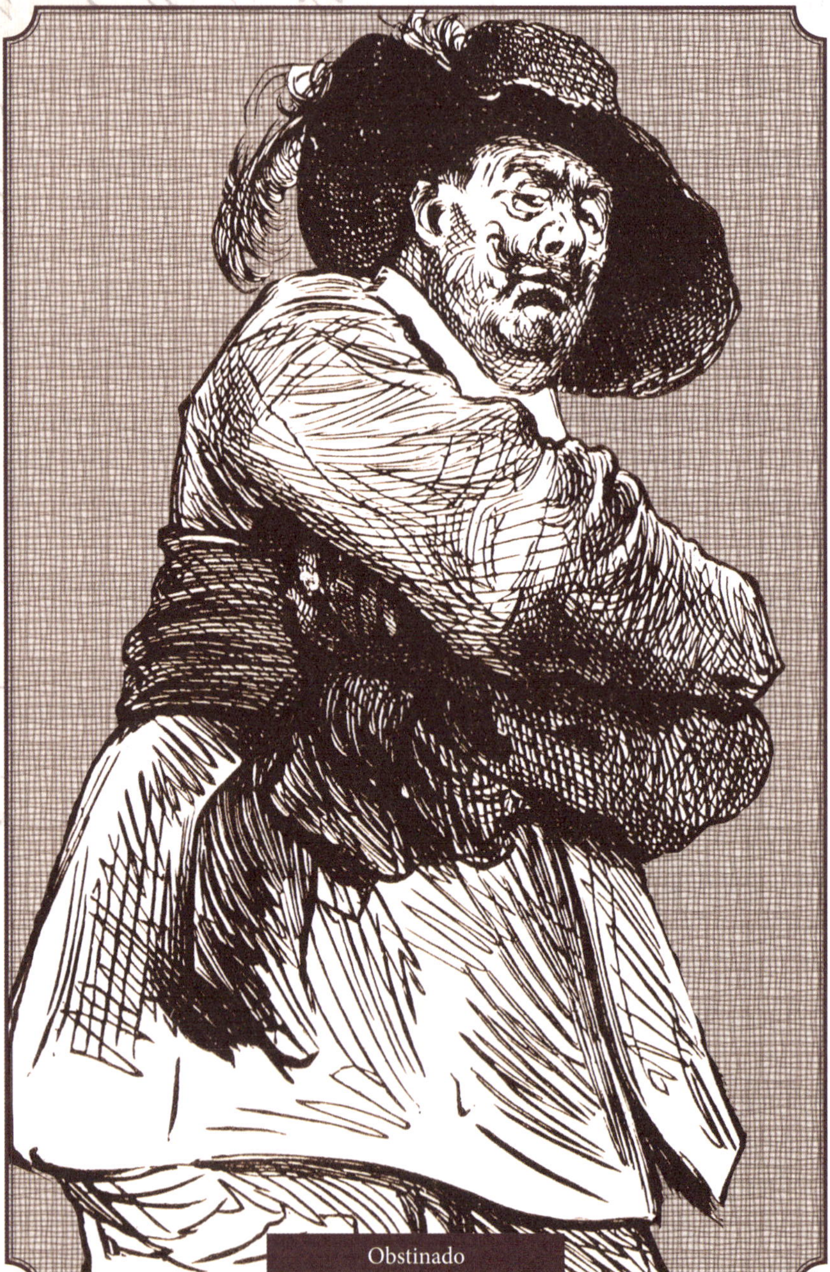

Obstinado

O homem abriu uma boa vantagem de distância deles; mas estes decidiram persegui-lo e conseguiram alcançá-lo. Então o homem perguntou: "Vizinhos, por que vieram?". Eles responderam: "Para persuadi-lo a retornar conosco". Mas ele contestou: "Não podem fazer isso. Vocês moram na Cidade da Destruição, cidade em que nasci. Se lá morrerem, cedo ou tarde, serão enterrados em um local mais profundo que a tumba, onde se queima com fogo e enxofre. Animem-se, bons vizinhos, acompanhem-me nessa jornada".

OBSTINADO: O quê?! E deixar para trás nossos amigos e nossa vida confortável?

"Sim", disse Cristão (esse era o nome do homem), "porque TUDO que abandonarem[13] não será digno de ser comparado ao pouco do que estou buscando; se vierem comigo e seguirem minhas ações, há abundância[14] no lugar para onde vou. Venham comigo e comprovem que falo a verdade".

OBSTINADO: O que você procura, que exige abandonar o mundo para ser encontrado?

CRISTÃO: Procuro uma herança que nunca pereça, estrague ou desapareça.[15] Uma herança que está guardada no Céu[16] a ser

---

13 "...não atentando nós nas coisas que se veem, mas nas que se não veem; porque as que se veem são temporais, e as que se não veem são eternas" (2 CORÍNTIOS 4:18).

14 "Então, caindo em si, disse: Quantos trabalhadores de meu pai têm pão com fartura, e eu aqui morro de fome!" (LUCAS 15:17).

15 "...para uma herança incorruptível, sem mácula, imarcescível, reservada nos céus para vós outros..." (1 PEDRO 1:4).

16 "Mas, agora, aspiram a uma pátria superior, isto é, celestial. Por isso, Deus não se envergonha deles, de ser chamado o seu Deus, porquanto lhes preparou uma cidade" (HEBREUS 11:16).

outorgada no tempo determinado àqueles que a buscam diligentemente. Leia sobre isso em meu livro.

OBSTINADO: Que bobagem! Não me importo com seu livro. Você voltará conosco ou não?

CRISTÃO: Não, não irei, já coloquei minha mão no arado.[17]

OBSTINADO: Então, irmão Flexível, voltemos para casa sem ele. Homens tolos assim são tão presunçosos que acreditam ter mais discernimento do que sete homens que podem dar boas razões por que estão errados.[18]

FLEXÍVEL: Não seja grosseiro. Se o que o bom Cristão diz sobre as coisas que ele procura for verdade, talvez eu decida ir com ele.

OBSTINADO: O quê?! Outro tolo! Escute meu conselho e volte comigo. Nunca se sabe onde esse maluco o levará. Seja sábio e volte para casa.

CRISTÃO: Não, acompanhe-me, Flexível. As coisas que lhe falei estão esperando, e outras tantas coisas maravilhosas. Se não crê no que digo, leia neste livro; e a verdade dita será confirmada pelo sangue daquele que o escreveu.[19]

---

17 "Mas Jesus lhe replicou: Ninguém que, tendo posto a mão no arado, olha para trás é apto para o reino de Deus" (LUCAS 9:62).

18 "Mais sábio é o preguiçoso a seus próprios olhos do que sete homens que sabem responder bem" (PROVÉRBIOS 26:16).

19 "Ora, o Deus da paz, que tornou a trazer dentre os mortos a Jesus, nosso Senhor, o grande Pastor das ovelhas, pelo sangue da eterna aliança, vos aperfeiçoe em todo o bem, para cumprirdes a sua vontade, operando em vós o que é agradável diante dele, por Jesus Cristo, a quem seja a glória para todo o sempre. Amém!" (HEBREUS 13:20,21).

"...pois um testamento só é confirmado no caso de mortos; visto que de maneira nenhuma tem força de lei enquanto vive o testador. Pelo que nem a primeira aliança foi sancionada sem sangue; porque, havendo Moisés

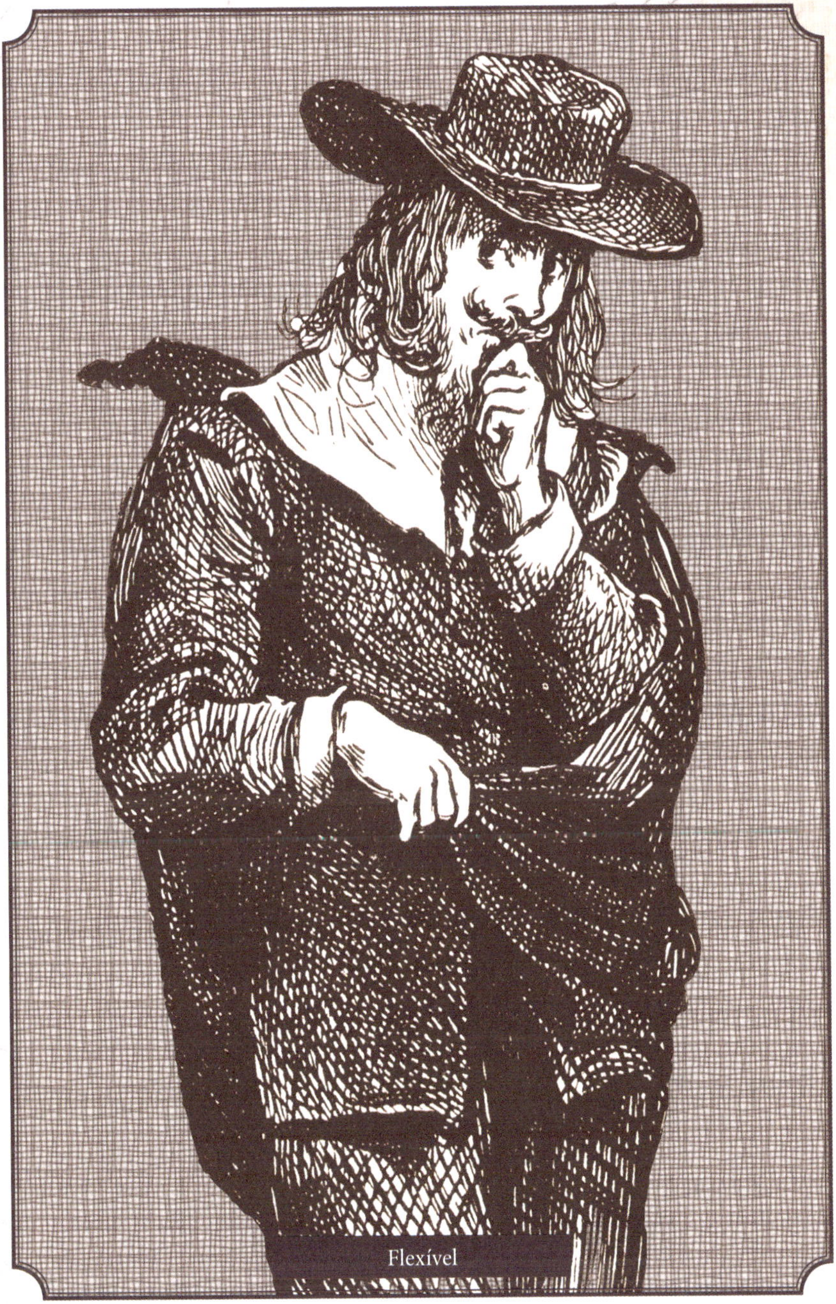

Flexível

FLEXÍVEL: Bem, vizinho Obstinado, acompanharei este bom homem e buscarei minha sorte; mas, meu bom companheiro, você sabe o caminho para este lugar desejado?

CRISTÃO: Encontrei um homem, chamado Evangelista, que me instruiu a chegar àquele portão estreito que está a nossa frente, onde receberemos as instruções sobre o caminho.

FLEXÍVEL: Vamos, bom vizinho, continuemos nossa jornada.

Flexível e Cristão continuaram seu caminho.

OBSTINADO: Quanto a mim, voltarei para casa. Não quero como companhia dois homens tolos e influenciáveis.

Vi em meu sonho que quando Obstinado partiu, Cristão e Flexível continuaram o trajeto conversando.

CRISTÃO: Vizinho Flexível, estou feliz porque você decidiu me acompanhar. Se Obstinado sentisse o que senti do poder e terror que ainda estão invisíveis, não teria dado as suas costas a nós de maneira tão rápida.

FLEXÍVEL: Venha vizinho Cristão, pois estamos só nós dois aqui neste momento, conte-me sobre onde vamos e o que desfrutaremos lá.

CRISTÃO: Consigo imaginar melhor na mente do que traduzir em palavras; mas como você deseja saber, lerei para você deste meu livro.

FLEXÍVEL: E você acredita que as palavras desse seu livro são verdadeiras?

---

proclamado todos os mandamentos segundo a lei a todo o povo, tomou o sangue dos bezerros e dos bodes, com água, e lã tinta de escarlate, e hissopo e aspergiu não só o próprio livro, como também sobre todo o povo, dizendo: Este é o sangue da aliança, a qual Deus prescreveu para vós outros. Igualmente também aspergiu com sangue o tabernáculo e todos os utensílios do serviço sagrado. Com efeito, quase todas as coisas, segundo a lei, se purificam com sangue; e, sem derramamento de sangue, não há remissão" (HEBREUS 9:17-21).

CRISTÃO: Com certeza! Este livro foi escrito por Aquele que não pode mentir.[20]

FLEXÍVEL: Muito bem. Conte-me mais sobre este lugar.

CRISTÃO: Existe um reino que não acabará e receberemos vida eterna para podermos habitar nesse reino para sempre.[21]

FLEXÍVEL: Muito bem. E o que mais?

CRISTÃO: Receberemos coroas de glória e vestes brilhantes como o Sol quando chegarmos no Céu.[22]

FLEXÍVEL: Parece um lugar aprazível. Quero saber mais.

CRISTÃO: Não haverá mais choro nem dor nesse lugar para onde estamos indo, porque o Senhor do reino enxugará toda lágrima dos nossos olhos.[23]

FLEXÍVEL: E quem mais estará lá?

---

20 "...na esperança da vida eterna que o Deus que não pode mentir prometeu antes dos tempos eternos..." (TITO 1:2).

21 "Israel, porém, será salvo pelo SENHOR com salvação eterna; não sereis envergonhados, nem confundidos em toda a eternidade" (ISAÍAS 45:17).

"As minhas ovelhas ouvem a minha voz; eu as conheço, e elas me seguem. Eu lhes dou a vida eterna; jamais perecerão, e ninguém as arrebatará da minha mão. Aquilo que meu Pai me deu é maior do que tudo; e da mão do Pai ninguém pode arrebatar" (JOÃO 10:27-29).

22 "Já agora a coroa da justiça me está guardada, a qual o Senhor, reto juiz, me dará naquele Dia; e não somente a mim, mas também a todos quantos amam a sua vinda" (2 TIMÓTEO 4:8).

"Tens, contudo, em Sardes, umas poucas pessoas que não contaminaram as suas vestiduras e andarão de branco junto comigo, pois são dignas" (APOCALIPSE 3:4).

"Então, os justos resplandecerão como o sol, no reino de seu Pai. Quem tem ouvidos [para ouvir], ouça" (MATEUS 13:43).

23 "Tragará a morte para sempre, e, assim, enxugará o SENHOR Deus as lágrimas de todos os rostos, e tirará de toda a terra o opróbrio do seu povo, porque o SENHOR falou" (ISAÍAS 25:8).

CRISTÃO: Estaremos com serafins e querubins, criaturas que encantarão nossos olhos. Também encontraremos milhares e centenas de milhares de pessoas que foram antes de nós para esse lugar. Nenhuma delas é grosseira, mas são amáveis e santas; cada uma delas caminha à vista de Deus e permanece em Sua presença para sempre. Lá veremos anciãos com suas coroas de ouro; santas virgens com suas harpas douradas; e homens e mulheres que foram esquartejados, queimados em fogueiras, devorados por feras, afogados no mar, por causa do amor que eles têm pelo Senhor desse lugar. Todos estarão bem e revestidos com imortalidade.[24]

"...pois o Cordeiro que se encontra no meio do trono os apascentará e os guiará para as fontes da água da vida. E Deus lhes enxugará dos olhos toda lágrima" (APOCALIPSE 7:17).

"E lhes enxugará dos olhos toda lágrima, e a morte já não existirá, já não haverá luto, nem pranto, nem dor, porque as primeiras coisas passaram" (APOCALIPSE 21:4).

24 "Serafins estavam por cima dele; cada um tinha seis asas: com duas cobria o rosto, com duas cobria os seus pés e com duas voava" (ISAÍAS 6:2).

"Porquanto o Senhor mesmo, dada a sua palavra de ordem, ouvida a voz do arcanjo, e ressoada a trombeta de Deus, descerá dos céus, e os mortos em Cristo ressuscitarão primeiro; depois, nós, os vivos, os que ficarmos, seremos arrebatados juntamente com eles, entre nuvens, para o encontro do Senhor nos ares, e, assim, estaremos para sempre com o Senhor" (1 TESSALONICENSES 4:16,17).

"...pois o Cordeiro que se encontra no meio do trono os apascentará e os guiará para as fontes da água da vida. E Deus lhes enxugará dos olhos toda lágrima" (APOCALIPSE 7:17).

"Ao redor do trono, há também vinte e quatro tronos, e assentados neles, vinte e quatro anciãos vestidos de branco, em cujas cabeças estão coroas de ouro" (APOCALIPSE 4:4).

"Olhei, e eis o Cordeiro em pé sobre o monte Sião, e com ele cento e quarenta e quatro mil, tendo na fronte escrito o seu nome e o nome de seu

FLEXÍVEL: Ouvir sobre essas coisas já é suficiente para alegrar o coração de alguém. Mas como compartilharemos e desfrutaremos delas?

CRISTÃO: O Senhor, o governante do país para onde vamos, escreveu as instruções neste livro. Se, sinceramente, desejarmos fazer parte deste reino, Ele nos concederá gratuitamente.[25]

Pai. Ouvi uma voz do céu como voz de muitas águas, como voz de grande trovão; também a voz que ouvi era como de harpistas quando tangem a sua harpa. Entoavam novo cântico diante do trono, diante dos quatro seres viventes e dos anciãos. E ninguém pôde aprender o cântico, senão os cento e quarenta e quatro mil que foram comprados da terra. São estes os que não se macularam com mulheres, porque são castos. São eles os seguidores do Cordeiro por onde quer que vá. São os que foram redimidos dentre os homens, primícias para Deus e para o Cordeiro; e não se achou mentira na sua boca; não têm mácula" (APOCALIPSE 14:1-5).

"Quem ama a sua vida perde-a; mas aquele que odeia a sua vida neste mundo preservá-la-á para a vida eterna" (JOÃO 12:25).

"E, por isso, neste tabernáculo, gememos, aspirando por sermos revestidos da nossa habitação celestial; se, todavia, formos encontrados vestidos e não nus. Pois, na verdade, os que estamos neste tabernáculo gememos angustiados, não por querermos ser despidos, mas revestidos, para que o mortal seja absorvido pela vida. Ora, foi o próprio Deus quem nos preparou para isto, outorgando-nos o penhor do Espírito" (2 CORÍNTIOS 5:2-5).

25 "Ah! Todos vós, os que tendes sede, vinde às águas; e vós, os que não tendes dinheiro, vinde, comprai e comei; sim, vinde e comprai, sem dinheiro e sem preço, vinho e leite. Por que gastais o dinheiro naquilo que não é pão, e o vosso suor, naquilo que não satisfaz? Ouvi-me atentamente, comei o que é bom e vos deleitareis com finos manjares. [...] Saireis com alegria e em paz sereis guiados; os montes e os outeiros romperão em cânticos diante de vós, e todas as árvores do campo baterão palmas" (ISAÍAS 55:1,2,12).

"No último dia, o grande dia da festa, levantou-se Jesus e exclamou: Se alguém tem sede, venha a mim e beba. Quem crer em mim, como diz a Escritura, do seu interior fluirão rios de água viva" (JOÃO 7:37).

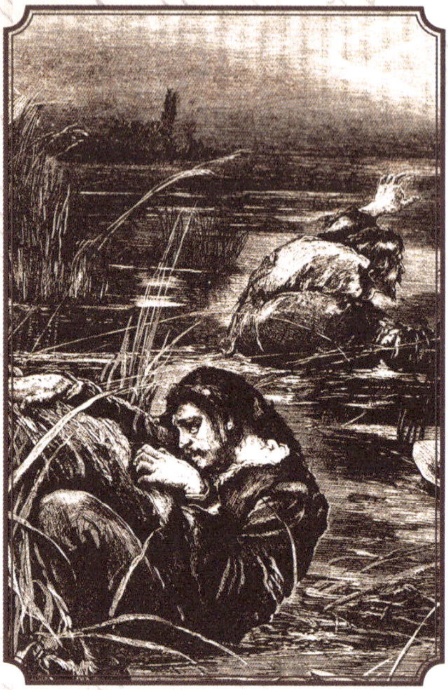

FLEXÍVEL: Estou feliz ao ouvir essas coisas. Vamos nos apressar.

CRISTÃO: Não consigo ir tão rápido como gostaria devido a este fardo em minhas costas.

Agora, vi em meu sonho que, assim que terminaram a conversa, chegaram a um pântano muito lodoso que estava no meio da planície e como não prestaram atenção no trajeto caíram no Pântano do Desânimo. Cobertos de lama, eles debateram-se por um tempo; e Cristão, por causa do peso em suas costas, começou a afundar no lamaçal.

FLEXÍVEL: Onde você está agora, vizinho Cristão?

CRISTÃO: Na verdade, não sei.

Naquele momento, descontente e irritado, Flexível disse para Cristão: "Esta é a felicidade que você me falou todo esse tempo? Se estamos passando por esta provação no início da viagem, o que podemos esperar até o fim da nossa jornada? Se sair vivo deste pântano, você continuará sozinho esta viagem". E com desesperado esforço, Flexível conseguiu sair da lama pelo lado do pântano que ficava mais próximo a sua casa e Cristão não tornou a vê-lo.

Cristão foi deixado sozinho debatendo-se no Pântano do Desânimo. Embora não conseguisse sair, por causa do fardo em

---

"Todo aquele que o Pai me dá, esse virá a mim; e o que vem a mim, de modo nenhum o lançarei fora" (JOÃO 6:37).

suas costas, continuou lutando para sair pelo lado do lamaçal que ficava mais distante de sua casa e próximo ao portão estreito.

Em seguida, em meu sonho, vi um homem cujo nome era Auxílio que aproximou-se de Cristão e lhe perguntou: "O que você está fazendo aí?".

CRISTÃO: Senhor, fui orientado a ir por esta estrada por um homem chamado Evangelista, que me mostrou esse caminho para chegar à porta estreita e assim me livrar da ira vindoura. Estava caminhando para esse lugar e caí por aqui.

AUXÍLIO: Mas por que você não olhou os degraus?

CRISTÃO: Senti tanto medo que não prestei atenção e caí.

Auxílio então sugeriu: "Pegue a minha mão". Assim, Cristão agarrou a mão de Auxílio, que o tirou da lama, colocou-o em solo firme e o orientou a seguir seu caminho.[26]

Então, aproximei-me de Auxílio, que havia ajudado Cristão a sair do lamaçal e perguntei: "Senhor, já que esse é o caminho da Cidade da Destruição para a porta estreita, por que não consertaram essa parte do trajeto, ajudando os humildes viajantes a seguir por esta estrada com mais segurança?".

E Auxílio me explicou: "Este pântano lamacento não pode ser reparado. Nele é onde são armazenadas a escória e a sujeira da convicção de pecado, por isso é chamado de Pântano do Desânimo; pois, quando o pecador se torna ciente de sua condição de perdido, muitos medos, dúvidas e apreensões desencorajadoras surgem em sua alma; e todos esses sentimentos juntos se estabelecem nas profundezas deste lugar. E esta é a razão pelo mau estado deste solo.

---

26 "Tirou-me de um poço de perdição, de um tremedal de lama; colocou-me os pés sobre uma rocha e me firmou os passos" (SALMO 40:2).

"Não é o desejo do Rei que este local permaneça em tal estado.[27] Por mais de mil e seiscentos anos seus trabalhadores, sob a direção dos inspetores de Sua Majestade, têm vindo trabalhar neste pedaço de chão. Sim, e para meu conhecimento", revelou Auxílio, "pelo menos vinte mil carradas — sim, milhões de saudáveis lições — foram aqui absorvidas. Aqueles que estão bem informados dizem que os melhores materiais têm sido empregados para tornar este solo uma boa terra. Mas ainda assim é o Pântano do Desânimo e continuará sendo, a despeito de tudo o que se possa fazer por ele.

"É verdade que, sob a orientação do Legislador, foram colocadas pedras que facilitam o deslocamento no meio do pântano. Mas existem momentos em que este lugar vomita sua sujeira, e dificilmente estas pedras podem ser vistas; ou se estão visíveis, os homens ficam confusos, passam por cima delas e ficam atolados apesar das pedras estarem lá. Mas, uma vez que eles alcancem o portão, o solo é bom."[28]

A certa altura, em meu sonho vi que Flexível retornara à sua casa e seus vizinhos vieram visitá-lo; e alguns deles o chamaram de sábio por ter voltado, e outros o chamaram de louco por arriscar-se com Cristão. Outros zombaram dele por sua covardia, dizendo: "Certamente, já que começara a aventura, não deveria ter voltado por causa de algumas dificuldades. Eu não teria feito isso". Desse modo, Flexível sentou-se retraidamente entre eles. Mas, com o tempo, quando recobrou mais confiança, todos mudaram o tom e começaram a ridicularizar o pobre Cristão pelas costas. E, assim, deixaram Flexível.

---

27 "Falai ao coração de Jerusalém, bradai-lhe que já é findo o tempo da sua milícia, que a sua iniquidade está perdoada e que já recebeu em dobro das mãos do SENHOR por todos os seus pecados" (ISAÍAS 40:2).

28 "Quanto a mim, longe de mim que eu peque contra o SENHOR, deixando de orar por vós; antes, vos ensinarei o caminho bom e direito" (1 SAMUEL 12:23).

Enquanto caminhava sozinho, Cristão avistou ao longe um homem vindo em sua direção até que seus caminhos se cruzaram. O nome desse cavalheiro era Sábio-Segundo-o-Mundo, que vivia em Prudência Carnal, uma grande cidade localizada perto de onde Cristão tinha vindo.

Portanto, esse homem conhecia Cristão, pois muito se falara sobre sua saída da Cidade da Destruição. Não somente naquele lugar onde ele tinha vivido, mas nas cidades vizinhas. Assim, Sábio-Segundo-o-Mundo chegou a algumas conclusões sobre ele. Após observar a dificuldade do caminho, os suspiros e gemidos de Cristão, começou a conversar com ele.

SÁBIO-SEGUNDO-O-MUNDO: Olá, meu bom homem, para onde vai com tamanho fardo?

CRISTÃO: Realmente, é um fardo muito grande, um peso que nenhuma criatura jamais carregou! E já que me perguntou onde estou indo, respondo-lhe que vou até aquela portinhola estreita; pois me disseram que lá poderei descarregar meu pesado fardo.

SÁBIO-SEGUNDO-O-MUNDO: Você tem esposa e filhos?

CRISTÃO: Sim, mas este fardo me sobrecarrega a ponto de não poder apreciá-los como antes. É como se não existissem.[29]

SÁBIO-SEGUNDO-O-MUNDO: Você me dará atenção se lhe der um conselho?

CRISTÃO: Sim, se for bom, pois faz-me falta um bom conselho.

SÁBIO-SEGUNDO-O-MUNDO: Gostaria de sugerir-lhe abandonar este fardo imediatamente, pois enquanto não o fizer sua mente não ficará em paz e não poderá desfrutar dos benefícios das bênçãos que Deus tem derramado sobre você.

---

29 "Isto, porém, vos digo, irmãos: o tempo se abrevia; o que resta é que não só os casados sejam como se o não fossem" (1 CORÍNTIOS 7:29).

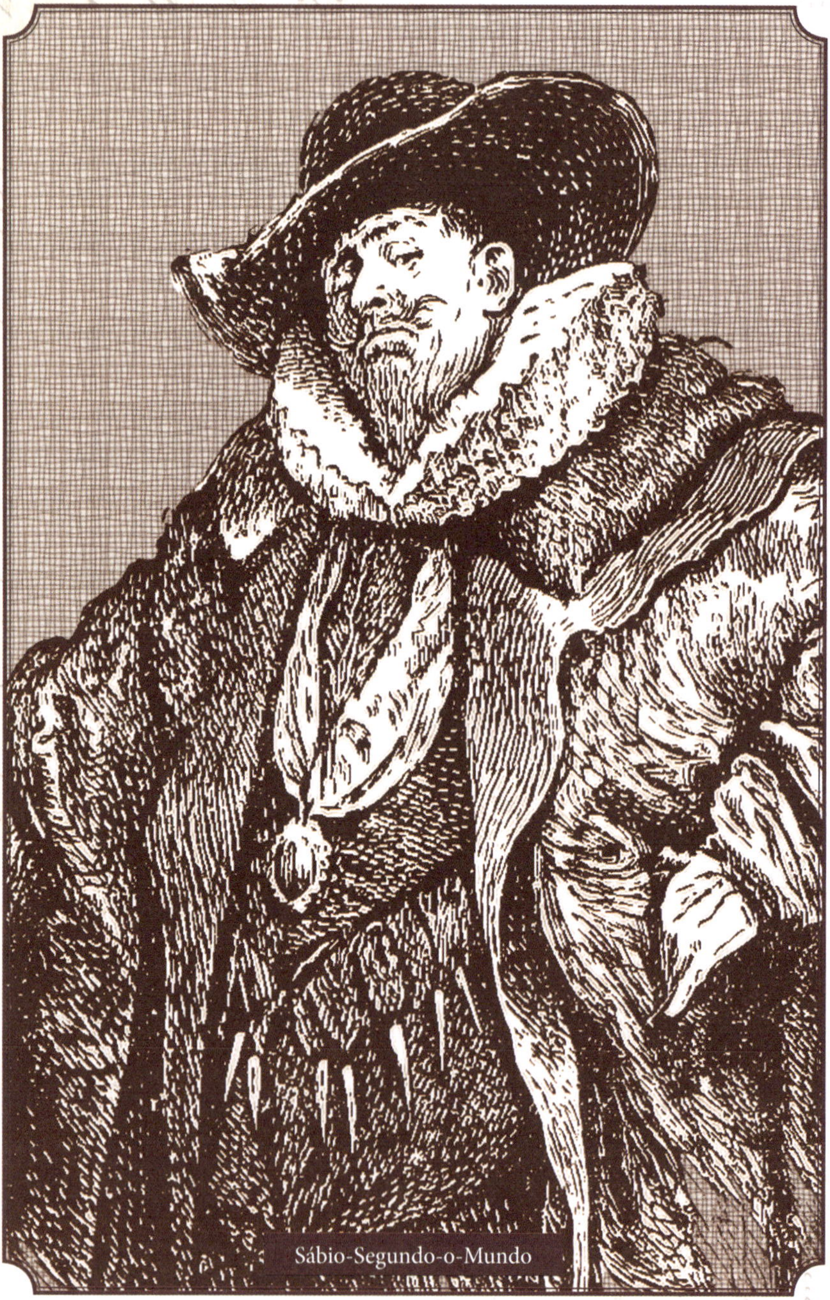

CRISTÃO: É isto que estou procurando: livrar-me deste pesado fardo. Mas não consigo, e não existe qualquer homem em nosso país que possa tirá-lo de meus ombros. Portanto, como lhe disse: estou nessa jornada para me livrar deste fardo.

SÁBIO-SEGUNDO-O-MUNDO: Quem lhe disse que seguir por este caminho o ajudaria a livrar-se de seu fardo?

CRISTÃO: Um homem que me pareceu muito nobre e honrado. Seu nome era Evangelista.

SÁBIO-SEGUNDO-O-MUNDO: Ele foi um péssimo conselheiro! Não há caminho mais perigoso e acidentado do mundo do que este que ele lhe indicou e você descobrirá isso se seguir o conselho dele. Na verdade, você já o deve ter encontrado, pois vejo em você as manchas do Pântano do Desânimo. Mas aquele pântano é apenas o princípio dos males para aqueles que vão por esse caminho. Ouça-me! Sou mais velho do que você. Provavelmente você encontrará cansaço, dor, fome, perigo, nudez, espada, leões, dragões, trevas e, numa só palavra, morte! Essas coisas foram confirmadas por muitos testemunhos. Então, por que confiar sua vida, despreocupadamente, nas palavras de um completo estranho?

CRISTÃO: Porque, senhor, este fardo sobre minhas costas é muito mais terrível para mim do que todos os males que você mencionou. Não, não me importo em sofrer essas coisas se no fim libertar-me deste fardo.

SÁBIO-SEGUNDO-O-MUNDO: Para começar, de que maneira você adquiriu este fardo?

CRISTÃO: Pela leitura deste livro em minhas mãos.

SÁBIO-SEGUNDO-O-MUNDO: Bem que imaginei! Aconteceu com você o que acontece aos homens fracos que, comprometendo-se com coisas inatingíveis para eles, repentinamente se confundem. Tal confusão não apenas enerva os homens, como enervou você, mas os envia para caminhos desesperados à procura do que nem eles sabem.

CRISTÃO: Mas eu sei o que procuro: aliviar-me deste pesado fardo.

SÁBIO-SEGUNDO-O-MUNDO: Mas por que procura alívio neste caminho perigoso? Desde que tenha paciência para me ouvir, posso direcioná-lo ao que deseja sem os perigos deste caminho pelo qual você está seguindo. Sim, a solução está ao alcance, e não envolve tais perigos. Em vez disso, você encontrará muita segurança, amizade e satisfação.

CRISTÃO: Imploro, senhor, conte-me esse segredo.

SÁBIO-SEGUNDO-O-MUNDO: Preste atenção. Naquela aldeia próxima, chamada Moralidade, existe um homem sensato e honrado. Seu nome é Legalidade. Ele tem a habilidade de ajudar os homens a livrar-se de fardos como o seu. Pelo que sei, ele tem feito muita coisa boa neste sentido e tem habilidade para curar aqueles que estão de alguma forma perturbados com seus fardos. Você pode procurá-lo e pedir sua ajuda. A casa dele não está muito distante daqui e se ele não estiver em casa, seu jovem e atraente filho, Civilidade, poderá ajudá-lo tão bem quanto o seu experiente pai.

Em Moralidade você sentirá alívio do seu fardo. E se você não quiser voltar para sua antiga habitação o que, na verdade, eu não gostaria que voltasse, poderá buscar sua esposa e filhos para juntarem-se a você nesta vila, onde há casas disponíveis a preços razoáveis. Tudo o que precisa para ter uma vida feliz será providenciado lá e você viverá entre vizinhos honestos. Cristão ficou paralisado por um momento; mas logo concluiu que se esse cavalheiro dizia a verdade, seria sábio dar ouvidos ao seu conselho.

CRISTÃO: Senhor, qual o caminho para a casa desse homem honesto?

SÁBIO-SEGUNDO-O-MUNDO: Consegue ver aquela montanha?

CRISTÃO: Sim, vejo-a claramente.

SÁBIO-SEGUNDO-O-MUNDO: Passe aquela montanha e a primeira casa que encontrar é a dele.

Cristão desviou-se do caminho em direção à casa de Legalidade à procura de ajuda. Mas ao aproximar-se da montanha achou-a tão alta e íngreme que ficou com medo de seguir adiante e ela despencar sobre sua cabeça. Ficou ali parado sem saber o que fazer. Além do mais, o fardo lhe parecia mais pesado do que antes. De repente, raios de fogo surgiam da montanha e Cristão ficou com medo de se queimar.[30] Ele começou a suar e tremer de medo.[31]

Quando os cristãos aos homens carnais ouvidos dão,
Saem do seu caminho e alto preço pagarão:
O Sábio-Segundo-o-Mundo pode apenas mostrar
Ao santo o caminho da aflição para o escravizar.

Cristão começou a arrepender-se por ter aceitado o conselho de Sábio-Segundo-o-Mundo. Nesse momento, viu Evangelista vir em sua direção e sentiu o rosto enrubescer de vergonha. Evangelista aproximou-se de Cristão, com expressão severa e amedrontadora, e em seguida, começou a discutir com Cristão.

EVANGELISTA: O que está fazendo aqui, Cristão?

---

30 "Ao amanhecer do terceiro dia, houve trovões, e relâmpagos, uma espessa nuvem sobre o monte, e mui forte clangor de trombeta, de maneira que todo o povo que estava no arraial se estremeceu. [...] Todo o monte Sinai fumegava, porque o SENHOR descera sobre ele em fogo; a sua fumaça subiu como fumaça de uma fornalha, e todo o monte tremia grandemente" (ÊXODO 19:16,18).

31 "Na verdade, de tal modo era horrível o espetáculo, que Moisés disse: Sinto-me aterrado e trêmulo!" (HEBREUS 12:21).

Cristão não sabia o que dizer e permaneceu sem palavras diante dele.

EVANGELISTA: Você não é aquele que encontrei chorando fora dos muros da Cidade da Destruição?

CRISTÃO: Sim, caro senhor, sou esse homem.

EVANGELISTA: Eu não mostrei a você o caminho até a portinhola?

CRISTÃO: Sim, caro senhor.

EVANGELISTA: Como, então, mudou tão rapidamente o rumo? Agora está no caminho errado.

CRISTÃO: Assim que saí do Pântano do Desânimo encontrei um homem gentil que me persuadiu que naquela aldeia à frente havia um homem que poderia retirar o meu fardo.

EVANGELISTA: Quem era?

CRISTÃO: Ele parecia um cavalheiro gentil. Conversamos bastante, e ele me fez finalmente ceder, e então vim aqui. Mas quando me aproximei da montanha e notei que ela parecia desabar sobre o caminho, parei repentinamente, para que não caísse em minha cabeça.

EVANGELISTA: O que ele lhe disse?

CRISTÃO: Perguntou-me a razão de estar seguindo naquela direção, e eu lhe respondi.

EVANGELISTA: E como ele reagiu?

CRISTÃO: Perguntou se eu tinha uma família. Respondi-lhe que sim, mas também lhe disse que estava tão sobrecarregado com meu fardo em minhas costas e que isso me impedia de regozijar-me com eles como no passado.

EVANGELISTA: E o que ele lhe disse?

CRISTÃO: Ele sugeriu que me livrasse do meu fardo rapidamente, e lhe respondi que queria livrar-me dele e que estava indo para a porta estreita a fim de receber instruções complementares sobre como poderia chegar ao local da libertação. Então, ele disse que me indicaria um caminho melhor, mais curto e menos acidentado do que aquele que o senhor havia me mostrado. Que me direcionaria a um cavalheiro que tinha atributos para tirar estes fardos, e acreditei nele. Mas quando me aproximei deste lugar e vi como as coisas eram, parei porque tive medo e era perigoso. Agora, não sei o que fazer.

Então, Evangelista disse: "...espera que te farei saber a palavra de Deus".

Com muito medo, Cristão permaneceu no local.

Evangelista continuou, citando um texto bíblico: "Tende cuidado, não recuseis ao que fala. Pois, se não escaparam aqueles que recusaram ouvir quem, divinamente, os advertia sobre a Terra, muito menos nós, os que nos desviamos daquele que dos Céus nos adverte".[32] Além disso, Deus fala: "...todavia, o meu justo viverá pela fé; e: Se retroceder, nele não se compraz a minha alma".[33] Você é um homem que vive esse sofrimento. Iniciou rejeitando o conselho do Altíssimo e abandonou o caminho da paz, quase chegando ao ponto de perdição.

Em seguida, Cristão prostrou-se aos pés de Evangelista clamando: "...ai de mim! Estou perdido!".

Ao ver isso, Evangelista tomou sua mão direita, dizendo-lhe: "...todo pecado e blasfêmias serão perdoados aos homens". "Não sejas incrédulo, mas crente."[34]

Cristão se recuperou e se levantou ainda temeroso e envergonhado, e Evangelista continuou falando.

EVANGELISTA: Leve a sério as coisas que lhe contarei, pois agora vou mostrar-lhe quem o iludiu e para quem ele o estava conduzindo.

---

32 Hebreus 12:25

33 Hebreus 10:38

34 João 20:27

O homem que você conheceu chama-se Sábio-Segundo-o-Mundo. Seu nome é muito apropriado; em parte porque ele gosta somente da doutrina deste mundo,[35] motivo pelo qual ele vai à igreja da Cidade de Moralidade, e em parte porque ele ama mais aquela doutrina, pois ela o poupa da cruz.[36] E por ter natureza carnal, procura perverter meus caminhos, apesar de serem corretos. Existem três pontos no conselho desse homem que você deve absolutamente abominar.

Primeiro, ele o desviou do caminho; segundo, tentou tornar a cruz abominável a você; e em terceiro, conduziu-o na vereda que leva à morte.

Você deve primeiramente abominar que ele o tenha feito se desviar do caminho — sim, e o fato de você concordar em agir assim — porque fazer isto é rejeitar o conselho de Deus pelo conselho do Sábio-Segundo-o-Mundo. O Senhor diz: "Esforçai-vos por entrar pela porta estreita",[37] a porta para qual eu te enviei, "...porque estreita é a porta, e apertado, o caminho que conduz para vida, e são poucos os que acertam com ela".[38] Esse homem perverso o desviou da sua peregrinação para a portinhola, e, fazendo isso, quase o levou à destruição. Despreze, portanto, sua má influência ao tirá-lo do caminho e abomine-se por escutá-lo.

---

35 "Eles procedem do mundo; por essa razão, falam da parte do mundo, e o mundo os ouve" (1 JOÃO 4:5).

36 "Todos os que querem ostentar-se na carne, esses vos constrangem a vos circuncidardes, somente para não serem perseguidos por causa da cruz de Cristo" (GÁLATAS 6:12).

37 "Respondeu-lhes: Esforçai-vos por entrar pela porta estreita, pois eu vos digo que muitos procurarão entrar e não poderão" (LUCAS 13:24).

38 Mateus 7:14

Em seguida, você deve abominar suas tentativas de tornar-lhe a cruz repugnante, pois você deve desejá-la mais do que o tesouro do Egito.[39] Ademais, o Rei da Glória disse que "quem quiser salvar a sua vida, perdê-la-á"[40] e aquele que vai a Ele e "não aborrece a seu pai, e mãe, e mulher, e filhos, e irmãos e irmãs, e ainda a sua própria vida, não pode ser meu discípulo".[41] Portanto, você deve abominar qualquer doutrina que possa persuadi-lo de que essa verdade, sem a qual você não pode ter a vida eterna, será a sua morte.

Por último, você deve abominar a quem o induziu a tomar o caminho que leva à morte. E, nesse sentido, você deve considerar aquele a quem ele o enviou, e quão incapaz essa pessoa seria de livrá-lo do seu fardo.

Você foi enviado para Legalidade, o filho da mulher cativa, que está sob escravidão com os seus filhos.[42] Este é o mistério, o Monte Sinai que você temia que caísse em sua cabeça. No entanto, se elas e seus filhos estão cativos, como esperar que eles o livrem? Legalidade, portanto, não é capaz de libertá-lo do seu fardo. Nenhum homem

---

39 "...preferindo ser maltratado junto com o povo de Deus a usufruir prazeres transitórios do pecado; porquanto considerou o opróbrio de Cristo por maiores riquezas do que os tesouros do Egito, porque contemplava o galardão" (HEBREUS 11:25,26).

40 Marcos 8:35

"Quem ama a sua vida perde-a; mas aquele que odeia a sua vida neste mundo preservá-la-á para a vida eterna" (JOÃO 12:25).

"...nem de alforje para o caminho, nem de duas túnicas, nem de sandálias, nem de bordão; porque digno é o trabalhador do seu alimento" (MATEUS 10:39).

41 Lucas 14:26

42 "Dizei-me vós, os que quereis estar sob a lei: acaso, não ouvis a lei? Pois está escrito que Abraão teve dois filhos, um da mulher escrava e outro da livre.

jamais foi liberado do fardo por Legalidade, nem nunca o será. Você não pode ser justificado pelas obras da lei, pois esta não pode livrar nenhum homem de seu fardo. Assim, o Sr. Sábio-Segundo-o-Mundo é um estranho, o Sr. Legalidade é uma fraude e seu filho, Civilidade, nada mais é que um hipócrita e não pode ajudá-lo. Acredite em mim, o que você ouviu falar por meio destes homens insensatos, nada mais é que um projeto para enganá-lo, desviando-o do caminho para onde o enviei.

Depois disto, Evangelista clamou em alta voz aos Céus para confirmar o que dissera. Imediatamente, vieram palavras e fogo da montanha, estas fizeram o cabelo do pobre Cristão arrepiarem-se, pois os que são pela prática da lei estão debaixo de maldição, como está escrito: "Todos quantos, pois, são das obras da lei estão debaixo de maldição; porque está escrito: Maldito todo aquele que não permanece em todas as coisas escritas no Livro da lei, para praticá-las".[43] Agora, Cristão não esperava nada além da morte e começou a clamar com profunda tristeza, amaldiçoando o momento em que se encontrou com o Sr. Sábio-Segundo-o-Mundo e chamando a si mesmo de louco por ouvir seu conselho. Também sentiu muita vergonha ao pensar que os argumentos deste cavalheiro, fluindo apenas da carne, tinham prevalecido sobre ele, levando-o a abandonar

---

Mas o da escrava nasceu segundo a carne; o da livre, mediante a promessa. Estas coisas são alegóricas; porque estas mulheres são duas alianças; uma, na verdade, se refere ao monte Sinai, que gera para escravidão; esta é Agar. Ora, Agar é o monte Sinai, na Arábia, e corresponde à Jerusalém atual, que está em escravidão com seus filhos. Mas a Jerusalém lá de cima é livre, a qual é nossa mãe; porque está escrito: Alegra-te, ó estéril, que não dás à luz, exulta e clama, tu que não estás de parto; porque são mais numerosos os filhos da abandonada que os da que tem marido" (GÁLATAS 4:21-27).

43 Gálatas 3:10

o caminho certo. Feito isto, voltou-se novamente para as palavras de Evangelista.

CRISTÃO: Senhor, o que você pensa? Existe esperança? Posso voltar e continuar o trajeto até a portinhola? Peço perdão por seguir o conselho deste homem, mas o meu pecado pode ser perdoado?

EVANGELISTA: Seu pecado foi imenso, pois agiu mal duas vezes: desviou-se do que é bom e tomou caminhos proibidos. Cuide-se para que não se desvie novamente.[44] Entretanto, o porteiro o receberá, pois tem boa vontade para com os homens.

44 "Agora, pois, ó reis, sede prudentes; deixai-vos advertir, juízes da terra" (SALMO 2:12).

Brasil y tendente muy seguro, y le introducir
el Gob.no de Buenos Ay.s q.e le alejara un dud
sus agentes adquirieron la bastante
te de todos los recursos de aquella cox
de la provincia de S.n Pedro,
bien sabe. Tambie
golpe sobr

CAPÍTULO 2

Em seguida, Cristão preparou-se para voltar, e Evangelista, depois de beijar-lhe, sorriu e lhe desejou uma jornada de sucesso. Deste modo, Cristão se apressou, sem falar com qualquer pessoa no caminho. Ele viajou rapidamente, como alguém que sabe que encontra-se em terreno perigoso, até chegar novamente ao local onde abandonou o caminho para seguir o conselho do Sr. Sábio-Segundo-o-Mundo. Nesse momento, Cristão alcançou o portão no qual estava escrito, "...batei, e abrir-se-vos-á".[1]

Aquele que aos portões deseja adentrar
Deve com firmeza bater, sem duvidar
Que lhe é garantida a entrada,
Pois Deus o ama e seu pecado apaga.

Posso agora aqui entrar? Haverá alguém postado
Que a porta me abra, mesmo em meu estado
De rebelde não merecedor? Assim, alegre cantarei,
A Ele os mais altos louvores eternos entoarei.

Finalmente, uma autoridade com o nome de Boa Vontade se aproximou do portão e perguntou quem estava ali, de onde viera e o que desejava.

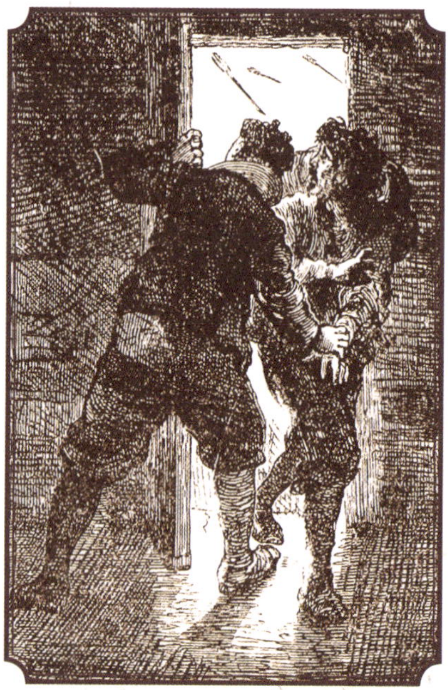

CRISTÃO: Eu sou um pobre pecador com um fardo pesado. Venho da Cidade da Destruição, mas estou indo para o Monte Sião assim posso ser liberto da ira vindoura. Informaram-me que esta porta é o caminho àquele lugar e quero saber se você está disposto a deixar-me entrar.

BOA VONTADE: Com toda alegria no coração.

E, assim, abriu o portão.

Enquanto Cristão atravessava o portão, Boa Vontade o puxou

1 "Pois todo o que pede recebe; o que busca encontra; e, a quem bate, abrir-se-lhe-á" (MATEUS 7:7,8).

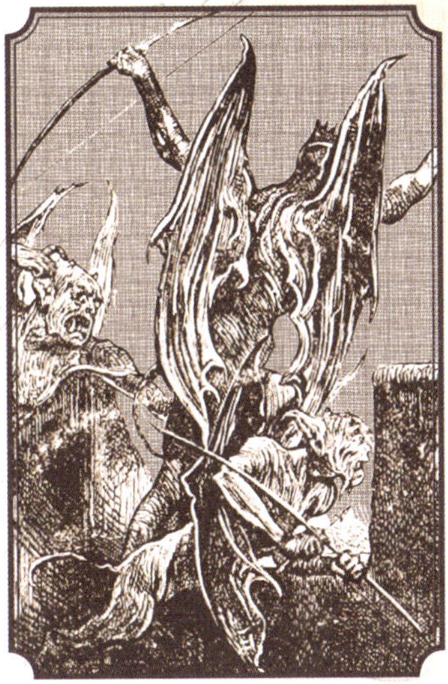

para dentro. Cristão perguntou: "Por que você fez isso?".

"Aqui perto deste portão", respondeu-lhe Boa Vontade, "está um castelo forte. Seu capitão é Belzebu; ele e seu bando atiram flechas naqueles que se aproximam deste portão. A intenção é matá-los antes que entrem".

Em seguida, Cristão diz: "eu me alegro e tremo".

Ao cruzar o portão, Boa Vontade perguntou quem o ensinou a chegar lá.

CRISTÃO: Evangelista instruiu-me a vir por este caminho e bater. Ele me disse que o senhor me informaria acerca do que fazer.

BOA VONTADE: A porta foi aberta e ninguém pode fechá-la.

CRISTÃO: Agora começo a colher os frutos de minha aventura.

BOA VONTADE: Mas por que você veio sozinho?

CRISTÃO: Nenhum vizinho percebeu o perigo como eu.

BOA VONTADE: Eles sabiam que você estava vindo?

CRISTÃO: Sim. Primeiro minha esposa e filhos me viram e tentaram convencer-me a voltar; alguns vizinhos fizeram o mesmo. Mas tapei os ouvidos com os dedos e continuei a jornada.

BOA VONTADE: Mas nenhum deles o seguiu ou tentou persuadi-lo a voltar?

CRISTÃO: Sim, Obstinado e Flexível. Quando perceberam que não teriam êxito, Obstinado voltou com muitas ofensas, mas Flexível me acompanhou durante parte do caminho.

BOA VONTADE: Por que ele não atravessou o portão?

CRISTÃO: Viajamos juntos até que caímos no Pântano do Desânimo. Flexível desanimou e não quis continuar a aventura. Ele retornou para casa e disse que deveria continuar sem sua companhia. Seguiu as pegadas de Obstinado e eu continuei na direção deste portão.

BOA VONTADE: Pobre homem, a glória celestial lhe é de tão pouco valor que ele não acha que vale a pena arriscar-se e passar por algumas dificuldades para obtê-la?

CRISTÃO: Concordo. E sobre Flexível, se ele falar a verdade sobre mim, não serei melhor do que ele. Voltou para sua casa, mas eu abandonei o caminho correto em direção ao caminho da morte ao ser influenciado pelos argumentos carnais do Sr. Sábio-Segundo-o-Mundo.

BOA VONTADE: Ó! Você o encontrou? E lhe teria indicado o caminho mais fácil com o Sr. Legalidade? Ambos são caminhos enganosos. Mas você seguiu seu conselho?

CRISTÃO: Sim, tanto quanto pude. Comecei minha busca pelo Sr. Legalidade. Encontrei a montanha que ficava no caminho de sua casa e temi que ela pudesse cair sobre minha cabeça. Portanto, fui forçado a parar.

BOA VONTADE: Aquela montanha já matou muitas pessoas e matará ainda outras. Que bom, você escapou de ser dilacerado por ela!

CRISTÃO: Na verdade, não sei o que seria de mim se Evangelista não me encontrasse novamente quando estava com minha mente naquele estado sombrio. Foi a misericórdia divina, que o trouxe a mim, porque de outra forma jamais teria chegado aqui. Mas estou neste lugar — eu que mereço a morte por essa montanha, ao invés de estar conversando com o meu Senhor. Ó, que graça é esta que me concedes, que ainda me permite a entrada aqui!

BOA VONTADE: Não fazemos acepção de pessoas, não importa tudo o que tenham feito antes de chegarem aqui. "De modo nenhum o lançarei fora".[2] Portanto, bom Cristão, acompanhe-me por um momento e lhe ensinarei o caminho a seguir. Olhe adiante! Você vê aquele caminho estreito? Esse é o caminho que deve seguir. Por ali já passaram os patriarcas, profetas, Cristo, Seus apóstolos, e esse caminho é tão reto quanto um preceito pode torná-lo. Esse é o caminho que deve seguir.

CRISTÃO: Mas não existem curvas ou desvios que possam levar um estrangeiro a perder o seu caminho?

BOA VONTADE: Sim, existem muitas encruzilhadas e atalhos largos. Mas você também sempre pode distinguir o caminho certo: ele é sempre reto e estreito.[3]

Depois, vi em meu sonho que Cristão perguntou-lhe se poderia ajudá-lo a arrancar o fardo dos ombros; pois não conseguia tirá-lo sem ajuda de forma alguma.

BOA VONTADE: Quanto ao seu fardo, alegre-se em poder carregá-lo até o momento de sua libertação, pois ele cairá por si mesmo.

Cristão começou a se preparar para sua jornada e Boa Vontade o informou de que, depois de viajar certa distância do portão, ele chegaria à casa de Intérprete, em cuja porta ele deveria bater e este lhe mostraria coisas excelentes. Cristão se despediu do amigo que o abençoara.

Cristão caminhou à casa de Intérprete. Bateu à porta da casa várias vezes, até que alguém atendeu e perguntou quem estava lá.

---

2 João 6:37

3 "...porque estreita é a porta, e apertado, o caminho que conduz para a vida, e são poucos os que acertam com ela" (MATEUS 7:14).

CRISTÃO: Senhor, sou um viajante, e um conhecido aconselhou-me a falar com o dono da casa para conhecer coisas maravilhosas. Gostaria, portanto, de falar com o chefe da casa.

Ele chamou o chefe da casa, que se aproximou e lhe perguntou o que desejava.

CRISTÃO: Senhor, venho da cidade da Destruição e meu destino é Monte Sião. O homem que permanece à entrada do portão me disse que se eu parasse aqui, o senhor me daria excelentes instruções que me ajudarão em minha jornada.

INTÉRPRETE: Entre. Mostrarei o que poderá lhe ser útil.

Então, ordenou a um de seus criados que acendesse um candeeiro e orientou o visitante para que o seguisse. Ele o conduziu até uma sala particular e o servo abriu a porta. Cristão viu, pendurado na parede, um quadro retratando um homem muito austero. Os olhos estavam direcionados para o Céu, tinha o melhor dos livros em suas mãos, a lei da verdade escrita sobre seus lábios e o mundo atrás de si. Com uma coroa de ouro na fronte, ele estava em uma atitude como se fizesse um pedido aos homens.

CRISTÃO: O que significa esse quadro?

INTÉRPRETE: O homem do quadro é um entre mil; ele gera filhos,[4] permite as dores de parto e nutre os filhos quando nascem.[5] Os olhos em direção ao Céu, o melhor dos livros nas mãos e a lei da verdade sobre os lábios representam seu trabalho, que é conhecer e revelar as coisas encobertas para os pecadores. Ele está em pé porque tenta convencê-los. Atrás dele está o mundo e a coroa de ouro

---

4 "Porque, ainda que tivésseis milhares de preceptores em Cristo, não teríeis, contudo, muitos pais; pois eu, pelo evangelho, vos gerei em Cristo Jesus" (1 CORÍNTIOS 4:15).

5 "...meus filhos, por quem, de novo, sofro as dores de parto, até ser Cristo formado em vós" (GÁLATAS 4:19).

em sua cabeça representa o seu desprezo pelas coisas do mundo, e o seu amor ao serviço do Mestre; ele está seguro de que esse amor terá a glória como recompensa no mundo por vir.

Mostrei este quadro, em primeiro lugar, porque o homem representado nele é o único a quem o Senhor do lugar onde você está indo autorizou a ser o seu guia em todas as passagens difíceis que haverá pelo caminho. Portanto, preste atenção e não esqueça o que você viu, pois em sua jornada muitos dos que encontrar fingirão levar você ao caminho certo, mas são caminhos de morte.

Em seguida, o homem segurou Cristão pela mão e o conduziu a um grande salão que estava empoeirado, pois nunca havia sido varrido. Depois de um tempo, enquanto Intérprete chamou um homem para varrer, e este começou a fazer a limpeza, subiu tanta poeira que Cristão quase não podia respirar. Intérprete chamou uma jovem que estava por perto e pediu-lhe: "Traga água e borrife pelo salão". Finalmente, depois de ela ter feito isso, a sala estava varrida e limpa.

CRISTÃO: O que significa isto?

INTÉRPRETE: Este salão representa o coração de um homem que nunca foi santificado pela suave graça do evangelho. A poeira é o pecado original e a corrupção que contaminou o homem. Aquele que começou a varrer no início representa a Lei; mas a moça que trouxe água e a borrifou simboliza o evangelho. Quando o salão começou a ser varrido, a poeira subiu tão alto que era impossível limpá-la, e você quase sucumbiu nela; isto é para mostrar-lhe que a Lei, em vez de limpar o coração (por meio das obras), revive, fortalece e aumenta o pecado. A Lei denuncia e proíbe o pecado, mas não tem o poder de subjugá-lo.[6]

---

6 "Agora, porém, libertados da lei, estamos mortos para aquilo a que estávamos sujeitos, de modo que servimos em novidade de espírito e não na caducidade da letra" (ROMANOS 7:6).

Você notou que a jovem que borrifou a água no salão fez isso com prazer? Isto mostra que, quando a influência doce e preciosa do evangelho chega ao coração, o pecado é vencido e subjugado e a alma é purificada, tornando-se apta para que o Rei da Glória faça Sua morada.[7]

Além disso, vi em meu sonho que Intérprete tomou Cristão pela mão e o conduziu a uma pequena sala onde havia duas crianças pequenas, cada uma em sua cadeira. A criança maior chamava-se Paixão e o nome da outra era Paciência. Paixão parecia muito descontente, entretanto, Paciência estava quieta. Em seguida, Cristão perguntou: "Por que Paixão está insatisfeita?". Intérprete respondeu: "O Senhor lhe disse que deveria esperar os melhores presentes até o início do próximo ano, mas Paixão os quer agora. Paciência, no entanto, está disposta a esperar".

Então, vi alguém se aproximando de Paixão, este trouxe-lhe um saco cheio de tesouros e o derramou aos seus pés. Paixão apossou-se

---

"O aguilhão da morte é o pecado, e a força do pecado é a lei" (1 CORÍNTIOS 15:56).

"Sobreveio a lei para que avultasse a ofensa; mas onde abundou o pecado, superabundou a graça" (ROMANOS 5:20).

7 "Vós já estais limpos pela palavra que vos tenho falado" (JOÃO 15:3)

"...para que a santificasse, tendo-a purificado por meio da lavagem de água pela palavra" (EFÉSIOS 5:26).

"E não estabeleceu distinção alguma entre nós e eles, purificando-lhes pela fé o coração" (ATOS 15:9).

"Ora, àquele que é poderoso para vos confirmar segundo o meu evangelho e a pregação de Jesus Cristo, conforme a revelação do mistério guardado em silêncio nos tempos eternos, e que, agora, se tornou manifesto e foi dado a conhecer por meio das Escrituras proféticas, segundo o mandamento do Deus eterno, para a obediência por fé, entre todas as nações" (ROMANOS 16:25,26).

"Ninguém tem maior amor do que este: de dar alguém a própria vida em favor dos seus amigos" (JOÃO 15:13).

dos tesouros alegremente e zombou de Paciência. Mas eu observei e não demorou muito até que Paixão gastou todo o tesouro extravagantemente e nada restou além de trapos.

CRISTÃO: Explique-me melhor.

INTÉRPRETE: São duas alegorias: Paixão representa os homens do mundo de agora e Paciência os homens do mundo porvir. Como você viu, Paixão terá tudo agora, este ano — é o mesmo que dizer, neste mundo; assim são os homens deste mundo, desejam vantagens mundanas na hora. Eles não conseguem esperar o ano seguinte, quer dizer, o próximo mundo, pelos seus benefícios. O conhecido provérbio, "Melhor um pássaro nas mãos do que dois voando", tem mais autoridade que todos os testemunhos divinos sobre o reino vindouro. Mas, como você observou, Paixão desperdiçou tudo e não sobrou nada, exceto os trapos. Isso acontecerá a esses homens no fim deste mundo.

CRISTÃO: Agora, percebo que Paciência é mais sábia em muitas maneiras. Primeiro, espera pelas melhores coisas. Segundo, alcançará a glória quando a outra não terá nada além de trapos.

INTÉRPRETE: Você pode acrescentar que a glória do mundo vindouro nunca acabará enquanto as boas coisas deste mundo acabam rapidamente. Por isso, Paixão não tem tanta razão para zombar de Paciência, porque preferiu as boas coisas antes. Como Paciência terá de rir de Paixão, porque preferiu as melhores coisas por último! O primeiro dará sua vez ao último, que não terá ninguém para substitui-lo. Ele, entretanto, que recebeu sua porção primeiro, logo deve ter tempo de usufrui-la, mas o que recebe sua parcela por último, poderá conservá-la de maneira duradoura. Como foi dito ao homem avarento: "Filho, lembra-te de que recebeste os teus bens em tua vida, e Lázaro igualmente, os males; agora, porém, aqui, ele está consolado; tu, em tormentos".[8]

8 Lucas 16:25

CRISTÃO: Percebo que o melhor não é cobiçar as coisas que são do presente, mas esperar pelas que virão.

INTÉRPRETE: Você fala a verdade. "...não atentando nós nas coisas que se veem, mas nas que se não veem; porque as que se veem são temporais, e as que se não veem são eternas."[9] Uma vez que as coisas presentes são aquelas que saciam nosso apetite carnal e as coisas que virão se mostram estranhas à nossa natureza carnal, portanto, as primeiras podem ser mais amistosas, enquanto as coisas futuras estão distantes de nosso apetite carnal.

Em seguida, vi em meu sonho que Intérprete levou Cristão pela mão até um local em que o fogo ardia contra a parede e alguém jogava água continuamente tentando apagá-lo, mas o fogo aumentava em altura e calor.

CRISTÃO: O que significa isto?

INTÉRPRETE: Este fogo representa a obra da graça no coração. Aquele que joga água no fogo, tentando apagá-lo é o Inimigo. Mas deixe-me mostrar por que o fogo continua forte e ardente.

Ele levou Cristão para o outro lado da parede, onde estava um homem com um vaso de óleo em sua mão que, contínua e secretamente, jogava no fogo.

CRISTÃO: O que significa isto?

INTÉRPRETE: Ele é Cristo, que continuamente, com o óleo da Sua graça, mantém a obra iniciada no coração, por meio da qual, não importa o que o Inimigo possa fazer, e mostra ao povo que a graça ainda existe.[10] E o homem atrás da parede que preserva o fogo,

---

9 2 Coríntios 4:18

10 "Então, ele me disse: A minha graça te basta, porque o poder se aperfeiçoa na fraqueza. De boa vontade, pois, mais me gloriarei nas fraquezas, para que sobre mim repouse o poder de Cristo" (2 CORÍNTIOS 12:9).

ensina que é difícil para a tentação ver como seu trabalho da graça é guardado no coração.

Também vi que Intérprete conduziu Cristão novamente pela mão a um lugar aprazível, onde havia um palácio imponente, agradável aos olhos e Cristão ficou maravilhado com a visão. Ele também viu que pessoas caminhavam vestidas de ouro.

CRISTÃO: Podemos entrar ali?

Intérprete o conduziu até a porta do palácio. Havia um grande número de homens que desejavam entrar, mas não se arriscavam. Perto dali, a pouca distância, havia uma mesa, com um livro e uma caneta. Sentado à mesa, estava um homem que anotava o nome daqueles que deveriam entrar. Ele também observou vários homens que protegiam o palácio, vestidos em armaduras, prontos para ferir e atacar aqueles que entrassem. Cristão ficou impressionado.

Finalmente, quando os homens recuavam por temer os guardas, Cristão viu um homem forte e decidido, caminhando em direção à mesa, dizer: "Registre meu nome, Senhor". Assim que seu nome foi registrado, desembainhou a espada, colocou o capacete na cabeça e correu em direção aos homens armados, que o atacaram com vigor letal. Mas ele, com toda coragem, contra-atacou ferozmente. Depois de ter sido ferido e ferir a muitos que tentavam impedi-lo,[11] atravessou o caminho e seguiu em direção ao palácio, onde ouviu a agradável voz daqueles que caminhavam no topo do palácio, dizendo:

Entrai, entrai;
E a glória eterna conquistai!

11 "...fortalecendo a alma dos discípulos, exortando-os a permanecer firmes na fé; e mostrando que, através de muitas tribulações, nos importa entrar no reino de Deus" (ATOS 14:22).

Ele entrou e vestiu-se com os trajes reais. Cristão sorriu: "Acho que sei o significado disto. Deixe-me sair deste lugar."

"Não, continue", disse Intérprete, "pois preciso mostrar-lhe um pouco mais. Depois pode continuar a jornada". Então, conduziu-o novamente pela mão até um quarto escuro, onde havia um homem sentado numa jaula de ferro.

Ao olhá-lo, o homem parecia muito triste; ele estava sentado com o olhar dirigido ao chão, mãos cruzadas e suspirava como se o coração estivesse sendo dilacerado. Cristão perguntou: "O que significa isto?". Intérprete o aconselhou a conversar com o homem.

CRISTÃO: Quem é você?

HOMEM: Eu sou o que não fui.

CRISTÃO: E o que você foi?

HOMEM: Antigamente, declarava-me ser um Cristão, tanto aos meus olhos como na visão das pessoas. Eu pensava ser escolhido para a Cidade Celestial e meu coração se enchia de alegria ao pensar no meu lar futuro.[12]

CRISTÃO: E agora, quem é você?

HOMEM: Agora sou um homem desesperado e em silêncio, dentro desta jaula. Não consigo sair. Simplesmente, não consigo!

CRISTÃO: Mas como você chegou a esta condição?

HOMEM: Parei de estar alerta e de ser sóbrio. Permiti que os desejos me controlassem. Pequei contra a luz da Palavra e bondade de Deus. Decepcionei o Espírito e Ele se foi.

Tentei o Inimigo e ele se aproximou. Provoquei a ira divina e Deus me abandonou. Meu coração está tão endurecido que não consigo me arrepender.

---

12 "A que caiu sobre a pedra são os que, ouvindo a palavra, a recebem com alegria; estes não têm raiz, creem apenas por algum tempo e, na hora da provação, se desviam" (LUCAS 8:13).

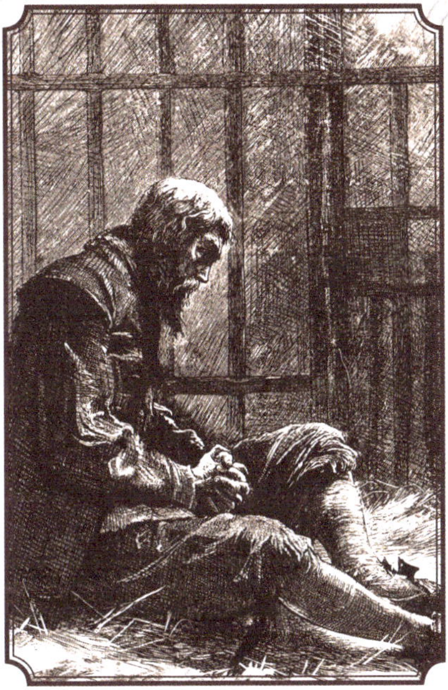

Cristão perguntou a Intérprete: “Não existe esperança para este homem?”. “Pergunte a ele”, respondeu Intérprete. “Não”, disse Cristão, “por favor, pergunte-lhe o senhor mesmo”.

INTÉRPRETE: Será que não há esperança, de modo que deve ser mantido na jaula de ferro do desespero?

HOMEM: Não, nenhuma.

INTÉRPRETE: Por quê? O Filho da Bênção está cheio de compaixão.

HOMEM: Eu o crucifiquei novamente,[13] o desprezei,[14] desprezei Sua justiça, não considerei o Seu sangue como santo, eu “peco a despeito do espírito da graça”.[15] Consequentemente, desliguei-me de todas as promessas e não me resta nada, a não ser temer o temível julgamento, ardor profundo que me consumirá como um adversário.

---

13 “Visto, portanto, que resta entrarem alguns nele e que, por causa da desobediência, não entraram aqueles aos quais anteriormente foram anunciadas as boas-novas” (HEBREUS 4:6).

14 “Mas os seus concidadãos o odiavam e enviaram após ele uma embaixada, dizendo: Não queremos que este reine sobre nós” (LUCAS 19:14).

15 “Sem misericórdia morre pelo depoimento de duas ou três testemunhas quem tiver rejeitado a lei de Moisés. De quanto mais severo castigo julgais vós será considerado digno aquele que calcou aos pés o Filho de Deus, e profanou o sangue da aliança com o qual foi santificado, e ultrajou o Espírito da graça?” (HEBREUS 10:28,29).

INTÉRPRETE: Por que você colocou-se nesta condição?

HOMEM: Para poder desfrutar da luxúria, prazeres e recompensas deste mundo. Mas agora essas coisas me corroem por dentro como um verme em chamas.

INTÉRPRETE: Mas você não pode se arrepender e abandonar estas coisas?

HOMEM: Deus me negou o arrependimento. Sua Palavra não me dá incentivo para crer ao contrário. Sim, Ele me trancou nesta jaula, nenhum exército de homens pode me tirar deste lugar. Ó! Eternidade! Eternidade! Como lidarei com essa extrema infelicidade que devo encontrar na eternidade!

INTÉRPRETE: Lembre-se da miséria deste homem, que ela seja uma advertência a você.

CRISTÃO: Bem, isto é amedrontador! Deus me ajude a manter o foco e a sobriedade e que eu o busque em oração para evitar chegar à condição deste homem! Senhor, não chegou o momento de seguir meu caminho?

INTÉRPRETE: Espere, preciso lhe mostrar mais uma coisa. Depois, poderá seguir sua jornada.

Intérprete levou Cristão pela mão novamente até um aposento, onde alguém levantava-se da cama. Enquanto se vestia, movia-se de um lado para outro e tremia.

Cristão perguntou: "Por que esse homem treme tanto?". Intérprete pediu ao homem que explicasse o motivo. Ele falou: "Esta noite, enquanto dormia, sonhei que o Céu se escurecia, trovões e raios riscavam o Céu de maneira tão amedrontadora que entrei em agonia. Olhei para cima e vi que as nuvens passavam e se chocavam num ritmo incomum. Ouvi um grande som de uma trombeta e vi um homem sentado na nuvem, acompanhado de muitos seres celestiais; todos estavam iluminados e o Céu queimava como fogo. Então, ouvi uma voz que dizia: 'Levantem-se, ó mortos, chegou o momento do juízo'. E, nesse momento, as rochas se despedaçaram, as tumbas se abriram e os mortos ressuscitaram. Alguns estavam muito felizes e olhavam para cima, outros tentavam se esconder nas montanhas.[16] Então, vi o homem sentado sobre a nuvem com um livro aberto ordenando

---

16 "...num momento, num abrir e fechar de olhos, ao ressoar da última trombeta. A trombeta soará, os mortos ressuscitarão incorruptíveis, e nós seremos transformados" (1 CORÍNTIOS 15:52).

"Porquanto o Senhor mesmo, dada a sua palavra de ordem, ouvida a voz do arcanjo, e ressoada a trombeta de Deus, descerá dos céus, e os mortos em Cristo ressuscitarão primeiro..." (1 TESSALONICENSES 4:16).

"Quanto a estes foi que também profetizou Enoque, o sétimo depois de Adão, dizendo: Eis que veio o Senhor entre suas santas miríades" (JUDAS 14).

"Não vos maravilheis disto, porque vem a hora em que todos os que se acham nos túmulos ouvirão a sua voz e sairão: os que tiverem feito o bem, para a ressurreição da vida; e os que tiverem praticado o mal, para a ressurreição do juízo" (JOÃO 5:28,29).

"...e a vós outros, que sois atribulados, alívio juntamente conosco, quando do céu se manifestar o Senhor Jesus com os anjos do seu poder, em chama de fogo, tomando vingança contra os que não conhecem a Deus e contra os que não obedecem ao evangelho de nosso Senhor Jesus" (2 TESSALONICENSES 1:7,8).

"Vi um grande trono branco e aquele que nele se assenta, de cuja presença fugiram a terra e o céu, e não se achou lugar para eles. Vi também os mortos, os grandes e os pequenos, postos em pé diante do trono. Então, se abriram livros. Ainda outro livro, o Livro da Vida, foi aberto. E os mortos foram julgados, segundo as suas obras, conforme o que se achava escrito nos livros. Deu o mar os mortos que nele estavam. A morte e o além entregaram os mortos que neles havia. E foram julgados, um por um, segundo as suas obras. Então, a morte e o inferno foram lançados para dentro do lago de fogo. Esta é a segunda morte, o lago de fogo" (APOCALIPSE 20:11-14).

"Pois eis que o SENHOR sai do seu lugar, para castigar a iniquidade dos moradores da terra; a terra descobrirá o sangue que embebeu e já não encobrirá aqueles que foram mortos" (ISAÍAS 26:21).

"As nações verão isso e se envergonharão de todo o seu poder; porão a mão sobre a boca, e os seus ouvidos ficarão surdos" (MIQUEIAS 7:16).

ao mundo que se aproximasse. No entanto, devido à grande chama, havia uma distância confortável entre ele e os outros, como a distância do juiz e os prisioneiros no tribunal.[17] Ouvi uma voz que também proclamava para que se reunisse ao homem sentado na nuvem: 'Reúnam o joio, o joio e o restolho, separe e lance no lago de fogo ardente'.[18] E com isso o poço do abismo foi aberto e lá estava eu. Veio muita fumaça e brasas de fogo, com barulhos horríveis. Ele também disse às mesmas pessoas: 'Reúna o trigo no celeiro'.[19]

"Vinde, cantemos ao SENHOR, com júbilo, celebremos o Rochedo da nossa salvação. Saiamos ao seu encontro, com ações de graças, vitoriemo-lo com salmos. Porque o SENHOR é o Deus supremo e o grande Rei acima de todos os deuses" (SALMO 95:1-3).

"Um rio de fogo manava e saía de diante dele; milhares de milhares o serviam, e miríades de miríades estavam diante dele; assentou-se o tribunal, e se abriram os livros" (DANIEL 7:10).

17 "Mas quem poderá suportar o dia da sua vinda? E quem poderá subsistir quando ele aparecer? Porque ele é como o fogo do ourives e como a potassa dos lavandeiros. Assentar-se-á como derretedor e purificador de prata; purificará os filhos de Levi e os refinará como ouro e como prata; eles trarão ao SENHOR justas ofertas. (MALAQUIAS 3:2,3).

"Continuei olhando, até que foram postos uns tronos, e o Ancião de Dias se assentou; sua veste era branca como a neve, e os cabelos da cabeça, como a pura lã; o seu trono eram chamas de fogo, e suas rodas eram fogo ardente" (DANIEL 7:9,10).

18 Mateus 3:12

"Deixai-os crescer juntos até à colheita, e, no tempo da colheita, direi aos ceifeiros: ajuntai primeiro o joio, atai-o em feixes para ser queimado; mas o trigo, recolhei-o no meu celeiro" (MATEUS 13:30).

"Pois eis que vem o dia e arde como fornalha; todos os soberbos e todos os que cometem perversidade serão como o restolho; o dia que vem os abrasará, diz o SENHOR dos Exércitos, de sorte que não lhes deixará nem raiz nem ramo" (MALAQUIAS 4:1).

19 Lucas 3:17

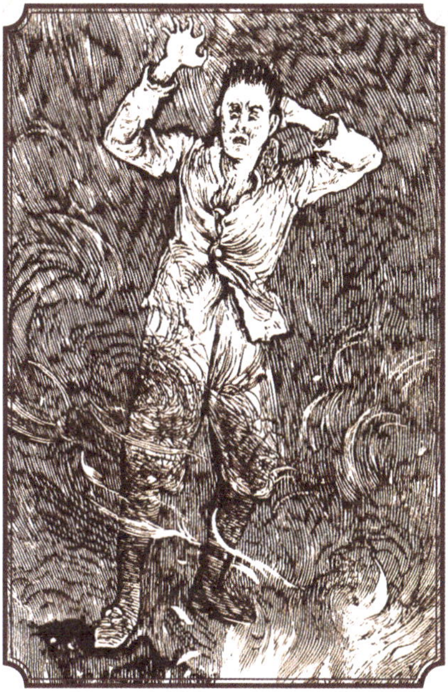

E vi muitas pessoas serem levadas até as nuvens, mas eu fiquei para trás.[20] Tentei esconder-me, mas não pude, pois o homem sentado tinha seus olhos fixos em mim. Meus pecados vieram à mente e minha consciência acusou-me de todas as maneiras.[21] Depois disso, acordei do meu sono."

CRISTÃO: Mas o que fez você sentir tanto medo, nesta visão?

HOMEM: Ora, eu pensei que o dia do juízo havia chegado e que não estava preparado, mas o que mais me assustou foi que os anjos reuniram várias pessoas e me deixaram para trás e também o abismo do inferno se abriu exatamente onde eu estava. Minha consciência também me afligiu e pensei que o juiz me olhava com indignação.

INTÉRPRETE: Cristão, você já pensou em todas essas coisas?

---

20 "Porquanto o Senhor mesmo, dada a sua palavra de ordem, ouvida a voz do arcanjo, e ressoada a trombeta de Deus, descerá dos céus, e os mortos em Cristo ressuscitarão primeiro; depois, nós, os vivos, os que ficarmos, seremos arrebatados juntamente com eles, entre nuvens, para o encontro do Senhor nos ares, e, assim, estaremos para sempre com o Senhor" (1 TESSALONICENSES 4:16,17).

21 "Quando, pois, os gentios, que não têm lei, procedem, por natureza, de conformidade com a lei, não tendo lei, servem eles de lei para si mesmos. Estes mostram a norma da lei gravada no seu coração, testemunhando-lhes também a consciência e os seus pensamentos, mutuamente acusando-se ou defendendo-se" (ROMANOS 2:14,15).

CRISTÃO: Sim, em alguns momentos sinto esperança e em outros, medo.

INTÉRPRETE: Bem, guarde essas coisas em mente para que prossiga corajoso pelo caminho que deve trilhar.

Cristão começou a se preparar para a jornada e Intérprete lhe desejou: “Que o Consolador esteja sempre com você, bom Cristão, guiando-o no caminho que conduz à Cidade”.

Cristão seguiu seu caminho dizendo:

Aqui encontrei coisas raras e rentáveis;
Prazerosas e terríveis, coisas que nos fazem estáveis.
Delas hoje comecei a me apossar.
Então, deixe-me entendê-las e nelas meditar
Porque me trouxeram até aqui; e assim eternamente sou
Grato a você, bom Intérprete, pelo que me ensinou.

CAPÍTULO 3

Vi, em meu sonho que a estrada em que Cristão viajava era cercada em ambos os lados por uma parede chamada Salvação.[1] Assim, Cristão acelerou o passo, mas com grande dificuldade devido ao peso que estava em suas costas.

Ele correu até chegar a uma colina, onde havia uma cruz e no fundo estava um sepulcro. Então, vi em sonho que, tão logo Cristão se aproximou da cruz, a carga soltou-se dos seus ombros e continuou caindo até chegar à entrada

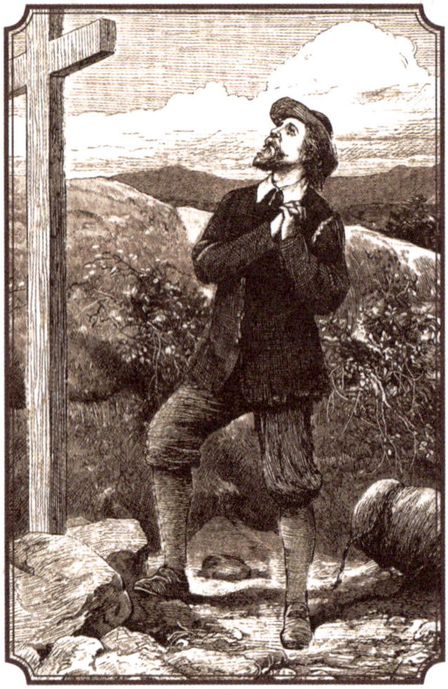

do sepulcro, onde foi depositada completamente, e eu vi que não havia mais nenhum fardo.

Cristão ficou feliz, e exclamou com coração agradecido: "Ele me deu descanso por meio de Seus sofrimentos e a vida por meio da Sua morte". Ficou parado durante algum tempo para olhar e maravilhar-se com a visão da cruz e o alívio que ela lhe proporcionara. Continuou admirando-a até que as lágrimas começaram a escorrer pelo seu rosto.[2]

Enquanto olhava e chorava, três Seres Resplandecentes se aproximaram e o saudaram: "A paz esteja contigo". O primeiro lhe disse: "Teus pecados estão perdoados".[3] O segundo despiu-lhe de seus trapos e vestiu-o com roupas limpas;[4] o

---

1 "Naquele dia, se entoará este cântico na terra de Judá: Temos uma cidade forte; Deus lhe põe a salvação por muros e baluartes" (ISAÍAS 26:1).

2 "E sobre a casa de Davi e sobre os habitantes de Jerusalém derramarei o espírito da graça e de súplicas; olharão para aquele a quem traspassaram; pranteá-lo-ão como quem pranteia por um unigênito e chorarão por ele como se chora amargamente pelo primogênito" (ZACARIAS 12:10).

3 "Achando-se Jesus à mesa na casa de Levi, estavam juntamente com ele e com seus discípulos muitos publicanos e pecadores; porque estes eram em grande número e também o seguiam" (MARCOS 2:15).

4 "Tomou este a palavra e disse aos que estavam diante dele: Tirai-lhe as vestes sujas. A Josué disse: Eis que tenho feito que passe de ti a tua iniquidade e te vestirei de finos trajes" (ZACARIAS 3:4).

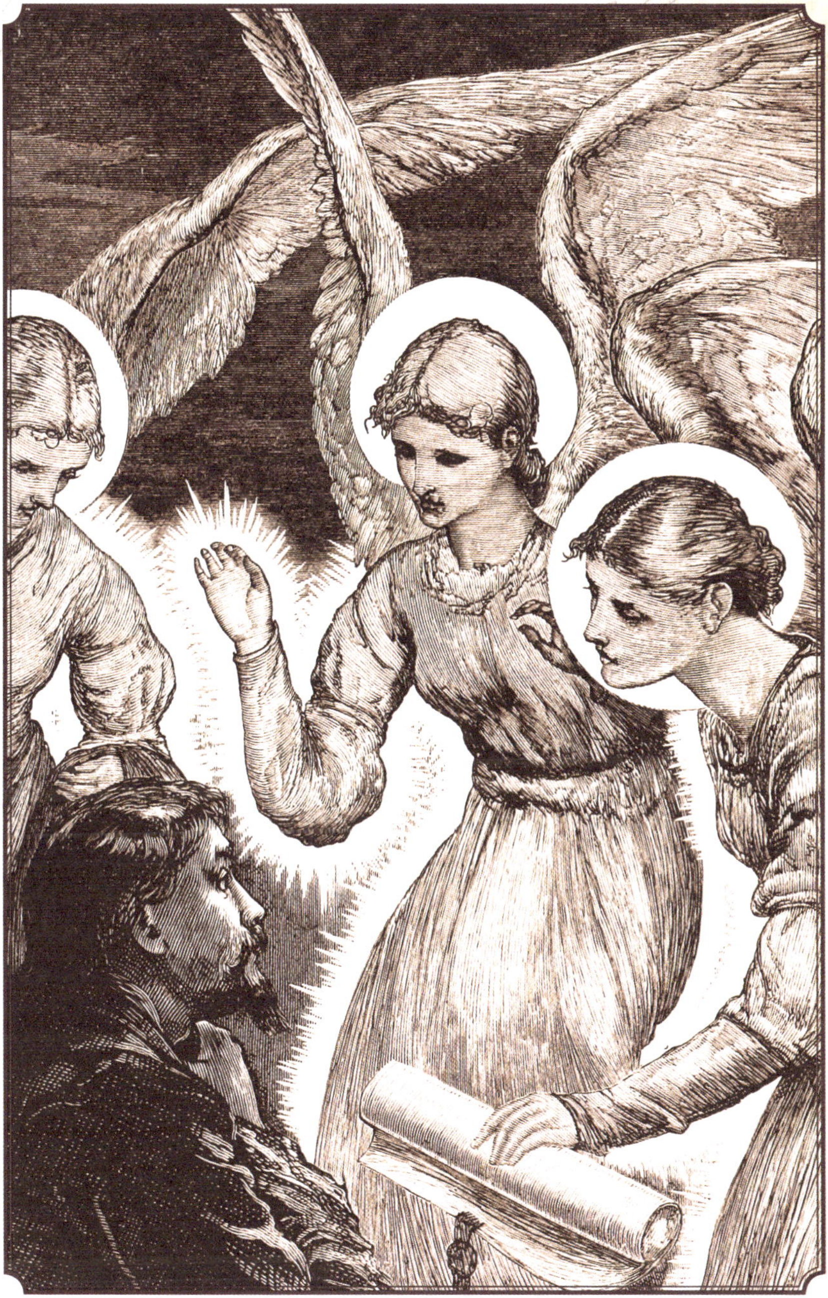

terceiro colocou uma marca em sua testa e deu-lhe um rolo selado, advertindo-o que cuidasse do rolo enquanto corria a fim de entregá--lo no Portão Celestial. Em seguida, continuaram seu caminho.

Quem é este? O Peregrino. Sim! Então é verdade
Que as coisas velhas passaram, e tudo se fez novidade.
Ele é um novo homem, sob a palavra que declaro.
São as belas penas que tornam um pássaro raro.

Então, Cristão pulou três vezes de tanta alegria e continuou o trajeto cantando:

Aqui cheguei sob o peso de meu pecado;
Nem aliviar-me podia da dor que havia carregado
Até que para cá vim: Que lugar maravilhoso!
Será aqui que encontrarei o eterno gozo?
Será aqui que os fardos que carrego cairão?
Será aqui que as cadeias que me prendem se soltarão?
Bendita cruz! Bendito sepulcro! Seja ainda mais bendito
O Homem que lá foi envergonhado por este perdido!

Vi em meu sonho que Cristão caminhava alegremente até encontrar uma descida, onde viu, a uma pequena distância, três homens dormindo com correntes em seus pés. Os nomes deles eram Simples, Preguiça e Presunção.

Cristão decidiu tentar acordá-los: "Vocês parecem que dormem no topo do mastro, com o mar Morto sob vocês, um abismo sem fim.[5] Despertem e saiam; se estiverem dispostos, lhes ajudarei a tirar suas

5 Serás como o que se deita no meio do mar e como o que se deita no alto do mastro… (PROVÉRBIOS 23:34).

correntes." Ele também lhes disse: "Se aquele que vem como um 'leão que ruge' se aproximar, certamente vocês se tornarão suas presas".[6] Eles o olharam e começaram a responder desta maneira.

Simples retrucou: "Não vejo nenhum perigo"; Preguiça respondeu: "Deixe-me dormir mais um pouco". Presunção ponderou: "Eu consigo resolver sem sua ajuda!". Deitaram-se e dormiram novamente, Cristão seguiu seu caminho. Entretanto, ficou pensando em como aqueles homens, correndo um perigo iminente, fizeram pouco caso de sua bondade ao oferecer-lhes ajuda graciosamente, tanto para despertá-los, como para os aconselhar e os ajudar a se livrarem das correntes. Enquanto os pensamentos o atormentavam, ele espiou dois homens pulando o muro do lado esquerdo do caminho estreito; e eles se apressaram para alcançá-lo. Seus nomes eram Formalista e Hipocrisia. Eles se aproximaram e começaram um diálogo com Cristão.

CRISTÃO: Cavalheiros, de onde são e para onde vão?

FORMALISTA e HIPOCRISIA: Nascemos na terra de Vanglória e nos dirigimos ao Monte Sião com o propósito de receber a recompensa que tanto merecemos.

CRISTÃO: Por que vocês não entraram pelo portão que está no início do caminho? Não sabem que está escrito que aqueles que não entram pelo portão, mas "sobem por outra parte, [são ladrões e salteadores]"?[7]

FORMALISTA e HIPOCRISIA: Para todos os homens do nosso país, o trajeto até o portão é muito longo. Por isso, é comum pegar um atalho e subir pelo muro, como fizemos.

---

6 "Sede sóbrios e vigilantes. O diabo, vosso adversário, anda em derredor, como leão que ruge procurando alguém para devorar..." (1 PEDRO 5:8).

7 "Em verdade, em verdade vos digo: o que não entra pela porta no aprisco das ovelhas, mas sobe por outra parte, esse é ladrão e salteador" (JOÃO 10:1).

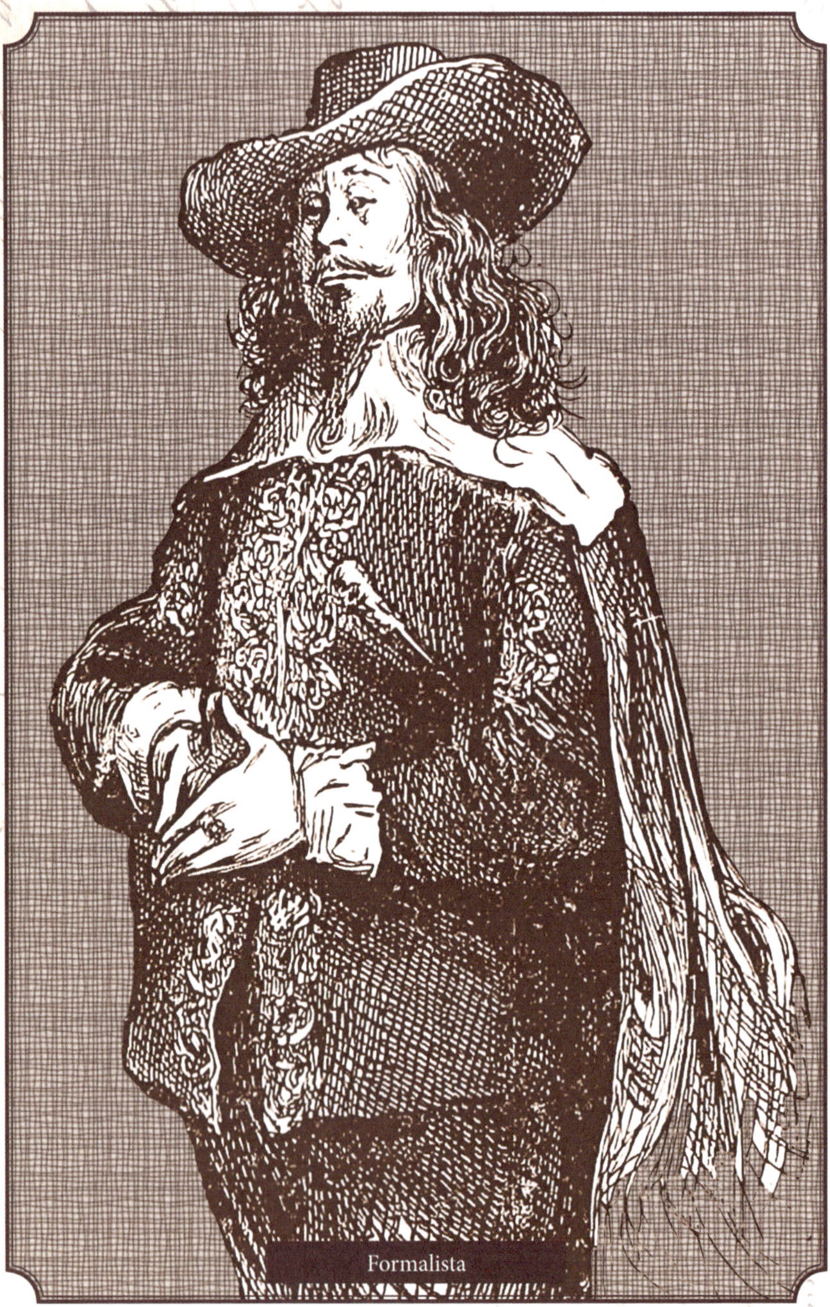

Formalista

CRISTÃO: Mas isso não será considerado uma transgressão contra o Senhor da cidade para onde vamos, para assim violar sua vontade revelada?

FORMALISTA e HIPOCRISIA: Quanto a isso, não se preocupe; o que fizemos está de acordo com a maneira que costumamos agir, e podemos testemunhar, se necessário, que assim é há milhares de anos.

CRISTÃO: Mas será que essa prática de vocês pode ser sustentada num tribunal?

FORMALISTA e HIPOCRISIA: Esse costume, sendo praticado há milhares de anos, sem dúvida será admitido como legal por um juiz imparcial; e, além disso, se estamos neste caminho, o que importa o modo como entramos nele? A verdade é que estamos no caminho certo. Você entrou pelo portão e nós pulamos o muro. De que forma sua condição é melhor do que a nossa?

CRISTÃO: Segui as regras do meu Mestre; vocês entraram pela prática ignorante da própria imaginação. Vocês são considerados ladrões pelo Senhor do caminho, portanto, duvido que sejam avaliados como homens corretos no fim da jornada. Vocês vieram por si mesmos, sem Sua direção e poderão sair por si mesmos sem Sua misericórdia.

Sem argumentos para contestar tais afirmações, os dois sugeriram a Cristão que cuidasse de sua própria vida. Dito isto, cada um continuou o caminho, sem mais conversa entre eles, com exceção do que disseram a Cristão que, assim como ele, também se preocupavam com leis e mandamentos; portanto, não viam nenhuma diferença entre eles a não ser pelo manto que Cristão tinha nas costas, que pensavam ter sido dado a ele por alguns vizinhos para esconder a vergonha de sua nudez.

CRISTÃO: Vocês não serão salvos pelas leis e mandamentos, já que não entraram pela porta.[8] E quanto a este manto em minhas

8 "...sabendo, contudo, que o homem não é justificado por obras da lei, e sim mediante a fé em Cristo Jesus, também temos crido em Cristo Jesus, para

costas, me foi dado pelo Senhor do lugar aonde estou indo, e, como vocês mencionaram, é para cobrir minha nudez. É uma demonstração de Sua bondade para comigo, porque antes eu nada possuía, além de trapos. Essa certeza me conforta na jornada. Certamente, creio eu, ao chegar no portão da cidade, o Senhor me reconhecerá, pois tenho Seu manto nas costas, que me foi dado gratuitamente enquanto Ele retirava meus trapos. Caso não tenham notado, carrego uma marca na fronte que um dos servos do meu Senhor colocou quando o fardo caiu dos meus ombros. Além disso, recebi um pergaminho selado, que tem se tornado minha leitura reconfortante durante a jornada, e servirá de garantia para minha admissão no Portão Celestial. Mas acho improvável que tenham essas coisas já que não entraram pelo portão.

Eles não responderam aos seus comentários, apenas olharam um para o outro e sorriram. Então, vi que continuaram o caminho, mas Cristão seguiu adiante, conversando consigo mesmo. Algumas vezes soltava um suspiro, outras vezes expressava um semblante de segurança. Ele também lia o rolo que os Seres Resplandecentes lhe deram e era revigorado por sua leitura.

Eles seguiram o caminho até chegar ao Desfiladeiro da Dificuldade, onde havia uma fonte. No mesmo lugar, havia dois caminhos além daquele que saia diretamente do portão; um pela direita e outro pela esquerda ao pé da montanha. Mas o caminho estreito subia a montanha e era chamado de Dificuldade. Cristão aproximou-se da fonte, refrescou-se[9] com a água e começou a escalar o monte dizendo:

---

que fôssemos justificados pela fé em Cristo e não por obras da lei, pois, por obras da lei, ninguém será justificado" (GÁLATAS 2:16).

9 "Não terão fome nem sede, a calma nem o sol os afligirá; porque o que deles se compadece os guiará e os conduzirá aos mananciais das águas" (ISAÍAS 49:10).

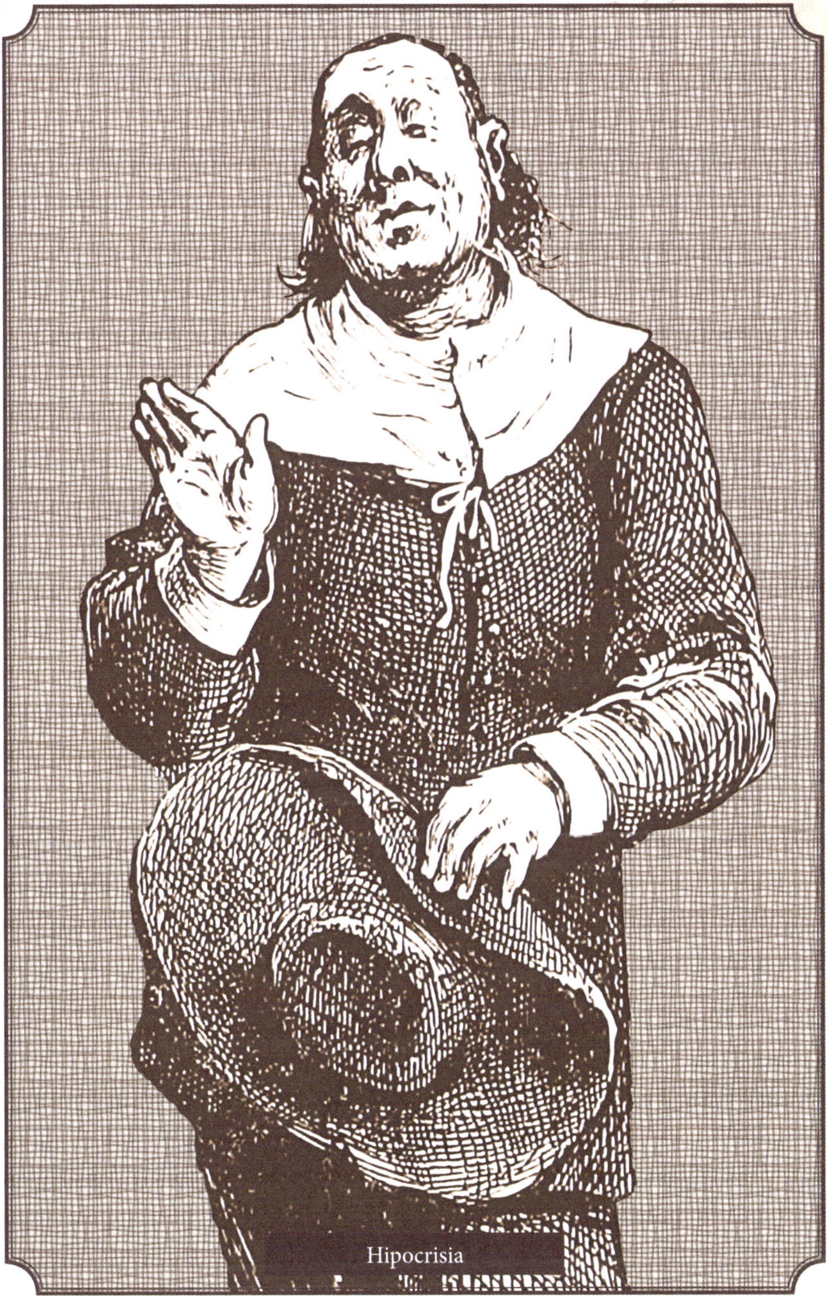

Hipocrisia

A montanha, embora alta, desejo ascender.
A dificuldade não vai me acometer;
Pois da vida o caminho aqui repousa.
Vem, anima-te, coração, não desmaies por essa causa.
É melhor, ainda que difícil, ao alto subir depressa
Do que o erro, mesmo fácil, onde no fim há desgraça.

Formalista e Hipocrisia também se aproximaram do monte, mas quando viram que era muito íngreme e que havia dois atalhos e, imaginando que no outro lado da montanha esses dois caminhos se encontrariam com aquele que Cristão tinha tomado, decidiram ir por esses caminhos. Um dos atalhos chamava-se Perigo e o outro Destruição. Um escolheu o caminho chamado Perigo, no qual perdeu-se em um terrível bosque. O outro escolheu Destruição, que o levou a um largo caminho cheio de montanhas escuras, onde tropeçou, caiu e não se levantou mais.

Terminarão bem os que erradamente começaram?
Acharão segurança para aqueles que os acompanharam?
Não, não! Quem em teimosia segue em frente,
No final, de cabeça cairá certamente.

Então, vi Cristão subir a montanha. Ele corria, andava, escalava usando as mãos e os joelhos, porque a montanha era muito íngreme. Na metade do caminho, chegou a um refúgio aprazível coberto de árvores e videiras, fornecidos pelo Senhor da montanha para refrigério dos viajantes cansados. Quando Cristão chegou ali, decidiu se sentar e descansar. Então, abriu o pergaminho para ler e encontrar conforto. Também meditou sobre o manto que recebera na cruz. Tudo isto era muito agradável, finalmente

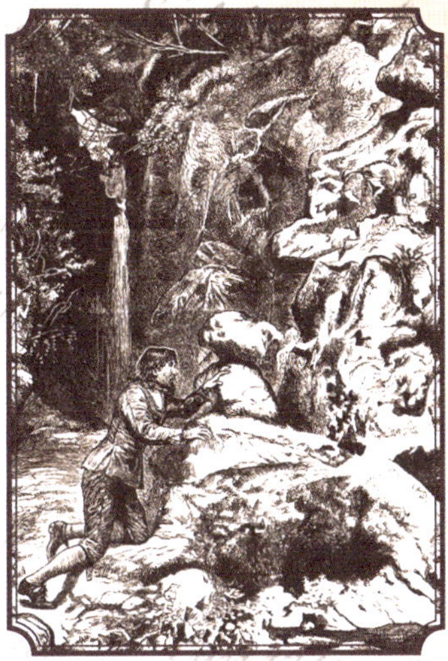

ele cochilou, levemente no início até cair em um sono profundo, o que o deteve naquele lugar até ser quase noite. Enquanto dormia, o pergaminho caiu de suas mãos e alguém o acordou, dizendo: "Vai ter com a formiga, ó preguiçoso, considera os seus caminhos e sê sábio".[10] Cristão, de repente, acordou e correu até chegar ao topo da montanha.

Quando alcançou o lugar, dois homens vieram correndo em sua direção. O nome deles era Temeroso e Desconfiança.

"Senhores, qual é o problema?", perguntou ele. "Vocês estão correndo para o caminho errado."

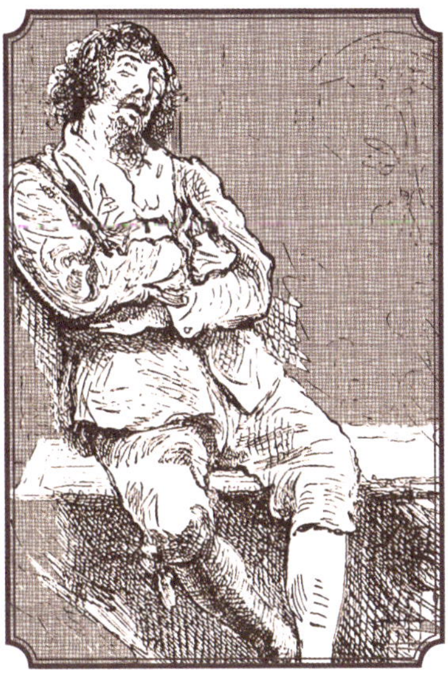

"Estávamos nos dirigindo à Cidade Celestial e enfrentamos muitas dificuldades nesse desfiladeiro", respondeu Temeroso. "Mas quanto mais longe vamos, mais perigos encontramos, portanto, decidimos voltar."

"Sim", acrescentou Desconfiança, "Ali adiante encontramos um casal de leões, não sabemos se estavam dormindo ou acordados, mas se ficarmos ao alcance deles, seremos feitos em pedacinhos".

10 Provérbios 6:6

CRISTÃO: Suas palavras me assustam, mas onde posso permanecer em segurança? Se eu voltar para o meu país, que enfrenta o fogo e enxofre, certamente perecerei. Se conseguir alcançar a Cidade Celestial, tenho certeza que estarei seguro lá. Preciso ir adiante, mesmo enfrentando riscos e perigos. Voltar significa morte, ir adiante é temer a morte e receber vida eterna como recompensa. Assim, decido seguir em frente.

Temeroso e Desconfiança desceram a montanha correndo e Cristão continuou seu caminho. Mas, pensando sobre o que os homens haviam dito, colocou a mão no bolso do manto para pegar o pergaminho, para então poder lê-lo e ser confortado, mas não estava lá. Ele ficou perplexo e não sabia o que fazer, pois esse pergaminho era o que o aliviava e serviria como passe para entrar na Cidade Celestial. Consequentemente, ficou muito perplexo sobre o que deveria fazer, finalmente, lembrou-se de que adormecera ao lado da montanha; e, então, caindo de joelhos, pediu perdão a Deus por esse ato tolo e voltou para procurar o seu pergaminho. Enquanto retornava, seu coração estava cheio de tristeza. Às vezes suspirava, chorava e se recriminava por ter sido tão tolo ao ponto de cair no sono no local destinado apenas como um breve descanso para recuperar as forças. Por esse motivo, voltou olhando cuidadosamente para os dois lados durante todo o percurso, esperando encontrar o pergaminho que fora seu conforto em vários momentos da jornada. Mas quando avistava o abrigo, onde tinha sentado e dormido, sua tristeza ressurgiu ao lembrar-se novamente de seu erro.[11] "Miserável homem

---

11 "Lembra-te, pois, de onde caíste, arrepende-te e volta à prática das primeiras obras; e, se não, venho a ti e moverei do seu lugar o teu candeeiro, caso não te arrependas" (APOCALIPSE 2:5).

"Ora, os que dormem dormem de noite, e os que se embriagam é de noite que se embriagam. Nós, porém, que somos do dia, sejamos sóbrios,

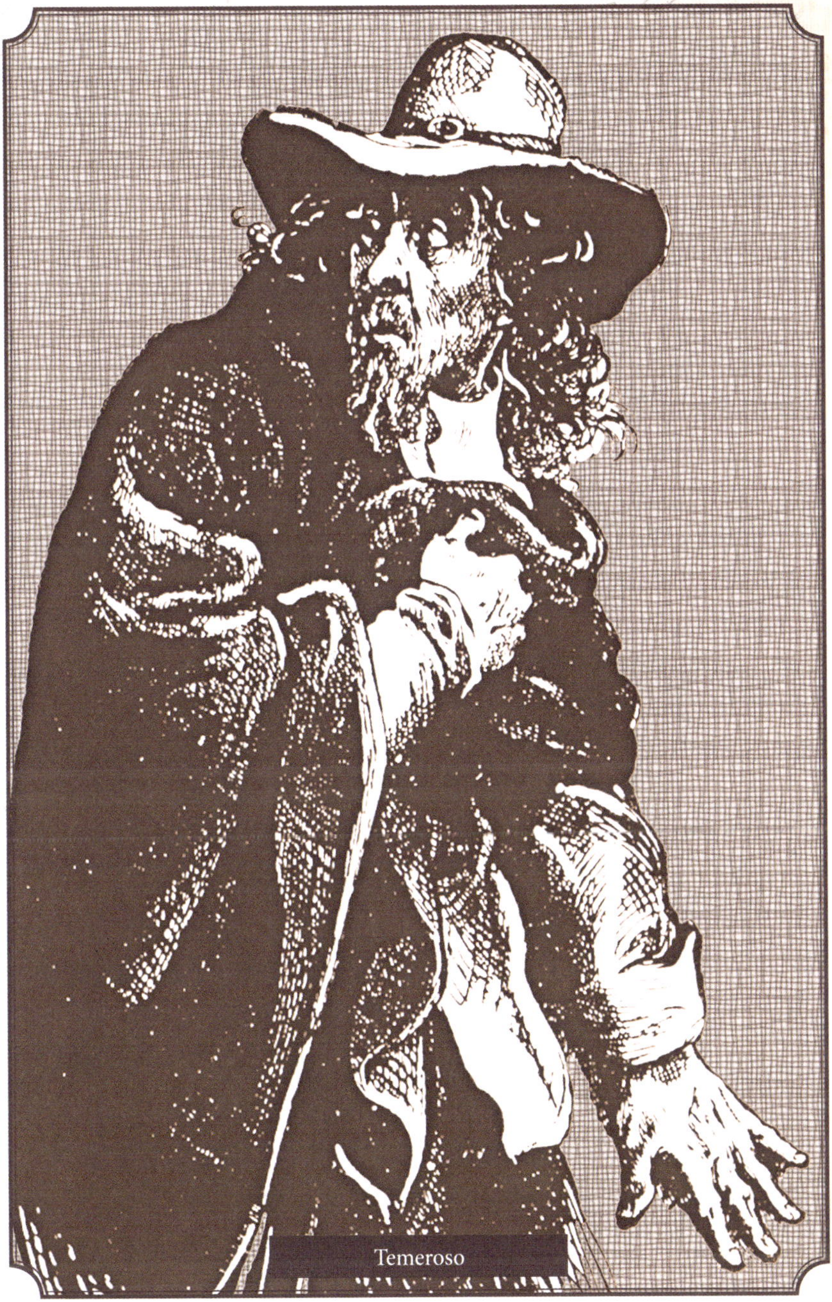

Temeroso

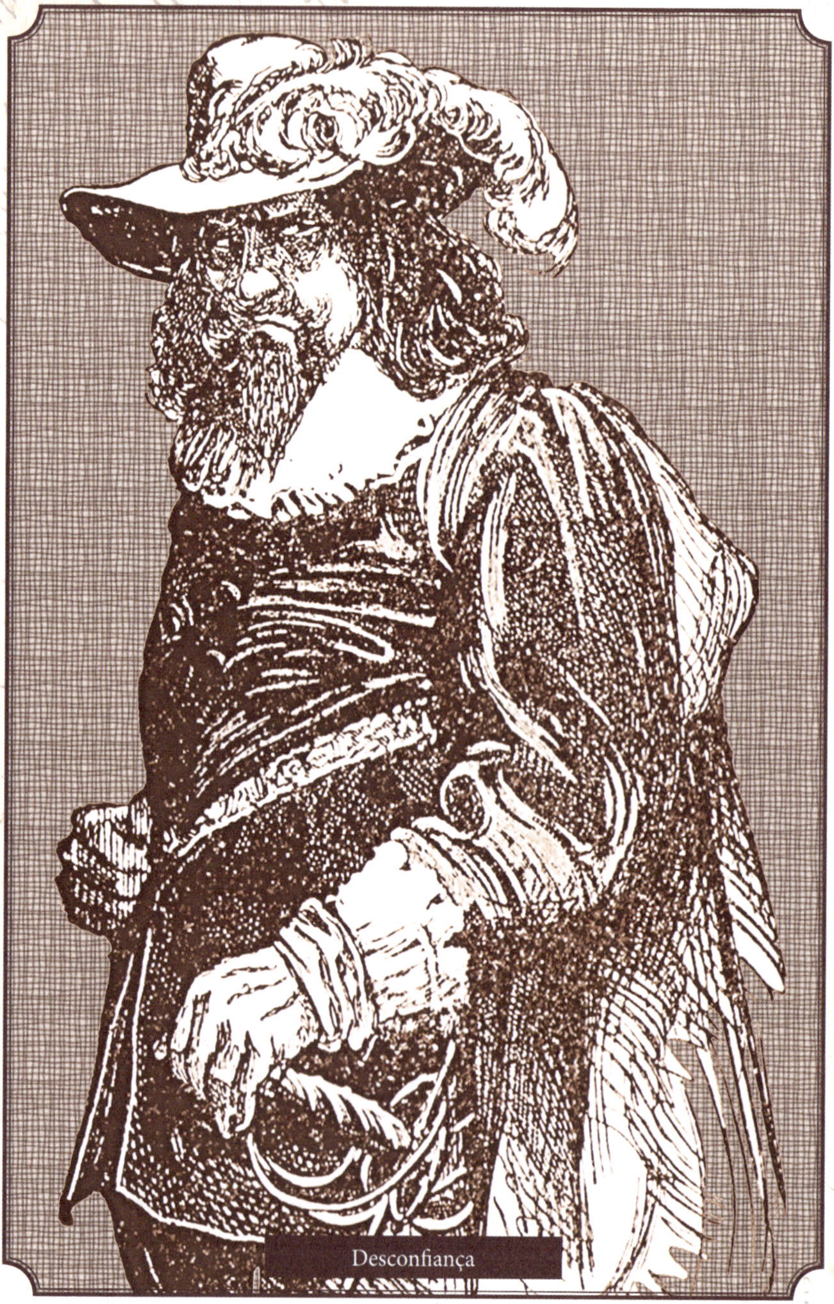

Desconfiança

que sou!", exclamou. "Como pude dormir durante o dia!" Satisfazer minha carne e usar o descanso para curar o corpo no lugar que o Senhor criou apenas para os peregrinos aliviarem a alma! Quantos passos dei em vão! (Assim aconteceu com Israel. Por causa dos seus pecados, foram enviados de volta para o caminho do mar Vermelho.) E agora preciso trilhar os passos com tristeza que poderia trilhar com prazer se não fosse esse sono pecaminoso. O quanto já poderia ter seguido o meu caminho! Em vez disso, devo trilhar esses passos três vezes, em vez de apenas uma vez, sim, agora também provavelmente, serei privado de luz, pois o dia está quase no fim. "Ah, se não tivesse eu adormecido!"

Agora, por este tempo, ao se aproximar do abrigo novamente, e por um momento sentou-se e chorou, mas, finalmente como Deus teria feito, Cristão olhou para baixo e viu sob o banco de madeira o seu pergaminho. Rapidamente, o pegou e guardou no manto. Como expressar a alegria que sentiu quando recuperou seu pergaminho? Esse pergaminho era garantia de vida e entrada no destino almejado. Por isto, rendeu louvores a Deus por dirigir seu olhar para o lugar em que estava e, com alegria e lágrimas, voltou à sua jornada.

E como subiu o restante da montanha tão agilmente! No entanto, antes de chegar ao topo, o sol se pôs, e isso o fez lembrar a loucura de seu sono e voltou a se entristecer. "Ó sono pecaminoso, por sua causa, estou privado da luz que ilumina meu caminho! Devo andar sem o Sol, a escuridão cobre o caminho em que devo andar e devo ouvir o ruído das criaturas da noite por causa do meu sono pecaminoso."[12]

---

revestindo-nos da couraça da fé e do amor e tomando como capacete a esperança da salvação" (1 TESSALONICENSES 5:7,8).

12 "Assim, pois, não durmamos como os demais; pelo contrário, vigiemos e sejamos sóbrios. Ora, os que dormem dormem de noite, e os que se embriagam é de noite que se embriagam" (1 TESSALONICENSES 5:6,7).

Lembrou-se da história que Desconfiança e Temeroso lhe haviam contado sobre os leões. Cristão disse para si mesmo: "Esses animais saem à noite em busca de presas, e se me encontrarem no escuro, como escaparei de ser dilacerado?". Mas enquanto lamentava sua perigosa situação, ele olhou para cima e eis que um palácio imponente estava diante dele. Era chamado o Palácio Belo e ficava bem à sua frente, na estrada.

Depois, vi em meu sonho que ele se apressou com o objetivo de conseguir um lugar no palácio. Mas, antes de alcançá-lo, entrou em uma passagem muito estreita, a uns duzentos passos da guarita. Olhando muito atentamente o caminho, viu dois leões. Agora, pensou, vejo os perigos que fizeram com que Temeroso e Desconfiança recuassem do caminho. (Os leões estavam presos por correntes, mas ele não as via.) Cheio de temor, pensou em retornar pois, aparentemente, a morte estava diante dele. Da guarita, um homem chamado Vigilante observou Cristão indeciso sobre continuar ou não a jornada, e clamou em alta voz: "Sua força é tão pequena?[13] Não tema os leões, pois estão acorrentados. Eles estão aí para testar a fé e revelar aqueles que não a tem. Permaneça no meio da estrada e nenhum mal sobrevirá a você."

A dificuldade para trás ficou, adiante, só o temor,
Mesmo no topo da montanha, o leão traz o pavor.
Nunca um cristão longo descanso encontrará;
Quando um perigo se for, outro o cercará.

---

13 "Então, lhes disse: Por que sois assim tímidos?! Como é que não tendes fé?" (MARCOS 4:40).

"Se te mostras fraco no dia da angústia, a tua força é pequena" (PROVÉRBIOS 24:10).

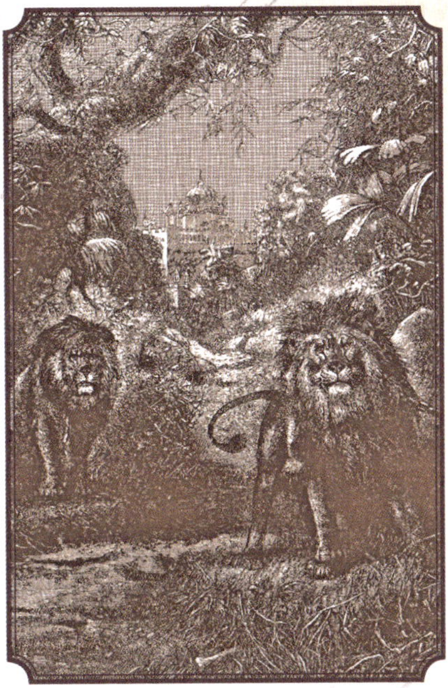

Vi que ele continuou o caminho, temendo os leões, mas observando cuidadosamente as instruções do porteiro. Ele os ouviu rugir, mas eles não lhe causaram qualquer dano. Em seguida, ele bateu palmas e continuou até parar diante da porta onde estava Vigilante, e perguntou: "Senhor, que casa é esta? Posso passar a noite aqui?". Vigilante respondeu: "Esta casa foi construída pelo Senhor da montanha, e ele a construiu para alívio e segurança dos peregrinos". Vigilante também perguntou de onde ele vinha e onde pretendia chegar.

CRISTÃO: Sou da Cidade da Destruição e quero chegar até Monte Sião. Mas a noite aproximou-se e gostaria de ficar aqui esta noite, se me permitir.

VIGILANTE: Qual é o seu nome?

CRISTÃO: Meu nome agora é Cristão, mas antes me chamavam de Ímpio. Sou descendente de Jafé, o qual Deus convencerá a habitar nas tendas de Sem.[14]

VIGILANTE: Mas por que chegou tão tarde? O sol já se pôs.

CRISTÃO: Eu estaria aqui mais cedo, mas "desventurado homem que sou!". Dormi no abrigo da encosta da montanha; mesmo com essa soneca, teria chegado mais cedo, mas, ao chegar ao cume da montanha, percebi que havia perdido o pergaminho e vim sem ele

---

14 "Engrandeça Deus a Jafé, e habite ele nas tendas de Sem; e Canaã lhe seja servo" (GÊNESIS 9:27).

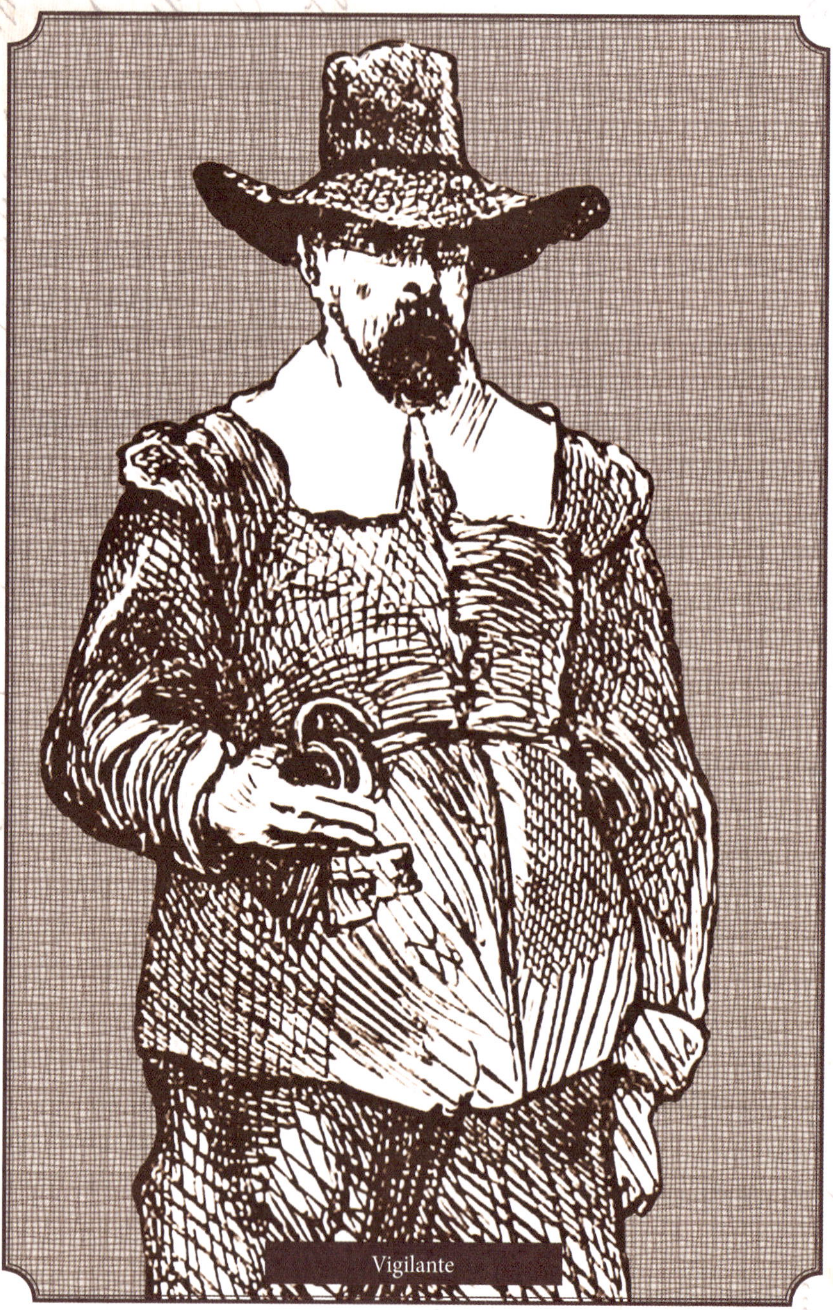

Vigilante

até a borda da montanha. Procurei-o e não o encontrei, então, fui forçado a voltar para o lugar em que dormira. Encontrei-o e agora estou aqui.

VIGILANTE: Bem, de acordo com as regras da casa, chamarei uma das virgens. Se gostar das suas palavras, ela o apresentará para o restante da família.

Então, Vigilante, o porteiro, tocou o sino e uma jovem linda e discreta, por nome Discrição, apareceu e perguntou por que a chamavam.

O porteiro respondeu: "Este homem está em uma jornada da cidade da Destruição para o Monte Sião. Ele está cansado e já está escuro, portanto, pediu-me permissão para ficar aqui esta noite. Eu lhe respondi que, de acordo com as regras da casa, você decidiria o que fazer".

Discrição, então perguntou-lhe de onde era e para onde ia; e ele lhe disse. Ela também lhe perguntou como entrou no caminho; e ele lhe disse. Em seguida, lhe indagou o que tinha visto e encontrado no caminho; e ele respondeu. Finalmente, ela quis saber seu nome e ele explicou: "Meu nome é Cristão e tenho o desejo ainda maior de permanecer aqui esta noite, porque, pelo que posso ver, este lugar foi construído pelo Senhor da montanha para alívio e segurança dos peregrinos". Discrição sorriu, mas havia lágrimas em seus olhos, e depois de uma pequena pausa, ela respondeu: "Vou chamar mais duas ou três pessoas da família". Então, ela correu para a porta e chamou Prudência, Piedade e Caridade. Depois de conversarem mais um pouco, o receberam na família. Muitos deles o receberam na entrada da casa, dizendo: "Entra, bendito do Senhor; esta casa foi construída pelo Senhor da montanha para receber peregrinos como você".

Ele baixou a cabeça e seguiu-os para dentro da casa.

Depois de entrar e sentar-se, eles lhe deram algo para beber. Até que o jantar estivesse pronto, decidiram ter uma conversa espiritual com ele, fazendo bom uso do tempo. Escolheram Piedade, Prudência e Caridade para conversar com ele.

PIEDADE: Aproxime-se, bom Cristão, já que fomos gentis em recebê-lo em nossa casa esta noite, queremos falar sobre todas as coisas que têm lhe acontecido em sua peregrinação.

CRISTÃO: Ficarei muito feliz em falar a respeito.

PIEDADE: O que aconteceu para que você assumisse esta vida de peregrino?

CRISTÃO: Saí do meu país natal porque ouvi algo terrível. Ouvi que uma destruição inevitável me esperava se continuasse vivendo ali.

PIEDADE: Mas como isso aconteceu para sair do país desta maneira?

CRISTÃO: Foi obra de Deus, pois não sabia para onde ir. Enquanto tremia e chorava temendo a destruição, um homem chamado Evangelista se aproximou e me mostrou o portão estreito. De outra maneira, nunca o encontraria. E assim, ele me colocou no caminho que me trouxe diretamente a esta casa.

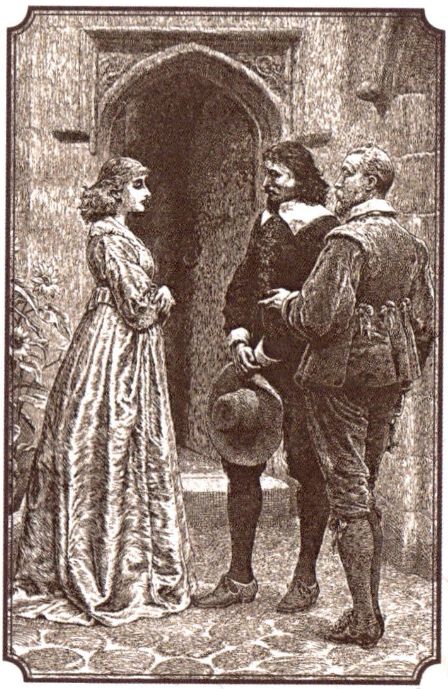

PIEDADE: Mas você não passou pela casa de Intérprete?

CRISTÃO: Sim, as coisas que vi permanecerão na minha mente enquanto viver. Três coisas em especial: como Cristo, a despeito de Satanás, mantém Sua palavra da graça no coração; como o pecado humano é tão grande que não merece a misericórdia de Deus; e também o seu sonho de que o dia do julgamento tinha chegado.

PIEDADE: Você ouviu o homem falar sobre o sonho dele?

CRISTÃO: Sim, foi uma descrição horrível. Meu coração ficou aflito enquanto ouvia o relato, mas ao mesmo tempo, sou grato pela oportunidade.

PIEDADE: Isso foi tudo que viu na casa de Intérprete?

CRISTÃO: Não. Ele me mostrou um palácio imponente, no qual as pessoas se vestiam com ouro, e enquanto estávamos lá um homem aventureiro veio e passou pelo meio dos homens armados que estavam à porta para mantê-lo fora, e foi-lhe dito para vir e conquistar a glória eterna. Enchi-me de alegria e prazer ao ver estas coisas e teria ficado na casa do homem por um ano, só que eu sabia que precisava seguir minha jornada.

PIEDADE: O que mais você viu no caminho?

CRISTÃO: Bem, só havia caminhado um pouco, quando vi um homem sangrando, pendurado em uma cruz. A própria visão dele fez meu fardo cair das minhas costas (pois estava carregando um fardo muito pesado). Nunca antes tinha visto algo assim! E enquanto olhava para cima e não conseguia parar de olhar, três Seres Resplandecentes se aproximaram. Um deles declarou que os meus pecados estavam perdoados; outro tirou meus trapos e deu-me este manto bordado; e o terceiro fez a marca que você vê na minha testa e me deu este pergaminho selado. (E com isso o puxou para fora do manto.)

PIEDADE: Mas você viu mais coisas que isto, não é?

CRISTÃO: Esses foram os melhores momentos, mas presenciei mais coisas. Vi três homens: Simples, Preguiça e Presunção, adormecidos no canto do caminho com correntes nos pés, mas você acha que eu poderia despertá-los? Também vi Formalidade e Hipocrisia pulando o muro, pois pretendiam ir ao Monte Sião, mas se perderam rapidamente. Tentei avisar, mas não me ouviram. Porém acima de tudo, trabalhei arduamente até chegar a este monte, foi um trajeto tão difícil quanto passar pelos leões, e acredito que se não fosse o bom porteiro que permanece no portão, provavelmente teria regressado. Mas graças a Deus estou aqui e agradeço por me receberem.

Em seguida, Prudência fez-lhe algumas perguntas.

PRUDÊNCIA: Você em algum momento pensa no país do qual veio?

CRISTÃO: Sim, mas com muita vergonha e desprezo. Se realmente sentisse falta do país que deixei, poderia ter retornado; mas agora desejo uma pátria melhor, a celestial.[15]

PRUDÊNCIA: Você ainda carrega algumas coisas de lá que lhe atraíam?

CRISTÃO: Sim, mas luto ferozmente contra a minha vontade, especialmente os pensamentos carnais, com os quais todos os meus compatriotas e eu mesmo, nos deliciávamos. Agora, todas essas coisas são penosas e, se pudesse, não pensaria nelas novamente, mas quanto mais me esforço, mais vulnerável me sinto.[16]

PRUDÊNCIA: Você não percebe que algumas vezes essas coisas podem ser vencidas?

CRISTÃO: Sim, embora seja raro. Mas quando isso acontece, é precioso para mim.

---

15 "E, se, na verdade, se lembrassem daquela de onde saíram, teriam oportunidade de voltar. Mas, agora, aspiram a uma pátria superior, isto é, celestial. Por isso, Deus não se envergonha deles, de ser chamado o seu Deus, porquanto lhes preparou uma cidade" (HEBREUS 11:15,16).

16 Veja Romanos 7.

PRUDÊNCIA: Você recorda que meios usou para vencer essas coisas que o atormentam?

CRISTÃO: Sim, quando penso no que vi naquela cruz, venço; quando olho meu manto bordado, venço; e quando olho o pergaminho que carrego, venço. E quando penso no destino final, também sou vitorioso.

PRUDÊNCIA: E o que mais o motiva para chegar ao Monte Sião?

CRISTÃO: Ora, quero ver Aquele que foi morto na cruz, ressuscitado e ali espero livrar-me de todas aquelas coisas que até hoje são um incômodo para mim. Lá, eles dizem, não existe a morte, e encontrarei os melhores companheiros.[17] Para dizer-lhe a verdade, eu o amo, pois Ele aliviou meu fardo e estou cansado de minha enfermidade interior. Quero estar onde viverei para sempre e na companhia daqueles que clamam continuamente: "Santo, Santo, Santo!".

Então Caridade perguntou a Cristão: "Você tem uma família? É casado?".

CRISTÃO: Tenho esposa e quatro filhos pequenos.

CARIDADE: Por que você não os trouxe?

Chorando, Cristão respondeu: "Ah, como desejaria ter feito isso, mas eles foram totalmente contra a minha peregrinação".

CARIDADE: Mas você deveria ter conversado com eles e tentado mostrar o perigo de serem deixados para trás.

---

17 "Tragará a morte para sempre, e, assim, enxugará o SENHOR Deus as lágrimas de todos os rostos, e tirará de toda a terra o opróbrio do seu povo, porque o SENHOR falou" (ISAÍAS 25:8).

"E lhes enxugará dos olhos toda lágrima, e a morte já não existirá, já não haverá luto, nem pranto, nem dor, porque as primeiras coisas passaram" (APOCALIPSE 21:4).

CRISTÃO: Eu tentei. Disse-lhes que Deus me mostrou a destruição da nossa cidade, mas acharam que eu estava louco e não acreditaram em mim.

CARIDADE: Você orou e pediu a Deus que agisse por seu intermédio enquanto os aconselhava?

CRISTÃO: Sim, com muito amor. Minha esposa e filhos são muito queridos por mim.

CARIDADE: Você falou sobre sua tristeza e medo da destruição?

CRISTÃO: Sim, constantemente. Eles viam a expressão de medo em meu semblante, lágrimas e temor por causa da minha apreensão pelo julgamento que pairava sobre nossa cabeça. Mas não foi suficiente para convencê-los a me acompanhar.

CARIDADE: O que eles disseram? Por que não quiseram vir?

CRISTÃO: Bem, minha esposa teve medo de perder este mundo, meus filhos estavam ocupados com os tolos prazeres da juventude, por isso, por causa de uma coisa e outra, me deixaram sozinho nesta jornada.

CARIDADE: Será que, talvez, eles estivessem confusos porque sua vida não correspondia à suas palavras ao tentar convencê-los a vir com você?

CRISTÃO: Na verdade, não posso elogiar minha vida, pois sou consciente de minhas inúmeras falhas, e sei que um homem pode danificar seu testemunho com um mau comportamento. No entanto, posso dizer que era muito cuidadoso, para que alguma ação imprópria afastasse o desejo de eles me acompanharem na peregrinação. Na verdade, minha família me dizia que eu era muito correto e que me negava a certas coisas por causa deles, nas quais eles não viam mal algum. Não, penso que posso dizer que, se viram algo em mim que lhes prejudicou, isto foi a minha grande sensibilidade sobre pecar contra Deus ou de fazer algum mal ao meu próximo.

CARIDADE: Na verdade, Caim odiava seu irmão "porque as suas obras eram más, e as de seu irmão, justas".[18] Provavelmente sua esposa e filhos sentiram-se ofendidos e não ficaram satisfeitos com sua bondade, e "tu livraste a tua alma" do seu sangue.[19]

Vi em meu sonho que continuaram conversando enquanto o jantar era preparado e, em seguida, assentaram-se para comer. A mesa estava posta com um banquete de alimentos ricos e com um bom vinho, e toda conversa ao redor da mesa era sobre o Senhor da montanha; ou seja, sobre o que ele tinha feito, por que fez o que fez, e por que tinha construído aquela casa. E pelo que disseram, percebi que ele fora um grande guerreiro, lutou e derrotou "aquele que tem o poder da morte", arriscando sua própria vida e isso me fez amá-lo mais.[20]

Pois, como disseram, e eu acredito (disse Cristão), Ele o fez com a perda de muito sangue, e o que colocou a glória da graça em tudo o que realizou, foi que Ele o fez por puro amor. E, além disso, alguns da família disseram que haviam estado e falado com Ele desde que morrera na cruz; e eles confirmaram que tinham ouvido de Seus próprios lábios que Ele amava os pobres peregrinos, e amor igual não poderia ser encontrado desde o oriente até o ocidente.

Eles deram um exemplo disto, Ele mesmo tinha se despojado de Sua glória para alcançar os necessitados; e o ouviram dizer e afirmar que Ele não moraria no Monte Sião sozinho. Disseram, ainda, que,

---

18 1 João 3:12

19 "Mas, se avisares o perverso, e ele não se converter da sua maldade e do seu caminho perverso, ele morrerá na sua iniquidade, mas tu salvaste a tua alma" (EZEQUIEL 3:19).

20 Hebreus 2:14,15

por Seu intermédio, muitos peregrinos que nasceram mendigos e, por natureza, estavam destinados à lama, se tornaram príncipes.[21]

E assim, conversaram até tarde da noite. Depois de orarem juntos pedindo a proteção de seu Senhor, foram para a cama. Eles colocaram o peregrino em um grande quarto superior, onde as janelas estavam abertas em direção ao nascer do sol. O nome do aposento era Paz. Cristão dormiu até o raiar do dia, quando acordou e cantou:

Onde estou agora? É este o amor e o cuidado
de Jesus pelos que peregrinam sob Seu cajado?
Prover que eu seja desse modo absolvido!
E descansar ao portal Céu me foi concedido!

Ao amanhecer, todos se levantaram. Depois de passarem um tempo conversando, aconselharam Cristão a não viajar antes de conhecer as várias salas do palácio. Primeiro, eles o levaram para a sala de estudos, onde lhe mostraram registros muito antigos, em que, como lembro no meu sonho, mostraram a genealogia do Senhor da montanha, que era o filho do Ancião de Dias, e veio por meio de uma geração eterna. Aqui também estavam registrados todos os atos dele e os nomes de centenas de pessoas que trabalharam em Seu serviço, e como Ele os colocou em habitações que nem o tempo nem a morte poderiam destruir.

---

21 "Levanta o pobre do pó e, desde o monturo, exalta o necessitado, para o fazer assentar entre os príncipes, para o fazer herdar o trono de glória; porque do SENHOR são as colunas da terra, e assentou sobre elas o mundo" (1 SAMUEL 2:8).

"Ele ergue do pó o desvalido e do monturo, o necessitado" (SALMO 113:7).

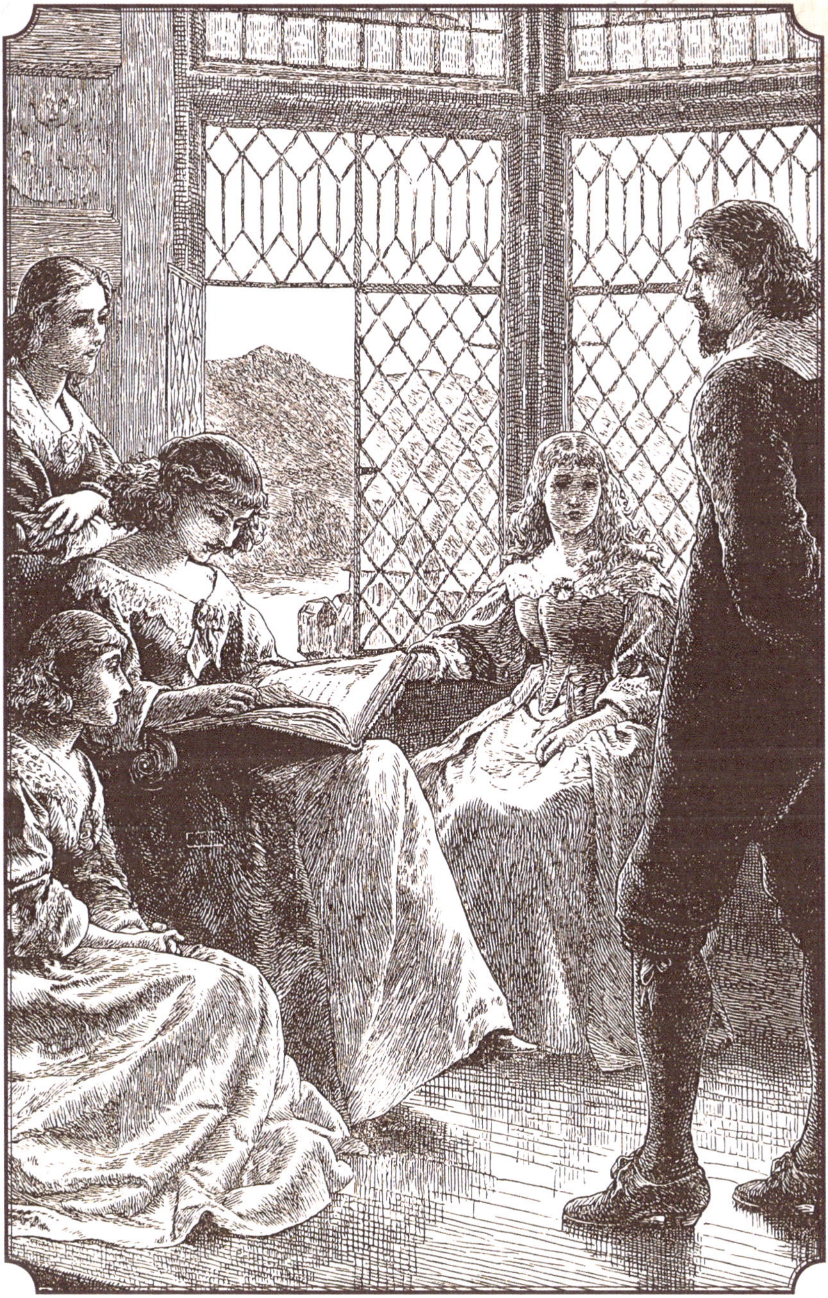

Nessa altura, leram para ele algumas ações dignas, praticadas por alguns de Seus servos: como "subjugaram reinos, praticaram a justiça, obtiveram promessas, fecharam a boca de leões, extinguiram a violência do fogo, escaparam ao fio da espada, da fraqueza tiraram força, fizeram-se poderosos em guerra, puseram em fuga exércitos de estrangeiros".[22]

Eles, a seguir, mostraram, em outra parte dos registros da casa, como o Senhor desejava receber Seus queridos, mesmo aqueles que, no passado, o tinham desafiado. Cristão também ouviu outras histórias famosas, antigas e modernas, com profecias e previsões para o futuro, tanto para o medo e espanto dos inimigos como para o conforto e consolo dos peregrinos.

No dia seguinte, eles o levaram para a sala de armas, onde lhe apresentaram todos os equipamentos que seu Senhor fornecia aos peregrinos, como espada, escudo, capacete, couraça, todos os tipos de orações e sapatos que não se desgastam. Seria o suficiente para equipar tantos homens para o serviço do seu Senhor, quanto o número das estrelas no Céu.

Eles também lhe exibiram alguns dos instrumentos que Seus servos usaram para realizar coisas maravilhosas. Mostraram-lhe o cajado de Moisés, o martelo e o prego com que Jael matou Sísera, os cântaros, trompetes e lâmpadas com que Gideão venceu os exércitos de Midiã. Ali, lhe apresentaram a aguilhada de boi com que Sangar matou 600 homens, a queixada com que Sansão realizou atos poderosos, a funda e a pedra que Davi usou para matar Golias, e a espada com que o seu Senhor matará o Homem de Pecado. Além de tudo isto, mostraram-lhe muitas coisas excelentes com que Cristão ficou radiante e feliz. Feito isto, todos foram novamente para cama.

---

22 Hebreus 11:33,34

Ele pretendia continuar a jornada no dia seguinte, mas eles queriam que ficasse mais um dia. "Se o dia estiver ensolarado", disseram, "vamos mostrar as Montanhas das Delícias, as quais lhe acrescentarão mais conforto, pois estão mais perto do seu destino do que este lugar". Então ele consentiu e ficou.

Ao amanhecer o levaram ao topo da casa e lhe pediram que olhasse para o sul. E ele viu a uma grande distância um país montanhoso, bonito, com bosques, vinhas, frutos e flores de todos os tipos, nascentes e fontes, tudo maravilhoso de se ver.[23] Ele perguntou o nome do país, e lhe disseram: "É a Terra de Emanuel, e que pertence a todos os peregrinos, assim como este monte. E quando você chegar lá, conseguirá ver o portão da Cidade Celestial".

Agora, ele achou que deveria partir e eles desejavam que o fizesse. "Mas, primeiro", disseram, "vamos novamente à sala das armas". E assim o fizeram, lá o equiparam da cabeça aos pés, para o caso de surgirem ataques no caminho. Com as novas vestes, os amigos o acompanharam até o portão, e lá ele perguntou ao porteiro se este tinha visto um peregrino passar. O porteiro respondeu afirmativamente.

CRISTÃO: Você o conhece?

PORTEIRO: Ele me disse que seu nome era Fiel.

CRISTÃO: Eu o conheço. Ele vem do lugar onde nasci e era meu vizinho. Será que ele está muito longe?

PORTEIRO: Neste momento, deveria estar ao pé da montanha.

CRISTÃO: Certo, bom Porteiro, que o Senhor esteja com você e o abençoe grandemente pela bondade que demonstrou para comigo.

---

23 "...este habitará nas alturas; as fortalezas das rochas serão o seu alto refúgio, o seu pão lhe será dado, as suas águas serão certas. Os teus olhos verão o rei na sua formosura, verão a terra que se estende até longe" (ISAÍAS 33:16,17).

Então, ele começou a seguir seu caminho, mas Discrição, Piedade, Caridade e Prudência quiseram acompanhá-lo até ao pé da montanha. Eles foram juntos, relembrando as conversas anteriores, até que começaram a descer a montanha. E Cristão comentou: "Assim como foi difícil subir, pelo que posso ver, será perigoso descer".

"Sim realmente é", concordou Prudência, "por isso é difícil para um homem descer para o Vale da Humilhação, que é seu novo destino, foi por isso que decidimos acompanhá-lo". Em seguida ele começou a descer, com muito cuidado, mas escorregou uma ou duas vezes.

Depois, vi no sonho que, quando Cristão chegou na parte inferior da montanha, estes bons companheiros lhe deram um pão, uma garrafa de vinho, e uma porção de passas. E então ele seguiu o seu caminho.

CAPÍTULO 4

No Vale da Humilhação, o pobre Cristão enfrentou grandes dificuldades, pois, em pouco tempo de caminhada, uma criatura demoníaca chamada Apolião cruzou o campo em sua direção. Cristão começou a sentir medo e a se perguntar se deveria voltar ou permanecer onde estava. Mas percebeu que não tinha nenhuma armadura em suas costas, portanto, virar-se daria uma grande vantagem à criatura, e facilmente seria atingido pelas flechas. Portanto, decidiu dar a si mesmo uma chance e permanecer firme. “Essa é a única maneira de salvar minha vida”, pensou ele.

Ele continuou o caminho até encontrar-se com Apolião. Agora, o monstro era horrendo: estava vestido com escamas como um peixe (e elas eram seu orgulho); tinha asas de dragão e pés de urso; de sua barriga saía fogo e fumaça; e sua boca parecia a boca de um leão. Ele olhou para Cristão com desprezo e começou a questioná-lo.

APOLIÃO: De onde vem e para onde vai?

CRISTÃO: Venho da Cidade da Destruição, a terra de todo mal, e vou para a Cidade Celestial.

APOLIÃO: Pelo que vejo, você é um dos meus súditos, pois todo o país é meu, e eu sou seu príncipe e deus. Como é que você foge do seu rei? Se não há esperança que você seja meu servo, eu o ferirei com um só golpe.

CRISTÃO: Embora haja nascido em seus domínios, o serviço é pesado e o salário é pouco para o sustento de um homem, “porque o salário do pecado é a morte”.[1] Por isso, quando amadureci fiz aquilo que as pessoas ponderadas fazem: procurei meios para crescimento pessoal.

APOLIÃO: Nenhum príncipe desiste de seus súditos facilmente, e não quero perdê-lo. Mas já que reclamou sobre seu trabalho e o salário, se estiver disposto a voltar, prometo dar a você o que nosso país tem a oferecer.

CRISTÃO: Mas já me rendi a outro, o Rei dos reis. Então, como posso cometer tanta injustiça e voltar para você?

APOLIÃO: Como diz o provérbio, você “vai de mal a pior”. Mas isto é comum àqueles que professaram ser Seus servos: escorregar e voltar para mim. Se fizer isso também, será muito bem recebido.

---

1 Romanos 6:23

CRISTÃO: Entreguei-lhe minha fé e jurei fidelidade a Ele. Se aceitasse seu pedido, não mereceria eu ser enforcado como um traidor?

APOLIÃO: Você fez o mesmo comigo e continuo disposto a esquecer seu erro se voltar agora.

CRISTÃO: O que prometi o fiz na inocência da juventude e imaturidade. Sei que o Príncipe sob o qual levo a bandeira é capaz de me absolver e perdoar o acordo que fiz com você. Além de tudo, Apolião destruidor, para falar a verdade gosto da obra que pertence a Ele, gosto de Seu salário, de Seus servos, de Seu governo, de Sua companhia e o país dele é melhor do que o seu. Portanto, pare de tentar persuadir-me, sou servo dele e o seguirei.

APOLIÃO: Quando estiver mais calmo, considere novamente o que provavelmente encontrará ao longo do caminho que você está seguindo. Você sabe que, em sua maior parte, Seus servos chegam a um desfecho ruim porque estão contra mim e meus caminhos. Quantos deles passaram pela morte vergonhosa! Você diz que Seu serviço é melhor do que o meu, mas Ele jamais veio e os livrou dessa morte. Mas quanto a mim, tantas vezes, como todo o mundo sabe, livrei, por força ou por estratagemas, meus servos fiéis dele e de Sua influência. Logo, também posso livrar você.

CRISTÃO: No presente, propositalmente, ele não livra Seus servos para provar se eles serão fiéis a Ele até o fim. Embora você diga que eles estão destinados a um fim terrível, na verdade tem sido um crédito glorioso para eles, pois de fato não esperam a libertação aqui, eles anseiam pela glória que terão quando seu Príncipe voltar em Sua glória com os anjos.

APOLIÃO: Você já foi infiel ao realizar Seu serviço. Como você acredita que receberá dele sua recompensa?

CRISTÃO: Em que, Apolião, fui infiel a Ele?

APOLIÃO: Você perdeu a coragem quando partiu e quando caiu no Pântano do Desânimo; em seguida, tentou se livrar do fardo com suas próprias forças, em vez de esperar até que seu Príncipe o tomasse; você dormiu pecaminosamente e perdeu o seu pergaminho; quase desistiu do caminho para evitar os leões; e ainda quando você contou sobre sua viagem, o que ouviu e viu, procurando interiormente a sua própria glória em tudo o que diz e faz.

CRISTÃO: Tudo isso é verdade, e você ainda esqueceu outras coisas; mas o Príncipe a quem sirvo e honro é misericordioso e pronto a perdoar. E, além disso, essas falhas eu as adquiri em seu país, fui vencido e sofri por causa dos meus pecados, mas obtive perdão do meu Príncipe.

Então, Apolião rompeu em uma terrível fúria, dizendo: "Sou inimigo do Príncipe. Eu o odeio, odeio Suas leis e Seu povo; vim com o objetivo de opor-me a você".

CRISTÃO: Apolião, cuidado com o que faz, estou no caminho do Rei, o caminho da santidade; portanto, esteja atento.

Então, Apolião esparramou-se por todo o caminho e disse: "Não tenho medo. Prepare-se para morrer. Eu juro por todos os meus poderes que você não irá adiante, aqui derramarei seu sangue".

E com isso atirou um dardo flamejante em seu peito, mas Cristão tinha um escudo em sua mão, com o qual o apagou e impediu que fosse atingido.

Cristão afastou-se, pois viu que era hora de agir. Apolião veio contra ele, jogando dardos tão grossos como granizo, que, apesar de tudo o que Cristão fez para evitá-los, foi ferido na cabeça, nas mãos e nos pés. Isto fez Cristão contra-atacar. Apolião continuou seu ataque e, novamente, Cristão tomou alento e resistiu corajosamente o quanto lhe foi possível. Este combate durou mais da metade de um dia, até Cristão ficar quase esgotado, pois suas feridas o enfraqueciam mais e mais.

Apolião, vendo que essa era sua oportunidade, começou a se aproximar de Cristão, e lutando com ele, deu-lhe um terrível golpe; a espada de Cristão voou de sua mão. Então, Apolião disse: "Você é meu". E com isso quase o pressionou até a morte, de modo que Cristão começou a lutar pela vida. Mas, como Deus teria feito, enquanto Apolião se preparava para dar o último golpe, acabando com a vida desse bom homem, Cristão agilmente estendeu a mão e pegou sua espada, dizendo: "Não se alegre meu inimigo, quando caio, ainda posso levantar-me",[2] e com isso deu-lhe uma estocada mortal, que o fez se afastar como alguém que recebe um ferimento fatal. Quando Cristão viu isso, aproximou-se novamente, dizendo: "Em todas estas coisas somos mais que vencedores, por meio daquele que nos amou".[3] E com isso, Apolião abriu as asas de dragão e fugiu, de modo que Cristão não o viu mais por um tempo.[4]

Se não o tivesse visto e ouvido, ninguém conseguiria imaginar este combate: que o brado e o rugido horrível de Apolião durante a luta soavam como a voz de um dragão; e do outro lado, que a explosão de suspiros e gemidos vinham do coração de Cristão. Nunca o vi mostrar sequer uma expressão de prazer, até vê-lo ferir Apolião com a espada de dois gumes. Ele sorriu e olhou para cima. Nunca vi uma luta tão medonha.

---

2 "Ó inimiga minha, não te alegres a meu respeito; ainda que eu tenha caído, levantar-me-ei; se morar nas trevas, o SENHOR será a minha luz" (MIQUEIAS 7:8).

3 Romanos 8:37

4 "Sujeitai-vos, portanto, a Deus; mas resisti ao diabo, e ele fugirá de vós" (TIAGO 4:7).

Luta mais injusta dificilmente pode ocorrer—
Que Cristão deva o ser angélico combater;
Mas o homem valente espada e escudo empunhando
Faz o dragão retroceder, o campo abandonando.

Quando a batalha terminou, Cristão disse: "Dou graças Àquele que me livrou da boca do leão e me ajudou a lutar contra Apolião". Ele o fez com estas palavras:

O grande Belzebu, capitão desse inimigo,
Minha ruína designou; então, disso imbuído,
Enviou-o aparelhado: e ele, com ódio infernal,
Ferozmente desferiu seu golpe fatal.
O bendito Miguel, porém, veio em meu auxílio
E eu, pela força da espada, enviei Belzebu ao exílio.
Portanto, a Ele permitam-me eternamente louvar,
E agradecer, e bendizer, o nome que me veio livrar.

Então veio até ele uma mão com algumas folhas da árvore da vida, que Cristão colocou nas feridas recebidas na batalha e foi curado imediatamente. Ele também se sentou naquele lugar para comer o pão e beber do frasco que recebera anteriormente. Depois de revigorado, começou a jornada, mais uma vez, com a sua espada desembainhada, dizendo: "Outros inimigos podem me atacar"; mas não houve outro ataque de Apolião neste vale.

No fim desse vale havia outro, o chamado vale da Sombra da Morte, e Cristão precisou viajar através dele porque o caminho para a Cidade Celestial estava bem no meio do vale. Este vale é um lugar muito solitário. Ou, como o profeta Jeremias descreve: "... um deserto, uma terra de desertos e de covas, terra de seca, e da

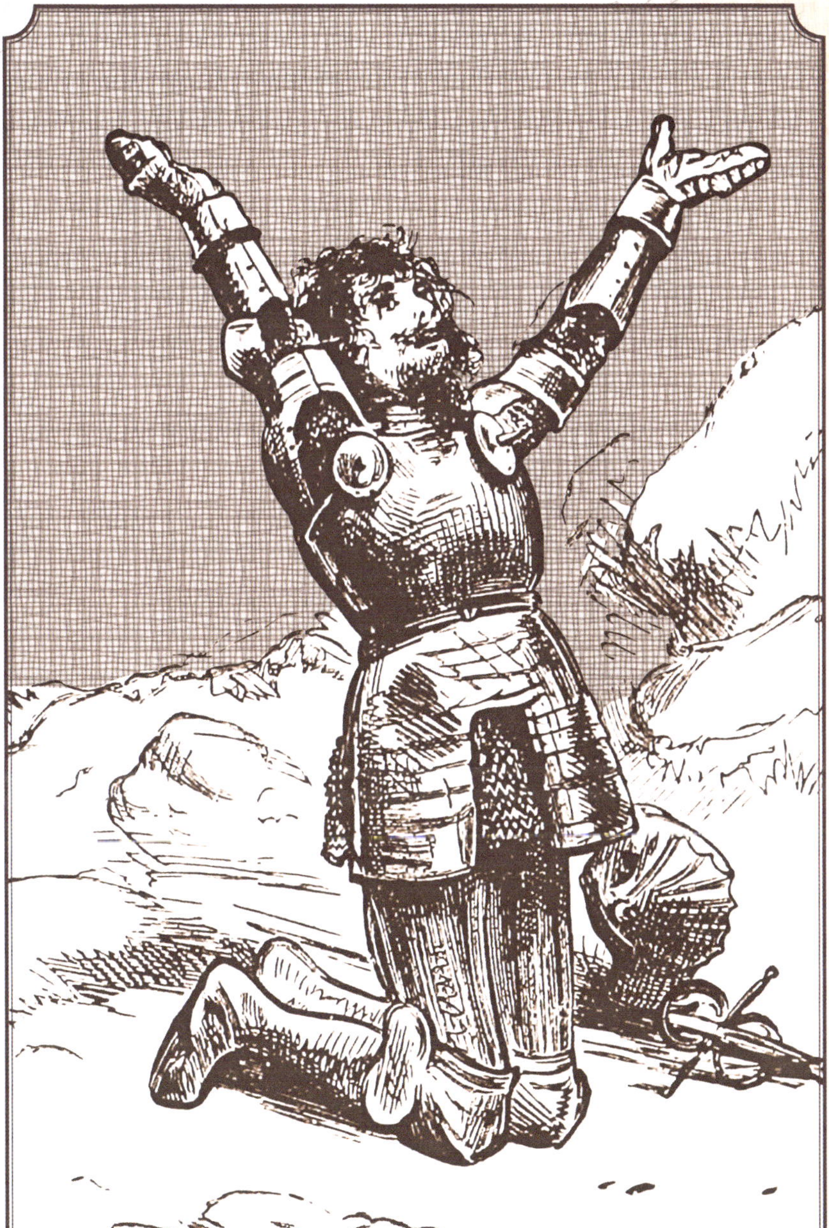

sombra da morte, uma terra que nenhum homem passou (mas um Cristão o atravessou), e onde não morava homem algum".[5]

O que Cristão enfrentou aqui foi pior do que a luta com Apolião, como comprovaremos a seguir.

Vi em meu sonho que, quando Cristão alcançou os portões do Vale da Sombra da Morte, encontrou dois homens, filhos de um daqueles que trouxeram um relatório negativo da Terra Prometida,[6] e corriam em outra direção. Cristão iniciou, então, um diálogo com eles:

CRISTÃO: Para onde vão?

HOMENS: Estamos voltando! E você deveria fazer o mesmo, se é que valoriza sua vida ou a paz.

CRISTÃO: Por quê? O que aconteceu?

HOMENS: Íamos para a mesma direção em que você vai, e fomos tão longe quanto ousamos, e de fato tínhamos quase passado do ponto de não poder retornar, pois se tivéssemos ido um pouco mais longe, não estaríamos aqui para lhe trazer notícias.

CRISTÃO: Mas o que vocês encontraram?

HOMENS: Estávamos quase no Vale da Sombra da Morte, mas felizmente olhamos adiante e vimos o perigo que nos aguardava.[7]

CRISTÃO: O que vocês viram?

HOMENS: Veja bem! Vimos que o vale era tão escuro como breu, também vimos duendes, sátiros e dragões da cova. Ouvimos

---

5 Jeremias 2:6

6 Veja Números 13.

7 "...para nos esmagares onde vivem os chacais e nos envolveres com as sombras da morte" (SALMO 44:19).

"Os que se assentaram nas trevas e nas sombras da morte, presos em aflição e em ferros" (SALMO 107:10).

naquele vale um contínuo ruído de uivos e gritos, como as pessoas que viviam em indescritível miséria, presos em aflição e grilhões; e ao longo desse vale pairavam desanimadoras nuvens de confusão. A morte sempre abre suas asas sobre ele. Em uma palavra: terrível em todos os sentidos.[8]

CRISTÃO: Pelo que vocês disseram, acredito que este é meu caminho rumo ao porto desejado.[9]

HOMENS: Pode ser o seu caminho, mas certamente não o escolheremos para nós.

Nesse momento separaram-se e Cristão seguiu seu caminho, mas com a espada desembainhada, caso fosse agredido.

Vi em meu sonho que havia uma vala muito profunda no lado direito, que acompanhava o vale em todo o seu comprimento. Nessa vala, cegos guiavam cegos constantemente, e todos pereciam em extrema pobreza.[10] À esquerda estava um pântano perigoso, e se um bom homem cair ali, não encontrará chão no qual firmar-se e com isso se levantar. Foi nesse lamaçal que o rei Davi caiu uma vez e teria sido sufocado, se não tivesse sido puxado para fora.

---

8 "Reclamem-no as trevas e a sombra de morte; habitem sobre ele nuvens; espante-o tudo o que pode enegrecer o dia" (JÓ 3:5).

"...terra de negridão, de profunda escuridade, terra da sombra da morte e do caos, onde a própria luz é tenebrosa" (JÓ 10:22).

9 "...e sem perguntarem: Onde está o SENHOR, que nos fez subir da terra do Egito? Que nos guiou através do deserto, por uma terra de ermos e de covas, por uma terra de sequidão e sombra de morte, por uma terra em que ninguém transitava e na qual não morava homem algum?" (JEREMIAS 2:6).

10 "...livra-me do tremedal, para que não me afunde; seja eu salvo dos que me odeiam

"...e das profundezas das águas. Não me arraste a corrente das águas, nem me trague a voragem, nem se feche sobre mim a boca do poço" (SALMO 69:14,15).

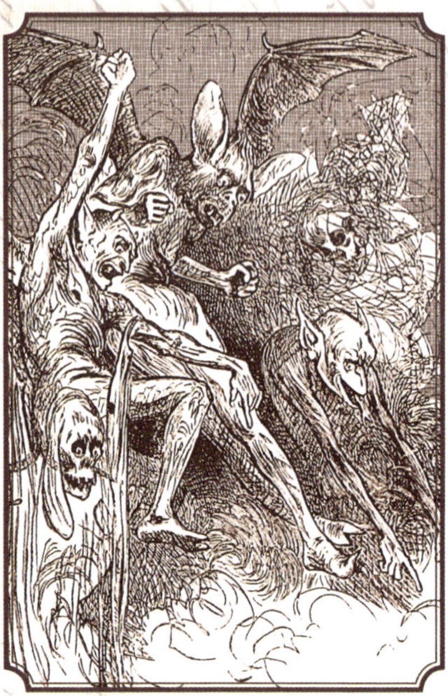

O caminho também era extremamente estreito e Cristão precisou ser mais cuidadoso que antes, porque quando tentava evitar a vala de um lado, quase escorregava do outro. Quando tentava escapar do pântano, cuidava para não cair na vala. Eu o ouvi suspirar amargamente, pois, além dos perigos mencionados acima, o caminho era tão escuro que muitas vezes, quando levantava o pé para ir adiante, não sabia onde ou sobre o que pisaria.

Pobre homem! Onde estás agora?
Teu dia em noite está escondido.
Bom homem, certo ainda estás, não fiques abatido.
Teu caminho cruza do inferno os portões;
Anima-te, persevera, pois escaparás às provações.

No meio deste vale notei a boca do inferno perto do caminho. "E agora, o que devo fazer?", pensou Cristão. Chamas e fumaça eram expelidas continuamente e em tal abundância, com faíscas e ruídos horríveis (coisas que não poderiam ser combatidas pela espada de Cristão, como aconteceu com Apolião). Ele foi forçado a embainhar a espada e pegar outra arma, chamada invocação, súplica, oração.[11]

11 "...com toda oração e súplica, orando em todo tempo no Espírito e para isto vigiando com toda perseverança e súplica por todos os santos..." (EFÉSIOS 6:18).

Então clamou: "Ó Senhor, te imploro, livra minha alma!".[12] Assim, ele permaneceu por um bom tempo, mas ainda as chamas chegavam até ele. Além disso, ele ouvia vozes tristes e sons de grande movimento indo e vindo, por isso, achava que seria despedaçado ou pisado como a lama das ruas. Ele viu e ouviu estas imagens assustadoras, barulhos terríveis por vários quilômetros, e chegou a um lugar em que pensou ter ouvido uma legião de demônios vindo em sua direção. Ele parou e começou a pensar qual seria a melhor coisa a fazer. Por um momento, cogitou em voltar, mas se lembrou de que deveria ter avançado mais da metade do caminho. Lembrou-se de ter vencido diversos desafios e que seria mais perigoso voltar do que seguir avante, por isso, decidiu continuar. No entanto, os demônios pareciam vir diretamente em sua direção e ele gritou com toda a energia: "Andarei na força do Senhor Deus!". Então, os demônios cederam e mudaram de direção.

Uma coisa que não pude deixar de notar: até agora o pobre Cristão estava tão confuso que não reconhecia sua própria voz. Percebi isso, porque assim que ele alcançou a boca do poço em chamas, um dos demônios aproximou-se por trás e sussurrou-lhe blasfêmias terríveis, e ele pensou que eram pensamentos de sua mente. Essa foi a maior prova que Cristão enfrentou em toda jornada, pensar que blasfemava daquele que tanto amara anteriormente. Ele poderia tê-lo evitado, mas não o fez porque não teve a compreensão de tapar os ouvidos ou descobrir a origem destas blasfêmias.

Cristão viajou nesta condição deplorável por um bom tempo, e pensou ter ouvido a voz de um homem que andava à sua frente e dizia: "Ainda que eu ande pelo vale da sombra da morte, não temerei mal nenhum, porque tu estás comigo".[13]

---

12 Salmo 116:4

13 Salmo 23:4

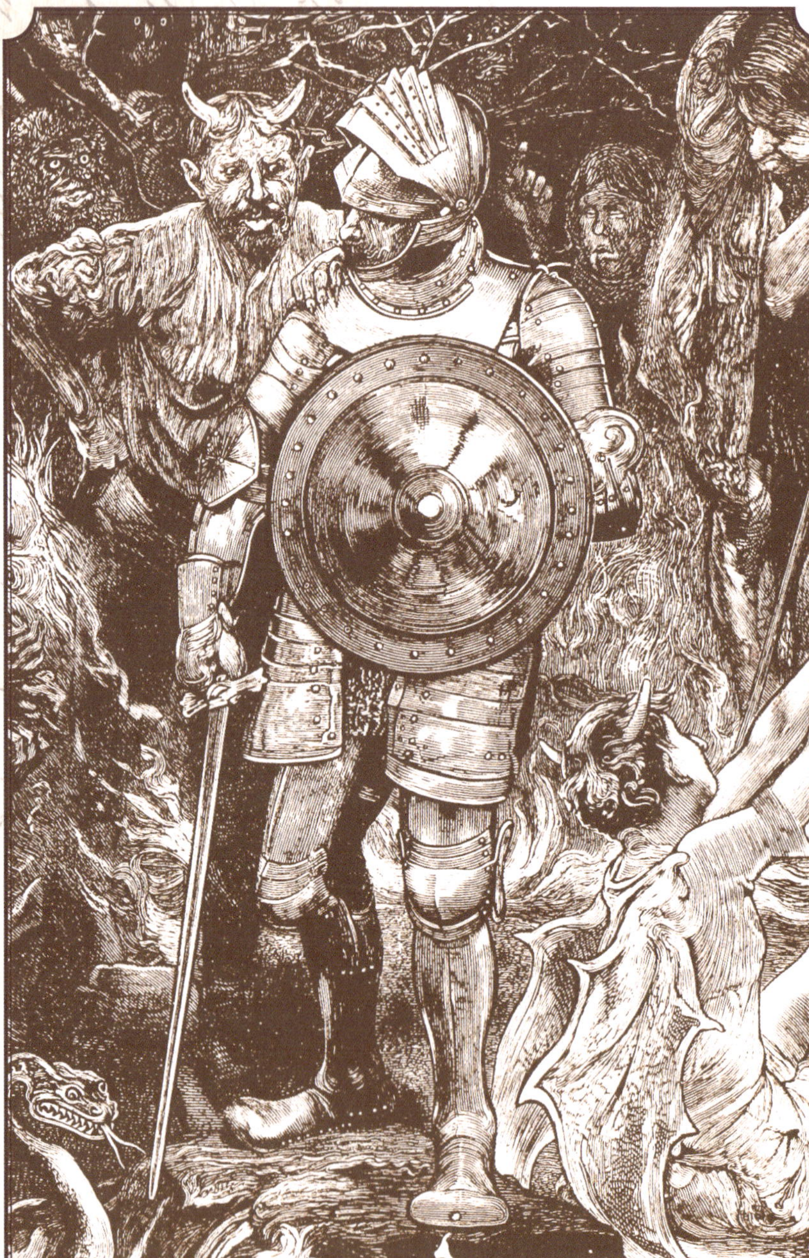

Ele ficou feliz, e pelas seguintes razões:

Primeiro, por perceber que não estava sozinho neste vale. Havia outros que também temiam a Deus.

Segundo, percebeu que, se Deus estava com aqueles que padeciam nesta situação sombria e escura, também estaria com ele mesmo nas atuais circunstâncias em que Ele parecia não estar presente.[14]

E por último, porque esperava alcançá-los e prosseguir em sua companhia. Assim, continuou o caminho e chamou o homem que estava à sua frente, mas o homem não sabia o que responder, pois também pensava estar sozinho. Em pouco tempo começou a amanhecer e Cristão disse: Ele "torna a densa treva em manhã".[15]

Nesse momento, olhou para trás, não porque desejasse voltar, mas para ver à luz do dia quais perigos havia enfrentado na escuridão. Foi quando ele viu perfeitamente a vala que estava à direita e o pântano à esquerda, e como o caminho entre eles era estreito. Também viu os duendes, sátiros e dragões da caverna ao longe (depois do amanhecer eles não chegaram perto dele), mas lhe foram revelados, de acordo com o que está escrito: "Das trevas manifesta coisas profundas e traz à luz a densa escuridade".[16]

Cristão sentiu-se profundamente impactado por ser liberto de todos os perigos de sua solitária caminhada; embora antes os tivesse temido mais, agora via mais claramente, pois a luz do dia tornara tudo mais visível. Neste tempo, o sol estava nascendo e para Cristão isso foi uma expressão de misericórdia, pois você deve notar que, embora a primeira parte do Vale da Sombra da Morte fosse

---

14 "Eis que ele passa por mim, e não o vejo; segue perante mim, e não o percebo" (JÓ 9:11).

15 Amós 5:8

16 Jó 12:22

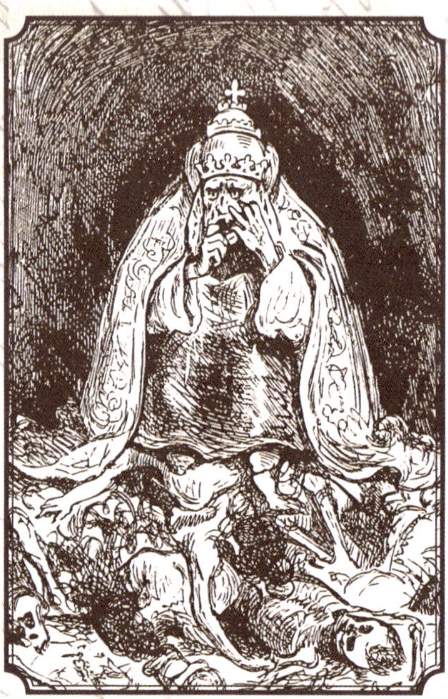

perigosa, esta segunda parte por onde ele ainda deveria viajar seria muito mais perigosa. Do lugar de onde estava agora até o fim do vale, o caminho era cheio de ciladas, armadilhas, redes, poços, valas profundas e encostas; envolto pela escuridão, assim como era quando Cristão chegou à primeira parte do caminho. Nele havia milhares de pessoas, que teriam razão para serem lançadas fora dele. Mas como foi dito, o sol estava nascendo, e por isso ele exclamou: "...fazia resplandecer a sua lâmpada sobre a minha cabeça, quando eu, guiado por sua luz, caminhava pelas trevas".[17]

Sob essa luz, portanto, ele chegou ao fim do vale. Vi em meu sonho, que no fim deste vale havia sangue, ossos, cinzas e corpos mutilados de peregrinos que morreram, e enquanto pensava sobre o motivo destas mortes, vi um pouco adiante uma caverna, onde dois gigantes Papa e Pagão, tinham vivido, por cujo poder e tirania homens foram colocados cruelmente à morte e seus restos mortais permanecem lá. Mas Cristão passou por este lugar sem muito perigo, e eu me perguntava como lograra tal êxito. Foi quando soube que Pagão já estava morto há algum tempo e o outro, apesar de ainda estar vivo, enlouqueceu e está com as articulações comprometidas devido o passar dos anos e pelos muitos ataques sofridos em seus

17 Jó 29:3

dias de juventude. Agora, ele apenas pode sentar-se à entrada de sua caverna, sorrindo para os peregrinos à medida que passam e roendo as unhas porque não pode atacá-los.

Cristão seguiu seu caminho. No entanto, ao ver o Ancião sentado à boca da caverna, não sabia o que pensar, especialmente quando o homem falou: “Você nunca mudará até que seja completamente queimado”. Mas Cristão ficou quieto e, mostrando-se alegre, passou sem ser prejudicado. Em seguida, ele cantou:

Ó, mundo de maravilhas! (E que mais direi?)
Da aflição que aqui encontrei
Fui mantido ileso! Ó, que seja bendita
A mão que livrou minh'alma aflita!
Perigos de escuridade, demônios, inferno e iniquidade
Envolveram-me enquanto neste vale de adversidade.
Sim, laços, e poços, e armadilhas
e redes por onde se visse
Em toda minha trilha, para que em desprezo e tolice
Fosse eu capturado, enredado e humilhado;
Porém, vivo estou, e que Cristo seja coroado!

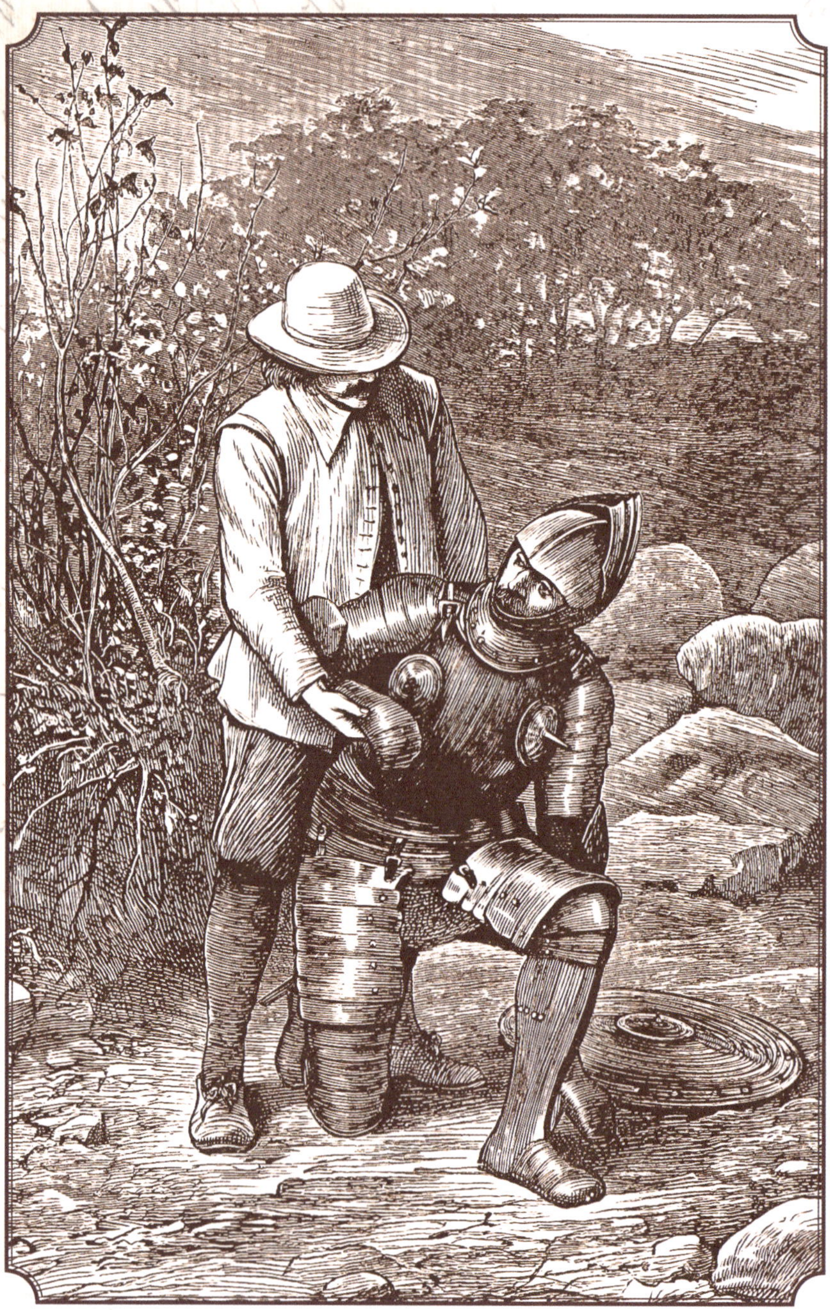

CAPÍTULO 5

Agora, à medida que Cristão seguia seu caminho, chegou a uma pequena colina, que fora criada para que os peregrinos observassem o que estava diante deles. Cristão subiu e, olhando à frente, viu Fiel mais adiante, em sua viagem. Cristão disse em voz alta: "Ei! Ei! Olá! Espere e eu serei o seu companheiro". Fiel olhou para trás, e Cristão exclamou novamente: "Espere, espere até que eu o possa alcançar". Mas Fiel respondeu: "Não posso, minha vida depende disso, pois o vingador de sangue está seguindo atrás de mim".

Com isso, Cristão se comoveu e reunindo toda sua força, rapidamente o alcançou, de modo que o último foi o primeiro. Cristão sorriu orgulhoso, porque estava à frente de seu irmão, mas não tomou cuidado com seus passos e de repente tropeçou, caiu e não conseguiu levantar-se novamente até que Fiel viesse ajudá-lo.

Depois, vi em meu sonho, que eles prosseguiram juntos e tiveram uma conversa agradável sobre todas as coisas que haviam acontecido em sua peregrinação. Cristão começou:

CRISTÃO: Meu honrado e amado irmão Fiel, estou feliz por tê-lo alcançado e por Deus ter preparado nosso espírito para que possamos caminhar como companheiros neste caminho agradável.

FIEL: Eu pensei, querido amigo, que teria sua companhia nesta jornada desde nossa cidade, mas como começou antes de mim, fui forçado a vir até aqui sozinho.

CRISTÃO: Quanto tempo você ficou na Cidade da Destruição, antes de sair para sua peregrinação, depois de mim?

FIEL: Até não aguentar mais tempo, pois correu entre todos os cidadãos a notícia sobre sua saída pelo fato de que nossa cidade seria em breve queimada até o chão com o fogo vindo do Céu.

CRISTÃO: Verdade! Nossos vizinhos falaram assim?

FIEL: Sim, por um tempo foi o assunto mais comentado na cidade.

CRISTÃO: E ninguém, além de você, fugiu do perigo iminente?

FIEL: Embora eles comentassem muito sobre o assunto, acredito que não levaram muito a sério, pois no calor da conversa que ouvi, alguns deles falavam com desprezo de você e dessa viagem desesperada (por isso ela foi denominada como peregrinação). No entanto, acreditei e ainda acredito que o final de nossa cidade será com fogo e enxofre, vindo do Céu, por isso decidi fugir.

CRISTÃO: Você teve notícias sobre o vizinho Flexível?

FIEL: Sim, Cristão, ouvi dizer que ele o seguiu até chegar ao Pântano do Desânimo, onde, como alguns disseram, caiu. Ele não queria que soubessem o que fizera, porém, tenho certeza de que ele estava coberto com aquele tipo de sujeira.

CRISTÃO: O que os vizinhos disseram a ele?

FIEL: Assim que voltou, foi ridicularizado por muitas pessoas; alguns zombaram e o desprezaram e ninguém lhe oferecia trabalho. Ele agora está sete vezes pior do que se nunca tivesse deixado a cidade.

CRISTÃO: Mas por que agem contra ele, já que desprezam o caminho que ele abandonou?

FIEL: Eles querem enforcá-lo, por considerá-lo um traidor! Ele não foi fiel à sua profissão. Acredito que Deus estimulou até seus inimigos a escarnecerem dele, por abandonar o caminho.[1]

CRISTÃO: Você conversou com ele antes de sair da cidade?

FIEL: Encontrei-o uma vez nas ruas, mas ele atravessou para o outro lado, como se estivesse envergonhado do que fez. Por isso não conversamos.

CRISTÃO: Bem, quando saímos, tinha grandes esperanças acerca desse homem, entretanto, agora acredito que ele perecerá na destruição da cidade, pois ele se parece com o que diz o verdadeiro provérbio: "O cão voltou ao seu próprio vômito; e: A porca lavada voltou a revolver-se no lamaçal".[2]

---

1 "Persegui-los-ei com a espada, a fome e a peste; fá-los-ei um espetáculo horrendo para todos os reinos da terra; e os porei por objeto de espanto, e de assobio, e de opróbrio entre todas as nações para onde os tiver arrojado; porque não deram ouvidos às minhas palavras, diz o SENHOR, com as quais, começando de madrugada, lhes enviei os meus servos, os profetas; mas vós não os escutastes, diz o SENHOR" (JEREMIAS 29:18,19).

2 2 Pedro 2:22

FIEL: Esses também são os meus temores por ele, todavia quem pode prevenir o inevitável?

CRISTÃO: Bem, vizinho Fiel, vamos mudar de assunto e falar de coisas que nos interessam mais imediatamente. Conte-me sobre suas experiências no caminho, pois sei que encontrou algumas coisas ou deve ter algum milagre para contar.

FIEL: Escapei do pântano em que você caiu e alcancei o portão sem perigo, no entanto, encontrei-me com uma dama, chamada Sensualidade, que gostaria de me prejudicar.

CRISTÃO: Que bom que você se esquivou da rede dela. José foi tentado, e escapou como você, mas isso quase lhe custou a vida.[3] Como foi que ela tentou você?

FIEL: Você não pode imaginar, a menos que conheça como a fala dela é encantadora. Ela fez todos os esforços para conseguir me atrair, prometendo-me todos os tipos de satisfação.

CRISTÃO: Aposto que ela não lhe prometeu a satisfação de uma boa consciência.

FIEL: Você sabe o que eu quero dizer: todos os tipos de satisfação carnal.

CRISTÃO: Graças a Deus você escapou dela, pois o "abominável do Senhor cairá" em sua armadilha.[4]

FIEL: Bem, não sei se me livrei completamente dela.

CRISTÃO: Você consentiu com os seus desejos?

---

3 "...sucedeu que, certo dia, veio ele a casa, para atender aos negócios; e ninguém dos de casa se achava presente. Então, ela o pegou pelas vestes e lhe disse: Deita-te comigo; ele, porém, deixando as vestes nas mãos dela, saiu, fugindo para fora. Vendo ela que ele fugira para fora, mas havia deixado as vestes nas mãos dela" (GÊNESIS 39:11-13).

4 "Cova profunda é a boca da mulher estranha; aquele contra quem o SENHOR se irar cairá nela" (PROVÉRBIOS 22:14).

FIEL: Não! Não me contaminei, pois me lembrei do antigo texto que diz: "Seus passos levam direto para o inferno".[5] Assim, fechei meus olhos para que não fosse enfeitiçado por seu olhar.[6] Então, ela falou asperamente comigo e eu segui meu caminho.

CRISTÃO: Encontrou outras provações durante a viagem?

FIEL: Quando cheguei ao pé da montanha chamada Dificuldade, conheci um homem muito velho que me perguntou quem eu era e para onde ia. Disse-lhe que era um peregrino em direção à Cidade Celestial. Então ele me fez uma proposta: "Você parece um sujeito honesto. Você se contentaria em viver comigo pelo salário que lhe pagarei?". Então perguntei-lhe seu nome e onde morava. Disse que seu nome era Primeiro Adão e morava na Cidade do Erro.[7] Procurei saber que tipo de trabalho tinha e qual seria o salário. Ele me disse que seu trabalho era de muitas delícias e o salário seria tornar-me seu herdeiro. Perguntei-lhe o tipo de casa que tinha e como eram os demais servos. Então, me disse que a casa dele continha todas as coisas deliciosas do mundo e que seus servos eram seus filhos. Indaguei quantos filhos tinha. Ele me contou que tinha três filhas: Concupiscência da Carne, Concupiscência dos Olhos e Soberba da Vida, e que poderia casar-me com todas, se quisesse.[8] A seguir eu quis saber quanto tempo desejaria que morasse com ele e me respondeu que enquanto ele vivesse.

---

5 Provérbios 5:5

6 "Fiz aliança com meus olhos; como, pois, os fixaria eu numa donzela?" (JÓ 31:1).

7 "...no sentido de que, quanto ao trato passado, vos despojeis do velho homem, que se corrompe segundo as concupiscências do engano" (EFÉSIOS 4:22).

8 "...porque tudo que há no mundo, a concupiscência da carne, a concupiscência dos olhos e a soberba da vida, não procede do Pai, mas procede do mundo" (1 JOÃO 2:16).

CRISTÃO: Bem, qual foi a conclusão que você e o velho homem chegaram?

FIEL: No começo eu estava um pouco propenso a ir com ele, porque achei seu discurso bastante agradável, mas olhando para sua testa enquanto falava com ele, vi escrito: "...uma vez que vos despistes do velho homem com os seus feitos".

CRISTÃO: E o que aconteceu depois?

FIEL: Em seguida, veio queimando em minha mente tudo o que ele dissera, embora fossem palavras lisonjeiras, quando me levasse para sua casa me venderia como escravo. Então, disse a ele que poderia parar de falar, porque não chegaria perto da porta de sua casa. Ele me insultou e disse que enviaria alguém atrás de mim para tornar miserável o meu caminho. Quando me virei para deixá-lo, senti ele agarrar meu corpo e me empurrar tão fortemente para trás que pensei que ele tinha arrancado parte de mim. Isto me fez gritar: "Ó homem miserável!",[9] e segui meu caminho até a colina.

Quando cheguei à metade do caminho em direção ao alto, olhei para trás e vi alguém vindo atrás de mim rápido como o vento, ele me alcançou justamente onde o abrigo se encontra.

CRISTÃO: Foi ali que me sentei para descansar; mas caí em um sono profundo e perdi o pergaminho que estava no meu manto.

FIEL: Espere, bom irmão, me ouça. Assim que o homem me alcançou, derrubou-me e permaneci como se estivesse morto. Quando voltei a mim, perguntei por que ele tinha me tratado assim. Ele disse: "Por causa de seu interesse secreto no Primeiro Adão". E com isso me atingiu com outro golpe mortal no peito e me jogou de costas no chão, deixando-me quase morto aos seus pés como

---

9 "Desventurado homem que sou! Quem me livrará do corpo desta morte?" (ROMANOS 7:24).

antes. Quando recuperei as forças novamente, clamei: "Tenha misericórdia!". Mas ele disse: "Não sei como demonstrar misericórdia", e com isso me derrubou novamente. Sem dúvida, ele teria me matado, se alguém não passasse por ali e lhe dissesse que parasse.

CRISTÃO: Quem disse a ele que parasse?

FIEL: A princípio não o reconheci, mas ao passar por mim vi as cicatrizes em Suas mãos e em Seu lado, concluí que fosse o Senhor. Deste modo fui até a colina.

CRISTÃO: Aquele homem que o alcançou era Moisés. Ele não poupa ninguém, nem ele sabe como demostrar misericórdia com aqueles que quebram sua lei.

FIEL: Eu sei muito bem, não foi a primeira vez que ele me encontrou. Foi ele que veio até mim quando vivia na segurança de minha casa para dizer-me que queimaria a casa sobre minha cabeça se permanecesse ali.

CRISTÃO: Mas você não viu a casa que ficava lá no alto do morro, no lado em que Moisés o encontrou?

FIEL: Sim, e os leões também, antes de chegar. Mas acredito que os leões estavam dormindo. E como estava longe de anoitecer, passei pelo porteiro e desci a colina.

CRISTÃO: Ele me disse que viu você passar, mas eu queria que tivesse parado na casa, pois teriam lhe mostrado tantas coisas maravilhosas que jamais esqueceria. Mas diga-me, você encontrou alguém no Vale da Humilhação?

FIEL: Sim, encontrei-me com Descontente, que tentou me persuadir a voltar com ele. Argumentou que o vale era um lugar totalmente sem honra; e que passar por esse caminho significaria desobedecer a amigos como Soberba, Arrogância, Vaidade, Glória-Mundana entre outros, e se ofenderiam se eu tolamente atravessasse este vale.

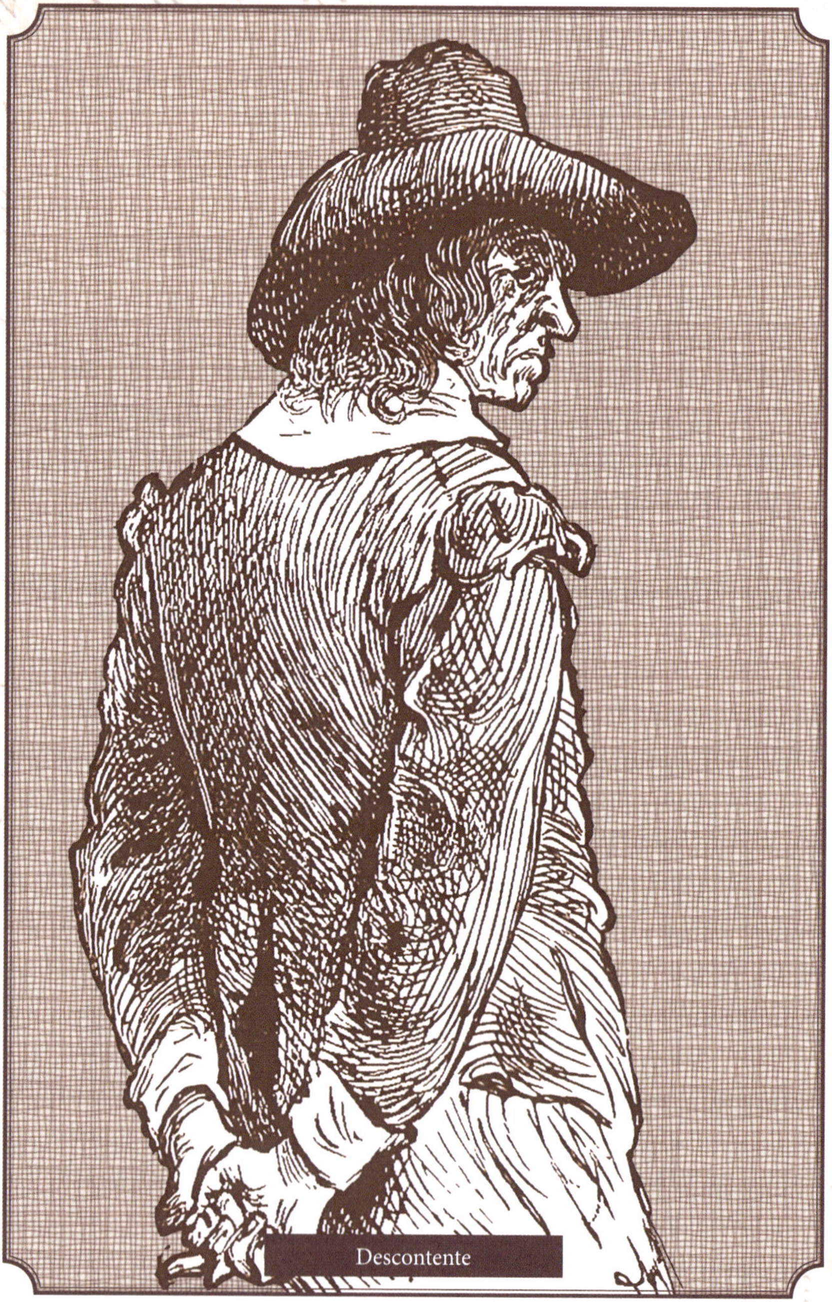

Descontente

CRISTÃO: E qual foi a sua resposta?

FIEL: Disse a ele que embora todos os nomes mencionados pudessem declarar-se como meus parentes — e com razão, pois eram meus parentes na carne — desde que me tornei um peregrino eles me deserdaram, assim como eu os rejeitei e, portanto, eles são como se nunca tivessem pertencido à minha família. Também mostrei-lhe que ele tinha deturpado bastante este vale, pois "antes da honra vem a humildade e a altivez do espírito precede a queda". Por isso, eu disse: "Prefiro passar por esse vale com a honra que os sábios representam, do que escolher aquilo que ele considerava digno de nossos afetos".

CRISTÃO: Você encontrou algo mais no vale?

FIEL: Sim, encontrei-me com Vergonha. De todos os que encontrei em minha peregrinação, entendi que seu nome é o que menos combina com ela, pois o que mais lhe faz falta é a vergonha.

CRISTÃO: Por quê? O que ela lhe disse?

FIEL: Ela se opôs à religião em si, dizendo que é uma atitude patética, baixa e servil um homem se preocupar com temas religiosos. Disse que ter uma consciência sensível era coisa para os fracos e um homem que observa suas palavras e comportamento perde a liberdade que é sua por direito, e nesta idade o faz parecer ridículo. Ela também se opôs à religião, alegando que poucos poderosos, ricos ou sábios compartilham da minha opinião,[10] nem se preocupam

10 "Irmãos, reparai, pois, na vossa vocação; visto que não foram chamados muitos sábios segundo a carne, nem muitos poderosos, nem muitos de nobre nascimento" (1 CORÍNTIOS 1:26).

"Ninguém se engane a si mesmo: se alguém dentre vós se tem por sábio neste século, faça-se estulto para se tornar sábio" (1 CORÍNTIOS 3:18).

"Mas o que, para mim, era lucro, isto considerei perda por causa de Cristo. Sim, deveras considero tudo como perda, por causa da sublimidade com isto,[11] pois eles não são tolos o suficiente para arriscar a abandonar tudo pelo desconhecido. Ela disse que a maioria dos peregrinos eram pobres e sem instrução. Sim, ela continuou sua avaliação sobre muitas coisas mais: que era uma vergonha sentar-se, lamentar e chorar ao ouvir um sermão, voltar para casa suspirando e gemendo; também é uma vergonha pedir perdão ao vizinho por erros insignificantes ou fazer restituição. Disse também que a religião torna o homem excêntrico para grandes homens, pois rejeita pequenos vícios, o que chamou por nomes mais dignos, e torna um homem de respeito num membro das classes mais baixas, porque estão na mesma fraternidade religiosa. E isto, perguntou ela, não é uma vergonha?

CRISTÃO: E o que você respondeu?

FIEL: A princípio, eu não sabia o que dizer. Ela me deteve por tanto tempo que meu rosto enrubesceu. Finalmente, comecei a pensar sobre o fato de que "...aquilo que é elevado entre homens é abominação diante de Deus".[12] E observei que ela me dizia sobre o que os homens são, mas não me disse nada sobre o que Deus ou a Sua Palavra é. E então pensei que no dia do juízo, não será concedida a morte ou a vida de acordo com os espíritos de intimidação deste mundo, mas de acordo com a sabedoria e a lei do Altíssimo. Por isso, concluí que o que Deus diz é melhor, apesar de todos os homens do mundo serem contra isto. Ao analisar que Deus prefere uma consciência sensível, os que se tornam tolos por causa do

---

do conhecimento de Cristo Jesus, meu Senhor; por amor do qual perdi todas as coisas e as considero como refugo, para ganhar a Cristo..." (FILIPENSES 3:7,8).

11 "Porventura, creu nele alguém dentre as autoridades ou algum dos fariseus?" (JOÃO 7:48).

12 Lucas 16:15

reino dos Céus são sábios; e vendo que o homem pobre que ama a Cristo é mais rico do que o homem mais importante do mundo que o odeia, repliquei: Vergonha, vá embora! Você é uma inimiga para minha salvação! Se eu a ouvir em vez do ouvir meu soberano Senhor, como posso olhar para Ele face a face no Seu retorno? Se me envergonhar agora dos Seus caminhos e servos, como posso esperar receber Sua bênção?[13]

Contudo, Vergonha era uma vilã ousada, mal consegui livrar-me dela. Ela continuou me seguindo e sussurrando ao meu ouvido sobre as várias coisas que estão erradas com a religião. Mas, por último, disse-lhe que era inútil continuar, porque as coisas que ela desprezava eu valorizava mais. Assim, finalmente, passei por essa personagem problemática e quando me livrei dela comecei a cantar:

As provações que encontram o mortal,
Que obedece ao chamado celestial,
São multiplicadas e à carne adequadas,
E vêm, e vêm, e vêm renovadas;
Para que já, ou em outro tempo, sejamos nós
Acossados, vencidos e exilados pelo algoz.
Ó, que todos os peregrinos, todos eles então
Sejam vigilantes e portem-se como varão.

CRISTÃO: Estou feliz, meu irmão, pois resistiu a esta vilã tão bravamente, pois, como você disse, penso que ela tem o nome errado. Ela nos segue corajosamente nas ruas e tenta nos envergonhar diante dos homens, quer dizer, envergonhar-nos a respeito do que é

13 "Porque qualquer que, nesta geração adúltera e pecadora, se envergonhar de mim e das minhas palavras, também o Filho do Homem se envergonhará dele, quando vier na glória de seu Pai com os santos anjos" (MARCOS 8:38).

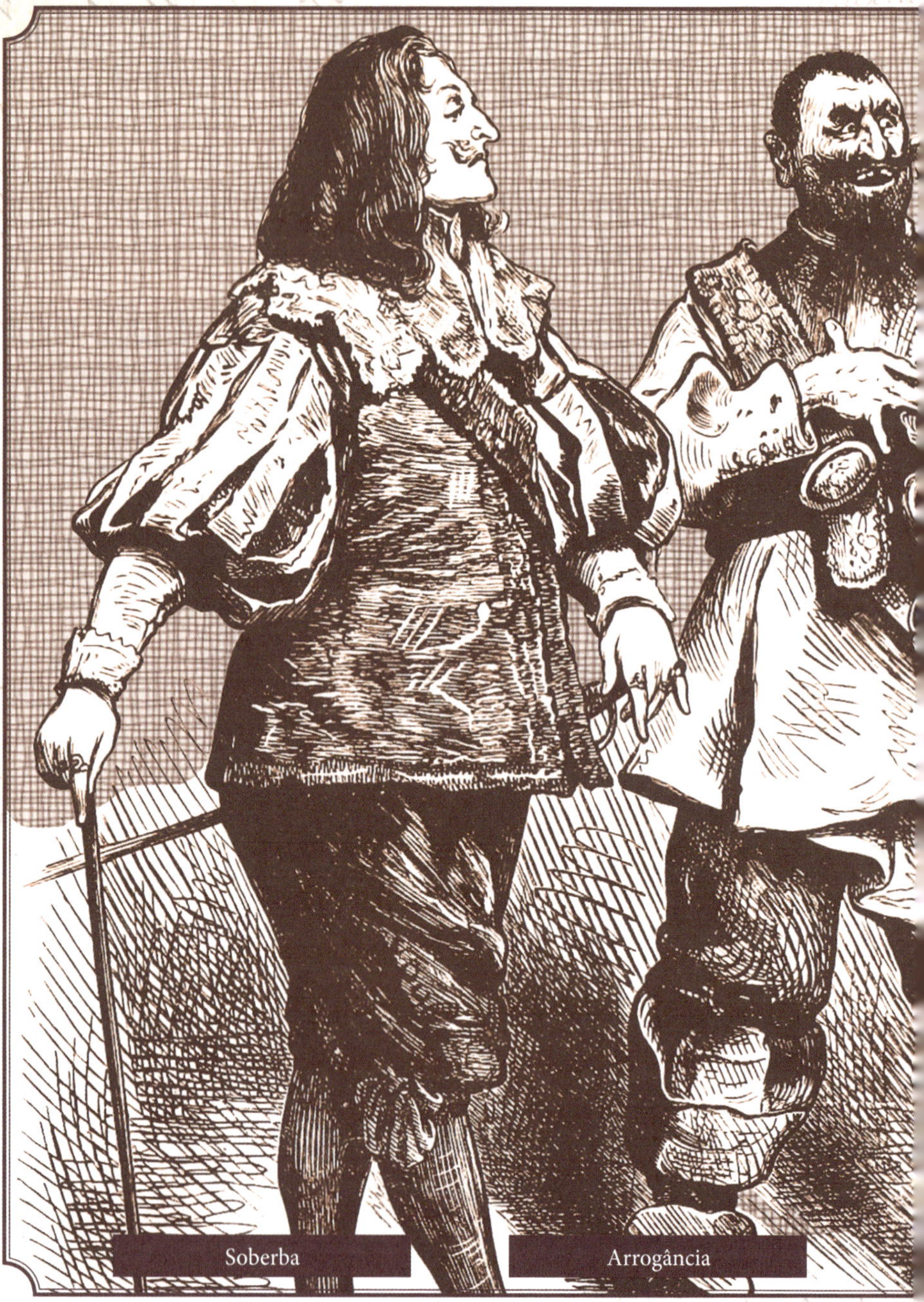
Soberba
Arrogância

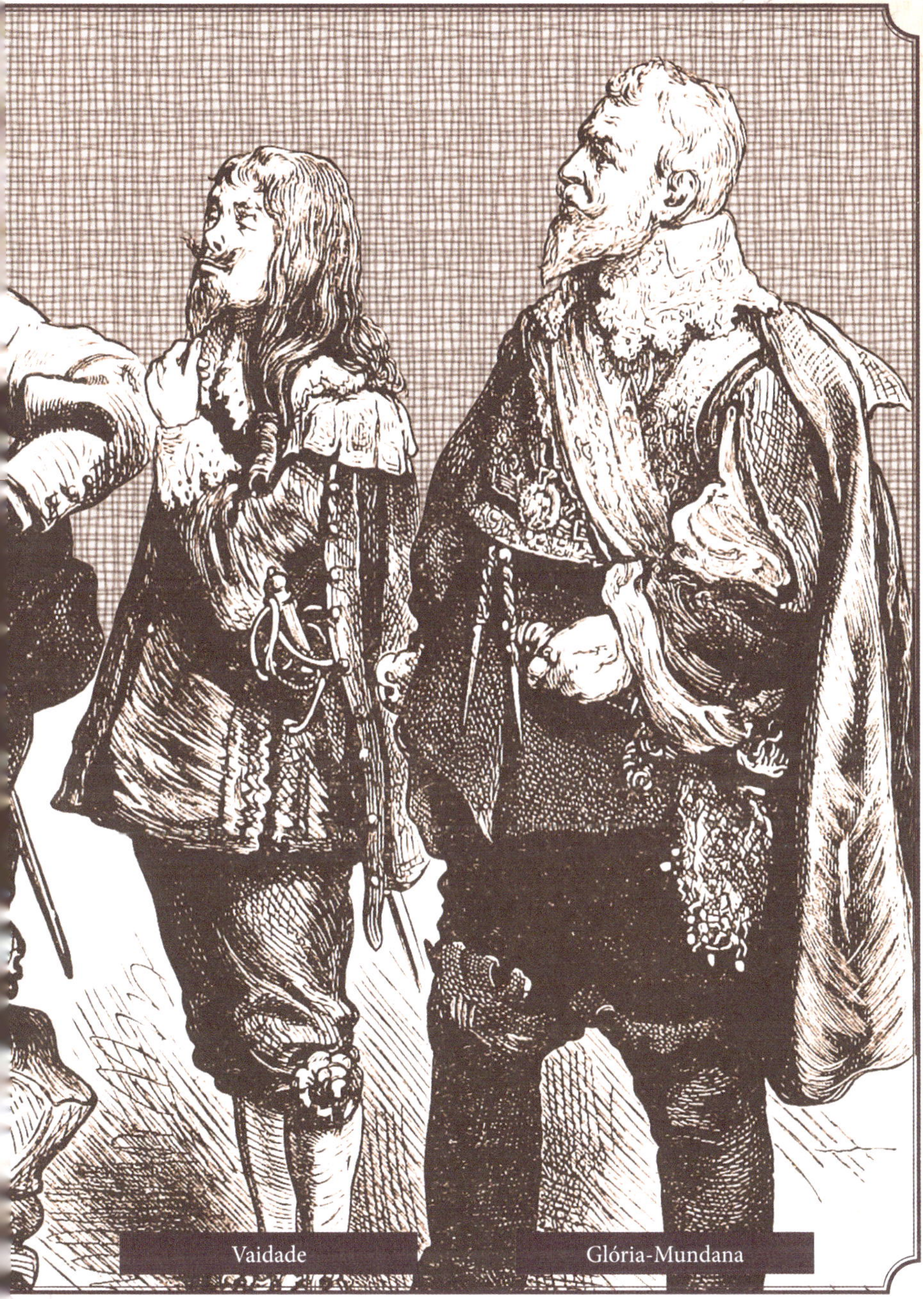
Vaidade
Glória-Mundana

bom. Mas se ela mesma tivesse vergonha, jamais tentaria fazer o que faz. Mesmo assim, continuemos resistindo, pois, apesar de toda sua altivez, ela só reforça a causa dos tolos. "Os sábios herdarão honra",[14] disse Salomão, "mas vergonha será a promoção dos tolos".

FIEL: Para lutar contra Vergonha, penso que devemos clamar ao Senhor que nos torne valentes pela verdade sobre a Terra.

CRISTÃO: Você fala a verdade. Mas, diga-me, encontrou mais alguém naquele vale?

FIEL: Não, não encontrei. O sol brilhou no restante do caminho e também quando passei pelo Vale da Sombra da Morte.

CRISTÃO: Você se saiu melhor do que eu. Assim que cheguei ao Vale da Sombra da Morte, comecei uma batalha longa e terrível com o vil demônio Apolião. Na verdade, pensei que me mataria, especialmente quando me derrubou e esmagou-me como em pedaços. Quando me atingiu, a espada que empunhava voou da minha mão e ele mesmo disse que eu morreria. Mas clamei a Deus, Ele me ouviu e me livrou de todos os problemas. Em seguida, entrei no Vale da Sombra da Morte e não tinha luz por quase metade do caminho. A ideia de que seria assassinado lá me atormentou repetidas vezes, mas ao surgir o último dia, o Sol raiou e segui o restante da jornada com facilidade e muito mais tranquilo.

Além disso, vi no meu sonho que, enquanto eles caminhavam, Fiel olhou para o lado e viu um homem cujo nome é Loquaz caminhando ao lado deles, mas a certa distância (aqui o caminho era largo o suficiente para que as pessoas caminhassem lado a lado). Ele era um homem alto e mais bonito de longe que de perto. Fiel dirigiu-se a este homem desta forma:

FIEL: Amigo, para onde vai? Para a Cidade Celestial?

---

14 Provérbios 3:35

LOQUAZ: Vou para esse lugar.

FIEL: Que bom! Então, se desejar, teremos a sua companhia.

LOQUAZ: Ficaria muito feliz.

FIEL: Então venha, vamos viajar juntos e passar nosso tempo conversando acerca de coisas que são proveitosas.

LOQUAZ: Gosto de falar sobre assuntos que valham a pena, e estou contente por encontrar pessoas com o mesmo pensamento. Para dizer a verdade, existem poucas pessoas que se importam em investir o seu tempo desta maneira quando viajam, a maioria escolhe discutir temas inúteis e isso me incomoda.

FIEL: Isso é realmente lamentável, pois o que é mais digno para uso da língua e da boca humana na Terra do que as coisas do Deus do Céu?

LOQUAZ: Gostei de você, pois suas palavras são cheias de convicção. E quero acrescentar: o que é mais agradável ou benéfico do que falar sobre as coisas de Deus? (Isto é, se um homem tem qualquer prazer em coisas que são maravilhosas). Por exemplo, se um homem gosta de falar sobre a história ou o mistério das coisas, ou se um homem gosta de falar sobre milagres, prodígios ou sinais, onde encontrará relatos mais maravilhosos do que os que estão registrados na Sagradas Escrituras?

FIEL: Isso é verdade. Mas nossa intenção deve ser tirar lucro dessas coisas em nossas conversas.

LOQUAZ: Isso foi exatamente o que eu disse. É mais proveitoso falar dessas coisas, porque o homem pode adquirir conhecimento de muitas áreas, tais como a vaidade das coisas terrestres e os benefícios das coisas sagradas. De maneira mais particular, um homem pode aprender a necessidade do novo nascimento, a insuficiência das nossas obras, a necessidade da justiça de Cristo, e assim por diante. Ao expressar ideias, um homem pode aprender o que é arrepender-se, ter fé, orar, sofrer ou talvez coisas semelhantes. Também pode aprender acerca das grandes promessas e mensagem de conforto do evangelho, para seu próprio benefício. Além disso, o homem pode aprender a refutar falsas opiniões para confirmar a verdade e instruir os ignorantes.

FIEL: Fico feliz em ouvir essas coisas de você.

LOQUAZ: Infelizmente, a falta de tal conversa é o motivo para que poucos compreendam a necessidade da fé e da obra da graça em sua vida a fim de alcançar a vida eterna. Em vez disso, eles ignorantemente vivem pelas obras da Lei, a qual não pode levar o homem ao reino dos Céus.

FIEL: Mas o conhecimento celestial destes assuntos é o dom de Deus, nenhum homem pode alcançá-lo por meios humanos, ou apenas conversando sobre eles.

LOQUAZ: Tudo isso eu sei muito bem. Pois um homem não pode receber coisa alguma a menos que seja dádiva do Céu, e pela graça, não pelas obras. Poderia citar uma centena de passagens bíblicas que confirmam isso.

FIEL: Bem, então, sobre o que vamos conversar?

LOQUAZ: O que você quiser. Posso falar das coisas celestiais ou terrenas, morais ou evangélicas, sagradas ou profanas, passadas ou vindouras, estranhas ou familiares, essenciais ou circunstanciais, desde que tudo isso seja para nosso benefício.

Fiel maravilhou-se com o que ouviu e aproximou-se de Cristão que, todo esse tempo, estava caminhando sozinho e disse suavemente: “Que companheiro corajoso temos! Certamente este homem será um excelente peregrino”.

Com isso, Cristão esboçou um sorriso e disse: “Este homem que o entusiasma tanto, poderia com sua língua, enganar 20 pessoas que não o conhecem”.

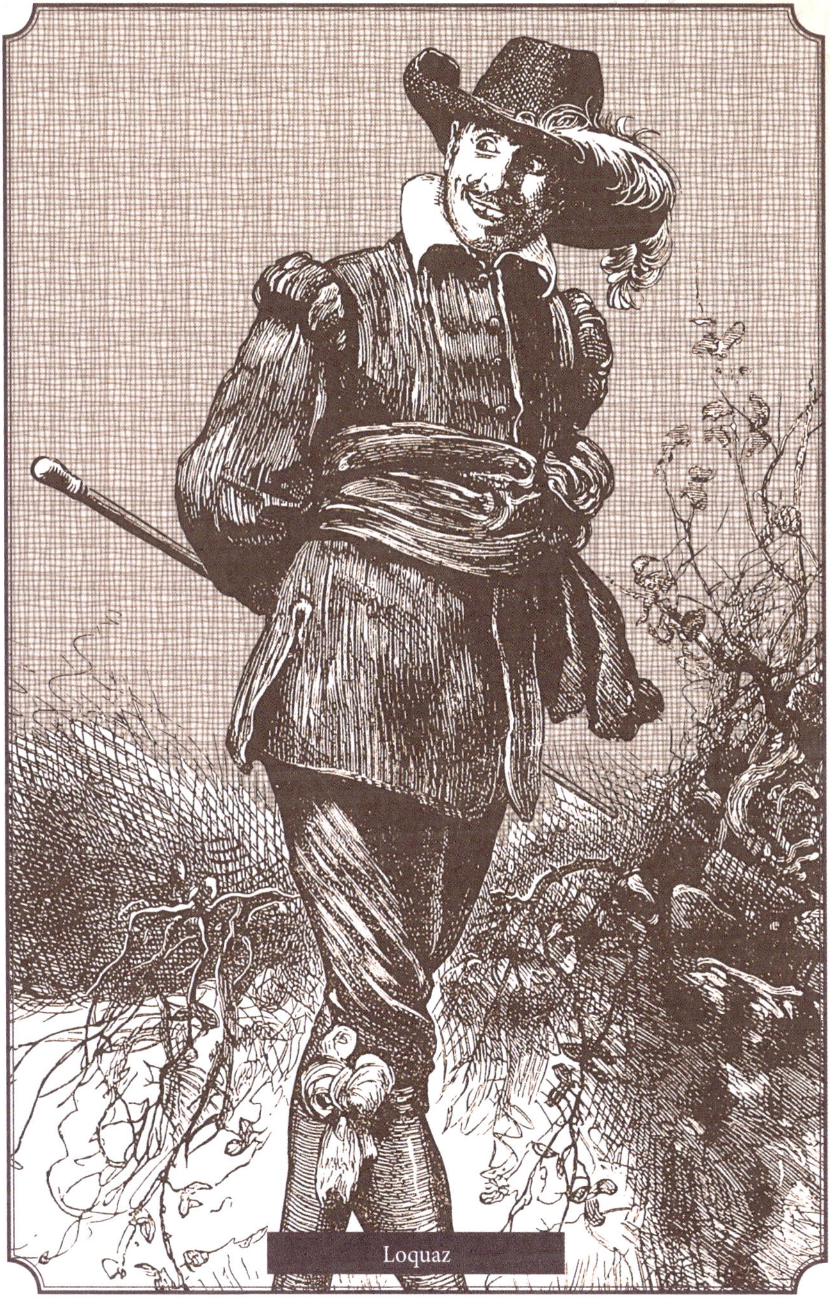

Loquaz

FIEL: Você o conhece?

CRISTÃO: Sim, quase melhor do que ele próprio se conhece.

FIEL: Quem é ele?

CRISTÃO: Seu nome é Loquaz e vive em nossa cidade. Fiquei surpreso que você não o reconhecesse, mas nossa cidade é grande.

FIEL: De quem ele é filho? E onde mora?

CRISTÃO: Ele é o filho de Bem-Falante e morava na Rua das Boas-Palavras; todos os que estão familiarizados com ele o conhecem pelo nome de Loquaz. Apesar da conversa agradável, ele é um sujeito desprezível.

FIEL: Bem, ele parece ser um homem muito simpático.

CRISTÃO: Ele é assim para os que não estão completamente familiarizados com ele, pois tem a melhor aparência em terras estrangeiras mas, perto de casa, é feio. Quando você diz que ele é um homem agradável, lembro-me das obras artísticas, cujas pinturas são mais bonitas à distância, porém, de perto são desagradáveis.

FIEL: Parece que você está zombando de mim.

CRISTÃO: O Senhor me livre de brincar com esse assunto ou de fazer uma acusação falsa! Vou contar-lhe mais sobre ele. Este homem aprecia qualquer companhia e qualquer conversa. O que lhe falou até agora poderá dizer igualmente em uma taverna. Quanto mais bebe mais fala. A religião não tem um lugar em seu coração, em sua casa ou seu comportamento; ele é todo conversa e sua religião é a sua língua.

FIEL: Você não me havia dito! Fui grandemente enganado por este homem.

CRISTÃO: Enganado! Esteja certo disto. Lembre-se do provérbio: "Eles dizem e não fazem",[15] porém, "o reino de Deus não consiste em

---

15 Mateus 23:3

palavras, mas em poder".[16] Ele fala da oração, do arrependimento, da fé e do novo nascimento, mas apenas fala. Já estive com sua família e o observei, tanto em casa como fora dela, e sei que o que digo sobre ele é a verdade. Sua casa é tão vazia de religião como uma clara do ovo é sem sabor. Não há oração, nem sinal de arrependimento pelo pecado, até mesmo os animais servem a Deus melhor do que ele. Para aqueles que o conhecem, ele traz vergonha e opróbrio para o nome do Senhor; no lado da cidade em que mora, é um péssimo exemplo de cristão.[17] As pessoas que o conhecem dizem: "Ele é um santo fora de casa e um demônio em seu lar". Certamente, sua pobre família conhece seu interior: ele é rude, abusivo e injusto com seus servos, e nunca sabem como se aproximar dele. Os homens que têm quaisquer negócios com ele dizem que é melhor lidar com um turco do que com ele, pois receberão um tratamento mais justo. Este Loquaz, se for possível, fraudará, enganará e obterá o melhor das pessoas por meios inescrupulosos. Além disso, ensina os filhos a agir da mesma forma e, se ele encontra em algum deles a timidez tola (pois é assim que chama a consciência sensível), os chama de idiotas, tolos e não dará trabalho a eles nem os recomendará para outros. Acredito que sua vida perversa já levou muitos a tropeçar e cair. E continuará, se Deus não impedir, causando a ruína de muitos mais.

FIEL: Bem, meu irmão, tenho que crer em você. Não apenas porque você disse que o conhece, mas porque olha os homens como um cristão. Também sei que não fala maliciosamente, pois suas palavras são verdadeiras.

---

16 1 Coríntios 4:20

17 "Pois, como está escrito, o nome de Deus é blasfemado entre os gentios por vossa causa. Porque a circuncisão tem valor se praticares a lei; se és, porém, transgressor da lei, a tua circuncisão já se tornou incircuncisão" (ROMANOS 2:24,25).

CRISTÃO: Se eu não o conhecesse tão bem, provavelmente teria pensado da mesma forma. Ouvi essas coisas daqueles que são inimigos da religião, e pensei ser calúnia, já que muitas vezes é o que sai da boca dos homens ímpios ao falar sobre nomes e profissões dos bons homens. Mas, de acordo com meu conhecimento, posso provar que ele é culpado de todas estas coisas e muito mais. Além disso, os homens bons têm vergonha dele, pois não podem chamá-lo de irmão, nem amigo. O som de seu nome os faz enrubescer se o conhecem.

FIEL: Vejo que dizer e fazer são coisas distintas. Daqui em diante, serei cuidadoso em observar essa distinção.

CRISTÃO: De fato, são duas coisas diferentes. Tão diversas como a alma e o corpo, porque assim como o corpo sem a alma é apenas uma carcaça morta, assim são as palavras sem obras. A alma da religião é a parte prática: "A religião pura e sem mácula, para com o nosso Deus e Pai, é esta: visitar os órfãos e as viúvas nas suas tribulações e a si mesmo guardar-se incontaminado do mundo".[18] Loquaz não tem esse conhecimento, ele acha que ouvir e falar faz de alguém um bom cristão e, assim, engana a si mesmo. Ouvir nada mais é que a semeadura da semente; falar não prova que o coração e a vida frutificaram. O que temos certeza é de que no dia do juízo os homens serão julgados de acordo com seus frutos.[19] A pergunta não será: "Você acredita?", mas sim "Você praticou as verdades ou apenas falou sobre elas?". E assim serão julgados. O fim do mundo pode ser comparado à nossa colheita. Sabemos que na colheita os homens estão interessados no fruto e em nada mais. Não que qualquer coisa que não seja o

18 Tiago 1:27, veja os versículos 22-26.

19 "Assim, pois, pelos seus frutos os conhecereis" (MATEUS 7:20).

resultado da fé possa ser aceito, mas digo isso para lhe mostrar o quão insignificante a profissão de Loquaz será naquele momento.

FIEL: Isto traz à mente as palavras de Moisés, quando descreveu animais puros.[20] Era aquele que tem o casco fendido e rumina; não só um que tem o casco fendido ou que apenas rumina. O coelho rumina, mas é impuro, porque não têm o casco fendido. E isto é o que se assemelha em Loquaz: ele busca o conhecimento por "mastigar" a palavra, mas não se separou de seus caminhos pecaminosos, por isso, como o coelho, ele é impuro.

CRISTÃO: Por tudo o que conheço, você mostrou o verdadeiro sentido do evangelho daqueles textos. E acrescentarei outra coisa: Paulo chama alguns homens, e aqueles que são grandes faladores também, de "bronze que soa ou como o címbalo que retine", isto é, como ele expõe em outra passagem, "instrumentos inanimados" que emitem som.[21] As coisas sem vida não contêm a verdadeira fé e a graça do evangelho e, consequentemente, essas coisas nunca entrarão no reino dos Céus com aqueles que são os filhos da vida, mesmo que o som da palavra seja como se fosse o idioma ou a voz de um anjo.

FIEL: Bem, a princípio eu não estava apreciando muito sua companhia, mas agora estou realmente enojado disto. Como podemos nos livrar dele?

---

20 Veja Levítico 11 e Deuteronômio 14.

21 "Ainda que eu fale as línguas dos homens e dos anjos, se não tiver amor, serei como o bronze que soa ou como o címbalo que retine. Ainda que eu tenha o dom de profetizar e conheça todos os mistérios e toda a ciência; ainda que eu tenha tamanha fé, a ponto de transportar montes, se não tiver amor, nada serei" (1 CORÍNTIOS 13:1-3).

"É assim que instrumentos inanimados, como a flauta ou a cítara, quando emitem sons, se não os derem bem distintos, como se reconhecerá o que se toca na flauta ou cítara?" (1 CORÍNTIOS 14:7).

CRISTÃO: Siga o meu conselho e faça o que digo e você descobrirá que, em breve, ele também estará cansado de sua companhia, a menos que Deus toque seu coração e o transforme.

FIEL: O que você quer que eu faça?

CRISTÃO: Vá até ele e entre em uma discussão séria sobre o poder da religião, e quando ele concordar com você, pois ele o fará, pergunte-lhe à queima-roupa se este poder foi estabelecido em seu coração, em sua casa ou em seu comportamento.

Fiel avançou os passos novamente e perguntou a Loquaz: "Como você está?".

LOQUAZ: Muito bem, obrigado. Mas pensei que conversaríamos por mais tempo.

FIEL: Bem, se você quiser, podemos continuar. Já que permitiu que eu fizesse uma pergunta, aqui vai: Como você pode dizer quando a graça salvadora de Deus está no coração do homem?

LOQUAZ: Vejo que nossa conversa deve ser sobre o poder das coisas. Bem, é uma pergunta muito boa, e estou disposto a responder-lhe. Primeiro e resumidamente, quando a graça de Deus está no coração, ela clama contra o pecado. Segundo…

FIEL: Espere! Tenha calma! Vamos considerar uma coisa de cada vez. Acredito que você deveria dizer ao contrário, que a graça determina que a alma abomine seu próprio pecado.

LOQUAZ: Por quê? Qual a diferença entre clamar contra o pecado e abominá-lo?

FIEL: Ah! Muita diferença. Um homem pode clamar contra o pecado, como regra geral, mas não pode abominá-lo a menos que sinta ódio dele. Ouço muitos clamarem contra o pecado no púlpito, mas que ainda vivem com ele no coração, no lar e em seu comportamento. A esposa de Potifar clamou com grande voz, como se fosse muito pura, mas ela estava disposta a cometer adultério com José.[22] Alguns clamam contra o pecado, assim como a mãe que, de forma divertida, repreende a filha em seu colo, chamando-a de menina desobediente, e ao mesmo tempo a abraça e beija.

LOQUAZ: Vejo que você está querendo me enredar.

FIEL: Não, só quero acertar as coisas. Então, qual é o segundo meio pelo qual você prova a existência da obra da graça no coração?

LOQUAZ: Um grande conhecimento dos mistérios do evangelho.

FIEL: Este deve ser o primeiro sinal, mas sendo o primeiro ou o último, também é falso, pois o conhecimento, o grande conhecimento, dos mistérios do evangelho podem ser alcançados e, ainda assim, pode não haver obra da graça na alma.[23] Sim, um homem pode ter todo o conhecimento e ainda não ser um filho de Deus. Cristo disse: "Você sabe todas essas coisas?". E os discípulos responderam: "Sim". Então, ele acrescentou: "Bem-aventurados sois se as cumprirdes". A bênção não está no saber, mas no agir. Porque o conhecimento nem sempre é acompanhado pelas ações, como o servo que sabe o que seu mestre quer, mas não faz. Um homem pode ter o conhecimento dos anjos e ainda assim não ser um cristão, por isso esse sinal não é verdadeiro. Na verdade, saber é uma coisa que agrada a faladores e presunçosos, mas o conhecimento prático é o que agrada a Deus. Não que o coração possa ser bom sem conhecimento; sem ele o coração é nada. Existem dois tipos de conhecimento: o conhecimento sobre as coisas; e aquele que é acompanhado com a graça da fé e amor, o qual torna o homem desejoso de fazer a vontade de Deus. O primeiro tipo satisfará o locutor, mas o verdadeiro cristão não se satisfará com um tipo de

22 Veja Gênesis 39:7-23.

23 Veja 1 Coríntios 13.

conhecimento sem o outro. “Dá-me entendimento, e guardarei a tua lei; de todo o coração a cumprirei”.[24]

LOQUAZ: Você está tentando fazer-me tropeçar novamente. Isso não é edificante.

FIEL: Bem, se quiser, mencione outro sinal desta obra da graça para nossa discussão.

LOQUAZ: Não, sei que não concordamos.

FIEL: Posso, então, mencionar um sinal?

LOQUAZ: Sinta-se à vontade.

FIEL: A obra da graça na alma é evidente tanto para a pessoa que a possui como para as pessoas que estão ao seu redor. Aquele que a possui tem convicção do pecado, especialmente da corrupção da sua natureza e o pecado da incredulidade (pelo qual ele está seguro de que será condenado se não encontrar misericórdia divina pela fé em Jesus Cristo).[25] Essa convicção lhe causa tristeza e vergonha pelo seu pecado, além disso, lhe revela a sua necessidade de acertar-se com o Salvador do mundo, que o torna faminto e sedento de Deus, e é essa fome e sede de salvação que Deus prometeu satisfazer.[26] Ora, Sua alegria e paz são equivalentes à força ou à fraqueza de sua fé em

---

24 Salmo 119:34

25 “Quando ele vier, convencerá o mundo do pecado, da justiça e do juízo: do pecado, porque não creem em mim...” (JOÃO 16:8,9).

“Desventurado homem que sou! Quem me livrará do corpo desta morte?” (ROMANOS 7:24).

“Quem crer e for batizado será salvo; quem, porém, não crer será condenado” (MARCOS 16:16).

26 “Confesso a minha iniquidade; suporto tristeza por causa do meu pecado” (SALMO 38:18).

“Na verdade, depois que me converti, arrependi-me; depois que fui instruído, bati no peito; fiquei envergonhado, confuso, porque levei o opróbrio da minha mocidade” (JEREMIAS 31:19).

seu Salvador, assim como o seu amor pela santidade e seu desejo de saber mais do Salvador e servi-lo neste mundo. Mas, embora isto se evidencie dessa forma, raramente será capaz de concluir que essa é uma obra da graça, porque sua corrupção e sua razão inadequada o faz subestimar este assunto, portanto exige-se um julgamento justo antes que ele possa concluir com segurança que essa é uma obra da graça. Para outros, é evidente de outras maneiras:

1. Pela confissão de sua fé em Cristo.[27]
2. Pela vida que corresponda a essa confissão, ou seja, uma vida de santidade — santidade de coração, santidade de família (se tiver uma família) e em seu comportamento no mundo. Esta santidade o ensina a abominar o seu próprio pecado, e isso ele faz em particular,

---

"...sabendo, contudo, que o homem não é justificado por obras da lei, e sim mediante a fé em Cristo Jesus, também temos crido em Cristo Jesus, para que fôssemos justificados pela fé em Cristo e não por obras da lei, pois, por obras da lei, ninguém será justificado" (GÁLATAS 2:16).

"E não há salvação em nenhum outro; porque abaixo do céu não existe nenhum outro nome, dado entre os homens, pelo qual importa que sejamos salvos" (ATOS 4:12).

"Bem-aventurados os que têm fome e sede de justiça, porque serão fartos" (MATEUS 5:6).

"E lhe trarão a glória e a honra das nações" (APOCALIPSE 21:26).

27 "Porque com o coração se crê para justiça e com a boca se confessa a respeito da salvação" (ROMANOS 10:10).

"Vivei, acima de tudo, por modo digno do evangelho de Cristo, para que, ou indo ver-vos ou estando ausente, ouça, no tocante a vós outros, que estais firmes em um só espírito, como uma só alma, lutando juntos pela fé evangélica" (FILIPENSES 1:27).

"Aquele, pois, que violar um destes mandamentos, posto que dos menores, e assim ensinar aos homens, será considerado mínimo no reino dos céus; aquele, porém, que os observar e ensinar, esse será considerado grande no reino dos céus" (MATEUS 5:19).

reprimindo o pecado em sua família e promovendo a santidade no mundo — não só em palavras, como um hipócrita ou tagarela o faz, mas de uma forma prática de submissão, na fé e no amor, ao poder da Palavra.[28] E agora, senhor, depois dessa breve descrição da obra da graça e da evidência de seu poder, se tem alguma objeção, sinta-se à vontade, se não, posso levantar uma segunda questão?

LOQUAZ: Não, não cabe a mim discordar, mas ouvir. Faça a segunda pergunta.

FIEL: É esta: Você experimenta a primeira parte dessa descrição da obra de graça? Sua vida e comportamento testemunham isto? Ou a sua religião está em palavras ou em língua, e não em prática e verdade? E se você quiser realmente me responder sobre isto, diga não mais do que aquilo que você sabe que Deus do alto dirá "Amém" e só o que sua consciência pode justificar: "Porque não é aprovado quem a si mesmo se louva, e sim aquele a quem o Senhor louva". Além disso, é muito cruel dizer "eu sou assim e pronto" quando meu comportamento e todos os meus vizinhos dizem que sou mentiroso.

Pela primeira vez Loquaz começou a envergonhar-se. Entretanto, recuperou a pose e replicou:

LOQUAZ: Você veio agora para experimentar, conscientizar e apelar a Deus para julgar o que é dito. Não esperava esse tipo de

---

28 "Se me amais, guardareis os meus mandamentos" (JOÃO 14:15).

"Antes, o seu prazer está na lei do SENHOR, e na sua lei medita de dia e de noite. Ele é como árvore plantada junto a corrente de águas, que, no devido tempo, dá o seu fruto, e cuja folhagem não murcha; e tudo quanto ele faz será bem-sucedido" (SALMO 1:2,3).

"Eu te conhecia só de ouvir, mas agora os meus olhos te veem. Por isso, me abomino e me arrependo no pó e na cinza" (JÓ 42:5,6).

"Ali, vos lembrareis dos vossos caminhos e de todos os vossos feitos com que vos contaminastes e tereis nojo de vós mesmos, por todas as vossas iniquidades que tendes cometido" (EZEQUIEL 20:43).

discussão, nem estou disposto a responder a essas perguntas, porque não sou obrigado, a menos que você esteja assumindo o papel de um catequista, e mesmo que assim agisse, ainda poderia me recusar a torná-lo meu juiz. No entanto, diga-me o motivo para tais perguntas?

FIEL: Porque vi que você estava ansioso para falar. Além disso, para dizer a verdade, eu ouvi dizer que você é um homem cuja religião é superficial e que seu comportamento mostra que aquilo que você professa com a boca não é verdade. Eles dizem que você traz desgraça para o povo de Deus e que o preço da religião é grave devido a um comportamento ímpio. Eles dizem que alguns já tropeçaram por causa dos seus maus caminhos e que estão em perigo de serem destruídos por eles; a sua religião, a taberna, a cobiça, a impureza e palavrões e companhias mentirosas e malvadas serão julgados juntos. Há um provérbio, que se refere a uma prostituta: ela é uma vergonha para todas as mulheres. Então você é uma vergonha para todos os cristãos professos.

LOQUAZ: Já percebi que você gosta de ouvir relatos e julga muito precipitadamente; só posso concluir que você é um homem mal-humorado que não está apto para conversar. Adeus.

Então, Cristão aproximou-se e falou ao seu irmão: "Eu disse o que aconteceria: as suas palavras e os seus desejos não poderiam concordar; ele prefere deixar sua companhia do que mudar sua vida. Mas ele se foi, e eu digo, deixe-o ir, a perda é dele. Ele nos livrou de um problema em deixá-lo. Ele teria sido um obstáculo para nós. Além disso, o apóstolo diz: 'foge destas coisas'".

FIEL: Fico feliz porque tivemos esta discussão, no entanto, quem sabe ele pense sobre o assunto algum dia. Fui sincero e por isso sou inocente do sangue dele se, porventura, a morte for seu destino final.

CRISTÃO: Você fez bem em falar tão claramente. É assim que os cristãos devem lidar com os homens atualmente. Isto torna a religião muito desagradável para muitos, pois esses tolos tagarelas, cuja religião está somente na palavra e têm o comportamento corrupto (ainda sendo muitas vezes admitido na comunhão com os santos), confundem o mundo, difamam o cristianismo e entristecem os sinceros. Desejo que todos os homens lidem com eles como você. Portanto, ou se tornam mais verdadeiros em sua religião ou a companhia dos santos será desagradável para eles.

Em seguida, Fiel exclamou:

Como Loquaz inicialmente se empluma!
Com que ousadia fala! O que faz que presuma
Derrubar tudo diante de si! Mas tão logo
Fiel fala da graça no coração, de modo análogo
À lua minguante, ao horizonte ele se vai.
Assim também vós, que a graça no coração desprezais.

Assim, eles continuaram a conversar sobre o que tinham visto no caminho, tornando a jornada mais fácil, o que, de outra forma, teria sido tediosa, pois agora passavam por um deserto.

CAPÍTULO 6

Quando eles estavam quase fora deste deserto, Fiel olhou para trás e viu alguém que seguia após eles e o reconheceu. "Ó!" disse Fiel, "olhe quem vem lá!" Cristão olhou e disse: "É o meu bom amigo Evangelista". "E é o meu bom amigo também, pois foi ele quem me mostrou o caminho para o portão", explicou Fiel. Evangelista os alcançou e os cumprimentou:

EVANGELISTA: Paz seja com vocês, meus amados, e paz para aqueles que os ajudaram.

CRISTÃO: Bem-vindo, muito bem-vindo, meu bom Evangelista! Seu semblante me faz lembrar da bondade e de seu trabalho para o meu bem eterno.

FIEL: Mil vezes bem-vindo! Como nós, pobres peregrinos, ansiamos por sua companhia!

EVANGELISTA: Como têm se saído, meus amigos, desde que nos vimos pela última vez? Com quem vocês se encontraram e como foi seu comportamento?

Cristão e Fiel contaram todas as coisas que aconteceram durante o caminho e, como e com qual dificuldade chegaram àquele lugar.

EVANGELISTA: Estou feliz, não porque encontraram obstáculos, mas por terem se tornado vitoriosos e que, apesar de muitas fraquezas, continuaram no caminho até o dia de hoje. Quer dizer, estou contente por tudo isso, por mim e por vocês. Eu semeei e vocês colheram. O dia está chegando quando tanto o que plantou quanto os que colheram se alegrarão juntos. Isto é, se permanecerem firmes, no devido tempo, vocês colherão, se não desanimarem.[1] A coroa incorruptível está diante de vocês, então corram para obtê-la.[2] Alguns partiram para conquistar a coroa, e depois de ir muito

---

1 "O ceifeiro recebe desde já a recompensa e entesoura o seu fruto para a vida eterna; e, dessarte, se alegram tanto o semeador como o ceifeiro" (JOÃO 4:36)
"E não nos cansemos de fazer o bem, porque a seu tempo ceifaremos, se não desfalecermos" (GÁLATAS 6:9).

2 "Não sabeis vós que os que correm no estádio, todos, na verdade, correm, mas um só leva o prêmio? Correi de tal maneira que o alcanceis. Todo atleta em tudo se domina; aqueles, para alcançar uma coroa corruptível; nós, porém, a incorruptível. Assim corro também eu, não sem meta; assim luto, não como desferindo golpes no ar. Mas esmurro o meu corpo e o reduzo à escravidão, para que, tendo pregado a outros, não venha eu mesmo a ser desqualificado" (1 CORÍNTIOS 9:24-27).

longe, outros vêm e a carregam com eles. Mantenham o que vocês têm, e que ninguém tome a sua coroa.[3] Vocês ainda não estão fora do alcance do diabo, não têm resistido com seu próprio sangue, deixem o reino estar sempre diante de vocês e acreditem firmemente nas coisas que são invisíveis. Que nada deste mundo faça parte de vocês; e, acima de tudo, atentem para as concupiscências de seu próprio coração, pois ele é enganoso e desesperadamente corrupto; resistam com determinação, pois vocês têm todo o poder do Céu e da Terra ao seu lado.

Cristão agradeceu-lhe a exortação e disse que gostaria que ele falasse mais para auxiliá-los no restante do caminho, pois sabiam que ele era um profeta, e poderia contar-lhes sobre o que lhes aconteceria e como poderiam resistir e vencer essas coisas. Fiel concordou com esse pedido.

EVANGELISTA: Meus filhos, vocês já ouviram falar nas palavras do evangelho, de que passarão por muitas tribulações antes de entrar no reino do Céu. E, em cada cidade, enfrentarão prisão e sofrimento; portanto, não podem esperar que, enquanto a peregrinação avança, não encontrarão desafios. Vocês já encontraram algumas verdades nos testemunhos, e mais virão imediatamente, pois agora, como veem, estão quase fora deste deserto. Portanto, logo entrarão em uma cidade que, em breve, estará diante de vocês. Naquela cidade serão duramente atacados por inimigos que tentarão matá-los e, podem ter certeza, um de vocês ou ambos selarão seu testemunho com sangue, mas sejam fiéis até a morte, e o Rei lhes dará a coroa da vida. Aquele que morrer lá, apesar de sua morte não ser natural e sua dor talvez maior, terá melhor sorte que

3 "Venho sem demora. Conserva o que tens, para que ninguém tome a tua coroa" (APOCALIPSE 3:11).

seu companheiro, não só porque chegará à Cidade Celestial antes, mas porque fugirá das muitas misérias que o outro enfrentará no restante da jornada. Quando chegarem à cidade e se cumprir o que lhes contei, lembrem-se, amigos, comportem-se como homens, entreguem-se ao seu fiel Criador e continuem a praticar o bem.

Vi, em meu sonho, que Cristão e Fiel surgiram do deserto e avistaram uma cidade diante deles. O nome dela era Vaidade e lá havia uma feira, chamada Feira das Vaidades, que funcionava durante todo o ano. É assim denominada porque tudo o que lá se vendia era vão ou inútil; e todos os que a frequentavam eram vãos. Como diz o ditado, "tudo é vaidade".[4]

Essa feira não era um evento criado recentemente, mas um antigo empreendimento. Mostrarei como começou originalmente.

Há quase cinco mil anos, peregrinos, como esses dois homens honestos, dirigiam-se à Cidade Celestial. Belzebu, Apolião, Legião, e seus companheiros viram que os peregrinos passavam pelo meio da cidade de Vaidade. Decidiram criar uma feira que durasse o ano todo, onde seriam oferecidos produtos que inspirassem qualquer espécie de vaidade: casas, terrenos, comércio, cargos, honras, promoções, títulos, países, reinos, concupiscências, desejos e prazeres

4 Veja Eclesiastes 1.

"Considerei todas as obras que fizeram as minhas mãos, como também o trabalho que eu, com fadigas, havia feito; e eis que tudo era vaidade e correr atrás do vento, e nenhum proveito havia debaixo do sol.[...] Pelo que aborreci a vida, pois me foi penosa a obra que se faz debaixo do sol; sim, tudo é vaidade e correr atrás do vento" (ECLESIASTES 2:11,17).

"Ainda que o homem viva muitos anos, regozije-se em todos eles; contudo, deve lembrar-se de que há dias de trevas, porque serão muitos. Tudo quanto sucede é vaidade" (ECLESIASTES 11:8).

"Todas as nações são perante ele como coisa que não é nada; ele as considera menos do que nada, como um vácuo (ISAÍAS 40:17).

de todo o tipo, como prostitutas, esposas, maridos, filhos, mestres, servos, vida, sangue, corpos, almas, prata, ouro, pérolas e outras pedras preciosas.

Nesta feira, poderia sempre ser encontrado: malabaristas, trapaceiros, jogos, peças de teatro, pessoas tolas, imitadores, malandros e vilões de toda espécie. Ali, também poderia ser visto, sem custo, furtos, homicídios, adultérios, mentiras e coisas de escarlate.

E, como em outras feiras de menor importância, nela existem várias alamedas e ruas com nomes próprios onde as mercadorias são vendidas. Aqui também havia corredores e ruas (com nomes de países e reinos), onde as coisas desta feira poderiam ser encontradas. Na Feira das Vaidades encontram-se as alamedas Britânica, Francesa, Italiana, Espanhola, Alemã, onde vários tipos de vaidades eram vendidas. E assim como existem mercadorias mais populares em outras feiras, nesta acontecia a mesma coisa, pois os produtos de Roma eram os mais promovidos; entretanto, somente a nossa nação inglesa e outras poucas tinham aversão a ela.

Como disse, o caminho para a Cidade Celestial passava direto pela cidade em que estava a feira, portanto, todo peregrino precisava cruzar por Vaidade. Para evitá-la e chegar à Cidade Celestial, Cristão deveria deixar este mundo.[5] O próprio Príncipe dos príncipes, quando estava aqui, passou por esta cidade quando a feira estava aberta. Creio que o próprio Belzebu, o proprietário da feira, o convidou para comprar algumas de suas vaidades; sim, ele disse que o tornaria seu novo proprietário se o adorasse quando passou pela

---

5 "Já em carta vos escrevi que não vos associásseis com os impuros; refiro-me, com isto, não propriamente aos impuros deste mundo, ou aos avarentos, ou roubadores, ou idólatras; pois, neste caso, teríeis de sair do mundo" (1 CORÍNTIOS 5:10).

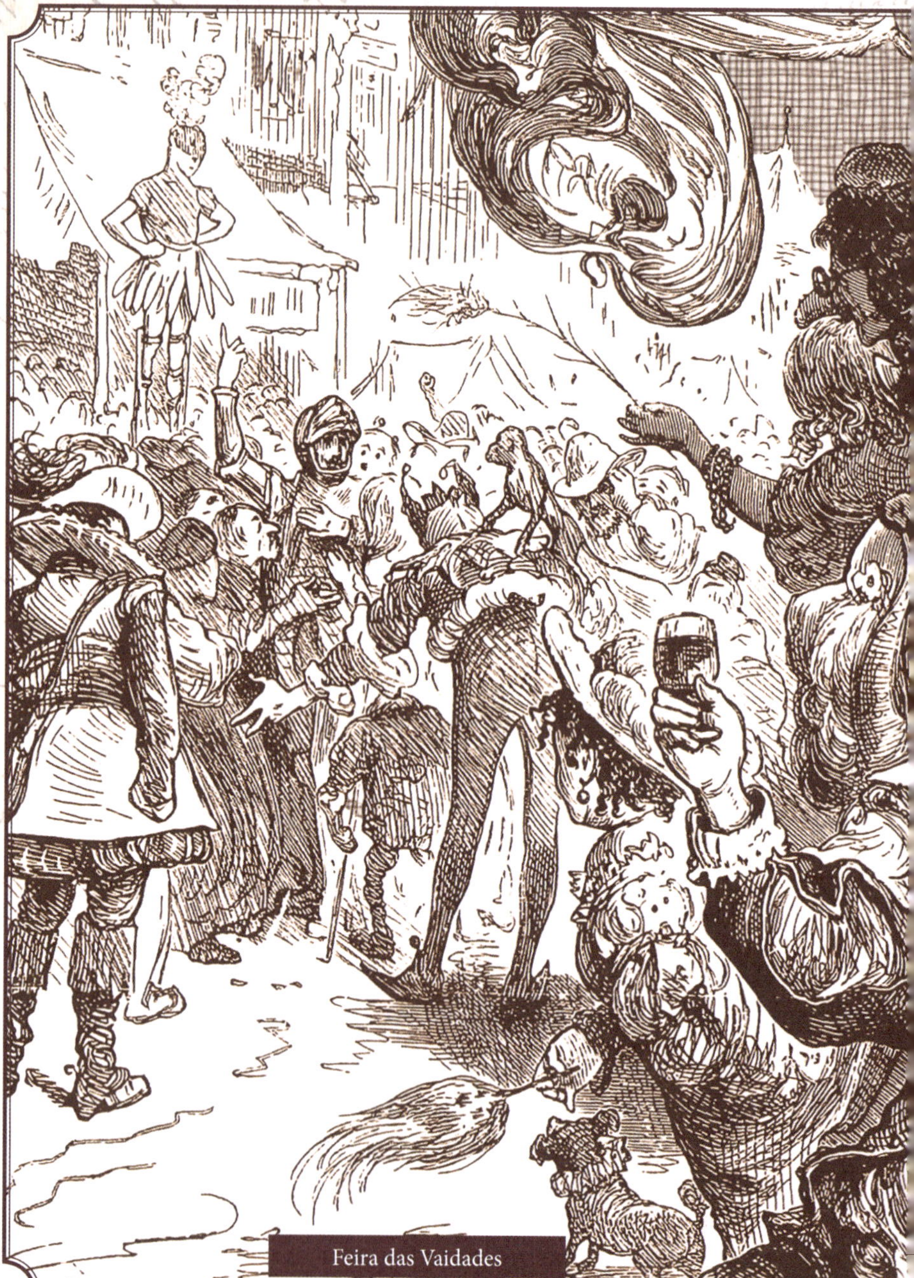

Feira das Vaidades

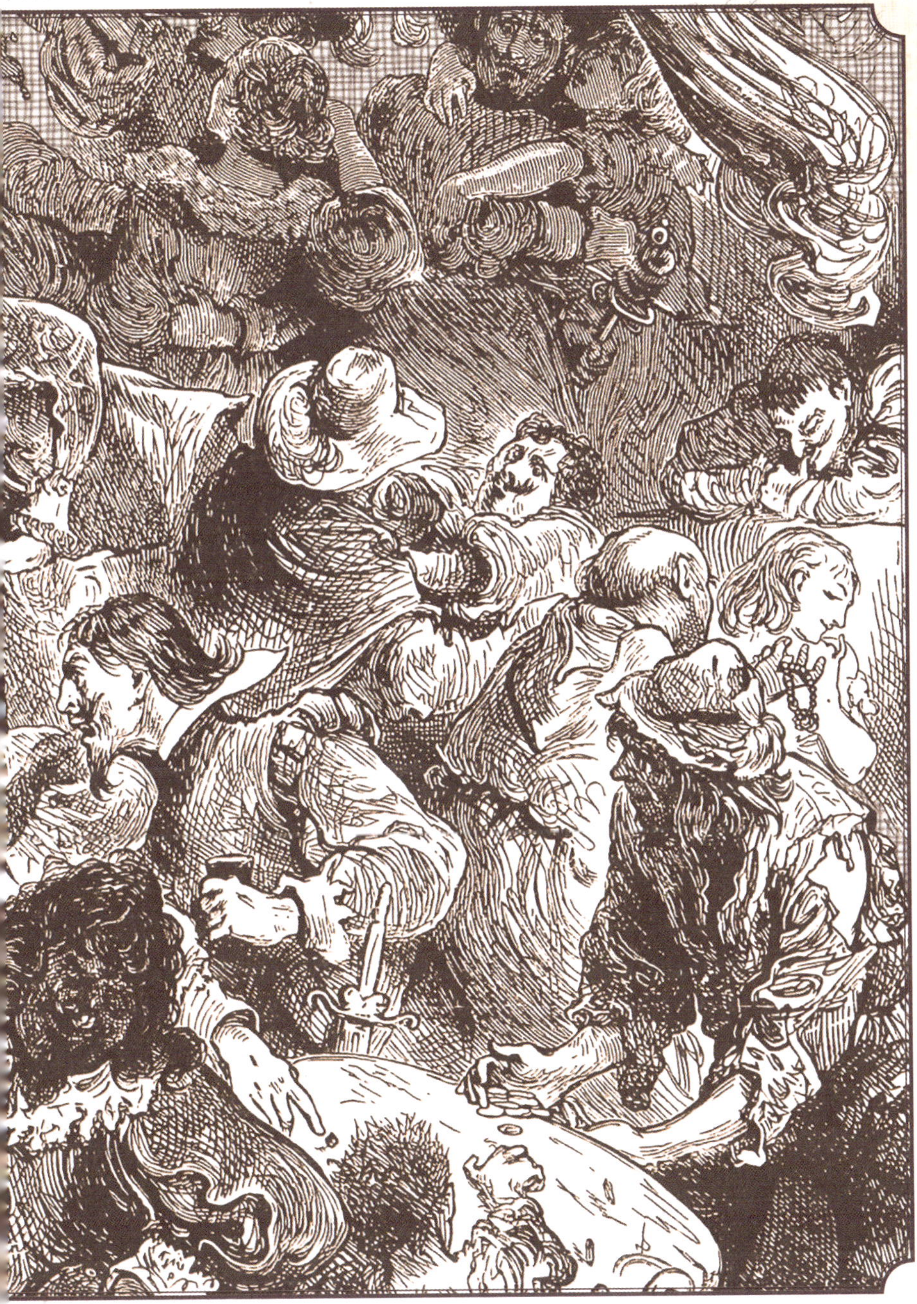

cidade.[6] Belzebu o conduziu de rua em rua e mostrou-lhe todos os reinos do mundo, para que ele, se possível, seduzisse O Abençoado para que este se humilhasse e comprasse alguns de seus produtos, mas O Abençoado não estava interessado nas mercadorias e deixou a cidade sem gastar um centavo.

Esta feira, portanto, era um evento antigo, uma feira de longa duração e muito grande. E estes dois peregrinos, como eu disse, precisavam atravessá-la. Mas quando entraram na feira, todas as pessoas estavam entusiasmadas e os moradores da cidade faziam um grande alvoroço ao redor deles, por alguns motivos:

Primeiro, as vestimentas dos peregrinos eram distintas dos participantes da feira. Portanto, as pessoas os trataram rudemente: alguns os chamaram tolos, outros os consideraram malucos e, finalmente, foram classificados como estrangeiros.

Segundo, assim como menosprezaram a aparência, não conseguiam entender o que os peregrinos diziam. Cristão e Fiel falavam o idioma de Canaã, mas aqueles que participavam da feira eram homens deste mundo, portanto, para eles parecia que ambos eram originários de povos bárbaros.[7]

Terceiro, os comerciantes ficaram muito intrigados porque os peregrinos nem mesmo se interessavam por nenhum de seus artigos, nem

---

6 "Levou-o ainda o diabo a um monte muito alto, mostrou-lhe todos os reinos do mundo e a glória deles..." (MATEUS 4:8).

"E, elevando-o, mostrou-lhe, num momento, todos os reinos do mundo. Disse-lhe o diabo: Dar-te-ei toda esta autoridade e a glória destes reinos, porque ela me foi entregue, e a dou a quem eu quiser. Portanto, se prostrado me adorares, toda será tua" (LUCAS 4:5-7).

7 "...mas falamos a sabedoria de Deus em mistério, outrora oculta, a qual Deus preordenou desde a eternidade para a nossa glória; sabedoria essa que nenhum dos poderosos deste século conheceu; porque, se a tivessem conhecido, jamais teriam crucificado o Senhor da glória" (1 CORÍNTIOS 2:7,8).

mesmo queriam vê-los. Eles não imitavam a aparência dos moradores locais e quando os chamavam para olhar as mercadorias, colocavam os dedos nos ouvidos e clamavam: "Desvia os meus olhos de contemplarem a vaidade", e olhavam para cima, o que significava que seu objetivo estava no Céu.[8]

Certo homem, notando a maneira de agir dos homens, disse em tom de zombaria: "O que vocês querem comprar?". Eles o olharam seriamente e responderam: "Compramos a verdade".[9] Isto lhes deu mais motivo para desprezar os dois homens. Alguns zombaram deles, outros os repreenderam e alguns queriam atacá-los. Finalmente, isto causou grande comoção, transformando a feira numa desordem total. Notícias sobre os acontecimentos chegaram aos ouvidos do diretor da feira, que veio rapidamente e convocou alguns de seus amigos mais confiáveis para prender estes dois homens e, sob custódia, questioná-los. Assim, os dois foram levados a julgamento. Seus inquiridores faziam perguntas acerca de onde vinham, para onde estavam indo e por que usavam essas roupas incomuns. Os homens disseram que eram peregrinos e estrangeiros neste mundo, e que dirigiam-se ao seu país, a Jerusalém celestial,[10]

---

8 "Desvia os meus olhos, para que não vejam a vaidade, e vivifica-me no teu caminho" (SALMO 119:37).

"O destino deles é a perdição, o deus deles é o ventre, e a glória deles está na sua infâmia, visto que só se preocupam com as coisas terrenas. Pois a nossa pátria está nos céus, de onde também aguardamos o Salvador, o Senhor Jesus Cristo" (FILIPENSES 3:19,20).

9 "Compra a verdade e não a vendas; compra a sabedoria, a instrução e o entendimento" (PROVÉRBIOS 23:23).

10 "Todos estes morreram na fé, sem ter obtido as promessas; vendo-as, porém, de longe, e saudando-as, e confessando que eram estrangeiros e peregrinos sobre a terra. Porque os que falam desse modo manifestam estar procurando uma pátria. E, se, na verdade, se lembrassem daquela de onde saíram,

e que não havia motivo para que os habitantes da cidade e comerciantes os maltratassem nem que dificultassem sua jornada, exceto quando um deles perguntou o que eles comprariam, e responderam que comprariam a verdade. Mas aqueles que tinham sido nomeados para julgá-los acreditavam que eram loucos ou causadores de tumulto na feira. Bateram neles, os sujaram com terra e os colocaram em uma prisão para servir de exemplo para todos os que estavam na feira.

Vede a Feira das Vaidades! Lá os peregrinos
São acorrentados e apedrejados;
Mesmo ali tendo passado o Salvador divino,
E no monte Calvário, tenha sido crucificado.

Ficaram lá por algum tempo e foram objetos de diversão, malícia ou vingança dos homens, enquanto o responsável pela feira zombava de tudo que acontecia com eles. Mas, como Cristão e Fiel foram pacientes e não retribuíram o mal com o mal, em vez disso, responderam com palavras bondosas à maldade e aos ferimentos recebidos, alguns homens da feira ficaram mais atentos e menos preconceituosos que os demais, e começaram a repreender e culpar os mais perversos pelos abusos cometidos contra os dois viajantes. Porém, o povo avançou sobre eles com muita ira, considerando-os tão maus quanto os homens na prisão, acusando-os de serem seus cúmplices e que deveriam compartilhar suas desgraças. Em resposta à ameaça, disseram que os homens estavam quietos e sóbrios e não

---

teriam oportunidade de voltar. Mas, agora, aspiram a uma pátria superior, isto é, celestial. Por isso, Deus não se envergonha deles, de ser chamado o seu Deus, porquanto lhes preparou uma cidade" (HEBREUS 11:13-16).

queriam prejudicar ninguém, que havia muitos outros que comercializavam na feira que mereciam ser colocados na prisão, mais do que os dois homens que eles tinham maltratado.

Assim, depois de várias palavras trocadas por ambos os lados (durante as quais os dois homens se comportaram de forma sensata e sóbria), começaram a lutar entre si e a ferir-se uns aos outros. Então estes dois pobres homens foram levados novamente ao tribunal da cidade e acusados de causar os últimos problemas na feira. Em seguida, foram golpeados sem piedade e expostos por toda a feira, presos por correntes para servir de exemplo para que ninguém falasse em seu favor ou se juntasse a eles. Mas Cristão e Fiel comportaram-se com maior sabedoria e suportaram a humilhação e vergonha com tanta mansidão e paciência que conquistaram muitos homens da feira para o seu lado (embora poucos, em comparação com o restante). O povo da cidade ficou tão furioso que condenou os bons homens à morte pelo que fizeram e por iludir outros homens na feira.

Colocaram os viajantes na prisão e amarraram seus pés em troncos, até que futuras ordens fossem emitidas.

Neste momento, Cristão e Fiel se lembraram do que ouviram do fiel amigo Evangelista e fortaleceram-se, pois o sofrimento confirmava o que ele tinha dito que lhes aconteceria. Também se confortaram mutuamente porque aquele que fosse escolhido para sofrer seria abençoado; entretanto, cada homem desejava secretamente receber aquela honra. No entanto, eles se comprometeram a submeter-se à vontade do Sábio dos sábios, aquele que governa todas as coisas. Estavam resignados a sua atual condição, até que Sua vontade futura fosse cumprida.

Finalmente, seu julgamento foi marcado e foram levados diante dos inimigos e acusadores. O nome do juiz era Dr. Ódio-ao-Bem.

As acusações foram as mesmas, apenas com uma variação na forma, e o conteúdo básico foi este:

"São inimigos e perturbaram o comércio; e causaram comoção e dissensão na cidade e conquistaram parte da população com suas opiniões perigosas, em detrimento às leis do príncipe".

Agora, Fiel, sê corajoso e fala por teu Deus:
Não temas a malícia dos maus nem os açoites seus!
Fala com ousadia, homem, a verdade contigo está.
Morre por ela, e à vida em triunfo ascenderás.

Então, Fiel começou a responder às acusações, dizendo que se opunha ao que fosse contra o que se dizia superior ao Altíssimo. "E quanto ao distúrbio", disse, "não fiz nada, sou um homem de paz; as pessoas que vieram a nós foram conquistadas por nossa verdade e inocência, e apenas transformaram-se do pior para o melhor. E quanto ao rei de quem vocês falam, Belzebu, inimigo do nosso Senhor, eu o desafio bem como a todos os seus anjos".

Em seguida, foram convocados aqueles que tinham algo a dizer em favor do rei, seu senhor, contra o prisioneiro no banco dos réus. Eles deveriam comparecer e dar o seu testemunho. Então, três testemunhas vieram: Inveja, Superstição e Adulação. Foram questionados se conheciam o prisioneiro, e o que eles tinham a dizer em favor do rei e contra ele.

Inveja levantou-se e disse: "Meu senhor, conheço este homem há muito tempo e atestarei sob juramento a esse tribunal honrado que ele é...".

JUIZ: Espere um momento! Proceda-se ao juramento.

Assim, eles fizeram o juramento.

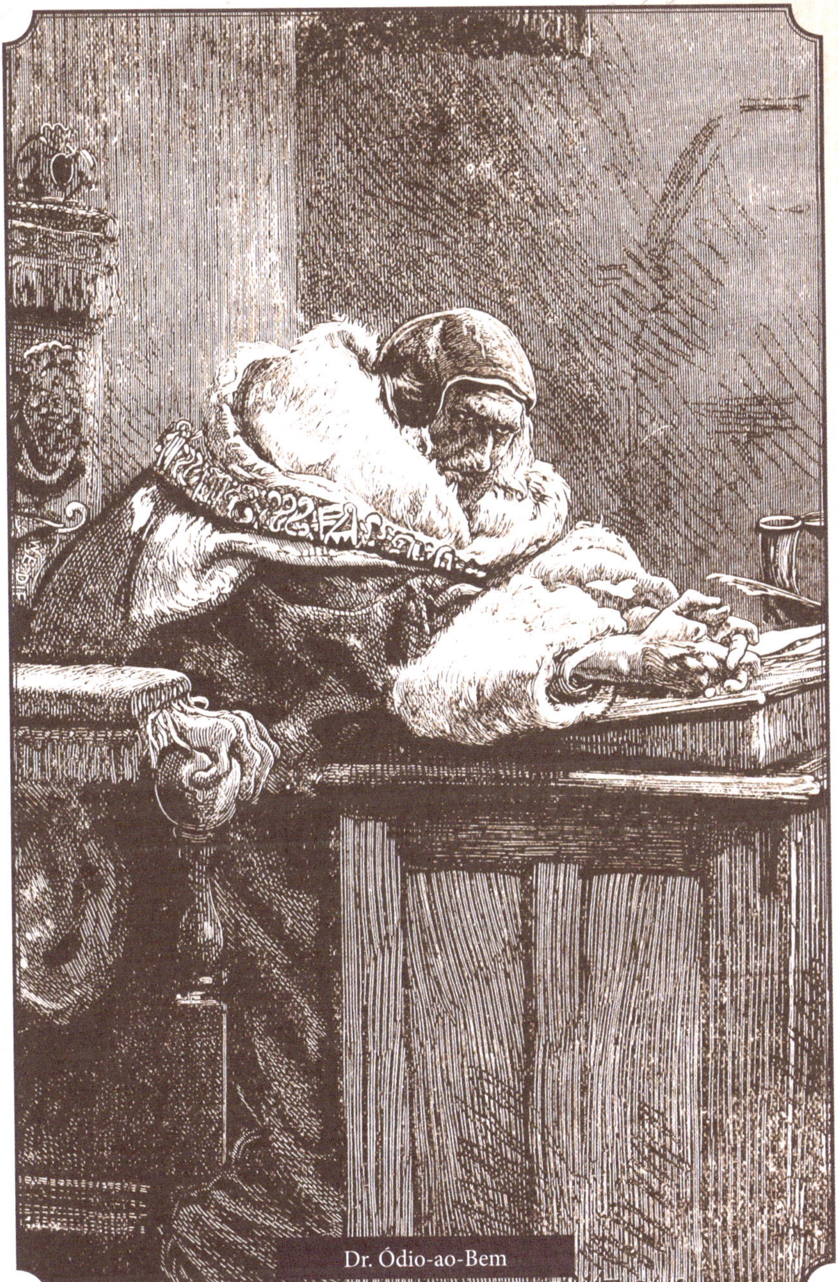

Dr. Ódio-ao-Bem

Então, Inveja continuou: "Meu senhor, este homem, independentemente do seu nome, é um dos mais vis em nosso país. Ele não respeita príncipes ou povos, leis ou costumes, mas faz tudo que pode para impressionar pessoas com suas ideias desleais, chamadas por ele de princípios de fé e santidade. Certa vez, o ouvi afirmar que o cristianismo e os costumes de nossa cidade Vaidade eram diametralmente opostos entre si, e que não poderiam ser conciliados. Por isso, meu Senhor, ele não só condena todas as nossas boas obras, mas também a nós que as praticarmos".

JUIZ: Você tem algo mais a dizer?

INVEJA: Meu senhor, poderia falar muito mais, mas não pretendo cansar a corte. No entanto, se os outros cavalheiros não tiverem evidências suficientes para condená-lo, oferecei novamente meu testemunho contra ele.

Pediram que ficasse aguardando. Em seguida, chamaram Superstição e pediram-lhe que olhasse para o prisioneiro, perguntando que evidência ele tinha por seu senhor e rei contra o homem. Após fazer o juramento, começou seu testemunho.

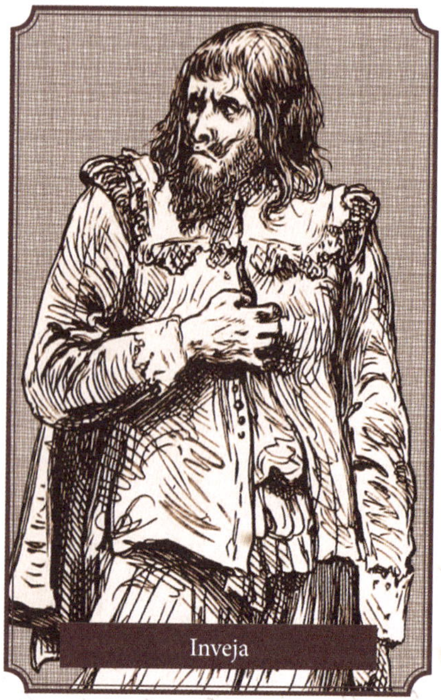
Inveja

SUPERSTIÇÃO: Meu senhor, não o conheço muito bem, nem quero; entretanto, durante uma conversa que tive com ele outro dia, percebi que era encrenqueiro. Enquanto conversávamos, disse que nossa religião é inútil e não agrada a Deus. Vossa Excelência bem sabe que ao dizer isso, ele acusa nossa adoração como sendo vã, que continuamos em nossos pecados e finalmente seremos condenados. É isso que tenho a dizer.

Em seguida, Adulação também fez o juramento e disse ao tribunal o que sabia em favor do seu senhor e rei contra o prisioneiro no banco dos réus.

ADULAÇÃO: Meu senhor, e cavalheiros, conheço este homem há um bom tempo e ouvi coisas que não tenho a ousadia de repeti-las, pois elas insultam nosso nobre príncipe Belzebu e falam com desprezo de seus honrados amigos como o senhor Homem-Velho, o senhor Prazer-Carnal, o senhor Comodidade, o senhor Desejo-de-Vanglória, o respeitável ancião senhor Luxúria, o Cavalheiro Voracidade junto a todo restante de nossa nobreza. Ele ainda disse mais, disse que se tivéssemos a mesma fé, nenhum destes nobres homens continuaria

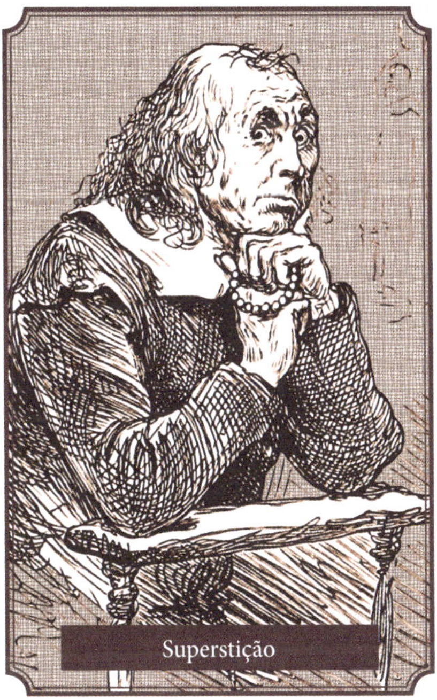

Superstição

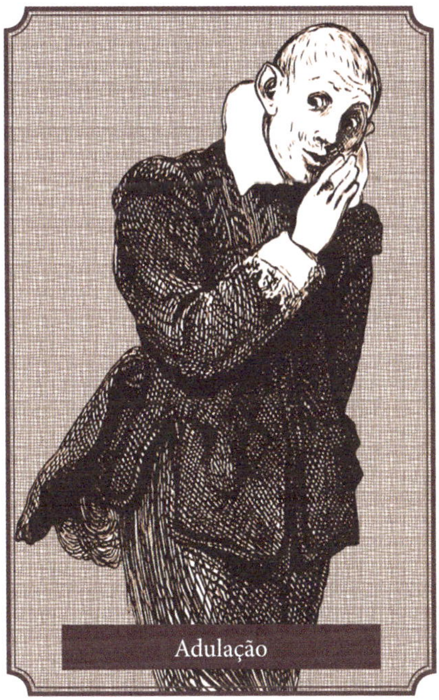

Adulação

a viver nesta cidade. Além disso, ele também não teve medo de falar contra você, meu senhor, que agora é o seu juiz, chamando-o de vilão ímpio e ainda usou muitos outros termos difamatórios, com os quais caluniou a maioria dos cavalheiros de nossa cidade.

Quando Adulação apresentou seu testemunho, o juiz dirigiu-se ao prisioneiro no banco dos réus dizendo: "Você que é renegado, herege, traidor, ouviu o que estes honestos cavalheiros testemunharam contra você?".

FIEL: Posso dizer umas poucas palavras em minha defesa?

JUIZ: Você merece a morte; mas para que todos vejam como somos justos, ouçamos o que um vilão renegado tem a dizer.

FIEL: Primeiro, respondendo à acusação do Sr. Inveja, o que realmente falei foi que qualquer regra, lei, costume ou mesmo um povo que esteja contra a Palavra de Deus é diametralmente oposto ao cristianismo. Se eu falei mal, convença-me do erro e estarei pronto para retratar-me diante de vocês.

Quanto à segunda acusação, que o Sr. Superstição apontou, disse somente isto: Que a fé Divina é exigida na adoração de Deus; mas não existe fé Divina sem a revelação Divina da vontade de Deus. Portanto, qualquer coisa que é feita na adoração a Deus e que não esteja em acordo com à revelação Divina provém da fé humana, a qual não traz vida eterna.

Respondendo ao que Sr. Adulação falou, digo (evitando os termos que me acusariam de injúria e afins) que o príncipe desta cidade e seus assistentes, mencionados por este cavalheiro, estão mais aptos para o inferno do que para esta cidade e país, e que o Senhor tenha misericórdia de mim!

Então o juiz dirigiu-se ao júri, que estava ouvindo e observando: "Cavalheiros do júri, vocês veem este homem, causador de grande alvoroço nesta cidade. Ouviram os testemunhos contra ele apresentados por estes valorosos cavalheiros. Também ouviram a resposta e confissão do réu. Devem decidir agora se deve viver ou morrer, mas acho adequado primeiro instruí-los sobre nossas leis".

"Existia um decreto nos dias de Faraó, o Grande, servo de nosso príncipe, que todos que fossem contrários à religião não deveriam se multiplicar e fortalecer; por isso, todos os bebês do sexo masculino deveriam ser lançados no rio.[11] Também houve outro decreto, na época de Nabucodonosor, o Grande, outro servo de nosso príncipe, determinando que quem não se ajoelhasse e adorasse sua imagem de ouro deveria ser jogado na fornalha.[12] Havia também outra decreto nos dias de Dario que estabelecia que, se alguém, num dado momento, adorasse outro Deus que não fosse ele, deveria ser jogado na cova dos leões.[13] Agora este rebelde quebrou a substância destas leis, não somente em pensamento (o que é ruim o suficiente), mas também em palavras e ações, o que é intolerável."

"No caso de Faraó, sua lei foi fundamentada em uma suposição, para prevenir enganos, visto que ainda não havia crime aparente; mas aqui o crime é evidente. Em relação ao segundo e o terceiro caso, podemos ouvir seus argumentos contra nossa religião e pela traição confessa, ele merece morrer."

Então, o júri composto pelos senhores Cegueira, Injustiça, Malícia, Lascívia, Libertinagem, Temeridade, Altivez, Malevolência, Mentira, Crueldade, Ódio-à-Luz e Implacável saíram para deliberar; cada um deu seu veredito particular e em seguida unanimemente o declararam culpado. O primeiro dentre eles, o Sr. Cegueira, presidente dos jurados, disse: "Vejo claramente que este homem é um herege". Em

11 Veja Êxodo 1.

12 Veja Daniel 3.

13 Veja Daniel 6.

seguida, o Sr. Injustiça falou: "Tirem tal homem da terra!". "Eu concordo", falou o Sr. Malícia, "porque odeio simplesmente olhar para seu rosto". O Sr. Lascívia acrescentou: "Nunca pude suportá-lo". "Nem eu", completou o Sr. Libertinagem, "pois estava sempre me condenando". "Enforque-o, enforque-o!", exclamou o Sr. Temeridade. "É um patife", acusou o Sr. Altivez. "Meu coração se levanta contra ele", revelou o Sr. Malevolência. "Ele é um trapaceiro", vociferou o Sr. Mentira. "A forca é boa demais para ele", propôs o Sr. Crueldade. "Vamos nos livrar dele", sugeriu o Sr. Ódio-à-luz. Então, o Sr. Implacável falou: "Mesmo se todo o mundo fosse dado a mim em troca deste homem, não poderia aceitá-lo, por isso vamos trazer imediatamente o veredito de culpado e sentenciá-lo à morte". E assim o fizeram.

Portanto, Fiel foi condenado à morte mais cruel que pôde ser criada.

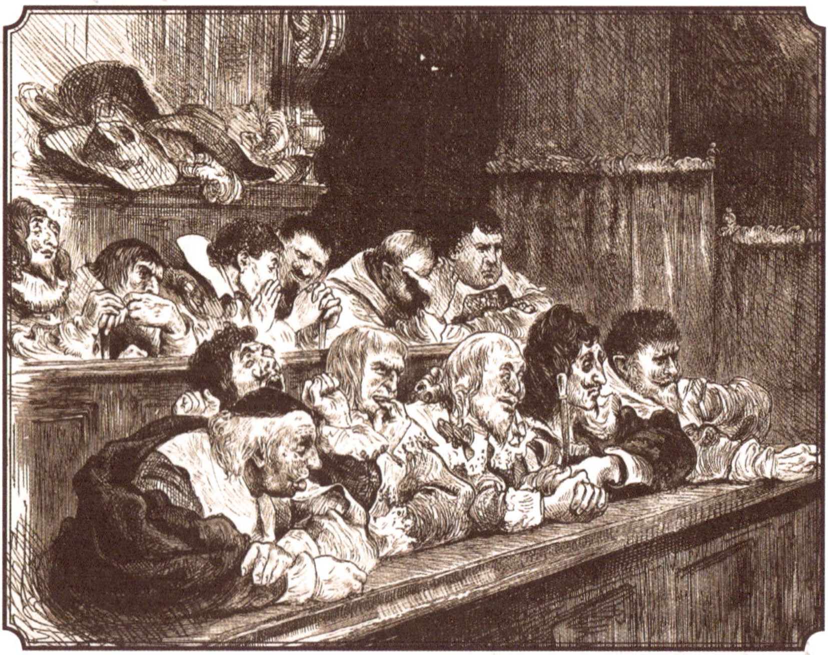

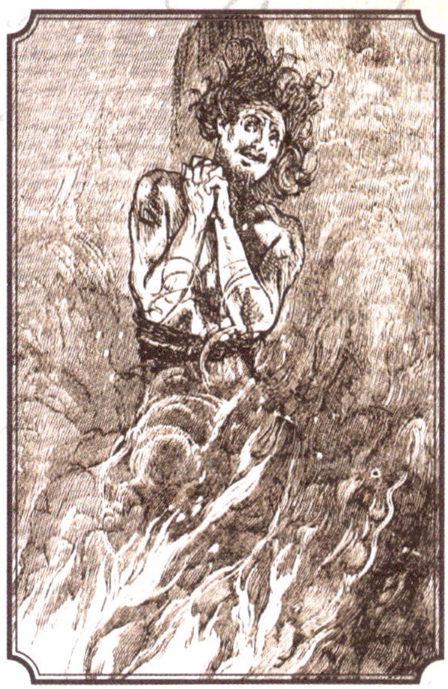

Eles o conduziram para fora e o puniram de acordo com sua lei. Primeiro, mandaram açoitá-lo, em seguida o esbofetearam e o esfaquearam. Depois o apedrejaram, o golpearam com espadas e, finalmente, queimaram-no na fogueira até que se tornasse cinzas. E foi assim que Fiel morreu.

Vi, atrás da multidão que lá estava, uma carruagem atrelada a alguns cavalos, esperando Fiel para, assim que fosse assassinado por seus adversários, o apanhassem imediatamente e o transportassem através das nuvens, com sons de trombetas, no caminho mais próximo ao Portão Celestial.

Valente Fiel, agiste bravamente em palavra e obras;
Juiz, testemunhas e júri, com suas manobras,
Em vez de derrotar-te, demonstraram sua fúria.
Viverás eternamente, e eles morrerão em penúria.

Mas quanto a Cristão, este recebeu um indulto e voltou para a prisão. Lá permaneceu por um bom tempo, mas Aquele que governa todas as coisas e tem o poder do ódio deles em Sua própria mão habilitou Cristão para escapar deles e continuar em seu caminho. E enquanto seguia, ele cantava:

Bem, Fiel, em fidelidade testemunhaste
De teu Senhor, em quem bênção achaste.

Enquanto os ímpios, com todas as suas vaidades,
Bradam condenados em suas enfermidades,
Canta, Fiel, canta! Pois teu nome prosperará,
Porque, embora te matassem, vivo ainda estás.

CAPÍTULO 7

Vi em meu sonho que Cristão não estava sozinho, pois Esperançoso, que se convertera ao Senhor por meio das palavras e atos que Cristão e Fiel em seus sofrimentos na feira, uniu-se a ele e prometeu que seria seu companheiro de viagem. Em lugar daquele que morrera para ser testemunho da verdade, outro surgiu das cinzas para ser um companheiro de peregrinação para Cristão. Esperançoso também contou a Cristão que havia muito mais homens na feira que eventualmente os seguiriam.

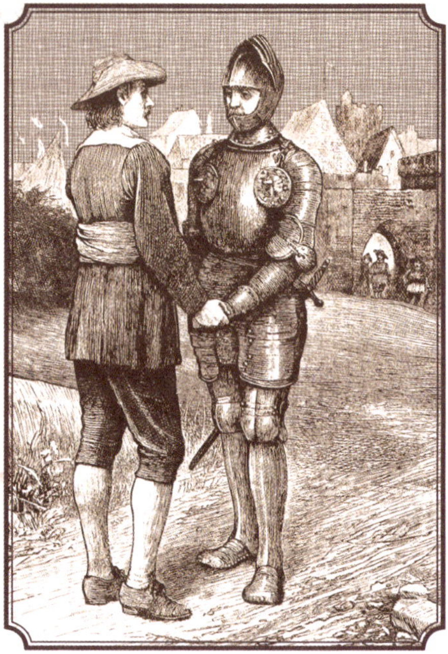

Assim que deixaram a feira, olharam à sua frente e viram um homem chamado Interesse-Próprio. Perguntaram-lhe: “Senhor, de que país você veio e para onde vai?”. Ele respondeu que vinha da cidade de Boas-Palavras e seguia para a Cidade Celestial, mas não lhes disse seu nome.

CRISTÃO: De Boas-Palavras? Existe algo bom ali?[1]

INTERESSE-PRÓPRIO: Espero que sim.

CRISTÃO: Fale-me, senhor, como posso chamá-lo?

INTERESSE-PRÓPRIO: Somos estranhos um para o outro. Se for por este caminho, ficarei feliz em ser sua companhia, se não, devo permanecer contente.

CRISTÃO: Já ouvi falar sobre sua cidade e, pelo que me lembro, dizem que é um país rico.

INTERESSE-PRÓPRIO: Sim. Confirmo que realmente é e tenho muitos parentes ricos lá.

CRISTÃO: Se me permite a ousadia, quem são seus parentes?

INTERESSE-PRÓPRIO: Quase a cidade inteira; e em particular, o Sr. Vira-Casaca, o Sr. Contemporizador, o Sr. Boas-Palavras (cujos

1 “...quando te falar suavemente, não te fies nele, porque sete abominações há no seu coração” (PROVÉRBIOS 26:25).

ancestrais deram o nome à cidade), os senhores Afago, Duas-Caras, Qualquer-Coisa — vigário da nossa paróquia —, e Duas-Línguas, irmão de minha mãe. Na verdade, meu bisavô foi um simples remador, que olhava para um lado e remava para o outro e foi assim que conseguimos nossa riqueza.

CRISTÃO: Você é casado?

INTERESSE-PRÓPRIO: Sim, minha esposa é muito virtuosa e filha de uma mulher virtuosa. Ela é filha da Sra. Impostora; portanto, vem de uma família respeitável, e com uma excelente educação. Ela sabe lidar com todos, desde o príncipe até os camponeses. É verdade que divergimos de religiões mais rígidas, mas somente em dois pontos: primeiro, nunca ficamos contra o vento e a maré; segundo, sempre somos mais zelosos quando a religião caminha com chinelos de prata, quando o sol brilha e quando as pessoas aplaudem nossas crenças. Então, Cristão parou ao lado de Esperançoso e disse: "Ocorre-me que este é o Sr. Interesse-Próprio, de Boas-Palavras. Se assim for, temos conosco um dos companheiros mais enganadores nesta terra". Esperançoso sugeriu: "Pergunte a ele. Acredito que não teria vergonha de revelar seu nome". Cristão aproximou-se de Interesse-Próprio e perguntou: "Senhor, você fala como se tivesse mais conhecimento do que qualquer pessoa, e se não estou enganado, acredito que sei quem você é. Não se chama Sr. Interesse-Próprio de Boas-Palavras?".

INTERESSE-PRÓPRIO: Esse não é o meu nome, mas é um apelido que recebi daqueles que não gostam de mim. E, como bons homens assim fizeram, devo aceitá-lo e suportar a crítica.

CRISTÃO: E você não deu algum motivo para que o chamassem por este nome?

INTERESSE-PRÓPRIO: Nunca, jamais! A pior coisa que fiz foi sempre ter a sorte de adequar-me à opinião da maioria e, por este motivo, sempre estive em vantagem. Considero uma bênção as coisas se adequarem à minha visão, e não aceito que pessoas maliciosas me critiquem.

CRISTÃO: Acredito que você é o homem de quem ouvi falar; e penso que este nome combina mais com você do que está disposto a admitir.

INTERESSE-PRÓPRIO: Bem, se você pensa assim, não posso fazer nada. Se aceitasse a minha companhia, descobriria que sou muito agradável.

CRISTÃO: Se desejar nos acompanhar, precisa estar contra o vento e a maré e pelo que vejo, isso é contra suas crenças. Você também deve praticar a religião na pobreza e na riqueza. Permanecer firme na fé quando estiver confinado na prisão ou quando receber aplausos nas ruas.

INTERESSE-PRÓPRIO: Você não deve impor suas crenças à minha mente, nem se apoderar de minha fé; deixe-me viver minha liberdade e acompanhá-los.

CRISTÃO: Não dê nenhum passo, a menos que esteja de acordo com nossas condições.

INTERESSE-PRÓPRIO: Nunca abandonarei meus velhos princípios, uma vez que são inofensivos e vantajosos. Se não posso acompanhá-los, irei sozinho até que alguém me alcance e deseje ter minha companhia.

A seguir, vi em meu sonho que Cristão e Esperançoso o deixaram, ficando certa distância à sua frente, mas um deles, olhando para trás, viu três homens seguindo Interesse-Próprio, e quando foram flagrados, fizeram uma pequena reverência, como se estivessem se despedindo. Os nomes dos homens eram Apego-ao-Mundo, Amor-ao-Dinheiro e Avareza, todos conhecidos de Interesse-Próprio, pois foram colegas de escola e alunos do Sr. Cobiça, um professor

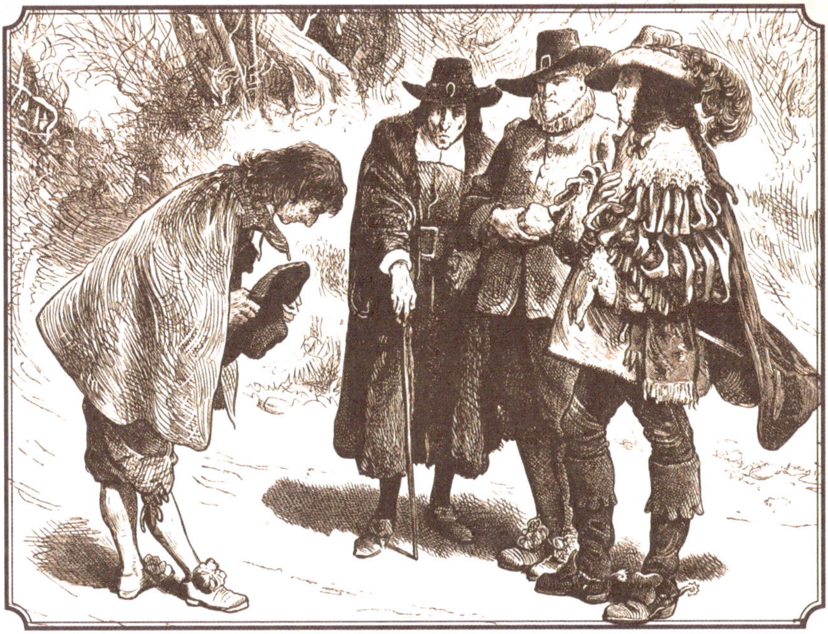

de Amor-ao-Ganho, cidade localizada no município de Ambição do Norte. Este professor ensinava a arte de conseguir coisas, não importava se fosse por violência, fraude, adulação, mentira ou sob o disfarce da religião; e esses quatro cavalheiros aprenderam tão bem a arte de seu mestre, que poderiam conduzir suas próprias escolas.

Bem, depois de se cumprimentarem, o Sr. Amor-ao-Dinheiro perguntou a Interesse-Próprio: "Quem são aqueles dois à nossa frente?". (Cristão e Esperançoso continuavam ao alcance da visão.)

INTERESSE-PRÓPRIO: São uma dupla de compatriotas distantes que estão em peregrinação.

AMOR-AO-DINHEIRO: Por que não esperaram pela nossa companhia? Pois acredito que todos nós estamos no mesmo caminho.

INTERESSE-PRÓPRIO: Sim, estamos. Mas eles são tão rígidos, amam tanto suas próprias crenças e não se importam com a opinião dos outros, que mesmo se um homem tiver bom caráter, mas não concordar com eles em todas as coisas, não o aceitarão entre seu rol de amigos.

AVAREZA: Isso é muito ruim, mas temos lido acerca de algumas pessoas legalistas; e tal rigidez os faz julgar e condenar a todos, menos a si mesmos. Então fale, quais são os pontos diferentes?

INTERESSE-PRÓPRIO: Em sua forma obstinada, acreditam que é seu dever avançar na jornada em todos os tipos de clima e prefiro esperar até que o vento e a maré estejam a meu favor. Eles acham que devemos arriscar tudo por Deus. De minha parte, creio em obter toda a vantagem possível para garantir a vida e assegurar os bens materiais. Eles mantêm suas crenças, apesar de todos os demais serem contra eles, mas eu sou pela religião que garante minha segurança ao longo do tempo. Eles são a favor de uma religião que os torna pobres e perseguidos, enquanto a minha garante a riqueza e os aplausos.

SR. APEGO-AO-MUNDO: Estou do seu lado, Interesse-Próprio, pois considero tolos aqueles que, tendo a liberdade em suas mãos, insensatamente a perderam. Sejamos prudentes como as serpentes, o melhor é cultivar o feno quando o sol brilha; você pode ver como as abelhas são tolas o suficiente para sair em qualquer tempo. Deus não envia o sol e a chuva ao mesmo tempo. Se são tolos em preferir andar na chuva, vamos caminhar no tempo bom. De minha parte, prefiro uma religião que nos dê a segurança das bênçãos de Deus. Ele nos deu as boas coisas da vida, por que não quereria que desfrutássemos delas? Abraão e Salomão eram religiosos e ricos. E Jó diz que um bom homem deve acumular o ouro como pó. Eles não devem ter sido como os homens que viveram antes de nós, se eles são como você os descreveu.

SR. AVAREZA: Creio que todos nós concordamos neste assunto, portanto, não precisamos discutir ainda mais.

SR. AMOR-AO-DINHEIRO: Não precisamos de mais palavras sobre este assunto, pois aquele que não acredita nas Escrituras e na razão (e sabemos que temos as duas ao nosso lado) não conhece a nossa liberdade, nem busca a sua própria segurança.

SR. INTERESSE-PRÓPRIO: Meus irmãos, todos estamos nesta peregrinação; e para que tiremos essas coisas negativas de nossa mente, deixem-me propor uma questão:

Vamos supor que um homem, pastor ou comerciante, tivesse a oportunidade de adquirir as bênçãos desta vida, mas somente se ele, pelo menos na aparência, se tornasse extraordinariamente zeloso em alguns pontos da religião, os quais não o atormentavam anteriormente; não empregaria ele todos os meios para adquirir essas bênçãos e ainda assim continuaria sendo um homem honesto?

SR. AMOR-AO-DINHEIRO: Entendo o significado essencial da sua questão, e com a permissão destes cavalheiros, me esforçarei para formular uma resposta. Primeiro, falarei em relação ao pastor: supondo que ele, um homem digno, possui um pequeno benefício e deseja um maior; ele tem agora a oportunidade de consegui-lo sendo mais estudioso, pregando com mais frequência e zelo, e, porque a natureza das pessoas exige, alterando alguns dos seus princípios. Da minha parte, não vejo razão para que um homem não possa fazer isto e muito mais (desde que tenha um chamado), e ainda continuar sendo um homem honesto. Pois:

1. Seu desejo por desfrutar um benefício maior tem base legal (isto não pode ser contrariado) uma vez que foi disponibilizado diante dele pela Providência; por isso, pode desfrutá-lo, se puder, sem levantar questões de consciência.
2. Além disso, seu desejo pelo benefício o tornará mais estudioso, um pregador mais zeloso e, portanto, um homem melhor. Tornar-se um homem melhor está de acordo com a vontade de Deus.

3. Agora, quanto a sua conformidade com os desejos de seu povo, para servi-los, alterando alguns de seus princípios, isto demonstra que tem um temperamento abnegado, uma natureza gentil e vencedora, virtudes necessárias em um pastor.
4. Concluo, então, que um pastor que troca um pequeno benefício por um maior não deve ser julgado por cobiça. Ao alcançar um benefício maior, seu trabalho melhora, portanto, deve ser considerado como alguém que exerce o seu chamado, dando-lhe a oportunidade de fazer o bem.

E agora, a segunda parte da pergunta, que diz respeito ao comerciante. Supondo que ele seja proprietário de uma pequena empresa e se torne religioso; ele pode aumentar o tamanho de sua loja, talvez conseguir uma esposa rica, ou conquistar mais e melhores clientes para sua loja. De minha parte, não vejo razão pela qual isso não possa ser feito legalmente. Porque:

1. Ser religioso é uma virtude, não importa quais os meios para alcançá-la.
2. Não é ilegal casar-se com uma mulher rica ou conseguir mais clientes para sua loja.
3. Além disso, o homem que alcança bênçãos materiais por meio da religião adquire algo bom daqueles que são bons. Ao tornar-se uma pessoa boa, consegue uma boa esposa, bons clientes, bons salários. Portanto, tornar-se religioso para conquistar coisas boas é um plano muito bom e vantajoso.

A resposta dada por Amor-ao-Dinheiro foi aplaudida por todos; eles concluíram que isto era sadio e vantajoso. E, pensando que não haveria nenhum homem que lhes contestasse, sabendo também que Cristão e Esperançoso estavam ao alcance de suas vozes, concordaram em lançar a questão para os peregrinos, já que se opuseram a Interesse-Próprio. Chamaram os dois homens que se detiveram para esperá-los. Enquanto se aproximavam, resolveram que Apego-ao-Mundo e não Interesse-Próprio lhes propusesse a questão, pois avaliaram que a discussão com Cristão e Esperançoso seria muito acalorada se ele lhes falasse, devido ao acontecimento anterior.

Eles se aproximaram e, depois de um breve cumprimento, Apego-ao-Mundo levantou a questão para Cristão e Esperançoso e pediram-lhe que respondessem, caso pudessem.

CRISTÃO: Até um recém-convertido pode responder dez mil questões como essa. Se é ilícito seguir a Cristo em troca de pães, quanto mais abominável é fazer da religião um disfarce para promover a si mesmo e seus negócios. Somente pagãos, hipócritas, diabos e bruxas pensam desta forma.

1. Quando os pagãos de Hamor e Siquém queriam a filha e o gado de Jacó, foram informados de que não haveria outro meio de conseguir a menos que fossem circuncidados e disseram a seus companheiros: Se cada um dos homens for circuncidado como nós, não só seu gado, seus bens e todos os animais não se tornarão nossos? Eles queriam a filha de Jacó e o gado. A religião de Jacó seria o disfarce usado para lograr riqueza. Leiam toda a história.[2]

2 "Vieram, pois, Hamor e Siquém, seu filho, à porta da sua cidade e falaram aos homens da cidade: Estes homens são pacíficos para conosco; portanto, habitem na terra e negociem nela. A terra é bastante espaçosa para contê-los; recebamos por mulheres a suas filhas e demos-lhes também as nossas. Somente, porém, consentirão os homens em habitar conosco, tornando-nos um só povo, se todo macho entre nós se circuncidar, como eles são circuncidados. O seu gado, as suas possessões e todos os seus animais não serão nossos? Consintamos, pois, com eles, e habitarão conosco" (GÊNESIS 34:20-23).

2. Os fariseus eram hipócritas religiosos; as longas orações eram pretexto para apropriarem-se das casas das viúvas; e a maior condenação de Deus, era o julgamento deles.[3]
3. Judas também viveu esta religião. Era religioso para cuidar da bolsa de dinheiro dos discípulos, e para que pudesse se apropriar do que nela estava. Mas ele se perdeu e foi rejeitado como o filho da perdição.
4. Simão, o mágico, também foi desta religião, pois ele queria o Espírito Santo para conseguir dinheiro e, no entanto, recebeu a sentença dos lábios de Pedro.[4]
5. O homem que usa a religião para conquistar o mundo, desperdiçará sua fé em troca do mundo, pois assim como Judas tornou-se religioso para ter o mundo, também vendeu a religião e o seu Senhor para o mundo. Portanto, responder a essa questão afirmativamente, como eu vejo que você já fez, e aceitar tal resposta como verdadeira é ser pagão, hipócrita, perverso e sua recompensa será de acordo com as obras.

Eles ficaram olhando uns para os outros, sem saber o que responder a Cristão. Esperançoso concordou com a resposta de Cristão, por isso, um grande silêncio pairou entre o grupo. Interesse-Próprio e seus companheiros hesitaram, retardando o passo, enquanto Cristão e Esperançoso seguiram o caminho. Cristão falou ao amigo:

---

3 "Guardai-vos dos escribas, que gostam de andar com vestes talares e muito apreciam as saudações nas praças, as primeiras cadeiras nas sinagogas e os primeiros lugares nos banquetes; os quais devoram as casas das viúvas e, para o justificar, fazem longas orações; estes sofrerão juízo muito mais severo" (LUCAS 20:46,47).

4 "...propondo: Concedei-me também a mim este poder, para que aquele sobre quem eu impuser as mãos receba o Espírito Santo. Pedro, porém, lhe respondeu: O teu dinheiro seja contigo para perdição, pois julgaste adquirir, por meio dele, o dom de Deus" (ATOS 8:19,20).

"Se esses homens não conseguem permanecer firmes diante do julgamento humano, o que farão no julgamento divino? Se ficam em silêncio quando são julgados por vasos de barro, o que aconteceria se fossem repreendidos pelas chamas do fogo devorador?".

Cristão e Esperançoso continuaram a jornada até chegar a uma linda planície chamada Alívio, a qual percorreram com grande alegria. Mas a planície era muito estreita, por isso, a cruzaram rapidamente. Do outro lado havia uma pequena colina chamada Lucro e nela havia uma mina de prata. Por lá alguns passaram e quiserem vê-la devido à sua raridade, mas quando chegavam perto do poço, o chão cedia sob eles e morriam. Alguns foram mutilados e nunca mais foram os mesmos até o dia da morte.

A seguir vi, em meu sonho, que perto da estrada, ao lado da mina de prata, estava Demas,[5] chamando os viajantes educadamente para vir e olhar; ele fez um convite para Cristão e Esperançoso: "Olá! Venham, quero mostrar-lhes algo".

CRISTÃO: O que poderia ser tão importante para fazer-nos abandonar o caminho?

DEMAS: Aqui temos uma mina de prata e alguns estão cavando para encontrar o tesouro. Se vocês vierem, com um pouco de esforço conseguirão muitas riquezas.

ESPERANÇOSO: Vamos ver.

CRISTÃO: Eu não vou. Já ouvi falar que muitas pessoas morreram neste lugar. Além disso, o tesouro é uma armadilha àqueles que o procuram, pois ele os impede de prosseguir em sua peregrinação.[6]

---

5 "Porque Demas, tendo amado o presente século, me abandonou..." (2 TIMÓTEO 4:10).

6 "Ora, os que querem ficar ricos caem em tentação, e cilada, e em muitas concupiscências insensatas e perniciosas, as quais afogam os homens na ruína e perdição" (1 TIMÓTEO 6:9).

Cristão respondeu a Demas: "Este lugar não é perigoso? Não impediu a peregrinação de muitos?".

DEMAS: Não é muito perigoso, exceto para os que são descuidados (enrubesceu ao dizer isto).

CRISTÃO: Não vamos em sua direção, mas seguiremos nossa jornada.

ESPERANÇOSO: Garanto que quando Interesse-Próprio se aproximar e receber o mesmo convite, voltará para olhá-lo.

CRISTÃO: Tenho certeza de que sim, pois esses são seus princípios e centenas já morreram ali.

DEMAS: Vocês não querem mesmo vir e ver a mina?

CRISTÃO: Desta maneira você age como um inimigo do caminho do Senhor e já foi condenado devido à sua obstinação por um dos juízes de Sua Majestade.[7] Por que tenta nos conduzir à mesma condenação? Além disso, se mudarmos o caminho, nosso Senhor, o Rei, certamente ouvirá, e nos envergonharemos. Desejamos permanecer firmes diante dele.

Demas respondeu que também era um de seus irmãos, e que se esperassem um pouco se encontraria com eles.

CRISTÃO: Qual é o seu nome? Não foi seu nome que chamei?

DEMAS: Sim, meu nome é Demas; sou filho de Abraão.

CRISTÃO: Eu o conheço. Geazi é seu tataravô e Judas é seu pai. Você seguiu seu exemplo.[8] Esta é uma armadilha muito cruel. Seu

---

7 "Porque Demas, tendo amado o presente século, me abandonou e se foi para Tessalônica; Crescente foi para a Galácia, Tito, para a Dalmácia" (2 TIMÓTEO 4:10).

8 "Geazi, o moço de Eliseu, homem de Deus, disse consigo: Eis que meu senhor impediu a este siro Naamã que da sua mão se lhe desse alguma coisa do que trazia; porém, tão certo como vive o SENHOR, hei de correr atrás dele e receberei dele alguma coisa" (2 REIS 5:20).

pai foi enforcado como traidor e você merece o mesmo destino. Asseguro que informaremos ao Rei acerca de sua conduta.

Depois disso, seguiram o caminho.

Por este tempo, Interesse-Próprio e seus companheiros surgiram e vi que foram direto para Demas na primeira vez que os chamou. Não é possível ter certeza se caíram no poço, se desceram para cavar em busca do tesouro, ou se foram sufocados pelos gases venenosos. Não tenho certeza, mas o que observei é que nunca mais foram vistos no caminho. Então Cristão cantou:

Interesse-Próprio e o argênteo Demas concordam:
Um convida, o outro aceita, e assim acordam
Em o lucro dividir. E isto lhes advém:
Recebem tudo neste mundo, e nada no além.

Vi que os peregrinos chegaram ao outro lado desta planície e se aproximaram de um local em que havia um monumento antigo, bem ao lado do caminho. Ambos ficaram incomodados com a estranha forma que visualizavam, pois lhes parecia uma mulher transformada num tipo de coluna. Eles ficaram observando por um longo

---

"Então, um dos doze, chamado Judas Iscariotes, indo ter com os principais sacerdotes, propôs: Que me quereis dar, e eu vo-lo entregarei? E pagaram-lhe trinta moedas de prata" (MATEUS 26:14,15).

"Ao romper o dia, todos os principais sacerdotes e os anciãos do povo entraram em conselho contra Jesus, para o matarem; e, amarrando-o, levaram-no e o entregaram ao governador Pilatos. Então, Judas, o que o traiu, vendo que Jesus fora condenado, tocado de remorso, devolveu as trinta moedas de prata aos principais sacerdotes e aos anciãos, dizendo: Pequei, traindo sangue inocente. Eles, porém, responderam: Que nos importa? Isso é contigo. Então, Judas, atirando para o santuário as moedas de prata, retirou-se e foi enforcar-se" (MATEUS 27:1-5).

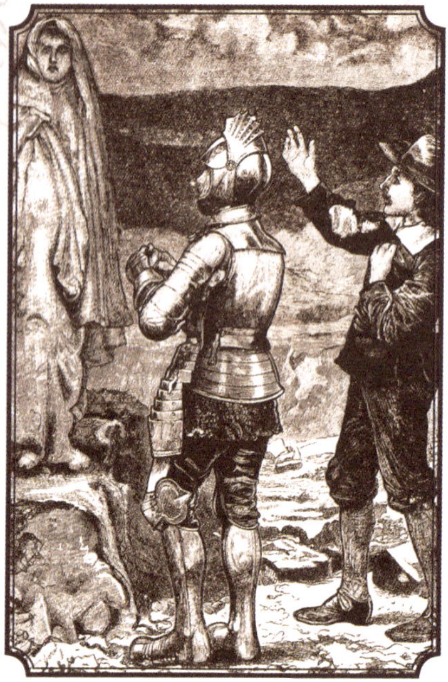

período sem poder dizer o que era. Finalmente, Esperançoso viu algo escrito na cabeça da estátua. Era uma escrita incomum, mas ele, não sendo acadêmico, chamou Cristão (pois este era mais culto) para ver se descobria o significado; ele se aproximou e descobriu o que estava escrito: "Lembrai-vos da mulher de Ló". Cristão leu para o amigo e depois concluíram que aquele monumento era a estátua de sal na qual a esposa de Ló fora transformada quando fugiu de Sodoma[9] e olhara para trás com um coração ambicioso. Este sinal inesperado e surpreendente deu origem a esta conversa entre eles.

CRISTÃO: Ah, meu irmão! Este sinal veio em momento oportuno, logo após Demas nos convidar para conhecer a Colina Lucro. Se tivéssemos ido, como ele quis, e você estava propenso a fazer, meu irmão, por tudo o que sei, teríamos sido como esta mulher, um espetáculo para aqueles que virão depois de nós.

ESPERANÇOSO: Desculpe-me por ter sido tão tolo e isso me fez pensar por que não me tornei como a esposa de Ló: qual a diferença entre o pecado dela e o meu? Ela apenas olhou para trás e eu tive o desejo de olhar. Que a graça seja reverenciada, e que eu seja envergonhado por permitir que tais desejos entrassem em meu coração.

---

9 "E a mulher de Ló olhou para trás e converteu-se numa estátua de sal" (GÊNESIS 19:26).

CRISTÃO: Vamos registrar o que vimos aqui para nos ajudar no futuro. Esta mulher escapou de um julgamento, pois não morreu na destruição de Sodoma, mas foi destruída por outro juízo, como vimos: foi transformada em estátua de sal.

ESPERANÇOSO: Ela pode ser ao mesmo tempo uma advertência e exemplo para nós. Um alerta de que devemos evitar o pecado e um exemplo de que o julgamento virá sobre nós se não atendermos a este aviso, assim como Coré, Datã, Abirão e os 250 homens que morreram como consequência de seu pecado, tornaram-se um sinal ou exemplo para outros terem cuidado.[10] Mas, acima de tudo, existe algo que me incomoda. Pergunto-me como é que Demas e seus companheiros podem continuar tão confiantes procurando esse tesouro, pelo qual esta mulher que apenas olhou para trás, sem dar um único passo fora do caminho, foi transformada em uma estátua de sal. Especialmente porque desde o julgamento, que a transformou num exemplo para ser visto neste lugar, ela está diante deles e só precisam levantar os seus olhos.

CRISTÃO: É algo para se meditar. Isso indica que seus corações estão desesperadamente pecaminosos. Apenas posso compará-los aos que roubam diante dos juízes ou assaltam bolsas mesmo em face da forca. Conta-se que os sodomitas eram "excessivamente pecadores" porque pecavam "diante do Senhor", isto é, perante Seus

---

10 "Os filhos de Eliabe: Nemuel, Datã e Abirão; estes, Datã e Abirão, são os que foram eleitos pela congregação, os quais moveram a contenda contra Moisés e contra Arão, no grupo de Corá, quando moveram a contenda contra o SENHOR; quando a terra abriu a boca e os tragou com Corá, morrendo aquele grupo; quando o fogo consumiu duzentos e cinquenta homens, e isso serviu de advertência" (NÚMEROS 26:9,10).

olhos e a despeito da bondade que Ele lhes demonstrou;[11] a terra de Sodoma era como o Jardim do Éden.[12] Isto provocou-lhe ainda mais o zelo, e fez sua praga tão quente como o fogo do Senhor no Céu poderia fazê-lo. Com isto, é lógico concluir que aqueles que pecam abertamente, apesar dos exemplos colocados continuamente diante de si, serão julgados com mais severidade.

ESPERANÇOSO: Sem dúvida, você falou a verdade. Que misericórdia é esta, pois nem eu nem você, especialmente eu, fomos transformados num exemplo como este. Agora é o momento oportuno de agradecer a Deus, temê-lo e sempre lembrar da esposa de Ló.

Vi que os peregrinos dirigiam-se a um agradável rio que o rei Davi chamou de "o rio de Deus", e que João chamou de "rio da água da vida".[13] Agora seu caminho continuava ao longo da margem do rio, e ali Cristão e seu companheiro caminhavam com grande alegria, pois também beberam da água do rio, que era agradável e reanimava seu espírito cansado. Nas margens deste rio, de ambos os lados, havia árvores verdes com todos os tipos de frutos, e as folhas das árvores tinham propriedades curativas. Eles ficaram encantados com os frutos dessas árvores e os comeram junto com as folhas para

---

11 "Ora, os homens de Sodoma eram maus e grandes pecadores contra o SENHOR" (GÊNESIS 13:13).

12 "Levantou Ló os olhos e viu toda a campina do Jordão, que era toda bem-regada (antes de haver o SENHOR destruído Sodoma e Gomorra), como o jardim do SENHOR, como a terra do Egito, como quem vai para Zoar" (GÊNESIS 13:10).

13 "Tu visitas a terra e a regas; tu a enriqueces copiosamente; os ribeiros de Deus são abundantes de água; preparas o cereal, porque para isso a dispões" (SALMO 65:9).
Veja Apocalipse 22.
Veja Ezequiel 47.

prevenir a doença do excesso e outras moléstias às quais os viajantes são suscetíveis. Em ambos os lados do rio havia um prado cheio de belas flores que ficava verde o ano todo. Neste prado eles se deitaram e dormiram, pois ali poderiam descansar com segurança. Ao acordarem, comeram os frutos das árvores e beberam a água do rio e, em seguida, deitaram-se novamente para dormir.[14] Eles fizeram isso por vários dias e noites. Assim, cantaram:

Contemplem como correm os ribeiros cristalinos
Ao longo da estrada, para conforto dos peregrinos;
Os prados verdejantes, além do aroma perfumado,
Trazem-lhes delicadezas. E aquele que acha agrado
Em tais frutos saborosos, sim, e nas árvores frondosas,
Em breve vende tudo, para comprar esta terra ditosa.

Quando sentiram que estavam prontos para seguir adiante (pois ainda não haviam alcançado o fim da jornada), eles comeram, beberam e partiram.

Vi, no meu sonho, que andaram poucos quilômetros quando perceberam que o rio e o caminho se separavam. Eles ficaram um pouco tristes, mas não se atreveram a sair do caminho. Quanto mais o caminho se afastava do rio, mais irregular se tornava, e seus pés padeciam ao caminhar; "assim os peregrinos ficaram muito desanimados por causa do caminho".[15] Ansiavam por uma estrada melhor.

---

14 "Ele me faz repousar em pastos verdejantes. Leva-me para junto das águas de descanso" (SALMO 23:2).

15 "Então, partiram do monte Hor, pelo caminho do mar Vermelho, a rodear a terra de Edom, porém o povo se tornou impaciente no caminho" (NÚMEROS 21:4).

Um pouco à frente, ao lado esquerdo, havia um prado e uma escada que permitia atravessar o muro do "Prado do Caminho Errado". Em seguida, Cristão disse ao seu amigo: "Se este prado está ao lado do nosso caminho, vamos passar por ele". Subiram os degraus e viram o caminho que seguia ao lado da estrada. "É exatamente o que estava pensando", disse Cristão. "Aqui é mais fácil. Venha, Esperançoso, vamos pular."

ESPERANÇOSO: Mas, e se esta estrada nos levar para longe do caminho?

CRISTÃO: Não acredito que seja possível. Você viu que esta trilha segue paralelamente ao nosso caminho?

Portanto, Esperançoso, persuadido por seu amigo, seguiu com ele ao longo do muro, e descobriram que este caminho era mais confortável para seus pés. Então, olharam à sua frente e viram um homem viajando na mesma trilha (seu nome era Vã-Confiança); eles o chamaram e perguntaram aonde este caminho levava. Ele respondeu: "Ao portão Celestial". "Olhe", disse Cristão, "não disse a você? Estamos certos". E continuaram o trajeto com Vã-Confiança à sua frente. Mas observe, a noite chegou e a escuridão intensificou-se, com isso perderam de vista o homem à frente deles.

Os peregrinos agora, para a carne satisfazer,
Buscarão facilidades; mas o que assim proceder
Em novas e maiores dores se precipitará!
Quem à carne quer agradar a si mesmo se destruirá.

Entretanto, aquele que estava adiante deles, não conseguindo ver o caminho, caiu em uma cova profunda,[16] criada propositalmente

16 "Porque os guias deste povo são enganadores, e os que por eles são dirigidos são devorados" (ISAÍAS 9:16).

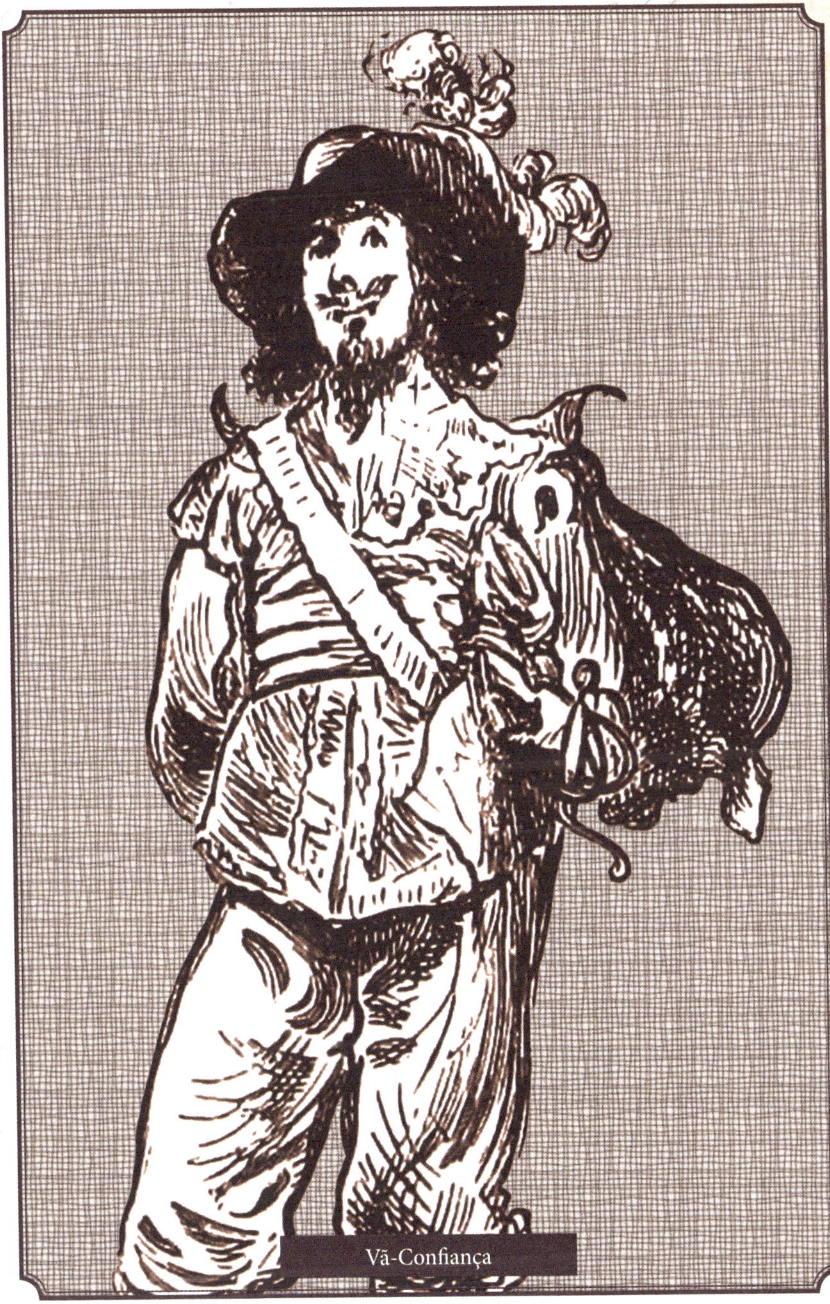

Vã-Confiança

pelo príncipe daquelas terras para pegar os tolos presunçosos. E despedaçou-se ao cair.

Cristão e Esperançoso ouviram o ruído da queda. Eles o chamaram, perguntando o que havia acontecido, mas não obtiveram resposta, somente o som do seu gemido. Então Esperançoso perguntou: “Onde estamos?”, mas o seu companheiro ficou em silêncio, temendo que estivessem distante do caminho correto. Nesse momento começou a chover de maneira intensa, com fortes raios e trovões; e a trilha começou a ficar inundada.

Esperançoso gemeu, dizendo para si mesmo: “Ó, deveria ter permanecido no meu caminho!”.

CRISTÃO: Quem imaginaria que esta trilha nos levaria para longe do caminho verdadeiro?

ESPERANÇOSO: Desde o princípio fiquei temeroso, por isso estava mais cauteloso. Deveria ter sido mais incisivo, mas você é mais experiente que eu.

CRISTÃO: Meu bom irmão, não se ofenda. Lamento tê-lo trazido para fora do caminho e colocado você em risco de perigo tão iminente. Por favor, me perdoe, meu irmão, não fiz isto com más intenções.

ESPERANÇOSO: Conforte-se, meu irmão, eu o perdoo, e creio também que tudo isso será para o nosso bem.

CRISTÃO: Sou grato por ter um irmão misericordioso ao meu lado. Mas não podemos continuar aqui. Vamos tentar voltar.

ESPERANÇOSO: Deixe-me ir adiante, bom irmão.

CRISTÃO: Não, se você permitir, quero ir à frente. Se houver algum perigo quero ser o primeiro a enfrentá-lo, pois a culpa é minha por estarmos fora do caminho.

ESPERANÇOSO: Não, você não deve ir primeiro, pois está aborrecido, e isso pode desviar-nos novamente do caminho.

Então, para seu encorajamento, ouviram uma voz que dizia, "...presta atenção na vereda, no caminho por onde passaste; regressa".[17] Mas a água subia rapidamente, tornando a estrada mais perigosa. (Então pensei: é mais fácil sair do caminho quando estamos nele, do que entrar quando estamos fora.) Tentaram voltar, mas estava tão escuro e a inundação tão alta, que quase se afogaram nove ou dez vezes.

Não conseguiriam, com todas suas habilidades, voltar naquela noite até o local onde tinham pulado o muro. Finalmente, encontraram um pequeno abrigo, sentaram-se para descansar até o amanhecer, mas estando fracos, caíram no sono.

Havia, perto de onde estavam, um castelo chamado Castelo da Dúvida, propriedade do Gigante Desespero; dele também era a terra onde estavam dormindo. Assim, quando se levantou de manhã cedo e andou em seus campos, encontrou Cristão e Esperançoso dormindo em sua propriedade. Com voz aborrecida e mal-humorada, ele os acordou e lhes perguntou de onde eram, e o que estavam fazendo em sua terra. Disseram-lhe que eram peregrinos e que haviam perdido o rumo. Então o gigante lhes disse: "Vocês entraram em minha propriedade e dormiram nos meus campos, portanto, devem vir comigo". Assim, foram forçados a segui-lo, pois o gigante era mais forte do que eles. Reconheciam que tinham pouco a dizer, sabendo que estavam errados. O gigante incitou-os a seguirem à sua frente e os colocou num calabouço escuro dentro de seu castelo, um lugar nojento e malcheiroso para o espírito destes dois homens. Ficaram presos desde a quarta-feira de manhã até o sábado à noite, sem um pedaço de pão, uma gota de água, iluminação ou alguém que lhes perguntasse como estavam. Ficaram nessa situação horrível, longe

---

17 Jeremias 31:21

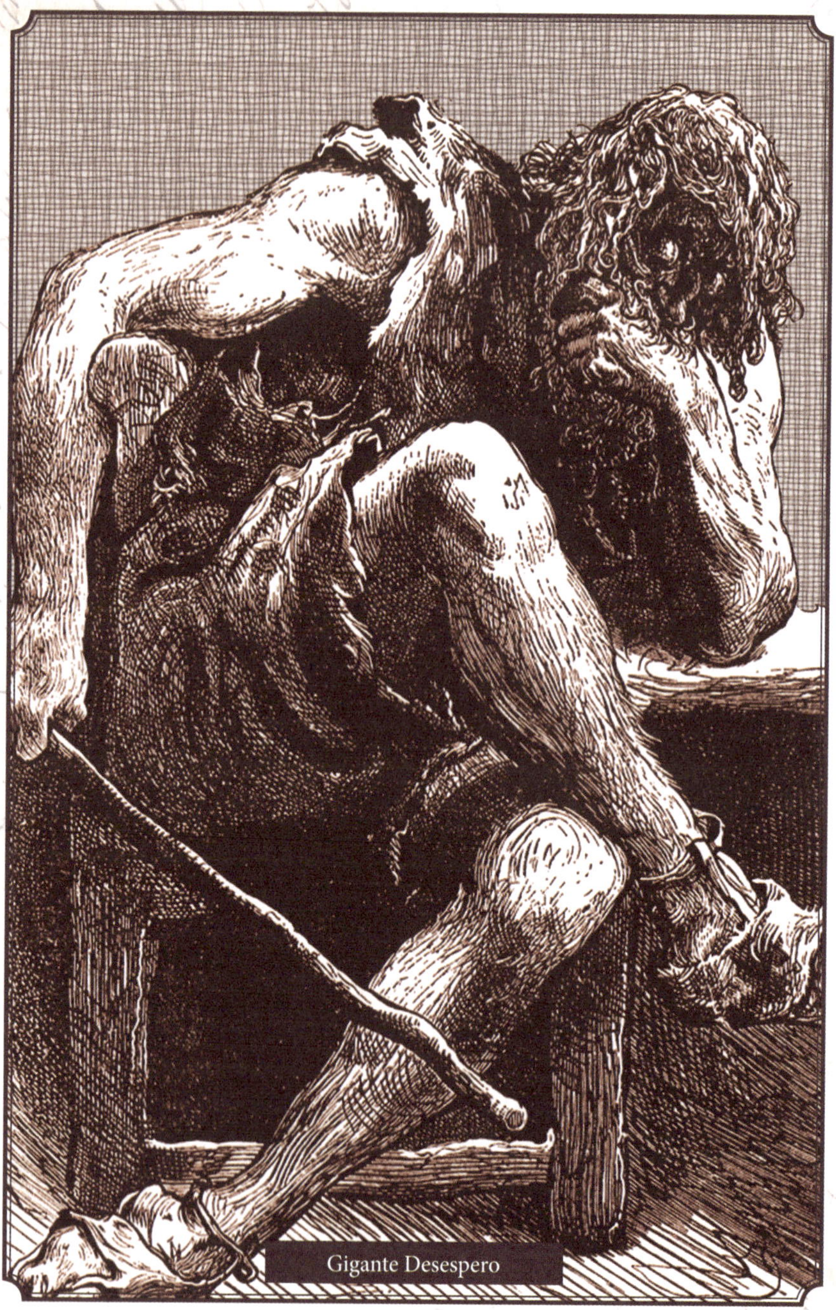

Gigante Desespero

de amigos e conhecidos.[18] Agora neste lugar, Cristão ficou inconsolável, pois foi devido à sua imprudência que estavam em tal situação.

O Gigante Desespero tinha uma esposa, chamada Incredulidade. Ao ir para a cama, contou à esposa que tinha capturado dois prisioneiros e os havia lançado no calabouço por invadir suas terras. Perguntou a ela o que deveria fazer com eles. Ela quis saber quem eram, de onde vinham e para onde estavam indo. Ele deu as respostas e a esposa o aconselhou a espancá-los sem misericórdia na manhã seguinte.

Por isso, ao levantar-se, pegou um taco de golfe feito de madeira de cerejeira, e desceu para o calabouço. Primeiro, repreendeu-os como se fossem cães, entretanto, eles não esboçaram nenhuma queixa. Depois, surrou-os até que ficassem sem condições de se mover. Em seguida, abandonou-os em sua miséria. Durante todo o dia, nada fizeram além de suspirar e gemer amargamente. Na noite seguinte, ao falar com o marido sobre eles e saber que ainda estavam vivos, ela sugeriu que ele os aconselhasse a cometer suicídio. Assim, pela manhã, ele desceu ao calabouço, tratou-os rudemente como antes, e vendo que estavam muito doloridos devido à surra que lhes dera no dia anterior, disse que nunca conseguiriam escapar daquele lugar, que a única saída para eles seria acabar com a própria vida usando uma faca, corda ou veneno. "Por que deveriam escolher a vida, já que esta se resume a tanta amargura?", sugeriu-lhes. Entretanto, os peregrinos suplicavam que os deixassem ir. Com olhar cheio de cólera, correu em sua direção e, sem dúvida, os teria matado ele mesmo, não fosse um de seus costumeiros ataques (algumas vezes o calor do sol lhe acarretava convulsões), e perdeu o uso da mão por algum tempo, por isso ele se retirou e os deixou antes de considerar

18 "Para longe de mim afastaste amigo e companheiro; os meus conhecidos são trevas" (SALMO 88:18).

o que fazer. Em seguida, os prisioneiros discutiram se deviam ou não levar em conta o seu conselho.

CRISTÃO: Irmão, o que devemos fazer? Neste momento, nossa vida é miserável. De minha parte, não sei se é melhor viver desta maneira ou morrer imediatamente. Minha alma escolheria a forca em vez da vida, e a sepultura é melhor do que este calabouço.[19] Devemos seguir o conselho do gigante?

ESPERANÇOSO: Na verdade nossa condição atual é terrível, a morte seria muito bem-vinda para mim, melhor do que viver assim para sempre. Mas lembremo-nos de que o Senhor do país para onde vamos, ordenou: "Não matarás". Quanto mais errado não seria matar a nós mesmos? Além disso, aquele que mata outra pessoa só comete assassinato contra o corpo, mas os suicidas matam o corpo e a alma. E, ademais, meu irmão, você fala da facilidade de ir para a sepultura, mas esqueceu-se do inferno para onde os assassinos vão? Pois "todo assassino não tem a vida eterna permanente em si".

Consideremos novamente que a lei não está nas mãos do Gigante Desespero. Pelo que pude perceber, outros também foram capturados por ele, mas escaparam. Quem sabe, o Deus que criou o mundo cause a morte do Gigante Desespero? Ou, talvez, em algum momento ou outro se esqueça de nos trancar? Ou pode ter mais uma de suas crises e perder o uso de seus membros? Se assim for, prometo de todo o coração, fazer o melhor para ficar longe dele. Fui um tolo em não tentar antes, mas, meu irmão, sejamos pacientes e esperemos mais um pouco. Chegará o momento em que escaparemos. Não sejamos nossos próprios assassinos.

Com estas palavras, Esperançoso acalmou o irmão, e assim suportaram a escuridão daquele dia, em sua triste condição.

---

19 "...pelo que a minha alma escolheria, antes, ser estrangulada" (JÓ 7:15).

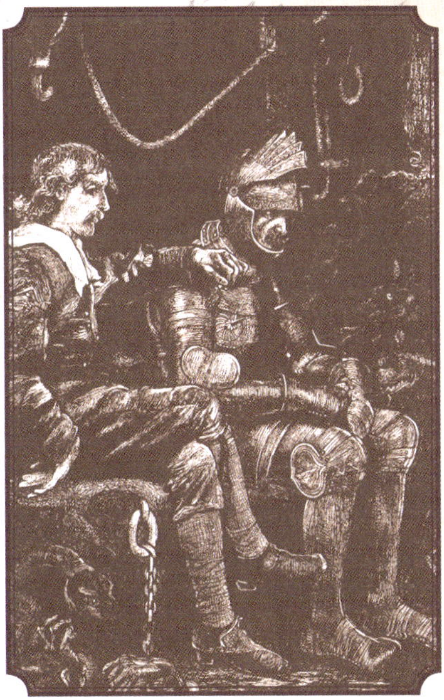

Bem no início da noite, o gigante desceu novamente ao calabouço para ver se os prisioneiros tinham seguido o seu conselho. Mas, ao chegar lá, encontrou-os vivos, praticamente mortos, pois lhes faltava pão e água, e por causa dos ferimentos que receberam quando surrados; quase não conseguiam respirar. Mas o gigante os encontrou vivos, com isto sentiu um intenso furor e lhes disse que por terem desobedecido o seu conselho, eles desejariam nunca ter nascido.

Nisto eles tremeram muito e Cristão desmaiou. Mas depois de recobrar a consciência, começaram a discutir novamente sobre fazer o que o gigante aconselhou. E, mais uma vez, Cristão estava propenso a fazê-lo, mas Esperançoso respondeu: "Meu irmão, você não recorda quanta coragem demonstrou até agora? Apolião não conseguiu destruí-lo, tampouco tudo que ouviu, viu e sentiu no Vale da Sombra da Morte. Pense sobre as dificuldades, terror e perturbação que já passou. Estou ao seu lado no calabouço; um homem que tem a natureza mais fraca que você. Este gigante também me acorrentou como fez a você e me negou pão e água, e como você, sofro sem a luz. Vamos exercitar um pouco mais de paciência; lembre-se de como foi corajoso na Feira das Vaidades, onde não teve medo das correntes, da prisão, nem mesmo da morte sangrenta. Portanto, vamos pelo menos evitar a vergonha inapropriada para um cristão e resistamos com a paciência que nos for possível".

Anoiteceu. O gigante e sua esposa foram para o quarto, e Incredulidade perguntou ao marido se os prisioneiros seguiram seu conselho. Gigante Desespero respondeu: "Eles são miseráveis. Preferiram sofrer a tirar a própria vida". Então ela disse: "Leve-os ao jardim do castelo e mostre os ossos e crânios daqueles que você destruiu. Faça-os acreditar que antes do fim da semana serão os próximos a serem despedaçados, como você fez com outros que vieram antes deles".

Ao amanhecer, o gigante foi até o calabouço e os levou para o jardim do castelo e fez o que a esposa sugeriu. "Esses homens era peregrinos como vocês", disse. "Eles também entraram em minha propriedade. Eu os destruí facilmente, como acontecerá a vocês em dez dias. Vamos! Voltem ao calabouço!". E enquanto falava, ele os golpeava por todo trajeto. E, como nos outros dias, passaram o dia de sábado em estado deplorável.

Quando chegou a noite, a Sra. Incredulidade e seu esposo Desespero, mais uma vez conversaram sobre os prisioneiros. O velho gigante estava impressionado pelo fato de que os açoites e os conselhos ainda não tivessem destruído os peregrinos. A esposa replicou: "Temo que tenham a esperança de que alguém os livrará, ou que tenham algum instrumento que os permita escapar". "Você acredita nisso?", perguntou o gigante. "Nesse caso, vou procurá-los pela manhã."

Bem, no sábado à meia-noite os peregrinos começaram a orar até quase raiar o dia.

Antes do amanhecer, o bom Cristão irrompeu em um discurso apaixonado: "Que tolo tenho sido em ficar neste calabouço terrível quando podia sair livremente! Tenho uma chave no peito chamada Promessa, a qual, estou certo, abrirá qualquer tranca do Castelo da

Dúvida". Em seguida Esperançoso respondeu: "Que boas-novas, bom irmão, tire a chave do peito e veja se consegue".

Cristão então pegou a chave da Promessa e tentou abrir a porta do calabouço, enquanto girava, o ferrolho deslizou para trás, a porta se abriu facilmente e ambos saíram. Dirigiram-se à porta externa que dava para o pátio do castelo, e com sua chave também abriu aquela porta. Depois abriu o portão de ferro, pois também precisava ser aberto. A fechadura era muito difícil de girar, mas a chave fez abri-la. Em seguida, abriram o portão para fugir rapidamente, mas o portão rangeu tão forte ao abrir que despertou o Gigante Desespero. Ele levantou-se apressadamente para alcançar os prisioneiros, mas sentiu as pernas falharem, pois teve um de seus ataques novamente, de modo que não conseguiu ir atrás deles. Então, Cristão e Esperançoso chegaram à estrada do Rei, e, portanto, encontraram-se a salvo, porque estavam fora da jurisdição de Desespero.

Agora, quando voltaram pela escada que cruzaram inicialmente, começaram a pensar em como poderiam evitar que outras pessoas caíssem nas mãos do Gigante Desespero. Eles decidiram erigir uma coluna e gravar esta frase sobre ela: "Esse caminho vai para Castelo da Dúvida, propriedade do Gigante Desespero, que despreza o Rei do País Celestial e tenta destruir seus santos peregrinos". E assim, muitos dos que seguiram o caminho liam a mensagem e escapavam do perigo. Em seguida, cantaram:

Quando do caminho nos afastamos, descobrimos
O que era trilhar sobre proibidos abismos.
E que sejam cautelosos os que após nós virão
Para que a negligência não os torne como nós então.
Para que, ao transgredir, não se tornem prisioneiros
Do dono do Castelo da Dúvida cujo nome é Desespero.

Cual ... tomando muy seguro, y de introduc...

el ... de ... q.e le ... un dud...

... sus agentes adquiriran la bastante

... todos los recursos de aquella cos...

... de S.n Pedro,

... Tambie...

... sobr...

CAPÍTULO 8

Cristão e Esperançoso viajaram até chegar às Montanhas das Delícias, que pertenciam ao Senhor daquela montanha da qual falamos anteriormente; eles subiram as montanhas para olhar os jardins e pomares, vinhedos, fontes de águas, onde beberam, lavaram-se e se alimentaram livremente das uvas. Sobre o cume destas montanhas, ao lado do caminho, estavam os pastores cuidando de seus rebanhos. Os dois peregrinos se aproximaram deles e, inclinando os bordões (assim como todos os peregrinos cansados fazem para conversar com alguém no caminho), perguntaram: "Quem é o dono das Montanhas das Delícias? De quem é o gado que pasta neste local?".

A montanhas aprazíveis agora ascendem,
Onde estão os pastores que lhes advertem
Sobre todos os perigos e todos os encantos,
A que os peregrinos resistem por fé e temor santo.

PASTORES: Estas montanhas são da Terra de Emanuel, e estão à vista de Sua cidade. Também são de Sua propriedade as ovelhas, e Ele deu sua vida por elas.[1]

CRISTÃO: Este caminho conduz à Cidade Celestial?

PASTORES: Você está exatamente no caminho.

CRISTÃO: Está longe?

PASTORES: Bem longe para muitos, mas não para aqueles que anseiam alcançá-la.

CRISTÃO: O caminho é seguro ou perigoso?

PASTORES: Seguro para aqueles a quem deve ser seguro, "...mas os transgressores neles cairão".[2]

CRISTÃO: Neste lugar existe refúgio para os peregrinos que estão fracos e fatigados?

PASTORES: O Senhor destas montanhas nos ordenou acolher os estrangeiros,[3] portanto, as coisas boas deste lugar estão disponíveis para vocês.

---

1 "Eu sou o bom pastor. O bom pastor dá a vida pelas ovelhas" (JOÃO 10:11).

2 Oseias 14:9

3 "Não negligencieis a hospitalidade, pois alguns, praticando-a, sem o saber acolheram anjos" (HEBREUS 13:2).

Vi, em meu sonho, que quando os Pastores reconheceram que aqueles homens eram peregrinos, fizeram-lhes perguntas (as quais responderam como em outros momentos): “De onde são?”, “Como chegaram ao caminho?”, “O que os ajudou a serem perseverantes? Pois poucos daqueles que iniciam a jornada a este lugar mostram suas faces nestas montanhas”. Quando os Pastores ouviram as respostas ficaram alegres e com olhar amável disseram: “Sejam bem-vindos às Montanhas das Delícias”.

Os Pastores, cujos nomes eram Conhecimento, Experiência, Vigilância e Sinceridade os seguraram pelas mãos, os conduziram até suas tendas e os fizeram participar daquilo que havia sido preparado para eles. Também disseram: “Gostaríamos que ficassem aqui para que nos conheçamos melhor. Além disso, podem desfrutar as delícias destas montanhas”. Cristão e Esperançoso aceitaram o convite alegremente, assim foram descansar aquela noite, porque já era bem tarde.

Ao amanhecer, os Pastores convidaram Cristão e Esperançoso para caminhar pelas montanhas. Eles passearam por um tempo, admirando a linda vista de todo o lugar. Enquanto isso, os Pastores comentaram entre si: “Devemos mostrar a estes peregrinos algumas das maravilhas daqui?”. Ao decidirem positivamente, levaram-nos ao monte chamado Erro, que era muito íngreme no lado oposto, e pediram que eles olhassem para baixo. Cristão e Esperançoso olharam e viram vários corpos de homens que, ao caírem do alto, foram completamente despedaçados. Cristão perguntou: “O que significa isto?”. Os pastores responderam: “Você já ouviu falar sobre aqueles que erraram por ouvir Himeneu e Fileto sobre a ressurreição do corpo?”.[4] Eles responderam que sim. Os Pastores continuaram:

4 2 Timóteo 2:17,18

"Eles são aqueles que vocês estão vendo esmagados no fundo desta montanha. Eles não foram sepultados, como podem ver, para servir de exemplo a fim de que ninguém suba tão alto nem se aproxime da beira deste precipício".

Vi que foram conduzidos até o topo de outra montanha chamada Cautela, e os aconselharam a olhar para longe. Ao olharem, eles viram que vários homens subiam e desciam entre os sepulcros que estavam ali. Eles perceberam que tais homens eram cegos, porque algumas vezes esbarravam nas tumbas e não conseguiam sair do meio delas. Cristão perguntou: "O que significa isto?".

Os Pastores explicaram: "Vocês não viram um pouco abaixo das montanhas alguns degraus que conduziam a um prado, no lado esquerdo do caminho?". Eles responderam que sim. A seguir, os Pastores disseram: "Esses degraus conduzem diretamente ao Castelo da Dúvida, guardado pelo Gigante Desespero. Estes homens (e apontaram para aqueles que caminhavam entre os sepulcros) certa vez estavam em peregrinação como vocês agora, até que chegaram àqueles degraus. O terreno do caminho correto era muito acidentado, por isso, decidiram seguir pelos prados. Lá foram capturados pelo Gigante Desespero e levados ao Castelo da Dúvida, onde foram mantidos no calabouço por um período. Finalmente, o gigante feriu seus olhos e deixou-os vagando entre as tumbas até o dia de hoje, para que as palavras do sábio fossem cumpridas: 'O homem que se desvia do caminho do entendimento, na congregação dos mortos repousará'".[5] Cristão e Esperançoso se entreolharam, com lágrimas deslizando pela face, mas nada disseram.

Vi, em meu sonho, que os Pastores os conduziram para outro lugar, no fundo do vale, onde havia uma porta no lado da encosta.

---

5 Provérbios 21:16

Abriram-na e viram que era um local muito escuro e cheio de fumaça. Também ouviram um estrondo como um ruído de fogo, grito de tormento e o odor de enxofre. Cristão quis saber o que era aquilo. Os Pastores responderam: "Este é outro caminho para o inferno. Geralmente os hipócritas seguem por aqui; como aqueles que com Esaú vendem seu direito de primogenitura; como aqueles que com Judas vendem seu Mestre; como aqueles que com Alexandre blasfemam do evangelho; e como aqueles que com Ananias e Safira mentem e dissimulam". Em seguida Esperançoso perguntou aos Pastores: "Cada um deles esteve na peregrinação como nós, não foi?".

PASTORES: Sim, e estiveram no caminho por um longo tempo.

ESPERANÇOSO: Até onde foram na peregrinação, quando, miseravelmente, se perderam?

PASTORES: Alguns foram mais longe do que estas montanhas, e alguns não chegaram até aqui.

Então os peregrinos falaram entre si: "Melhor clamar ao Poderoso pedindo forças".

PASTORES: Sim, vocês precisarão usar estas forças quando as pedirem.

Neste momento, os peregrinos desejaram seguir seu caminho, e os Pastores concordaram, acompanhando-os até o fim das montanhas. Ali os Pastores disseram uns aos outros: "Vamos mostrar aos peregrinos o portão da Cidade Celestial, se conseguirem ver pelo telescópio". Agradecidos, eles aceitaram a sugestão. Os pastores os conduziram até o topo da colina chamada Limpa e lhe deram o instrumento para visualizar o portão.

Eles tentaram olhar, mas a recordação das últimas coisas vistas com o Pastores fizeram-lhes as mãos tremerem; por causa desta dificuldade não podiam olhar firmemente através do telescópio.

Porém, ainda assim, conseguiram ter um vislumbre do portão e da glória do lugar. Em seguida, seguiram a jornada cantando:

Assim, pelos pastores segredos são revelados,
Que aos outros homens permanecem velados.
Vinde aos pastores se quereis saber, então
Das coisa profundas, ocultas e que misteriosas são.

Quando chegou o momento de partir, um dos Pastores entregou--lhes um mapa do caminho. Outro os alertou sobre Adulador. O terceiro recomendou que não dormissem no terreno encantado e o quarto desejou que Deus os acompanhasse.

Então, acordei do meu sonho.

CAPÍTULO 9

Dormi e sonhei novamente. Vi os dois peregrinos descendo a montanha pela estrada em direção à cidade. Agora, pouco abaixo da montanha, do lado esquerdo, estava o país chamado Ideias Fantásticas; e pela montanha havia um atalho de caminho tortuoso próximo ao caminho que os peregrinos percorriam. Ali encontraram um rapaz, cheio de energia, que vinha daquele país. Seu nome era Ignorância. Cristão perguntou-lhe de onde era e para onde ia.

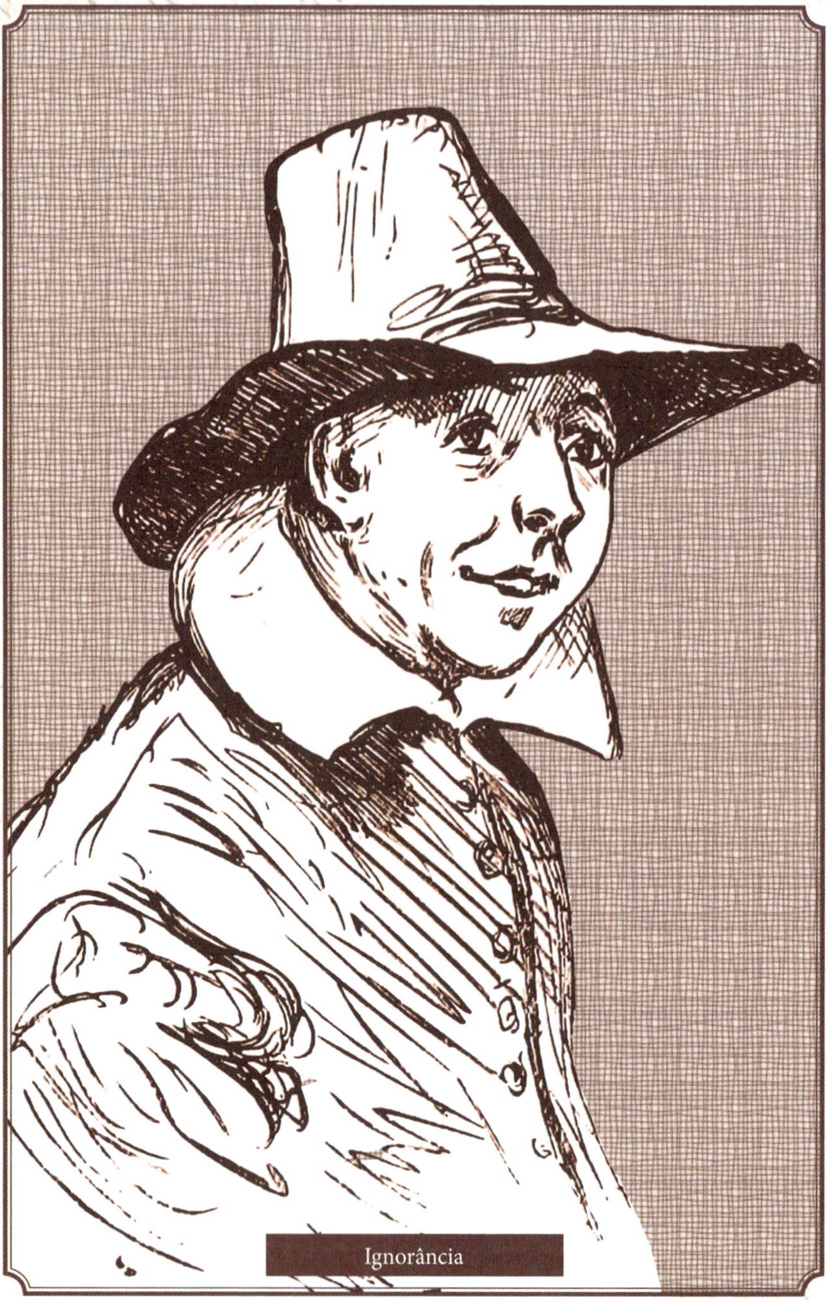

Ignorância

IGNORÂNCIA: Senhor, nasci no país que se localiza um pouco à esquerda e vou para a Cidade Celestial.

CRISTÃO: Mas como você planeja alcançar o portão? Poderá encontrar dificuldades.

IGNORÂNCIA: Entrarei do mesmo modo como as pessoas boas o fazem.

CRISTÃO: Mas o que terá para mostrar que permita sua entrada pelo portão?

IGNORÂNCIA: Conheço a vontade do meu Senhor e tive uma boa vida. Paguei o que devia, jejuei, dei o dízimo, doei aos pobres e abandonei meu país para chegar lá.

CRISTÃO: Mas não entrou pela porta estreita no início desta jornada. Você entrou pelo caminho tortuoso, temo que, independentemente da opinião que tem sobre si, quando chegar o dia do julgamento, seja acusado de ladrão e assaltante, em vez de ser admitido na cidade.

IGNORÂNCIA: Cavalheiros, vocês são completos estranhos para mim, não os conheço. Sigam vocês a religião de seu país e eu seguirei a religião do meu. Espero que todos sejamos vitoriosos. Sobre o portão que mencionaram, todos sabem que é muito distante de nosso país. Não me lembro de alguém em nossa parte do mundo que conheça o caminho para ele, e não importa se eles sabem ou não, pois nós temos, como podem ver, um campo verdejante e agradável que vem do nosso país até este caminho.

Quando Cristão viu que o homem era "sábio aos seus próprios olhos", sussurrou para Esperançoso: "Maior esperança há no insensato do que nele".[1] E acrescentou: "Quando o tolo vai pelo caminho,

1 Provérbios 26:12

falta-lhe o entendimento; e, assim, a todos mostra que é estulto".[2] Devemos conversar com ele ou deixá-lo para trás e permitir que pense sobre o que lhe dissemos? Então, esperaremos por ele para ver se podemos fazer algo bom. Em seguida Esperançoso sugeriu:

Que Ignorância por breve possa meditar
No que é dito, e que não venha a recusar
O bom conselho, para ignorante não permanecer
Dos maiores benefícios que possa ter.
Disse o Senhor: aqueles que entendimento não têm,
Embora por Ele criados, salvação não obtêm.

ESPERANÇOSO: Não é bom falar-lhe tudo de uma vez; vamos passar por ele e conversar depois, quando estiver pronto a suportar.

Assim, continuaram o trajeto e Ignorância seguiu atrás. Agora, quando estavam a poucos passos à frente de Ignorância, entraram numa rua muito escura, onde encontraram um homem amarrado com sete cordas fortes a sete demônios, e estes o levaram de volta à porta que estava ao lado da montanha.[3] Agora o bom Cristão começou a tremer e Esperançoso também; porém, enquanto os demônios levavam o homem embora, Cristão olhou para ver se o conhecia, pois parecia ser Volta-Atrás, que vivia na Cidade da Apostasia. Mas ele não viu seu rosto claramente, pois o homem baixou a cabeça como um ladrão capturado. Depois de passar por eles, Esperançoso

---

2 Eclesiastes 10:3

3 "Então, vai e leva consigo outros sete espíritos, piores do que ele, e, entrando, habitam ali; e o último estado daquele homem torna-se pior do que o primeiro. Assim também acontecerá a esta geração perversa" (MATEUS 12:45).

"Quanto ao perverso, as suas iniquidades o prenderão, e com as cordas do seu pecado será detido" (PROVÉRBIOS 5:22).

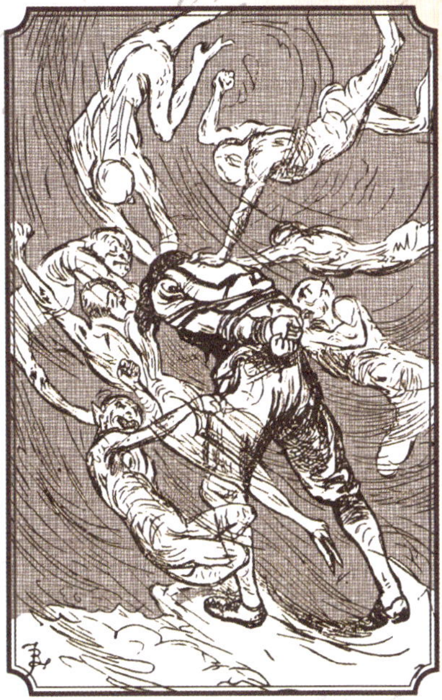

olhou para o homem e viu um papel em suas costas com a inscrição: “Confessor licencioso e abominável apóstata”. Cristão revelou ao companheiro: “Agora me lembro de uma coisa que me contaram sobre o que aconteceu a um bom homem neste lugar. Seu nome era Pouca-Fé, mas era uma pessoa boa e morava na Cidade da Sinceridade. O que ocorreu foi o seguinte: Na entrada para esta passagem, havia uma larga estrada onde havia um portão chamado Vereda-dos-Mortos — tinha esse nome por causa dos assassinatos que ali eram cometidos — e Pouca-Fé, que estava em peregrinação como estamos, sentou-se e caiu no sono. Neste exato momento, percebendo que havia adormecido, três trapaceiros, três irmãos chamados Covardia, Descrença e Culpa, vieram do Portão Largo. Espiaram Pouca-Fé e correndo chegaram rapidamente. Neste instante, aquele bom homem acordou e já se preparava para retomar sua jornada quando os bandidos aproximaram-se dele e com linguagem ameaçadora ordenaram-lhe que levantasse. Com isso, Pouca-Fé ficou branco como uma folha de papel, sem força para lutar ou fugir. Em seguida Covardia ordenou: ‘Entregue-nos sua bolsa’. Mas ele não obedeceu, pois não queria perder seu dinheiro. Então, Descrença correu até o homem e, enfiando sua mão no bolso dele, puxou para fora uma bolsa cheia de prata. ‘Ladrões! Ladrões!’, gritou Pouca-Fé. Mas Culpa o atingiu na cabeça com um grande bastão, levando o pobre homem ao chão, onde ele

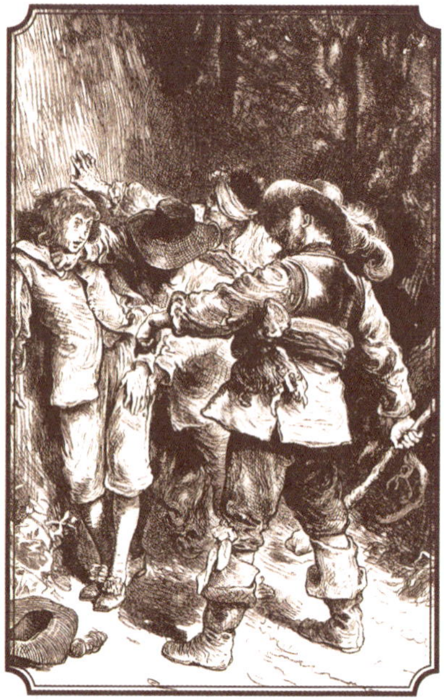

permaneceu sangrando quase até a morte. Os ladrões continuavam ao seu redor, mas, ouvindo alguém que vinha descendo pela estrada, e temendo que pudesse ser Grande-Graça, da Cidade de Boa Esperança, fugiram, deixando o bom homem abandonado. Depois de um tempo, Pouca-Fé recobrou a consciência e conseguiu ficar em pé e seguir, trôpego, seu caminho".

ESPERANÇOSO: E roubaram tudo o que ele possuía?

CRISTÃO: Não. Eles não revistaram o suficiente para descobrir o local onde ele guardava suas joias, pois ainda estavam sob seu poder. No entanto, como me contaram, aquele peregrino estava preocupado com sua perda; na verdade, os ladrões conseguiram a maior parte do dinheiro para suas despesas. Ele ainda tinha uma pequena quantia, porém, não o suficiente para levá-lo até o fim de sua jornada.[4] Se não estou enganado, foi obrigado a pedir esmolas, pois era proibido vender suas joias. Apesar das esmolas e de fazer tudo o que lhe era possível, passou fome na maior parte do restante do caminho.

ESPERANÇOSO: Não causa espanto, que não tenham se apossado do seu pergaminho, o qual lhe garantia a entrada no Portão Celestial?

---

4 "E, se é com dificuldade que o justo é salvo, onde vai comparecer o ímpio, sim, o pecador?" (1 PEDRO 4:18).

CRISTÃO: Realmente, não o pegaram, embora não fosse por qualquer esperteza dele, pois estava tão assustado quando o atacaram que não teve força nem habilidade de esconder nada, por isso, foi mais pela Providência Divina, do que por seu próprio esforço ele ter mantido o sagrado certificado.

ESPERANÇOSO: Deve ter sido reconfortante para ele o fato de não terem levado as suas joias.

CRISTÃO: Poderia ter sido um grande conforto para ele, se tivesse usado isso como deveria, mas quem me contou a história, disse que fez pouco uso das joias no restante do caminho, pelo desânimo que sentiu por ter perdido seu dinheiro. Na verdade, esqueceu-se do pergaminho no restante da jornada e, além disso, quando se lembrava dele e se sentia confortado por esse pensamento, as memórias de sua recente derrota voltavam e o dominavam.[5]

ESPERANÇOSO: Pobre homem! Que grande dor certamente sentiu.

CRISTÃO: Tristeza! Sim, uma dor dilacerante! Não sentiríamos a mesma dor que ele sentiu ao ser assaltado e ferido, estando num local estranho, como ele estava? É um milagre que aquele desventurado homem não tenha morrido de tristeza! Disseram-me que se queixou amargamente quase todo o restante do caminho, contando a todos sobre como fora assaltado e espancado, descrevendo onde isso tinha acontecido, quem tinha feito isso, o que tinha perdido e como, por pouco, tinha escapado com vida.

ESPERANÇOSO: É incrível que não tenha vendido ou penhorado as joias para seu sustento no restante da jornada.

CRISTÃO: Você fala como um pássaro que acabou de sair do ovo! Onde conseguiria empenhar as joias ou para quem as venderia? Suas joias não têm nenhum valor naquele país em que ele foi roubado, e

---

5 "...obtendo o fim da vossa fé: a salvação da vossa alma" (1 PEDRO 1:9).

nem sequer desejou algum tipo de alívio. Além disso, sem as joias no portão da Cidade Celestial, seria excluído da herança, algo que conhecia muito bem. Para ele, seria pior do que a aparência e a vilania de dez mil ladrões.

ESPERANÇOSO: Por que você está tão áspero comigo, meu irmão? Esaú vendeu seu direito de primogenitura por um prato de lentilhas, sendo que era seu maior bem; e se o fez, por que Pouca-Fé não poderia fazê-lo também?[6]

CRISTÃO: De fato, Esaú vendeu seu direito de primogenitura, e muitos outros também o fizeram; por isso, eles mesmos se excluem da bênção do Senhor, como aconteceu com aquele pobre indivíduo. Mas há diferenças entre Esaú e Pouca-Fé. Comparando as suas condições, o direito à primogenitura de Esaú era simbólico, no entanto, as joias de Pouca-Fé eram de outra espécie; o deus de Esaú foi seu apetite, não era o caso de Pouca-Fé. Esaú era dominado por seu apetite carnal, mas não Pouca-Fé. Além disso, Esaú não conseguiu ver além do tamanho de suas próprias concupiscências; "...Estou a ponto de morrer; de que me aproveitará o direito de primogenitura?",[7] ele disse. Pouca-Fé, a despeito de uma fé débil, manteve-se afastado de tais extravagâncias por meio da fé, e ela o fez valorizar suas joias a ponto de não as vender como fez Esaú com sua primogenitura. Você não encontra em lugar algum que Esaú tinha fé — não, nem mesmo um pouco; por isso não é de se admirar que vendeu o seu direito de primogenitura e a sua alma para o diabo, pois isso é o que acontece quando as regras da carne predominam (como acontece com homens sem fé para resistir); pois são

---

6 "...nem haja algum impuro ou profano, como foi Esaú, o qual, por um repasto, vendeu o seu direito de primogenitura" (HEBREUS 12:16).

7 Gênesis 25:32

como o jumento, que não pode ser contido durante o seu tempo de calor.[8] Quando a mente deles está centrada em suas paixões, desejam satisfazê-las, custe o que custar. Mas Pouca-Fé era de outro temperamento, sua mente estava fixa em coisas divinas e sua existência dependia das coisas que eram espirituais e que provinham do alto. Portanto, o que ganharia na venda de suas joias (se houvesse quem as comprasse) e enchesse a mente com coisas vazias? Será que um homem daria um centavo para encher a barriga com feno, ou você poderia persuadir uma andorinha a viver em cima de alguma carniça como o corvo vive? Embora os infiéis possam penhorar, hipotecar ou vender o que têm, incluindo a própria alma, por desejos carnais, aqueles que têm fé, mesmo que seja pequena, não conseguem fazê-lo. Aqui, pois, meu irmão, está o seu erro.

ESPERANÇOSO: Reconheço isso; no entanto, sua cruel reprovação quase me irritou.

CRISTÃO: Apenas comparei você a alguns pássaros que caminham com a casca do ovo sobre sua cabeça. Mas ignore isso e considere o tema em questão e tudo ficará bem entre nós.

ESPERANÇOSO: Amigo Cristão, estou convencido de que estes três companheiros eram apenas um bando de covardes, caso contrário, você acha que eles teriam fugido, como fizeram, ao ouvir o som de alguém descendo a estrada? Por que Pouca-Fé não agiu com coragem? Eu acho que poderia ter entrado em combate com eles, cedendo apenas quando não houvesse escolha.

CRISTÃO: Muitos disseram que são covardes, mas poucos sustentam isso no momento da provação. Pela grandeza do coração Pouca-Fé não foi corajoso. Pelas suas palavras, meu irmão, se fosse

---

8 "...jumenta selvagem, acostumada ao deserto e que, no ardor do cio, sorve o vento. Quem a impediria de satisfazer ao seu desejo? Os que a procuram não têm de fatigar-se; no mês dela a acharão" (JEREMIAS 2:24).

com você, cederia apenas após um encontro. Quando os inimigos estão distante de nós, este é o tamanho de sua coragem, porém, se o atacassem, como fizeram a ele, imagino que você mudaria sua atitude.

Lembre-se, porém, de que são apenas ladrões contratados, os quais servem o rei do abismo, que, se necessário, viria resgatá-los pessoalmente; sua voz é como o rugido de um leão.[9] Eu mesmo já caí na armadilha como ocorreu com Pouca-Fé, e descobri algo terrível. Esses três bandidos me atacaram, e quando comecei a resistir como um cristão, eles pediram ajuda, e seu mestre veio em seu auxílio. Minha vida não valia um centavo, como diz o ditado, mas Deus quis que me vestisse com uma armadura de provação. Embora estivesse protegido, a luta foi difícil. Ninguém pode saber o que nos espera num combate, a menos que já tenha vivido sua própria batalha.

ESPERANÇOSO: Note, porém, que eles fugiram só de imaginar que Grande-Graça vinha em sua direção.

CRISTÃO: É verdade. Eles e seu mestre com frequência fogem quando Grande-Graça aparece; e não é incomum, pois ele é o campeão do Rei. Creio que você verá algumas diferenças entre Pouca-Fé e o campeão do Rei. Nem todos os súditos do rei são campeões; nem podem ser, mesmo quando tentam realizar proezas de guerra como ele. É certo pensar que um rapazinho lutaria com Golias, como fez Davi? Ou que um pardal tenha a força de um touro? Alguns são fortes, outros são fracos. Enquanto alguns são muito fiéis, outros têm pequena fé. Este homem era um dos fracos, por isso, não conseguiu resistir e portanto ele foi, temporariamente, vencido.

---

9 "...para que ninguém, como leão, me arrebate, despedaçando-me, não havendo quem me livre" (SALMO 7:2).

"Sede sóbrios e vigilantes. O diabo, vosso adversário, anda em derredor, como leão que ruge procurando alguém para devorar" (1 PEDRO 5:8).

ESPERANÇOSO: Gostaria que Grande-Graça tivesse ido socorrê-lo.

CRISTÃO: Se assim fosse, estaria extremamente ocupado, pois devo dizer que, apesar de Grande-Graça ser excelente no manejo com as armas e saber lidar com esses inimigos o suficiente enquanto os mantém ao fio da espada, mesmo que Covardia, Descrença ou outro se apoderem dele, eventualmente eles o derrubarão. Quando um homem está caído, o que ele pode fazer?

Quem olhar com atenção para o rosto de Grande-Graça verá as cicatrizes e cortes que evidenciam o que acabei de dizer. Sim, certa vez ouvi que ele pronunciou uma frase quando estava em combate: "desesperamos até da própria vida". Estes miseráveis fizeram Davi gemer, chorar e lamentar. Sim, podemos citar Hemã e Ezequias, embora campeões em seus dias, foram forçados a lutar quando assaltados por estes homens — e foram espancados por eles. Certa ocasião, Pedro levantou-se contra eles, dentre todos os apóstolos, mas os inimigos o puseram fora de combate tão habilmente que logo depois, Pedro sentiu medo de uma servente.

Além disso, seu rei está à sua disposição. Ele nunca está fora do alcance da voz. Se, em algum momento estiverem em situação difícil, ele, se possível, virá para ajudá-los. Dele se diz: "Se o golpe de espada o alcança, de nada vale, nem de lança, de dardo ou de flecha. Para ele, o ferro é palha, e o cobre, pau podre. A seta não o faz fugir; as pedras das fundas se lhe tornam em restolho. As clavas atiradas são para ele como palha, e ri-se do brandir da lança".[10] O que um ser humano pode fazer neste caso? Se alguém pudesse ter o cavalo que pertenceu a Jó, bem como a coragem e atributos para cavalgá-lo, provavelmente faria coisas maravilhosas. "Ou dás tu força ao

10 Jó 41:26-29

cavalo ou revestirás o seu pescoço de crinas? Acaso, o fazes pular como ao gafanhoto? Terrível é o fogoso respirar das suas ventas. Escarva no vale, folga na sua força e sai ao encontro dos armados. Ri-se do temor e não se espanta; e não torna atrás por causa da espada. Sobre ele chocalha a aljava, flameja a lança e o dardo. De fúria e ira devora o caminho e não se contém ao som da trombeta. Em cada sonido da trombeta, ele diz: Avante! Cheira de longe a batalha, o trovão dos príncipes e o alarido".[11]

Todavia, peregrinos, como você e eu, não desejam encontrar-se com um inimigo, tampouco se vangloriar quando ouvem sobre a derrota de alguns, muito menos se alegrar com pensamentos sobre nossa coragem; pois aqueles que o fazem geralmente saem pior quando são provados. Veja o caso de Pedro, mencionado anteriormente. Ele se vangloriou dizendo que faria melhor e permaneceria firmemente ao lado do seu Mestre mais do que todos os outros homens, mas quem foi mais derrotado por estes vilões do que ele?

Portanto, ao ouvirmos sobre tais roubos na estrada do Rei, há duas coisas que devemos fazer:

1. Sair para a batalha vestidos com a armadura e não esquecer o escudo. Foi pela ausência do escudo que aquele que atacou o Leviatã não conseguiu vencê-lo. Ele não nos teme quando estamos sem a armadura e o escudo. Pois quem tem habilidade diz: "...embraçando sempre o escudo da fé, com o qual podereis apagar todos os dardos inflamados do Maligno".[12]

2. Pedir ao Rei uma escolta protetora; sim, devemos rogar que esteja conosco. Esse foi o motivo do júbilo de Davi quando esteve no Vale da Sombra da Morte; Moisés preferiu a morte a dar um

---

11 Jó 39:19-25

12 Efésios 6:16

passo sem Deus.[13] Ó, meu irmão, se Ele estiver conosco, por que temeremos os dez mil que se colocam contra nós?[14] Sem Ele, porém, os soberbos "serão mortos".[15]

De minha parte, já estive nessa batalha. Por causa de Sua misericórdia, estou vivo, e não me orgulho de minha coragem. Ficarei grato se não encontrar tais ataques, mas temo que não esteja fora de perigo. Entretanto, como não fui devorado pelo leão e o urso, espero que Deus nos livre dos incircuncisos filisteus. Assim, Cristão cantou:

Pobre Pouca-fé! Entre os salteadores foste te achar?
Foste saqueado? Lembra-te: todo aquele que confiar
E mais fé tiver, a vitória conquistará de vez
Sobre dez milhares, não apenas sobre três.

---

13 "Então, lhe disse Moisés: Se a tua presença não vai comigo, não nos faças subir deste lugar" (ÊXODO 33:15).

14 "Deito-me e pego no sono; acordo, porque o SENHOR me sustenta. Não tenho medo de milhares do povo que tomam posição contra mim de todos os lados. Levanta-te, SENHOR! Salva-me, Deus meu, pois feres nos queixos a todos os meus inimigos e aos ímpios quebras os dentes. Do SENHOR é a salvação, e sobre o teu povo, a tua bênção" (SALMO 3:5-8).

"O SENHOR é a minha luz e a minha salvação; de quem terei medo? O SENHOR é a fortaleza da minha vida; a quem temerei? Quando malfeitores me sobrevêm para me destruir, meus opressores e inimigos, eles é que tropeçam e caem. Ainda que um exército se acampe contra mim, não se atemorizará o meu coração; e, se estourar contra mim a guerra, ainda assim terei confiança" (SALMO 27:1-3).

15 "Nada mais vos resta a fazer, senão dobrar-vos entre os prisioneiros e cair entre os mortos. Com tudo isto, não se aparta a sua ira, e a mão dele continua ainda estendida" (ISAÍAS 10:4).

Eles seguiram o caminho, com Ignorância em seu encalço, até chegarem a um lugar onde havia uma bifurcação. Os dois caminhos pareciam retos como o caminho que eles deveriam seguir; e eles não sabiam qual deles escolher, pois ambos lhes pareciam bons. Entretanto, pararam com a intenção de decidir o que fazer. Enquanto pensavam sobre o caminho, um homem negro, com vestes muito brilhantes, se aproximou deles e indagou por que estavam hesitantes. Eles disseram que desejavam chegar à Cidade Celestial, mas não sabiam qual caminho seguir. "Sigam-me", o homem falou, "pois é para onde vou". Os peregrinos o seguiram pelo caminho que fazia intersecção com a estrada. Tal trilha fazia curvas e mais curvas, e ao olhar para trás perceberam que estavam se distanciando da cidade para onde desejavam ir. Mesmo assim, continuaram seguindo aquele homem. Aos poucos, antes de perceberem, foram pegos por uma rede, e ficaram tão enlaçados que não souberam como desvencilhar-se. De repente, as vestes claras caíram das costas do homem negro e viram onde estavam. Ficaram ali caídos, lamentando a sorte, pois não sabiam como se livrar.

CRISTÃO: Agora vejo meu erro. Os Pastores não disseram para ter cuidado com os bajuladores? Como o sábio diz: "O homem que lisonjeia a seu próximo arma-lhe uma rede aos passos".[16]

ESPERANÇOSO: Eles também nos deram o mapa do caminho, mas nos esquecemos dele e caímos no caminho do destruidor. Davi foi mais sábio do que nós, pois declara: "Quanto às ações dos homens, pela palavra dos teus lábios, eu me tenho guardado dos caminhos do violento".[17]

---

16 Provérbios 29:5

17 Salmo 17:4

Enquanto estavam presos na rede, notaram um Ser Reluzente que vinha em sua direção com um açoite de pequenas cordas na mão. Quando os alcançou, perguntou-lhes de onde eram e para onde iam. Eles disseram que eram pobres peregrinos em direção a Sião, mas que tinham se desviado do caminho por seguir um homem negro em vestes brancas. "Ele nos disse para segui-lo, pois também ia para o mesmo local". O homem com o açoite na mão revelou: "Esse homem é Adulador, um falso apóstolo, que se transformou em anjo de luz".[18] A seguir, abriu a rede e os libertou. E logo lhes ordenou: "Sigam-me que os conduzirei de volta ao caminho certo". Ele os guiou de volta até o local em que encontraram Adulador. Então perguntou aos peregrinos: "Onde vocês estavam na noite passada?". Eles responderam: "Com os Pastores, sobre as Montanhas das Delícias". Em seguida questionou se os Pastores lhes haviam dado um mapa do caminho. Os peregrinos responderam que sim. Nesse momento o ser lhes perguntou: "Vocês não olharam o mapa?". Eles responderam negativamente. Ele perguntou o porquê. Eles alegaram ter esquecido. Finalmente, perguntou se os Pastores os haviam alertado sobre Adulador. Eles responderam que sim, mas nunca imaginaram que fosse um homem tão gentil.[19]

Vi, depois, em meu sonho, que ele ordenou para que deitassem; e quando o fizeram, os castigou severamente para ensinar-lhes que

---

18 "Aos violadores da aliança, ele, com lisonjas, perverterá, mas o povo que conhece ao seu Deus se tornará forte e ativo" (DANIEL 11:32).

"Porque os tais são falsos apóstolos, obreiros fraudulentos, transformando-se em apóstolos de Cristo. E não é de admirar, porque o próprio Satanás se transforma em anjo de luz" (2 CORÍNTIOS 11:13,14).

19 "...porque esses tais não servem a Cristo, nosso Senhor, e sim a seu próprio ventre; e, com suaves palavras e lisonjas, enganam o coração dos incautos" (ROMANOS 16:18).

deveriam seguir no bom caminho.[20] Enquanto os castigava, declarou: "Eu repreendo e castigo a todos quanto amo; sê pois zeloso, e arrepende-te".[21] Feito isto, mandou que fossem pelo caminho e seguissem cuidadosamente as instruções dos Pastores. Eles agradeceram por sua bondade e andaram suavemente pelo caminho certo, cantando:

Achegai-vos, todos vós que participais da jornada;
Vede como os peregrinos se afastaram da estrada!
Em muitas armadilhas ficaram enredados,
Pois os bons conselhos lhes foram olvidados.
Resgatados foram, é verdade; atentos, porém vede
O quanto foram flagelados e não caiais nessa rede!

Após um período de jornada, viram à distância alguém caminhando calmo e tranquilo pela estrada. Cristão comentou com seu companheiro: "Vejo um homem voltando de Sião que vem ao nosso encontro".

ESPERANÇOSO: Também vejo. Sejamos cuidadosos, para que não seja outro adulador.

O homem aproximou-se lentamente até chegar perto deles. Seu nome era Ateu e perguntou-lhes qual era seu destino.

---

20 "Se o culpado merecer açoites, o juiz o fará deitar-se e o fará açoitar, na sua presença, com o número de açoites segundo a sua culpa" (DEUTERONÔMIO 25:2).

21 Apocalipse 3:19
"Quando os céus se cerrarem, e não houver chuva, por ter o povo pecado contra ti, e ele orar neste lugar, e confessar o teu nome, e se converter dos seus pecados, havendo-o tu afligido, ouve tu nos céus, perdoa o pecado de teus servos e do teu povo de Israel, ensinando-lhes o bom caminho em que andem, e dá chuva na tua terra que deste em herança ao teu povo" (2 CRÔNICAS 6:26,27).

CRISTÃO: Vamos para o Monte Sião.

Ateu começou a dar altas gargalhadas.

CRISTÃO: Por qual razão você ri?

ATEU: Porque vejo quão ignorantes são. Por que fazer uma viagem tão monótona, quando provavelmente não terão nenhuma recompensa a não ser seus esforços?

CRISTÃO: Por que pensa que não seremos recebidos?

ATEU: Recebidos! O lugar com o qual você sonha não existe em qualquer lugar no mundo.

CRISTÃO: Existe sim, no mundo porvir.

ATEU: Quando estava em casa, no meu país, ouvi sobre este lugar. Decidi procurá-lo. Estou nessa busca há 20 anos, e não sei nada mais do que já sabia desde o primeiro dia dessa busca.[22]

CRISTÃO: Ouvimos que ele existe, e estamos certos de que o encontraremos.

ATEU: Se não acreditasse, quando estava em casa, não teria ido tão longe nessa busca; mas nada encontrando (e deveria ter encontrado, já que fui mais longe do que vocês), voltarei e desfrutarei das coisas que abandonei, por causa da tentativa de buscar o que agora sei que não existe.

Cristão perguntou a Esperançoso: "Será que ele tem razão?".

ESPERANÇOSO: Tenha cuidado, ele é um dos aduladores. Lembre-se do que quase nos custou ouvir indivíduos como este. O Monte Sião não existe?! Ora, não vimos o portão da cidade, quando estávamos nas Montanhas das Delícias? Além disso, não devemos caminhar pela fé?[23]

---

22 "Mas no lugar para onde o levaram cativo morrerá e nunca mais verá esta terra" (JEREMIAS 22:12).

"O trabalho do tolo o fatiga, pois nem sabe ir à cidade" (ECLESIASTES 10:15).

23 "...visto que andamos por fé e não pelo que vemos" (2 CORÍNTIOS 5:7).

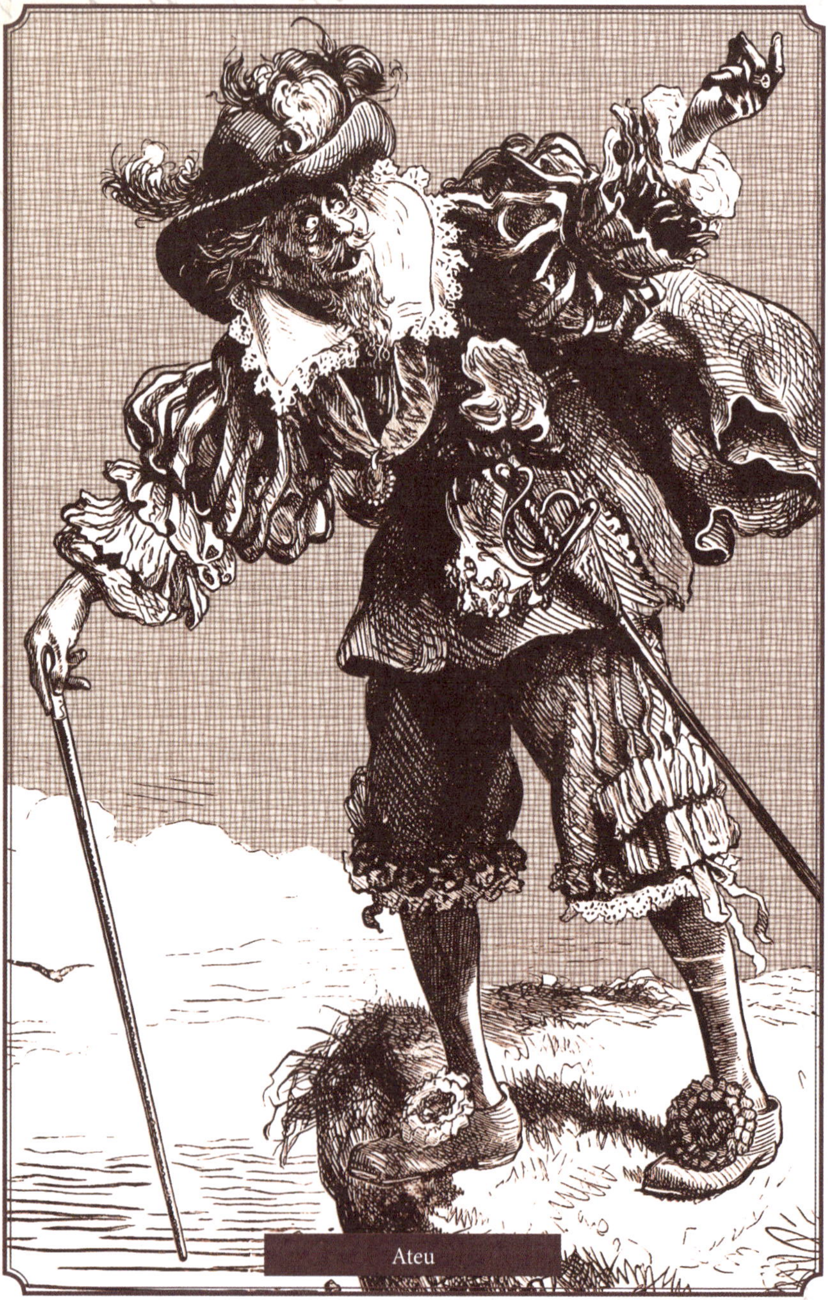

Ateu

Sigamos nesta caminhada, não deixemos que o homem com o açoite venha nos corrigir novamente. Você me ensinou o que sussurrarei ao seu ouvido: "Filho meu, se deixas de ouvir a instrução, desviar-te-ás das palavras do conhecimento".[24] Não lhe dê ouvidos, vamos crer e salvar a alma.[25]

CRISTÃO: Meu irmão, não perguntei porque duvidava do que cremos, mas para testar você e levá-lo a pensar honestamente sobre o que está no coração. Quanto a este homem, ele está cego pelo deus deste mundo. Sigamos, sabendo que o que cremos é a verdade, e que a mentira não procede da verdade.[26]

ESPERANÇOSO: Agora "...gloriamo-nos na esperança da glória de Deus".

Logo se afastaram daquele homem. Este, zombando deles, prosseguiu em seu caminho.

Vi, no meu sonho, que os peregrinos caminharam até entrarem em um país onde o ar deixava os estrangeiros sonolentos. Esperançoso começou a se sentir apático e sonolento.

ESPERANÇOSO: Estou com tanto sono que mal consigo manter os olhos abertos. Vamos nos deitar e tirar um cochilo.

CRISTÃO: Não, não podemos, pois se dormirmos aqui, talvez não acordemos novamente.

ESPERANÇOSO: Por que, meu irmão? O sono é o deleite dos trabalhadores e nos revigoraremos se tirarmos um cochilo.

CRISTÃO: Não se lembra de que um dos Pastores nos alertou sobre estarmos atentos ao chegar à Terra Encantada? Ele quis dizer que

---

24 Provérbios 19:27

25 "Nós, porém, não somos dos que retrocedem para a perdição; somos, entretanto, da fé, para a conservação da alma" (HEBREUS 10:39).

26 "Não vos escrevi porque não saibais a verdade; antes, porque a sabeis, e porque mentira alguma jamais procede da verdade" (1 JOÃO 2:21).

deveríamos cuidar para não adormecermos. Portanto, "não durmamos como os demais; pelo contrário, vigiemos e sejamos sóbrios".[27]

ESPERANÇOSO: Reconheço minha fraqueza e, se estivesse sozinho, arriscaria minha vida se sucumbisse ao sono. Vejo que o sábio revelou a verdade: "Melhor é serem dois do que um".[28] Até este momento, sua companhia foi a circunstância mais feliz para mim, e você terá uma boa recompensa por seu trabalho.

CRISTÃO: Agora, para não adormecermos neste lugar, tenhamos um bom debate.

ESPERANÇOSO: Concordo de todo o coração.

CRISTÃO: Por onde começamos?

ESPERANÇOSO: Iniciemos por onde Deus começou conosco. Mas você pode começar, se quiser.

CRISTÃO: Primeiro, cantarei esta canção:

Aproximem-se os santos em sonolência
E ouçam destes dois peregrinos a sapiência.
Que com eles possam aprender doravante
A terem abertos seus olhos toscanejantes.
A companhia dos santos, se bem administrada for,
Mantém-nos despertos, apesar do inferno o pavor.

CRISTÃO: Vou fazer uma pergunta. Qual foi o motivo que o levou a pensar sobre o que está fazendo agora?

ESPERANÇOSO: Quer saber como comecei a me preocupar com minha alma?

CRISTÃO: Sim.

---

27 1 Tessalonicenses 5:6

28 Eclesiastes 4:9

ESPERANÇOSO: Por um bom tempo desfrutei dos produtos vendidos em nossa feira. Coisas que, agora creio, me destruiriam se continuasse a praticá-las.

CRISTÃO: Que coisas?

ESPERANÇOSO: Todos os tesouros e riquezas do mundo. Também amava o deboche, festas, bebidas, juramentos, mentiras, imoralidade, transgressão da guarda do dia do Senhor e outras misérias que destroem a alma. Mas, ao ouvir e considerar as coisas divinas que aprendi com você e com o amado Fiel, que morreu na Feira das Vaidades por causa de sua fé e bondade, descobri, finalmente, que o fim dessas coisas é a morte.[29] E por essas coisas "a ira de Deus vem sobre os filhos da desobediência".[30]

CRISTÃO: Você se converteu imediatamente?

ESPERANÇOSO: Não, a princípio não estava disposto a reconhecer o mal do pecado e a condenação que resulta dele. Em vez disso, quando minha mente foi tocada pela Palavra, tentei fechar os olhos contra a luz.

CRISTÃO: Mas o que o levava a manter essa atitude antes de o abençoado Espírito de Deus começar a agir em seu coração?

ESPERANÇOSO: Bem, primeiro, não sabia que era a obra de Deus agindo em mim. Nunca percebi que Deus inicia a conversão de um pecador, despertando-o do pecado. Segundo, o pecado era atrativo e não queria abandoná-lo. Terceiro, não sabia como me afastar de minhas antigas amizades, pois sua presença e suas ações eram desejáveis para mim. Por último, os momentos que estava sob

---

29 "Ora, os que querem ficar ricos caem em tentação, e cilada, e em muitas concupiscências insensatas e perniciosas, as quais afogam os homens na ruína e perdição" (1 TIMÓTEO 6:9).

30 Efésios 5:6

a convicção do pecado eram tão incômodos e assustadores que nem mesmo podia suportar a lembrança deles.

CRISTÃO: Houve momentos em que você não se preocupava?

ESPERANÇOSO: Sim, mas quando me assombravam novamente, ficava pior que antes.

CRISTÃO: O que trazia novamente seus pecados à mente?

ESPERANÇOSO: Muitas coisas, como:

1. Se encontrasse um homem bom nas ruas, ou,
2. se ouvisse alguém ler a Bíblia, ou,
3. se minha cabeça doesse, ou,
4. se me falassem sobre a enfermidade de alguns vizinhos, ou,
5. se ouvisse um sino anunciando a morte de alguém, ou,
6. se pensasse na minha própria morte, ou,
7. se ouvisse que alguém tinha morrido repentinamente,
8. mas, especialmente, quando pensava em mim mesmo e que logo deveria enfrentar o juízo.

CRISTÃO: E você conseguia livrar-se facilmente da culpa do pecado, quando qualquer destes itens vinham sobre você?

ESPERANÇOSO: Não, não conseguia, porque eles estavam ganhando grande controle sobre a minha consciência; e mesmo se pensasse sobre voltar para o pecado (embora minha mente se voltasse contra ele), me sentia duplamente atormentado.

CRISTÃO: E o que você fazia?

ESPERANÇOSO: Pensei que devia tentar mudar minha vida; caso contrário, certamente seria condenado.

CRISTÃO: E você tentou mudar?

ESPERANÇOSO: Sim. Tentei não pecar e evitar companhias pecaminosas. Comecei a praticar deveres religiosos como orar, ler a Bíblia, lamentar pelos meus pecados, falar a verdade aos vizinhos e, assim por diante. Fiz estas coisas, entre muitas outras, numerosas para contar.

CRISTÃO: E isso o fez pensar que estava certo?

ESPERANÇOSO: Por algum tempo. Mas em seguida os problemas caíram sobre mim novamente, apesar de minhas mudanças.

CRISTÃO: Como isso aconteceu, se você já era regenerado?

ESPERANÇOSO: Várias coisas trouxeram-me à mente, especialmente frases como estas: "Toda nossa justiça é trapo de imundície".[31] "Pelas obras da lei nenhum homem será justificado".[32] "Quando fizerdes tudo o que vos for mandado, dizei: Somos servos inúteis".[33] E muitas outras como estas. A partir desse momento comecei a argumentar comigo mesmo: Se toda justiça é trapo de imundície, se não há nada que o homem possa fazer para ser justificado cumprindo a lei e se tudo que fizermos tornar-se inútil, ainda somos indignos. Logo, é tolice pensar que podemos alcançar o Céu por meio da lei. Ademais, pensei: se um homem tem uma conta devedora numa loja, mesmo que faça novas compras e pague por elas, mas se não saldar a dívida antiga, o lojista ainda poderá processá-lo e enviá-lo à prisão até que pague o débito.

CRISTÃO: Como você aplicou este princípio a sua vida?

ESPERANÇOSO: Pensei que tenho uma grande dívida, devido aos meus pecados registrados no livro de Deus e minha atual transformação não pagará aquela dívida. Portanto, poderia continuar com as mudanças atuais, mas como seria liberto da condenação pelas antigas transgressões?

CRISTÃO: Muito boa essa aplicação. Mas, por favor, continue.

---

31 Isaías 64:6

32 Gálatas 2:16

33 Lucas 17:10

ESPERANÇOSO: Outro ponto que tem me atormentado, mesmo com as recentes mudanças em minha vida, é que, ao observar cuidadosamente as boas ações que faço agora, ainda vejo pecado, novo pecado misturando-se com o melhor daquilo que faço; logo, sou forçado a concluir que, mesmo que a minha antiga vida tivesse sido irrepreensível, ainda cometo pecado suficiente, em apenas uma atitude, para enviar-me ao inferno.

CRISTÃO: E o que você fez?

ESPERANÇOSO: Eu não sabia o que fazer, até compartilhar meus pensamentos com Fiel, meu amigo. Ele me disse que a menos que obtivesse a justiça do homem que nunca pecou, nem minha própria justiça e nem toda a justiça do mundo poderia me salvar.

CRISTÃO: E você acredita que ele disse a verdade?

ESPERANÇOSO: Se isto me fosse dito quando eu estava satisfeito com minhas próprias mudanças, talvez o chamasse de tolo, mas quando percebi minha fragilidade e o pecado que se misturava às minhas melhores ações, fui forçado a aceitar sua opinião.

CRISTÃO: E quando ele falou sobre o homem que devia encontrar, você pensou que seria possível encontrar um homem do qual se poderia com certeza dizer: "Ele jamais cometeu pecado algum?"

ESPERANÇOSO: Confesso que a princípio, as palavras pareceram-me estranhas, mas depois que conversamos e passei mais tempo em sua companhia, fiquei totalmente convencido disto.

CRISTÃO: Você perguntou quem era este homem e como poderia ser justificado por Ele?

ESPERANÇOSO: Sim, ele disse que era o Senhor Jesus, que está ao lado direito do Altíssimo. "Você deve ser justificado por Ele, confiando somente no que Ele fez durante Sua vida na Terra e Seu sofrimento na cruz". Perguntei como a justiça daquele homem podia justificar outra pessoa diante de Deus. Ele me respondeu que esse homem era o próprio Deus poderoso. Ele desceu do Céu e que Ele fez o que fez e morreu sobre a cruz não por si mesmo, mas por mim. Se cresse nele, Sua justiça seria creditada à minha conta.[34]

CRISTÃO: E o que você fez?

ESPERANÇOSO: Demonstrei minhas dúvidas, pois não pensava que o Senhor estivesse disposto a me salvar.

CRISTÃO: E o que Fiel lhe disse?

ESPERANÇOSO: Ele me disse para ir a Cristo e ver. Respondi que seria muita presunção da minha parte. Ele garantiu, porém, que o convite era estendido a mim.[35] Então, me deu o livro de Jesus, Sua Palavra oficial, para me encorajar a vir gratuitamente a Ele, e que cada jota ou til escrito naquele livro continuavam mais firmes do que o céu e a Terra.[36] Perguntei-lhe o que deveria fazer quando me aproximasse de Jesus. Ele disse que deveria me ajoelhar e suplicar com todo coração e alma para que o Pai o revelasse a mim.[37] Em seguida, perguntei a Fiel como me aproximar dele, e ele me respondeu: "Vá e o encontrarás sentado no trono da graça [propiciatório], em determinado período do ano, oferecendo perdão àqueles que vão a Ele". Quando cheguei disse-lhe que não sabia o que dizer. E ele me recomendou que dissesse: "Deus, tem misericórdia de mim, um

---

34 Veja Hebreus 10, Romanos 4, Colossenses 1 e 1 Pedro 1.

35 "Vinde a mim, todos os que estais cansados e sobrecarregados, e eu vos aliviarei" (MATEUS 11:28).

36 "Passará o céu e a terra, porém as minhas palavras não passarão" (MATEUS 24:35).

37 "Ali, virei a ti e, de cima do propiciatório, do meio dos dois querubins que estão sobre a arca do Testemunho, falarei contigo acerca de tudo o que eu te ordenar para os filhos de Israel" (ÊXODO 25:22).

"Então, disse o SENHOR a Moisés: Dize a Arão, teu irmão, que não entre no santuário em todo tempo, para dentro do véu, diante do propiciatório

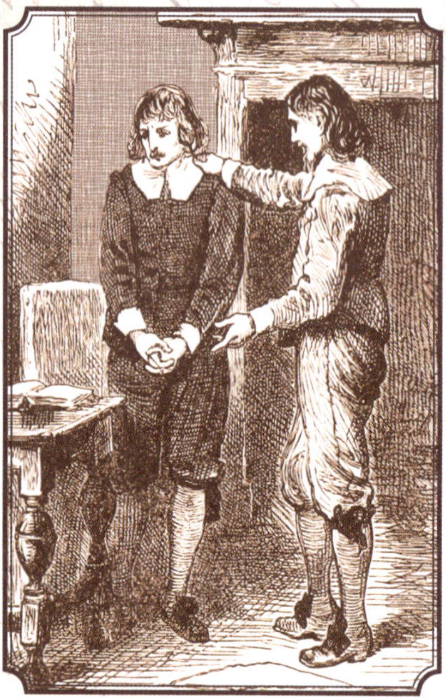

pecador. Ajuda-me a conhecer e a crer em Jesus Cristo; pois entendo que sem a Tua justiça, e minha fé nessa justiça, estou totalmente perdido. Senhor, ouvi que és um Deus misericordioso e enviaste Teu Filho Jesus Cristo para ser o Salvador do mundo; além disso, estás disposto a doá-lo a um pobre pecador como eu (e sou realmente pecador). Senhor, usa portanto esta oportunidade, e magnifica Tua graça na salvação de minha alma, por meio de Teu Filho, Jesus Cristo. Amém".

CRISTÃO: Você seguiu suas instruções?

ESPERANÇOSO: Sim, constantemente.

CRISTÃO: O Pai revelou Seu Filho a você?

ESPERANÇOSO: Não. Nem na primeira, na segunda, terceira, quarta, quinta e muito menos na sexta vez.

CRISTÃO: O que você fez?

ESPERANÇOSO: Nada. Pois não saberia o que fazer!

---

que está sobre a arca, para que não morra; porque aparecerei na nuvem sobre o propiciatório" (LEVÍTICO 16:2).

"Quando entrava Moisés na tenda da congregação para falar com o SENHOR, então, ouvia a voz que lhe falava de cima do propiciatório, que está sobre a arca do Testemunho entre os dois querubins; assim lhe falava" (NÚMEROS 7:89).

"Acheguemo-nos, portanto, confiadamente, junto ao trono da graça, a fim de recebermos misericórdia e acharmos graça para socorro em ocasião oportuna" (HEBREUS 4:16).

CRISTÃO: Você pensou em parar de orar?

ESPERANÇOSO: Sim, centenas de vezes.

CRISTÃO: E por que não parou?

ESPERANÇOSO: Creio que tudo o que ouvi era verdade, isto é, que sem a justiça deste Cristo, nada no mundo poderia me salvar. Portanto, se desistisse de orar, eu morreria, e morreria no trono da graça. Em meio a isso, um pensamento veio à minha mente: "Se tardar, espera; pois certamente virá e não tardará".[38] Continuei orando até que o Pai mostrasse o Filho.

CRISTÃO: E como Ele lhe foi revelado?

ESPERANÇOSO: Não o vi com meus olhos humanos, mas com os olhos do meu entendimento.[39] E isto foi o que aconteceu: Certo dia, eu estava profundamente triste, como nunca havia me sentido em toda a minha vida. Essa dor era o resultado da visão da magnitude e vileza dos meus pecados. E quando não esperava nada mais do que o inferno e a condenação eterna da minha alma, vi o Senhor olhar do Céu para mim e dizer: "Creia no Senhor Jesus Cristo e será salvo".[40]

No entanto, respondi: "Senhor, sou um grande, muito grande pecador". Ele me falou: "Minha graça te basta".[41] Eu perguntei: "Senhor, o que é ter fé?". E então, por meio do verso, "Aquele que vem a mim não

---

38 "Porque a visão ainda está para cumprir-se no tempo determinado, mas se apressa para o fim e não falhará; se tardar, espera-o, porque, certamente, virá, não tardará" (HABACUQUE 2:3).

39 "...iluminados os olhos do vosso coração, para saberdes qual é a esperança do seu chamamento, qual a riqueza da glória da sua herança nos santos e qual a suprema grandeza do seu poder para com os que cremos, segundo a eficácia da força do seu poder..." (EFÉSIOS 1:18,19).

40 Atos 16:31

41 2 Coríntios 12:9

terá fome, e quem crê em mim nunca mais terá sede",[42] reconheci que crer e vir a Ele é a mesma coisa; e que aquele que buscou a salvação por meio de Cristo com todo o coração, realmente tinha fé nele. As lágrimas me vieram aos olhos e indaguei: "Senhor, como um grande pecador como eu pode ser aceito e salvo por ti?". Eu o ouvi dizer: "o que vem a mim, de modo nenhum o lançarei fora".[43] Então perguntei: "Senhor, o que devo pensar quando me aproximar e mostrar que minha fé está em ti?". Ele me respondeu: "Cristo Jesus veio ao mundo salvar os pecadores".[44] "Porque o fim da lei é Cristo, para justiça de todo aquele que crê".[45] Ele morreu por nossos pecados, "e ressuscitou por causa da nossa justificação".[46] Ele "nos ama, e, pelo seu sangue, nos libertou dos nossos pecados".[47] "Ele é mediador entre Deus e os homens".[48] Ele vive "sempre para interceder" por nós.[49] Entendi por esses versículos que devo procurar justiça em Sua pessoa e o pagamento de meus pecados por meio de Seu sangue; e que Ele o fez em obediência à lei do Seu Pai, submetendo-se à penalidade do pecado, não por si mesmo, mas por todos que aceitarem

---

42 "Declarou-lhes, pois, Jesus: Eu sou o pão da vida; o que vem a mim jamais terá fome; e o que crê em mim jamais terá sede" (JOÃO 6:35).

43 João 6:37

44 "Fiel é a palavra e digna de toda aceitação: que Cristo Jesus veio ao mundo para salvar os pecadores, dos quais eu sou o principal" (1 TIMÓTEO 1:15).

45 Romanos 10:4

46 Romanos 4:25

47 Apocalipse 1:5

48 1 Timóteo 2:5

49 Hebreus 7:25

isto por sua salvação e forem gratos. Agora minha alma está cheia de alegria, meus olhos cheios de emoção, e meu coração transbordando de amor pelo nome, pelo povo e pela maneira de Jesus Cristo agir.

CRISTÃO: Esse fato foi uma revelação de Cristo em sua alma. Conte-me, que efeito isto produziu em seu espírito?

ESPERANÇOSO: Isto me fez ver que todo o mundo, a despeito de qualquer bem que possa conter, está em estado de condenação. Contudo, percebi que Deus, o Pai, que é justo, pode justificar o pecador que vem a Ele. Senti grande vergonha da vileza de minha antiga vida e fiquei consternado com a consciência de minha própria ignorância; até então, nada havia me mostrado tão claramente a beleza de Jesus Cristo. Essa descoberta me fez amar uma vida santa e desejar coisas que honrem e glorifiquem o nome do Senhor Jesus; sim, se tivesse milhares de litros de sangue em meu corpo, eu teria derramado completamente em honra do Senhor Jesus.

Brasil e [illegible] muy seguro, y lo introduci

al Sor. [illegible] de Mexico q. le aleg[illegible] su dud

[illegible] mis agentes adquirieron la bastante

[illegible] de todos los recursos de aquella cor

[illegible] la [illegible] de Sn. Pedro,

[illegible] Tambie

[illegible] golpe sobr

CAPÍTULO 10

Vi, em meu sonho, que Esperançoso olhou para trás e viu Ignorância, a quem ele e Cristão tinham deixado para trás.

ESPERANÇOSO: Olhe, Cristão, como esse jovem permanece distante de nós.

CRISTÃO: Sim, sim, eu o vejo. Ele não deseja nossa companhia.

ESPERANÇOSO: Mas estar conosco não o prejudicaria.

CRISTÃO: É isso mesmo, mas garanto que ele pensa de outra maneira.

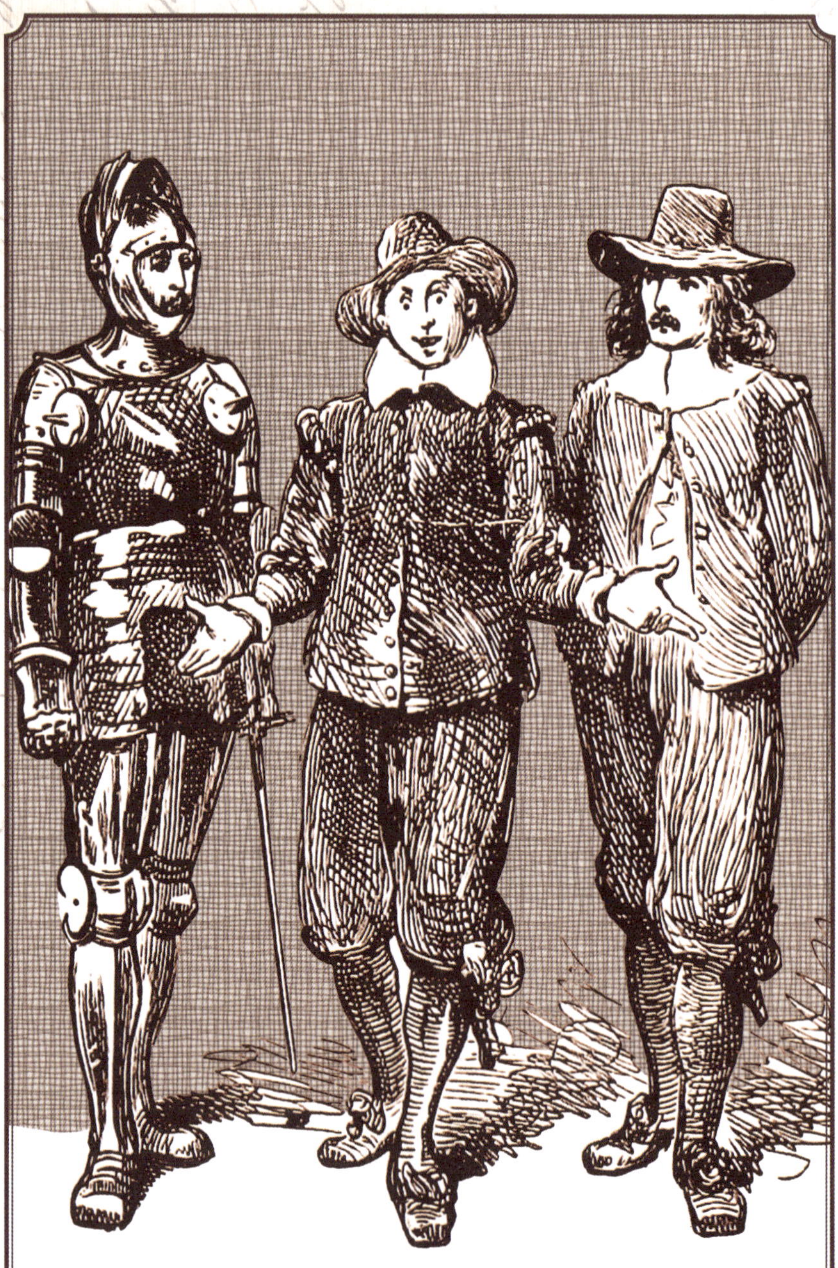

ESPERANÇOSO: Isso é verdade, entretanto, vamos esperar por ele.

E assim o fizeram.

CRISTÃO: Aproxime-se. Por que ficar tão distante?

IGNORÂNCIA: Prefiro andar sozinho, a menos que pessoalmente goste da companhia.

Cristão cochichou ao ouvido de Esperançoso: "Não disse que ele não quer nossa companhia? Mas vamos passar o tempo neste lugar desolado conversando com ele". Então voltou-se para Ignorância.

CRISTÃO: "Como você está? E como estão as coisas entre Deus e sua alma?".

IGNORÂNCIA: Acredito que muito bem; pois estou cheio de boas inclinações que veem à minha mente e me consolam enquanto caminho.[1]

CRISTÃO: Que inclinações são essas? Por favor, conte-nos.

IGNORÂNCIA: Penso nas coisas de Deus e do Céu.

CRISTÃO: Assim como os demônios e as almas condenadas.

IGNORÂNCIA: Mas eu anseio encontrar a Deus e chegar ao Céu.

CRISTÃO: Assim pensam muitos que não chegarão lá. "O preguiçoso deseja e nada tem".[2]

IGNORÂNCIA: Eu penso nelas e abandonei tudo por elas.

CRISTÃO: Duvido, pois abandonar tudo é difícil, mais que muitos imaginam. O que o faz pensar que deixou tudo por Deus e pelo Céu?

IGNORÂNCIA: Meu coração me diz.

CRISTÃO: O sábio diz: "O que confia no seu próprio coração é insensato".[3]

---

1 "O que confia no seu próprio coração é insensato, mas o que anda em sabedoria será salvo" (PROVÉRBIOS 28:26).

2 Provérbios 13:4

3 Provérbios 28:26

IGNORÂNCIA: Isso se aplica ao coração ímpio, mas o meu é bom.

CRISTÃO: De que maneira você prova isso?

IGNORÂNCIA: Ele me conforta com a esperança do Céu.

CRISTÃO: Isso pode ser algo para seu próprio engano; pois o coração do homem pode confortá-lo com esperanças em algo que não tem fundamento na esperança.

IGNORÂNCIA: Meu coração e minha vida estão em harmonia, portanto, minha esperança está bem fundamentada.

CRISTÃO: Quem disse que seu coração e seu estilo de vida estão em harmonia?

IGNORÂNCIA: Meu coração me diz.

CRISTÃO: Pergunte ao meu amigo se sou ladrão! Seu coração responderá! A menos que a Palavra de Deus testemunhe sobre este assunto, outro testemunho não tem valor.

IGNORÂNCIA: Um bom coração não é aquele que tem bons pensamentos? Não é boa a vida que está em conformidade com os mandamentos divinos?

CRISTÃO: Sim, concordo com você. Uma coisa, porém, é ter uma vida correta de fato e outra coisa é pensar que sua vida está de acordo com as orientações de Deus.

IGNORÂNCIA: Por favor, me conte como você sabe que seus bons pensamentos e sua vida estão de acordo com os mandamentos de Deus?

CRISTÃO: Existem vários tipos de bons pensamentos; alguns a respeito de nós mesmos, alguns sobre Deus, Cristo e outros assuntos.

IGNORÂNCIA: Que pensamentos dizem respeito a nós mesmos?

CRISTÃO: Aqueles que estão em conformidade com a Palavra de Deus.

IGNORÂNCIA: Quando nossos pensamentos sobre nós mesmos estão de acordo com a Palavra de Deus?

CRISTÃO: Quando temos o mesmo julgamento que a Palavra de Deus. Ou seja: a Palavra de Deus fala o seguinte sobre a natureza humana: "Não há justo, nem um sequer".[4] Ela também declara que "a maldade do homem se havia multiplicado na terra e que era continuamente mau todo o desígnio do seu coração".[5] E, por fim, "é mau o desígnio íntimo do homem desde a sua mocidade".[6] Agora então, quando pensamos a respeito de nós mesmos temos a verdadeira percepção disso, então, nossos pensamentos serão bons porque estão de acordo com a Palavra de Deus.

IGNORÂNCIA: Jamais vou acreditar que meu coração seja tão mau.

CRISTÃO: Isto, portanto, demonstra que nunca teve um bom pensamento a respeito de você mesmo em toda sua vida. Mas deixe-me continuar. A Palavra julga nosso coração e nosso caminho; e quando nosso coração e nossas atitudes estão de acordo com o julgamento da Palavra, então ambos são bons, porque estão de acordo com ela.

IGNORÂNCIA: Explique o que isso significa.

CRISTÃO: A Palavra de Deus diz que os caminhos do homem são tortuosos, não são bons, mas corruptos.[7] Significa que, estão naturalmente fora do bom caminho e não sabem disto. Quando um homem pensa sobre os seus caminhos de forma realista, e com humildade, então tem bons pensamentos sobre seus próprios

---

4 Veja Romanos 3.

5 Gênesis 6:5

6 Gênesis 8:21

7 Veja Salmo 125.
"...seguem veredas tortuosas e se desviam nos seus caminhos..." (PROVÉRBIOS 2:15).

caminhos, porque seus pensamentos agora concordam com o julgamento da Palavra de Deus.

IGNORÂNCIA: Quais são os bons pensamentos a respeito de Deus?

CRISTÃO: Assim como disse a respeito de nós mesmos, quando nossos pensamentos a respeito de Deus estão de acordo com o que a Palavra diz sobre Ele, isto é, quando pensamos em Seu ser e nos atributos como a Palavra ensina, acerca dos quais não teremos tempo para discutir longamente. Falando dele, com referência a nós: Temos pensamentos corretos a respeito de Deus quando pensamos que Ele nos conhece melhor do que nós mesmos, e pode ver o pecado em nós quando e onde não conseguimos enxergar, quando pensamos que Ele conhece nossos pensamentos mais íntimos, e quando nosso coração está sempre aberto à Sua visão; e quando pensamos que toda a nossa justiça cheira mal em Suas narinas e que, portanto, não pode admitir que estejamos em Sua presença com alguma confiança, ainda que com nossas melhores atitudes.

IGNORÂNCIA: Você pensa que sou tolo para pensar que Deus não vê além ou que me apresentaria a Deus com a melhor das realizações?

CRISTÃO: O que você pensa sobre este assunto?

IGNORÂNCIA: Resumindo, creio que devo crer em Cristo para a justificação.

CRISTÃO: O quê? Pensa que deve crer em Cristo sem sentir sua necessidade dele? Não entende seu pecado original nem seu pecado atual, mas tem opinião sobre si mesmo e seus atos evidenciam que não reconhece a necessidade da justiça pessoal de Cristo para ser justificado diante de Deus. Como então pode dizer: “Creio em Cristo”?

IGNORÂNCIA: Creio o suficiente.

CRISTÃO: No que você crê?

IGNORÂNCIA: Creio que Cristo morreu pelos pecadores, e que serei justificado diante Deus por meio da Sua misericordiosa aceitação de minha obediência à Sua lei. Cristo tornou minha prática religiosa aceitável ao Seu Pai pelas virtudes de Seus méritos, e nestas condições, serei justificado.

CRISTÃO: Deixe-me dar esta resposta à sua confissão da fé:

1. Você crê com uma fé imaginária, pois essa fé não está descrita em nenhum lugar da Palavra.
2. Você crê com uma fé falsa, pois precisa da justificação da justiça pessoal de Cristo aplicada à sua própria.
3. Esta fé torna Cristo um justificador de suas obras, e não de sua pessoa, e por causa de suas obras, que é falsa.
4. Portanto, essa fé é enganosa e vai deixá-lo sob a ira do Deus Altíssimo no dia do juízo, pois a verdadeira fé que justifica, leva a alma (consciente, pela Lei, da sua condição perdida) a buscar refúgio na justiça de Cristo. Sua justiça não é um ato de graça pelo qual Ele torna a sua obediência aceitável a Deus como justificação, mas é a Sua obediência pessoal à Lei, ao sofrer por nós, o que seria exigido de nós. Essa é a justiça que a verdadeira fé aceita, e em que a alma é justificada e apresentada sem mancha diante de Deus, absolvida da condenação.

IGNORÂNCIA: O quê? Temos que confiar no que Cristo, em Sua própria pessoa fez, sem nós? Este tipo de pensamento nos liberta para viver como desejamos. Pois, não importa a forma como vivemos, se tudo o que temos a fazer é acreditar que podemos ser justificados pela justiça pessoal de Cristo.

CRISTÃO: Ignorância é como você se chama, e sua resposta representa bem tal nome. Você é ignorante sobre o significado da justiça que justifica e é ignorante em como salvar a sua alma da ira de Deus por meio da fé nessa justiça. Sim, você também desconhece os verdadeiros efeitos da fé salvadora nesta justiça de Cristo, o que significa entregar o coração a Deus em Cristo, amar Seu nome, Sua Palavra, Seus Caminhos e Seu povo.

ESPERANÇOSO: Pergunte-lhe se alguma vez Cristo se revelou a ele dos Céus.

IGNORÂNCIA: O quê? Você acredita em revelações? Creio que tudo o que você e os outros falam sobre esse assunto é apenas o resultado de mentes desordenadas.

ESPERANÇOSO: Por quê, homem? Cristo está tão escondido em Deus do ponto de vista de nossa compreensão natural que Ele não pode ser conhecido por qualquer ser humano a menos que Deus, o Pai, o revele a nós.

IGNORÂNCIA: Essa é a sua fé, não a minha. Não tenho dúvidas de que a minha crença é tão boa quando a sua.

CRISTÃO: Permita-me interromper sua palavra: Você não deve falar sobre esse assunto de forma tão banal. Por isso, corajosamente afirmo (da mesma forma que meu bom amigo o fez), que nenhum homem pode conhecer Jesus Cristo, exceto pela revelação do Pai.[8] Sim, e também a fé, pela qual a alma firma-se em Cristo, a qual deve ser gerada por Seu grande poder; de que, pobre Ignorância, você é ignorante.[9]

---

8 Mateus 11:27

9 "Por isso, vos faço compreender que ninguém que fala pelo Espírito de Deus afirma: Anátema, Jesus! Por outro lado, ninguém pode dizer: Senhor Jesus!, senão pelo Espírito Santo" (1 CORÍNTIOS 12:3).

"...iluminados os olhos do vosso coração, para saberdes qual é a esperança do seu chamamento, qual a riqueza da glória da sua herança nos santos 19e qual a suprema grandeza do seu poder para com os que cremos, segundo a eficácia da força do seu poder... (EFÉSIOS 1:18,19).

Desperte! Veja sua própria miséria e entregue-se ao Senhor Jesus e por Sua justiça, que é a justiça de Deus (pois Ele mesmo é Deus), você será libertado da condenação.

IGNORÂNCIA: Vocês são tão apressados, não consigo acompanhá-los. Sigam em frente, devo ficar atrás por um tempo.

Então disseram:

Caro Ignorância, tão tolo assim serás,
Para dez vezes rejeitares conselho perspicaz?
E, deves saber, se ainda o recusares,
Que abundas em maldade por assim atuares.

Lembra-te, homem, inclina-te sem temor,
O bom conselho salva; ouve o seu clamor.
Se o menosprezares, porém, Ignorância,
Aviso-te: derrotado serás pela arrogância.

Em seguida, Cristão disse ao seu amigo e companheiro: "Prossigamos, meu bom Esperançoso, entendo que devemos caminhar juntos novamente".

A Palavra de Deus diz que os caminhos do homem são tortuosos... quando um homem assim pensa sobre seus caminhos, de forma realista e com humildade, então tem bons pensamentos sobre esses caminhos, porque seus pensamentos agora concordam com o julgamento da Palavra de Deus... temos pensamentos corretos a respeito de Deus, quando pensamos que Ele nos conhece melhor do que nós mesmos, e pode ver o pecado em nós quando, e onde não conseguimos enxergar, quando pensamos que Ele conhece nossos pensamentos mais íntimos e sabe que nosso coração está sempre aberto aos Seus olhos.

Vi, em meu sonho, que Cristão e Esperançoso caminhavam rapidamente, enquanto Ignorância vinha vagaroso atrás deles. Cristão fez um comentário ao seu companheiro: "Pobre homem, certamente terá um momento difícil no fim".

ESPERANÇOSO: Infelizmente, existem muitos na mesma condição em nossa cidade; famílias inteiras, sim, ruas inteiras e alguns também são peregrinos. E se existem tantos em nossa parte do mundo, quanto mais devem haver no lugar em que ele nasceu?

CRISTÃO: Na verdade, a Palavra diz: "Cegou-lhes os olhos para que não vejam". Mas agora, que estamos por nossa conta, diga-me, o que você pensa sobre tais homens? Eles nunca foram convencidos do pecado e, consequentemente, não temem as condições perigosas de sua alma?

ESPERANÇOSO: Você poderia dizer-me o que pensa, pois é mais experiente.

CRISTÃO: Creio que algumas vezes eles sentem o peso do pecado, mas por serem naturalmente ignorantes, não compreendem que tais convicções são para seu próprio bem. Eles procuram desesperadamente sufocá-los e continuam a se vangloriar de que seu coração é correto.

ESPERANÇOSO: Concordo com você. O medo geralmente age para o próprio bem dos homens quando iniciam a peregrinação.

CRISTÃO: Sem dúvida, assim é quando existe o tipo correto de medo, como a Palavra diz, "o temor do Senhor é o princípio da sabedoria".[10]

---

10 Provérbios 1:7

"O temor do SENHOR é o princípio da sabedoria, e o conhecimento do Santo é prudência" (PROVÉRBIOS 9:10).

"O temor do SENHOR é o princípio da sabedoria; revelam prudência todos os que o praticam. O seu louvor permanece para sempre" (SALMO 111:10).

ESPERANÇOSO: Como você descreveria o tipo correto de temor?

CRISTÃO: O temor verdadeiro ou correto pode ser discernido por três aspectos:

1. Por sua origem: é causado pela convicção do indivíduo ao sentir necessidade de salvação do pecado.
2. O medo conduz o ser humano a buscar em Cristo a salvação.
3. Cria na alma uma grande reverência por Deus, Sua Palavra e caminhos, mantendo a alma sensível às coisas divinas. Esse é o temor de afastar-se para a esquerda ou para a direita, temor de qualquer coisa que possa desonrar a Deus, destruir a paz da alma ou entristecer o Espírito.

ESPERANÇOSO: Creio que você falou a verdade. Já passamos pela Terra Encantada?

CRISTÃO: Por quê? Está cansado desta conversa?

ESPERANÇOSO: Não, de forma alguma, mas gostaria de saber onde estamos.

CRISTÃO: Faltam poucos quilômetros. Retomemos, porém, nossa discussão. Estávamos falando acerca de que os ignorantes não sabem que as convicções que os fazem sentir temor são para seu benefício, portanto, eles as sufocam.

ESPERANÇOSO: De que maneira eles fazem isto?

CRISTÃO:

1. Pensam que os temores que sentem são obras do inimigo (embora na verdade sejam providos por Deus), por isso resistem, imaginando que tais sentimentos os levarão à sua derrota.
2. Eles também acreditam que estes medos tendem a destruir sua fé, quando, infelizmente, eles sequer a têm! Por isso, endurecem o coração a estes temores.

"E disse ao homem: Eis que o temor do Senhor é a sabedoria, e o apartar-se do mal é o entendimento" (JÓ 28:28).

3. Eles presumem que não devem temer, portanto, a despeito dos medos, eles se transformam em pessoas presunçosamente autoconfiantes.
4. Eles percebem que esses temores tendem a destruir sua miserável autojustificação, e os resistem com toda a sua força.

ESPERANÇOSO: Sei como é agir assim, pois costumava atuar desta maneira.

CRISTÃO: Bem, deixemos nosso vizinho Ignorância sozinho por agora e encontremos outra questão importante para discutir.

ESPERANÇOSO: Concordo totalmente. Então comece.

CRISTÃO: Bem, você conheceu um camarada chamado Temporário, que viveu em sua terra há cerca de dez anos e que se opunha à religião?

ESPERANÇOSO: Sim, o conheço! Lembro-me dele. Ele vivia em Sem-Graça, uma cidade a poucos quilômetros de Honestidade, e era o vizinho mais próximo de Retrocesso.

CRISTÃO: Certo. Na verdade eles viviam sob o mesmo teto. Bem, acredito que, em algum momento, ele teve consciência e discernimento sobre seu estado pecaminoso e a punição que merecia.

ESPERANÇOSO: Também penso assim, pois minha casa era próxima à dele. Em lágrimas, ele me procurava frequentemente. Na verdade, tinha pena desse homem e acreditava que ainda houvesse esperança para ele. Descobri, porém, que nem todo aquele que clama "Senhor, Senhor", participará da jornada.

CRISTÃO: Certa vez, ele me disse que estava decidido a seguir em peregrinação, como estamos agora, mas, quando de repente conheceu Salvação-Própria, tornou-se como um estranho para mim.

ESPERANÇOSO: Já que estamos falando sobre ele, vamos investigar o motivo de sua repentina apostasia e de outros como ele.

CRISTÃO: Isso seria muito proveitoso. Por que você não começa?

ESPERANÇOSO: Bem, em minha opinião existem quatro razões para isto:

1. Embora a consciência de tais homens seja despertada, sua mente não é alterada. Portanto, quando o sentimento de culpa é amenizado, abandonam os princípios. Retornam aos velhos hábitos, assim como o cão volta "ao seu vômito".[11] O desejo de alcançar o Céu existe porque temem os tormentos do inferno; e tão logo a percepção do inferno e o medo da condenação esfriam, o mesmo acontece com o desejo pelo Céu e salvação. Quando a culpa e os temores desaparecem, os anseios pelo Céu e felicidade plena morrem; eles retornam aos velhos hábitos.
2. Outra razão é que são escravos de certos medos que os dominam, particularmente o medo dos homens, pois o medo dos homens anuncia uma armadilha.[12] Assim, embora aparentem desejar o Céu enquanto o ruído das chamas do inferno está soando aos seus ouvidos, quando o terror diminui, começam a ter pensamentos secundários, tais como: é bom ser sábio e não correr o risco de perder tudo, ou pelo menos não se preocupar com problemas desnecessários. E assim se voltam para as coisas do mundo novamente.
3. O estigma que rodeia a religião é outro obstáculo para eles. São importantes e poderosos, consideram a religião comum e simples, portanto, quando perdem o senso do castigo no inferno e da ira vindoura, retornam aos antigos hábitos.
4. Eles não gostam de pensar em culpa e medo, ou na possibilidade de um futuro miserável. Se o fizessem, talvez isso os faria

11 2 Pedro 2:22

12 "Quem teme ao homem arma ciladas, mas o que confia no SENHOR está seguro" (PROVÉRBIOS 29:25).

fugir para o lugar onde os justos estão protegidos. Mas por evitar tais pensamentos de culpa e medo, quando se desvencilham do terror e da ira de Deus, alegremente endurecem seu coração e escolhem caminhos que os tornarão mais insensíveis.

CRISTÃO: Você está próximo da verdade, pois no fundo, é necessária a transformação da mente e dos desejos. Tais indivíduos são como o criminoso que está diante do juiz: sacode, treme e parece arrepender-se, mas no fundo de tudo isso só há o medo da punição, sem nenhum arrependimento pelo seu crime. Dê a este homem sua liberdade, ele continuará sendo um ladrão e patife. Ao passo que, se sua mente mudasse, ele seria diferente.

ESPERANÇOSO: Apontei as razões para apostasia; agora você pode mencionar como acontece.

CRISTÃO: Farei com satisfação.

1. Há pessoas que fazem o possível para afastar qualquer pensamento sobre Deus, morte e julgamento final.
2. Afastam-se gradualmente de seus deveres particulares, como oração devocional, fuga de seus desejos carnais, vigilância, arrependimento do pecado, entre outras coisas.
3. Evitam a companhia de cristãos sinceros e fiéis.
4. Posteriormente ficam indiferentes às atividades públicas como leitura e pregação da Palavra, participação nos cultos etc.
5. Começam a encontrar falhas em outros cristãos. O propósito diabólico por trás disto é encontrar motivos para que eles se afastem da religião.
6. Começam a se associar com pessoas mundanas, imorais e sensuais.
7. Em seguida, secretamente, entram em conversas mundanas e lascivas, e ficam felizes se encontram alguém que é considerado honesto fazendo o mesmo, assim usam aquele exemplo como uma desculpa para agir com mais ousadia.

8. Começam a brincar com pequenos pecados abertamente.
9. Depois, endurecidos, revelam-se como realmente são. Lançados novamente no abismo da miséria estarão perdidos eternamente no próprio engano, a menos que o milagre da graça os impeça.

Cruel y tormento muy seguro, y que entonces

el Gr.^{al} de Ccomid.^s q.^e le alejara un duda

mis agentes adquirieran la bastante

de todos los recursos de aquella cor

de la Barranca de S.^{to} Pedro,

tienen Tambien

golpe sobre

CAPÍTULO 11

Depois, vi em meu sonho, que os peregrinos saíram da Terra Encantada e entraram no país de Beulá,[1] onde o ar era mais doce e agradável; o caminho era reto e encontraram conforto e restauração por algum tempo.[2] Nesta terra a floração ocorria diariamente, e os peregrinos ouviam o canto dos pássaros e a voz das pombas continuamente.[3] Ali o sol brilhava o tempo todo, pois estava além do Vale da Sombra da Morte e longe do alcance do Gigante Desespero. Na verdade, nem mesmo conseguiam enxergar o Castelo da

Dúvida. Deste lugar, tinham um vislumbre da terra para onde estavam indo e encontraram alguns habitantes daquele lugar; os Seres Resplandecentes caminhavam frequentemente nesta terra, pois ela estava nos limites do Céu. Nesta terra o contrato da noiva e do noivo era renovado; sim, aqui, "como o noivo se alegra da noiva, assim se alegrará de ti o teu Deus".[4] Eles não têm falta de trigo e vinho; pois neste lugar encontram abundância de tudo o que ansiaram durante toda a peregrinação.[5] Neste lugar, ouviram vozes da Cidade Celestial, que, em alta voz proclamavam: "...Dizei à filha de Sião: Eis que vem o teu Salvador; vem com ele a sua recompensa, e diante dele, o seu galardão".[6] Aqui, todos os habitantes do país os

---

1 Referência a Isaías 62:4, onde se lê no hebraico *Beulá* e é traduzido por "Desposada" ou "Esposa de Deus" com relação a Jerusalém. John Bunyan foi o primeiro a comparar a travessia do Jordão e a entrada na Terra Prometida como o processo de morte e acesso ao Céu. Embora atualmente a maioria dos exegetas não concorde com essa interpretação, ela influenciou muitos grandes pensadores cristãos do passado, entre eles Charles H. Spurgeon, o conhecido príncipe dos pregadores.

2 "Nunca mais te chamarão Desamparada, nem a tua terra se denominará jamais Desolada; mas chamar-te-ão Minha-Delícia; e à tua terra, Desposada; porque o SENHOR se delicia em ti; e a tua terra se desposará" (ISAÍAS 62:4).

3 "O meu amado fala e me diz: Levanta-te, querida minha, formosa minha, e vem. Porque eis que passou o inverno, cessou a chuva e se foi; aparecem as flores na terra, chegou o tempo de cantarem as aves, e a voz da rola ouve-se em nossa terra" (CÂNTICOS DOS CÂNTICOS 2:10-12).

4 Isaías 62:5

5 "Jurou o SENHOR pela sua mão direita e pelo seu braço poderoso: Nunca mais darei o teu cereal por sustento aos teus inimigos, nem os estrangeiros beberão o teu vinho, fruto de tuas fadigas" (ISAÍAS 62:8).

6 Isaías 62:11

chamam "...Povo Santo, Remidos-do-SENHOR; e tu, Sião, serás chamada Procurada...".[7]

Enquanto caminhavam nesta terra, eles regozijavam-se mais do que tinham se regozijado naqueles lugares mais remotos do reino para o qual seguiam; quanto mais próximo estavam da cidade, a viam com mais perfeição. Ela era edificada com pérolas e pedras preciosas, ruas pavimentadas com ouro; a glória natural da cidade e o reflexo dos raios solares fazia com que o coração de Cristão chegasse a doer. Esperançoso também teve dois ou mais sintomas semelhantes. Por isso, caíram no chão, clamando: se encontrarem "...o meu amado, o que dirão a ele? Digam-lhe que desfaleço de amor".[8]

Em seguida, quando recuperaram um pouco das forças e conseguiram suportar essa dor, seguiram seu caminho, aproximando-se cada vez mais da cidade. Havia pomares, vinhedos, jardins e os portões estavam abertos para a estrada. Ao se aproximarem destes lugares, notaram um jardineiro em pé, no caminho, e lhe perguntaram: "De quem são estes vinhedos e jardins?". Ele respondeu: "Eles são do Rei, e estão plantados aqui para Seu próprio prazer e para a consolação dos peregrinos".

Em seguida, o jardineiro os conduziu pelos vinhedos e disse que deviam desfrutar dos deliciosos frutos.[9] Ele também mostrou por onde o Rei caminhava e onde eram Suas árvores preferidas; ali pararam e dormiram.

Percebi, em meu sonho, que eles falavam mais durante o sono, neste momento, do que jamais haviam feito durante o restante de

7 Isaías 62:12

8 Cântico dos Cânticos 5:8

9 "Quando entrares na vinha do teu próximo, comerás uvas segundo o teu desejo, até te fartares, porém não as levarás no cesto" (DEUTERONÔMIO 23:24).

sua jornada, e quando questionei acerca disto, o jardineiro me respondeu: "Por que você está maravilhado com isto? O fruto das uvas destas vinhas desce tão docemente que faz com que os lábios dos que dormem falem".

Então vi que, ao acordarem, se prepararam para subir à cidade. Mas, o reflexo do sol sobre a cidade (pois "a cidade era de ouro puro")[10] era tão glorioso que não podiam olhar diretamente para ela, mas enxergavam a cidade por meio de um instrumento feito para essa finalidade. Assim que passaram, foram recebidos por dois homens com vestes que resplandeciam como ouro; seus rostos também brilhavam como a luz.

Estes homens perguntaram aos peregrinos de onde eram. Cristão e Esperançoso responderam. Também perguntaram onde se conheceram, quais foram as dificuldades, perigos, confortos e delícias que encontraram pelo caminho, e os peregrinos responderam para eles. Em seguida, os homens disseram: "Vocês enfrentarão mais duas provações, para, então, alcançarem a cidade".

Cristão e seu companheiro pediram que os homens os acompanhassem, eles aceitaram, mas recomendaram: "Vocês devem alcançar a cidade mediante a própria fé". Vi em meu sonho, que foram juntos até avistarem o portão.

Notei que um rio estava entre eles e o portão, mas não havia nenhuma ponte para atravessá-lo e o rio era muito profundo. Ao se depararem com o rio, os peregrinos ficaram atordoados, mas os homens que os acompanharam disseram: "Vocês devem atravessá-lo ou não alcançarão o portão".

Os peregrinos perguntaram se havia outra maneira de alcançar o portão, e os homens responderam: "Sim, mas desde a fundação do

10 Apocalipse 21:18

mundo, somente dois homens, Enoque e Elias, receberam permissão de trilhar esse caminho, e assim será até que a última trombeta seja tocada".[11] Os peregrinos, especialmente Cristão, começaram a ficar desesperados, e procuraram outra maneira de fazer a travessia, mas não descobriram como escapar do rio. Em seguida perguntaram se o rio tinha a mesma profundidade em toda extensão. Eles disseram "Não", mas não forneceram outra informação. "Pois", revelaram, "a profundidade do rio depende da fé que alguém deposita no Rei da cidade".

Eles entraram na água e Cristão começou a afundar, gritando para o seu bom amigo Esperançoso: "Eu afundarei nessas águas profundas, as ondas passarão todas sobre mim! *Selá*".

Esperançoso disse: "Seja corajoso, meu irmão, pois sinto os pés no fundo e é sólido". Então Cristão disse: "Ah! Meu amigo, as tristezas da morte me cercam. Não verei a terra que mana leite e mel".

Uma grande escuridão e uma sensação de medo sobrevieram a Cristão e ele não podia ver nada diante dele. Além disso, ficou tão perturbado que não conseguia se lembrar nem falar razoavelmente sobre as bênçãos que havia recebido em sua peregrinação. Tudo que conseguia dizer era sobre o medo terrível no coração e mente e que morreria naquele rio, sem nunca entrar pelo portão. Também estava muito perturbado com pensamentos sobre os pecados que cometera antes e depois de começar a peregrinação. Além disso, as palavras dele revelavam que estava perplexo por causa de visões de demônios e espíritos malignos.

---

11 "Eis que vos digo um mistério: nem todos dormiremos, mas transformados seremos todos, num momento, num abrir e fechar de olhos, ao ressoar da última trombeta. A trombeta soará, os mortos ressuscitarão incorruptíveis, e nós seremos transformados" (1 CORÍNTIOS 15:51,52).

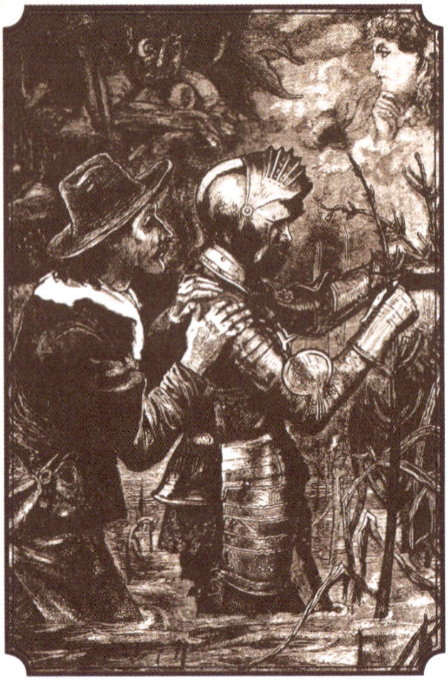

Esperançoso fazia todo o possível para manter a cabeça do irmão fora da água, entretanto, às vezes, Cristão quase desaparecia, apenas para aparecer novamente quase desfalecido. Esperançoso também tentou consolá-lo, dizendo: "Irmão, eu vejo o portão, e há homens esperando para nos receber". Mas Cristão respondia: "É a você que esperam. Desde que nos conhecemos, você sempre manteve a esperança". "E você também", respondeu Esperançoso. "Ah! Irmão", refletiu ele, "certamente, se eu estivesse certo eles viriam me ajudar, mas por causa dos meus pecados estamos nessa armadilha e fui abandonado".

Esperançoso insistiu: "Meu irmão, você se esqueceu do texto que fala dos perversos, 'Porque não há apertos na sua morte, mas firme está a sua força. Não se acham em trabalhos como outros homens, nem são afligidos como outros homens'".[12] Estas dificuldades pelas quais está passando nestas águas não são sinais de que Deus o abandonou, mas são enviadas para prová-lo, testando se você lembrará de Sua misericórdia, demostrada a você anteriormente, e se confia nele em sua aflição.

12 "Para eles não há preocupações, o seu corpo é sadio e nédio. Não partilham das canseiras dos mortais, nem são afligidos como os outros homens" (SALMO 73:4,5).

Vi em meu sonho, que Cristão parecia estar concentrado profundamente em seus pensamentos enquanto Esperançoso o animava: "Tenha bom ânimo, Jesus Cristo já fez tudo por você". E ao ouvir essas palavras, Cristão exclamou em alta voz: "Vejo-o novamente". E Ele me disse: 'Quando passares pelas águas, eu serei contigo; quando, pelos rios, eles não te submergirão...'".[13]

Em seguida, os dois tomaram coragem, e depois disso o inimigo ficou tão silente quanto uma pedra, até que puderam prosseguir na travessia do rio. Cristão encontrou um local em que foi possível ficar em pé e depois percebeu que o restante do rio era raso. Assim, eles puderam atravessá-lo.

Agora, à margem do rio, do outro lado, viram novamente os dois Seres Resplandecentes esperando por eles. "Somos espíritos ministradores", disseram, "enviados para ministrar àqueles que são herdeiros da salvação". E assim caminharam em direção ao portão.

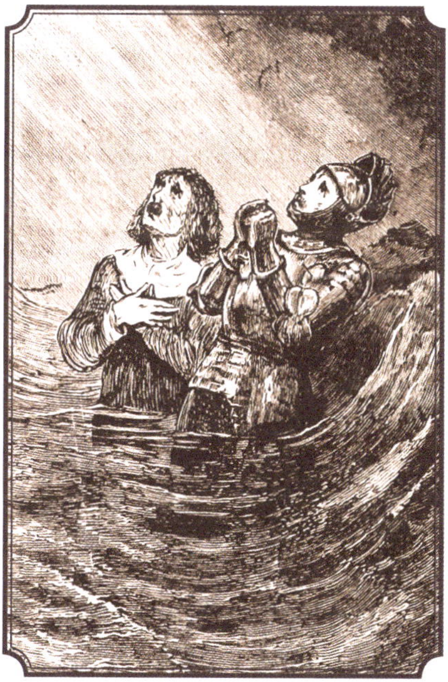

A cidade estava sobre um grande monte, mas os peregrinos subiram a colina com facilidade, porque tinham estes dois homens que os conduziam e os apoiavam; e também Cristão e Esperançoso haviam deixado as vestes mortais para trás, no rio. Por isso, subiram com muita agilidade e velocidade, embora o fundamento sobre o qual a

13 Isaías 43:2

cidade estava assentada era mais alto do que as nuvens. Subiram pelo ar, conversando alegremente, confortados, pois concluíram a travessia do rio em segurança e estavam agora acompanhados destes seres gloriosos.

Vinde, vede agora como os peregrinos passeiam,
Nuvens são suas carruagens; os anjos os rodeiam.
Quem se recusaria a aqui perigos enfrentar
Por Aquele que lhes provê o celeste lar?

Eles conversavam com os Seres Resplandecentes sobre o esplendor do lugar, os quais lhes disseram que a beleza e a glória do lugar eram inexprimíveis. "Ali", disseram, "é o Monte Sião, a Jerusalém celestial, a companhia dos anjos e os espíritos de homens justos aperfeiçoados.[14] Agora vocês estão indo ao paraíso de Deus, onde verão a árvore da vida e comerão de seus frutos, os quais nunca murcharão. Vocês receberão vestes brancas e caminharão e conversarão diariamente com o Rei, por todos os dias da eternidade.[15] Lá vocês nunca mais verãos as coisas que viram quando estavam na

---

14 "Mas tendes chegado ao Monte Sião e à cidade do Deus vivo, a Jerusalém celestial, e a incontáveis hostes de anjos, e à universal assembleia e igreja dos primogênitos arrolados nos céus, e a Deus, o Juiz de todos, e aos espíritos dos justos aperfeiçoados, e a Jesus, o Mediador da nova aliança, e ao sangue da aspersão que fala coisas superiores ao que fala o próprio Abel" (HEBREUS 12:22-24).

15 "Quem tem ouvidos, ouça o que o Espírito diz às igrejas: Ao vencedor, dar-lhe-ei que se alimente da árvore da vida que se encontra no paraíso de Deus" (APOCALIPSE 2:7).

"Tens, contudo, em Sardes, umas poucas pessoas que não contaminaram as suas vestiduras e andarão de branco junto comigo, pois são dignas" (APOCALIPSE 3:4).

Terra: tristeza, aflição e morte, 'porque as primeiras coisas passaram'. Encontrarão Abraão, Isaque, Jacó e os profetas — homens que Deus 'levou antes do mal', e que agora descansam em seus leitos, cada um caminhando em sua justiça".[16]

Cristão e Esperançoso perguntaram: "O que faremos nesse santo lugar?". A resposta foi: "Receberão conforto por seu trabalho e alegria em troca de toda dor. Colherão o fruto que plantaram, o fruto de todas as suas orações, lágrimas e sofrimento pelo Rei por todo o caminho.[17] Receberão coroas de ouro e desfrutarão da constante presença do Santo, pois o verão 'como Ele é'.[18] Ali também vocês servirão continuamente com louvor, júbilo e ações de graça Àquele que desejaram servir no mundo, mesmo em meio às dificuldades, por causa da fraqueza de sua carne. Seu olhos se encantarão com o que virem, e seus ouvidos ouvirão a doce voz do Altíssimo. Lá vocês desfrutarão a companhia dos amigos que foram antes de vocês e receberão com alegria cada um que chegar depois. Lá serão

---

"Então, já não haverá noite, nem precisam eles de luz de candeia, nem da luz do sol, porque o Senhor Deus brilhará sobre eles, e reinarão pelos séculos dos séculos" (APOCALIPSE 22:5).

16 "Perece o justo, e não há quem se impressione com isso; e os homens piedosos são arrebatados sem que alguém considere nesse fato; pois o justo é levado antes que venha o mal e entra na paz; descansam no seu leito os que andam em retidão" (ISAÍAS 57:1,2).

"Pois eis que eu crio novos céus e nova terra; e não haverá lembrança das coisas passadas, jamais haverá memória delas" (ISAÍAS 65:17).

17 "Não vos enganeis: de Deus não se zomba; pois aquilo que o homem semear, isso também ceifará" (GÁLATAS 6:7).

18 "Amados, agora, somos filhos de Deus, e ainda não se manifestou o que haveremos de ser. Sabemos que, quando ele se manifestar, seremos semelhantes a ele, porque haveremos de vê-lo como ele é" (1 JOÃO 3:2).

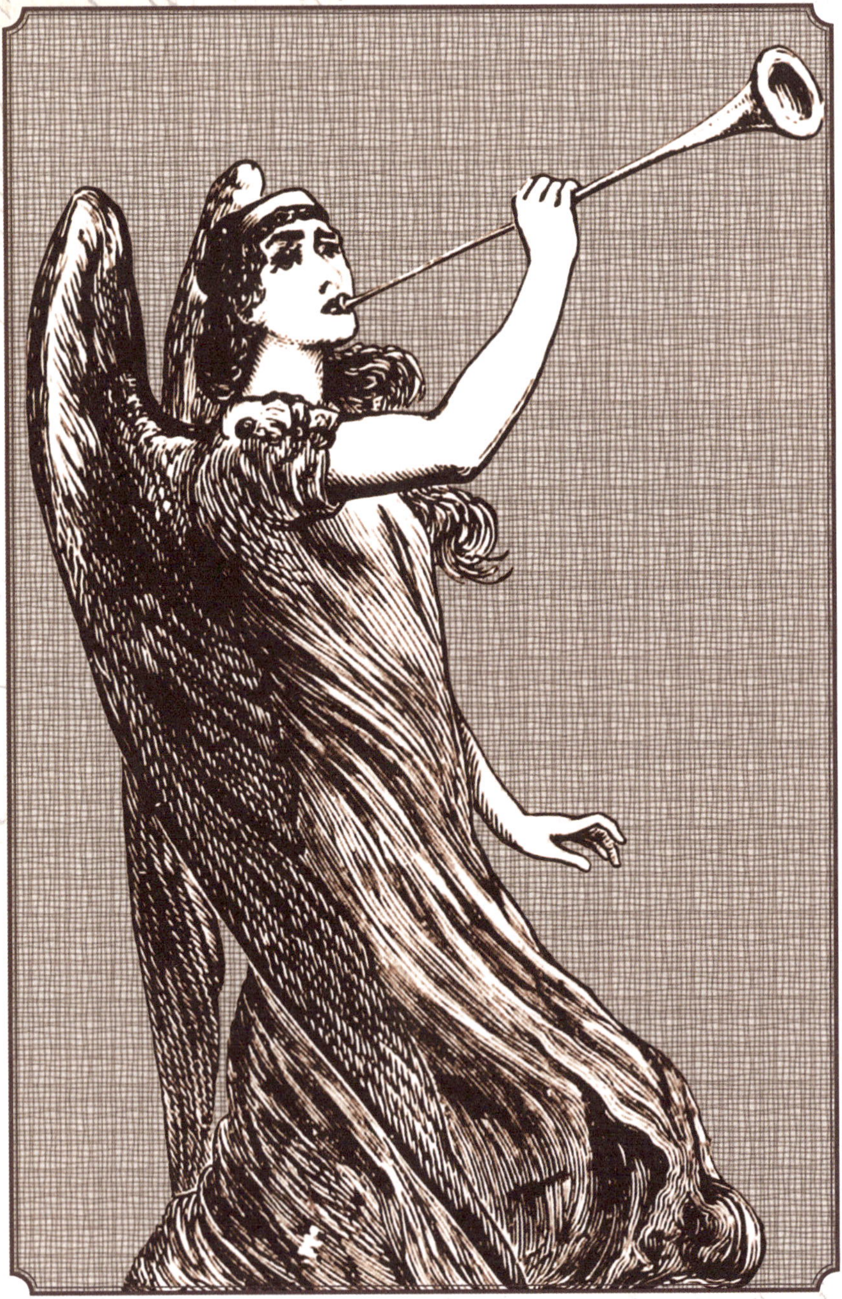

vestidos de glória e majestade e acompanharão o Rei da Glória. Quando Ele vier nas nuvens ao sonido de trombetas, como sobre as asas do vento, virão com ele; e quando sentar-se no trono de julgamento, vocês sentarão ao Seu lado e quando der o veredito sobre todos os que praticam a iniquidade, sejam eles anjos ou homens, vocês terão voz nesse julgamento, porque aqueles eram inimigos do Rei e de vocês.[19] Além disso, quando Ele voltar para a cidade, vocês retornarão também com o som de trombetas e estarão com Ele para sempre".

Enquanto passavam próximo ao portão, um grupo de seres celestiais veio recebê-los. E os outros dois Seres Resplandecentes disseram

---

19 "Não queremos, porém, irmãos, que sejais ignorantes com respeito aos que dormem, para não vos entristecerdes como os demais, que não têm esperança. Pois, se cremos que Jesus morreu e ressuscitou, assim também Deus, mediante Jesus, trará, em sua companhia, os que dormem. Ora, ainda vos declaramos, por palavra do Senhor, isto: nós, os vivos, os que ficarmos até à vinda do Senhor, de modo algum precederemos os que dormem. Porquanto o Senhor mesmo, dada a sua palavra de ordem, ouvida a voz do arcanjo, e ressoada a trombeta de Deus, descerá dos céus, e os mortos em Cristo ressuscitarão primeiro; depois, nós, os vivos, os que ficarmos, seremos arrebatados juntamente com eles, entre nuvens, para o encontro do Senhor nos ares, e, assim, estaremos para sempre com o Senhor" (1 TESSALONICENSES 4:13-17).

"Quanto a estes foi que também profetizou Enoque, o sétimo depois de Adão, dizendo: Eis que veio o Senhor entre suas santas miríades" (Judas 14).

"Continuei olhando, até que foram postos uns tronos, e o Ancião de Dias se assentou; sua veste era branca como a neve, e os cabelos da cabeça, como a pura lã; o seu trono eram chamas de fogo, e suas rodas eram fogo ardente" (DANIEL 7:9).

"Ou não sabeis que os santos hão de julgar o mundo? Ora, se o mundo deverá ser julgado por vós, sois, acaso, indignos de julgar as coisas mínimas? Não sabeis que havemos de julgar os próprios anjos? Quanto mais as coisas desta vida!" (1 CORÍNTIOS 6:2,3).

a este grupo: "Estes homens amaram nosso Senhor quando viviam no mundo e abandonaram tudo por Seu santo nome. Ele nos enviou para buscá-los, e nós os trouxemos até aqui em sua jornada desejada, para que possam entrar e olhar o rosto de seu Redentor com alegria". Então, o exército celestial deu um grande brado, exclamando: "Bem-aventurados aqueles que são chamados à ceia das bodas do Cordeiro".[20]

Neste momento, vários trombeteiros do Rei também saíram para encontrá-los; estavam com vestes brancas e brilhantes, e os Céus ecoavam com altos sons melodiosos. Eles saudaram Cristão e Esperançoso com dez mil boas-vindas, com brados e ao som de trombetas.

Feito isto, eles cercaram esses dois companheiros; alguns vinham à sua frente e outros na retaguarda, uns à sua direita e outros à esquerda (para protegê-los de um lado a outro nas regiões celestes); era como se o próprio Céu tivesse descido para encontrá-los. Assim, caminharam juntos. E, enquanto caminhavam, estes trombeteiros, misturando sua música alegre e contínua, com olhares e gestos, indicavam que Cristão e seu irmão eram bem-vindos em seu grupo, e com que alegria vieram para encontrá-los. Agora os dois homens sentiam-se no Céu antes mesmo de chegar lá, acolhidos pela visão dos anjos e sons das melodiosas canções. Eles conseguiam ver a cidade e pensaram ouvir todos os sinos tocarem para recebê-los. Mas, acima de tudo, pensamentos alegres e calorosos lhes invadiam o ser ao ver sua nova morada e as companhias que teriam eternamente. Nenhuma língua oral ou escrita poderia expressar essa gloriosa alegria! E assim aproximaram-se do portão.

Quando alcançaram o portão, viram escritas, com letras de ouro, as palavras: "Bem-aventurados aqueles que lavam as suas vestiduras

---

20 Apocalipse 19:9

[no sangue do Cordeiro], para que lhes assista o direito à árvore da vida, e entrem na cidade pelas portas".[21]

A seguir, vi em meu sonho, que os Seres Resplandecentes disseram-lhes que batessem no portão; e quando o fizeram, Enoque, Moisés, Elias e outros olharam para fora por cima do portão, a quem foi dito isto: "Estes peregrinos vieram da Cidade da Destruição por causa do amor que têm pelo Rei deste lugar". Em seguida, cada um dos peregrinos entregou o seu certificado, o qual receberam no início da jornada. Entregaram os pergaminhos ao Rei e após a leitura, Ele perguntou: "Onde estão os homens?". E responderam: "Estão do lado de fora do portão". O Rei ordenou que o portão fosse aberto: "...para que entre a nação justa, que guarda a fidelidade".[22]

Vi, no sonho, que Cristão e Esperançoso atravessaram o portão. Ao entrarem, foram transfigurados e vestidos com vestes que brilham como ouro. Também receberam harpas e coroas — as harpas para o louvor e as coroas como símbolo de honra. Nesse momento, todos os sinos da cidade tocaram novamente para alegria, e ouviram as palavras: "...entra no gozo do teu Senhor". Também ouvi os próprios peregrinos cantando em alta voz: "...Àquele que está sentado no trono e ao Cordeiro, seja o louvor, e a honra, e a glória, e o domínio pelos séculos dos séculos".[23]

Assim que os portões foram abertos para os dois homens, olhei atrás deles e vi que a cidade brilhava como o sol, as ruas eram pavimentadas com ouro e os homens que ali caminhavam tinham coroas na cabeça, palmas nas mãos e harpas de ouro com as quais entoavam louvores.

---

21 Apocalipse 22:14

22 Isaías 26:2

23 Apocalipse 5:13

Ali havia muitos que possuíam asas, e eles respondiam um ao outro, sem cessar, dizendo: "Santo, santo, santo é o Senhor".[24] E depois disso eles fecharam os portões, e por ter visto aquele cenário, desejei eu mesmo estar entre eles.

Agora, enquanto contemplava todas estas coisas, virei a cabeça para olhar para trás e vi Ignorância subindo pelo rio, mas sem enfrentar as dificuldades que os outros dois homens tinham encontrado. Pois havia nesse lugar um homem chamado Vã-Esperança, um barqueiro, que o ajudou a atravessar com o seu barco. Depois Ignorância subiu o morro em direção ao portão, só que ele chegou sozinho, pois ninguém o encontrou para lhe dar palavras de incentivo.

Quando chegou ao portão, olhou para cima e viu a inscrição sobre ele e começou a bater, imaginando que entraria facilmente.

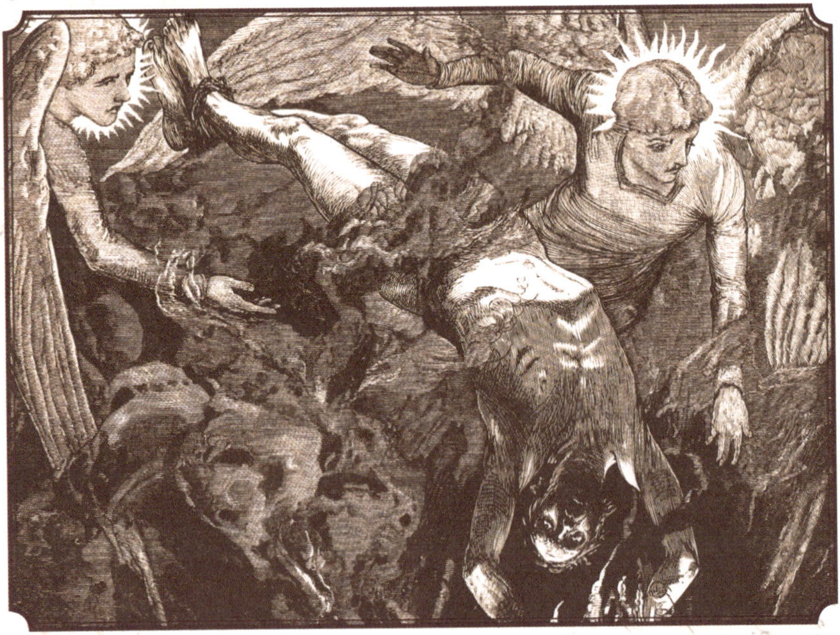

24 Apocalipse 4:8

Mas os homens olharam por cima do portão e perguntaram: "De onde você vem?" e "O que deseja?". Ele respondeu: "Comi e bebi na presença do Rei e Ele me ensinou em nossas ruas". Então, pediram seu pergaminho, para que fosse mostrado ao Rei. Ele procurou em seu casaco, mas não o encontrou.

Então perguntaram: "Você não o tem?". Ele nada respondeu. Em seguida, conversaram com o Rei, mas Ele não veio vê-lo. Em vez disso, Ele ordenou aos dois Seres Resplandecentes que conduziram Cristão e Esperançoso à cidade, que saíssem e acorrentassem os pés e as mãos de Ignorância e o lançassem fora. Em seguida, eles o carregaram pelo ar até a porta que vi ao lado da montanha e o colocaram lá.

Com isso percebi que havia um caminho para o inferno até mesmo a partir das portas do Céu, assim como da Cidade da Destruição. Acordei e eis que tudo havia sido um sonho.

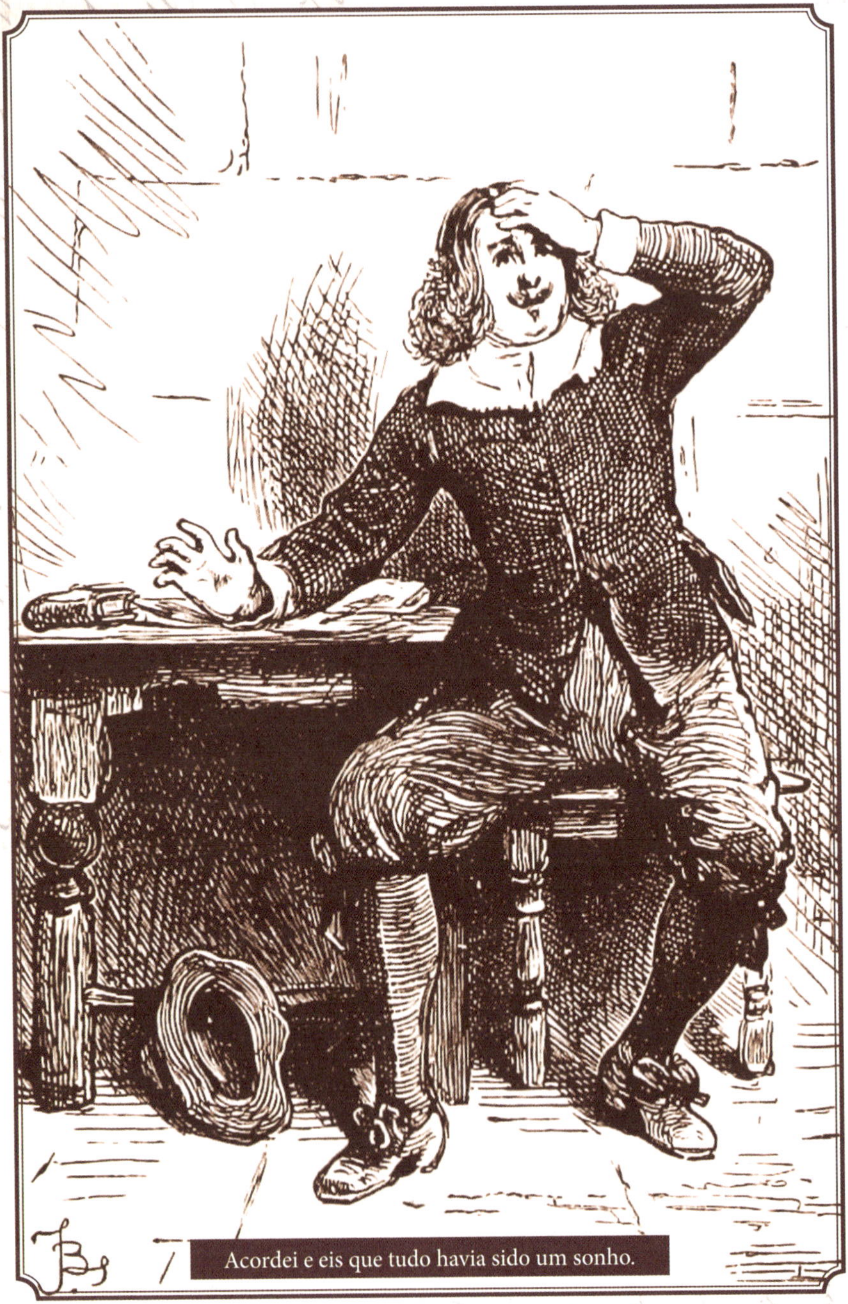

Acordei e eis que tudo havia sido um sonho.

A CONCLUSÃO

Contei-te meu sonho, amigo leitor.
Vê se podes interpretá-lo a este autor,
Ou a ti, ou a teu próximo. Atenta, porém,
Para não o interpretar mal a alguém.
Em vez de bem, isso lhe trará confusão:
Ao mal interpretar, colherás maldição.
Acautela-te para que extremo não sejas,
Ao brincar com meu sonho, rindo gracejas.
Nem permite que minhas figuras e similitudes
Ponham-te em zombaria ou contenciosa atitude.
Deixa-o aos infantes e tolos; porém quanto a ti,
Que com a essência de meu livro possas assentir.
Põe de lado as cortinas, olha para dentro do véu.
Desvela minhas metáforas, não as deixes ao léu.
Lá, se tens buscado atentamente,
Encontrarás tesouros para tua mente.

E quando escórias ali encontrares, sê ousado:
Lança-a fora, preserva, porém, o metal dourado;
E se meu ouro em minério estiver envolto?
Ninguém lança fora a maçã por causa do caroço.
Porém, se desprezares tudo como vão,
Isso me fará sonhar de novo então.

ILUSTRAÇÕES

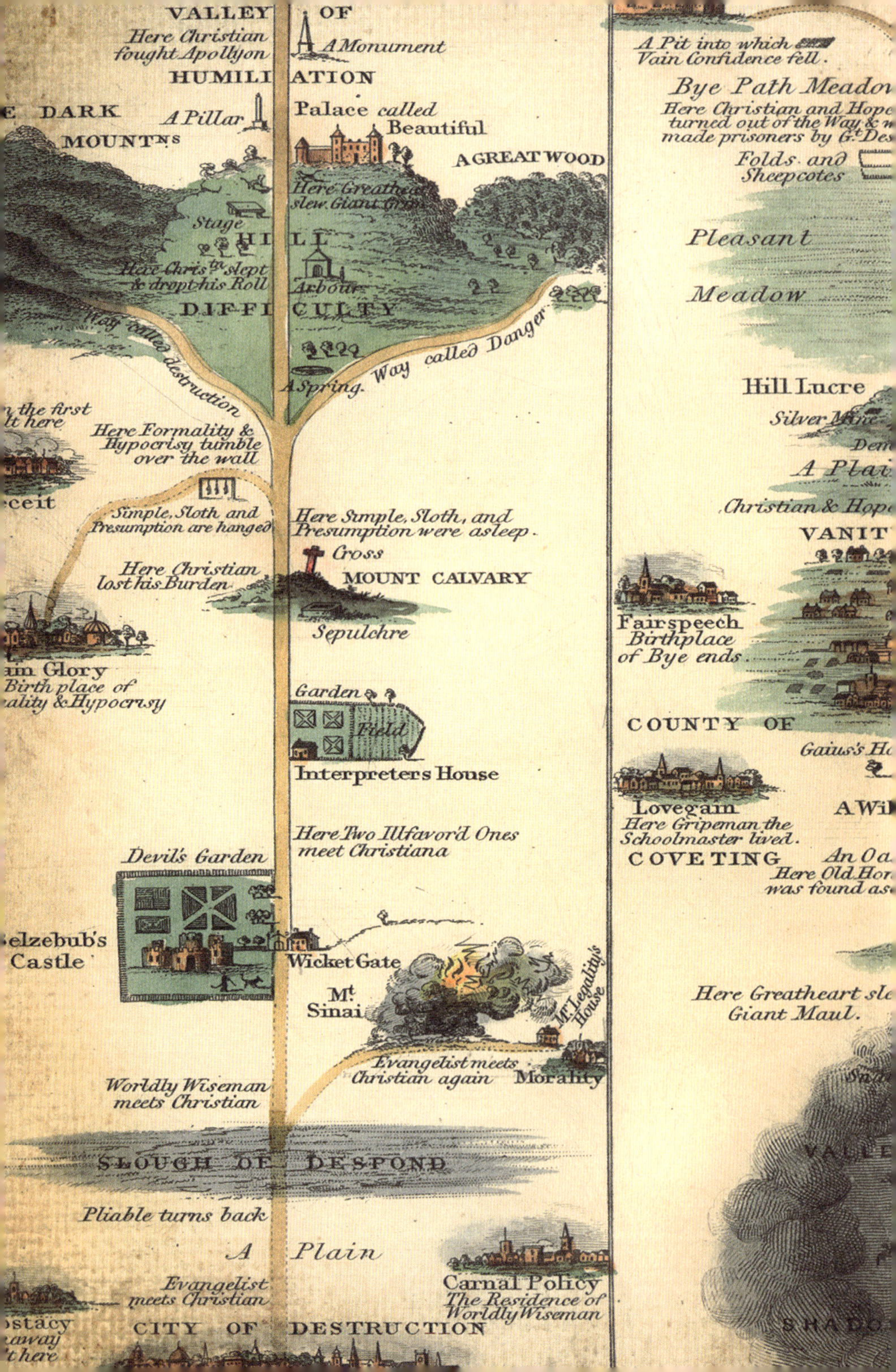

VALLEY OF HUMILIATION
Here Christian fought Apollyon
A Monument
A Pillar
DARK MOUNTNS
Palace called Beautiful
A GREAT WOOD
Here Greatheart slew Giant Grim
Stage
HILL DIFFICULTY
Here Christn slept & dropt his Roll
Arbour
Way called destruction
Way called Danger
A Spring
Here Formality & Hypocrisy tumble over the wall
Simple, Sloth and Presumption are hanged
Here Simple, Sloth, and Presumption were asleep.
Cross
Here Christian lost his Burden
MOUNT CALVARY
Sepulchre
Garden
Field
Interpreters House
Here Two Illfavor'd Ones meet Christiana
Devil's Garden
Castle
Wicket Gate
Mt. Sinai
Mr. Legality's House
Evangelist meets Christian again
Morality
Worldly Wiseman meets Christian
SLOUGH OF DESPOND
Pliable turns back
A Plain
Evangelist meets Christian
Carnal Policy The Residence of Worldly Wiseman
CITY OF DESTRUCTION
A Pit into which Vain Confidence fell.
Folds and Sheepcotes
Pleasant Meadow
Hill Lucre
Fairspeech Birthplace of Bye ends.
COUNTY OF COVETING
Lovegain
Here Gripeman the Schoolmaster lived.
Giant Maul.

A Peregrina

de

John BUNYAN

Publicações Pão Diário

A Peregrina

de

John BUNYAN

Edição ilustrada

A peregrina
por John Bunyan

Coordenação editorial: Dayse Fontoura
Tradução: Maria Emília de Oliveira
Revisão: Dayse Fontoura, Dalila de Assis, Lozane Winter
Projeto gráfico e capa: Audrey Novac Ribeiro
Diagramação: Denise Duck
Imagens internas: Internet Archive Book Images, Wikimedia Commons

Dados Internacionais de Catalogação na Publicação (CIP)

Bunyan, John.
A Peregrina, John Bunyan.
Tradução: Maria Emília de Oliveira
Curitiba/PR, Publicações Pão Diário.
Título original: *The Pilgrim's Progress – Part II*
1. Fé 2. Salvação 3. Vida cristã 4. Perseverança

Publicações Pão Diário
Caixa Postal 9740,
82620-981 Curitiba/PR, Brasil
publicacoes@paodiario.org
www.publicacoespaodiario.com.br
Telefone: (41) 3257-4028

Código: K1536 | ISBN: 978-65-5350-753-1
CS479

1.ª edição: 2025

Impresso na China

SUMÁRIO

Brasil y tendrá muy seguro, y le introducirá

el Gob.no de Montev.º q.e le alejará un dudo

... mis agentes adquirirán la bastante

te de todos los recursos de aquella cox

... de la Guarnición de S.n Pedro,

... bien bien. También

... golpe sobre

INTRODUÇÃO

A *peregrina* foi lançado em 1684, na Inglaterra, como sequência do primeiro livro *O peregrino*. Neste, John Bunyan conta a história da família de Cristão, que ficara para trás na Cidade da Destruição. No entanto, arrependidos de sua incredulidade e de terem zombado do marido e pai angustiado por sua condição de pecador, sua esposa e filhos se propõem a seguir a mesma jornada desse bom homem. Antigos personagens com novas percepções, novos personagens, locais e desafios comporão o cenário desta peregrinação até a Cidade Celestial.

A abordagem de Bunyan a esta segunda alegoria é mais leve e bem-humorada. A vida familiar está mais detalhada, e fica nítida a preocupação do autor com o evangelismo e discipulado das crianças. Se os opositores continuam sendo muitos, os companheiros de caminhada se multiplicam. Entre eles são representados cristãos de natureza mais frágil e que se debatem mais com as questões da fé. Talvez isso seja fruto da vivência ministerial do "Bispo Bunyan", como ele ficou conhecido na região onde pastoreava. A observação de que nem todo servo de Cristo é um "campeão da fé", mas que precisa de auxílio, misericórdia e compaixão de seus irmãos é belamente ilustrada no relacionamento entre os peregrinos.

Também é interessante observar a ênfase do autor na influência e testemunho deixados por Cristão em sua prévia caminhada. Isso ressalta o princípio bíblico de que todos os que são fiéis a Cristo deixam atrás de si um rastro por onde podem seguir aqueles que os sucedem. Os imitadores de Cristo mais maduros servem de orientação para os novos da jornada. E, neste quesito, o próprio Bunyan está incluído. Seus livros atravessam os séculos inspirando e guiando os cristãos.

Esta edição que você tem em mãos contém as ilustrações de uma edição inglesa de 1890. Quatro desenhistas dão forma aos personagens tão bem descritos por Bunyan, e suas personalidades ficam evidentes em suas expressões facial e corporal.

Acompanhe cada um dos personagens, observe como os relacionamentos se desenvolvem, perceba a luta contra a tentação e a perseverança na provação. E, por fim, ouça seus cantos enquanto ascendem à Cidade Celestial para se encontrar com seu Senhor.

Seja lá com qual personagem mais se identificar, é importante que você saiba que o crescimento na graça nunca é uma caminhada solitária. Que você, como um bom peregrino, se inspire nessa narrativa alegórica para firmar convicções e jamais perder de vista seu destino eterno!

Dos editores

BIOGRAFIA DE JOHN BUNYAN

Os primeiros anos

John Bunyan nasceu em novembro de 1628, em Elstow, um vilarejo a cerca de 1,5 quilômetro da cidade de Bedford. Seu pai, Thomas Bunyan, fabricava e consertava panelas e chaleiras. Sua mãe, Margaret Bentley, provinha de uma família mais abastada. John gostava de definir sua família com estando "entre a multidão dos pobres lavradores". Mesmo sem muitos recursos financeiros, os pais de Bunyan o enviaram à escola. No entanto, ele frequentou as aulas tempo suficiente para apenas aprender a ler e escrever. Desde cedo aprendeu o ofício do pai e ajudou no sustento da família.

Sua mãe morreu em junho de 1644, e sua irmã mais nova um mês depois. Em agosto do mesmo ano, seu pai se casou novamente. Esse novo relacionamento parece ter gerado o afastamento entre pai e filho, levando John a passar os três anos seguintes servindo como soldado na Guerra Civil Inglesa[1], muito provavelmente apoiando os Parlamentaristas sendo liderado por Sir Samuel Luke. Os anos

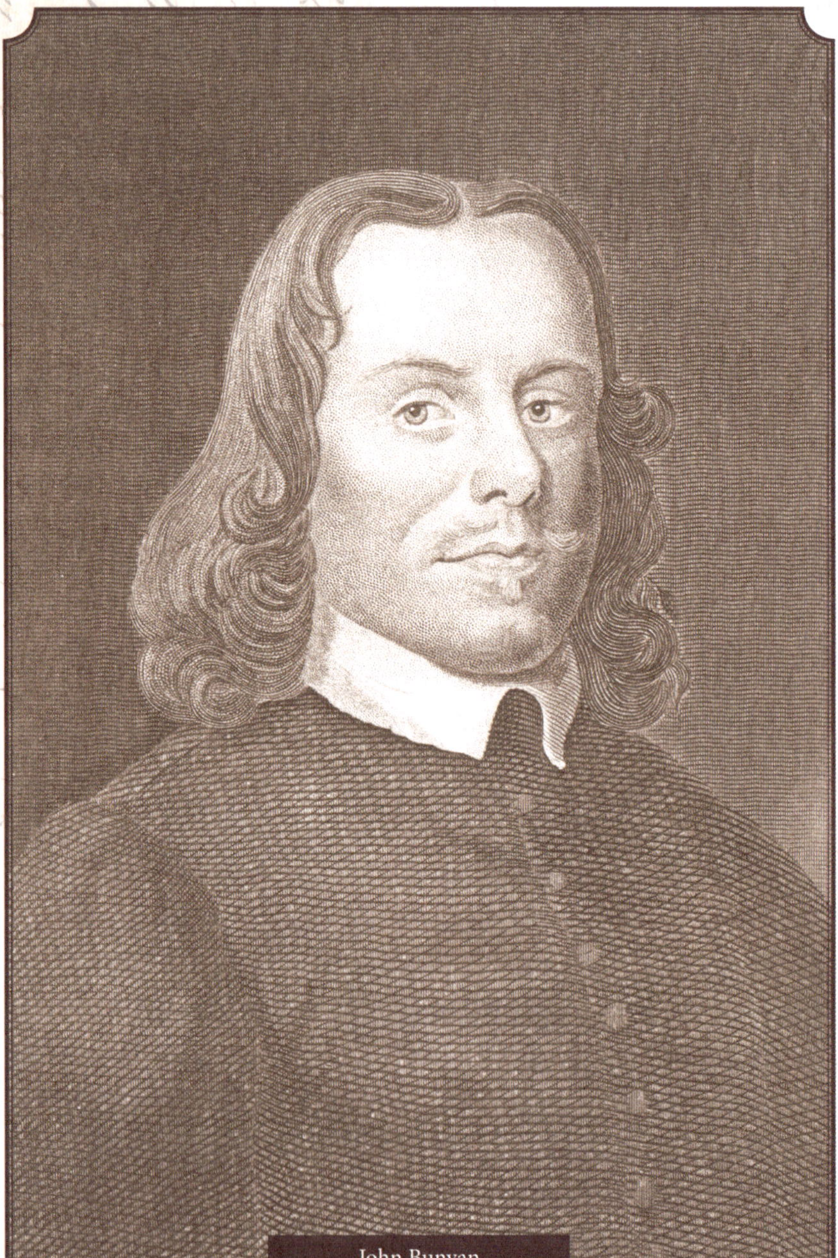

John Bunyan

passados nesse conflito influenciariam a escrita de alguns episódios dos livros de Bunyan no futuro. Somente um soldado experiente poderia escrever, com tanta riqueza de detalhes, as cenas de algumas das lutas encontradas em *O peregrino*, por exemplo.

Cedo em sua vida, Bunyan se embrenhou em uma vida de jogos e bailes. Pouco depois de ser dispensado do exército, casou-se com sua primeira esposa, entre 1647–48. Em sua autobiografia *Graça abundante ao principal dos pecadores* (Editora Fiel, 2012), ele afirma que, quando se uniram, os dois eram "tão pobres quanto os pobres devem ser, sem possuir muitos implementos caseiros, além de um prato e uma colher, que compartilhávamos". Apesar de serem tão destituídos, a esposa de Bunyan trouxe consigo, como dote de casamento, dois livros — uma extravagância para aqueles tempos: *The Plain Man's Pathway to Heaven* (A Jornada do homem comum ao Céu) de Arthur Dent e *The Practice of Piety* (A prática da piedade) de Lewis Bayly. Essas duas obras e o comportamento cristão de sua esposa influenciaram Bunyan a um despertamento espiritual. Tiveram quatro filhos, a primeira deles, Mary, nasceu cega e era alvo de especial afeto de seu pai.

---

1 Conflito deflagrado entre a Monarquia e o Parlamento inglês entre os anos de 1642–49. A animosidade entre monarquia e os parlamentares, que se iniciara no governo de Jaime I, foi intensificada pelas impopulares medidas sociais e econômicas de seu herdeiro Charles I, pelo conflito com os presbiterianos na Escócia e pela disputa da soberania da Igreja Anglicana com os puritanos. Os Parlamentaristas, liderados por Oliver Cromwell, impuseram sucessivas derrotas aos Monarquistas até que o rei Charles I foi decapitado, acusado de traição. A monarquia e a Câmara dos Lordes foram abolidas e, até o retorno de Charles II do exílio em 1660, a Inglaterra foi uma república.

A conversão

Os quatro anos seguintes foram de intenso conflito espiritual interior para Bunyan: se, por um lado, sua carne almejava continuar na prática do pecado, por outro, seu espírito, tocado pela graça divina, sentia o peso da condenação e o desejo de salvação. Certo domingo à tarde, enquanto jogava Tip Cat[2], uma voz do Céu lhe veio à mente, que dizia: "Você abandonará seus pecados e irá ao Céu, ou continuará pecando e irá ao inferno?". Naquele momento, Bunyan não deu importância à profunda inquietação que lhe sobreviera ao espírito. Mas, pouco depois, buscou numa vida de legalismo a redenção de sua alma. Começou a frequentar a igreja, mudou seu linguajar e a forma de se vestir. Contudo, quando confrontado por um sermão sobre a observância do Dia do Senhor, Bunyan decidiu voltar aos seus velhos hábitos.

Em *Graça abundante*, conta como certa vez, enquanto passava pela rua, ouviu três ou quatro senhoras conversando "sobre seu novo nascimento, a obra de Deus em seus corações e a forma pela qual se convenceram de seu estado natural de miséria. Falavam como Deus havia visitado sua alma com Seu amor em Cristo Jesus e com que palavras e promessas foram renovadas, consoladas e sustentadas

---

2 Jogo em que quatro a oito jogadores se posicionam perto de buracos que funcionam como as bases arranjadas em circunferência. Alguns jogadores se posicionam fora deste círculo, chamado de campo, e um número igual de jogadores, dentro dele, serão os rebatedores. Um desses do campo joga o toco de madeira (cat) ao rebatedor mais próximo. Se este conseguir rebatê-lo e o enviar para longe, os da base correrão trocando de base até que o toco seja recuperado. Cada base corrida equivale a um ponto. Se, por outro lado, o toco for recuperado por qualquer jogador do campo e este o jogar em direção a um jogador que esteja fora da base, durante a corrida, este último é eliminado do jogo. Se a rebatida for perdida, o "cat" é devolvido ao jogador do campo, e este tenta jogar novamente.

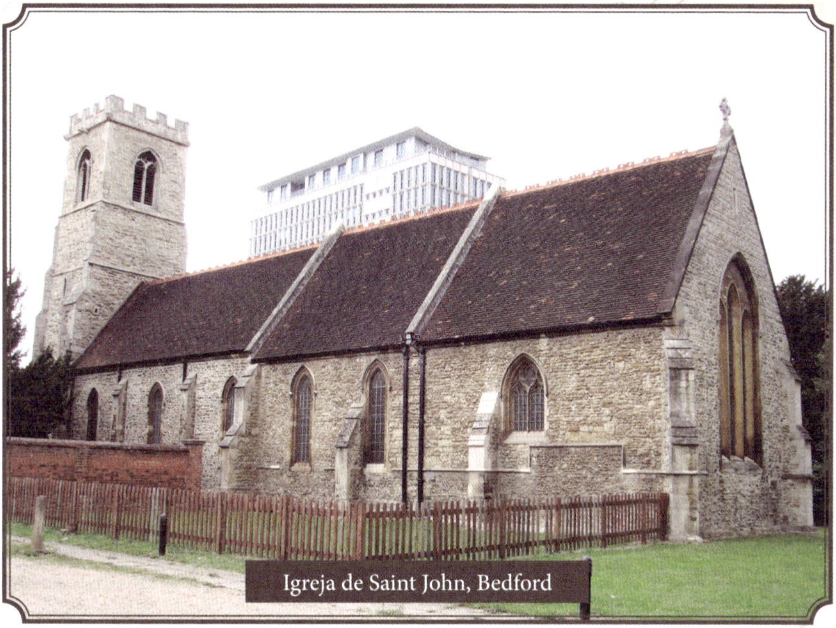

contra as tentações diabólicas". Essa conversa levou-o a desprezar o pecado em sua natureza.

Em 1650, veio a conhecer o pastor puritano[3] John Gifford em sua casa paroquial na igreja de Saint John — então uma comunidade independente —, em Bedford. Nesta ocasião, conversaram sobre a salvação e a verdadeira mensagem de Jesus. No entanto, a rendição definitiva de Bunyan a Cristo ocorreu um ano depois influenciado pela conversa das senhoras, com o pastor Gifford e pela leitura de *Comentário da epístola de São Paulo aos Gálatas* (Ed. Sinodal, 2017, vol. 10) que, depois da Bíblia, era seu livro de referência. Neste

3 Grupo cristão que rejeitava a autoridade da Igreja da Inglaterra (ou Anglicana) pelo fato desta manter muitos rituais Católicos Romanos em sua liturgia. Desejavam uma profunda reforma na igreja, ou purificação (de onde varia o nome puritano), e o retorno à pregação e prática da Bíblia como norma de fé. Eram Calvinistas em sua maioria.

mesmo ano, começou a frequentar essa congregação em Bedford, embora permanecesse morando em Elstow. Tornou-se membro e diácono em 1653.

O aprisionamento

Seu talento para o ensino e pregação tornaram-se proeminentes, e ele pregava tanto em sua igreja quanto em outras comunidades para onde era convidado. Neste tempo, a Igreja do Estado, ou Anglicana, regulava toda a atividade de pregação, qualquer grupo ou indivíduo que se lhe opusesse era considerado ilegal e consequentemente perseguido.

Entre 1655–60, Bunyan envolveu-se em controvérsias com os Quakers[4]. Os vários panfletos e livretos que produziu durante este período, como resposta à doutrina Quaker, fizeram despontar seu talento literário. O ano de 1658 foi o da morte de sua primeira esposa e do primeiro indiciamento de Bunyan pela atividade ilegal de pregação sem a devida licença da Igreja da Inglaterra, que acabou por não resultar em julgamento ou prisão. No entanto, nem mesmo esses dois tristes fatos impediriam esse arauto divino de permanecer pregando a Palavra de Deus com ousadia.

Em 1659, aos 31 anos, casou-se pela segunda vez com uma jovem que tinha entre 17 e 18 anos, Elizabeth Bunyan, com quem teve

---

4 Grupo religioso protestante inglês fundado na Inglaterra, no século 17, por George Fox. Originalmente chamam-se Sociedade Religiosa de Amigos. O nome Quaker (do inglês "os que tremem") foi inicialmente usado pelos opositores de Fox como zombaria, mas acabou sendo adotado pelo grupo para se definir como "aqueles que tremem diante da Palavra de Deus". Entre suas crenças está a de que todo ser humano tem em si uma iluminação interior sobrenatural do evangelho da verdade. Rejeitam cerimônias religiosas, não possuem um clero (pois creem na igualdade de iluminação).

mais dois filhos. Em 1660, a perseguição aos não-conformistas, ou puritanos, se acirrou. O antigo Livro das Orações, promulgado no reinado de Edward VI (1547–53), foi reativado, e proibido qualquer culto que não seguisse essa liturgia.

Ao saber que Bunyan estaria pregando no vilarejo de Lower Samsall, o juiz Francis Wingate emitiu um mandado de prisão contra ele. Quando estava no meio do sermão, a polícia adentrou o ambiente e o levou preso, onde permaneceu aguardando seu julgamento. Seu indiciamento afirmava, mesmo que não estivesse apoiado por testemunhas: "John Bunyan, da cidade de Bedford, trabalhador, tem se abstido de forma diabólica e perniciosa de vir à igreja para ouvir o culto divino e é defensor comum de várias reuniões ilegais, que causam grande perturbação e distração dos bons súditos deste reino, contrariamente às leis de nosso soberano senhor e rei". Ao pronunciar sua sentença, o juiz Keeling disse: "Ouça seu

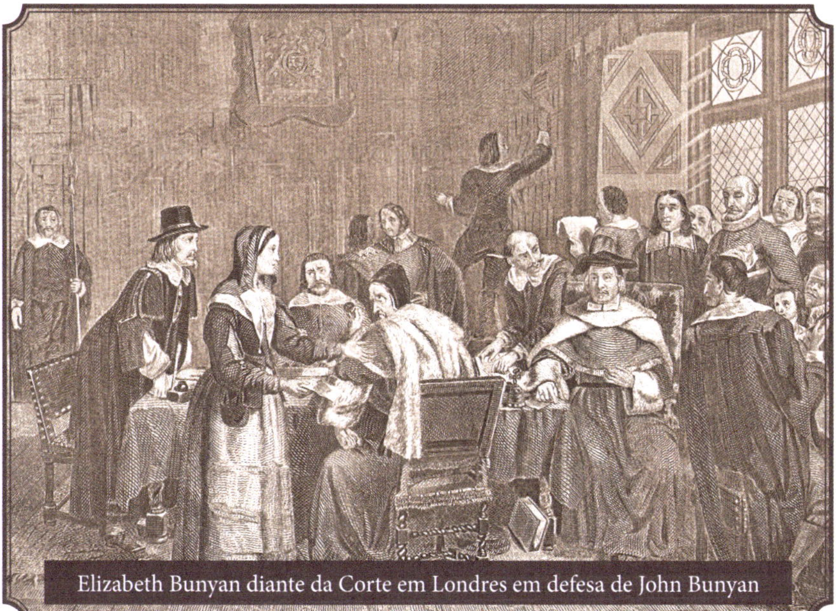

Elizabeth Bunyan diante da Corte em Londres em defesa de John Bunyan

julgamento: você será levado novamente à prisão, e por três meses seguidos lá permanecerá. Ao final desses três meses, se não se submeter a ir à igreja ouvir o culto divino, e a abandonar sua pregação, será banido do reino. Ou, se for encontrado pregando de novo sem licença do rei, será enforcado por isso. Digo-lhe sem rodeios. Carcereiro, leve-o!". A resposta de Bunyan foi: "Se me soltarem da prisão hoje, pregarei de novo amanhã, com a ajuda de Deus!". Foi condenado a 12 anos de encarceramento em 12 de novembro de 1660.

Sua esposa apresentou-se diante de juízes de cortes superiores em Londres em duas tentativas de apelação dessa sentença. Outros amigos também intercederam por ele, porém foi tudo em vão.

Apesar do cárcere em Bedford ser repugnante, o tratamento dispensado aos prisioneiros era humanizado. De dentro da prisão, Bunyan participava na fabricação de cadarços para sapatos, o que o ajudava no sustento da família. Recebia visitas regulares,

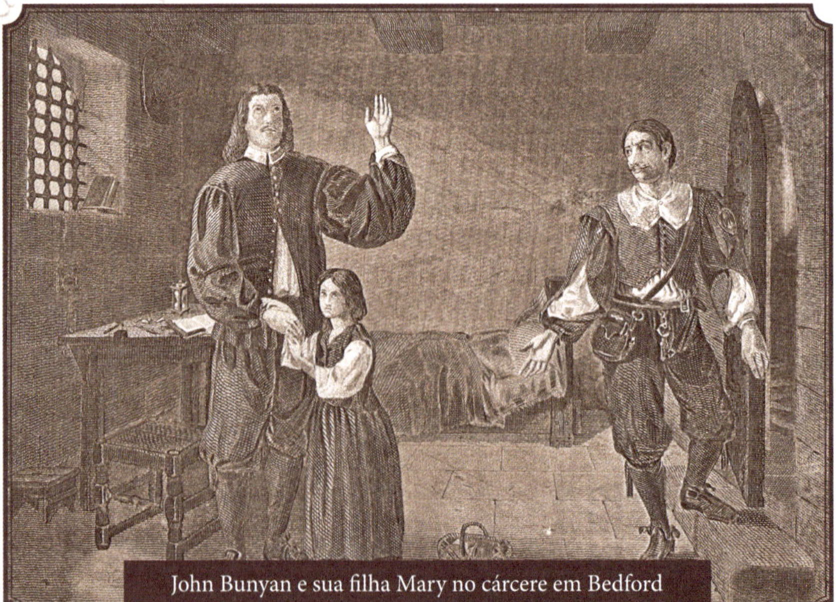

John Bunyan e sua filha Mary no cárcere em Bedford

especialmente de sua filha cega, que lhe trazia sopa para o jantar, e ele também podia, por vezes, sair da prisão para visitar sua família e pregar. Em uma dessas ocasiões, um sacerdote anglicano soube da saída de Bunyan e o delatou. Porém, neste dia Bunyan sentiu-se espiritualmente incomodado a voltar antes da hora marcada para o presídio. Quando o mensageiro chegou para verificar se todos os prisioneiros estavam em suas celas e bem, a confirmação de que Bunyan estava presente afastou a suspeita. Mais tarde o carcereiro lhe disse: "Você pode sair quando quiser porque sabe melhor do que eu quando deve retornar".

Outra liberdade que também lhe foi conferida foi a de ler, estudar e escrever. Durante esse aprisionamento, Bunyan escreveu sua autobiografia *Graça abundante ao principal dos pecadores*, que foi publicada em 1666. Entre seus livros favoritos, nesta fase de sua vida, estava *O livro dos mártires*, de John Foxxe.

Os últimos anos

Sua soltura ocorreu em 1672, quando foi emitida a Declaração de Indulgência pelo rei Charles II. Foi-lhe dada autorização para pregar na região de Bedforshire com outros 25 ministros. Ficou, então, conhecido como o "bispo Bunyan", dando a entender que seria o líder entre todos eles. O prédio da igreja de Saint John, onde, antes do encarceramento, Bunyan frequentava e pregava, havia retornado à Igreja Anglicana, e a congregação agora se reunia em um celeiro. A fama de Bunyan se espalhou, e até em Londres era convidado a pregar, onde, segundo um registro, em certa manhã gelada 1200 pessoas se reuniram para ouvi-lo. Foi um tempo de descanso e prosperidade para esse provado servo de Deus.

Contudo, em 1675 a atitude do governo para com os puritanos mudou e muitas licenças para pregar foram revogadas, entre elas a de Bunyan. Em março de 1676, após outra ordem de prisão, John Bunyan retornou ao cárcere onde permaneceu por seis meses. A tradição diz, na falta de relatos históricos precisos, que teria sido nesta ocasião que ele teria escrito sua obra mais notável, *O peregrino*, publicado pela primeira vez em 1678.

Devido à sua popularidade, Bunyan teria recebido um indulto real e depois disso desfrutou de liberdade até o fim de sua vida. Sua influência cresceu e seu ministério abrangeu pregações em quase todas as partes da Inglaterra.

Em seus últimos anos de vida, ainda escreveu muitas e excelentes obras, entre as mais conhecidas estão: *The Life and Death of Mr. Badman* (Vida e morte do Sr. Maldoso, 1680), *A Guerra Santa* (1682), *A peregrina* (1684). John Bunyan escreveu um total de 61 obras entre panfletos, livretos e livros.

Morreu de gripe em 31 de agosto de 1688, em Londres, para onde fora apaziguar uma disputa entre pai e filho. Foi sepultado em Bunhill Fields, cemitério dedicado aos puritanos.

Um dos contemporâneos de John Bunyan descreveu assim sua aparência e personalidade:

> *Seu semblante parecia ser o de uma pessoa de temperamento austero e rude, mas em conversa era manso e afável; não era muito dado à loquacidade ou a muitos discursos, a não ser que alguma ocasião urgente o requeresse. Nunca o vi se vangloriar de si mesmo ou de seu quinhão, mas parecia se ver como muito humilde e se submetia ao julgamento de outros. Detestava a mentira e xingamentos, e era leal, em tudo que estava em seu poder, à sua palavra; não revidava injúrias e amava reconciliar diferenças e fazer amizade com todos. Era muito perceptivo e possuía um excelente*

discernimento de pessoas, tendo bom senso e humor. Quanto à sua pessoa, era alto, de ossos largos, embora não fosse corpulento, suas faces eram de certa forma rosadas, olhos brilhantes, e tinha bigode, como era moda na época. Seus cabelos eram ruivos, mas nos últimos anos já contava com alguns brancos. Seu nariz bem formado não era adunco ou arrebitado, e sua boca, moderadamente grande. Tinha testa alta e sempre se vestia com simplicidade e modéstia. E assim, descrevemos, de maneira imparcial, o interior e o exterior de uma pessoa cuja morte tem-se lamentado muito. Uma pessoa que experimentara os sorrisos e os olhares severos de seu tempo. Que não se orgulhava na prosperidade e nem estremecia diante da adversidade, que sempre sustentou a mensagem áurea.

Nele, brilhavam três grandes eminências:
Era historiador, poeta e pregador em excelência.
Deixem-no repousar na poeira imperturbável,
Até a ressurreição desse santo inculpável.

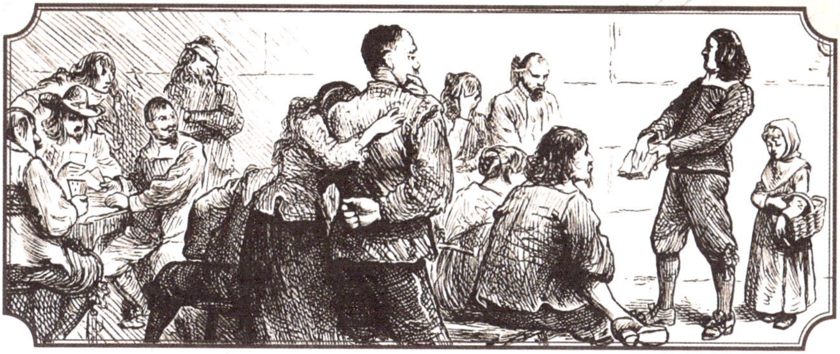

A PEREGRINA

O modo como o autor envia a segunda parte de *O Peregrino*

Vá, meu Livrinho, a todos lugares, sem demora,
Aonde meu Peregrino *chegou até agora.*
Bata à porta. E se alguém perguntar: Quem está aí?
Responda: É Cristã, que conseguiu chegar até aqui.

Se o convidarem para entrar, aceite sem vacilar
Com os seus filhos; e, com a arte que você sabe dominar,
Diga quem são e de onde vieram, se quiserem saber;
Talvez os conheçam de nome ou os queiram conhecer.

Mas se não os conhecerem, pergunte em tom de paz
Se acaso não hospedaram muito tempo atrás
Um Cristão, um Peregrino? *E se a reposta for sim,*
Que gostaram muito dele, de seu jeito enfim,

Diga-lhes que todos parentes dele são;
Que agora sua esposa e filhos unidos estão.
Para trás deixaram sua casa, seu lar, seu povo;
E agora peregrinos são em busca de um mundo novo.

Que muitas pedras no caminho encontraram;
Sofrimento noite e dia, e com espinhos se depararam,
Que em serpentes pisaram, com demônios tiveram de lutar;
Além de muitas maldades que precisaram sobrepujar.

Sim, fale também do amor à peregrinação,
Daqueles que, com muita firmeza, entraram em ação.
Dos defensores do caminho; e como se recusam a seguir
Os prazeres deste mundo para a vontade do Pai cumprir.

Vá e fale também das coisas boas e da paz
Que a peregrinação ao Peregrino *traz.*
Assim todos eles haverão de saber que são
Amados do Rei, e sob Seus cuidados estão.

A Peregrina

Fale também das mansões que lhes estão preparadas;
Depois de atravessarem mares, vendavais e chuvas pesadas,
Da calmaria e sossego que encontrarão, com muito amor,
Aqueles que andam firmes nos caminhos do Senhor.

Com as mãos e o coração cheios de amor
eles o abracem talvez
Como fizeram com o seu antecessor;
e com a chegada de vocês,
Dignificá-los-ão e acolherão com alegria e fartura,
Porque os peregrinos eles amam com muita doçura.

OBJEÇÃO 1
Mas e se eles não acreditarem em mim?
Que pertenço a você. Talvez haja alguém assim,
Usando o seu nome e fingindo o Peregrino *ser*
Imitando e disfarçando o seu modo de viver.

E por meios escusos conseguiram ter acesso
A casas e lares de pessoas que não conheço.

RESPOSTA
É verdade, pode ser que alguns tenham fingido
Ser o Peregrino, *e minha identidade possuído;*
Sim, alguns meu nome ou meu título usaram,
E, para dar mais veracidade, em livros os gravaram.

Mas se, pelas aparências, eles deixarem claro
Que não são meus, e de outros receberam amparo,

Se você encontrar gente assim, então sua única saída
Será dizer de tal forma que por todos será entendida.

Diga em sua língua pátria, que até o momento
Homem algum teve a ousadia de tal fingimento.
Se, afinal, eles continuarem a duvidar e, insanos,
Pensarem que vocês são semelhantes a ciganos,

Que, com falsa sabedoria, o país querem macular;
Ou que procuram os ingênuos para ludibriar
Com informações enganosas; envie-os a mim,
E que vocês são peregrinos provarei tintim por tintim.

Sim, provarei que só vocês e mais ninguém
Meus Peregrinos são, e isso lhes cairá bem.

OBJEÇÃO 2

Mas, e se por acaso do Peregrino *eu perguntar*
Àqueles que o odeiam e que só o querem prejudicar,
Como deverei agir quando a essas portas eu bater
E, se diante de tal pergunta, eles vierem a se enfurecer?

RESPOSTA

Não se apavore, meu Livro; esses bichos-papões
Nada mais são que temores sem justificações.
Meu Peregrino *terras e mares atravessou*
E tal façanha nem eu nem ninguém jamais explicou

Como ele nunca foi menosprezado nem enxotado
Por nenhum reino, não importa se pobre ou abastado.

A Peregrina

Na França e em Flandres,[1] *onde os homens*
vivem em luta renhida,
Como um amigo e irmão, o Peregrino
recebe agradável acolhida.

Na Holanda também, assim fui sabedor,
Às vezes meu Peregrino *mais que ouro tem valor.*
Com isso também concordam escoceses e irlandeses
Que entre eles o meu Peregrino *circulou muitas vezes.*

E até na Nova Inglaterra, lugar tão avançado,
É o local onde ele é muito querido e prestigiado.
Como se fosse aparado, e de joias revestido,
Exibindo seus atributos nas terras que tem percorrido.

Meu Peregrino caminha com tal delicadeza,
Que milhares dele falam dia e noite com nobreza.
Se você se aproximar um pouco mais, vai perceber
Que o meu Peregrino não tem nada a temer.

Em cidades e países com honrarias ele é recebido,
Sim, o Peregrino*; com muito amor também é acolhido*
Com sorrisos quando o meu Livro veem
Ou quando ele se apresenta ao lado de alguém.

Abraçado e amado por cavalheiros valentes,
Todos gostam dele, sim, e, vindos de todas as frentes,
Dão-lhe o devido valor; com muita alegria dizem: Sim,
Mais vale um pouco do bom do que muito do ruim.

---

1 Região ao norte da Bélgica.

Todas as mulheres, jovens e fidalgas também,
Ao meu Peregrino *dizem querer bem;*
Nos estojos de cada uma, no peito e no coração,
O meu Peregrino *lhes causa grande emoção.*

Seus belos enigmas de tão amplas variedades,
Suavizam suas grandes dores e muitas saudades
Ao lê-lo; sim, talvez eu seja exageradamente ousado
Ao dizer que mais que o ouro ele é valorizado.

As criancinhas que na rua gostam de andar,
Se por acaso o meu Peregrino *uma delas encontrar*
Vai saudá-lo, vai amá-lo, vai dizer com sentimento
Que ele é o único e ímpar rapazola do momento.

Aqueles que nunca o viram, mas muito admiram
O que sobre ele foi dito, grande desejo sentiram
De estar em sua companhia e ouvir o grande ensino
Contado nas histórias tão conhecidas do Peregrino.

Sim, alguns que no começo dele não gostaram,
E chamaram-no de tolo, bobalhão, assim falaram,
Agora que o viram e ouviram, elogios não lhe faltarão.
E vão enviá-lo a todos os que o amam de coração.

Portanto, minha doce Peregrina, *não se assuste*
Ao levantar a cabeça; ninguém lhe preparará um embuste.
Aquele que veio antes de você assim desejou
Porque com uma segunda história você chegou.

A Peregrina

Com uma história de coisas boas, ricas e proveitosas
Para os jovens, para os vacilantes e para pessoas idosas.

OBJEÇÃO 3

Mas há alguém que diz que alto demais ele ri,
E outros: Em sua cabeça muitos sonhos eu vi.
Que suas palavras e histórias são muito complicadas.
Sozinhos eles não encontram as suas pegadas.

RESPOSTA

Alguém, penso, dirá que seus risos e gritos distantes
Podem ser adivinhados ao ver seus olhos lacrimejantes.
Algumas coisas são assim por natureza e, seja como for,
Provocam riso falso, enquanto o coração sente apenas dor.

Quando Jacó viu Raquel o rebanho a pastorear,
Ele desejou ao mesmo tempo beijar e chorar.
Há uma nuvem em sua cabeça, alguém diria.
Sim, é provável, mas ela cobre a sua sabedoria

Com seus mantos, e pensamentos agitam-lhe a mente
Para procurar o poço e encontrá-lo prazerosamente.
Coisas que parecem ocultas em palavras intricadas
Mas que deixam as mentes piedosas mais fascinadas,

Para estudar o que aquelas palavras deveriam conter,
Que em versos tão enevoados nos vêm dizer.
Conheço também uma semelhança sombria
Que se intromete ainda mais na curiosa fantasia,

E se fixa na cabeça e no coração, mais apressada
Do que coisa semelhante não emprestada.
Portanto, meu Livro, não fique desanimado
A ponto de não fazer essa viagem. Você foi enviado

Aos amigos, não inimigos; amigos que o acolherão
Junto com seus peregrinos, e suas palavras aceitarão.
E tudo aquilo que o meu Peregrino *ocultou*
Você, minha valente e corajosa Peregrina, *revelou.*

O que o Cristão trancou, e seu caminho seguiu,
A meiga Cristã com a sua chave o abriu.

OBJEÇÃO 4
De seu método, houve quem não entendeu nada:
Um romance, disseram; joga-o na beira da estrada.
O que direi se eu encontrar pessoas assim?
Devo desprezá-las como desprezaram a mim?

RESPOSTA
Minha Cristã, se tais pessoas você um dia encontrar
Faça o possível para com amor sempre as saudar;
Aceite-as, e nunca as insulte por meio de zombaria.
Se alguém franzir o cenho, peço-lhe este favor: sorria.

Talvez um falso relato, o que é muito natural,
Tenha provocado algum desprezo ou coisa igual.
Alguns não gostam de maçãs; outros detestam figos.
Há quem não ame a família e despreze os amigos.

A Peregrina

Alguns gostam de peixe, mas de carne nem pensar;
Não amam os passarinhos que voam livres pelo ar.
Abandone essa gente, minha Cristã, dê-lhes a opção,
Procure encontrar pessoas que com alegria a acolherão.

Seja humilde e de modo algum se esforce.
Apresente-se a eles como se o Peregrino *fosse.*
Siga adiante e a todos mostre, meu Livrinho querido,
O que é alegria e você será muito bem recebido.

Esconda do resto o que por perto você deve manter;
E tudo o que você lhes mostrar uma bênção poderá ser,
E lhes fará bem; e que todo o esforço que você empreendeu
Os torne Peregrinos muito melhores do que você e eu.

Vá e conte a todo mundo quem você é, e então
Diga: Sou Cristã, e agora esta é a minha missão:
Com meus quatro filhos vou dizer qual é o destino
Dos homens que desejam ser iguais ao Peregrino.

Vá e diga também a eles como devem proceder
Agora que peregrinos como você haverão de ser.
Diga: Apresento-lhes Misericórdia, minha vizinha
Que, na peregrinação, há muito tempo comigo caminha.

Venha, olhe para sua face virginal e tente discernir
Quem são os tolos e quem são os peregrinos que hão de vir.
Sim, que as jovens donzelas com ela queiram aprender
Com sabedoria como será o mundo que um dia vamos ver.

Quando as donzelas saltitantes seguem ao Senhor,
E deixam sob Sua disciplina o antigo proceder pecador,
É como nos tempos em que os jovens gritavam:
Hosana! enquanto os mais velhos ridicularizavam.

Fale também do velho Honesto que você encontrou,
Do ancião de cabelos brancos que o solo do Peregrino *pisou.*
Sim, fale daquele homem que, carregando sua cruz,
Com o coração cheio de amor seguiu o bom Jesus.

Quem sabe alguns anciões, pelo peso da idade vergados,
Por Cristo se apaixonem e venham a lamentar seus pecados.
Conte a eles também como o senhor Receoso peregrinou
E explique com cuidado como o seu tempo passou

Com medo e chorando, em completa solidão;
E como, por fim, o prêmio segurou com a mão.
Ele era um bom homem, de espírito abatido, pecador,
Mas continua a ser bom, e da vida é merecedor.

E sobre o senhor Mente-Fraca não deixe de falar
Que atrás dos outros, não na frente, gostava de andar.
Mostre-lhes, também, como ele quase foi trucidado,
E pelas mãos de Grande Coração foi reanimado.

Faltava-lhe graça, apesar de ter bom coração,
Mas havia piedade verdadeira em sua feição,
Sobre o senhor Claudicante conte sua história,
Aquele homem de muletas, despojado de glória.

A Peregrina

Conte como ele e o senhor Mente-Fraca se gostavam
E explique que em quase tudo ambos concordavam.
Apesar de suas fraquezas, não deixe de falar
Que enquanto um cantava, o outro conseguia dançar.

Do senhor Peleja-pela-Verdade, ainda muito jovem,
Não se esqueça de falar de sua grande coragem:
Diga a todos que seu coração era por demais valente;
Ninguém jamais foi capaz de desafiá-lo frente a frente.

E como Grande Coração e ele não puderam resistir
Ao desejo de o Desespero e o Castelo da Dúvida destruir.
Do senhor Desânimo nunca se esqueça de falar
E com sua filha Cheia-de-Pavor, sempre mentiras a contar.

Sob tais mantos, eles (e outros) deixam transparecer
Que Deus os abandonou e de todos veio a se esquecer.
E assim continuaram a jornada, até descobrirem no final
Que o Senhor dos Peregrinos sempre foi seu amigo leal.

Quando você de todas essas coisas ao mundo falar,
Dê meia-volta, meu Livro, e as cordas comece a tocar.
Se forem bem tocadas, uma bela música produzirão
Fazendo coxos dançarem e gigantes caírem ao chão.

Aqueles enigmas que reclinam em seu peito
Apresente-os e exponha-os; e quanto ao conceito
De seus misteriosos versos, deixe-os ficar
Com aqueles cujas fantasias ágeis os vão ganhar.

Que este Livrinho leve a bênção do Senhor
Àqueles que a ele e a mim dedicam muito amor;
E quem o comprar, que jamais venha a reclamar:
Perdi o dinheiro que não precisava gastar.

Sim, que A Peregrina *produza aquele fruto genuíno,*
O fruto semelhante à bela harmonia de O peregrino;
E que aqueles que se extraviaram convencidos sejam
A voltar, de coração, ao caminho certo que tanto almejam.

Esta é a oração de John Bunyan, o autor.

CAPÍTULO 1

Cristã e Misericórdia

Prezados leitores, algum tempo atrás eu lhes contei um sonho que tive do peregrino Cristão e de sua perigosa viagem rumo à Cidade Celestial. Foi um sonho muito agradável para mim e proveitoso para vocês. Contei-lhes também o que vi a respeito de sua esposa e filhos, e tal foi a falta de vontade da parte deles de acompanhá-lo na peregrinação, que ele se viu forçado a seguir viagem sozinho por não querer correr o risco de enfrentar a ruína que tanto temia se permanecesse com eles na Cidade da Destruição. Por esse motivo, conforme relatei, ele partiu sozinho.

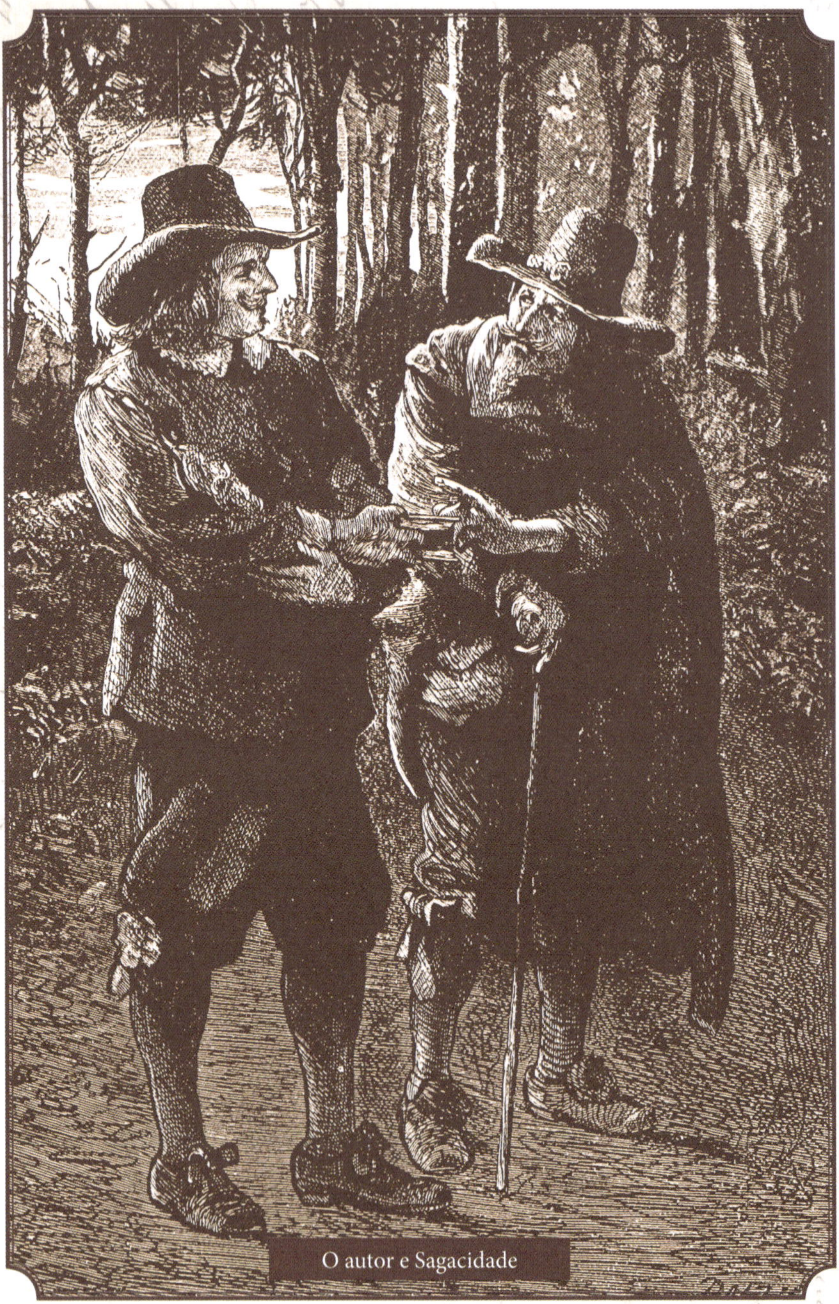

O autor e Sagacidade

Ora, acontece que, em razão das numerosas ocupações que me impediram de dar continuidade às minhas costumeiras viagens àqueles lugares de onde ele partiu, não tive até agora a oportunidade de prosseguir minhas indagações a respeito de quem Cristão deixou para trás, para dar-lhes notícias a respeito deles. Recentemente, porém, comecei a preocupar-me um pouco com o assunto e decidi seguir mais uma vez naquela direção. Depois de instalar-me em uma floresta a aproximadamente 1,5 quilômetro do local, dormi e sonhei novamente.

No sonho, vi um ancião passar pelo lugar onde me deitei e, como ele seguia na mesma direção em que eu viajava, decidi levantar-me para acompanhá-lo. Enquanto caminhávamos juntos, começamos a conversar, como fazem os viajantes. Nossa conversa girou em torno de Cristão e suas viagens. Fui eu quem puxou o assunto com o ancião:

—Senhor — perguntei —, que cidade é aquela lá embaixo, à nossa esquerda?

SAGACIDADE (era esse o seu nome): É a Cidade da Destruição, um lugar populoso, mas seus habitantes são muito preguiçosos e de mau temperamento.

—Penso — eu disse — que é a cidade por onde passei certa vez, portanto, sei que o senhor está falando é a verdade.

SAGACIDADE: Sim, é a pura verdade. Gostaria de poder falar bem de seus habitantes, sem ter de mentir.

—Senhor — repliquei —, percebo que é um homem de boas intenções, alguém que tem prazer em ouvir e contar o que é bom. Por acaso o senhor sabe o que se passou algum tempo atrás com um homem nessa cidade, cujo nome era Cristão, que seguiu em peregrinação rumo a lugares mais altos?

SAGACIDADE: Sei, sim! E também ouvi falar das importunações, problemas, guerras, cativeiros, gritos, gemidos, medos e temores que enfrentou durante a viagem. Além disso, é mister contar-lhe, toda a nossa região conhece sua história. Há poucas pessoas que, depois de terem ouvido falar dele e de seus feitos, não queiram saber dos fatos ocorridos em sua peregrinação. Sim, posso dizer que sua arriscada viagem atraiu muitos simpatizantes com seu caminho. Enquanto esteve aqui, todos o consideravam louco, mas, depois de sua partida, passou a ser muito elogiado. Dizem que ele vive magnificamente onde se encontra agora. Muitos que nunca se aventuraram a correr riscos semelhantes ambicionam possuir o que ele conquistou.

—Devem pensar assim mesmo — eu disse —, desde que pensem na verdade, que ele vive feliz onde está. Porque agora vive junto à Fonte da Vida, e tudo consegue sem fadiga nem tristeza, porque sofrimento lá não existe.

SAGACIDADE: Há muita conversa! Falam dele de modo estranho. Uns dizem que agora anda com uma vestidura branca, com um cordão de ouro em volta do pescoço e traz na cabeça uma coroa de ouro cravejada de pérolas.[1]

Outros dizem que os Seres Resplandecentes, que lhe apareceram algumas vezes durante a viagem, tornaram-se seus companheiros, e que andam sempre juntos, como fazem os nossos vizinhos aqui.[2]

---

1 "Tens, contudo, em Sardes, umas poucas pessoas que não contaminaram as suas vestiduras e andarão de branco junto comigo, pois são dignas" (APOCALIPSE 3:4).

"Então, a cada um deles foi dada uma vestidura branca, e lhes disseram que repousassem ainda por pouco tempo, até que também se completasse o número dos seus conservos e seus irmãos que iam ser mortos como igualmente eles *foram*" (APOCALIPSE 6:11).

2 "Assim diz o SENHOR dos Exércitos: Se andares nos meus caminhos e observares os meus preceitos, também tu julgarás a minha casa e guardarás os meus átrios, e te darei livre acesso entre estes que aqui se encontram" (ZACARIAS 3:7).

Além disso, afirma-se com confiança que o Rei do palácio onde ele vive já lhe concedeu uma habitação muito rica e agradável na corte. Eles comem, bebem, andam e conversam juntos todos os dias, e ele recebe os sorrisos e os favores daquele que é o Juiz de todos.[3]

E mais: segundo alguns, o Príncipe, o Senhor daquele país, em breve visitará estas terras e vai querer saber, se alguém conseguir explicar, os motivos de tanto desprezo, de tanto escárnio da parte de seus vizinhos, quando perceberam que ele decidiu ser um peregrino.[4]

Porque, segundo dizem, agora ele é tão estimado por seu Príncipe, e seu Soberano está tão preocupado com as afrontas que foram lançadas contra Cristão quando se tornou peregrino, que as considera como feitas a si mesmo. E não é de admirar, porque foi o amor de Cristão por seu Príncipe que o levou a aventurar-se daquela forma.[5]

—Atrevo-me a dizer — prossegui — que me alegro com isso. Estou feliz pelo pobre homem, porque agora ele descansa das suas fadigas.[6] Agora ele colhe o benefício da alegria por ter semeado com lágrimas.[7]

---

3 "Ora, ouvindo tais palavras, um dos que estavam com ele à mesa, disse-lhe: *Bem-aventurado* aquele que comer pão no reino de Deus" (LUCAS 14:15).

4 "Quanto a estes foi que também profetizou Enoque, o sétimo depois de Adão, dizendo: Eis que veio o Senhor entre suas santas miríades, para exercer juízo contra todos e para fazer convictos todos os ímpios, acerca de todas as obras ímpias que impiamente praticaram e acerca de todas as *palavras* insolentes que ímpios pecadores proferiram contra ele" (JUDAS 14,15).

5 "Quem vos der ouvidos ouve-me a mim; e quem vos rejeitar a mim me rejeita; quem, porém, me rejeitar rejeita aquele que me enviou" (LUCAS 10:16).

6 "Então, ouvi uma voz do céu, dizendo: Escreve: *Bem-aventurados* os mortos que, desde agora, morrem no Senhor. Sim, diz o Espírito, para que descansem das suas fadigas, pois as suas obras os acompanham" (APOCALIPSE 14:13).

7 "Os que com lágrimas semeiam com júbilo ceifarão. Quem sai andando e chorando, enquanto semeia, voltará com júbilo, *trazendo* os seus feixes" (SALMO 126:5,6).

Escapou da artilharia de seus inimigos e está fora do alcance dos que o odeiam. Alegro-me também por saber que o rumor de todos esses acontecimentos encontrou eco neste lugar. Quem sabe isso possa exercer influência em todos os que foram deixados para trás! Mas, enquanto me lembro, o senhor sabe alguma notícia da esposa e dos filhos dele? Pobres criaturas! Imagino o que pode ter sido feito deles.

SAGACIDADE: Quem? Cristã e seus filhos? Parece que se sentem tão felizes quanto o próprio Cristão. Embora tenham agido tolamente no início, sem deixar-se persuadir pelas lágrimas nem pelas súplicas de Cristão, algumas reflexões posteriores operaram maravilhas neles. Prepararam-se para a viagem e foram ao encalço dele.

—Muito melhor! — eu disse. — Que surpresa! Foram todos? A esposa e os filhos?

SAGACIDADE: Sim. Posso fazer-lhe um relato sobre o assunto, porque estava lá no instante em que partiram e tomei conhecimento de tudo o que se passou.

—Posso então — perguntei —, passar esta história adiante por ser verdadeira?

SAGACIDADE: Não tenha medo de confirmá-la. Todos partiram em viagem, a bondosa senhora e seus quatro filhos. E já que vamos percorrer uma longa caminhada juntos, assim imagino, vou lhe contar a história inteira.

A tal Cristã (como assim passou a ser chamada desde o dia em que ela e seus filhos se dispuseram a viver como peregrinos), depois que seu marido atravessou o rio e ela não mais recebeu notícias dele, assim não podia evitar os pensamentos que sempre lhe vinham à mente: primeiro, por ter perdido o marido e também porque o laço de amor que os unia foi totalmente rompido entre eles. Porque você sabe, assim ele me disse, a natureza nada pode fazer

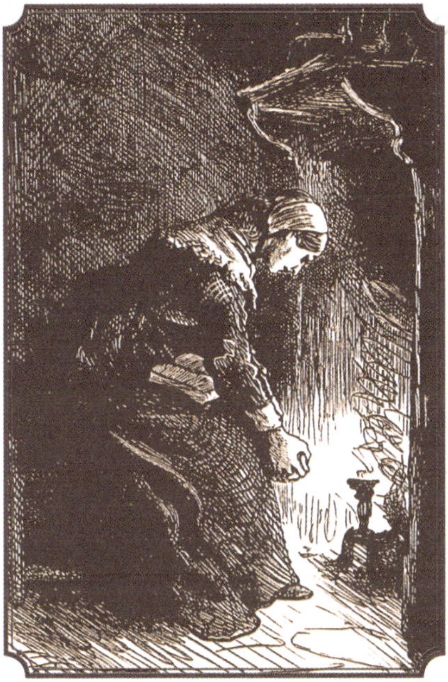

a não ser alimentar a vida com uma penosa lembrança da perda de um relacionamento de amor. E essa perda custou-lhe muitas lágrimas. Mas isso não foi tudo. Cristã também começou a pensar se sua conduta inadequada para com seu marido não fora a causa de não mais o ter visto, e se não fora esse motivo de ele lhe ser tirado. E, como enxames, os pensamentos povoaram-lhe a mente sobre todas as suas atitudes grosseiras, artificiais e ímpias ao seu querido amigo, que também lhe obstruíam a consciência e a carregavam de culpa. Acima de tudo, ela se sentia destruída ao lembrar-se dos gemidos inquietos, das lágrimas salgadas e dos lamentos de seu marido, e de como seu coração endureceu diante de todas as carinhosas tentativas dele de convencê-la (não somente a ela, mas aos filhos também) a acompanhá-lo. Tudo o que Cristão havia dito ou feito diante dela durante todo o tempo em que carregou seu fardo nas costas vinha-lhe agora à mente como um raio e lhe despedaçava o coração. Sobretudo o brado pungente dele: "O que devo fazer para ser salvo?", soava em seus ouvidos dolorosamente.

Então ela disse aos meninos: "Estamos perdidos, filhos. Pequei e seu pai se foi. Suplicou-nos que o acompanhássemos, mas não concordei e também fui um obstáculo na vida de vocês". Ao ouvir essas palavras, os meninos irromperam em lágrimas e suplicaram para ir ao encontro do pai. "Ah! Quem dera tivéssemos a felicidade

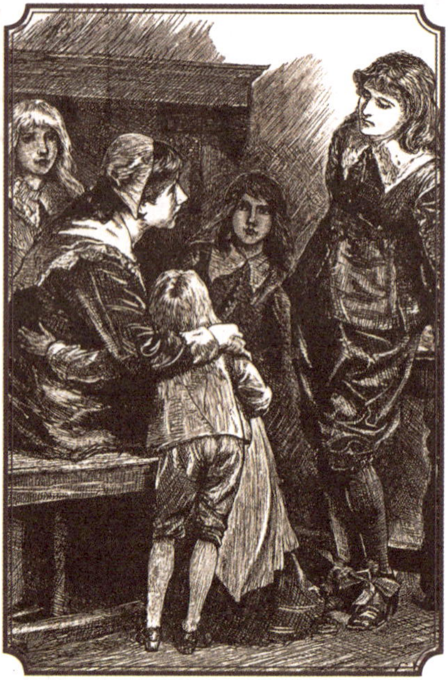

de acompanhá-lo. Tudo estaria bem conosco, muito melhor que agora! Antes, em minha insensatez, imaginava que as preocupações de seu pai procediam de uma tola fantasia ou de uma excessiva melancolia. Agora, e esse pensamento não me sai da cabeça, vejo que o motivo era diferente, eu sei, pois ao pai de vocês foi concedida a Luz das luzes, com a ajuda da qual, segundo entendo, ele escapou dos laços da morte", disse Cristã.[8]

Todos voltaram a chorar e a bradar: "Ó, que infortúnio!".

Na noite seguinte, Cristã teve um sonho no qual viu aberto diante de si um grande rolo de pergaminho onde estavam registradas todas as suas ações; e os tempos, assim ela pensou, lhe pareciam muito sombrios. Então ela clamou alto, ainda dormindo: "Senhor, tem misericórdia desta pecadora!".[9]

---

8 "Porque, se alguém é ouvinte da palavra e não praticante, assemelha-se ao homem que contempla, num espelho, o seu rosto natural; pois a si mesmo se contempla, e se retira, e para logo se esquece de como era a sua aparência. Mas aquele que considera, atentamente, na lei perfeita, lei da liberdade, e nela *persevera*, não sendo ouvinte negligente, mas operoso praticante, esse será bem-aventurado no que realizar" (TIAGO 1:23-25).

9 "O publicano, estando em pé, longe, não ousava nem ainda levantar *os olhos* ao céu, mas batia no peito, dizendo: Ó Deus, sê propício a mim, pecador!" (LUCAS 18:13).

E os filhos ouviram suas palavras.

Depois disso, ela imaginou ter visto ao lado de sua cama dois seres mal-encarados, que diziam: "O que faremos com esta mulher que, dormindo ou acordada, clama por misericórdia? Se ela continuar assim, nós a perderemos como perdemos seu marido. Precisamos, de uma forma ou de outra, afastar seus pensamentos do que vai acontecer no porvir, caso contrário, nada neste mundo poderá impedi-la de ser peregrina".

Tremendo e transpirando muito, ela despertou, mas depois de alguns instantes, voltou a dormir. E então, assim lhe pareceu, viu Cristão, seu marido, em um lugar feliz, entre muitos seres imortais em pé, dedilhando uma harpa diante daquele que estava sentado em um trono, com um arco-íris em torno da cabeça. Depois ela viu o marido curvar-se humildemente com o rosto voltado para o estrado embaixo dos pés do Príncipe e dizer: "Agradeço de todo o coração ao meu Senhor e Rei por me ter trazido a este lugar". Então um grupo dos que estavam por perto começou a falar em alta voz e a tocar harpas, mas ninguém conseguia compreender suas palavras, a não ser Cristão e seus companheiros.

Na manhã seguinte, ela levantou-se e orou a Deus. Enquanto conversava com os filhos, alguém bateu com força na porta. De dentro, ela gritou: "Se vem em nome de Deus, entre". Ele disse: "Amém", abriu a porta e saudou-a: "Paz seja nesta casa!". E complementou: "Cristã, você sabe por que estou aqui?". Trêmula e com o rosto enrubescido, Cristã sentiu o coração começar a derreter-se, ardendo de desejo de saber de onde ele vinha e qual era sua mensagem para ela. Então, ele lhe disse: "Meu nome é Segredo e habito com os que vivem lá no alto. Onde resido, corre a notícia de que você deseja ir para lá. Sabe-se também que você está consciente do mal que praticou a seu marido, ao endurecer seu coração para não o acompanhar e mantendo seus filhos na ignorância. Cristã, o Misericordioso enviou-me para dizer-lhe que é o Deus pronto a perdoar e se alegra em multiplicar perdão às ofensas recebidas. Quer também que você saiba que Ele a convida para entrar em Sua presença e sentar-se à Sua mesa. Ele a alimentará com os manjares de Sua casa, e lhe dará a herança de Jacó, seu pai.

Cristão, que era seu marido, ali habita com milhares de companheiros, sempre contemplando aquele rosto que ministra vida aos que olham para Ele; e todos se alegrarão ao ouvir o som de seus passos atravessando o limiar da casa de seu Pai.

Cristã, extremamente envergonhada, curvou a cabeça em postura de humilhação. O visitante prosseguiu dizendo: "Cristã, esta é uma carta que lhe trago da parte do Rei de seu marido". Cristã pegou a carta e, ao abri-la, o mais delicioso de todos os perfumes desprendeu-se dela.[10]

Escrita em letras de ouro, a carta dizia que o Rei manifestava o desejo de que ela seguisse o exemplo do marido, porque aquele era o caminho para chegar à Sua Cidade e habitar em Sua presença com júbilo eterno. Tomada pela emoção, a bondosa mulher perguntou em voz alta ao visitante: "O senhor nos levaria, a mim e meus filhos, para adorarmos também esse Rei?".

E o visitante respondeu: "Cristã! O amargo vem antes do doce. Para entrar na Cidade Celestial, você enfrentará tantas dificuldades quanto aquele que a precedeu. Aconselho-a, portanto, a fazer o que Cristão, seu marido, fez. Dirija-se ao portão bem distante daqui, além da planície; ali encontra-se o começo do caminho que você deverá seguir, e que o Senhor a acompanhe. Aconselho-a também a guardar a carta no peito. Leia-a para você e para seus filhos até que

---

10 "Suave é o aroma dos teus unguentos, como unguento derramado é o teu nome; por isso, as donzelas te amam" (CÂNTICO DOS CÂNTICOS 1:3).

todos a memorizem, porque ela é um dos cânticos que vocês deverão entoar no caminho da peregrinação.[11]

Também você deverá entregá-la no portão mais adiante.

Vi, em meu sonho, que o ancião, ao contar-me essa história, parecia grandemente comovido, mas continuou a falar:

Cristã chamou seus filhos e dirigiu-se a eles: "Meus filhos, vocês devem ter percebido que ultimamente minha alma está muito aflita a respeito da morte de seu pai, não por duvidar de sua felicidade, pois estou satisfeita por saber que agora ele está bem. Muito me afligem também meus pensamentos a respeito de nossa condição, minha e de vocês, que creio ser infeliz demais por natureza. Meu comportamento com seu pai durante sua angústia pesa grandemente em minha consciência, porque endureci o meu coração e o de vocês também, e não quis acompanhá-lo na peregrinação. Não fosse o sonho que tive noite passada e o encorajamento que aquele estrangeiro me trouxe esta manhã, tais pensamentos teriam me destruído completamente. Agora, meus filhos, vamos nos preparar para a viagem em direção ao portão que conduz à Cidade Celestial, para que possamos encontrar seu pai e estar em paz com ele e seus companheiros, de acordo com as leis daquele lugar". Os filhos irromperam em lágrimas de alegria ao ver a disposição da mãe. O mensageiro despediu-se deles, e todos começaram a preparar-se para a viagem.

Enquanto eles se preparavam para partir, duas vizinhas de Cristã bateram à sua porta. Cristã repetiu as palavras de antes: "Se vêm em nome de Deus, entrem". As mulheres ficaram atônitas, porque não estavam acostumadas a ouvir esse tipo de linguagem nem mesmo

11 "Os teus decretos são motivo dos meus cânticos, na casa da minha peregrinação" (SALMO 119:54).

da boca de Cristã. No entanto, entraram e viram a bondosa mulher preparando-se para partir.

—Vizinha, — disseram —, o que significa isto?

Cristã dirigiu-se à mais velha, cujo nome era Timorata: "Estou-me preparando para uma viagem". (Timorata era filha do homem que se encontrou com Cristão no Desfiladeiro da Dificuldade e quis convencê-lo a retroceder por medo dos leões.)

TIMORATA: Para que a viagem?

CRISTÃ: Para ir ao encontro de meu bondoso marido.

Ao dizer essas palavras, Cristã se pôs a chorar.

TIMORATA: Espero que não faça tal coisa, minha boa vizinha. Pelo bem de seus pobres filhos, imploro, não seja tão desumana a ponto de aventurar-se sozinha.

CRISTÃ: Não, meus filhos irão comigo. Nenhum deles quer ficar.

TIMORATA: Pergunto-me quem terá colocado essa ideia em sua cabeça.

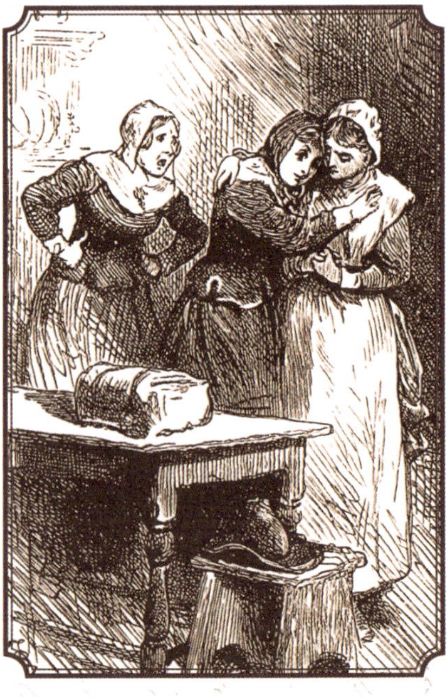

CRISTÃ: Ah, vizinha, se você soubesse o que sei, duvido que não me acompanharia.

TIMORATA: Por favor, que novidade é essa que você ficou sabendo a ponto de afastar-se assim de suas amigas e ser tentada a ir a um lugar totalmente desconhecido?

CRISTÃ: Ando muito aflita desde que meu marido foi embora, principalmente desde que atravessou o rio. Porém, mais aflita ainda me sinto por causa do modo rude como o tratei quando ele estava tão atormentado. Além disso, sinto agora o mesmo que ele sentia e nada me impedirá de partir em peregrinação. Eu o vi em sonho esta noite. Como gostaria de estar com ele! Meu marido habita agora na presença do Rei do país. Senta-se e come com Ele à Sua mesa. Convive com seres imortais, e os mais luxuosos palácios deste mundo, como me parece, não passam de chiqueiros se comparados à habitação que foi concedida a Cristão.[12]

O Príncipe do palácio também me chamou com a promessa de ser bem recebida, se for até Ele. Seu mensageiro esteve aqui, agora mesmo, e trouxe-me uma carta convite.

Depois dessa explicação, ela pegou a carta, leu-a e perguntou às vizinhas: "O que vocês têm a me dizer?".

TIMORATA: Ah, seu marido foi acometido de loucura e você também, para correr atrás de tantos problemas! Você sabe, tenho certeza, o que ele enfrentou a partir do primeiro passo que deu, e nosso vizinho Obstinado pode comprovar isso, porque o acompanhou junto com Flexível, até que ambos, por serem sábios, tiveram medo de prosseguir viagem. Além disso, também soubemos que seu marido encontrou leões, Apolião, a Sombra da Morte e muitas outras coisas. Não se esqueça também do perigo que ele enfrentou na Feira das Vaidades. Se ele, sendo homem, teve tantas dificuldades, o que você, pobre mulher, poderá fazer? Pense também que estas

---

12 "Sabemos que, se a nossa casa terrestre *deste* tabernáculo se desfizer, temos da parte de Deus um edifício, casa não feita por mãos, eterna, nos céus. E, por isso, neste tabernáculo, gememos, aspirando por sermos revestidos da nossa habitação celestial; se, todavia, formos encontrados vestidos e não nus. Pois, na verdade, os que estamos *neste* tabernáculo gememos angustiados, não por querermos ser despidos, mas revestidos, para que o mortal seja absorvido pela vida" (2 CORÍNTIOS 5:1-4).

quatro meigas criaturas são seus filhos, carne da sua carne, sangue do seu sangue. Mesmo que você seja tão imprudente ao lançar-se nessa aventura, ao menos por amor do fruto de seu corpo, não saia de casa.

CRISTÃ: Não me tente, minha vizinha. Agora que tenho uma riqueza colocada em minha mão, seria a maior tola do mundo se não tivesse coragem de agarrar essa oportunidade. Todas as dificuldades que, de acordo com você, vou encontrar no caminho estão longe de desencorajar-me, porque me mostram que tenho razão. O amargo vem antes do doce, e isso também torna o doce mais doce ainda. E se você não veio à minha casa em nome de Deus, conforme eu disse, peço que se retire e não me perturbe mais.

TIMORATA (dirigindo-se à companheira depois de proferir calúnias contra Cristã): Vamos embora, vizinha Misericórdia, ela que faça o que quiser, uma vez que despreza nosso conselho e companhia.

Misericórdia, porém, permaneceu firme e não concordou prontamente com sua vizinha Timorata por dois motivos. Primeiro, porque no íntimo ela se enternecia por Cristã, portanto disse consigo mesma: "Se minha vizinha necessita mesmo partir, eu a acompanharei durante um tempo e a ajudarei". Segundo, enternecia-se pela própria alma (porque as palavras de Cristã ficaram gravadas em sua mente). Assim, voltou a dizer consigo mesma: "Vou conversar um pouco mais com Cristã e, se encontrar verdade e vida no que ela vai dizer, eu a acompanharei de todo o coração".

MISERICÓRDIA (dirigindo-se a Timorata): Vizinha, é verdade que vim com você visitar Cristã esta manhã. E como de fato ela está, conforme você vê, despedindo-se de seu país, penso que poderia acompanhá-la durante um tempo para ajudá-la nesta manhã ensolarada.

Mas ela não mencionou o segundo motivo; preferiu retê-lo para si.

TIMORATA: Bom, vejo que a loucura também tomou conta de sua mente, mas preste atenção e seja sensata: enquanto estamos fora de perigo, estamos bem; mas quando entramos no perigo, não há saída.

E assim, Timorata voltou para casa e Cristã se dispôs a seguir viagem. Quando, porém, Timorata chegou à sua casa, mandou chamar suas vizinhas Indiferença, Irrefletida, Avoada e Nada-Sabe. Depois de reunir as vizinhas, passou a contar a história de Cristã e de sua planejada viagem.

TIMORATA: Vizinhas, por ter pouco que fazer nesta manhã, fui visitar Cristã. Quando lá cheguei, bati à porta, como é nosso costume. De dentro, ela disse: "Se vem em nome de Deus, entre". Entrei imaginando que tudo estivesse bem, mas a vi preparando-se para partir da cidade com os filhos. Perguntei o que aquilo significava. Ela contou-me, resumidamente, que havia decidido seguir em peregrinação, como fez seu marido. Falou também de um sonho que teve, e de como o Rei do país onde seu marido agora habita enviou-lhe uma carta convidando-a para ir até lá.

NADA-SABE: O quê? Você acha que ela irá?

TIMORATA: Sim, irá de qualquer jeito. E penso assim porque o meu brilhante argumento para convencê-la a ficar em casa, isto é, as dificuldades que provavelmente encontrará no caminho, é um brilhante argumento para ela dar prosseguimento à viagem. E me contou palavra por palavra que o amargo vem antes do doce. Sim, e por mais amargo que seja, torna o doce mais doce ainda.

INDIFERENÇA: Ah, essa mulher tola e cega não aprendeu nada com as aflições do marido? Da minha parte, entendo que se ele estivesse aqui de novo, se contentaria em salvar a pele, sem se arriscar tanto por nada.

IRREFLETIDA (interpelando): Que essas criaturas malucas fiquem longe desta cidade! De minha parte, digo: Bons ventos os levem! Se ela ficasse onde mora e continuasse com as mesmas ideias, quem poderia viver em paz ao seu lado? Ficaria melancólica e afastada dos vizinhos ou falaria de assuntos que ninguém, com um pingo de juízo, poderia suportar. Portanto, de minha parte, não lamento sua partida. Que ela vá embora e que alguém melhor ocupe sua casa. O mundo se perdeu desde que essa gente tola e esquisita passou a viver nele.

AVOADA (acrescentando): Vamos deixar essa conversa de lado. Estive ontem na casa de Madame Sensualidade, onde nos divertimos muito. Imaginem quem estava lá: eu, a Sra. Amor-à-Carne com três ou quatro companheiras além do Sr. Libidinoso, Sra. Imoralidade

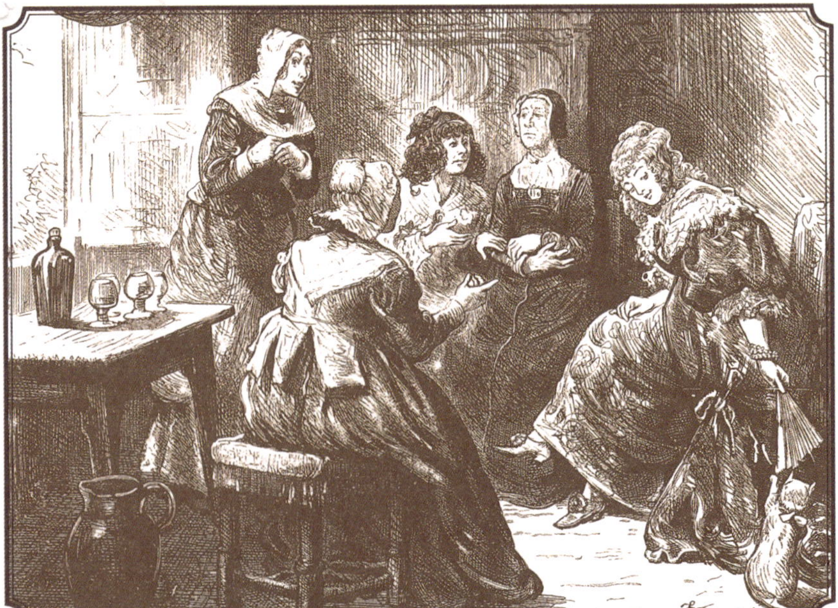

e outros. Havia música e dança e muitas outras coisas que nos propiciam muito prazer. Atrevo-me a dizer que a dona da casa é uma mulher admiravelmente bem-educada, e o Sr. Libidinoso é um fino cavalheiro.

Cruel y tormento muy seguro, y que conmovió

el Sr. de [illegible] y le alejara su duda

[illegible] sus agentes requirieron la [illegible]

[illegible] de todos los recursos de aquella cor

[illegible] de Sn. Pedro,

[illegible] tuvo. También

golpe sobre

CAPÍTULO 2
O portão

A essa altura, Cristã já seguia seu caminho, acompanhada dos filhos e de Misericórdia. Enquanto prosseguiam, iniciaram este diálogo:

CRISTÃ: Misericórdia, considero inesperado esse favor que você me presta de acompanhar-me um pouco desde que saí de casa.

Replicou a jovem MISERICÓRDIA: Se eu tivesse certeza de que vale a pena partir com a senhora, não voltaria jamais à nossa cidade.

CRISTÃ: Misericórdia, una o seu destino ao meu. Sei muito bem qual será o fim de nossa peregrinação. Meu marido está em um lugar que não trocaria por todas as minas de ouro da Espanha. Você não será rejeitada, embora chegue lá como minha convidada. O Rei que enviou o convite a mim e aos meus filhos alegra-se em ser misericordioso. Além disso, se você quiser, poderei contratá-la e você me acompanhará na qualidade de minha serva. Faremos tudo em conjunto, você e eu. Só peço que me acompanhe.

MISERICÓRDIA: Como poderei ter certeza de que também serei bem recebida? Tivesse eu essa esperança, se alguém mais me pudesse confirmar, eu não ficaria em dúvida. Mas iria, com o auxílio dAquele que pode ajudar, embora saiba que o caminho nunca foi fácil.

CRISTÃ: Querida Misericórdia, vou dizer o que você deve fazer. Acompanhe-me até o portão e lá me informarei a seu respeito. Se lá você não descobrir o encorajamento, entenderei seu desejo de voltar para casa. Também a recompensarei por sua bondade demonstrada para comigo e meus filhos por ter-nos acompanhado até aqui.

MISERICÓRDIA: Então irei e aceitarei o que me for proposto. Que o Senhor me conceda esse direito e que o Rei do Céu tenha piedade de mim!

Cristã ficou muito feliz, não apenas por ter companhia, mas também por ter convencido aquela donzela a cair de amores pela própria salvação. E assim prosseguiram juntas. Misericórdia pôs-se a chorar.

CRISTÃ: Por que está chorando tanto, minha irmã?

MISERICÓRDIA: Ah! Quem não lamenta ao pensar no estado e condição de meus pobres parentes que ainda permanecem em nossa cidade pecaminosa? E o meu sofrimento é maior ainda porque não há ninguém que os instrua, ninguém que lhes conte o que há de acontecer.

CRISTÃ: Os compassivos tornam-se peregrinos. E você faça por seus amigos o mesmo que o meu bom Cristão fez por mim antes de partir: chorou porque não dei atenção nem a ele nem às suas palavras. Mas o Senhor, tanto dele quanto nosso, recolheu suas lágrimas em Seu odre; e agora eu, você e estes meus amados filhos estamos colhendo o fruto e o benefício delas. Espero, Misericórdia, que essas suas lágrimas não sejam em vão, porque a verdade foi dita:

"Os que com lágrimas semeiam com júbilo ceifarão. Quem sai andando e chorando, enquanto semeia, voltará com júbilo, *trazendo* os seus feixes".[1]

MISERICÓRDIA disse, então:

Que o Senhor guie meus passos,
Se assim Ele o desejar.
E com amor e em Seus braços
Me acolha em Seu santo lugar.

E que Ele jamais permita
Que eu mude a direção
De Seu caminho santo e de graça bendita,
Qualquer que seja a minha porção.

E que Ele reúna os que são meus,
Aqueles que deixei para trás.
Senhor, que eles se tornem Teus,
Com o coração e a mente em paz.

1 Salmo 126:5,6

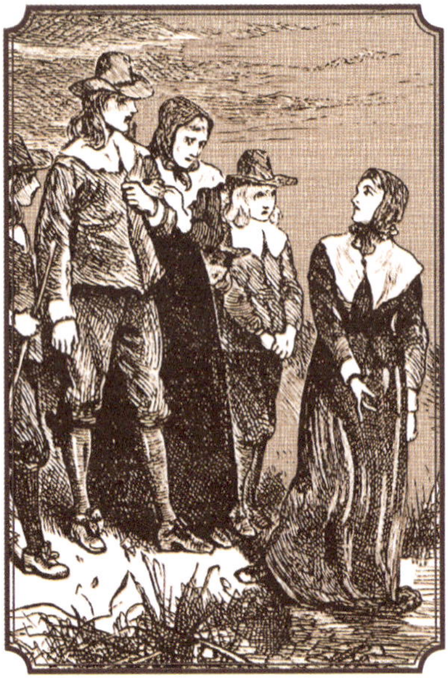

Meu amigo prosseguiu o relato. “Quando Cristã chegou ao Pântano do Desânimo, começou a hesitar: ‘Porque’, ela disse, ‘este é o lugar no qual meu querido marido quase foi afogado no lodo’. Ela percebeu também que o caminho estava pior que antes, apesar da ordem do Rei para que fosse agradável aos peregrinos.”

Perguntei, então, se era verdade.

SAGACIDADE: Sim, verdade absoluta. Há muitos que, fingindo ser servos do Rei, dizem que estão aperfeiçoando o caminho, mas fazem estardalhaço e trazem lixo em vez de pedras, estragando o lugar em vez de repará-lo. Neste ponto, Cristã e seus filhos hesitaram. Misericórdia, porém, disse: “Vamos em frente, só que com cautela”. Em seguida, olharam firme para o caminho e, titubeantes, conseguiram ir em frente. No entanto, várias vezes Cristã quase afundou no pântano. Quando estavam prestes a vencer a travessia, imaginaram ter ouvido estas palavras dirigidas a cada uma delas:

“Bem-aventurada *a* que creu, porque serão cumpridas as palavras que lhe foram ditas da parte do Senhor”.[2]

E as duas retomaram a caminhada.

MISERICÓRDIA: Se eu tivesse uma esperança tão grande quanto você de ser acolhida com carinho ao chegar ao portão, penso que nenhum Pântano do Desânimo me desencorajaria.

2 Lucas 1:45

CRISTÃ: Você conhece os seus pontos fracos, e eu, os meus. Minha bondosa amiga, vamos encontrar muitos infortúnios antes de chegar ao fim de nossa viagem. Você pode imaginar que pessoas como nós, que tentam alcançar tão excelsas glórias e são tão invejadas pela felicidade que sentem, serão atormentadas por medos e terrores, problemas e aflições que possivelmente investirão contra nós por aqueles que nos odeiam?

Nesse ponto, Sagacidade deixou-me a sonhar sozinho. Imaginei ter visto Cristã, Misericórdia e os meninos seguindo em direção ao portão. Assim que se aproximaram, entabularam uma pequena discussão sobre como deveriam bater ao portão e o que diriam ao porteiro. Concluíram que Cristã, por ser a mais velha, deveria bater e falar com o porteiro, para que abrisse o portão ao restante do grupo. Cristã começou a bater; e, como ocorreu com seu pobre marido, bateu várias vezes. Mas, em vez de uma resposta, todos ouviram latidos de um cão na direção deles. Era um cão grande, muito grande, que amedrontou as mulheres e as crianças. Ninguém se atreveu a bater de novo, com medo de que o cão os atacasse. Muito perturbados intimamente, não sabiam o que fazer. Não se atreviam a bater por medo do cão; não se atreviam a retroceder por medo de que o porteiro os visse ir embora e se ofendesse com eles. Finalmente decidiram bater novamente e, desta vez, bateram com muito mais força do que antes. O porteiro perguntou: "Quem é?". O cão parou de latir e o porteiro abriu-lhes o portão.

CRISTÃ (respeitosamente): Peço que nosso senhor não se ofenda com suas servas por termos batido ao seu suntuoso portão.

PORTEIRO: De onde vocês vêm e o que possuem?

CRISTÃ: Viemos do mesmo lugar de onde veio Cristão e com a mesma finalidade, isto é, se nos for concedida graça de atravessarmos este portão que conduz à Cidade Celestial. Devo dizer ao

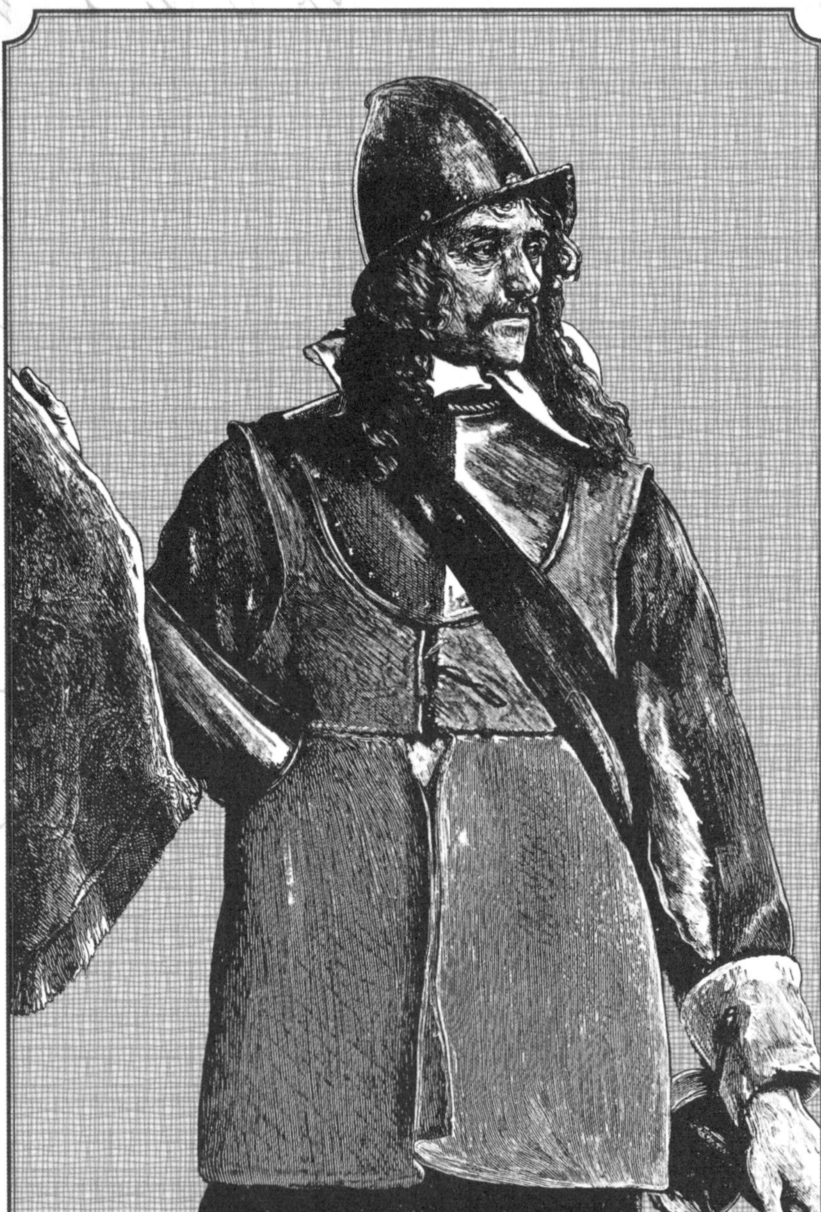

Arauto do Rei

meu senhor que meu nome é Cristã e fui casada com Cristão, que já chegou ao lugar alto.

PORTEIRO (maravilhado ao ouvir as palavras de Cristã): Então aquela que abominava esta vida transformou-se em peregrina?

CRISTÃ (curvando a cabeça): Sim, e meus meigos meninos também.

O porteiro tomou-a pela mão, para que ela entrasse e disse: "Deixai vir a mim os pequeninos"[3] e fechou o portão. Em seguida, chamou um arauto que se encontrava acima do portão para que comemorasse a chegada de Cristã com gritos de júbilo e som de trombetas.[4]

O arauto obedeceu às ordens e notas melodiosas ressoaram no ar.

No entanto, a pobre Misericórdia continuou do lado de fora, tremendo e chorando com medo de ser rejeitada. Porém, logo que recebeu autorização para entrar com os filhos, Cristã começou a interceder pela amiga.

CRISTÃ: Meu senhor, há uma companheira minha lá fora que veio até aqui com o mesmo propósito que eu. Está muito abatida porque veio, assim lhe parece, sem ter sido convidada, ao passo que eu fui chamada pelo Rei de meu marido.

Misericórdia começou a impacientar-se, porque cada minuto lhe parecia uma hora. Impedindo que Cristã continuasse a interceder por ela, passou a bater ao portão com tanta força a ponto de sobressaltar a amiga.

PORTEIRO: Quem está aí?

CRISTÃ: É a minha amiga.

---

3 Lucas 18:16

4 "Digo-vos que, assim, haverá maior júbilo no céu por um pecador que se arrepende do que por noventa e nove justos que não necessitam de arrependimento" (LUCAS 15:7).

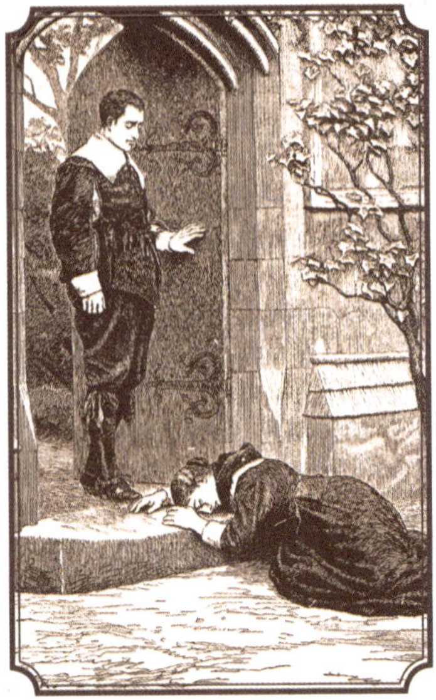

Ele abriu o portão e espreitou. Misericórdia havia desmaiado, temendo que o portão não fosse aberto para ela.

PORTEIRO (tomando Misericórdia pela mão): "Menina, eu te mando, levanta-te".[5]

MISERICÓRDIA: Ah, senhor, minha vida está-se esvaindo.

PORTEIRO: Houve um que disse:

"Quando, dentro de mim, desfalecia a minha alma, eu me lembrei do SENHOR; e subiu a ti a minha oração, no teu santo templo".[6]

Não tenha medo, ponha-se em pé e diga-me o motivo de sua vinda.

MISERICÓRDIA: Venho em busca daquilo para o qual não fui convidada, como ocorreu com minha amiga Cristã. Ela recebeu o convite do Rei, e eu recebi o convite dela, por isso estou com medo.

PORTEIRO: Ela quis que você a acompanhasse até aqui?

MISERICÓRDIA: Sim, e conforme, meu senhor, pode ver, eu vim. E se me forem concedidos graça e perdão dos meus pecados, suplico que esta sua humilde serva seja também merecedora.

Tomando-a de novo pela mão, o porteiro conduziu-a carinhosamente para dentro do portão e disse: ""Não rogo somente por estes, mas também por aqueles que vierem a crer em mim"".[7] E prosseguiu

5 Marcos 5:41

6 Jonas 2:7

7 João 17:20

dizendo aos que estavam por perto: “Tragam-me uma planta aromática para Misericórdia cheirar e recobrar as forças”. Trouxeram-lhe, então, um feixe de mirra, e logo depois ela voltou a si.

Cristã, os meninos e Misericórdia foram recebidas pelo Senhor na dianteira do caminho e Ele lhes dirigiu palavras bondosas.

E todos dirigiram-se a Ele com estas palavras: “Lamentamos muito pelos nossos pecados e suplicamos que o Senhor nos conceda perdão e nos diga o que devemos fazer”.

“Concedo-lhes perdão”, Ele disse, “por palavra e por obra: por palavra, na promessa do perdão; por obra, na maneira como o obtive. Recebam a primeira com um beijo de meus lábios; e a outra lhes será revelada”.[8]

Vi, então, no sonho, que Ele lhes dirigiu palavras muito bondosas, que as encheram de alegria. Depois levou-as a um lugar alto, acima do portão, e mostrou-lhes as obras pelas quais elas haviam sido salvas. E, para consolá-las, disse que veriam de novo aquela cena ao longo do caminho.

A seguir, deixou-as por um pouco de tempo em uma sala de verão logo abaixo, onde elas começaram a conversar entre si.

CRISTÃ: Ó Senhor, quanto me alegro por termos entrado aqui!

MISERICÓRDIA: Você se alegra, mas eu tenho todos os motivos para saltar de alegria.

CRISTÃ: Cheguei a pensar por um momento, enquanto estava diante do portão (porque bati, mas ninguém atendeu), que todo o nosso trabalho havia sido inútil, principalmente quando aquele cão horrível latiu tanto para nós.

---

8 “Beija-me com os beijos de tua boca; porque melhor *é* o teu amor do que o vinho” (CÂNTICO DOS CÂNTICOS 1:2).

“E, dizendo isto, lhes mostrou *as mãos e o lado*. Alegraram-se, portanto, os discípulos ao verem o Senhor” (JOÃO 20:20).

MISERICÓRDIA: Senti mais medo depois de ver que vocês foram aceitos e receberam Seu favor, e eu fui deixada do lado de fora. Agora, penso, cumpriu-se o que está escrito:

> *Duas [mulheres] estarão trabalhando num moinho, uma será tomada, e deixada a outra.*[9]

Tive de esforçar-me muito para não gritar: Que desgraça, que desgraça! Estava com medo de continuar a bater, mas quando ergui os olhos e vi o que estava escrito acima do portão, senti coragem. E pensei que deveria bater de novo, senão morreria. E, assim, bati, mas não sei como, porque meu espírito lutava entre a vida e a morte.

CRISTÃ: Você não sabe como bateu? Tenho certeza de que suas batidas foram tão intensas, que o som delas me assustou. Penso que nunca ouvi batidas tão fortes em minha vida. Imaginei que você tivesse usado de violência ou entrado no Reino à força.[10]

MISERICÓRDIA: Ai de mim! E no meu caso, quem teria agido de outra forma? Você viu que o portão foi fechado para mim e que havia ali um cão cruel demais. Quem, pergunto, tão apavorado quanto eu estava, não teria batido com todas as suas forças? Por favor, o que o meu Senhor disse a respeito de minha grosseria? Zangou-se comigo?

CRISTÃ: Quando ouviu suas batidas fortes, deu um sorriso maravilhosamente cândido. Creio que se agradou do que você fez, pois não mostrou nenhum sinal de contrariedade. Mas muito me admira que tenha um cão como aquele. Se eu soubesse, receio que não teria coragem suficiente de aventurar-me daquela forma. Mas agora estamos aqui dentro, e o meu coração se enche de alegria.

---

9 Mateus 24:41

10 "Desde os dias de João Batista até agora, o reino dos céus é tomado por esforço, e os que se esforçam se apoderam dele" (MATEUS 11:12).

MISERICÓRDIA: Se você concordar, na próxima vez que Ele vier aqui, perguntarei para que serve um cão tão asqueroso. Espero que não me leve a mal.

CRIANÇAS: Sim, e convença-o a dar um fim nele, pois temos medo de que ele nos morda quando partirmos daqui.

E, finalmente, quando Ele voltou, Misericórdia prostrou-se diante dele com o rosto em terra e, adorando-o, disse: "Que o meu Senhor aceite o sacrifício de louvor que te ofereço com os sacrifícios dos meus lábios".[11]

"Paz seja com você. Levante-se", Ele disse.

No entanto, continuando em atitude de prostração, ela disse:

> *Justo és, ó Senhor, quando entro contigo num pleito; contudo, falarei contigo dos teus juízos. Por que prospera o caminho dos perversos, e vivem em paz todos os que procedem perfidamente? Plantaste-os, e eles deitaram raízes; crescem, dão fruto; têm-te nos lábios, mas longe do coração.*[12]

"Por que manténs um cão tão feroz em Tua propriedade, diante do qual estas mulheres e crianças tanto se atemorizam a ponto de querer fugir de medo?".

Assim Ele respondeu: "O cão não é meu, e vive na propriedade de outra pessoa perto daqui. Só os meus peregrinos ouvem seus latidos. O cão pertence ao castelo que você vê mais adiante, mas pode aproximar-se dos muros deste palácio. E assusta muitos peregrinos sinceros e de todos os tipos com seus fortes latidos. Na verdade, o proprietário do cão não tem a intenção de mantê-lo aqui para

11 Oseias 14:2

12 Jeremias 12:1,2

servir a mim ou aos que me pertencem, mas para impedir que os peregrinos cheguem até mim, visto que ficam com medo de bater ao portão para entrar. Às vezes ele aparece inesperadamente e assusta os que amo, mas aturo tudo isso com paciência. Também dispenso ajuda oportuna aos meus peregrinos, para que não sejam dominados pela força do cão e para que ele não use seus instintos naturais de agressividade. Mas vocês, a quem comprei, se soubessem disso de antemão, não teriam tido medo de um cão. Os mendigos que batem de porta em porta preferem correr o risco de ser mordidos por um cão a perder suas supostas esmolas. E será que um cão, um cão na propriedade de outra pessoa, um cão cujos latidos eu aproveito em benefício dos peregrinos, teria condições de impedir que alguém viesse até mim? Eu livro-os dos leões, e os seus queridos, das presas do cão.[13]

MISERICÓRDIA: Confesso minha ignorância. Falei do que não entendia.[14] Reconheço que fazes bem todas as coisas.

Cristã começou, então, a falar de sua viagem e fez perguntas a respeito do caminho. O Senhor os alimentou e lavou os pés de todos;[15] e indicou-lhes o caminho certo como havia feito a Cristão.

Vi no sonho que, enquanto eles seguiam seu caminho, o clima muito lhes favorecia.

---

13 Salmo 22:20

14 "Quem é aquele, como disseste, que sem conhecimento encobre o conselho? Na verdade, falei do que não entendia; coisas maravilhosas demais para mim, coisas que eu não conhecia" (JÓ 42:3).

15 "...levantou-se da ceia, tirou a vestimenta de cima e, tomando uma toalha, cingiu-se com ela. Depois, deitou água na bacia e passou a lavar os pés aos discípulos e a enxugar-lhos com a toalha com que estava cingido. Aproximou-se, pois, de Simão Pedro, e este lhe disse: Senhor, tu me lavas os pés a mim? Respondeu-lhe Jesus: O que eu faço não o sabes agora;

Cristã começou a cantar:

Bendito seja o dia, sempre vou dizer,
Que peregrina eu decidi ser;
E bendito seja o meu bom marido
Pois com sua ajuda meu dever foi cumprido.

Muito tempo atrás comecei a pensar
Que a vida eterna gostaria de alcançar,
Mas agora meu passo é rápido e acelerado.
Antes tarde do que nunca — sigo esse ditado.

Todas as nossas lágrimas e cada temor
Transformaram-se em alegria e fervor.
E o nosso começo (como disseram a mim)
Mostrará, então, como será o nosso fim.

Do outro lado do muro que protegia o caminho no qual Cristã e seu grupo deveriam seguir, havia um jardim; e aquele jardim pertencia ao dono do cão já mencionado, que os ameaçou com seus latidos. Os ramos de algumas árvores frutíferas que cresciam naquele jardim pendiam sobre o muro. E por serem agradáveis ao paladar, as frutas eram colhidas por quem as via e faziam mal aos que as comiam. Os filhos de Cristã, como fazem todas as crianças, atraídos pelas árvores e pelas frutas que produziam, colheram-nas

---

compreendê-lo-ás depois. Disse-lhe Pedro: Nunca me lavarás os pés. Respondeu-lhe Jesus: Se eu não te lavar, não tens parte comigo. Então, Pedro lhe pediu: Senhor, não somente os pés, mas também as mãos e a cabeça. Declarou-lhe Jesus: Quem já se banhou não necessita de lavar senão os pés; quanto ao mais, está todo limpo…" (JOÃO 10:4-10).

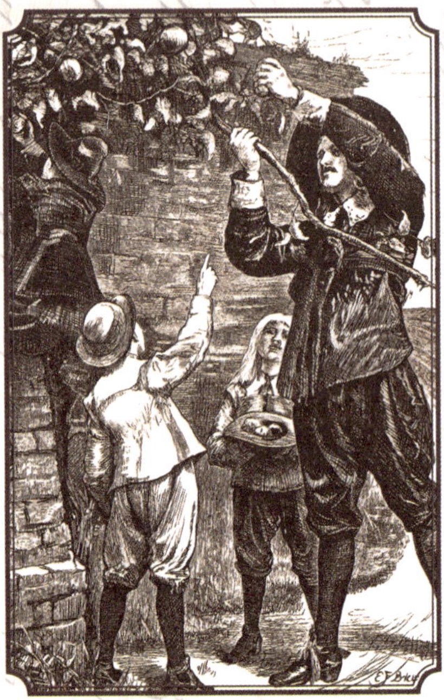

e começaram a comê-las. A mãe os repreendeu, mas as crianças não lhe deram ouvidos.

CRISTÃ: Meus filhos, vocês cometeram um pecado, porque essas frutas não nos pertencem.

Ela, porém, desconhecia que pertenciam ao inimigo. Garanto-lhes que, se soubesse, teria morrido de medo. Mas tudo passou e os peregrinos prosseguiram a viagem. Um pouco mais adiante do portão por onde saíram, avistaram dois seres mal-encarados vindo na direção deles. Cristã e Misericórdia, sua amiga, cobriram-se com seus véus e continuaram a caminhar. As crianças seguiram um pouco à frente, mas logo todos estavam juntos. Os dois aproximaram-se das mulheres como se quisessem abraçá-las, mas Cristã disse: "Afastem-se ou passem por nós em paz, como é o seu dever". Os dois, porém, fazendo-se de surdos, não deram ouvidos às palavras de Cristã e começaram a colocar as mãos sobre elas. Cristã, fortalecida por grande ira, agrediu-os com pontapés. Misericórdia também fez o possível para afugentá-los. Cristã tornou a dizer-lhes:

CRISTÃ: Afastem-se e vão embora. Não temos dinheiro. Somos peregrinas, como veem, e dependemos da caridade de amigos para viver.

SERES RESPULSIVOS: Não somos assaltantes nem queremos dinheiro. Viemos dizer-lhes que, se atenderem a um pequeno pedido nosso, faremos de vocês grandes mulheres para sempre.

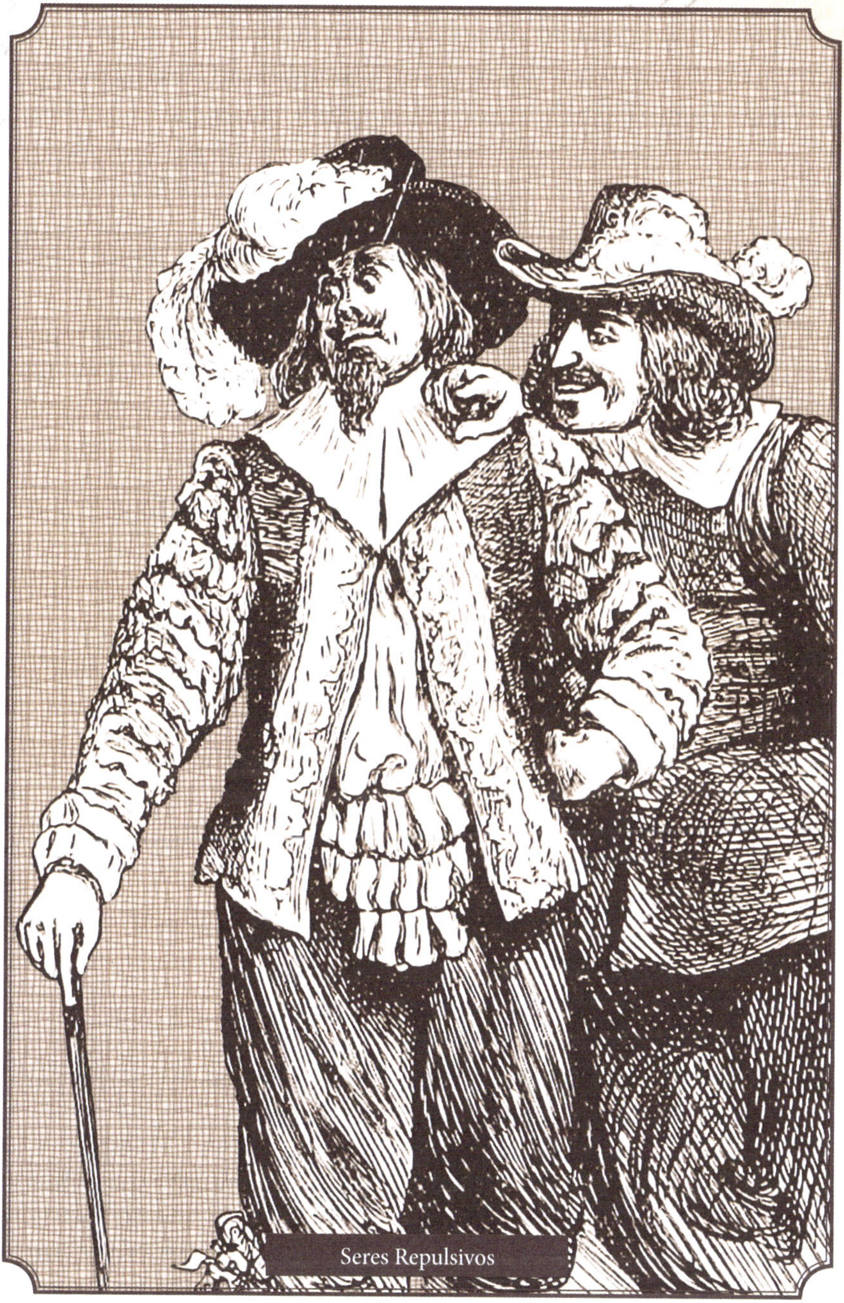

Seres Repulsivos

CRISTÃ (imaginando o que diriam): Não queremos ouvir, não queremos dar atenção nem atender ao seu pedido. Temos pressa e não podemos parar. Nosso assunto é de vida ou morte.

De novo, ela e o grupo tentaram passar por eles, mas foram impedidos.

SERES REPULSIVOS: Não temos intenção de prejudicar a vida de vocês; desejamos outra coisa.

CRISTÃ: Ah! Eu sei. Vocês querem apoderar-se de nosso corpo e de nossa alma. É para isso que vieram, mas preferimos morrer aqui a cair nas ciladas que prejudicarão nossa vida daqui em diante.

E as duas mulheres gritaram juntas com toda força: "Assassinos! Assassinos!", e, dessa forma, colocaram-se sob o amparo das leis estabelecidas para proteção das mulheres.[16]

Os homens, contudo, continuaram a assediar as mulheres, com o propósito de dominá-las; elas gritaram novamente.

Pelo fato de estarem, conforme eu disse, não muito distantes do portão por onde saíram, seus gritos foram ouvidos. Alguns saíram da casa e, ao ver que os gritos eram de Cristã, apressaram-se para socorrê-la. Quando localizaram as mulheres, viram que estavam muito transtornadas, e as crianças choravam. Aquele que veio para ajudar o grupo dirigiu-se aos malfeitores: "O que vocês estão fazendo? Querem obrigar estas mulheres a pecar?". Ao tentar prendê-los, eles fugiram por cima do muro do jardim do homem a quem o cão pertencia, e o cão passou a protegê-los. Auxílio, esse era o nome do homem que veio para socorrê-las, aproximou-se das

---

16 "Se houver moça virgem, desposada, e um homem a achar na cidade e se deitar com ela [...] à moça não farás nada; ela não tem culpa da morte, porque, como o homem que se levanta contra o seu próximo e lhe tira a vida, assim também é este caso. Pois a achou no campo; a moça desposada gritou, e não houve quem a livrasse" (DEUTERONÔMIO 22:23-27).

mulheres e perguntou como estavam. Elas responderam: "Estamos bem, graças ao seu Príncipe, só que passamos por um grande susto; agradecemos a você também por ter vindo nos ajudar, senão teríamos sucumbido".

AUXÍLIO (depois de ter dito algumas rápidas palavras): Muito me admirei quando vocês atravessaram o portão e não pediram um guia ao Senhor, pois vi que não passavam de duas mulheres frágeis. Assim, teriam evitado esses problemas e perigos, pois certamente Ele lhes teria concedido um guia.

CRISTÃ: Infelizmente ficamos tão encantadas com nossas bênçãos, que nos esquecemos dos perigos que enfrentaríamos. Além disso, quem poderia imaginar que encontraríamos seres tão repugnantes tão perto do palácio do Rei? Na verdade, deveríamos ter pedido um guia ao nosso Senhor. Porém, não sei por que o Senhor, sabendo que precisávamos de ajuda, não nos enviou alguém para nos acompanhar.

AUXÍLIO: Nem sempre é necessário conceder aquilo que não foi pedido, para que, ao ser recebido, não seja muito valorizado. Mas quando se deseja uma coisa, e a recebe, os olhos de quem a recebeu sentem e estimam seu valor, e tal coisa será usada. Se o meu Senhor lhes tivesse concedido um guia, vocês não teriam lamentado seu descuido em não o pedir, como agora lamentam. Portanto, todas as coisas cooperam para o bem[17] e tendem a tornar vocês mais cautelosas.

CRISTÃ: Devemos voltar para confessar ao meu Senhor a nossa tolice e pedir-lhe um guia?

AUXÍLIO: Apresentarei a Ele a confissão de sua tolice. Vocês não precisam voltar, porque nada lhes faltará. Nos aposentos que meu Senhor preparou para receber Seus peregrinos, há o suficiente para

17 "Sabemos que todas as coisas cooperam para o bem daqueles que amam a Deus, daqueles que são chamados segundo o seu propósito" (ROMANOS 8:28).

fornecer-lhes proteção contra tudo. Mas, como lhe disse, Ele deseja ser solicitado a entrar em ação.[18]

E tal coisa é tão insignificante que não vale a pena ser pedida.

Ditas essas palavras, ele voltou ao palácio, e os peregrinos continuaram a viagem.

MISERICÓRDIA: Que desilusão! Pensei que estivéssemos fora de perigo e que não mais sentiríamos tristeza.

CRISTÃ: Sua inocência, minha irmã, a isenta de culpa, mas quanto a mim, meu erro foi muito maior, porque vi o perigo antes de sair de casa e, mesmo assim, não me preveni, apesar de dispor de todos os meios necessários. Portanto, eu é que sou a grande culpada.

MISERICÓRDIA: Como você poderia saber antes de sair de casa? Por favor, decifre-me este enigma.

CRISTÃ: Vou lhe contar. Na véspera de minha partida, depois que me deitei, tive um sonho no qual vi dois homens, parecidos com aqueles e de péssima aparência, aos pés de minha cama, maquinando como poderiam impedir minha salvação. Vou repetir as palavras deles. Disseram (quando eu me encontrava em aflição): "O que faremos com esta mulher que, dormindo ou acordada, clama por misericórdia? Se ela continuar assim, nós a perderemos como perdemos seu marido". Isso deveria ter me alertado de que eu deveria ter sido mais cautelosa e solicitado a provisão quando esta estava disponível.

MISERICÓRDIA: Essa negligência pode nos ter dado a oportunidade de pensarmos em nossas imperfeições. Nosso Senhor aproveitou-a para manifestar as riquezas de Sua graça. Conforme vimos, acompanhou-nos com bondade não solicitada, e livrou-nos das mãos daqueles que eram mais fortes que nós, para Seu deleite.

---

18 "Assim diz o SENHOR Deus: Ainda *nisto* permitirei que seja eu solicitado pela casa de Israel: que lhe multiplique eu os homens como um rebanho" (EZEQUIEL 36:37).

CAPÍTULO 3

Na casa de Intérprete

Depois de conversar um pouco mais, aproximaram-se de uma casa que estava no caminho, construída para descanso dos peregrinos, descrita em detalhes na primeira parte da obra *O peregrino*.[1] Ao chegarem bem próximo à casa (a casa de Intérprete), ouviram um vozerio em seu interior. Prestando atenção, pensaram ter ouvido o nome de Cristã ser mencionado. É preciso informar que, antes mesmo da chegada de Cristã, alguém já havia contado que ela e os filhos haviam partido em peregrinação. E a notícia tornou-se mais agradável ainda quando

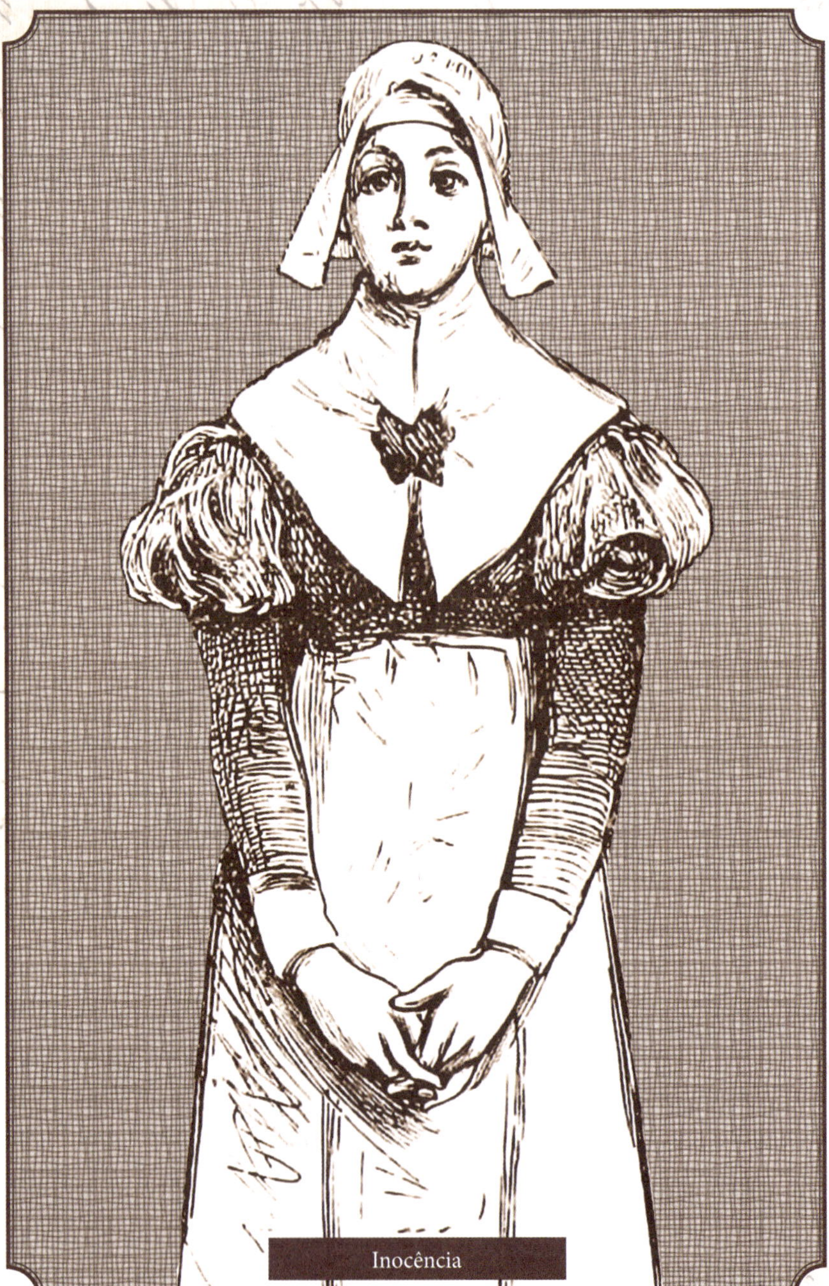

Inocência

souberam que a peregrina era a esposa de Cristão, a mulher que, até pouco tempo atrás, não admitia que lhe falassem de tal assunto. Portanto, Cristã e seus acompanhantes continuaram no mesmo lugar e ouviram, no interior da casa, os elogios que lhe faziam, sem saber que ela estava do lado de fora. Finalmente Cristã bateu à porta, como havia feito antes diante do portão. Quem atendeu foi uma donzela chamada Inocência, que, depois de olhar para as duas mulheres à sua frente, dirigiu-se a elas.

INOCÊNCIA: Com quem desejam falar?

CRISTÃ: Entendemos que este é um lugar privilegiado para acolher os peregrinos e, como também somos peregrinas, chegamos até aqui; rogamos, por favor, que nos receba por causa do adiantado da hora. Como você pode ver, o dia está terminando e não queremos prosseguir viagem durante a noite.

INOCÊNCIA: Diga seu nome, por favor, para eu anunciá-la ao meu senhor.

CRISTÃ: Meu nome é Cristã. Sou esposa daquele peregrino que, anos atrás, percorreu o mesmo caminho; e estes são seus quatro filhos. Esta moça é também minha companheira de peregrinação.

INOCÊNCIA (entrando e dirigindo-se aos que estavam na casa): Adivinhem que está lá fora? Cristã com seus filhos e uma companheira, pedindo alojamento.

Saltando de alegria, foram contar a novidade ao dono da casa, que se dirigiu à porta, olhou para ela e lhe perguntou:

INTÉRPRETE: Você é Cristã, aquela mulher que Cristão, um homem tão bondoso, deixou para trás quando decidiu ser peregrino?

CRISTÃ: Sou aquela mulher de coração tão empedernido a ponto de ser indiferente às aflições do marido, e que deixou-o partir em

---

1 Publicações Pão Diário, 2020, pp. 73-86.

viagem sozinho. Estes são os quatro filhos dele, mas decidi vir também porque estou convencida de que este é único caminho certo.

INTÉRPRETE: Cumpriu-se assim o que está escrito a respeito do homem que disse ao seu filho: "Vá trabalhar hoje em minha vinha". E o filho retrucou: "Não irei", mas depois foi.[2]

CRISTÃ: Assim seja! Amém! Queira Deus que isso seja verdadeiro a meu respeito, e que no fim eu seja achada por Ele em paz, sem mácula e irrepreensível.[3]

INTÉRPRETE: Mas por que está parada à porta? Entre, filha de Abraão. Estávamos agora mesmo falando a seu respeito, porque recebemos notícias de que você se tornou peregrina. Venham, crianças, entrem. Venha, jovem, entre.

Os peregrinos entraram na casa e foram convidados a sentar e descansar. Após o período de descanso, todos os moradores que cuidavam dos peregrinos apareceram para conhecê-los. Um após outro começaram a sorrir de alegria pelo fato de Cristã ter-se tornado peregrina. Olharam para os meninos e acariciaram-lhes o rosto, como gesto de boas-vindas. Também trataram Misericórdia com carinho, e a todos acolheram na casa de seu Senhor.

Enquanto a ceia era preparada, Intérprete mostrou-lhes os cômodos importantes e espaçosos e expôs-lhes o que havia mostrado a Cristão, marido de Cristã, tempos atrás. Ali viram o homem na jaula, o sonhador — aquele que cortou caminho e passou no meio de seus inimigos —, o quadro do maior de todos eles e muitas outras

---

2 "E que vos parece? Um homem tinha dois filhos. Chegando-se ao primeiro, disse: Filho, vai hoje trabalhar na vinha. Ele respondeu: Sim, senhor; porém não foi. Dirigindo-se ao segundo, disse-lhe a mesma coisa. Mas este respondeu: Não quero; depois, arrependido, foi" (MATEUS 21:28-30).

3 "Por essa razão, pois, amados, esperando estas coisas, empenhai-vos por serdes achados por ele em paz, sem mácula e irrepreensíveis..." (2 PEDRO 3:14).

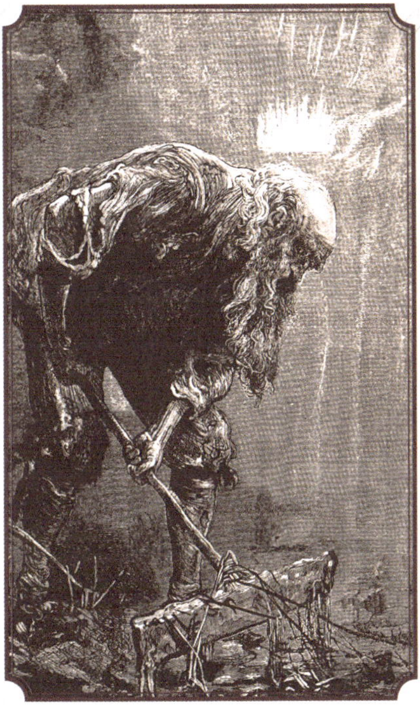

coisas que foram extremamente proveitosas a Cristão.[4]

Depois que tudo foi assimilado de alguma forma por Cristã e seu grupo, Intérprete levou-os a um cômodo onde havia um homem com o olhar dirigido para baixo o tempo todo, segurando um ancinho na mão. Acima dele viram Aquele com uma coroa celestial na mão, oferecendo-a ao homem em troca do ancinho. O homem, porém, não ergueu os olhos e continuou a ajuntar palha, gravetos e terra seca com auxílio do ancinho.

CRISTÃ: Parece-me que conheço o significado disso. É a figura de um homem deste mundo, não, meu bom senhor?

INTÉRPRETE: Exatamente. E o ancinho mostra sua mente carnal. Embora você veja que ele se ocupa mais em ajuntar palha, gravetos e terra do chão do que em ouvir Aquele que está acima dele com a coroa celestial na mão, a finalidade é mostrar que o Céu não passa de uma fábula para alguns e que, para essa gente, as coisas do mundo têm muito mais valor. O fato de o homem não conseguir olhar para cima, somente para baixo, serve para mostrar-lhes que as coisas terrenas, quando se apoderam da mente dos homens, os afastam do caminho de Deus.

CRISTÃ: Ó, livra-me daquele ancinho!

4 O relato completo dessas histórias pode ser lido em *O peregrino*, Publicações Pão Diário, 2020, pp. 80-82.

INTÉRPRETE: Esta oração está fadada ao esquecimento: "Não me dês riqueza".[5] Um entre dez mil faz essa oração. Palha, gravetos e terra seca são as coisas mais importantes que se procuram hoje.

CRISTÃ e MISERICÓRDIA (chorando): "Ai de nós! É verdade!".

Depois de mostrar-lhes a cena, Intérprete levou-os ao melhor lugar que havia na casa (uma sala esplêndida) e pediu que olhassem ao redor para ver se encontravam alguma coisa que lhes fosse de proveito. Todos percorreram a sala com os olhos várias vezes. Não havia nada para ser visto a não ser uma aranha enorme na parede, à qual não deram atenção.

MISERICÓRDIA: Senhor, não vejo nada.

Cristã continuou em silêncio.

INTÉRPRETE: Olhe novamente.

MISERICÓRDIA (depois de olhar de novo): Não há nada aqui, a não ser uma aranha muito feia, agarrada à parede.

INTÉRPRETE: Há apenas uma aranha em todo este cômodo espaçoso?

Por ser uma mulher de rápido entendimento, Cristã disse com olhos lacrimejantes: "Sim, senhor, há mais que uma aranha aqui; sim, e aranhas cujo veneno é muito mais nocivo que o daquela na parede". Intérprete lançou-lhe um olhar cordial e disse: "É verdade". Ao ouvir tais palavras Misericórdia ruborizou-se, e os meninos cobriram o rosto, pois todos começaram a compreender o enigma.

INTÉRPRETE: A aranha se segura com as próprias mãos, conforme você vê, e habita nos palácios dos reis.[6] Isso está escrito para

---

5 "Afasta de mim a falsidade e a mentira; não me dês nem a pobreza nem a riqueza; dá-me o pão que me for necessário" (PROVÉRBIOS 30:8).

6 "O geco [ou aranha], que se apanha com as mãos [...] está nos palácios dos reis" (PROVÉRBIOS 30:28).

mostrar que, por mais que estejam cheias do veneno do pecado, vocês podem, com a mão da fé, se segurar e habitar no melhor aposento que pertence à casa do Rei acima de nós.

CRISTÃ: Já havia pensado nisso, mas não com tal abrangência. Imaginei que fôssemos seres feios como aranhas, por mais belo que fosse o lugar de nossa habitação; mas ao ver esta aranha, esta criatura venenosa e de aspecto terrível, aprendemos a agir pela fé, uma ideia que nunca me passou pela cabeça. No entanto, ela se sustenta com as próprias pernas, conforme vejo, e vive no melhor cômodo da casa. Deus não fez nada em vão.

A alegria pareceu tomar conta de todos, mas os olhos continuaram lacrimejantes. Olharam um para o outro e curvaram-se diante de Intérprete, que os levou a outro cômodo onde havia uma galinha com sua ninhada, pedindo que as observassem. Todos viram, então, um dos pintinhos dirigir-se ao bebedouro. E todas as vezes que bebia água, levantava a cabeça e os olhos em direção ao céu.

INTÉRPRETE: Vejam o que este pintinho faz e aprendam com ele a reconhecer de onde procedem as misericórdias e recebam-nas sempre olhando para o alto. Olhem novamente. Todos repararam que a galinha chamava seus pintinhos de quatro formas.

1. Um cacarejo comum, usado o tempo todo.
2. Um cacarejo especial, usado de vez em quando.
3. Um terno cacarejo maternal.
4. Um cacarejo estridente.

INTÉRPRETE: Comparem esta galinha com o seu Rei, e os pintinhos com aqueles que lhe obedecem. Assim como a galinha, Ele tem os próprios métodos de reagir em relação aos Seus filhos. Com um chamado comum, Ele não oferece nada. Com um chamado especial, tem sempre uma dádiva a oferecer. Com o chamado terno, Ele os ajunta sob Suas asas.[7] E o chamado estridente atua como alarme quando Ele vê o inimigo aproximar-se. Escolhi, minhas queridas, conduzi-las a este cômodo onde estão todos estes exemplos, porque, pelo fato de serem mulheres, vocês aprendem com facilidade.

CRISTÃ: Senhor, peço-lhe que nos permita ver mais coisas.

Ele as conduziu, então, ao matadouro, onde um açougueiro abatia uma ovelha que, sem nenhuma reação, aceitava a morte pacientemente.

INTÉRPRETE: Vocês precisam aprender a sofrer como essa ovelha e a suportar as ofensas sem murmurações nem queixas. Observem que ela recebe a morte em silêncio. E sem objeção, suporta que a pele lhe seja tirada. O seu Rei as chama de ovelhas.[8]

Dito isso, conduziu-os ao seu jardim, onde havia uma grande variedade de flores.

INTÉRPRETE: Estão vendo estas flores?

CRISTÃ: Sim.

INTÉRPRETE: Observem que elas diferem muito em altura, qualidade, cor, perfume e virtude. Algumas são melhores que outras. E todas permanecem no lugar onde o jardineiro as plantou, sem brigar entre si.

Dali levou-os a um campo, onde havia plantado trigo e milho. Ao aproximar-se, os visitantes observaram que a parte superior das plantas havia sido cortada, restando apenas palha.

---

7 "Jerusalém, Jerusalém, *que* matas os profetas e apedrejas os que foram enviados! Quantas vezes quis eu reunir os teus filhos, como a galinha ajunta os seus pintinhos debaixo das *asas*, e vós não o quisestes!" (MATEUS 23:37).

8 "Eu sou o bom pastor; conheço as minhas ovelhas, e elas me conhecem a mim, assim como o Pai me conhece a mim, e eu conheço o Pai; e dou a minha vida pelas ovelhas" (JOÃO 10:14,15).

INTÉRPRETE: Este solo foi adubado, arado e semeado, mas o que fazer com o que se plantou?

CRISTÃ: Queimar uma parte e produzir adubo com o resto.

INTÉRPRETE: É o fruto que você procura, e o que condena deve ser lançado no fogo e pisado pelos homens.[9] Tomem cuidado para não proferirem sua própria condenação.

Ao regressar do passeio, eles viram um pintarroxo com uma aranha enorme no bico.

INTÉRPRETE: Vejam ali.

Todos olharam, e Misericórdia esboçou um ar de curiosidade.

CRISTÃ: Como é triste ver um passarinho de peito vermelho, tão belo quanto este e superior a muitos outros, querendo manter o mesmo modo de vida dos homens! Pensei que vivessem de migalhas de pão ou de outros alimentos inofensivos. Deixei de gostar dele.

INTÉRPRETE: Este pintarroxo é um emblema muito eficiente de alguns professos. Na aparência, assemelham-se a este belo pássaro, colorido e bem-comportado. Aparentam também ter muito amor pelos professos sinceros. E, acima de tudo, desejam estar na companhia deles, como se vivessem das migalhas de pessoas bondosas. Também são falsos, e é por isso que frequentam a casa dos piedosos e cumprem os compromissos assumidos com o Senhor. Mas, quando estão sozinhos, como o pintarroxo, são capazes de pegar e devorar aranhas, são capazes de trocar de alimento e beber a iniquidade como água.[10]

---

9 "Vós sois o sal da terra; ora, se o sal vier a ser insípido, como lhe restaurar o sabor? Para nada mais presta senão para, lançado fora, ser pisado pelos homens" (MATEUS 5:13).

10 "...o homem, que é abominável e corrupto, que bebe a iniquidade como a água!" (JÓ 15:16).

Quando retornaram à casa, enquanto a ceia ainda era preparada, Cristã demonstrou novamente o desejo de que Intérprete lhe mostrasse ou contasse outras coisas úteis.

INTÉRPRETE (proferindo provérbios): "Quanto mais gorda a porca, mais lama deseja." "Quanto mais gordo o boi, mais alegre vai para o matadouro." "E quanto mais sadio o homem vigoroso, mais propenso é para o mal."

"As mulheres desejam ser elegantes e belas, porém a mais formosa é aquela que se enfeita com o que é valioso aos olhos de Deus.

"É mais fácil velar uma noite ou duas do que durante um ano inteiro; também é mais fácil começar a confessar a fé apenas de boca do que perseverar até o fim.

"Durante a tempestade, o capitão, de boa vontade, lança ao mar tudo o que é menos valioso no navio. Mas quem lançaria ao mar o que é mais valioso primeiro? Somente aqueles que não temem a Deus.

"Basta um só rombo para afundar um navio; basta um só pecado para destruir um pecador.

"Quem se esquece de um amigo, é ingrato para com ele; quem se esquece de seu Salvador é inclemente consigo mesmo.

"Quem vive no pecado e espera alcançar a felicidade é semelhante àquele que semeia joio e espera encher os seus celeiros com trigo ou cevada.

"Se um homem quiser viver bem, que viva cada dia como se fosse o último.

"A calúnia e a mudança de pensamentos comprovam que o pecado existe no mundo.

"Se o mundo, que será destruído por Deus, é tão valorizado pelos homens, como será o Céu, que Deus tanto enaltece?

"Se não queremos abandonar esta vida que apresenta tantos problemas, como será quando alcançarmos a vida eterna?

"Todos elogiam a bondade do homem, mas haverá alguém que se comova com a bondade de Deus?

"Raramente desfrutamos de uma refeição, mas, assim que comemos, nos levantamos; assim também há mais mérito e justiça em Jesus Cristo do que o mundo inteiro necessita."

Tendo dito esses provérbios, Intérprete levou-os novamente ao jardim, onde havia uma árvore cujo tronco estava apodrecido e oco, mas continuava a crescer e a produzir folhas.

MISERICÓRDIA: O que isto significa?

INTÉRPRETE: Esta árvore, bela por fora e podre por dentro, pode ser comparada a muitos que se encontram no jardim de Deus: com a boca, enaltecem a Deus, mas na prática não fazem nada por Ele. Sua folhagem é bela, mas seu coração só serve como lenha para alimentar a fogueira de Satanás.

Pronta a ceia, a mesa posta e tudo no lugar, todos se sentaram para comer e um deles deu graças. Intérprete costumava entreter seus hóspedes com música tocada por menestréis durante as refeições. Um deles, que também cantava com voz suave, entoou esta canção:

O Senhor é o meu pastor,
E sempre me sustentará.
Tudo o que necessário for
Certo estou de que Ele suprirá.

Terminados os cânticos e a música, Intérprete perguntou a Cristã por que ela decidira seguir a vida de peregrina.

CRISTÃ: Primeiro, refleti na perda de meu marido, o que me causou muita tristeza pelo afeto natural que sentia por ele. Depois, vieram-me à mente os problemas e a peregrinação de meu marido e também o modo rude como o tratei. O sentimento de culpa se apossou de mim e quase me afogou, mas no tempo oportuno tive um sonho no qual vi que meu marido estava bem. Depois o Rei do país onde meu marido habita enviou-me uma carta, convidando-me para estar com Ele. O sonho e a carta impressionaram-me de tal forma que me obrigaram a seguir este caminho.

INTÉRPRETE: E você não encontrou oposição antes de partir?

CRISTÃ: Sim, de uma vizinha chamada Timorata, filha daquele que tentou persuadir meu marido a voltar por medo dos leões. Ela quis me ludibriar e disse que minha peregrinação era uma aventura desesperada. Também fez o possível para me desanimar, falando das dificuldades e problemas que meu marido enfrentou no caminho, porém superei tudo isso muito bem. O que mais me perturbou foi um sonho que tive de dois seres mal-encarados tentando convencer-me a desistir da viagem. Sim, a lembrança ainda me vem à mente e me faz desconfiar de todas as pessoas que encontro. Tenho medo de que queiram me enganar e me tirar do caminho. Posso dizer ao senhor que, embora nem todos saibam, entre este lugar e o portão pelo qual entramos no caminho, nós duas fomos atacadas de modo tão cruel que tivemos de gritar: "Assassinos!". Os dois que nos atacaram eram semelhantes aos dois que vi no sonho.

INTÉRPRETE: O seu começo foi bom, e o final será ainda muito melhor.

Em seguida, dirigiu-se a Misericórdia:

INTÉRPRETE: E o que a levou a vir até aqui, minha querida?

Misericórdia ruborizou e tremeu, e continuou em silêncio.

INTÉRPRETE: Não tenha medo; apenas creia e fale com sinceridade.

MISERICÓRDIA: Na verdade, senhor, a minha pouca experiência é que me faz desejar permanecer em silêncio e me enche de medo de não corresponder ao que esperam de mim. Não posso falar de visões ou sonhos, como minha amiga Cristã; nem sei o que é lamentar ter recusado o conselho de bons parentes.

INTÉRPRETE: O que foi então, minha querida, que a levou a decidir?

MISERICÓRDIA: Quando a nossa amiga aqui se preparava para sair da cidade, eu e outra vizinha fomos visitá-la. Batemos à porta e, ao entrar, vimos o que ela estava fazendo e perguntamos qual era o motivo. Ela contou que havia sido chamada para seguir seu marido. Contou também que o vira em um sonho, habitando em um lugar estranho entre seres imortais, usando uma coroa, tocando harpa, comendo e bebendo à mesa do Príncipe, cantando louvores a Ele por tê-lo levado para lá etc. Enquanto ela falava, senti o coração arder e disse a mim mesma que, se aquilo fosse verdade, eu deixaria meus pais, a terra onde nasci e seguiria viagem com Cristã. Indaguei-a depois sobre a veracidade dos fatos e perguntei se poderia acompanhá-la, pois vi que em nossa cidade só havia o perigo da destruição. No entanto, vim com o coração pesaroso, não por arrependimento de ter tomado essa decisão, mas por causa de tantos parentes que deixei para trás. E vim porque meu coração assim o desejou c, se puder, acompanharei Cristã até seu encontro com o marido e com o Rei.

INTÉRPRETE: Seu começo foi bom por ter dado crédito à verdade. Você é semelhante a Rute, que, por amor a Noemi e ao Senhor seu Deus, deixou pai e mãe e a terra onde nasceu para viver com um povo desconhecido. "O SENHOR retribua o teu feito, e seja cumprida a tua recompensa do SENHOR, Deus de Israel, sob cujas asas vieste buscar refúgio."[11]

---

11 "Respondeu Boaz e lhe disse: Bem me contaram tudo quanto fizeste a tua sogra, depois da morte de teu marido, e *como* deixaste a teu pai, e a tua mãe, e a terra onde nasceste e vieste para um povo que dantes não conhecias. O

Terminada a ceia, foram feitos os preparativos para dormir; as mulheres receberam acomodações individuais e os meninos foram acomodados em outro quarto. Depois de deitar-se, Misericórdia não conseguiu dormir de tanta alegria, porque agora suas dúvidas haviam sido finalmente removidas para bem longe. Portanto, enquanto deitada, ela passou o tempo louvando e bendizendo a Deus, que tanto lhe favorecera.

Todos levantaram-se ao amanhecer e prepararam-se para a partida, mas Intérprete pediu que esperassem um pouco. "Vocês precisam sair daqui em ordem", ele disse. Em seguida, ordenou à donzela que as recepcionara quando ali chegaram: "Leve todos ao jardim para banhar-se; lave-os e limpe todo o pó que acumularam durante a viagem". Inocência, a donzela, levou-os ao jardim e disse-lhes que precisavam estar lavados e limpos, porque o seu senhor queria que as mulheres o visitassem antes de partir em peregrinação. As mulheres e também os meninos se lavaram e saíram do banho não apenas perfumados e limpos, mas também revigorados e com o corpo inteiro fortalecido, de modo que, quando entraram na casa, tinham aparência muito melhor do que antes do banho.

Intérprete conduziu-os para dentro da casa, olhou para eles e disse: "Formosos como a lua". Depois pediu o selo que usavam para selar as pessoas depois de lavadas. Trazido o selo, ele imprimiu sua marca em cada um, para que pudessem ser reconhecidos onde quer que fossem. O selo simbolizava a Páscoa que os filhos de Israel comeram quando saíram da terra do Egito.[12]

SENHOR retribua o teu feito, e seja cumprida a tua recompensa do SENHOR, Deus de Israel, sob cujas asas vieste buscar refúgio" (RUTE 2:11,12).

12 "Naquele mesmo dia, contarás a teu filho, dizendo: É *isto* pelo *que* o SENHOR me fez, quando saí do Egito. E será como sinal na tua mão e por memorial entre teus olhos, para que a lei do SENHOR esteja na tua boca; pois com mão

E a marca foi colocada entre seus olhos. O selo conferiu-lhes mais beleza ainda, pois lhes enfeitou o rosto; deu-lhes também uma aparência mais solene, deixando seus semblantes parecidos com o dos anjos.

Intérprete dirigiu-se novamente à donzela que auxiliara as mulheres: "Vá à sacristia e traga vestimentas para estas pessoas". Ela lhe obedeceu e trouxe vestiduras de linho puro, brancas e limpas e estendeu-as diante de Intérprete, o qual pediu que elas as vestissem. Depois de adornadas, as mulheres pareceram sentir medo uma da outra, pois não viam em si mesmas a glória que resplandecia na outra. "Você está mais bela que eu", disse uma. "Você está mais graciosa que eu", disse a outra. As crianças também se admiraram ao ver a transformação pela qual haviam passado.

A seguir, Intérprete chamou um de seus servos, cujo nome era Grande Coração, e ordenou-lhe que se munisse de espada, capacete e escudo.

INTÉRPRETE: Conduza estas minhas filhas ao Palácio Belo, o próximo lugar que lhes servirá de descanso.

Grande Coração armou-se e seguiu adiante dos peregrinos, e Intérprete desejou-lhes boa viagem. Os que pertenciam à família também se despediram deles com palavras carinhosas. E assim, os peregrinos seguiram o caminho, cantando:

Este foi o nosso segundo pouso:
Aqui coisas boas nos foram mostradas,
Que atravessaram séculos, dizer isto eu ouso,
Mas que a ninguém mais foram reveladas.

---

forte o SENHOR te tirou do Egito. Portanto, guardarás esta ordenança no determinado tempo, de ano em ano" (ÊXODO 13:8-10).

O Ancinho, a Aranha, a Galinha
E sua Ninhada; com todos eles imagino
Aprendi uma lição só minha:
Conforme-se sempre com seu destino.

O Açougueiro, o Campo e o Jardim,
O Pintarroxo, que a aranha queria engolir,
A árvore apodrecida, todos enfim,
Um conselho me deram antes de partir:

Nunca se esqueça de vigiar e orar;
De esforçar-se em favor da sinceridade;
No dia a dia sua cruz carregar
E servir ao Senhor com lealdade.

CAPÍTULO 4

A cruz e as consequências

Em meu sonho, vi que todos prosseguiram a viagem. Tendo Grande Coração à sua frente, chegaram ao lugar onde o fardo de Cristão lhe caiu das costas e rolou, caindo no sepulcro. Ali fizeram uma pausa e louvaram a Deus.

CRISTÃ: Agora me vem à memória o que nos foi dito no portão, isto é, que deveríamos obter perdão por palavra e por obra: o perdão por palavra, por meio da promessa; o perdão por obra, pela maneira como foi obtido. Já sei um pouco sobre o que é a promessa; porém, o que é receber o perdão por obra, ou pela forma como é obtido?

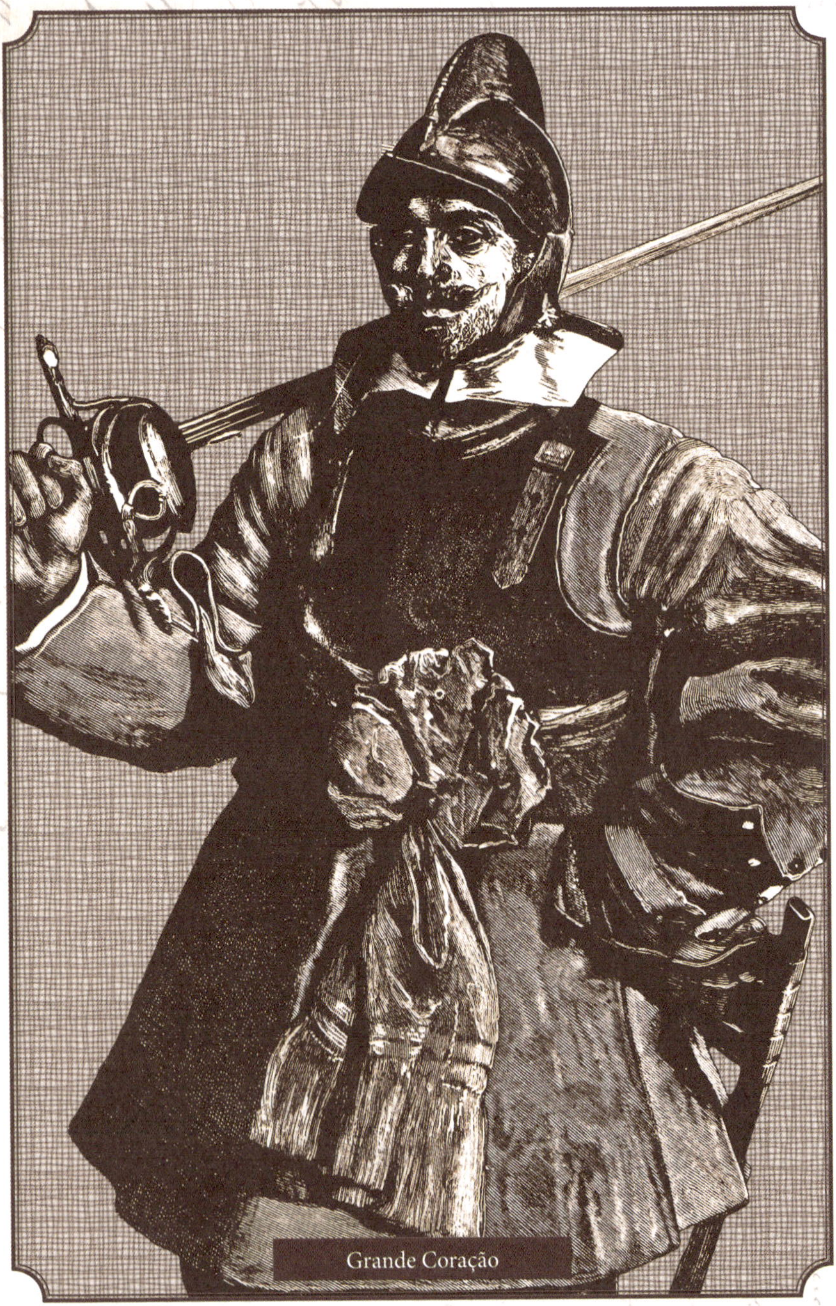

Grande Coração

O Sr. Grande Coração deve saber, portanto, peço, por favor, que nos ajude a entender.

GRANDE CORAÇÃO: O perdão por obra é o perdão obtido por alguém em favor de outro que dele necessita; não pela pessoa perdoada, mas na maneira pela qual a pessoa perdoada o obteve. Portanto, para explicar melhor, o perdão que você, Misericórdia e estes meninos alcançaram foi obtido por outro, isto é, por Aquele que lhes permitiu entrar pelo portão. E Ele obteve o perdão de duas maneiras: fez-se justiça para perdoar-lhes e derramou Seu sangue para purificá-los.

CRISTÃ: Mas se Ele repartiu Sua justiça conosco, o que sobrou para Ele?

GRANDE CORAÇÃO: Ele tem mais justiça do que você necessita ou mais do que Ele próprio necessita.

CRISTÃ: Esclareça um pouco mais, por favor.

GRANDE CORAÇÃO: Com todo prazer, mas antes preciso explicar que Aquele de quem falamos é inigualável. Possui duas naturezas em uma só pessoa: óbvias para serem distinguidas, impossíveis de serem divididas. A cada uma dessas naturezas pertence uma justiça; e cada justiça é essencial a essa natureza. Dessa forma, é possível causar a extinção da natureza facilmente, bem como separar dela sua justiça ou retidão. Dessas justiças, portanto, não somos participantes, de modo que elas, ou qualquer uma delas, deve ser colocada sobre nós para que sejamos justos e vivamos desse modo. Além do mais, há uma justiça que essa Pessoa possui, como se fossem duas naturezas unidas em uma só. E essa não é a justiça da divindade distinta da humanidade nem a justiça da humanidade distinta da divindade, mas a justiça que permanece na união das duas naturezas, e pode ser corretamente chamada justiça essencial à Sua preparação por Deus para capacitá-lo à função de mediador que lhe foi confiada. Se Ele abrir mão de Sua primeira justiça, abrirá mão de

Sua divindade; se abrir mão de Sua segunda justiça, abrirá mão da pureza de Sua humanidade; se abrir mão desta terceira, abrirá mão daquela perfeição que o capacita à função de Mediador. Ele possui, portanto, outra justiça que consiste em cumprimento ou obediência à vontade revelada: é essa que Ele coloca sobre os pecadores e por meio da qual os pecados são cobertos. Portanto, Ele disse:

"Porque, como, pela desobediência de um só homem, muitos se tornaram pecadores, assim também, por meio da obediência de um só, muitos se tornarão justos."[1]

CRISTÃ: Há outras justiças que não nos são proveitosas?

GRANDE CORAÇÃO: Sim. E embora sejam essenciais às Suas naturezas e ofício e, assim, não podem ser transmitidas a outrem, é pela virtude delas que a justiça que justifica é, para aquele propósito, eficaz. A justiça de Sua divindade confere virtude à Sua obediência; a justiça de Sua humanidade confere capacidade à Sua obediência para justificar; e a justiça que consiste na união dessas duas naturezas para a função à qual Ele foi qualificado confere autoridade àquela justiça de realizar a obra ordenada.

Aqui, portanto, está uma justiça que Cristo, como Deus-homem, não necessita, pois Ele é Deus sem ela; aqui está uma justiça que Cristo, como Deus-homem, não necessita porque Ele é um homem perfeito sem ela. Aqui, então, está uma justiça que Cristo, como Deus, como homem, como Deus-homem, não necessita em relação a si próprio; e, dessa forma, pode dispensá-la — uma justiça legítima que Ele não deseja para si mesmo, portanto Ele a distribui. É por isso que se chama "dom da justiça".[2]

---

1 Romanos 5:19

2 "Se, pela ofensa de um e por meio de um só, reinou a morte, muito mais os que recebem a abundância da graça e o dom da justiça reinarão em vida por meio de um só, a saber, Jesus Cristo" (ROMANOS 5:17).

Essa justiça, uma vez que Cristo Jesus, o Senhor, se sujeitou à Lei, precisa ser oferecida porque a Lei não apenas obriga quem se submete a ela a ser justo, mas também a ser caridoso. Assim, de acordo com a lei, quem tem duas túnicas, deve repartir com quem não tem.[3] Ora, o nosso Senhor tem, de fato, duas túnicas, uma para si e outra para oferecer. Portanto, Ele concede gratuitamente uma a quem não tem nenhuma. Por isso, Cristã, Misericórdia e os outros que aqui estão, seu perdão veio por meio de obra ou por meio da ação de outro homem. Foi Cristo, o Senhor, quem realizou o trabalho e oferece o fruto de Sua obra ao primeiro mendigo que encontrar.

Repetindo, para ser perdoado por meio de obras, é necessário que haja um pagamento a Deus e também uma preparação de algo com o que seremos cobertos. O pecado condena-nos à justa maldição de uma justa Lei. Ora, precisamos ser justificados dessa maldição por meio da redenção, um preço sendo pago pelo mal que praticamos, e esse preço é o sangue de nosso Senhor, que tomou o nosso lugar e morreu pelas nossas transgressões.[4]

Assim, Ele os redimiu de suas transgressões com Seu sangue e cobriu sua alma manchada e disforme com justiça. É por amor de nosso Senhor que Deus não os condenará quando vier julgar o mundo.[5]

CRISTÃ: Que maravilha! Agora entendo que havia uma lição a ser aprendida quanto a sermos perdoados por palavra e por obra.

---

3 Lucas 3:11

4 "Mas também por nossa causa, posto que a nós igualmente nos será imputado, a saber, a nós que cremos naquele que ressuscitou dentre os mortos a Jesus, nosso Senhor" (ROMANOS 4:24).

5 "Cristo nos resgatou da maldição da lei, fazendo-se ele próprio maldição em nosso lugar (porque está escrito: Maldito todo aquele que for pendurado em madeiro" (GÁLATAS 3:13).

Querida Misericórdia, vamos nos esforçar para nos lembrar dessas palavras; e, meus filhos, vocês precisarão fazer o mesmo. Mas, senhor, não foi por isso que o fardo de meu bondoso marido lhe caiu dos ombros e o fez dar três pulos de alegria?

GRANDE CORAÇÃO: Sim, foi essa fé que cortou as cordas que não podiam ser rompidas por outros meios; e foi para dar-lhe uma prova do valor disso que ele sofreu para carregar seu fardo até a cruz.

CRISTÃ: Foi o que pensei, porque, se meu coração já estava leve e alegre, agora está dez vezes mais leve e alegre. De acordo com o que sinto, e esse sentimento ainda é muito pequeno, se o homem mais pecador do mundo estivesse aqui e, ao ver, cresse como creio agora, o seu coração ficaria muito mais feliz e jubiloso.

GRANDE CORAÇÃO: Ao ver e considerar essas coisas, sentimos consolação e alívio de nosso fardo, que produzem em nós uma carinhosa afeição. Pois haverá alguém que, ao pensar que recebeu esse perdão, não apenas pela promessa, mas que se comoveu com a forma e os meios de sua redenção, não se comova também com o Homem que tanto sofreu para conceder-lhe tal perdão?

CRISTÃ: É verdade. O meu coração sofre ao pensar que Ele derramou Seu sangue por mim. Ó Cristo amado! Ó Cristo bendito! Eu me entrego a ti, porque me compraste. Entrego-me inteiramente a ti, pois pagaste dez mil vezes mais do que valho. Não é de admirar que isso tenha feito meu marido desmanchar-se em lágrimas e seguir seu caminho com tanta ligeireza. Entendo por que ele me queria ao seu lado, porém, por ser tão vil, deixei-o vir sozinho! Ó, Misericórdia, quem dera seus pais estivessem aqui. Sim, e Timorata também! E, com toda a sinceridade, até mesmo Madame Sensualidade. Sem dúvida o coração delas se comoveria; nem os receios de uma nem as concupiscências da outra seriam capazes de convencê-las a voltar para casa e a rejeitar o convite para serem boas peregrinas.

GRANDE CORAÇÃO: Você fala agora no calor das emoções. Acha que seus sentimentos serão sempre esses? Além do mais, nem todos são afetados por essas emoções; nem mesmo aqueles que viram o sangue de Jesus ser derramado. Alguns dos que presenciaram o derramamento de Seu sangue, longe de se comoverem, longe de lamentarem, zombaram dele. Em vez de se tornarem Seus discípulos, endureceram o coração. Essas emoções que vocês sentem, minhas filhas, são uma impressão peculiar concedida por uma afeição divina a respeito do que lhes falei. Lembrem-se do que lhes foi dito: a galinha, com o cacarejo comum, não oferece aos pintinhos nada para comer. Portanto, o que vocês receberam foi uma graça especial.

Continuando a sonhar, vi que o grupo prosseguiu até chegar ao lugar onde Cristão havia encontrado Simples, Preguiça e Presunção[6] deitados e dormindo. Agora estavam pendurados com ferro a curta distância do outro lado do caminho.

MISERICÓRDIA (dirigindo-se a Grande Coração): Quem são aqueles três homens? E porque estão pendurados ali na forca?

GRANDE CORAÇÃO: Aqueles três homens eram de péssimo caráter; não queriam ser peregrinos e faziam o possível para impedir outros de seguirem o mesmo caminho. Viviam na preguiça e na leviandade e procuravam persuadir quem quer que fosse a proceder de igual modo. Também lhes ensinavam a pensar que seriam felizes. Dormiam quando Cristão passou por aqui; e agora estão enforcados.

MISERICÓRDIA: E conseguiram convencer alguém a ter a mesma opinião?

GRANDE CORAÇÃO: Sim, desencaminharam muitos, entre eles Passo-Lento, que persuadiram a segui-los. Também persuadiram Pouco-Fôlego, Sem-Coragem, Desejo-por-Luxúria, Sonolento

---

6 *O peregrino*, Publicações Pão Diário, 2020, pp. 92-93.

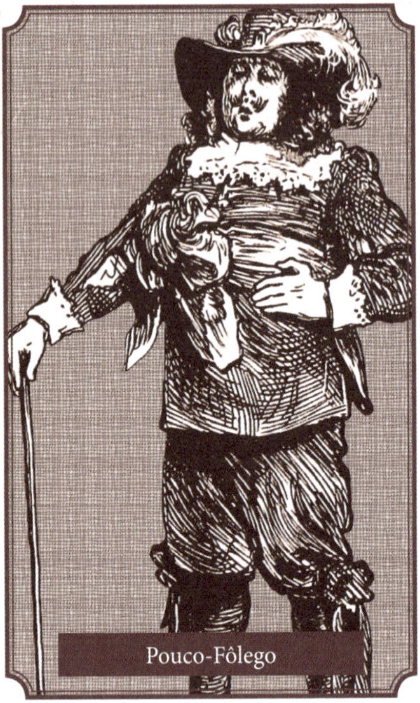
Pouco-Fôlego

e uma jovem, cujo nome era Apatia, a tomarem outro rumo e serem semelhantes a eles. Além disso, falavam mal do seu Senhor, convencendo outros de que era cruel e violento. Também apresentavam relatos maldosos da boa terra, dizendo que não era tão boa conforme alguns diziam. E começaram a difamar Seus servos e a qualificar os melhores deles de intrometidos e importunos. E mais: chamavam de palha o pão de Deus;[7] de ilusões, os prazeres de Seus filhos; de inútil, a viagem e a fadiga dos peregrinos.

CRISTÃ: Não, se são assim, jamais lamentarei por eles, pois tiveram o que mereceram. E é bom que estejam pendurados na forca tão perto do caminho, para que outros vejam e se acautelem. Mas não teria sido melhor se seus crimes tivessem sido gravados em uma placa de ferro ou latão, e deixada aqui, bem no lugar onde eles praticaram suas maldades, para servir de advertência a outros malfeitores?

GRANDE CORAÇÃO: É o que foi feito, e você poderá constatar se chegar um pouco mais perto do muro.

MISERICÓRDIA: Não, não. Que continuem pendurados, que seus nomes apodreçam e que sejam identificados para sempre pelos

---

7 "E o povo falou contra Deus e contra Moisés: Por que nos fizestes subir do Egito, para que morramos neste deserto, onde não há pão nem água? E a nossa alma tem fastio deste pão vil" (NÚMEROS 21:5).

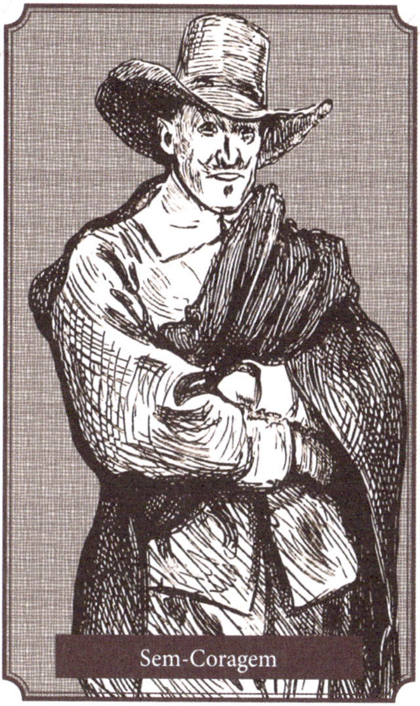

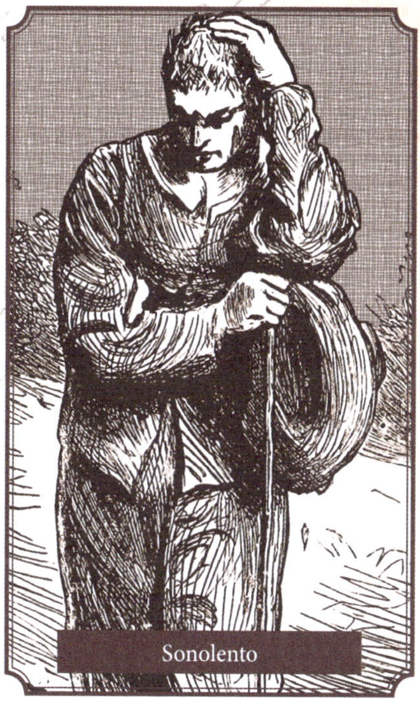

crimes que cometeram. Penso que fomos favorecidas pelo fato de terem sido enforcados antes de nossa chegada. Quem sabe não teriam feito a algumas pobres mulheres o mesmo que fizeram a nós?

Em seguida, Misericórdia transformou suas palavras em cântico:

Vocês três aí pendurados são um sinal
A quem contra a verdade maquina o mal.
E aquele que vem para nos pôr em perigo
Dos peregrinos nunca foi amigo.
E tu, minha alma, aguça teus temores
Pois da santidade são opositores.

E assim prosseguiram a viagem até chegar ao Desfiladeiro da Dificuldade, onde novamente o bom amigo Grande Coração aproveitou a oportunidade para contar-lhes o que sucedeu quando Cristão passou por ali. Portanto, levou-as em primeiro lugar à fonte.

GRANDE CORAÇÃO: Vejam, eis a fonte da qual Cristão bebeu antes de subir esta montanha. A água era clara e boa, mas agora está turva com a sujeira dos pés de alguns que não querem que os peregrinos matem a sede.[8]

MISERICÓRDIA: E qual o motivo de tanta maldade?

GRANDE CORAÇÃO: A água ainda poderá ser bebida, se for colocada em um cântaro limpo. A sujeira decantará e a água ficará transparente.

Foi o que Cristã e seu grupo tiveram de fazer. Pegaram a água, colocaram-na em um pote de barro e aguardaram a sujeira afundar; depois saciaram a sede.

A seguir, Grande Coração mostrou-lhes dois atalhos ao pé da montanha, onde Formalista e Hipocrisia[9] se perderam.

GRANDE CORAÇÃO: Estes atalhos são perigosos. Dois homens perderam a vida neles quando Cristão passou por aqui. E, como vocês podem ver, embora a passagem tenha sido obstruída com correntes, estacas e uma vala, ainda há aqueles que escolhem aventurar-se por aqui em vez de passar pelo sofrimento de subir a montanha.

CRISTÃ: "O caminho dos pérfidos é intransitável."[10] O que me admira é que eles conseguem entrar nesses caminhos sem o perigo de quebrar a cerviz.

---

8 "Acaso, não vos basta a boa pastagem? Haveis de pisar aos pés o resto do vosso pasto? E não vos basta o terdes bebido as águas claras? Haveis de turvar o resto com os pés?" (EZEQUIEL 34:18).

9 *O peregrino*, Publicações Pão Diário, 2020, p. 96.

10 Provérbios 13:15

GRANDE CORAÇÃO: Conseguem entrar, sim. E se alguns dos servos do Rei os veem e os chamam para avisá-los que estão seguindo o caminho errado, e os alertam do perigo, eles respondem em tom zangado: "*Quanto* à palavra que nos anunciaste em nome do SENHOR, não te obedeceremos a ti; antes, certamente, toda a palavra que saiu da nossa boca, isto é, queimaremos incenso à Rainha dos céus e lhe ofereceremos libações, como nós, nossos pais, nossos reis e nossos príncipes temos feito, nas cidades de Judá e nas ruas de Jerusalém; *tínhamos* fartura de pão, prosperávamos e não víamos mal algum".[11]

Se você olhar um pouco mais adiante, verá que há muitas advertências para que ninguém siga por esses atalhos, não apenas por causa das estacas, da vala e das correntes, mas também pela cerca que os rodeia. Ainda assim, há os que optam por eles.

CRISTÃ: São preguiçosos, e não querem passar por nenhum sofrimento; a subida não lhes é agradável. E, assim, cumpre-se o que está escrito: "O caminho do *preguiçoso* é como que cercado de espinhos...".[12] Sim, preferem andar sobre armadilhas a subir esta montanha e percorrer o resto do caminho que conduz à Cidade.

A seguir, retomaram a caminhada e começaram a subir a montanha até o topo, mas antes de chegarem lá, Cristã começou a ficar ofegante.

CRISTÃ: Como é cansativa esta subida! Não é de admirar que muitos escolham o caminho mais suave.

MISERICÓRDIA: Preciso me sentar um pouco.

E o filho mais novo começou a chorar.

GRANDE CORAÇÃO: Vamos! Vamos! Não se sentem aqui, porque um pouco mais acima está o lugar de descanso do Príncipe.

---

11 Jeremias 44:16,17

12 Provérbios 15:19

Segurando o menino pela mão, conduziu-os até lá. Ao chegarem ao lugar de descanso, todos se sentaram, pois estavam exaustos por conta do calor escaldante.

MISERICÓRDIA: Como é agradável descansar das fadigas! E como é bom o Príncipe dos peregrinos, que lhes proporcionou estes lugares de descanso![13] Ouvi falar muito deste lugar de descanso, mas nunca tive a oportunidade de vê-lo. Temos de nos acautelar para não dormir aqui, pois consta que o sono custou muito caro ao nosso pobre e querido Cristão.[14]

Grande Coração dirigiu-se às crianças:

GRANDE CORAÇÃO: Vamos, meninos, como se sentem? O que acham da peregrinação?

Respondeu o mais novo: "Quase perdi o ânimo, senhor, mas lhe agradeço por ter-me ajudado no momento de necessidade. E lembro-me do que minha mãe disse: 'O caminho para o céu é como subir uma escada, e o caminho para o inferno é como descer um morro'. Prefiro subir a escada para a vida a descer o morro para a morte".

MISERICÓRDIA: Diz o ditado que descer o morro é fácil.

TIAGO (esse era o nome do menino): Em minha opinião, chegará o dia em que descer o morro será o mais difícil.

GRANDE CORAÇÃO: Menino corajoso! Você deu-lhe a resposta certa.

Misericórdia sorriu, porém o menino enrubesceu.

CRISTÃ: Que tal comerem alguma coisa para adoçar a boca enquanto se sentam aqui para descansar um pouco? Tenho algumas romãs que o Sr. Intérprete colocou em minha mão quando

---

13 "Vinde a mim, todos *os que* estais cansados e sobrecarregados, e eu vos aliviarei" (MATEUS 11:28).

14 *O peregrino*, Publicações Pão Diário, 2020, p. 97.

atravessei a porta. Deu-me também um favo de mel e uma garrafa de licor.

MISERICÓRDIA: Foi o que pensei quando ele a chamou de lado.

CRISTÃ: Sim, mas, Misericórdia, cumprirei o que disse quando partimos. Você compartilhará tudo o que me vier às mãos, porque de boa vontade se tornou minha companheira.

E Cristã ofereceu os alimentos a Misericórdia e aos meninos.

CRISTÃ (dirigindo-se a Grande Coração): Deseja acompanhar-nos, senhor, nesta refeição?

GRANDE CORAÇÃO: Vocês estão seguindo viagem, e eu voltarei para casa. Aprecio saber que vocês têm o que comer. Tenho tudo isso em casa todos os dias.

Depois que os peregrinos se alimentaram e conversaram um pouco mais, o guia lhes disse: "O dia está avançando. É melhor nos prepararmos para partir". Todos se levantaram, e os meninos tomaram a dianteira, mas Cristã esqueceu a garrafa de licor e pediu ao filho mais novo que fosse buscá-la.

MISERICÓRDIA: Parece que todos perdem alguma coisa neste lugar. Foi aqui que Cristão perdeu o rolo de pergaminho; e foi aqui que Cristã lembrou que não trouxe a garrafa de licor. Senhor, qual o motivo disso?

GRANDE CORAÇÃO: O motivo é o sono ou a negligência: alguns dormem quando deveriam estar acordados; e outros esquecem quando deveriam lembrar. É comum alguns peregrinos perderem muitas coisas nos lugares de descanso. Os peregrinos devem ser vigilantes e lembrar-se, nos momentos de maior alegria, daquilo que já receberam. Tal esquecimento transforma suas alegrias em lágrimas e o dia ensolarado, em dia nublado. Um bom exemplo é a história de Cristão quando passou por aqui.

Ao chegarem ao lugar onde Desconfiança e Temeroso foram ao encontro de Cristão para convencê-lo a voltar por medo dos leões, viram adiante do caminho um tablado grande com alguns versos escritos na parte de cima e, embaixo, o motivo pelo qual ele foi construído naquele lugar.

Os versos diziam o seguinte:

Aquele que por aqui passar
Do coração e da língua deve cuidar,
Para não sofrer a destruição
Dos que perderam a salvação.

Estas eram as palavras escritas no pedestal: "Este tablado foi construído para castigar aqueles que, por medo ou desconfiança, não prosseguiram a peregrinação. Aqui neste tablado, Desconfiança e Temeroso tiveram a língua perfurada com ferro quente por tentar impedir que Cristão seguisse seu caminho".

MISERICÓRDIA: Isso me faz lembrar as palavras do Amado:

> *Que te será dado ou que te será acrescentado, ó língua enganadora? Setas agudas do valente e brasas vivas de zimbro.*[15]

Prosseguindo a viagem, depararam-se com os leões.

Grande Coração era um homem forte, portanto não tinha medo de leões. Porém, quando se aproximaram dos animais, os meninos, que seguiam à frente, encolheram-se de medo e posicionaram-se atrás do grupo.

---

15 Salmo 120:4

GRANDE CORAÇÃO: Ora, meninos, o que se passa? Vocês gostam de andar na frente quando não há nenhum perigo à vista, mas preferem ficar atrás dos outros quando avistam leões?

Todos avançaram, e Grande Coração desembainhou a espada com a intenção de abrir caminho para os peregrinos, apesar dos leões. De repente, surgiu um homem que, aparentemente, estava ali para proteger os leões. Dirigiu-se a Grande Coração com estas palavras: "Qual o motivo de sua vinda?". O nome do homem era Sanguinário, ou Cruel, pois pertencia à raça dos gigantes e costumava matar os peregrinos.

GRANDE CORAÇÃO: Estas mulheres e estas crianças são peregrinos, e este é o caminho pelo qual devem passar. E vão passar, apesar de você e dos leões.

SANGUINÁRIO: Este não é o caminho; e eles não passarão por aqui. Vim para impedi-los, e protegerei os leões.

A bem da verdade, em razão da atitude feroz dos leões e da aparência terrível daquele que os protegia, o caminho estava coberto de mato porque fazia muito tempo que ninguém passava por ali.

CRISTÃ: Embora os caminhos estejam desocupados até agora, e embora os viajantes tenham escolhido desvios tortuosos, já não será mais assim porque me levantei: "Levantei-me por mãe em Israel".[16]

Sanguinário jurou pelos leões que sua vontade seria cumprida. Ordenou que dessem meia-volta, porque lhes impediria a passagem.

No entanto, Grande Coração, empunhando a espada, avançou na direção dele, obrigando-o a recuar.

SANGUINÁRIO: Você pretende me matar em meu território?

---

16 Juízes 5:6,7

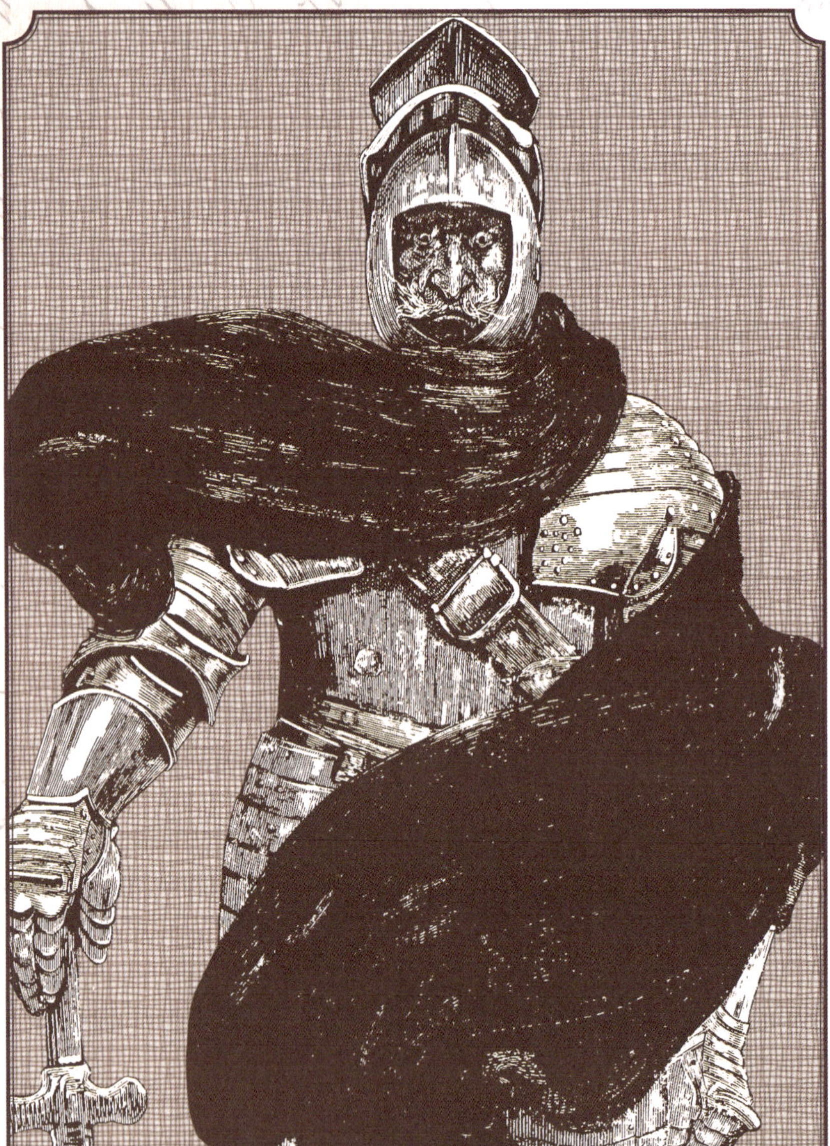

Sanguinário

GRANDE CORAÇÃO: Estamos no caminho do Rei, e foi você quem colocou os leões aqui. Mas estas mulheres e crianças, mesmo sendo fracas, seguirão em frente apesar dos seus leões.

A seguir, deu-lhe um golpe direto, fazendo-o cair de joelhos. Com aquele golpe, quebrou o capacete de Sanguinário e, com o seguinte, decepou-lhe o braço. O gigante deu um berro tão horrendo que assustou as mulheres. No entanto, grande foi a alegria delas ao ver seu corpo estendido no chão. E os leões nada puderam fazer, pois agora estavam acorrentados. Sanguinário, aquele que queria impedi-los de passar, estava morto, portanto Grande Coração disse às mulheres: "Venham, sigam-me. Os leões não lhes farão mal algum". O grupo prosseguiu viagem. As mulheres tremeram ao passar pelos animais, e os meninos mostraram-se apavorados, porém todos passaram sem nenhum incidente.[17]

17 "Sede sóbrios e vigilantes. O diabo, vosso adversário, anda em derredor, como leão que ruge procurando alguém para devorar; resisti-lhe firmes na fé, certos de que sofrimentos iguais aos vossos estão-se cumprindo na vossa irmandade espalhada pelo mundo" (1 PEDRO 5:8,9).

Brasil y conducto muy seguro, y le introduci
el Ministro de Comercio que le alejara sin duda
sus agentes adquirieran la bastante
de todos los recursos de aquella cor
la Provincia de Sn. Pedro,
bien seguro. Tambien
golpe sobre

CAPÍTULO 5

O Palácio Belo

Os peregrinos chegaram a um lugar de onde avistaram a guarita do Vigia. Ao aproximar-se, apertaram o passo para chegar rápido, porque era perigoso transitar por ali durante a noite. Ao chegarem, Grande Coração bateu ao portão.

VIGIA: Quem está aí?

GRANDE CORAÇÃO: Sou eu.

O vigia reconheceu a voz e desceu, porque Grande Coração costumava passar por ali como guia dos peregrinos. Quando abriu o portão, o vigia viu apenas Grande Coração, porque as mulheres estavam escondidas atrás dele.

VIGIA: Grande Coração, o que o traz aqui tão tarde da noite?

GRANDE CORAÇÃO: Acompanhei estes peregrinos até aqui, onde devem alojar-se por ordem de meu Senhor. Teria chegado bem antes, mas o gigante que protegia os leões quis impedir minha passagem. Depois de uma grande e tediosa luta com ele, atravessei-lhe minha espada e trouxe os peregrinos até aqui em segurança.

VIGIA: Não gostaria de entrar e aguardar o amanhecer?

GRANDE CORAÇÃO: Não. Devo retornar à casa de meu Senhor esta noite.

CRISTÃ: Ah, senhor, não quero que nos abandone em nossa peregrinação. O senhor foi muito fiel e carinhoso conosco. Lutou tão bravamente por nós e dispôs-se a nos dar tão bons conselhos, que jamais me esquecerei de seus favores.

MISERICÓRDIA: Quem dera tivéssemos a sua companhia até o fim de nossa jornada! Como nós, pobres mulheres, poderemos seguir por um caminho tão conturbado sem um amigo e defensor?

TIAGO: Por favor, senhor, peço que nos acompanhe e nos ajude. Somos muito fracos e o caminho é muito perigoso.

GRANDE CORAÇÃO: Estou sob as ordens de meu Senhor. Se Ele me designasse para ser o seu guia até o fim, eu os acompanharia. Mas vocês cometeram um erro: quando Ele me ordenou que os acompanhasse até aqui, deveriam ter-lhe pedido que eu fosse seu guia durante toda a viagem. Certamente Ele teria atendido ao seu pedido. No entanto, agora preciso me retirar. Adeus, minhas queridas Cristã e Misericórdia. Adeus, meus corajosos meninos!

O vigia, que se chamava Vigilante, perguntou a Cristã de onde ela vinha e quem eram seus parentes.

CRISTÃ: Venho da Cidade da Destruição. Sou viúva de um homem chamado Cristão, o peregrino.

VIGILANTE: Verdade? Ele era seu marido?

CRISTÃ: Sim. Estes são os filhos dele e esta (apontando para Misericórdia) também procede de minha cidade.

O Vigilante tocou o sino, como costumava fazer em ocasiões semelhantes. Uma donzela chamada Humildade apareceu.

VIGILANTE (dirigindo-se à donzela): Anuncie a todos que Cristã, a esposa de Cristão, e seus filhos chegaram até aqui em peregrinação.

A donzela entrou e anunciou a chegada dos peregrinos. E houve gritos de alegria dentro do palácio quando ouviram tal notícia.

Os habitantes do palácio correram até a porta e viram Cristã parada ali. Um deles, de semblante muito sério, dirigiu-se a ela: "Entre, Cristã. Entre, esposa daquele homem bondoso. Seja abençoada, e todos os seus acompanhantes também". Cristã entrou, seguida dos filhos e de Misericórdia. Todos foram conduzidos a uma sala muito ampla, onde alguém os convidou a se sentarem. A seguir, o chefe da casa foi chamado para receber os convidados. Ao chegar e entender quem eram, saudou-os com um beijo e disse: "Sejam bem-vindos, vasos da graça de Deus. Sejam bem-vindos à casa de seus amigos!".

Em razão da hora avançada e da fadiga dos peregrinos depois de uma longa jornada e do abatimento que sentiam por terem presenciado a luta e os terríveis leões, o maior desejo de todos era descansar o mais rápido possível. "Ainda não", disse um dos membros da família, "refresquem-se um pouco e comam alguma coisa". Eles haviam preparado um cordeiro[1] para os peregrinos, acompanhado

---

1 "Falai a toda a congregação de Israel, dizendo: Aos *dez* deste mês, cada um tomará para si um cordeiro, segundo a casa *dos pais*, um cordeiro para cada família" (ÊXODO 12:3).

do molho tradicional, porque o vigia sabia previamente da chegada do grupo e havia comunicado a todos da casa.

Terminada a ceia, encerraram o dia com uma oração e um salmo; e agora o que os peregrinos mais desejavam era um bom descanso. Cristã pediu permissão para serem acomodados no mesmo quarto onde Cristão dormiu quando passou por lá. Todos foram encaminhados a esse cômodo e lá descansaram. Enquanto repousavam de suas fadigas, Cristã e Misericórdia conversaram sobre assuntos pertinentes à viagem.

CRISTÃ: Quando meu marido partiu em peregrinação, não imaginava que um dia eu tomaria a decisão de segui-lo.

MISERICÓRDIA: E também não imaginava que dormiria no mesmo quarto e na mesma cama, como faz agora.

CRISTÃ: E muito menos sonhava em ver seu rosto e adorar o Senhor, o Rei, junto com ele, e isso é o que creio que acontecerá.

MISERICÓRDIA: Um momento! Você está ouvindo um barulho?

CRISTÃ: Sim, como se fosse o som de uma música alegre por estarmos aqui.

MISERICÓRDIA: Que maravilhoso! Música nesta casa, música no coração e música também no Céu — há alegria celestial por estarmos aqui.

As duas conversaram mais um pouco e logo depois adormeceram. Pela manhã, ao despertarem, iniciaram um novo diálogo.

CRISTÃ: Por que você riu enquanto dormia? Imaginei que estivesse sonhando.

MISERICÓRDIA: Sim, e foi um sonho bonito. Mas você tem certeza de que eu ri?

"No dia seguinte, viu João a Jesus, que vinha para ele, e disse: Eis o Cordeiro de Deus, que tira o pecado do mundo" (JOÃO 1:29).

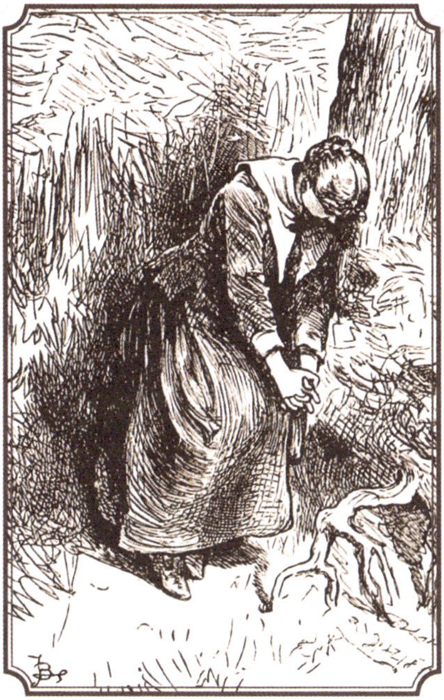

CRISTÃ: Tenho. Você riu de verdade. Mas, por favor, conte-me o seu sonho.

MISERICÓRDIA: No sonho, eu estava sozinha em um lugar ermo, lamentando a dureza de meu coração. Logo depois, um grupo de pessoas rodeou-me para ouvir o que eu dizia. Todos prestaram atenção. Continuei a lamentar a dureza de meu coração. Alguns zombaram de mim; alguns me chamaram de louca e outros começaram a empurrar-me de um lado para o outro. Olhei, então, para cima e vi um ser com asas vindo em minha direção. Ao chegar perto, ele perguntou: "O que a aflige, Misericórdia?". Depois de ouvir minhas queixas, disse: "Paz seja com você!". Enxugou minhas lágrimas com um lenço e vestiu-me de ouro e prata. Colocou um colar em meu pescoço, brincos nas orelhas e uma linda coroa em minha cabeça.[2]

Depois tomou-me pela mão e disse: "Siga-me, Misericórdia". Subimos juntos até um portão de ouro. Ele bateu e, quando o abriram,

---

2 "Passando eu por junto de ti, vi-te, e eis que o teu tempo *era* tempo de amores; estendi sobre ti as abas do meu manto e cobri a tua nudez; dei-te juramento e entrei em aliança contigo, diz o SENHOR Deus, e passaste a ser minha. Então, te lavei com água, e te enxuguei do teu sangue, e te ungi com óleo. Também te vesti de roupas bordadas, e te calcei com couro da melhor qualidade, e te cingi de linho fino, e te cobri de seda. Também te adornei com enfeites e te pus braceletes nas mãos e colar à roda do teu pescoço" (EZEQUIEL 16:8-11).

entrou e eu o acompanhei até um trono. Aquele que estava sentado no trono me disse: "Bem-vinda, filha!". O lugar era resplandecente e brilhava como as estrelas, ou melhor, como o Sol. Imaginei ter visto seu marido ali. Nesse instante, acordei. Mas é verdade que eu ri?

CRISTÃ: Riu, sim! E com razão, por ter sido tão bem acolhida. Creio que pode começar a considerar que foi um sonho bom: a primeira parte foi verdadeira e a segunda também será.[3]

Não precisamos estar acordados na cama para falar com Deus. Ele nos visita enquanto dormimos e nos faz ouvir Sua voz. Muitas vezes o coração desperta durante o sono e Deus nos fala por palavras, por provérbios, por sinais e analogias, como se estivéssemos acordados.

MISERICÓRDIA: Alegro-me com o sonho e espero que em breve ele se cumpra, para eu rir de novo.

CRISTÃ: Penso que já é hora de levantar, para saber o que precisamos fazer.

MISERICÓRDIA: Se nos convidarem a permanecer um pouco mais, estou muito disposta a aceitar a oferta, para conhecer melhor essas donzelas. Em minha opinião, Prudência, Piedade e Caridade são belas e sensatas.

CRISTÃ: Vamos aguardar para saber o que eles farão.

Tão logo se aprontaram, desceram. E todos lhes perguntaram se haviam descansado, se o local foi confortável.

MISERICÓRDIA: Perfeitamente bem. Foi uma das melhores noites que passei na vida.

PRUDÊNCIA e PIEDADE: Se forem convencidos a permanecer aqui por mais tempo, terão tudo o que esta casa puder lhes proporcionar.

---

3 "Pelo contrário, Deus fala de um modo, sim, de dois modos, *mas o homem* não atenta para isso. Em sonho ou em visão de noite, quando cai sono profundo sobre os homens, quando adormecem na cama" (JÓ 33:14,15).

CARIDADE: Sim, e tudo com muito boa vontade.

Os peregrinos aceitaram e permaneceram ali por um mês ou pouco mais, com grande proveito para todos. Querendo saber como Cristã havia criado os filhos, Prudência pediu-lhe permissão para catequizá-los. Cristã consentiu. Prudência começou com o mais novo, cujo nome era Tiago.

PRUDÊNCIA: Você sabe, Tiago, quem o criou?

TIAGO: Deus Pai, Deus Filho e Deus Espírito Santo.

PRUDÊNCIA: Muito bem. E sabe quem o salvou?

TIAGO: Deus Pai, Deus Filho e Deus Espírito Santo.

PRUDÊNCIA: De novo, muito bem. Mas como Deus Pai o salva?

TIAGO: Por Sua graça.

PRUDÊNCIA: Como Deus Filho o salva?

TIAGO: Por Sua justiça, morte, sangue e vida.

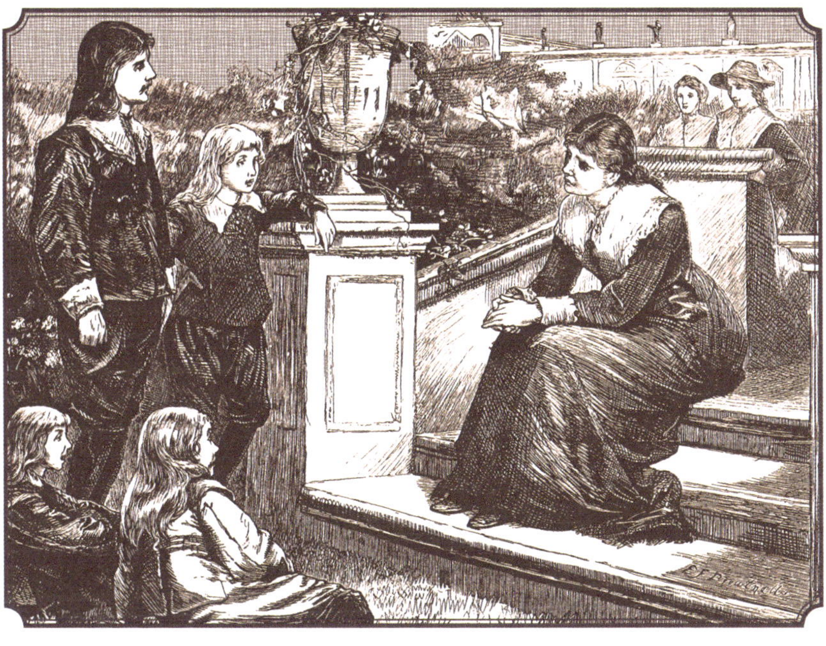

PRUDÊNCIA: E como Deus Espírito Santo o salva?

TIAGO: Por Sua iluminação, por Sua renovação e por Sua preservação.

PRUDÊNCIA (dirigindo-se a Cristã): Parabéns pela maneira como educa seus filhos. Penso que não há necessidade de mais perguntas para o mais novo, porque respondeu corretamente a todas. Vou dedicar-me ao seguinte. (Dirigindo-se a José, esse era o nome dele): José, você me permite catequizá-lo?

JOSÉ: De todo o coração.

PRUDÊNCIA: O que é o homem?

JOSÉ: Um ser racional, salvo por Deus, como meu irmão disse.

PRUDÊNCIA: O que significa a palavra "salvo"?

JOSÉ: Que o homem, por ser pecador, deixou-se entrar em estado de cativeiro e sofrimento.

PRUDÊNCIA: O que significa ser salvo pela Trindade?

JOSÉ: Que o pecado é um tirano tão grande e poderoso que somente Deus pode tirar-nos de suas garras, e que Deus é tão bom e amoroso que tira o homem de seu estado lastimoso.

PRUDÊNCIA: Qual é o propósito de Deus ao salvar os homens?

JOSÉ: Para glorificar Seu nome, Sua graça, Sua justiça etc.; e para que Seus filhos tenham felicidade eterna.

PRUDÊNCIA: Quem deve ser salvo?

JOSÉ: Todos os que aceitam a salvação.

PRUDÊNCIA: Parabéns, José. Sua mãe o ensinou muito bem, e você assimilou tudo o que ela lhe disse.

Em seguida, dirigiu-se a Samuel, o segundo filho mais velho:

PRUDÊNCIA: Samuel, você permite que eu também o catequize?

SAMUEL: Certamente. Estou às ordens.

PRUDÊNCIA: O que é Céu?

SAMUEL: Um lugar e um estado das mais completas bênçãos, pois é onde Deus habita.

PRUDÊNCIA: O que é inferno?

SAMUEL: Um lugar e um estado de completo sofrimento, porque é onde habitam o pecado, o diabo e a morte.

PRUDÊNCIA: Por que você quer ir para o Céu?

SAMUEL: Para ver Deus, servi-lo sem me cansar. Para ver Cristo e amá-lo eternamente. Para ter a plenitude do Espírito Santo em mim, o que não posso desfrutar de forma alguma aqui.

PRUDÊNCIA: Parabéns! Você também aprendeu muito bem.

A seguir, dirigiu-se ao primogênito, cujo nome era Mateus.

PRUDÊNCIA: Venha, Mateus, posso catequizá-lo também?

MATEUS: Eu gostaria muito.

PRUDÊNCIA: Existia alguma coisa antes de Deus, ou seja, existe alguma coisa que o preceda?

MATEUS: Não, porque Deus é eterno, e não existia nada antes do primeiro dia, exceto Ele: "Porque, em seis dias, fez o SENHOR os céus e a terra, o mar e tudo o que neles há".[4]

PRUDÊNCIA: O que você acha da Bíblia?

MATEUS: É a santa Palavra de Deus.

PRUDÊNCIA: Há alguma coisa escrita nela que você não entende?

MATEUS: Sim, muitas.

PRUDÊNCIA: O que você faz quando encontra passagens que não entende?

MATEUS: Penso que Deus é mais sábio que eu. Também oro para que Ele se digne a revelar tudo o que sabe para o meu bem.

PRUDÊNCIA: O que você crê a respeito da ressurreição dos mortos?

---

4 Êxodo 20:11

MATEUS: Creio que os que foram sepultados ressuscitarão os mesmos; os mesmos em natureza, porém incorruptíveis. E creio nisso por dois motivos: primeiro, porque Deus prometeu; segundo, porque Ele é capaz de fazer tudo o que quer.

PRUDÊNCIA (dirigindo-se aos meninos): Vocês ainda precisam dar ouvidos à sua mãe, porque ela tem muito a lhes ensinar. Precisam também prestar atenção às boas palavras que ouvem dos outros, porque eles querem o bem de vocês. Observem também, e com muito cuidado, o que o Céu e a Terra lhes ensinam e, acima de tudo, meditem muito naquele Livro que levou seu pai a tornar-se peregrino. Da minha parte, meus filhos, eu lhes ensinarei o que posso enquanto estiverem aqui. E ficarei feliz se me fizerem perguntas piedosas e que edifiquem.

Misericórdia, Astuto e Maridos

Depois de uma semana de hospedagem naquele local, Misericórdia atraiu a atenção de um visitante que frequentava o palácio, cujo nome era Astuto, um homem bem-educado que parecia ser religioso, porém muito ligado ao mundo. Aproximou-se algumas vezes de Misericórdia e disse que a amava. Misericórdia tinha o rosto formoso e atraía muitos olhares para si.

Estava sempre ocupada, trabalhando em alguma coisa. Quando não tinha nada a fazer por si mesma, confeccionava meias e roupas para os necessitados. E Astuto, que não sabia o destino que ela dava ao que fazia, sentiu uma forte atração por ela porque nunca a via parada, de braços cruzados. "Garanto que será uma boa dona de casa", disse consigo mesmo.

Misericórdia revelou às donzelas da casa o que se passava e fez perguntas a respeito dele, porque o conheciam melhor que ela. Contaram que era um rapaz muito atarefado e fingia ser religioso,

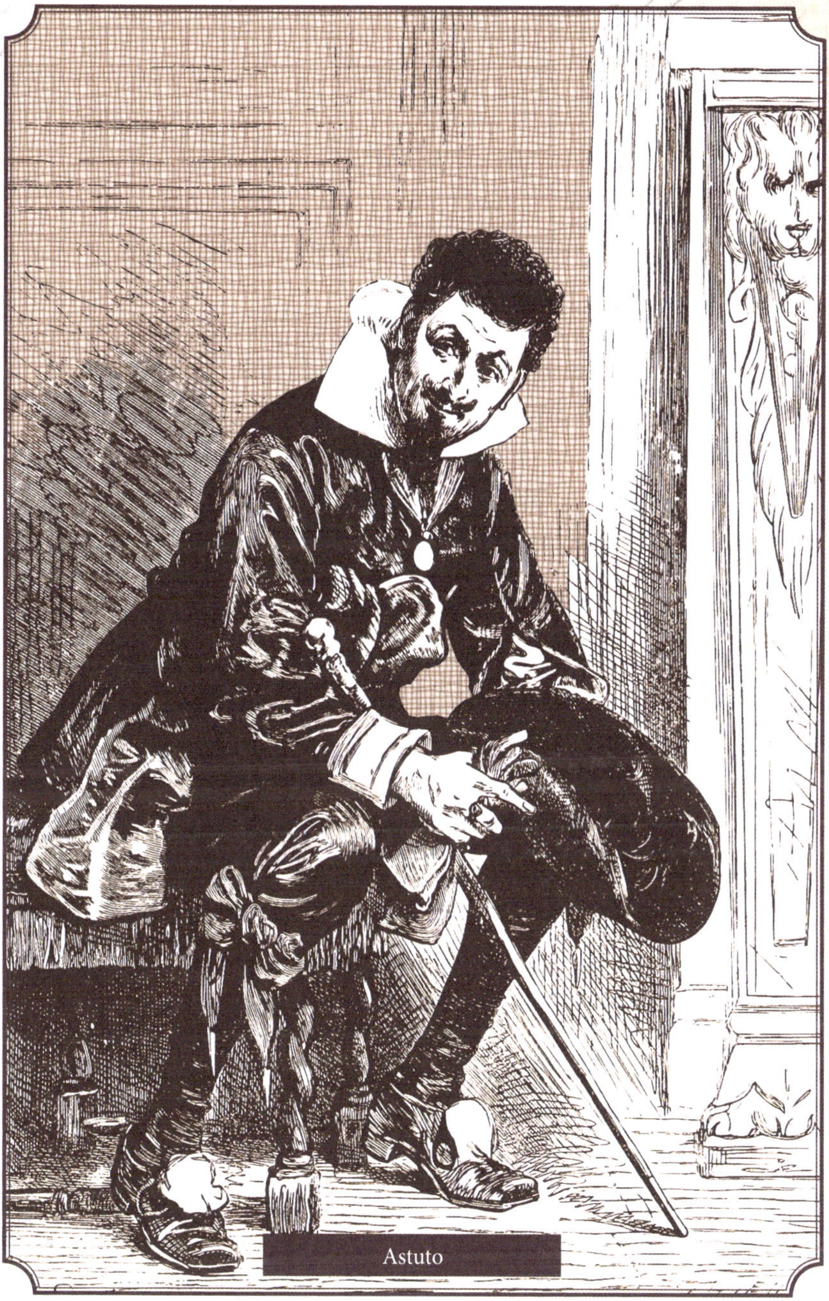

Astuto

mas receavam que talvez não conhecesse o poder daquilo que é bom.

MISERICÓRDIA: Então basta. Não vou mais pensar nele, pois não quero empecilhos em minha vida.

PRUDÊNCIA: Não há necessidade de muita coisa para desencorajá-lo. Basta continuar trabalhando para os pobres que em breve ele desistirá.

Em sua visita seguinte, Astuto encontrou Misericórdia novamente ocupada com seus afazeres, confeccionando coisas para os pobres.

ASTUTO: Sempre trabalhando?

MISERICÓRDIA: Sim, para mim ou para os outros.

ASTUTO: E quanto ganha por dia?

MISERICÓRDIA: Trabalho para ser rica de boas obras, sólido fundamento para o futuro, a fim de receber a vida eterna.[5]

ASTUTO: Então para que serve o seu trabalho?

MISERICÓRDIA: Para vestir os que não têm roupa.

Ao ouvir essas palavras, um ar de decepção cobriu-lhe o rosto e ele não mais se aproximou dela. Quando lhe perguntavam o motivo, dizia que a moça era formosa, porém mal-humorada.

PRUDÊNCIA (após a partida de Astuto): Eu não lhe disse que Astuto logo a abandonaria? E levantará calúnias contra você porque, apesar de sua pretensa religiosidade e aparente amor por Misericórdia, há uma enorme diferença entre a índole de vocês que jamais será conciliada.

---

5 "Exorta aos ricos do presente século que não sejam orgulhosos, nem depositem a sua esperança na instabilidade da riqueza, mas em Deus, que tudo nos proporciona ricamente para nosso aprazimento; que pratiquem o bem, sejam ricos de boas obras, generosos em dar e prontos a repartir; que acumulem para si mesmos tesouros, sólido fundamento para o futuro, a fim de se apoderarem da verdadeira vida" (1 TIMÓTEO 6:17-19).

MISERICÓRDIA: Já tive vários pretendentes, apesar de nunca ter comentado esse fato. Mas aparentemente não gostaram de minha maneira de ser, embora não tenham encontrado nenhuma falha de caráter em mim. Simplesmente não houve acordo com nenhum deles.

PRUDÊNCIA: A misericórdia está escassa hoje em dia. Fala-se muito dela, mas poucos põem em prática os princípios estabelecidos por você.

MISERICÓRDIA: Se ninguém me aceitar, morrerei solteira. Não abrirei mão de meus princípios em troca de marido. Não posso mudar minha natureza nem permitir que alguém tente me impor suas ideias. Isso nunca admitirei enquanto viver. Eu tinha uma irmã chamada Generosa que foi casada com um homem intratável. Nunca houve acordo entre eles, porém pelo fato de minha irmã ter tomado a decisão de continuar o que havia iniciado, isto é, ser generosa com os pobres, ele a caluniou e depois expulsou-a de casa.

PRUDÊNCIA: E continuou a declarar-se religioso, tenho certeza.

MISERICÓRDIA: Sim, ele era exatamente assim. E o mundo está cheio de pessoas como ele. Mas não concordo com nenhuma delas.

Mateus, o filho mais velho de Cristã, adoeceu, e as cólicas estomacais causavam-lhe tanto sofrimento que ele chegava a se contorcer de dor. Perto dali morava um médico competente e de idade avançada chamado Dr. Habilidoso. Cristã concordou em chamá-lo, e ele foi visitar o enfermo. Depois de examinar o menino, concluiu que se tratava de um problema muito grave.

DR. HABILIDOSO (dirigindo-se à mãe): Qual tem sido a alimentação de Mateus ultimamente?

CRISTÃ: Alimentação normal. Nada que não seja saudável.

DR. HABILIDOSO: Este menino ingeriu alguma substância que não foi digerida pelo estômago. Não há alternativa a não ser expurgar o que ali está, senão ele morrerá.

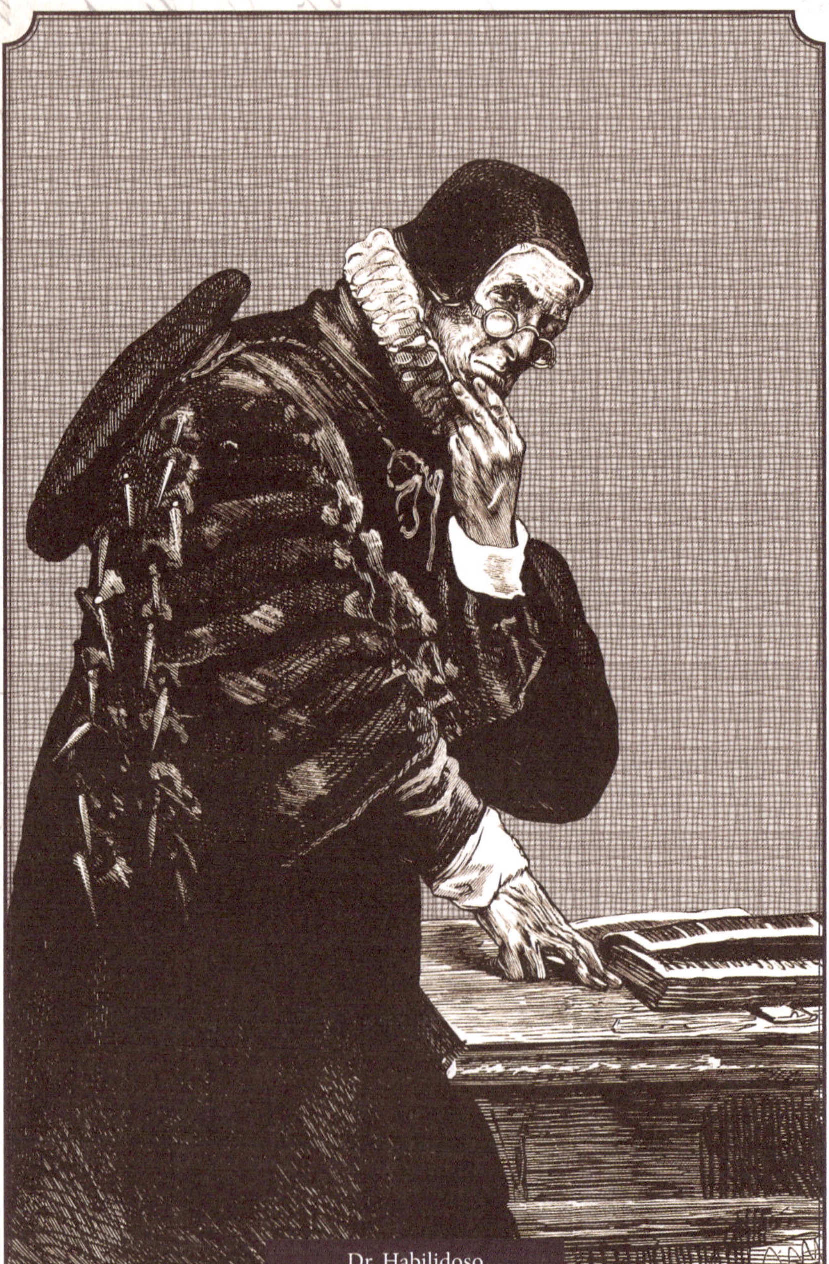

Dr. Habilidoso

SAMUEL: Mãe, mãe, o que foi que o meu irmão apanhou e comeu quando atravessamos o portão e nos dirigimos para cá? A senhora lembra que havia um jardim do lado esquerdo? Do outro lado do muro pendiam os galhos de uma árvore, e meu irmão apanhou a fruta e a comeu.

CRISTÃ: É verdade, meu filho. E, por ser tão traquinas, ele pegou a fruta e comeu-a. Eu o repreendi, mas ele não me deu ouvidos.

DR. HABILIDOSO: Logo vi que ele havia ingerido um alimento nocivo. E aquela fruta é o alimento mais nocivo de todos, pois pertence ao pomar de Belzebu. Não sei por que ninguém os advertiu antes. Muitos já morreram em consequência disso.

CRISTÃ (pondo-se a chorar): Ah, que menino travesso! E que mãe descuidada sou! O que posso fazer por meu filho?

DR. HABILIDOSO: Ora, não se sinta tão desprezível; o menino vai ficar bem, mas precisamos forçá-lo a vomitar.

CRISTÃ: Por favor, doutor, use todas as suas habilidades, custe o que custar.

DR. HABILIDOSO: Espero agir com sensatez.

O procedimento foi feito, porém não produziu todo o efeito desejado. Disseram que continha sangue de bode e de touro misturado com um pouco de essência de hissopo e outras coisas.[6] Ao ver que o resultado foi fraco demais, o médico decidiu usar o método *ex Carne*

---

6 "Ora, visto que a lei tem sombra dos bens vindouros, *não* a imagem real das coisas, nunca jamais pode tornar perfeitos os ofertantes, com os mesmos sacrifícios que, ano após ano, perpetuamente, eles oferecem. Doutra sorte, não teriam cessado de ser oferecidos, porquanto os que prestam culto, tendo sido purificados uma vez por todas, não mais teriam consciência de pecados? Entretanto, *nesses sacrifícios* faz-se recordação de pecados todosos anos, porque *é impossível* que o sangue de touros e de bodes remova pecados" (HEBREUS 10:1-4).

et Sanguine Christi[7] (os médicos usam medicamentos estranhos em seus pacientes), que consistia de pílulas acompanhadas de uma ou duas promessas e uma quantidade razoável de sal.

O menino deveria tomar três pílulas por vez, em jejum, com meia xícara de lágrimas de arrependimento.[8]

Quando a poção foi preparada e levada ao menino, ele relutou em tomá-la, apesar das cólicas que o devastavam.

DR. HABILIDOSO: Vamos, você precisa tomar o remédio.

MATEUS: Meu estômago não aceitará.

CRISTÃ: Vou ter de exigir que você o tome.

MATEUS: Vou vomitar de novo.

CRISTÃ (dirigindo-se ao médico): Que gosto tem o remédio?

DR. HABILIDOSO: Não tem gosto ruim.

CRISTÃ (depois de provar uma pílula com a ponta da língua): Ah, Mateus, este remédio é mais doce que o mel. Se você ama sua mãe, ama seus irmãos, ama Misericórdia e ama a sua vida, tome-o.

---

7 "Quem comer a minha carne e beber o meu sangue tem a vida eterna, e eu o ressuscitarei no último dia. Pois a minha carne é verdadeira comida, e o meu sangue é verdadeira bebida. Quem comer a minha carne e beber o meu sangue permanece em mim, e eu, nele. Assim como o Pai, que vive, me enviou, e igualmente eu vivo pelo Pai, também quem de mim se alimenta por mim viverá" (JOÃO 6:54-57).

"Porque cada um será salgado com fogo [e cada sacrifício será salgado com sal]" (MARCOS 9:49).

8 "Muito mais o sangue de Cristo, que, pelo Espírito eterno, a si mesmo se ofereceu sem mácula a Deus, purificará a nossa consciência de obras mortas, para servirmos ao Deus vivo!" (HEBREUS 9:14).

"E sobre a casa de Davi e sobre os habitantes de Jerusalém derramarei o espírito da graça e de súplicas; olharão para aquele a quem traspassaram; prantea-lo-ão como quem pranteia por um *unigênito* e chorarão por ele como se chora amargamente pelo *primogênito*" (ZACARIAS 12:10).

Com muita insistência e depois de uma rápida oração pedindo as bênçãos de Deus, o menino tomou o remédio, que surtiu o efeito desejado, provocando vômito. Depois disso ele dormiu e descansou tranquilamente. Seu corpo se aqueceu e ele transpirou muito, livrando-se totalmente das cólicas.

Pouco tempo depois, levantou-se e conseguiu andar com o auxílio de um cajado. Andando por entre os cômodos, conversou com Prudência, Piedade e Caridade sobre sua doença e como fora curado.

CRISTÃ (dirigindo-se ao médico depois que o menino fora curado): Doutor, quanto devo pagar ao senhor pelos seus serviços e por ter cuidado de meu filho?

DR. HABILIDOSO: Você deve pagar ao dono da escola de medicina, de acordo com as regras aplicadas a este caso.[9]

CRISTÃ: Mas, doutor, estas pílulas que o senhor deu ao meu filho têm alguma outra serventia?

DR. HABILIDOSO: É um remédio universal, e serve para todas as enfermidades às quais os peregrinos estão expostos; e quando bem preparado, afasta todas as más lembranças.

CRISTÃ: Por favor, prepare-me 12 caixas dele, porque se eu o tiver em mãos, nunca mais tomarei outro remédio.

DR. HABILIDOSO: Essas pílulas previnem e também curam enfermidades. Posso garantir que se alguém tomar este remédio conforme prescrito, viverá para sempre.[10]

Porém, minha bondosa Cristã, você só poderá tomá-lo de acordo com o que prescrevi, caso contrário, não fará efeito algum.

---

9 "Por meio de Jesus, pois, ofereçamos a Deus, sempre, sacrifício de louvor, que é o fruto de lábios que confessam o seu nome" (HEBREUS 13:15).

10 "Este é o pão que desce do céu, para que todo o que dele comer não pereça" (JOÃO 6:50).

E, assim, ele entregou o remédio a Cristã, para ela própria, para os meninos e para Misericórdia; e ordenou a Mateus que nunca mais comesse ameixas verdes. Despediu-se de todos com um beijo e partiu.

Já lhes contei que Prudência se ofereceu para ajudar os meninos. Sempre que tivessem dúvidas a respeito de assuntos importantes, podiam perguntar-lhe que ela lhes responderia.

MATEUS (por ter estado enfermo): Por que os remédios quase sempre são amargos ao paladar?

PRUDÊNCIA: Para mostrar quanto a Palavra de Deus e seus efeitos são desagradáveis ao coração carnal.

MATEUS: Por que o remédio provoca vômito para nos curar?

PRUDÊNCIA: Para mostrar que, quando a ação da Palavra de Deus é eficaz, ela purifica o coração e a mente. O remédio cura o corpo; a Palavra de Deus cura a alma.

MATEUS: Que lições podemos aprender ao ver que as labaredas sobem e os raios e as doces influências do Sol produzem efeitos de cima para baixo?

PRUDÊNCIA: As labaredas sobem para nos ensinar a elevar ao Céu nossos pedidos ardentes e fervorosos. E o Sol, ao enviar seus raios de luz que nos aquecem e produzem bons efeitos em nós, ensina-nos que o Salvador do mundo, embora exaltado, envia-nos Sua graça e Seu amor.

MATEUS: De onde vem a água das nuvens?

PRUDÊNCIA: Do mar.

MATEUS: O que isso nos ensina?

PRUDÊNCIA: Que os ministros do evangelho devem buscar a doutrina de Deus.

MATEUS: Por que as nuvens despejam água sobre a terra?

PRUDÊNCIA: Para mostrar que os ministros do evangelho devem transmitir ao mundo o que conhecem a respeito de Deus.

MATEUS: Por que o Sol forma um arco-íris?

PRUDÊNCIA: Para mostrar que o pacto da graça de Deus nos é confirmado em Cristo.

MATEUS: Por que as fontes de água que procedem do mar chegam até nós pela terra?

PRUDÊNCIA: Para mostrar que a graça de Deus chega até nós pelo corpo de Cristo.

MATEUS: Por que algumas nascentes se formam no alto dos montes?

PRUDÊNCIA: Para mostrar que o espírito da graça jorra tanto para os grandes e poderosos quanto para os pobres e humildes.

MATEUS: Por que o fogo se fixa no pavio?

PRUDÊNCIA: Para mostrar que, se a graça não permanecer acesa em nosso coração, a verdadeira luz da vida não brilhará em nós.

MATEUS: Por que gastamos pavio, cera e outras coisas para manter a vela acesa?

PRUDÊNCIA: Para mostrar que o corpo, a alma e tudo o que nos pertence devem estar a serviço da graça de Deus que está em nós e se esforçar para mantê-la em boas condições.

MATEUS: Por que o pelicano fere o próprio peito com o bico?

PRUDÊNCIA: Para alimentar os filhotes com seu sangue; e para mostrar que Cristo ama Seus filhos, o Seu povo, de tal modo que os salvou da morte mediante Seu sangue.

MATEUS: O que aprendemos ao ouvir o galo cantar?

PRUDÊNCIA: Aprendemos a nos lembrar do pecado e do arrependimento de Pedro. O canto do galo mostra também que o dia está chegando e que devemos ter sempre em mente o último e terrível dia do juízo.

Transcorrido um mês, chegou a hora de os peregrinos se prepararem para partir.

JOSÉ (dirigindo-se à mãe): Convém que a senhora não se esqueça de enviar alguém à casa de Intérprete para pedir-lhe que Grande Coração nos acompanhe e nos conduza no restante do caminho.

CRISTÃ: Muito bem, meu filho. Já ia me esquecendo.

Em seguida, Cristã redigiu um pedido e solicitou a Vigilante, o porteiro, que designasse um mensageiro de confiança para entregá-lo a Intérprete. Tão logo o recebeu e leu o conteúdo, Intérprete disse ao mensageiro: "Vá, e diga-lhes que enviarei Grande Coração".

Quando souberam que Cristã havia tomado a decisão de partir, os moradores do palácio se reuniram para render graças ao Rei por ter enviado visitantes tão dignos. Depois disso, disseram a Cristã: "Queremos mostrar-lhes algo que costumamos mostrar aos peregrinos e sobre o qual vocês devem meditar ao longo do caminho". Levaram Cristã, os meninos e Misericórdia a um quarto e mostraram-lhes o fruto da árvore que Eva comeu e deu ao seu marido, o que resultou na expulsão do casal do Paraíso, e pediram a opinião de Cristã sobre aquilo.

CRISTÃ: Pode ser alimento ou veneno, não sei.

Eles, então o revelaram a Cristã, que levantou as mãos e ponderou:

> *Vendo a mulher que a árvore era boa para se comer, agradável aos olhos e árvore desejável para dar entendimento, tomou-lhe do fruto e comeu e deu também ao marido, e ele comeu. Desventurado homem que sou! Quem me livrará do corpo desta morte?* [1]

---

11 Gênesis 3:6; Romanos 7:24

Depois levaram os peregrinos a um lugar e mostraram-lhes a escada de Jacó. Naquele momento havia alguns anjos subindo por ela.[12] Cristã e o resto do grupo olharam e viram a subida dos anjos. Já estavam saindo para ver outras coisas, mas Tiago disse à mãe: "Peça para ficarmos um pouco mais aqui, porque achei isto muito interessante". Todos voltaram e fixaram os olhos em uma cena muito agradável.

Depois disso foram conduzidos a um lugar no palácio onde viram uma âncora de ouro dependurada.[13] "Levem esta âncora com vocês, porque será muito importante tê-la junto de si, para que possam segurar-se ao que está no interior do véu, caso enfrentem tempos turbulentos". Os peregrinos receberam o presente com grande alegria. Foram conduzidos depois ao monte no qual Abraão, nosso pai, ofereceu seu filho Isaque em sacrifício; e mostraram-lhes o altar, a lenha, o fogo e o cutelo,[14] que podem ser vistos até hoje.

Os peregrinos muito se alegraram pelo que viram. Levantaram as mãos e disseram estas palavras em forma de bênção: "Quanto amor Abraão demonstrou a seu Mestre a ponto de negar a si mesmo". Depois de lhes mostrar todas essas coisas, Prudência levou-os à sala

---

12 "E [Jacó] sonhou: Eis posta na terra uma escada cujo topo atingia o céu; e os anjos subiam e desciam por ela" (GÊNESIS 28:12).

13 "O SENHOR brama de Sião e se fará ouvir de Jerusalém, e os céus e a terra tremerão; mas o SENHOR *será* o refúgio do seu povo e a fortaleza dos filhos de Israel" (JOEL 3:16).

"A qual [*esperança*] temos por âncora da alma, segura e firme e que penetra além do véu" (HEBREUS 6:19).

14 "Chegaram ao lugar que Deus lhe havia designado; ali edificou Abraão um altar, sobre ele dispôs a lenha, amarrou Isaque, seu filho, e o deitou no altar, em cima da lenha" (GÊNESIS 22:9).

de jantar, onde havia um excelente par de virginais.[15] Prudência os tocou, transformando o que lhes mostrara nesta magnífica canção:

Prestem atenção ao que acabam de ver:
O fruto que Eva decidiu comer,
E a escada de Jacó, que, mesmo dormindo,
Viu os anjos do Céu por ela subindo.

Uma âncora receberam de presente
Porém sozinha não será suficiente,
Se, como Abraão, não ofertarem ao Senhor
Aquilo que possuem de maior valor.

Naquele momento alguém bateu à porta. O porteiro abriu-a e, vejam só!, Grande Coração havia chegado. Quando ele entrou, houve grande alegria da parte de todos, porque ainda retinham na memória que ele havia matado o gigante Sanguinário, o Cruel, e os livrara dos leões.

Grande Coração dirigiu-se a Cristã e a Misericórdia: “O meu Senhor enviou a cada um de vocês uma garrafa de vinho, grãos torrados e duas romãs. Também enviou figos e passas aos meninos para se fortalecerem durante a viagem”.

Em seguida, os peregrinos prepararam-se para jornada. Prudência e Piedade os acompanharam. Ao chegarem ao portão, Cristã perguntou ao porteiro se alguém havia passado por ali ultimamente.

---

15 N.T.: Instrumento musical de teclado e cordas que se tangem por bico de pena, como na espineta, com a qual se parece, tendo, porém, geralmente, a forma de uma caixa retangular, pequena e leve, e sendo de uso posterior (séculos 15 e 16). *Dicionário Aurélio*, 5ª edição. Curitiba: Positivo, 2010.

VIGILANTE: Faz algum tempo que alguém passou por aqui e me contou que houve um grande roubo na estrada do Rei, que vocês vão percorrer. Mas ele disse que os ladrões foram presos e em breve serão submetidos a julgamento.

MATEUS (ao ver a expressão de pavor no rosto de Cristã e Misericórdia): Mãe, não tenha medo porque Grande Coração irá conosco e será o nosso guia.

CRISTÃ (dirigindo-se a Vigilante): Sou muito grata a você por toda a sua bondade desde que cheguei; e também por ter sido tão amoroso e carinhoso com meus filhos. Não tenho como retribuir sua generosidade, mas peço que aceite este singelo presente como prova de meu agradecimento.

Com essas palavras, ela colocou uma moeda de ouro com a figura de um anjo (uma moeda antiga) na mão dele.

VIGILANTE (com um gesto respeitoso): Que as suas vestes sejam sempre alvas e nunca falte óleo em sua cabeça. Que Misericórdia viva e nunca lhe falte trabalho. (E dirigindo-se aos meninos): Fujam dos apetites carnais da mocidade e sigam a santidade dos que são prudentes e sábios. Assim alegrarão o coração de sua mãe e receberão elogios de todos os que possuem equilíbrio.

Os peregrinos agradeceram ao porteiro e partiram.

Brasil o tornando muy seguro, y de memoria

el Sr. Mrs. de Monte y le alejaron sin dud

sus agentes adquirieron la bastante

de todos los recursos de aquella con

de la Provincia de S.to Pedro,

bien. Tambie

golpe sobr

CAPÍTULO 6
O Vale da Humilhação

Prosseguindo no sonho, vi que eles caminharam até chegar ao alto do monte, onde Piedade pensou um pouco e disse em voz alta: "Ah, esqueci uma coisa que pretendia dar a Cristã e seu grupo. Vou buscá-la". E voltou correndo.

Durante a ausência de Piedade, Cristã ouviu, vinda de um bosque, um pouco adiante à direita, uma rara e melodiosa música, cujas palavras eram estas:

Em toda a minha vida, Senhor,
Mostrado tens o Teu favor.

Que em Tua casa eu possa morar
E viver feliz em meu eterno lar.

Continuando a prestar atenção, ela pensou ter ouvido uma resposta, dizendo:

Porque o Senhor é bom e nos guiará,
Sua misericórdia para sempre durará.
Certos estamos de que Sua verdade
Permanecerá por toda a eternidade.

CRISTÃ (dirigindo-se a Prudência): Quem produz este canto tão melodioso?

PRUDÊNCIA: As aves de nosso campo. É raro cantarem, a não ser na primavera quando as flores desabrocham com o brilho e o calor do Sol. Nessa época, cantam o dia inteiro. Eu saio para ouvi-las e quase sempre as levo para casa. São ótimas companhia para nós quando estamos tristes. Transformam bosques, florestas e locais ermos em lugares aprazíveis.[1]

PIEDADE (de volta ao local): Veja, Cristã. Eu lhe trouxe uma lista das coisas que vocês viram em nossa casa, às quais devem consultar quando estiverem se esquecendo e, assim, sempre lhes sejam trazidas à memória para sua edificação e consolo.

Em seguida, começaram a descer o monte rumo ao Vale da Humilhação. A encosta era íngreme e o caminho, escorregadio. Mas, com muito cuidado, conseguiram descer. Ao chegarem ao vale, Piedade disse a Cristã: "Este é o lugar onde Cristão, seu marido, se

---

1 "Porque eis que passou o inverno, cessou a chuva e se foi; aparecem as flores na terra, chegou o tempo de cantarem as aves, e a voz da rola ouve-se em nossa terra" (CÂNTICO DOS CÂNTICOS 2:11,12).

encontrou com o Apolião, o espírito maligno, e onde travaram uma terrível batalha, da qual, sem dúvida, você já ouviu falar. Mas tenha bom ânimo! Uma vez que Grande Coração está aqui para ser seu guia, esperamos que tudo corra melhor". Depois de recomendar os peregrinos ao guia, este seguiu à frente e elas o seguiam.

GRANDE CORAÇÃO: Não devemos ter medo deste vale, porque aqui não há nada que nos possa prejudicar, a não ser que procuremos o mal. É verdade que foi aqui que Cristão se encontrou com Apolião, com quem teve um violento embate. Mas aquela luta foi fruto de seus escorregões na descida ao vale. Os que escorregam ali encontram combates aqui. É por isso que este vale tem má fama, pois o povo em geral, quando ouve falar que ocorreu alguma fatalidade neste lugar, diz que é assombrado por abrigar um espírito maligno quando, de fato, isso é fruto das más obras de quem passa pelo local. O Vale da Humilhação é, em si, um lugar frutífero sobre o qual todas as aves gostam de voar. E estou convencido de que encontraremos, em algum lugar por aqui, algo que nos explique por que Cristão foi tão perseguido.

TIAGO (dirigindo-se à mãe): Olhe, estou vendo uma coluna ali adiante, e parece que há algumas palavras escritas nela. Vamos ver o que é.

Ao aproximar-se, encontraram um letreiro com estes dizeres: "Que os escorregões de Cristão antes de chegar aqui e as batalhas que enfrentou neste lugar sirvam de aviso aos que vierem depois dele".

GRANDE CORAÇÃO: Eu não disse que havia algo aqui que nos explicaria por que Cristão foi tão perseguido neste lugar? (Dirigindo-se a Cristã): Não digo isto para menosprezar Cristão e tantos outros que tiveram a mesma sorte. Aqui a subida é muito mais fácil que a descida, fato muito raro de se ouvir a respeito de outros montes. Mas vamos deixar Cristão em paz. Ele está descansando e

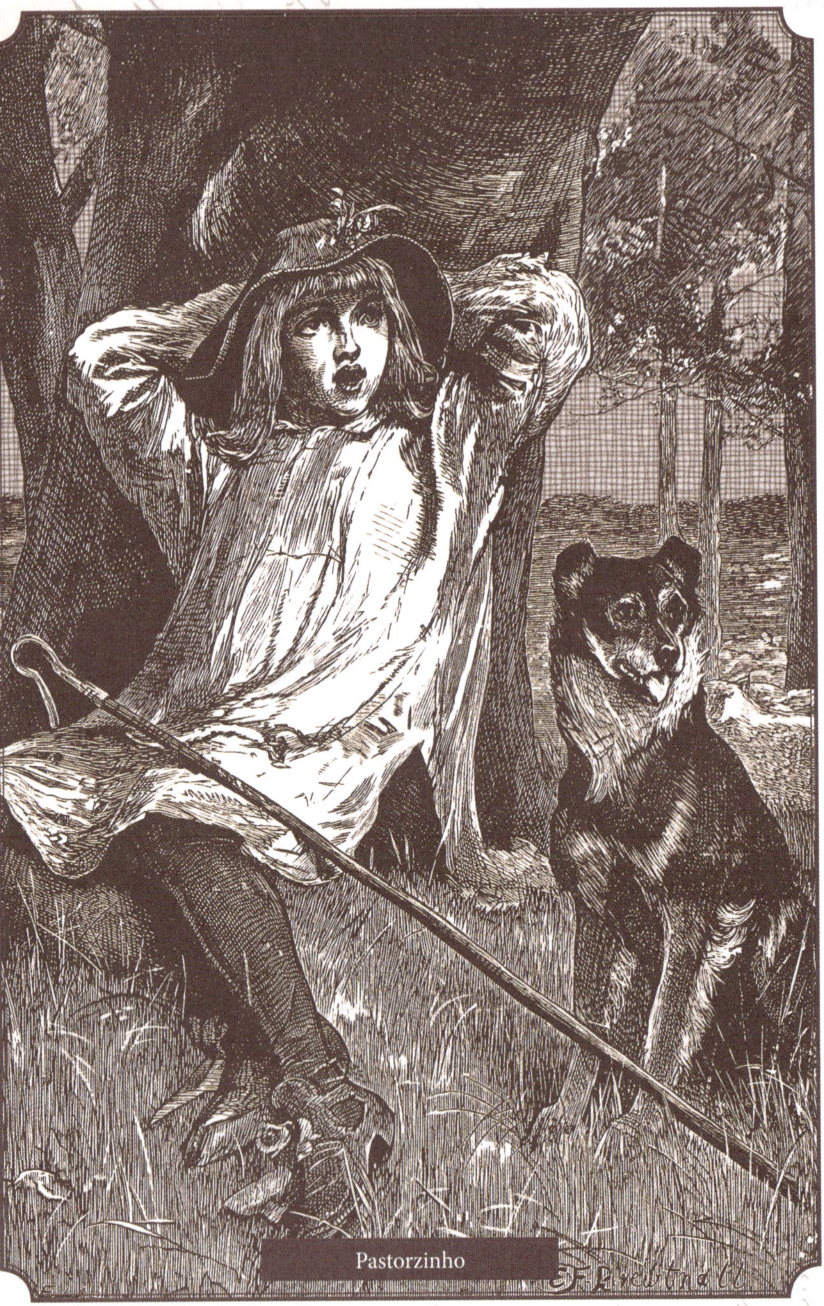

Pastorzinho

derrotou bravamente seu inimigo; que aproveite sua morada lá no alto e que não nos aconteça coisa pior quando passarmos por provações semelhantes às dele.

Mas voltemos a falar deste Vale da Humilhação. Este é o melhor lugar e o mais frutífero de toda a região. O solo é fértil e, como podem ver, consiste em grande parte de campinas. Se alguém chegasse aqui no verão, como nós, e não conhecesse nada a respeito do lugar, e se soubesse também apreciar o que vê, ficaria encantado. Vejam como é verde este vale! Vejam a beleza dos lírios![2]

Também conheço muitos homens que, depois de muitas lutas e sofrimento, conseguiram bons resultados neste Vale da Humilhação (porque Deus resiste aos orgulhosos, mas concede mais graça ainda aos humildes[3]). Na verdade, este solo é muito fecundo e produtivo. Há muitos que gostariam de seguir diretamente daqui até a casa do Pai, pois assim não teriam mais de ser atormentados ao passar por colinas ou montes, mas o caminho está traçado e é necessário segui-lo até o fim.

Enquanto andavam e conversavam, avistaram um menino pastoreando as ovelhas de seu pai. Embora trajasse roupas surradas, era um rapazinho alegre e de boa aparência. Sentado ali sozinho, cantava. "Ouçam", disse Grande Coração, "o que o pastorzinho diz".

---

2 "Eu *sou* a rosa de Sarom, [*e*] o lírio dos vales" (CÂNTICO DOS CÂNTICOS 2:1).
"Antes, ele dá maior graça; pelo que diz: Deus resiste aos soberbos, mas dá graça aos humildes" (TIAGO 4:6).

3 "Rogo, igualmente aos jovens: sede submissos aos que são mais velhos; outrossim, no trato de uns com os outros, cingi-vos todos de humildade, porque Deus resiste aos soberbos, contudo, aos humildes concede a sua graça" (1 PEDRO 5:5).

Todos prestaram atenção às suas palavras:
O que está embaixo da queda não temerá;
Quem é humilde orgulho jamais terá;
E quanto aos mansos de coração,
Guiados por Deus sempre serão.

Com o que possuo satisfeito estou;
Seja muito ou pouco, sorrindo vou.
E, Senhor, contente sempre serei
Pois me salvaste do jugo da Lei.

As riquezas, que grande fardo são
Para quem segue em peregrinação.
Poucas aqui, bênçãos abundantes lá
O fiel peregrino um dia alcançará.[4]

GRANDE CORAÇÃO: Ouviram? Atrevo-me a dizer que aquele pastorzinho é muito feliz e tem muito mais paz de espírito no coração do que quem se veste de seda e veludo. Mas voltemos ao nosso assunto. Em tempos passados, nosso Senhor possuía uma habitação neste vale e gostava muito de estar aqui. Também gostava muito de andar por estas campinas, porque o ar lhe era agradável. Além disso, este é um lugar onde nos sentimos livres dos ruídos e das agitações desta vida. Há barulho e confusão em toda parte; somente no

---

4 "Tanto sei estar humilhado como também ser honrado; de tudo e em todas as circunstâncias, já tenho experiência, tanto de fartura como de fome; assim de abundância como de escassez" (FILIPENSES 4:12,13).

"*Seja a vossa* vida sem avareza. *Contentai-vos* com as coisas que tendes; porque ele tem dito: De maneira alguma te deixarei, nunca jamais te abandonarei" (HEBREUS 13:5).

Vale da Humilhação encontramos um lugar desabitado e solitário. Não há nada aqui que perturbe nossas meditações como ocorre em outros lugares. Ninguém transita por aqui, a não ser quem ama a vida de peregrinação. E apesar de Cristão ter tido aqui um encontro agitado com Apolião e entrado em luta com ele, devo dizer-lhes que, em tempos passados alguns homens neste lugar encontraram anjos, e pérolas, e palavras de vida.[5]

Já lhes contei que o Senhor possuía uma habitação aqui em tempos passados e que gostava muito de andar por aqui. E vou complementar. Neste lugar e para os que trilham este caminho, Ele deixou uma renda anual para lhes ser paga rigorosamente em certas ocasiões para a manutenção do caminho, e para encorajá-los a seguir em peregrinação.[6]

SAMUEL (dirigindo-se a Grande Coração): Senhor, sei que neste vale meu pai e Apolião travaram uma luta, mas onde foi o combate? Vejo que este vale é imenso.

GRANDE CORAÇÃO: Seu pai lutou com Apolião bem mais adiante de onde nos encontramos, em uma passagem estreita, além do Prado do Esquecimento. Aquele lugar é o mais perigoso de todos, porque, quando passam por maus bocados, os peregrinos se esquecem dos favores que receberam e de quanto são indignos deles. Neste lugar outros também estiveram em apuros. Falaremos mais

---

5 "O SENHOR também com Judá tem contenda e castigará Jacó segundo o seu proceder; segundo as suas obras, o recompensará. No ventre, pegou do calcanhar de seu irmão; no vigor da sua idade, lutou com Deus; lutou com o anjo e prevaleceu; chorou e lhe pediu mercê; *em* Betel, achou a Deus, e ali falou Deus conosco. O SENHOR, o Deus dos Exércitos, o SENHOR *é* o seu nome" (OSEIAS 12:2-5).

6 "Tomai sobre vós o meu jugo e aprendei de mim, porque sou manso e humilde de coração; e achareis descanso para a vossa alma" (MATEUS 11:29).

do lugar quando chegarmos lá, porque estou convencido de que ainda existem alguns sinais da luta ou um monumento para comprovar que ali foi travada uma batalha.

MISERICÓRDIA: Sinto-me tão bem neste vale quanto em todos os outros lugares de nossa jornada. Parece que se harmoniza com meu espírito. Gosto muito de lugares onde não há ruídos de coches nem de rodas. Acho que aqui é o lugar ideal para pensarmos, sem muita importunação, em quem somos, de onde viemos, o que fizemos e qual é o chamado do Rei para nós. Aqui meditamos, abrimos o coração e nos unimos em um só espírito, até nossos olhos se tornarem como as piscinas de Hesbom.[7] Os que andam corretamente por este vale árido fazem dele um manancial; a chuva que Deus envia do céu sobre os que aqui estão também enche as piscinas.[8] Deste vale o Rei lhes dará suas vinhas, e eles o atravessarão cantando[9] (como Cristão fez, apesar de tudo o que enfrentou ao encontrar-se com Apolião).

GRANDE CORAÇÃO: É verdade. Atravessei este vale muitas vezes e nunca houve lugar melhor do que este aqui. Tenho também

---

7 Referente ao texto Bíblico de Cântico dos Cânticos 7:4 — "O teu pescoço, *como* torre de marfim; os teus olhos *são* as piscinas de Hesbom, junto à porta de Bate-Rabim; o teu nariz, *como* a torre do Líbano, que olha para Damasco". [N.E.: A cidade de Hesbom fica a 60 km a leste de Jerusalém. Suas piscinas são famosas pelo tom esverdeado vivo e por possuírem águas calmas e cristalinas.]

8 "*Bem-aventurado* o homem cuja força *está* em ti, em cujo coração *se encontram* os caminhos aplanados, o qual, passando pelo vale árido, faz dele um manancial; de bênçãos o cobre a primeira chuva. Vão indo de força em força; *cada um deles* aparece diante de Deus em Sião" (SALMO 84:5-7).

9 "E lhe darei, dali, as suas vinhas e o vale de Acor por porta de esperança; será ela obsequiosa como nos dias da sua mocidade e como no dia em que subiu da terra do Egito" (OSEIAS 2:15).

conduzido vários peregrinos, e todos dizem o mesmo: “Para este homem eu olharei”, diz o Rei, “até mesmo para aquele que é pobre e abatido de espírito, e treme diante de minha palavra”.[10]

Chegaram, então, ao lugar onde havia sido travada a batalha já mencionada.

GRANDE CORAÇÃO: Este é o lugar. Foi exatamente aqui que Cristão parou; e dali Apolião investiu contra ele. E vejam, eu não lhes disse? Até hoje há aqui um pouco do sangue de seu marido sobre estas pedras, Cristã. E ainda podemos ver aqui e ali alguns fragmentos dos dardos quebrados de Apolião. Vejam também as marcas de seus pés no chão durante a luta para se posicionarem melhor frente a frente. E observem estas pedras esmigalhadas com seus socos. De fato, Cristão lutou corajosamente quando esteve aqui. Resistiu com todas as suas forças como se fosse o próprio Hércules. Ao ser derrotado, Apolião fugiu para o vale ao lado, chamado Vale da Sombra da Morte, aonde chegaremos daqui a pouco. Mais adiante há um monumento no qual há o registro sobre essa batalha, e a vitória de Cristão que será aclamada por séculos e mais séculos.

O monumento encontrava-se no caminho adiante dos peregrinos. Aproximando-se dele, leram o que estava escrito, palavra por palavra:

Uma intensa luta travou-se neste lugar;
Verdadeira sim, porém singular.
Cristão e Apolião lutando frente a frente,
Cada um tendo a vitória total em mente.

---

10 “Porque a minha mão fez todas estas coisas, e todas vieram a existir, diz o Senhor, mas o homem para quem olharei é este: o aflito e abatido de espírito e que treme da minha palavra” (ISAÍAS 66:2).

Lutando com bravura contra seu algoz,
Cristão pôs em fuga o inimigo feroz.
Em memória de sua grande vitória,
Este monumento testifica sua glória.

A seguir, chegaram à beira do Vale da Sombra da Morte, que era um pouco mais comprido que o outro. Também um lugar estranhamente infestado de maldade, como muitos podem atestar. Mas as mulheres e as crianças conseguiram atravessá-lo, por causa da luz do dia e por terem Grande Coração como guia.

Ao entrar no vale, pensaram ter ouvido o gemido de um moribundo, um gemido muito forte, e também palavras de lamentação, como se alguém estivesse em extremo tormento. Os meninos tremeram de medo e as mulheres empalideceram, porém o guia os animou.

Avançaram um pouco mais e pensaram ter sentido o chão tremer sob seus pés, como se o lugar fosse oco; ouviram também um som de sibilo de serpente, mas não viram nada. Os meninos disseram: "Ainda não chegamos ao fim deste lugar horrível?". O guia, porém, animou-os mais uma vez. "Olhem onde pisam", disse, "para não caírem em uma armadilha".

Tiago começou a passar mal, mas penso que foi por causa do medo. A mãe deu-lhe um pouco do licor que havia recebido na casa de Intérprete, e três pílulas preparadas pelo Dr. Habilidoso. O menino reanimou-se. Prosseguiram a caminhada até chegarem ao meio do vale.

CRISTÃ: Acho que estou vendo um pouco mais adiante de nós algo disforme como nunca vi na vida.

JOSÉ: O que é, mãe?

CRISTÃ: Uma coisa feia, filho, uma coisa feia.

JOSÉ: E como ela é?

CRISTÃ: Não sei dizer. Estava um pouco mais distante. Agora está perto.

GRANDE CORAÇÃO: Vamos, vamos. Os que estão com medo fiquem perto de mim.

O ser maligno avançou, e o guia foi ao seu encontro. Mas quando o guia se aproximou, ele desapareceu da vista de todos. Os peregrinos lembraram-se do que lhes havia sido dito: "Resisti ao diabo, e ele fugirá de vós".[11]

Prosseguiram a viagem, um pouco mais revigorados; mas Misericórdia, ao olhar para trás, viu o que imaginou ser um leão, que a perseguia com grandes passadas; ele tinha um rugido cavernoso e cada rugido que dava ecoava por todo o vale, deixando todos aterrorizados, menos o guia. Ao ver que o leão se aproximava, Grande Coração colocou-se entre o animal e os peregrinos. O leão acelerou o passo, e Grande Coração foi ao seu encontro para lutar com ele. Quando, porém, o leão viu que encontraria resistência, recuou e foi embora.[12]

Retomando a caminhada, com o guia adiante deles, chegaram a um lugar onde havia um fosso de um lado ao outro da estrada. Antes que se preparassem para atravessá-lo, um grande nevoeiro e densas trevas os cobriram, e ninguém conseguia enxergar nada. "Que infelicidade! O que faremos?", perguntaram os peregrinos. O guia respondeu: "Não tenham medo. Parem e verão que este problema também terá um fim". Todos pararam porque o caminho estava impedido.

---

11 Tiago 4:7

12 "Sede sóbrios e vigilantes. O diabo, vosso adversário, anda em derredor, como leão que ruge procurando alguém para devorar; resisti-lhe firmes na fé, certos de que sofrimentos iguais ao vossos estão-se cumprindo na vossa irmandade espalhada no mundo" (1 PEDRO 5:8,9).

Em seguida, pensaram ter ouvido mais distintamente o barulho de inimigos avançando na direção deles. Também viam com mais nitidez o fogo e a fumaça que saíam do fosso.

CRISTÃ (dirigindo-se a Misericórdia): Agora entendo o que o coitado de meu marido sofreu. Já ouvi falar muito deste lugar, mas nunca estive aqui. Pobre homem! Passou uma noite inteira sozinho aqui. Enfrentou escuridão na maior parte do caminho, com estes inimigos o perseguindo, como se quisessem dilacerá-lo. Muitos falam do Vale da Sombra da Morte, mas somente o entendem aqueles que passaram por aqui. "O coração conhece a sua própria amargura, e da sua alegria não participará o estranho."[13] É terrível estar aqui!

GRANDE CORAÇÃO: É como negociar nas grandes águas, ou como descer às profundezas; é como estar no meio do mar e como descer até o fundamento dos montes. Agora parece que a terra nos mantém trancados para sempre. "Aquele que andou em trevas, sem nenhuma luz, confie em o nome do SENHOR e se firme sobre o seu Deus".[14] De minha parte, conforme já lhes disse, atravessei várias vezes este vale, e já encontrei perigos maiores do que agora, mas, como veem, continuo vivo. Não quero me vangloriar, porque não sou o meu próprio salvador; mas confio que receberemos ajuda para sair daqui. Vamos orar pedindo luz Àquele capaz de desfazer estas trevas, que é poderoso para repreender não somente estes, mas todos os demônios que se encontram no inferno.

Eles clamaram e oraram, e Deus enviou luz e libertação. Agora não havia nenhum obstáculo no caminho. Nenhum. Nem o fosso diante do qual pararam.

---

13 Provérbios 14:10

14 Isaías 50:10

Ainda não haviam atravessado o vale, portanto continuaram a andar; de repente, um odor fétido e repugnante tomou conta do local, que muito os incomodou.

MISERICÓRDIA (dirigindo-se a Cristã): É muito desagradável estar aqui, um lugar tão diferente do portão, da casa de Intérprete ou da casa onde fomos hospedados.

SAMUEL: Ah, mas é preferível passar por este vale a permanecer aqui para sempre. E tenho certeza de que sei o motivo por que precisamos atravessá-lo: para que, ao chegarmos à casa que nos foi preparada, ela nos pareça mais agradável ainda.

GRANDE CORAÇÃO: Sábias palavras, Samuel. Você falou como um verdadeiro homem.

SAMUEL: Se sair daqui, penso que saberei valorizar a luz e o bom caminho, muito mais do que em toda a minha vida.

GRANDE CORAÇÃO: Logo sairemos daqui.

E continuaram a caminhar.

JOSÉ: Quando veremos o fim deste vale?

GRANDE CORAÇÃO: Cuidado com o lugar onde pisa, porque estamos andando entre armadilhas.

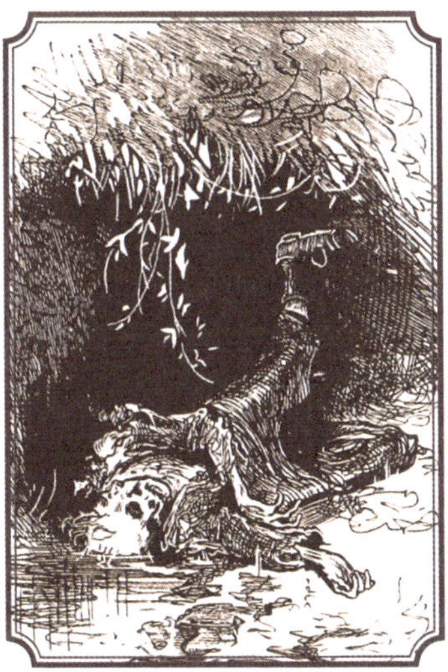

Os peregrinos continuaram a avançar com cautela, muito preocupados com as armadilhas. Nesse trecho do caminho, avistaram um homem dentro de uma vala do lado esquerdo com o corpo todo rasgado e dilacerado.

GRANDE CORAÇÃO: Este aqui é um tal de Incauto, que passava por este caminho, e faz muito tempo que jaz ali. Quando foi capturado e morto, estava acompanhado de Cauteloso,

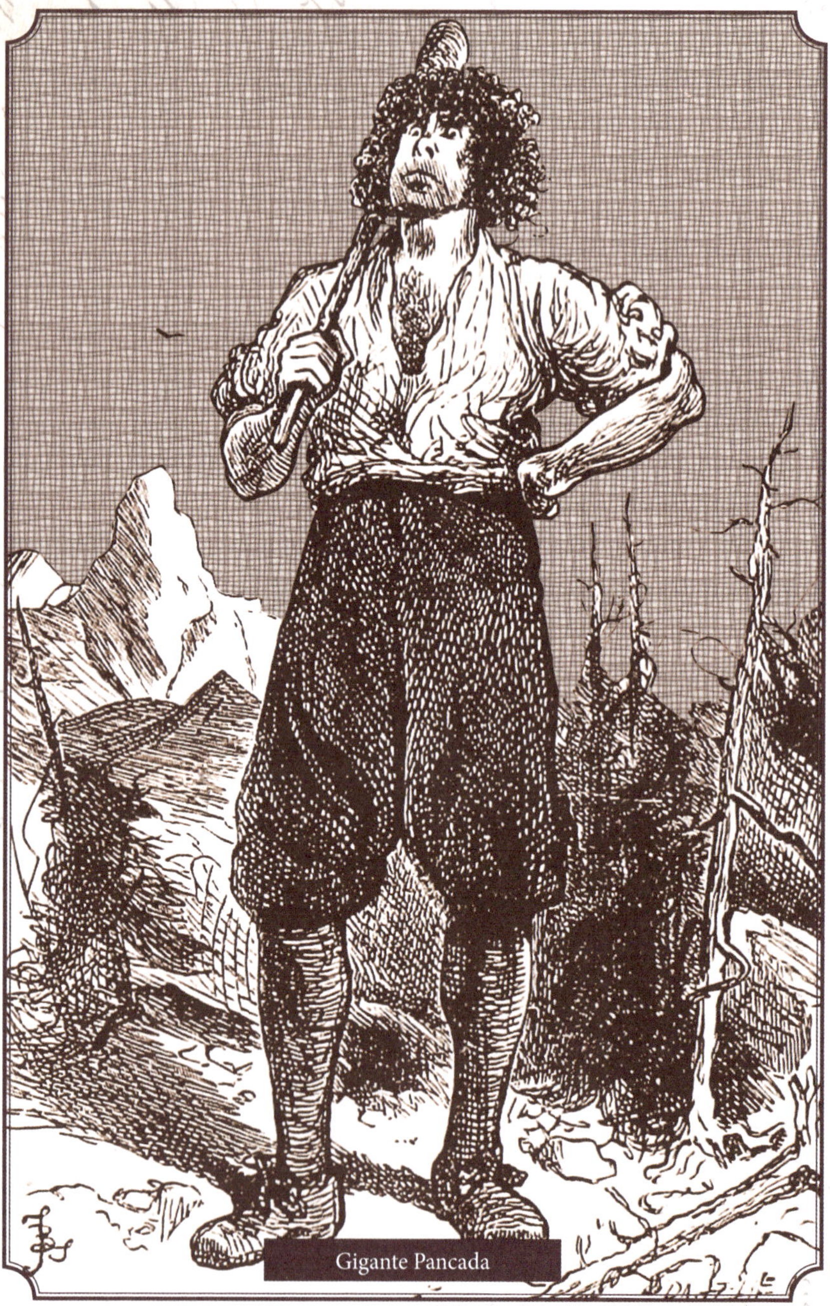

Gigante Pancada

que conseguiu fugir. Vocês não imaginam quantos foram assassinados aqui; ainda assim há muitos homens tolos demais, que não levam a peregrinação a sério e dispensam a ajuda de um guia. Pobre Cristão! Ele escapou por milagre; mas era amado por Deus e seu coração era bom, caso contrário nunca teria conseguido.

Agora já estavam quase saindo do vale. E foi naquele ponto que Cristão avistara a caverna de onde saiu Pancada, um gigante. Esse gigante costumava ludibriar com sofismas os jovens peregrinos.

GIGANTE (chamando Grande Coração pelo nome): Quantas vezes você foi proibido de fazer essas coisas?

GRANDE CORAÇÃO: Que coisas?

GIGANTE: Que coisas? Você bem sabe, mas vou dar um fim a essa sua função.

GRANDE CORAÇÃO: Antes de nos enfrentarmos, queremos entender o motivo de nossa luta.

As mulheres e as crianças começaram a tremer, e não sabiam o que fazer.

GIGANTE: Você rouba o país e, entre todos os ladrões, você é o maioral.

GRANDE CORAÇÃO: Suas palavras não dizem nada. Explique-se melhor.

GIGANTE: Você é sequestrador. Recruta mulheres e crianças e as leva para um país estranho, e enfraquece o reino do meu senhor.

GRANDE CORAÇÃO: Sou servo do Deus do Céu. Minha função é persuadir os homens a se arrependerem de seus pecados. Meu dever é esforçar-me ao máximo para tirar homens, mulheres e crianças das trevas e conduzi-los à luz. Tirá-los do poder de Satanás e conduzi-los a Deus. Se for esse o motivo desta discussão, estou pronto a lutar quando você quiser.

O gigante avançou empunhando uma clava, e Grande Coração, indo ao encontro dele, desembainhou sua espada. A luta começou sem mais delongas. Ao receber o primeiro golpe do gigante, Grande Coração caiu de joelhos. As mulheres e as crianças gritaram, mas Grande Coração, recobrando-se do golpe, investiu contra ele de maneira vigorosa, ferindo-lhe o braço. Lutaram durante uma hora e com tal violência, que a respiração do gigante lhe saía pelas narinas como uma caldeira fumegante.

Em seguida, sentaram-se para descansar um pouco, enquanto Grande Coração recorria à oração. As mulheres e as crianças suspiravam e choravam durante todo o tempo da batalha.

Depois de descansarem e recuperarem o fôlego, reiniciaram a luta. Com um golpe certeiro, Grande Coração derrubou o gigante ao chão.

GIGANTE: Um momento! Deixe-me levantar.

Grande Coração, agindo com justiça, permitiu que ele se levantasse, e a luta recomeçou. Por pouco, o gigante não conseguiu acertar uma porretada na cabeça de Grande Coração, que arremeteu-se contra o gigante com todas as suas forças, ferindo-o na quinta costela com sua espada. Gravemente ferido, o gigante não mais conseguia suster sua clava. Em seguida, Grande Coração golpeou-o novamente, desta vez decepando-lhe a cabeça. As mulheres e as crianças alegraram-se, e Grande Coração louvou ao Senhor pela vitória que lhe proporcionou.

Terminada a batalha, levantaram entre eles uma coluna na qual amarraram a cabeça do gigante e, embaixo, escreveram estas palavras para serem lidas pelos que por ali passassem:

Amarrada está aqui a cabeça de alguém
Que sempre os peregrinos maltratou.

Impedindo o caminho, não poupava ninguém.
E, com suas maldades, de todos abusou
Até quando eu, Grande Coração, fui escolhido
Como guia dos peregrinos por ordem do meu Senhor.
Seu grande inimigo foi mortalmente ferido
Na batalha contra este fiel opositor.

Vi agora que eles se dirigiram a um lugar alto a pouca distância, planejado para que os peregrinos pudessem avistar um panorama mais amplo (o mesmo lugar onde Cristão viu Fiel, seu irmão, pela primeira vez[15]). Ao chegar, sentaram-se para descansar; também se alimentaram, mataram a sede e se alegraram porque haviam sido libertos daquele inimigo tão perigoso.

CRISTÃ (dirigindo-se a Grande Coração): O senhor não foi ferido gravemente na luta contra o gigante?

GRANDE CORAÇÃO: Não, só uns pequenos ferimentos, mas isso, longe de me desanimar, é uma prova atual de meu amor por meu Mestre e por vocês. E será um meio, pela graça, de receber uma recompensa maior.

CRISTÃ: Mas não teve medo quando o viu empunhando uma clava?

GRANDE CORAÇÃO: Tenho o dever de desconfiar de minha habilidade, para confiar naquele que é mais poderoso que todos.[16]

---

15 *O peregrino*, Publicações Pão Diário, 2020, pp. 133-134.

16 "Temos, porém, este tesouro em vasos de barro, para que a excelência do poder seja de Deus e não de nós. Em tudo *somos* atribulados, porém não angustiados; perplexos, porém não desanimados; perseguidos, porém não desamparados; abatidos, porém não destruídos; levando sempre no corpo o morrer de Jesus, para que também a sua vida se manifeste em nosso corpo. Porque nós, que vivemos, somos sempre entregues à morte

CRISTÃ: Mas o que pensou quando ele o derrubou com o primeiro golpe?

GRANDE CORAÇÃO: Pensei que meu Mestre também foi maltratado, mas conquistou a vitória.

MATEUS: Pensem o que quiserem, mas acho que Deus agiu maravilhosamente em nosso favor, tanto por nos tirar daquele vale como por nos libertar da mão do inimigo; de minha parte não vejo motivo algum para duvidarmos de nosso Deus, em razão desta prova de amor que nos deu neste lugar.

Todos se levantaram e prosseguiram a viagem. Pouco depois, avistaram um peregrino ancião dormindo embaixo de um carvalho. Viram que ele era peregrino por causa de suas roupas, do cajado e da faixa na cintura.

Grande Coração o despertou. O ancião ergueu os olhos e gritou: "O que foi? Quem é você? E o que está fazendo aqui?".

GRANDE CORAÇÃO: Não se zangue, homem, somos todos amigos.

Ainda assim, o ancião levantou-se e permaneceu em posição de defesa até ter certeza de quem eles eram. E o guia disse: "Meu nome é Grande Coração, sou o guia destes peregrinos, que caminham rumo à Cidade Celestial".

HONESTO (esse era o nome do ancião): Peço misericórdia; tive medo de que pertencessem aos bandidos que roubaram o dinheiro

---

por causa de Jesus, para que também a vida de Jesus se manifeste em nossa carne mortal. De modo que, em nós, opera a morte, mas, em vós, a vida. Tendo, porém, o mesmo espírito da fé, como está escrito: Eu cri; por isso falei. Também nós cremos; por isso, também falamos, sabendo que aquele que ressuscitou o Senhor Jesus também nos ressuscitará com Jesus e *nos* apresentará convosco. Porque todas as coisas *existem* por amor de vós, para que a graça, multiplicando-se, torne abundantes as ações de graças por meio de muitos, para a glória de Deus" (2 CORÍNTIOS 4:7-15).

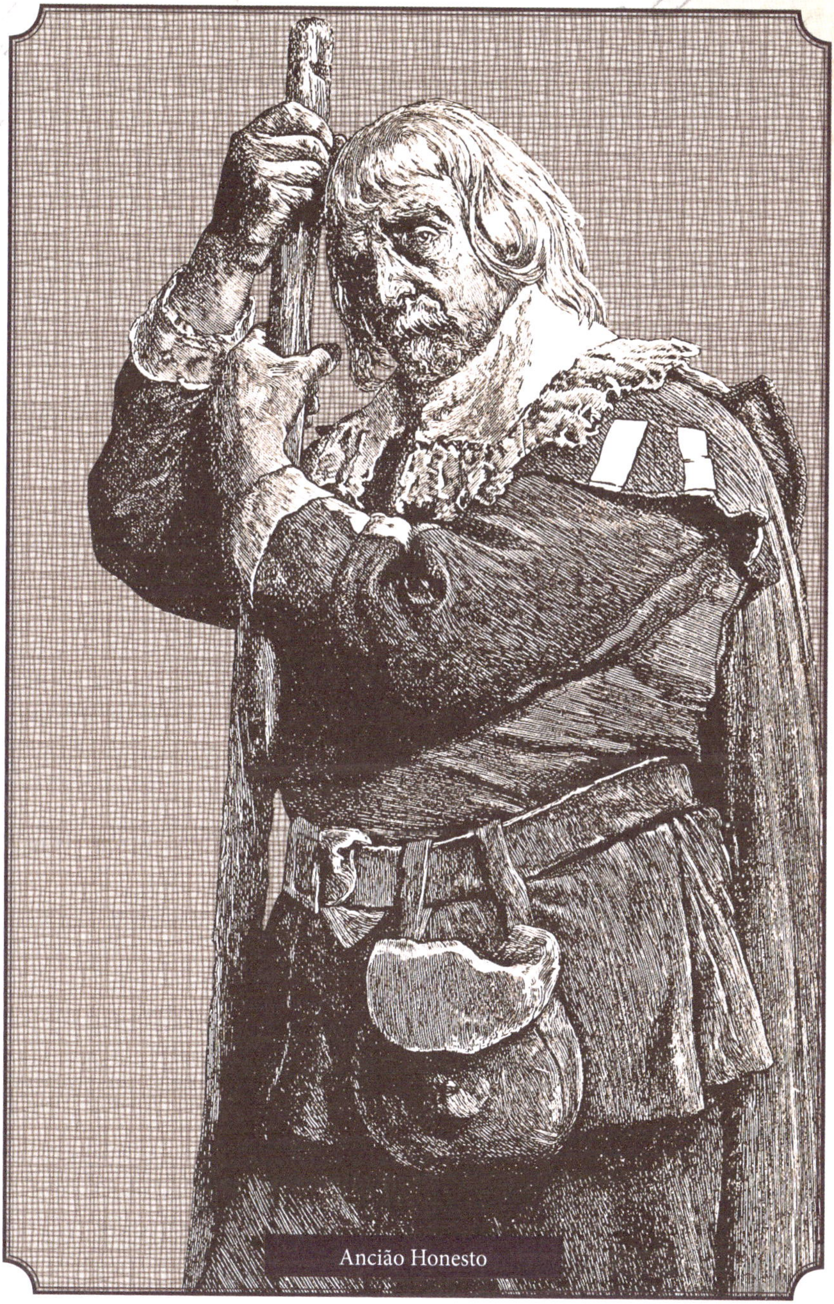

Ancião Honesto

de Pouca-Fé algum tempo atrás, porém, depois de prestar mais atenção, vejo que são pessoas dignas de confiança.

GRANDE CORAÇÃO: E o que o senhor teria feito para se defender, se fôssemos bandidos de fato?

HONESTO: O que teria feito? Teria lutado até o último suspiro. E tenho certeza de que você nunca teria vencido, porque um cristão sempre é vitorioso, a não ser que se renda.

GRANDE CORAÇÃO: Sábias palavras. Sei que é um homem de grande valor, porque disse a verdade.

HONESTO: E também sei que você conhece a verdadeira vida de peregrino, pois todos os outros pensam que somos derrotados com facilidade.

GRANDE CORAÇÃO: Já que tivemos a felicidade de nos conhecer, peço que diga seu nome e de onde vem.

HONESTO: Meu nome não posso dizer, mas venho da Cidade da Estupidez, bem distante da Cidade da Destruição.

GRANDE CORAÇÃO: Ah, então o senhor é um homem do campo? Creio que já sei o seu nome. O senhor é o Ancião Honesto, não?

HONESTO (ruborizando-se): Não Honestidade no abstrato, mas meu nome é Honesto. E gostaria que minha natureza fosse condizente com meu nome. Mas como você adivinhou quem sou? Eu apenas contei de onde vim.

GRANDE CORAÇÃO: Meu Mestre já me falou do senhor, porque Ele sabe tudo o que se passa na Terra. É estranho encontrar alguém como você procedente de sua cidade, porque ela é pior que a Cidade da Destruição.

HONESTO: Sim, vivemos mais afastados do Sol, portanto somos mais frios e insensíveis; porém, ainda que um homem vivesse em uma montanha de gelo, se o Sol da Justiça brilhar sobre ele, derreterá seu coração congelado. Foi o que ocorreu comigo.

GRANDE CORAÇÃO: Acredito, Sr. Honesto, acredito, pois sei que é verdade.

O ancião saudou todos os peregrinos com um ósculo santo de caridade, perguntou o nome de cada um e como se sentiam desde que partiram em peregrinação.

CRISTÃ: Suponho que o senhor já tenha ouvido o meu nome; Cristão, o bom homem, era meu marido e estes são seus quatro filhos.

Imaginem só como o ancião reagiu quando Cristã lhe disse quem era! Saltou de alegria, sorriu e desejou-lhes muitas felicidades.

HONESTO: Ouvi falar muito de seu marido, de suas viagens e das lutas pelas quais passou. Para consolá-la, digo que o nome de seu marido é mencionado por todas estas partes do mundo: sua fé, coragem, resignação e sinceridade em tudo tornaram o nome dele famoso.

Em seguida, Honesto virou-se para os meninos e perguntou o nome de cada um. Depois de ouvi-los disse: "Mateus, seja como Mateus, o publicano — não em falta grave, mas em virtude". "Samuel, seja como Samuel, o profeta, um homem de fé e oração." "José, seja como José na casa de Potifar — seja casto e fuja da tentação." "Tiago, seja como Tiago, o Justo, e como Tiago, irmão de nosso Senhor."[17]

---

17 "Filipe e Bartolomeu; Tomé e Mateus, o publicano; Tiago, *filho* de Alfeu e Tadeu" (MATEUS 10:3).

"Moisés e Arão, entre os seus sacerdotes, e, Samuel, entre os que lhe invocam o nome, clamavam ao SENHOR e ele os ouvia" (SALMO 99:6).

"José foi levado ao Egito, e Potifar, oficial de Faraó, comandante da guarda, egípcio, comprou-o dos ismaelitas que o tinham levado para lá. O SENHOR era com José, que veio a ser homem próspero; e estava na casa de seu senhor egípcio. Vendo Potifar que o SENHOR *era* com ele e que tudo o que ele fazia o SENHOR prosperava em suas mãos, logrou José mercê perante ele, a quem servia; e ele o pôs por mordomo de sua casa e lhe passou às mãos tudo *o que* tinha. E, desde que o fizera mordomo de sua casa e sobre

E contaram-lhe a respeito de Misericórdia, de como havia deixado sua cidade e seus parentes para acompanhar Cristã e seus filhos.

HONESTO (dirigindo-se a Misericórdia): O seu nome é Misericórdia? Pela misericórdia você será sustentada e pela misericórdia será conduzida em todas as dificuldades que surgirem em seu caminho, até chegar ao lugar onde olhará para a face da fonte de misericórdia com consolação.

E o guia, Grande Coração, alegrou-se o tempo todo e sorriu para seu companheiro.

---

tudo o que tinha, o SENHOR abençoou a casa do egípcio por amor de José; a bênção do SENHOR estava sobre tudo o que tinha, tanto em casa como no campo. Potifar tudo o que tinha confiou às mãos de José, de maneira que, tendo-o por mordomo, de nada sabia, além do pão com que se alimentava. José *era formoso de porte e de aparência*. Aconteceu, depois destas coisas, que a mulher de seu senhor pôs os olhos em José e lhe disse: Deita-te comigo. Ele, porém, recusou e disse à mulher do seu senhor: Tem-me por mordomo o meu senhor e *não sabe* do que há em casa, pois tudo o que tem me passou ele às minhas mãos. Ele não é maior do que eu nesta casa e nenhuma coisa me vedou, senão a ti, porque *és* sua mulher; como, pois, cometeria eu tamanha maldade e pecaria contra Deus? Falando ela a José todos os dias, e não lhe dando ele ouvidos, para se deitar com ela *e* estar com ela, sucedeu que, certo dia, veio *ele* a casa, para atender aos negócios; e *ninguém* dos de casa se achava presente. Então, ela o pegou pelas vestes e lhe disse: Deita-te comigo; ele, porém, deixando as vestes nas mãos dela, saiu, fugindo para fora. Vendo ela que ele fugira para fora, mas havia deixado as vestes nas mãos dela, chamou pelos homens de sua casa e lhes disse: Vede, trouxe-nos meu marido este hebreu para insultar-nos; veio até mim para se deitar comigo; mas eu gritei em alta voz. Ouvindo ele que eu levantava a voz e gritava, deixou as vestes ao meu lado e saiu, fugindo para fora. Conservou ela junto de si as vestes dele, até que seu senhor tornou a casa. Então, lhe falou, segundo as mesmas palavras, e disse: O servo hebreu, que nos trouxeste, veio ter comigo para insultar-me; quando, porém, levantei a voz e gritei, ele, deixando as vestes ao meu lado, fugiu para fora" (GÊNESIS 39:1-18).

Enquanto caminhavam juntos, o guia perguntou ao ancião se ele conhecera um homem chamado Receoso que morava em sua cidade e partira em peregrinação.

HONESTO: Sim, conheci-o bem. Esse homem era, em si próprio, a raiz do problema, porém foi um dos peregrinos mais enfadonhos que conheci na vida.

GRANDE CORAÇÃO: Percebo que você o conheceu, por ter descrito corretamente como ele era.

HONESTO: Sim, eu o conheci! Fui um grande companheiro dele. Estávamos juntos quando ele começou a pensar no que nos aconteceria no porvir.

GRANDE CORAÇÃO: Eu fui seu guia desde a casa de Intérprete até as portas da Cidade Celestial.

HONESTO: Então você sabe que ele era um homem tedioso.

GRANDE CORAÇÃO: Sabia, mas consegui aturá-lo muito bem, pois quem tem o mesmo chamado que eu é muitas vezes incumbido de conduzir pessoas semelhantes a ele.

HONESTO: Conte-nos algo sobre ele, como se comportou enquanto você o conduzia.

GRANDE CORAÇÃO: Ele vivia com medo de não chegar aonde desejava. Tudo o que ouvia dizer o apavorava, mesmo que estivesse longe da verdade. Dizem que gritou de medo por mais de um mês no Pântano do Desânimo; não se atreveu a atravessá-lo por mais que tivesse visto a atitude corajosa de outras pessoas, que chegaram até a oferecer-lhe ajuda. Também não queria voltar. Dizia que morreria se não chegasse à Cidade Celestial, porém desanimava diante de cada dificuldade e tropeçava em cada pedrinha que lançassem em seu no caminho. Bom, depois de ter permanecido deitado por muito tempo diante do Pântano do Desânimo, conforme lhe contei, em uma manhã ensolarada, ele se arriscou, não sei como, e

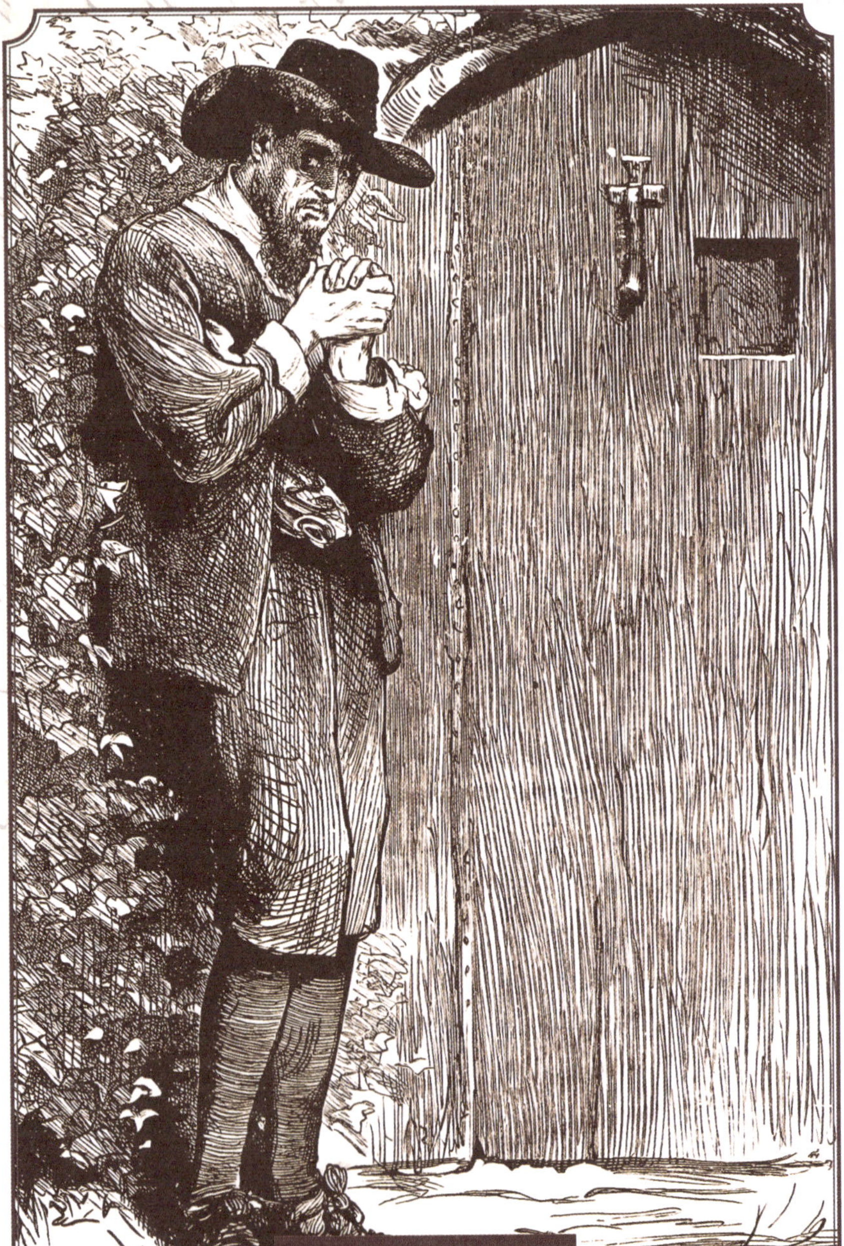

Receoso

conseguiu atravessá-lo. Porém, ao chegar ao outro lado, o homem mal acreditou. Penso que tinha o Pântano do Desânimo gravado na mente, um pântano que carregava consigo o tempo todo, caso contrário não seria o que era. Desse modo, chegou à porta que, você sabe à qual me refiro, fica na entrada deste caminho; e lá ficou por um bom tempo antes de arriscar-se a bater. Quando a porta era aberta, ele recuava e cedia seu lugar para outras pessoas, dizendo que não era digno. Por mais que tenha conseguido chegar à porta antes de alguns, muitos outros entraram antes dele. Lá ficou o pobre homem tremendo e encolhendo-se; atrevo-me a dizer que dava pena olhar para ele. Não entrava nem queria retroceder. Por fim, pegou o martelo pendurado na porta e bateu levemente uma ou duas vezes. Abriram-lhe a porta, mas ele voltou a encolher-se de medo. Então o porteiro saiu ao seu encontro e disse: "Você que está aí tremendo, o que deseja?". Ao ouvir essas palavras, caiu ao chão. O porteiro, espantado ao vê-lo tão sem forças, disse-lhe: "Paz seja com você! Levante-se e entre por este portão que lhe abri, porque você é abençoado". Ele levantou-se e entrou tremendo, mas teve vergonha de mostrar o rosto.

Bom, depois de ter sido tão bem tratado ali, conforme o senhor sabe, pediram que continuasse a viagem e informaram o caminho que deveria seguir. Então chegou à nossa casa, e se comportou à porta do meu Mestre, Intérprete, da mesma maneira que se comportou diante do portão. Ficou do lado de fora, no frio, por um bom tempo até arriscar-se a bater; mas, ao mesmo tempo, não queria voltar. E, naquela época, as noites eram longas e frias. Contudo, ele levava no peito uma carta urgente ao meu Mestre, pedindo que o recebesse e o acolhesse em Sua casa; e também que lhe oferecesse um guia robusto e valente, porque era um homem muito medroso. E foi o medo que o paralisou diante do portão, e ele ficou andando de um lado para o outro, pobre homem, até quase morrer de fome. Tão grande era seu abatimento que, apesar de ver outros baterem e entrarem, teve medo de se arriscar.

Finalmente, lembro que olhei pela janela e vi um homem andando a esmo diante do portão. Saí e perguntei-lhe quem era, mas, pobre homem, havia lágrimas em seus olhos, portanto entendi o que ele queria. Entrei e anunciei sua chegada a todos da casa e fomos contar ao nosso Senhor. Ele pediu que eu o convidasse a entrar, o que me deu muito trabalho. Por fim entrou e digo que o meu Senhor o tratou com muito carinho. Havia vários petiscos à mesa, e alguns foram colocados diante dele. Então ele apresentou a carta. O meu Senhor leu-a e disse que seu desejo lhe seria concedido. Depois de algum tempo, ele pareceu um pouco mais animado e confortável. O meu Mestre, como o senhor deve saber, é muito carinhoso, principalmente com os medrosos, por isso dirigiu-se a ele de tal maneira que lhe transmitiu encorajamento. Quando já havia visto as coisas que havia na casa e estava pronto para retomar a viagem, o meu Senhor, da mesma forma que fez com Cristão, deu-lhe uma garrafa de vinho e algumas coisas apetitosas para comer. Começamos a caminhada, eu adiante dele. O homem, porém, era de poucas palavras, apenas suspirava alto.

Quando chegamos ao lugar onde estão aqueles três homens enforcados, ele disse que talvez seu fim fosse o mesmo. Somente se alegrou quando viu a cruz e o sepulcro. Confesso que desejou permanecer ali para contemplar a cruz e o sepulcro e depois pareceu um pouco mais animado. Quando chegamos ao Desfiladeiro da Dificuldade, não perdeu a coragem, nem teve muito medo dos leões. O senhor deve saber que seu problema não era com essas coisas, mas com o receio de não ser aceito no fim da jornada.

Levei-o ao Palácio Belo, talvez antes do que ele pretendia; e quando entrou, apresentei-o às donzelas da casa, mas ficou envergonhado na presença delas. Queria ficar sozinho; no entanto, sempre gostou de uma boa conversa e tinha o costume de ouvir atrás da porta. Agradava-lhe também ver coisas antigas e meditar nelas. Contou-me mais tarde que foi muito prazeroso estar nas duas outras casas, isto é, no portão e na casa de Intérprete, mas não ousou pedir nada.

Saímos do Palácio Belo e descemos a encosta até o Vale da Humilhação. Nunca vi ninguém descer com tanta facilidade, porque não lhe importava o quanto tinha sido mal no passado, desde que por fim alcançasse a felicidade. Sim, penso que houve uma espécie de afinidade entre ele e aquele vale, pois, durante toda a sua peregrinação, foi naquele vale que a alegria tomou conta dele como nunca havia ocorrido antes.

Ali, ele se deitava, abraçava o chão e beijava todas as flores que cresciam no vale.[18] Levantava-se todos os dias ao amanhecer, examinando tudo e andando de um lado para o outro no vale.

Quando, porém, chegamos à entrada do Vale da Sombra da Morte, imaginei que o perderia, não porque tivesse qualquer inclinação a retroceder, o que ele sempre abominava, mas por estar pronto a morrer de medo. "Ó, os demônios vão me pegar, os demônios vão me pegar!", gritava, e não consegui segurá-lo. Fez tanto barulho e gritou tanto aqui que, se os inimigos ouvissem, seriam encorajados a nos atacar.

Um detalhe, contudo, chamou-me a atenção: o vale nunca estivera tão tranquilo como enquanto ele o atravessava. Suponho que

---

18 "Bom *é* para o homem suportar o jugo na sua mocidade. Assente-se solitário e fique em silêncio; porquanto *esse jugo* Deus pôs sobre ele; ponha a boca no pó; talvez ainda haja esperança" (LAMENTAÇÕES 3:27-29).

os inimigos foram reprimidos pelo Senhor e receberam uma ordem especial de não se intrometer até que Receoso atravessasse o vale.

Seria maçante contar-lhe tudo, portanto mencionarei apenas uma ou duas circunstâncias. Quando chegou à Feira das Vaidades, ele queria lutar com todos os homens da feira. Receei que nos derrotassem totalmente diante da ira que ele manifestava diante daquelas loucuras. Na Terra Encantada também se mostrou muito atento. Mas ao chegar ao rio que não tinha ponte, o abatimento voltou. Disse que morreria afogado e que jamais veria aquele rosto que lhe custara tão longa distância percorrida.

Ali, notei também algo extraordinário: o rio estava tão raso como eu nunca o tinha visto antes, de modo que ele não teve nenhuma dificuldade para atravessá-lo. Ao vê-lo subir em direção ao portão, comecei a despedir-me e desejei-lhe uma feliz acolhida. "Terei sim, terei sim", ele disse. Separamo-nos e nunca mais o vi.

HONESTO: Parece, então, que, no final, tudo deu certo para ele.

GRANDE CORAÇÃO: Sim, sim. Não tenho dúvida. Ele era um homem de excelente índole, só que estava sempre abatido, o que tornou sua vida pesada demais para ele próprio e enfadonho para os outros.[19] Era, acima de tudo, muito zeloso; temia tanto prejudicar

---

19 Ó Senhor, Deus da minha salvação, dia *e* noite clamo diante de ti. Chegue à tua presença a minha oração, inclina os ouvidos ao meu clamor. Pois a minha alma está farta de males, e a minha vida já se abeira da morte. Sou contado com os que baixam à cova; sou como um homem *sem* força, atirado entre os mortos; como os feridos de morte que jazem na sepultura, dos quais já não te lembras; são desamparados de tuas mãos. Puseste-me na mais profunda cova, nos lugares tenebrosos, nos abismos. Sobre mim pesa a tua ira; tu *me* abates com todas as tuas ondas. Apartaste de mim os meus conhecidos e me fizeste objeto de abominação para com eles; *estou* preso e não vejo como sair. Os meus olhos desfalecem de aflição; dia após dia, venho clamando a ti, Senhor, e te levanto as minhas mãos. Mostrarás tu prodígios

os outros, que costumava privar-se do que era lícito para que não viessem a tropeçar.[20]

HONESTO: Mas por que motivo um homem tão bom viveu tanto tempo nas trevas?

GRANDE CORAÇÃO: Por dois motivos: primeiro, o Deus que tudo sabe assim o quis; alguns tocam flauta, outros lamentam:

> *Mas a quem hei de comparar esta geração? É semelhante a meninos que, sentados nas praças, gritam aos companheiros: Nós vos tocamos flauta, e não dançastes; entoamos lamentações, e não pranteastes. Pois veio João, que não comia nem bebia, e dizem: Tem demônio!*[21]

Podemos dizer que o temperamento de Receoso era semelhante a instrumentos de sons graves. Ele e seus companheiros faziam

---

aos mortos ou os finados se levantarão *para* te louvar? Será referida a tua bondade na sepultura? A tua fidelidade, nos abismos? Acaso, nas trevas se manifestam as tuas maravilhas? E a tua justiça, na terra do esquecimento? Mas eu, SENHOR, clamo a ti por socorro, e antemanhã já se antecipa diante de ti a minha oração. *Por que* rejeitas, SENHOR, a minha alma e ocultas de mim o rosto? *Ando* aflito e prestes a expirar *desde* moço; *sob* o peso dos teus terrores, estou desorientado. Por sobre mim passaram as tuas iras, os teus terrores deram cabo de mim. Eles me rodeiam como água, de contínuo; a um tempo me circundam. Para longe de mim afastaste amigo e companheiro; os meus conhecidos são trevas (SALMO 88).

20 "*É* bom não comer carne, nem beber vinho, nem fazer *qualquer outra coisa* com que teu irmão venha a tropeçar [ou se ofender ou se enfraquecer]" (ROMANOS 14.21).

"E, por isso, se a comida serve de escândalo a meu irmão, nunca mais comerei carne, para que não venha a escandalizá-lo" (1 CORÍNTIOS 8:13).

21 Mateus 11:16-18

lembrar uma sacabuxa,[22] cujas notas são mais melancólicas que as notas de outros instrumentos, embora digam que o som grave é o fundamento da música. De minha parte, não me interesso nem um pouco por uma religião que não se baseie em espírito quebrantado. Quanto afina o instrumento, a primeira corda que o músico toca é a de som mais grave. Deus também tange essa primeira corda quando afina a alma para Si. Neste caso, o único defeito de Receoso era não conseguir tocar outra música até estar perto de seu objetivo final.

Atrevo-me a falar no sentido metafórico para desenvolver o espírito dos jovens leitores; e porque, no livro de Apocalipse, os salvos são comparados a um grupo de músicos que, tocando trombetas e harpas, cantam diante do trono:[23]

> *Então, vi os sete anjos que se acham em pé diante de Deus, e lhes foram dadas sete trombetas.*
> *Ouvi uma voz do céu como voz de muitas águas, como voz de grande trovão; também a voz que ouvi era como de harpistas quando tangem a sua harpa. Entoavam novo cântico diante do trono, diante dos quatro seres viventes e dos anciãos. E ninguém pôde aprender o cântico, senão os cento e quarenta e quatro mil que foram comprados da terra.*

HONESTO: Pelo relato que você me fez, entendo que ele era muito zeloso. O Desfiladeiro da Dificuldade, leões, ou a Feira das Vaidades — de nada disso teve medo; apenas o pecado, a morte

---

22 N.T.: Antigo instrumento de sopro que precedeu o trombone de vara.

23 Apocalipse 8:2; 14:2,3. Aqui, Bunyan traz uma mensagem de forma direta aos seus leitores. Não se trata mais de Grande Coração, nem do narrador.

e o inferno o enchiam de terror, porque tinha algumas dúvidas a respeito de ser digno de entrar na Cidade Celestial.

GRANDE CORAÇÃO: O senhor tem razão. Eram essas as coisas que o incomodavam e, como foi bem observado, surgiram da fraqueza de sua mente, não da fraqueza de espírito em relação à parte prática da vida de peregrino. Creio que, como diz o provérbio, ele era capaz de pegar uma brasa, se estivesse em seu caminho, mas ninguém conseguia tirar com facilidade o medo que o oprimia.

CRISTÃ: A história de Receoso me foi muito útil. Pensava que ninguém era igual a mim, mas entendo que há uma semelhança entre aquele bom homem e eu, com apenas duas diferenças: suas aflições eram tão grandes que foram expostas, mas as minhas, eu as escondi. As suas aflições pesaram tanto sobre ele, que o impediam de bater na porta das casas preparadas para acolhimento, ao passo que as minhas me forçavam a bater com mais força.

MISERICÓRDIA: Falando de coração, devo dizer que existe uma semelhança entre ele e eu, porque sempre tive mais medo do lago de fogo e de perder um lugar no Paraíso do que de perder outras coisas. Ah, eu pensava, quem dera tivesse a felicidade de possuir uma morada lá, mesmo tendo de abrir mão de tudo neste mundo para consegui-la!

MATEUS: O medo era a única coisa que ainda me fazia pensar que estava muito longe de possuir em meu interior tudo aquilo que acompanha a salvação. Mas se tudo isso aconteceu com um homem bom como aquele, por que não haverá de acontecer comigo também?

TIAGO: Sem temor não se alcança graça. Se é certo que nem sempre há graça onde existe temor do inferno, é certo que nunca existe graça onde não há temor de Deus.

GRANDE CORAÇÃO: Sábias palavras, Tiago. Você se expressou corretamente. "O temor do SENHOR é o princípio da sabedoria".[24] E certamente aqueles que não possuem o princípio não possuem o meio nem o fim. Contudo encerraremos aqui nossa narrativa a respeito de Receoso depois de lhe enviarmos estas palavras de despedida:

Amigo Receoso, você teve pavor
Do seu Deus, do seu Senhor.
Ao andar por aqui nada fez,
Para não se trair nem uma vez.
Do lago de fogo também teve medo;
Outros também tiveram, não é segredo!
Quanto àqueles que desejam seu espírito
Não encontrarão em si qualquer mérito.

Vi agora no sonho que continuaram a conversar. Depois que Grande Coração terminou de falar a respeito de Receoso, Honesto passou a contar-lhes a história de outro homem, cujo nome era Recalcitrante.

HONESTO: Ele fingia ser peregrino, mas concluí que nunca chegou ao ponto culminante do caminho.

GRANDE CORAÇÃO: O senhor mencionou isso a ele?

HONESTO: Sim, várias vezes, porém sempre foi egoísta, teimoso. Não se preocupava com ninguém e não mudava de ideia, fosse qual fosse o argumento ou exemplo. Fazia o que queria e ponto final.

GRANDE CORAÇÃO: Quais eram então seus princípios? O senhor deve saber.

HONESTO: Dizia que as pessoas poderiam imitar os erros e as virtudes dos peregrinos. Se ele agisse dessa forma, certamente seria salvo.

---

24 Provérbios 9:10

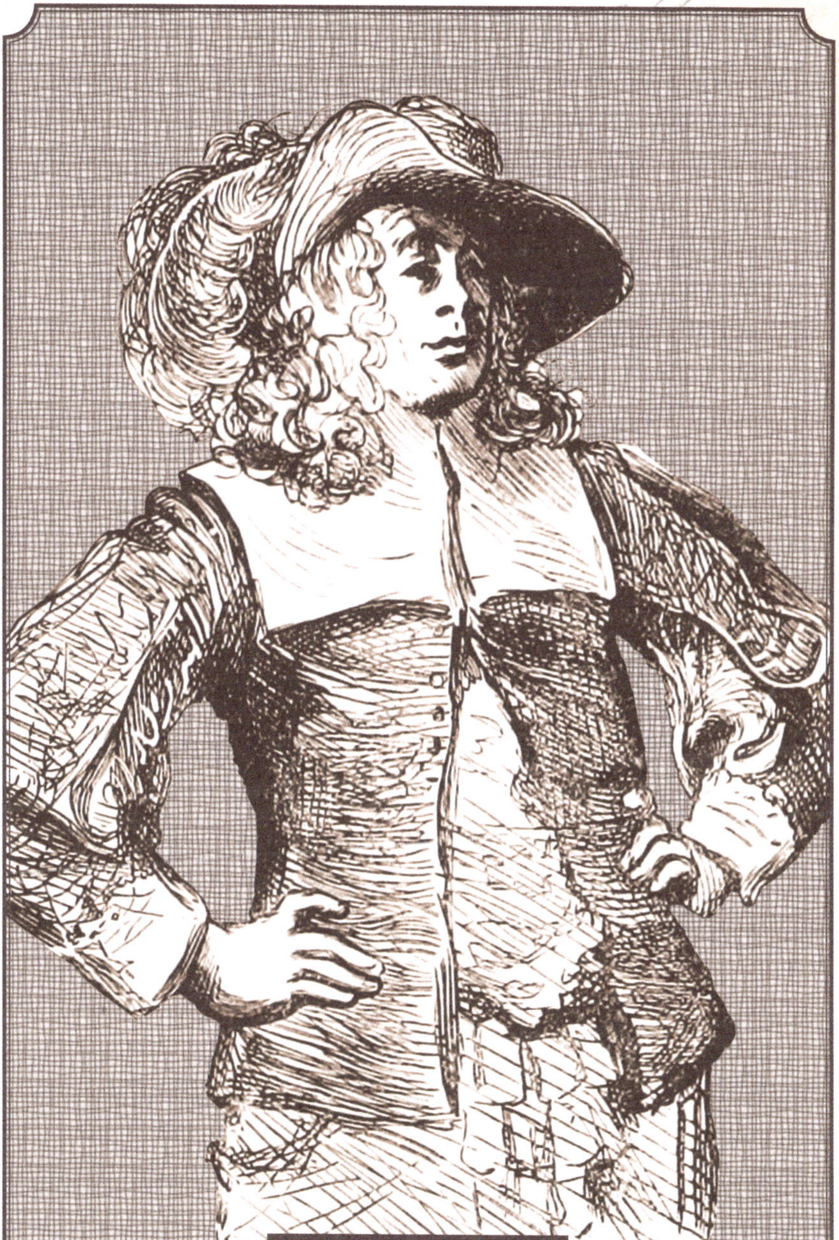

Recalcitrante

GRANDE CORAÇÃO: Como? Se ele tivesse dito que os peregrinos mais consagrados e virtuosos também cometem faltas graves, não poderíamos contradizê-lo. Pois, na verdade, não estamos absolutamente isentos de pecar, mas recebemos a ordem de vigiar e lutar contra o pecado. Porém, percebo que esse não era o ponto. Se entendi corretamente, ele considerava que é permitido pecar.

HONESTO: Exatamente. Assim pensava e assim praticava.

GRANDE CORAÇÃO: Mas em que ele se baseava para dizer isso?

HONESTO: Ora, dizia que se baseava nas Escrituras.

GRANDE CORAÇÃO: Como assim? Forneça-nos mais detalhes.

HONESTO: Com prazer. Dizia que cobiçar a mulher do próximo foi um ato praticado por Davi, o amado de Deus, portanto poderia fazer o mesmo. Se Salomão foi polígamo, ele também podia possuir várias mulheres. Se Sara e as parteiras hebreias do Egito mentiram, e a mentira salvou Raabe, ele podia mentir também. Se os discípulos, por ordem do Mestre, tomaram o jumentinho de seu dono, ele podia fazer o mesmo. Se Jacó recebeu a herança de seu pai usando de artifício e simulação, ele podia agir da mesma forma.

GRANDE CORAÇÃO: Um verdadeiro impostor! O senhor tem certeza de que suas opiniões eram essas?

HONESTO: Ele as defendia, usando as Escrituras e outros argumentos.

GRANDE CORAÇÃO: São opiniões sem fundamento algum, que não se admitem por nada neste mundo.

HONESTO: Vou explicar melhor. Ele não dizia que qualquer um pode fazer isso, mas quem possui as virtudes dos que deram maus exemplos pode fazer o mesmo.

GRANDE CORAÇÃO: Não existe conclusão mais falsa. É o mesmo que dizer que, pelo fato de homens piedosos terem pecado por fraqueza, ele supostamente podia pecar também. Ou se uma criança cair na lama por ter sido empurrada por uma rajada de vento ou por ter tropeçado em uma pedra, ele pode então atirar-se em um lamaçal e chafurdar-se ali como um porco. Quem poderia imaginar que o poder da concupiscência pode cegar alguém a tal ponto? Mas estas palavras são verdadeiras:

> *Pedras de tropeço e rocha de ofensa. São estes os que tropeçam na palavra, sendo desobedientes, para o que também foram postos.*[25]

A suposição de que aqueles que se entregam de propósito aos pecados cometidos por alguns homens piedosos podem possuir também as suas virtudes é um engano tão grande quanto o outro. Seria o mesmo que um cão dizer: "Tenho, ou posso ter, as qualidades de uma criança, porque posso lamber seus fétidos excrementos". Se alguém se alimenta do pecado do povo de Deus,[26] não significa que possui suas virtudes.

Também não creio que alguém com essas ideias tenha fé em Deus ou sinta amor por Ele. Mas sei que o senhor as refutou com firmeza. O que ele disse para se defender?

HONESTO: Repito suas palavras: "Fazer isso com base em minha crença, apesar de haver opiniões contrárias, parece-me muito mais sincero".

GRANDE CORAÇÃO: Que resposta repulsiva! Embora seja errado dar liberdade às concupiscências da carne quando nós mesmos as reprovamos, o fato de pecar e tolerar o pecado é pior ainda. Um faz a pessoa tropeçar acidentalmente; o outro a conduz à armadilha.

---

25 1 Pedro 2:8.

26 "Alimentaram-se do pecado do meu povo e da maldade dele têm desejo ardente" (OSEIAS 4:8).

HONESTO: Há muitos que pensam como aquele homem, mas que não se manifestam. É por isso que a peregrinação é tão desacreditada.

GRANDE CORAÇÃO: Infelizmente é verdade. Um fato lamentável! Mas aquele que teme o Rei do paraíso não permanece no meio deles.

CRISTÃ: Há opiniões surpreendentes no mundo. Conheci alguém que disse: "Quando chegar a hora da morte, haverá tempo para arrependimento".

GRANDE CORAÇÃO: Tais pessoas são insensatas. Seria considerado relutante o homem que tivesse uma semana para correr 30 quilômetros a fim de salvar sua vida, e deixasse a corrida para a última hora daquela semana.

HONESTO: Correto. No entanto, parece que muitos que afirmam ser peregrinos agem dessa maneira. Sou velho, como você pode ver. Sigo este caminho há muito tempo e já vi muitas coisas. Vi alguns começarem com tanta disposição que nada neste mundo poderia detê-los; no entanto, depois de poucos dias, morreram como os que estavam no deserto, sem ver jamais a Terra Prometida. Vi alguns que não pareciam promissores ao iniciar a jornada como peregrinos, que parecia que não durariam um dia, mas, no final, provaram ser bons peregrinos. Vi outros que começaram a correr apressadamente e, depois de pouco tempo, correram de volta para seu local de partida na mesma velocidade. Vi alguns que, no início, falaram muito bem da vida dos peregrinos. E, logo depois, falaram muito mal dela. Ouvi dizer que alguns, quando se dispuseram a caminhar em direção ao Paraíso, afirmaram que tal lugar existia. Mas que, quando estavam quase chegando lá, voltaram, dizendo que o Paraíso não existe. Ouvi dizer que outros se vangloriaram do que fariam, caso encontrassem oposição. No entanto, até mesmo diante de um alarme falso, bateram em retirada, deixando para trás a fé, o caminho do peregrino e outras coisas.

Enquanto percorriam o caminho, alguém foi ao encontro deles e disse: "Senhores, e todos os que são fracos, se amam a própria vida, fujam, porque há ladrões em seu caminho".

GRANDE CORAÇÃO: Talvez sejam os três que atacaram Pouca-Fé. Estamos prontos para enfrentá-los.

O grupo continuou a seguir em frente, olhando para todos os lados para precaver-se dos bandidos. Mas ninguém sabe se os ladrões ouviram falar de Grande Coração ou se estavam distraídos com outras coisas. O fato é que não apareceram diante dos peregrinos.

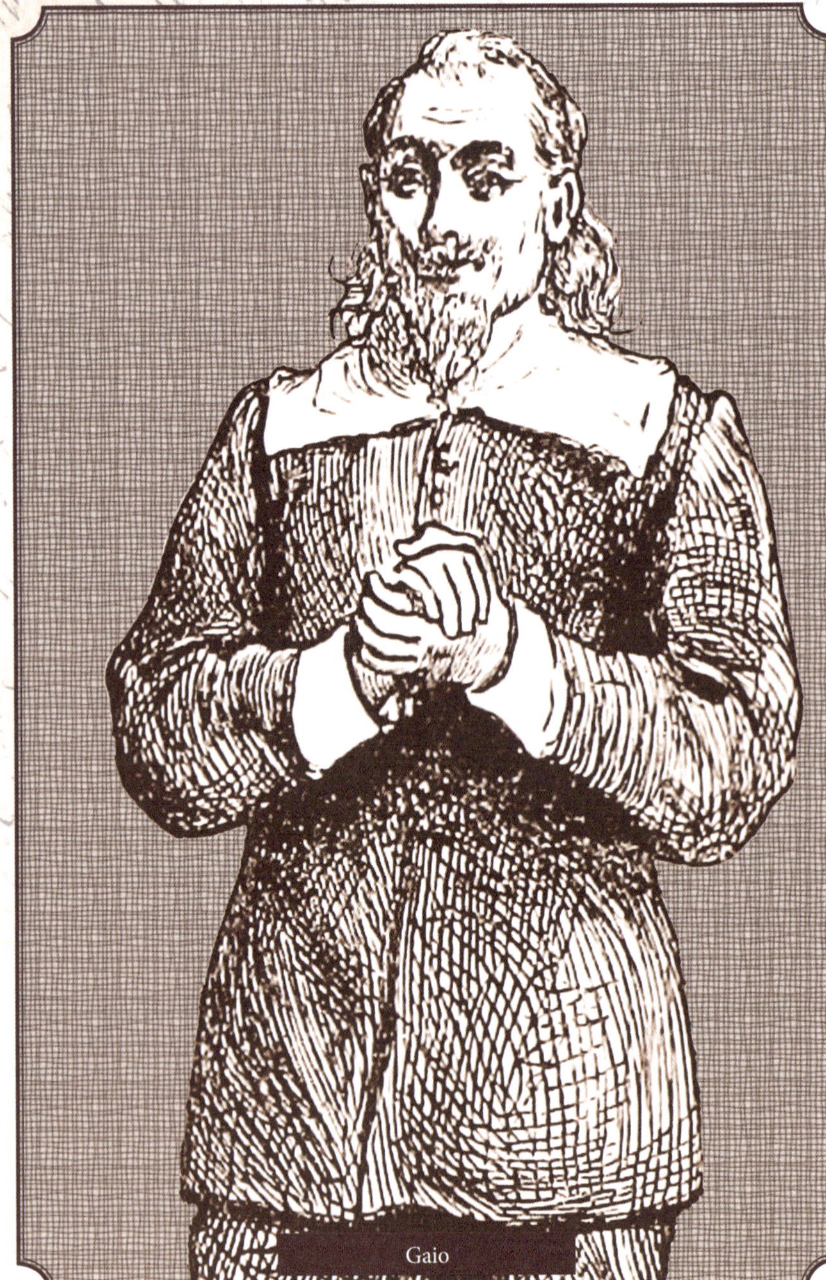

CAPÍTULO 7
Na casa de Gaio

Cristã manifestou o desejo de encontrar um local de descanso para ela e os filhos, porque estavam exaustos.

HONESTO: Conheço uma hospedaria um pouco adiante de nós, onde mora um discípulo muito respeitado, cujo nome é Gaio.[1]

Todos concordaram em dirigir-se para lá em razão das boas referências apresentadas pelo ancião. Ao chegar, entraram sem bater, pois não é costume bater à porta de uma hospedaria. Pediram para falar com o proprietário e, quando ele apareceu, perguntaram se poderiam pousar ali naquela noite.

GAIO: Sim, contanto que estejam dizendo a verdade, porque minha casa só abriga peregrinos.

Cristã, Misericórdia e os meninos alegraram-se ao ver que o dono da hospedaria gostava dos peregrinos. Solicitaram quartos. Foi oferecido um para acomodar Cristã e seus filhos; outro, para Misericórdia e um terceiro, para Grande Coração e o ancião Honesto.

GRANDE CORAÇÃO: Bom amigo Gaio, há alguma coisa para estes peregrinos jantarem? A jornada de hoje foi longa, e estão muito cansados.

GAIO: Já é tarde, e não temos condições de buscar comida, mas o que temos está à disposição de vocês, se aceitarem.

GRANDE CORAÇÃO: Aceitaremos o que tiverem em casa, porque está comprovado que nunca lhes falta o necessário.

Gaio desceu e foi falar com o cozinheiro, cujo nome era Prova-do que-É-Bom, pedindo que aprontasse a ceia para um bom número de peregrinos.

GAIO (dirigindo-se aos peregrinos): Venham, meus bons amigos. Sejam bem-vindos! Estou feliz por abrigá-los em minha casa! Se quiserem, podemos conversar um pouco enquanto a ceia está sendo preparada.

PEREGRINOS (a uma só voz): Concordamos.

GAIO: De quem esta senhora é esposa? E de quem esta donzela é filha?

GRANDE CORAÇÃO: Esta mulher é esposa de Cristão, que foi peregrino, e estes são os filhos dele. A donzela é conhecida da família, e foi convencida a acompanhá-la. Os rapazes querem

---

1 "Saúda-vos Gaio, meu hospedeiro e de toda a igreja. Saúda-vos Erasto, tesoureiro da cidade, e o irmão Quarto" (ROMANOS 16:23).

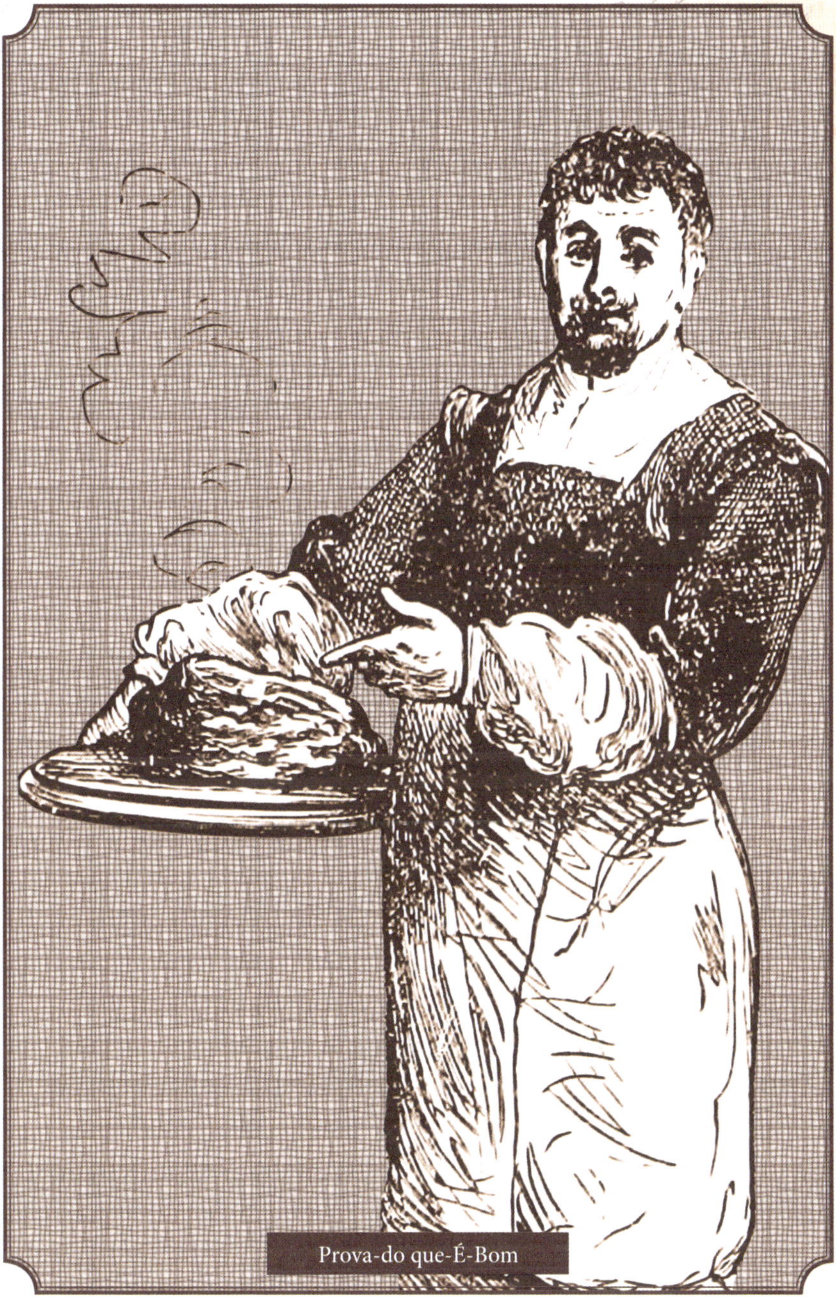

Prova-do que-É-Bom

seguir o exemplo do pai, seguir o mesmo caminho que ele percorreu. Quando veem um lugar onde o pai descansou ou descobrem uma de suas pegadas, sentem grande alegria no coração e desejam repousar ou pisar no mesmo local.

GAIO (dirigindo-se a Cristã): Então quem está aqui é a esposa de Cristão? E estes são filhos dele? Conheci o pai e o avô de seu marido. É uma família muito honrada; seus antepassados moravam em Antioquia.[2] O pai e o avô de Cristão (suponho que seu marido tenha falado deles) eram pessoas muito dignas. Nunca conheci homens com tantas virtudes e coragem para lutar pelo Senhor dos peregrinos, por Seus caminhos e por aqueles que O amavam. Ouvi falar que muitos parentes de seu marido suportaram todos os tipos de provações por amor à verdade. Estêvão, um dos primeiros da geração de seu marido, foi apedrejado.[3] Tiago, outro da mesma família, foi morto a fio de espada.[4]

Isso sem falar em Paulo e Pedro, antepassados da família de seu marido; Inácio, que foi atirado aos leões; Romano, cuja carne foi despedaçada aos poucos de seus ossos; e Policarpo, que enfrentou o fogo com hombridade. Houve um que foi dependurado em um cesto diretamente sob o Sol para ser comido pelas vespas; e outro que foi colocado em um saco e atirado ao mar, para morrer afogado. Seria impossível enumerar todos daquela família que sofreram injúrias e morte por amar a vida de peregrino. Também me alegro muito

---

2 "Tendo-o encontrado, levou-o para Antioquia. E, por todo um ano, se reuniram naquela igreja e ensinaram numerosa multidão. Em Antioquia, foram os discípulos, pela primeira vez, chamados cristãos" (ATOS 11:26).

3 "E apedrejavam Estêvão, que invocava e dizia: Senhor Jesus, recebe o meu espírito! Então, ajoelhando-se, clamou em alta voz: Senhor, não lhes imputes este pecado! Com estas palavras, adormeceu" (ATOS 7:59,60).

4 "Fazendo passar a fio de espada a Tiago, irmão de João" (ATOS 12:2).

por ver que seu marido deixou quatro meninos como estes. Espero que honrem o nome dele, sigam suas pegadas e cheguem ao lugar onde ele chegou.

GRANDE CORAÇÃO: Sim, são rapazes de grande potencial. Pareceram sinceros quando escolheram seguir os passos do pai.

GAIO: Foi o que eu disse. A família de Cristão tem muitas probabilidades de ser numerosa e espalhar-se pela face da Terra. Cristã deve procurar donzelas para serem esposas de seus filhos, a fim de que o nome de seu pai e a casa de seus antepassados jamais seja esquecida no mundo.

HONESTO: Seria uma lástima se esta família fraquejasse ou fosse extinta.

GAIO: Não digo fraquejar, mas diminuir. Que Cristã siga o meu conselho, pois é assim que a família se sustentará. (Dirigindo-se a Cristã): Alegro-me por vê-la e também por ter trazido Misericórdia. As duas formam uma dupla encantadora. E aceite meu conselho: aproxime-se mais de Misericórdia. Se ela consentir, entregue-a como esposa a Mateus, seu filho mais velho. Essa é a maneira de preservar a posteridade da família na Terra.

Misericórdia e Mateus concordaram e, no decorrer do tempo, se casaram. Mas falaremos disso mais adiante.

GAIO (prosseguindo): Agora falarei em defesa das mulheres, para livrá-las do opróbrio a que estão expostas. Porque, assim como a morte e a maldição vieram ao mundo por meio de uma mulher,[5] também por meio de uma mulher veio a vida e a saúde. “Deus enviou seu Filho, nascido de mulher”.[6] Sim, para mostrar que as mulheres que vieram depois de Eva abominaram de tal forma

5 Gênesis 3:1-22

6 Gálatas 4:4

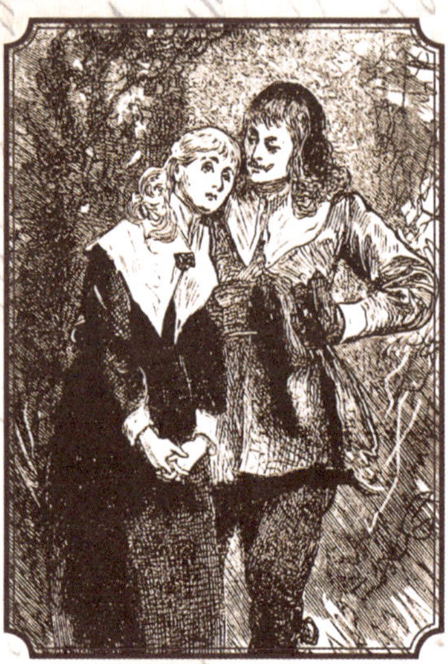

o ato da primeira mãe do mundo a ponto de desejar ardentemente ter filhos, na esperança de que uma delas fosse a mãe do Salvador do mundo. E repito: quando o Salvador chegou, as mulheres alegraram-se nele, antes mesmo dos homens e dos anjos.[7]

Não li em nenhum lugar que um homem tenha oferecido uma moeda a Cristo, por menor que fosse; mas as mulheres o seguiram e o sustentaram com suas posses. Foi uma mulher que lavou os pés de Cristo com lágrimas; e foi uma mulher que ungiu Seu corpo antecipadamente para o sepultamento. Foram as mulheres que choraram enquanto Ele caminhava em direção à cruz, que o seguiram após a crucificação e se sentaram junto ao túmulo onde Ele foi sepultado. E foram as mulheres que o viram, antes de todos, na manhã da ressurreição; e as primeiras que levaram a notícia aos discípulos de que Cristo havia ressuscitado.[8]

As mulheres, portanto, são extremamente favorecidas e mostram, por meio do que constatamos, que, ao nosso lado, compartilham a graça da vida.

Nesse instante, o cozinheiro mandou avisar que a ceia estava quase pronta e pediu a alguém que estendesse a toalha na mesa e nela colocasse os pratos, o sal e o pão.

MATEUS: Esta toalha e todos os preparativos para a ceia despertaram meu apetite como nunca em toda a minha vida.

---

7 Lucas 1:39-55

8 Lucas 7:37-50; 8:2,3; 23:27; 24:22,23; João 2:3; 11:2; Mateus 27:25-61

GAIO: Que todas as doutrinas que lhe foram ministradas até hoje despertem em você um desejo maior de sentar-se à mesa para cear com o grande Rei em Seu reino. Todas as pregações, livros e ordenanças deste mundo não passam de toalhas estendidas na mesa, de pratos e sal para tempero quando comparados à festa que nosso Senhor nos preparará quando chegarmos à Sua casa.

Em seguida, a ceia chegou. Primeiramente, foram colocados sobre a mesa, diante deles, a coxa da oferta e o peito da oferta movida, para mostrar que, antes da refeição, precisavam orar e louvar a Deus.[9]

Com a coxa da oferta, Davi elevava seu coração a Deus; e com o peito da oferta movida, onde estava seu coração, com o qual se apoiava em sua harpa enquanto a tocava. Esses dois pratos eram revigorantes e de bom paladar, e todos saciaram a fome com eles.

Depois trouxeram-lhes uma garrafa de vinho, vermelho como sangue.

---

9 "Também a coxa direita dareis ao sacerdote *por* oferta dos vossos sacrifícios pacíficos. Aquele dos filhos de Arão que oferecer o sangue do sacrifício pacífico e a gordura, esse terá a coxa direita por *sua* porção; porque o peito motivo e a coxa da oferta tomei dos filhos de Israel, dos seus sacrifícios pacíficos, e os dei a Arão, o sacerdote, e a seus filhos, por direito perpétuo dos filhos de Israel" (LEVÍTICO 7:32-34).

"Também o peito da oferta movida e a coxa da oferta comereis em lugar limpo, tu, e teus filhos, e tuas filhas, porque foram dados por tua porção e por porção de teus filhos, dos sacrifícios pacíficos dos filhos de Israel. A coxa da oferta e o peito da oferta movida trarão com as ofertas queimadas de gordura, *para* mover por oferta movida perante o SENHOR, o que será por estatuto perpétuo, para ti e para teus filhos, como o SENHOR tem ordenado" (LEVÍTICO 10:14,15).

"A ti, SENHOR, elevo a minha alma" (SALMO 25:1).

"Por meio de Jesus, pois, ofereçamos a Deus, sempre, sacrifício de louvor, que é o fruto de lábios que confessam o seu nome" (HEBREUS 13:15).

GAIO: Bebam à vontade; este é suco da videira verdadeira, e alegra o coração de Deus e do homem.[10]

Todos beberam e se alegraram. A seguir foi trazida uma sopa de leite engrossada com migalhas de pão.

GAIO: Deixem este prato para os rapazes. Eles precisam crescer e se fortalecer.[11]

Depois trouxeram-lhes um prato composto de manteiga e mel.

GAIO: Comam à vontade, porque este prato é bom para animar e fortalecer seus julgamentos e entendimentos. É disso que o nosso Senhor se alimentava na infância.[12] Logo depois trouxeram-lhes um prato de um fruto apetitoso e saboroso.

MATEUS: Podemos comer desse fruto, uma vez que foi com ele que a serpente enganou Eva?

GAIO (respondendo em forma de versos):

Um fruto, um só fruto, nos enganou,
E o pecado, não o fruto, nos maculou.
O fruto proibido o sangue contamina,

---

10 "Coalhada de vacas e leite de ovelhas, com a gordura dos cordeiros, dos carneiros que pastam em Basã e dos bodes, com o mais escolhido trigo; e bebeste o sangue das uvas, o mosto" (DEUTERONÔMIO 32:14).

"Porém a videira lhes respondeu: Deixaria eu o meu vinho, que agrada a Deus e aos homens, e iria pairar sobre as árvores?" (JUÍZES 9:13).

"Eu sou a videira verdadeira, e meu Pai é o agricultor" (JOÃO 15:1).

11 "Despojando-vos, portanto, de toda maldade e dolo, de hipocrisias e invejas e de toda a sorte de maledicências, desejai ardentemente, como crianças recém-nascidas, o genuíno leite espiritual, para que, por ele, vos seja dado crescimento para salvação" (1 PEDRO 2:1,2).

12 "Ele comerá manteiga e mel quando souber desprezar o mal e escolher o bem" (ISAÍAS 7:15).

Mas, se permitido, a alma ilumina.
Beba o suco sem titubear, Igreja do Senhor,
Comam o fruto os que padecem de amor.

MATEUS: Hesitei diante do fruto porque, pouco tempo atrás, adoeci por tê-lo comido.

GAIO: O fruto proibido lhe fará mal, mas o que o Senhor permite, não.

Enquanto conversavam, foi-lhes apresentado outro prato, desta vez de nozes.[13]

Um dos peregrinos disse: As nozes prejudicam os dentes, principalmente os das crianças.

GAIO (novamente respondendo em forma de versos):

Textos difíceis são como nozes (não como enganadores);
Por baixo da casca escondem deliciosos sabores.
Quebre a casca e prove a deliciosa semente,
Antes oculta, agora apreciada abertamente.

Com muita alegria, todos continuaram sentados à mesa por muito tempo, conversando sobre vários assuntos.

HONESTO (dirigindo-se a Gaio): Meu bom hospedeiro, enquanto estamos quebrando a casca destas nozes, decifre este enigma, por favor:

Conheci um homem louco, ou assim se imaginava,
Quanto mais repartia, mais rico se tornava.

---

13 "Desci ao jardim das nogueiras, para mirar os renovos do vale, para ver se brotavam as vides, se floresciam as romeiras" (CÂNTICO DOS CÂNTICOS 6:11).

Todos prestaram atenção, imaginando o que Gaio diria. Depois de pensar um pouco, esta foi a resposta:

Quem seus bens aos pobres dá
Dez vezes mais receberá.

JOSÉ: Não imaginei que o senhor soubesse a resposta.

GAIO: Ah, estou sendo treinado há muito tempo. Não há melhor mestre que a experiência. Aprendi com meu Senhor a ser bondoso e descobri, por experiência própria, que muito lucrei com isso. "Há quem espalha, porém enriquece; há quem retenha mais do que deve, e assim empobrece."[14]

SAMUEL (cochichando ao ouvido de Cristã): Mãe, esta casa pertence a um homem de bem. Vamos ficar aqui por um tempo e deixar que meu irmão Mateus se case com Misericórdia antes de prosseguirmos a viagem?

GAIO (por ter ouvido a pergunta): Boa ideia, meu rapaz!

Os peregrinos permaneceram na hospedaria por mais de um mês, e a mão de Misericórdia foi concedida a Mateus.

Nesse meio-tempo, Misericórdia, como era seu costume, continuou a fazer casacos e outras peças de roupas para dar aos pobres. Com isso, a boa fama dos peregrinos aumentou ainda mais.

Vamos, porém, retornar à nossa história. Após a ceia, os rapazes, cansados da viagem, manifestaram o desejo de repousar. Gaio mostrou-lhes onde ficava o quarto.

MISERICÓRDIA: Vou acomodá-los.

---

14 "A quem dá liberalmente, ainda se lhe acrescenta mais e mais; *ao que* retém mais do que é justo, *ser-lhe-á* em pura perda" (PROVÉRBIOS 11:24).

"Uns se dizem ricos sem *terem* nada; outros *se dizem* pobres, *sendo* mui ricos" (PROVÉRBIOS 13:7).

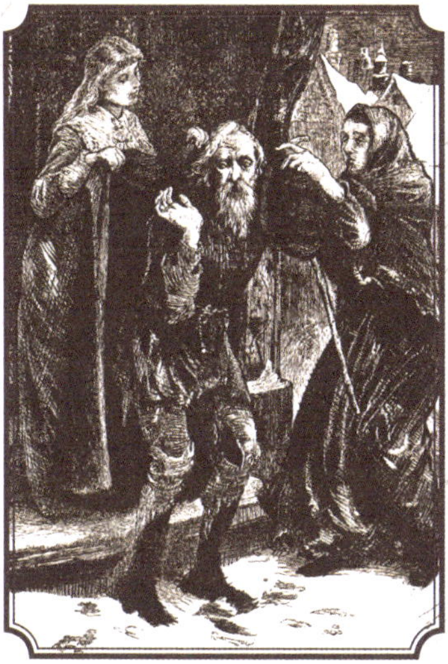

Ela conduziu-os ao quarto e eles adormeceram, mas os outros permaneceram acordados a noite inteira, pois Gaio era uma companhia tão agradável, que ninguém queria se separar dele. Depois de muita conversa sobre o Senhor, sobre eles próprios e sobre a viagem, Honesto, que apresentara o enigma a Gaio, começou a cochilar sentado.

GRANDE CORAÇÃO: O que foi? O senhor está com sono! Vamos, anime-se! Tenho um enigma para o senhor.

HONESTO: Diga qual é.

GRANDE CORAÇÃO (respondendo em forma de versos):

Quem deseja matar, a derrota deve conhecer;
Quem vida quer exibir, deve primeiro morrer.

HONESTO: Ah! Este é difícil. Difícil de explicar e mais difícil ainda de praticar. (Dirigindo-se a Gaio): Vamos, amigo, decifre o enigma em meu lugar. Quero ouvir o que tem a dizer.

GAIO: Não, o enigma foi apresentado ao senhor, e esperamos que o decifre.

HONESTO (respondendo em forma de versos):

Quem pela graça foi conquistado
Deve mortificar o pecado;
E quem disso me quiser convencer
Para si mesmo deverá morrer.

GAIO: Muito bem! É o que a boa doutrina e a experiência nos ensinam. Primeiro, porque enquanto a graça não se manifestar e vencer a alma com sua glória, não se consegue resistir ao pecado. Além disso, se o pecado é a corda de Satanás, com a qual ele prende a alma, até que ponto ela resistirá antes de ser libertada dessa fraqueza? Segundo, ninguém que conhece a razão ou a graça consegue acreditar que uma pessoa, escrava de suas corrupções, seja um monumento vivo da graça divina. Lembrei-me de uma história que vale a pena ser ouvida. Havia dois homens que seguiram em peregrinação. Um começou quando era jovem; o outro, depois de velho. O moço tinha de lutar contra as paixões mundanas; o ancião já estava enfraquecido em razão da idade. O moço caminhava com passos tão ligeiros quanto o ancião. Em qual dos dois resplandecia mais a graça, uma vez que ambos pareciam iguais?

HONESTO: No moço, sem dúvida. Pois aquele que enfrenta grande oposição dá melhor demonstração de que é o mais forte, principalmente quando acompanha o ritmo daquele que não tem sequer a metade dessa força, como certamente é o caso do ancião. Além do mais, tenho observado que os anciãos se protegem por trás de um erro, ou seja, pensam que a fraqueza decorrente da idade é uma graça conquistada sobre as corrupções e, assim, conseguem enganar a si mesmos. Na verdade, os anciãos que receberam a graça de Deus são mais aptos a dar conselhos aos mais jovens, porque viram grande parte das frivolidades da vida. No entanto, quando um ancião e um moço decidem caminhar juntos, o moço tem a vantagem de descobrir melhor a obra da graça dentro dele, embora as paixões mundanas do ancião sejam naturalmente mais fracas.

E, assim, continuaram a conversar até o amanhecer. Depois que o resto da família acordou, Cristã pediu ao filho Tiago que lesse um capítulo das Escrituras. Ele leu o capítulo 53 de Isaías.

HONESTO (após a leitura): Por que se diz que o Salvador é como raiz de uma terra seca e que não havia nenhuma formosura nele?

GRANDE CORAÇÃO: Resposta à primeira pergunta: porque a igreja dos judeus, da qual Jesus descendia, havia perdido quase toda a vitalidade e espírito religioso. Respondendo à segunda, digo: as palavras são proferidas pelos incrédulos, que não conseguem enxergar o coração do nosso Príncipe, portanto julgam-no pela aparência exterior. São como aqueles que não sabem que as pedras preciosas são cobertas por uma crosta feia. São como aqueles que ao encontrar uma pedra preciosa desconhecem seu valor e a jogam fora, como se fosse uma pedra comum.

GAIO: Já que estão aqui, e como sei que Grande Coração é bom na arte de manejar suas armas, se acharem conveniente, vamos nos refrescar um pouco e depois dar um passeio no campo, para ver se podemos fazer algo útil. Aproximadamente 1500 metros da cerca há um gigante chamado Morte-ao-Bem que tem causado muitos problemas nesta região do caminho do Rei. E sei onde se refugia. É chefe de um bando de ladrões. Seria bom se livrássemos nossa região dele.

Todos concordaram e partiram: Grande Coração com sua espada, capacete e escudo; e o restante do grupo com lanças e bastões.

Ao chegar à caverna do gigante, encontraram-no imobilizando Mente-Fraca com as mãos. Mente-Fraca havia sido sequestrado no caminho e levado para lá pelos bandidos do gigante. Agora o gigante estava tirando tudo o que Mente-Fraca possuía, com o propósito de devorá-lo depois, pois se alimentava de carne humana.

Assim que viu Grande Coração e seus amigos empunhando armas na entrada da caverna, o gigante interpelou-os, perguntando o que queriam.

GRANDE CORAÇÃO: Estamos à sua procura, porque viemos para vingar os muitos peregrinos que você matou depois de sequestrá-los no caminho do Rei. Saia dessa caverna!

O gigante armou-se e saiu. Depois de uma luta de mais de uma hora, pararam um pouco para recuperar o fôlego.

MORTE-AO-BEM: Por que você está aqui em meu território?

GRANDE CORAÇÃO: Para vingar o sangue dos peregrinos, como já lhe disse.

A luta foi reiniciada, e Grande Coração foi forçado a recuar, mas logo depois recuperou-se do golpe. E com sua costumeira valentia, golpeou com força a cabeça e os flancos do gigante, derrubando-lhe a arma. Aproveitando-se dessa vantagem, matou-o, decepou-lhe a cabeça e levou-a para a hospedaria.

Também tirou Mente-Fraca da caverna e o levou consigo para seu alojamento. Ao chegar em casa, mostraram a cabeça do gigante à família e depois a penduraram, como haviam feito outras vezes, para amedrontar àqueles que tentassem fazer o mesmo que o gigante.

Perguntaram a Mente-Fraca como havia caído nas mãos do gigante.

MENTE-FRACA: Vocês estão vendo que sou um homem doente e, como a morte bate à minha porta todos dias, achei que não devia ficar em casa. Decidi, portanto, dedicar-me à vida de peregrino. Venho da Cidade da Incerteza, onde meu pai também nasceu. Não tenho forças nem no corpo nem na mente; porém, se pudesse, apesar de só conseguir rastejar pelo caminho, viveria como peregrino. Quando cheguei à porta na entrada do caminho, o Senhor daquele lugar me tratou muito bem. Não fez objeção ao meu corpo fragilizado nem à minha mente fraca. Deu-me tudo o que era necessário para minha viagem e recomendou que mantivesse a esperança até o fim. Quando cheguei à casa de Intérprete, fui acolhido com muita bondade; e, por terem julgado que o Desfiladeiro da Dificuldade era penoso demais para mim, fui carregado por um de seus servos. Na verdade, tenho recebido grande ajuda dos peregrinos, apesar de nenhum querer andar tão devagar quanto eu. Ainda assim, quando me encontravam, desejavam-me bom ânimo e diziam que o Senhor se agradava quando consolavam os desanimados.[15] E seguiam o caminho no ritmo deles.

Ao chegar à Viela do Assalto, o gigante foi ao meu encontro e ordenou-me que me preparasse para uma luta; mas, ai de mim, por estar tão fraco necessitava mais de tônico que de luta. Quando ele me agarrou, imaginei que não me mataria. Também, quando me levou para dentro da caverna, apesar de tê-lo acompanhado de má vontade, achei que sairia vivo dali, porque ouvi falar que há uma lei da Providência que diz que nenhum peregrino cativo morrerá nas mãos do inimigo se todo o seu coração estiver voltado para o seu Senhor. Certamente fui roubado, mas, como vocês podem ver, escapei com vida, pelo que dou graças ao meu Rei, como autor de meu resgate, e a vocês, como instrumentos usados por Ele. Sei que encontrarei outras dificuldades, mas estou resolvido a correr quando puder; andar quando não puder correr; e rastejar quando não puder andar. Quanto ao essencial, estou decidido, graças Àquele que me ama: meu caminho está diante de mim e, apesar de ter a mente fraca, como vocês podem constatar, ela está além do rio que não possui ponte.

HONESTO: Você não conheceu, algum tempo atrás, um peregrino chamado Receoso?

MENTE-FRACA: Conheci, sim! Veio da Cidade da Estupidez, que fica bem distante, ao norte da Cidade da Destruição e muito mais distante da cidade onde nasci. Conheci-o muito bem, porque

---

15 "Exortamo-vos, também, irmãos, a que admoesteis os insubmissos, consoleis os desanimados, ampareis os fracos e sejais longânimos para com *todos*" (1 TESSALONICENSES 5:14).

ele era meu tio, irmão de meu pai. Tínhamos mais ou menos a mesma índole. Embora ele fosse um pouco mais baixo que eu, éramos muito parecidos fisicamente.

HONESTO: Logo vi que o conhecia, e percebi que vocês eram parentes pela palidez de seu rosto. Tem um jeito de olhar parecido com o dele e ambos falam de forma semelhante.

MENTE-FRACA: Quase todos os que nos veem dizem o mesmo. Além disso, encontro muitas características dele em mim.

GAIO: Vamos, tenha bom ânimo, amigo! Seja bem-vindo. Minha casa está à sua disposição, e pode pedir o que quiser. Meus servos estão também ao seu dispor, e farão tudo de bom grado.

MENTE-FRACA: Esse é um favor tão inesperado quanto o brilho do sol vindo detrás de uma nuvem muito escura. Acaso o gigante Morte-ao-Bem me desejaria esse favor quando me aprisionou e não me deixou prosseguir? Pretenderia que, depois de esvaziar-me os bolsos, eu seria hospedado na casa de Gaio? No entanto, foi o que aconteceu.

Enquanto Mente-Fraca e Gaio conversavam, alguém chegou correndo e chamou à porta, dizendo que um peregrino chamado Equivocado havia sido morto por um raio a uma distância de mais ou menos 2,5 quilômetros.

MENTE-FRACA: Que desgraça! Ele morreu! Esse homem me alcançou alguns dias atrás, antes de eu chegar aqui, e queria acompanhar-me. Também estava comigo quando o gigante Morte--ao-Bem me aprisionou; mas, por ser ligeiro, ele fugiu. Parece que fugiu para morrer, e eu fui aprisionado para viver.

Dizem que quem procura matar sem razão
Livra muitas vezes de pior situação.
Aquela mesma Providência, cujo rosto é morte,

Muitas vezes torna o humilde em forte.
Eu fui aprisionado, ele fugiu; e foi assim
Que o destino deu morte a ele, e vida para mim.

Nesse ínterim, Mateus e Misericórdia se casaram, e Gaio entregou sua filha Febe como esposa a Tiago, irmão de Mateus; depois disso, os visitantes permaneceram por mais de dez dias na casa de Gaio, dedicando esse tempo à sua rotina como peregrinos.

Antes da partida, Gaio ofereceu-lhes um banquete. Todos comeram, beberam e se alegraram. Na hora da despedida, Grande Coração pediu que lhe fosse apresentada a conta referente à estadia dos hóspedes. Gaio, porém, disse-lhe que não costumava cobrar dos peregrinos que ali se hospedavam. Acolhia-os durante o ano, e esperava ser pago pelo bom samaritano[16] que lhe prometeu voltar e saldar todas as despesas dos peregrinos.

Grande Coração dirigiu-se a Gaio com estas palavras:

Amado, procedes fielmente naquilo que praticas para com os irmãos, e isto fazes mesmo quando são estrangeiros, os quais, perante a igreja, deram testemunho do teu amor. Bem farás encaminhando-os em sua jornada por modo digno de Deus.[17]

Gaio despediu-se dos peregrinos, inclusive dos rapazes e, em especial, de Mente-Fraca, a quem entregou algo para beber no caminho.

Mente-Fraca, ao vê-los sair, deu a entender que gostaria de ficar.

---

16 "Certo samaritano, que seguia o seu caminho, passou-lhe perto e, vendo-o, compadeceu-se *dele*. E, chegando-*se*, pensou-lhes os ferimentos, aplicando-lhes óleo e vinho; e, colocando-o sobre o seu próprio animal, levou-o para uma hospedaria e tratou dele. No dia seguinte, tirou dois denários e *os* entregou ao hospedeiro, dizendo: Cuida deste homem, e, se alguma coisa gastares a mais, eu to indenizarei quando voltar" (LUCAS 10:33-35).

17 3 João 5,6

GRANDE CORAÇÃO: Venha conosco, Mente-Fraca. Eu serei seu guia e o tratarei como os demais.

MENTE-FRACA: Ai de mim! Necessito de alguém em condições semelhantes às minhas. Vocês são fortes e robustos, e eu, como podem ver, sou fraco. Prefiro ficar, porque não quero ser um fardo para vocês e para mim mesmo em razão de minha condição debilitada. Já lhes contei que sou um homem de mente fraca. Serei um estorvo e não conseguirei aguentar o que os outros aguentam. Não gosto de risadas. Não gosto de roupas vistosas. Não gosto de perguntas inúteis. Sou tão fraco que me entristeço ao ver o que os outros têm liberdade para fazer. Ainda não conheço toda a verdade. Sou um cristão muito ignorante. Às vezes, quando ouço alguém se alegrar no Senhor, aflijo-me por não poder fazer o mesmo. Sinto que sou um homem fraco entre os fortes, ou um enfermo entre pessoas sadias, ou uma tocha desprezível.[18] Não sei o que fazer.

GRANDE CORAÇÃO: Meu irmão, eu tenho a missão de confortar os temerosos e amparar os fracos. É importante que vá conosco. Caminharemos no ritmo de seus passos e o ajudaremos. Deixaremos de fazer algumas coisas porque o amamos. Não discutiremos assuntos práticos nem opinativos diante do senhor. Faremos tudo para ajudá-lo e não o deixaremos para trás.[19]

Tudo isso ocorreu enquanto estavam à porta da hospedaria de Gaio. E, quando estavam no calor da conversa, Claudicante chegou com as muletas na mão e disse que acompanharia os peregrinos.[20]

---

18 "Tocha desprezível *é*, na opinião do *que está* descansado, aquele que *está* pronto a tropeçar com os pés" (JÓ 12:5 ARC).

19 Romanos 14:1-23; 1 Coríntios 8:1-8

20 "Pois *estou* prestes a tropeçar; a minha dor *está* sempre perante mim" (SALMO 38:17).

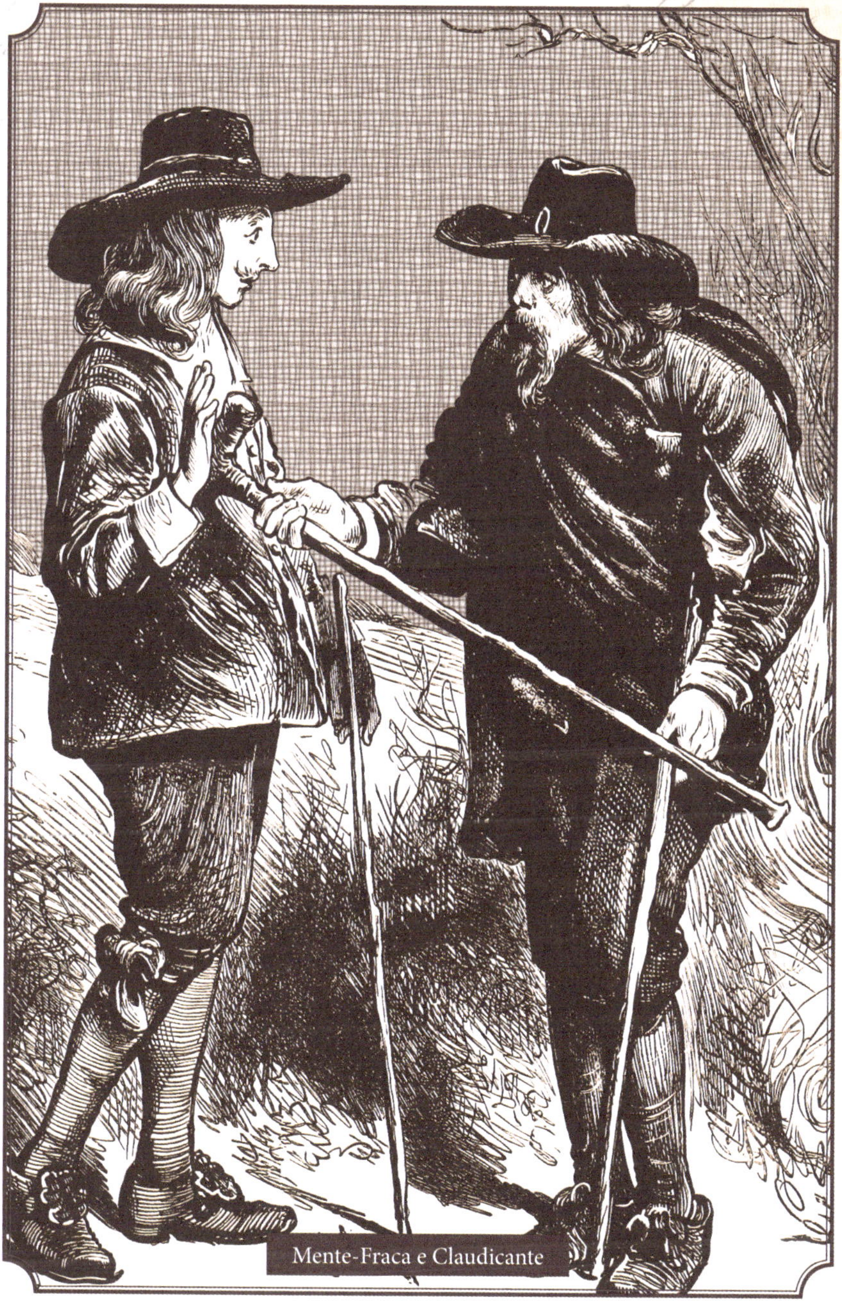

Mente-Fraca e Claudicante

MENTE-FRACA: Homem! Como conseguiu chegar até aqui? Eu estava me queixando de não ter um companheiro em condições semelhantes às minhas, mas você chegou na hora certa. Bem-vindo, bem-vindo, amigo Claudicante. Espero que ajudemos um ao outro na caminhada.

CLAUDICANTE: Alegro-me com sua companhia, amigo Mente-Fraca! Já que tivemos a felicidade de nos encontrar, eu lhe cederei uma de minhas muletas.

MENTE-FRACA: Não! Agradeço seu oferecimento, mas por enquanto não vou precisar. No entanto, pode ser que eu necessite dela em algumas ocasiões, talvez para defender-me de um cão.

CLAUDICANTE: Se eu ou minhas muletas lhe puderem ser úteis, estamos à sua disposição, amigo Mente-Fraca.

E, assim, prosseguiram a viagem. Grande Coração e Honesto adiante dos peregrinos, Cristã e os filhos logo atrás e, na retaguarda, Mente-Fraca e Claudicante com suas muletas.

HONESTO (dirigindo-se a Grande Coração): Agora que voltamos a caminhar juntos, conte-nos alguns fatos interessantes a respeito dos peregrinos que já percorreram este caminho.

GRANDE CORAÇÃO: Com prazer. Suponho que já ouviu falar do encontro de Cristão com Apolião no Vale da Humilhação; e também dos problemas que enfrentou para atravessar o Vale da Sombra da Morte. Também deve ser do seu conhecimento como Fiel se viu em apuros com Madame Sensualidade, com Primeiro Adão e com Descontente e Vergonha, quatro dos piores vilões que podemos encontrar no caminho.[21]

HONESTO: Sim, já ouvi falar disso tudo, mas a verdade é que o bondoso Fiel passou por um apuro maior com Vergonha, que não lhe deu trégua.

---

21 *O peregrino*, Publicações Pão Diário, 2020, pp. 136-137, 139, 141.

GRANDE CORAÇÃO: É verdade. Pois, como disse esse peregrino, Vergonha era o nome que menos se adequava a ele.

HONESTO: Conte-nos, por favor, onde Cristão e Fiel conheceram Loquaz.[22] Esse também era um grande enganador.

GRANDE CORAÇÃO: Este era um tolo autoconfiante, mas muitos o acompanharam.

HONESTO: Por pouco não enganou Fiel.

GRANDE CORAÇÃO: Ah, sim, mas Cristão o fez enxergar o erro rapidamente.

Prosseguiram a viagem até chegar ao lugar onde Cristão e Fiel se encontraram com Evangelista, o qual contou-lhes antecipadamente o que enfrentariam na Feira das Vaidades.

GRANDE CORAÇÃO: Foi aqui mesmo que Cristão e Fiel se encontraram com Evangelista, e este predisse o que enfrentariam na Feira das Vaidades.[23]

HONESTO: Verdade? Deve ter sido muito difícil ouvir palavras tão duras.

GRANDE CORAÇÃO: Foi mesmo, porém ele lhes transmitiu ânimo também. Mas o que dizemos desses dois? Pareciam leões em forma de gente. Tinham determinação pétrea. Lembra-se do comportamento destemido deles diante do juiz?[24]

HONESTO: Fiel sofreu corajosamente.

GRANDE CORAÇÃO: Sim, e mais atos de coragem sucederam, porque, conforme dizem, Esperançoso e alguns outros se converteram por causa de sua morte.

---

22 Ibid, pp. 146-148.

23 Ibid, p. 161.

24 Ibid, pp. 172-178.

HONESTO: Gostaria que você nos contasse outras histórias, já que está tão bem informado a respeito desse assunto.

GRANDE CORAÇÃO: De todos os que Cristão conheceu depois de atravessar a Feira das Vaidades, Interesse-Próprio foi o mais patife.

HONESTO: Interesse-Próprio? Quem era?

GRANDE CORAÇÃO: Um trapaceiro e hipócrita, sem sombra de dúvida. Alguém que fingia ser religioso por onde andava, mas tão velhaco, que não tinha nada a perder nem sofria por isso. Tinha uma religiosidade para cada ocasião, e sua esposa era tão canalha quanto ele. Interesse-Próprio mudava sempre de opinião e justificava-se por agir assim. Até onde sei, ele tornou-se desinteressante por causa de seu interesse-próprio. Também nunca ouvi falar que seus filhos tenham sido respeitados por alguém que temesse verdadeiramente a Deus.

Enquanto conversavam, avistaram a Cidade da Vaidade, local da Feira das Vaidades. Quando viram que estavam ali tão perto, conversaram entre si para saber como deveriam atravessá-la. As opiniões divergiam.

GRANDE CORAÇÃO: Vocês sabem que já atravessei esta cidade como guia dos peregrinos. Conheço um homem chamado Mnasom,[25] um dos primeiros discípulos, natural de Chipre, em cuja casa podemos nos abrigar. Se todos concordarem, seguiremos para lá.

Honesto, Cristã e Mente-Fraca concordaram, bem como todos os outros. É bom lembrar que já estava anoitecendo quando chegaram perto da cidade, mas Grande Coração conhecia o caminho até a casa de Mnasom. Quando lá chegaram, chamaram à porta; o homem, já idoso, reconheceu a voz assim que a ouviu. Abriu a porta e todos entraram.

---

25 Referência ao discípulo cristão mencionado em Atos 21:16. Natural da ilha de Chipre, ele hospedou Paulo e seus companheiros em Jerusalém quando estes voltaram da terceira viagem missionária.

MNASOM: Que distância vocês percorreram hoje?

Disseram que haviam saído da casa de Gaio. Mnasom acolheu-os prontamente, pois sabia que estavam exaustos depois de uma caminhada tão longa e convidou-os a sentar.

GRANDE CORAÇÃO (dirigindo-se aos peregrinos): Vamos, animem-se! Sei que este meu amigo se alegra em os acolher.

MNASOM: Sejam bem-vindos! E peçam o que precisarem. Faremos o possível para atender a todas as suas necessidades.

HONESTO: Faltavam-nos abrigo e boa companhia. E agora temos ambas as coisas.

MNASOM: Quanto ao abrigo, já perceberam como é. Quanto à boa companhia, só o tempo dirá.

GRANDE CORAÇÃO: O senhor poderia conduzir os peregrinos aos seus aposentos?

MNASOM: Certamente.

Mnasom mostrou-lhes os respectivos quartos e também uma bela sala de jantar, onde poderiam cear até a hora de dormir.

Depois de instalados, houve algumas manifestações de alegria após a viagem.

HONESTO (dirigindo-se a Mnasom): Há muitas pessoas piedosas na cidade?

MNASOM: Há algumas, mas, na verdade, são poucas quando comparadas às que pertencem ao lado oposto.

HONESTO: Há possibilidade de conhecermos alguns homens piedosos? Porque, quando os peregrinos encontram homens piedosos sentem o mesmo que os navegantes quando a Lua e as estrelas aparecem no céu em alto-mar.

Graça, filha de Mnasom, apareceu após este fazer um sinal sonoro com os pés.

MNASOM: Graça, vá dizer aos meus amigos Contrito, Virtuoso, Amor-aos-Piedosos, Nunca-Mentir e Penitente que recebi mais alguns amigos em minha casa, e eles gostariam de vê-los esta noite.

Graça foi chamá-los, e eles chegaram. Depois das apresentações, todos sentaram-se à mesa.

MNASOM: Meus vizinhos, como veem, recebi a visita de uns forasteiros que vieram à minha casa. São peregrinos, fizeram uma longa viagem e dirigem-se ao Monte Sião. (Apontando para Cristã): E vocês sabem quem é esta mulher? É Cristã, esposa de Cristão, o famoso peregrino que, em companhia de seu irmão Fiel, foi vergonhosamente maltratado em nossa cidade.

Atônitos após terem ouvido palavras de Mnasom, os vizinhos disseram: "Quando Graça nos avisou, não imaginávamos que veríamos Cristã aqui. É uma surpresa muito agradável para nós". Perguntaram a Cristã se estava bem e se aqueles rapazes eram filhos de seu marido. Ao ouvir a confirmação, os homens se levantaram e disseram: "Que o Rei, a quem amam e servem, faça o mesmo que fez com seu pai e os leve, em paz, aonde ele está".

Depois que os homens assentaram-se, Honesto perguntou a Contrito e aos outros em que condições se encontrava o povo daquela cidade.

CONTRITO: Estamos muito atarefados nesta época da feira. É difícil manter o coração e o espírito tranquilos em tempos agitados. Quem vive em um lugar como este e tem tantos afazeres como nós precisa ser cauteloso e prestar muita atenção o dia inteiro.

HONESTO: E seus vizinhos são tranquilos?

CONTRITO: São muito mais moderados que antes. Você sabe como Cristão e Fiel foram tratados nesta cidade. Mas ultimamente, posso dizer que estão bem mais sensatos. Penso que o sangue de Fiel lhes tem sido um fardo até hoje, porque desde que o queimaram, a vergonha foi tal, que nunca mais queimaram outra pessoa. Naquela época, tínhamos medo de andar pelas ruas da cidade; hoje podemos andar destemidamente. Também o nome dos homens piedosos era odiado; hoje, principalmente em algumas partes da cidade, e vocês sabem como ela é grande, a religião é muito respeitada. Mas como tem sido a peregrinação de todos vocês? Como têm sido tratados durante a caminhada? A atitude dos cidadãos afeta vocês?

HONESTO: Enfrentamos as mesmas coisas que um viajante enfrenta: às vezes o caminho é desimpedido; outras vezes, imundo; às vezes, há uma subida; outras vezes, uma descida. Quase sempre é incerto. O vento nem sempre nos empurra para frente; nem sempre alguém que encontramos no caminho é amigo. Já deparamos com algumas dificuldades espantosas, e não sabemos o que nos aguarda. De modo geral, achamos verdadeiro aquele ditado antigo: "Quem é bom sofre provações".

CONTRITO: Você falou de dificuldades. Que dificuldades encontraram?

HONESTO: Pergunte a Grande Coração, o nosso guia. Ele pode explicar melhor essa parte.

GRANDE CORAÇÃO: Já nos atacaram três ou quatro vezes. Cristã e seus filhos foram encurralados de tal forma por dois malfeitores, que temeram perder a vida; depois tivemos de enfrentar o gigante Sanguinário, o gigante Pancada e o gigante Morte-ao-Bem. Na verdade, em vez de sermos atacados por este último, nós o atacamos. Foi assim: depois de passarmos um tempo na casa de Gaio, meu anfitrião e de toda a Igreja, decidimos levar nossas armas conosco, para ver se conseguiríamos encontrar algum inimigo dos peregrinos, porque sabíamos que ali se abrigava um dos mais violentos. Pelo fato de morar na região, Gaio conhecia o esconderijo melhor do que eu. Procuramos por toda parte até encontrar a entrada da caverna, o que nos deixou alegres e animados. Decidimos nos aproximar do esconderijo e, ao chegar lá, vimos que o gigante havia arrastado à força este pobre homem, Mente-Fraca, para dentro, e estava prestes a matá-lo. Mas, quando nos viu, talvez supondo que fôssemos uma nova presa, deixou este coitado na caverna e saiu. Lutamos ferozmente, e ele avançou em nossa direção de todas as formas. No final, ele caiu ao chão, foi degolado e colocamos sua cabeça na beira do caminho para amedrontar todos os que tentassem cometer tais iniquidades. Para comprovar o que digo, aqui está o homem que foi arrancado como um cordeiro da boca do leão.

MENTE-FRACA: Confirmo a história, que começou infeliz e me trouxe felicidade. Infeliz quando ele ameaçou me retalhar até os ossos; e trouxe-me felicidade quando vi Grande Coração e seus amigos se aproximarem com suas armas para me libertar.

VIRTUOSO: Há duas coisas necessárias para ser peregrino: coragem e vida ilibada. Se o peregrino não tiver coragem, nunca prosseguirá no caminho; e se sua vida for manchada, manchará também o nome dos peregrinos.

AMOR-aos-PIEDOSOS: Espero que este aviso não lhes seja necessário. Mas com certeza há muitos que seguem o caminho e se confessam estrangeiros aos peregrinos em vez de estrangeiros e peregrinos na Terra.

NUNCA-MENTIR: É verdade. Não possuem a aparência nem a coragem dos peregrinos. Não caminham empertigados, mas de modo enviesado, um sapato virado para dentro e o outro para fora, e as calças vestidas de trás para frente, com rasgos e furos, em desrespeito ao Senhor.

PENITENTE: Essas coisas deveriam envergonhá-los. É improvável que os peregrinos alcancem tal graça ou progridam como desejam enquanto essas manchas e defeitos não desaparecerem do caminho.

Continuaram entretidos na conversa até a ceia ser colocada na mesa, da qual se serviram para revigorar o corpo cansado antes de repousar. Passaram grande parte do tempo na Feira das Vaidades, hospedados na casa de Mnasom. No decorrer dos dias, Mnasom entregou sua filha Graça como esposa a Samuel, filho de Cristã; e sua filha Marta a José.

O tempo que demoraram ali, como eu disse, foi longo (porque o lugar não era como antes), portanto, os peregrinos conheceram muitas outras pessoas de bem que habitavam na cidade e que lhes foram úteis na medida do possível. Misericórdia, como sempre, empenhou-se muito em favor dos pobres, vestindo-os e alimentando-os, e recebeu a gratidão deles. Ali ela foi uma joia em sua confissão de fé. E, verdade seja dita, Graça, Febe e Marta tinham boa índole e dedicavam-se a fazer o bem aos outros. Eram também muito férteis, de modo que o nome de Cristão, como já dissemos, tinha probabilidades de permanecer no mundo.

Durante a permanência dos peregrinos, um monstro surgiu da mata e assassinou muitos habitantes da cidade. Levava consigo suas crianças e lhes ensinava a amamentar seus filhotes. Ninguém da cidade se atrevia a enfrentar o monstro. Todos fugiam quando ouviam o ruído de sua chegada.

O monstro era diferente de qualquer animal terreno. Tinha o corpo de dragão, sete cabeças e dez chifres.[26]

Causou grande devastação entre as crianças, e era governado por uma mulher. Impunha condições aos homens, e eles, por amar mais a vida que a alma, aceitavam as condições. E se submetiam ao monstro.

---

26 "Viu-se, também, outro sinal no céu, e eis um dragão, grande, vermelho, com sete cabeças, dez chifres e, nas cabeças, sete diademas" (APOCALIPSE 12:3).

Grande Coração e os que vieram visitar os peregrinos na casa de Mnasom combinaram de sair em busca da fera, para tentar libertar o povo da cidade das garras do monstro devorador.

E assim, Grande Coração, Contrito, Virtuoso, Nunca-Mentir e Penitente pegaram suas armas e foram ao encontro do monstro. A princípio, ele mostrou-se muito furioso e olhava para os seus inimigos com grande desprezo. Os cinco, porém, por serem homens fortes e hábeis nas armas, investiram com muita fúria contra o monstro, fazendo-o bater em retirada; e voltaram para a casa de Mnasom.

É bom deixar claro que o monstro escolhia algumas épocas para atacar as crianças da cidade. E nessas ocasiões aqueles homens valentes, sempre alertas, investiam ferozmente contra o monstro, tanto que, ao longo do tempo, ele ficou muito ferido e começou a manquejar, o que o impossibilitou de torturar as crianças da cidade como fazia antes. Segundo alguns, é bem provável que tenha morrido em consequência de seus ferimentos.

Com isso, a fama de Grande Coração e seus companheiros espalhou-se pela cidade e muitas pessoas, a quem faltava amor pelas coisas espirituais, passaram a estimá-los e respeitá-los. Em razão disso, os peregrinos não foram muito maltratados ali. A verdade é que na cidade havia algumas pessoas sem princípios morais, que, em sua ignorância, não enxergavam um palmo adiante do nariz. Não respeitavam aqueles homens e não davam o devido valor aos seus feitos.

Chegada a hora em que precisavam seguir caminho, os peregrinos começaram a preparar-se para a jornada. Mandaram chamar os amigos para trocar ideias, passaram algum tempo a sós e comprometeram-se mutuamente em proteger seu Príncipe. De novo, os amigos ofertaram-lhes coisas que já possuíam, coisas apropriadas para fracos e fortes, para mulheres e homens; enfim, receberam o necessário para a viagem.[27] No início da caminhada, os amigos os acompanharam até uma distância conveniente e, mais uma vez, comprometeram-se mutuamente a proteger seu Rei e partiram.

O grupo de peregrinos avançou, tendo Grande Coração à frente. As mulheres e as crianças, por serem mais frágeis, foram forçadas a andar de acordo com suas forças, enquanto Claudicante e Mente-Fraca se apoiavam um no outro devido à condição debilitada de ambos.

Depois que saíram da cidade e despediram-se dos amigos, chegaram rapidamente ao lugar onde Fiel perdeu a vida.[28] Ali, portanto, fizeram uma parada e agradeceram Àquele que lhe dera forças para carregar sua cruz; e mais ainda por terem descoberto que o grande sofrimento de Fiel lhes fora proveitoso.

Enquanto caminhavam, conversaram por um bom tempo sobre Cristão e Fiel, lembrando como Esperançoso se encontrou com Cristão depois que Fiel foi morto.

Chegaram então à Colina Lucro, onde havia a mina de prata que desviou Demas[29] do caminho da peregrinação e na qual, segundo pensam, Interesse-Próprio[30] caiu e pereceu, o que levou os peregrinos a pensarem seriamente no assunto. Quando, porém, aproximaram-se do antigo monumento defronte à Colina Lucro, ou seja, a coluna de sal que se erguia também diante de Sodoma e de seu lago malcheiroso, o grupo admirou-se, da mesma forma que Cristão, sem entender por que homens instruídos e experientes como

27 "...os quais nos distinguiram com muitas honrarias; e, tendo nós de prosseguir a viagem, *nos* puseram a bordo tudo o que era necessário" (ATOS 28:10).

28 *O peregrino*, Publicações Pão Diário, 2020, p. 179.

29 Ibid, pp. 191-193.

30 Ibid, p. 193.

aqueles foram tão cegos a ponto de se desviarem. Contudo, depois de mais ponderação, concluíram que a natureza não é afetada pelas desgraças que outros enfrentam, principalmente se aquilo que se vê possui atrativos capazes de enganar os olhos de um tolo.

Vi agora que eles prosseguiram até chegar ao rio do outro lado das Montanhas das Delícias, ao rio onde há árvores vistosas nas duas margens e cujas folhas, quando ingeridas, aliviam problemas de indigestão, onde as pastagens se conservam verdes o ano inteiro e onde poderiam descansar em segurança.[31] Na margem do rio, nas pastagens, havia abrigos e apriscos para ovelhas, uma casa construída para alimentar e criar os cordeirinhos, ou seja, os bebês das peregrinas.

Havia também um Homem compassivo encarregado de apascentá-los e que podia recolhê-los entre os Seus braços, levá-los em Seu peito e guiar mansamente esses jovenzinhos.[32]

Cristã aconselhou suas quatro noras a que entregassem seus filhinhos aos cuidados do Homem, para que, junto daquelas águas, encontrassem abrigo e fossem agasalhados, nutridos e amparados; e que nada viesse a faltar a nenhum deles. Quando um dos Seus se perde ou se desgarra, o Homem o traz de volta. Também liga o que está quebrado e fortalece o enfermo.[33] Aqui nunca lhes faltará

---

31 "O SENHOR *é* o meu pastor; nada me faltará. Ele me faz repousar em pastos verdejantes. Leva-me para junto das águas de descanso; refrigera-me a alma. Guia-me pelas veredas da justiça por amor do seu nome" (SALMO 23:1-3).

32 "Como pastor, apascentará o seu rebanho; entre os seus braços recolherá os cordeirinhos e os levará no seio; as que amamentam ele guiará mansamente" (ISAÍAS 40:11).

"E é capaz de condoer-se dos ignorantes e dos que erram, pois também ele mesmo está rodeado de fraquezas" (HEBREUS 5:2).

33 "Levantarei sobre elas pastores que as apascentem, e elas jamais temerão, nem se espantarão; nem uma delas faltará, diz o SENHOR" (JEREMIAS 23:4).

comida, bebida ou roupas; aqui estarão protegidos de ladrões e salteadores, porque o Homem morrerá antes que se perca um dos que lhe foram confiados. Além disso, aqui certamente receberão boa alimentação e conselhos, aprenderão a andar nas veredas da retidão, e esse é um favor cujo preço é alto demais. Aqui também, como vocês veem, há águas mansas, pastagens aprazíveis, flores delicadas, grande variedade de árvores que produzem frutos saudáveis. Frutos diferentes dos que Mateus comeu, que caíam sobre o muro do jardim de Belzebu, mas frutos que dão saúde a quem não tem e continuam a aumentar a saúde dos que a possuem.

As mães alegraram-se ao entregar seus filhinhos aos cuidados dele, incentivadas por saber que todas as despesas ficavam a cargo do Rei, e que o lugar era um abrigo para criancinhas e órfãos.

Prosseguindo a viagem, chegaram ao Prado do Caminho Errado, à escada pela qual Cristão subiu com seu companheiro Esperançoso, quando caíram nas mãos do Gigante Desespero e foram levados ao Castelo da Dúvida.[34] Ali os peregrinos se sentaram e conversaram

---

"Porque assim diz o Senhor Deus: Eis que eu *mesmo* procurarei as minhas ovelhas e as buscarei. Como o pastor busca o seu rebanho, no dia em que encontra ovelhas *dispersas*, assim buscarei as minhas ovelhas; livrá-las-ei de todos os lugares para onde foram espalhadas no dia de nuvens e de escuridão. Tirá-las-ei dos povos, e as congregarei dos diversos países, e as introduzirei na sua terra; apascentá-las-ei nos montes de Israel, junto às correntes e em todos os lugares habitados da terra. Apascentá-las-ei de bons pastos, e nos altos montes de Israel será a sua pastagem; deitar-se-ão ali *em* boa pastagem e terão pastos bons nos montes de Israel. Eu mesmo apascentarei as minhas ovelhas e as farei repousar, diz o Senhor Deus. A perdida buscarei, a desgarrada tornarei a trazer, a *quebrada* ligarei e a enferma fortalecerei; mas a gorda e a forte destruirei; apascentá-las-ei com justiça" (EZEQUIEL 34:11-16).

34 Op. Cit., 2020, p. 201.

sobre a melhor decisão a ser tomada. Sentindo-se fortalecidos por terem Grande Coração como guia, apresentaram suas ideias: investir contra o gigante, demolir seu castelo e, antes de mais nada, libertar os peregrinos que porventura estivessem aprisionados nele. As opiniões eram variadas. Um questionava se era lícito pisar em terra não consagrada; outro dizia que era lícito, desde que o propósito fosse nobre.

GRANDE CORAÇÃO: Embora esta última afirmação não seja universalmente verdadeira, recebi ordens de resistir ao pecado, vencer o mal, combater o bom combate da fé. E, pergunto, com quem combaterei o bom combate, senão com o Gigante Desespero? Tentarei, portanto, tirar-lhe a vida e demolir o Castelo da Dúvida. Quem deseja me acompanhar?

HONESTO: Eu.

Os quatro filhos de Cristã — Mateus, Samuel, Tiago e José — disseram o mesmo, porque eram jovens e fortes.[35]

Deixaram as mulheres na estrada em companhia de Mente-Fraca e Claudicante, com suas muletas, para que as protegessem até sua volta. Embora o Gigante Desespero morasse tão perto, se eles permanecessem na estrada, um pequenino os guiaria.[36] Grande Coração, Honesto e os quatro rapazes seguiram em direção ao Castelo da Dúvida, à procura do Gigante Desespero. Ao chegar à porta do castelo, bateram

---

35 "Pais, eu vos escrevo, porque conheceis aquele *que existe* desde o princípio. Jovens, eu vos escrevo, porque tendes vencido o Maligno. Filhinhos, eu vos escrevi, porque conheceis o Pai. Pais, eu vos escrevi, porque conheceis aquele *que existe* desde o princípio. Jovens, eu vos escrevi, porque sois fortes, e a palavra de Deus permanece em vós, e tendes vencido o Maligno" (1 JOÃO 2:13,14).

36 "O lobo habitará com o cordeiro, e o leopardo se deitará junto ao cabrito; o bezerro, o leão novo e o animal cevado andarão juntos, e um pequenino os guiará" (ISAÍAS 11:6).

e gritaram em alta voz. O velho gigante apareceu, acompanhado de Incredulidade, sua esposa.

GIGANTE DESESPERO: Quem é? Quem se atreve a perturbar desta maneira o Gigante Desespero?

GRANDE CORAÇÃO: Sou eu, Grande Coração, um dos guias do Rei do País Celestial, incumbido de conduzir os peregrinos até lá. Ordeno que me libere a entrada e se prepare para a luta, porque venho decidido a decepar sua cabeça e demolir o Castelo da Dúvida.

Desespero, por ser gigante, imaginava que nenhum homem seria capaz de derrotá-lo, portanto, disse a si mesmo: "Depois de ter vencido anjos, não hei de temer Grande Coração". Preparou-se para a batalha e saiu com um capacete de aço na cabeça, uma couraça de fogo no peito, sapatos de aço e uma grande clava na mão. Os seis homens prepararam-se para a luta e o cercaram por trás e por diante. Incredulidade, mulher do gigante, saiu para ajudar o marido, mas Honesto derrubou-a com um golpe. Depois de uma luta renhida, o Gigante Desespero caiu ao chão, mas continuou a oferecer resistência. Lutou com todas as forças, porque, segundo diziam, ele tinha tantas vidas quanto um gato. Grande Coração, porém, seria seu algoz, pois não o deixou até conseguir decapitá-lo.

Depois, demoliram o Castelo da Dúvida, uma tarefa realizada com certa facilidade, uma vez que o gigante estava morto. O trabalho durou sete dias. E nesse meio-tempo os peregrinos encontraram um homem chamado Desânimo, quase perecendo de fome, e sua filha Medrosa, ambos vivos. Porém, era impressionante ver o grande número de cadáveres espalhados ali e no pátio do castelo; e o grande número de ossos humanos depositados no calabouço.

Concluída a tarefa, Grande Coração e seus companheiros decidiram proteger Desânimo e sua filha Medrosa, pois eram pessoas honradas, apesar de terem sido mantidas prisioneiras pelo tirano Gigante Desespero no Castelo da Dúvida. Em seguida, levaram consigo a cabeça do gigante (depois de enterrar seu corpo sob um monte de pedras) e desceram até a estrada para ir ao encontro dos outros e mostrar-lhes o que haviam feito. Ao reconhecer a cabeça do gigante Desespero, Mente-Fraca e Claudicante alegraram-se grandemente. Cristã, quando necessário, tocava viola de gamba,[37] e Misericórdia sabia tocar alaúde. Ao ver a alegria reinando, iniciaram uma música que levou Claudicante a dançar. Pegando a mão de Medrosa, filha de Desânimo, começou a dançar com ela na estrada. É verdade que ele não conseguia dançar sem o apoio de uma muleta, mas garanto que se saiu muito bem; e posso lhe garantir que a moça foi elogiada, porque acompanhou lindamente o ritmo da música.

Quanto a Desânimo, a música não o interessou muito, preferindo alimentar-se a dançar, pois estava faminto demais. Cristã ofereceu-lhe um pouco de licor para reanimá-lo e preparou-lhe uma comida. Em pouco tempo o homem começou a recuperar as forças.

Depois disso, vi em meu sonho Grande Coração pegar a cabeça do Gigante Desespero e colocá-la em um poste na beira do caminho, bem de frente à coluna que Cristão erigiu como advertência a outros peregrinos, para que tomassem cuidado ao pisar naquele solo.

Em seguida, gravou estes versos em uma pedra de mármore:
Esta é a cabeça de Desespero, o temível gigante
Que aos peregrinos causava pavor constante.
O valente Grande Coração seu castelo derrubou.
E a vida de Incredulidade, esposa do gigante, tirou.

---

37 N.T.: Instrumento antigo semelhante ao violoncelo.

E com a coragem que ao nosso herói nunca faltou,
Desânimo e sua filha Medrosa ele por fim libertou.
Aquele que porventura de seus feitos duvidar
Deve abrir bem os olhos e jamais questionar.
Diante desta cabeça os coxos dançarão enlevados,
Pois de todos os seus medos foram libertados.

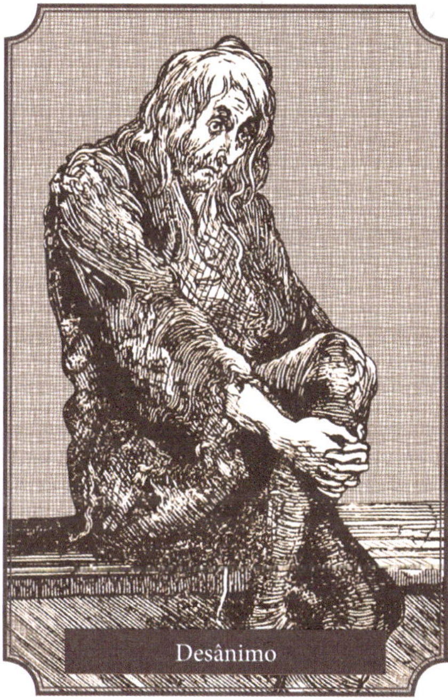

Desânimo

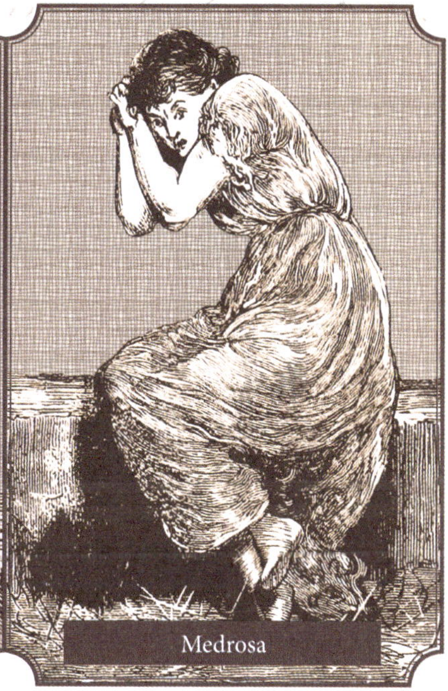

Medrosa

Cual y [illegible] muy seguro, y se [illegible]

el Sr. de [illegible] q. le [illegible] en dud

[illegible] aquellos [illegible] la [illegible]

de todos los [illegible] de aquella cor

[illegible] de Sn. Pedro,

[illegible] bien. Tambie

[illegible] pulse sobr

CAPÍTULO 8
As Montanhas das Delícias

Depois de uma corajosa demonstração ao demolir o Castelo da Dúvida e matar o Gigante Desespero, os homens seguiram em frente até chegar às Montanhas das Delícias, onde Cristão e Esperançoso[1] renovaram as forças com as variedades do local. Ali também esses peregrinos conheceram os Pastores que lhes deram boas-vindas, como haviam feito com Cristão, às Montanhas das Delícias.

Ao ver o grande número de pessoas acompanhando Grande Coração (pois já o conheciam muito bem), os pastores disseram-lhe: “Bom amigo, vemos que traz um belo grupo de companheiros. Onde os encontrou?”.

GRANDE CORAÇÃO (respondendo em forma de versos):

Esta é Cristã acompanhada de grande comitiva:
Seus filhos e suas noras. E, tal qual uma locomotiva,
Vem puxando seus vagões sem jamais perder a direção,
E, pela graça que dos pecados os libertou, aqui estão.
Igual a ela, Honesto também quis ser peregrino,
E Claudicante decidiu seguir o mesmo destino.
Mente-Fraca, sempre vacilante e disposto a desistir,
O caminho de Cristã também decidiu seguir.
Desânimo, o homem bondoso, veio logo atrás,
Acompanhado de Medrosa, sua filha, a quem faltava paz.
Perguntamos se seremos bem acolhidos neste lugar
Ou devemos prosseguir nosso caminho sem titubear?

PASTORES: Que agradável companhia! Sejam bem-vindos, porque acolhemos tanto os fracos quanto os fortes. Nosso Príncipe vê o que é feito ao mais pequenino destes irmãos.[2] A fraqueza não nos impede de mostrar hospitalidade.

E depois de conduzir os peregrinos à porta do palácio, os pastores prosseguiram: “Entre Mente-Fraca. Entre, Claudicante. Entrem, Desânimo e traga sua filha Medrosa”, e dirigindo-se a Grande Coração: “Chamamos estes pelo nome, porque são os mais inclinados

---

1 Op. Cit., 2020, p. 209.

2 “O Rei, respondendo, lhes dirá: ‘Em verdade vos afirmo que, sempre que *o* fizestes a um destes meus pequeninos irmãos, a mim *o* fizestes’” (MATEUS 25:40).

a voltar atrás; quanto a você e ao restante do grupo, que são fortes, nós os deixamos em total liberdade".

GRANDE CORAÇÃO: Vejo hoje que a graça resplandece no rosto de vocês, e que são verdadeiramente pastores de meu Senhor, porque não lhes deram empurrões com o lado e com o ombro, mas espalharam flores em seu caminho até o palácio, como é seu dever.[3] Os débeis e os fracos entraram, seguidos de Grande Coração e do resto do grupo. Depois que todos se acomodaram, os pastores disseram aos débeis e fracos: "O que desejam que lhes seja servido? Aqui todas as coisas são preparadas para amparar os fracos e advertir os indisciplinados".

Serviram-lhes, a seguir, um banquete de comidas de fácil digestão, agradável ao paladar e nutritivas. Depois de alimentados, os peregrinos dirigiram-se aos seus respectivos aposentos para descansar. Os Pastores costumavam mostrar algumas raridades aos peregrinos antes de estes partirem. Portanto, ao amanhecer, como o lugar era alto e o dia estava claro, aguardaram que os peregrinos se aprontassem, para levá-los ao campo antes da partida e mostrar-lhes o que haviam mostrado a Cristão.

O primeiro lugar visitado foi o Monte das Maravilhas, onde viram, a grande distância, um homem que, com suas palavras, fazia os montes se moverem. Os Pastores contaram-lhes que aquele homem era filho de Grande-Graça,[4] cujo nome está registrado em *O peregrino*, e que estava ali para ensinar os peregrinos que poderiam mover de

---

3 "Visto que, com o lado e com o ombro, dais empurrões e, com os chifres, impelis as fracas até as espalhardes fora" (EZEQUIEL 34:21).

4 Op. Cit., 2020, p. 115.

seu caminho todas as dificuldades que encontrassem, desde que tivessem fé.[5]

GRANDE CORAÇÃO: Eu o conheço. É um homem superior a muitos.

Em seguida, os peregrinos foram levados a outro lugar, chamado Monte da Inocência, onde viram um homem vestido inteiramente de branco e outros dois, Preconceito e Má-Vontade, que atiravam lama nele o tempo todo. Porém, toda a sujeira que lhe caía em cima logo desaparecia; e suas roupas voltavam a ser alvas como se nada tivesse acontecido. Os peregrinos perguntaram qual era o significado disso.

PASTORES: Este homem se chama Piedoso, e suas roupas mostram a pureza de sua vida. Aqueles que lhe atiram lama odeiam suas virtudes. Mas, vejam, a lama não gruda em suas roupas. É o que acontece com todo aquele que vive inocentemente no mundo. Quem deseja manchá-lo trabalha em vão, porque, daqui a pouco, Deus fará que sua pureza irrompa como a luz; e sua justiça, como o meio-dia.[6]

Logo depois foram conduzidos ao Monte da Caridade, onde lhes foi mostrado um homem com um rolo de pano diante si, do qual cortava partes para vestir os pobres ao seu redor. Porém, o tamanho do rolo era sempre igual, não diminuía.

Os peregrinos perguntaram aos Pastores o que aquilo significava.

PASTORES: Serve para mostrar-lhes que nunca faltará recursos àquele cujo coração é generoso com os pobres. Aquele que regar

---

5 “Porque em verdade vos afirmo que, se alguém disser a este monte: Ergue-te e lança-te ao mar, e não duvidar no seu coração, mas crer que *se* fará o que diz, assim será com *ele*" (MARCOS 11:23).

6 “A estrada em que caminham as pessoas direitas é como a luz da aurora, que brilha cada vez mais até ser dia claro” (PROVÉRBIOS 4:18 NTLH).

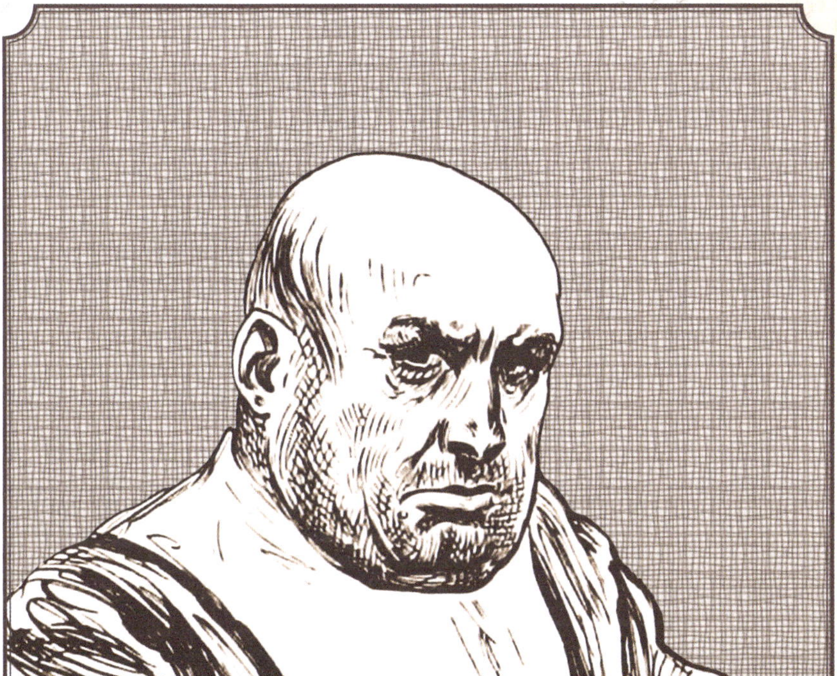

Preconceito

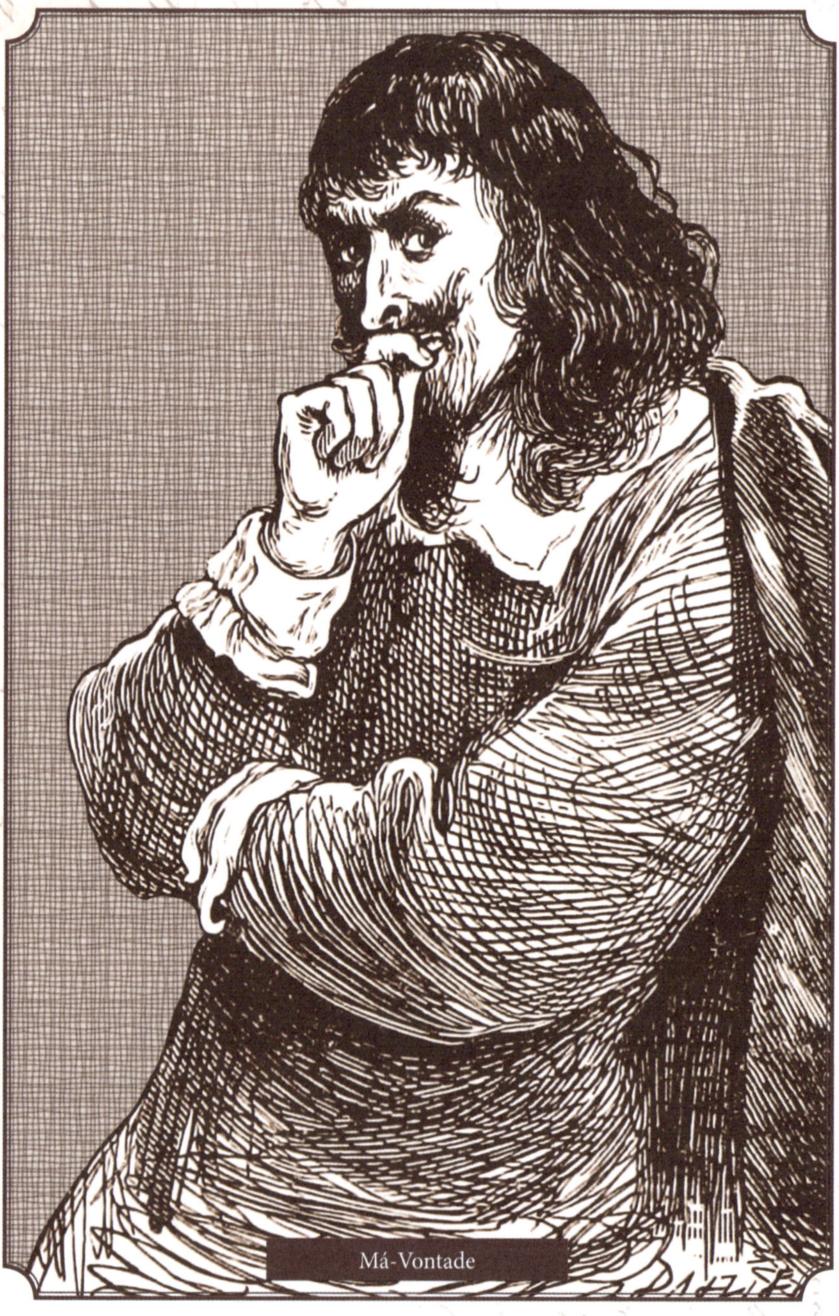

Má-Vontade

também será regado. E nunca faltou farinha na vasilha da viúva que fez o bolo para o profeta.

Foram conduzidos também a um lugar onde viram dois homens chamados Néscio e Sem-Juízo lavando um homem imundo na tentativa de torná-lo limpo. Porém, quanto mais o lavavam, mais sujo ele se tornava.

PEREGRINOS (dirigindo-se aos pastores): O que isso significa?

PASTORES: Assim sucederá com todos os perversos. Os meios que usarem para ter um bom nome acabarão por torná-los mais abomináveis ainda. Vejam o exemplo dos fariseus; o mesmo sucederá com todos os hipócritas.

Misericórdia, esposa de Mateus, perguntou a Cristã, sua sogra: "Mãe, se me fosse permitido, gostaria de ver a porta de entrada da colina, que chamam de Caminho-para-o-Inferno". Cristã repassou o pedido aos pastores, e todos foram até à porta, que se encontrava na encosta de uma colina. Os pastores abriram-na e pediram a Misericórdia que prestasse atenção. Ela ouviu uma voz dizendo: "Maldito seja o meu pai que me afastou do caminho da paz e da vida". Outra dizendo: "Quem dera eu tivesse sido despedaçado em vez de perdido a alma para salvar minha vida". E uma terceira: "Se eu voltasse a viver, preferiria negar a mim mesmo a vir parar neste lugar!". Então, Misericórdia teve a sensação de que a terra gemia e sacudia sob seus pés. Ela empalideceu, começou a tremer e disse: "Benditos aqueles que são libertos deste lugar!".

Depois de lhes mostrarem todas essas coisas, os Pastores os levaram de volta ao palácio e ofereceram-lhes o melhor que podiam. Misericórdia, por ser jovem e estar grávida, apaixonou-se por um objeto que viu ali, mas estava com vergonha de pedi-lo. A sogra perguntou qual era o objeto de seu desejo, pois a nora parecia estar passando mal.

MISERICÓRDIA: Há um espelho pendurado na sala de jantar, e não consigo tirá-lo da mente. Se ele não me for concedido, penso que sofrerei um aborto espontâneo.

CRISTÃ: Mencionarei seu desejo aos Pastores. Eles não se recusarão a atendê-lo.

MISERICÓRDIA: Tenho vergonha de que saibam que cobicei o espelho.

CRISTÃ: Não, minha filha, não é vergonha, mas uma virtude desejar um objeto como aquele.

MISERICÓRDIA: Então, mãe, por favor, pergunte aos Pastores se estão dispostos a vendê-lo para mim.

O espelho era uma peça raríssima. Se alguém olhasse de um lado, veria o reflexo do próprio rosto. Se olhasse do lado oposto, veria o rosto e a imagem do próprio Príncipe dos peregrinos.

Por ter conversado com aqueles que conhecem o assunto por experiência própria, fiquei sabendo que, ao olhar no espelho, eles viram a coroa de espinhos em Sua cabeça; viram também as feridas em Suas mãos, nos pés e no lado. Sim, o espelho distingue-se de tal forma que mostra o Príncipe na forma que cada um deseja vê-lo, vivo ou morto, na Terra ou no Céu, em estado de humilhação ou de exaltação, vindo ao mundo para sofrer ou vindo para reinar.[7] Cristã chamou os pastores à parte (cujos nomes eram Conhecimento,

---

7 "Porque, se alguém é ouvinte da palavra e não praticante, assemelha-se ao homem que contempla, num espelho, o seu rosto natural" (TIAGO 1:23).

"Porque, agora, vemos como em espelho, obscuramente; então, veremos face a face. Agora, conheço em parte; então, conhecerei como também sou conhecido" (1 CORÍNTIOS 13:12).

"E todos nós, com o rosto desvendado, contemplando, como por espelho, a glória do Senhor, somos transformados, de glória em glória, na sua própria imagem, *como* pelo Senhor, o Espírito" (2 CORÍNTIOS 3:18).

Experiência, Vigilância e Sinceridade) e lhes disse: "Uma de minhas noras, que está grávida, deseja algo que viu nesta casa, e imagina que, se seu pedido lhe for negado, sofrerá um aborto espontâneo".

EXPERIÊNCIA: Vá chamá-la, vá chamá-la. Ela terá tudo o que pudermos lhe oferecer.

Quando ela chegou, perguntaram-lhe: "Qual é o seu pedido?". Ela corou e respondeu: "O espelho grande pendurado na sala de jantar". Sinceridade correu para buscá-lo e, com o consentimento de todos, entregou-lhe o espelho. Ela curvou-se para agradecer e disse: "Diante disso, sei que achei graça aos seus olhos".

Ofereceram também às outras jovens tudo o que desejavam; e aos respectivos maridos dirigiram grandes elogios por terem ajudado Grande Coração em matar o Gigante Desespero e demolir o Castelo da Dúvida.

Os Pastores colocaram colares no pescoço de Cristã e das quatro noras, brincos nas orelhas e joias na testa.

Chegada a hora de partir, os pastores despediram os peregrinos em paz, sem as advertências e admoestações que deram a Cristão e seu companheiro, porque esse grupo tinha Grande Coração como guia. Estando ele familiarizado com a situação, poderia avisá-los do perigo no tempo certo, isto é, mesmo quando o perigo se aproximava.

As advertências que Cristão e seu companheiro receberam dos Pastores haviam caído no esquecimento quando foi necessário colocá-las em prática. Por conseguinte, o grupo de Cristã tinha uma vantagem sobre o outro

Saíram, então, cantando esta música pelo caminho:

Vejam como estes lugares tão bem preparados estão
Para descanso dos peregrinos que por aqui passarão

Aqui fomos recebidos com grande hospitalidade
Como se estivéssemos em nossa casa, na nossa cidade.

Aqui nos mostraram novidades de todos os matizes,
Para que nós, os peregrinos, possamos viver felizes.
Que todas as belezas que, com satisfação vimos,
Fiquem sempre gravadas no caminho em que seguimos.

Pouco tempo depois de terem se despedido dos Pastores, chegaram rapidamente ao lugar onde Cristão encontrou Volta-Atrás, que morava na Cidade da Apostasia.[8]

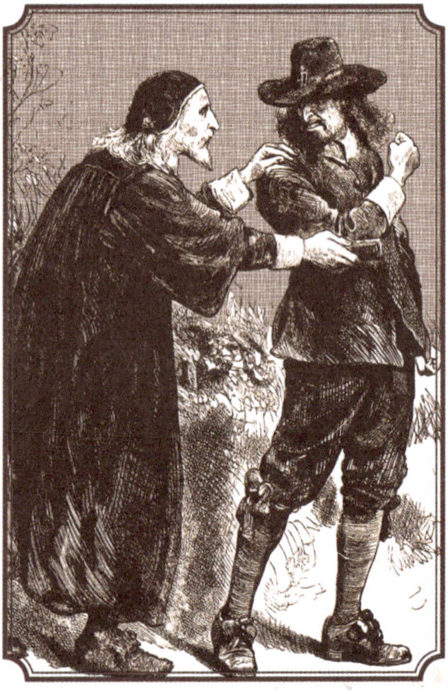

GRANDE CORAÇÃO (ao lembrar-se deles): Este é o lugar onde Cristão encontrou Volta-Atrás, o qual levava um papel nas costas que explicava sua rebelião. E é isto o que tenho a dizer a respeito desse homem: não quis dar ouvidos a nenhum conselho e, depois da queda, todas as persuasões foram inúteis para detê-lo.[9] Quando chegou ao lugar onde estavam a cruz e o sepulcro, o homem encontrou-se com alguém que lhe pediu que

8 Op. Cit., 2020, p. 218.

9 “Porque, se vivermos deliberadamente em pecado, depois de termos recebido o pleno conhecimento da verdade, já não resta sacrifício pelos pecados; pelo contrário, certa expectação horrível de juízo e fogo vingador

voltasse os olhos para lá. Mas ele rangeu os dentes, bateu os pés no chão e disse que estava resolvido a voltar para sua cidade. Antes de chegar à porta, encontrou-se com Evangelista, que lhe ofereceu ajuda para que ele retornasse ao caminho. Mas Volta-Atrás não lhe deu ouvidos e, depois de ofendê-lo, escalou o muro e fugiu.

Os peregrinos continuaram a caminhada e, exatamente no lugar onde Pouca-Fé[10] foi roubado, viram um homem em pé, com uma espada na mão e o rosto ensanguentado. "Quem é você?", Grande Coração perguntou. O homem respondeu: "Meu nome é Valente-pela-Verdade. Sou peregrino e dirijo-me à Cidade Celestial. Seguia o meu caminho quando três homens me cercaram e me propuseram três coisas: [11]

1. Associar-me a eles;
2. Voltar ao lugar de onde saí;
3. Morrer aqui mesmo.

Quanto à primeira proposta, respondi que, por ser um homem honrado e leal há muito tempo, não poderia associar-me com ladrões.

---

prestes a consumir os adversários. Sem misericórdia morre pelo depoimento de duas ou três testemunhas quem tiver rejeitado a lei de Moisés. De quanto mais severo castigo julgais vós será considerado digno aquele que calcou aos pés o Filho de Deus, e profanou o sangue da aliança com o qual foi santificado, e ultrajou o Espírito da graça?" (HEBREUS 10:26-29).

10 Op. Cit, 2020, pp. 219-220.

11 "Filho meu, se os pecadores querem seduzir-te, não o consintas. Se disserem: Vem conosco, embosquemo-nos para derramar sangue, espreitemos, ainda que sem motivo, os inocentes; traguemo-los vivos, como o abismo, e inteiros, como os que descem à cova; acharemos toda sorte de bens preciosos; encheremos de despojos a nossa casa; lança a tua sorte entre nós; teremos todos uma só bolsa" (PROVÉRBIOS 1:10-14).

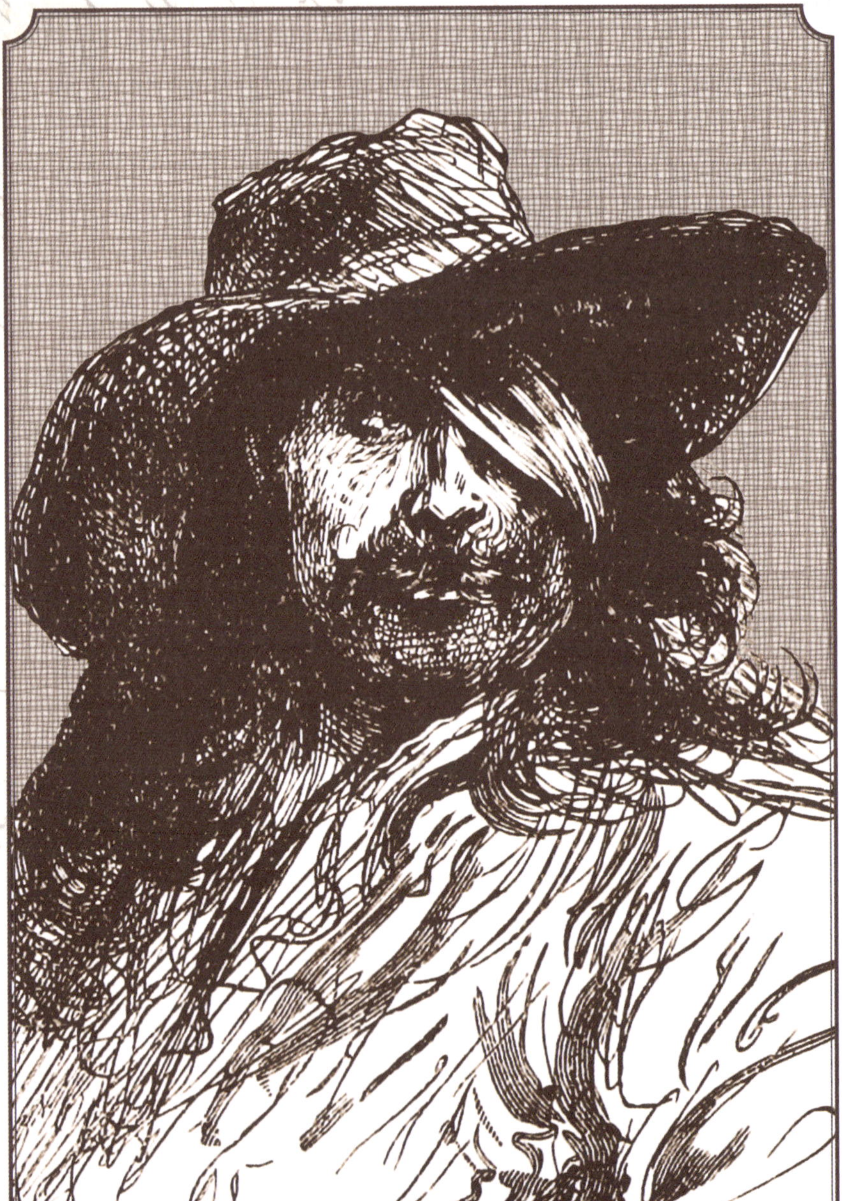

Cabeça-Turbulenta

Em seguida, exigiram que eu respondesse à segunda proposta. Disse-lhes que o lugar de onde venho, se não tivesse encontrado muitos aborrecimentos, não o teria abandonado. Mas, por ter achado tudo muito inconveniente e inútil para mim, abandonei-o para seguir este caminho. Perguntaram, então, qual seria minha resposta à terceira proposta. Respondi que minha vida custou muito caro para que eu abrisse mão dela dessa maneira. Além do mais, eles não tinham nada que ver com minha escolha, portanto, correriam riscos, caso se intrometessem. Os três, cujos nomes eram Cabeça-Turbulenta, Desatencioso e Pragmático, aproximaram-se de mim, e aproximei-me deles também.

Começamos a lutar, um contra três, por mais de três horas. Deixaram em mim algumas marcas de valentia, e deixei algumas neles. Acabaram de ir embora. Suponho que devem ter pressentido sua chegada e decidiram fugir.

GRANDE CORAÇÃO: A luta foi muito desigual. Três contra um!

VALENTE-pela-VERDADE: Sim. Porém, pouco mais ou pouco menos não representa nada para quem está do lado da verdade. "Ainda que um exército se acampe contra mim, não se atemorizará o meu coração; e, se estourar contra mim a guerra, ainda assim *terei* confiança".[12] Além do mais, li em alguns registros que um homem lutou sozinho com um exército. E quantos Sansão matou com uma queixada de jumento?

GRANDE CORAÇÃO: Por que você não gritou? Alguém teria vindo em seu socorro.

VALENTE-pela-VERDADE: Gritei ao meu Rei, que, como sei, pode ouvir e oferecer ajuda invisível. Foi o suficiente para mim.

---

12 Salmo 27:3

GRANDE CORAÇÃO: Você se comportou dignamente. Deixe-me ver sua espada. (Depois que Valente-pela-Verdade a mostrou): Ah, é uma boa lâmina de Jerusalém!

VALENTE-pela-VERDADE: Sim. Aquele que possuir uma destas lâminas e tiver habilidade para usá-la pode arriscar-se a lutar com um anjo. Não deve temer segurá-la, se souber manejá-la. Jamais perde o fio. Corta carne, ossos, alma, espírito, tudo.[13]

GRANDE CORAÇÃO: Você lutou durante muito tempo. Não entendo como não se cansou.

VALENTE-pela-VERDADE: Lutei até minha mão ficar pegada à espada.[14] E a espada uniu-se à minha mão, como se fosse uma extensão do braço. Quando o sangue chegou a correr por meus dedos, lutei com mais coragem ainda.

---

13 "Porque a nossa luta não é contra o sangue e a carne, e sim contra os principados e potestades, contra os dominadores deste mundo tenebroso, contra as forças espirituais do mal, nas *regiões* celestes. Portanto, tomai toda a armadura de Deus, para que possais resistir no dia mau e, depois de terdes vencido tudo, permanecer inabaláveis. Estai, pois, firmes, cingindo-vos com a verdade e vestindo-vos da couraça da justiça. Calçai os pés com a preparação do evangelho da paz; embraçando sempre o escudo da fé, com o qual podereis apagar todos os dardos inflamados do Maligno. Tomai também o capacete da salvação e a espada do Espírito, que é a palavra de Deus" (EFÉSIOS 6:12-17).

"Porque a palavra de Deus *é* viva, e eficaz, e mais cortante do que qualquer espada de dois gumes, e penetra até ao ponto de dividir alma e espírito, juntas e medulas, e *é* apta para discernir os pensamentos e propósitos do coração" (HEBREUS 4:12).

14 "E se levantou e feriu os filisteus, até lhe cansar a mão e ficar pegada à espada; naquele dia, o SENHOR efetuou grande livramento; e o povo voltou para onde Eleazar estava somente para tomar os despojos" (2 SAMUEL 23:10).

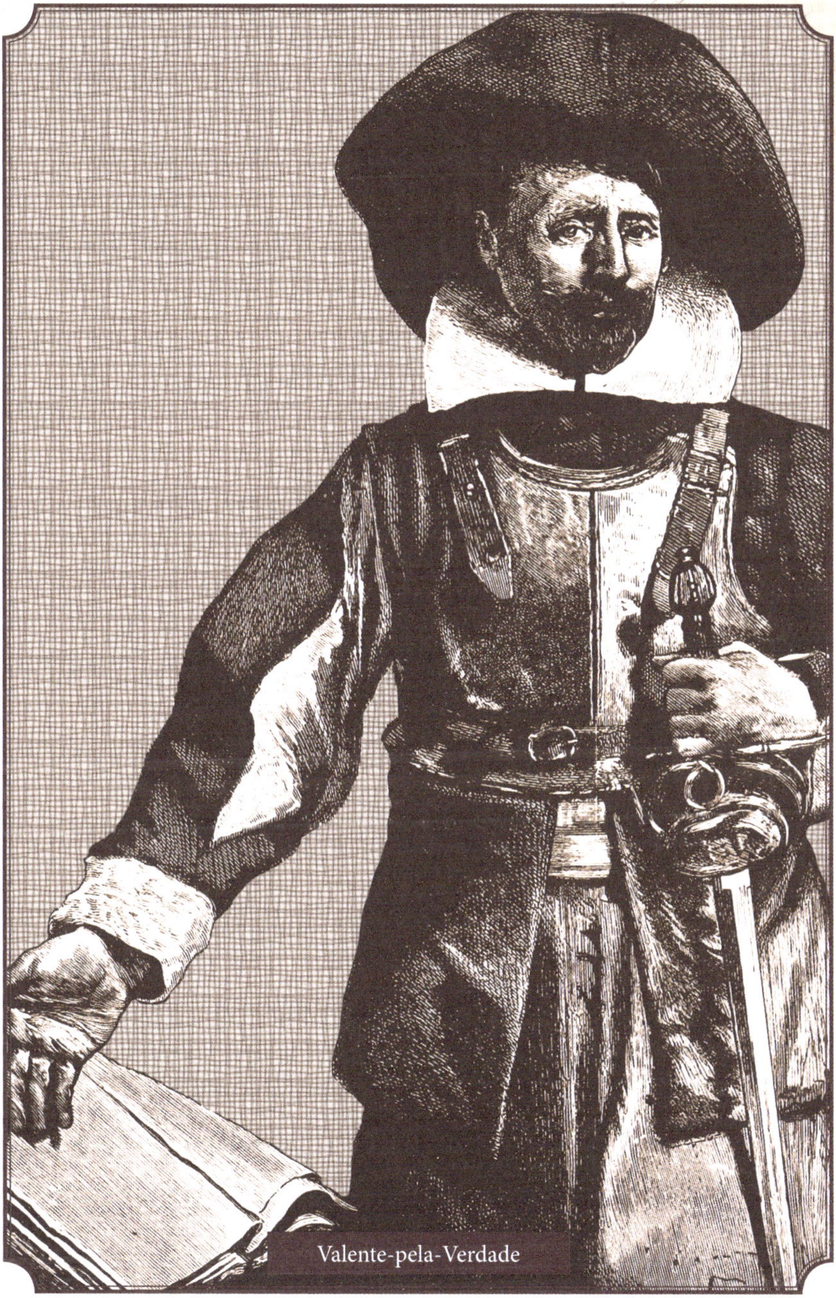

Valente-pela-Verdade

GRANDE CORAÇÃO: Você fez um ótimo trabalho! Resistiu até o sangue na luta contra o pecado![15] Será acolhido por nós e irá conosco, porque somos companheiros seus.

Os peregrinos lavaram seus ferimentos, ofereceram-lhe o que tinham para lhe restaurarem as forças e partiram juntos. Grande Coração gostou muito de Valente-pela-Verdade por ter visto nele um homem corajoso. E, por tê-lo como companhia para animar os débeis e fracos, fez-lhe várias perguntas.

GRANDE CORAÇÃO: De onde você vem?

VALENTE-pela-VERDADE: Venho do País das Trevas, onde nasci e onde meus pais ainda moram.

GRANDE CORAÇÃO: O País das Trevas não fica junto à Cidade da Destruição?

VALENTE-pela-VERDADE: Sim. E saiba o que me levou a sair em peregrinação: Um homem chamado Fala-a-Verdade veio até nós e contou o que Cristão havia feito, como saiu da Cidade da Destruição, abandonando esposa e filhos para seguir a vida de peregrino. Fiquei sabendo, confidencialmente, que ele chegou a matar uma serpente que lhe resistiu durante a jornada e como chegou ao lugar que pretendia. Dizem que foi muito bem recebido em todas as casas e hospedarias de seu Senhor, principalmente quando chegou às portas da Cidade Celestial. Repito as palavras de Fala-a-Verdade: "Lá Cristão foi recebido ao som de trombeta por uma multidão de seres resplandecentes". Contou também que os sinos da Cidade repicaram de alegria para recebê-lo e que lhe deram roupas de ouro para vestir e muitas outras coisas que me abstenho de contar. Em resumo, aquele homem falou tanto de Cristão e de suas viagens que meu coração começou a arder de

15 Hebreus 12:4

vontade de seguir seus passos. Nem meu pai nem minha mãe foram capazes de me convencer do contrário. Deixei-os para trás e cheguei até aqui.

GRANDE CORAÇÃO: Você entrou pela porta, não?

VALENTE-pela-VERDADE: Sim, sim, porque o mesmo homem nos contou que tudo seria em vão se, antes de mais nada, não atravessássemos a porta.

GRANDE CORAÇÃO (dirigindo-se a Cristã): Veja só, esta é a história da peregrinação de seu marido, e o que ele alcançou está se espalhando por toda parte.

VALENTE-pela-VERDADE: O quê? Ela é esposa de Cristão?

GRANDE CORAÇÃO: Sim, ela mesma. E estes são seus quatro filhos.

VALENTE-pela-VERDADE: Não diga! E são peregrinos também?

GRANDE CORAÇÃO: Exatamente. Estão seguindo os passos do pai.

VALENTE-pela-VERDADE: Essas palavras me alegram o coração! Bom homem! Como ficará feliz quando vir entrar pelas portas da Cidade aqueles que não quiseram acompanhá-lo.

GRANDE CORAÇÃO: Sem dúvida, ficará satisfeito. A alegria que sente por estar ali será muito maior ao reencontrar-se com a esposa e filhos.

VALENTE-pela-VERDADE: Já que você tocou no assunto, gostaria de ouvir sua opinião. Alguns questionam se, quando chegarmos lá, reconheceremos uns aos outros.

GRANDE CORAÇÃO: Eles não acreditam que reconhecerão a si mesmos? Ou que se alegrarão ao se verem cercados de tanta glória? Se acreditam nisso, por que não reconheceremos os outros e por que não nos alegraremos com tal felicidade? E pelo fato de nossa família estar tão ligada a nós, embora lá não existam graus de parentesco, por que não concluir que nos alegraremos mais ainda por revê-los?

VALENTE-pela-VERDADE: Percebo que você conhece bem o assunto. Tem mais alguma pergunta a me fazer sobre o início de minha peregrinação?

GRANDE CORAÇÃO: Tenho. Seus pais concordaram com sua ideia de ser peregrino?

VALENTE-pela-VERDADE: Ah, não. Fizeram tudo o que se pode imaginar para convencer-me a permanecer em casa.

GRANDE CORAÇÃO: Não diga! Por que eram contra a peregrinação?

VALENTE-pela-VERDADE: Segundo eles, tratava-se de uma vida ociosa e que, se eu não fosse propenso a ser preguiçoso e indolente, nunca me submeteria à condição de peregrino.

GRANDE CORAÇÃO: E o que mais disseram?

VALENTE-pela-VERDADE: Disseram também que não existe caminho mais perigoso no mundo que o dos peregrinos.

GRANDE CORAÇÃO: E mencionaram quais são os perigos desse caminho?

VALENTE-pela-VERDADE: Sim, mencionaram muitos especificamente.

GRANDE CORAÇÃO: Cite alguns.

VALENTE-pela-VERDADE: O Pântano do Desânimo, onde Cristão quase morreu sufocado. Os arqueiros no Castelo de Belzebu, prontos para atirar naquele que chegasse ao portão que dá acesso ao caminho para o Monte Sião. Os bosques e as montanhas tenebrosas, o Desfiladeiro da Dificuldade, os leões e também os três gigantes — Sanguinário, Pancada e Morte-ao-Bem. E mais: havia um espírito imundo aterrorizante no Vale da Humilhação que quase tirou a vida de Cristão. "Além disso", disseram eles, "você terá de atravessar o

Vale da Sombra da Morte, onde há muitos demônios, onde só existem trevas, onde o caminho é cheio de ciladas, armadilhas e redes". Falaram também do Gigante Desespero, do Castelo da dúvida e das ruínas que os peregrinos lá encontraram. Garantiram-me que eu teria de atravessar a Terra Encantada, um lugar muito perigoso. E que, depois disso, eu encontraria um rio sem ponte, o que me impediria de chegar à Cidade Celestial.

GRANDE CORAÇÃO: Isso foi tudo?

VALENTE-pela-VERDADE: Não. Avisaram-me que esse caminho estava cheio de enganadores e de pessoas que estão ali para desviar do caminho os homens bons.

GRANDE CORAÇÃO: Mas como sabiam disso?

VALENTE-pela-VERDADE: Disseram que um tal de Sábio-Segundo-o-Mundo permanecia ali para enganar; que Formalidade e Hipocrisia andam a esmo pela estrada; que Interesse-Próprio, Loquaz ou Demas se aproximariam para me pegar; que Adulador me prenderia em sua rede, ou que, em companhia do inexperiente Ignorância, eu imaginaria ter chegado à porta, de onde ele foi enviado até a entrada na encosta da montanha e forçado a seguir o atalho até o inferno.

GRANDE CORAÇÃO: Esses argumentos foram muito desencorajadores. Mas pararam por aí?

VALENTE-pela-VERDADE: Não, há mais. Citaram o nome de muitos que, tempos atrás, tentaram seguir esse caminho e percorreram um trecho enorme, para ver se descobriam alguma coisa sobre aquela glória de que tantos costumavam falar. Mas voltaram, para satisfação do país inteiro, dizendo que se enganaram quando saíram de casa para seguir o caminho. Mencionaram vários exemplos, como Obstinado e Flexível, Desconfiança e Temeroso, Volta-Atrás e Ateu, e muitos outros. Disseram que alguns deles afirmaram ter ido muito longe para ver se encontrariam a glória, mas seus esforços não valeram a pena.

GRANDE CORAÇÃO: Disseram algo mais para desencorajá-lo?

VALENTE-pela-VERDADE: Sim. Falaram do peregrino Receoso, que achou o caminho muito deserto e nele nunca se sentiu à vontade. E de Desânimo, que quase morreu de fome; sim, e também — já estava esquecendo — que Cristão, sobre quem muito se falou, depois de todas as peripécias para obter a coroa celestial, não conseguiu dar nem mais um passo e morreu afogado no Rio Negro.

GRANDE CORAÇÃO: E nada disso o desencorajou?

VALENTE-pela-VERDADE: Não. Essas coisas não significaram nada para mim.

GRANDE CORAÇÃO: Como assim?

VALENTE-pela-VERDADE: Porque eu ainda acreditava nas palavras de Fala-a-Verdade, e elas me fizeram superar tudo.

GRANDE CORAÇÃO: Esta foi sua vitória, sua fé.

VALENTE-pela-VERDADE: Exatamente. Por ter crido, saí, segui o caminho, lutei contra todos que se puseram contra mim e, pela fé, cheguei até aqui.

Aquele que vê o verdadeiro valor
Venha para cá sem nenhum temor.
Seja no frio, no calor ou no vento,
Desânimo algum impedirá seu intento.
Ele jamais pensará em desistir
De toda a luta que ainda está por vir,
Para um peregrino ser.

Aquele que o peregrino afronta
E histórias sinistras lhe conta

A Peregrina

Certamente confuso ficará,
Pois a força do peregrino jamais falhará.
Leão nenhum lhe meterá medo.
Como um gigante lutará desde cedo,
Para um peregrino ser.

Nenhum espírito imundo ou mau
Jamais abaterá seu espírito leal.
Ele sabe que a vida eterna terá nas mãos,
Portanto, afasta os caprichos vãos!
Ele não temerá o que os homens vão dizer
Trabalhará noite e dia com alegria e prazer
Para um peregrino ser.

Brasil y conducto muy seguro, y se introduzca

el Sr. de Souza q. le llegara sin dud

... mis agentes adquirieran lo bastante

... de todos los recursos de aquella cor

... la ... de Sn Pedro,

... bien tienen. Tambie

golpe sobr

CAPÍTULO 9
A Terra Encantada

A caminhada levou os peregrinos até a Terra Encantada, onde a atmosfera costumava deixar as pessoas sonolentas. O lugar era quase todo coberto de sarças e espinhos, havia também uma espécie de caramanchão encantado, onde, segundo diziam, se alguém ali se sentasse ou dormisse, provavelmente não se levantaria ou não acordaria neste mundo. Os peregrinos atravessaram a mata, tendo Grande Coração à frente, por ser o guia deles, e Valente-pela-Verdade na retaguarda atuando como protetor, caso um espírito maligno, um dragão, um gigante ou assaltante os atacasse pelas costas. Os homens empunhavam suas espadas, pois sabiam que o lugar era perigoso e animavam uns aos outros da melhor maneira possível. Grande Coração ordenou que Mente-Fraca seguisse logo atrás dele, e Desânimo, sob a proteção de Valente-pela-Verdade.

Depois de percorrerem um pequeno trecho da mata, uma névoa espessa caiu sobre eles acompanhada de densas trevas, de modo que, durante algum tempo, mal conseguiam enxergar o companheiro ao lado, portanto, guiavam-se apenas por meio de palavras, porque não se orientavam pelo que viam.

Se os mais fortes do grupo começaram a sentir-se desalentados, em pior situação se encontravam as mulheres e as crianças, cujos pés e coração eram mais sensíveis. No entanto, encorajados pelas palavras do guia e do protetor na retaguarda, os peregrinos conseguiram animar-se e prosseguir a viagem.

A caminhada tornou-se cansativa em razão do solo lamacento. E, em toda a região, não havia qualquer hospedaria ou onde conseguir alimento para revigorar os mais fracos. Os peregrinos gemiam, ofegavam e suspiravam; enquanto uns tropeçavam nas moitas, outros atolavam na lama. Algumas crianças perderam os sapatos no lodo. Ouviam-se gritos de "Estou afundando!", "Onde você está?", "Estou enredado na mata e não consigo sair daqui!".

Logo depois chegaram a um caramanchão agradável, promissor e muito revigorante para descanso dos peregrinos, ornamentado com plantas, equipado com bancos com e sem encosto. Havia também um sofá macio onde os cansados podiam recostar. Em vista das circunstâncias, tudo isso era tentador, porque os peregrinos já começavam a sentir-se frustrados em razão das asperezas do caminho. Mas nenhum deles fez menção de parar ali. E, pelo que pude perceber, davam total atenção aos conselhos do guia, que os avisava o tempo todo dos riscos do local em que se encontravam, tanto que, quando os perigos se avizinhavam, os peregrinos adquiriam mais coragem e animavam uns aos outros para resistir aos anseios da carne. O lugar chamava-se Amigo dos Indolentes cuja finalidade era atrair, se possível, alguns peregrinos para lá, a fim de descansarem de suas fadigas.

Vi, então, no sonho, que eles continuaram a percorrer aquela região solitária até chegar a um lugar onde qualquer um poderia facilmente se perder. Na claridade do sol, Grande Coração sabia como evitar aqueles caminhos que conduziam ao erro, porém, no escuro, ficava indeciso. Mas levava no bolso um mapa de todos os caminhos em direção à Cidade Celestial e daqueles que dela partiam. Depois de acender uma candeia (porque nunca viajava sem carregar uma), consultou o mapa, o qual indicou que ele deveria prestar atenção e virar à direita. Se ele não tivesse consultado o mapa, provavelmente os peregrinos teriam perecido no lamaçal, porque, pouco mais adiante, no fim do caminho mais visível, havia um fosso, de profundidade ignorada, cheio de lodo, colocado ali de propósito para tragar os peregrinos.

Pensei, então, com meus botões: "Qualquer um que parte em peregrinação deveria levar um mapa consigo, para consultá-lo em caso de dúvida e definir qual o caminho a ser seguido".

Atravessaram a Terra Encantada até chegar a outro caramanchão, construído à beira do caminho, onde viram dois homens deitados cujos nomes eram Cauteloso e Destemido. Ambos haviam chegado até aquele ponto da peregrinação, porém, exaustos da jornada, sentaram-se para descansar e adormeceram. Ao avistá-los, os peregrinos conduzidos por Grande Coração pararam e menearam a cabeça, pois viram o estado lastimável em que se encontravam. Perguntaram entre si o que deveriam fazer: partir e deixá-los dormindo ou aproximar-se deles e tentar acordá-los. Decidiram pela última opção, se conseguissem, porém com cautela, para que eles próprios não se sentissem atraídos por sentar ali, nem aceitassem a comodidade oferecida pelo caramanchão.

Entraram e falaram com os homens, chamando-os pelo nome (porque, assim me pareceu, Grande Coração os conhecia), mas não obtiveram resposta. O guia decidiu sacudi-los e fazer o possível para despertá-los. Então um deles disse: "Eu lhe pagarei quando receber meu dinheiro". Ao ouvir essas palavras, o guia balançou a cabeça negativamente. "Lutarei enquanto conseguir segurar a espada na mão", disse o outro, provocando riso em um dos rapazes.

CRISTÃ: O que eles querem dizer?

GRANDE CORAÇÃO: Estão falando enquanto dormem. Se alguém os espancar, bater neles ou fizer qualquer coisa com eles, responderão dessa mesma maneira; ou conforme foi dito no passado: "Serás como o que se deita no meio do mar e como o que se deita no alto do mastro e *dirás*: Espancaram-me, e não me doeu; bateram-me, *e* não *o* senti; quando despertarei? Então, tornarei a beber."[1]

Vocês devem saber que os homens, quando falam enquanto dormem, dizem alguma coisa, mas suas palavras não são guiadas pela fé nem pela razão. Há incoerência em suas palavras, como houve antes, entre partir em peregrinação e sentar-se aqui. Este é o problema: quando os descuidados partem em peregrinação, de 20 só um se salva, porque esta Terra Encantada é um dos últimos refúgios dos inimigos dos peregrinos. Como vocês veem, ela localiza-se quase no fim do caminho, onde os inimigos podem nos enfrentar com mais vantagem, pois pensam: "É aqui que esses tolos haverão

---

1 Provérbios 23:34,35

de querer sentar-se quando estiverem cansados, pois será perto do fim da jornada que estarão totalmente exaustos". Por isso lhes digo que a Terra Encantada se localiza muito perto do país de Beulá[2] e muito perto do fim da raça deles. Que os peregrinos se cuidem, para que não lhes aconteça o mesmo que aconteceu a estes homens, os quais, como veem, adormeceram e ninguém consegue despertá-los.

Trêmulos, os peregrinos desejavam seguir viagem; queriam apenas que o guia acendesse a candeia, para que percorressem o restante do trajeto com um pouco de claridade.[3] O guia acendeu a candeia, e os peregrinos prosseguiram o resto do caminho com a ajuda daquela luz, embora estivessem envolvidos por densas trevas.

As crianças, porém, começaram a se sentir excessivamente cansadas e clamaram Àquele que ama os peregrinos para que tornasse o caminho mais suave. Depois que deram mais alguns passos, a neblina foi dissipada por um vento, e a atmosfera ficou mais clara.

Ainda não haviam chegado ao fim da Terra Encantada, mas agora podiam enxergar uns aos outros e também o caminho por onde deveriam andar.

Quando estavam chegando ao fim daquele local, ouviram um pouco adiante um som solene, como o de alguém envolvido em

---

2 Referência a Isaías 62:4, onde se lê no hebraico *Beulá* e é traduzido por "Desposada" ou "Esposa de Deus" com relação a Jerusalém. John Bunyan foi o primeiro a comparar a travessia do Jordão e a entrada na Terra Prometida como o processo de morte e acesso ao Céu. Embora atualmente a maioria dos exegetas não concorde com essa interpretação, ela influenciou muitos grandes pensadores cristãos do passado, entre eles Charles H. Spurgeon, o conhecido príncipe dos pregadores.

3 "Temos, assim, tanto mais confirmada a palavra profética, e fazeis bem em atendê-la, como a uma candeia que brilha em lugar tenebroso, até que o dia clareie e a estrela da alva nasça em vosso coração" (2 PEDRO 1:19).

um assunto muito sério. Continuaram avançando e, logo adiante, avistaram um homem ajoelhado, com as mãos e os olhos erguidos para o céu e, segundo lhes pareceu, falando com Aquele que vive nas alturas. Aproximaram-se, porém não conseguiram entender o que o homem dizia, portanto, conservaram-se em silêncio até ele terminar. Concluída a oração, o homem levantou-se e começou a correr em direção a Cidade Celestial. Grande Coração chamou-o, dizendo: "Ei, amigo! Queremos fazer-lhe companhia se você está indo, como suponho, à Cidade Celestial". O homem parou, e os peregrinos aproximaram-se dele. Assim que Honesto o viu, disse: "Eu conheço esse homem".

VALENTE-pela-VERDADE: Quem é?

HONESTO: Ele vem da região onde eu morava. Seu nome é Perseverança. Certamente é um bom peregrino.

PERSEVERANÇA (ao ver o grupo): Pai Honesto, o senhor por aqui?

HONESTO: Sim, sou eu, como você pode ver.

PERSEVERANÇA: Estou muito feliz por tê-lo encontrado nesta estrada.

HONESTO: Eu também, porque o vi ajoelhado.

PERSEVERANÇA (corando): O senhor me viu?

HONESTO: Sim, vi, e o meu coração muito se alegrou.

PERSEVERANÇA: O que o senhor pensou?

HONESTO: O que eu deveria pensar? Pensei que estávamos diante de um homem sincero na estrada e que deveríamos tê-lo em nossa companhia.

PERSEVERANÇA: Se os seus pensamentos estão corretos, fico feliz. Se, contudo, não sou o que deveria ser, terei de arcar com as consequências.

HONESTO: Verdade, porém o seu medo me convence ainda mais da harmonia que existe entre o Príncipe dos peregrinos e sua alma. Porque Ele disse: "Feliz o homem constante no temor de Deus".[4]

VALENTE-pela-VERDADE: Peço, meu amigo, que nos conte por que está ajoelhado até agora. Você recebeu alguma graça especial que lhe impôs obrigações? Ou outra coisa?

PERSEVERANÇA: Como você vê, estamos na Terra Encantada, e eu, à medida que seguia o caminho, meditava nos perigos desta parte da jornada, lembrando-me dos muitos que chegaram até aqui na peregrinação, pararam e perderam a vida. Meditava também no tipo de morte que os homens sofrem neste lugar. Os que morrem aqui não são vítimas de violência. A morte não lhes causa aflição, porque aquele que morre no sono principiou a jornada com satisfação. Sim, com prazer consente à vontade daquela doença.

HONESTO (interrompendo-o): Você viu os dois homens dormindo no caramanchão?

PERSEVERANÇA: Sim, sim. Vi Cauteloso e Destemido e, pelo que entendo, continuarão lá até apodrecerem.[5] Deixe, porém, que eu continue minha história. Enquanto meditava, como já contei, uma mulher com um vestido bonito, porém velho, apareceu diante de mim e ofereceu-me três coisas: seu corpo, sua bolsa e sua cama. A verdade é que eu estava cansado e com sono. Também sou tão pobre quanto um vira-lata, e talvez a feiticeira soubesse disso. Eu a repeli uma ou duas vezes, mas a mulher não fez caso e sorriu. Comecei a ficar zangado, porém ela não se abalou. Repetiu as ofertas e disse que, se eu concordasse em ser governado por ela, seria um homem

---

4 Provérbios 28:14

5 "A memória do justo é abençoada, mas o nome dos perversos cai em podridão" (PROVÉRBIOS 10:7).

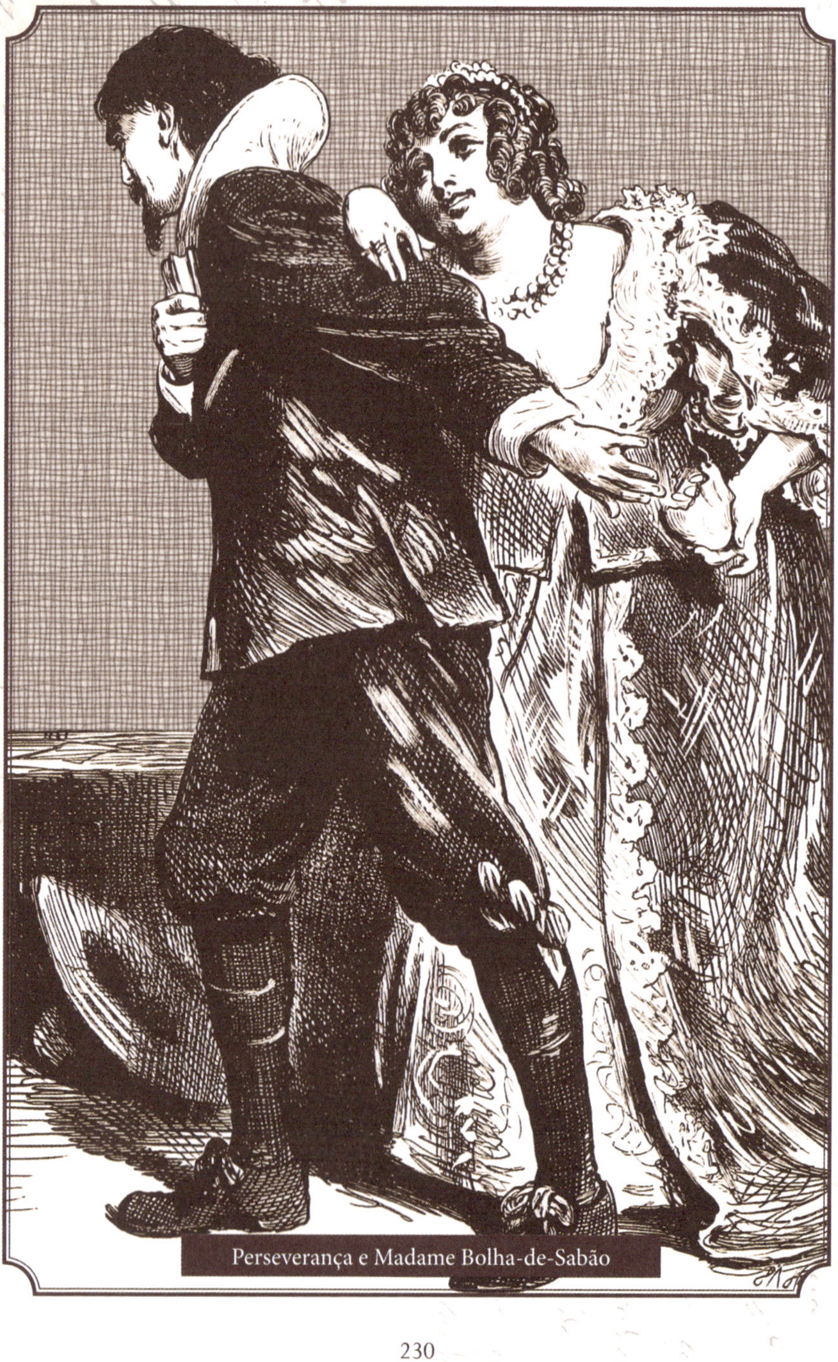

Perseverança e Madame Bolha-de-Sabão

importante e feliz. "Sou a dona do mundo", disse ela, "e tenho o poder de tornar os homens felizes." Perguntei seu nome. "Madame Bolha-de-Sabão", ela respondeu. Ao ouvir isso, afastei-me ainda mais dela; mas a mulher continuou a me perseguir com suas seduções. Foi, então, que me ajoelhei. E, com as mãos levantadas e clamores, orei para Aquele que prometeu que nos ajudaria. Quando vocês chegaram, a mulher foi embora. Continuei a agradecer por minha grande libertação, porque acredito sinceramente que as intenções dela não eram boas. Ela queria impedir-me de prosseguir a jornada.

HONESTO: Sem dúvida, as intenções dela eram más. Mas agora que você falou dela, penso que já a vi ou li alguma história a seu respeito.

PERSEVERANÇA: Talvez as duas coisas.

HONESTO: Madame Bolha-de-Sabão! Ela não é alta, atraente, de pele morena?

PERSEVERANÇA: Isso mesmo. A descrição encaixa-se nela.

HONESTO: Ela não tem a fala mansa e sorri no fim de cada frase?

PERSEVERANÇA: A descrição está correta. É assim que ela se porta.

HONESTO: Ela não usa uma bolsa grande a tiracolo e não fica com a mão dentro dela o tempo todo, mexendo no dinheiro como se isso lhe fosse prazeroso?

PERSEVERANÇA: Exatamente. O senhor não poderia pintá-la com maior exatidão. Parece que a viu diante de mim.

HONESTO: Então quem a pintou era talentoso, e tudo o que escreveu a seu respeito é verdade.

GRANDE CORAÇÃO: Essa mulher é feiticeira, e esta terra é encantada por causa de suas feitiçarias. Aquele que repousar a cabeça em seu colo teria melhor destino se a repousasse no cepo no qual o machado está pendurado. E aquele que põe os olhos em sua beleza é considerado inimigo de Deus.[6]

É ela que mantém na suntuosidade todos os inimigos dos peregrinos. Sim, é ela que suborna muitos homens e os afasta da vida de peregrino. Ela é uma grande mexeriqueira e, com suas filhas, persegue constantemente os peregrinos, elogiando e enaltecendo as coisas boas desta vida. É uma prostituta atrevida e petulante; conversa com qualquer homem. Sempre ridiculariza os pobres peregrinos e tece grandes elogios aos ricos. Se, com astúcia, alguém conseguir extrair dinheiro de qualquer lugar, ela falará bem dessa pessoa de casa em casa. Adora banquetes e festas e está sempre presente diante de uma mesa farta. Faz correr boatos em alguns lugares de que é deusa, e por esse motivo há quem a adore. Tem momento certo e lugar certo para trapacear, e garante que ninguém possui algo bom que se possa comparar ao dela. Promete habitar com os filhos dos filhos, desde que a amem e a tratem com muita consideração. Espalha o ouro de sua bolsa como se fosse pó, em alguns lugares e diante de algumas pessoas. Adora que corram atrás dela, que falem bem dela. Adora reclinar-se no peito dos homens. Nunca se cansa de elogiar seus bens e ama aqueles que a têm em alto conceito. A alguns, promete coroas e reinos, se aceitarem seus conselhos. No entanto, tem levado muitos à forca e muitos mais ao inferno.

PERSEVERANÇA: Ó, que grande misericórdia recebi por ter resistido a ela. Quem sabe até onde poderia ter me arrastado?

---

6 "Infiéis, não compreendeis que a amizade do mundo é inimiga de Deus? Aquele, pois, que quiser ser amigo do mundo constitui-se inimigo de Deus" (TIAGO 4:4).

"Não ameis o mundo nem as coisas *que há* no mundo. Se alguém amar o mundo, o amor do Pai não está nele" (1 JOÃO 2:15).

GRANDE CORAÇÃO: Ninguém. Só Deus sabe até onde. Certamente o teria afogado em luxúrias tolas e nocivas.[7] Foi ela que pôs Absalão contra seu pai e Jeroboão contra seu Senhor. Foi ela que persuadiu Judas a vender seu Senhor e que induziu Demas a abandonar a vida piedosa de peregrino. Ninguém sabe o mal que ela pode fazer. Ela provoca discórdias entre governadores e súditos; entre pais e filhos; entre um vizinho e outro; entre marido e mulher; entre um homem e ele próprio; entre a carne e o coração. Portanto, bondoso Perseverança, honre o seu nome; e quando tudo terminar, permaneça firme!

Durante essa conversa, houve um misto de alegria e temor entre os peregrinos; mas finalmente começaram a cantar:

Quantos perigos os peregrinos têm de enfrentar!
E os inimigos os atacam sem dó nem piedade.
Há muitos caminhos que ao pecado os querem levar,
Caminhos desconhecidos por fiéis de qualquer idade.
Algumas valas são rasas, mas traiçoeiras,
Que nos levam a despencar no lodo.
Há os que evitam as frigideiras,
Mas acabam caindo no fogo.

7 "Ora, os que querem ficar ricos caem em tentação, e cilada, e *em* muitas concupiscências insensatas e perniciosas, as quais afogam os homens na ruína e perdição" (1 TIMÓTEO 6:9).

Cruel y tormento muy seguro, y este [illegible]

el Gr.no de Montev.o q.e lo alejara sin dud

sus agentes requiriran la bastante

de todos los recursos de aquella cos

[illegible] de S.to Pedro,

[illegible] Tambien

golpe sobre

CAPÍTULO 10

Os peregrinos... enfim em casa

Vi depois em meu sonho que os peregrinos chegaram ao país de Beulá, onde o sol brilha dia e noite. Em razão do cansaço, eles se permitiram repousar um pouco. Como o país estava à disposição dos peregrinos e seus pomares e vinhedos pertenciam ao Rei da Cidade Celestial, foi-lhes permitido se servirem com abundância de tudo o que havia ali.

O repouso, porém, não durou muito, porque os sinos tocavam e as trombetas emitiam continuamente um som tão melodioso que não os deixou dormir. Ainda assim, sentiram-se totalmente fortalecidos, como se tivessem dormido profundamente. E a notícia da chegada dos peregrinos foi ruidosamente divulgada pelos transeuntes: "Chegaram mais peregrinos à cidade". E alguém replicava: "E muitos outros atravessaram as águas e entraram hoje pelas portas de ouro". E os gritos ressoavam: "Um exército celestial de seres resplandecentes chegou ao país, o que indica que há mais peregrinos no caminho, pois estes vieram para esperá-los e consolá-los de todos os seus sofrimentos". Então, os peregrinos se levantaram e começaram a andar de um lado para o outro, enquanto os sons celestiais lhe chegavam aos ouvidos e seus olhos se maravilhavam com as cenas encantadoras! Naquele país eles não ouviam nada, não viam nada, não sentiam nada, não sentiam o cheiro nem o sabor de nada que lhes prejudicasse o estômago ou a mente. Apenas a água do rio que tinham de atravessar lhes pareceu um pouco amarga ao paladar, porém o sabor era mais doce depois de ser tomada.

Havia ali também um registro com os nomes de todos os que foram peregrinos em outros tempos e um relato da história de todos os atos famosos que haviam praticado, narrando muitas coisas, inclusive que, no momento de atravessar o rio, o volume das águas pareceu grande demais para alguns e menor para outros. Para alguns, o rio parecia seco; para outros, suas águas transbordavam.

As crianças daquele país dirigiam-se aos jardins do Rei e colhiam flores para os peregrinos, formando ramalhetes que lhes entregavam com muito carinho. Ali também cresciam cânfora, nardo, açafrão, cálamo e canela, incenso, mirra, aloés e todos os tipos de especiarias, que perfumavam os aposentos dos peregrinos durante sua permanência ali, e que também serviam para lhes ungir o corpo como preparativo para atravessarem o rio no tempo designado.

Enquanto os peregrinos aguardavam a hora da partida, correu a notícia da chegada de um mensageiro da Cidade Celestial que trazia informações de grande importância a Cristã, esposa do peregrino Cristão. Depois de algumas perguntas, a casa em que ela estava foi encontrada. O mensageiro entregou-lhe uma carta, dizendo: "Salve, bondosa mulher! Trago-lhe a notícia de que o Mestre a chama e espera que compareça diante de Sua presença, revestida de imortalidade, no prazo de dez dias".

Depois de ter lido a carta para ela, o homem entregou a Cristã uma prova de que ele era o verdadeiro mensageiro e que viera ordenar-lhe que se apressasse para partir. A prova consistia de uma flecha pontiaguda, afiada com amor, a qual, introduzida suavemente em seu coração, produziria nela, pouco a pouco, um efeito tão grande que a faria partir no momento certo.

Ao ver que sua hora havia chegado e que seria a primeira pessoa do grupo a atravessar o rio, Cristã chamou Grande Coração, seu guia, para contar-lhe a novidade. Grande Coração muito se alegrou com a notícia e disse que sua alegria seria maior ainda se o convite do mensageiro lhe fosse destinado. Cristã pediu-lhe, então, conselhos sobre como preparar-se para a viagem. Ele lhe recomendou o que deveria ser feito e disse: "E nós, os sobreviventes, a acompanha remos até a margem do rio".

Depois, Cristã chamou os filhos e os abençoou, dizendo que via com grande satisfação a marca que eles tinham na testa. E que se alegrava muito por estarem ali ao seu lado e por terem conservado brancas as suas vestes. Por último, deixou como herança aos pobres o pouco que possuía e ordenou aos filhos e noras que estivessem prontos quando o mensageiro viesse buscá-los.

Após ter dito essas palavras ao guia e aos filhos, Cristã chamou Valente-pela-Verdade e lhe fez este pedido: "Em todos os lugares, você se mostrou leal e sincero. Seja fiel até à morte, e que meu Rei lhe dê a coroa da vida. Rogo-lhe que cuide de meus filhos e os console se estiverem desanimados. Quanto às minhas filhas, esposas de meus filhos, elas têm sido fiéis e espero que recebam a promessa quando lhes for chegada a hora".

Depois de entregar um anel a Perseverança, Cristã chamou Honesto e disse-lhe: "Eis um verdadeiro israelita, em quem não há dolo".[1] Ao que ele respondeu: "Que o dia seja bom quando você partir para o Monte Sião, e ficarei feliz ao vê-la atravessar o rio sem molhar os pés". "Molhando ou não molhando os pés, anseio por partir", ela disse. "Em terra seca ou na água, desejo muito partir. Seja qual for o clima durante minha jornada, terei tempo suficiente quando lá chegar para sentar, descansar e secar minhas roupas."

Em seguida, Claudicante chegou para vê-la. Cristã disse-lhe: "Sua viagem até aqui foi difícil, mas isso tornará o seu repouso mais agradável. Porém, vigie e prepare-se, porque o mensageiro pode chegar quando você menos esperar".

Depois de Claudicante, Desânimo chegou com sua filha Medrosa, e Cristã lhes disse: "Sejam sempre agradecidos ao lembrar-se de sua libertação das mãos do Gigante Desespero e do Castelo da Dúvida. Graças a essa misericórdia, vocês chegaram em segurança até aqui. Vigiem e lancem fora o medo; sejam sóbrios e esperem até o fim".

A seguir, Cristã dirigiu-se a Mente-Fraca: "Você se livrou da boca do Gigante Morte-ao-Bem para viver na luz da vida eterna e contemplar seu Rei com satisfação. Meu conselho é que você se arrependa de sua tendência de sentir medo e duvidar de Sua bondade, antes que Ele o mande buscar. E quando Ele vier, que você não seja forçado a sentir vergonha de suas faltas na presença dele.

Por fim, chegou o dia da partida de Cristã. Havia um grande número de pessoas na estrada para vê-la iniciar a viagem. De

1 João 1:47

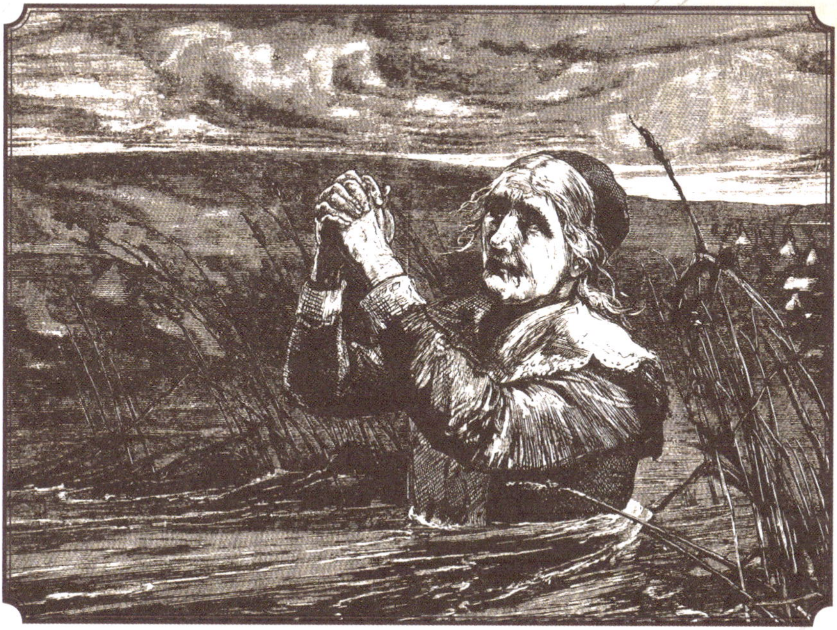

repente, as margens do rio ficaram repletas de cavalos e carros que haviam descido para acompanhá-la até à porta da Cidade Celestial. Ela caminhou, entrou no rio e fez um gesto de despedida aos que a acompanharam até lá. Suas últimas palavras que o povo ouviu foram: "Venho, Senhor, para estar contigo e te bendizer!".

Depois de perdê-la de vista, seus filhos e amigos regressaram ao local onde estavam hospedados. Cristã prosseguiu e, chamada à porta, adentrou a Cidade Celestial com todas as cerimônias de alegria que seu marido Cristão recebeu antes dela.[2]

Os filhos choraram ao vê-la partir, mas Grande Coração e Valente-pela-Verdade tocaram alegremente seus instrumentos bem afinados — o címbalo e a harpa. E todos se dirigiram às suas respectivas habitações.

2 Op. Cit., 2020, pp. 273-274.

No decorrer do tempo, outro mensageiro chegou à cidade, desta vez para falar com Claudicante. Procurou-o e disse-lhe: "Venho em nome daquele que você ama e segue com suas muletas. Estou encarregado de dizer-lhe que Ele o espera para sentar-se à Sua mesa e cear com Ele em Seu Reino no dia seguinte ao da Páscoa. Prepare-se, portanto, para essa jornada".

Entregou-lhe também uma prova de que era o verdadeiro mensageiro, dizendo: "Despedacei o seu copo de ouro e rompi o seu fio de prata".[3]

Ao ouvir essas palavras, Claudicante chamou seus companheiros peregrinos e lhes disse: "Fui convocado, e Deus certamente os visitará também". Depois pediu que Valente-pela-Verdade fizesse seu testamento. Como não tinha nenhuma herança para deixar, além de suas muletas e desejos de felicidades, disse: "Deixo estas muletas ao meu filho que seguir minhas pegadas, com mil desejos de que seja melhor do que eu".

Agradeceu a Grande Coração por sua bondade e por tê-lo conduzido e partiu sozinho. Ao chegar à margem do rio disse: "Já não preciso mais destas muletas, pois vejo adiante carros e cavalos para me transportarem". Suas últimas palavras foram: "Bem-vinda seja, vida!". E seguiu adiante.

Mais tarde, Mente-Fraca recebeu a notícia de que o mensageiro havia tocado a corneta à sua porta. O mensageiro entrou e disse: "Venho para dizer-lhe que seu Mestre necessita de você e que, em pouco tempo, você contemplará Sua face em glória. E aceite isto como prova da verdade de minha mensagem: 'No dia em que se escurecerem os teus olhos nas janelas'".[4]

---

3 Eclesiastes 12:6

4 Eclesiastes 12:3

Mente-Fraca chamou seus amigos e contou-lhes a mensagem que recebera e a prova de que era verdadeira. E disse: "Como não tenho nenhuma herança para deixar, de que me adiantaria fazer um testamento? Quanto à minha mente fraca, deixá-la-ei aqui, porque não necessitarei dela no lugar para onde vou. Ela também não é digna de ser legada ao mais pobre dos peregrinos, portanto, depois de minha partida, peço a Valente-pela-Verdade que a enterre em um monturo". Tendo dito isso e tendo chegado o dia de sua partida, ele entrou no rio, como os outros. Suas últimas palavras foram: "Permaneça firme na fé e na paciência!". E atravessou para o outro lado.

Passados vários dias, chegou a vez de Desânimo ser chamado. Um mensageiro foi enviado com esta mensagem para ele: "Homem vacilante, venho avisá-lo de que, no próximo dia do Senhor, você deverá estar preparado a dar gritos de júbilo ao Rei pela libertação de todas as suas dúvidas. E para provar que minha mensagem é verdadeira, aceite esta prova". E entregou-lhe o gafanhoto para lhe ser um peso.[5]

Ao tomar conhecimento da notícia, Medrosa, filha de Desânimo, disse que queria acompanhar o pai. E Desânimo disse aos seus amigos: "Vocês já sabem o que nós passamos e os problemas que nosso comportamento causou em todos os grupos dos quais participamos. Minha filha e eu desejamos que nosso abatimento e temores inúteis não sejam transferidos a ninguém após o dia de nossa partida, pois sei que, depois de minha morte, serão oferecidos a outros. Para dizer a verdade, esse abatimento e temores não passam de fantasmas que abrigamos desde o início de nossa peregrinação, e dos quais nunca conseguimos nos libertar. Tais fantasmas continuarão

5 "Como também *quando* temeres *o que é* alto, e *te* espantares no caminho, e te embranqueceres, como floresce a amendoeira, e o gafanhoto te for um peso, e te perecer o apetite; porque vais à casa eterna, e os pranteadores andem rodeando pela praça" (ECLESIASTES 12:5).

por aí, tentando ser acolhidos por outros peregrinos. Mas, por favor, mantenham-lhes a porta fechada".

Chegada a hora da partida, eles caminharam até a margem do rio. As últimas palavras de Desânimo foram: "Adeus, noite! Seja bem-vindo, dia!". A filha atravessou o rio cantando, mas ninguém conseguiu entender a letra da música.

Algum tempo depois, um mensageiro chegou à cidade à procura de Honesto. Ao chegar à casa onde ele se encontrava, entregou-lhe esta mensagem: "Há uma ordem para que o senhor esteja pronto daqui a sete noites, para apresentar-se diante do Senhor na casa de seu Pai. E como prova de que minha mensagem é verdadeira, todas as filhas da música serão diminuídas".[6]

Honesto chamou seus amigos e disse-lhes: "Não deixarei nenhum testamento após minha morte. Quanto à minha honestidade, ela irá comigo, e falem dela aos que vierem depois de mim". Ao chegar o dia da partida, Honesto preparou-se para atravessar o rio, que, naquela época, transbordava em alguns lugares. No decorrer da vida, Honesto havia convencido Boa-Consciência a encontrar-se com ele ali. Ao vê-lo, segurou-lhe a mão e ajudou-o a atravessar o rio. As últimas palavras de Honesto foram: "A graça reina". E partiu deste mundo.

Não demorou muito para que Valente-pela-Verdade recebesse uma convocação pelo mesmo mensageiro, que, para provar que o aviso era verdadeiro, disse-lhe que seu cântaro foi quebrado junto à fonte.[7] Ao compreender o sentido dessas palavras, ele chamou os

---

6 "No dia em que [...] os teus lábios, quais portas da rua, se fecharem; no dia em que não puderes falar em alta voz, te levantares à voz das aves, e todas as harmonias, filhas da música, te diminuírem" (ECLESIASTES 12:3,4).

7 "Antes que se rompa o fio de prata, e se despedace o copo de ouro, e se quebre o cântaro junto à fonte, e se desfaça a roda junto ao poço" (ECLESIASTES 12:6).

amigos e lhes repetiu-essas palavras. Depois disse: "Vou para a casa de meu Pai. Apesar da grande dificuldade para andar até este ponto, não me queixo de todos os problemas pelos quais passei para chegar aonde estou. Deixo minha espada a quem me suceder na peregrinação; e minha coragem e habilidade, a quem puder possuí-las. Levo comigo minhas marcas e cicatrizes, como testemunhas de que enfrentei as batalhas daquele que agora será meu Galardoador". Ao chegar o dia de sua partida, muitos o acompanharam até a margem do rio. Enquanto caminhava, disse: "'Onde está, ó morte, o teu aguilhão?'". E enquanto mergulhava, foram estas as suas palavras: "'Onde está, ó morte, a tua vitória?'".[8] E atravessou o rio, sendo recebido do outro lado ao som de trombetas.

Chegou o momento de Perseverança (aquele que os peregrinos encontraram ajoelhado na Terra Encantada) ser chamado, pois o mensageiro trouxe uma mensagem e entregou-a aberta nas mãos dele. A mensagem dizia que ele devia preparar-se para uma mudança de vida, porque seu Mestre queria tê-lo perto de si o mais rápido possível. Perseverança pôs-se a pensar. "Não", disse o mensageiro, "não duvide da veracidade desta mensagem. Aqui está uma prova de sua legitimidade: tua roda junto ao poço se desfará".[9]

Perseverança chamou, então, o guia Grande Coração e disse-lhe: "Apesar de não ter tido a ventura de permanecer por muito tempo em sua boa companhia durante minha peregrinação, desde que o conheço, você me tem sido muito útil. Quando saí de casa, deixei minha esposa e cinco filhos pequenos. Suplico-lhe que, por ocasião de seu regresso (pois sei que voltará à casa de seu Mestre na esperança de ser o guia de outros tantos peregrinos), mande alguém contar à minha família tudo

---

8 1 Coríntios 15:55

9 Eclesiastes 12:6

o que aconteceu e acontecerá comigo e, acima de tudo, conte a história de minha feliz chegada a este lugar e as bênçãos que aqui recebi. Quero também que saibam o que ocorreu com Cristão e Cristã, sua esposa. Todos devem saber que ela seguiu o caminho de seu marido acompanhada dos filhos, e do final feliz que ela teve e para onde foi. Não tenho quase nada para enviar à minha família, a não ser súplicas e lágrimas por eles. Creio que, se você conseguir transmitir-lhes essa mensagem, minhas súplicas e lágrimas serão de grande proveito". Depois de colocar tudo em ordem e chegar a hora de apressar-se para a partida, Perseverança desceu para entrar no rio, que, naquela ocasião, estava muito calmo. Ao chegar quase ao meio, Perseverança parou e disse aos companheiros que o haviam acompanhado até ali:

"Este rio tem causado terror a muitas pessoas e, ao pensar nele, também me assustava. Mas agora estou tranquilo e meus pés pisam no mesmo lugar onde pararam os sacerdotes que levavam a arca da aliança, enquanto Israel atravessava este rio Jordão.[10] As águas são, de fato, amargas ao paladar e frias ao estômago, mas a ideia do lugar para onde vou e da companhia que me aguarda do outro lado aquecem meu coração como se fossem brasas vivas.

Cheguei ao fim da jornada. Meus dias de labuta terminaram. Agora verei aquela cabeça que recebeu uma coroa de espinho e aquele rosto que, por minha causa, foi cuspido.

Vivi até aqui pelo que ouvia dizer e pela fé, mas agora vou a um lugar onde viverei pela visão dos fatos e estarei com Aquele em cuja companhia me deleito.

Gosto muito de ouvir falarem de meu Senhor; e onde vi as marcas de Seus pés na Terra, ali também coloquei meus pés.

---

10 "Porém os sacerdotes que levavam a arca da Aliança do SENHOR pararam firmes no meio do Jordão, e todo o Israel passou a pé enxuto, atravessando o Jordão" (JOSUÉ 3:17).

Seu nome é uma caixa de almíscar para mim, mais doce que todos os perfumes. Sua voz, para mim, é a mais suave de todas; e sinto o desejo de contemplar Seu rosto mais do que a humanidade deseja contemplar a luz do Sol. Sua Palavra serviu-me de alimento e de antídoto para minha fraqueza. Ele me sustentou e afastou minhas iniquidades; meus passos se fortaleceram em Seus caminhos".

Enquanto ele pronunciava essas palavras, a expressão de seu rosto mudou. O homem forte que havia dentro dele curvou-se, e ele disse: "Recebe-me, porque vou a ti!". E ninguém mais o viu.

Mais glorioso, porém, foi ver o número incalculável de cavalos, carros, trombeteiros e flautistas, cantores e tocadores de instrumentos de cordas — todos acolhendo os peregrinos que subiam pela outra margem e seguiam em fila em direção à linda porta da Cidade Celestial.

Quanto aos filhos de Cristão, os quatro rapazes que Cristã levou consigo com suas mulheres e filhos, não cheguei a vê-los atravessar o rio. Depois que me afastei daquele lugar, ouvi dizer que ainda vivem, a fim de que contribuam por uns tempos para o aumento da Igreja naquele local.

Caso eu passe por aquele caminho novamente, pode ser que eu escreva, para aqueles que assim o desejarem, um relato das coisas que ainda não mencionei. Nesse ínterim, digo ao meu leitor:

ADIEU!

[illegible] muy seguro, y se [illegible]

[illegible] de [illegible] y le [illegible] sin duda

[illegible] siguientes [illegible]

[illegible] todos los [illegible] de aquella [illegible]

[illegible] S.n Pedro, [illegible]

[illegible] Tambien

[illegible] sobre

ILUSTRAÇÕES

Señor y Amigo de Mi particular [illegible]

Estimado [illegible]

[illegible] en la Cama [illegible]

[illegible] a la Patria [illegible] el yugo de [illegible]

[illegible] los tiranos [illegible]

[illegible] inteligencia [illegible]

[illegible] medios [illegible]

[illegible]